분석기사 **필기** 한권으로 끝내기

시대에듀

머리말

2025 시대에듀 빅데이터분석기사 필기 한권으로 끝내기

최근 4차 산업혁명 시대의 도래로 산업뿐만 아니라, 경제 · 사회 · 문화 등 모든 영역에 인공지능 제품과 서비스가 보편화되고 있습니다. 머지않은 미래의 인공지능 서비스에 대한 예견은 많은 미래학자들이 언급한 "영화 속 이야기들이 현실화가 될 것이다"라는 문장에 그 정답이 있을 것입니다. 현 시점에서는 대부분의 인공지능 서비스들이 지도 학습과 비지도 학습 방법을 이용하여 분류, 예측, 군집화, 패턴 발견, 그리고 의사결정을 지원하는 알고리즘을 개발하는 데 초점이 맞추어져 있습니다. 특히, 이러한 인공지능 알고리즘들을 효과적으로 개발하기 위해서는 빅데이터 분석 직무 능력을 사전에 반드시 갖춰야 합니다.

한국소프트웨어산업협회에서는, 데이터 분석가(또는 데이터 과학자, Data Scientist)를 '데이터 이해 및 처리 기술에 대한 기본지식을 바탕으로 데이터 분석 기획, 데이터 분석, 데이터 시각화 업무를 수행하고 이를 통해 프로세스 혁신 및 마케팅 전략 결정 등의 과학적 의사결정을 지원하는 자'로 정의하고 있습니다.

또한 한국산업인력공단에서는 빅데이터분석기사의 직무를 "대용량의 데이터 집합으로부터 유용한 정보를 찾고 결과를 예측하기 위해 목적에 따라 분석기술과 방법론을 기반으로 정형 · 비정형 대용량 데이터를 구축, 탐색, 분석하고 시각화를 수행하는 업무를 수행한다"라고 보다 자세하게 정의하고 있습니다. 아울러 한국산업인력공단에서는 한국데이터산업진흥원에 위탁하여 2021년부터 빅데이터분석기사 자격 종목을 개설하여 미래 사회가 요구하는 데이터 사이언티스트를 양성하기 위해 노력하고 있습니다.

본서는 이러한 시대적 조류에 맞추어 빅데이터분석기사 자격을 취득하기 위한 필기시험용으로 개발되었으며, 본서의 주요 특징을 요약하면 다음과 같습니다.

- 한국데이터산업진흥원에서 제시한 출제기준을 기반으로 구성하였습니다.
- 2021~2024년 실시된 총 8회분의 기출복원문제를 완벽하게 복원, 수록하였습니다.
- 국가직무능력표준(NCS ; National Competency Standards)에서 정의한 학습모듈의 내용을 충실히 반영하였습니다.
- 빅데이터분석 관련 민간 자격증의 기출문제를 분석하여 반드시 알아야 되는 내용을 수록하였습니다.
- 세부 주요항목별로 예상문제를 수록하여 수험생 스스로 내용을 이해하였는지를 평가할 수 있습니다.
- 빅데이터분석과 인공지능 관련 최신 알고리즘들의 주요 특징을 이해함으로써 실기시험을 위한 사전 준비가 가능하도록 하였습니다.
- 강의자료와 동영상 강의 유료지원으로 본 도서를 이용하여 합격할 수 있도록 제작하였습니다.
- 색인을 수록하여 찾고자 하는 키워드를 빠르게 찾아 효율적으로 학습할 수 있습니다.
- 수도권 소재 K대학과 지방 소재 M대학의 교재로 채택되어 사용되고 있습니다.

PREFACE

본서를 위해 많은 시간 동안 NCS 학습모듈, 관련 문헌들, 기존 기출문제 등을 참고하여 작성하였으나, 어딘가에는 분명히 오류가 있을 것으로 사료됩니다. 관련 오류나 참고할 내용이 있으면 언제든 저자(jhjung@ptu.ac.kr, hsjang@ptu.ac.kr)에게 문의해 주시면 향후 기출문제를 포함하여 새로운 개정판을 기획하는 데 많은 도움이 될 것입니다. 실제로 본서로 학습하시면서 보내주신 독자들의 의견이 도서 개정에 많은 도움이 되었으며, 이 자리를 빌려 많은 격려를 주신 독자분들에게 감사의 말씀을 드립니다. 또 본서를 강의 교재로 이용하고자 하는 경우 강의 자료와 함께 저자들의 동영상 강의를 지원해 드리고 있습니다. 출판사 혹은 저자들에게 문의해 주시면 자세히 안내해 드리겠습니다.

본서에 NCS 학습모듈과 관련 민간 자격증의 기출문제를 많이 인용하였음을 밝힙니다. 이와 관련하여 사전에 모든 저자들의 동의를 받아서 인용하여야 함에도 불구하고, 촉박한 일정 탓에 그렇지 못하였음에 대하여 이 자리를 빌려 송구스럽고 죄송한 마음을 전합니다. 아울러 본 도서의 일부 내용은 "정부(과학기술정보통신부)의 재원으로 한국연구재단의 지원을 받아 수행된 연구임(No. 2021R1F1A1049933)"을 밝힙니다.

본서를 처음 작성하기로 마음먹었을 때, 두려움과 설렘이 함께 있었습니다. 늘 이러한 직무능력과 교육과정이 필요하다고 느끼고 있을 때 즈음, 본 도서를 출간하게 되어 노력과 열정을 쏟을 수 있었습니다. 늘 곁에서 힘이 되어 준 소중한 가족들에게 감사의 마음을 전합니다. 아울러 적절한 시기에 본서의 작성과 출간을 허락하시고 물심양면으로 많은 도움을 주신 시대에듀 출판사에도 깊은 감사를 드립니다.

끝으로, 본 도서를 이용하여 빅데이터분석기사 시험을 준비하는 모든 수험생들에게 좋은 결과가 있기를 바랍니다.

2025년 1월 龍耳洞에서
저자 정혜정, 장희선 올림

도서 내용 문의 및 최신 기출복원문제 자료는 저자가 운영하는 카페를 통해 확인하실 수 있습니다.
장희선 교수 강의드림 카페 cafe.naver.com/profdream

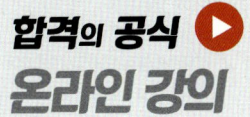

보다 깊이 있는 학습을 원하는 수험생들을 위한
시대에듀의 동영상 강의가 준비되어 있습니다.
www.sdedu.co.kr ➡ 회원가입(로그인) ➡ 강의살펴보기

3개년(2022~2024년) 출제키워드

2025 시대에듀 빅데이터분석기사 필기 한권으로 끝내기

1과목 | 빅데이터 분석 기획

2022년	제4회	• 가트너에서 정의한 빅데이터의 특징 • 데이터 크기 단위 • 데이터 3법 • 인공지능 개념 • 머신러닝 학습 • 개인정보 이용 • 분석 로드맵 작성 시 고려사항	• 공공 데이터 유형 • 빅데이터 분석 기획 절차 • API Gateway • 데이터 유형 • 개인정보 비식별화 • L-다양성 • 개인정보 차등 보호	• 데이터 품질관리 • 데이터 저장소 • 분산 파일 시스템 • 빅데이터 저장 기술 • HDFS • 인메모리 기반 데이터 처리
	제5회	• 데이터 아키텍트 • ETL • 인공지능 연구 분야 • 전이 학습 • 데이터 분석 기획 • 데이터 분석 목표 • 분석모형 구축	• CRISP-DM • WBS • 데이터 수집 • 반정형 데이터 • 데이터 측정 척도 • 데이터 변환 • 변수 변환	• 개인정보 처리 • 데이터 비식별화 • 총계 처리 • 데이터 수집 및 저장 • 병렬 DBMS • 인프라스트럭처 플랫폼
2023년	제6회	• 데이터 산업의 이해 • 빅데이터 업무 수행 조직 • 데이터 사이언스 • 도메인 이슈 도출 • 데이터 거버넌스 • 데이터 거버넌스 수준 평가 • 분석 기법 진단	• 인공지능 시스템 구현 방법 • 데이터 분석 마스터 플랜 수립 • 데이터 탐색 • 데이터 수집 및 통계 분석 • 외부 데이터 특성 • 빅데이터 특성 • 노이즈 제거	• 데이터 정제 • 최소-최대 정규화 • 비정형 데이터 특성 • 데이터 저장 시스템 • 분산 파일 시스템 • 분산 파일 시스템의 장단점
	제7회	• 빅데이터의 특징(3V) • 소프트 스킬(데이터 과학자) • 수행 업무(데이터 과학자) • 데이터 분석가 • 기업 성숙도 수준 평가(CMMI) • 분석 플랫폼 • 데이터 3법	• 분석 기획 주요 업무 • 분석 기획 고려요소 • CRISP-DM • 반정형 데이터 • 비정형 데이터 • 계량적 변수 • 데이터 마스킹	• 랜덤 라운딩 • 정형 데이터 품질검증 • 데이터 완전성 • 데이터 무결성 • MongoDB • HDFS
2024년	제8회	• 빅데이터의 특징(5V) • 데이터 분석 수행 업무 • 빅데이터 플랫폼 • 지도학습 • 개인정보 보호법 • 데이터 3법 • 내부 및 외부 데이터	• 비정형 데이터 • 데이터 척도 • 정성 및 정량 데이터 • 데이터 변환 • 데이터 표준화 • 데이터 정규화 • 데이터 비식별화	• 데이터 마스킹 • 차원축소 • 데이터웨어하우스 • 분산 저장 시스템 • NoSQL • Key-value 데이터베이스
	제9회	• 빅데이터의 특징(3V) • 데이터과학자 역량 • 조직의 성숙도 • 지도학습 • 준지도 학습 • GAN • 개인정보	• 데이터 분석 절차 • 분석과제 우선순위 지정 • 데이터 수집 • 비정형 데이터 • 데이터 유형 • 패널 데이터 • 비율 척도	• 잡음 데이터 처리 • 익명 처리 기법 • 차등 정보보호 • 데이터 품질관리 • 데이터 품질진단 및 개선 절차 • 분산 파일 시스템

2024년 기출문제 적중률 95.0%

KEYWORD

2과목 | 빅데이터 탐색

연도	회차			
2022년	제4회	• 이상값 • 박스플롯 • 박스플롯(변수 비교) • 회귀분석 변수 선택 • 주성분 분석 • 표준화 • 정규화	• 표본평균의 분포 • 탐색적 데이터 분석 • 상관계수 • 기초 통계량 • 자료의 분포 • 시공간 데이터 • 변동성 척도	• 표준편차 • Odds Ratio • 포아송 분포 • 초기하분포 • 정규분포 • 가설 검정
	제5회	• 데이터 탐색 • 상자 수염 그림 • 벌점 회귀 • 주성분 분석 • 변수 변환 • 샘플링 방법 • 클래스 불균형	• 비용 민감 학습 • 피어슨 상관계수 • 산점도 • 결측값 대체 • 확 률 • 포아송 분포 • 확률분포	• 정규분포 표본 • 중심극한정리 • 평균 차이 검정 • 정규성 검정 • 신뢰구간 • 가설 검정
2023년	제6회	• 데이터 전처리 • ETL • 맵리듀스 디자인 패턴 • 다중 대치법 • 이상값 발생 원인 • 이상값 처리 방법 • 박스 플롯	• 척도와 연속형 변수 • 주성분 분석 • 파생 변수 • 원-핫 인코딩 • 클래스 불균형 • EDA • 산점도	• 평균과 분산 • 변동계수 • 기술 통계량 • 오즈비 비율 개념 • 오즈비 계산 • 포아송 분포
	제7회	• 데이터 정제 • 데이터 전처리 • 결측값 대체 • 이상치 판별 • 변수 선택 • SVD • 파생변수 생성	• 표준점수 • 원-핫 인코딩 • 히스토그램 • 탐색적 분석결과(시각화) • 공분산 행렬 • 최빈값 • 왜 도	• 시공간 데이터 • 중심경향 기술통계량 • 이산형 확률분포 • 중심극한정리 • 가설 검정 • 비모수 검정
2024년	제8회	• 결측값 대체 • 박스플롯 • Ridge 규제 • 고윳값 • 파생 변수 • Box-cox 변환 • 불균형 데이터	• 편상관분석 • 단봉 분포 • 표본분산 • 기술통계량 • 표본평균 • 오즈비, 위험도 • 샘플링 기법	• 표본평균의 분포 • 중심극한정리 • 모비율의 차이 • 점 추정량 • 가설 검정 • 제2종 오류
	제9회	• 데이터 오류 처리 • ODS • 결측치 처리 • 박스플롯 • 비율척도 • 주성분 분석 • 차원축소	• 클래스 불균형 • 독립성과 상관계수 • 왜 도 • 표본분산의 MSE • 첨 도 • 시계열 자료 • 변동계수	• 오즈비 • 표본추출 • 확률분포 • 기댓값 • 신뢰구간 • 가설 검정

2024년 기출문제 적중률 90.0%

2025 시대에듀 빅데이터분석기사 필기 한권으로 끝내기
3개년(2022~2024년) 출제키워드

3과목 | 빅데이터 모델링

연도	회차			
2022년	제4회	• 범주형 자료의 분석모형 • 분석모형 구축 • 오차항의 가정 • 의사결정나무 • 인공신경망 • 맨해튼 거리 • 실루엣 계수	• 다변량 분석 • 잔차의 가정 • 시계열 자료의 특성 • 나이브 베이지안 기법 • 조건부 확률 • 오토인코더 • 활성화 함수	• 초매개변수 최적화 • 텍스트 마이닝 • 텍스트 데이터 전처리 • 배 깅 • 부스팅 • 윌콕슨 부호 검정
	제5회	• 공변량 분석(ANCOVA) • 공분산 • 회귀분석 • 변수 선택 • 상관계수 • GLM • 심슨의 역설	• 로지스틱 회귀분석 • 의사결정나무 • 과대적합 • 연관성 분석 • 덴드로그램 • 인자분석 • 시계열 분석	• ARIMA • 기울기 소실 • 단어 벡터화 • 앙상블 분석 • 모형 최적화 • 비모수 통계
2023년	제6회	• 특성별 데이터 분석 모형 • 데이터 분할 • 결정계수 • 잔차의 특성 • 차원의 저주 • 데이터 축소 • 회귀분석 절차	• 분산팽창지수 • 인과관계 분석 • 단순선형회귀분석 • 회귀계수 추정 • 수정된 결정계수 • 회귀분석 결과 해석 • 의사결정나무 구조	• 분기 알고리즘 • 시계열 분석 • 자기 상관 • GRU • 배깅, 부스팅 • 랜덤 포레스트
	제7회	• 분석모형 설계 업무 • 분류분석모형 • 비지도학습 • 조건부 확률(베이즈 정리) • 데이터 분할 방법 • (학습, 평가) 데이터 • k-폴드 교차검증	• 잔차의 가정 • 라쏘(Lasso) • 모수 유의성 검정 • 향상도(Lift) • 계층적 군집분석 • seq2seq 모델 • 자연어 처리	• 인공신경망 출력값 • 딥러닝 • 비정형 데이터 분석 • 언어 모델 • 부스팅 • 랜덤 포레스트
2024년	제8회	• 하향식 접근 방법 • 탐색적 데이터 분석 • 결정계수 • 다중공선성 • 분산분석표 • 주성분 분석 • 회귀분석	• 의사결정나무 • 인공신경망 • 배치의 크기 • 서포트벡터머신 • 군집간 거리 • 나이브 베이즈 분석 • 컨텍스트 벡터	• 경사하강법 • 텍스트 마이닝 • 앙상블 분석 • 부스팅 • 랜덤 포레스트 • 비모수 검정
	제9회	• 문제해결 방법(최적화) • 다중 공선성(VIF) • 분산분석 • 트리분리 기준 • SVM 초평면 및 Offset • SVM 초평면 계산 • 군집분석(거리측정)	• 시계열 분석(예측) • 베이지안 확률 • 역전파 알고리즘 • seq2seq • 오토인코더 • 인공신경망(출력값) • 활성화 함수	• 쌍곡선 탄젠트 • 경사하강법 • 텍스트 마이닝 • 워드 임베딩 • 네트워크 분석 • 앙상블 분석

2024년 기출문제 적중률 92.5%

4과목 | 빅데이터 결과 해석

연도	회차	키워드
2022년	제4회	• 분석모형 성능지표 • 혼동행렬(FN) • 이진분류 분석 • 재현율 • ROC • 홀드아웃 • 다중 교차검증 • 인지도 확률 • 적합도 검정 • 카이제곱 검정 • 과대적합 방지 • 비지도 학습 모형 • 연관성 분석 • 히스토그램 • 시공간 시각화 • 비교 시각화 • 히트맵 • 인포그래픽 • 분석 시나리오 개발 • 분석모형 리모델링
2022년	제5회	• 혼동행렬 • 재현율 • F1 Score • ROC • 민감도, 특이도 • 예측 오차 • 교차 검증 • 드롭아웃 • 과대적합 • 모형 평가기준 • 예측 분석 • 모형 선정 • 스토리텔링 • 분석결과 활용 • 시각화 프로세스 • 관계 시각화 • 비교 시각화 • 히트맵 • 인포그래픽 • 분석결과 산출물
2023년	제6회	• 혼동행렬 • 민감도, 특이도 해석 • Service Quality(SERVQUAL) • 상관관계 분석 • 다중 교차검증 • LOOCV • Kolmogorov-Smirnov 검정 • 과적합 방지 • 학습률 • 매개변수 • 초매개변수 • Bayesian Optimization • DBSCAN • 데이터 시각화 • 시간 시각화 • 비교 시각화 • 인포그래픽의 개념 • 타임라인 인포그래픽 • 스토리텔링 인포그래픽 • 기계학습의 특징
2023년	제7회	• 혼동행렬 • F1 Score • ROC • 회귀분석 평가지표 • k-폴드 교차검증 • 적합도 검정 • Q-Q plot • 신뢰구간 • 과적합 • 초매개변수 • 평가지표 • 앙상블 분석 • 정준상관분석 • 의사결정나무 징지규칙 • 최적 군집의 개수 • 분석결과 해석 • 시간 시각화 • 비교 시각화 • 레이더 차트 • 모형 성능평가 방법
2024년	제8회	• 왜 도 • 재현율 • 혼동행렬 • ROC • 연속형 변수 성능평가 지표 • 교차검증 • 다변량 분산분석 • 스피어만 상관계수 • k-폴드 교차검증 • 과적합 방지 • 편향 및 분산 • 초매개변수 • 시각화 프로세스 • 시각적 데이터 탐색 • 시각화 결과 해석 • 모자이크 플롯 • 관계 시각화 • 카토그램 • 인포그래픽 • 데이터 분석 활용 계획
2024년	제9회	• 혼동행렬 • ROC • 평균절대백분율 오차(MAPE) • 동질성 검정 • 상관관계 시각화 • 교차검증(LOOCV) • 교차분석 • 카이제곱 검정 • 과적합 문제 해결 • 군집분석 방법 • DBSCAN • 연관규칙 • 연관성 분석 • 인공신경망 학습 • 데이터 분석모형 • 기준기반 평가 • 시공간 시각화 • 데이터 왜곡 • 박스플롯 • 다차원 데이터 시각화

2024년 기출문제 적중률 95.0%

시험안내

2025 시대에듀 빅데이터분석기사 필기 한권으로 끝내기

빅데이터분석기사란?

빅데이터 이해를 기반으로 빅데이터 분석 기획, 빅데이터 수집·저장·처리, 빅데이터 분석 및 시각화를 수행하는 실무자

주요 업무

Duty(책무) 능력단위	Task(작업) 능력단위요소		
A. 분석 기획	A1 분석과제 정의하기	A2 데이터 이해하기	A3 분석 계획하기
B. (빅데이터 처리) 수집 및 전처리	B1 빅데이터 수집 및 추출, 생성하기	B2 빅데이터 정제하기	–
C. (빅데이터 처리) 탐색 및 초기분석	C1 빅데이터 탐색하기	C2 빅데이터 저장 또는 적재하기	–
D. (빅데이터 분석) 빅데이터 모형 설계	D1 연관성 및 군집 분석하기	D2 확률모형 검토하기	D3 모형 및 필요자료 선정하기
E. (빅데이터 분석) 빅데이터 모형 적합	E1 자료 전처리하기	E2 분석 알고리즘 구축하기	E3 적합 결과 도출하기
F. (빅데이터 분석) 빅데이터 모형 평가	F1 자료 타당성 검토하기	F2 모형 타당성 검토하기	F3 적합 타당성 검토하기
G. 결과 활용	G1 분석결과 해석하기	G2 분석결과 표현하기	G3 분석결과 적용 및 검증하기

※ 출처 : 빅데이터분석기사 국가기술자격 종목 개발 연구(한국산업인력공단)

전 망

❶ 앞으로 빅데이터 분석에 대한 관심이 꾸준하게 증가할 것으로 전망
❷ 정보화, 세계화, 모바일 서비스 등의 확대로 빅데이터 분석가의 활용영역이 증가
❸ 경제, 사회, 공공 등의 부문에서 활용 사례가 꾸준히 증가
❹ 기업, 금융, 의료, 지역, 환경 등의 다양한 영역들 사이에서 융합 가속화로 빅데이터 분석 업무가 중요
❺ 인공지능 서비스의 보편화로 빅데이터 분석의 중요도 상승

INFORMATION

빅데이터 분석 관련 국가직무능력표준(NCS)

소분류	세분류	능력단위	
정보기술 전략·계획	빅데이터 분석	• 빅데이터 분석결과 시각화 • 탐색적 데이터 분석 • 빅데이터 분석 모델링 • 빅데이터 분석 플로우 구성	• 분석 데이터 전처리 • 분석 데이터 피쳐(Feature) 엔지니어링 • 빅데이터 분석결과 평가 • 데이터 분석 기초 기술 활용
	빅데이터 기획	• 빅데이터 서비스 기획 • 빅데이터 분석 기획 • 빅데이터 성과관리 기획 • 빅데이터 운영 기획	• 빅데이터 환경 분석 • 빅데이터 기술 플랫폼 기획 • 빅데이터 활용 기획
정보기술 개발	빅데이터 플랫폼 구축	• 빅데이터 플랫폼 요구사항 분석 • 빅데이터 수집 시스템 개발 • 빅데이터 처리 시스템 개발 • 빅데이터 품질관리 시스템 개발	• 빅데이터 플랫폼 아키텍쳐 설계 • 빅데이터 저장 시스템 개발 • 빅데이터 분석 시스템 개발 • 빅데이터 플랫폼 테스트
정보기술 운영	빅데이터 운영·관리	• 빅데이터 플랫폼 운영 정책 수립 • 빅데이터 서비스 운영 관리 • 빅데이터 솔루션 운영 관리 • 빅데이터 품질관리 • 빅데이터 모델 운영	• 빅데이터 서비스 운영 계획 • 빅데이터 솔루션 운영 계획 • 빅데이터 플랫폼 모니터링 • 빅데이터 플로우 관리 • 빅데이터 처리 운영

직무유형

❶ 데이터 엔지니어(Data Engineer) : 데이터를 원활하게 공급, 저장, 처리, 분석, 시각화
❷ 데이터 과학자(Data Scientist) : 통계, 데이터 모델링, 분석 및 알고리즘 연구개발
❸ 비즈니스 분석가(Business Analyst) : 데이터 중심의 의사결정 지원

진출분야

❶ 대기업, 국·공영 기업 연구소, 각종 단체 등
❷ 기타 민간 중소기업 창업, 광고회사 마케팅, 기획회사 등
❸ 정부기관 민간 통계 컨설팅 기관, 리서치 기관 등
❹ 의회, 정당, 연구 기관, 언론, 금융 기관, 기타 컨설팅 기관 등

2025 시대에듀 빅데이터분석기사 필기 한권으로 끝내기
시험안내

◐ 시행처 및 접수처

구 분	내 용
시행처	한국데이터산업진흥원(kdata.or.kr)
접수처	데이터자격검정센터(www.dataq.or.kr)

◐ 검정기준

대용량의 데이터 집합으로부터 유용한 정보를 찾고 결과를 예측하기 위해 목적에 따라 분석기술과 방법론을 기반으로 정형/비정형 대용량 데이터를 구축, 탐색, 분석하고 시각화하는 업무를 수행할 수 있는 능력 보유의 유·무

◐ 시험과목

구 분	시험 과목	주요 항목
필기시험	빅데이터 분석 기획	빅데이터의 이해
		데이터 분석 계획
		데이터 수집 및 저장 계획
	빅데이터 탐색	데이터 전처리
		데이터 탐색
		통계기법 이해
	빅데이터 모델링	분석모형 설계
		분석기법 적용
	빅데이터 결과 해석	분석모형 평가 및 개선
		분석결과 해석 및 활용

◐ 2025년 시험 일정

구 분	필기시험 원서접수	필기시험	필기시험 합격예정자 발표	실기시험 원서접수	실기시험	최종합격자 발표
제10회	03.04~03.10	04.05(토)	04.25(금)	05.19~05.23	06.21(토)	07.11(금)
제11회	08.04~08.08	09.06(토)	09.26(금)	10.27~10.31	11.29(토)	12.19(금)

※ 자격 검정일정은 변경될 수 있으니, 반드시 홈페이지(www.dataq.or.kr)를 확인하시기 바랍니다.

INFORMATION

합격률

구 분	응시자	합격자	합격률
제2회	2,124명	1,272명	59.9%
제3회	2,560명	1,551명	60.6%
제4회	2,943명	1,580명	53.7%
제5회	3,321명	1,684명	50.7%
제6회	3,945명	2,092명	53.0%
제7회	4,369명	2,083명	47.7%
제8회	4,692명	2,888명	61.6%

응시자격

❶ 대학졸업자 등 또는 졸업예정자(전공 무관)
❷ 3년제 전문대학 졸업자 등으로서 졸업 후 1년 이상 직장경력이 있는 사람(전공, 직무분야 무관)
❸ 2년제 전문대학 졸업자 등으로서 졸업 후 2년 이상 직장경력이 있는 사람(전공, 직무분야 무관)
❹ 기사 등급 이상의 자격을 취득한 사람(종목 무관)
❺ 기사 수준 기술훈련과정 이수자 또는 그 이수예정자(종목 무관)
❻ 산업기사 등급 이상의 자격을 취득한 후 1년 이상 직장경력이 있는 사람(종목, 직무분야 무관)
❼ 산업기사 수준 기술훈련과정 이수자로서 이수 후 2년 이상 직장경력이 있는 사람(종목, 직무분야 무관)
❽ 기능사 등급 이상의 자격을 취득한 후 3년 이상 직장경력이 있는 사람(종목, 직무분야 무관)
❾ 4년 이상 직장경력이 있는 사람(직무분야 무관)

수수료

구 분	내 용
필 기	17,800원
실 기	40,800원

검정방법 및 합격기준

구 분	출제 방법	문항수	시험시간	합격기준
필기시험	객관식	80문항 (과목당 20문항)	2시간	과목당 100점을 만점으로 전 과목 평균 60점 이상(과목당 40점 이상)

시험안내

출제기준

과목명	주요항목	세부항목	세세항목
빅데이터 분석 기획	빅데이터의 이해	빅데이터 개요 및 활용	빅데이터의 특징
			빅데이터의 가치
			데이터 산업의 이해
			빅데이터 조직 및 인력
		빅데이터 기술 및 제도	빅데이터 플랫폼
			빅데이터와 인공지능
			개인정보 법·제도
			개인정보 활용
	데이터 분석 계획	분석방안 수립	분석 로드맵 설정
			분석 문제 정의
			데이터 분석방안
		분석 작업 계획	데이터 확보 계획
			분석 절차 및 작업 계획
	데이터 수집 및 저장 계획	데이터 수집 및 전환	데이터 수집
			데이터 유형 및 속성 파악
			데이터 변환
			데이터 비식별화
			데이터 품질검증
		데이터 적재 및 저장	데이터 적재
			데이터 저장
빅데이터 탐색	데이터 전처리	데이터 정제	데이터 정제
			데이터 결측값 처리
			데이터 이상값 처리
		분석 변수 처리	변수 선택
			차원축소
			파생변수 생성
			변수 변환
			불균형 데이터 처리
	데이터 탐색	데이터 탐색 기초	데이터 탐색 개요
			상관관계 분석
			기초통계량 추출 및 이해
			시각적 데이터 탐색
		고급 데이터 탐색	시공간 데이터 탐색
			다변량 데이터 탐색
			비정형 데이터 탐색
	통계기법 이해	기술통계	데이터 요약
			표본 추출
			확률 분포
			표본 분포

INFORMATION

		추론통계	점추정
			구간추정
			가설 검정
빅데이터 모델링	분석모형 설계	분석 절차 수립	분석모형 선정
			분석모형 정의
			분석모형 구축 절차
		분석 환경 구축	분석 도구 선정
			데이터 분할
	분석 기법 적용	분석 기법	회귀 분석
			로지스틱 회귀 분석
			의사결정나무
			인공신경망
			서포트벡터머신
			연관성 분석
			군집 분석
		고급 분석 기법	범주형 자료 분석
			다변량 분석
			시계열 분석
			베이지안 기법
			딥러닝 분석
			비정형 데이터 분석
			앙상블 분석
			비모수 통계
빅데이터 결과 해석	분석모형 평가 및 개선	분석모형 평가	평가지표
			분석모형 진단
			교차 검증
			모수 유의성 검정
			적합도 검정
		분석모형 개선	과대적합 방지
			매개변수 최적화
			분석모형 융합
			최종모형 선정
	분석결과 해석 및 활용	분석결과 해석	분석모형 해석
			비즈니스 기여도 평가
		분석결과 시각화	시공간 시각화
			관계 시각화
			비교 시각화
			인포그래픽
		분석결과 활용	분석모형 전개
			분석결과 활용 시나리오 개발
			분석모형 모니터링
			분석모형 리모델링

이 책의 목차

2025 시대에듀 빅데이터분석기사 필기 한권으로 끝내기

제1과목 | 빅데이터 분석 기획

제1장 빅데이터의 이해

제1절 빅데이터 개요 및 활용
- 01 빅데이터의 특징 ... 3
- 02 빅데이터의 가치 ... 7
- 03 데이터 산업의 이해 ... 10
- 04 빅데이터 조직 및 인력 ... 12

제2절 빅데이터 기술 및 제도
- 01 빅데이터 플랫폼 ... 16
- 02 빅데이터와 인공지능 ... 19
- 03 개인정보 법·제도 ... 32
- 04 개인정보 활용 ... 36

적중예상문제 ... 39

제2장 데이터 분석 계획

제1절 분석방안 수립
- 01 분석 로드맵 설정 ... 58
- 02 분석 문제 정의 ... 60
- 03 데이터 분석 방안 ... 63

제2절 분석 작업 계획
- 01 데이터 확보 계획 ... 69
- 02 분석 절차 및 작업 계획 ... 71

적중예상문제 ... 79

제3장 데이터 수집 및 저장 계획

제1절 데이터 수집 및 전환
- 01 데이터 수집 ... 88
- 02 데이터 유형 및 속성 파악 ... 100
- 03 데이터 변환 ... 108
- 04 데이터 비식별화 ... 110
- 05 데이터 품질검증 ... 112

제2절 데이터 적재 및 저장
- 01 데이터 적재 ... 126
- 02 데이터 저장 ... 130

적중예상문제 ... 142

제2과목 | 빅데이터 탐색

제1장 데이터 전처리

제1절 데이터 정제
- 01 데이터 정제 ... 175
- 02 데이터 결측값 처리 ... 186
- 03 데이터 이상값 처리 ... 188

제2절 분석 변수 처리
- 01 변수 선택 ... 190
- 02 차원축소 ... 193
- 03 파생변수 생성 ... 198
- 04 변수 변환 ... 199
- 05 불균형 데이터 처리 ... 201

적중예상문제 ... 203

제2장 데이터 탐색

제1절 데이터 탐색 기초
01 데이터 탐색 개요   220
02 상관관계 분석   222
03 기초통계량 추출 및 이해   228
04 시각적 데이터 탐색   240

제2절 고급 데이터 탐색
01 시공간 데이터 탐색   241
02 다변량 데이터 탐색   243
03 비정형 데이터 탐색   246

적중예상문제   251

제3장 통계기법 이해

제1절 기술통계
01 데이터 요약   262
02 표본추출   263
03 확률분포   273
04 표본분포   283

제2절 추론통계
01 점추정   287
02 구간추정   289
03 가설 검정   297

적중예상문제   302

제3과목 | 빅데이터 모델링

제1장 분석모형 설계

제1절 분석 절차 수립
01 분석모형 선정   321
02 분석모형 정의   322
03 분석모형 구축 절차   323

제2절 분석 환경 구축
01 분석 도구 선정   333
02 데이터 분할   341

적중예상문제   342

제2장 분석기법 적용

제1절 분석기법
01 회귀분석   351
02 로지스틱 회귀분석   363
03 의사결정나무   365
04 인공신경망   368
05 서포트벡터머신   370
06 연관성 분석   375
07 군집분석   376

제2절 고급 분석기법
01 범주형 자료 분석   380
02 다변량 분석   382
03 시계열 분석   393
04 베이지안 기법   402
05 딥러닝 분석   405
06 비정형 데이터 분석   417

이 책의 목차

2025 시대에듀 빅데이터분석기사 필기 한권으로 끝내기

07 앙상블 분석	424
08 비모수 통계	427
적중예상문제	436

제4과목 | 빅데이터 결과 해석

제1장 분석모형 평가 및 개선

제1절 분석모형 평가

01 평가지표	455
02 분석모형 진단	463
03 교차 검증	467
04 모수 유의성 검정	474
05 적합도 검정	477

제2절 분석모형 개선

01 과대적합 방지	479
02 매개변수 최적화	483
03 분석모형 융합	490
04 최종모형 선정	501
적중예상문제	503

제2장 분석결과 해석 및 활용

제1절 분석결과 해석

01 분석모형 해석	538
02 비즈니스 기여도 평가	548

제2절 분석결과 시각화

01 시공간 시각화	551
02 관계 시각화	559
03 비교 시각화	560
04 인포그래픽	562

제3절 분석결과 활용

01 분석모형 전개	563
02 분석결과 활용 시나리오 개발	564
03 분석모형 모니터링	567
04 분석모형 리모델링	574
적중예상문제	579

기출복원문제

2021년 제2회 기출복원문제	606
2021년 제3회 기출복원문제	637
2022년 제4회 기출복원문제	670
2022년 제5회 기출복원문제	699
2023년 제6회 기출복원문제	727
2023년 제7회 기출복원문제	758
2024년 제8회 기출복원문제	787
2024년 제9회 기출복원문제	813
2021년 제2회 정답 및 해설	840
2021년 제3회 정답 및 해설	851
2022년 제4회 정답 및 해설	861
2022년 제5회 정답 및 해설	869
2023년 제6회 정답 및 해설	877
2023년 제7회 정답 및 해설	888
2024년 제8회 정답 및 해설	897
2024년 제9회 정답 및 해설	906

빅데이터분석기사 필기 한권으로 끝내기

제1과목
빅데이터 분석 기획

제1장 빅데이터의 이해

제2장 데이터 분석 계획

제3장 데이터 수집 및 저장 계획

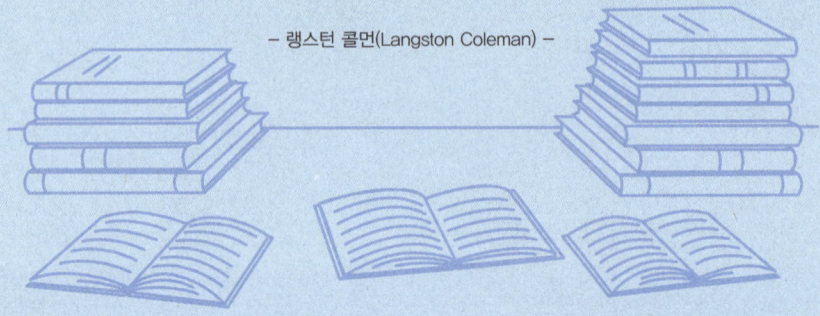

행운이란 100%의 노력 뒤에 남는 것이다.

– 랭스턴 콜먼(Langston Coleman) –

끝까지 책임진다! 시대에듀!

QR코드를 통해 도서 출간 이후 발견된 오류나 개정법령, 변경된 시험 정보, 최신기출문제, 도서 업데이트 자료 등이 있는지 확인해 보세요! **시대에듀 합격 스마트 앱**을 통해서도 알려 드리고 있으니 구글 플레이나 앱 스토어에서 다운받아 사용하세요. 또한, 파본 도서인 경우에는 구입하신 곳에서 교환해 드립니다.

제1과목 [빅데이터 분석 기획]

제1장 빅데이터의 이해

01 빅데이터 개요 및 활용

(1) 빅데이터의 특징

① 데이터(Data)의 정의
  ㉠ 데이터(Data)를 사전적으로 정의하면 재료, 자료, 논거라는 뜻인 Datum의 복수형이다.
  ㉡ 이를 다시 정의하면, '모든 분석 혹은 활용이 가능한 디지털화된 자료'로 볼 수 있으며, 현실 세계에서 관찰이나 측정을 통해 수집한 단순한 사실이나 결괏값으로 가공되지 않은 상태를 말한다.
  ㉢ 반면에 정보(Information)란 자료(Data)를 특정 목적에 맞게 가공해서 판단의 근거로 사용할 수 있도록 의미와 가치를 부여한 것으로서, 의사결정에 도움을 줄 수 있는 유용한 형태로 자료를 가공(처리)해서 얻을 수 있는 결과이다.
  ㉣ 디지털화된 데이터는 그 자체의 형식을 결정하는 존재론적 특성과 데이터의 활용 목적에 부합되는 목적론적 특성을 가진다.
  ㉤ 빅데이터 분석가(Big Data Analyst)는 데이터 수집 전, 이러한 데이터의 특성을 먼저 파악하는 것이 중요하다.

② 빅데이터(Big Data)의 정의
  기존 데이터베이스 관리 도구의 능력을 넘어서는 대량(수십 테라바이트, Terabyte)의 정형 또는 심지어 데이터베이스 형태가 아닌 비정형의 데이터(텍스트 등) 집합까지 포함한 데이터로부터 가치를 추출하고 결과를 분석하는 기술(빅데이터 분석 및 시각화 기술도 포함한 개념으로 이해)

③ 빅데이터의 주요 특징
  ㉠ 빅데이터는 양적인 측면의 특징(Volume)과 함께 다음 특징을 가진다.

〈표 1-1〉 빅데이터의 주요 특징

구 분	주요 내용
Volume (규모의 증가)	• 기술적 발전과 IT 서비스의 일상화로 디지털 정보량의 증가 • 데이터 집합의 크기가 수십 Terabyte에서 수 Petabyte로 증가 • 데이터 수집·관리·처리 소프트웨어의 수용 한계를 넘어섬
Variety (다양성)	• 로그, SNS, 위치, 구매, IoT 데이터 등 데이터 종류의 증가 • 텍스트, 멀티미디어 등 비정형화된 데이터 유형 증가 • 고정 필드에 저장되는 정형 데이터(주소, 이름, 나이 등) 포함 • 비정형 데이터(오디오, 비디오, 상품평, SNS 대화 등)의 다양화

Velocity (처리속도)	• 데이터의 양과 내용이 끊임없이 변화 • 사물(센서, 모니터링 등) 및 스트리밍 정보 등 실시간성 정보 증가 • 데이터 생성, 이동(유통) 속도의 증가 • 대규모 데이터의 빠른 처리 및 분석 속도 요구
Value (가치)	• 대용량 데이터 내부에 함축된 가치를 찾는 것이 중요 • 기존 DBMS 또는 데이터 분석 시스템으로는 작업이 어려움
Veracity (정확성)	• 데이터의 정확성, 타당성, 신뢰성(데이터 신뢰 수준) • 어떤 결정을 내리는 데 타당한 데이터인지 판단하는 속성

ⓒ 빅데이터의 특징 3V는 Volume, Variety, Velocity이며, 4V는 Volume, Variety, Velocity, Value(또는 Veracity), 5V는 Volume, Variety, Velocity, Value, Veracity이고, Validity(유효성)와 Volatility(휘발성)를 추가하여 7V로 정의하기도 한다.

ⓒ 다른 문헌에는 복잡성(Complexity)을 추가적으로 정의한다. 복잡성이란 데이터 종류의 확대(구조화되지 않은 데이터 등)와 외부 데이터 활용으로 데이터 처리·관리가 복잡해지고, 데이터 저장 방식의 차이로 데이터 중복성의 문제가 대두되고 있는 현상을 나타낸다.

ⓔ 또한, 새로운 빅데이터의 특징으로서 시각화(Visualization)를 제시하기도 한다. 빅데이터 분석에서 정형 및 비정형 데이터를 수집하여 복잡한 분석을 실행한 후 용도에 맞게 정보를 가공하는 과정을 거치며, 이때 중요한 것은 정보 사용 대상자의 이해 정도이다. 사용 대상자의 이해 정도를 극대화하기 위하여 다양한 시각화 기술을 사용하며 정보 가공과 시각화를 위해 시간적, 경제적 비용을 별도로 들인다.

ⓜ 빅데이터는 통상적으로 사용되는 데이터 수집, 관리 및 처리 소프트웨어의 수용 한계를 넘어서는 크기의 데이터(IBM이 최초로 정의)를 말한다.

ⓗ 빅데이터의 크기는 단일 데이터 집합의 크기가 수십 테라바이트(Terabyte)에서 수 페타바이트(Petabyte=2^{10} Terabyte)에 이르며, 그 크기가 끊임없이 변화하는 것이 특징 중 하나이다. 참고로, 데이터 크기 단위의 순서는 다음과 같다.

> Byte < KB(Kilo Byte, 2^{10}Byte) < MB(Mega Byte, 2^{10}KB) < GB(Giga Byte, 2^{10}MB) < TB(Tera Byte, 2^{10}GB) < PB(Peta Byte, 2^{10}TB) < EB(Exa Byte, 2^{10}PB) < ZB(Zetta Byte, 2^{10}EB) < YB(Yotta Byte, 2^{10}ZB) < BB(Bronto Byte, 2^{10}YB) < GeB(Geop Byte, 2^{10}BB)

ⓢ 과거 아날로그 시대, 데이터는 물리적 매체(예를 들어, 종이에 기록하여 데이터 축적)를 통해서 기록되었다. 그러나 디지털 시대에서는 데이터 복사가 쉬워지고, 데이터 생산 방식이 과거에 비해 혁신적으로 간편해지면서 데이터는 기하급수적으로 증가하고 있다.

ⓞ 텍스트 위주의 데이터보다 오디오, 비디오 등의 대용량 멀티미디어 콘텐츠 데이터가 일반화되면서 데이터의 크기 또한 폭발적으로 증가하고 있다.

ⓩ 최근에는 소셜 미디어(카톡, 페이스북, 트위터, 인스타그램 등)와 함께 개인, 기업, 공공기관 등에서 데이터를 수집할 수 있는 다양한 경로들이 제공되고 있어 이들을 이용한 업무 효율성 제공 방안들이 많이 제시되고 있다.

ⓩ 특히, 해외 주요 선진국과 마찬가지로 우리나라 정부에서도 공공데이터포털 사이트(http://data.go.kr)를 이용한 정보 공개[2020년 데이터3법(개인정보보호법, 정보통신망법, 신용정보법 개정) 통과]를 통하여 업무의 안전성 제고, 대민 신뢰도 향상 및 투명한 국가 운영을 목표로 하고 있다.

ⓒ 최근 빅데이터 분석을 통한 인공지능 기술 및 서비스 개발과 관련하여 인공지능 소프트웨어 개발 전문가와 함께 빅데이터 분석가(Big Data Analyst) 또는 데이터 과학자(Data Scientist, 데이터 사이언티스트) 인력에 대한 수요가 급증하고 있다.

ⓔ 빅데이터 분석가는 기본적인 수학적 지식(확률·통계 포함), 프로그래밍 능력, 데이터 분석 분야에 대한 전문적 지식 외에도 창의적이고 논리적인 사고와 함께 다른 분야의 사람들과 함께 늘 협업하여 작업해야 하는 경우가 많아 침착성과 의사소통 능력이 요구된다.

④ 빅데이터의 유형

㉠ 지금까지 텍스트(또는 숫자) 위주의 정형화(Structured)된 데이터에서 최근에는 데이터의 성격이 다변화되어 다음 그림처럼, 반정형(Semi-structured) 및 비정형 데이터(그림, 동영상, 음성, 로그, 센서 데이터 Stream 등의 Unstructured Data)들이 대량으로 발생하고 있다.

㉡ 따라서 데이터의 수집부터 저장, 처리 및 관리에 이르기까지 새로운 접근 방법이 요구된다.

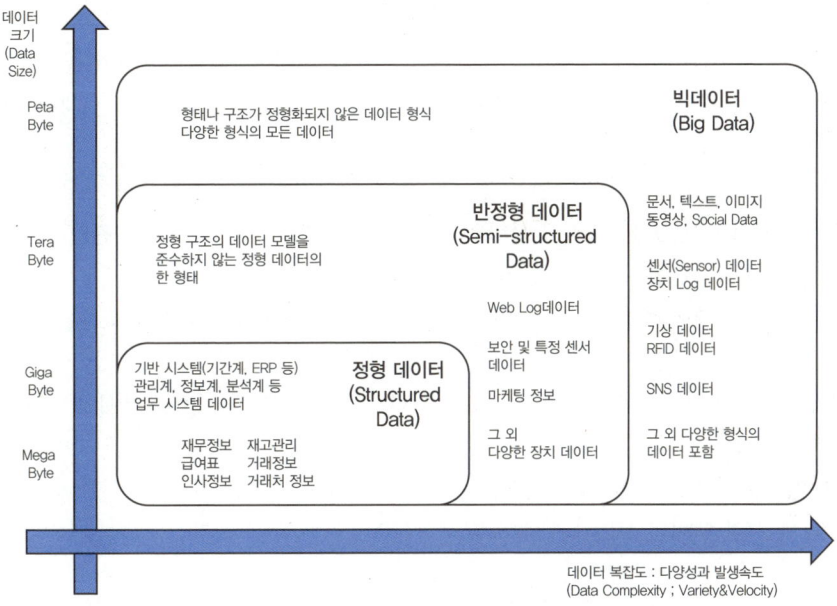

[데이터의 복잡도와 크기에 따른 분류]

㉢ 데이터 유형 및 소스를 분류하여 비교하면 다음과 같다.

〈표 1-2〉 데이터 유형 및 소스

유 형		데이터 소스
정형 데이터		• 업무 처리, 매개 거래, 로그 데이터, 시계열 데이터 • DB to DB, Sqoop, EAI(Enterprise Application Integration) • ETL(Extract, Transform, Load) 등을 이용한 수집
반정형 데이터		• 데이터 내부에 데이터 구조에 대한 메타 정보 포함 • HTML, XML, JSON, RSS, 웹로그, 보안 및 특정 센서 데이터 등
비정형 데이터	일 반	• 소셜 미디어(SNS), 고객 서비스, 품질보증 • 이벤트, 이메일, 자유형식의 텍스트
	센서 데이터	온도, QR 코드, RFID, GPS

비정형 데이터	새로운 데이터 유형	GPS 매칭, 오디오, 정지화상, 비디오
	데이터 수집	Crawler, FTP, HTTP Protocol 수집, Parsing

　　② 정형 데이터는 데이터베이스의 정해진 규칙(Rule)에 맞게 저장된 데이터들로서 구조화되어 있다는 말 그대로 관계형 데이터베이스(Relational Database), 스프레드시트(Spreadsheet), CSV 등의 데이터를 의미한다.
　　⑩ 반정형 데이터는 정형적인 데이터 구조를 따르지 않지만, 어의적 요소(단어나 말의 뜻)를 분리시키고 데이터 내의 레코드와 필드의 계층구조가 있게 하는 태그나 다른 마커를 포함하는 정형 데이터를 의미한다.
　　ⓑ 비정형 데이터는 사전에 정의된 데이터 분석 모델을 가지고 있지 않으며, 데이터의 구조와 형태가 데이터마다 다르고 정형화되지 않은 문서, 영상, 음성 등을 의미한다.

⑤ 빅데이터의 의미
　　㉠ 1990년 이후 인터넷이 확산되어, 정형화된 정보와 비정형 형태의 정보가 무수히 발생하면서 정보 홍수나 정보 폭발이라는 개념으로 논의되었고, 최근 '빅데이터'라는 개념으로 이어지게 되었다.
　　㉡ 그동안 인터넷에서 발생한 수많은 정보는 인터넷 서비스 기업이 보관하거나 일부는 상업적으로 이용되기도 하였다. 그리고 모바일 스마트 기기의 확산으로 개인과 관련된 비정형 데이터가 축적되면서 데이터는 더욱 증가하게 되었다.
　　㉢ 특히, 소셜 미디어의 증가는 공적인 정보뿐만 아니라 사적인 정보까지 교류함으로써 빅데이터 시대의 시작을 알리는 계기가 되었다.
　　㉣ 빅데이터의 정의는 데이터 규모와 기술 측면에서 출발했으나, 최근 빅데이터의 가치와 활용 효과 측면으로 그 의미가 확대되고 있다.
　　㉤ 빅데이터는 고객 정보와 같은 정형화된 자산 정보(내부)뿐만 아니라 외부 데이터 및 비정형, 소셜, 실시간 데이터 등이 복합적으로 구성된다.

확인 문제 **빅데이터의 특징**

다음 중 빅데이터의 특징에 해당하지 않는 것은?

① 규모의 증가
② 복잡성의 증가
③ 단순성의 증가
④ 가치의 증가

풀이 빅데이터는 Volume(규모), Variety(다양성), Velocity(속도), Value(가치), Veracity(정확성)의 특징을 가진다.
정답 ③

> **확인 문제** **빅데이터의 유형**
>
> 다음 설명에 해당하는 것은?
>
> | 그림, 동영상, 음성, 로그, 센서 데이터 Stream 등 형태나 구조가 정형화되지 않고 다양한 형식을 갖는 데이터 형식 |
>
> ① Structured Data(정형 데이터)
> ② Semi-structured Data(반정형 데이터)
> ③ Unstructured Data(비정형 데이터)
> ④ Streaming Data(스트리밍 데이터)
>
> **풀이** 비정형 데이터(Unstructured Data)에 대한 설명이다. 비정형 데이터는 형태나 구조가 정형화되어 있지 않은 그림, 동영상, 음성, 로그 데이터 등을 의미한다.
>
> **정답** ③

(2) 빅데이터의 가치

① 빅데이터 분석의 중요성

　㉠ 대규모 데이터에 대한 데이터 생성, 수집, 분석, 표현을 그 특징으로 하는 빅데이터 기술의 발전으로 다변화된 현대 사회를 더욱 정확하게 예측하여 효율적으로 작동케 하고, 개인화된 현대 사회 구성원마다 맞춤형 정보를 제공, 관리, 분석을 가능케 하며, 과거에는 불가능했던 기술을 실현시키고 새로운 서비스를 제공한다.

　㉡ 빅데이터는 경제, 사회, 문화, 정치, 과학 기술 등 전 영역에 걸쳐서 인류와 사회에게 가치 있는 정보를 제공할 수 있게 됨으로써 그 중요성이 점점 더 부각되고 있다.

　㉢ 미래에는 빅데이터에 대한 잠재적 가치와 함께 잠재적 위험이 공존하지만, 사회경제적으로 성패를 좌우하는 핵심적인 원천이 될 것으로 전망된다.

　㉣ 빅데이터는 수십 Terabyte에서 수 Petabyte에 이르기까지 규모가 상대적으로 크기 때문에 그 활용성에 있어서 네이터 가치가 확인되어야 종합적인 데이터의 가치나 투자자본수익률(ROI ; Return on Investment)이 보장된다.

② 빅데이터의 활용 가치

　㉠ 빅데이터의 사회경제적 가치에 대해 맥킨지(McKinsey)에서는 산업 투명성 증대, Needs 및 Trend 예측, 맞춤형 비즈니스, 자동화된 알고리즘을 이용한 의사결정 자동화 및 비즈니스 모델의 혁신을 제시하고 있다.

　㉡ 빅데이터의 활용 가치는 크게 비용절감 또는 수익증대로 구분하여 평가할 수 있으며, 수익증대는 신속하고 정교한 의사결정을 돕는 데이터 패턴 파악, 미래예측을 통한 효익(效益) 창출 등으로 구분된다.

ⓒ 예를 들어, 의료 및 보건 분야에서 빅데이터 분석을 통한 질병 예측을 통해 당뇨나 암 환자를 예측해서 환자의 조기 진단이나 예방을 할 수 있다면, 질병의 초기에 대응함으로써 중증인 상태에서 대응할 때 발생하는 개인 및 사회적 비용을 감소시킬 수 있다.
　　ⓔ 산업 현장에서는 사용 중인 설비에 대하여 빅데이터를 활용하여 예방·유지보수를 보다 정교하게 함으로써 기존보다 고장시간이 감소되어 노동 생산성, 설비 생산성 등 다양한 지표가 개선된다.
　　ⓜ 도서를 출판하는 경우에도 지금까지 통상 한 번에 1,000부 단위로 인쇄하였다 하더라도 기대수요에 대한 데이터 분석결과를 활용하여 기대수요가 500부 미만으로 예측된다면, 500부만 인쇄하는 것이 보다 비용 효율적일 것이다.

③ 빅데이터의 가치 측정 및 향상
　　ⓐ 시스템에 저장된 데이터가 어떤 개인에게는 필요 없는 정보일 수 있지만, 이들을 모아 산업적 측면과 기업의 의사결정에 활용하는 등 새로운 가치 창출로 활용될 수 있다.
　　ⓑ 데이터를 어떻게 활용하느냐에 따라 다양하게 이용될 수 있으므로 사전에 어떤 일괄적인 기준으로 데이터의 가치를 평가하기는 쉽지 않다.
　　ⓒ 데이터의 가치를 창출하기 위해 기존의 잘못된 상식이나 정보를 증명함으로써 데이터의 가치를 증명하기도 하며, 실생활의 응용을 통해서도 그 가치를 보여주기도 한다.
　　ⓓ 최근에는 다양한 데이터 분석 기술의 발전으로 지금까지 불가능했던 것이 가능해져 페이스북이나 블로그 등의 수많은 정보를 활용하여 추가적인 의사결정에 활용함으로써 데이터의 가치에 많은 영향을 주고 있다.
　　ⓔ 빅데이터의 특징(3V : Volume, Variety, Velocity)과 관련되어 데이터의 가치(Value)는 비용적 요소인 데이터 규모의 증가(Volume)와 다양성(Variety)을 고려하고 창조적인 아이디어와 결합하여 중요한 가치로 전환될 수 있다.
　　ⓕ 예를 들어 기업에서 다양한 채널에서의 고객의 행동 패턴 정보(Volume)를 수집, 분석하기 위해 많은 비용이 발생할 수 있다. 그러나 고객 행동 패턴이 서로 다른 점(Variety)을 활용하여 고객 성향을 파악할 수 있다면, 비용 이상의 데이터 가치(Value)를 얻을 수 있다.
　　ⓖ 그리고 데이터 처리속도(Velocity) 측면에서도 데이터를 신속하게 제공하여 미처 대응하지 못한 일들을 빠르게 처리함으로써 발생할 수 있는 사고나 재해를 사전에 예방할 수 있고 실시간으로 부가적인 서비스를 제공함으로써 수요자에게 편리성을 제공하는 등의 가치 향상에 도움을 줄 수도 있다.

④ 빅데이터 분석 및 활용 사례
　　ⓐ 빅데이터 분석의 목적은 기업 및 기관마다 서로 다르며, Gartner 그룹은 'The Big Data Value Model'을 통해 빅데이터 분석의 주요 목적을 여섯 개의 카테고리(고객분석, 제품 및 처리과정의 효율성 제고, 디지털 제품·서비스 제공, 운영 효율성, 디지털 마케팅, 리스크 관리·운영)로 구분하였다.
　　ⓑ 최근에는 기업에서 제품 차별화, 원가 절감, 소비자 행동 분석 등과 함께 고객관계관리, 고객 경험의 변화, 내부 프로세스 및 효율성 개선, 신규 가치 창출 등의 목적으로 빅데이터 분석의 목적을 설정하고 있다.
　　ⓒ 공공 분야에서는 재난 정보의 도출로 사전 재난 예방을 위해 노력하고 있고, 사회적으로는 다양한 사회적 기회 창출을 위해 빅데이터 분석을 활용한다.

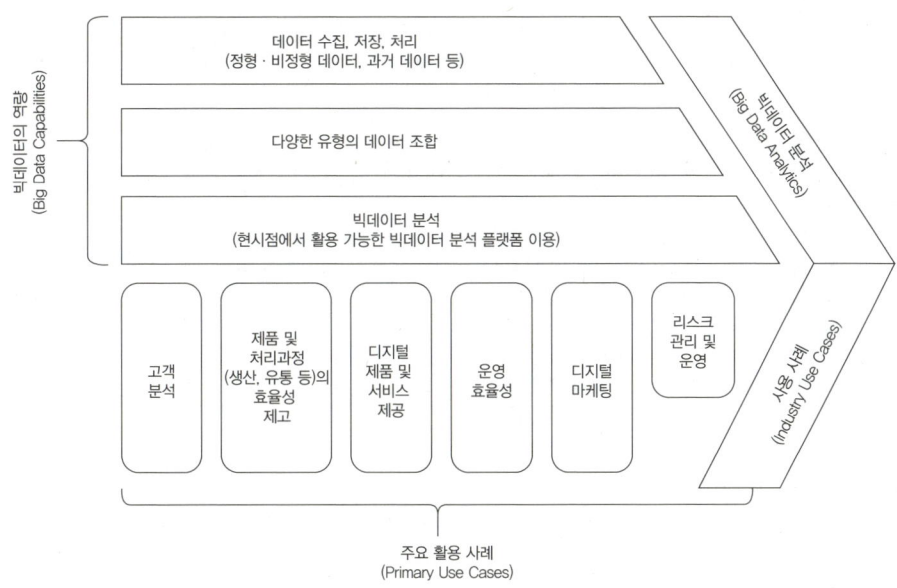

[빅데이터 분석의 목적(Gartner)]

㉣ 빅데이터 분석을 활용한 대표적인 사례로서 경제, 공공 및 기타 분야의 활용 예는 다음과 같다.

〈표 1-3〉 빅데이터 분석 활용 사례

구 분	활용 사례
경제	• 기업에서 주로 활용되고 있는 ERP, CRM, SCM 등의 분야에서 데이터를 보다 효율적으로 사용함으로써 전사적인 프로세스 개선과 고객 반응과 연계된 성과 향상의 기회로 활용 • CRM 분야에서 고객의 니즈와 반응을 알아보기 위해 소셜 미디어와 거래 데이터를 분석하고 프로모션에 활용 • 마케팅 분야에서 소셜 미디어를 통해 고객들에게 메시지를 전달하고 소셜 미디어 및 인터넷 전반에 퍼지는 확산효과를 분석하여 고객들의 반응을 파악하고 마케팅의 효과를 파악 • 오프라인이나 온라인에서의 고객 행동을 분석하여 기업 매출과의 관련성을 파악하고 기업 마케팅에 활용 • 기업의 브랜드, 제품에 대한 고객의 반응 등을 조사해서 고객들의 평가를 파악하고 경쟁사 대비 차별적인 전략 수립에 활용 • 제조업의 경우 고객 반응 기반의 제품 개발 및 생산에 반영 • 스마트 제조업의 경우 생산 현장의 데이터를 수집·저장·분석하여 설비의 가동, 생산성 및 품질 향상에 활용 • 포드 차량에 설치된 센서로 운전자의 주행 습관 데이터 수집, 고객의 요구를 분석하여 신제품 개발에 반영 • 맥도날드 고객 데이터(카드 구매) 분석 경영 전략 수립 • 한국석유공사의 유가예측 서비스 및 위치기반 최저가 유가 서비스 제공 • 데이터 속에서 일관적인 경향을 나타내는 패턴을 잘 파악해 문제를 발생시키는 원인이나 상황을 찾아내는 분석 기법인 진단분석(Diagnostics Analysis)을 활용해 언제, 어디서, 어떤 일이 얼마나 발생했는지를 파악해 체계적으로 정리함으로써 문제 해결과 빅데이터에 기반한 인공지능의 발전으로 유용성을 증대시킴. 예를 들어 기업의 진단분석을 통하여 기업 규모, R & D 규모, 사업화 역량, 산업 분류 등을 기반으로 경영 역량, 혁신 역량, 기획 및 수행 역량 등을 평가
공공	• 공공분야 현장 이슈의 개선 및 미래 예측에 활용 • 예를 들어 주거지역에 대한 위성 이미지 분류 기법을 이용한 빈곤층 지원 사업에 활용 • 하수처리장에 대한 수위 수준 정보를 실시간으로 수집·분석하여 인력을 적절히 배치하고 문제 발생 전 조치를 통한 사고 방지 • 여러 가지 재난으로부터 국민들을 안전하게 보호 : 센서를 이용한 진동·소음 사전 징후 분석, 산사태 예방 및 방지, 위험 지역 및 빌딩에 대한 정보 공개를 통한 안전한 시민 생활 유도

기 타	• 범죄 발생시간, 지역, 수법 및 패턴을 분석하여 범죄발생 정보 예측 및 예방 • 도시 지역에서의 다양한 행사 정보를 통합적으로 수집 · 분석하여 교통 및 안전 관리에 활용, 교통 통제 및 원활한 교통 흐름에 활용 • 국민들의 의견을 수렴하여 현안을 파악하고 정부 정책의 수립에 활용 • 정치인들의 정책 실행 수준을 평가하기 위해 뉴스 및 다양한 미디어의 정보 분석 • 엔터테인먼트 분야에서 영화 흥행에 대한 데이터 분석을 통해 영화 홍보 업무 등의 사업추진에 활용 • 구글의 검색어 분석을 통한 독감 예보 서비스(Google Flu Trends) • 유전자 통계, 기후환경, 소셜 미디어 정보 분석 등 다양하게 활용 • 스마트 시티 구현, 교통 · 물류 · 공해 문제 해결 • 주차장 차량인식 서비스 제공 • 버스노선 신설, 배차 간격 서비스 제공 • 태풍, 허리케인 등 재해 예방 활용

⑤ 빅데이터의 효과 및 전망
  ㉠ 빅데이터는 정치, 사회, 경제, 문화, 과학기술 등 전 영역에 걸쳐서 사람들에게 가치 있는 정보를 제공한다. 빅데이터 기술의 발전은 다변화된 현대 사회를 정확하게 예측하여 효율적인 작동에 기여한다.
  ㉡ 또한, 개인화된 현대 사회 구성원마다 맞춤형 정보 제공, 관리, 분석 서비스 등을 제공하며, 과거에는 불가능했던 기술을 실현 가능하게 하고 있다.
  ㉢ 앞으로도 경제, 공공, 사회 및 기타 전 영역에서 빅데이터의 도입과 활용은 산업 경쟁력 제고, 생산성 향상, 기능 혁신을 통한 새로운 가치를 창출할 것으로 전문가들은 전망하고 있다.

확인 문제 | **빅데이터 분석 활용 분야**

다음 중 빅데이터 분석의 활용 분야(Use Case)로 적절하지 않은 것은?

① 빅데이터의 효율적인 수집 및 저장
② 고객이 구매하는 상품의 선호도 분석
③ 고객이 원하는 디지털 제품 및 서비스 제공 방안 도출
④ 제품의 생산 및 유통 과정의 효율성 제고

풀이 빅데이터 수집 및 저장은 빅데이터의 주요 요소 기술 중 하나로 빅데이터 분석 활용 분야로 보기 힘들다. 그 외에도 빅데이터 분석은 시스템 운영의 효율성 제고, 디지털 마케팅, 리스크 관리 및 운영 등의 분야에 널리 활용된다.

정답 ①

---

(3) 데이터 산업의 이해
  ① 빅데이터 산업 구조
    ㉠ 빅데이터 서비스 모델을 검토하기 위해서는 우선 빅데이터의 산업 구조를 살펴보아야 한다.
    ㉡ 빅데이터 산업은 크게 인프라 부분과 서비스 부분으로 나눈다. 인프라 부분은 빅데이터를 구성하기 위한 데이터의 수집, 저장, 분석, 관리 등의 기능을 담당하는 컴퓨터, 단말기, 네트워크, 서버, 스토리지 등의 하드웨어와 관리, 분석 도구 등의 소프트웨어로 구분할 수 있다.

ⓒ 서비스 영역은 교육, 컨설팅, 솔루션(분석, 저장, 관리, 검색, 통합 등), 데이터 및 정보 제공, 데이터 처리 등의 다양한 영역을 포함한다.
ⓓ 다음은 빅데이터의 산업 구조를 나타내며, 인프라 부분은 주로 단말 및 장비 공급자와 소프트웨어 공급자들이 포함되고, 서비스 부분은 빅데이터 서비스 제공업자 또는 유무선 통신 서비스 업자 등이 포함된다.

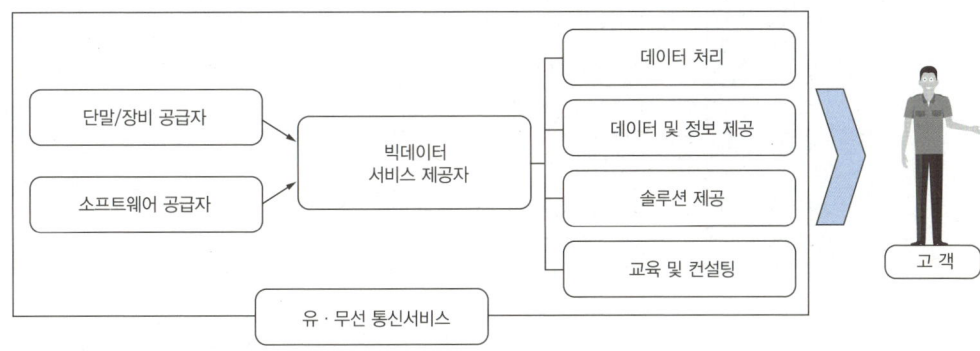

[빅데이터의 산업 구조 및 서비스]

② 빅데이터 서비스 모델
  ⓐ 빅데이터 서비스 모델(빅데이터 비즈니스 모델이라고도 함)이란, 빅데이터 서비스 제공자(또는 유무선 통신 서비스 제공자)가 단말·장비 공급자와 소프트웨어 공급자로부터 구매한 인프라를 이용하여 고객(사용자)에게 데이터 처리, 데이터 및 정보 제공, 솔루션 제공, 교육 및 컨설팅 제공 등의 서비스를 제공하는 방법을 의미한다.
  ⓑ 빅데이터 서비스 모델을 데이터 분석 플랫폼 관점에서 하드웨어(데이터 저장), 소프트웨어(데이터 분석), 애플리케이션(새로운 비즈니스 기회 발굴, 사용자와의 커뮤니케이션, 분석결과 서비스 제공 등) 레벨로 구분한다.
  ⓒ 대표적으로 빅데이터 분석을 통해 고객들에게 효율적인 서비스를 제공하는 기업의 사례는 다음과 같다.

〈표 1-4〉 빅데이터 서비스 모델 사례

구 분	사 례
홈쇼핑 상품 추천	• 고객 패턴의 움직임을 기반으로 한 구매 기능 상품 추천 • 고객의 행동(Click, Page View 등)을 데이터화
음악 콘텐츠 추천	• 이용자 관심도에 따른 콘텐츠 추천 • 이용자들의 콘텐츠 이용 패턴 분석 • 동일 패턴의 이용자별로 콘텐츠 및 서비스 추천
신종플루 발병 시기 예측	• 신종플루의 발병 시기 예측(구글) • 질병통제센터보다 몇 주 앞서 신종플루 발병 시기 예측 • 최근 몇 년간 가장 많이 검색된 키워드의 시간별 변동성 분석 • 임의의 지역에서 신종플루 관련 키워드 변동성 분석
소셜 네트워크 분석	• 사용자 행동 및 사용자들 사이의 상호 연결 링크 분석(친구 추천) • SNS 및 소셜 커뮤니티의 주요 운영자 분석(마케팅 활용)

② 효율적인 데이터 분석을 위하여 빅데이터 분석가는 데이터 분석의 목표를 정확히 이해하고 빅데이터 서비스 모델과 비즈니스 도메인에 대한 이해를 토대로 데이터를 수집하고 분석하여야 한다. 빅데이터 비즈니스와 관련된 주요 용어를 요약하면 다음과 같다.

〈표 1-5〉 데이터 비즈니스 관련 주요 용어

구 분	주요 내용
비즈니스 모델	비즈니스 수행을 위해 필요한 구성요소 간의 상호 관계를 모델화한 것
비즈니스 용어	특정 비즈니스 영역에서 주로 사용되는 용어 및 관계 사전
비즈니스 프로세스	다양한 시스템과 비즈니스 요소들이 넓게 분산되어 있고 커스터마이즈(Customized)되어 있는 복잡하고 역동적인 실체, 고객에게 가치를 전달하는 데 필요한 모든 순차적, 병렬적 활동들의 집합
도메인 전문가 인터뷰	분석대상 분야에 대한 경험과 깊이 있는 지식을 가진 전문가 인터뷰, 해당 영역에서의 데이터 종류, 유형, 특징 정보 습득

확인 문제 | **빅데이터 서비스 모델의 정의**

다음 설명에 해당하는 것은?

> 빅데이터 서비스 제공자(또는 유무선 통신 서비스 제공자)가 단말·장비 공급자와 소프트웨어 공급자로부터 구매한 인프라를 이용하여 고객(사용자)에게 데이터 처리, 데이터 및 정보 제공, 솔루션 제공, 교육 및 컨설팅 제공 등의 서비스를 제공하는 방법

① Big Data Analysis Model
② Big Data Model
③ Big Data Process Model
④ Big Data Service Model

풀이 빅데이터 서비스 모델(Big Data Service Model)에 대한 설명이다. 빅데이터 서비스 모델에서 빅데이터를 활용한 비즈니스 수행을 위해 필요한 구성요소들 사이의 상호 관계를 정의한다.

정답 ④

---

(4) 빅데이터 조직 및 인력

① 빅데이터 조직 및 운영 체계

㉠ 빅데이터 운영·관리 체계는 빅데이터 분석 시스템 구축 후, 지속적으로 데이터 분석결과를 고도화하고 분석 과제 등을 추가로 발굴하는 등의 분석 업무를 중요한 하나의 업무로 인식시키고 안정적으로 데이터 분석 시스템을 운용하는 데 필수적으로 요구된다.

㉡ 데이터 분석 체계를 효율적으로 지원하고, 전사적인 데이터 수집 현황에 따라 고품질의 데이터 관리·분석 수행을 위한 빅데이터 저장·관리 운영 조직 체계가 필요하다.

㉢ 빅데이터 시스템 운영을 위한 조직과 체계의 주요 내용은 다음과 같다.

⟨표 1-6⟩ 빅데이터 시스템 조직 및 운영 체계

구 분	주요 내용
조 직	• 빅데이터 시스템 운영을 위한 시스템 엔지니어 • 데이터베이스 엔지니어 • 빅데이터 소프트웨어 엔지니어 조직 구성 • 분석결과의 사용자, 데이터 분석팀, 데이터 시스템 운영팀 사이의 협업을 원활하게 하기 위한 조직 구성
운영 체계	• 효율적이고 안정적인 시스템 운영을 위한 운영 체계 • 시스템 상시 모니터링 체계 • 시스템 장애 발생 시 장애 대응 시나리오 체계 • 데이터 훼손 시 데이터 복구 체계 • 주기적인 데이터 백업 체계 및 복구 테스트 수행 • 정보보호 규정을 고려한 운영 체계 • 사용자별 권한 관리 및 운영 체계

　ⓔ 빅데이터 분석 업무 수행 조직은 크게 집중 구조(전담 조직에서 분석 업무 담당, 우선순위 업무 수행, 타 부서와의 업무 중복 및 이원화 가능성 높음), 기능 구조(일반적인 형태로 해당 부서에서 분석 수행, 과거에 국한된 분석 수행 가능성, 전사적 핵심 분석의 어려움), 분산 구조(분석 인력을 현업 부서로 직접 배치, 전사적 차원의 우선순위 수행, 빠른 피드백 및 모범 사례 공유 가능, 부서업무와 역할 분담을 명확하게 설정하여야 함)로 구분된다.

② 데이터 사이언스(Data Science)
　㉠ 데이터 사이언스는 통계 방법을 이용하여 대량의 데이터를 처리하는 여러 학문 분야가 관련된 과학으로서, 데이터에 대한 직관력을 획득할 수 있게 해주는 학문 분야이다. 즉, 데이터 사이언스는 다양한 데이터를 다루는 방법론, 프로세스, 알고리즘, 시스템을 다룬다.
　㉡ 데이터 사이언스는 인공지능, 컴퓨터 사이언스, 통계적 수학, 패턴인식, 정보공학, 머신러닝, 데이터베이스, 빅데이터, 데이터 마이닝, 그리고 비즈니스 등 다양한 분야들이 융합된 학문 영역으로 볼 수 있다. 데이터 사이언스의 주요 영역 및 연구 분야를 나타내면 다음과 같다.

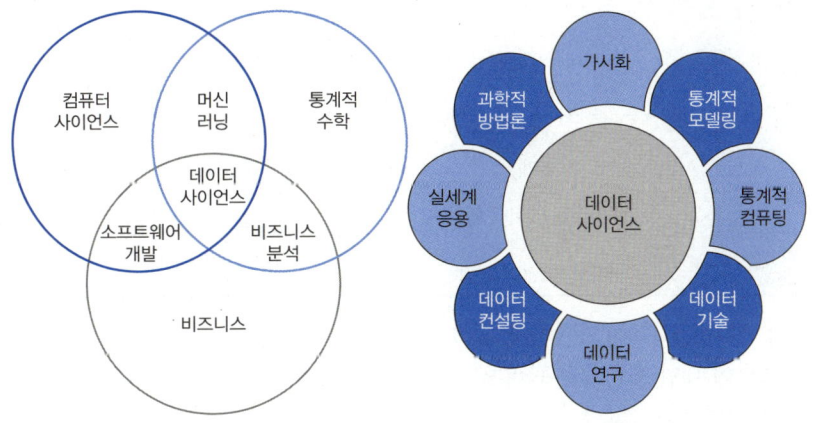

출처 : 김대수, 처음 배우는 인공지능

[데이터 사이언스의 주요 영역]　　[데이터 사이언스의 연구 분야]

ⓒ 데이터 사이언스와 관련된 업무의 전문가를 데이터 과학자(Data Scientist)라고 하며, 이들은 통계적 지식, 프로그래밍 능력, 머신러닝 기술 등을 사용하여 대규모 데이터세트로부터 과거를 분석하거나 미래를 예측하는 일에 쓰일 수 있는 패턴을 찾아낸다. 즉, 데이터 전문가로서 데이터를 수집하고, 분석하며, 결과를 보고하는 등 데이터 사이언스와 관련된 전반적인 일에 책임있게 관여한다.

ⓔ 데이터 과학자에게 필요한 지식과 기술을 요약하면 다음과 같다.
- 컴퓨터 사이언스, 인공지능, 통계학의 방법론 활용
- 인터넷으로 데이터를 효율적으로 수집하는 컴퓨터 지식
- 대규모 데이터를 다룰 프로그래밍 기술
- 데이터 분석 과정에서 통계처리의 기초 지식
- 분류와 클러스터링 등 머신러닝 관련 지식과 기술
- 데이터 분석결과를 시각화할 수 있는 기술

③ 빅데이터 분석 기획 능력

ⓐ NCS(국가직무능력표준, National Competency Standards)에서는 빅데이터 분석 직무를 다음과 같이 정의한다.

> 대용량의 데이터 집합으로부터 유용한 정보를 찾고 결과를 예측하기 위해 목적에 따라 분석기술과 방법론을 기반으로 정형·비정형 대용량 데이터를 구축, 탐색, 분석하고 시각화를 수행하는 업무

ⓑ NCS에서는 빅데이터 분석 기획 능력단위를 다음과 같이 네 가지 요소로 구분하고 있다.

〈표 1-7〉 NCS 능력단위 요소(빅데이터 분석 기획)

NCS 능력단위	학습 모듈	학습 내용
도메인 이슈 도출하기	분석과제 As/Is 및 개선 방향 작성	• 주어진 업무에 대한 문제점을 정의하고 빅데이터 분석을 통한 개선 방향 도출 • 문제점 및 이에 대한 개선 목표가 포함된 빅데이터 요건 정의서 수립
분석목표 수립하기	분석목표정의서 확정	빅데이터 분석을 통해 얻고자 하는 목표를 정의한 분석목표정의서 수립
프로젝트 계획하기	프로젝트 계획 설계	빅데이터 분석을 위한 예산, 소요기간, 현재의 IT 환경 등을 고려하여 WBS(Work Breakdown Structure) 설계
보유데이터 자산 확인하기	내·외부 데이터 활용 수준 분석 및 컴플라이언스 점검	• 분석목표와 프로젝트 계획에 따른 사전 데이터 점검 • 데이터 품질, 분량, 수집 경로 및 데이터 유형 점검

④ 데이터 거버넌스(Data Governance)

ⓐ 데이터에 대한 표준화된 관리 체계를 수립하고 운영을 위한 프레임워크 및 저장소를 구축하는 것을 의미한다.
ⓑ 주요 관리 대상으로서 마스터 데이터, 메타 데이터, 데이터 사전 등이 있다.
ⓒ 데이터의 가용성, 유용성, 통합성, 보안성, 안전성을 확보하도록 노력하여야 한다.
ⓓ 데이터 거버넌스의 핵심 구성 요소는 원칙(Principle : 데이터 유지 및 관리, 품질 기준, 보안, 변경관리 지침), 조직(Organization : 데이터 관리 조직, 역할, 책임, 관리자, 데이터 아키텍처 등), 프로세스(Process : 데이터 활동, 체계, 작업 절차, 모니터링 및 측정 활동 등)이다.

⑤ 데이터 분석을 위한 조직의 성숙도 수준 평가
  ㉠ 데이터의 분석 능력 및 분석결과의 활용도에 대한 데이터 분석 조직의 성숙도 수준을 평가해 현재 상태를 점검하여야 한다.
  ㉡ 주요 평가도구로 CMMI(Capability Maturity Model Integration, 능력 성숙도 통합 모델)를 사용하며 CMMI는 소프트웨어 개발 및 전산장비 운영 업체들의 업무 능력 및 조직의 성숙도를 평가하는 모델로도 사용된다.
  ㉢ CMMI는 아래 그림과 같이 4가지 프로세스 영역(Process Management, Project Management, Engineering, Support)으로 구분된다.

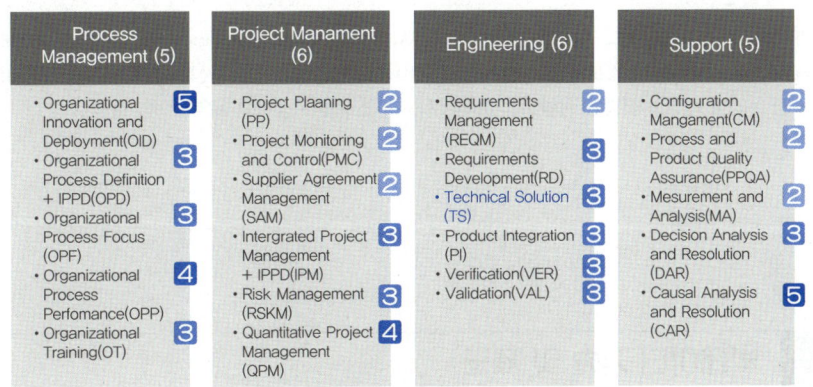

[CMMI 능력 성숙도 통합 모델 프로세스]

  ㉣ 데이터 분석을 위한 조직의 성숙도는 아래와 같이 도입, 활용, 확산, 최적화 단계로 진화한다.

〈표 1-8〉 데이터 분석을 위한 조직의 성숙도 수준

구분	도입	활용	확산	최적화
주요 업무	분석 시작환경 및 시스템 구축	분석결과 적용	전사적 차원에서 분석 관리 및 공유	혁신 및 성과 향상
비즈니스	• 실적 분석 • 정기보고 • 운영 데이터 기반	• 미래결과 예측 • 시뮬레이션 • 운영 데이터 기반	• 전사적 성과 실시간 분석 • 프로세스 혁신 • 분석 규칙관리 • 이벤트 관리	• 외부 환경분석 • 최적화 • 실시간 분석 • 비즈니스 모델 진화
조직 역량	• 일부 부서 • 담당자 역량 의존	• 전문 부서 • 분석 기법 도입 • 관리자 분석 수행	• 모든 부서 • 분석 CEO • 데이터 사이언티스트	• 데이터 사이언스 그룹 • 경영진 활용 • 전략과 연계
IT 부문	• Data Warehouse • Data Mart • ETL/EAI • OLAP	• 실시간 대시보드 • 통계적 분석 환경	• 빅데이터 관리 • 시뮬레이션 최적 • 비주얼 분석 • 분석 전용 서버	• 분석 협업 • 분석 SandBox • 프로세스 내재화 • 빅데이터 분석

  ㉤ 조직의 데이터 분석 수준을 진단하기 위하여 6가지의 분석 준비도(Readiness, 분석 업무 파악, 인력 및 조직, 분석 기법, 분석 데이터, 분석 문화, IT 인프라)와 3개 영역(비즈니스, 조직 및 역량, IT)에 대한 성숙도(Maturity)를 평가한다. (준비도 낮음, 성숙도 낮음)의 경우 준비형, (준비도 낮음, 성숙도 높음)은 정착형, (준비도 높음, 성숙도 낮음)은 도입형, (준비도 높음, 성숙도 높음)은 확산형 수준으로 평가(사분면 분석, Analytics Quadrant)한다.

> **확인 문제** **빅데이터 운영·관리 조직**
>
> 다음 중 빅데이터 저장, 관리, 운영 및 분석을 위해 필요한 조직 체계의 구성으로 가장 적절한 것은?
>
> ① AI Engineer, Database Engineer, Software Engineer
> ② System Engineer, Database Engineer, AI Engineer
> ③ System Engineer, Database Engineer, Hardware Engineer
> ④ System Engineer, Database Engineer, Software Engineer
>
> **풀이** 빅데이터 조직은 빅데이터 시스템 운영을 위한 시스템 엔지니어(System Engineer), 데이터베이스 엔지니어(Database Engineer), 소프트웨어 엔지니어(Software Engineer)로 구성하고, 사용자－데이터분석팀－데이터 시스템 운영팀 사이의 협업이 원활하게 이루어지도록 조직을 구성하고 운영하여야 한다.
>
> **정답** ④

02 빅데이터 기술 및 제도

(1) 빅데이터 플랫폼

① 빅데이터 요소 기술

㉠ 빅데이터 요소 기술은 한국정보화진흥원의 분류에 따라 빅데이터 수집, 저장, 공유, 처리, 분석 및 시각화로 구분된다.

〈표 1-9〉 한국정보화진흥원의 빅데이터 요소 기술 분류

구 분	주요 기술
수집	• 데이터 원천으로부터 데이터를 검색하여 수동 또는 자동으로 수집 • 단순 수집이 아닌 검색, 수집, 변환 과정 포함 • ETL(Extract, Transform, Load, 데이터 추출, 변환, 적재) 작업 수행 • 크롤링, 로그 수집기, 센싱, Open API 등
저장	• 데이터 크기에 상관없이 저렴한 비용으로, 데이터를 빠르고 쉽게 저장 • 병렬 DBMS, Hadoop, NoSQL 등
공유	시스템 간의 데이터 공유, Multitenant 데이터 공유, 협업 필터링 등
처리	• 대용량 데이터의 저장, 수집, 관리, 유통, 분석 과정 처리 • 분산병렬, 실시간, 인－메모리(In－memory, 메인 메모리 데이터 저장) 처리 등
분석	• 데이터를 효율적이고 정확하게 분석하여 비즈니스 등의 영역에 적용 • 통계 분석, 데이터 마이닝, 텍스트 마이닝, 최적화 분석 등
시각화	• 다양한 차트와 관계 등을 시각화하여 데이터 탐색 및 결과해석 등에 활용 • 정보 시각화 기술, 시각화 도구, 편집 기술 • 실시간 자료 묘사(시각화) 기술 등

ⓒ ETL[Extract(또는 Extraction)/Transform/Load]을 통해 데이터 추출, 변환 및 적재 기능을 수행하며, 수집된 데이터의 도메인 검증, 데이터 요약, 논리적 데이터 변환 및 DBMS들 사이의 데이터 변환 기능이 처리된다.
ⓓ 빅데이터 처리 시 주요 고려 사항을 요약하면 다음과 같다.
- 빅데이터 수집 시 데이터는 소셜 미디어, 로그 파일, 클릭 스트림 등 주로 비정형 데이터의 비중이 높다.
- 데이터 처리 시 복잡도의 문제를 해결하기 위하여 분산처리 기술이 주로 사용된다.
- 빅데이터 분석 시 원하는 분석목표에 따른 적절한 데이터 분석 모델 선택, 상관관계 분석 및 데이터 처리 절차를 고려하여 적절한 분석 방법을 선택한다. 이때 기존에 정의되어 있지 않은 새로운 데이터 분석 모델을 만들어야 하는 경우도 존재한다.

② 빅데이터 플랫폼(Big Data Platform)이란 다양한 데이터 소스에서 수집된 데이터를 처리하고 분석해서 지식을 추출하고 지능화된 서비스를 제공하는 데 필요한 IT 환경을 말한다.

③ 빅데이터 분석 플랫폼은 소프트웨어, 플랫폼, 인프라스트럭처 계층으로 구성된다.
ⓐ 소프트웨어 계층에는 데이터 처리 및 분석, 데이터 수집 및 정제, 서비스 관리, 사용자 관리, 모니터링, 보안 모듈이 포함되며, 빅데이터 애플리케이션을 구성하여 데이터 처리, 분석, 수집, 정제 기능을 수행한다.
ⓑ 플랫폼 계층에는 사용자 요청 파싱, 작업 스케줄링, 데이터 및 자원 할당, 프로파일링, 데이터 관리, 자원 관리, 서비스 관리, 사용자 관리, 모니터링, 보안 모듈이 포함되며, 빅데이터 애플리케이션을 실행하기 위한 플랫폼을 제공하고, 작업 스케줄링, 자원 할당 및 관리, 프로파일링 기능을 수행한다.
ⓒ 인프라스트럭처 계층에는 사용자 요청 파싱, 자원 배치, 노드 관리, 스토리지 관리, 네트워크 관리, 서비스 관리, 사용자 관리, 모니터링, 보안 모듈이 포함되어 자원 배치, 스토리지 관리, 노드 및 네트워크 관리 등 빅데이터 처리 및 분석에 필요한 자원을 제공한다.

④ 빅데이터 플랫폼을 이용하여 데이터를 수집하고 저장하며, 저장된 데이터를 처리하고 분석하여 이를 기반으로 지능화된 서비스를 제공한다. 빅데이터 플랫폼은 다음의 기능을 필수적으로 갖추어야 한다.
ⓐ 대용량 데이터의 처리 능력과 이기종 데이터의 수집 및 통합 능력이 필요하다.
ⓑ 대용량 데이터의 저장 관리 능력이 필요하다.
ⓒ 대용량의 데이터를 원하는 수준으로 분석할 수 있는 능력이 필요하다.

⑤ 즉, 빅데이터 플랫폼에서 핵심적으로 요구되는 기능은 빅데이터의 저장 및 고성능 처리 능력 기술로서 분산컴퓨팅기술, 고성능컴퓨팅기술, 인메모리컴퓨팅기술 등이 포함된다. 빅데이터 컴퓨팅 인프라는 기존 데이터 분석결과보다 정확도가 높고 새로운 사실을 발견할 수 있어야 하므로 대량의 데이터를 고속으로 처리할 수 있는 고확장성과 고성능 인프라 구축이 필수적이다.

⑥ 빅데이터와 데이터베이스
　㉠ 수집 데이터들은 데이터베이스(Database) 시스템에 저장되어 관리되며, 데이터베이스와 이를 운영하고 관리하는 데이터베이스 관리 시스템(DBMS ; Database Management System)의 정의는 다음과 같다.
　　• 데이터베이스(Database) : 여러 사람에 의해 공유되어 사용될 목적으로 통합하여 관리되는 데이터의 집합(Stored, Integrated, Shared의 특징을 가짐)
　　• 데이터베이스 관리 시스템(DBMS ; Database Management System) : 다수의 컴퓨터 사용자들이 컴퓨터에 수록된 많은 자료들을 쉽고 빠르게 조회·추가·수정·삭제할 수 있도록 해주는 소프트웨어
　㉡ 데이터(Data)와 정보(Information)는 다음과 같이 구분된다.
　　• 데이터(Data, 자료)는 수, 영상, 단어 등의 형태로 된 의미 단위이며, 보통 연구나 조사 등의 바탕이 되는 재료를 말한다. 자료를 의미 있게 정리하면 정보가 된다.
　　• 정보(Information)는 특정 목적을 위하여 광(光) 또는 전자적 방식으로 처리되어 부호, 문자, 음성, 음향 및 영상 등을 표현하는 모든 종류의 자료 또는 지식을 의미한다.
　　• 정보는 사용자에게 실제로 가치가 있거나 또는 가치가 있을 것이라는 확신을 주어야 하며, 개인이나 조직이 의사결정을 할 때 사용할 수 있도록 가공, 처리되어 의미 있고 유용한 형태로 제공된다.
　　• 정보의 주요 특징으로 정확성(정보는 신뢰할 수 있으며 검증 가능), 적시성(필요할 때 이용 가능), 충분성(업무에 필요한 만큼 충분히 제공), 관련성(상황 및 주제와 관련) 등을 들 수 있다.
　　• 특정 영역에서 경험을 통해 정보를 통합한 형태를 지식(Knowledge)이라고 한다.

확인 문제　**빅데이터의 요소 기술**

빅데이터의 요소 기술 중 다음 설명에 해당하는 것은?

> 여러 가지 다양한 차트와 데이터들 사이의 관계 등을 시각화(Visualization)하여 데이터 탐색 및 결과 해석 등에 활용하는 기술로서, 정보 시각화, 시각화 도구, 편집 기술 등이 포함된다.

① 데이터 공유(Data Sharing)
② 데이터 처리(Data Processing)
③ 데이터 분석(Data Analysis)
④ 데이터 시각화(Data Visualization)

풀이　빅데이터 요소 기술 중 데이터 시각화(Data Visualization)에 대한 설명이다. 데이터 시각화를 위하여 다양한 차트와 데이터들 사이의 관계 등을 활용한다.
정답　④

> **확인 문제** **빅데이터 처리**
>
> 빅데이터 처리에 대한 설명으로 옳지 않은 것은?
>
> ① 빅데이터 처리를 위해서 대용량 데이터를 저장·관리할 수 있는 능력이 필요하다.
> ② 빅데이터 처리는 숫자에 대한 처리가 아닌 오디오, 비디오에 대한 처리를 의미한다.
> ③ 빅데이터 처리는 정형, 비정형, 반정형 데이터 처리를 하는 것을 의미한다.
> ④ 빅데이터 처리는 데이터를 원하는 수준으로 분석할 수 있는 능력이 필요하다.
>
> **풀이** 빅데이터 처리라는 것은 숫자형 등으로 이루어진 정형 데이터와 그 외 비정형 데이터, 반정형 데이터 처리를 하는 것을 의미한다.
>
> **정답** ②

> **확인 문제** **데이터베이스 관리 시스템**
>
> 다음 설명에 해당하는 것은?
>
> > 여러 명의 사용자들이 컴퓨터에 저장된 많은 자료들을 쉽고 빠르게 조회, 추가, 수정, 삭제할 수 있도록 해주는 소프트웨어
>
> ① Big Data 　　　　　　　　　② Database Management System
> ③ Database 　　　　　　　　　④ Data
>
> **풀이** DBMS(Database Management System)에 대한 설명이다. DBMS를 이용하여 자료의 조회, 추가, 수정, 삭제 작업을 수행한다.
>
> **정답** ②

(2) 빅데이터와 인공지능

① 인공지능의 개념

　㉠ 인공지능(AI ; Artificial Intelligence)이란 컴퓨터를 사용하여 인간의 지능을 모델링하는 기술을 의미한다. 구체적으로 표현하면, 인공지능은 인간의 지능으로 수행할 수 있는 다양한 인식, 사고, 학습 활동 등을 컴퓨터가 할 수 있도록 하는 방법을 연구하는 분야이다.

　㉡ 인공지능을 기계지능(Machinery Intelligence)이라고도 표현하는데 컴퓨터와 같은 기계 장치들을 통해 지능을 구현할 수 있는 방법론이나 실현 가능성을 연구하는 분야이기 때문이다.

　㉢ 최근 우리가 사용하고 있는 디지털 컴퓨터는 앨런 튜링(Alan Turing)이 이론적인 바탕을 만들고 폰 노이만(John von Neumann)에 의해 설계되었다. 컴퓨터에는 기억장치, 제어장치, 연산장치, 입출력장치들이 있으며, 이를 사람과 비교하면 다음과 같다. 인공지능에서는 사람이 수행하는 감각적 기능들을 컴퓨터로 구현하기 위해 다양한 하드웨어, 소프트웨어, 알고리즘 등을 사용한다.

〈표 1-10〉 인간과 컴퓨터의 비교

기능	컴퓨터		인간
입력 기능(외부 자료입력)	입력장치		감각 기관
기억 기능(정보 기억)	주기억장치		두 뇌
연산 기능 (계산, 분류, 정렬 등)	연산장치	중앙처리장치 (CPU)	
제어 기능 (동작의 지시 제어)	제어장치		
출력 기능(정보 출력)	출력장치		반응 기관 (입, 손, 발)
보조기억 기능 (대량의 정보 기억)	보조기억장치		노 트

㉣ 인공지능을 구성하는 핵심요소는 하드웨어[GPU(Graphics Processing Unit) 등], 소프트웨어(응용 소프트웨어 패키징, 텐서플로 등), 프로그래밍 언어(학습과 실행에 사용되는 파이썬, 자바, C, Lisp, Prolog 등), 모델 형태(신경망, 머신러닝, 다층 퍼셉트론, 전문가 시스템 등), 응용 분야(음성인식, 영상인식, 챗봇, 자연어 처리, 지식 처리 등)이다.

㉤ 다양한 인공지능 모델들 중 머신러닝(Machine Learning, 기계학습)은 인공지능의 한 분야로서 인간의 학습능력과 같은 기능을 컴퓨터와 같은 기계를 통해 실현하려는 기법을 말하며, 1959년 Arthur Samuel이 최초로 정의(프로그램을 명시적으로 작성하지 않고 컴퓨터에 학습할 수 있는 능력을 부여하기 위한 연구 분야)하였다. 인공지능의 역사를 간략히 요약하면 다음과 같다.

〈표 1-11〉 인공지능의 역사

구 분	주요 사건
준비기 (1943~1956년)	• McCulloch & Pitts : 명제 논리의 개념 정립 • Alan Turing : Turing Test • 최초의 체스 프로그램(Fritz) 개발
요람기 (1956~1974년)	• Dartmouth Conference : 인공지능 개념 처음 탄생 • Rosenblatt : Mark I Perceptron 신경망 개발 • McCarthy : LISP 언어 개발 • Weizenbaum ELIZA 발표(AI 대화 프로그램) • Minsky & Papert : Perceptrons 발간
첫 번째 침체기 (1974~1980년)	Perceptrons 이후 신경망 쇠퇴로 연구기금이 급격히 줄어듦 (미국과 영국을 중심으로)
발전기 (1980~1987년)	• Digital Equipment Corporation(DEC)사 : XCON Expert System 개발 • 일본에서 제5세대 컴퓨터 프로젝트 수행 • Rumelhart : 다층 신경망 제안
두 번째 침체기 (1987~1993년)	• 제한적 성능과 컴퓨팅 파워의 부족으로 신경망 정체 • 미국에서 AI 시장 붕괴 • 미국방성의 AI 관련 정부 연구기금 고갈
안정기 (1993~2011년)	• IBM Deep Blue의 세계 체스 챔피언 • IBM Watson Jeopardy 퀴즈쇼 챔피언

부흥기 (2011~현재)	• Hinton 교수의 딥러닝 기반의 ImageNet • Andrew Ng의 고양이 인식 구글 프로젝트 • 구글 AlphaGo : 딥러닝 기법의 세계 바둑 챔피언

ⓑ 전통적인 인공지능에서는 전문가가 지정해 둔 절차를 신뢰성 있게 수행하였으나, 머신러닝, 딥러닝 등의 최신 인공지능에서는 사람을 학습시키는 과정에서 착안한 방법을 이용한다.

ⓢ 머신러닝은 다양한 분야에서 활용되고 있으며, 대표적으로 영상인식, 얼굴인식, 음성인식, 자연어 처리, 정보 검색, 검색 엔진, 로보틱스(자율주행 자동차 등) 등의 패턴인식 영역에서 큰 역할을 담당하고 있다.

ⓞ NCS에서 정의하고 있는 인공지능(AI)과 다른 학문 분야와의 연계성을 나타내면 다음과 같다. 인공지능(AI)은 머신러닝(Machine Learning), 딥러닝(Deep Learning), 데이터 마이닝(Data Mining), 통계학(Statistics) 등의 타 학문 분야와 관련성이 깊음을 알 수 있다.

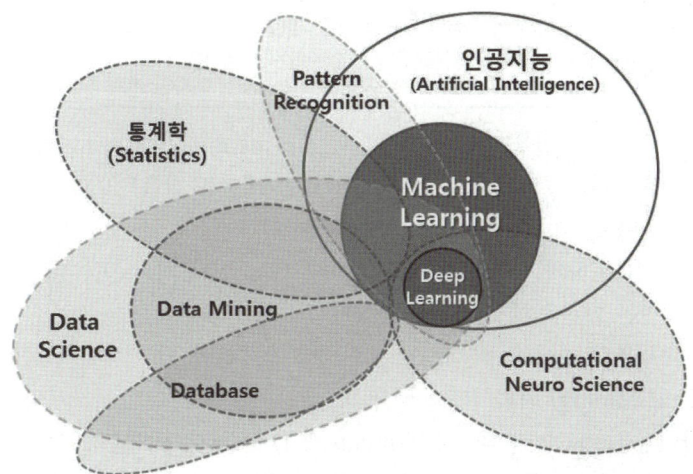

출처 : NCS 머신러닝 기반 데이터 분석

[머신러닝과 타 학문 분야와의 연계성]

② 데이터 마이닝(Data Mining)의 개념
  ㉠ 대규모로 저장된 데이터 안에서 체계적이고 자동적으로 통계적 규칙이나 패턴을 찾아내는 기법이다. 즉, 데이터 마이닝이란 의사결정 수단을 위하여 대용량의 데이터베이스로부터 의미 있는 규칙과 패턴을 발견하는 기법을 의미한다.
  ㉡ 데이터 마이닝이 다루는 데이터베이스는 구조에 따라 구조화 데이터베이스(Structured DB)와 비구조화 데이터베이스(Unstructured DB)로 구분된다. 구조화 데이터베이스에서 다루는 정형화 데이터란 매출 데이터, 회계 데이터 등과 같이 일반적으로 정형화된 수치 데이터이며, 비구조화 DB에서 다루는 비정형화 데이터란 웹상의 블로그 또는 소셜 미디어의 게시물 등과 같이 수치 데이터가 아닌 문자, 그림이나 영상, 문서처럼 형태와 구조가 복잡한 데이터를 의미한다.
  ㉢ 데이터 마이닝을 데이터 속의 지식 발견(Knowledge Discovery in Database)이라고도 한다.
  ㉣ 데이터 마이닝은 통계학뿐만 아니라 패턴인식(Pattern Recognition), 기계학습(Machine Learning), 인공지능(AI ; Artificial Intelligence) 등 다양한 영역에서 활용된다.

⑭ 데이터 마이닝 기법의 주요 적용 사례를 요약하면 다음과 같다.

〈표 1-12〉 데이터 마이닝 기법의 활용 사례

구 분	데이터 분석
분류 (Classification)	• 일정한 집단에 대한 특정 정의를 통한 분류 • 경쟁사 및 자사 제품 선호 고객의 분류
군집화 (Clustering)	• 구체적 특정을 공유하는 군집을 찾음 • 미리 정의된 특성에 대한 정보를 가지지 않음 • 20대 직장인의 구매 패턴(고가, 중저가, 초저가 상품 선호 등)
연관성 (Association)	• 동시에 발생한 사건들 사이의 관계 정의 • 인터넷 쇼핑몰의 장바구니에 있는 상품들 사이의 연관성 및 관계
연속성 (Sequencing)	• 특정 기간에 걸쳐 발생하는 관계 규명 • 특정 기간 내 동일 상품에 대한 반복 구매 성향 분석
예 측 (Forecasting)	• 대용량 데이터 집합 내의 패턴을 기반으로 한 미래 예측 • 유사제품 판매실적을 이용한 신제품의 수요예측 • 타 제품을 이용한 새로운 제품의 기능, 성능, 디자인 기획

ⓗ 대표적으로 군집화 방법을 위하여 사용되는 K-means Clustering(K-평균 군집화)은 주어진 데이터를 k개의 클러스터로 묶는 자율 학습(비지도 학습) 알고리즘으로, 각 클러스터와 거리 차이의 분산을 최소화하는 방식으로 동작한다.

ⓢ 분류 및 예측을 위하여 사용되는 의사결정나무(Decision Tree)는 데이터를 분석하여 이들 사이에 존재하는 패턴을 예측 가능한 규칙들의 조합으로 나타낸다.

ⓞ 대표적인 비구조화 데이터 중 텍스트 데이터를 분석하기 위한 데이터 마이닝 기법을 텍스트 마이닝(Text Mining) 기법이라고 한다.

ⓩ 텍스트 마이닝은 펠드먼과 다간(Feldmain & Dagan)에 의해 텍스트 데이터베이스 기반의 지식발견(Knowledge Discovery in Textual Database)이라는 개념으로 처음 언급되었다. 이는 텍스트 기반 DB로부터 자연어 처리 기술을 바탕으로 기존에 알려지지 않은 유용한 패턴과 지식을 발견하기 위한 목적으로 언어(텍스트)와 기계적 알고리즘(분석)의 이해관계가 상충됨으로써 사용자가 관심을 가지는 정보를 자동으로 추출하는 프로세스를 의미한다.

③ 머신러닝(Machine Learning)의 개념

㉠ 데이터 분석을 이용하여 의사결정에 필요한 예측 모형을 개발하기 위해 대표적인 인공지능 기술인 기계학습(Machine Learning, 머신러닝) 방법을 이용한다.

㉡ Mitchell(1996년)이 정의한 머신러닝의 정의는 다음과 같다.

"A computer program is said to learn from experience E with respect to some class of tasks T and performance measure P if its performance at tasks in T, as measured by P, improves with experience E." (작업 T의 성능 P가 경험 E에 의해서 향상된다면, 컴퓨터 프로그램이 경험 E로부터 작업 T에 의해 학습한다고 말한다.)

㉢ 다른 학자들이 정의한 머신러닝의 개념은 다음과 같다.

〈표 1-13〉 머신러닝의 정의

제안자	정 의
Arthur Samuel (1959)	컴퓨터에서 배울 수 있는 능력, 즉 코드로 정의하지 않은 동작을 실행하는 능력에 관한 연구 분야
Peter Flach (2012)	정확한 작업(Task)을 성취할 수 있는 올바른 모델(Model)을 구축하기 위해 올바른 특성(Features)을 활용하는 것
Jason Bell (2015)	컴퓨터 프로그램이 어떤 것을 학습한 후에 최초 학습에 들인 시간과 노력보다 더 빠르고 수월하게 배운 것을 해낼 수 있게 하는 것
Wikipedia	인공지능의 한 분야로 컴퓨터가 학습할 수 있도록 하는 알고리즘과 기술을 개발하는 분야

ⓒ 머신러닝(Machine Learning)은 컴퓨터 과학의 영역에 속하는 인공지능의 한 분야로서 컴퓨터 프로그램이 어떤 것에 대한 학습을 통해 기존의 모델이나 결과물을 개선하거나 예측하게끔 구축하는 과정이다. 이를 위하여 훈련 데이터에서 여러 가지 통계적, 컴퓨터 알고리즘적, 수치적 방법 등을 통해 규칙성이나 패턴을 찾은 뒤(학습과정), 훈련에 사용하지 않은 새로운 데이터를 통해서 필요한 답을 얻어낸다.

ⓓ 머신러닝은 스팸 메일 분류, 주식매매 등의 알고리즘 트레이딩, 맞춤광고 및 추천시스템, 컴퓨터 비전(문자, 물체, 얼굴 인식)이나, 자연어 처리, 음성 인식, 정보 검색 및 검색 엔진, 유전자 분석, 로보틱스, 컴퓨터 게임 및 가상현실 등 다양한 분야에서 쓰이고 있으며, 최근 구글에서 추진하는 자율주행 자동차나 인공지능 알파고와 같은 클라우드 기반의 인공지능 시스템에도 머신러닝이 활용된다.

④ 빅데이터 분석 관점에서의 머신러닝
㉠ 빅데이터 분석 관점(통계학 및 데이터 마이닝)에서의 머신러닝 개념은 다음과 같다. 머신러닝은 어느 한 가지 분야의 기술이나 방법론에 국한되기보다는 확률론 및 통계학, 컴퓨터 과학, 데이터베이스론, 인지과학, 신경과학, 패턴인식 등 다양한 분야의 학문적 배경과 성과들이 융합된 분야이다.
㉡ 통계학, 데이터 마이닝과 머신러닝 사이의 관련성을 요약하면 다음과 같다.

〈표 1-14〉 빅데이터 분석 관점에서의 머신러닝 개념

구 분	개 념
통계학과 머신러닝	• 통계학 : 데이터를 정보로 변환하기 위한 과학적이고 체계적인 방법을 제공하는 이본적 토대 • 추론과 검증 : 주어진 데이터가 연구자의 가설이나 이론에 얼마나 부합하는가 또는 관측치로부터 도출된 값이 실제 모집단의 모수를 얼마나 정확하게 추정하고 있는가 등을 설명하기 위한 다양한 방법론과 이론 적용 • 머신러닝 : 명시적인 알고리즘을 설계하기 어렵거나 프로그래밍이 어려운 작업을 해결하기 위해 주로 사용 • 데이터가 생성한 잠재적인 메커니즘의 특성을 파악하여 복잡한 관계를 정량화한 후, 식별된 패턴을 사용하여 새로운 데이터에 대한 예측을 수행하는 경우 사용 • 머신러닝은 통계학에 기반을 둔 통계적 학습(Statistical Learning)에 근간을 두고 있음
데이터 마이닝과 머신러닝	• 데이터로부터 유용한 규칙, 지식 표현 또는 판단 기준 등을 추출한다는 점에서 공통점이 있음 • 데이터 마이닝 : 대규모로 저장된 데이터 내에서 체계적이고 자동적으로 의미있는 규칙이나 패턴을 발견하고, 이를 지식화하는 과정 • 머신러닝 : 주어진 입력 데이터를 컴퓨터 프로그램이 학습하여 예측을 수행하고 스스로의 예측 성능을 향상시키는 과정과 이를 위한 알고리즘을 연구하고 구축하는 기술

⑤ 머신러닝을 이용한 예측 기법
  ㉠ 기계학습(머신러닝)은 사전에 주어진 데이터세트를 이용하여 학습을 수행한 후 분류분석, 회귀분석, 군집화 등의 예측을 수행하고 이들은 다양한 산업과 영역에 활용되어 의사결정에 도움을 준다.
  ㉡ 머신러닝은 데이터의 학습 유형에 따라 아래와 같이 지도 학습(분류, 회귀), 비지도 학습(또는 자율 학습, 군집화), 강화 학습(알파고)으로 분류된다.

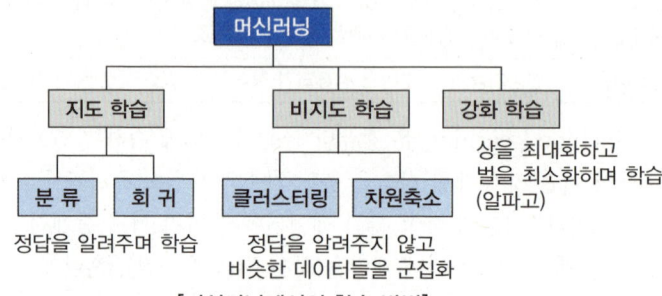

[머신러닝에서의 학습 방법]

  ㉢ 머신러닝에서의 학습 방법과 주요 활용분야를 요약하면 다음과 같다.

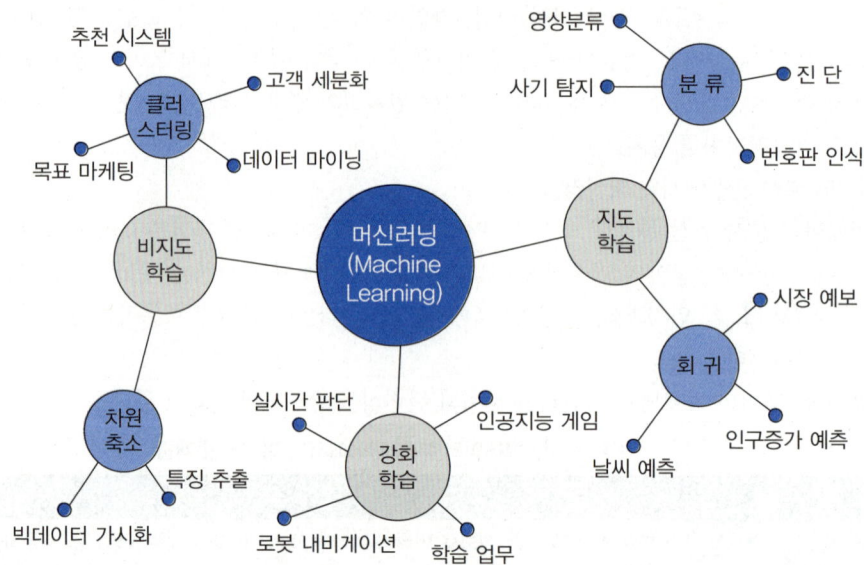

출처 : 김대수, 처음 만나는 인공지능
[머신러닝의 학습 방법과 활용분야]

  ㉣ 머신러닝은 일반적으로 목적변수(또는 반응변수, 목표변수, 출력 목푯값 등) 존재 여부 등에 따라, 지도 학습(Supervised Learning), 자율 학습 또는 비지도 학습(Unsupervised Learning)으로 분류되며, 추가적으로 강화 학습(Reinforcement Learning), 준지도 학습(Semi-supervised Learning) 등이 있다.
  ㉤ 지도 학습(Supervised Learning)은 입력과 이에 대응하는 미리 알려진 출력을 연관시키는 관계를 학습하는 방법이며, 입력과 출력 쌍이 데이터로 주어지는 경우 그들 사이의 대응 관계를 학습하게 된다.
  ㉥ 비지도 학습(Unsupervised Learning)은 출력 없이 또는 출력값을 알려주지 않고 주어진 입력만으로 스스로 모델을 구축하여 학습하는 방법이다. 비지도 학습은 입력만 있고 출력 즉, 레

이블(Label)이 없는 경우에 적용하며, 입력 사이의 규칙성 등을 스스로 찾아내는 것이 학습의 주요 목표이다. 비지도 학습의 결과는 지도 학습의 입력으로 사용되거나, 인간 전문가에 의해 해석되어 활용되며, 일반적으로 대부분의 데이터 마이닝 기법이 비지도 학습에 해당된다.

ⓐ 강화 학습(Reinforcement Learning)은 주어진 입력에 대응하는 행동을 취하는 시스템에 대해 보상(Reward)이 주어지며, 이러한 보상을 이용하여 학습하는 방법이다. 강화 학습에서는 지도 학습과 달리 주어진 입력에 대한 출력, 즉 정답 행동이 주어지지 않는다.

ⓞ 준지도 학습(Semi-supervised Learning)은 출력(목표)값이 표시된 데이터와 표시되지 않은 데이터를 모두 훈련에 사용하는 것을 말하며, 대개의 경우 이러한 방법에 사용되는 훈련 데이터들은 출력값이 표시된 데이터가 적고, 표시되지 않은 데이터를 많이 갖고 있다. 준지도 학습은 출력값이 충분히 표시된 훈련 데이터를 사용하는 지도 학습과 출력값이 표시되지 않은 훈련 데이터를 사용하는 비지도 학습 사이에 위치한다. 일반적으로 출력값이 없는 데이터에 적은 양의 출력값을 포함한 데이터를 사용할 경우 학습 정확도에 있어서 성능이 좋아짐이 밝혀졌다.

ⓩ 인공지능은 약·강·초인공지능으로 구분된다. 약 인공지능(Narrow AI)은 자의식이 없는 AI로 영상, 음성, 자연어 인식 등 특정 영역에만 활용이 가능하며, 다른 분야에 관해서는 새로운 학습이 필요하다. 강 인공지능(General AI)은 사람과 똑같이 스스로 학습하여 행동하는 것을 의미하며, 자의식이 있다. 초 인공지능(Super AI)에서는 특이점을 넘어 스스로 자신보다 더 똑똑한 AI를 만들어 지능이 무한히 높은 존재가 출현하게 된다.

ⓩ 지도 학습과 비지도 학습으로 구분하여 예측을 위해 사용되는 주요 머신러닝 알고리즘을 요약하면 다음과 같다.

〈표 1-15〉 머신러닝 알고리즘

구 분	개 념	
지도 학습	• 설명변수(독립변수, 특성)와 목적변수 사이의 관계성 표현 • 인식, 분류, 진단, 예측 등의 문제 해결에 적합 • 설명 또는 예측하는 목적변수(반응변수, 종속변수)의 형태가 수치형(양적변수) 혹은 범주형(질적변수)에 따라 분류와 수치예측 방법으로 구분 • 지도 학습 유형	
	구 분	개 념
	나이브 베이즈	• Naive Bayes(Partial Least Square) • 베이즈 정리에 근거 • 확률이 높은 분류 항목에 속하게 힘
	로지스틱 회귀	• Logistic Regression • 확장된 회귀분석(다항, 비선형 회귀 등)
	의사결정 트리	• Decision Tree • 목표변수와 연관성이 높은 변수의 순서대로 분할
	랜덤 포레스트	• Random Forest(Ensemble Model) • 데이터로부터 여러 개의 의사결정 트리 생성
	서포트벡터머신	• Support Vector Machine • 데이터들 사이의 간격을 최대화하는 초평면을 찾음
	인공신경망	• Artificial Neural Network • 입력, 은닉, 출력 노드를 구성하여 문제 해결
	K-최근접 이웃	• K-nearest Neighbor • K개의 데이터들과 유사도를 측정하여 가장 비슷한 카테고리들로 분류

비지도 학습 (자율 학습)	• 목적변수에 대한 정보 없이 학습이 이루어지는 형태 • 예측보다는 주로 현상의 기술(Description), 특징 도출, 패턴 도출 등 • 사전 정보가 없는 상태에서 유용한 정보나 패턴을 탐색적으로 발견 • 군집화(Clustering), 차원축소 기법, 연관관계분석(장바구니 분석), 자율 학습 인공신경망 (SOM, Self-organizing Map) • 딥러닝(Deep Learning) : 입력 특성들의 차원을 축소하는 단계에서 자율 학습 기법이 적용

⑥ 신경망의 개요

㉠ 신경망(Neural Networks)이란 인간 두뇌의 생물학적 뉴런의 작용을 모방하여 여러 뉴런들로부터 들어오는 입력을 일정한 함수를 거쳐 출력 노드를 통해 결과를 얻는 네트워크로서, 인공신경망(Artificial Neural Networks)으로 부르기도 한다.

㉡ 신경망은 각 뉴런이 독립적으로 작동하는 처리기의 역할을 하므로 병렬성(Parallelism)이 뛰어나다. 따라서 신경망은 문자인식, 영상인식, 자연어 처리 등 여러 분야에 이용되고 있다.

㉢ 지금까지의 신경망 모델은 Rosenblatt의 Perceptron(1957년, 단층 퍼셉트론), PDP 그룹의 Multi-layer Perceptron(1984년, 다층 퍼셉트론, 학습을 위한 Back Propagation Algorithm 제안), Hinton 교수 이후의 Deep Neural Networks(2006년, 심층 신경망, 딥러닝 알고리즘 제안) 모델로 나눌 수 있다.

㉣ 1957년 Resenblatt에 의해 최초의 신경망 구조인 단층 퍼셉트론 모델이 개발되어 문자인식 분야에 크게 주목을 받았다. 그러나 단층 퍼셉트론의 한계점이 나타나면서 침체기에 접어들었고, 이후 미국 PDP(Parallel Distributed Processing) 그룹에서 하나 이상의 은닉층을 첨가하여 만들어진 다층 퍼셉트론(Multi-layer Perceptron) 모델을 제안하였다.

㉤ 다층 퍼셉트론에서는 다음과 같이 효율적인 학습을 위한 역전파(Back-propagation) 알고리즘을 제안하였고, 문자인식을 포함한 여러 분야에서 성과를 내면서 신경망 연구의 새로운 장을 열었다. 역전파 알고리즘은 입력층으로부터 은닉층을 거쳐 출력층으로 갔다가, 다시 반대 방향으로 되돌아오면서 학습하므로 역전파란 이름이 지어졌다.

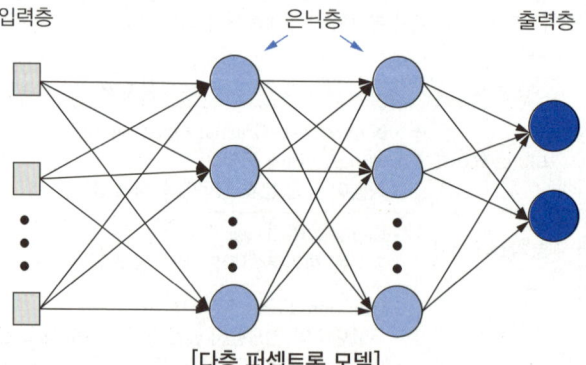

[다층 퍼셉트론 모델]

㉥ 그러나 다층 퍼셉트론 모델은 신경망 구현에서 계산의 복잡성으로 인해 학습 시간이 너무 오래 걸리는 등의 문제점으로 인해 신경망 연구가 한동안 소강상태에 빠져들게 되었으며, 이후 2006년 Hinton 교수에 의해 딥러닝 학습 방법이 제안되었고 최근 심층 신경망(딥러닝 알고리즘)에 대한 연구가 진행되고 있다.

ⓐ 인공신경망(Artificial Neural Network)은 사람의 뇌 구조에서 모티브를 얻어 인공신경망 네트워크를 구성하고 다층 신경망을 만들어 복잡한 분류 문제, 비선형 문제, 수치예측 등에 활용한다. Input, Hidden, Output Layer의 세 가지 층으로 나누고, 각 Units에서는 데이터를 받아들여 다음 계층으로 전달할지를 판단한다. 가중치(Weights)는 전후 Units를 잇는 화살표로서, 각 Units의 연결강도를 결정하며, 학습을 반복·수행하면서 개선된다.

⑦ 딥러닝
  ㉠ 딥러닝(Deep Learning)은 머신러닝과 신경망의 한 분야로서 여러 개의 은닉층을 가진 심층 신경망(DNN ; Deep Neural Network)을 기반으로 하는 학습 방법이다. 일반적으로 딥러닝 학습에서는 영상이나 음성 등 대량의 데이터로부터 특징을 추출하여 학습하며 영상인식, 음성인식 등의 패턴인식 분야에 좋은 성과를 나타내고 있다. 다층 퍼셉트론 신경망과 심층 신경망을 서로 비교하면 다음과 같다.

〈표 1-16〉 다층 퍼셉트론과 심층 신경망 비교

구 분	다층 퍼셉트론 신경망	심층 신경망
이용 연도	1986년 이후	2006년 이후
은닉층의 수	일반적으로 1~2개	1개 이상 1,000개까지
주요 알고리즘	역전파 알고리즘	딥러닝 알고리즘
학습 데이터	소규모 학습용 데이터	대규모 데이터
수행 시간	실행시간이 많이 걸림	은닉층 개수가 많아 실행 시간이 훨씬 많이 소요됨
프로세서 속도	상대적으로 느림	속도가 빨라짐
병렬 처리	NCUBE/10 등 병렬 슈퍼 컴퓨터를 사용하였으나 큰 성과가 없었음	수많은 고속 프로세서들을 병렬로 연결하여 빠르게 사용 가능

  ㉡ Hinton 교수는 "딥러닝은 다중처리 계층으로 구성된 계산 모델을 사용하여 여러 수준의 추상화를 통해 데이터 표현을 학습하여 어떤 것을 인식하는 방법"으로 개념을 정의하였으며, 머신러닝 기법과 비교하여 보면 통상 은닉층의 개수가 많아 학습 시간이 오래 걸리는 단점이 있으나 데이터세트가 많은 경우에 대해 좋은 결과를 얻을 수 있다는 큰 장점을 가지고 있다. 머신러닝과 딥러닝을 비교하면 다음과 같다.

〈표 1-17〉 머신러닝과 딥러닝의 특징 비교

구 분	머신러닝	딥러닝
학습 데이터 크기	데이터세트가 작은 경우에도 좋은 결과를 얻을 수 있음	데이터세트가 큰 경우 좋은 결과를 나타냄
특징 추출	최상의 결과를 얻기 위해 여러 가지 특징 추출 및 분류 방법 시도	특징 추출 및 분류를 자동적으로 처리 가능
컴퓨터	일반용 컴퓨터 가능	속도가 빠른 컴퓨터 필요
처리 시간	몇 분~몇 시간	경우에 따라 몇 주까지도 걸림
알고리즘	다양하고 많음	최근 많이 연구·개발되고 있음

ⓒ 딥러닝은 데이터 처리의 양적 측면에서 머신러닝이나 신경망과는 차이가 있으며, 전통적인 머신러닝이나 신경망보다 훨씬 큰 규모의 데이터를 학습할 수 있다. 이와 같은 특성으로 인해 대규모 데이터를 다루는 영상이나 음성 인식 등의 분야에서 딥러닝의 성능이 두드러진다.
② 딥러닝을 사용하는 심층 신경망에는 Convolution Neural Network(합성곱 신경망), Recurrent Neural Network(순환 신경망), Restricted Boltzmann Machine(RBM, 제한적 볼쯔만머신), Deep Belief Network(DBN, 심층 신뢰신경망), Generative Adversarial Network(GAN, 생성적 적대 신경망) 등이 있으며, 지금도 새로운 딥러닝 모델들이 연구·개발되고 있다.
⑩ 역전파(또는 오차 역전파, 오류 역전파) 알고리즘은 다층 퍼셉트론 학습에 사용되는 통계적 기법을 의미한다. 딥러닝에서 심층 신경망을 학습한다는 것은 최종 출력값과 실젯값의 오차가 최소가 되도록 심층 신경망을 이루는 각 층에서 입력되는 값에 곱해지는 가중치와 편향(Bias)를 계산하여 결정한다는 것이다.

⑧ 패턴인식
  ⓐ 패턴인식(Pattern Recognition)은 인공지능과 인지과학(Cognitive Science) 분야에 속하는데, 특히 인공지능에서 매우 중요한 기술이다. 여기서 패턴(Pattern)이란 일정한 특징, 양식, 유형, 틀 등을 말하는데 패턴인식은 패턴이나 특징적인 경향을 발견하여 인식하는 것을 나타낸다.
  ⓑ 패턴인식의 종류로는 문자, 도형, 음성, 영상, 자연어 문장, 동영상 등이 있는데, 이러한 정보를 눈과 귀로 포착하면 그 정보가 무엇을 의미하는가를 기억하고, 축적한 정보를 토대로 판단한다.
  ⓒ 전통적인 패턴인식은 사전에 정보를 컴퓨터에 기억시켜 두고, 입력정보와 대조하여 그 특징을 분석함으로써 이 정보와 사전에 기억시킨 정보를 식별하는 것이 일반적인 방법이었다.
  ⓓ 그러나 인공지능에서의 패턴인식은 인간의 학습능력과 추론능력을 인공적으로 모델링하여 외부 대상을 인식하는 능력, 나아가 자연어와 같은 구문적 패턴까지 이해하는 능력 등을 구현할 수 있다.
  ⓔ 신경망과 딥러닝을 이용한 패턴인식 관련 주요 응용 분야를 요약하면 다음과 같다.

〈표 1-18〉 패턴인식의 응용 분야

구 분	응용 분야
자연어 처리	• 인간의 언어를 컴퓨터로 처리하는 기술 • 인공지능 연구의 초기 단계부터 관심의 대상 • 자연어의 이해 : 글을 이해하여 요약하거나 주어진 자연어를 통해 상황 이해 • 기계번역(Machine Translation) : 서로 다른 언어의 번역 • 구문론(Syntax) : 문법적인 지식에 토대를 둔 자연어 이해 • 의미론(Semantics) : 문맥 정보나 상식에 따른 추론에 의한 자연어 이해 • 자연어 처리를 위해 구문적인 분석과 의미론적인 해석이 필요함 • 외국어 자동번역, 작문 등에 활용

구분	
음성인식	• 음성 정보를 추출하여 문자 데이터로 전환하는 처리 • 아직 제한된 범위의 단어나 문장 인식 수준에 머무르고 있음 • 잡음이 있거나 불완전한 음성 데이터를 분석하여 음성을 정확하게 인식할 수 있는 시스템 구현 • 성별, 나이, 지속 시간 등에 따라 음성인식 기술의 성능이 다름 • 화자독립(대다수 사람들의 음성 인식) 기술이 화자종속(특정인의 음성만 인식) 기술보다 어려움 • 최근 은닉 마코프 분석 방법과 딥러닝 기술이 많이 활용되고 있음 • 음성 타자기, 로봇 제어, 무인 전화예약 시스템 등에 활용
음성합성	• 문자로 된 정보를 사람의 음성으로 들려주는 기술 • 시각 장애인들이 음성으로 들을 수 있도록 편리함 제공 • 음성 메일, 은행 잔고 조회, 로봇 등에 활용
영상인식	• 영상 파일(또는 2, 3차원의 영상정보)을 분석하여 인식하는 기술 • 픽셀(Pixel) 단위의 엄청난 양의 정보를 처리해야 함 • 최근 영상에서 여러 개의 얼굴, 물체 자동 추출 및 각각을 인식하는 기법을 연구, 개발하고 있음 • 얼굴인식 보안 시스템, 자동차 번호판 인식, 로봇 영상인식 등에 활용
영상이해	• 영상의 내용까지 이해할 수 있는 지능적 단계의 기술 • 영상인식과 지식처리 기술의 융합 • 가려진 부분의 영상까지도 예측하는 고도화된 영상인식 기술
지문인식 및 홍채인식	• 지문(Fingerprint)은 평생 거의 같은 형태를 유지하는 특성을 이용 • 홍채(Iris, 눈동자)의 무늬는 생후 18개월에 완성, 평생 변하지 않음 • 홍채인식은 비접촉 방식이고 거부감이 다소 적은 것이 장점 • 보안 시스템(출입자 신분확인, 컴퓨터 보안 등) 등에 활용
얼굴인식	• 페이스북은 2014년 얼굴인식 시스템(DeepFace) 개발 • DeepFace에서는 여러 단계의 딥러닝 기술 활용 • 다양한 각도나 조명에서의 얼굴인식 가능
물체인식	• 물체의 정확한 인식과 거리 측정 기술 연구 및 개발 • 자동주차 시 물체 간의 거리를 끊임없이 측정하며 물체인식 및 거리 측정 • 자율주행자동차의 물체인식 등에 활용

⑨ 머신러닝의 개발 환경

최근 머신러닝 및 딥러닝 알고리즘을 구현하기 위한 다양한 소프트웨어 개발 환경들이 제공되고 있다. 주요 개발 환경을 요약하면 다음과 같다.

〈표 1-19〉 머신러닝 및 딥러닝 개발 환경

구 분	주요 기능
구글 클라우드 플랫폼	• 구글 예측 API : 지도 학습 서비스 • 지도 학습 데이터를 입력하고 예측과 분류 작업 수행 • Google Cloud Vision API : 이미지 인식 • Google Speech API : 음성 인식 • Google Natural Language API : 텍스트 처리 • Google Cloud Translate API : 클라우드 번역 • 연속량과 불연속량에 관계 없이 다양한 데이터 학습 가능 • 스팸 메일의 판정, 문서 분류, 감정의 판단과 진단, 매출 예측 등에 활용
MS Azure	• 2개의 값 분류, 여러 개의 값 분류(클래스 분류) • 회귀분석을 이용한 예측 • Azure Machine Learning Studio : 웹기반 통합 환경, 데이터 분석 • 사물인터넷 기기 데이터 분석결과 클라우드 통합 관리 • 웹서비스를 통한 시각화, 외부 서버와 연계 개발 가능
아마존	• AmazonML : 분류 및 예측 서비스 제공 • AWS(Amazon Web Services)와의 친화성이 강점

IBM Bluemix	• IaaS보다 PaaS 제공에 중점을 둠 • 솔루션 제공 플랫폼 기반위에 머신러닝, 웹서비스, DB 서비스 제공 • 사물인터넷 기기를 통한 데이터 처리 흐름 구축 • 자연어 처리, 응답 서비스, 얼굴인식 기능 제공
IBM Watson	• 자연어 분류와 대화, 검색과 순위 매기기 • 문서 변환, 음성인식, 음성 합성 등의 고급 기능 제공 • 방대한 자연어 데이터에서 추론하는 인지 컴퓨팅 기능 제공 • 사람이 더 나은 작업을 하도록 지원(의사결정 지원) • 대량의 정보를 기억하고 사람에 준하는 최적의 정보 제공이 목표

⑩ 인공지능 기술을 이용한 예측 기법
  ㉠ 최근에는 데이터 기반의 효율적인 학습을 위한 새로운 예측 기법들이 많이 등장하고 있다.
  ㉡ 아래와 같이 딥러닝, 전이 학습, 강화 학습 등이 가까운 시일 내, 여러 산업에 적용될 가능성이 높은 기술로 인식된다.

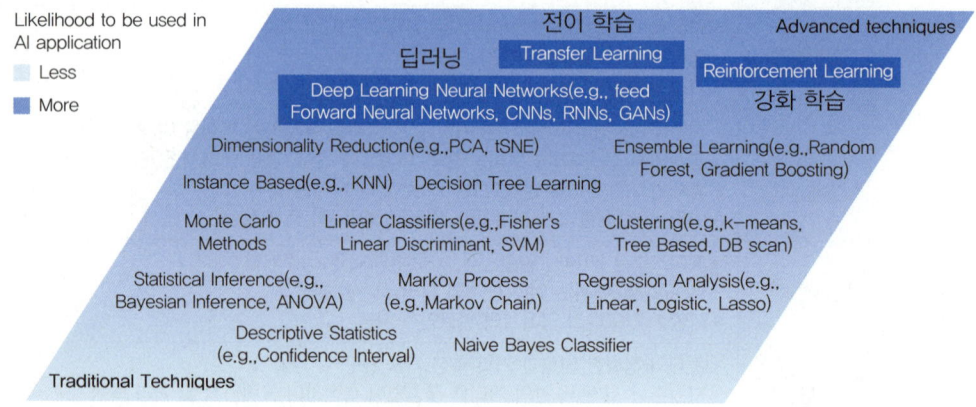

[인공지능 주요 기술]

  ㉢ 인공지능 기술과 관련된 용어를 요약하면 다음과 같다.

〈표 1-20〉 인공지능 관련 주요 용어

용어	개념
딥러닝 (Deep Learning)	여러 비선형 변환기법의 조합을 통해 높은 수준의 추상화를 시도하는 기계학습 알고리즘의 집합으로 최근 기계가 데이터를 통해 자신만의 규칙을 생성하여 정보를 학습하는 형태로 발전
전이 학습 (Transfer Learning)	완료된 학습 모델을 유사 분야에 전이(Transfer)하여 학습시키는 기술로, 적은 데이터에도 학습을 빠르게 하고 예측의 정확도를 높임
강화 학습 (Reinforcement Learning)	사람의 개입이 없이 스스로 현재의 환경에서 특정 행동의 시행착오 과정을 거치며 보상을 최대화하는 학습 기법
선형 신경망 (Feed Forward Neural Network)	가장 간단한 형태의 인공신경망 분석 기법으로서 입력 자료로부터 직접 관측할 수 없는 영역을 예측하고 이로부터 결과를 찾아내는 학습 기법
순환 신경망 (Recurrent Neural Network)	과거 정보와 현재의 입력값을 결합하는 방법으로 순서를 고려한 학습 모델로서 데이터의 순서가 중요한 시계열 및 언어 처리 분석 등에 활용됨

합성곱 신경망 (Convolutional Neural Network)	• 주로 시각적 이미지를 분석하는 데 사용되며, 이미지의 특징을 추출하는 필터 역할을 하는 컨볼루션 레이어를 적용하여 효율적으로 고차원의 이미지를 인식하고 분류함 • 숫자 인식을 위한 학습 데이터는 MNIST(Modified National Institute of Standards and Technology) 데이터베이스에 저장된 손글자 이미지를 주로 사용함
생성적 적대 신경망 (Generative Adversarial Network)	두 개의 네트워크로 구성된 심층 신경망 구조로 하나의 네트워크가 다른 네트워크와 겨루는 구조를 가짐으로써 이미지, 음악, 텍스트 등의 모든 분야에서 실제와 비슷한 새로운 창작물을 만들 수 있는 학습 모델을 제공함

확인 문제 | 데이터 마이닝 기법

다음 설명에 관련된 데이터 마이닝 기법은 무엇인가?

> 동시에 발생한 사건들 사이의 관계를 정의하기 위하여 이용되며, 예를 들어 A인터넷 쇼핑몰에서 소비자의 장바구니에 있는 상품들 사이의 연관성 및 관계를 분석하여 소비자가 선호하는 상품을 분석하고 소비자의 구매 패턴을 이해할 수 있다.

① Association Analysis(연관성분석)
② Classification Analysis(분류분석)
③ Clustering Analysis(군집화분석)
④ Forecasting Analysis(예측분석)

풀이 연관성 분석(Association Analysis)에 대한 설명이다. 연관성 분석을 이용하여 동시에 발생한 사건들 사이의 관계를 정의한다.

정답 ①

확인 문제 | 인공지능의 기술적 개념

다음 중 인공지능과 관련된 기술적 개념으로 비교적 옳지 않은 것은?

① 인간의 두뇌에 도전하는 기술
② 인간의 지능을 모델링하는 기술
③ 현재 대부분의 문제 해결이 가능한 기술
④ 지능적인 원리를 컴퓨터에 적용하는 기술

풀이 인공지능이란 컴퓨터를 사용하여 인간의 지능을 모델링하는 기술로서 지능적인 원리를 이용하여 인간의 두뇌에 도전하고 있으며, 현실적인 문제 해결을 위해 노력하고 있다.

정답 ③

> **확인 문제** **패턴인식의 개념**
>
> 다음 설명에 해당하는 것은?
>
> > 인공지능과 Cognitive Science 분야에 속하며, 인공지능의 핵심적인 기술로서 패턴이나 특징적인 경향을 발견하여 인식하는 것으로 자연어 처리, 음성, 영상, 지문, 홍채, 얼굴 및 물체 등의 인식에 활용되고 있다.
>
> ① Data Mining
> ② Deep Learning
> ③ Machine Learning
> ④ Pattern Recognition
>
> **풀이** 패턴(Pattern)이란 일정한 특징, 양식, 유형, 틀 등을 말하며 패턴인식(Pattern Recognition)은 패턴이나 특징적인 경향을 발견하여 인식하는 기술로서 자연어 처리와 함께 다양한 객체 인식 기술에 활용되고 있다.
>
> **정답** ④

(3) 개인정보 법 · 제도

① 개인정보의 범위

　㉠ 개인정보란 이름, 주민등록번호에서 DNA에 이르기까지 그것을 이용해 특정 개인을 식별할 가능성을 내포한 데이터를 의미한다.

　㉡ 국내 법령에서 정하고 있는 개인정보의 범위는 아래와 같다.

〈표 1-21〉 개인정보 및 신용정보의 범위

구 분	정 의
개인정보 보호법 제2조 제1호	• 개인정보란 살아 있는 개인에 관한 정보로서 성명, 주민등록번호 및 영상 등을 통하여 개인을 알아볼 수 있는 정보(해당 정보만으로는 특정 개인을 알아볼 수 없더라도 다른 정보와 쉽게 결합하여 알아볼 수 있는 것 포함)를 말한다. • 개인정보 보호법에서 정의하고 있는 개인정보의 예는 다음과 같다. 　- 신분관계 : 성명, 주민등록번호, 주소, 본적, 가족관계, 본관 등 　- 내면의 비밀 : 사상, 신조, 종교, 가치관, 정치적 성향 등 　- 심신의 상태 : 건강상태 · 신장 · 체중 등 신체적 특징, 병력, 장애정도 등 　- 사회경력 : 학력, 직업, 자격, 전과 여부 등 　- 경제관계 : 소득규모, 재산보유상황, 거래내역, 신용정보, 채권채무관계 등 　- 기타 새로운 유형 : 생체인식정보(지문 · 홍채 · DNA 등), 위치정보 등 • 개인정보 보호법에서는 개인정보보호의 원칙으로서 정보 주체의 권리와 개인정보 처리자의 의무 사항을 다음과 같이 정의하고 있다. 　- 정보 주체의 권리 　- 개인정보의 수집, 이용 및 제공, 관리(보관), 파기

신용정보의 이용 및 보호에 관한 법률 제2조 제1호 및 제2호	• 신용정보란 금융거래 등 상거래에 있어서 거래 상대방의 신용을 판단할 때 필요한 정보로서 다음의 정보를 말한다. 　- 특정 신용정보주체를 식별할 수 있는 정보(아래의 어느 하나에 해당하는 정보와 결합되는 경우만 신용정보에 해당) 　- 신용정보주체의 거래내용을 판단할 수 있는 정보 　- 신용정보주체의 신용도를 판단할 수 있는 정보 　- 신용정보주체의 신용거래능력을 판단할 수 있는 정보 　- 위의 정보 외에 신용정보주체의 신용을 판단할 때 필요한 정보 • 개인신용정보란 기업 및 법인에 관한 정보를 제외한 살아 있는 개인에 관한 신용정보로서 다음에 해당되는 정보를 말한다. 　- 해당 정보의 성명, 주민등록번호 및 영상 등을 통하여 특정 개인을 알아볼 수 있는 정보 　- 해당 정보만으로는 특정 개인을 알아볼 수 없더라도 다른 정보와 쉽게 결합하여 특정 개인을 알아볼 수 있는 정보

ⓒ 데이터 이용을 활성화하기 위하여 2020년 개정된 데이터 3법의 주요 개정 내용은 다음과 같다.
- 데이터 이용 활성화를 위한 가명정보 개념 도입
- 관련 법률의 유사중복 규정을 정비하고 추진체계를 일원화하는 등 개인정보보호 협치(거버넌스) 체계의 효율화
- 데이터 활용에 따른 개인정보 처리자의 책임 강화
- 모호한 '개인정보' 판단 기준의 명확화

ⓔ 데이터 3법은 개인정보 보호법, 신용정보의 이용 및 보호에 관한 법률(신용정보법), 정보통신망 이용촉진 및 정보보호 등에 관한 법률(정보통신망법)이다.

② 개인정보보호의 필요성
㉠ 데이터 분석을 위해 활용하기로 한 데이터들에 대해서 조직 내부의 정보보안 방침과 국가의 개인정보 보호법에 위배되지 않도록 개인정보보호 가이드라인을 점검한다.
㉡ 특히, 데이터를 외부에 공개하는 부분이 있다면, 가이드라인에서 정한 규칙을 반드시 준수하는지 확인 후 공개한다.
㉢ 현 시점에서 국내에서 아직 확정되지 못한 부분의 법률 영역이 있는 경우, 관계기관 또는 조직 및 기관의 내부 법무팀 가이드를 먼저 확인한 후 적절한 범위에서 데이터 활용이 가능하도록 한다.
㉣ 개인정보가 누출되는 경우 이는 컴퓨터 범죄(해킹을 통한 개인정보의 위변조, 개인정보 유출, 전자문서의 불법 복사 등)에 활용될 수 있어, 개인정보의 보호가 필수적으로 요구된다. 개인적으로는 개인정보보호를 위하여 패스워드의 주기적인 변경 및 시스템 패스워드 관리, 의심이 가는 메일 열람 금지, 방화벽 체제 정비를 통한 해킹 방지(중요한 정보의 인증 및 접근 제어), 정기적인 보안교육 참여를 위해 노력하여야 한다.
㉤ 외부로부터 컴퓨터 바이러스를 예방하기 위하여 백신을 설치·갱신하고, 과다한 개인정보를 요구하는 웹 사이트의 경우 회원 가입을 하지 않는다.

③ 개인정보보호 관련 법령
  ㉠ 개인정보보호와 관련된 주요 법령의 내용은 다음과 같다.

〈표 1-22〉 개인정보보호 관련 법령

구 분	주요 내용
정보통신망 이용촉진 및 정보보호 등에 관한 법률	정보통신망의 이용촉진 및 이용자의 개인정보보호
위치정보의 보호 및 이용 등에 관한 법률 (위치정보법)	위치정보의 건전하고 안전한 정보통신망 환경 조성
정보통신기반 보호법	전자적 침해행위로부터 주요 정보통신기반시설의 보호
국가정보화 기본법	• 국가정보화의 기본 방향과 관련 정책의 수립 · 추진 • 지속가능한 지식정보사회의 실현
전자정부법	• 행정업무의 전자적 처리를 위한 기본 원칙 규정 • 전자정부 구현을 위한 사업 촉진 • 행정의 생산성 · 투명성 및 민주성 제고 • 지식정보화 시대의 국민의 삶의 질 향상
개인정보 보호법	• 개인정보보호를 위한 법체계를 일원화 • 개인의 권익 보호 강화

  ㉡ 인터넷 자료도 저작물로 인정되며, 이를 활용하는 경우 사전 동의와 허가를 받아야 한다. 다만, 국가 또는 지방자치단체의 홈페이지에 있는 고시 · 공고 · 훈령의 사용은 예외이다.
  ㉢ 신문의 보도 기사, 스포츠 기사, 다른 사람의 사상 또는 감정의 창작적 표현, 다른 사람의 사진 등은 저작물로 인정되기 때문에 사전에 본인의 승낙을 받고 사용한다.
  ㉣ 국가에서는 정보통신망의 이용 촉진과 함께 정보화에서 소외(정보화 역기능)되는 계층을 위하여 다양한 정보 서비스 제공 및 활용 방안을 제공하고 있다. 정보화 역기능이란, 정보화 사회로의 급격한 발전에 따른 정보 이용의 격차로 인하여 발생되는 문화적 종속 현상을 의미한다.
  ㉤ 아울러 빅데이터 시대의 역기능으로서 데이터의 오용, 개인 사생활의 침해, 책임 원칙의 훼손 등이 이슈가 되고 있다.

④ 개인정보보호 내규
  ㉠ 법령에는 시행령, 시행 규칙 등이 정의되며, 이를 바탕으로 데이터 수집을 위한 내규가 제정된다.
  ㉡ 내규에는 데이터 수집 시 개인정보보호를 위한 가이드라인이 마련되며, 가이드라인의 주요 내용은 다음과 같다.

〈표 1-23〉 개인정보보호 내규

구 분	주요 내용
정보보호 업무처리 지침	• 정보보호 조직, 개인정보 수집, 개인정보 처리 안전성 확보 • 정보보호 시스템 운영 등 각종 행정 처리 절차 명시
개발 보안 가이드	• 소프트웨어 개발 시 보안 약점 제거 • 보안성을 높이는 개발 기법 가이드 마련
개인정보 암호화 매뉴얼	• 꼭 필요한 최소한의 사용자만 개인정보 접근 허용 • 개인정보 파일 암호화 저장, 사용

소프트웨어 개발 보안 구조	• 정보보안 통제 구조 • 전체적인 정보기술 아키텍처와의 관련성 명시
기술적·관리적 보호	개인정보의 분실·도난·누출·변조·훼손 방지 방법 마련

⑤ 국내 방송통신위원회에서 제정한 '빅데이터 개인정보보호 가이드라인'의 주요 내용은 다음과 같다.

〈표 1-24〉 빅데이터 개인정보보호 가이드라인

구 분	주요 내용
개인정보 비식별화	• 수집 시부터 개인 식별 정보에 대한 철저한 비식별화 조치 • 개인정보가 포함된 공개 정보 및 이용내역정보는 비식별화 조치를 취한 후 수집·저장·조합·분석 및 제3자 제공 등이 가능
투명성 확보	• 빅데이터 처리 사실·목적 등의 공개를 통한 투명성 확보 • 개인정보 취급방침을 통해 비식별화 조치 후 빅데이터 처리 사실·목적·수집 출처 및 정보 활용 거부권 행사 방법 등을 이용자에게 투명하게 공개 • 개인정보 취급 방침 : 비식별화 조치 후 빅데이터의 처리 사실·목적 등을 이용자에게 공개하고 '정보활용 거부 페이지 링크'를 제공하여 이용자가 거부권을 행사할 수 있도록 조치 • 수집 출처 고지 : 이용자 이외의 자로부터 수집한 개인정보 처리 시 '수집 출처·목적, 개인정보 처리 정지 요구권'을 이용자에게 고지
개인정보 재식별 시 조치	• 개인정보 재식별 시, 즉시 파기 및 비식별화 조치 • 빅데이터 처리 과정 및 생성정보에 개인정보가 재식별될 경우, 즉시 파기하거나 추가적인 비식별화 조치 시행
비밀정보 처리	• 민감정보 및 통신비밀의 수집·이용·분석 등 처리 금지 • 특정 개인의 사상·신념, 정치적 견해 등 민감정보의 생성을 목적으로 정보의 수집·이용·저장·조합·분석 등 처리 금지 • 이메일, 문자, 메시지 등 통신 내용의 수집·이용·저장·조합분석 등 처리 금지
정보의 기술적·관리적 보호	• 수집된 정보의 저장관리 시 기술적·관리적 보호조치 • 비식별화 조치가 취해진 정보를 저장·관리하고 있는 정보처리시스템에 대한 기술적·관리적 보호조치 적용 • 보호조치 : 침입차단시스템 등 접근 통제장치 설치, 접속 기록에 대한 위·변조 방지 조치, 백신 소프트웨어 설치운영 등 악성 프로그램에 의한 침해 방지 조치

확인 문제 개인정보보호 가이드라인

다음 중 빅데이터 개인정보보호 가이드라인의 내용으로 적절하지 않은 것은?

① 개인정보의 비식별화 조치
② 개인정보의 가치 및 수집 비용
③ 빅데이터 처리 사실, 목적 등의 공개를 통한 투명성 확보
④ 개인정보의 재식별 시 처리 조치

풀이 방송통신위원회에서 제정한 '빅데이터 개인정보보호 가이드라인'에서는 개인정보 비식별화, 투명성 확보, 개인정보 재식별 시 조치, 비밀정보 처리, 정보의 기술적·관리적 보호에 관한 내용을 정의하고 있다. 개인정보의 가치 및 수집 비용에 대한 내용은 가이드라인에 포함되지 않는다.

정답 ②

(4) 개인정보 활용

① 개인정보 활용을 위한 비식별 조치 가이드라인
　㉠ 데이터 내에 포함된 개인정보에 대한 활용 및 비식별화 조치 후 활용 가능 여부에 대한 부분이 국내 관계부처(행정자치부, 방송통신위원회, 보건복지부 등)에서 제정한 '개인정보 비식별 조치 가이드라인'을 준수하고 있는지 확인하여야 한다.
　㉡ 가이드라인에서는 개인정보보호를 위해서 개인정보 비식별화, 투명성 확보(이용자에게 공개), 개인정보 재식별 조치, 비밀정보 처리, 정보의 기술적·관리적 보호의 항목들에 대한 구체적인 방법을 명시하고 있다.
　㉢ 아울러 개인정보를 비식별 조치하여 이용 또는 제공하려는 사업자 등이 준수하여야 할 조치 기준을 제시하고 있으며, 이를 위하여 사전 검토, 비식별 조치, 적정성 평가, 사후 관리의 네 단계 절차를 따를 것을 권고한다.
　㉣ 개인정보 비식별 조치 가이드라인에서 정의하고 있는 개인정보보호 관련 법규정은 다음과 같다.

〈표 1-25〉 개인정보보호 비식별 조치 관련 법·제도

구 분	공공정보 개방·공유에 따른 개인정보보호 지침	개인정보 비식별화에 대한 적정성 자율평가 안내서	빅데이터 개인정보보호 가이드라인	빅데이터 활용을 위한 개인정보 비식별화 기술 활용 안내서
대 상	공 공	공공, 민간	민 간	공공, 민간
목 적	공공정보 개방·공유 등에 따른 개인정보보호조치 요령 안내	개인정보 비식별화 적정성 평가, 재식별 위험 관리 및 조치요령 안내	빅데이터 관련 개인정보 보호법령 적용 방안 설명	빅데이터 활용을 위한 비식별화 기술 활용방법 및 관련 법규 안내
내 용	• 공공정보 개방·공유 근거 확인 • 개인식별 요소 제거 • 개인식별 가능성 검토 • 비식별 기법 및 재식별 가능성에 관한 주기적 모니터링 실시	• 개인정보가 포함된 정보는 개인정보 식별요소 제거를 통해 개인을 식별할 수 없는 형태로 정보를 변경 후 이용 • 재식별 위험에 대한 관리적 조치 및 재식별 시 대응 조치 • 공공정보 개방·공유 등에 따른 개인정보 보호지침과 유사한 조치 및 프라이버시 보호모델에 따른 검토	• 공개된 정보, 이용내역 정보, 생성된 정보는 비식별화 조치 후 처리 • 비식별화 조치한 경우 이용자의 동의 없이 수집·이용 가능 • 비식별 조치 후 저장 시 보호조치 필요 • 비식별화 조치된 개인정보는 이용자 동의 없이 제3자 제공 가능	• 개인식별이 가능한 정보 삭제 • 다른 정보와 결합으로 재식별될 위험 최소화 및 사후관리 철저 • 가명처리, 총계처리, 데이터값 삭제, 범주화, 데이터 마스킹 등 18가지 비식별화 기술 및 적용 사례 제시
주관 부처	행정안전부	행정안전부	방송통신위원회	과학기술정보통신부
발간 연도	2013.9	2014.12	2014.12	2015.6

② 개인정보 재식별 모니터링 점검 항목
　㉠ 만약, 비식별 정보가 재식별된 경우에는 신속하게 그 정보의 처리를 중단하고 해당 개인정보가 유출되지 않도록 필요한 조치를 하여야 하며, 재식별된 정보는 즉시 파기 조치하되, 해당 정보를 다시 활용하려면 비식별 조치 절차를 다시 거친다. 정보의 가치가 없는 데이터들은 이용 목적 달성 후, 바로 폐기(개인정보의 경우 본인 동의 절차 없이 바로 폐기)한다.

ⓒ 비식별 정보를 이용하거나 제3자에게 제공하려는 사업자 등은 해당 정보의 재식별 가능성을 정기적으로 모니터링해야 하며, 모니터링 결과, 다음 표의 점검 항목 중 하나에 해당되는 경우에는 추가적인 비식별 조치를 강구한다.

〈표 1-26〉 개인정보 재식별 모니터링 점검 항목

구 분	점검 항목
내부 요인의 변화	비식별 조치된 정보와 연계하여 재식별 우려가 있는 추가적인 정보를 수집하였거나 제공받은 경우
	데이터 이용과정에서 생성되는 정보가 비식별 정보와 결합해서 새로운 정보가 생성되는 경우
	이용부서에서 비식별 정보에 대한 비식별 수준을 당초보다 낮추어 달라고 하는 요구가 있는 경우
	신규 또는 추가로 구축되는 시스템이 비식별 정보에 대한 접근을 관리 통제하는 보안체계에 중대한 변화를 초래하는 경우
외부 환경의 변화	이용 중인 데이터에 적용된 비식별 조치 기법과 유사한 방법으로 비식별 조치한 사례가 재식별되었다고 알려진 경우
	이용 중인 데이터에 적용된 비식별 기법과 기술을 무력화하는 새로운 기술이 등장하거나 공개된 경우
	이용 중인 데이터와 새롭게 연계 가능한 정보가 출현하거나, 공개된 것으로 알려진 경우

ⓒ 비식별 정보를 제공·위탁한 자가 재식별 가능성을 발견한 경우에는 이를 즉시 그 정보를 처리하고 있는 자에게 통지하고 처리 중단 요구 및 해당 정보를 회수·파기하는 등 필요한 조치를 취한다.

ⓔ 데이터를 여러 곳에 복사하여 분산 저장한 경우에는 모든 데이터의 폐기가 제대로 이루어졌는지를 반드시 검증한다.

③ 개인정보보호를 위한 보안관리
  ⓐ 적재된 데이터에서의 개인정보보호를 위해 빅데이터 저장·관리 시스템에 대한 점검과 함께 내부문서, 인원, 조직, 정책 및 절차와 관련되어서도 점검한다.
  ⓑ 이는 아래와 같이 기술적, 관리적, 물리적 보안으로 구분된다.

〈표 1-27〉 개인정보보호를 위한 보안관리 대상

구 분		관리 내용
기술적 보안	소프트웨어	• 시큐어 코딩 • 어플리케이션 및 행정업무 소프트웨어 점검 • 접근 통제, 바이러스 침입 대책 수립
	네트워크	• 전송 데이터에 대한 보안 수립 • 비인가 접근 방지 대책 수립
관리적 보안	내부 문서	작성 문서·자료의 유출·노출·변조·손실 방지
	인원 및 조직	• 권한과 책임 부여, 통제 대책 수립 • 참여 인력에 대한 보안서약서 제출 • 보안 교육 실시
	정책 및 절차	• 빅데이터 시스템 보안 구현 • 표준화 정책 수립, 보안을 위한 제도적 절차 수립
물리적 보안	컴퓨터 사무기기	• 데이터 변경, 삭제, 노출 방지 • 개인정보 유출 방지
	전산 설비	• 전산 설비에 대한 출입 통제 • 설비의 사고·화재·장애 방지 대책 수립

④ 재현 데이터(Synthetic Data)
  ㉠ 개인이 제공한 데이터가 아닌 임의로 생성한 데이터로 개인정보보호 관련 법규의 규제를 준수하기 위하여 재현 데이터(Synthetic Data)를 사용한다.
  ㉡ 재현 데이터란, 실제로 측정된 데이터(Real Data)를 생성하는 모형이 존재한다고 가정하고, 통계적 방법이나 기계학습 방법 등을 이용하여 추정된 모형에서 새롭게 생성한 모의 데이터(Simulated Data)를 의미한다.
  ㉢ 모집단의 통계적 특성들을 유지하면서도 민감한 정보를 외부에 직접 공개하지 않음으로써 개인정보를 보호할 수 있다.
  ㉣ 개인이 제공한 데이터가 아닌 임의로 생성한 데이터로 개인정보보호 관련 법규의 규제로부터 자유로워진다.
  ㉤ 재현 데이터는 구성 방법에 따라 다음과 같이 분류된다.
    • 완전 재현 데이터(Fully Synthetic Data) : 공개하려고 하는 데이터에 측정된 실제 데이터가 하나도 없이 모두 가상으로 생성된 데이터로만 이루어진 데이터로서 정보보호 측면에서 가장 강력한 보안성을 가진다.
    • 부분 재현 데이터(Partially Synthetic Data) : 공개하려는 변수들 중 일부만을 선택하여 재현 데이터로 대체한 데이터로서 보통 재현 데이터로 대치되는 변수들은 민감한 정보에 관한 변수들이다.
    • 복합 재현 데이터(Hybrid Synthetic Data) : 일부 변수들의 값을 재현 데이터로 생성하고 생성된 재현 데이터와 실제 데이터를 모두 이용하여 또 다른 일부 변수들의 값을 다시 도출하는 방법으로 생성한다.
⑤ 마이 데이터(MyData)
  ㉠ 마이 데이터(MyData)란 개인이 데이터를 주체적으로 관리하는 것을 넘어, 능동적으로 활용하는 일련의 과정을 의미하며, 신용정보법에 포함된 '개인신용정보 전송요구권'이 대표적이다.
  ㉠ '개인정보의 이용과 수집'에 동의된 데이터를 다른 기업으로부터 제공받아 제3자가 데이터를 관리하고 이를 바탕으로 데이터 분석 및 추천 서비스 제공이 가능하게 된다.
  ㉡ 대표적으로 금융기업은 개인의 동의하에 데이터를 제공받아 맞춤형 자산 관리 등 새로운 비즈니스 모델을 창출할 수 있다.
  ㉢ 마이 데이터 산업(신용정보관리업)이 활성화됨에 따라 금융 정보의 통합관리, 개인별 신용 및 자산 분석, 맞춤형 금융 상품 서비스 제공 등 금융 산업의 발전이 기대된다.

확인 문제 개인정보 비식별 조치 가이드라인의 내용

다음 중 개인정보 비식별 조치 가이드라인에서 정의된 내용이 아닌 것은?

① 개인정보 공개의 범위 및 활용 방안
② 개인정보 비식별화
③ 투명성 확보(이용자에게 공개)
④ 개인정보 재식별 조치

풀이 개인정보의 공개·활용은 개인정보보호를 위하여 개인의 동의를 얻어야 하며, 이는 개인정보 비식별 조치 가이드라인에 정의되어 있지 않다.

정답 ①

제1과목 [빅데이터 분석 기획]

제1장 적중예상문제

01 빅데이터의 3V에 해당하지 않는 것은?

① Volume
② Value
③ Velocity
④ Variety

[해설] 빅데이터의 3V는 Volume, Velocity, Variety이고, 4V는 Volume, Velocity, Variety, Value 또는 Volume, Velocity, Variety, Veracity로 정의하고 있다. 그리고 5V는 Volume, Velocity, Variety, Value, Veracity로 정의한다.

02 다음 괄호 안에 들어갈 용어를 순서대로 나열한 것은?

- ( ) 측면의 대용량성 확보
- ( ) 측면의 적응성 확보
- ( ) 측면의 실시간성 확보

① Variety - Velocity - Volume
② Variety - Volume - Velocity
③ Volume - Velocity - Variety
④ Volume - Variety - Velocity

[해설] Volume은 데이터 양의 대용량성 확보, Variety는 다양한 형태의 적응성 확보, Velocity는 빠른 데이터 생성 속도의 특징을 설명하고 있으며, 실시간적인 데이터 확보의 중요성을 나타낸다.

정답 01 ② 02 ④

03 다음 중 가장 큰 규모의 데이터 크기 단위는?

① Zetta Byte(ZB)
② Tera Byte(TB)
③ Peta Byte(PB)
④ Giga Byte(GB)

[해설] 데이터 크기 단위
Byte < KB(Kilo Byte) < MB(Mega Byte) < GB(Giga Byte) < TB(Tera Byte) < PB(Peta Byte) < EB(Exa Byte) < ZB(Zetta Byte) < YB(Yotta Byte) < BB(Bronto Byte) < GeB(Geop Byte)

04 다음 중 데이터 크기 단위(Byte)의 환산이 잘못된 것은?

① $GB = 2^{10}$ MB
② $TB = 2^{20}$ MB
③ $PB = 2^{20}$ GB
④ $YB = 2^{40}$ GB

[해설] $YB = 2^{50}$ GB이다.

05 다음 중 그림, 동영상, 음성, Log, Sensor Data Stream 등을 뜻하는 데이터 유형은 무엇인가?

① Structured Data
② Semi-structured Data
③ Unstructured Data
④ Streamed Data

[해설] 데이터의 구분
• 정형(Structured) : 형식이 정해져 있는 데이터로서 주로 고정된 필드에 저장되고 정량적 데이터가 대부분이다.
• 반정형(Semi-structured) : 값과 형식이 다소 일관성이 없는 데이터로서 정형 구조의 데이터 모델을 준수하지 않는 정형 데이터의 한 형태이다.
• 비정형(Unstructured) : 형태와 구조가 복잡하며 주로 정성적 데이터를 포함한다. 그림, 동영상, 음성, 로그, 센서 데이터 스트림 등은 비정형 데이터에 속한다.

06 다음 중 비정형 데이터와 관계가 먼 것은?

① 고객의 상품 후기 글
② 문서를 첨부한 이메일 데이터
③ 일반 텍스트 문서
④ 데이터베이스에 저장된 학생 자료

[해설] 정형 데이터는 형식이 정해져 있고 주로 고정 필드에 정량적 데이터로 저장된다. 보통 데이터베이스에 저장된 데이터는 정형화된 데이터이며, 수치화된 스프레드시트(엑셀) 데이터, 재무정보, 급여 테이블, 인사정보, 재고 관리, 거래 및 거래처 정도 등이 정형 데이터에 해당된다.

07 데이터 내부에 데이터 구조에 대한 메타 정보를 포함하는 HTML, XML, JSON, RSS, 웹로그 등의 데이터를 무엇이라고 하는가?

① 정형 데이터
② 반정형 데이터
③ 비정형 데이터
④ 미정형 데이터

[해설] 반정형 데이터에 대한 데이터 소스를 설명하고 있다. 반정형 데이터는 정형적인 데이터 구조를 따르지 않지만, 어의적 요소(단어나 말의 뜻)를 분리시키고 데이터 내의 레코드와 필드의 계층 구조가 있게 하는 태그나 다른 마커를 포함하는 정형 데이터를 의미한다.

08 다음 중 데이터 소스와 유형에 대한 설명으로 올바르지 않은 것은?

① 오디오, 비디오 정보는 비정형 데이터로 구분된다.
② QR 코드는 대표적인 센서 데이터로서 비정형 데이터로 구분한다.
③ 비정형 데이터로는 대표적으로 소셜 미디어 데이터와 시계열 데이터를 꼽는다.
④ 자유롭게 작성된 텍스트는 비정형 데이터이다.

[해설] 시계열 데이터는 정형 데이터에 포함된다. 정형 데이터는 데이터베이스의 정해진 규칙(Rule)에 맞게 저장된 수치 데이터로서 의미 파악이 쉬운 회원정보, 도서관리 정보, 재무정보, 급여 테이블 등의 데이터를 말한다.

09 다음 중 비정형 데이터가 아닌 것은?

① 시계열 데이터
② 소셜 미디어 데이터
③ 온도 센서 데이터
④ 자유형식의 텍스트 데이터

[해설] 시계열 데이터는 대표적인 정형 데이터이다. 정형 데이터는 미리 정해 놓은 형식과 구조에 따라 저장되도록 구성된 데이터로서 대표적으로 관계형 데이터베이스의 테이블과 같이 고정된 컬럼에 저장되는 데이터와 지정된 행과 열로 데이터 값을 저장하는 스프레드시트 데이터 그리고 콤마로 구조가 결정되는 CSV 데이터 등이 포함된다.

10 다음 중 빅데이터에 대한 특징으로 옳지 않은 것은?

① 데이터는 일반적으로 정형, 반정형, 비정형 데이터로 구분된다.
② 통계청에서 제공하는 통계자료를 대표적인 정형 데이터로 볼 수 있으며, 최근의 빅데이터는 이러한 정형 데이터의 분석에 초점을 두고 있다.
③ 반정형 데이터는 일반적으로 문자로 서술된 정보를 가진다.
④ 일반적으로 비정형 데이터는 스마트 미디어 이용자들이 의견을 교환하면서 만들어내는 정보를 포함한다.

[해설] 최근의 빅데이터 분석에서는 비정형 데이터에 초점을 둔다. 비정형 데이터란 일정한 규칙이나 형태를 지닌 숫자 데이터와 달리 그림이나 영상, 문서처럼 형태와 구조가 다른 구조화되지 않은 데이터(책, 잡지, 의료 문서, 음성, 영상 등)를 말한다. 이러한 비정형 데이터를 분석하기 위해 대표적으로 텍스트 마이닝, 웹 마이닝, 오피니언 마이닝, 소셜 네트워크 분석 등의 기술을 이용한다.

11 빅데이터 분석의 중요성에 대한 설명으로 옳지 않은 것은?

① 빅데이터 분석에서는 다양한 유형의 데이터와 실시간성 데이터를 포함한 데이터 분석 과정이 수행된다.
② 분석이 중요한 이유는 현명한 의사결정을 지원하는 유용한 정보를 제공받을 수 있기 때문이다.
③ 빅데이터 분석을 통하여 공공부문의 효율성 제고와 기업의 경영 생산성 향상을 추구할 수 있다.
④ 기업, 국가 측면에서는 소기의 목적을 달성하기 위한 합리적이고 과학적인 의사결정을 지원할 수 있으나, 개인 차원에서는 많은 효용을 기대하기 어렵다.

[해설] 빅데이터 분석은 기업, 국가뿐만 아니라 개인 차원에서도 주어진 문제를 해결하고 소기의 목적을 달성하기 위한 합리적이고 과학적인 의사결정을 지원한다.

12 다음 중 빅데이터의 가치 측정에 대한 설명으로 옳지 않은 것은?

① 산업 현장이나 실생활의 응용 등을 통해 데이터의 가치를 입증하기도 한다.
② 지금까지의 잘못된 상식이나 정보를 증명함으로써 데이터의 가치를 증명할 수도 있다.
③ 시스템에 저장된 데이터를 활용하여 산업적 측면과 기업의 의사결정에 활용하는 등 새로운 가치 창출이 가능하다.
④ 빅데이터를 어떻게 활용하느냐에 따라 그 가치가 결정되며, 일반적으로 사전에 일괄적인 기준을 설정하여 데이터의 가치를 평가하는 작업은 수월하게 이루어진다.

[해설] 일반적으로 사전에 어떤 일괄적인 기준을 설정한 데이터 가치 평가 작업은 어려운 일에 속한다. 특히, 데이터의 경제적 가치 측정은 수요와 공급에 의해서 가치가 책정되는 상품이나 서비스와는 달리 여러 요소(데이터 수집 비용, 수익창출, 시장, 데이터의 희소성, 무형자산의 가치평가 등)들의 고려가 필요하다.

정답 09 ① 10 ② 11 ④ 12 ④

13 다음 중 빅데이터의 도입 및 활용 효과로 보기 힘든 것은?

① 산업 경쟁력 제고
② 생산성 향상
③ 기능의 혁신을 통한 새로운 가치 창출
④ 프로젝트 소요 비용의 감소

[해설] 프로젝트 소요 비용의 감소는 빅데이터의 도입 및 활용 효과로 보기 힘들다. 빅데이터의 도입과 활용으로 경제, 공공, 사회 및 기타 전 영역에서 산업 경쟁력 제고, 생산성 향상, 기능 혁신을 통한 새로운 가치를 창출할 것으로 전문가들은 내다보고 있다.

14 빅데이터 분석가가 알아야 할 용어로 다음 설명과 관련된 것은?

- 다양한 시스템과 비즈니스 요소들에 넓게 분산되어 있고 Customized되어 있는 복잡하고, 역동적인 실체
- 고객에게 가치를 전달하는 데 필요한 모든 순차적, 병렬적 활동들의 집합

① Big Data Analysis Model
② Business Model
③ Business Process
④ Business Service Model

[해설] 비즈니스 프로세스(Business Process)에 대한 설명이다. 비즈니스 프로세스 또는 업무과정은 특정 고객을 대상으로 특정 서비스의 제품을 생산하는 활동이나 태스크의 구조, 관계에 대한 집합을 뜻한다. 논리적으로 관련된 작업 및 조직이 구체적인 비즈니스 결과를 생성하는 시간과 이러한 활동을 구성하고 조정하는 고유한 방식으로 개발된 업무과정이다. 새 상품 및 서비스를 개발, 생성 및 주문, 마케팅 계획을 작성하고 직원을 고용하거나 조직들이 비즈니스를 수행하는 모든 방법들이 대표적인 비즈니스 프로세스의 예이다.

15 다음 중 소셜 네트워크 분석의 활용 사례로 보기 힘든 것은?

① 사용자 행동 분석
② 커뮤니티 주요 영향자 분석
③ 대도시 지역별 매출액 예측
④ 사용자 간 링크 예측

[해설] 지역별 매출액 예측은 소셜 네트워크 분석보다 예측(Forecasting) 분석 기법에 가깝다. 보통 수요 또는 매출을 예측하기 위하여 개인의 경험과 판단에 근거한 추정, 시장조사, 시계열 분석 및 인과관계 분석(수요 및 매출에 영향을 미치는 독립변수들의 상관관계 분석) 등의 방법을 이용한다.

16 다음 중 빅데이터 시스템의 주요 운영 체계가 아닌 것은?

① 주기적인 데이터 백업 · 복구 체계
② 빅데이터 분석결과의 자동 환류 체계
③ 사용자별 권한 관리 · 운영 체계
④ 안정적 운영 및 모니터링 체계

[해설] 분석결과의 자동 환류 체계는 주요 운영 체계에 해당되지 않는다. 기능적으로 빅데이터 시스템은 저장관리(HDFS), 데이터베이스, 프로세싱(MapReduce, Hadoop), 데이터 통합 및 통계분석 도구(R) 등을 포함한다.

17 다음 중 데이터 사이언스나 빅데이터와 관련된 업무의 전문가를 뜻하는 인력은 누구인가?

① 데이터 과학자
② 소프트웨어 전문가
③ 정보처리 전문가
④ 하드웨어 전문가

[해설] 데이터 과학자(Data Scientist)는 수많은 구조화, 비구조화 데이터에서 특정 비즈니스 요구 성과나 목표를 달성하는 데 도움을 주는 인사이트(Insights)를 발견한다. 최근 기업들이 빅데이터 및 데이터 분석결과를 통해 의사결정을 내리고 클라우드 기술과 자동화, 머신러닝을 IT 전략의 핵심 구성요소로 활용하면서 데이터 과학자의 역할이 중요해지고 있다.

18 데이터 사이언스에 필요한 지식과 기술 중 상대적으로 중요성이 낮은 것은?

① 데이터 수집 기술
② 컴퓨터 하드웨어 지식
③ 통계처리와 시각화 기술
④ 머신러닝과 관련된 지식과 기술

[해설] 산업마다 데이터 과학자가 분석해야 할 빅데이터의 종류가 다르며, 데이터 과학자의 주요 책임은 데이터 분석이다. 이를 위해 데이터 수집, 통계, 머신러닝 및 시각화 기술 등이 요구된다.

정답 13 ④ 14 ③ 15 ③ 16 ② 17 ① 18 ②

19 NCS에서 정의한 다음 직무능력은 무엇인가?

> 대용량의 데이터 집합으로부터 유용한 정보를 찾고 결과를 예측하기 위해 목적에 따라 분석기술과 방법론을 기반으로 정형·비정형 대용량 데이터를 구축, 탐색, 분석하고 시각화를 수행하는 업무

① 데이터베이스 분석 직무
② 빅데이터 분석 직무
③ 데이터베이스 관리 시스템 분석 직무
④ 빅데이터 분석결과 시각화 직무

[해설] 빅데이터 분석 직무에 대한 설명이다. 빅데이터 분석가는 빅데이터 기반 의사결정 시스템이 정립될 수 있도록 컨트롤 타워 역할을 수행하며 Value Chain별로 분석 프로젝트를 직접 수행하고 실질적인 전략수립을 지원한다. 크게 데이터 기반 프로세스 혁신, 의사결정 지원, 빅데이터 거버넌스 등의 역할을 수행한다.

20 다음 설명에 해당하는 NCS 빅데이터 분석 기획 능력단위의 요소는 무엇인가?

> 빅데이터 분석을 위한 예산, 소요기간, IT 환경 등을 고려하여 전체 WBS(Work Breakdown Structure)를 설계한다.

① 도메인 이슈 도출하기
② 분석목표 수립하기
③ 프로젝트 계획하기
④ 보유 데이터 자산 확인하기

[해설] ① 주어진 업무에 대한 문제점을 정의하고 빅데이터 분석을 통한 개선 방향을 도출한다.
② 빅데이터 분석을 통해 얻고자 하는 목표를 정의한 분석목표정의서를 수립한다.
④ 분석목표와 프로젝트 계획에 따른 사전 데이터를 점검한다.

21 다음 설명에 해당하는 빅데이터 요소 기술은 무엇인가?

> 자료를 실시간으로 묘사하는 기술로 다양한 Chart, Graph, Relationship(관계도) 등을 이용하여 나타내며, 데이터 탐색 및 결과 해석 등에 활용한다.

① 데이터 수집　　　　② 데이터 처리
③ 데이터 분석　　　　④ 데이터 시각화

[해설] 데이터 시각화(Data Visualization) 기술을 의미한다. NCS 정의에 의하면, 데이터 시각화란, '인간의 시지각 능력을 토대로 데이터에 대한 이해와 설득에 도움을 주기 위해 그림이나 도형 등의 그래픽 요소들을 이용하여 데이터를 묘사하고 표현하는 것'이다.

22 Data의 추출, 변환, 적재와 관련된 표준 용어는?

① ETC　　　　② ETL
③ ETD　　　　④ Execute

[해설] ETL(Extract, Transform, Load)
- 데이터 추출(Extract) : 동일 기종 또는 타기종의 데이터 소스로부터 데이터 추출
- 데이터 변환(Transform) : 조회 또는 분석을 목적으로 적절한 포맷이나 구조로 데이터를 저장하기 위한 데이터 변환
- 데이터 적재(Load) : 최종 대상(데이터베이스, 데이터마트, 데이터웨어하우스 등)으로 변환하여 데이터 적재

23 다음 설명에 해당하는 것은?

> 다양한 데이터 소스에서 수집한 데이터를 분석, 처리하여 지식을 추출하고, 이를 기반으로 지능화된 서비스를 제공하는 데 필요한 IT 환경

① 빅데이터 데이터베이스　　　　② 빅데이터 필터링
③ 빅데이터 테이블　　　　　　　④ 빅데이터 플랫폼

[해설] 빅데이터 플랫폼은 빅데이터에서 가치를 추출하기 위한 일련의 과정을 지원하기 위한 프로세스를 규격화한 기술 및 서비스를 나타내며, 데이터 수집, 저장, 처리, 분석, 시각화 등을 통해 원시데이터(Raw Data)로부터 인사이트(Insight) 및 가치를 추출하는 역할을 수행한다.

정답　19 ②　20 ③　21 ④　22 ②　23 ④

24 다음 중 데이터베이스의 장점으로 보기 힘든 것은?

① 조직 내 다수의 사용자나 부서의 정보요구사항에 부응하는 자료의 공유
② 조직 전체의 정보요구사항에 부응하는 자료의 통합 관리
③ 중복된 자료들 사이의 Mapping을 이용하여 연관성을 쉽게 파악
④ 한 곳에 집중되어 있는 자료를 모든 부서의 사용자가 공유

[해설] 데이터베이스에서는 자료의 중복을 가능한 한 배제한다. 데이터베이스는 여러 사람에 의해 공유(Shared)되어 사용될 목적으로 통합(Integrated)하여 관리되는 데이터의 집합(Stored)이다.

25 정보의 주요 특징에 대한 설명으로 옳은 것은?

① 정확성 − 상황 및 주제와 관련된 데이터
② 적시성 − 필요할 때 이용 가능한 데이터
③ 관련성 − 의사결정을 위해 필요한 만큼만 있으면 됨
④ 비용가치 − 정확한 데이터로부터 정확하게 처리되어 인지된 정보

[해설] 정보의 주요 특징
• 정확성 : 정확한 데이터로부터 정확하게 처리되어 인지된 정보
• 적시성 : 필요할 때 이용 가능한 데이터
• 관련성 : 상황 및 주제와 관련된 데이터
• 적당량 : 의사결정을 위해 필요한 만큼만 있으면 됨
• 비용가치 : 정보 산출의 가치가 비용을 넘어서지 말아야 함

26 특정 영역에서 경험을 통해 정보를 통합한 형태를 무엇이라고 하는가?

① 데이터
② 지식
③ 정보
④ 학습

[해설] 지식(Knowledge)에 대한 정의이다. 지식은 교육, 학습, 숙련 등을 통해 사람이 재활용할 수 있는 정보와 기술 등을 포괄하는 의미로서 최근에는 한 사람뿐 아니라 집단의 사람이 재활용할 수 있는 정보와 기술도 지식으로 평가한다.

27 다음 중 인공지능을 구성하는 핵심요소가 아닌 것은?

① 데이터 학습을 위한 데이터 입력 및 출력값
② 신경망, 머신러닝 등 활용 모델
③ 프로그래밍 언어
④ 하드웨어 및 소프트웨어

[해설] 인공지능을 구성하는 핵심요소는 하드웨어[GPU(Graphics Processing Unit) 등], 소프트웨어(응용 소프트웨어 패키징, 텐서플로 등), 프로그래밍 언어(학습과 실행에 사용되는 파이썬, 자바, C, Lisp, Prolog 등), 모델 형태(신경망, 머신러닝, 다층 퍼셉트론, 전문가 시스템 등), 응용 분야(음성인식, 영상인식, 챗봇, 자연어 처리, 지식 처리 등)이다.

28 다음 중 인공지능이 추구하는 관련 기술과 비교적 거리가 먼 것은?

① 인간 두뇌에 도전하는 기술
② 인간의 지능을 모델링하는 기술
③ 지능적인 원리를 컴퓨터에 적용하는 기술
④ 현재 대부분의 문제해결이 가능한 기술

[해설] 최근 문제해결을 위한 다양한 인공지능 알고리즘들이 연구, 개발되고 있으나 아직까지는 현실에서 주어지는 대부분의 문제를 해결하지는 못 한다.

29 다음은 무엇에 대한 정의인가?

> 작업 T의 성능 P가 경험 E에 의해서 향상된다면, 컴퓨터 프로그램이 경험 E로부터 작업 T에 의해 학습한다고 말한다.

① 딥러닝
② 머신러닝
③ 인공지능
④ 학습러닝

[해설] Mitchell(1996)이 정의한 머신러닝(Machine Learning, 기계학습)의 개념이다. 머신러닝 또는 기계학습은 경험을 통해 자동으로 개선하는 컴퓨터 알고리즘의 연구 분야로서 컴퓨터가 학습할 수 있도록 하는 알고리즘과 기술을 개발하는 분야이다. 예를 들어 기계학습을 통해서 수신한 이메일이 스팸인지 아닌지를 구분할 수 있도록 훈련할 수 있다.

정답 24 ③ 25 ② 26 ② 27 ① 28 ④ 29 ②

30 다음 특징을 갖는 용어는?

> - 코드로 정의되지 않은 동작 실행 능력
> - 컴퓨터가 학습할 수 있는 알고리즘과 기술 개발 분야
> - 최초 학습에 들인 시간·노력보다 더 빠르고 수월하게 배운 것을 수행
> - 정확한 작업 수행을 위한 올바른 모델 구축

① 딥러닝
② 머신러닝
③ 인공지능
④ 학습러닝

[해설] Mitchell(1996)이 정의한 머신러닝(Machine Learning, 기계학습)의 개념이다. 머신러닝 또는 기계학습은 경험을 통해 자동으로 개선되는 컴퓨터 알고리즘의 연구 분야로서 컴퓨터가 학습할 수 있도록 하는 알고리즘과 기술을 개발하는 분야이다. 예를 들어 기계학습을 통해서 수신한 이메일이 스팸인지 아닌지를 구분할 수 있도록 훈련할 수 있다.

31 데이터 분석 관점에서 머신러닝과 다른 분야와의 관련성에 대한 설명으로 옳지 않은 것은?

① 머신러닝 알고리즘은 통계학 기반의 통계적 학습에 근간을 두고 있으며, 데이터 마이닝과는 거리가 멀다.
② 데이터 마이닝이란 대규모로 저장된 데이터 내에서 체계적이고 자동적으로 의미 있는 규칙이나 패턴을 발견하고 이를 지식화하는 과정으로서 머신러닝과 관련되어 있다.
③ 머신러닝은 명시적 알고리즘을 설계하기 어렵거나 프로그래밍이 어려운 작업을 해결하기 위해 주로 사용된다.
④ 머신러닝은 확률·통계학 분야와 함께 컴퓨터 과학, 데이터베이스, 인지과학, 신경과학, 패턴인식 등 다양한 분야의 학문적 배경과 관련된다.

[해설] 머신러닝은 데이터로부터 유용한 규칙, 지식 표현 또는 판단 기준 등을 추출한다는 개념에서 데이터 마이닝과 공통점이 있다.

32 다음 중 머신러닝에 대한 설명으로 옳지 않은 것은?

① 데이터과학에는 대표적으로 데이터 마이닝과 데이터베이스 분야가 포함된다.
② 딥러닝은 통계학 분야보다 신경과학 분야(신경망 활용)에 더욱 가깝다고 볼 수 있다.
③ 머신러닝 및 딥러닝은 모두 대표적인 인공지능 알고리즘들이다.
④ NCS에서는 딥러닝의 한 분야로서 머신러닝을 이해한다.

[해설] NCS에서는 머신러닝의 한 분야로 딥러닝을 이해하고 있다. 딥러닝 또는 심층학습은 여러 비선형 변환기법의 조합을 통해 높은 수준의 추상화를 시도하는 기계학습 알고리즘의 집합이다. 큰 의미에서 사람의 사고방식을 컴퓨터에게 가르치는 기계학습의 한 분야이다.

33 데이터의 학습 유형에 따른 머신러닝 분류 방법에 해당하지 않는 것은?

① 강화 학습
② 목표 학습
③ 비지도 학습
④ 지도 학습

[해설] 머신러닝(기계학습)은 데이터의 학습 유형에 따라 지도 학습(분류, 회귀), 비지도 학습(군집화), 강화 학습(상을 최대화, 벌을 최소화하는 학습)으로 분류된다. 목표 학습은 머신러닝의 분류에 해당되지 않는다.

34 다음 중 정답을 알려주며 학습하면서 목적변수를 분석하는 머신러닝 알고리즘은?

① 강화 학습
② 목표 학습
③ 비지도 학습
④ 지도 학습

[해설] 지도 학습 머신러닝 알고리즘을 이용하여 회귀분석 및 분류분석 등을 수행한다. 지도 학습은 훈련 데이터로부터 하나의 함수를 유추해내기 위한 기계학습의 한 방법이다. 훈련 데이터는 일반적으로 입력 개체에 대한 속성을 벡터 형태로 포함하고 있으며 각각의 벡터에 대해 원하는 결과가 무엇인지 표시되어 있다. 이런 과정으로 유추된 함수 중 연속적인 값을 출력하는 것을 회귀분석이라 하고 주어진 입력 벡터가 어떤 종류의 값인지 표식하는 것을 분류분석이라 한다.

정답 30 ② 31 ① 32 ④ 33 ② 34 ④

35 다음 중 정답을 알려주지 않고 비슷한 데이터들을 분류(군집화)하는 머신러닝 알고리즘은?

① 강화 학습
② 목표 학습
③ 비지도 학습
④ 지도 학습

[해설] 머신러닝 알고리즘 중 비지도 학습(자율 학습) 방법을 설명하고 있다. 비지도 학습은 기계학습의 일종으로 데이터가 어떻게 구성되었는지를 알아내는 문제의 범주에 속한다. 지도 학습 및 강화 학습과 달리 입력값에 대한 목표치가 주어지지 않는다.

36 머신러닝 알고리즘 중 상을 최대화하고 벌을 최소화하는 학습 방법을 도입하여 원하는 의사결정을 수행하는 방법은 무엇인가?

① 강화 학습
② 목표 학습
③ 비지도 학습
④ 지도 학습

[해설] 강화 학습 방법에 대한 설명이며, 알파고가 이에 해당된다. 강화 학습은 기계학습의 한 영역으로서 행동심리학에서 영감을 받았으며, 어떤 환경 안에서 정의된 에이전트가 현재의 상태를 인식하여, 선택 가능한 행동들 중 보상을 최대화하는 행동 혹은 행동 순서를 선택하는 방법이다.

37 다음 중 지도 학습의 장점으로 가장 적절한 것은?

① 경험을 사용하여 성능 기준을 최적화한다.
② 레이블이 있는 데이터를 사용해야 한다.
③ 일반적으로 많은 시간이 소요된다.
④ 제한된 유형의 문제를 해결한다.

[해설] 지도 학습에서는 경험 데이터를 사용하여 성능 기준을 최적화하게 된다. 지도 학습에서는 명시적인 정답이 주어진 상황에서 기계를 학습시키기 위해 데이터와 레이블을 사용하며, 사람이 목푯값에 개입하므로 정확도가 높으나 시간이 오래 걸리고 필요한 데이터 양이 많다는 단점이 있다.

38 다층 퍼셉트론에서 효율적인 학습을 위해 사용되는 대표적인 알고리즘은 무엇인가?

① Back Propagation Algorithm
② Hidden Layer Algorithm
③ In-out Algorithm
④ Neural Alorithm

[해설] 역전파 알고리즘(Back Propagation Algorithm)은 입력층으로부터 은닉층을 거쳐 출력층으로 갔다가, 다시 반대 방향으로 되돌아오면서 학습하는 다층 퍼셉트론 모델에서 주로 사용되는 알고리즘이다.

39 다음 설명에 해당되는 인공지능 알고리즘은 무엇인가?

> 여러 비선형 변환기법의 조합을 통해 높은 수준의 추상화를 시도하는 기계학습 알고리즘의 집합으로 최근 기계가 데이터를 통해 자신만의 규칙을 생성하여 정보를 학습하는 형태로 발전하고 있다.

① 딥러닝
② 머신러닝
③ 강화 학습
④ 합성곱 신경망

[해설] 딥러닝에 대한 설명이다. 딥러닝(심층학습, Deep Structured Learning, Hierarchical Learning)은 여러 비선형 변환 기법의 조합을 통해 높은 수준의 추상화(Abstraction, 다량의 데이터나 복잡한 자료들 속에서 핵심적인 내용 또는 기능을 요약하는 작업)를 시도하는 기계학습 알고리즘의 집합으로 정의되며, 큰 틀에서 사람의 사고방식을 컴퓨터에게 가르치는 기계학습의 한 분야이다.

40 다음 설명에 해당되는 인공지능 알고리즘은 무엇인가?

> 주로 시각적 이미지를 분석하는 데 사용되며, 이미지의 특징을 추출하는 필터 역할을 하는 컨볼루션 레이어를 적용하여 효율적으로 고차원의 이미지를 인식하고 분류한다.

① Deep Learning
② Transfer Learning
③ Convolutional Neural Network
④ Recurrent Neural Network

[해설] CNN(Convolutional Neural Network, 합성곱 신경망)에 대한 설명이다. CNN은 시각적 영상을 분석하는 데 사용되는 다층의 피드-포워드적인 인공신경망의 한 종류이다. 딥러닝에서 심층 신경망으로 분류되며, 시각적 영상 분석에 주로 이용된다. 그리고 동영상 인식, 추천 시스템, 영상 분류, 의료 영상 분석 및 자연어 처리 등에 활용된다.

41 다음 설명에 해당되는 인공지능 네트워크는 무엇인가?

> 과거 정보와 현재의 입력값을 결합하는 방법으로 순서를 고려한 학습 모델로서 데이터의 순서가 중요한 시계열 및 언어 처리 분석 등에 활용된다.

① Deep Learning
② Transfer Learning
③ Convolutional Neural Network
④ Recurrent Neural Network

[해설] 순환 신경망(RNN ; Recurrent Neural Network)에 대한 설명이다. RNN은 인공신경망의 한 종류로, 유닛 간의 연결이 순환구조를 갖는 특징을 갖고 있으며 시변적, 동적 특징을 모델링할 수 있도록 신경망 내부에 상태를 저장한다. 순방향 신경망과 달리 내부의 메모리를 이용해 시퀀스 형태의 입력을 처리할 수 있다. 주로 필기인식, 음성인식과 같이 시변적 특징을 지니는 데이터를 처리하는 데 이용된다.

42 이름, 주민등록번호에서 DNA에 이르기까지 그것을 이용해 특정 개인을 식별할 가능성을 내포한 데이터를 무엇이라고 하는가?

① 개인정보
② 비밀정보
③ 속성정보
④ 튜플정보

[해설] 개인정보에 대한 설명이다. 개인정보는 개인에 관한 정보 가운데 직·간접적으로 각 개인을 식별할 수 있는 정보를 가리킨다. 따라서 식별 가능성이 없는 정보는 개인정보로 보지 않는다. "개인을 식별할 수 있는 기록된 정보 중 주로 체계적으로 관리되고 이용되는 정보"를 말하기도 한다.

43 다음과 같은 내용을 명시하고 있는 규정은 무엇인가?

> • 개인정보 비식별화
> • 이용자에게 공개를 하여야 하는 투명성 확보 규정
> • 개인정보 재식별 시 조치 내용
> • 비밀정보의 처리
> • 정보의 기술적·관리적 보호 항목

① 개인정보 보호법
② 개인정보 비식별 조치 가이드라인
③ 공공정보 개방·공유에 따른 개인정보보호지침
④ 신용정보의 이용 및 보호법

[해설] 개인정보 비식별 조치 가이드라인의 내용으로서 개인정보를 비식별 조치하여 이용 또는 제공하려는 사업자 등이 준수하여야 할 조치 기준을 제시하고 있다.

44 개인정보보호 내규의 가이드라인으로 옳지 않은 것은?

① 개인정보보호 업무처리 지침
② 개인정보의 거래 비용
③ 소프트웨어 개발 시 보안 가이드(보안 구조)
④ 개인정보의 분실·도난·누출·변조·훼손방지 방법 마련

[해설] 개인정보보호의 내규에는 개인정보보호 업무처리 지침, 개발 보안 가이드, 개인정보 암호화 매뉴얼, 소프트웨어 개발 구조, 개인정보의 기술적·관리적 보호 방법이 제시되어 있다. 개인정보 거래 비용은 개인정보보호 내규의 가이드라인 내용으로 적합하지 않다.

정답 41 ④ 42 ① 43 ② 44 ②

45 다음 중 빅데이터로 인한 위기 요인(역기능)으로 가장 옳지 않은 것은?

① 데이터의 오용
② 개인 사생활의 침해
③ 데이터 용량의 증대
④ 책임 원칙의 훼손

[해설] 빅데이터 시대, 데이터 용량의 증대는 기회 요인으로 보는 것이 바람직하다. 빅데이터 시대의 위기 요인으로는 사생활 침해, 책임 원칙의 훼손, 데이터 오용 등을 들 수 있다.

46 다음 빅데이터 폐기 방법 중 옳지 않은 것은?

① 빅데이터 폐기 단계에서 데이터 분석을 위해 이용된 데이터를 삭제한다.
② 정보의 가치가 없는 데이터들은 이용 목적을 달성한 후, 바로 폐기해야 한다.
③ 개인정보와 같은 데이터는 이용 목적을 달성한 후, 본인의 동의를 얻어 폐기해야 한다.
④ 데이터를 여러 곳에 복제하여 분산 저장하는 경우, 모든 데이터의 폐기가 제대로 이루어 졌는지를 검증한다.

[해설] 개인정보와 같은 데이터, 정보의 가치가 없는 데이터들은 이용 목적을 달성한 후 지체 없이(본인의 동의 없이) 폐기한다.

47 다음 설명에 해당하는 것은?

- 데이터 수집 시부터 개인 식별 정보에 대한 철저한 비식별화 조치를 취한다.
- 개인정보가 포함된 공개 정보 및 이용내역에 대한 정보는 비식별화 조치를 취한 후 수집, 저장, 조합, 분석 및 제3자 제공 등이 가능하다.

① 개인정보 비식별화
② 데이터의 투명성 확보
③ 개인 비밀정보 처리
④ 정보의 기술적, 관리적 보호

[해설] 개인정보 비식별화 방법에 대한 설명이다. 개인정보 비식별화는 사전검토, 비식별 조치, 적정성 평가, 사후관리의 조치로 이루어진다.

48 다음 설명에 해당되는 용어는?

> 개인이 데이터를 주체적으로 관리하는 것을 넘어, 능동적으로 활용하는 일련의 과정 속에서 이용되는 데이터로서 신용정보법에 포함된 '개인신용정보 전송요구권'에서 대표적으로 인용되고 있다. 최근 흩어진 개인 신용정보를 한 곳에 모아 보여주고 재무 현황, 소비 습관을 분석해 개개인에게 맞는 금융 상품을 추천하는 등 자산 및 신용 관리를 도와주는 서비스에서 많이 활용되고 있다.

① 재현 데이터(Synthetic Data)
② 융합 데이터(Converged Data)
③ 마이 데이터(My Data)
④ 혼합 데이터(Mixed Data)

[해설] 마이 데이터(My Data)란, 개인이 데이터를 주체적으로 관리하는 것을 넘어, 능동적으로 활용하는 일련의 과정을 의미한다. 소비자가 각종 기업, 기관에 흩어져 있는 자신의 신용 정보를 특정 마이 데이터 사업자들에게 활용할 수 있도록 동의한 뒤, 이들 업체에서 자신에게 유용한 맞춤형 서비스를 받는다.

49 개인정보보호를 위한 관리적 보안의 점검 대상으로 옳지 않은 것은?

① 내부 문서 및 자료의 유출·변조·손실 방지
② 데이터가 전송되는 네트워크에 대한 비인가 접근 방지
③ 수행 인원 및 조직에 대한 책임부여, 통제 대책 수립, 보안 서약 및 교육
④ 시스템 보안 구현, 표준화 정책 및 보안에 대한 제도적 절차 수립

[해설] 관리적 보안은 정책·절차, 인원·조직, 내부 문서에 대한 보안점검이 포함된다. 데이터 전송 네트워크에 대한 보안은 기술적 보안에 해당한다.

제2장 데이터 분석 계획

01 분석방안 수립

(1) 분석 로드맵 설정

① 빅데이터 분석 로드맵
  ㉠ 일반적으로 빅데이터 분석 프로젝트는 분석과제 정의 → 데이터 준비 및 탐색 → 모델링 및 검증 → 산출물 정리의 순서로 이루어진다.
  ㉡ 보다 세부적으로, 빅데이터 분석 프로젝트 계획을 수립하고 세부적인 작업분할구조도(WBS ; Work Breakdown Structure)를 작성하는 절차(로드맵)는 아래와 같다.

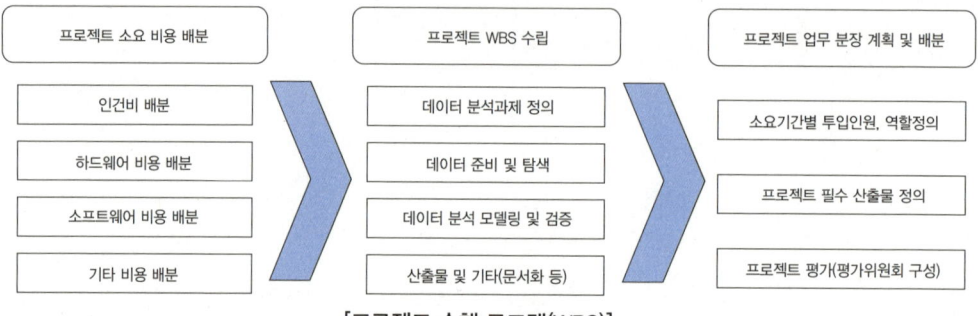

[프로젝트 수행 로드맵(WBS)]

  ㉢ 작업분할구조도(WBS)는 프로젝트 관리와 시스템 공학 분야에서 프로젝트의 더 작은 요소로 분해시킨 Deliverable 지향 분업 구조를 의미한다. 업무 분업 구조의 요소는 상품, 데이터, 서비스, 또 이들 간의 어떠한 결합이 될 수 있으며, WBS는 또한 스케줄 개발 및 통제를 위한 지침을 제공하고 세세한 비용 예측 및 통제에 필요한 프레임워크를 제공한다.
  ㉣ WBS는 1950년대, 미 국방성에서 최초로 사용된 용어로서, PMBOK(Project Management Body of Knowledge)에서는 WBS를 "프로젝트 팀이 프로젝트 목표를 달성하고 필요한 인도물을 산출하기 위해 실행하는 작업을 인도물 중심의 계층 구조로 세분해 놓은 것"으로 정의하며, WBS를 이용하여 프로젝트의 전체 범위를 구성하고, 하위수준으로 내려가면서 프로젝트 작업에 대해 점차 상세한 정의를 보여준다. 그리고 WBS는 작업 패키지로 세분되고, 인도물 중심으로 구성되며 내부 인도물과 외부 인도물을 모두 포함한다.
  ㉤ 빅데이터 분석 프로젝트는 프로젝트 수행을 위한 소요 비용 배분, WBS 수립, 업무 분장 계획 수립·배분으로 이루어진다.

② 단계별 세부 수행 작업
　㉠ 프로젝트 소요 비용 배분
　　• 프로젝트 수행 일정 수립 시 주어진 IT 환경(데이터 분석 솔루션, 플랫폼, 데이터 현황 등)을 고려하여 현실적인 프로젝트 계획이 되도록 하여야 하며, 데이터 분석목표정의서의 내용이 모두 반영되도록 한다.
　　• 프로젝트 소요 비용에는 인건비, 하드웨어 구입 및 사용 비용, 기타 비용(성과측정비, 추가 인건비, 자문료 등)을 고려하여 산정한다.
　㉡ 프로젝트 WBS 수립
　　• WBS(Work Breakdown Structure, 작업분할구조도)는 분석목표정의서, 프로젝트 소요 비용 배분 계획을 참고하여 데이터 분석 흐름에 맞게 적절히 수립한다.
　　• 데이터 분석의 흐름은 데이터 분석과제 정의, 데이터 준비·탐색, 데이터 분석 모델링·검증, 산출물 정리 및 기타 업무로 구성된다. 이외 추가적으로 필요한 내용이 있으면 자유롭게 반영하여 최종적으로 WBS를 수립한다.
　㉢ 프로젝트 업무 분장 계획 및 배분
　　• 프로젝트 비용 배분 계획에서 고려된 인건비 배분 기준을 중심으로 이루어지는 프로젝트 WBS의 단계별 인원투입 계획을 수립하고 역할별로 작성해야 할 필수 산출물을 정의함으로써 최종 업무 분장, 계획 및 배분 업무를 마무리한다.
　　• 프로젝트의 소요기간별로 투입 인원과 인원별 역할을 구분하여 배정하고 프로젝트의 필수 산출물을 정의한다.
　　• 추가적으로 프로젝트 평가위원회를 구성하고 여기에는 프로젝트 유관부서의 리더들과 프로젝트 참여 인원으로 구성하며, 필요에 따라 외부 자문 인원이 참여하도록 한다. 마지막으로 보통 프로젝트의 최종 완료 및 검수는 평가위원회의 의견을 반영하여 완성한다.

확인 문제 　작업분할구조도 문서

빅데이터 분석·기획 업무 중 프로젝트 계획 및 설계 단계에서 프로젝트 수행을 위한 예산, 소요 기간 및 현재의 IT 환경 등을 고려하여 작성하는 문서로 옳은 것은?

① 빅데이터 요건 정의서
② 빅데이터 분석목표정의서
③ As/Is-To/Be 분석 문서
④ Work Breakdown Structure 설계 문서

풀이 WBS(Work Breakdown Structure, 작업분할구조도) 설계 문서에 빅데이터 분석 프로젝트 수행에 필요한 예산, 소요 기간 및 현재의 IT 환경 등을 고려한 분석결과를 작성한다.
정답 ④

> **확인 문제** | **빅데이터 분석 수행 비용**
>
> 빅데이터 분석 프로젝트 수행을 위해 소요되는 비용으로 보기 힘든 것은?
>
> ① 수행 인력에 대한 인건비
> ② 하드웨어 구입 및 사용(임대 등) 비용
> ③ 산출물 관리 및 하드웨어 유지보수 비용
> ④ 성과측정비 및 자문료 등
>
> ---
> **풀이** 빅데이터 분석 프로젝트 수행을 위하여 인건비, 하드웨어 구입 및 사용, 성과측정비 및 자문료 등이 포함된다. 산출물 관리 및 하드웨어 유지보수 비용은 빅데이터 분석 프로젝트의 수행 비용에 포함되지 않는다.
>
> **정답** ③

(2) 분석 문제 정의

① 주요 고려 사항
  ㉠ 빅데이터 분석 기획 업무 수행 시 가용 데이터 확인 및 데이터 유형 분석, 적절한 유스 케이스 탐색, 장애요소에 대한 사전 계획을 수립한다.
  ㉡ 주어진 문제에 대하여 구체적으로 정의가 가능하고, 필요한 데이터가 존재하며, 데이터를 분석할 수 있는 분석역량을 보유하고 있는 경우 기존의 전통적인 빅데이터 분석 수행(주로 통계분석, 회귀분석, 추정, 검정 등)이 가능하다.
  ㉢ 만약 이러한 조건들을 만족시키지 못한다면, 이를 보완하기 위하여 분석과제의 목적을 달성하기 위해 생성된 데이터에 대해 먼저, 목적 없이 분석하여 데이터에 숨겨져 있는 의미를 파악하거나 또는 정보시스템을 활용하여 일단 데이터 분석을 시도해 보고 그 결과를 확인해가면서 반복적으로 개선하며 원하는 결과를 도출한다.
  ㉣ 빅데이터 분석은 6단계(문제 인식, 관련 연구조사, 모형화, 자료수집, 자료분석, 분석결과 제시) 프로세스로 이루어진다.
  ㉤ 또는 데이터 수집 → 저장 → 처리 → 분석 → 시각화 → 이용 → 폐기(데이터 수집부터 폐기 단계까지)의 6단계로 설명하기도 한다.

② 빅데이터 분석 프로세스
  ㉠ 문제 인식(문제의 정의)
    • 최근 디지털 정보량의 증가에 따라 대규모 빅데이터가 중대 이슈로 부각하며, 이의 배경으로는 인터넷의 일상화, 도로, 건축물 등 내장 센서와 사물인터넷(IoT ; Internet of Things) 시스템의 증가, 그리고 소셜 미디어 서비스의 확대를 들 수 있다.
    • 빅데이터가 주요 이슈가 된 이유로는 소셜 미디어의 발전으로 양방향 커뮤니케이션으로 수집된 데이터의 증가, 비정형화된 데이터 수집으로 인한 데이터의 증가, 클라우드 서비스를 이용한 개인 및 조직에서의 데이터 축적, 분석 및 활용에 대한 요구의 증가 등을 들 수 있다.
    • 문제가 무엇인지, 왜 이 문제를 해결해야 하는지, 문제 해결을 통해 무엇을 달성할 것인지를 명확히 한다. 분석의 핵심은 문제 인식 단계에서 정의된 문제에 대하여 관련된 데이터를 수

집·분석하여 문제해결에 필요한 정보를 얻는 것이다. 문제는 가설의 형태로 보통 표현되며, 분석 과정을 통해 검증이 가능하다.
- 빅데이터 분석 프로세스의 수행을 통해 경제, 사회, 문화, 정치, 과학 등 전 영역에 걸쳐 가치 있는 정보를 제공하며, 구체적인 도입 효과로는 개인화된 맞춤형 정보(고객 세분화 등) 관리·분석 등의 서비스 제공, 산업 경쟁력 제고, 생산성 향상, 새로운 혁신적 가치 제공 등을 들 수 있다.
- 특히, 공공성을 위한 빅데이터 분석 프로세스 과정을 통해 얻어진 정보를 이용하여 국민의 정부에 대한 신뢰성 향상, 시민의 자발적인 정책 참여, 행정업무 추진의 효율성 제고 등의 긍정적 효과를 얻을 수 있음을 알고 문제를 인식하는 과정이 요구된다.

ⓛ 관련 연구조사
- 각종 문헌(논문, 도서, 보고서, 잡지, 뉴스, 인터넷 자료 등)을 조사하여 문제와 관련되는 내용을 요약·분류하고 해결하고자 하는 문제를 명확하게 정의한다. 그리고 개괄적으로 어떤 요인(변수)들이 중요하게 문제 해결에 작용하는지를 파악한다.
- 관련 자료를 찾기 위해 네이버, 구글, 다음 등의 검색 엔진을 활용한다.
- 문제와 관련된 연구 및 저서를 요약·분류하여 파악하는 과정 중에서 해결하고자 하는 문제가 보다 더 명확해진다.
- 관련 자료 조사 외에 해당 문제와 관련된 전문가들의 조언을 얻는 것도 매우 중요하다.

ⓒ 모형화(변수 선정) : 복잡한 현상을 문제의 본질과 관련되는 제어 가능한 변수들로 추려서 단순화하는 과정이다. 많은 변수들이 포함된 문제로부터 그 특성을 잘 대표하는 결정적인 요소(변수)들을 모형화 단계에서 찾아낸다. 여기에서 모형화란 문제를 의도적으로 단순화한 변수들 사이의 관계를 정의하는 것으로 이해할 수 있다.

ⓔ 자료수집(변수 측정) : 몇 가지 특징적인 변수로 분석모형화가 이루어지면, 자료를 수집하며, 변수 측정이 이루어진다. 데이터는 통상 두 단계로 데이터를 얻으며, 먼저 다른 목적을 위해 이미 수집, 정리되어 있는 데이터를 수집·분석하고 이를 통해서 사전에 정의한 변수의 측정치를 구한다. 만약, 기존 데이터로부터 데이터를 수집·분석하는 과정이 어려운 경우 조사자가 설문조사, 관찰, 실험 등을 통하여 직접 데이터를 수집한다. 데이터 분석을 위해 요구되는 원천 데이터 수집을 위한 기본적인 고려 사항은 다음과 같다.

〈표 1-28〉 데이터 수집 시 주요 고려 사항(NCS)

구 분	고려 사항
분석대상 비즈니스의 이해	• 서비스 및 비즈니스 모델, 비즈니스 용어의 이해 • 서비스 흐름, 업무 매뉴얼 이해, 데이터 명세서 이해
데이터 수집 대상	정형, 반정형, 비정형 데이터 구분
데이터 위치	내부, 외부 데이터
데이터 유형	RDB, File, HTML, XML, JSON, RSS, 웹로그, 센서 데이터, 텍스트, 이미지, 동영상 등의 유형 파악
수집 방법	• HTTP 데이터 수집, 로그센서 데이터 수집 방법 • DBMS 데이터 수집, FTP 데이터 수집
획득 비용	데이터 수집 대상, 주기, 가치성 등을 고려한 비용 산정

- 수집된 데이터는 보통 데이터베이스(Database)에 저장된다.
- 데이터베이스란(Database), 여러 사람에 의해 공유되어 사용될 목적으로 통합하여 관리되는 데이터의 집합을 의미하며 다음 네 가지 주요 특징(ACID)을 가진다.
  - 원자성(Atomicity) : 트랜잭션(Transactions)과 관련된 작업들이 부분적으로 실행되다가 중단되지 않은 것을 보장하는 능력
  - 일관성(Consistency) : 트랜잭션이 실행을 성공적으로 완료하면, 언제나 일관성 있는 데이터베이스 상태로 유지
  - 고립성(Isolation) : 트랜잭션 수행 시 다른 트랜잭션의 연산 작업이 끼어들지 못하도록 보장
  - 지속성(Durability) : 성공적으로 수행된 트랜잭션은 영원히 반영되어야 함
- 데이터베이스 관리 시스템(DBMS ; Database Management System)이란, 다수의 컴퓨터 사용자들이 컴퓨터에 수록된 많은 자료들을 쉽고 빠르게 조회·추가·수정·삭제할 수 있도록 해주는 소프트웨어이다.
- 분석대상에 대한 비즈니스 모델(Business Model)
  - 기업이 수익을 유지하게 하는 일련의 활동, 즉 수익모델로 정의된다. 비즈니스 모델의 적합성을 판별하는 기준으로서 가장 중요한 기준은 공공성(지진 등 재난 예방, 미세먼지 주의보 발령, 국가 정책결정 지원 시스템 등)보다 수익성(소비자 맞춤형 여행 정보 서비스 제공 등)이다.
  - 예를 들어, 인터넷을 이용하는 기업이면, 인터넷을 통해 어떻게 수익을 올릴 것인가를 설계하는 인터넷 비즈니스 모델이 있어야 하며, 기업이 가진 비즈니스 모델이 바람직하다면, 이 기업은 다른 기업과 비교하여 경쟁 우위를 가지게 된다.
  - 다양한 비즈니스 모델들이 있으며, 최근에는 소셜 네트워크 서비스(페이스북, 마이크로블로그 등)를 이용한 비즈니스 모델들이 많이 출현되고 있다.

㉑ 자료분석
- 수집 데이터를 분석하여 데이터 속에 내재된 의미를 파악한다. 자료 분석 단계에서는 수집한 데이터에서 변수들 사이의 관련성을 파악하기 위하여 기초적인 통계 분석에서부터 데이터 마이닝 기법에 이르기까지 각각의 상황에 필요한 다양한 데이터 분석기법들을 활용한다.
- 대표적인 데이터 마이닝 기법으로는 분류(Classification), 예측(Forecasting), 관련성 분석(Association Analysis), 군집분석(Correlation Analysis), 소셜 네트워크 분석(Social Network Analysis) 등이 있다.
- 소셜 네트워크 분석에서는 노드(사람 및 객체)와 링크(우정, 조직력, 연대감 등)로 구성되는 네트워크 이론을 기반으로 사람들 사이의 사회적 관계를 분석한다.

㉒ 분석결과 제시

변수들 사이의 관련성을 포함한 데이터 분석결과를 명료하게 해석하여 의사결정자에게 구체적으로 분석결과를 제시한다. 특히, 주요 분석결과를 간단하고 명료하게 요약하여 어떤 의사결정이 바람직한가를 적절한 방법을 통해 제시하는 것이 필요하다. 이를 위하여 분석결과를 표, 그림, 차트(그래프) 등을 활용하고 전체적으로 문제의 정의에서부터 결과 제시까지 스토리 형식(스토리텔링, Storytelling)을 이용하는 것이 좋다.

> **확인 문제** **빅데이터 분석 프로세스**
>
> **다음 중 빅데이터 분석 프로세스의 순서로 옳은 것은?**
>
> ① 관련 연구조사 → 문제 인식 → 모형화 → 자료수집 → 자료분석 → 분석결과 제시
> ② 관련 연구조사 → 모형화 → 문제 인식 → 자료수집 → 자료분석 → 분석결과 제시
> ③ 문제 인식 → 관련 연구조사 → 모형화 → 자료수집 → 자료분석 → 분석결과 제시
> ④ 문제 인식 → 관련 연구조사 → 자료수집 → 모형화 → 자료분석 → 분석결과 제시
>
> **풀이** 빅데이터 분석은 '문제 인식 → 관련 연구조사 → 모형화 → 자료수집 → 자료분석 → 분석결과' 제시의 프로세스로 수행된다.
>
> **정답** ③

(3) 데이터 분석 방안

① 빅데이터 분석 및 문서화

㉠ 데이터 분석을 위한 빅데이터 분석 프로세스와 NCS에서 정의된 데이터 분석 절차, 그리고 각 단계에서 작성해야 되는 문서화 작업을 비교하면 다음과 같다.

〈표 1-29〉 빅데이터 분석 방안과 문서화

빅데이터 분석 프로세스	NCS 빅데이터 분석 절차	문서화
• 문제 인식 • 관련 연구조사	• 도메인 이슈 도출 • 분석목표 수립	• 빅데이터 요건 정의서 • 분석목표정의서
• 모형화(변수 선정) • 자료수집(변수 측정) • 자료분석	• 프로젝트 계획 수립 • 보유 데이터 자산 확인	• WBS(Work Breakdown Structure, 작업분할구조도) • 데이터 품질 보고서
분석결과 제시	빅데이터 분석결과 시각화	분석 보고서

㉡ 일반적으로 빅데이터 분석은 6단계의 절차(문제 인식, 관련 연구조사, 모형화, 자료수집, 자료분석, 분석결과 제시)로 이루어진다.

㉢ 반면, NCS에서는 5단계의 절차(도메인 이슈 도출, 분석목표 수립, 프로젝트 계획 수립, 보유 데이터 자산 확인, 분석결과 시각화)로 빅데이디 분석 방안을 세시하고 있다.

㉣ 도메인 이슈를 도출하고 분석목표를 수립한 후, 빅데이터 요건 정의서와 분석목표정의서를 작성한다. 그리고 프로젝트 계획을 수립하고 보유 데이터 자산을 확인한 후 WBS와 데이터 품질 보고서를 작성하게 된다.

㉤ 최종적으로, 분석 보고서를 작성하며, 이 경우 다양한 도구를 활용하고 빅데이터 분석결과 시각화 기법을 적용한다.

㉥ 데이터 분석 시스템 구현을 통한 빅데이터 분석 과정은 '분석 기획 → 데이터 준비 → 데이터 분석 → 시스템 구현 → 평가 및 전개'의 절차로 수행된다.

ⓐ 데이터 분석 기획(Planning)은 '비즈니스 이해 및 범위 설정 → 프로젝트 정의 → 프로젝트 수행계획 수립 → 프로젝트 위험계획 수립'의 단계로 수행된다. 데이터 준비(Preparing) 업무에서는 필요 데이터 정의, 데이터 스토어 설계, 데이터 수집, 정합성 점검을 수행한다.

ⓑ 데이터 분석(Analyzing)은 분석용 데이터 준비, 기술통계 분석, 탐색적 분석, 모델링, 모델 평가 및 검증, 모델 적용 및 운용 방안 수립 업무를 수행하며, 시스템 구현(Developing)에서는 설계 및 구현, 시스템 테스트 및 운영 업무를, 평가 및 전개(Deploying)에서는 모델의 발전계획 수립, 프로젝트 평가 및 보고 작업을 수행한다.

② 빅데이터 분석목표정의서 작성

㉠ 작성 방법
- 데이터 분석목적 설정 후, 목적을 이루기 위한 세부 목표를 정한다.
- 빅데이터 분석을 통해 얻고자 하는 목표를 명확히 하기 위해 분석목표정의서를 수립한다.
- 분석목표정의서에는 분석별로 필요한 소스 데이터, 분석 방법, 데이터 입수 난이도, 분석 난이도, 분석 수행 주기, 분석결과에 대한 검증이 가능한 성과평가 기준을 설계한다.
- 도메인 이슈 도출을 통한 개선 방향을 근거로 분석목표를 수정한다.
- 예를 들어 분석 방법에 따라 데이터 원천, 데이터 입수 난이도, 분석 방법 및 개별 분석의 난이도, 분석 수행 주기, 분석결과에 대한 성과평가 기준을 고려하여 목표 수준을 정리하고, 현실적으로 가능한 분석목표를 수립하는 것이 바람직하다.

㉡ 빅데이터 분석목표 설정 후, 분석목표정의서를 작성하며, 주요 구성요소는 다음과 같다.

〈표 1-30〉 빅데이터 분석목표정의서 구성요소

요소		주요 내용

데이터 원천 파악	데이터 정보 조사	• 테이블 정보와 데이터 축적기간 및 획득주기 조사
		• 문서화 작성 시 필수 고려요소
		  - 데이터 축적기간 및 획득주기
		  - 테이블 정보(Column 정보 포함)
		  - 메타정보(수집주체, 사용자, 정보요약)
		  - 해당 데이터에 의한 지표 존재 여부

	데이터 입수 난이도 조사	• 데이터 원천별로 데이터 수집이 용이한지 여부 조사 • 데이터 수집 · 정제 프로세스 확인 • 수집 시기, 방법 및 메타정보 조사 • 입수(수집) 난도가 높으면, 데이터 활용 제고
분석접근 방안 및 적용 가능성 판단		• 최종 개선 목표와 현시점의 분석목표와의 차이를 고려하여 목표(또는 우선순위) 조정 • 분석목표에 부합된 빅데이터 분석 기법과 기술이라도 현시점에서 분석 · 구축 환경이 마련되지 않으면 목표 조정
성과평가 기준	정성 평가	• 분석 기법 및 기술의 활용성 • 신규 데이터 및 외부 데이터 등의 활용성 • 세분화 및 군집화를 통한 집단 선정 • 기타 해당 시스템별 정성적 요소 평가
	정량 평가	• 기존 분석 방법 대비 타깃팅 효과의 증감 비율 • 확정된 유효한 가설의 수, 사전 목표 대비 증감 비율 • 측정된 데이터 모형의 정확도 • 기타 분석 특징에 따른 자체 KPI(Key Performance Indicator, 핵심성과지표)에 의한 성과측정

ⓒ 빅데이터 분석목표정의서 작성 예
- 다음 그림은 반도체를 생산하는 업체에서 작성된 빅데이터 분석목표정의서 작성 사례를 나타낸 것이다.
- 이는 기본정보, 데이터 정보, 성과측정 그리고 데이터 분석을 위해 수집되는 데이터 수집기술의 적용성 판단의 절차가 포함된다.

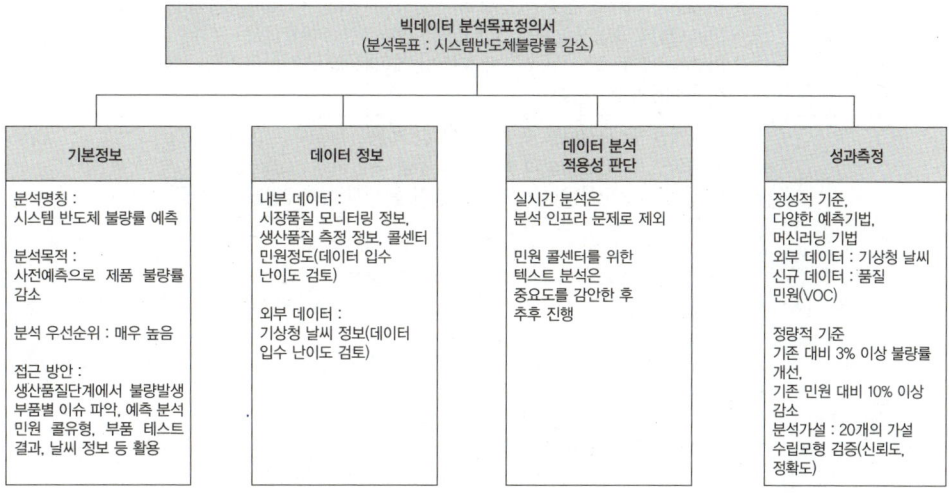

[빅데이터 분석목표정의서 작성 예]

③ 빅데이터 분석 기술
  ㉠ 빅데이터 분석을 위한 주요 기술과 적용 사례를 요약하면 다음과 같다.

〈표 1-31〉 빅데이터 분석 기술

기술	적용 사례
회귀분석	구매자의 연령대가 구매 상품의 종류와 특성에 어떤 영향을 미치는지 분석한다.
분류분석	고객이 어떤 특성을 갖는 고객 집단에 속하는지 확인한다.
연관규칙 마이닝	상품 A를 구매한 고객이 상품 B를 같이 구매하는지 확인한다.
머신러닝	지금까지의 영화 구매 패턴을 분석하여 고객에게 영화를 추천한다.
감정 분석	신규 상품에 대한 고객의 반응을 분석한다.
소셜 네트워크 분석	특정 고객에 대하여 소셜 네트워크에서의 평판(Reputation)이 어떠한지를 상시 모니터링 한다.
유전 알고리즘	병원에서의 응급처치 프로세스를 어떻게 운영하는 것이 가장 효율적인지를 권고한다.

  ㉡ 사용자 요구사항을 이들 기술로 대부분 해결될 수 있으나, 그렇지 않은 경우 기능 요구사항을 재수집하여 확인하거나 요구사항 작성자와의 면담을 통해 요구사항을 조정한다.

④ 빅데이터 분석 도구
  ㉠ 빅데이터는 단순한 자료의 나열이 아닌 데이터에 대한 통찰력(Insights)이 중요하기 때문에 처리된 데이터를 어떻게 표현하느냐(데이터 분석결과에 대한 시각화 기술을 이용한 표현)에 따라서 다양한 분석결과를 얻는다.

ⓒ 데이터 분석을 위한 주요 분석 도구와 기능은 다음과 같다.

〈표 1-32〉 빅데이터 분석 도구

도구	주요 기능
Hadoop	대량의 자료를 처리할 수 있는 대형 컴퓨터 클러스터에서 동작하는 분산 응용 프로그램을 지원하기 위한 자바 기반의 오픈소스 프레임워크
MapReduce	• 맵함수와 리듀스 함수 기반으로 구성되는 (Key, Value)작업 병렬 처리 • Map(맵) : 흩어져 있는 데이터를 연관성 있는 데이터들로 분류 • Reduce(리듀스) : Map에서 출력된 데이터에서 중복 데이터를 제거하고 원하는 데이터를 추출하는 작업 수행
R	• 통계계산 및 시각화를 위한 개발환경 제공 • 기본적인 통계 모델링과 데이터 마이닝 구현 • 통계적 언어를 사용하며, 다양한 통계 분석과 예측 분석결과 제공
Presto	• 페이스북에서 개발된 하둡을 위한 SQL 처리 엔진 • SQL 언어를 사용하며 데이터를 빠르게 분석 • 클라우데라(Cloudera)의 임팔라(Impala), 아파치 타조(Apache Tajo) 등과 유사
BigQuery	• 구글에서 개발한 대용량 데이터 처리 엔진 • 분석 데이터를 구글 시스템에 업로드 • 빅쿼리 API를 이용한 질의 전송 • 구글 클라우드 스토리지와 함께 이용 • 최대 2TB까지의 데이터 업로드 가능, 무료로 사용
Summingbird	• Storm과 Hadoop을 결합한 스트리밍 맵리듀스 시스템 • 배치 및 스트리밍 작업을 요구하는 애플리케이션 수행
Esper	• 실시간 처리용 인메모리 기술 • 여러 소스에서 발생된 이벤트로부터 의미 있는 데이터 추출 • 추출된 데이터에 대응하는 작업 수행

⑤ 빅데이터 처리 시스템
  ㉠ 데이터 처리를 통하여 유용한 정보를 찾고 데이터가 포함하고 있는 지식을 찾아내며, 이러한 정보를 찾기 위한 데이터 가공 및 분석 과정 전반을 지원하는 것이 빅데이터 처리 기술이다.
  ㉡ 빅데이터 처리 시스템을 개발하기 위해서는 데이터 처리의 확장성, 실시간 처리, 비정형 데이터 처리에 대한 지원 등이 요구된다. 빅데이터 처리 시스템의 개발 시 주요 고려 사항을 요약하면 다음과 같다.

〈표 1-33〉 빅데이터 처리 시스템 선정 및 개발 시 고려 사항

구분	주요 특징
데이터 양	보통 수백 테라 바이트에서 수 페타 바이트 이상의 대용량 데이터 처리
데이터 발생 속도	• 모바일, SNS, 스캐너, 센서, RFID 태그, 피드 데이터 • 기업 외부의 다른 소스로부터 만들어지는 데이터 • 자동화 툴 및 기기를 통한 데이터 • 과거 기업 내부로부터의 데이터와는 다른 빠른 속도의 데이터 생성
데이터 형태	• 관계형 데이터베이스, 정형화된 과거 데이터 처리 • 텍스트 위주에서 반정형 및 비정형 데이터로의 변환 • 그림, 동영상, 음성, 로그, 센서 데이터스트림 등 비정형 데이터 위주

구분	
새로운 처리 기술	• 빅데이터의 3V(Volume, Variety, Velocity) 특성에 맞는 새로운 데이터 처리 프레임워크 요구 • 실시간 데이터 처리 및 통합 분석 기술의 필요 • 이벤트 관리, 데이터 질의 · 분석의 통합 처리 • 실시간 스트리밍 데이터의 효율적인 처리 • 실시간 대용량 데이터 서비스를 위한 새로운 구조의 분산처리시스템 • 엄청난 양의 비정형 데이터를 효율적으로 처리하기 위한 프레임워크

ⓒ 최근에는 다양한 모바일 기기 및 IT 디바이스를 이용하여 누구나 데이터를 생성하고 활용하며, 지금까지의 전통적인 데이터 처리 기술과는 차별화된 새로운 처리 기술을 요구하고 있다. 따라서 데이터의 양, 발생 속도, 데이터 형태 등을 고려한 새로운 처리 기술을 고려하여야 한다.

ⓓ 빅데이터 처리 시스템의 주요 요구사항은 다음과 같다.

〈표 1-34〉 빅데이터 처리 시스템 요구사항

구 분	요구사항
결함 허용 시스템	• 장애 발생 시 대체 시스템 또는 고장 대응 체계를 이용한 시스템 운영 • 분산처리시스템에 대한 결함 허용 시스템 구현 예 Hadoop, 클러스터 내 노드 장애 발생 시 다른 노드에 작업 재할당 또는 노드 재 수행을 자동 수행
저비용 시스템	• 작업에 적합한 도구 선택, 데이터 처리 비용 감소 • 데이터 구조, 답변시간, 처리량 등을 고려한 도구 선택 예 Hadoop, 다양한 유틸리티를 활용한 비용 감소, 비교적 저렴한 서버 사용, 분산 형 서버 구조로 저비용, 부하에 따른 수평 확장이 가능
기존 시스템 연계성	• 다양한 데이터 종류에 대한 데이터 수집 및 처리 • 기존 시스템과의 연계성 제공 • Social, 시스템 로그, 텍스트, 멀티미디어, 센서 로그 등의 데이터 수집 • 수집된 데이터를 적절한 시스템에 저장 · 처리 • 수집, 저장관리, 분석, 서비스 단계의 운영 • 데이터 분석 단계 : 데이터 처리 계획, 시스템 구축, 시스템 운영

ⓔ 빅데이터 처리 시스템을 구축하기 위해서 시스템이나 처리기술의 기능성, 분석 방식 및 유형, 분석대상 데이터 특성, 기존 시스템과의 연계성 등을 고려하며, 주요 전략을 요약하면 다음과 같다.

〈표 1-35〉 빅데이터 처리 시스템 구축 전략

구 분		주요 전략
처리 방식	독립모드 (Standalone)	• Hadoop에서의 클러스터 구축 방법 • 데몬 프로세스가 없음 • 하나의 Java Virtual Machine에서 동작 • MapReduce 프로그램 동작, 개발 테스트에서 사용 • 실제 빅데이터 처리 환경으로는 부적합
	의사 분산모드 (Pseudo-distributed)	• Hadoop 데몬 프로세스가 로컬 컴퓨터에 여러 개 동작 • 작은 규모의 클러스터 시뮬레이션에서 사용
	완전 분산모드 (Fully Distributed)	• Daemon 프로세스가 클러스터로 구성된 여러 컴퓨터에 나누어 동작 • 마스터(Master), 슬레이브(Slave) 노드로 구분되어 분산 처리 동작 • 데이터는 실제 데이터 노드에 분산 저장 • 메타 정보는 마스터 노드에서 관리 · 운영

기 능 성	데이터 처리	• 실시간 대규모 스트림 대용량 데이터 처리 • 실시간 처리를 위한 큰 메모리 요구 • 인-메모리 처리와 데이터 추출 기술 요구
	확장성	• 대량 데이터를 효율적으로 처리하기 위한 시스템 확장 • 분산 병렬 플랫폼 구성을 위한 Scale-out 방식 처리
	결함 허용	• 파일 저장 시 분산 저장, 활용성 증가 • 하드웨어 고장 시 결함 허용 플랫폼 지원 • 장애 발생 시 중단 없는 데이터 처리 • 소프트웨어적인 결함 허용 시스템 구축 지원
	다양한 도구	• 데이터 수집, 처리, 시각화 도구 등 지원 • 기존 시스템과의 호환성 지원 여부 검토
	데이터 유형	• 데이터 유형을 고려한 처리 시스템 구축 • 데이터 볼륨, 발생 속도, 관리 대상 데이터 유형 고려 • 문서, 그래프, 키-값, 컬럼 형식 등의 데이터 유형 고려 　예 NoSQL을 이용한 비정형 데이터 처리

ⓑ 데이터 처리 기능을 향상시키기 위해 사용되는 인-메모리(In-memory) 기술은 응용 서비스의 클라우드화, 모바일화, 글로벌화로 인해 발생하는 Extreme Transactions의 고성능 처리를 지원하며, 데이터를 하드디스크가 아닌 메인 메모리에 모두 올려서 서비스를 수행함으로써 처리 속도를 향상시킨다.

⑥ 빅데이터 분석 방안을 수립하고 적절한 데이터 분석모형을 구축하기 위해 다음과 같은 기법을 이용하여 문제해결 방안을 찾는다.

　㉠ 브레인스토밍(Brainstorming) : 집단적, 창의적 발상 기법으로 집단에 소속된 사람들이 자발적으로 자연스럽게 제시된 아이디어 목록을 통해 특정한 문제에 대한 해답을 찾고자 노력한다.

　㉡ Scamper(스캠퍼) 기법 : 체크리스트 기법을 발전시킨 창의력 발상 방법으로서 대체(Substitute), 결합(Combine), 조절(Adjust, Adapt), 변형(Modify, Magnify, Minify), 재활용(Put to another use), 제거(Eliminate), 재배열(Reverse, Rearrange) 기법을 이용한다. 문제 해결을 위하여 주어진 안건을 탐색하고 모든 것에 질문을 던져 새롭고 신선한 아이디어를 구성하는 데 사용된다.

　㉢ 인터뷰(Interview) : 상대방에게 어떤 문제에 대한 질문을 해서 정보나 의견 등을 알아낸다.

　㉣ 포커스그룹 인터뷰(Focus Group Interview) : 숙달된 진행자가 소규모의 참여자와 함께 밀도 있게 진행하는 논의 방식으로서 현재 일어나고 있는 특정 주제에 대한 의견을 교환하거나, 미래 전략 도출을 위해 사용한다.

⑦ 매번 데이터 분석을 수행할 때마다 처음부터 다시 데이터 분석 기획 업무를 시작하는 것은 어렵고 비효율적이다. 따라서 데이터 거버넌스를 구축하고 적절한 데이터 분석 절차가 조직 내에 정착하기 위해서는 체계화된 절차와 방법이 필요하다. 이를 위해 대표적으로 KDD와 CRISP-DM 방법이 사용된다.

　㉠ KDD(Knowledge Discovery in Database) 분석 : 데이터를 통해 통계적 패턴이나 지식을 찾을 수 있도록 정리한 데이터 마이닝 프로세스이다. 데이터세트 선택 → 데이터 전처리(준비) → 데이터 변환 → 데이터 마이닝 → 결과 평가로 수행된다.

　㉡ CRISP-DM(Cross Industry Standard Process for Data Mining) 분석 : 계층적 프로세스 모델로 비즈니스(업무) 이해 → 데이터 이해 → 데이터 준비 → 모델링 → 평가 → 전개의 6단계로 이루어진다.

> **확인 문제** 빅데이터 분석목표정의서 작성 요소
>
> 다음 중 빅데이터 분석목표정의서에서 작성하는 요소로 부적절한 것은?
>
> ① 테이블 정보 및 메타 정보 등 데이터 정보 조사 결과
> ② 과거의 빅데이터 분석 방법 및 주요 기술
> ③ 데이터 수집의 난이도
> ④ 분석목표에 부합된 빅데이터 분석 기법과 기술
>
> **풀이** 과거의 빅데이터 분석 방법 및 주요 기술에 대한 설명은 분석목표정의서에서 기술할 필요가 없다. 분석목표정의서에서는 분석에 필요한 소스 데이터, 분석 방법, 데이터 입수 및 분석 난이도, 분석 주기, 성과평가 기준 등을 작성한다.
>
> **정답** ②

02 분석 작업 계획

(1) 데이터 확보 계획

① 데이터 확보 계획 수립 절차

㉠ 빅데이터 분석 목표에 맞는 데이터 확보 계획을 수립하기 위하여 체계적인 절차가 요구된다.
㉡ 우선, 빅데이터 확보 계획의 수립은 보유자원과 비용이 고려되어야 한다.
㉢ 데이터 확보 계획은 다음과 같이 목표 정의 → 요구사항 도출 → 예산안 수립 → 계획 수립의 네 단계로 이루어진다.
㉣ 예산안 수립 시 데이터 확보 비용, 하드웨어 및 소프트웨어 등 시스템 운영 예산, 외부 컨설팅 비용 등을 고려한다.

〈표 1-36〉 빅데이터 확보 계획 수립 절차

구 분	수행 업무	업무 내용
목표 정의	• 성과목표 정의 • 성과지표 설정	• 구체적인 성과목표 정의 • 성과측정을 위한 성과지표 개발 및 설정 • 예를 들어, 고객 이탈률 5% 경감 또는 다음 달 매출 3% 증대 등으로 설정
요구사항 도출	데이터 및 기술 지원 등과 관련된 요구사항 도출	• 필요 데이터 확보 및 관리 계획 • 데이터 정제 수준, 데이터 저장 형태 • 기존 시스템 혹은 도구 활용 여부 • 플랫폼 구축 여부 • 새로운 도구(장비)의 구입 또는 임차 • 외부 클라우드 서비스 활용 • 기타 기술적 인프라 요구사항 명시

예산안 수립	과제 진행을 위한 자원 및 예산 수립	• 데이터 확보, 구축, 정비, 관리 예산 • 하드웨어, 소프트웨어 예산 • 네트워크, 클라우드 서비스, 유지보수 비용 • 인력 및 관리 예산, 외부(컨설팅 포함) 예산
계획 수립	• 인력 투입 방안 • 일정 관리 • 위험 및 품질관리	• 일반적인 프로젝트 관리 방안 포함 • 인력 및 역할 정의, 추진 일정 관리 • 프로젝트 실행관리, 커뮤니케이션 실행 방안 • 위험상황 발생 시 위험관리, 데이터 품질관리

② 데이터 확보 시 고려 사항
　㉠ 빅데이터 확보 계획 수립 시 추진일정은 분석목표정의서와 소요 비용 배분계획을 중심으로 데이터 분석 흐름에 맞게 수립하는 것이 바람직하다.
　㉡ 세부적인 데이터 분석은 데이터 분석과제 정의, 데이터 준비 및 탐색, 분석 모델링 및 검증, 산출물 정리의 네 단계로 수행된다.
　㉢ 단계별로 분석한 내용(데이터 분석 프로젝트)을 문서화하여 WBS(Work Breakdown Structure, 작업분할구조도)에서 각 단계의 주요 수행 내용을 작성한다.

③ WBS(Work Breakdown Structure, 작업분할구조도) 작성 절차
　㉠ 데이터 분석과제 정의 : 분석목표정의서를 기준으로 프로젝트 전체 일정에 맞추어 사전 준비를 수행한다. 수행인원, 하드웨어, 소프트웨어가 전체 일정을 기준으로 원활하게 투입될 수 있도록 하며, 각각의 수행단계별로 산출물, 보고서 작성 및 작성 시기 등을 정리한다. 향후 수행될 단계의 책임자들과 협의하여 단계별로 세부 일정계획을 수립하여 차질이 없도록 한다.
　㉡ 데이터 준비 및 탐색 : 데이터 처리 엔지니어와 데이터 분석가의 역할을 구분하여 세부일정이 수립되어야 한다. 분석목표정의서 작성 내용을 중심으로 데이터 처리 엔지니어가 데이터를 수집하고 정리하는 일정과 데이터 분석가가 이를 토대로 분석에 필요한 데이터들로부터 변수 후보를 탐색하고 최종적으로 산출물을 도출하는 과정이 포함된다. 그리고 데이터 분석목적에 맞는 데이터 분석 가설을 수립하고 유의미한 검정작업을 마치는 일정이 포함된다.
　㉢ 데이터 분석 모델링 및 검증 : 실험방법 및 실험절차를 구분하여 기획하고 검증하는 내용에 대한 수행일정을 자세하게 수립한다. 보통 1개 이상의 기법으로 분석을 시행하고 비교·평가하는 방식이 사용되지만, 전체 프로젝트 일정 및 분석 인프라의 가용성에 맞추어 진행해야 하므로 이를 고려하여 일정을 작성한다. 그리고 보통 1회 이상 데이터 분석 모델링 작업이 수행되므로 검증일정을 고려하여 세부 일정을 수립한다.
　㉣ 산출물 정리 : 분석결과를 별도의 애플리케이션으로 연계하여 나타낼 경우 추가 일정을 수립한다. 간단하게 데이터 분석결과가 나와서 종료되는 경우라면, 데이터 분석 단계별로 산출물을 정리하고 모델링 과정에서 개발된 분석 스크립트를 정리하여 최종 산출물로 제시한다. 전체 일정에서 산출물 정리 단계를 반드시 포함시켜 문서화를 최종 확인한다. 만약, 문서화가 잘 진행되지 않고 해당 프로젝트 수행 인원이 철수할 경우 데이터 분석모형에 대한 유지보수 등의 작업이 어려워진다.

> **확인 문제** WBS 설계 절차
>
> 빅데이터 분석을 위한 WBS(Work Breakdown Structure, 작업분할구조도) 설계 절차로 옳은 것은?
> ① 데이터 준비·탐색 → 데이터 분석과제 정의 → 데이터 분석 모델링·검증 → 산출물 정리
> ② 데이터 준비·탐색 → 데이터 분석과제 정의 → 산출물 정리 → 데이터 분석 모델링·검증
> ③ 데이터 분석과제 정의 → 데이터 준비·탐색 → 데이터 분석 모델링·검증 → 산출물 정리
> ④ 데이터 분석과제 정의 → 데이터 준비·탐색 → 산출물 정리 → 데이터 분석 모델링·검증
>
> 풀이 빅데이터 분석을 위해 설계되는 WBS(작업분할구조도)는 '데이터 분석과제 정의 → 데이터 준비·탐색 → 데이터 분석 모델링·검증 → 산출물 정리'의 절차로 이루어진다.
> 정답 ③

(2) 분석 절차 및 작업 계획

① 빅데이터 분석 절차

㉠ 일반적으로 빅데이터 분석은 문제 인식에서부터 결과의 제시까지 여섯 단계로 이루어진다. 각각의 단계에 대한 설명을 요약하면 다음과 같다.

〈표 1-37〉 빅데이터 분석 프로세스

구 분	개 요
문제 인식	• 문제를 인식하고 해결하고자 하는 목적을 명확히 정의 • 분석의 주제 정의, 보통 문제는 가설의 형태로 표현
관련 연구조사	• 각종 문헌을 조사하여 관련 문제를 명확히 정의 • 조사 내용을 요약·분류하여 해결하고자 하는 문제를 재정의 • 중요 요인(변수)들을 파악
모형화	• 복잡한 문제를 단순화하는 과정 • 많은 변수가 포함된 현실 문제를 특징적 변수로 정의 • 문제를 변수들 간의 관계로 정의
자료 수집	• 데이터 수집(변수 측정) 과정 • 1차적으로 기존의 데이터 수집, 분석이 가능한지 확인 • 기존 데이터 수집이 불가능한 경우 추가 데이터 수집
자료 분석	• 수집 자료들에서 그 의미를 찾음 • 수집된 자료로부터 변수들 사이의 관계 분석 • 기초 통계에서부터 데이터 마이닝 기법 활용
분석결과 제시	• 변수들 간의 관련성을 포함한 분석결과 제시 • 의사결정자에게 간단명료하게 제시 • 표, 그림, 차트(그래프) 등을 활용하여 제시

㉡ 이를 요약하여 사용자 요구사항 분석, 모델링, 검증 및 테스트, 적용의 4단계로 빅데이터 분석 프로세스를 설명하기도 한다.

㉢ 빅데이터 분석은 데이터 수집부터 시각화까지 5단계(데이터 수집 → 정제 → 적재 → 분석 → 시각화)로 설명되기도 한다.

② NCS에서 정의한 데이터 분석 절차는 '도메인 이슈 도출 → 분석목표 수립 → 프로젝트 계획 수립 → 보유 데이터 자산 확인 → 빅데이터 분석결과 시각화'의 다섯 단계로 이루어진다.
　㉠ 도메인 이슈 도출
　　• 데이터 분석을 통한 개선사항을 도출하기 위하여 분석하고자 하는 과제 현황을 파악·분석하고 이를 통한 개선과제를 정의한다.
　　• 분석과제 현황을 분석(분석과제 As-is 정의)하기 위하여 기초적인 업무분석을 통한 업무 이해가 이루어진 후, 각 업무별로 주요 이슈 등에 대해 정의하는 작업을 수행한다.
　　• 분석하고자 하는 대상 과제에 대한 문제점을 파악하기 위하여 인터뷰, 설문조사 등의 방법을 이용한다.
　　• 특히, 설문조사 방법을 이용하는 경우 설문 대상자의 사전 동의, 비밀보장, 및 분석결과의 중립성 유지 등을 고려한다. 그리고 개념의 타당성(적절한 측정), 내용의 타당성(척도의 일반성 검토)을 검토하고 측정값들 사이의 상관관계를 추정하여 변수들 사이의 관련성을 분석하며, 크론바하 알파(Cronbach Alpha) 값을 이용하여 대상자의 설문 문항 답변에 대한 신뢰도를 평가한다.
　　• 개선과제를 정의하고 작성하기 위하여 문제의 주요 이슈별로 개선방향을 도출하고, 최종적인 개선방향을 수립한다.
　　• 대상 과제에 대하여 개선의 목표가 빅데이터 분석, 빅데이터 기술 관점에서 적합도 검토를 통해 실현 가능성이 있다고 판단되면 최종적으로 개선방향을 선정한다.
　　• 최종적으로 결정된 이슈별 개선과제, 최종 합의 내용을 토대로 빅데이터 요건 정의서를 작성한다.
　　• 빅데이터 요건 정의서에는 분석에 대한 기획의도, 빅데이터 분석을 통해 개선되는 부분 등이 반드시 포함되어야 하며, 이후에 요건이 변경되었을 경우에는 기록을 남겨 추적·관리하는 것이 바람직하다.
　㉡ 분석목표 수립
　　• 앞에서 정리된 내용을 토대로 개선방향에 맞는 분석목표를 수립하며, 사용하는 분석 방법에 따라 데이터 원천, 데이터 입수 난이도, 분석 방법 및 개별 분석의 난이도, 분석 수행주기, 분석결과에 대한 성과평가 기준 등을 충분히 고려하여 목표 수준을 정리하고, 현실적으로 가능한 분석목표를 수립한다.
　　• 분석목표정의서를 작성하고, 여기에는 분석의 기본정보(분석목적, 우선순위, 접근방안 등), 성과측정 방법(정성·정량적 성과측정 기준), 데이터 관련 정보(내부·외부 데이터 정보) 및 분석 타당성에 대한 검토의견(실시간 분석의 가능 여부, 텍스트 데이터 분석 수행 여부 등)이 기본적으로 반영된다.
　㉢ 프로젝트 계획 수립
　　• 빅데이터 분석 프로젝트 수행을 위한 계획을 수립하기 위하여 사전에 책정된 자원(인력 및 인프라), 예산(비용), 기간을 고려한다.
　　• 효과적인 빅데이터 분석 프로젝트를 완성하기 위하여, 최고경영층은 데이터 분석이 경쟁력의 핵심임을 인식하고 이에 대한 지속적인 투자를 해야 한다.
　　• 조직 구성원 각각의 위치, 자리, 역할에 따라 요구되는 빅데이터 분석 역량이 다름을 인지하고 효율적으로 인적 자원을 배분한다.

- 가능하다면, 전문가 집단(평가위원회)을 구성하여 다양한 정보수집, 분석 및 해석을 통해 전략적인 조언을 수렴한다.
- 해당 기업에서 빅데이터 분석 역량이 부족한 경우 외부 기업으로부터 컨설팅을 받을 수 있으며, 예를 들어 상권분석지원 시스템, 제품 개발지원 시스템, 평생 건강관리 지원 시스템 등의 개발을 의뢰할 수 있다.
- 분석 기법, 분석 솔루션, 플랫폼(수집 데이터를 분석·처리하여 지식 추출), IT 자원, 데이터 준비상황 등을 점검한 후 전문지식을 보유한 분야별 전문가가 포함되어 전체 작업분할구조도(WBS ; Work Breakdown Structure)를 설계한다.
- 이를 위하여 먼저, 프로젝트 계획 수립을 위하여 프로젝트 소요 비용(인건비, 하드웨어 및 소프트웨어 비용)을 배분하고, 프로젝트 WBS를 작성한다.
- 데이터 분석을 위하여 빅데이터 분석 플랫폼이 중요한 역할을 수행하며, 이에 대한 준비 상황을 점검한다. 빅데이터 분석 플랫폼은 빅데이터에서 가치를 추출하기 위한 일련의 과정을 지원하기 위한 프로세스를 규격화한 기술 및 서비스를 나타내며 데이터 수집, 저장, 처리, 분석, 시각화 등을 통해 원시 데이터(Raw Data)로부터 Insights 및 가치를 추출하는 역할을 수행한다.
- WBS는 분석목표정의서, 프로젝트 소요 비용 배분계획을 중심으로 데이터 분석 흐름에 맞게 수립하는 것이 좋다. 데이터 분석 흐름은 데이터 분석과제 정의, 데이터 준비 및 탐색 단계, 데이터 분석 모델링 및 검증, 산출물 정리 및 기타의 네 단계로 구성하는 것이 바람직하며, 필요한 경우 단계를 추가하여 검토한다.
- 계획에서 수립된 내용을 토대로 프로젝트의 자원을 분배한다. 여기에서는 프로젝트 업무 분장 및 업무별 인원배분, 프로젝트 수행을 통한 필수 산출물 정의, 그리고 프로젝트 평가 방안(평가위원회 구성을 통한 평가)을 구체적으로 정의한다.

㉣ 보유 데이터 자산 확인
- 분석목표와 프로젝트 계획에 따라 데이터 분석 시작 전에 현재 보유하고 있는 데이터를 점검한다.
- 분석목표에 따라 보유된 데이터들 중 어떤 시스템의 데이터, 보관 데이터 중 어느 영역의 데이터 등을 활용할지 사전에 파악하고 관련 데이터 상황을 이해한다.
- 구체적으로 데이터 품질, 분량, 수집 경로, 데이터 유형 등을 정리하며, 이를 통하여 향후 데이터 분석 단계에서 데이터를 파악하고 사전 전처리 과정의 수행을 용이하게 하며, 시간을 절약할 수 있다.
- 먼저, 필요한 데이터 품질을 점검하고 여기에서는 데이터 분량, 데이터 완전성, 일관성, 정확성 등을 구체적으로 점검하며, 데이터의 수집 경로 및 데이터 유형을 조사한다.
- 데이터별로 컴플라이언스(Compliance) 준수 여부를 판단하며, 특히 조직 및 기관이 정한 정보보안 점검, 데이터 활용 방식에 따른 다양한 법률적 규칙의 준수 여부를 확인한다.
- 외부 데이터를 수집하는 경우 수집경로 및 필요한 제약사항을 표기하고 개인정보가 포함되었을 경우 개인정보를 제거하거나 또는 대체하여 수집한 데이터를 조직 내부의 법률부서로부터 확인받은 후 사용하고 점검받는다.

    ⑩ 빅데이터 분석결과 시각화
        - 과거에는 단순한 수치의 그래프나 데이터 패턴을 파악하는 방법이 주로 사용되어 왔으나, 최근에는 여러 분석 도구를 활용하여 다양한 정보의 전달이나 상황분석을 위한 시각화 메시지 전달이 가능하다.
        - 다양한 분석 도구를 이용하여 빅데이터 시각화를 수행하고 이 결과를 보고서로 작성한다.
③ 데이터 수집 및 점검 프로세스
    ㉠ 데이터 분석목표와 프로젝트 계획에 따라 데이터 분석 시작 전에 현재 보유하고 있는 데이터(변환 데이터 포함)에 대한 품질 수준을 점검한다.
    ㉡ 이를 통하여 보유 데이터 중 어떤 시스템의 데이터, 보관 데이터 중 어느 주제 영역의 데이터 등을 활용할 수 있을지 사전에 파악할 수 있으므로 빅데이터 분석 기획과 데이터 탐색 시간을 절약할 수 있다.
    ㉢ 데이터의 품질점검을 위한 데이터 수집 및 점검 프로세스는 아래와 같이 데이터 상황 점검, 데이터 수집경로 및 데이터 유형 파악, 데이터별 활용정보 점검으로 이루어진다.

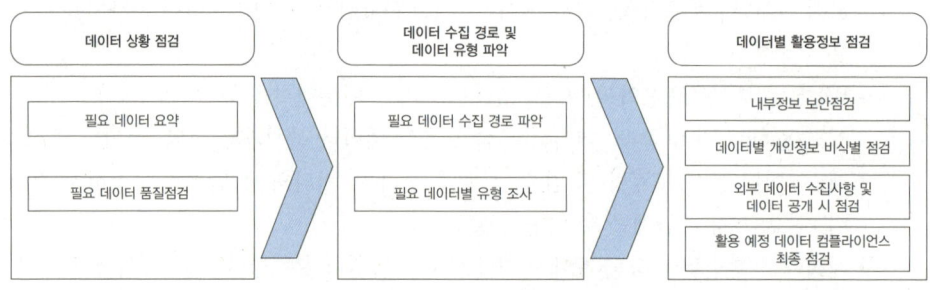

[데이터 수집 및 점검 프로세스]

④ 데이터 상황 점검
    ㉠ 데이터 분석목표정의서에서 작성된 필요 데이터에 대한 상세 조사를 통해 최종적으로 활용 가능한 데이터를 선별한다.
    ㉡ 필요 데이터를 요약하기 위해서 데이터 분석목표정의서에서 조사된 데이터 조사목록을 바탕으로 해당 데이터를 어떠한 목적의 관점으로 사용 가능한지에 대한 요약정보를 구성한다. 이를 통해 데이터 탐색 시간을 줄일 수 있으며, 효율적인 데이터 선별과 저장이 가능하다.
    ㉢ 데이터의 품질점검을 위하여 데이터 탐색 단계 전에 대상 데이터들에 대한 분량과 품질 수준을 점검한 후 정리하며, 이를 데이터 분석 전문가에게 전달한다.
    ㉣ 데이터 품질수준의 주요 점검 항목은 다음과 같다.
        - 데이터 분량 : 테이블 컬럼별 축적 기간에 따른 분량 확인
        - 데이터 완전성 : 데이터의 누락 여부 및 결측값의 비율 점검
        - 데이터 일관성 : 데이터 유형 확인 및 데이터 상·하위 간 관계에서의 값의 일치성 확인
        - 데이터 정확성 : 데이터의 편향성과 분산 점검
    ㉤ 위 항목을 점검한 후, 필요 데이터에 대한 요약 정보를 작성하고 데이터 분석 전문가에게 전달하여, 데이터의 선택과 활용에 도움이 되도록 한다.
    ㉥ 외부 데이터의 경우에도 최대한 확인 가능한 수준까지 요약 통계 형식의 품질 확인 내용을 기록하여 제공한다.

⑤ 데이터 수집 경로 및 데이터 유형 파악
  ㉠ 대상 데이터가 어떤 시점에 어떤 경로를 통해 최종적으로 획득되는지를 파악하면 시간적 의미의 해석이 가능하다.
  ㉡ 예를 들어 시간당 집계되는 정보와 1년에 한 번 집계되는 정보의 차이를 서로 비교하여 해석할 수 있다.
  ㉢ 데이터 수집 경로가 파악된 후, 해당 데이터들에 대한 유형을 정형, 반정형, 비정형 등의 유형 또는 연속형(계량), 범주형(비계량) 등으로 구분하여 기록한다.
  ㉣ 데이터 유형 정보를 토대로 데이터의 변환 여부 등을 가늠하게 된다.
  ㉤ 데이터의 수집 경로를 파악하기 위하여, 내부·외부 데이터를 구분하고, 제공 데이터에 대한 요약정보, 기관 또는 부서명칭, 제공되는 데이터의 현재 기준의 최신일자, 데이터 수집을 위해 제공 가능한 업데이터 주기, 데이터의 제공 형태(CSV, XLS, XML, Open API 등) 등을 점검한다.
  ㉥ 데이터의 수집 경로가 내부일 경우, 해당 시스템의 인터페이스 방식과 방법을 표기하고 외부 데이터의 경우에는 해당 URL을 표기한다.
  ㉦ 데이터 수집 경로가 파악된 데이터들을 대상으로 데이터의 유형과 데이터 저장 변수의 형태를 확인한다.

⑥ 데이터별 활용정보 점검
  ㉠ 수집 대상의 데이터가 제대로 수집되었는지는 데이터의 누락 여부, 소스 데이터와의 비교, 데이터의 정확성, 보안 및 저작권 점검, 대량 트래픽의 발생 여부 등으로 구분하여 검증한다.
  ㉡ 세부 점검 내용은 다음과 같다.

〈표 1-38〉 수집 데이터의 적절성 점검

구 분	검증 내용
데이터 누락	수집 데이터세트의 누락, 결측 여부 판단, 재수집 판단
소스 데이터와의 비교	수집 데이터와 소스 데이터의 크기 및 개수 비교·검증
데이터 정확성	데이터 가공의 필요성 판단
보안 점검	데이터의 개인정보 유무 등 보안 내용 점검
저작권 점검	데이터의 저작권 등 법률적 검토
대량 트래픽 발생 점검	네트워크 및 시스템에 트래픽 발생 여부 검증

  ㉢ 보안 점검과 관련되어 데이터별로 개인정보 비식별 검증과 함께 외부 데이터 수집 및 데이터 공개 시 점검 내용을 확인하고 최종적으로 데이터 분석결과를 활용하기 위한 데이터 Compliance(컴플라이언스)를 점검한다. Compliance(규제 준수)란, 외부규제나 표준을 정의하고 지속적인 관찰을 통해 준수여부를 확인하며, 발견된 문제를 개선하고 발전시켜 나가는 활동으로서 기업이 비즈니스 연속성과 경영의 투명성을 확보하기 위해, 강제적, 자율적으로 여러 가지 규제(Regulation)를 준수(Comply)하는 것을 의미하고, 특히 데이터 컴플라이언스에서는 문제를 개선하기 위하여 빅데이터 분석 기술을 활용한다.

⑦ 데이터 특성별 저장 시스템
  ㉠ 데이터의 유형과 속성 및 특성을 파악한 후, 이에 적합한 데이터 저장 시스템을 선택하게 된다.
  ㉡ 저장 대상 데이터의 특성이 대용량이면서 실시간으로 발생하고 이를 실시간으로 서비스해야 하는지와 같은 데이터 발생 유형 및 특성 파악이 중요하다.
  ㉢ 예를 들어 대용량 데이터를 실시간으로 처리하지 않을 때는 Hadoop 기반의 대용량 데이터 처리 시스템을 선택할 수 있다.
  ㉣ 실시간(스트리밍, Streaming Data)으로 서비스해야 한다면, 이를 반영한 데이터 저장 방식(무중단 서비스를 보장하는 저장 체계 구축)과 사전 계획을 수립한다.
  ㉤ 실시간 데이터 처리를 위해 사용되는 시스템으로는 Spark, Storm 등이 있으며 이들은 배치 기반의 대용량 데이터 처리에 특화된 Hadoop 시스템보다 실시간 대용량 데이터 처리에 특화되어 있다. 실시간으로 발생하는 스트리밍 데이터에 대한 특성과 저장 방식은 다음과 같다.

〈표 1-39〉 실시간 빅데이터 특성 및 저장 방법

구 분	개 요
대용량 실시간 데이터 특성	• 실시간 데이터는 다양한 장소에서 빠르고 연속적이며, 대용량으로 발생 • IoT 센서, 네트워크 모니터링, 에너지 관리, 통신, 웹, 주식 데이터 등
대용량 실시간 데이터 저장	• 실시간 빅데이터 처리를 위한 Storm 사용 시 외부 시스템과의 연동 고려 • 웹페이지로 서비스 제공 시 Redis 시스템을 이용하여 메인 메모리 저장 고려 • 다양한 소스 로그 데이터의 경우 전처리 과정 수행 • 데이터 정규화 과정을 수행한 경우 RDBMS 저장 이용

⑧ 빅데이터 저장 모델 설계를 위한 요구사항 분석
  ㉠ 데이터 수집 후, 이를 저장하기 위해서는 사전에 빅데이터 저장 모델을 설계하여야 하며, 가장 먼저 요구사항 분석이 수행된다.
  ㉡ 이는 정보 시스템을 신규로 개발하거나 기존 시스템을 개선하는 데 필요한 데이터 요구사항을 수집하여 분석하는 일반적인 절차와 크게 다르지 않다.
  ㉢ 요구사항 분석은 아래와 같이 요구사항 수집, 분석, 명세, 검증의 4단계로 이루어진다.
  ㉣ 요구사항 수집 단계에서는 이전에 수집된 요구사항을 분석하되, 미비한 부분은 추가로 수집한다.
  ㉤ 요구사항 명세 단계에서는 요구사항 분석결과를 상세화하고 이를 토대로 명세서를 작성하며, 검증 단계에서도 검증 상 미비한 점이 발생하면, 동일하게 이전 단계로 복귀하여 추가 작업을 수행한다.

〈표 1-40〉 데이터 저장 모델 설계 요구사항 분석 절차

절 차		주요 업무
요구사항 수집		• 문서(RFP ; Request for Proposal) 또는 인터뷰 방식 이용 • 기존 시스템 분석을 통한 요구사항 수립(시스템 매뉴얼) • 포커스 그룹 인터뷰(FGI) 설문, 워크숍 등 활용
요구사항 분석	데이터	• 데이터 유형과 특성을 고려한 저장 시스템 선정 • 정형, 반정형, 비정형, 복합형 등을 고려 • 데이터 업데이트 주기(실시간, 시간, 일 단위) 검토
	기 타	• 검색, 추천, 집계 등 기능적 요구사항 검토 • 인터페이스, 성능 등에 대한 비기능적 요구사항 검토 • 분석기술(연관규칙 마이닝, 분류분석, 머신러닝 등) 활용

요구사항 명세	• 요구사항을 문서화하여 정리 • 내부 표준양식을 정하여 일관성 유지 • 문서번호, 버전 등의 메타정보 포함 • 변경 이력 기술, 요구사항 목록 작성
요구사항 검증	• 프로젝트 이해관계자들에게 요구사항 명세서 배포, 검토 • 요구사항 검증

ⓑ 요구사항 분석 절차(요구사항 수집, 분석, 명세, 검증)에 대한 세부 업무는 다음과 같다.

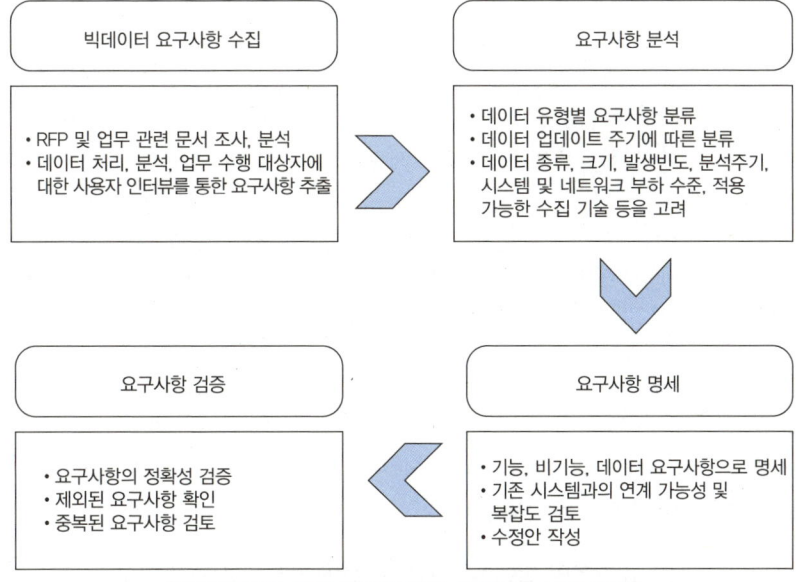

[데이터 저장 모델 설계를 위한 요구사항 분석 업무]

ⓐ 데이터 요구사항 명세서 작성
- 요구사항 명세 단계에서는 이전 단계에서 수집하고 분석된 요구사항을 문서화하여 정리한 요구사항 명세서를 작성한다.
- 요구사항 명세서의 작성 예는 다음과 같다. 명세서에는 기본적으로 문서번호, 문서버전, 기타 메타정보, 문서변경 이력 그리고 요구사항 목록 등이 포함된다.

〈표 1-41〉 데이터 요구사항 명세서 작성 예

번호 ID	요구사항	유형	관련 요구사항	설 명	우선 순위	수용 여부
REQ-011	구매내역 저장	데이터	REQ-005	고객의 구매 상품 내역을 시간 순으로 저장	높음 (상)	수용 (가능)

확인 문제 **NCS 빅데이터 분석 절차**

NCS에서 정의하고 있는 빅데이터 분석 절차의 순서로 옳은 것은?

① 프로젝트 계획 수립 → 도메인 이슈 도출 → 분석목표 수립 → 보유 데이터 자산 확인 → 분석 결과 시각화
② 분석목표 수립 → 도메인 이슈 도출 → 프로젝트 계획 수립 → 보유 데이터 자산 확인 → 분석 결과 시각화
③ 도메인 이슈 도출 → 프로젝트 계획 수립 → 분석목표 수립 → 보유 데이터 자산 확인 → 분석 결과 시각화
④ 도메인 이슈 도출 → 분석목표 수립 → 프로젝트 계획 수립 → 보유 데이터 자산 확인 → 분석 결과 시각화

풀이 NCS에서 정의된 빅데이터 분석 프로세스는 '도메인 이슈 도출 → 분석목표 수립 → 프로젝트 계획 수립 → 보유 데이터 자산 확인 → 분석결과 시각화'이다.

정답 ④

확인 문제 **빅데이터 처리 방식의 주요 특징**

기존 데이터 처리 방식과 비교하여 빅데이터 처리 방식의 특징으로 옳지 않은 것은?

① 기존 Terabyte 데이터 트래픽과 달리 Petabyte 수준의 대용량 데이터를 처리한다.
② 다양한 데이터 소스를 이용하고 복잡한 데이터 처리 로직을 수행한다.
③ 주로 정형화된 처리 분석 프로세스 및 기술을 이용하여 정형 데이터를 처리한다.
④ SNS, Log 파일, 클릭 스트림 등의 비정형 데이터의 처리를 요구하고 있다.

풀이 기존 데이터 처리 방식과 달리, 최근 빅데이터 처리 방식에서는 다양한 데이터 소스를 이용하여 주로 비정형 데이터를 처리한다.

정답 ③

제1과목 [빅데이터 분석 기획]

제2장 적중예상문제

01 다음 중 데이터 분석 프로젝트 수행 과정을 올바르게 표현한 것은?

① 모델링 및 검증 → 분석과제 정의 → 준비 및 탐색 → 산출물 정리
② 모델링 및 검증 → 준비 및 탐색 → 분석과제 정의 → 산출물 정리
③ 분석과제 정의 → 모델링 및 검증 → 준비 및 탐색 → 산출물 정리
④ 분석과제 정의 → 준비 및 탐색 → 모델링 및 검증 → 산출물 정리

[해설] 빅데이터 분석 프로젝트는 분석과제 정의, 데이터 준비 및 탐색, 데이터 분석 모델링 및 검증, 산출물 정리의 순으로 진행된다.

02 WBS(Work Breakdown Structure, 작업분할구조도)에 대한 설명으로 옳지 않은 것은?

① WBS는 1950년대, 미 국방성에서 처음으로 사용된 용어이다.
② WBS를 이용하여 프로젝트의 전체 범위를 구성하고, 하위수준으로 내려가면서 프로젝트 작업에 대해 점차 상세한 기능을 정의할 수 있다.
③ WBS에서 사용되는 업무 분업 구조의 요소는 일반적으로 상품 및 서비스 개발로서 데이터 분석을 위해 사용할 수 없다.
④ WBS는 스케줄 개발 및 통제를 위한 지침을 제공하고 세세한 비용 예측 및 통제에 필요한 프레임워크를 제공한다.

[해설] WBS에서의 업무 분업 구조의 요소는 상품, 데이터, 서비스, 또 이들 간의 어떠한 결합이 될 수 있다.

정답 01 ④ 02 ③

03 다음 중 빅데이터 분석 프로젝트 수행을 위한 로드맵 수행 과정으로 옳은 것은?

① 프로젝트 소요 비용 배분 → 프로젝트 업무 분장 계획 및 배분 → 프로젝트 WBS 수립
② 프로젝트 소요 비용 배분 → 프로젝트 WBS 수립 → 프로젝트 업무 분장 계획 및 배분
③ 프로젝트 WBS 수립 → 프로젝트 소요 비용 배분 → 프로젝트 업무 분장 계획 및 배분
④ 프로젝트 WBS 수립 → 프로젝트 업무 분장 계획 및 배분 → 프로젝트 소요 비용 배분

[해설] 빅데이터 분석 프로젝트는 '프로젝트 소요 비용 배분 → 프로젝트 WBS 수립 → 프로젝트 업무 분장 계획 및 배분'의 로드맵으로 수행된다.

04 다음 중 데이터 수집부터 폐기까지의 빅데이터 분석 과정으로 옳은 것은?

① 데이터 수집 → 분석 → 저장 → 처리 → 이용 → 시각화 → 폐기
② 데이터 수집 → 처리 → 저장 → 분석 → 시각화 → 이용 → 폐기
③ 데이터 수집 → 저장 → 처리 → 시각화 → 분석 → 이용 → 폐기
④ 데이터 수집 → 저장 → 처리 → 분석 → 시각화 → 이용 → 폐기

[해설] 빅데이터 분석은 데이터 수집, 저장, 처리, 분석, 시각화, 이용, 폐기 과정(데이터 수집부터 폐기까지의 단계)을 거친다.

05 다음 중 빅데이터 분석 시스템 구현 관점에서의 데이터 분석 절차로 가장 옳은 것은?

① 데이터 분석 기획 → 데이터 준비 → 시스템 구현 → 데이터 분석 → 평가 및 전개
② 데이터 분석 기획 → 데이터 준비 → 데이터 분석 → 시스템 구현 → 평가 및 전개
③ 데이터 준비 → 데이터 분석 기획 → 시스템 구현 → 데이터 분석 → 평가 및 전개
④ 데이터 준비 → 데이터 분석 기획 → 데이터 분석 → 시스템 구현 → 평가 및 전개

[해설] 데이터 분석 시스템 구현을 통한 빅데이터 분석 과정은 '데이터 분석 기획 → 데이터 준비 → 데이터 분석 → 시스템 구현 → 평가 및 전개'의 절차로 수행된다.

06 데이터 분석을 위한 모형화와 변수 선정에 대한 설명으로 옳지 않은 것은?

① 변수란 수로 표현 가능한 측정치를 일컫는다.
② 모형은 문제를 의도적으로 단순화한 연구 대상 변수들 사이의 관계이다.
③ 많은 변수가 포함된 문제에서 결정적인 변수만을 추리면, 분석이 다소 쉬워진다.
④ 모형화 및 변수 선정 시 분석대상이 되는 여러 변수들의 주요 정보는 최대한 유지하면서 데이터세트 변수의 개수를 줄이는 일련의 탐색적 분석 기법을 요인분석(Factor Analysis)이라 한다.

[해설] 차원축소(Dimensionality Reduction)란 대량의 빅데이터를 분석할 때, 분석대상이 되는 여러 변수들의 주요 정보는 최대한 유지하면서 데이터세트 변수의 개수를 줄이는 일련의 탐색적 분석 작업을 뜻한다. 요인분석(Factor Analysis)에서는 데이터에서의 잠재적 변수(Latent Variable)가 존재한다고 가정하여, 분석모형을 세운 뒤, 관찰 가능한 데이터를 이용하여 잠재변수(요인)를 도출함으로써 데이터 내 내재된 구조를 해석한다.

07 다음 중 빅데이터 비즈니스 모델의 적합성을 판별하는 기준으로서 가장 중요한 기준은 무엇인가?

① 신속성 ② 활용성
③ 수익성 ④ 신뢰성

[해설] 일반적으로 수익성을 기준으로 빅데이터 비즈니스 모델의 적합성을 판별한다. 좋은 비즈니스 모델을 평가하기 위하여 독창성, 적합성, 효율성, 이익증대 등을 평가한다. 여기서 이익증대(수익성) 평가에서는 사업을 하고 이윤을 창출할 수 있는 비즈니스 모델을 우선 선정하는 것이 바람직하다.

08 Social Network Analysis에서는 노드와 링크로 구성되는 네트워크 이론에 의해 사회적 관계를 보여준다. 다음 중 링크에 해당되는 것과 거리가 가장 먼 것은?

① 행위자 ② 우 정
③ 조직력 ④ 연대감

[해설] 행위자는 노드(Node)에 해당된다. 소셜 네트워크 분석(Social Network Analysis)에서는 노드(사람 및 객체)와 링크(우정, 조직력, 연대감 등)로 구성되는 네트워크 이론을 기반으로 사람들 사이의 사회적 관계를 분석한다.

정답 03 ② 04 ④ 05 ② 06 ④ 07 ③ 08 ①

09 빅데이터 분석 과정 중 도메인 이슈 도출 과정에서 작성되는 문서이며, 데이터 분석에 대한 기획 의도와 빅데이터 분석을 통해 개선되는 부분을 작성하는 문서로 옳은 것은?

① 빅데이터 요건 정의서
② 빅데이터 분석목표정의서
③ Work Breakdown Structure
④ 빅데이터 품질 보고서

[해설] 도메인 이슈 도출 작업을 수행하면서 빅데이터 요건 정의서를 작성하며, 여기에는 데이터 분석의 기획 의도와 함께 데이터 분석을 통해 개선되는 부분을 작성한다.

10 빅데이터 분석목표정의서에서 작성하는 내용으로 옳지 않은 것은?

① 분석목적, 우선순위, 접근 방안 등의 분석 기본정보
② 정성 및 정량적 성과측정 방법
③ 빅데이터 분석에 대한 기획 의도
④ 실시간 분석, 텍스트 데이터 분석 수행 여부 등의 분석 타당성에 대한 검토 의견

[해설] 빅데이터 분석목표정의서에는 데이터 분석의 기본정보, 성과측정 방법, 데이터 관련 정보, 분석 타당성 검토 의견 등이 작성된다. 빅데이터 분석에 대한 기획 의도는 빅데이터 요건 정의서에 포함된다.

11 빅데이터 요구사항 분석을 위해 사용되는 기술 중 고객이 어떤 특성을 갖는 집단(그룹)에 속하는지 확인하는 기술은 무엇인가?

① 회귀분석
② 분류분석
③ 연관규칙 마이닝
④ 소셜 네트워크 분석

[해설] 분류분석 기술을 이용하여 고객의 특성을 분류한다. 분류분석은 다수의 변수를 갖는 데이터세트를 대상으로 특정 변수 값을 조건으로 지정하여 데이터를 분류하여 트리 형태의 모델을 생성하는 분석 방법으로서 학습 데이터를 이용하여 분류 모델을 찾은 후 이를 이용하여 새로운 데이터에 대한 분류값을 예측한다.

12 다음 설명에 해당되는 데이터 분석 기술은 무엇인가?

> 상품 A를 구매한 고객이 상품 B를 같이 구매하는지 확인하기 위한 기술로 사용된다.

① 분류분석 ② 연관규칙 마이닝
③ 유전 알고리즘 ④ 소셜 네트워크 분석

[해설] 연관규칙 마이닝 기술을 이용하여 상품 구매의 연관성을 분석하고 고객에게 상품 추천 서비스를 제공한다.

13 다음 설명에 해당되는 빅데이터 분석 도구는 무엇인가?

> 대량의 자료를 처리할 수 있는 대형 컴퓨터 클러스터에서 동작하는 분산 응용 프로그램을 지원하는 Java 기반의 오픈소스 프레임워크

① Hadoop ② R
③ Esper ④ Summingbird

[해설] 하둡(Hadoop)에 대한 설명이다. 아파치 하둡(Apache Hadoop, High-availability Distributed Object Oriented Platform)은 대량의 자료를 처리하며, 대형 컴퓨터 클러스터에서 동작하는 분산 응용 프로그램을 지원하는 프리웨어 자바 소프트웨어 프레임워크이다.

14 다음 특징을 가지는 데이터 분석 도구는 무엇인가?

> • 구글에서 개발하였으며 대용량 데이터 처리 엔진으로 사용
> • 빅쿼리 API를 이용한 질의 전송 기능
> • 분석 데이터를 구글 시스템에 업로드할 수 있음

① BigQuery ② Esper
③ Presto ④ Summingbird

[해설] 빅쿼리(BigQuery)에 대한 특징을 설명하고 있다. 구글의 빅쿼리 서비스는 대용량 데이터를 대화식으로 분석할 수 있는 플랫폼으로, 빅데이터 저장 플랫폼을 통해 Big Volume의 데이터를 빠르게 추출, 가공, 분류 및 비즈니스 인사이트를 도출할 수 있는 빅데이터 관리 플랫폼이다.

15 다음 특징을 가지는 데이터 분석 도구는 무엇인가?

> • Storm과 Hadoop을 결합한 Streaming MapReduce 시스템
> • 배치 및 스트리밍 작업을 요구하는 Application 수행
> • 수 초 안에 사람들의 검색의도를 파악해 의도에 맞는 검색 결과 제시

① BigQuery
② Esper
③ Presto
④ Summingbird

[해설] 서밍버드(Summingbird)에 대한 특징을 설명하고 있다. 트위터가 개발한 실시간 검색처리 시스템으로서 스톰과 하둡을 결합한 스트리밍 맵리듀스 시스템이다. 서밍버드는 배치 시스템과 스트리밍을 모두 요구하는 애플리케이션을 실행할 수 있게 도와주며, 배치와 스트리밍 작업을 한 시스템 안에서 처리할 수 있다.

16 다음 설명에 해당되는 시스템은 무엇인가?

> 대용량 데이터를 분산 병렬 처리하고 관리하는 시스템으로서 사용자에게 데이터 유형별로 실시간 처리나 배치(Batch) 처리가 가능하도록 하는 Framework를 제공한다.

① 빅데이터 저장 시스템
② 빅데이터 관리 시스템
③ 빅데이터 정제 시스템
④ 빅데이터 처리 시스템

[해설] 빅데이터 처리 시스템에 대한 설명이다. 빅데이터를 처리하기 위해 지금까지의 시스템(주로 관계형 데이터베이스 형태)과는 다른 형태의 분산 환경 시스템들이 요구된다. 빅데이터 시스템은 크게 데이터 수집 모듈, 저장 및 처리 모듈, 외부 접근 모듈, 워크플로우 모듈, 시각화 모듈 등으로 구성된다.

17 다음 중 빅데이터 처리 시스템에서 고려되는 데이터 처리 방식이 아닌 것은?

① 독립모드
② 의사 분산모드
③ 완전 분산모드
④ 중앙 집중모드

[해설] 중앙 집중모드는 데이터 처리 방식에 해당되지 않는다. 대표적인 빅데이터 처리 시스템인 하둡의 동작방식은 세 가지이다.
- 독립모드(Standalone Mode) : 데몬 프로세스가 동작하지 않고, 모든 것인 단독 JVM 내에서 동작, 개발하는 동안 맵리듀스 프로그램을 동작시키기에 적합, 테스트 및 디버그가 용이함
- 의사 분산모드(Pseudo-distributed Mode) : 하둡 데몬 프로세스가 로컬 컴퓨터에서 동작하므로 작은 규모의 클러스터를 시뮬레이션할 수 있음
- 완전 분산모드(Fully Distributed Mode) : 하둡 데몬 프로세스는 다수 컴퓨터로 구성된 그룹에서 동작함

18 애플리케이션 운영을 위한 데이터를 하드 디스크가 아닌 메인 메모리에 모두 올려서 서비스를 수행함으로써 데이터 처리 속도를 향상시키기 위해 사용되는 기반 기술은 무엇인가?

① Clustering
② In-memory Computing
③ Memory Computing
④ RAID Computing

[해설] 인-메모리 컴퓨팅(In-memory Computing) 기술에 대한 설명이다. 데이터 처리 기능을 향상시키기 위하여 사용되는 인-메모리 기술은 응용 서비스의 클라우드화, 모바일화, 글로벌화로 인해 발생하는 Extreme Transaction의 고성능 처리를 지원하며, 데이터를 하드디스크가 아닌 메인 메모리에 모두 올려서 서비스를 수행함으로써 처리 속도를 향상시킨다.

19 다음 중 데이터 확보 계획의 수립 절차로 올바른 것은?

① 분석목표 정의 → 요구사항 도출 → 데이터 확보 계획 수립 → 예산안 수립
② 분석목표 정의 → 요구사항 도출 → 예산안 수립 → 데이터 확보 계획 수립
③ 분석목표 정의 → 예산안 수립 → 요구사항 도출 → 데이터 확보 계획 수립
④ 요구사항 도출 → 분석목표 정의 → 예산안 수립 → 데이터 확보 계획 수립

〔해설〕 데이터 분석을 위한 데이터를 확보하기 위하여 분석목표 정의, 요구사항 도출, 예산안 수립 및 데이터 확보 계획 수립 단계의 순으로 수행한다.

20 빅데이터 분석 프로세스(4단계 정의)로 가장 적절한 것은?

① 모델링 → 요구사항 분석 → 검증 및 테스트 → 적용
② 모델링 → 성능평가 → 요구사항 분석 → 적용
③ 요구사항 분석 → 모델링 → 검증 및 테스트 → 적용
④ 요구사항 분석 → 모델링 → 프로파일링 → 리모델링

〔해설〕 데이터 분석 절차는 요구사항 분석, 모델링, 검증 및 테스트, 적용의 단계로 이루어진다.

21 다음 중 NCS에서 정의한 빅데이터 분석 프로세스는 무엇인가?

> 데이터 분석을 통한 개선사항을 도출하기 위하여 분석하고자 하는 과제의 현황을 파악·분석하고 이를 통한 개선과제를 정의하며, 빅데이터 요건 정의서를 작성한다.

① 도메인 이슈 도출
② 분석목표 수립
③ 프로젝트 계획 수립
④ 빅데이터 분석결과 시각화

〔해설〕 NCS 빅데이터 분석 프로세스 중 도메인 이슈 도출 과정에서 빅데이터 요건 정의서를 작성한다. 빅데이터 요건 정의서에는 데이터 분석의 기획 의도와 분석을 통해 개선되는 부분이 반드시 포함되어야 한다.

22 다음 중 사회조사분석 시 측정도구의 타당도 평가 방법에 대한 설명으로 옳지 않은 것은?

① 개념 타당도는 측정하고자 하는 개념이 실제로 적절하게 측정되었는가를 의미한다.
② 내용 타당도는 점수 또는 척도가 일반화하려고 하는 개념을 어느 정도 잘 반영해 주는가를 의미한다.
③ 설문 문항들 사이의 신뢰도(또는 답변의 일관성)를 측정하기 위하여 Cronbach Alpha 값을 사용하며 이 값이 0에 가까울수록 신뢰도가 높다고 평가한다.
④ 한 측정치를 기준으로 다른 측정치와의 상관관계를 추정한다.

[해설] Cronbach Alpha(크론바하 알파)값을 이용하여 설문 문항 답변에 대한 신뢰도를 평가한다. 크론바하 알파는 신뢰도 계수(Reliability Coefficient) 또는 Coefficient Alpha라고도 하며, 다양한 설문 항목들에 대해서 내적 일관성(Internal Consistency)이 있는지를 측정한다. 크론바하 알파는 변수들끼리 상관관계가 클수록, 그리고 항목별 분산들의 차이가 작을수록 크게 계산된다. 또한, 크론바하 알파는 0에서 1 사이의 값을 가지며, 1에 가까울수록 신뢰도(답변의 일관성)가 높다고 해석된다.

23 다음 중 데이터 품질점검 단계에서의 조사 항목으로 부적절한 것은?

① 수집 데이터의 분량
② 데이터의 완전성, 일관성, 정확성
③ 데이터의 수집 경로
④ 데이터의 수집 비용

[해설] 데이터 수집 비용은 프로젝트 계획 수립 단계에서 검토된다. 데이터와 관련된 품질점검 및 진단은 데이터 값 진단(데이터 값에 대한 현상 분석, 품질 기준 적용, 오류분석 등), 데이터 구조 진단(데이터 모델링 관점, 논리 모델 진단, 무결성, 표준화, 관리 수준 등), 데이터 관리 프로세스 진단(데이터 관리 프로세스, 핵심 업무 프로세스 표준화 및 재설계, 품질관리 정책 수립 및 업무 프로세스의 적절성 평가) 등으로 구분된다.

24 빅데이터 저장 시스템을 설계하기 위한 요구사항 분석 절차로 옳은 것은?

① 요구사항 수집 → 분석 → 명세 → 검증
② 요구사항 수집 → 분석 → 검증 → 명세
③ 요구사항 수집 → 명세 → 분석 → 검증
④ 요구사항 수집 → 검증 → 분석 → 명세

[해설] 빅데이터 저장 모델 설계를 위한 사전 요구사항 분석은 '요구사항 수집 → 분석 → 명세 → 검증'의 절차로 수행된다.

정답 19 ② 20 ③ 21 ① 22 ③ 23 ④ 24 ①

제3장 데이터 수집 및 저장 계획

제1과목 [빅데이터 분석 기획]

01 데이터 수집 및 전환

(1) 데이터 수집

① 빅데이터 분석을 위하여 데이터 수집 가능성, 데이터 보안, 데이터 정확성을 탐색하고 데이터 수집의 난이도 및 비용 등을 고려하여 데이터를 수집한다.

② 즉, 데이터 분석을 위해서 먼저 연구목적에 적합한 데이터를 수집하여야 한다. 예를 들어, 5주간 다이어트 프로그램에 참여한 사람을 통해서 체중 감소 효과가 있는지를 알아보기 위해 프로그램에 참여한 사람들의 프로그램 시작 전 체중과 프로그램 참여 5주 후 체중을 측정하여 다이어트에 효과가 있는지를 분석한다.

③ 데이터 수집 시 고려 사항

㉠ 데이터 수집의 용이성과 데이터 발생 빈도를 탐색하고 데이터 전처리 및 후처리 과정에서 발생하는 비용을 산정한다. 데이터 수집·확보를 위해서 필요한 비용은 데이터 크기, 데이터 수집 주기, 데이터 수집 기술, 데이터 수집 방식, 데이터의 가치 등에 따라서 서로 다르게 산정된다.

㉡ 데이터의 개인정보 포함 여부나 지적 재산권 여부를 판단해야 하며 데이터가 분석목적에 맞게 조사되었는지, 데이터 품질이 확보될 수 있는지와 데이터 수집의 난이도를 파악하여 데이터 수집 비용을 산정한다.

㉢ 데이터 수집 시 데이터의 도메인 정보나 이슈사항, 개선사항 등 데이터의 분석 목표에 따라서 데이터 품질을 측정한다.

㉣ 데이터 수집은 내부 데이터인지 외부 데이터인지에 따라서 나누어진다. 내부 데이터의 경우 원천데이터가 내부 시스템에 존재하므로 상호협의에 따라서 데이터를 수집할 수 있는 데 반하여 외부 데이터의 경우는 데이터에 대한 수집과정에서 상호협약이 필요하고 데이터 수집 시 비용이 발생할 수 있다.

㉤ 데이터 수집 시에는 데이터의 유형이 파악되어야 하는데 정형 데이터인지, 반정형 데이터인지, 비정형 데이터인지를 파악해야 하고 데이터 수집 시에 발생하는 데이터 수집 비용이 산정되어야 한다. 즉, 데이터 수집을 위해서는 원천 데이터의 선정, 위치, 크기, 유형, 수집 주기 등을 고려하여 데이터를 수집할 계획을 수립해야 한다.

㉥ 데이터 수집 시 원천 데이터 정보와 관련된 세부 고려 사항을 요약하면 다음과 같다.

〈표 1-42〉 데이터 수집 시 세부 고려 사항

구 분	주요 내용
데이터 수집 가능성	• 데이터 수집의 용이성, 데이터 발생 빈도 탐색 • 데이터 전처리 및 후처리 비용 산정
데이터 보안	데이터의 개인정보 포함 여부, 지적 재산권 여부 등을 파악
데이터 정확성	• 분석목적과 부합되는 데이터 항목 확인 • 적절한 데이터 품질 확보
수집 난이도	데이터 존재 위치, 유형, 용량, 비용, 정제 과정의 복잡성을 고려한 데이터 탐색
비 용	데이터 획득 비용 산정

④ 위 고려 사항을 반영하여 데이터를 수집·분석하는 대표적인 사례를 요약하면 다음과 같다.
  ㉠ 예를 들어, 인터넷을 이용한 전자상거래 분야에서 소비자가 '본인확인 → 인증 → 결제' 서비스를 이용하는 경우 각각의 사용자들에 대한 남녀 비율, 결제에 소요되는 시간 등의 기초 데이터를 수집하여 분석한다.
  ㉡ 본인 확인 절차를 통해 수집된 데이터 분석결과를 이용하여 주민등록번호를 대체한 회원가입 및 정보수정, 성인인증, 게임 사이트 이용 및 전자금융사기 예방 정책 등에 활용한다.
  ㉢ 전자상거래 비즈니스 도메인에서는 일간 API(Application Programming Interface) 트래픽 건수, 시간별 트래픽, 사용 증감률, 에러율, VOC(Voice of Customer) 처리 현황, 시스템 리소스 사용 현황, 사이트 장애 내역 등에 대해 다양한 원천 데이터 수집이 가능하다.
  ㉣ 외부 데이터의 경우 원천 데이터 수집을 위한 비용이 발생할 수 있으며, 이 경우 ETL[Extract(추출), Transform(변환), Load(적재)]과 같은 솔루션 구매 비용을 고려한다.
  ㉤ 공공 데이터(공공기관이 생성 또는 취득하여 관리하는 光 또는 전자적 방식으로 처리되어 부호·문자·도형·색채·음성·음향·이미지 및 영상 등으로 표현된 자료·정보)의 경우 데이터 자체에 대한 비용은 발생하지 않으나, 자동수집과 수동수집(수동적 수집에 대한 노력의 대가)으로 나누어 비용을 산정한다.
  ㉥ 데이터 수집(또는 측정) 시 보통 결측치, 잡음, 이상치 등이 포함되어 있어 잘못된 분석결과를 나타낼 수 있으므로 수집된 데이터를 정제(Cleansing)하는 과정이 필수적으로 요구된다. 여기서 결측치(Missing Value)는 데이터 수집 시 누락된 변숫값, 잡음(Noise)이란 데이터를 측정하는 데 있어서 개입되는 임의적 요소로서 본래의 참값에서 벗어나게 하는 오류이다. 그리고 이상치(Outlier)란 데이터 집합에서 대부분의 다른 측성값들과 현저한 차이를 보이는 변숫값을 나타낸다.

⑤ 데이터 위치
  ㉠ 내부 및 외부 데이터
    • 데이터 수집은 조직 내부(내부에서 가지고 있는 데이터)와 외부(외부에서 습득하여야 하는 데이터)에 분산되어 있는 여러 데이터 소스로부터 필요한 데이터를 검색하여 수동 또는 자동으로 원시 데이터를 구성하는 것을 의미한다.
    • 수집 데이터의 원천에 따라 내부와 외부 데이터로 구분하고, 데이터 소스가 내부 시스템에 존재하는 데이터를 내부 데이터라 한다.

- 내부 데이터는 일반적으로 외부 유출을 방지하여야 하는 핵심 정보로 구성되고 대부분 정형 데이터 형태로 존재하기 때문에 수집 난도가 낮다. 조직 내부의 데이터 담당자와 수집 주기 및 방법을 협의하여 데이터를 수집한다.
- 외부 데이터는 데이터 소스가 외부 시스템에 존재하는 것으로 특정 기관의 담당자와 협의를 통해 데이터를 수집하기도 하고, 데이터를 제공하는 전문 업체를 통해 데이터를 수집할 수도 있다. 외부 데이터의 대부분은 반정형 및 비정형 형태로 존재하고 수집 난이도가 높다.
- 외부 데이터를 수집할 때, 수집할 항목을 분석해서 수집 시스템을 설계하는 것으로 협약이 되지 않은 시스템의 경우 데이터 수집 실패 시의 대안을 마련해야 하며, 데이터 전처리 가정 없이 원본 데이터 수집 후 수집 시스템에서 처리를 할 수 있도록 인터페이스를 설계한다.
- 주요 특징을 비교하면 아래와 같다.

〈표 1-43〉 내부 및 외부 데이터의 특징

구 분	특 징
내부 데이터	• 내부 조직 간 협의를 통한 데이터 수집 • 주로 수집이 용이한 정형 데이터 • 비용 및 난이도는 외부 데이터 수집보다 유리 • 서비스의 수명 주기 관리 용이
외부 데이터	• 외부 조직과 협의, 데이터 구매, 웹상의 오픈 데이터 등 • 주로 수집이 어려운 비정형 데이터 • 비용 및 난이도가 높음 • 외부 환경에 대한 통제가 어려움에 따른 서비스 관리정책 요구

〈표 1-44〉 데이터 위치별 수집 난이도 및 가치

위 치	수집 난이도	잠재적 가치
내부 데이터	저장소가 내부에 있어 외부 데이터에 비해 수집 난이도가 낮음	외부 데이터에 비하여 상대적으로 잠재 가치가 낮음
외부 데이터	내부 데이터에 비하여 상대적으로 수집 난이도가 높음	데이터의 목적론적 특징이 가장 잘 나타나는 데이터로 내부 데이터에 비해 상대적으로 잠재적 가치가 높음

ⓒ 내부와 외부 데이터의 대표적인 예는 다음과 같다.

〈표 1-45〉 내부 및 외부 데이터의 예

구 분	데이터
내부 데이터	• 서비스 시스템 : ERP, CRM, KMD, 포털, 원장정보시스템, 인증·과금 시스템, 거래 시스템 등 • 네트워크·서버 장비 : 백본, 방화벽, 스위치, IPS, IDS 서버 장비 로그 등 • 마케팅 : VOC 접수 데이터, 고객 포털 시스템 등
외부 데이터	• 소셜 데이터 : 제품 리뷰 커뮤니티, 게시판, 페이스북 • 기관 : 정책 데이터, 토론 사이트 • M2M(Machine-to-machine) : 센서 데이터, 장비 간 발생 로그 • LOD(Linked Open Data) : 정부 공개 경제, 의료, 지역 정보, 공공 정책, 과학, 교육, 기술 등의 공공 데이터

ⓒ 수집하고자 하는 원천 데이터가 존재하는 데이터의 위치(내부 또는 외부)에 따라 데이터를 수집할 때의 고려 사항을 요약하면 다음과 같다.

〈표 1-46〉 데이터 위치에 따른 고려 사항

구 분	내부 데이터	외부 데이터
고려 사항	• 내부 시스템에 원천 데이터 존재 • 조직 내부의 협의에 따른 수집	• 외부 시스템에 원천 데이터 존재 • 상호 협약에 의한 수집
	데이터 수집 시 기술적 제약이 적음	데이터 수집 시 기술적 제약이 많음
	원활한 의사소통을 통한 데이터 수집 가능	의사소통의 어려움으로 데이터 수집이 어려움
데이터 수집	조직 내 상호 협의를 토대로 수집	• 상호 협약을 토대로 수집 • 공공 데이터 수집, 비용 발생
수집 경로	인터페이스 생성	인터넷 연결
수집 대상	파일 시스템, DBMS, 센서 등	• 협약에 의한 DBMS 데이터 • 웹페이지, 소셜 데이터, 문서 등

- 내부 데이터는 주로 기업이나 조직 내 정보 시스템에 의해 수집되는 정형화된 데이터를 의미한다. 내부 데이터는 조직간 협의를 통해 수집되며, 데이터 형식도 분석에 적합한 정형화된 형식으로 되어 있어 데이터 가공에 많은 노력을 기울이지 않아도 된다.
- 외부 데이터는 분석 목표에 맞는 데이터를 탐색·수집하고 목표에 맞도록 수집 데이터를 변환하는 과정이 요구된다. '외부 데이터 수집 시 수집 대상의 데이터 조사 → 데이터 소유자와의 데이터 이관 협의 → 데이터 이관 → 데이터 검증 과정'을 거쳐 데이터를 이관·수집한다. 즉, 데이터 조사를 위하여 데이터의 유형, 종류 및 특성 등을 확인하고, 데이터 이관을 위하여 이관 주체, 방법, 시기, 조건, 제약 사항 등을 협의한다. 이관된 데이터는 분석목적에 맞게 데이터를 변환하고 수정하는 단계를 거친다.

⑥ 데이터 수집을 위해 데이터 수집 대상을 선정하고 수집을 위한 세부계획을 수립한 후, 데이터 수집을 실행한다. 데이터 수집을 위한 세부 과정(5단계 프로세스)을 요약하면 다음과 같다.

㉠ 데이터 유형 파악 : 데이터 수집을 위해서 먼저 데이터 유형을 파악한다. 정형 데이터, 반정형 데이터, 비정형 데이터에 따라서 수집 기술이 다르므로 유형을 파악하고 분류해야 한다.

㉡ 수집 기술 검토(결정) : 데이터 유형 및 데이터 종류에 따라서 데이터를 수집하기 위한 수집 기술을 결정한다.

㉢ 아키텍처 파악 및 수립(수집 솔루션 확인) : 데이터 수집 솔루션의 아키텍처를 파악하고 적합한 아키텍처를 수립한다.

㉣ 하드웨어 스펙 및 규모 결정(하드웨어 구축) : 하드웨어의 스펙 및 규모를 결정하고 하드웨어를 구축한다.

㉤ 수집 솔루션 설치(실행환경 검토) : 수집 솔루션을 설치하고 실행환경을 구성한다.

ⓑ 세부적인 데이터 수집 절차를 요약하면 다음과 같다.

〈표 1-47〉 빅데이터 수집 절차

절 차	주요 업무
데이터 유형 파악	• 데이터 수집 종류, 크기, 보관방식, 수집 주기 등 • 수집 데이터의 유형, 데이터 종류 확인 　예 RDB 데이터, HTML, JSON, 이미지, 로그 데이터 등을 확인
수집 기술 검토	• 데이터 유형에 따른 최적의 수집 기술 선택 • 정형 데이터의 경우 Sqoop, Vendor제공 드라이버, API 등 선택 • 로그 · 센서 데이터의 경우 Flume, Scribe, Chukwa 등 선택 • 텍스트, 이미지, 동영상, 웹, 소셜 데이터의 경우 Ftp, Crawler, 자체 프로그램 개발 등 선택
수집 솔루션 확인	• 데이터 유형에 따른 수집 솔루션의 기본 아키텍처(구조) 확인 • 솔루션의 구성요소, 데이터 처리 방식, 워크플로우 작성 방법, 지원 언어 등 확인 • 기본 아키텍처 적용 시 개발 및 하드웨어 이슈 등 도출 및 검토 • Customizing(이용자가 사용 방법과 기호에 맞춰 하드웨어나 소프트웨어를 설정하거나 기능 변경)하여 솔루션 구조를 수정(커스터마이징된 구조 제시) • 기본 구조의 확장, 불필요한 환경 제거 등을 통한 커스터마이징 • 아키텍처의 구체화 및 최적의 아키텍처 수립
하드웨어 구축	• 하드웨어 스펙 · 규모 명시 및 하드웨어 구축 • 서버, 스토리지, 네트워크 장비 구축 • 수집 주기, 보관 기간, 규모를 고려한 서버 및 스토리지 스펙 명시 • 서버 대수 및 스펙 검토(CPU, 메모리 용량 등) • 수집 솔루션 서버, 운영체제, 스토리지 설치
실행환경 검토	• Sqoop, Flume 등 수집 솔루션 설치 및 실행 환경 검토 • Sqoop은 리눅스 환경에 설치, DBMS 설치 확인

⑦ 데이터 수집 기술
　㉠ 데이터 수집은 정형 데이터 수집, 반정형 데이터 수집, 비정형 데이터 수집으로 구분하여 서로 다른 기술을 적용할 수 있다.
　㉡ 정형 데이터 수집 기술은 Sqoop, Hiho를 들 수 있다.
　㉢ 일반적으로 관계형 데이터와 분산 환경 시스템 사이 전송되는 정형 데이터를 수집하는 경우 Sqoop을 사용한다. Sqoop은 대용량 데이터 전송 솔루션으로서 HDFS, RDBMS, DW, NoSQL 등 다양한 저장소에 대용량 데이터를 전송할 수 있다. 반면, Hiho도 대용량 데이터 전송 솔루션으로서 하둡에서 데이터를 가져오기 위한 SQL을 지정할 수 있고 오라클과 MySQL 데이터 전송만 지원한다.
　㉣ 로그 데이터 수집 : 시스템 로그, IoT 센서 로그, 전산장비 로그 데이터 등을 수집하기 위한 로그 파일 수집기로는 Apache Flume, Scribe, Chukwa가 있다.
　　• 대용량, 고속의 로그를 수집할 수 있는 시스템은 확장성, 안정성, 유연성, 실시간성의 조건을 만족해야 한다.
　　• Apache Flume은 대용량의 로그 데이터를 효율적으로 수집 가능한 로그 수집 솔루션이다.
　　• Facebook Scribe는 Facebook이 개발하여 오픈소스화한 로그 수집기로 실시간 스트리밍 로그 수집을 위한 솔루션이다.
　　• Chukwa는 분산 환경에서 생성된 데이터를 HDFS에 안정적으로 저장하는 플랫폼으로 분산 서버에서 에이전트를 실행하고 콜렉터가 에이전트로부터 데이터를 받아 HDFS에 저장한다.

- 대표적으로 반정형 로그 데이터의 경우 Log Collector를 이용하여 데이터를 수집한다. Log Collector란 조직 내부에 존재하는 트랜잭션, 클릭, 웹서버, 데이터베이스 로그 데이터 등을 수집하는 방법이다.

ⓜ 텍스트, 이미지, 동영상, 웹 소셜 데이터 수집 등 비정형 또는 반정형 데이터의 수집은 크롤링, FTP, Open API, RSS를 이용해서 수집한다.

ⓑ 웹자료수집 : 크롤링(Crawling)이나 스크래핑(Scraping)은 웹에 흩어진 자료를 수집하는 방법으로서 웹 크롤링(Web Crawling)은 자동화 봇(Bot)인 웹 크롤러(Web Crawler)가 정해진 규칙에 따라서 복수의 웹페이지를 브라우징하는 것을 말하고 웹 스크래핑(Web Scraping)은 웹사이트에서 원하는 부분에 위치한 정보를 컴퓨터로 자동으로 추출하여 수집하는 기술을 의미한다.

ⓢ 최근에는 비정형 데이터 특히 웹 및 소셜 데이터의 경우 Crawling 기법을 이용하여 자동으로 데이터를 수집한다. Web Crawler의 경우 웹사이트 링크 체크, HTML Code 검증, 웹사이트 자동 유지관리 및 이메일 자동 수집 등의 기능을 수행한다.

ⓞ 대표적으로 웹상에서 HTML, XML, JSON 형태로 존재하는 데이터를 수집하는 방법과 특징을 요약하면 다음과 같다.

〈표 1-48〉 웹에서의 데이터 수집 방법

구 분	주요 특징
HTML	• Hypertext Markup Language, 웹페이지를 만들 때 사용되는 문서 형식 • 텍스트, 태그, 스크립트로 구성 • 텍스트 : 실제 표현 내용, 웹 문서의 본문 • 태그 : 텍스트에 속성, 기능 부여, 문서 중간에 붙여주는 꼬리표 • 스크립트 : 동적인 웹문서 작성 지원(자바스크립트)
XML	• eXtensible Markup Language, 확장 가능한 마크업 언어 • 데이터를 표현하기 위해서 태그 사용 • Element, 속성, 처리명령, 엔티티, 주석, CDATA 섹션으로 구성
JSON	• Javascript Object Notation, 자바 스크립트를 위해 객체 형식으로 자료 표현 • 경량의 데이터 교환 방식

ⓩ 웹페이지로부터 데이터를 수집하기 위해서는 다음과 같은 Python, Ruby와 같은 스크립트 언어를 사용하기도 한다.

〈표 1-49〉 스크립트 언어를 이용한 데이터 수집

구 분	주요 특징
Python	• 추상화가 높은 고급언어, 객체 개념 사용, 스크립트 작성에 용이 • 플랫폼 독립적인 인터프리터 언어 • 가독성 : 간결한 문법, 코드 블록을 들여쓰기로 구분 • 동적 타이핑 : 실행시간에 자료형 검사 • 높은 확장성 : Glue Language로 명명, 다른 언어나 라이브러리에 쉽게 접근 • 확장 및 내장 기능 : C 등 다른 언어에서 Python 호출, 그 반대도 가능
Ruby	• 동적 객체 지향 스크립트 프로그래밍 언어 • 간결성 : 가독성 및 간결성 지원 • 객체지향 언어 : 모든 객체는 자신만의 속성과 액션을 가짐, 속성을 인스턴스 변수(Instance Variables), 액션을 메소드(Method)라고 함 • 유연성 : 어떤 부분이든 자유롭게 바꿀 수 있음 • 코어 부분도 제거하고 재정의가 가능함 • 블록 기능 : 클로저(Closure)를 추가하여 메소드의 동작 기술

ⓒ 데이터 유형별 수집 기술과 방법을 요약하면 다음과 같다.

〈표 1-50〉 데이터 유형별 수집 기술 및 방법

데이터 유형		수집 기술	수집 방법
정형 데이터		Sqoop, Vendor제공 드라이버, API	• 수집 프로그램 • 소켓 프로그램
반정형	로그·센서 데이터	Flume, Scribe, Chukwa, Ftp, 블루투스, RFID	• 수집 프로그램 • Ftp 수집, 스트리밍 수집 • Log collector
비정형	텍스트, 이미지 동영상 데이터	HTTP, Ftp, API, Parsing	Ftp, API
	웹 및 소셜 데이터	프로그래밍 언어(C, Java) 라이브러리, Scrapy, Nutch, Crawler4j	Crawler(Crawling, Web crawler)를 이용한 수집

㉠ 데이터 유형별로 대표적으로 사용되는 데이터 수집 기술을 요약하면 다음과 같다.
- Crawling : 외부 데이터의 HTTP 수집 방법, SNS·뉴스·웹 문서 정보 수집
- Open API : 웹을 운영하는 주체가 정보·데이터를 제공하기 위해 개발자와 사용자에게 공개하는 수집 기술
- FTP : 인터넷 서버로부터 각종 파일 송수신
- RSS : XML기반 콘텐츠 배급 프로토콜을 이용한 콘텐츠 수집
- Streaming: 인터넷 음성, 오디오, 비디오 데이터를 실시간으로 수집
- Log Aggregator : 웹서버 로그, 웹 로그, 트랜잭션 로그, DB 로그 등 각종 로그 데이터 수집(Chukwa, Flume, Scribe 등)
- RDB Aggregator : 관계형 DB에서 정형 데이터 수집, HDFS, HBase 등의 NoSQL에 저장(Sqoop, Direct JDBC/ODBC 등)

⑧ 데이터 수집 프로그램을 이용하여 웹페이지로부터 데이터를 수집하고 분석하는 방법을 웹 마이닝(Web Mining)이라 하며 주요 내용을 요약하면 다음과 같다.
   ㉠ 웹 마이닝(Web Mining)이란, 인터넷을 이용한 웹서비스의 다양한 패턴(특징)을 발견하기 위해 사용되는 기술로 웹로그 분석, 웹콘텐츠 마이닝, 웹구조 마이닝 등이 해당된다.
   ㉡ 예를 들어 웹사이트로의 방문자에 대한 시간·일자별 방문자 수, 방문 페이지 정보, 사용 기기 및 브라우저 등의 정보를 분석한다.
   ㉢ 웹콘텐츠 마이닝은 웹페이지에서 제공되는 유용한 정보를 추출·수집하고 이를 분석한다.
   ㉣ 웹구조 마이닝은 웹사이트의 노드와 연결 구조를 분석(그래프 이론 활용)하여 효율적인 정보 전달 구조를 찾아낸다.
   ㉤ 웹 마이닝을 통하여 효율적인 웹콘텐츠 생산·관리, 웹상의 데이터 확인, 데이터 유효성 검증, 데이터 분류 및 통합 업무를 수행한다.

⑨ DBMS를 활용하여 대량으로 데이터를 수집하고자 하는 경우 사용되는 대표적인 데이터 수집 기술의 특징을 요약하면 다음과 같다.

〈표 1-51〉 데이터 수집 방법(DBMS 연계)

구 분	수집 방법
Apache Sqoop (정형 데이터)	• 테이블과 같이 고정된 칼럼에 데이터 저장 • 행과 열에 의해 데이터 속성이 구별 • 하둡 플랫폼과 연계하여 관계형 데이터베이스 통합 분석 가능 • Apache Hadoop과 연계한 대량 데이터 전송 가능 • 명령어는 인터프리터에 의해 한 번에 하나씩 실행 • 모든 적재 과정을 자동화하고 병렬 처리 방식으로 작업 • Bulk Import : 전체 데이터베이스 또는 테이블을 하둡 분산 파일 시스템(HDFS ; Hadoop Distributed File System)으로 전송(주로 클라우드 컴퓨팅 환경 제공) 가능 • 하둡은 HDFS와 MapReduce로 구성 • 시스템 사용률과 성능을 고려한 병렬 데이터 전송 • Direct Input : RDB에 매핑하여 Hbase와 Hive에 직접 Import 가능 • 자바 클래스 생성을 통한 데이터 상호작용 가능
Apache Flume (로그·센서 등 반정형 데이터)	• 대용량의 로그 데이터를 효과적으로 수집, 집계, 이동 • 안정적이고 신뢰성 있는 분산 서비스 제공 • 스트리밍 데이터 흐름에 기반을 둔 간단하고 유연한 구조 • 네트워크 트래픽, 소셜 데이터, 이메일 메시지 데이터 등 대량의 이벤트 데이터 전송 가능 • 신뢰성 : 장애 시 로그 데이터의 유실 없이 전송 보장 • 확장성 : 수평 확장이 가능하여 분산 수집 가능한 구조 • 효율성 : 커스터마이징이 가능하고 고성능 구현
Scrapy (텍스트, 이미지 동영상, 웹 소셜 등 비정형 데이터)	• 웹사이트를 Crawling하고 구조화된 데이터 수집 • 데이터 마이닝, 정보처리, 이력 기록 같은 다양한 애플리케이션에 적용 • 파이썬 기반의 프레임워크 • Crawling 후, 바로 데이터 처리 가능, Scrapyd, Scrapinghub 등 부가요소 제공 • 데이터 수집이 용이하고 로깅 지원

⑩ Apache Sqoop을 이용한 데이터 수집

㉠ 정형 데이터를 수집하기 위해서 사용되는 Apache Sqoop의 사용 예를 설명하면 다음 그림과 같다.

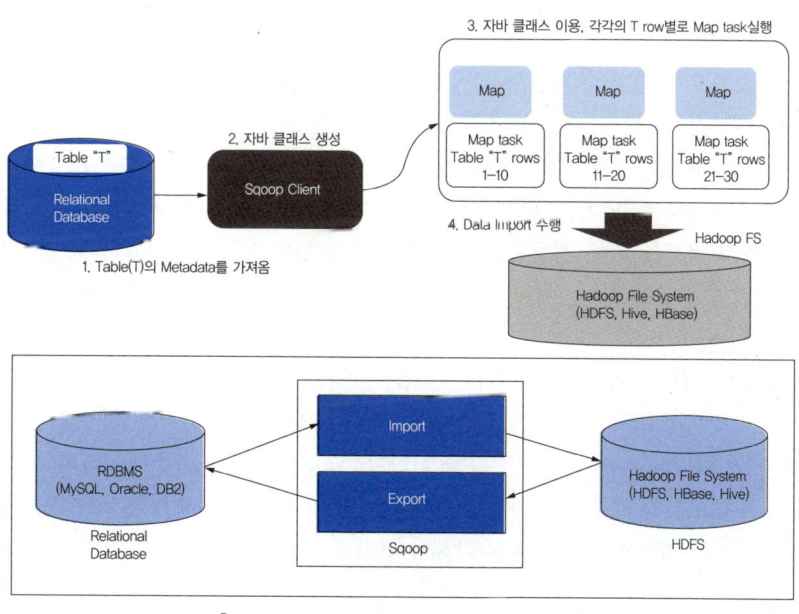

[Apache Sqoop를 이용한 데이터 수집]

ⓒ Sqoop은 관계형 데이터베이스에서 읽어온 테이블을 HDFS(Hadoop Distributed File System)에서 파일 세트로 저장하며, 이들은 HDFS에서 여러 개의 파일로 저장된다.

ⓒ 반대로 HDFS에 저장된 파일 세트를 읽고 관계형 데이터베이스로 적재하는 것도 가능하다.

ⓔ 즉, Sqoop은 RDBMS, EDW(Enterprise Data Warehouse) 또는 NoSQL 데이터베이스에 있는 테이블을 HDFS로 가져오거나 HDFS에 있는 데이터를 입력할 수 있는 데이터 통합 도구이다. 데이터는 텍스트, Avro(압축된 바이너리 형식으로 직렬화된 데이터와 데이터 형식을 정의하는 JSON 형식의 스키마가 포함된 파일 형식) 등 다양한 파일 형태를 처리한다.

ⓜ Sqoop은 RDBMS를 연결할 때 JDBC(Java Database Connectivity)나 커넥터를 사용할 수 있다. RDBMS에서 HDFS로의 파일을 가져오는 과정(Import)은 그림에서와 같이 크게 4단계 과정(테이블 메타 데이터, 자바 클래스 생성, Map Task 실행, 데이터 Import)으로 이루어진다.

ⓗ Sqoop은 맵리듀스(MapReduce)를 사용해서 데이터를 가져오는 Client 측 Application으로서 하나의 테이블 또는 데이터베이스에 있는 전체 테이블을 가져올 수 있고 SQL과 같이 Where 절을 통해서 원하는 일부 데이터만을 가져올 수도 있다.

ⓢ Sqoop은 맵만 수행하는 태스크(Import, Export, List-tables 등)이고 데이터 Import(또는 export)와 관련되어 다음 기능을 수행한다.

- 테이블 리스트 및 임포트 : SQL 데이터베이스에 있는 테이블 리스트 확인
- 증가분 임포트 : 업데이트된 레코드만을 확인, 데이터베이스에 레코드가 변경되거나 추가되었을 때 값 변경
- 부분적 테이블 임포트 : 테이블로부터 특정 칼럼만 가져오거나 조건에 맞는 레코드(row)만 가져옴
- HDFS에서 RDBMS로 데이터 보내기 : 다른 시스템에서 사용할 수 있도록 HDFS에 있는 데이터를 데이터베이스(RDBMS)에 저장

⑪ 데이터 수집 관련 내규

㉠ 개인정보 관련사항 : 수집된 데이터에 개인정보와 관련된 사항이 있으면 각종 행정 사항을 기록한 정보보호 업무처리 지침서를 정확히 검토하여야 하고, 소프트웨어 개발 시 보안 약점을 점검하여 약점을 사전에 제거해서 보안성을 높이는 보안 가이드의 검토가 필요하다.

㉡ 개인정보는 최소한의 사용자만 접근하도록 하고 만약 취급 시에는 파일은 반드시 암호화하여 저장해서 보호해야 한다. 또한, 사용 가이드 매뉴얼을 준비하여야 한다. 데이터 수집 시에는 수집계획서 검토를 위해 정보보호 관련 담당자와 협의하고 수집계획서에 명시된 내용이 적절한지 적절성 평가를 한다. 이때, 내규를 위배하여 데이터가 수집되었는지 정확한 검토가 필요하다.

⑫ 데이터 적절성 검증

㉠ 데이터의 적절성 검증은 먼저 데이터의 누락 여부와 데이터의 결측 여부를 판단해야 하며 필요한 경우 데이터의 재수집을 결정해야 한다. 수집데이터와 소스데이터의 사이즈 및 개수를 비교해서 데이터를 검증하고 수집된 데이터에 대한 분석을 위해서 필요한 경우 데이터를 가공하여 정확성과 개인정보 유무를 파악해야 한다.

ⓒ 수집된 데이터에 개인정보가 있으면 개인정보에 대한 보안 사항을 확인하고 데이터의 저작권과 같은 법률적 문제를 검토해야 한다. 또한, 네트워크 및 시스템에 개인정보 관련 데이터 트래픽이 발생되는지 여부를 확인하고 검증해야 한다.

⑬ 빅데이터 수집 시스템을 운영하기 위하여 시스템 구성·변경관리, 운영 상태 관리, 성능 관리 및 보안관리를 수행한다. 주요 업무를 요약하면 다음과 같다.

〈표 1-52〉 빅데이터 수집 시스템 운영 업무

구 분	주요 업무
구성 및 변경 관리	• 빅데이터 수집 시스템을 구성하는 하드웨어, 소프트웨어 구성 현황, 시스템 이력, 연관 시스템과의 데이터 연동, 구성 파일, 파라미터, 시스템 구성도, 구성 항목의 변경 사항 관리 • 시스템 구성 관리 : 항목 식별, 버전관리, 상태 기록, 사용자 식별 • 시스템 변경 관리 : 변경 요청 접수, 변경 검토, 변경 작업
운영 상태 관리	• 시스템 구성 요소에 대한 상태 관리를 통한 시스템 가용성 향상 • 이상 징후 탐지, 기록, 분류, 통지하여 조치 • 관리 항목 : 하드웨어, 소프트웨어 모니터링, 데이터 수집 상태 관리 • 항목 임계치 : CPU, 메모리 사용률, 데이터 수집 스토리지 사용률 • 적용 기간 : 주기적인 수집의 경우 수집 기간 명시

성능 관리	• 성능 개선 및 최적 용량 확보를 통한 문제점 예방·개선
	• 서 버
	  - CPU 사용률, 메모리 및 가상화 메모리 사용률
	  - 스토리지 사용률, 스토리지 입·출력 회수 및 소요시간
	• 솔루션 : 데이터 수집 시간, 소프트웨어 사용 중 응답시간
	• 네트워크 : 네트워크 처리량, 네트워크 장비의 CPU·메모리 부하율

보안 관리	• 내·외부의 무단 사용자에 의한 불법 유출·변경으로부터 데이터 보호 • 안전하고 신뢰성 있는 시스템 운영 • 소프트웨어 : 응용 소프트웨어의 보안 등급, 데이터 보안, 산출물 보안 관리 • 운영 : ID 관리, 로그 정보 수집, 중요 데이터 보안 검증 • 인적 보안 : 데이터 수집 관리자의 접근제어, 기밀준수 협약, 보안 교육 등

⑭ 데이터 수집 절차를 통해 데이터 수집을 하였음에도 불구하고 데이터 수집이 쉽지 않은 경우에는 아래와 같은 다양한 원인(시스템 오류, 보안 및 저장 용량의 문제)에 의한 경우가 많으며, 이에 대한 대책을 사전에 수립하는 것이 바람직하다.

〈표 1-53〉 데이터 수집 불가의 원인 및 대처 방안

구 분	원인 및 대처 방안
시스템	• 수집 시스템 오류 : 시스템 구성 및 프로그램 수정 • 네트워크 오류 : 방화벽, 라우팅 설정 문제 해결
보 안	• 데이터 암호화 : 암호화된 데이터의 경우 인증서를 이용하여 권한 획득 • 폐쇄망 데이터 : 로컬에서 데이터를 직접 추출, 물리적으로 이동 단, 사전에 보안 관리자의 승인이 필요

저장 용량	• 방대한 데이터
	  - 직접 수집이 불가한 경우 수집 주기 조절
	  - 특정 조건의 구간 데이터만을 추출·저장
	• 저장 공간 : 내부 시스템의 용량산정을 재검토하여 저장 공간 확보

⑮ 데이터 수집 보고서 작성

㉠ 데이터 수집은 단순한 데이터 확보가 아닌 검색, 수집, 변환을 통해 정제된 데이터를 확보하는 기술까지도 포함한다.

ⓒ 분석대상의 데이터가 선정되고 나면, 데이터의 유형, 위치, 데이터의 저장방식, 수집 기술, 보안 등의 내용을 다음과 같이 구체적으로 작성하고, 이를 데이터 수집 보고서에 반영한다.

〈표 1-54〉 데이터 수집 보고서 작성 내용

구 분		주요 내용
데이터 유형	정 형	• 정형화된 스키마 구조, DBMS에 내용이 저장될 수 있는 구조 • 고정된 필드(속성)에 저장된 데이터 ㉠ 관계형 DB(ODBC활용), 스프레드시트(엑셀 등)
	반정형	• 데이터 내부에 데이터 구조에 대한 메타 정보 포함 • 고정된 필드에 저장되어 있지만, 메타 데이터나 데이터 스키마 정보를 포함하는 데이터 ㉠ XML, HTML 등
	비정형	• 수집 데이터 각각이 데이터 객체로 구분 • 고정 필드 및 메타 데이터(스키마 포함)가 정의되지 않음 • API, Crawling, RSS 등의 수집 기술 활용 ㉠ 텍스트 문서, 이진파일, 이미지, 동영상 등
데이터 위치	내 부	• 데이터 소스가 내부 시스템에 존재, 대부분 정형 데이터 • 데이터 담당자와 협의가 원활 • 수집 난이도가 낮으며, 분석가치가 보통임
	외 부	• 데이터 소스가 외부 시스템에 존재 • 대부분 반정형, 비정형 데이터 • 외부 담당자와 협의 어려움, 추가적 데이터 가공 작업 요구 • 수집 난이도가 높으나, 분석가치가 높음
데이터 저장	파 일	데이터를 읽고, 쓰고, 찾기 위해 일정한 규칙으로 파일에 이름을 명명하고 파일의 위치 지정
	관계형 DB	데이터 종류·성격에 따라 여러 칼럼을 포함하는 정형화된 테이블로 구성된 데이터 항목들의 집합체
	분산처리	데이터 집합이 여러 물리적 위치에 분산·배치·저장
수집 기술	정형 데이터	• 관계형 데이터와 분산 환경 데이터 간의 전송 데이터 • Sqoop(SQL to Hadoop) 등을 이용하여 수집
	로그 데이터	• 시스템 로그, 사물인터넷 센서, 전산 장비 로그 데이터 • Flume, Scribe, Chukwa, FTP 등을 이용하여 수집 • Cube data : 특정 시간(㉠ 5분, 하루)동안 저장된 로그 데이터
	웹 크롤링 SNS 데이터	• 웹콘텐츠 데이터 수집(패턴 발견), 웹 마이닝, 웹콘텐츠 마이닝 • Crawler, Scrap, Nutch 등을 이용하여 수집
수집 비용	종 류	RDB, 파일, HTML 등의 데이터 종류
	크기·보관주기	수집, 저장 크기 및 데이터의 저장 주기
	수집 주기	• 실시간, Mash, 매일, 매주, 매달 등 • 내부 데이터의 경우 실시간 수집 • 외부 데이터의 경우 일괄 수집, 일정 주기 중 결정
	수집 방식	자동 수집 또는 수동 수집
	수집 기술	ETL, FTP, Crawler, DB to DB
	데이터 가치	분석목적에 따른 데이터 가치 산정

확인 문제 　**데이터 수집 절차**

다음 중 데이터 수집 절차로 옳은 것은?

① 데이터 유형 파악 → 수집 기술 검토 → 수집 솔루션 확인 → 실행 환경 검토 → 하드웨어 구축
② 데이터 유형 파악 → 수집 기술 검토 → 수집 솔루션 확인 → 하드웨어 구축 → 실행 환경 검토
③ 수집 기술 검토 → 데이터 유형 파악 → 수집 솔루션 확인 → 실행 환경 검토 → 하드웨어 구축
④ 수집 기술 검토 → 데이터 유형 파악 → 수집 솔루션 확인 → 하드웨어 구축 → 실행 환경 검토

풀이 빅데이터의 수집은 '데이터 유형 파악 → 수집 기술 검토 → 수집 솔루션 확인 → 하드웨어 구축 → 실행 환경 검토'의 절차로 이루어진다.

정답 ②

확인 문제 　**데이터 수집 시 주요 고려 사항**

다음 중 데이터 수집 시 고려하여야 할 세부 내용으로 적합하지 않은 것은?

① 데이터의 유형(정형, 반정형, 비정형)
② 데이터의 위치(외부 및 내부)
③ 테이블로 구성된 정형화된 데이터 위주의 관계형 데이터베이스 설계 여부
④ 데이터의 수집 비용 및 기술

풀이 데이터 수집 시 정형화된 데이터 외에도 반정형, 비정형 데이터 수집을 고려하여야 한다.

정답 ③

확인 문제 　**데이터 수집**

다음 데이터 수집에 대한 설명으로 옳지 않은 것은?

① Sqoop은 대용량 데이터 전송 솔루션으로 HDFS, RDBMS, DW, NoSQL 등 다양한 저장소에 데이터를 신속하게 전송할 수 있는 방법을 제공한다.
② 로그 파일 수집기로는 Apache Flume, Scribe, Chukwa가 있다.
③ 대용량의 로그를 수집할 수 있는 시스템은 축소성, 안정성, 유연성, 실시간성의 조건을 만족해야 한다.
④ Hiho는 대용량 데이터 전송 솔루션으로 하둡에서 데이터를 가져오기 위한 SQL을 지정할 수 있고 오라클과 MySQL 데이터 전송만 지원한다.

풀이 로그·센서 데이터 수집 기술
　로그 파일은 Apache Flume, Scribe, Chukwa를 사용하여 수집한다. 대용량, 고속의 로그를 수집할 수 있는 시스템은 확장성, 안정성, 유연성, 실시간성의 조건을 만족해야 한다. Apache Flume는 대용량의 로그데이터를 효율적으로 수집 가능한 로그 수집 솔루션이며, Facebook Scribe는 Facebook이 개발하여 오픈소스화한 로그 수집기로 실시간 스트리밍 로그 수집을 위한 솔루션이다. Chukwa는 분산 환경에서 생성된 데이터를 HDFS에 안정적으로 저장하는 플랫폼으로 분산된 서버에서 에이전트를 실행하고 콜렉터가 에이전트로부터 데이터를 받아 HDFS에 저장한다.

정답 ③

(2) 데이터 유형 및 속성 파악

① 데이터 유형

㉠ 수집된 데이터는 그 유형을 파악하고 데이터를 분류한다. 데이터 분류란 데이터 분석자가 설정한 기준을 만족하게 하는 데이터와 그렇지 않은 데이터로 나누는 작업이다. 데이터의 수집 경로가 파악된 데이터들을 대상으로 정형, 반정형, 비정형 등의 형태를 기록한다.

㉡ 정형 데이터란, 정형화된 스키마 구조를 갖고 있는 것으로 관계형 데이터베이스 시스템(DBMS; Database Management System)의 테이블과 같이 고정된 컬럼에 저장되는 데이터와 스프레드시트 형태의 데이터, csv 형태 데이터 등이 정형 데이터에 포함된다.

㉢ 반정형 데이터
　• 관계형 데이터베이스나 다른 형태의 데이터 테이블과 연결된 정형구조의 데이터 모델을 따르지 않는 것으로, 일반적으로 내부에 데이터 구조에 대한 메타 정보를 갖고 있는 데이터를 파일 형태로 저장한다.
　• 연산이 불가능한 데이터로서 XML, HTML, JSON, 로그형태의 데이터가 반정형 데이터에 속한다.

㉣ 비정형 데이터
　• 비구조화 데이터라고 할 수 있으며 연산이 불가능한 데이터를 의미한다. 수집 데이터 하나하나가 데이터의 객체로 구분될 수 있는 데이터이다. 페이스북, 트위터, 영상, 이미지, 음성, 텍스트 등이 이에 속하며 소셜 네트워크 서비스의 확산으로 최근 비정형 데이터가 늘어나고 있다.

- 구조가 일정하지 않은 데이터로서 규격화된 데이터 필드에 저장되지 않는 데이터라고 할 수 있다.

ⓓ 데이터 유형별 주요 특징을 요약하면 다음과 같다.

〈표 1-55〉 데이터 유형별 특징

구 분	특 징
정형 데이터 (Structured Data)	• 통계적 분석을 수행할 수 있는 테이블 형태로 정리된 데이터 • 관계형 데이터베이스 시스템의 테이블과 같이 고정된 컬럼에 저장되는 데이터와 파일 • 지정된 행과 열에 의해 데이터의 속성이 구별되는 스프레드시트 형태의 데이터 • 데이터의 스키마 지원 예 RDBMS의 테이블, 스프레드시트
반정형 데이터 (Semi-structured Data)	• 일반적으로 규칙화된 형식을 갖지 않는 웹문서, 신문 등과 같은 데이터 • 데이터 내부에 정형 데이터의 스키마에 해당되는 메타 데이터를 가지고 있으며, 보통 파일 형태로 저장 • 데이터 내부의 규칙성을 파악해 데이터를 파싱할 수 있는 파싱 규칙을 적용 • 데이터 구조는 일관성이 없으므로 테이블의 형식에도 샘플들의 속성 순서가 모두 다를 수 있음 예 HTML, XML, JSON, 웹로그, IoT센서 데이터 • HTML : 웹페이지를 위해 고안된 언어, 링크, 인용 등을 이용한 구조적 문서 작성 방법 • XML : 웹페이지를 만드는 HTML을 개선하여 만든 언어로 SGML(Standard Generalized Markup Language) 형식을 따름 • JSON : 웹상에서 자료를 주고받을 때 사람이 읽을 수 있는 데이터 포맷으로 자바스크립트의 구문 형식 준수
비정형 데이터 (Unstructured Data)	• 특별한 형식을 가지지 않는 텍스트, 이미지, 오디오와 같은 원시 데이터 • 데이터세트가 아닌 하나의 데이터가 수집 데이터로 객체화되어 있음 • 형태와 구조가 복잡하여 기존의 데이터베이스에 저장할 수 없음 • 대량의 텍스트, 이미지와 같은 것에서 패턴을 발견하기 위해 분석 • 그대로 분석될 수 없고 정형 데이터로 변환되어 분석 수행 • 텍스트 : 단어들의 빈도를 표현, 텍스트 덩어리를 정형 데이터로 변환한 뒤 텍스트 분석 • 이미지 : 한 픽셀마다 수치로 변환하는 과정 수행, 딥러닝 기반의 CNN(Convolutional Neural Network)을 주로 사용 예 텍스트 데이터, 이미지, 동영상

ⓔ 데이터 유형별로 데이터 수집의 난이도와 잠재적 가치 측면에서 비교하면 다음과 같다.

〈표 1-56〉 데이터 유형별 수집 난이도 및 가치

구 분	정 형	반정형	비정형
수집 난이도	• 주로 내부시스템으로 수집 용이 • 파일 형태의 스프레드시트라도 내부에 형식을 가지고 있어 처리 용이 • 난이도 : 하	• 보통 API 형태로 제공되므로 데이디 처리 기술 요구 • 난이도 : 중	• 텍스트 마이닝 또는 파일일 경우 파일을 데이터 형태로 파싱해야 하므로 데이터 처리가 어려움 • 난이도 : 상
처리 구조	• CRUD(Create, Read, Update, Delete) 특징을 가지는 일반적 구조 • 난이도 : 하	• 데이터 메타구조를 해석해 정형 데이터 형태로 변환할 수 있는 구조로 수정 • 난이도 : 중	• 텍스트나 파일을 파싱해 메타구조의 데이터세트 형태로 변환한 후 성형 데이터 구조로 다시 변환할 수 있는 구조로 수정 • 난이도 : 상
잠재적 가치	• 활용측면에서 잠재적 가치는 상대적으로 낮음 • 가치 : 보통	• 데이터 제공자가 제공하는 데이터로 정형 데이터보다 가치가 높음 • 가치 : 높음	• 수집주체에 의한 수집이 가능한 경우 가장 높은 가치를 가짐 • 가치 : 매우 높음

ⓐ 다음은 수집된 데이터의 대표적인 예이다.

정형 데이터　　　　　반정형 데이터　　　　　비정형 데이터

[정형, 반정형, 비정형 데이터의 예]

◎ 여러 유형의 자료가 결합된 패널 데이터(Panel Data)란 동일한 개체(예 사람, 기업, 국가 등)에 대해 여러 시점에서 반복적으로 관찰한 데이터로서 시간에 따른 변화를 분석할 수 있어 종단 데이터라고도 한다. 종단면 데이터(Longitudinal Data)는 동일한 개체에 대해 시간에 따라 반복적으로 수집된 데이터이다. 반면, 횡단면 데이터(Cross-sectional Data)는 단일 시점에서 여러 개체의 정보를 수집한 데이터로서 시간의 경과에 따른 변화보다는 시점별의 차이를 분석하는 데 중점을 둔다.

② 데이터 측정
  ㉠ 데이터 속성을 파악하기 전에 표본추출을 통해 얻은 자료들을 데이터로 만들기 위해서는 자료 측정을 수행한다.
  ㉡ 측정(Measurement, 일정한 규칙에 따라서 사물 또는 현상에 숫자를 부여하는 행위로서 추상적 개념을 경험적으로 관찰 가능한 것으로 바꾸는 과정)이란 관심 있는 대상을 데이터 분석 목적에 맞게 데이터화하는 것이다.
  ㉢ 수학적 관점에서, 측정은 대상의 특정한 속성을 숫자 또는 기호로 표시하는 작업이고, 이 경우 관계를 부여하기 위해 사용되는 규칙을 척도라고 한다.
  ㉣ 예를 들어, 종이책의 두께를 재는 일은 종이책이라는 대상의 두께라는 속성을 눈금자라는 도구를 이용해 밀리미터(mm)라는 척도로 숫자를 부여하는 것이다.
  ㉤ 물리적인 측면에서의 측정뿐만 아니라, 종이책의 표지 색을 단어로 기술하는 추상적인 행위도 측정이라고 볼 수 있다.
  ㉥ 측정을 통해서 대상의 특정 속성과 연관된 값을 데이터의 속성값이라고 정의한다.

③ 데이터 속성
  ㉠ 정형, 반정형, 비정형 데이터는 조사 후, 각각의 변수에 기록하기 위해서 크게 계량적 변수(Quantitative Variable, 정량 데이터)와 비계량적 변수(Qualitative Variable, 정성 데이터)로 구분한다.
  ㉡ 계량적 변수는 수치로 측정할 수 있는 데이터를 저장하고, 수치로 측정할 수 없는 데이터는 비계량적 변수에 저장된다.

ⓒ 예를 들어, 기업의 연간 이익, 매출액, 연령 등은 계량적 변수이며 성별, 출신지, 의견, 만족도 등은 비계량적 변수들이다.

ⓔ 계량적 변수는 매출액이나 생산량처럼 연속적인 모든 값을 가질 수 있는 연속적 변수(Continuous Variable)와 연령, 인원수, 판매 횟수처럼 정수값만을 가지는 이산적 변수(Discrete Variable)가 있다.

④ 데이터 측정 척도

ⓐ 계량적 변수는 비율 척도로 측정하며 간혹 등간 척도가 이용된다.

ⓑ 수치로 측정할 수 없는 비계량적 변수를 측정하는 방법에는 명목 척도, 서열 척도, 등간 척도의 세 가지 방법이 있다.

ⓒ 따라서 변수를 측정하는 척도는 명목, 서열, 등간, 비율 척도의 네 가지로 정의된다.

- 명목 척도(Nominal Scale) : 관측대상을 범주로 나누어 분류한 후 이에 따라 기호나 숫자를 부여하는 방법이다. 예를 들어, 자동차 색깔을 분류하여 각 자동차에 R, G, B, W, Y 등의 부호를 매기는 방법이다. 또, 남녀간의 분류를 0과 1로 한다든가 해서 숫자를 사용할 때도 있는데, 이 경우에도 숫자의 양적인 의미는 없고 데이터가 가진 속성만을 상징적으로 구분한다. 대표적으로 직업의 구분, 출신국가 분류, 고객의 구분, 주택보유 여부 등을 나타낼 때 명목 척도를 사용한다.

- 서열 척도(Ordinal Scale) : 비계량적인 변수를 관측하기 위하여 여러 관측 대상을 적당한 기준에 따라 상대적으로 비교하여 순위를 매겨서 관측하는 방법이다. 예를 들어 네 가지 맥주에 대한 선호도를 나타내는 경우 소비자들에게 1, 2, 3, 4위의 순서를 매기도록 할 때 사용된다. 이 경우 순서만 의미가 있을 뿐, 수치의 크기나 차이는 의미가 없다. 즉, 가장 좋아하는 맥주가 2위로 좋아하는 맥주보다 2배만큼 좋다는 해석은 할 수 없다.

- 등간 척도(Interval Scale) : 주로 비계량적인 변수를 정량적인 방법으로 측정하기 위하여 사용된다. 서열 척도는 여러 대상을 같이 놓고 이들을 상대적으로 평가하는 방법인데 반해, 등간 척도는 각각의 대상을 따로따로 평가하는 방법이다. 비계량적 변수의 경우 수치적으로는 평가하기 어려우므로 상, 중, 하 등으로 평가기준을 나누어 측정한다. 가장 많이 사용되는 방법은 3점 척도와 5점 척도가 있다. 3점 척도는 (상, 중, 하), (지지함, 모름, 반대함), (선호함, 보통, 싫어함) 등이며, 5점 척도는 (상, 중상, 중, 중하, 하), (강력지지, 지지, 모름, 반대, 강력반대), (매우선호, 선호, 보통, 싫어함, 매우 싫어함) 등으로 구분하여 측정한다. 보통 비계량적 변수를 측정한 경우 등간 척도는 계량적으로 측정한 데이터로 취급한다. 계량적 변수의 경우에도 등간 척도를 사용하는 경우가 있다. 예를 들어 온도 데이터가 대표적이며, 섭씨 20도가 섭씨 10도보다 두 배로 덥다고 할 수는 없으나, 20도와 10도의 차이는 30도와 20도의 차이와 같다고 할 수 있다.

- 비율 척도(Ratio Scale) : 금액, 거리, 무게, 시간 등을 통계학에서 주로 다루는 많은 데이터들이 비율 척도에 속한다. 이 경우 평균금액, 평균거리 등 평균치가 의미 있으며, 금액의 비율, 무게의 비율 등도 의미가 있다.

⑤ 데이터 측정 척도의 특징을 요약하면 다음과 같다.

〈표 1-57〉 데이터 측정 척도의 특징

척 도	속 성	사용 예	특 성
명목 (Nominal)	• 범주형 : 측정대상이 어느 집단에 속하는지 분류 • 단순히 집단의 분류를 목적으로 사용된 척도	• 질적 속성 • 성별(남,여) • 고객구분(신규, 기존, 휴면, 이탈) • 이메일 주소 • 인터넷 계정 • 옷 색깔	같다(=) 다르다(≠) 그 외 모든 연산 불가
서열 (Ordinal)	• 순서형 : 측정 대상이 서열관계를 갖는 척도, 선택사항이 일정한 순서인 경우 • 순서 척도 : 측정 대상 사이의 대소 관계를 나타냄	• 고객등급(A, B, C) • 순위(1, 2, 3등) • 직 급 • 영화 평점 • 선호도	같다(=) 다르다(≠) 작다(<), 크다(>) 그 외 모든 연산 불가
등간 (Interval)	• 상대적 크기 : 측정 대상이 갖고 있는 속성의 양 측정, 결과는 숫자로 표현 • 구간 척도 : 서열과 의미 있는 차이를 가지는 척도	• 온 도 • 지능 지수	가감(+,−) 연산 가능
비율 (Ratio)	• 절대영점 존재 : 절대적인 영점 존재, 두 측정값의 비율이 의미가 있음 • 구간 척도의 성질을 가지면서 척도 간의 비(Ratio)도 의미가 있음	• 몸무게 • 매출액 • 질 량 • 나 이 • 개 수 • 길 이	사칙연산 가능

㉠ 등간(구간) 척도와 비율 척도의 개념이 혼동될 수 있는데, 속성값들을 연산했을 때 그 결과가 의미 없으면 등간 척도이고, 의미가 있다면 비율 척도이다.

㉡ 예를 들어, 등간 척도인 온도에서 '10도+10도=20도'이지만 20도가 10도를 두 번 더한 것보다 더 뜨겁거나 따뜻한 것이 아니므로 덧셈은 그 의미가 없다.

㉢ 반면, 비율 척도에서는 300g×2 = 600g은 실제로(상대적으로) 질량이 2배만큼 큰 질량을 나타낸다.

⑥ 데이터의 존재 및 목적론적 특성

㉠ 데이터를 존재론적 특성, 목적론적 특성, 데이터 수집 활동에서의 특성으로 구분하여 설명하면 다음과 같다.

㉡ 데이터의 존재론적 특성으로 보면, 비계량적 데이터(Qualitative Data, 정성적, 질적 자료)와 계량적 데이터(Quantitative Data, 정량적, 양적 자료)로 구분된다. 여기서 비계량적 정성 데이터(주로 비정형 데이터)는 데이터 자체가 하나의 텍스트를 이루고 있어 데이터 하나하나가 함축된 정보를 가진다. 반면, 계량 또는 정량적 데이터(주로 정형·반정형 데이터)는 여러 속성이 모여 하나의 객체를 형성하고 각 속성은 속성 하나 혹은 여러 개의 속성이 결합해 측정이나 설명이 가능하도록 구성된다. 데이터의 존재론적 특성으로 구분된 계량 데이터와 비계량 데이터의 주요 특성을 비교하면 다음과 같다.

〈표 1-58〉 정성 및 정량 데이터의 비교(데이터의 존재론적 특성)

구 분	정성 데이터(비계량)	정량 데이터(계량)
형 태	비정형 데이터	정형·반정형 데이터
특 징	각 객체에 함의 정보 포함	속성이 모여 객체 구성

구 성	언어, 문자 등으로 구성	수치, 도형, 기호 등으로 구성
소스 위치	외부 시스템(SNS 등)	내부 시스템(DBMS 등)
저장 형태	파일, 웹	데이터베이스, 스프레드시트

ⓒ 데이터의 목적론적 특징으로 보면, 인식체계에서 어떤 사실에 대해 데이터라고 인식하게 되는 객체가 갖고 있는 인식주체에게 필요한 존재 목적이다. 즉, 하나의 서비스 혹은 활용(데이터 분석)을 위해 데이터가 존재하고 있다는 인식에서부터 출발하며, 인식의 주체가 데이터에서 목적에 맞는 특성을 찾아낸다. 이 경우 인식주체의 관점에 따라 여러 종류의 데이터로 인식될 수 있으며, 이 과정에서 원본 데이터의 속성 분리, 다른 데이터와의 병합 등이 발생해 새로운 데이터 객체가 생성되기도 한다.

ⓔ 데이터 수집 활동에서의 데이터 특성을 요약하면, 데이터 재생산으로 평가된다. 데이터 재생산은 원본 데이터(Raw Data)를 탐색·수집·정제·저장하는 과정을 거쳐 새로운 데이터를 생산하는 것을 의미한다. 따라서 데이터 수집 활동 과정에서의 원본 데이터는 재생산 과정을 거쳐 가역적 데이터(생산된 데이터 원본으로의 일정 수준 환원이 가능)와 불가역적 데이터(생산된 데이터의 원본으로 환원이 불가능한 데이터)로 구분할 수 있다.

⑦ 처리 방식의 변화에 따른 빅데이터의 특징

㉠ 빅데이터는 3V(Volume, Variety, Velocity) 또는 5V(Volume, Variety, Velocity, Value, Veracity)의 특성을 갖는다.

㉡ 규모(Volume)는 컴퓨터·정보통신 및 ICT 기술의 발전으로 디지털 정보량이 기하급수적으로 증가하고 있으며, 다양성(Variety)은 텍스트 외의 멀티미디어(Log, SNS, GPS 위치정보 등 데이터의 다양성 증가) 등 비정형 데이터의 유형 증가, 속도(Velocity)는 실시간 정보 및 데이터 생성·유통 속도의 증가, 데이터 처리 및 분석 속도의 중요성 증가를 나타낸다.

㉢ 가치(Value)는 빅데이터 분석을 통한 기업 문제 해결 등 가치 창출에 기여하는 특성이며, 정확성(Veracity)은 방대한 데이터를 기반으로 질 높은 데이터를 활용한 정확한 분석 수행을 요구하는 특성(신뢰성)을 설명한다.

㉣ 기존의 데이터 처리 방식과 달리 최근 빅데이터 처리 방식의 큰 특징을 데이터 트래픽, 데이터 유형 및 처리 프로세스 및 기술 측면으로 비교하면 다음과 같다.

〈표 1-59〉 처리 방식의 변화에 따른 빅데이터의 특징

구 분	기존 처리 방식	빅데이터 처리 방식
트래픽	테라바이트(Terabyte, TB) 수준	• 페타바이트(Petabyte, PB) 수준 • 장기간의 정보 수집 및 분석 요구 • 방대한 데이터 처리량
데이터 유형	주로 정형 데이터	• 비정형 데이터 비중 증가 • SNS, Log 파일, 클릭 스트림 등이 비정형 데이터 증가 • 데이터 처리의 복잡성 증가
프로세스 및 기술	• 단순한 프로세스 및 기술 • 정형화된 처리 분석 • 원인에 따른 결과의 규모 중심	• 다양한 데이터 소스 • 복잡한 데이터 처리 로직 • 분산처리 기술의 요구 • 새로운 데이터 처리 방법 요구 • 상관관계 규명의 요구 • Hadoop, R, NoSQL 등 개방형 소프트웨어 활용 증대

확인 문제 | **데이터 구조**

다음 데이터 구조에 대한 설명으로 옳지 않은 것은?

① 정형 데이터에는 관계형 데이터베이스 시스템의 테이블과 같이 고정된 컬럼에 저장되는 데이터와 스프레드시트 형태의 데이터 등이 포함된다.
② 반정형 데이터는 내부에 데이터 구조에 대한 메타 정보를 갖고 있는 데이터이다.
③ 비정형 데이터는 비구조화 데이터라고 할 수 있으며 연산이 불가능한 데이터를 의미한다.
④ 반정형 데이터에는 페이스북, 트위터, 영상, 이미지, 음성, 텍스트 등이 속한다.

풀이 비정형 데이터는 비구조화 데이터라고 할 수 있으며 연산이 불가능한 데이터를 의미한다. 수집 데이터가 데이터의 객체로 구분될 수 있는 데이터이면서 페이스북, 트위터, 영상, 이미지, 음성, 텍스트 등이 이에 속한다. 구조가 일정하지 않은 데이터로서 규격화된 데이터 필드에 저장되지 않는 데이터라고 할 수 있다.

정답 ④

확인 문제 | **빅데이터의 유형**

다음 설명으로 적합한 데이터 유형은 무엇인가?

> 특별한 형식을 가지지 않는 텍스트, 이미지, 오디오와 같은 원시 데이터로서, 데이터세트가 아닌 하나의 데이터가 수집 데이터로 객체화되어 있다. 일반적으로 형태와 구조가 복잡하여 기존의 데이터베이스에 저장될 수 없으며, 대량의 텍스트, 이미지로부터 패턴을 발견하기 위해 분석되기도 한다.

① 정형 데이터　　　　　　　　② 반정형 데이터
③ 비정형 데이터　　　　　　　④ 미정형 데이터

풀이 비정형 데이터에 대한 설명이다. 비정형 데이터는 특별한 형식을 가지지 않는 텍스트, 이미지, 오디오 등과 같은 원시 데이터를 포함한다.

정답 ③

확인 문제 — 데이터의 속성과 속성값

다음 (　　)에 적합한 용어는 무엇인가?

> 종이책의 두께를 재는 일은 종이책이라는 대상의 두께라는 속성을 눈금자라는 도구를 이용해 mm라는 척도로 숫자를 부여하는 것이다. 또 물리적인 측면에서의 측정뿐만 아니라, 종이책의 표지 색을 단어로 기술하는 추상적인 행위도 측정으로 볼 수 있다. 그리고 이러한 측정을 통해서 대상의 특정 속성과 연관된 값을 데이터의 (　　)(이)라고 정의한다.

① 속 성　　② 속성값　　③ 표본추출　　④ 척 도

풀이 속성값에 대한 설명이다. 측정을 통해서 대상의 특정 속성과 연관된 값을 데이터의 속성값이라 한다. 측정은 대상의 특정한 속성을 숫자 또는 기호로 표시하는 작업을 의미하고, 상호 관계를 부여하기 위해 사용되는 규칙을 척도라고 한다.

정답 ②

확인 문제 — 데이터 측정 척도

전 세계 100대 기업의 연간 순 매출액을 '달러' 단위로 조사하고자 할 때 사용되는 척도로 가장 바람직한 것은?

① 명목 척도(Nominal Scale)
② 서열 척도(Ordinal Scale)
③ 등간 척도(Interval Scale)
④ 비율 척도(Ratio Scale)

풀이 순 매출 금액으로 절대 영점(0달러는 금액이 없다는 의미로 사용)이 존재하므로 비율 척도(Ratio Scale)를 사용한다.

정답 ④

(3) 데이터 변환

① 데이터 변환의 이해
- ㉠ 데이터 변환 전에 데이터 분류 작업이 이루어진다. 데이터 분류란, 데이터를 분석하고자 하는 분석자가 설정한 기준을 만족하는 데이터와 만족하지 않는 데이터로 나누는 작업을 의미한다. 분석하고자 하는 데이터에서 분석자가 원하는 데이터를 추출하고 이를 이용해서 데이터를 변환하고 분석하게 된다.
- ㉡ 데이터 변환은 데이터의 특정 변수를 정해진 법칙에 따라 바꿔주는 것을 의미한다.
- ㉢ 예를 들어, 설문조사 시 '나이에 대한 조사 문항에서 당신의 나이는 얼마입니까?'라고 개방형 질문으로 질문했을 때 조사된 자료를 통계 분석을 위해서 폐쇄형으로 변형해야 한다면 나이가 20~29인 경우 20대로, 30~39인 경우 30대로, 40~49인 경우 40대로 바꾸는 작업을 해야 하고, 이러한 데이터 변환을 통해서 목적에 맞도록 분석이 이루어져야 한다.
- ㉣ 데이터 분석목적에 따라 데이터를 변환시켜 주는 것이 데이터 처리·분석에 효율적이다.
- ㉤ 데이터들에 대한 유형을 정형, 반정형, 비정형 등의 유형 또는 연속형(계량형)·범주형(비계량형) 등으로 구분하여 기록하고 기록된 데이터 유형 정보를 토대로 데이터 변환 여부를 결정한다.
- ㉥ 일반적인 측정 데이터 변환 방법은 표준화, 정규분포화, 개수 축소, 범주화, 차원축소, 시그널 데이터 압축 등이 있다.
- ㉦ 가장 많이 사용되는 표준화 방법은 표준정규분포의 특성을 이용하며, 비교 집단 사이의 평균과 표준편차가 다르거나, 측정 척도가 서로 다른 경우, 변수간 직접적인 비교가 불가능한 경우 등에 사용되어, 집단 간의 측정 변수들에 대한 값의 차이를 서로 비교할 때 용이하다.

② 데이터 변환 방법
- ㉠ 대표적으로 표준화(변수변환), 개수축소(총계), 범주화(평활) 기법을 설명하면 다음과 같다.
- ㉡ 대표적인 표준화 기법 중 하나인, 변수변환(Variable Transformation)은 변숫값을 x라고 할 때, $y=f(x)$의 함수를 이용해 변숫값을 일괄 적용하여 새로운 변수를 생성하는 방법이다. 함숫값을 이용해서 $y=f(x)$의 형태로 데이터를 변형할 수 있으며 이러한 함수를 이용해서 변환하면 새로운 변수가 만들어진다. 변수변환은 분석하고자 하는 분석 기법에 따라서 분포의 가정을 만족하지 않는 경우에 대체로 수행된다.
- ㉢ 개수축소를 위한 총계(Aggregation) 방법에서는 두 개 이상의 샘플을 하나의 샘플로 합산하여 데이터를 변환한다.
- ㉣ 평활(Smoothing) 범주화 방법은 데이터 집합에 존재하는 잡음으로 인해 거칠게 분포된 데이터를 매끄럽게 만드는 기법으로서 구간화(Binning), 군집화(Clustering) 등이 사용된다. 아래는 구간 너비를 작게 해서 히스토그램을 표현하는 구간화 방법(Binning)의 적용 예이다.

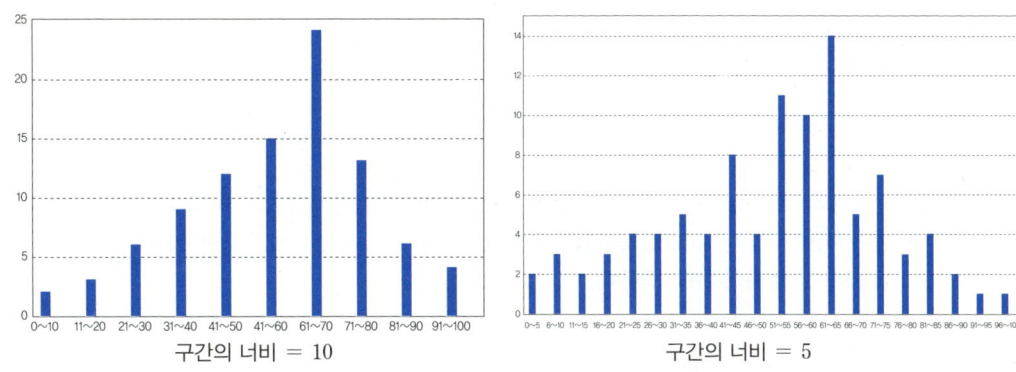

[구간화 방법을 이용한 평활 기법 적용]

③ 일반적으로 비정형 데이터의 경우 정형 데이터로 변환하여 분석하는데 예를 들어, 텍스트의 경우 단어들의 빈도를 표현하는 방법을 이용해서 텍스트를 정형 데이터로 변환한 뒤, 분석을 수행하고 이미지의 경우는 각각의 픽셀마다 수치로 변환하는 과정을 거쳐서 이미지 분석을 수행한다.

④ 데이터 유형별 데이터 변환 및 저장

　㉠ 정형 데이터 : 정형 데이터 변환의 절차는 수집 대상을 확인하고 데이터의 속성을 파악하여 DBMS 구축을 결정한다.

　㉡ 반정형 데이터 : 수집 데이터가 반정형 데이터인 경우 수집 데이터 처리 방식을 결정하고 변환을 시도한다.

　㉢ 비정형 데이터 : 수집 데이터가 이미지, 동영상 등의 비정형 데이터일 때 수집 데이터 저장을 결정해야 한다.

⑤ 데이터 변환과 데이터베이스 구축

　㉠ 수집된 데이터를 바로 하둡 파일 시스템에 저장해서 분석하기도 하지만, 일반적으로 Ruby, Python 등으로 데이터를 변환하여 저장하고 분석한다.

　㉡ 수집 데이터가 이미지, 동영상 등의 비정형 데이터일 때 수집 데이터 저장을 결정해야 한다. 데이터베이스 구축면으로 보면 수집 데이터를 저장할 데이터베이스를 결정하고, 선택한 DBMS를 설치한 후 필요한 데이터의 속성에 따라서 테이블 구조를 설계한다.

　㉢ 비정형 데이터나 반정형 데이터의 경우 필터링, 정제 등의 전처리나 평활화, 정규화, 일반화 등과 같은 후처리가 수행되기 전에 비정형 데이터를 구조적 형태로 전환하여 저장한다.

　㉣ 변환을 위해서 수집 데이터 속성 구조를 파악하고 데이터 수집 절차에 대한 수행 코드를 정의한다. 생성된 데이터베이스 테이블에 수집 데이터를 저장하는 프로그램을 작성하고 수행한다.

> **확인 문제** · **데이터 변환 방법**
>
> 다음 설명에 해당하는 데이터 변환 방법은 무엇인가?
>
> > 표준정규분포의 특성을 이용하며, 비교 집단 사이의 평균과 표준편차가 다르거나, 측정 척도가 서로 다른 경우 변수들 사이의 직접적인 비교가 불가능한 경우 등에 사용되어, 집단 간의 측정 변수들에 대한 값의 차이를 서로 비교할 때 용이하게 사용된다.
>
> ① 정규 분포화　　　　　　　　　② 표준화
> ③ 범주화　　　　　　　　　　　　④ 차원축소
>
> **풀이** 표준화 방법을 이용한 데이터 변환을 설명하고 있다. 표준화 방법을 이용한 데이터 변환을 수행하는 경우 서로 다른 통계 데이터들을 비교하기 용이하고, 어떤 변수를 어떤 표본에 대해 통계를 구하였는가에 따라 평균과 분산값은 제각각이기 때문에 서로 비교하기가 불편한 경우 사용된다. 표준정규분포로의 표준화의 경우 평균은 0, 분산과 표준편차는 1이 되므로 비교하기가 용이하다.
>
> **정답** ②

(4) 데이터 비식별화

① 데이터 비식별화는 개인을 식별할 수 있는 잠재성을 가진 데이터를 식별할 수 없거나 식별하기 어려운 데이터로 가공하는 일련의 과정이다.

② 즉, 데이터에 포함된 개인정보를 삭제하거나 다른 정보로 대체하여 데이터 내에서 특정 개인을 식별하지 못하게 하기 위해 데이터 비식별화를 수행한다.

③ 데이터 비식별화는 SNS와 같은 개인정보를 포함하고 있는 데이터에 대한 분석이 증가하면서 그 중요성이 대두되고 있다. 미국 연방거래위원회에서는 다음과 같은 세 가지 비식별화 조치사항을 명시하고 있다.

　㉠ 다른 사람(소비자), 컴퓨터 또는 다른 장치와 결합할 수 있는 개인정보는 반드시 비식별화되어야 한다.

　㉡ 공개된 정보에 대해서는 재식별화를 시도하지 않아야 한다.

　㉢ 타 기업 등에 비식별화된 데이터 제공 시 데이터를 재식별화하지 않도록 계약상 명문화하도록 한다.

④ 유럽 연합에서는 GDPR(General Data Protection Regulation) 규제를 통해 개인정보의 활용 범위와 데이터 비식별화를 통한 개인정보보호 방안을 제시하고 있다.

　㉠ 유럽 연합 일반 데이터 보호 규제(GDPR)는 유럽 연합의 법으로서 유럽 연합에 속해있거나 유럽경제지역에 속해있는 모든 사람들의 사생활 보호와 개인정보들을 보호해 준다.

　㉡ 이 법은 유럽연합과 유럽경제지역 이외 지역의 개인정보의 침해 또한 적용이 가능하다.

　㉢ GDPR의 목표는 개인정보를 쓸 수 있게 하며 유럽 내 보안관련 제도들을 통합시킴으로써 규제력이 짙은 국제 비즈니스 환경을 단순화하는 것이다.

　㉣ 정보보호 이행지침을 대체하는 이 규제는 유럽경제지역 내 개인정보와 관련한 사건들을 처리하며, 그 기업의 위치나 정보주체의 시민의식과는 상관없이 유럽경제지역 내 설립된 기업 또는 경제지역 내 정보주체의 개인정보 처리에 적용된다.

⑤ 개인정보 데이터 비식별화 절차
  ㉠ 개인정보보호 가이드라인에는 개인정보를 비식별 조치하여 이용 또는 제공하려는 사업자 등이 준수하여야 할 조치 기준을 제시한다.
  ㉡ 개인정보 비식별화는 다음과 같이 네 단계로 이루어진다.

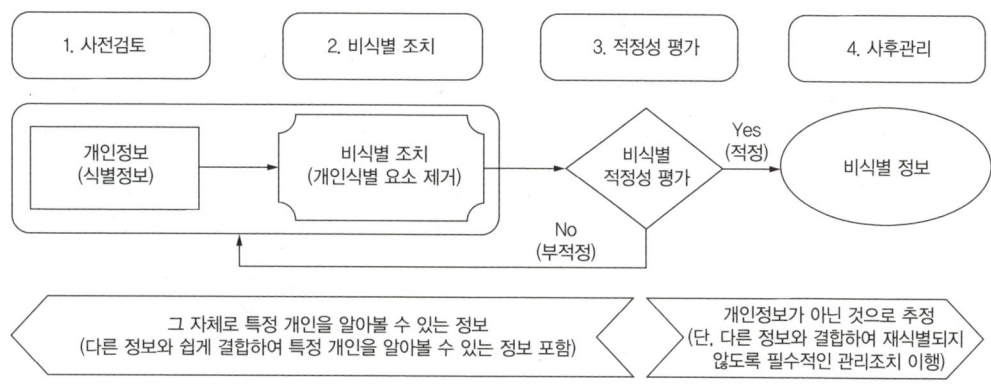

[개인정보 비식별화 절차]

- 사전검토 : 개인정보에 해당되는지의 여부 검토 후, 개인정보가 아닌 것이 명백한 경우 법적 규제 없이 자유롭게 활용
- 비식별 조치 : 정보집합물(데이터 Set)에서 개인을 식별할 수 있는 요소를 전부 또는 일부 삭제하거나 대체하는 등의 방법 활용, 개인을 알아볼 수 없도록 하는 조치
- 적정성 평가 : 다른 정보와 쉽게 결합하여 개인을 식별할 수 있는지를 비식별 조치, 적정성 평가단(또는 평가위원)을 통해 평가
- 사후관리 : 비식별 정보 안전조치, 재식별 가능성 모니터링 등 비식별 정보 활용 과정에서 재식별 방지를 위해 필요한 조치 수행

⑥ 데이터 비식별화를 위하여 다음과 같이 가명 및 총계 처리, 값 제거, 범주화, 마스킹 기법을 이용한다.

〈표 1-60〉 데이터 비식별화 방법

구 분	비식별화 방법
가명처리 (Pseudonymization)	식별 가능한 값을 다른 값으로 대체 예 김칫국, 38세, 평택 거주 → 홍길동, 38세, 평택 거주
총계처리 (Aggregation)	데이터값을 모두 더해주거나 평균 사용 예 A직원 연봉 4,500만, B직원 연봉 5,200만, C직원 연봉 4,600만 → 평균 연봉 4,766만
데이터값 제거 (Reduction)	식별 가능한 값 제거 예 김칫국, 38세, 평택 거주 → 38세 남, 평택 거주
범주화 (Suppression)	명확한 값을 대체하기 위하여 데이터값을 범주화 함 예 김칫국, 38세, 평택 거주 → 김칫국, 30대, 경기도 거주
데이터 마스킹 (Data Masking)	식별 가능한 값이 보이지 않도록 처리 예 김칫국, 38세, 평택 거주 → 김**, 38세, 평택 거주

⑦ 특히 의료 정보 데이터와 같은 민감 데이터의 경우 K－익명성, L－다양성, T－근접성의 데이터 비식별 조치를 취해야 한다.
　㉠ K－익명성 : 한 개인이 (K－L) 명의 다른 사람의 데이터(Record)와 구별되지 않아야 한다.
　㉡ L－다양성 : 각 데이터 블록이 적어도 1개의 다양한 민감정보를 가지고 있어야 한다. 여기서 블록은 데이터에서 민감하지 않은 속성값이 동일한 Record 집합을 의미한다.
　㉢ T－근접성 : 데이터 집합에서 구별되지 않은 Record들의 민감한 정보의 분포와, 전체 데이터의 민감한 정보의 분포의 차이를 T 이하로 만들어 데이터를 보호하여야 한다.
　㉣ 데이터 섭동(Perturbation, 攝動) 작업에서는 노이즈 데이터를 추가하여 비식별화 조치를 함으로써 개인정보를 보호하며, 데이터 섭동 작업을 통해 데이터에 노이즈(방해 요소)를 추가해 민감정보를 비식별화하는 방법을 데이터 차등 프라이버시(또는 차등 정보보호, Differential Privacy) 기술이라고 한다.

확인 문제　개인정보 비식별화 절차

개인정보 비식별화 조치의 절차로 옳은 것은?

① 적정성 평가 → 개인정보 사전검토 → 비식별 조치 → 사후관리
② 개인정보 사전검토 → 비식별 조치 → 적정성 평가 → 사후관리
③ 개인정보 사전검토 → 적정성 평가 → 비식별 조치 → 사후관리
④ 적정성 평가 → 비식별 조치 → 개인정보 사전검토 → 사후관리

풀이 개인정보보호 가이드라인에서 정의하고 있는 개인정보 비식별화는 개인정보 사전검토, 비식별 조치, 적정성 평가, 사후관리의 단계로 이루어진다.

정답 ②

---

(5) 데이터 품질검증

① 데이터 품질 및 품질검증
　㉠ 데이터 품질이란 데이터 분석의 목적을 달성하고, 최종 사용자의 기대를 만족시키기 위해 데이터가 확보하고 있어야 할 성질이다.
　㉡ 데이터 품질점검 항목
　　• 분석목표정의서 확정 단계에서 조사된 데이터 조사목록(원시 데이터 구성 목록)을 바탕으로 해당 데이터를 어떠한 목적의 관점으로 사용 가능한지에 대해 요약정보를 구성한다.
　　• 대상 시스템별로 다수의 데이터 테이블이 존재하고 있지만, 전체적인 관점에서 살펴보면 정보의 중복성이 있을 수 있다. 따라서 사전에 필요한 데이터에 대한 정보를 요약하고, 이를 통해 원시 데이터 구성을 위한 데이터 탐색 시간을 줄이고 효율적인 데이터 선별·저장이 가능하다.
　　• 데이터 탐색 단계 이전에 대상 원시 데이터들에 대한 분량과 품질 수준 점검 후, 정리하면 데이터 분석가들이 가설을 수립할 때 많은 도움을 줄 수 있다. 주요 데이터 품질점검 항목은 다음과 같다.

〈표 1-61〉 데이터 품질점검 항목

구 분	점검 내용
데이터 분량	• 테이블 내 필요 칼럼별 확인 • 칼럼별 데이터 축적 기간 및 분량
데이터 완전성	• 데이터 내 필요한 대상과 속성을 포함하는지 확인 • 데이터 누락 또는 결측값의 비율 확인
데이터 일관성	• 데이터 속성 간 관계 • 데이터 상·하위 간 관계에서의 값의 일치 • 데이터 유형과 값의 일치
데이터 정확성	데이터의 편향(Bias)과 분산

- 분석대상이 되는 데이터 품질은 크게 분량, 완전성, 일관성, 정확성의 네 가지 측면에서 점검되며, 데이터의 정확성 점검 시 데이터의 편향이 큰 경우는 측정값이 지속적인 영향을 받는 경우로 판단되고, 분산이 큰 경우는 표본의 대표성이 낮을 수 있다는 가능성을 고려한다.
ⓒ 데이터 품질검증은 데이터 품질검증 계획을 수립하고, 품질검증 지표를 선정하여 품질검증 활동을 함으로써 분석목적에 적합한 품질의 데이터를 이용하여 최상의 분석결과를 얻도록 하는 데 그 목적이 있다.
㉣ 분석대상 시스템에서 수집된 데이터는 아래 그림과 같이 먼저 데이터 품질을 검증하고 데이터 무결성과 개인정보보호를 위한 데이터 비식별화 조치를 반드시 수행하여야 한다.

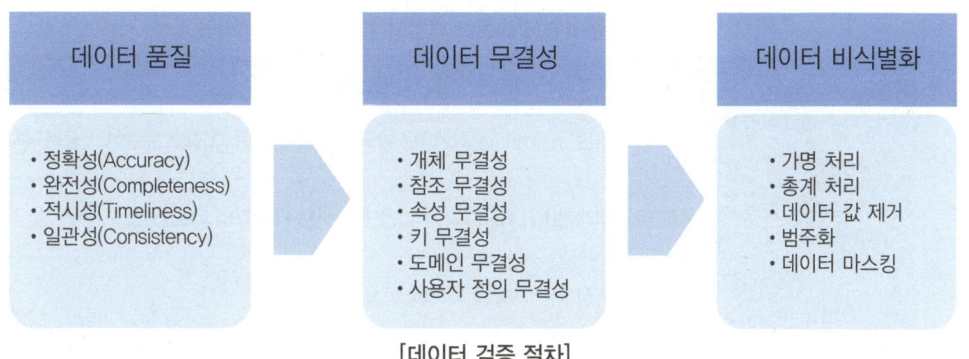

[데이터 검증 절차]

㉤ 데이터의 품질관리는 '비즈니스 목표에 부합한 데이터 분석을 위해 가치성, 정확성, 유용성 있는 데이터를 확보하고, 신뢰성 있는 데이터를 유지하는 데 필요한 관리 활동'이다.
㉥ 데이터 품질관리는 분석결과의 신뢰성을 확보하는 데 중요하며, 빅데이터의 특성을 반영하여 데이터 품질관리 체계를 구축하여 효과적인 분석결과를 도출할 수 있도록 노력하여야 한다.
㉦ 빅데이터 품질관리의 중요성을 네 가지로 요약하면 다음과 같다.
- 데이터 분석결과의 신뢰성 확보 : 분석 품질을 좌우하는 것은 데이터 품질에 기인
- 일원화된 프로세스 : 업무 처리, 데이터 관리의 효율성 도모
- 데이터 활용도 향상 : 고품질의 데이터 확보로 데이터 이용률 향상
- 양질의 데이터 확보 : 불필요한 데이터 제거를 통한 고품질 데이터 준비도 향상

◎ 데이터 품질관리의 네 가지 주요 요소는 다음과 같이 정확성(분석대상에 대한 올바른 값 저장), 완전성(결측치 등의 오류가 없음), 적시성(유효한 시간 정보 포함), 일관성(일관된 속성, 규정, 포맷 및 형식 유지)이다.

〈표 1-62〉 데이터 품질관리 요소

구 분	관리 요소
정확성 (Accuracy)	데이터의 사용 목적별로 데이터 정확성의 기준을 다르게 적용. 예를 들어 전자상거래 사이트에서 고객의 Click Stream을 분석(메뉴의 선택·이동)하는 경우와 부정·사기의 탐지를 분석하는 경우 데이터 정확성에 대한 품질 기준을 서로 다르게 설정하여 적용함
완전성 (Completeness)	분석에 요구되는 데이터 식별 수준의 적용
적시성 (Timeliness)	소멸성이 높은 데이터에 대한 품질 기준. 예를 들어 Web Log, 트윗, 위치 데이터 등은 하루 중 특정 시간 동안에만 그 의미를 가짐
일관성 (Consistency)	사용 목적별로 데이터 수집 기준을 설정하여 일관성 유지

② 데이터 무결성 검증
  ㉠ 데이터 무결성(Data Integrity)이란 다수의 사용자가 데이터베이스에 접근하여 조회, 삽입, 삭제, 수정 등의 작업을 수행할 때 데이터가 불일치하지 않는 특성이다.
  ㉡ 데이터 무결성을 만족하기 위한 주요 요건은 다음과 같다.

〈표 1-63〉 데이터 무결성 품질검증 요건

구 분	무결성 요건
개체 무결성 (Entity Integrity)	기본키(Primary Key)는 반드시 값을 가지며 그 값은 유일하고 중복되지 않음
참조 무결성 (Referential Integrity)	외래키(Foreign Key) 값은 참조하는 테이블의 기본키 값 또는 빈 값 중 하나
속성 무결성 (Attribute Integrity)	속성값은 지정된 데이터 형식 만족
키 무결성 (Key Integrity)	하나의 테이블에 적어도 하나의 키 존재
도메인 무결성 (Domain Integrity)	속성값은 사전에 정의된 도메인 범위의 값
사용자 정의 무결성 (User-defined Integrity)	모든 데이터는 업무 규칙(Business Rules) 준수

③ 데이터 유형별 품질검증 방법
  ㉠ 수집 데이터에 대해 데이터 품질관리의 주요 요소를 점검하고 데이터 유형별로 별도의 품질관리 기준을 설정하여 검증한다.

ⓒ 데이터 유형별 데이터 검증 방법을 요약하면 다음과 같다.

〈표 1-64〉 데이터 유형별 품질검증 방법

데이터 유형	검증 방법
정형 데이터	• 테이블 목록 확인 : 테이블 목록과 원천 데이터 비교 • 테이블 속성 개수 : 테이블별 속성 개수와 원천 데이터 비교 • 파일의 개수 : 전체 파일의 개수와 원천 데이터 비교 • 파일의 크기 : 전체 파일의 크기와 원천 데이터 비교
반정형 데이터	• 구문 오류 : Meta 구조 구문에 대한 오류 검증(샘플링 방법 이용) • 데이터 파싱 : 파싱 프로그램을 통한 오류 검증(샘플링 방법 이용)
비정형 데이터	• 데이터 크기 : 데이터 크기(예 이미지)를 샘플링하여 비교 • 성공 및 실패 검증 : 수집 데이터의 성공 및 실패 여부 체크

④ 데이터 품질검증 및 진단 계획 수립
  ㉠ 빅데이터의 주요 특징(Volume, Variety, Velocity, Value, Veracity)을 고려하여 데이터 품질 검증·진단·관리 전략을 수립한다.
  ㉡ 그리고 데이터 품질 검증·진단·관리를 위하여 사전에 데이터 품질의 유형을 정립한다.
  ㉢ 데이터 품질 진단은 해당 조직이 운영·관리하고 있는 정보 시스템에 저장된 정형·비정형 데이터의 품질을 측정하여 현재 수준을 평가하고 품질 저하의 요인을 분석하여 개선 사항을 제안하는 절차를 의미한다.
  ㉣ 데이터 품질관리 업무는 기관이나 조직 내외부의 정보시스템 및 데이터베이스 사용자의 기대를 만족시키기 위해 지속적으로 수행하는 데이터 관리 및 개선 활동이다.
  ㉤ 한국데이터베이스진흥원에서 정의한 데이터 품질진단 계획의 수립 절차는 다음과 같다.

〈표 1-65〉 데이터 품질검증 및 진단 계획 수립

단 계	수행 작업
프로젝트 정의	데이터 품질진단 프로젝트의 목적, 배경, 목표, 추진방향, 업무 범위 등 정의
조직 정의 및 편성	• 데이터 품질진단 프로젝트를 수행할 전담 조직 구성 • 전사 데이터 관리 조직별 역할 및 책임 명시
품질진단 절차 정의	• 데이터 품질진단 수행 시 수행 방법론, 절차, 기법, 도구 정의 • 진단 수행 시의 품질진단 프로세스 정의
세부 시행 계획 확정	• 수립 방법론, 절차에 따른 인력, 기간, 자원, 산출물 정의 • 상세 계획 확정
품질기순 및 진단대상 정의	• 품질기순 선정, 진단대상 정의, 핵심 품질항목 선정 • 데이터 프로파일링, 업무 규칙 정의 • 체크 리스트 준비

  ㉥ 품질진단 계획 수립은 데이터 품질진단을 수행하기 위한 사전 준비 절차로서 품질기준·진단 대상을 정의할 때 데이터의 품질 유형 및 그 기준을 명확하게 제시한다.
  ㉦ 현재 운영하는 정보 시스템에 대하여 조직 내부의 담당자들이 인식하고 있는 정형·비정형 데이터의 품질 문제를 사전에 파악하여 조직의 품질관리 목표와 범위를 정의하고, 소요 비용, 인력·조직, 보유 소프트웨어, 장비 등을 분석하여 가용한 자원을 확보하고, 이를 토대로 세부 수행계획을 정립한다.

◎ 데이터 품질진단 및 개선은 "진단대상 정의(Define) → 품질진단 실시(Measure) → 진단결과 분석(Analyze) → 개선계획 수립(Improvement Plan) → 개선 수행(Implement) → 품질통제(Control)"의 6단계로 실시된다.

- 진단대상 정의(Define)는 진단대상을 선정하고 해당 데이터베이스가 요구되어지는 품질수준에 부합하는 상태인지를 판단하기 위한 품질진단을 위한 진단계획을 수립한다.
- 품질진단 실시(Measure)는 값, 구조, 표준, 관리수준 등의 진단대상에 대해 프로파일링, 업무규칙 진단, 체크리스트 등의 진단기법을 적용하여 품질진단을 실시한다.
- 진단결과 분석(Analyze)은 품질진단 결과를 바탕으로 주요 품질문제를 식별하고 문제의 근본적인 원인을 분석하여 품질문제를 해결하기 위한 개선기회를 도출한다.
- 개선계획 수립(Improvement Plan)은 품질문제 해결을 위한 개선과제를 정의하고 우선순위를 결정하며, 개선과제 수행을 위한 구체적인 품질 개선계획을 수립한다.
- 개선 수행(Implement)은 개선계획에 따라 품질 관리체계 수립, 표준화 수립, 데이터 보정 등의 개선 영역별로 품질개선 활동을 수행한다.
- 품질통제(Control)는 개선결과를 평가하고 품질 목표를 재설정하여 품질이슈 재발방지 및 고품질 데이터를 유지하기 위한 품질관리 활동을 수행한다.

⑤ 데이터 품질관리 모형의 3가지 관점
  ㉠ 데이터 품질관리 모형은 미시적, 거시적, 부가가치적 관점으로 구분하여 설계된다.
  ㉡ 미시적 관점에서는 데이터 품질관리의 각 요소를 확인하고 요소별로 데이터 품질 향상 방안을 도출한다.
  ㉢ 거시적 관점에서는 전사적 조직 측면에서 데이터 관리의 성숙도 단계를 정의하고 각 조직의 성숙도를 측정하여 상위 단계로 발전하도록 유도한다.
  ㉣ 부가가치적 관점에서는 데이터 품질관리의 비용·효과위험 모형을 개발하여 조직의 상황에 맞는 데이터 품질관리 방안을 제시한다. 이들 사이의 관계는 다음과 같다.

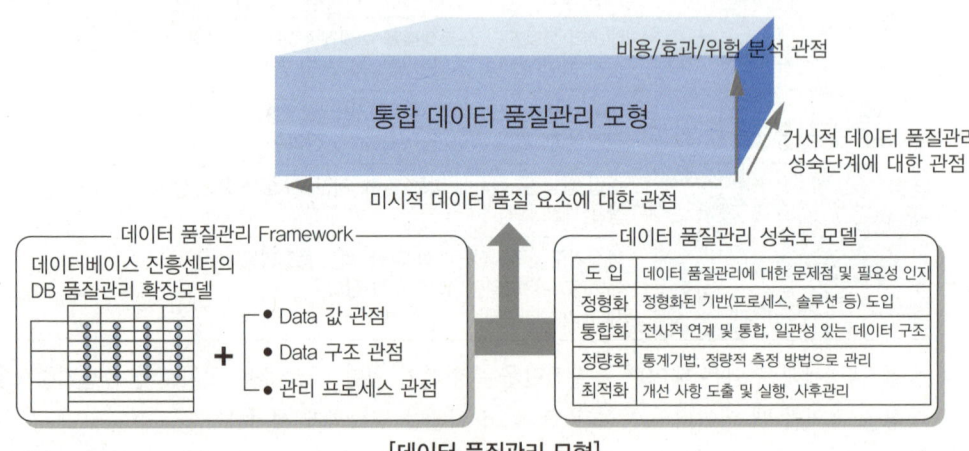

[데이터 품질관리 모형]

⑥ 데이터 품질검증 및 관리의 활용 사례
  ㉠ 데이터 품질검증 및 관리의 활용 사례를 나타내면 다음과 같다.
  ㉡ 사례에서는 정확성, 완전성, 일관성의 품질관리 핵심요소와 유일성, 유효성의 정형 데이터 품질관리 요소를 사용하여 데이터를 검증하였다.

〈표 1-66〉 데이터 품질검증 및 관리 활용

품질 기준		설 명	활용 예
정확성	선후 관계	복수의 컬럼 값이 선후 관계에 있을 경우 이 규칙을 지켜야 한다.	강의 시작시간은 종료시간 이전 시점이어야 한다.
	계산·집계	한 컬럼의 값이 다수 컬럼으로부터 구한 값일 경우 그 계산 값이 정확해야 한다.	연 매출액은 각각의 월 매출액의 합과 일치해야 한다.
	최신성	정보 발생, 수집, 갱신 주기를 유지해야 한다.	현재의 고객 정보는 고객변경이력의 마지막 행의 값과 일치해야 한다.
	업무 규칙	컬럼이 업무적으로 복잡하게 연관된 경우 관련 업무 규칙과 일치해야 한다.	지급원장의 지급여부가 "Yes"이면 지급원장의 지급일자는 신청일보다 이전 시점이어야 하고 Null이 아니다.
완전성	개별 완전성	필수 컬럼에는 값의 누락이 없어야 한다.	고객의 ID는 Null일 수 없다.
	조건 완전성	조건에 따라 컬럼값이 항상 존재해야 한다.	학생의 학번이 Null일 수 없다.
일관성	기준코드	컬럼이 통합코드를 기준코드로 사용하는 경우 참조무결성을 유지해야 한다.	고객의 직업코드는 통합 테이블의 직업코드에 등록된 값이어야 한다.
	참 조	테이블 사이의 컬럼 값이 참조관계에 있는 경우 무결성을 유지해야 한다.	학생의 지도교수 번호는 교수 테이블의 교번코드에 등록된 값이어야 한다.
	데이터 흐름	데이터를 생성하거나 가공하여 데이터가 이동되는 경우 연관된 데이터는 모두 일치해야 한다.	운영 시스템의 현재 가입 고객수와 데이터웨어하우스의 고객 수는 일치해야 한다.
	컬 럼	관리 목적으로 중복 컬럼을 임의 생성하여 활용하는 경우 각각의 동의어 컬럼 값은 일치해야 한다.	주문의 주문번호와 고객번호는 배송의 주문번호와 고객번호가 서로 일치해야 한다.
유일성	단독 유일성	컬럼은 유일한 값을 가져야 한다.	고객의 이메일 주소는 유일해야 한다.
	조건 유일성	업무 조건에 따라 컬럼 값은 유일해야 한다.	강의가 시작되면, 강의실, 임대일, 교사 코드가 모두 동일한 레코드는 존재하지 않는다.
유효성	범 위	컬럼 값이 주어진 범위 내에 존재해야 한다.	기준점의 회전 좌표각은 -360° 초과에서 360° 미만까지의 값을 가진다.
	날 짜	컬럼 값이 날짜 유형일 경우 유효날짜 값을 가진다.	20080733, 20090231은 유효하지 않은 값이다.
	형 식	컬럼은 정해진 형식과 일치하는 값을 가진다.	주민번호 형식은 '999999-9999999'의 형식이어야 한다.

⑦ 정형 데이터의 품질기준 및 품질관리 사례

　㉠ 빅데이터의 품질기준은 데이터 유형(정형, 비정형)별로 구분하여 정의되며, 품질 측정은 정형 데이터의 경우 보통 데이터 프로파일링(Data Profiling) 기법을 통해 진단하고, 비정형 데이터의 경우 품질 측정에 사용할 측정기준을 별도로 설정하여 항목별로 체크리스트를 작성하여 진단한다.

　㉡ 정형 데이터의 경우 일반적으로 사용되는 품질기준은 다음과 같다.

〈표 1-67〉 정형 데이터의 품질기준

구 분	품질 기준
정확성 (Accuracy)	• 선후 관계 및 계산·집계의 정확성, 최신성, 업무규칙 정확성 • 실세계에 존재하는 객체의 표현 값이 정확히 반영
완전성 (Completeness)	• 개별 및 조건 완전성 • 필수항목에 누락이 없어야 함
일관성 (Consistency)	• 기준코드, 데이터 흐름 및 칼럼의 일관성, 참조 무결성 • 데이터의 구조, 값, 표현 형태가 일관되며 서로 일치
유일성 (Uniqueness)	• 단독 및 조건 유일성 • 데이터 항목의 유일성, 중복되지 않음
유효성 (Validity)	• 범위, 날짜 및 형식의 유효성 • 데이터값은 정해진 유효 범위 및 도메인 값 범위 충족

　㉢ 정형 데이터의 품질검증 및 진단 사례를 요약하면 다음과 같다.

〈표 1-68〉 정형 데이터의 품질검증 및 진단

구 분	품질진단 사례
메타 데이터 수집 및 분석	• 테이블, 컬럼, 관계 및 도메인 정의서, 데이터 사전, ERD 수집 • 테이블명 및 컬럼 누락, 컬럼명 및 자료명 불일치 확인
컬럼 속성	• 컬럼의 총 건수, 유일값 수, Null 값, 공백값, 최댓·최솟값 • 최대·최소 빈도 확인, 유효범위 내 검증
누락값	필수 입력값의 누락이 발생한 컬럼 확인
값의 허용 범위	속성값이 가져야 할 범위 내 속성값 확인
허용값 목록	컬럼의 허용값 목록, 집합에 포함되지 않은 값 확인
문자열 패턴	컬럼 속성값의 특성을 문자열로 도식화하여 패턴 오류 검출
날짜 유형	날짜 유형의 일관성 적용 여부 분석
특수 도메인 (특정 번호 유형)	주민등록번호, 사업자 등록 번호 등의 유효성 검증
유일값	유일값을 가져야 하는 컬럼에 중복 발생 여부 확인
구 조	관계분석, 참조 및 구조 무결성 분석

⑧ 비정형 데이터의 품질기준 및 품질관리 사례
  ㉠ 비정형 데이터의 경우 사용되는 주요 품질기준 항목은 다음과 같다.

〈표 1-69〉 비정형 데이터의 품질기준

구 분	품질 기준
기능성 (Functionality)	• 적절성, 정확성, 상호 운용성, 기능 순응성 • 해당 콘텐츠가 특정 조건에서 사용 시, 명시된 요구와 내재된 요구를 만족하는 기능을 제공
신뢰성 (Reliability)	• 성숙성, 신뢰 순응성 • 규정된 조건에서 규정된 신뢰수준 유지, 사용자의 오류 방지
사용성 (Usability)	• 이해성, 친밀성, 사용 순응성 • 사용자에 의해 이해되고, 선호될 수 있는 정도
효율성 (Efficiency)	• 시간 및 자원의 효율성, 효율 순응성 • 규정된 조건에서 사용되는 자원의 양에 따라 요구된 성능 제공
이식성 (Portability)	• 적응성, 공존성, 이식 순응성 • 다양한 환경과 상황에서 콘텐츠 실행 가능성

  ㉡ 비정형 데이터(동영상 데이터)의 품질관리 요소(기능성, 신뢰성, 사용성, 효율성, 이식성)를 활용한 품질검증 및 진단 사례는 다음과 같다.

〈표 1-70〉 비정형 데이터(동영상) 품질검증 및 진단

기 준		측정 항목	Check List
기능성	정확	부가요소	• 맞춤법 표기에 따른 자막 작성 • 내레이션 시나리오와 사운드 내용
	적절	운용	비디오 압축 Codec 표준 준수 여부
	상호 운용	사운드, 자막, 동기화	사운드와 자막의 일치
	기능 순응	규격화	기능성 항목에 대한 표준 지침
신뢰성	성숙	결함 발생	결함 발생 횟수
	신뢰 순응	규격 준수	신뢰성 항목에 대한 표준 지침
사용성	이해	영상인식 만족도	선명한 영상과 자막
	친밀	포맷 친숙성	표준 영상 포맷 준수
	사용 순응	규격화	사용성 항목에 대한 표준 지침
효율성	시간	응답 속도	기준 시간 내의 동영상 로딩
	자원	기준 환경	모니터, 스피커 등 적절한 컴퓨터 사양
	효율 순응	규격화	효율성 항목에 대한 표준 지침
이식성	적응	운영 환경의 호환	운영 환경 및 플레이어 호환 여부
	공존	다른 소프트웨어 영향	수행 시 다른 소프트웨어에 대한 영향
	이식 순응	규격화	이식성 항목에 대한 표준 지침

⑨ 데이터 품질검증 및 관리 절차
  ㉠ 최상의 데이터 분석결과를 얻기 위하여 분석목적에 맞는 품질의 데이터가 반드시 필요하다.
  ㉡ 이를 위하여 사전에 데이터 품질검증·관리 계획을 수립하고, 품질검증 지표를 선정하여 검증 활동을 수행한다. 세부적으로 다음 절차에 의해 데이터 품질검증 및 관리 업무가 수행된다.

〈표 1-71〉 데이터 품질검증 계획서 작성 및 품질기준 정의

절 차	검증 사례
품질검증 계획서 작성	• 목적 : 품질 요구사항 준수, 분석목표 및 계획을 고려한 검증 목적 • 목표 : 품질향상 항목, 분석 정확도 향상 등을 수립 • 검증 범위 : 수집 기술의 적정성, 데이터의 충분성, 적시성, 적합성, 완전성, 정확성 등을 범위로 설정
품질검증 수행 절차 정의	품질 진단 사례, 방법론, 프레임워크를 참조하여 품질 진단 절차 확정
품질검증 상세계획 확정	품질검증 수행 일정, 세부 절차, 조직, 자원, 전문가, 참여 계획 확정
품질기준 정의	• 적절성 : 데이터 유형별 수집 기술 적용의 적절성 • 충분성 : 분석목표에 따른 데이터의 충분성 • 적합성 : 분석목표에 맞는 적합성(분석목표에 도움을 주는가) • 정확성 : 불필요한 값, 널값, 부정확한 값의 포함 여부 • 완전성 : 데이터의 누락, 중복성 여부 • 적시성 : 최신 데이터 수집 및 적시 제공
상세품질 지표 설정	• 적절한 수집 도구의 선택, 수집 도구의 성능, 수집 도구의 기능 활용 • 적절한 수집 주기, 대량의 충분한 데이터 준비 • 최신 데이터 수집(업데이트) 주기, 현재성을 반영한 데이터 • 분석이 용이한 패턴의 데이터, 난해하지 않은 데이터 특성 • 빠짐없는 데이터 수집, 반복적인 데이터 중복 확인 • 속성값의 부정확성, 누락 데이터, 금칙어 사용 여부 확인

⑩ 데이터 품질검증 테스트 결과
  ㉠ 데이터 품질 검증·관리 절차를 통하여 얻은 테스트 결과의 사례는 다음과 같다.
  ㉡ 수집 데이터의 품질 기준을 만족하는지의 여부를 검증하기 위하여 수집기술의 적절성, 데이터의 충분성, 적합성, 정확성, 완전성 및 적시성의 품질 기준을 설정하고 각각의 품질 기준별로 세부 지표를 선정하여 평가한 결과(기준 및 결과)이다.

〈표 1-72〉 데이터 품질검증 테스트 결과

분 류		Test Case	기 준	결 과
적절성	수집 도구	Flume을 이용하여 Log Sensor Data 수집	도구의 적합성	적 합
	도구 성능	로그 데이터의 메모리 저장 확인	메모리 저장	적 합
	도구 활용	실시간 명령어를 이용한 로그 파일 로드	파일 로드	부적합
충분성	수집 주기	5초 주기로 데이터 수집	주기 < 5초	적 합
	수집 용량	초당 100MB 수집	용량>100MB	적 합
적합성	규칙성	시간에 따른 일정한 이동패턴	적합 여부	부적합
	용이성	처리가 쉬운 데이터 구조	용이성	적 합

	속성명	속성명 확인	속성의 정확성	부적합
정확성	단어명	누락된 단어 확인	누락 단어 수	3개
	금칙어	금칙어 사용 확인	금칙어 개수	1개
완전성	누락	누락된 데이터 확인	누락의 수	2개
	중복	특정 데이터의 반복	중복의 수	1개
적시성	업데이터	최신 데이터 업데이트	주기 < 5초	적 합
	최근성	10일 이내 데이터 수집	수집 < 10일	적 합

⑪ 데이터 품질검증 결과보고서 작성

㉠ 데이터 검증 결과에 대하여 품질기준과 테스트 결과를 작성하고 오류 데이터에 대한 품질 향상 방안을 기록하여 품질검증 결과보고서(품질검증 결과서)를 작성한다. 품질검증 결과서에는 다음 내용이 포함된다.
- 품질기준에 따른 테스트 결과
- 테스트 결과에 따른 수집 데이터 오류 여부와 오류의 원인
- 각각의 오류에 대한 오류 수정 방안
- 오류가 존재하는 항목에 대해 데이터 변경, 보완 등의 품질개선 방안

㉡ 데이터 품질검증 결과를 이용하여 작성한 품질검증 결과서의 사례(오류 원인 작성)는 다음과 같다.

〈표 1-73〉 품질검증 결과서 작성 예

분 류		Test Case	기 준	결 과	오류 원인
적절성	수집 도구	Flume을 이용하여 Log Sensor Data 수집	도구의 적합성	적 합	오류 없음
	도구 성능	로그 데이터의 메모리 저장 확인	메모리 저장	적 합	오류 없음
	도구 활용	실시간 명령어를 이용한 로그 파일 로드	파일 로드	부적합	기능 없음
충분성	수집 주기	5초 주기로 데이터 수집	주기 < 5초	적 합	오류 없음
	수집 용량	초당 100MB 수집	용량 > 100MB	적 합	오류 없음
적합성	규칙성	시간에 따른 일정한 이동패턴	적합 여부	부적합	데이터 오류
	용이성	처리가 쉬운 데이터 구조	용이성	적 합	오류 없음
정확성	속성명	속성명 확인	속성의 정확성	부적합	표준 없음
	단어명	누락된 단어 확인	누락 단어 수	3개	데이터 없음
	금칙어	금칙어 사용 확인	금칙어 개수	1개	표준 없음
완전성	누락	누락된 데이터 확인	누락의 수	2개	네트워크 오류
	중복	특성 데이터의 반복	중복의 수	1개	중첩 수집
적시성	업데이터	최신 데이터 업데이터	주기 < 5초	적 합	오류 없음
	최근성	10일 이내 데이터 수집	수집 < 10일	적 합	오류 없음

⑫ 데이터 품질검증을 위한 자동화 도구
  ㉠ 별도의 소프트웨어를 이용하여 데이터세트를 검증하기도 하지만, 일반적으로 빅데이터를 검증하기 위하여 자동화 도구를 활용한다.
  ㉡ 예를 들어 아래와 같이 국내 GTONE(http://gtone.co.kr)에서 개발한 데이터 검증용 자동화 도구는 데이터베이스 관리, 품질 진단, 진단 모니터링 등을 자동 수행하고 그 결과를 보고서(또는 대시보드) 형태로 제공한다.

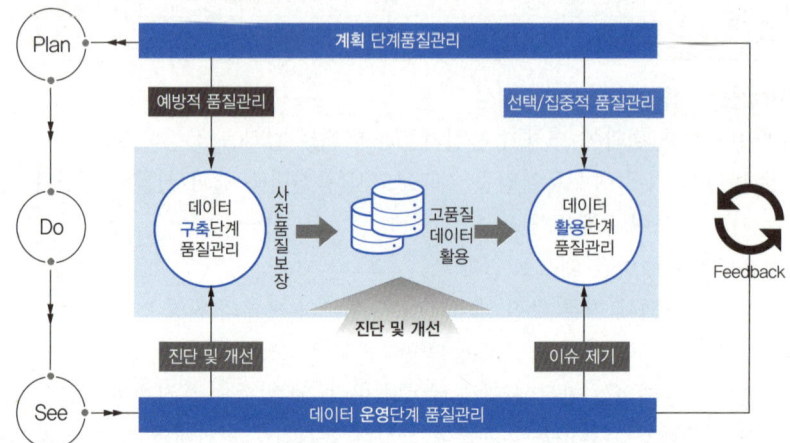

출처 : http://gtone.co.kr

[데이터 검증용 자동화 도구의 예]

  ㉢ 데이터 검증을 위한 자동화 도구의 기능은 다음과 같다.

〈표 1-74〉 데이터 품질검증을 위한 자동화 도구의 주요 기능

구 분	주요 기능
진단대상 데이터베이스 관리	품질진단 대상 데이터베이스 등록 및 정보 자동 수집
진단대상 테이블 관리	업무별 진단대상 테이블 우선순위 및 자동추천 제공
진단 유형 관리	진단 대상 컬럼별 분석 유형 자동 정의·관리
품질진단	품질진단 Job 자동 생성, 작업 스케줄 예약 관리
진단 모니터링	실시간 품질진단 모니터링, 장애·오류 발견 통보
진단 결과 관리	다각적인 진단결과 제공, 오류 유형 자동 분류
오류 원인 관리	오류의 원인과 분석 내용 제공
보고서 작성	데이터 품질관리 분석 및 지침 등 보고서 자동 생성

  ㉣ 자동화 검증·진단 도구를 활용함으로써 데이터 검증 절차의 자동화를 실현하고 오류 데이터를 정확하게 검출하며, 데이터 전문가(Data Scientist, 또는 전문가 집단, 데이터 분석관련 전문지식을 습득한 사람)가 아닌 일반 사용자도 도구에서 제시하는 검증된 방법론의 절차만 이해하면, 데이터 품질을 진단할 수 있는 편리성이 있다.

⑬ R을 이용한 데이터 품질검증 방법
  ㉠ 자동화 도구 외에 데이터 검증을 위하여 여러 가지 도구를 활용할 수 있으며, 대표적으로 무료 오픈소스로 많이 사용되고 있는 R을 이용한 데이터 검증 사례는 다음과 같다.
  ㉡ R은 통계 소프트웨어로 다양한 통계 그래픽 기능이 있으며, SPSS(유료이며 데이터 저장에서 Reporting까지의 전 과정을 메뉴·대화상자를 통해 수행, 데이터 입력은 스프레드시트 및 파일 불러오기 형식, 변수보기 윈도우로 변수의 척도 지정), SAS와 같이 통계 계산과 그래픽을 위한 프로그래밍 언어이자 패키지이다.
  ㉢ 몇 줄의 코드로 데이터 그래픽을 만들 수 있으며, 기본적인 그리기 도구를 이용하여 사용자가 원하는 이미지를 만들 수도 있다.
  ㉣ 수집·저장된 데이터세트를 검증하기 위한 몇 가지 기능을 제공한다. R에서 제공되는 duplicated() 함수를 이용하여 개체무결성을 진단하고 검증하는 방법을 나타내면 아래와 같다.

중복값을 갖는 데이터세트   R을 이용한 중복키 찾기
[R을 이용한 개체 무결성 검증]

  ㉤ 적재 데이터에서 첫 번째 열의 값(V1)은 기본키로서 중복된 값을 가질 수 없다. 그러나 그림에서 V1의 값들이 서로 중복된 값을 가지고 있어 개체무결성에 위배된다. 이 경우 R의 duplicated() 함수를 이용한 결과는 20번째 데이터세트에서 TRUE 값을 보여주어 중복값이 존재함을 알려준다. 이 경우 's[20:24, 1] < c(20:24)' 명령어를 이용하여 중복값을 제거함으로써 개체무결성을 갖는 데이터세트를 유지한다.
  ㉥ R은 다양한 플랫폼에서 32·64bit와 Multi-Core 및 Cluster 환경이 제공되고 기본적으로 모든 데이터들은 메모리에 저장되어 이용된다.

⑭ 데이터 재탐색 및 수집
  ㉠ 품질검증 테스트 결과를 이용하여 측정기준에 적합한 데이터를 수집하며, 만약 부적합한 결과가 나온 경우, 그 원인을 파악하여 데이터를 다시 수집한다.
  ㉡ 여기서 데이터 오류를 보정·수정하기 어려운 경우에는 필요한 데이터를 다시 탐색하고 재수집할 수 있도록 조처하는 것이 바람직하다. 이 경우 다음 과정을 수행한다.

- 데이터 원천 재탐색 : 외부 데이터의 경우 외부 담당자와 협의하여 데이터를 재수집하며, 협의 시 데이터 품질 오류를 설명하고, 오류가 수정된 데이터를 요청한다. 오류 수정이 불가능하다면, 데이터 재탐색과정을 수행한다. 내부 데이터인 경우, 내부 데이터 담당자와 협의하여 데이터 품질에 대하여 협의하고 오류가 수정된 데이터를 요청한다.
- 데이터 재수집 : 데이터 수집 도구를 이용하여 데이터를 재수집한다.
- 데이터 품질점검 수행 : 재수집된 데이터에 대하여 데이터 품질점검을 반복 수행한다. 이로써 고품질의 데이터를 기반으로 한 데이터 분석이 가능하다.

⑮ 빅데이터 운영(저장·관리) 시스템에서의 데이터 품질관리와 시스템 운영·관리 내용을 요약하면 다음과 같다.

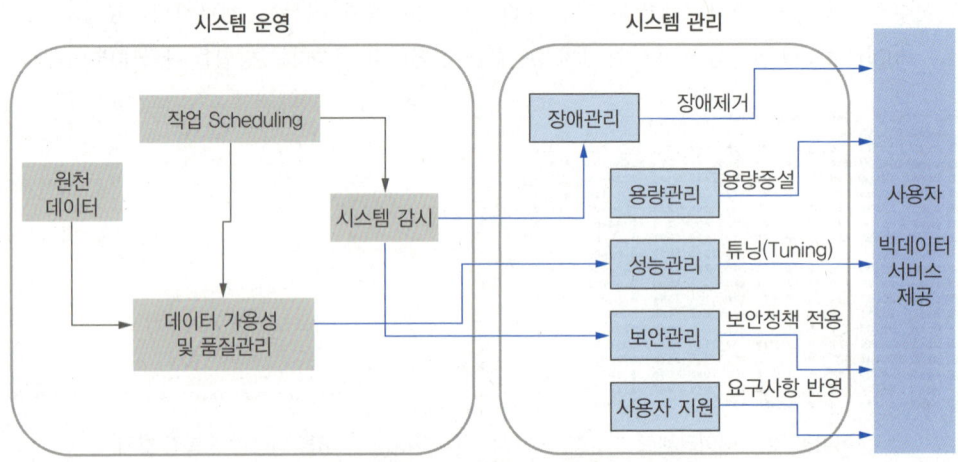

[빅데이터 품질관리를 위한 시스템 운영·관리]

확인 문제 **데이터 품질관리 요소**

다음 중 데이터의 주요 품질관리 요소로 적절하지 않은 것은?

① 활용성(Usability)
② 정확성(Accuracy)
③ 완전성(Completeness)
④ 일관성(Consistency)

풀이 Usability(데이터의 활용성)은 데이터 품질관리의 주요 요소가 아니라 비정형 데이터의 품질 기준에 품질관리의 중요성에 해당된다.

정답 ①

확인 문제 | 비정형 데이터의 품질관리 요소

다음 중 동영상과 같은 비정형 데이터의 품질관리 유형으로 가장 적절하지 않은 것은?

① 기능성(Functionality)
② 신뢰성(Reliability)
③ 유일성(Uniqueness)
④ 효율성(Efficiency)

풀이 Uniqueness(유일성)은 정형 데이터 품질관리를 위한 주요 요소이다. 비정형 데이터의 주요 품질관리 요소는 기능성, 신뢰성, 사용성, 효율성, 이식성이다.

정답 ③

확인 문제 | 데이터 검증용 자동화 도구의 기능

데이터 검증을 위한 자동화 도구의 기능으로 적합하지 않은 것은?

① 품질관리 대상의 데이터베이스 등록 및 정보 자동 수집
② 데이터 품질관리 분석 및 지침 등 보고서 자동 생성
③ 수집 데이터를 이용한 예측, 분류, 군집화의 자동화 결과 생성
④ 실시간 데이터 품질관리 모니터링, 장애 및 오류 발견 통보

풀이 수집 데이터를 활용한 예측, 분류, 군집화 등은 데이터 분석 과정을 거친 후 얻을 수 있는 결과이며, 이를 위하여 데이터 분석 모델링 과정을 사전에 수립하여야 한다.

정답 ③

02 데이터 적재 및 저장

(1) 데이터 적재

① 데이터 적재(Data Load)란, 수집된 데이터를 저장소에 적재하기 위한 작업으로 데이터 필터링, 유형변환, 정제 등의 기술을 활용한다. 데이터 정제에서 정형 데이터, 비정형 데이터, 반정형 데이터에 대한 분류가 이루어지고, 정형과 비정형, 반정형의 형태를 분류해서 추출된 데이터는 데이터웨어하우스 등에서 이용하기 쉬운 형태로 변환하여 해당되는 시스템에 적재하게 된다.

② 이와 같은 데이터 분류, 변환, 적재 과정을 거쳐서 시스템을 통해 데이터를 분석하고 분석된 정보들을 시각화하여 활용한다.

③ 데이터 소스로부터 데이터를 추출하고 추출된 데이터는 데이터 분석이 용이한 형태로 변환한다. 변환을 위해서는 ETL(Extract, Transform, Load) 도구 등을 활용하고 데이터는 분석을 위한 최종 대상으로 변환하여 데이터를 적재한다.

④ 데이터 적재를 위하여 적재 주기를 적절히 수립하고 다음과 같이 요건 정의, 수행방안 설계, 데이터 요건 확정, 모델링의 과정을 고려하여 데이터 적재 주기 검토서를 작성한다.

㉠ 요건 정의 : 데이터 적재 주기에 있어 분석요건을 도출하는 단계로서 분석 시 상황변화나 처리 속도 지연 등을 발생시키는 항목들을 찾아서 개선될 사항들을 확인하고 정의하는 단계이다. 다양한 이슈에 따라서 요건정의가 될 수 있는 항목들을 선정해서 중요한 요건정의 항목부터 추출하고 검토해야 한다.

㉡ 수행방안 설계 : 분석요건에 따라 정확한 수행방안을 설계·기술하는 단계로 데이터 분석을 구체적으로 수행하기 위해서 데이터의 탐색적 분석을 수행하면서 모델링을 위한 가설을 세우고, 분석 요건에 맞도록 어떤 분석을 할 것인지를 정해야 한다.

㉢ 데이터 요건 확정 : 요건 도출과 데이터 분석을 위한 수행방안 설계 후, 요건 확정 단계를 수행한다. 요건에 어떻게 접근할 것인지, 이를 통해서 어떤 정량적·정성적 효과가 나올지에 대해서 기획하는 단계라고 할 수 있다.

㉣ 모델링
요건정의와 확정을 통해서 정의된 요건에 따라 상세분석 기법을 적용해서 모델을 개발하는 과정이며, 빅데이터 분석에서는 모델링 단계를 거치면 필요한 입력 데이터에 대한 처리가 쉬워진다. 세부적으로 모델링은 다음 단계를 거친다.

- 모델링 마트 설계와 구축 : 첫 번째 수행 작업으로, 이 단계에서는 모델링을 위한 데이터를 시스템에 체계적으로 사전에 미리 준비한다.
- 탐색적 분석과 유의변수 도출 : 두 번째 작업으로, 비즈니스에 대한 이해와 데이터 분석 요건에 대한 구체적인 사실을 발견하고 통찰을 얻기 위해 수행하는 업무이며, 탐색적 데이터 분석 단계라고도 한다.
- 모델링 성능평가 : 모델링 단계의 최종 수행과정으로, 모델링에 대한 성능을 평가한다. 성능평가 기준은 데이터 분석 기법별로 다양한데 데이터 마이닝에서는 정확도, 정밀도, 리프트 등의 값으로 모델 성능을 판단할 수 있다.

⑤ 데이터 적재 테스트
  ㉠ 데이터 분석 모델링 작업에서 데이터 검증 및 테스트 과정을 거치고, 이를 위하여 분석용 데이터를 트레이닝용(Training)과 테스트용(Test)으로 분리하고, 분석용 데이터를 이용해서 자체 검증을 하며, 검증된 모델을 통해 신규 데이터를 모델에 적용하여 결과를 도출한다.
  ㉡ 운영상황에서 하는 테스트는 분석결과를 업무 프로세스에 가상적으로 적용해서 검증하는 것으로 실무 적용 직전의 활동이다. 이 과정을 자동화하면 실무에 언제든지 적용할 수 있고 운영 상황에서 실제로 테스트해 봄으로써 분석과 운영 사이의 연계 작업을 검증할 수 있다.
  ㉢ 또한, 돌발 상황에서도 문제없이 모델에 적용할 수 있는지 등의 전체적인 흐름을 통합적으로 시험할 수 있다.
⑥ 데이터의 저장 전에 수행되는 주요 업무들은 빅데이터 전처리(Pre-processing)와 후처리(Post-processing)로 구분된다.
⑦ 빅데이터 전처리(Pre-processing)란, 수집 데이터에 대한 필터링(Filtering), 데이터 유형 변환(Data Type Transformation), 정제(Cleansing) 등의 작업을 수행하는 단계로서 이 과정을 거친 후 데이터 저장소에 적재된다.
  ㉠ 필터링(Filtering) : 데이터 활용 목적에 맞지 않는 정보는 필터링으로 제거하여 분석함으로써 시간을 단축하고 저장 공간을 효율적으로 활용한다. 비정형 데이터는 데이터 마이닝을 통해 오류나 중복을 제거하여 저품질 데이터를 개선·처리한다. 이 경우 자연어 처리 및 기계학습(Machine Learning)과 같은 최신 기술을 적용한다.
  ㉡ 데이터 유형 변환(Data Type Transformation) : 데이터 유형을 변환(반정형 또는 비정형 데이터를 정형 데이터로 변환)하여 분석을 용이하게 한다.
  ㉢ 정제(Cleansing) : 수집 데이터의 불일치성을 교정하기 위한 과정으로 결측값 처리, 이상치 및 잡음을 제거한다.
  ㉣ 데이터 전처리의 주요 작업 내용을 요약하면 다음과 같다.

〈표 1-75〉 데이터 전처리 작업

구 분	주요 작업 내용
데이터 필터링 (Data Filtering)	• 분석목적에 맞는 데이터만 추출(데이터 여과 방식)하는 과정이다. • 비정형 데이터는 데이터 마이닝을 통해서 오류나 중복을 제거하고 저품질 데이터에 대해서 품질을 개선하는 과정이다. • 분석과정에서 자연어 처리와 기계학습을 통해 추후 분석 시간의 단축과 저장 공간의 효율화를 가져올 수 있도록 한다.
데이터 유형 변환 (Data Type Transformation)	• 데이터의 분석목적에 맞게 데이터의 형태를 변환하는 과정이다. • 데이터를 분석이 용이한 형태로 변환하는 방식이다. • 정규화, 집합화, 요약계층생성 등의 데이터 변환 방법을 활용한다.
데이터 정제 (Data Cleansing)	데이터의 결측치 처리(결측값 채워 넣기), 불일치 교정, 노이즈(잡음) 데이터 처리, 이상치 식별·처리하는 과정이다.

  ㉤ 실제 데이터를 수집하고 추출하여 분석하는 단계에서 이를 위한 데이터 전처리가 필요하며, 데이터를 수집하고 추출하는 단계에서 무엇을 수집할지, 데이터의 품질이 어떤지를 파악하는 것으로 분석을 하기 전 반드시 거쳐야 한다.

ⓑ 데이터 전처리 과정에서 여러 데이터 소스를 활용하고 데이터의 기록이나 수집이 누락되거나 오류가 있는 것을 발견하고 이상치가 있는 경우 확인하며 분석목적에 맞지 않는 변수를 발견할 수 있다.

ⓐ 각 변수들에 대한 상대 비교를 위해 데이터 전처리 작업 중 하나로서 데이터 스케일링(Data Scaling) 작업을 수행한다.
- 데이터 스케일링이란 각 변수들의 범위 혹은 분포를 같게 만드는 작업이다. 이를 통해 각 변수들이 동일한 조건(또는 범위)을 가지게 되어, 이 변수들에 대한 상대 비교가 가능하게 된다.
- 데이터의 값이 너무 크거나 작은 경우에는 데이터 분석 모델 알고리즘의 학습 과정에서 0으로 수렴하거나 무한으로 발산할 수 있기 때문에 적절한 데이터 스케일링 작업을 수행하게 된다.
- 데이터 스케일링 작업을 위해 정규화(Normalization), 표준화(Standardization) 방법을 주로 사용한다.
- 정규화는 데이터의 값들을 [0, 1] 사이의 값이 되게 변환[(X−Min)/(Max−Min)]한다.
- 표준화는 데이터의 값들을 평균은 0, 분산은 1이 되게 변환[(X−평균)/표준편차, Z점수 정규화]한다.
- 그 외 데이터가 −1과 1 사이의 값이 되게 변환하거나 데이터의 중앙값과 사분위 범위값을 사용하는 방법 등이 있다.

⑧ 빅데이터 후처리(Data Post−processing)란, 저장된 데이터를 분석하기 전에 분석에 용이하도록 가공하는 작업으로서 변환(Transformation), 통합(Integration), 축소(Reduction) 등의 과정을 포함한다.
- ㉠ 변환(Transformation) : 다양한 형식으로 수집된 데이터를 분석에 용이하도록 일관성 있는 형식으로 변환하는 과정을 의미하며, 평활화(Smoothing), 집계(Aggregation), 일반화(Generalization), 정규화(Normalization), 속성생성(Attribute Construction) 등의 작업을 수행한다.
- ㉡ 통합(Integration) : 데이터 출처는 서로 다르지만, 상호 연관성이 있는 데이터들을 하나로 결합하는 기술로 데이터 통합 시 동일한 데이터가 입력될 수 있으므로 연관관계분석 등을 통해 중복 데이터를 검출하거나 표현 단위(kg과 pound, inch와 cm 등)가 다른 항목을 서로 일치하도록 조정한다.
- ㉢ 축소(Reduction) : 분석에 불필요한 데이터를 축소하여 고유한 특성은 손상되지 않도록 하고 분석에 대한 효율성을 높이는 과정을 수행한다.

㉣ 데이터 후처리의 주요 작업 내용은 다음과 같다.

〈표 1-76〉 데이터 후처리 작업

구 분	주요 작업 내용
데이터 변환 (Data Transformation)	• 수집된 데이터를 일관성 있는 형식으로 변환하는 것이다. • 평활화, 집계, 일반화, 정규화, 속성 생성 등의 작업을 거친다. • 데이터의 특성과 기법에 따라 데이터 변환을 수행한다. • 예를 들어 데이터로부터 잡음을 제거하기 위해 추세에서 벗어난 이상치나 특이값을 추세에 맞게 변환한다.
데이터 통합 (Data Integration)	• 연관성 있는 데이터를 결합하는 것을 말한다. • 데이터 분석이 용이하도록 유사 데이터를 통합한다. • 연관관계 분석 등을 통해서 중복 데이터를 검출한다. • 표현단위가 다른 데이터 단위를 일치시킨다.
데이터 축소 (Data Reduction)	• 분석에 불필요한 데이터를 축소하여 분석의 효율성을 높이는 과정이다. • 분석시간을 단축할 수 있도록 분석에 사용되지 않은 데이터를 축소하는 기법을 사용한다.

확인 문제 빅데이터 전처리

데이터를 저장하기 위해서 하는 데이터 전처리 과정에 속하지 않는 것은?

① 데이터 필터링　　　　　　　　② 데이터 유형변환
③ 데이터 정제　　　　　　　　　④ 데이터 확대

> **풀이** 데이터 저장의 안전성, 신뢰성을 확보하기 위해서 데이터 전처리 과정을 거쳐야 하는데 이 과정에서는 비즈니스 목적에 맞는 데이터 필터링, 오류수정, 변환 통합 과정을 거쳐야 한다. 또한, 수집된 데이터는 데이터 품질을 확보하기 위해서 데이터 품질 기준을 마련하여 데이터의 신뢰도를 높여야 한다. 데이터 저장을 위해서는 데이터 여과, 데이터 변환, 데이터 정제, 데이터 통합, 데이터 축소와 같은 전처리 기술을 이용해서 데이터를 관리하고 데이터 결측치를 처리하여 잡음을 처리하는 정제과정을 거친다. 분석 과정을 위해서 불필요한 데이터를 축소하여 분석을 위한 효율성을 높인다.
>
> **정답** ④

확인 문제 데이터 후처리

데이터 후처리 과정에 속하지 않는 것은?

① 필터링　　　　　　　　　　　② 변 환
③ 통 합　　　　　　　　　　　　④ 축 소

> **풀이** 데이터 후처리 과정은 데이터 변환, 데이터 통합, 데이터 축소가 있고 데이터 전처리 과정은 데이터 필터링, 데이터 유형변환, 데이터 정제가 있다.
>
> **정답** ①

> **확인 문제** **데이터 처리**
>
> 다음 중 데이터 처리에 대한 설명으로 옳지 않은 것은?
>
> ① 데이터 분석 전에 분석 작업을 쉽게 하기 위한 작업단계로서 데이터 변환, 데이터 통합, 데이터 축소 단계가 데이터 후처리에 속한다.
> ② 데이터 전처리의 데이터 정제는 데이터의 결측치에 대한 처리나 잡음을 처리하는 것을 들 수 있다.
> ③ 데이터 후처리에 있어 연관성 있는 데이터를 결합하는 것으로 동일 데이터가 입력될 수 있으므로 중복 데이터를 검출하고 표현단위가 다른 것을 일치시키는 것을 데이터 축소라고 한다.
> ④ 원시 데이터는 결측치나 잡음이 포함되어 있어 데이터를 불완전하게 만드는 요소가 있는데 이것을 데이터 오류라고 한다.
>
> **풀이** 연관성 있는 데이터를 결합하는 것으로 동일 데이터가 입력될 수 있으므로 중복 데이터를 검출하고 표현단위가 다른 것을 일치시키는 것을 데이터 통합이라 한다.
>
> **정답** ③

(2) 데이터 저장

① 데이터 저장 시 고려 사항

㉠ 데이터 저장 및 관리를 위해서는 데이터 전처리 과정을 거쳐서 비즈니스 목적에 맞게 데이터 필터링, 오류 수정, 유형변환, 정제의 과정을 거쳐야 한다.

㉡ 수집된 데이터는 데이터 품질을 확보하기 위해서 데이터 품질 기준을 마련해서 데이터의 신뢰도를 높여야 한다. 데이터 저장을 위해서는 데이터 여과, 데이터 변환, 데이터 정제, 데이터 통합, 데이터 축소와 같은 데이터 처리 기술을 이용해서 데이터를 관리하고 데이터 결측치를 처리하며 잡음을 처리하는 데이터 정제 과정을 거친다.

㉢ 데이터 분석을 위해서 불필요한 데이터를 축소함으로써 분석의 효율성을 높인다.

㉣ 빅데이터 보관·저장과 관련하여 저장 단가를 절감할 수 있는 비용문제, 자료 저장과 인출 속도 향상문제, 저장의 신뢰도와 안정성 문제, 저장 공간의 확장성 등을 고려한다. 주로 발생하는 현실적인 문제점과 이를 해결하기 위한 기술적 요소를 정리하면 다음과 같다.

〈표 1-77〉 빅데이터 저장 시 주요 문제점 및 해결 방안

문제점	해결 방안
데이터 저장과 관리를 위한 고비용 발생	대용량 데이터 저장 기술 적용
데이터의 효율적 관리의 어려움	수평적 확장의 용이성 고려
저장 용량의 한계와 확장성 문제	• 데이터 저장 비용 감소 기술 • TCO(Total Cost of Ownership) 감소 기술 적용

㉤ 데이터 분석 방식 및 환경, 데이터 유형 및 기존 시스템과의 연계 방식에 따른 고려 대상은 다음과 같다.

〈표 1-78〉 데이터 분석 방식, 유형 및 시스템 연계 고려 항목

구 분	고려 사항
데이터 분석 방식 및 환경	• 데이터 저장 목적에 따른 저장 시스템 선택 • 데이터 분석 및 검색 결과의 온라인 제공 방식 고려 • 빅데이터 분석가를 통한 별도의 프로세스 고려 • 조직의 목적에 부합하는 정보를 저장하는 시스템 선택
데이터 유형	• 기업 내·외부에서 발생하는 기업 데이터 • 사물인터넷 환경에서 발생하는 데이터 • 데이터의 Volume, Velocity, Variety 등 고려 • 수집 데이터양에 따른 저장 및 처리 속도 고려
시스템 연계	• 데이터 유형이 테이블로 정의 • RDBMS 기반의 Data Warehouse인 경우 기존 시스템 활용 • HDFS만 활용하여 저장된 데이터의 경우 SQL-like 분석 환경 구축이 필요하면, HBase 추가 도입 • Key-값 쌍 형태 저장 데이터의 경우 Redis 활용 • 사물인터넷에서처럼, 다양한 데이터가 대량으로 지속해서 실시간 발생하는 경우 Key-value DB 활용 • 확장성이 중요한 요소인 경우 Cassandra 데이터베이스 활용

② 데이터 저장 계획 수립

㉠ 계획 수립 시 고려 사항

- 빅데이터 저장 시스템의 안정성과 신뢰성을 확보하고 보장하기 위해 저장 계획을 수립하고, 저장 시스템의 용량을 산정한다.
- 조직의 빅데이터 활용 목적에 부합하는 현재와 향후 증가 추세를 추정, 반영하여 빅데이터 저장 용량을 산정하고, 전체 저장 시스템 구축 계획에 반영한다. 이 경우 다음 요인을 고려한다.

〈표 1-79〉 데이터 저장 시스템 구축 시 고려 사항

구 분	고려 사항
데이터	저장 대상이 되는 데이터의 유형, 크기, 저장 방식 및 기간 등을 파악한다.
디스크 용량	데이터, 아카이브(Archive) 및 여유율 등을 고려한 적정 디스크 용량 계획을 산정한다.
클라우드 서비스	Private 클라우드 대 Public 클라우드 등 안정성 및 신뢰성을 고려한 시스템 구축 방안을 수립한다.

㉡ 저장 시스템의 사용자와 관리자 유형, 역할 및 기능을 정의하고 각각에 해당되는 제어 계획을 수립한다. 빅데이터를 저장하기 위한 사전 계획 수립 시 고려 사항은 다음과 같다.

〈표 1-80〉 빅데이터 저장 계획 수립 시 고려 사항

구 분	고려 사항
안정성 및 신뢰성	• 데이터 저장 시스템 용량 산정 • 데이터 유형, 크기, 저장 방식 및 기간 고려 • 적정 디스크 용량 계획 산정 • 안정성 및 신뢰성을 고려한 클라우드 시스템 구축 • 전체 저장 시스템 구축 계획에 반영
접근성	• 시스템 사용자, 관리자 유형, 역할 및 기능 정의 • 각각에 해당되는 제어 계획 수립
관리자 및 사용자	• 사용자들이 어떤 용도로 사용할지에 대한 계획 수립 • 시스템을 관리하는 관리자 기능, 요구사항 분석

데이터 특성 파악		• 데이터 용량, 실시간 여부 파악 • 정형 및 비정형 등의 데이터 유형 분석 • 특성에 부합하는 저장 시스템 검토 • 기존 시스템과의 연계 가능성 및 복잡도 검토
세부 계획 수립 절차	시스템 도입 설정	• 시스템 도입 및 설정에 필요한 일정 수립 • 하드웨어 등의 제반 환경 점검 • 체크 리스트 작성하여 준비상황 점검
	구축 일정	• 빅데이터 모델 설계, 타당성 검증, 시스템 설치·설정 • 설치 테스트, 샘플 데이터 적재 및 테스트 • 데이터 적재, 검증, 가동 일정 및 역할 정의
	시스템 연계 방안	• 기존 데이터 수집 및 처리 시스템과의 연계 방안 수립 • 연계 계획 및 일정을 명확하게 수립 • 수집 및 처리 부문 전문가 역할 정립 • 데이터 유형별 전문가 배치, 역할 수립
	검증 및 운영방안	• 구축 완료 시스템에 대한 최종 검증 계획 수립 • 조직 체계의 운영 방안 수립

ⓒ 사전 계획 수립 후, 문서화 작업을 수행하며, 다음과 같은 빅데이터 저장 시스템 준비상황 점검 리스트를 작성한다.

〈표 1-81〉 빅데이터 저장 시스템 점검 리스트

구 분	점검 내용
저장 시스템 및 환경설정	하드웨어 환경 • 설치 장소, 네트워크 연결, 서버 사양 및 소요 대수 • 항온항습장치, 전력량
	소프트웨어 환경 • 운영체제(OS) 확보, 서버에 필요한 소프트웨어 • 분산 환경 설치 여부 검토 • 시스템 모니터링 환경 설치 여부 검토
일정 및 역할	데이터 분석 모델 설계 일정 및 타당성 검토
	데이터 저장 시스템 설치·설정 및 테스트 일정
	Sample 데이터 적재 및 테스트 일정
	데이터 적재 및 검증 일정
	가동 일정 및 역할 분담 검토
데이터 수집 및 처리 시스템 연계	데이터 수집 시스템과 연계(일정 및 역할 수립)
	데이터 처리 분석 시스템과 연계(일정 및 역할 수립)
데이터 저장 시스템 검증 및 운영	데이터 저장 시스템 점검 계획 및 운영 조직 체계 수립

③ 데이터 저장 시스템
  ㉠ 수집 데이터는 시스템에 저장되며, 데이터 유형을 고려하여 저장 시스템을 선정한다.
  ㉡ 빅데이터 저장 시스템이란, 대용량 데이터 집합을 저장하고 관리하는 시스템으로 사용자에게 데이터 신뢰성과 가용성을 보장하는 시스템을 의미한다.

ⓒ 사전에 수립된 요구사항에 따라 수집·저장·관리가 필요한 데이터 종류를 데이터 유형별로 분류하고, 해당 데이터를 저장 관리하기에 적합한 저장 시스템을 제시한다.
② 일반적으로 정형 데이터는 RDB(Relational Database) 시스템(오라클, MS-SQL, MySQL, Sybase 등)에 저장되고, 반정형 데이터는 RDB나 NoSQL(Not only SQL) 저장 시스템(MongoDB, Cassandra, HBase, Redis 등)을 이용한다.
ⓜ 비정형 데이터는 NoSQL이나 분산 파일 시스템에 저장하거나 어느 정도 구조적인 데이터 형태로 변형하여 RDB나 NoSQL에 저장한다.
ⓗ 데이터 유형에 따른 저장 시스템은 다음과 같다.

〈표 1-82〉 데이터 유형별 저장 시스템

유 형	데이터 종류	저장 시스템
정형	RDB, 스프레드시트	RDB
반정형	HTML, XML, JSON, 웹문서, 웹로그, 보안 및 특정 센서 데이터	RDB, NoSQL
비정형	소셜 데이터, 문서(워드, 한글), 이미지, 오디오, 비디오, IoT	NoSQL 분산 파일 시스템(HDFS)

ⓢ 기업의 의사결정 과정을 지원하기 위한 주제 중심적이고 통합적이며, 시간성을 가지는 비휘발성 자료의 집합을 데이터웨어하우스(Data Warehouse)라 한다. 즉, 데이터웨어하우스란, 기업 내의 의사결정 지원 애플리케이션들을 위한 정보를 제공하는 하나의 통합된 데이터 저장 공간이다.
ⓞ 데이터웨어하우스 구축 작업에서는 다양한 데이터 변환 도구를 활용하여 ETL(Extract, Transform, Load) 과정을 수행하고, 소스 데이터로부터 데이터를 받아 웨어하우스에 적재한다.
ⓩ 데이터마트(Data Mart)란, 전사적으로 구축된 데이터웨어하우스로부터 특정 주제, 부서 중심으로 구축된 소규모 단일 주제의 데이터웨어하우스(자료 저장소)이다.
ⓧ 기업에서는 기업내 또는 기업들 사이의 이질적인 시스템을 효율적으로 연계하여 메시지를 통합 처리하기 위하여 EAI(Enterprise Application Integration) 기술을 활용한다.
㉠ 데이터 저장소는 데이터를 지속적으로 저장 및 관리하기 위한 저장 공간을 의미하며, 데이터 웨어하우스와 데이터마트 외에도 데이터 레이크(Data Lake, 구조화되거나 반구조화되거나 구조화되지 않은 대량의 데이터를 저장, 처리, 보호하기 위한 중앙집중식 저장소), 데이터 댐(Data Dam, 여러 곳에서 생산되는 데이터를 수집, 분류, 가공해 누구나 쉽게 인공지능과 네트워크를 결합해 쓸 수 있도록 공급하는 시스템) 등을 이용한다.

④ 데이터 저장 방식 선정
㉠ 빅데이터 관련 기술, 제품, 분석 방식을 이해하여 데이터 저장 방식을 선정한다.
㉡ 다양한 데이터 서상 시스템 중 하나를 선정하기 위해서는 시스템이나 저장 기술의 기능성, 분석 방식 및 유형, 분석대상 데이터의 유형 그리고 기존 시스템과의 연계성을 고려한다.
㉢ 기능성 측면에서는 다음 항목에 대한 비교·분석을 통해 저장 시스템을 선정한다.

〈표 1-83〉 빅데이터 저장 시스템 기능성 분석 항목

구분	개요
데이터 모델	• 데이터를 테이블로 정리하고 가능한 경우 관계형 데이터베이스 이용 • 문서 중심의 데이터 모델로 전환이 필요한 경우 MongoDB 이용 • 웹기반 시스템 구축 시 Apache CouchDB 이용 • 부하 분산을 위한 안정적 저장소가 필요하면 Dynamo, Redis 선택
확장성	• Column-oriented 데이터베이스 이용 • 확장성 보장을 위해 Cassandra, HyperTable, HBase 활용
트랜잭션 일관성	• 데이터 수정, 삭제 등의 작업이 빈번한 경우 중요도 높음 • NoSQL보다 관계형 데이터베이스 활용
질의 지원	• 우수한 질의(Query) 인터페이스가 필요한 경우 MongoDB 이용 • 뷰(View) 개념을 활용하는 경우 CouchDB 이용 • Key-value 기반의 Redis는 풍부한 질의 기능 제공 • HBAse, HyperTable은 자체 질의지원 기능을 제공하지 않으나, Hive를 통해 SQL과 유사한 형태의 질의기능 사용
접근성	• 대부분의 라이브러리용 드라이버를 지원하는 MongoDB 이용 • 웹통신을 지원하는 프로그래밍 언어를 사용하면 CouchDB 이용 • 대부분의 프로그래밍 언어에서 연결이 가능한 언어 바인딩 기능 제공

㉣ 과거에 기업에서는 파일처리 시스템을 이용하여 급여관리, 자산관리, 재고관리, 구매관리 등의 단위 업무를 독립적으로 수행하였으며, 부서들 사이의 정보를 통합적으로 요구하는 관리자의 요구사항을 만족시켜 주지 못하였다.

㉤ 빅데이터 저장 방식은 크게 분산 파일 시스템 방식과 데이터베이스 방식이 있고, 데이터베이스는 RDBMS와 NoSQL(Not only SQL) 방식으로 구분된다.

㉥ 분산 파일 시스템은 빅데이터를 확장 가능한 분산 파일 형태로 저장하는 방법으로 HDFS(Hadoop Distributed File System), GFS(Google File System 또는 GoogleFS) 등이 있다.

㉦ 분산 파일 시스템에서는 저사양 서버들을 활용하여 대용량, 분산, 데이터 집중형의 애플리케이션을 지원하며 사용자들에게 고성능의 Fault-tolerant 환경을 제공한다.

㉧ RDBMS 방식은 관계형 데이터베이스 시스템을 이용하며, 주로 정형 데이터를 저장하고, 기존에 운영 중이던 Legacy 시스템으로부터 수집·추출한 데이터를 대량으로 저장할 때 많이 사용된다.

㉨ 관계형 데이터베이스에서 주로 사용되는 용어는 속성(Attribute, 테이블에서 열을 나타내는 말로 필드와 같은 의미), 튜플(Tuple, 테이블에서 행을 나타내는 말로 레코드와 같은 의미), 도메인(Domain, 하나의 속성이 취할 수 있는 값의 집합), 차수(Degree, 속성들의 수), 카디널러티(Cardinality, 튜플의 개수) 등이 있다.

㉩ NoSQL 방식은 대용량 데이터베이스를 저장하기 위하여 전통적인 RDBMS보다 상대적으로 제한이 적은 데이터 모델을 기반으로 수평적 확장성, 데이터 복제, 간편한 API, 일관성 보장 등의 장점을 가진다. NoSQL 시스템에는 데이터 모델에 따라 Document-oriented, Key-value, Column-oriented 데이터베이스로 분류된다.

㉠ 데이터 저장 방법을 요약하면 다음과 같다.

〈표 1-84〉 빅데이터 저장 방법

구 분	저장 방법
분산 파일 시스템	• 확장 가능한 분산 파일 형태로 저장 • 대용량, 분산, 데이터 집중형의 애플리케이션 지원 • 고성능 Fault-tolerance 환경 제공 • Apache HDFS(Hadoop Distributed File System) • Google의 GFS(Google File System) • Ceph(Open Source Project)

데이터베이스
(NoSQL)
	• 데이터베이스에 대한 기본 개념 활용
	• 데이터베이스 : 서로 관련이 있는 데이터를 효율적으로 관리하기 위한 데이터의 집합
	• 각 데이터는 상호 유기적인 관계에 의해 구성
	• 파일관리에서부터 시작하여 편리성을 도모하기 위하여 데이터베이스로 발전
	• RDBMS와 NoSQL로 구분
	• 관계형 데이터베이스 시스템(RDBMS)
	• NoSQL 데이터베이스 시스템
	• Key-value DB
	  – 키와 해당 키 값의 쌍으로 저장하는 데이터 모델
	  – 아마존 Dynamo, Redis 오픈소스 데이터베이스
	• Column(또는 Row)-oriented DB
	  – Column(또는 Row)를 여러 노드로 분할하여 저장
	  – 데이터를 열(또는 행) 기반으로 저장, 확장성 보장
	  – 구글 빅테이블, Cassandra, HBase, HyperTable
	• Document DB
	  – 문서 형식의 데이터 저장
	  – 복잡한 형태의 데이터 저장 지원 및 최적화 가능
	  – MongoDB, SimpleDB, CouchDB

㉡ 관계형 데이터베이스의 단점을 극복하고 보다 유연하고 확장성이 있는 데이터 모델 설계를 위하여 최근 NoSQL(특히, MongoDB)를 많이 사용하고 있으며, 두 가지 데이터베이스 관리 시스템에 대한 주요 특징은 다음과 같다.

〈표 1-85〉 NoSQL 및 MongoDB 시스템 특징

구 분	주요 특징
NoSQL (Not only SQL)	• 빅데이터와 클라우드 컴퓨팅의 도입으로 기존 RDBMS 한계점 극복 • 분산 구조와 Fault-tolerant 구조 지원, 고정된 Data Schema가 아님 • 비싼 비용의 Join 연산이 없음 • RDBMS의 ACID 특징 중 하나를 완화함 ※ ACID : Atomicity(원자성), Consistency(일관성), Isolation(고립성), Durability(지속성) • CAP(Consistency, Availability, Partition) 정리의 성질 만족 • 분산 환경에서 가용성 지원 • 저비용으로 쉽게 분산 환경의 대량 데이터 저장 시스템 구축 • 여러 노드(서버)에 데이터 복제, 저장(단편화) • Consistency 제약 조건을 일부 완화하여 시스템 구축
MongoDB	• 오픈소스 DBMS, 문서 기반 데이터베이스의 쉬운 개발과 확장성 확보 • 높은 성능 : 데이터 입출력 시간을 줄이기 위해 조인(Join)이 필요없는 Embedded Data Model 지원 • 빠른 질의 처리를 위한 인덱스 지원, Embedded 문서와 배열에 있는 Key 값을 Indexing 할 수 있음 • 높은 가용성 : 분산 시스템 환경에서 자동 Failover 및 데이터 중복 지원 • 자동 확장성 : 자동 Sharding(데이터 분산저장 기법) 지원 • 중복 데이터 집합에 대한 일관성 읽기 지원

⑤ MongoDB를 이용한 데이터 저장
  ㉠ MongoDB에서 지원해 주는 데이터 분산 저장을 위한 샤딩(Sharding) 기법은 대용량 데이터베이스에서 데이터를 수평분할(Horizontal Partition)하는 방법이다.
  ㉡ 샤딩은 데이터 저장 및 관리 시 높은 성능과 가용성을 보장한다. NoSQL에서 주로 사용하는 샤딩 기법은 기존 관계형 데이터베이스 시스템에서의 파티셔닝(Partitioning) 개념과 일치한다.
  ㉢ MongoDB에서의 샤딩 구조의 적용 사례는 다음과 같다.

〈표 1-86〉 MongoDB를 활용한 샤딩 기법 적용 방법

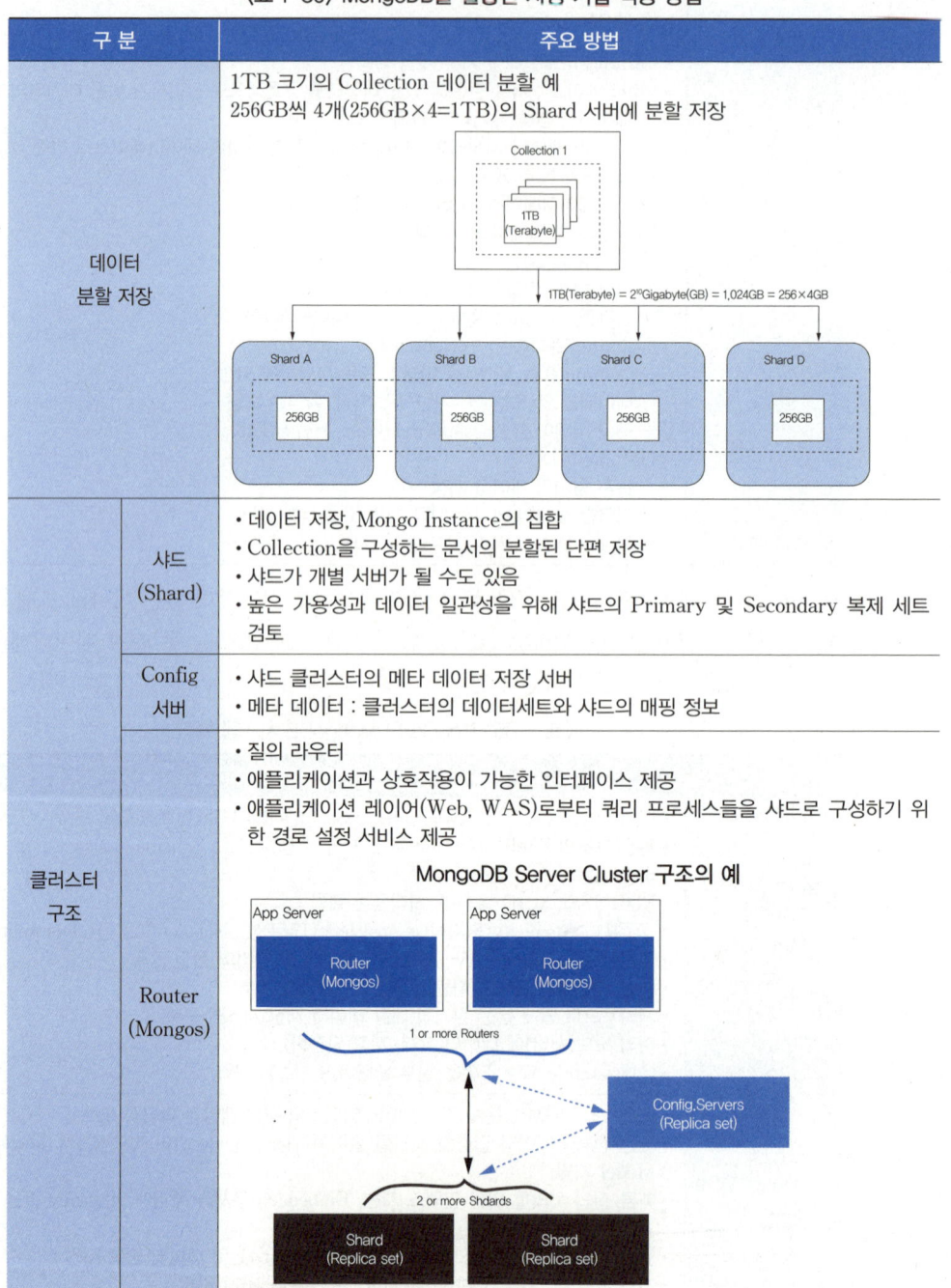

⑥ 하드웨어 구조
  ㉠ 데이터 저장을 위해 필요한 하드웨어를 구성하는 방법으로 분산 컴퓨팅, 병렬 컴퓨팅, 클라우드 구조 등이 고려된다.
  ㉡ 세 가지 방법에 대한 주요 특징을 요약하면 다음과 같다.

〈표 1-87〉 분산 · 병렬 및 클라우드 컴퓨팅

구 분	주요 특징
분산 컴퓨팅	• 단일 시스템의 성능 한계 • 단일 시스템의 성능 향상을 위한 비용증가로 효율성 감소 • 네트워크로 연결된 시스템에 여러 장치를 분산하여 처리 • 대형 시스템의 복잡성을 줄이고 다양한 보안 정책이 가능 • 각 시스템의 개별적 독립성 제공
병렬 컴퓨팅	• 여러 개의 복잡한 연산을 순차적이 아닌 병렬적으로 동시 처리 • 서로 독립적 결과를 얻는 병렬적 처리 단계로 변환하여 문제 해결 • 동시에 수행되어도 상관없는 처리 단계들로 구성 • 어떤 단계의 결과가 다른 단계에 영향을 미치지 않음 • 병렬화 : 동시에 처리되는 대상을 찾아 구분하는 작업 • 병렬화가 가능한 수준만큼 처리시간 단축 가능 • 특정 데이터가 다른 데이터에 영향을 주지 않는 경우 적용 • 데이터는 독립적으로 저장 · 처리 · 분석될 수 있음 • 병렬컴퓨팅을 통해 한 번에 많은 데이터 처리 가능
클라우드 컴퓨팅	• 인터넷(웹) 기반의 컴퓨팅 기술 • 유틸리티 데이터 서버에 프로그램을 두고 필요시 컴퓨터(단말기) 등에 불러와서 사용 • 인터넷 IT자원(소프트웨어, 플랫폼, 인프라 등) 사용 • IT 자원의 소유가 아니라, 대여의 개념 • 보다 많은 IT 자원을 이용할 수 있는 서비스 제공 • 문서 작성 및 저장장치를 통한 데이터 저장 가능 • IT서비스로서 소프트웨어, 인프라, 플랫폼의 개념으로 발전

⑦ 분산 컴퓨팅 구조
  ㉠ 빅데이터 환경에서 만들어지는 데이터는 일반적으로 그 규모와 크기가 크기 때문에 지금까지 사용해 왔던 파일저장 시스템을 그대로 사용하는 경우, 많은 시간과 비용이 요구되며, 이를 해결하기 위하여 분산 컴퓨팅 환경을 이용한다.
  ㉡ 분산 컴퓨팅 환경에서는 대용량의 빅데이터를 분석하기 위하여 두 개 이상의 컴퓨터를 사용하여 분석 작업을 적절하게 분배하고 그 결과를 조합하는 방법을 이용하여 작업의 효율성을 높인다.
  ㉢ 최근 분산 컴퓨팅 환경으로 논의되고 있는 주요 구조의 특징을 요약하면 다음과 같다.

〈표 1-88〉 분산 컴퓨팅 환경의 특징

구 분	주요 특징

그리드 컴퓨팅
(Grid Computing)
	• 다수의 컴퓨터를 서로 연결, 분산처리
	• 각 노드에 1개 이상의 CPU, 100~80,000개의 노드로 구성
	• 노드마다 RAM 탑재 또는 노드에서 RAM 공유
	• 공유 스토리지(Lustre Filesystem) 시스템 사용
	• 그리드 구성 노드는 고속 통신이 가능
	• 장애 발생 시 자체 회복 기능 수행
	• 클러스터 : 다수의 컴퓨터가 서로 통신하는 컴퓨터 집합
	• 클러스터를 이용하여 대규모 고속 처리 가능
	  예 AWS(아마존 웹서비스), GCP(구글 클라우드 플랫폼)
	    MS Azure, PaaS, IaaS를 이용한 플랫폼 구성

구분	
GPGPU (General Purpose Computing on Graphics Processing Unit)	• 그래픽 가속기의 중심인 화상처리장치의 성능이 중요시됨 • 이미지 연산처리에 특화 • 별도의 메모리(VRAM, Video RAM)를 사용하기도 함 • CUDA(Compute Unified Device Architecture) 통합 개발환경 이용 • 머신러닝과 딥러닝을 이용한 이미지 인식, 음성인식 등의 연산처리 보드 역할로 활용
Many-core CPU	• 수백 개의 코어를 가진 CPU • 머신러닝과 딥러닝 프로그램 수행을 위해 활용
FPGA (Field-programmable Gate Array)	• 하드웨어 설계 시점에서의 고속화 처리 기반 • 회로를 자유롭게 변경할 수 있음 • 스트리밍 데이터 고속 처리 • 비디오 압축과 변환 등 실시간 데이터 처리에 유용 • 하드웨어와 소프트웨어 모두에 대응됨(편의성) • 프로토타입(Prototype) 구축에 많이 사용 • 소비 전력이 낮아 정밀도를 요구하지 않는 연산처리 이용 • 고속 처리의 소형화, 저전력화 설계용

⑧ 데이터 처리 및 분석을 위한 주요 소프트웨어 환경의 특징을 요약하면 다음과 같다.

〈표 1-89〉 데이터 처리·분석을 위한 소프트웨어 환경

구 분	주요 특징
멀티 프로세스	• 여러 개의 프로세스를 동시에 처리, 멀티태스킹 구조 • 데이터를 나누어 데이터 처리의 효율화 구현 • 부모·자식 프로세스로 구분하여 처리 • MPI(Message Passing Interface) : 여러 CPU에서 프로세스를 병렬 처리하는 표준 규격 • 컴퓨터 내 멀티 프로세스 환경, 컴퓨터 클러스터로 구성한 노드 사이의 병렬 처리에 활용
멀티 스레드	• 프로세스 내 메모리 공간 공유 • 부모 스레드가 자식(서브) 스레드 생성 및 호출 • 자식 스레드의 데이터를 받아 부모 스레드가 데이터 처리
아파치 하둡	• 야후 리서치 Doug Cutting이 개발, 기본적으로 데이터 배치 처리 • 아파치 소프트웨어 재단에서 관리, 대규모 분산처리 프레임워크 • Google File System(GFS), MapReduce 기반으로 둔 클론 소프트웨어 • 분산 파일 시스템(HDFS)과 맵리듀스를 핵심으로 하는 다양한 프로그램으로 구성(하둡 에코 시스템) • ETL(Extract, Transform, Load) 시스템에서 데이터 처리 • 클라우드 플랫폼 위에서 클러스터를 구성해 데이터 분석 예 Spark, Hive, YARN, Cassandra, Pig 등의 프로그램 사용
HDFS	• 하둡 분산 파일 시스템(Hadoop Distributed File System) • 마스터 노드인 Name node와 슬레이브 노드인 Data node로 구성 • Name node : 파일 이름, 권한 등의 속성 기록 • Data node : 일정한 크기로 나눈 블록 형태로 저장
MapReduce	• 키-값(Key-value) 형태의 데이터 처리 • Map : 여러 프로세스가 Key-value 형태로 데이터 취합 • Shuffle : 데이터 통합 처리, Reduce : 맵처리된 데이터 정리 • 데이터 처리과정 : Map → Shuffle → Reduce로 데이터 처리
YARN	• Yet-Another-Resource-Negotiator • 하둡의 맵리듀스 처리 부분을 새롭게 만든 자원 관리 플랫폼 • 마스터 노드인 Resource Manager와 슬레이브 노드인 Node Manager로 구성 • 노드 매니저 내에서 가동 중인 애플리케이션 마스터는 데이터 처리 작업의 본체이며, Container를 동작시킴 • 노드 매니저는 노드의 자원 상황을 감시, 애플리케이션 마스터가 컨테이너를 동작시킬 때는 리소스 매니저에 빈 노드를 요청해 얻은 후 빈 노드에서 컨테이너를 동작시킴

아파치 Spark	• 스트리밍 데이터, 온라인 머신러닝 등 실시간 데이터 처리 • 하둡 기반 대규모 데이터 분산처리 시스템 • 낮은 지연시간의 인라인 메모리에 저장된 데이터 접근(성능 향상) • 스칼라, 자바, 파이썬, R 등에서 이용 가능
RDD	• Resilient Distributed Dataset, 작은 배열 구조(파티션)로 분할 처리 • 변환(배열요소 처리)과 액션(카운트, 콜렉트, 리듀스 등) 작업 수행

⑨ 아파치 하둡 에코 시스템은 다음과 같이 다양한 기능별 소프트웨어들로 구성되어 운영된다. 여기서 아파치 우지(Apache Oozie)는 하둡의 Job을 관리하기 위한 서버 기반의 워크플로우 스케줄링 시스템이다. 우지의 워크플로우는 방향성 비사이클 그래프에서 제어 흐름과 액션 노드의 모임으로 정의된다. 제어 흐름 노드는 워크플로우의 시작과 끝(시작, 끝, 실패 노드) 그리고 워크플로우 실행 경로를 제어하기 위한 구조(결정, 포크, 조인 노드)를 정의한다.

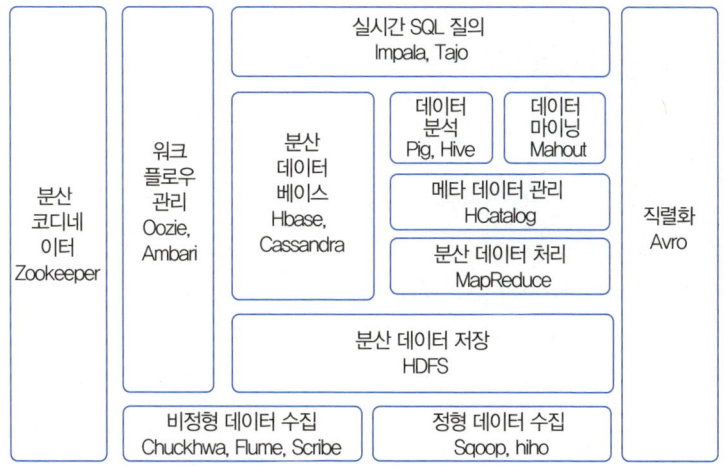

[하둡 에코시스템(Hadoop Ecosystem)]

⑩ 클라우드 서비스
  ㉠ 클라우드 서비스(Cloud Services)는 IT 서비스로서 소프트웨어, 인프라, 플랫폼의 개념으로 발전하고 있다.
  ㉡ SaaS(Software as a Service) : 서비스로서의 소프트웨어, 즉 외국 포털 업체가 제공하는 문서 작성 프로그램(구글 문서작성기 등), SaaS에서는 사용자가 인터넷을 통해 서비스 제공자에게 접속하여 애플리케이션을 사용하고 사용한 만큼 비용을 지불한다. 서비스가 운용되고 있는 서버에 대해 운영체제, 하드웨어, 네트워크는 제어할 수 없고, 오직 소프트웨어만 사용할 수 있다.
  ㉢ IaaS(Infrastructure as a Service) : 서비스로서의 인프라, 예를 들어 고성능 컴퓨팅이 가능한 서버나 대용량 저장장치(아마존 웹서비스, Amazon Web Services 등)
  ㉣ PaaS(Platform as a Service) : 서비스로서의 플랫폼, 예를 들어 사용자가 소프트웨어를 개발할 수 있는 환경(구글 앱 개발엔진 등)

⑪ 빅데이터 저장 방식 선정결과 보고서 작성(문서화) : 마지막으로, 최종 선정된 빅데이터 저장 시스템에 대하여 이를 선정한 이유를 문서화하여 보관하여야 하며, 다음과 같은 빅데이터 저장방식 선정 결과 보고서를 작성한다.

〈표 1-90〉 빅데이터 저장 방식 선정 결과 보고서 주요 내용

요소		검토 결과
저장기술의 기능성	데이터 모델	테이블 형태가 아닌 로그성 데이터 저장(NoSQL)
	확장성	확장성이 너무 좋지 않아도 가능
	트랜잭션 일관성	데이터 일관성이 반드시 보장될 필요 없음
	질의 지원	SQL에 준하는 질의 방법 수행
	접근성	자바 등을 이용한 웹시스템에서 접근 요구
분석 방식 및 환경	온라인 또는 배치	배치기반의 분석도 있으나 온라인 실시간 분석 요구
데이터 유형	기업 내·외부	기업 내부의 시스템 운영에 따른 다양한 로그성 데이터 발생
	데이터 발생량 및 속도	하루 1만 건 이상의 데이터가 지속 발생
기존 시스템 연계	운영 시스템 연계	• 기존 운영 시스템의 로그 데이터를 활용 • 운영 시스템과의 연계는 불필요
최종 검토 결과		• 여러 가지 로그성 데이터를 저장, 분석 • 여러 웹 시스템과 연계 필요성 • NoSQL 저장 시스템 고려 • 또는 확장성과 접근성이 좋은 MongoDB 고려

⑫ 빅데이터 저장 시스템의 선정 과정을 요약하면 다음과 같다.

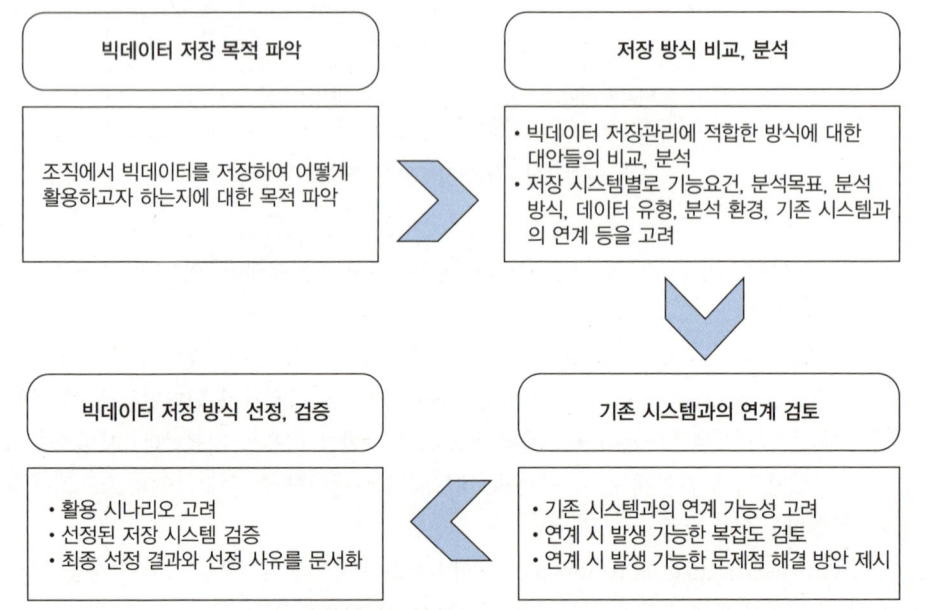

[빅데이터 저장 시스템 선정 절차]

확인 문제 | **빅데이터 저장 시스템 선정 절차**

다음 중 빅데이터 저장 시스템의 선정 절차로 옳은 것은?

① 데이터 저장 목적 파악 → 저장 방식 비교 및 분석 → 저장 시스템 선정 및 검증 → 기존 시스템과의 연계 검토
② 데이터 저장 목적 파악 → 저장 방식 비교 및 분석 → 기존 시스템과의 연계 검토 → 저장 시스템 선정 및 검증
③ 저장 방식 비교 및 분석 → 데이터 저장 목적 파악 → 저장 시스템 선정 및 검증 → 기존 시스템과의 연계 검토
④ 저장 방식 비교 및 분석 → 데이터 저장 목적 파악 → 기존 시스템과의 연계 검토 → 저장 시스템 선정 및 검증

풀이 빅데이터 저장 시스템은 '데이터 저장 목적 파악 → 저장 방식 비교 및 분석 → 기존 시스템과의 연계 검토 → 저장 시스템 선정 및 검증'의 절차로 이루어진다.

정답 ②

제3장 적중예상문제

제1과목 [빅데이터 분석 기획]

01 데이터 수집 시 고려할 사항으로 옳지 않은 것은?

① 데이터 수집의 용이성과 데이터 발생 빈도를 탐색하고 데이터 전처리 및 후처리 과정에서 발생하는 비용을 고려한다.
② 데이터의 개인정보 포함 여부나 지적재산권 여부를 판단하고 데이터가 분석목적에 맞게 조사되었는지, 데이터 품질이 확보될 수 있는지, 데이터 수집의 난이도를 파악하여 비용을 산정한다.
③ 내부 데이터의 경우 원천데이터가 내부 시스템에 존재하므로 상호협의에 따라서 데이터를 수집할 수 있다.
④ 데이터 수집의 난이도와 비용을 고려하여 가능한 내부 데이터만을 수집하는 것이 바람직하다.

[해설] 분석에 필요한 데이터 소스가 외부 시스템에 존재하는 경우 데이터 수집과정에서 상호협약을 통해 데이터를 수집하여야 한다.

02 다음 설명을 읽고 데이터 수집 작업 시 고려되어야 하는 것을 고르면?

> 데이터의 존재 위치, 유형, 용량, 비용, 정제 과정의 복잡성을 고려한 데이터 탐색이 필요하다.

① 데이터의 수집 가능성
② 데이터의 보안
③ 데이터의 정확성
④ 데이터 수집의 난이도

[해설] 데이터 수집 시 발생될 수 있는 문제점(난이도)을 사전에 검토하여야 한다. 예를 들어 수집할 데이터가 내부 데이터인지, 외부 데이터인지에 따라 난이도가 달라지며 내부 데이터인 경우 테이블 형태의 정형 데이터일 가능성이 높고, 수집의 비용이나 난이도가 외부 데이터를 수집할 때에 비해 낮다.

03 다음 중 내부 데이터로 보기 힘든 것은?

① ERP, CRM 등 서비스 시스템에서 수집된 데이터
② 네트워크 및 서버 등의 장비에서 수집된 데이터
③ 고객 VOC 접수, 고객 포털 시스템에서 수집된 데이터
④ 소셜 데이터

[해설] SNS 등의 소셜 데이터는 대표적인 외부 데이터이며, 데이터의 출처에 따라 내부와 외부 데이터로 분류한다. 예를 들어 내부 데이터는 기업이 보유하고 있는 영업 데이터와 고객 데이터 그리고 거래 정보 또는 매출 기록에 해당하는 정보를 포함하고, 외부 데이터는 인터넷에서 접할 수 있는 소셜 데이터와 온라인 뉴스 및 블로그 등과 같은 데이터를 의미한다.

04 다음 중 외부 데이터로 보기 힘든 것은?

① 정책 및 시사 토론 사이트에서 발생하는 데이터
② VOC 접수 등 마케팅 관련 데이터
③ 장비들 사이에서 발생하는 센서 데이터
④ 경제, 의료, 정책, 과학 등 공공 LOD 데이터

[해설] VOC 접수 등 마케팅 관련 데이터는 대표적인 내부 데이터이다. 보통 ETL 방법을 통해 내부 데이터를 수집하며 다양한 소스 시스템으로부터 필요한 데이터를 추출하여 변환하는 작업을 거쳐 저장하거나 분석 담당 시스템으로 전송, 적재한다.

05 다음 중 외부 데이터의 수집을 위해 우선적으로 고려되어야 하는 비용으로 적절한 것은?

① 시스템 리소스 사용 비용
② ETL(추출, 변환, 적재) 솔루션 구매 비용
③ 시간대별 트래픽 증가 사용 비용
④ 데이터 재수집 비용

[해설] 외부 데이터는 특정 기관의 담당자와 협의를 통해 데이터를 수집하거나 데이터를 제공하는 전문 업체를 통해 수집한다. 그리고 외부 데이터 수집 시 ETL[Extract(추출), Transform(변환), Load(적재)] 작업을 위한 솔루션 구매 비용을 먼저 고려하여야 한다.

정답 01 ④ 02 ④ 03 ④ 04 ② 05 ②

06 다음 중 데이터 수집 절차로 옳은 것은?

① 데이터 유형 파악 → 수집 기술 결정 → 아키텍처 파악·수립 → 하드웨어 스펙·규모 결정 → 수집 솔루션 설치
② 데이터 유형 파악 → 수집 기술 결정 → 하드웨어 스펙·규모 결정 → 아키텍처 파악·수립 → 수집 솔루션 설치
③ 데이터 유형 파악 → 아키텍처 파악·수립 → 수집 기술 결정 → 하드웨어 스펙·규모 결정 → 수집 솔루션 설치
④ 데이터 유형 파악 → 아키텍처 파악·수립 → 하드웨어 스펙·규모 결정 → 수집 기술 결정 → 수집 솔루션 설치

[해설] 데이터 수집은 '데이터 유형 파악 → 수집 기술 결정 → 아키텍처 파악·수립 → 하드웨어 스펙·규모 결정 → 수집 솔루션 설치'의 절차로 이루어진다.

07 다음 중 정형 데이터의 수집 기술로 가장 적절하지 않은 것은?

① API
② Crawler
③ Sqoop
④ Vendor가 제공하는 드라이버 이용

[해설] ② Crawler는 텍스트, 이미지, 소셜 데이터 등 비정형 데이터의 수집 기술에 해당된다.
③ Sqoop은 대표적인 정형 데이터 수집 기술로서 관계형 데이터베이스에서 읽어온 테이블을 HDFS에 파일 세트(여러 개의 파일)로 저장한다.

08 다음과 같은 특징을 가지는 데이터 수집 기술은 무엇인가?

- 테이블과 같이 고정된 Column에 데이터 저장
- 하둡 플랫폼과 연계하여 관계형 데이터베이스 통합 분석이 가능
- 명령어는 인터프리터에 의해 한 번에 하나씩 실행됨
- 모든 적재 과정을 자동화하고 병렬 처리 방식으로 작업

① Flume
② Nutch
③ Scrapy
④ Sqoop

[해설] 주로 정형 데이터의 수집을 위한 Apache Sqoop의 특징을 설명하고 있다. Sqoop은 구조화된 관계형 데이터베이스와 하둡간의 대용량 데이터들을 효율적으로 변환하여 주는 Command-line Interface 애플리케이션이다. Sqoop은 데이터의 가져오기와 내보내기를 맵리듀스를 통해 처리하여 장애 허용 능력뿐만 아니라 병렬 처리가 가능하게 한다.

09 다음 중 로그 데이터 수집을 위해 사용되는 기술로서 대용량의 로그 데이터를 효율적으로 수집 가능한 로그 수집 솔루션은 무엇인가?

① Chukwa   ② Flume
③ Scribe   ④ Sqoop

[해설] Apache Flume은 대용량의 로그 데이터를 효율적으로 수집 가능한 로그 수집 솔루션이다. Flume은 스트리밍 데이터 플로 기반의 단순하고 유연한 아키텍처를 갖추고 있으며, 튜닝 가능한 신뢰성 메커니즘과 수많은 대체작동(Failover) 및 복구 메커니즘을 갖추고 있어 고장 방지 기능이 제공된다.

10 다음 중 주로 분산 환경에서 생성된 데이터를 HDFS에 저장하는 플랫폼으로서 분산 서버에서 에이전트를 실행하고 콜렉터가 에이전트로부터 데이터를 받아 HDFS에 저장하는 데이터 수집 방법은 무엇인가?

① Chukwa   ② Flume
③ Scribe   ④ Sqoop

[해설] ① 분산 환경에서 생성된 데이터를 HDFS에 안정적으로 저장하는 플랫폼이다.
② 대용량의 로그 데이터를 효율적으로 수집 가능한 로그 수집 솔루션이다.
③ Facebook이 개발하여 오픈소스화한 로그 수집기로 실시간 스트리밍 로그 수집을 위한 솔루션이다.
④ 대용량 데이터 전송 솔루션이다.

11 다음과 같은 특징을 가지는 데이터 수집 기술은 무엇인가?

- 데이터 마이닝, 정보처리, 이력 기록 등과 같은 다양한 애플리케이션에 활용
- 데이터 수집이 용이하고 Logging 기능 지원
- 파이썬 기반의 프레임워크 활용
- 주로 텍스트, 이미지, 동영상, 소셜 데이터 등 비정형 데이터 수집에 활용

① Flume   ② Nutch
③ Scrapy   ④ Sqoop

[해설] 주로 비정형 데이터의 수집을 위한 Scrapy의 특징을 설명하고 있다. Scrapy는 파이썬으로 작성된 오픈소스 웹 크롤링 프레임워크로서 웹 데이터 수집을 목표로 설계되었다. 또한, API를 이용하여 데이터를 추출하고 범용 웹 크롤러로도 사용된다.

12 다음 중 비정형 데이터 수집 기술이 아닌 것은?

① Application Programming Interface(API)
② Crawling
③ Open Database Connectivity(ODBC)
④ Rich Site Summary(RSS)

[해설] ODBC(Open Database Connectivity)는 정형 데이터 수집 기술이다. ODBC는 마이크로소프트사가 만든 데이터베이스에 접근하기 위한 소프트웨어의 표준 규격으로 각 데이터베이스의 차이는 ODBC 드라이버에 흡수되기 때문에 사용자는 ODBC에 정해진 순서에 따라서 프로그램을 작성하면 접속처의 데이터베이스가 어떠한 데이터베이스 관리 시스템에 관리되고 있는지와 무관하게 접근할 수 있게 된다.

13 다음 설명에 해당하는 것은?

> 조직 내부에 존재하는 Transactions Log, Click Log, Web Server Log, Database Log 데이터 등을 수집하는 방법

① Sensing Reader
② Log Collector
③ IoT Collector
④ RSS Reader

[해설] 로그 수집기(Log Collector)에 대한 설명이다. 여러 시스템에서 발생한 로그를 한 번에 분석하기 위한 로그를 수집하기 위해 사용되는 도구이다.

14 다음 설명에 해당하는 것은?

> 데이터 수집 단계에서 데이터를 소유한 주체는 웹페이지를 통해 데이터를 공개하고 데이터 수집을 원하는 주체가 웹페이지에 게시되어 있는 정보를 수집한다.

① Web Crawler
② Log Data
③ Questionnaire
④ ETL

[해설] Web Crawler(웹 크롤러), 웹로봇을 이용하여 웹페이지에 있는 정보를 수집한다. 웹 크롤러가 하는 작업을 웹 크롤링 또는 Spidering이라고 한다. 검색 엔진과 같은 여러 사이트에서는 데이터의 최신 상태를 유지하기 위해 웹 크롤링 작업을 수행한다. 웹 크롤러는 대체로 방문한 사이트의 모든 페이지의 복사본을 생성하는 데 사용되며, 검색 엔진은 생성된 페이지를 보다 빠르게 검색하기 위해 인덱싱한다. 그리고 크롤러는 링크 체크나 HTML 코드 검증과 같은 웹사이트의 자동 유지 관리 작업을 위해 사용되고 자동 이메일 수집과 같은 웹페이지의 특정 형태의 정보를 수집한다.

15 자바스크립트를 위해 객체 형식으로 자료를 표현하는 경량의 데이터 교환 방식을 무엇이라고 하는가?

① JSON ② HTML
③ XML   ④ Javascript

[해설] JSON(Javascript Object Notation)에 대한 설명이다. JSON은 자바스크립트 객체 문법으로 구조화된 데이터를 표현하기 위한 문자 기반의 표준 포맷을 나타낸다. 비동기 브라우저 및 서버 통신을 위해, 넓게는 XML을 대체하는 주요 데이터 형식이다.

16 주로 정형 데이터의 수집용으로 사용되는 Apache Sqoop의 데이터 수집 절차로 옳은 것은?

① 테이블 메타 데이터 수집 → 자바 클래스 생성 → Map task 실행 → 데이터 Import
② 테이블 메타 데이터 수집 → 자바 클래스 생성 → 데이터 Import → Map task 실행
③ 자바 클래스 생성 → 테이블 메타 데이터 수집 → Map task 실행 → 데이터 Import
④ 자바 클래스 생성 → 테이블 메타 데이터 수집 → 데이터 Import → Map task 실행

[해설] Sqoop에서는 '테이블 메타 데이터 수집 → 자바 클래스 생성 → Map task 실행 → 데이터 Import'의 절차로 관계형 데이터베이스로부터 데이터를 Import하여 HDFS 시스템에 저장한다.

17 다음 설명에 해당하는 것은?

> Application의 성능 데이터는 실시간으로 분석하는 것이 바람직하지만, 시간이 지난 데이터를 분석해야 하는 경우도 많다. 예를 들어 지난 Application 분석에 필요한 데이터를 5분 단위로 저장하는 경우의 데이터를 의미하는 것으로서, 이는 사용자 데이터와 성능에 관련된 모든 데이터들과 서로 연결되어 있다.

① Adhoc Data   ② Alerting Data
③ Cube Data   ④ Mining Data

[해설] Cube Data(큐브 데이터)에 대한 설명으로서, 특정 시간 동안 저장된 로그 데이터 정보를 의미한다.

18 다음 설명과 가장 어울리는 것은?

> 데이터베이스나 다른 형태의 데이터 테이블로 조직된 데이터 모델의 정형적 구조를 따르지 않지만, 어의적 요소를 분리시키고 데이터 내의 레코드와 필드의 계층 구조가 있게 하는 태그나 다른 마커를 포함하고 있는 형태의 데이터

① 정형 데이터　　　　　　　　② 반정형 데이터
③ 비정형 데이터　　　　　　　　④ 완전 데이터

[해설] 반정형 데이터에 대한 설명으로서, 데이터 내부에 데이터 구조에 대한 메타 정보를 포함하고 HTML, XML, JSON, RSS, 웹로그, 센서 데이터 등에서 다루어진다.

19 비정형 데이터라고 할 수 없는 것은?

① 웹사이트 검색창에 사용한 키워드
② 스마트폰으로 찍은 사진
③ 트위터에 남긴 글
④ 웹서버 로그기록

[해설] 일정한 규칙이나 형태를 지닌 숫자 데이터와 달리 비정형 데이터는 그림이나 영상, 문서처럼 형태와 구조가 다른 구조화되지 않은 데이터를 말한다.

20 다음 중 측정에 대한 설명으로 옳지 않은 것은?

① 측정 방법은 크게 명목 척도, 순서 척도, 구간 척도, 비율 척도로 구분한다.
② 구간 척도는 절대적 기준인 0값이 존재하고 모든 사칙연산이 가능하며, 제일 많은 정보를 가진다.
③ 명목 척도는 측정 대상이 어느 집단에 속하는지 분류할 때 사용된다.
④ 구간 척도와 비율 척도로 측정된 자료를 양적자료 또는 연속형 자료라 한다.

[해설] 구간(등간) 척도에서는 상대적 크기를 나타내는 것으로 절대영점이 없는 자료를 나타낸다. 보통 사용되는 수가 집단, 순위 및 동등 간격이라고 하는 3종류의 정보를 가지고 구분한다.

21 다음 ( )에 들어갈 용어는 무엇인가?

> 수학적 관점에서 측정은 대상의 특정한 속성을 숫자 또는 기호로 표시하는 작업이고, 이 경우 관계를 부여하기 위해 사용되는 규칙을 ( )(이)라고 한다.

① 속 성
② 속성값
③ 표본추출
④ 척 도

[해설] 척도에 대한 설명이다. 예를 들어 종이책의 두께를 잴 때 눈금자를 이용해 밀리미터라는 척도로 숫자를 부여하는 것을 말한다.

22 다음 중 수치로 측정할 수 있는 데이터를 저장하기 위한 변수는 무엇인가?

① 계량적 변수
② 비계량적 변수
③ 모집단 변수
④ 표본 변수

[해설] 수치로 측정할 수 있는 데이터는 계량적 변수(Quantitative Variable)에 저장한다. 계량적 변수 또는 Metric 변수는 양적 변수로서 측정한 속성값을 연산이 가능한 의미 있는 수치로 나타낼 수 있다.

23 다음 중 연령(나이), 참여 인원수, 판매 횟수 등과 같이 정숫값만을 가지는 데이터를 저장하기 위한 계량변수는 무엇인가?

① Continuous Variable
② Discrete Variable
③ Sample Value
④ Qualitative Variable

[해설] 비연속적인 값(정수)만을 가지는 데이터는 이산적 변수(Discrete Variable)에 저장한다. 이산변수란 이산할 수 있는 변수로서 하나하나 셀 수 있는 변수이다. 예를 들어 아파트의 층 수, 직원의 수, 불량품의 개수 등이 해당된다.

24 다음 중 데이터 분석용 자료로서 연속형 변수가 아닌 것은?

① 실내 온도
② 매장방문 고객의 수
③ 2학년 학생의 몸무게
④ 판매 상품의 부피

[해설] 연속형 변수는 양적 사료로시 세는 것이 불가능한 단위이고, 이산형은 개수로 측정되는 변수이다. 따라서 매장 방문 고객의 수는 이산형 변수에 해당된다.

25 자료(Data)에 대한 설명으로 옳지 않은 것은?

① 질적자료는 성별, 직업, 혈액형 등과 같이 관측값이 숫자가 아닌 문자로 표시되어 몇 개의 범주로 나타낸다.
② 양적 자료는 키, 몸무게, 생산량 등과 같은 관측값이 숫자로 표시된다.
③ 연속형 자료는 고객의 수, 차량의 수와 같이 자료가 유한개 또는 셀 수 있는 자료이다.
④ 척도에 따라 명목 척도, 서열 척도, 등간 척도, 비율 척도로 나눈다.

[해설] 고객의 수, 차량의 수와 같이 자료가 유한개 또는 셀 수 있는 것은 이산형 자료이다.

26 다음 중 데이터 측정 척도가 아닌 것은?

① 명목 척도(Nominal Scale)
② 서열 척도(Ordinal Scale)
③ 비율 척도(Ratio Scale)
④ 계량 척도(Quantitative Scale)

[해설] 데이터 측정의 척도
- 명목(Nominal) : 속성을 분류하는 척도
- 서열(Ordinal) : 순서 관계를 밝혀주는 척도
- 등간(Interval) : 순서 사이의 간격이 균등한 척도
- 비율(Ratio) : 순서 사이의 간격이 균등하고 절대영점(0)이 존재하는 척도

27 다음 설명에 해당되는 기술통계 자료의 변수 척도로 옳은 것은?

> 범주형 자료로서, 측정 대상이 어느 집단에 해당되는지 분류하는 경우에 사용되고 모든 연산이 불가능하다. 예를 들어 성별(남, 여), 고객의 구분(기존, 신규) 등이 있다.

① 명목 척도
② 등간 척도
③ 서열 척도
④ 비율 척도

[해설] 질적 변수로서 명목 척도에 해당된다. 명목 척도는 관측대상을 범주로 나누어 분류한 후 이에 따라 기호나 숫자를 부여하는 방법이다. 예로는 직업 구분, 출신국가 분류, 고객 구분, 주택 보유 여부 등이 있다.

28 다음 특징을 가지는 척도로 옳은 것은?

> - 주로 비계량적 변수를 정량적인 방법으로 측정하기 위해 사용
> - 각각의 대상을 따로따로 평가
> - 가장 많이 사용되는 방법은 3점 척도와 5점 척도
> - (상, 중, 하), (지지함, 모름, 반대함), (상, 중상, 중, 중하, 하) 등으로 구분하여 측정
> - 비계량적 변수를 측정한 경우, 계량적으로 측정한 데이터로 취급

① 명목 척도(Nominal Scale)
② 서열 척도(Ordinal Scale)
③ 등간 척도(Interval Scale)
④ 비율 척도(Ratio Scale)

[해설] 등간 척도(Interval Scale)에 대한 설명이다. 등간 척도는 명목 척도와 서열 척도의 특징을 모두 가지고 있으며, 크기가 어느 정도나 되는지, 특성 간의 차이가 어느 정도나 되는지 파악이 가능하다.

정답 24 ② 25 ③ 26 ④ 27 ① 28 ③

29 다음 특징을 가지는 척도로 옳은 것은?

> • 금액, 거리, 무게, 시간 등을 측정
> • 평균금액, 평균거리 등의 평균값이 의미를 가짐
> • 금액의 비율, 무게의 비율 등이 의미를 가짐
> • 통계학에서 주로 다루는 많은 데이터들이 해당

① 명목 척도(Nominal Scale)
② 서열 척도(Ordinal Scale)
③ 등간 척도(Interval Scale)
④ 비율 척도(Ratio Scale)

[해설] 비율 척도(Ratio Scale)에 대한 설명이다. 예를 들어 "자녀의 수가 몇 명입니까?"라는 질문에 없으면 0이라고 대답이 가능한 척도를 의미한다.

30 다음 특징을 가지는 척도로 옳은 것은?

> • 비계량적 변수 관측을 위해 사용
> • 관측 대상을 적당한 기준에 따라 상대적으로 비교하여 순위를 매김
> • 소비자의 상품에 대한 선호도(1위, 2위, 3위)
> • 순서만 의미가 있고, 수치의 크기나 차이는 의미가 없음

① 명목 척도(Nominal Scale)
② 서열 척도(Ordinal Scale)
③ 등간 척도(Interval Scale)
④ 비율 척도(Ratio Scale)

[해설] 서열 척도(Ordinal Scale)에 대한 설명이다. 서열 척도를 이용하여 측정 대상의 특성들을 구분하여 주고 이들 사이의 상대적인 크기를 나타내며 서로간에 비교가 가능한 척도이다.

31 다음 중 등간(구간) 척도와 비율 척도의 구분 방법으로 가장 적절한 것은?

① 구분할 필요 없이 적당한 척도를 선택하여 사용할 수 있다.
② 온도 측정 시 10도+10도=20도로서 20도가 10도를 두 번 더한 것만큼의 뜨거움을 나타내므로 비율 척도를 사용한다.
③ 데이터의 속성값들을 연산했을 때 그 결과가 의미 없으면 등간 척도이고, 의미가 있다면 비율 척도이다.
④ 데이터의 속성값들을 연산했을 때 그 결과가 의미 없으면 비율 척도이고, 의미가 있다면 등간 척도이다.

[해설] 연산값이 의미가 있는 경우 비율 척도, 의미가 없으면 등간 척도이다.

32 다음 중 두 개 이상의 Sample을 하나의 Sample로 합산하여 데이터를 변환(개수 축소)하는 과정을 무엇이라고 하는가?

① Aggregation ② Binning
③ Smoothing ④ Variable Transformation

[해설] 총계(Aggregation) 작업을 통한 개수 축소 데이터 변환 과정이다. 일반적으로 데이터는 매우 크기 때문에 대용량 데이터에 대한 복잡한 데이터 분석과 마이닝은 실행하기 어렵거나 불가능한 경우가 많다. 데이터 축소는 원래 용량 기준보다 작은 양의 데이터 표현결과를 얻게 되더라도 원 데이터의 완결성을 유지하기 위해 주로 사용된다. 예를 들어 개인정보에 대하여 통곗값(전체 혹은 부분)을 적용하여 특정 개인을 판단할 수 없도록 처리한다.

33 데이터 변환 작업을 위해서 구간의 너비를 작게 하여 히스토그램을 표현하는 평활 기법은 무엇인가?

① Aggregation ② Binning
③ Clustering ④ Variable Transformation

[해설] 구간화(Binning) 방법을 이용한 범주화 기법이다. 예를 들어 단일 식별 정보를 해당 그룹의 대푯값으로 변환(범주화)하거나 구간값으로 변환(범위화)하여 고유 정보의 추적 및 식별을 방지한다.

정답 29 ④ 30 ② 31 ③ 32 ① 33 ②

34 다음 설명과 관련된 것은?

> 개인을 식별할 수 있는 잠재성을 가진 데이터를 식별할 수 없거나 식별하기 어려운 데이터로 가공하는 일련의 과정

① 데이터 수집
② 데이터 비식별화
③ 데이터 정제
④ 데이터 변환

[해설] 개인정보보호를 위한 데이터 비식별화(De-identification) 과정이다. 데이터 비식별화는 누군가의 정체성이 공개되지 않도록 예방하기 위해 사용되며, 예를 들어 인체 실험 중에서 생성된 자료는 연구 참여자들의 사생활을 보호하기 위해 비식별화된다.

35 미국 연방거래위원회에서 명시하고 있는 개인정보 비식별화 조치 내용이 아닌 것은?

① 공개 정보는 재식별화를 시도하지 않아야 한다.
② 비식별화된 데이터 제공 시 데이터가 재식별화되지 않도록 계약상 명문화하여야 한다.
③ 컴퓨터를 이용한 개인정보 결합을 이용하여 재식별이 가능하여야 한다.
④ 다른 장치와 결합할 수 있는 개인정보는 반드시 비식별화되어야 한다.

[해설] 컴퓨터 또는 다른 장치와 결합할 수 있는 개인정보는 반드시 비식별화되어야 한다. 데이터 비식별화란 데이터 내에 개인을 식별할 수 있는 정보가 있는 경우, 이의 일부 또는 전부를 삭제 또는 일부를 속성 정보로 대체 처리함으로써 다른 정보와 결합하여도 특정 개인을 식별하기 어렵도록 하는 조치를 의미한다. 즉, 비식별화는 누군가의 정체성이 공개되지 않도록 예방하기 위해 사용되는 과정으로서 예를 들어 인체 실험 중에 생성된 자료는 연구 참여자들의 사생활을 보호하기 위해 비식별화한다.

36 개인정보 비식별화 절차로 옳은 것은?

① 비식별 조치 → 사전 검토 → 적정성 평가 → 사후관리
② 비식별 조치 → 사전 검토 → 사후 관리 → 적정성 평가
③ 사전 검토 → 비식별 조치 → 적정성 평가 → 사후 관리
④ 사전 검토 → 비식별 조치 → 사후 관리 → 적정성 평가

[해설] 개인정보의 비식별화는 '사전 검토 → 비식별 조치 → 적정성 평가 → 사후 관리'의 절차로 수행된다.

37 다음 중 데이터 비식별화 방법이 아닌 것은?

① 가명처리
② 데이터 값 제거
③ 데이터 도메인 값 중 임의 할당
④ 범주화

[해설] 데이터 도메인에 속한 값들 중 하나를 임의로 할당하는 것은 데이터 비식별화 방법에 해당되지 않는다. 데이터 비식별화를 위해 가명처리, 총계처리, 데이터 값 삭제, 범주화, 데이터 마스킹 등의 방법을 이용한다.

38 식별 가능한 값을 다른 값으로 대체하는 데이터 비식별화 기법은 무엇인가?

① 가명처리
② 데이터 값 제거
③ 마스킹
④ 범주화

[해설] Pseudonymization(가명처리) 방법을 이용한 데이터 비식별화 조치이다. 가명처리에서는 개인 식별이 가능한 데이터에 대하여 직접적으로 식별할 수 없는 다른 값으로 대체한다.

정답 34 ② 35 ③ 36 ③ 37 ③ 38 ①

39 다음 중 데이터 품질점검 항목으로 적절하지 않은 것은?

① 데이터의 분량
② 데이터의 가치
③ 데이티의 정확성
④ 데이터의 일관성

[해설] 데이터 탐색 단계 이전에 데이터의 분량, 완전성, 일관성, 정확성을 점검한다.

40 다음 중 데이터 품질보증의 목적으로 가장 옳은 것은?

① 어떠한 데이터 분석모형에 사용되더라도 동일한 분석결과를 얻는다.
② 데이터 분석목적에 적합한 품질의 데이터를 이용하여 최상의 분석결과를 얻는다.
③ 개인정보 보호법에 저촉되지 않는 데이터들만 저장한다.
④ 시각적으로 이해하기 쉬운 데이터 시각화를 위한 최적의 분석결과를 얻는다.

[해설] 데이터 품질보증은 데이터 분석목적에 적합한 품질의 데이터를 이용하여 최상의 분석결과를 얻기 위해 수행한다.

41 다음 중 데이터 검증 절차로 옳은 것은?

① 데이터 비식별화 조치 → 데이터 품질 검증 → 데이터 무결성 검증
② 데이터 비식별화 조치 → 데이터 무결성 검증 → 데이터 품질 검증
③ 데이터 품질 검증 → 데이터 비식별화 조치 → 데이터 무결성 검증
④ 데이터 품질 검증 → 데이터 무결성 검증 → 데이터 비식별화 조치

[해설] 데이터 검증을 위하여 '데이터 품질 검증 → 데이터 무결성 검증 → 데이터 비식별화 조치'의 절차를 수행한다.

42 다음 설명에 해당하는 용어는 무엇인가?

> 조직이 운영·관리하는 정보 시스템에 저장된 정형·비정형 데이터의 품질을 측정하여 현재 수준을 평가하고 품질 저하의 요인을 분석하여 개선 사항을 제안하는 절차

① 데이터 무결성 진단 ② 데이터 신뢰도 진단
③ 데이터 일관성 진단 ④ 데이터 품질진단

[해설] 데이터 품질진단에 대한 설명이다. 데이터 품질진단은 데이터 품질관리 활동의 일환으로 전개되는 것이 바람직하다. 데이터와 관련된 품질진단의 종류는 크게 데이터 값 진단, 데이터 구조 진단, 데이터 관리 프로세스 진단 등으로 구분된다.

43 다음 중 데이터 품질 유형 및 관리 모형의 설계 관점이 아닌 것은?

① 거시적 관점 ② 미시적 관점
③ 부가가치적 관점 ④ 통합적 관점

[해설] 데이터 품질 유형 및 관리의 설계 관점
- 미시적 관점 : 데이터 품질관리의 각 요소를 확인하고 요소별 데이터 품질 향상 방안 도출
- 거시적 관점 : 전사 조직 측면에서 데이터 관리의 성숙도 단계 정의, 각 조직의 성숙도 측정, 상위 단계로 발전하도록 유도
- 부가가치적 관점 : 데이터 품질관리의 비용, 효과, 위험 모형을 개발하여 각 조직의 상황에 맞는 데이터 품질관리 방안 제시

44 다음 중 데이터 품질관리 요소를 확인하고 요소별로 데이터 품질 향상을 도출할 수 있도록 데이터 품질관리 모형을 설계하는 관점으로 옳은 것은?

① 거시적 관점 ② 미시적 관점
③ 부가가치적 관점 ④ 통합적 관점

[해설] ① 전사적 조직 측면에서 데이터 관리의 성숙도 단계를 정의하고 각 조직의 성숙도를 측정하여 상위 단계로 발전하도록 유도하는 관점이다.
③ 데이터 품질관리의 비용·효과위험 모형을 개발하여 조직의 상황에 맞는 데이터 품질관리 방안을 제시하는 관점이다.

45 데이터 품질관리를 위한 주요 네 가지 요소가 아닌 것은?

① Accuracy(정확성)
② Completeness(완전성)
③ Consistency(일관성)
④ Volume(데이터 규모)

[해설] 데이터의 규모(Volume)는 빅데이터의 주요 특성 중 하나이다. 데이터 품질관리의 주요 요소는 정확성(Accuracy), 완전성(Completeness), 적시성(Timeliness), 일관성(Consistency)이다.
- 정확성(Accuracy) : 데이터 사용 목적별로 서로 다른 정확성 기준 적용
- 완전성(Completeness) : 분석에 요구되는 데이터 식별 수준의 적용
- 적시성(Timeliness) : 소멸성이 높은 데이터에 대한 품질 기준
- 일관성(Consistency) : 사용 목적별로 데이터 수집 기준 설정 및 일관성 유지

46 데이터의 누락 여부 및 결측값의 비율을 점검하는 품질점검 항목은 무엇인가?

① 데이터의 분량
② 데이터의 완전성
③ 데이터의 일관성
④ 데이터의 정확성

[해설] 데이터의 완전성 점검 항목에서 데이터의 누락 여부 및 결측값의 비율을 확인한다.

47 다음 특징에 해당되는 데이터 품질관리 요소는 무엇인가?

- 데이터의 의미가 유효한 시간 정보를 내포하는 특성을 고려
- 하루 중 특정 시간 동안에만 의미를 가지는 데이터 품질
- 예를 들어 웹로그, 트윗, 위치 데이터 등에 대한 품질관리

① Accuracy(정확성)
② Completenes(완전성)
③ Consistency(일관성)
④ Timeliness(적시성)

[해설] 적시성(Timeliness)에 대한 데이터 품질관리 요소의 특징이다.

48 다음 특징을 갖는 비정형 데이터의 품질기준 요소는 무엇인가?

> • 다양한 환경에서 콘텐츠가 실행되어야 한다.
> • 다른 콘텐츠와 공존하여 실행이 가능하여야 한다.
> • 다양한 상황에서 적응하여 실행되어야 한다.

① Efficiency(효율성)
② Functionality(기능성)
③ Portability(이식성)
④ Usability(사용성)

[해설] 이식성(Portability)에 대한 품질기준이다. 주로 비정형 데이터의 품질기준으로 이식성이 평가되며, 적응성, 공존성, 이식 순응성, 그리고 다양한 환경과 상황에서의 콘텐츠 실행 가능 여부를 평가한다.

49 다음 중 수집 데이터 오류의 보정·수정이 어려운 경우 수행 작업에 해당되지 않는 것은?

① 원천 데이터를 재탐색하여 수집
② 기존 데이터 값들 중 하나를 무작위 할당
③ 데이터 수집 도구를 이용한 데이터 재수집
④ 재수집된 데이터의 품질점검 수행

[해설] 데이터 오류의 보정 및 수정이 어려운 경우 필요한 데이터를 다시 탐색하고 재수집할 수 있도록 조치하는 것이 가장 바람직하다. 기존 데이터를 무작위로 할당하여 데이터를 재수집하는 방법은 데이터의 오류를 보정하고 수정하는 방법에 해당하지 않는다.

50 다음 특징을 가지는 프로그래밍 언어는 무엇인가?

- 통계 소프트웨어로 다양한 그래픽 기능 제공
- 기본적인 그리기 도구를 이용한 이미지 작성 가능
- 데이터 검증(예 개제무결성 진단) 기능 제공
- 중복값을 갖는 데이터세트에서 중복키 찾기를 이용한 데이터 검증 가능
- 무료 오픈소스로 활용

① Java
② Python
③ R
④ Ruby

[해설] R에 대한 특징이다. R은 프리웨어로 사용할 수 있으며, 통계계산과 그래픽을 위한 프로그래밍 언어이자 소프트웨어 환경이다. 뉴질랜드 오클랜드 대학의 Robert Gentleman과 Ross Ihaka에 의해 개발되어 현재는 R 코어 팀이 관리하고 있다.

51 효율적인 데이터 적재 수립 과정으로 옳은 것은?

① 요건 정의 → 데이터 요건 확정 → 수행방안 설계 → 모델링
② 요건 정의 → 데이터 요건 확정 → 모델링 → 수행방안 설계
③ 요건 정의 → 수행방안 설계 → 모델링 → 데이터 요건 확정
④ 요건 정의 → 수행방안 설계 → 데이터 요건 확정 → 모델링

[해설] 효율적인 데이터 적재를 위하여 '요건 정의 → 수행방안 설계 → 데이터 요건 확정 → 모델링'의 과정을 수행하며, 이를 토대로 데이터 적재 주기 검토서를 작성한다.

52 데이터 적재 수립 과정 중 다음 작업에 해당하는 것은?

> 데이터 적재 주기에 있어 분석요건을 도출하는 단계로서 분석 시 상황변화나 처리속도 지연 등을 발생시키는 항목들을 찾아서 개선될 사항들을 확인한다.

① 요건 정의
② 수행방안 설계
③ 데이터 요건 확정
④ 모델링

[해설] ① 데이터 적재 주기에 있어 분석요건을 도출하는 단계, 다양한 이슈에 따라서 요건 정의가 될 수 있는 항목들을 선정하여 중요한 요건 정의 항목부터 추출하고 검토해야 한다.
② 분석요건에 따라 정확한 수행방안을 설계·기술하는 단계, 데이터 분석을 구체적으로 수행하기 위해서 데이터의 탐색적 분석을 수행하면서 모델링을 위한 가설을 세워야 한다.
③ 요건 도출과 수행방안 설계 후 수행하는 단계, 요건에 어떻게 접근할 것인지 이를 통해 어떤 정량적·정성적 효과가 나올지에 대해 기획해야 한다.
④ 요건 정의와 확정을 통해 정의된 요건에 따라 상세분석 기법을 적용해서 모델을 개발하는 단계, 모델링은 모델링 마트 설계와 구축 및 탐색적 분석과 유의변수 도출 그리고 모델링 성능평가의 단계를 거친다.

53 다음 중 빅데이터 전처리(Pre-processing) 작업에 해당하지 않는 것은?

① Cleansing(데이터 정제)
② Data Type Transformation(데이터 유형 변환)
③ Integration(데이터 통합)
④ Filtering(데이터 필터링)

[해설] 데이터 통합(Integration)은 빅데이터 후처리 과정에 해당된다. 빅데이터 전처리에서는 데이터 정제, 데이터 유형 변환 및 데이터 필터링 과정이 수행된다.

54 다음 데이터 처리 과정을 무엇이라고 하는가?

> 데이터 활용 목적에 맞지 않는 정보를 제거하여 분석 시간을 단축하고, 저장 공간을 효율적으로 활용하며, 비정형 데이터는 데이터 마이닝을 통해 오류나 중복을 제거하여 저품질 데이터를 개선, 처리한다. 이 경우 자연어 처리 및 기계학습과 같은 최신 기술을 적용한다.

① Cleansing(데이터 정제)
② Data Type Transformation(데이터 유형 변환)
③ Integration(데이터 통합)
④ Filtering(데이터 필터링)

[해설] 데이터 필터링(Data Filtering)에 대한 설명이다. 예를 들어 관계형 데이터베이스에서 속성이 현재 테이블에 표시되었는지 여부에 관계없이 테이블 속성에 따라 테이블 데이터를 필터링한다.

55 다음 설명에 해당되는 데이터 전처리 작업은 무엇인가?

> • 각 변수들의 범위 또는 분포를 같게 만드는 작업
> • 특성(Feature)들의 범위(Range)를 정규화해주는 작업
> • 데이터의 값이 너무 크거나 또는 작은 경우 수행
> • 표준화(Standatdization) 또는 정규화(Normalization) 작업을 주로 사용함

① Data Scaling ② Data Type Transformation
③ Data Cleansing ④ Data Filtering

[해설] 각 변수들에 대한 상대 비교를 위해 데이터 전처리 작업 중 하나로서 데이터 스케일링(Data Scaling) 작업을 수행한다. 데이터의 값이 너무 크거나 작은 경우 데이터 분석모형 알고리즘의 학습 과정에서 0으로 수렴하거나 무한으로 발산할 수 있기 때문에 정규화, 표준화 등의 작업을 통해 적절한 데이터 스케일링 작업을 수행한다.

56 다음 중 빅데이터 후처리(Post-processing) 작업에 해당하지 않는 것은?

① Cleansing(데이터 정제) ② Integration(데이터 통합)
③ Reduction(데이터 축소) ④ Transformation(데이터 변환)

[해설] 데이터 정제(Cleansing)는 빅데이터 전처리 단계에서 수행된다.

57 데이터 처리 과정 중 데이터의 고유한 특성은 손상되지 않도록 하면서 불필요한 데이터를 제거함으로써 분석에 대한 효율성을 높이는 작업을 무엇이라고 하는가?

① Cleansing(데이터 정제) ② Integration(데이터 통합)
③ Reduction(데이터 축소) ④ Transformation(데이터 변환)

[해설] 데이터 축소(Reduction)에 대한 설명이다. 데이터 축소 과정을 통하여 데이터 분석에 불필요한 데이터를 축소하며 고유한 특성은 손상되지 않도록 하고 분석에 대한 효율성을 높인다.

58 다음 설명에 가장 적절한 용어는 무엇인가?

> 검색 수집한 데이터를 분석에 사용하기에 적합한 방식으로 안전하게 영구적인 방법으로 보관하는 것으로서 대용량의 다양한 형식의 데이터를 고성능으로 저장하고 필요한 경우 데이터를 검색하여 수정, 삭제 또는 검색 서비스를 제공하는 것

① 빅데이터 추출 ② 빅데이터 수집
③ 빅데이터 저장 ④ 빅데이터 분석 및 시각화

[해설] 빅데이터 저장 업무에 대한 설명이다. 효율적인 데이터 저장관리를 위하여 다음을 고려한다.
- 데이터 분석을 위하여 불필요한 항목을 제거하고 데이터 품질을 향상시킬 수 있도록 데이터 전·후처리 수행
- 대용량의 데이터를 유연하게 저장하고 관리, 활용할 수 있도록 확장성 등을 고려하여 수집하고 데이터 유형에 맞는 데이터베이스 구축
- 데이터의 안전한 활용을 위하여 수집된 데이터에 대한 개인정보 처리, 데이터 접근 및 보안관리 등의 작업 수행

59 빅데이터 저장 시스템의 기능성 분석과 관련된 설명으로 적절하지 않은 것은?

① 데이터 수정, 삭제 등의 작업이 빈번한 경우 관계형 DB보다 NoSQL을 활용한다.
② 효율적인 접근성 지원을 위하여 라이브러리용 드라이버를 지원하는 MongoDB를 활용한다.
③ View 개념을 자주 이용하는 경우 CouchDB를 활용한다.
④ 우수한 질의 인터페이스가 필요하면 MongoDB를 활용한다.

[해설] 데이터 수정 및 삭제 등의 작업이 빈번한 경우 NoSQL보다 관계형 데이터베이스를 활용한다. NoSQL 데이터베이스는 전통적인 관계형 데이터베이스보다 덜 제한적인 일관성 모델을 이용하는 데이터의 저장 및 검색을 위한 메커니즘을 제공한다.

정답 54 ④ 55 ① 56 ① 57 ③ 58 ③ 59 ①

60 전사적인 차원에서 대규모로 데이터를 구축하는 저장소는 무엇인가?

① 데이터마트
② 분산 파일 시스템
③ 데이터베이스
④ 데이터웨어하우스

[해설] 데이터웨어하우스(Data Warehouse)는 전사적인 차원에서 구축, 운영하는 대규모 데이터 저장소를 의미한다. 데이터웨어하우스를 구축하기 위하여 다양한 데이터 변환 도구를 활용하며 ETL(Extract, Transform, Load) 과정을 수행하고, 소스 데이터로부터 데이터를 받아 웨어하우스에 적재한다.

61 다음 설명에 해당하는 것은?

> 데이터웨어하우스의 구축과 이용이라는 관점에서 볼 때, 데이터를 소규모로 분할하여 구축, 이용하는 것이 보다 효과적이다.

① 데이터마트
② 데이터웨어하우스
③ 데이터베이스
④ DBMS

[해설] 데이터마트(Data Mart)란 전사적으로 구축된 데이터웨어하우스로부터 특정 주제, 부서 중심으로 구축된 소규모 단일 주제의 데이터웨어하우스(자료 저장소)이다. 데이터마트에서는 데이터를 소규모로 분할하여 분석을 용이하게 하며, 주제별로 데이터마트를 구축하여 사용한다.

62 기업 내 또는 기업 간의 이질적인 시스템을 효율적으로 연계하여 메시지를 통합 처리하는 기술은 무엇인가?

① ETL
② ETD
③ EAI
④ SOA

[해설] EAI(Enterprise Application Integration)는 기업 내 또는 기업 간의 정보 연계를 위하여 사용되는 기술로 데이터를 통합적으로 관리한다.

63 다음 설명으로 적절한 빅데이터 저장 방식은?

> 저사양의 서버들을 활용하여 대용량, 분산, 데이터 집중형의 애플리케이션을 지원하며, 사용자들에게 고성능의 Fault-tolerant 환경을 제공한다.

① RDBMS
② 분산 파일 시스템
③ Legacy System
④ NoSQL

[해설] 분산 파일 시스템에 대한 설명으로 대표적으로 HDFS, GoogleFS 등이 있다. 분산 파일 시스템에서는 빅데이터를 확장 가능한 분산 파일 형태로 저장한다.

64 다음 설명으로 적절한 빅데이터 저장 방식은?

> 대용량 데이터베이스를 저장하기 위하여 전통적인 RDBMS보다 상대적으로 제한이 적은 데이터 모델을 기반으로 수평적 확장성, 데이터 복제, 간편한 API, 일관성 보장 등의 장점을 가지고 있다.

① Google File System
② 분산 파일 시스템
③ HDFS
④ NoSQL

[해설] MongoDB, Cassandra, HBase 등의 NoSQL를 이용한 데이터 저장 방식에 대한 설명이다. NoSQL은 전통적인 관계형 데이터베이스보다 덜 제한적인 일관성 모델을 이용하는 데이터의 저장 및 검색을 위한 메커니즘을 제공한다.

65 다음 NoSQL 데이터 저장 방식 중 키와 해당 키 값의 쌍으로 저장하는 데이터 모델(대표적으로 아마존의 Dynamo)은 무엇인가?

① RDBMS
② Column-oriented Database
③ Document Database
④ Key-value Database

[해설] NoSQL 데이터 저장 방식 중 Key-value Database에 대한 설명이다.

66 다음 특징을 갖는 데이터 저장 시스템으로 적절한 것은?

- 오픈소스 DBMS로서 Embedded Data Model 지원
- Join 연산이 필요 없음
- 빠른 질의 처리를 위한 인덱스 지원
- 분산 시스템 환경에서 자동 Failover 지원
- 자동 Sharding 지원
- 중복된 데이터 집합에 대한 일관적인 읽기 기능 지원

① Sybase   ② MS-SQL
③ Oracle RDB   ④ MongoDB

[해설] MongoDB는 대표적인 NoSQL 저장 시스템으로 다양한 특징을 가진다.

67 대용량 데이터베이스에서 데이터를 수평분할(Horizontal Partition)하는 방법으로서 데이터의 저장 및 관리 시 높은 성능과 가용성을 보장하는 기법은 무엇인가?

① Distributed File System
② Google File System
③ ACID
④ Sharding

[해설] 샤딩(Sharding) 기법에 대한 설명이다. 샤딩은 데이터 저장 및 관리 시 높은 성능과 가용성을 보장한다. NoSQL에서 주로 사용되며, 기존 관계형 데이터베이스 시스템에서의 파티셔닝(Partitioning) 개념과 동일하다.

68 빅데이터를 저장·처리하기 위한 하드웨어 설계 방법으로 옳지 않은 것은?

① 분산 컴퓨팅　　　② 병렬 컴퓨팅
③ NoSQL 컴퓨팅　　④ 클라우드 컴퓨팅

[해설] 하드웨어 설계 방법으로 분산, 병렬 및 클라우드 컴퓨팅 구조를 고려한다.
- 분산 : 네트워크로 연결된 시스템에 여러 장치를 분산 처리
- 병렬 : 여러 개의 복잡한 연산을 순차적이 아닌 병렬적으로 동시 처리
- 클라우드 : 인터넷 기반의 컴퓨팅 기술로서 IT 자원의 소유가 아니라 대여의 개념

69 다음 설명에 해당하는 것은?

> 빅데이터 환경에서 만들어지는 데이터는 규모와 크기가 크기 때문에 지금까지 사용해 왔던 파일저장 시스템을 그대로 사용하는 경우 많은 시간과 비용이 요구된다. 따라서 대용량의 빅데이터를 분석하기 위하여 두 대 이상의 컴퓨터를 사용하여 작업을 적절하게 분배하고 그 결과를 조합하는 방법을 이용하여 작업의 효율성을 높이며, 문제가 생긴 작업에 대해서 재처리할 수 있도록 시스템 환경을 구성한다.

① Data Center
② Parallel Processing System
③ Distributed Computing Environments
④ Cloud System

70 다음 설명에 해당하는 것은?

> 신경망 처리장치의 약자로서 인간의 뇌와 유사한 역할을 할 수 있는 복잡한 연산의 실시간 처리가 가능한 차세대 반도체이다. 향후 자율주행자동차와 드론 등에 장착될 것으로 전망된다.

① CPU　　　　　　　　　② GPU
③ NPU　　　　　　　　　④ TPU

[해설] NPU(Neural Processing Unit)는 신경망 처리장치로서 사람의 뇌처럼 정보를 학습하고 처리하는 프로세서를 의미한다. 즉, 사람이 느끼는 감각들 후각, 청각, 촉각, 시각 등이 뇌로 전달되기 위해서는 많은 신경세포와 시냅스로 연결되어 신호를 주고 받으며 동시에 작업을 진행하게 되는데 NPU는 이와 유사한 작업을 통해 스스로 학습하고 판단할 수 있는 기능을 제공한다.

71 다음 괄호 안에 들어갈 말로 알맞은 것은?

> Hadoop System은 (　　)와 MapReduce System으로 이루어진다.

① Hbase　　　　　　　　② HDFS
③ Hive　　　　　　　　　④ Pig

[해설] 하둡 시스템은 HDFS, MapReduce System으로 구성되어 분산 병렬 처리 파일시스템을 활용하여 데이터를 처리한다.

72 다음 특징을 갖는 분산 컴퓨팅 소프트웨어 구조로 적절한 것은?

> • 마스터 노드인 Name Node와 슬레이브 노드인 Data Node로 구성
> • Name Node는 파일 이름, 권한 등의 속성 기록
> • Data Node에서는 일정한 크기로 나눈 블록 형태로 데이터 저장
> • 대표적인 분산 파일 시스템으로 활용

① MongoDB　　　　　　② HDFS
③ YARN　　　　　　　　④ MapReduce

[해설] HDFS(Hadoop Distributed File System)에 대한 특징을 설명하고 있다.

73 다음 중 MapReduce에서의 데이터 처리 과정을 순서대로 나타낸 것은?

① Shuffle — Reduce — Map
② Shuffle — Map — Reduce
③ Map — Reduce — Shuffle
④ Map — Shuffle — Reduce

[해설] 분산 데이터 처리를 위한 MapReduce에서는 데이터 처리를 위하여 Map(Key-value 형태의 데이터 취합), Shuffle(데이터 통합), Reduce(맵처리된 데이터 정리) 과정을 거친다.

74 다음 특징을 갖는 분산 컴퓨팅 소프트웨어 구조로 적절한 것은?

- Hadoop의 MapReduce 처리 부분을 새롭게 만든 자원 관리 플랫폼
- 마스터 노드인 Resource Manager와 슬레이브 노드인 Node Manager로 구성
- 노드 매니저는 노드의 자원 상황 감시
- 리소스 매니저에 노드를 요청하여 컨테이너를 동작시킴

① MongoDB   ② HDFS
③ YARN   ④ MapReduce

[해설] YARN(Yet-Another-Resource-Negotiator)에 대한 특징을 설명하고 있다. YARN은 프로젝트의 의존성을 관리하는 자바스크립트의 패키지 매니저이다.

75 다음 특징을 갖는 데이터 저장 및 처리 시스템으로 적절한 것은?

- 인터넷 웹 기반의 컴퓨팅 기술
- Utility Data Server에 프로그램을 두고 필요시 컴퓨터(단말기) 등에 불러와서 사용
- 인터넷 IT 자원(소프트웨어, 플랫폼, 인프라 등) 사용
- 문서 작성 및 지장 장치를 통한 데이터 서상이 가능
- 소프트웨어, 인프라, 플랫폼 서비스로 발전

① RDBMS   ② 분산 컴퓨팅
③ 병렬 컴퓨팅   ④ 클라우드 컴퓨팅

76 다음 설명과 관련된 것은?

> 사용자가 인터넷을 통해 서비스 제공자에게 접속하여 애플리케이션을 사용하고 사용한 만큼 비용을 지불한다. 서비스가 운용되고 있는 서버에 대해 운영체제, 하드웨어, 네트워크는 제어할 수 없고 오직 소프트웨어만 사용할 수 있다.

① NaaS
② IaaS
③ PaaS
④ SaaS

[해설] SaaS(Software as a Service, 서비스형 소프트웨어)에 대한 설명이다. SaaS형 소프트웨어는 소프트웨어 및 관련 데이터를 중앙에 호스팅하고 사용자는 웹 브라우저 등의 클라이언트를 통해 접속하는 형태의 소프트웨어 전달 모델이다.

77 다음 설명에 해당하는 것은?

> 사용자가 서비스 제공자로부터 개발할 수 있는 환경을 제공받고, 개발이 완료된 애플리케이션을 제3의 사용자에게 제공하는 서비스이다.

① IaaS
② NaaS
③ PaaS
④ SaaS

[해설] PaaS(Platform as a Service, 서비스형 플랫폼)에 대한 설명이다. PaaS형 플랫폼은 클라우드 컴퓨팅 서비스 분류 중 하나이다. 일반적으로 앱을 개발하거나 구현할 때, 관련 인프라를 만들고 유지보수하는 복잡함 없이 애플리케이션을 개발, 실행, 관리할 수 있게 하는 플랫폼을 제공한다.

78 다음 특징을 갖는 분산 컴퓨팅 하드웨어 구조로 적절한 것은?

> • 그래픽 가속기의 중심인 화상처리 장치의 성능이 중요시되면서 출현
> • 이미지 연산 처리에 특화됨
> • 별도의 메모리(VRAM)를 사용하기도 함
> • CUDA 통합 개발환경 이용
> • 머신러닝과 딥러닝을 이용한 이미지 및 음성 인식 등에 활용

① Grid Computing
② FPGA
③ GPGPU
④ Many-core CPU

[해설] GPGPU(General Purpose Computing on Graphics Processing Unit)에 대한 특징이다. GPGPU는 일반적으로 컴퓨터 그래픽스를 위한 계산만 맡았던 그래픽 처리 장치(GPU)를 전통적으로 중앙처리장치(CPU)가 맡았던 응용 프로그램들의 계산에 사용하는 기술이다.

79 빅데이터 저장 시스템 선정 절차로 올바른 것은?

① 저장 방식 비교분석 → 빅데이터 저장 목적 파악 → 기존 시스템과의 연계 검토 → 저장 방식 선정 및 검증
② 저장 방식 비교분석 → 빅데이터 저장 목적 파악 → 저장 방식 선정 및 검증 → 기존 시스템과의 연계 검토
③ 빅데이터 저장 목적 파악 → 저장 방식 비교분석 → 기존 시스템과의 연계 검토 → 저장 방식 선정 및 검증
④ 빅데이터 저장 목적 파악 → 저장 방식 비교분석 → 저장 방식 선정 및 검증 → 기존 시스템과의 연계 검토

[해설] 빅데이터 저장 시스템은 '빅데이터 저장 목적 파악 → 저장 방식 비교분석 → 기존 시스템과의 연계 검토 → 저장 방식 선정 및 검증'의 절차로 선정된다.

우리는 삶의 모든 측면에서 항상 '내가 가치있는 사람일까?'
'내가 무슨 가치가 있을까?'라는 질문을 끊임없이 던지곤 합니다.
하지만 저는 우리가 날 때부터 가치있다 생각합니다.

– 오프라 윈프리 –

빅데이터분석기사 필기 한권으로 끝내기

제2과목
빅데이터 탐색

제1장　데이터 전처리

제2장　데이터 탐색

제3장　통계기법 이해

합격의 공식 시대에듀

아이들이 답이 있는 질문을 하기 시작하면
그들이 성장하고 있음을 알 수 있다.

– 존 J. 플롬프 –

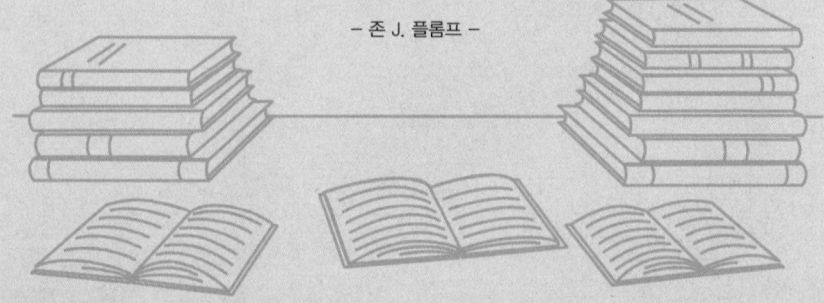

끝까지 책임진다! 시대에듀!

QR코드를 통해 도서 출간 이후 발견된 오류나 개정법령, 변경된 시험 정보, 최신기출문제, 도서 업데이트 자료 등이 있는지 확인해 보세요! **시대에듀 합격 스마트 앱**을 통해서도 알려 드리고 있으니 구글 플레이나 앱 스토어에서 다운받아 사용하세요. 또한, 파본 도서인 경우에는 구입하신 곳에서 교환해 드립니다.

제 1 장 데이터 전처리

01 데이터 정제

(1) 데이터 정제

① 데이터 오류 및 정제
- ㉠ 원시 데이터 측정(Measurement, 일정한 규칙에 따라서 사물 또는 현상에 숫자를 부여하는 행위로서 추상적 개념을 경험적으로 관찰 가능한 것으로 바꾸는 과정) 시 보통 결측치 (Missing Value), 잡음(Noise), 이상치(Anomaly) 등이 포함되어 있어 잘못된 분석결과를 나타낼 수 있으므로 수집된 데이터를 정제(Cleansing 또는 Refinery)하는 과정이 필수적으로 요구된다.
- ㉡ 데이터 오류를 일으키는 주요 요소들은 결측치, 잡음, 이상치이다. 그리고 측정 오차에 의해 오류가 발생(측정 소재, 시간·공간의 제약, 측정자·피측정자의 사고·판단력의 오류 등으로 인해 발생)하기도 한다.
- ㉢ 결측치(Missing Value)란, 측정된 샘플에서 누락된 변숫값을 나타낸다. 결측치는 오류로 인해 발생할 수도 있지만, 단순히 조사 대상이 측정을 원하지 않을 때에도 발생(예를 들어 사람들은 키와 체중 측정을 꺼림)한다. 따라서 결측치는 원시 데이터에서 어렵지 않게 볼 수 있는 오류로 이를 해결하기 위하여 샘플 제거, 해당 변수 제거, 결측치 무시, 결측치 추정(평균, 중앙값 등의 통계량 또는 회귀분석을 사용해 값 추정) 등의 방법을 이용한다.
- ㉣ 잡음(Noise)이란, 데이터를 측정하는 데 있어서 여러 가지 이유로 개입되는 임의적인 요소로서 변숫값을 본래의 참값에서 벗어나게 하는 오류이다. 즉, 데이터 측정 중에는 대상이 가지고 있는 속성값을 있는 그대로의 숫자 또는 기호에서 벗어나게 하는 원하지 않던 임의의 요소들이 개입될 수 있고, 이로 인해 대상이 잘못 측정되어 참값에서 벗어난 정도를 잡음(Noise)이라고 한다.
- ㉤ 잡음이 포함된 데이터는 잘못된 데이터 분석결과로 이어지기 때문에 정확한 측정을 통해 고품질의 데이터를 수집하는 일은 데이터 분석의 중요한 요소이다.
- ㉥ 예를 들어 대학생의 스마트폰 데이터 사용량 변화 추이를 분석하고자 하는 경우, 실험 참가자를 모집하여 참가자(대상)마다, 월 데이터 사용량(속성)을 스마트폰에 탑재된 애플리케이션 (도구)을 통해 메가바이트 단위(척도)로 기록하여 측정한다. 만일, 통신상의 문제로 애플리케이션 내에 사용량이 잘못 기록되었다면 잡음이 발생했다고 할 수 있으며, 데이터 수집자가 단순히 숫자를 잘못 기록한 것 또한 측정 오류에 해당한다. 측정을 통해 수집된 데이터 집합은 통계 기법을 사용하여 데이터 사용량 변화 추이에 대한 탐색적 데이터 분석을 수행하고, 그것으로 모집단에 대한 특징을 올바르게 끌어내는 것이 분석의 결과가 된다.

ⓢ 잡음을 제거하는 일은 비용이 많이 들고, 완전히 제거하는 것은 사실상 불가능하다. 일반적으로 잡음을 제거하기 위해 구간화, 군집화, 회귀모형 변환 등의 방법을 이용한다.

ⓞ 구간화는 연속변수를 다수의 작은 구간으로 나누고, 동일한 구간에 속한 변숫값들을 하나의 변숫값으로 변환하는 방법이고, 군집화는 데이터 집합을 수 개의 군집으로 묶은 뒤 동일 군집의 데이터들을 그것의 대푯값으로 치환하는 방법이다. 그리고 회귀모형을 이용한 방법에서는 회귀모형을 추정하여 모형 위에 있는 변숫값으로 변환하는 방법으로, 예를 들어 선형회귀모형 $y = \alpha + \beta x$를 추정하고 x에 변숫값을 입력하여 산출되는 y값들을 변숫값으로 하는 변수를 생성한다. 아래 그림은 잡음이 있는 데이터를 직선회귀 모형을 이용해 평활(Smoothing)한 예이다.

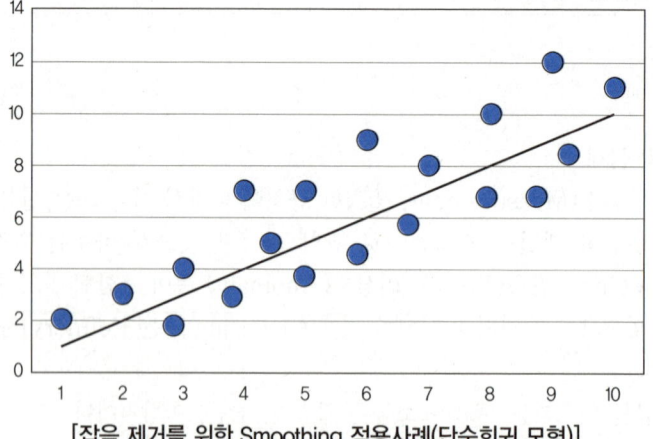

[잡음 제거를 위한 Smoothing 적용사례(단순회귀 모형)]

ⓩ 이상치(Anomaly 또는 Outlier)는 데이터 집합에서 대부분의 다른 측정값들과 현저한 차이를 보이는 샘플 혹은 변숫값이다. 그러한 차이는 단순 오류일 수도 있지만, 정상적으로 측정된 특이값일 수도 있으므로 주의가 필요하다.

ⓩ 이상값이 존재하는 경우 보통 사분위수와 같은 정렬된 데이터를 분석할 때는 결과의 차이가 크게 없으나 데이터의 범위, 분산, 표준편차를 구하는 경우에는 이상값의 영향을 많이 받는다. 만약 수집된 데이터가 오류로 판단될 경우 이상치를 제거하거나 무시한 후 분석을 수행하고, 특이값인 경우에는 관심을 두고 분석을 수행한다. 다음은 이상치의 개념(곡선회귀 모형 적용 사례)을 보여준다.

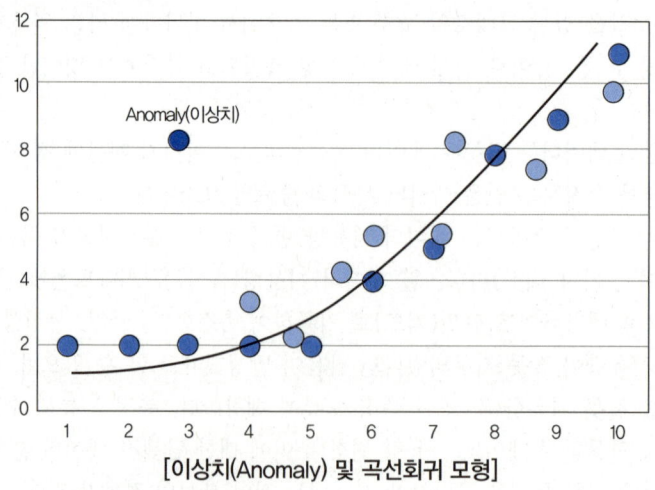

[이상치(Anomaly) 및 곡선회귀 모형]

ⓒ 이처럼 데이터를 불완전하게 만드는 요소를 제거하기 위한 업무를 빅데이터 정제라고 하며, 이는 빅데이터 분석 업무에서 중요한 작업 중 하나로, 정제 작업이 이루어지지 않을 경우 데이터 구성이 일관되지 않아 바람직한 빅데이터 분석을 할 수 없다.

② 데이터 정제 기술
  ㉠ 데이터 정제 처리
  - 시스템 내부 및 외부에서 데이터를 수집하면, 비정형 데이터가 많다. 이러한 비정형 데이터를 구조화된 정형 데이터로 변환하고 변환된 데이터에서 값이 없거나 오류값이 있는 데이터를 수정한다.
  - 기존 시스템에 있는 빅데이터와 비교·분석이 필요한 경우 레거시 데이터(Legacy Data)와 통합 변환을 하기도 한다. 빅데이터 정제를 위한 주요 작업 내용을 요약하면 다음과 같다.

〈표 2-1〉 빅데이터 정제 처리 작업

구 분	주요 업무
데이터 변환	• 데이터 유형을 변환하거나 데이터 분석이 용이한 형태로 변환 • ETL(Extract, Transform, Load)을 통한 동일한 형태 변환
데이터 교정	• 결측치 변환, 이상치 제거, 노이즈 데이터 교정 • 비정형 데이터 수집 시 반드시 수행하여야 함
데이터 통합	• 용이한 데이터 분석을 위한 기존 유사 데이터와의 연계 또는 통합 • Legacy system 데이터와 통합하는 경우 수행

- 데이터 변환은 보통 ETL(Extract, Transform, Load) 과정을 통해 데이터를 통일된 형태로 변환한다. ETL의 주요 기능은 다음과 같다.

〈표 2-2〉 ETL의 주요 기능

ETL(Extract, Transform, Load) 주요 기능	
• 논리적 데이터 변환 • 도메인 검증 • DBMS 간 변환 • 필요 시 기본값 생성 • 데이터 요약	• 데이터 키 값을 이용한 시간 추정 • 데이터 키 값의 재구성 • 레코드 통합 가능 • 불필요한 데이터 또는 중복 데이터 삭제

- 데이터 교정은 데이터가 결여되거나 노이즈가 있을 때 수정하며, 데이터가 결여되었을 때는 해당 데이터를 무시하거나 자동적으로 채우게 할 것인지, 별도로 입력을 할 것인지를 사전에 결정하여 수정한다.
- 데이터 통합 시 데이터 구조가 다른 경우 하나의 구조로 통일하고 데이터의 중복, 기준, 단위 등을 점검하여 수정·반영한다.
- ETL과 함께 ODS(Operational Data Store)는 데이터웨어하우스로 데이터를 저장하기 전 단계에서, 임시로 운영 시스템의 데이터를 보관하는 장소로 이용된다. ODS는 의사결정 지원을 위해 DW를 보완하는 요소로 사용되고 주로 운영 보고, 제어, 의사결정, 데이터에 대한 추가 작업을 위한 여러 소스의 데이터를 통합하도록 설계된 데이터베이스로 사용된다.

  ㉡ 데이터 정제 솔루션
  - 빅데이터 정제 작업과 함께 데이터 처리 방식은 크게 대화형 처리, 배치 처리, 실시간 처리 방식으로 구분되며 주요 데이터 정제·처리 솔루션은 다음과 같다.

<표 2-3> 빅데이터 정제·처리 방식 및 주요 솔루션

구 분	주요 기능
대화형 처리	• 대용량 데이터 이용, 원하는 질의에 대한 답을 수 초 내에 얻음 • 서비스 BI 대시보드(Business Intelligence Dashboard, 데이터를 분석하는 데 사용되는 정보관리 및 데이터 시각화 솔루션) 형태로 제공 예 하이브 쉘, 임팔라, 피그의 대화형 모드로 처리 Redshift, Presto, Impala, Spark, Hive, Pig 등의 도구 활용
배치 처리	• 일일, 주간, 월간 보고서 등 주기적인 작업 수행 • 답을 얻기까지 일정한 시간 소요 예 MapReduce, Hive, Pig, Spark 등 활용
실시간 처리	• 이벤트성 응답이나 데이터 스트림의 준 실시간 처리를 위해 사용 • 결제, 비정상 카드 사용 등에 대한 데이터 분석 예 Storm, KCL(Kinesis Client Library), Spark Streaming
주요 솔루션	• Apache SW Foundation : 빅데이터 관련 오픈소스 프로젝트 수행, Hadoop 및 관련 에코 시스템 개발 • Cloudera : 빅데이터 분석을 위한 오픈소스 SW Hadoop 전문기업, CDH(Cloudera Distribution Including Apache Hadoop) 하둡 배포판 무료 제공 • Hortonworks : Hadoop 플랫폼 핵심 설계, 구축 및 테스트 수행, 하둡 개발 및 컨설팅 수행, HDP(Hortonworks Data Platform) 하둡 배포판 무료 제공 • MapR : 아파치 드릴(Drill)을 중심으로 표준 SQL 준수, Hive, Impala와 동등한 기능 제공 • Azure : 데이터 분석, 컴퓨팅, 데이터베이스, 모바일, 저장소와 웹이 통합된 클라우드 서비스 플랫폼, 하둡의 클러스터 서비스인 HDInsight를 통한 빅데이터 처리 수행, 호톤웍스 및 클라우데라의 배포판과 호환되는 가상머신 서비스를 활용한 빅데이터 처리 서비스 제공, PaaS(플랫폼)에 이어 IaaS(Infrastructure as a Service, 가상화 CPU, 기억장치 및 네트워크 등을 제공받아 컴퓨팅 자원을 직접 제어) 서비스 제공 • Amazon Web Service(AWS) : 아마존닷컴이 제공하는 원격 컴퓨팅 서비스, 다른 웹사이트나 클라이언트 측 응용 프로그램에 대한 온라인 서비스 제공, REST 및 SOAP 프로토콜을 통한 접근·이용 및 관리, 빅데이터 처리를 위한 맵리듀스 프레임워크를 클라우드 서비스 형태로 제공, 스토리지 서비스는 3S(Simple, Storage, Service)의 특징을 가짐

③ 데이터 정제 및 처리 절차
  ㉠ 데이터 정제 작업
     • 데이터 정제는 아래 그림에서와 같이 다양한 매체로부터 수집된 데이터를 원하는 형태로 변환하고 원하는 장소에 저장하며 저장된 데이터를 활용할 수 있는지를 점검하기 위하여 데이터 품질을 확인하고 점검한다.

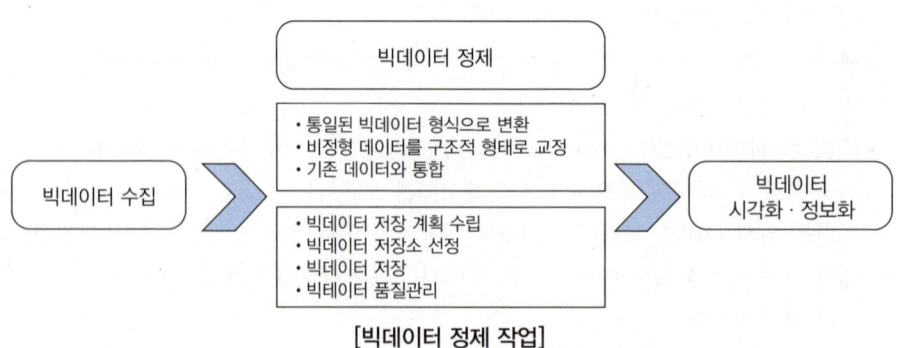

[빅데이터 정제 작업]

- 수집된 데이터는 원시 데이터 형태이지만, 빅데이터 정제 과정을 거치면 빅데이터 분석을 할 수 있는 구조를 갖춘다.
- 빅데이터 처리 과정은 데이터로부터 유용한 정보를 찾아내고, 데이터에 숨어 있는 지식을 찾아내어 의사결정을 지원(그 외에도 사용자 상황 및 행동 패턴 예측, 다양한 서비스 제공 등)하기 위한 목적으로 데이터 점검, 정제, 변환, 모델링 및 분석하는 전반적인 프로세스를 포함한다. 최근 막대한 데이터의 양으로 인해 데이터 처리, 전송, 저장 등과 관련되어 다양한 이슈들이 발생되고 있다.
- 빅데이터 처리를 위한 가장 중요한 요소인 빅데이터 분석 기술은 크게 통계분석과 데이터 마이닝으로 구분된다.
- 빅데이터 처리 시스템은 여러 저장 시스템과 연계하여 다양한 형태의 데이터를 실시간(Real time), 배치(Batch), 인메모리(In-memory) 처리를 고려한 소프트웨어(플랫폼)을 구성한다.
- 빅데이터 처리 시스템을 구축하기 위한 하드웨어 군(클러스터, Cluster)을 설치하기 위하여, 개별적인 시스템 구축 방식과 클라우드 컴퓨팅을 사용한 방식을 고려한다.

ⓒ 클라우드 서비스를 활용하는 경우의 빅데이터 정제 및 처리 절차를 요약하면 다음과 같다.

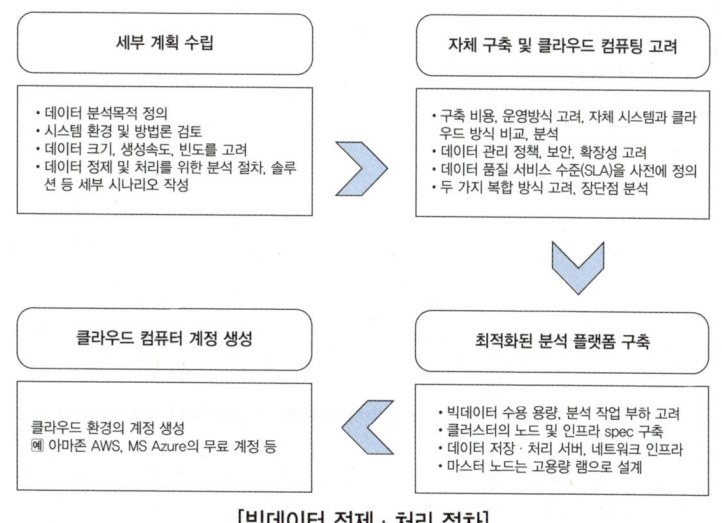

[빅데이터 정제·처리 절차]

④ MapReduce를 이용한 데이터 정제·처리
  ㉠ 데이터의 배치 처리 방법을 이용한 맵리듀스(MapReduce)의 사용법은 다음과 같다.
  ㉡ 맵리듀스 프레임워크는 'Map'과 'Reduce'란 함수를 합친 용어이고, 분산된 데이터를 키와 값의 리스트로 모으는 맵(Map) 단계와 이들 리스트에서 원하는 데이터를 찾아 처리하는 리듀스(Reduce) 단계를 실행한다.
  ㉢ 수행 중간에 Shuffle and Sort 작업을 수행한다.
  ㉣ MapReduce에서는 맵에서 생성한 결과를 로컬 디스크에 저장하고, 최종 리듀스의 결과는 HDFS에 블록 형태로 저장한다.

ⓜ 이를 위하여 레코드 단위로 데이터를 처리하고 여러 노드에 걸쳐 작업을 분배하여 병렬 수행한다. 가능한 각 노드 데이터를 처리하고 그 노드에 결과를 저장함으로써, 분산 처리시스템에서의 데이터 이동을 최소화한다.

ⓑ 맵리듀스의 주요 기능과 프로그래밍 방식을 요약하면 다음과 같다.

〈표 2-4〉 맵리듀스를 이용한 데이터 정제 · 처리

구 분	주요 기능
개 요	• 데이터 분산 병렬 처리 방식 • 여러 작업 노드에 분산 수행 프레임워크 제공 • 개발자는 실제 맵과 리듀스 기능 코드만 작성 • 분산 병렬 처리 시스템에서 자동 처리 • 보통 자바로 프로그램을 작성하지만, 다른 언어도 지원 • 하나의 Mapper 프로그램은 HDFS로부터 하나의 입력 split 처리 • 하나의 레코드(키, 값으로 구성)를 맵퍼 프로그램에 전달 • 맵퍼의 중간값은 현재 노드의 로컬 디스크에 저장되고 리듀서 프로그램에 전달 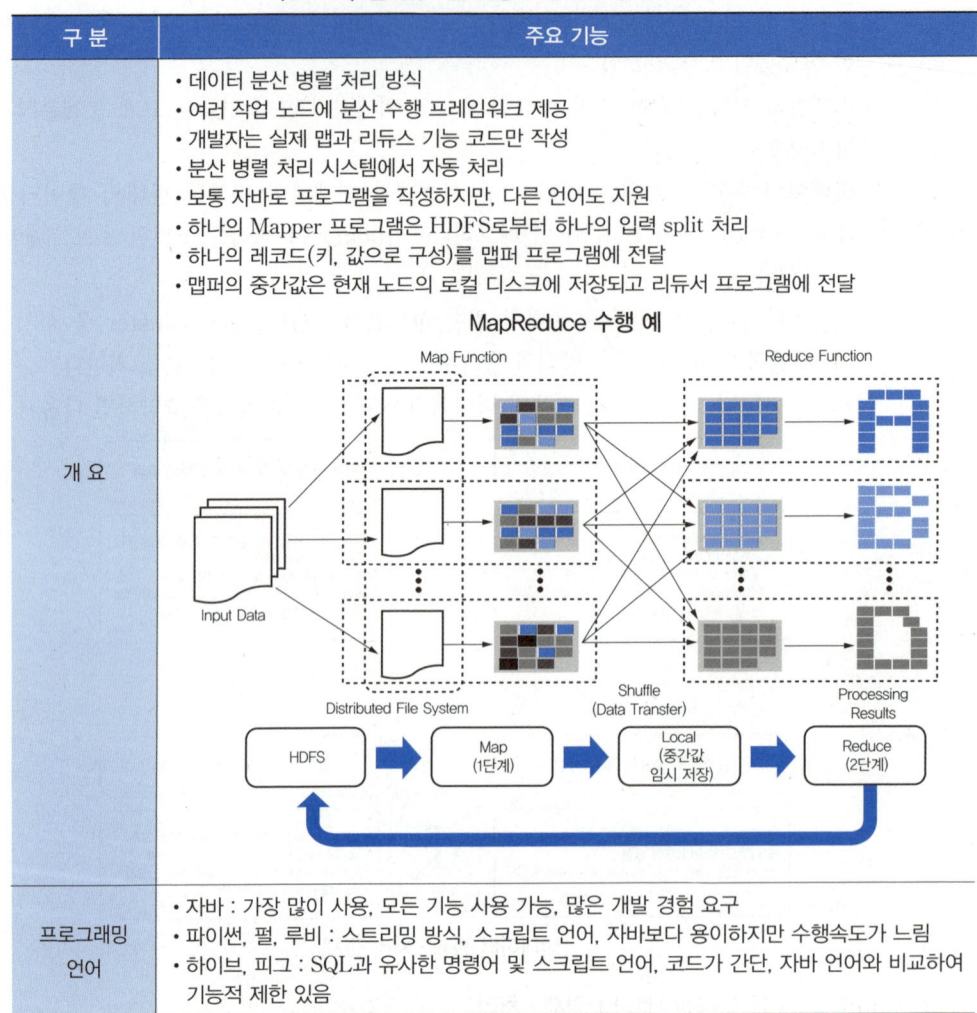
프로그래밍 언어	• 자바 : 가장 많이 사용, 모든 기능 사용 가능, 많은 개발 경험 요구 • 파이썬, 펄, 루비 : 스트리밍 방식, 스크립트 언어, 자바보다 용이하지만 수행속도가 느림 • 하이브, 피그 : SQL과 유사한 명령어 및 스크립트 언어, 코드가 간단, 자바 언어와 비교하여 기능적 제한 있음

ⓐ MapReduce에서의 주요 수행 단계(Mapper, Shuffle and Sort, Reducer)를 요약하면 다음 그림과 같다.

〈표 2-5〉 MapReduce 처리 과정

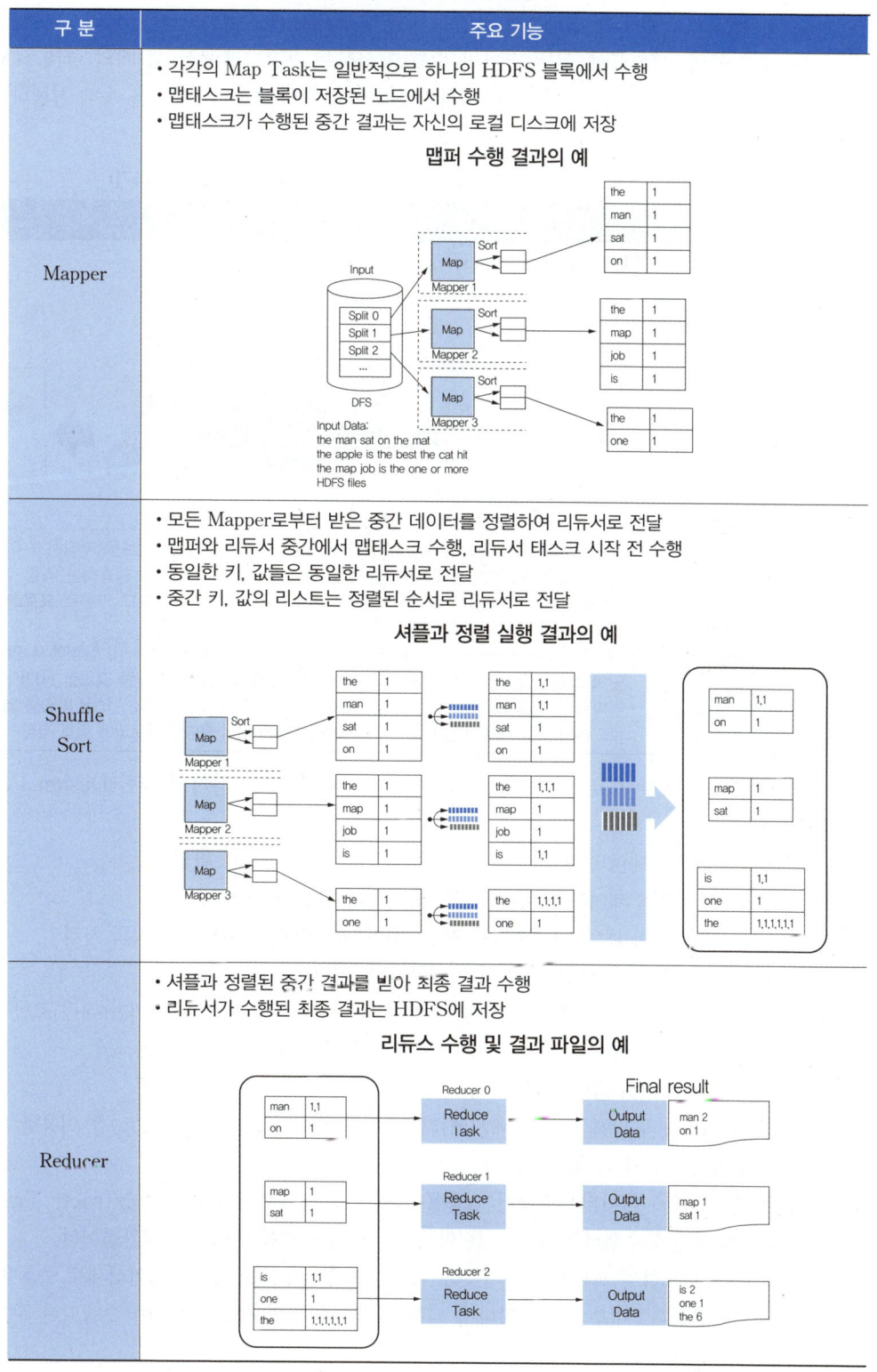

◎ 맵퍼(Mapper)와 리듀서(Reducer)는 프로그래머에 의해 작성된 코드로 처리되고, 셔플과 정렬(Shuffle and Sort)은 맵리듀스 프레임워크에서 자동 수행된다.
㉰ MapReduce 서비스를 구현하기 위하여 자바를 사용하며 Mapper와 Reducer 클래스를 정의한다. 그리고 Driver 클래스는 작업에 대한 설정 정보를 작성하고 이를 클러스터에 제출한다.
㉱ 예를 들어, 텍스트에 있는 단어의 수를 계산하는 프로그램에서 세 개의 클래스(Mapper, Reducer, Driver)를 생성하고, 컴파일하여 이를 하둡 애플리케이션을 통해 실행하는 과정을 요약하면 다음과 같다.

〈표 2-6〉 맵리듀스 프로그램 실행(텍스트 단어의 수 구하기)

구 분	주요 기능
개 요	Class : Mapper, Reducer, Driver 맵리듀스 프로그램 수행 단계 Map Reduce Program → Compile/Compiler → Upload Source Data → Run MapReduce → Retrieve Output
자바 프로그래밍	• 메인(wc.java) : 드라이버 클래스(Driver Class : 작업 설정 정보를 저장하고 이를 클러스터에 제출), 클라이언트에서 수행, 변수 구성, 클러스터에 작업을 제출하는 역할 수행 • 맵퍼(wcmapper.java) : Map 메소드 구현(Mapper Class), 워드 카운트 프로그램의 입력을 받아서 각 단어(키)와 1(값)을 Key, Value 쌍을 만들어 줌 • 리듀서(wcreducer.java) : Reduce 메소드 구현(Reducer Class), 맵퍼에서 만들어진 각 단어와 킷값들의 리스트를 받아, 단어의 개수(빈도수)를 구함, 최종 결과를 HDFS에 저장 • 컴파일 및 실행 : 프로그램 컴파일, JAR(Java Archive) 파일로 작성, JAR 파일을 맵리듀스 프로그램에 제출, 입력 파일에 있는 각 단어의 빈도를 세어 출력 디렉토리에 결과 저장

㉲ MapReduce를 효율적으로 활용하기 위하여 다음과 같은 디자인 패턴(Design Pattern)을 이용한다.
  • 요약 패턴 : 데이터 요약, 그룹핑, 최상위 수준의 요약 결과 확인
  • 필터링 패턴 : 데이터 Subset 및 특정 사용자 생성 Record 확인
  • 데이터 조직화 패턴 : 타 시스템 작업, 맵리듀스 분석, 데이터 재조직화 처리
  • 조인 패턴 : 데이터세트 사이의 특별한 관계 확인
  • 메타 패턴 : 여러 문제 동시 해결, 동일 Job으로 여러 분석 수행을 위한 패턴 조합
  • 입출력 패턴 : 데이터 적재, 저장을 위한 하둡 시스템 Customizing

⑤ Pig를 이용한 데이터 정제·처리
  ㉠ MapReduce와 함께 데이터 배치 처리를 위해 많이 사용되는 피그(Pig)를 이용한 데이터 처리 방법은 다음과 같다.
  ㉡ Pig는 대규모 데이터세트에서 샘플용 데이터를 추출하거나 ETL(Extract, Transform, Load) 작업을 수행하고, 데이터를 탐색하는 데이터 흐름 언어와 실행환경이다.
  ㉢ Hive와 비교하여 프로그래밍 기능을 제공하며, Pig Latin이라는 데이터세트 플로우 제어 언어를 사용한다. 내부 인터프리터에 의해 맵리듀스 작업으로 변환하여 수행되며 주요 기능은 다음과 같다.

〈표 2-7〉 Pig를 이용한 데이터 정제 · 처리

구 분	주요 기능
Pig Latin	• 사용자가 입력한 각각의 피그 라틴 문장을 해석 • 출력을 요청할 때까지 수행 결과를 보여주지 않는 명령어 • 순서대로 문장을 수행하는 데이터 흐름 언어 • 사용자는 DUMP(STORE) 명령어로 결과를 화면에 출력, 파일로 저장 • 식별자(Identifier)는 필드와 다른 데이터 구조에 대한 이름
데이터 유형	• 다른 데이터베이스 언어와 유사한 데이터 유형 지원 • 피그 데이터 유형 | Data type(데이터형)	설 명
Int	정수형(4Bybtes)
Long	정수형(8Bytes)
Float	부동소수점(4Bytes)
Double	부동소수점(8Bytes)
Boolean	논리형(True, False)
Datetime	날짜, 시간
Chararray	Unicode 문자 String
Bytearray	Blob(Binary Large Object) 또는 Byte array	
데이터 정의	• Field : 하나의 데이터 요소 정의 • Tuple : 필드의 묶음 • Bag : Tuple의 묶음 • Relation : 저장된 값을 갖는 간단한 Bag • 일반적으로 하나의 피그 라틴 문장은 하나의 새로운 Relation 생성
주요 기능	• DESCRIBE : 데이터 구조에 대한 정보(변수명, 타입) • FILTER : 특정 기준에 맞는 튜플, 복수 조건 필터 기능 수행 • FOREACH, GENERATE : 필요한 컬럼만으로 결과 출력 • DISTINCT : Bag 안에 있는 중복된 레코드 삭제 • ORDER : Bag에 있는 레코드를 오름차순 정렬 • LIMIT : 출력되는 레코드에 대한 숫자 제한 • Built-in 함수 : 공백제거(TRIM), 대문자변환(UPPER), 임의 값(RANDOM) • GROUP : 주어진 필드로 각 레코드를 그룹화하여 사용 • ALL : 모든 데이터를 하나의 레코드로 만듬 • FLATTEN : 중첩된 레코드 값 제거
인터프리터 실행 엔진	• 피그 라틴 파싱(Parsing), 전처리 수행 • 데이터 형식에 대한 검증, 최적화 작업 및 실행 • 맵리듀스 작업 생성, 하둡에 제출

⑥ 데이터 세분화(Segmentation)
　㉠ 데이터 세분화의 필요성
　　• 데이터 수집 과정을 통해 확보한 빅데이터로부터 유용한 정보를 추출하려면 데이터를 효과적으로 저장·관리하여야 한다.
　　• 빅데이터 저장이란 검색 수집한 데이터를 분석에 사용하기에 적합한 방식으로 안전하게 영구적인 방법으로 보관하는 것으로서 대용량의 다양한 형식의 데이터를 고성능으로 저장하고 필요한 경우 데이터를 검색하여 수정, 삭제 또는 검색 서비스를 제공하는 것을 포함한다.
　　• 데이터 세분화(Segmentation)란, 데이터를 유의미한 기준에 따라 나누는 작업으로서 정형 데이터의 경우 큰 문제가 없으나, 반정형 및 비정형 데이터의 경우 데이터 형식 변환 기준에 따른 세분화 작업이 요구된다.
　㉡ 데이터 유형별 세분화
　　• 데이터를 세분화하고 효과적으로 저장하기 위해 데이터를 정형, 비정형, 반정형으로 구분한다.
　　• 비정형 데이터의 경우, 데이터 형태와 구조가 복잡하여 기존의 데이터베이스에 저장될 수 없는 데이터들로서, 대량의 텍스트, 이미지와 같은 것에서 패턴을 발견하기 위해 사용되었으며, 이는 그대로 분석될 수 없고 정형 데이터로 변환되어 분석된다.
　　• 예를 들어, 텍스트의 경우 일반적으로 단어들의 빈도를 표현하는 방법을 이용해 텍스트 덩어리를 정형화된 데이터로 변환한 뒤 텍스트 분석을 수행한다. 그리고 이미지의 경우 각 픽셀마다 수치로 변환하는 과정을 거쳐 이미지 분석을 수행하는 데 최근 딥러닝 기법의 하나인 CNN(Convolutional Neural Network, 합성곱 신경망)이 주로 사용된다.
　　• 반정형 데이터의 경우, 데이터 속성을 표기하는 메타 데이터를 가지며, 주로 XML, JSON 등의 데이터 포맷으로 이루어진다. XML은 웹페이지를 만드는 HTML을 개선하여 만든 언어로 SGML(Standard Generalized Markup Language) 문서 형식을 따르며, JSON은 웹상에서 자료를 주고 받을 때 사람이 읽을 수 있는 데이터 포맷으로 자바스크립트 구문 형식을 따른다. HTML은 웹페이지를 위해 고안된 언어로 링크, 인용 등을 이용해 구조적 문서를 만들 수 있는 방법이다.
　　• 반정형 데이터의 경우 데이터 구조는 일관성이 없으므로 테이블 형식을 하고 있어도 측정값들의 속성 순서가 모두 다른 경우가 있다. 따라서 이 경우 정형화된 데이터를 제외하고 나머지 데이터들의 경우 비정형에서와 동일한 방법으로 정형화된 데이터로 변환하여 저장·관리한다.

확인 문제 데이터 정제의 개념

데이터를 불완전하게 만드는 요소(결측치, 이상치, 잡음 등)를 제거하기 위한 업무를 무엇이라고 하는가?

① 데이터 추출
② 데이터 수집
③ 데이터 처리
④ 데이터 정제

풀이 데이터 정제 과정을 통하여 데이터를 불완전하게 만드는 요소(결측치, 이상치, 잡음 등)를 제거한다. 데이터 정제는 다양한 매체로부터 수집된 데이터를 원하는 형태로 변환하고 원하는 장소에 저장하며 저장된 데이터를 활용할 수 있는지를 점검하기 위하여 데이터 품질을 확인하고 점검한다.

정답 ④

확인 문제 데이터 정제 작업

다음 중 데이터 정제 처리 작업에 해당하지 않는 것은?

① 데이터 교정
② 데이터 정렬
③ 데이터 변환
④ 데이터 통합

풀이 데이터 정제 과정에서 데이터 교정, 변환, 통합 작업을 수행한다. 빅데이터 정제는 다양한 매체로부터 데이터를 수집하고 원하는 형태로 변환하여 빅데이터화한 후, 원하는 장소에 저장하고 저장된 데이터를 활용할 수 있는지 품질을 확인하고 관리한다. 수집된 데이터는 원시 데이터 형태지만 빅데이터 정제 과정을 거치면 빅데이터 분석을 할 수 있는 구조를 갖추게 된다.

정답 ②

> **확인 문제** | **데이터 세분화의 개념**
>
> 데이터를 유의미한 기준에 따라 나누는 작업으로서 보통 정형 데이터의 경우 큰 문제가 없으나, 반정형 및 비정형 데이터의 경우 데이터 형식 변환 기준에 따른 작업이 요구된다. 이러한 작업을 무엇이라고 하는가?
>
> ① Data Cleansing
> ② Data Segmentation
> ③ Data Smoothing
> ④ Data Storing
>
> ---
>
> **풀이** 데이터 세분화(Data Segmentation)에 대한 설명이다. 데이터 세분화란, 데이터를 유의미한 기준에 따라 나누는 작업으로서 반정형 및 비정형 데이터의 경우 데이터 형식 변환 기준에 따른 세분화 작업이 수행된다.
>
> **정답** ②

(2) 데이터 결측값 처리

① 결측값의 종류

- ㉠ 빅데이터 분석을 위한 데이터세트를 확보하였다 하더라도 바로 분석을 할 수 없는 경우가 많다. 그 이유는 바로 결측값(Missing Value), 이상값(Outlier), 오입력(입력 에러) 등의 문제 때문이다.
- ㉡ 결측값(Missing Value)은 입력이 누락된 값이며, 보통 NA(Not Applicable)로 출력된다. 결측값이 포함되면 산술 연산에 문제가 생기기 때문에 빅데이터 전처리 과정에서 반드시 결측값에 대한 처리 과정을 수행한다. 결측값은 관측 대상 변수들 사이의 관계에 따라 '완전 무작위, 무작위, 비무작위' 결측의 세 가지 종류로 나눈다.
- ㉢ 완전 무작위 결측(MCAR ; Missing Completely At Random) : 어떤 변수 상에 결측 데이터가 관측된 혹은 관측되지 않은 다른 변수와 아무 연관이 없다면, 이 데이터는 완전 무작위 결측(MCAR)이다. 결측 데이터를 가진 모든 변수가 완전 무작위 결측이라면 대규모 데이터세트에서 단순 무작위 표본추출을 통해 완벽한 데이터를 만들 수도 있다.
- ㉣ 무작위 결측(MAR ; Missing At Random) : 어떤 변수 상에 결측 데이터가 관측된 다른 변수와 연관되어 있지만, 그 자체의 비관측된 값들과는 연관되어 있지 않다면 이 데이터는 무작위 결측(MAR) 데이터이다.
- ㉤ 비무작위 결측(NMAR ; Not Missing At Random) : 어떤 변수의 결측 데이터가 완전 무작위 또는 무작위 결측이 아니라면, 이 데이터는 비무작위 결측(NMAR) 데이터이다. 예를 들어 소득이 적은 사람이 소득에 대한 결측값을 가지기 쉽다면(소득이 적은 사람들은 설문에 자기 소득을 밝히기 싫어한다고 가정), 이 데이터는 비무작위 결측이다.

② 결측값 보완 방법
   ㉠ 결측치가 있는 경우 제거하거나 시계열 자료인 경우 같은 시기의 데이터로 대체 또는 평균값, 최빈값 등으로 대체하여 사용할 수 있다.
   ㉡ 대부분의 데이터 분석에서 결측 데이터에 대한 접근은 데이터가 완전 무작위 결측이거나 무작위 결측이라고 가정한다. 이 경우 결측 데이터를 삭제하거나 대체(보완)해서 데이터를 분석한다.
   ㉢ 결측값 처리 방법은 단순 대치법(완전 분석법, 평균 대치법, 단순 확률 대치법)과 다중 대치법으로 분류된다.
      • 완전분석법은 결측값을 모두 무시하고 관측된 자료만 이용하는 방법이고 평균 대치법은 얻어진 자료의 평균값으로 결측값을 대치한다. 단순 확률 대치법은 확률값을 부여하여 대치하는 방법으로서 핫덱 대치(Hot-deck 대체, 무응답을 비슷한 성향을 가진 응답자 자료로 대체), 콜드덱 대치(Cold-deck 대체, 외부 출처 혹은 이전의 비슷한 연구 결과 이용), 혼합 방법(몇 가지 방법 혼합 적용, 예로써 회귀 대체를 이용하여 예측값 구하고 핫덱 방법으로 잔차를 구해 두 값을 더하여 대체)이 있다.
      • 다중 대치법은 단순 대치법을 여러 번 사용하여 여러 개의 가상적 자료를 만들어서 결측값을 처리한다.
   ㉣ 결측 데이터 삭제 : 수집 데이터의 수가 분석하기에 충분하다면, 결측 데이터를 삭제하는 것도 가능하다. 만약, 한 두 개의 변수가 50% 이상 결측 자료인 경우, 해당 변수에 대한 데이터를 삭제하는 것이 좋다. 이처럼 데이터와 변수를 삭제하는 것은 미수집 자료의 해결책이 되기는 하지만, 적극적인 데이터 분석을 위한 효율적인 방법이 되지는 못한다.
   ㉤ 결측 데이터 대체(보완) : 반면, 결측 데이터를 대체하고자 할 때 미수집된 부분을 삭제하는 것보다 적극적인 데이터 분석 방법에 해당되지만, 이 경우 어떻게 자료를 보완하는가에 따라 상당한 오차가 발생할 수 있다. 대표적인 데이터 대체 기법은 다음과 같다.

〈표 2-8〉 결측치의 대체(보완) 방법

구 분	대체 방법
평균치 삽입법 (Inserting Means Approach)	• 변수의 평균치를 계산하여 누락된 변숫값으로 사용 • 오차가 무작위로 분포되어 있고, 50% 이상 미수집 자료가 있는 데이터가 이미 삭제된 경우 활용 • 데이터나 변수에 대한 사전지식이 충분하지 못한 경우에도 사용 가능
보삽법 (Interpolation Method)	• 시계열(Time Series) 자료의 누락된 데이터 보완 • 인구나 정부의 예산처럼 심한 변동을 나타내지 않는 변수의 추정 시 유용 • 맥락적 사정·평가(Contextual Information Evaluation, 정상적 해인지 위기의 해인지 등을 반영) 고려
평가치 추정법 (Estimating Values Approach)	• 작은 오차만을 감수하면서 원래의 값 추정 • 맥락적 사정이나 행렬식의 자료를 고려하여 추정

ⓗ 데이터 보삽법에서 사용되는 맥락적 사정 및 평가에 의한 방법은 예를 들어, 어떠한 집단의 특징과 관련된 조사에서 필요한 변수의 원래 현상이 가지고 있는 성격이나 집단의 목적, 집단의 유형 등을 종합적으로 고려하여 일반적 지식의 견지에서 평가를 내린다. 보다 체계적인 맥락적 사정을 활용하기 위해서는 결측 자료에 유사한 몇 개의 사례를 선정하여 그 사례의 전체 사례를 검토하는 작업이 필수적으로 요구된다.

ⓢ 평가치 추정법에서 사용되는 행렬식 자료를 이용하는 경우, 결측 자료의 행렬식에 근거한 평가를 체계적으로 반영하여 추정한다. 이 경우, 다중회귀분석과 요인분석 기법이 필요한데, 다중회귀분석은 관련되는 다른 중요한 변수의 자료를 사용하여 추정하는 방법이고, 요인분석은 평균치 등으로 자료를 보충한 후, 요인부하 행렬식과 요인평점 행렬식을 만들어 최종적인 데이터를 추정하는 방법이다. 두 방법 모두 반복적인 계산을 통해 하나의 값에 근접할 때까지 계산을 수행한다.

ⓞ 데이터 분석을 위하여 최종적으로 결측자료를 보완하기 위해서는 보통 위에서 설명한 맥락적 자료를 수집한 후가 적당하다. 종속변수의 데이터가 수집되지 않은 경우, 부득이 맥락적 정보에 의존하게 된다. 만약, 이것이 여의치 않다면, 독립변수의 행렬자료를 활용하여 분석을 혼란시키는 것보다는 미수집된 종속변수의 자료가 있는 데이터를 없애는 것이 바람직하다. 그리고 어떤 사건이나 상호작용에 대한 데이터를 평가하는 것보다, 구조적 변수의 미수집 결측자료를 추정하는 것이 더욱 적합하다.

확인 문제 데이터 결측값의 종류

다음 중 데이터 결측값의 종류가 아닌 것은?

① 난수 결측
② 무작위 결측
③ 비무작위 결측
④ 완전 무작위 결측

풀이 난수 결측은 결측값의 종류에 해당되지 않는다. 데이터 결측값은 입력이 누락된 값으로서 완전 무작위 결측(MCAR ; Missing Completely At Random), 무작위 결측(MAR ; Missing At Random), 비무작위 결측(NMAR ; Not Missing At Random)의 세 가지 종류로 구분된다.

정답 ①

---

(3) 데이터 이상값 처리

① 이상값(Outlier, Anomaly)의 개념

㉠ 이상값(Outlier)은 입력오류, 데이터 처리 오류 등의 이유로 특정 범위에서 벗어난 데이터 값(속성의 값이 일반적인 값보다 편차가 큰 값, 특정 범위를 벗어난 자료)을 의미한다.

㉡ 이상값으로 인하여 데이터가 가지는 값의 특정 범위를 너무 벗어나 데이터 분석이나 모델링의 결과에 커다란 영향을 미치게 된다.

㉢ 따라서 이상값 제거 작업을 데이터 전처리 과정에서 반드시 수행하여야 한다. 즉, 주어진 자료에 대해서 데이터의 분포나 자료의 형태를 보고 이상치를 판정하고 이를 제거하여야 한다.

㉣ 이상치가 있는 경우 이상치를 제거하거나 이상치를 특정값으로 대체하여야 한다.
㉤ 이상치를 제거하기 위하여 이상값을 일일이 눈으로 보고 제거할 수도 있지만, 변수의 수가 많은 경우 시간과 비용이 많이 든다.
㉥ 최근 R, Python과 같은 소프트웨어에서는 이상값을 자동적으로 제거해주는 기능을 제공한다.
② 이상값 검출을 위해 다음과 같은 방법을 이용한다.
  ㉠ Variance : 정규 분포에서 97.5% 이상 또는 2.5% 이하에 포함되는 값
  ㉡ Likelihood : 베이즈 정리에 의해 데이터세트가 가지는 두 가지 샘플(정상, 이상)에 대한 발생 확률로 판별
  ㉢ Nearest-neighbor : 모든 데이터 쌍의 거리를 계산하여 검출
  ㉣ Density : 측정값의 LOF(Local Outlier Factor)를 계산하여 값이 가장 큰 데이터를 이상값으로 추정, 밀도 있는 데이터세트로부터 먼 데이터가 이상값이며 데이터가 가지는 상대적인 밀도까지 고려한 이상치 탐지 기법
  ㉤ Clustering : 데이터를 여러 클러스터로 구분한 후 작은 크기의 클러스터나 클러스터 사이의 거리를 계산하여 먼 경우 해당 클러스터에 속한 값을 이상치로 판별
  ㉥ Box-plot : 상자그림을 통한 이상치 판정 방법을 요약하면 다음과 같다.

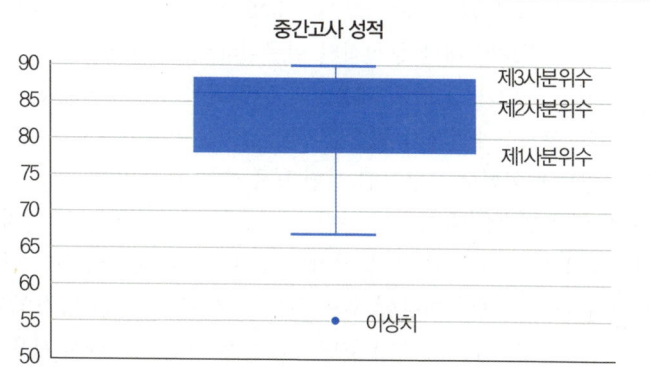

- 위의 그림은 11명의 중간고사 성적(89점, 88점, 67점, 78점, 90점, 88점, 78점, 90점, 86점, 55점, 78점)에 대해서 상자그림을 그린 것이다. 상자그림을 그리는 방법은 다음과 같다.
- 제3사분위수 Q_3와 제1사분위수 Q_1에 대해서 사분위범위 IQR(InterQuartile Range)을 계산할 수 있다 ($IQR = Q_3 - Q_1$). 위의 예에서 $Q_1 = 78$, $Q_2 = 86$, $Q_3 = 88.5$이므로 $IQR = 10.5$이다.
- 이상치를 발견하기 위해서 안쪽울타리(Inner Fence)를 계산할 수 있으며 안쪽울타리를 계산하는 방법은 아래와 같다.

$Q_1 - 1.5 \times IQR = 62.25$
$Q_3 + 1.5 \times IQR = 104.25$

∴ 여기에서 안쪽울타리를 벗어나는 55점은 이상치라고 판정할 수 있다.

[상자그림(Box-plot)을 이용한 이상치 판정 방법]

상자그림(Box-plot)을 이용하여 1사분위수(Q1), 2사분위수(Q2, 중앙값, Median), 3사분위수(Q3), 사분위수 범위(Q3-Q1) 등을 알 수 있다. 일부 Box-plot을 그리는 도구에서는 Box 내 평균을 표시하기도 한다.

③ 이상값을 처리하기 위해 다음 작업을 수행한다.
  ㉠ 하한값과 상한값을 결정한 후 하한값보다 작으면 하한값으로 대체하고 상한값보다 크면 상한값으로 대체
  ㉡ 평균의 표준편차로 대체
  ㉢ 평균의 절대 편차로 대체(중위수로부터 n편차 큰 값)
  ㉣ 극 백분위수로 대체(상위 p번째 백분위수보다 큰 값)

02 분석 변수 처리

(1) 변수 선택

① 변수(Variable)란, 관심의 대상이 되는 사물이나 사건의 속성으로, 보통 서로 다른 두 개 이상의 값을 가진다.
② 컴퓨터 프로그래밍에서 변수 또는 스칼라(Scalar)는 아직 알려지지 않거나 어느 정도까지만 알려져 있는 양이나 정보에 대한 상징적인 이름이다. 컴퓨터 소스 코드에서의 변수 이름은 일반적으로 데이터 저장 위치와 그 안의 내용물과 관련되어 있으며 이들은 프로그램 실행 도중에 변경될 수 있다. 즉, 프로그래밍에서 변숫값, 형, 위치는 일반적으로 고정된 채 유지되는 반면, 위치에 저장되어 있는 데이터는 프로그램 실행 도중 변경될 수 있다.
③ 프로그래밍에서의 변수는 수학에서 말하는 변수의 개념과 완전히 일치하지 않을 수도 있다. 즉, 컴퓨터 변수의 값은 수학에서처럼 등식이나 공식의 필수적인 부분이 아니다. 컴퓨터 환경에서 변수는 반복적인 과정 안에서 이용할 수도 있으며, 예를 들어 한 장소의 값을 할당한 뒤 어느 곳에서 사용한 다음 새로운 값으로 다시 할당하고 같은 방법으로 다시 사용할 수도 있다. 그리고 컴퓨터 프로그래밍에서의 변수는 긴 이름이 자주 나오며, 어떻게 이용할 것인지에 대한 설명을 나타내는 반면, 수학에서의 변수는 짧은 시간 동안 쓰이는 간결한, 한두 개의 문자 이름이다.
④ 변수 선택 시 주요 고려 사항
  ㉠ 처리하고자 하는 변수가 문자형 변수인지, 숫자형 변수인지를 파악하고, 또한 이산형 변수인지, 연속형 변수인지를 파악해서 데이터 분석이 이루어질 수 있도록 한다.
  ㉡ 데이터의 분석 목적에 따라서 주어진 변수에 대해서 독립변수인지 종속변수인지를 분류해야 한다.
  ㉢ 독립변수는 영향을 주는 변수를 의미하고 종속변수는 영향을 받는 변수를 의미한다.
  ㉣ 데이터 분석을 위해서 먼저 자료의 분류(질적 또는 양적 자료)가 정확하게 이루어져야 하며, 자료의 분류에 따라서 자료 처리를 위한 방법이 결정된다.
  ㉤ 질적 자료는 범주형 자료가 포함되는 명목 척도 자료와 서열 척도 자료이고, 양적 자료는 자료의 속성을 그대로 반영하여 분석하는 자료로서 구간 척도와 비율 척도 자료가 포함된다.

ⓗ 변수유형을 확인하고, 주어진 변수에 대해서 표준화의 필요성을 판단한다. 이후 변수별 결측률을 확인하여 변수의 제거 여부를 결정하고, 독립변수 대비 충분한 데이터가 확보되었는지를 파악한다.
ⓢ 신뢰성 있는 데이터를 얻기 위해서는 표준화가 필요하고, 단위가 서로 다른 경우 표준화를 한 뒤 통계 분석을 실시한다. 최근 데이터가 방대해지고 다양한 분야에서 활용되면서 데이터 표준화 작업이 중요하게 되었다.
ⓞ 데이터의 양은 분석에 활용될 수 있도록 충분히 확보되어야 한다.
ⓩ 분석하고자 하는 변수의 분포에서 비정상적으로 벗어난 데이터값을 확인하고, 상자그림(Box-plot) 등을 통해서 데이터의 분포 및 데이터에 이상치가 있는지를 확인한다.
ⓒ 데이터에 결측치가 발생했을 경우 결측치로 분류된 값에 대해서 어떻게 처리할지 처리 방법을 결정한다.
ⓚ 변수선택 방법은 통계적 분석 과정에서 많이 활용된다. 예를 들어 선형회귀 모델을 만든다고 하면 두 개 이상의 설명변수(독립변수) 중 모델링을 설정하는 과정에서 통계적 특성을 고려하여 설명변수의 채택 여부를 결정하게 된다. 즉, 통계적 분석모델에서 반응변수(종속변수)에 영향을 미칠 것으로 고려되는 설명변수를 선택하는 과정이 변수선택 과정에 해당된다.

⑤ **변수의 분류**
  ㉠ 변수의 기능에 따라 다음과 같이 독립, 종속, 통제, 매개, 외생, 억압(억제) 변수로 구분된다.

〈표 2-9〉 기능에 따른 변수 분류

변수 종류	내용
독립변수	• 설명변수라고도 함 • 영향을 주는 변수라고 할 수 있음 • 실험에서는 연구자에 의해서 조작되는 변수라고 할 수 있음
종속변수	• 영향을 받는 변수 • 반응변수라고도 함 • 실험에서는 독립변수의 변화에 따라 나타나는 결과의 예측변수라고도 함
통제변수	• 독립변수와 종속변수 간에 영향을 미칠 수 있는 제3의 변수를 의미함 • 실험과정에서 독립변수와 종속변수의 영향 파악을 위해서 통제해야 하는 변수
매개변수	독립변수와 종속변수 간에 직접적인 관련은 없으나 중간에서 매개자 역할을 하여 두 변수 간에 간접적인 영향을 맺도록 하는 변수
외생변수	• 독립변수와 종속변수 간에 상관관계가 있는 것처럼 보이지만 실제적으로는 관계가 없는데 단지 제3의 변수에 의해서 가상적 관계가 성립되어 있는 것처럼 보이도록 만드는 변수 • 외생변수의 통제를 통해서 가식적 관계를 제거해야 함
억압변수	• 독립변수와 종속변수 간에 상관관계가 있는데 없는 것처럼 보이도록 만드는 변수 • 가식적 영관계라고 함

ⓒ 사용되는 변수의 속성에 따라 다음과 같이 이산, 연속, 더미 변수로 구분된다.

〈표 2-10〉 속성에 따른 변수 분류

변수 종류	내 용
이산변수	• 하나하나 셀 수 있는 변수 • 이산형 자료의 예로는 형제의 수에 대한 분포를 설명한다거나 콩깍지에 들어 있는 콩의 개수를 세는 등을 이산변수라고 할 수 있음
연속변수	• 등간 척도 자료나 비율 척도 자료에 해당됨 • 연속적 자료에 대한 예로는 키, 몸무게 등을 들 수 있음
더미변수	주로 회귀분석을 할 때, 명목형 변수를 독립변수로 사용하고자 할 때 더미 변수화해서 사용함

⑥ 회귀분석에서의 변수 선택방법

㉠ 회귀분석의 경우 독립변수 선택 시, 독립변수의 수가 많아지면 기본적으로 모델의 복잡도가 올라가면서 성능이 향상된다. 그러나 변수가 너무 많다면 오히려 그 성능은 낮아질 수 있다. 이를 차원의 저주(The Curse of Dimensionality)라고 한다.

㉡ 차원의 저주는 데이터 학습을 위하여 차원이 증가하면서 학습 데이터 수가 차원의 수보다 적어져 성능이 저하되는 현상을 의미한다. 즉, 관측치 수보다 변수의 수가 많아지면 발생하며, 이를 해결하기 위하여 차원을 줄이거나(축소) 데이터를 많이 획득하여야 한다.

㉢ 변수선택을 위하여 다음과 같은 2가지 방법(Selection, Extraction)을 이용한다.

〈표 2-11〉 회귀분석에서의 변수 선택방법

구 분	유효변수 선택방법
Feature Selection	d개의 변수들 중 가장 유효한 p개의 변수를 선택하며 다음과 같은 변수 선택방법을 이용한다. • Filter : 주관적, 정량적 기준에 의해서 각 독립변수들을 평가, 선택한다. • Wrapper : 독립변수를 달리해서 모형을 만들고, 예측 성능을 평가하여 독립변수를 선택한다. • Embedded : 예측모형 최적화 과정(회귀계수 추정)에서 각 독립변수가 도출되도록 한다. • Embedded 모델에서는 대표적으로 LASSO와 Ridge Regression 방법이 사용된다. • LASSO(Least Absolute Shrinkage and Selection Operation, 회귀계수의 크기를 줄이고 선택하는 함수) : 회귀모형 최적화를 위한 회귀계수 추정 시(OLS ; Ordinary Least Square, Method of Least Squares) 오차를 최소화하는 최적화 과정에 회귀계수 절댓값의 합이 일정수준을 넘지 않게(제약조건을 만족시키는 구역을 사각형으로 설정) 회귀계수를 추정한다. 즉, 오차와 함께 회귀계수의 절댓값도 함께 최소화하는 목적함수를 가진 문제를 해결한다. 따라서 오차를 최소화하는 것을 방해하는 제약조건이 포함되어 있어 편차(Bias)는 늘어날 수밖에 없지만, 분산(Variance)을 낮추는 효과(OLS로 구한 회귀계수보다 작은 회귀계수가 도출)를 제공한다. 회귀계수가 특정 시점이 되면 0으로 수렴하면서 몇 개의 변수는 사라지기 때문에 변수 선택법으로 사용된다. • Ridge Regression : LASSO와 유사한 원리를 가지며, 제약조건을 만족시키는 영역이 원형의 형태를 가진다. • ElasticNet : LASSO와 Ridge의 절충 모델로서 제약식은 LASSO와 Ridge 규제항을 단순히 더해서 사용하며, 혼합 정도는 혼합비율을 사용해 조절(혼합비율=0이면 Ridge, 1이면 LASSO)한다.

Feature Extraction	d개의 변수들을 조합해서 새로운 변수 p개를 정의하며 PCA와 PLS 방법을 주로 사용한다. • Principal Component Analysis(PCA, 주성분 분석) : 원래의 변수를 이용해서 새로운 변수를 만드는 정보의 손실 없는 차원축소 방법으로서 다중공선성을 해결하거나 예측 성능을 높이기 위해 주로 사용되기도 한다. 각 변수가 완전히 독립이면 효과가 없지만 관계가 있으면 있을수록 효과가 높다. 새로 생긴 변수들은 서로 상관관계가 없도록 설계되기 때문이다. 그러나 새로운 변수를 정의하기 때문에 문제의 원인을 추론하기가 어렵다는 단점이 있다. • Partial Least Squares(PLS) : PCA와 유사하지만 PCA는 독립변수 X만 가지고 새로운 차원인 T를 도출한다면, PLS는 Y를 함께 고려한다. 수식적으로는 X를 설명하는 모델과 Y를 설명하는 모델을 둘 다 찾는 것이 목표이며, 주성분보다 잠재변수(Latent Variable)를 찾게 되고 추가적으로 변수 중요도(VIP ; Variable Importance in Projection)를 구할 수 있다. • 회귀분석모형에서는 과대적합을 방지하기 위하여 벌점 회귀(Penalized Regression) 혹은 규제화 회귀(Regularized Regression) 방법을 이용한다. 벌점화란 회귀계수 값의 과잉에 대해서 벌점을 준다는 의미로 회귀분석식의 회귀계수 해를 찾을 때, 벌점화 조건이 추가되며, 방법에 따라 Ridge, LASSO, Elastic Net 등의 방식을 이용한다.

확인 문제 | 변수에 대한 이해

다음 변수에 대한 설명으로 옳지 않은 것은?

① 종속변수는 영향을 주는 변수로 설명변수라고 한다.
② 독립변수와 종속변수 간에 상관관계가 있는데 없는 것처럼 보이도록 만드는 변수를 억압변수라고 한다.
③ 외생변수의 통제를 통해서 가식적 관계를 막아야 한다.
④ 종속변수는 반응변수라고도 한다.

풀이 종속변수는 영향을 받는 변수로서 반응변수라고도 하고, 독립변수는 영향을 주는 변수로서 설명변수라고도 한다.
정답 ①

---

(2) 차원축소

① **차원축소(Dimensionality Reduction)의 개념**

㉠ 비지도 학습(자율 학습) 기법 중 하나로서 차원축소 방법을 이용하여 대량의 빅데이터를 분석할 때, 분석대상이 되는 여러 변수들의 주요 정보는 최대한 유지하면서 데이터세트 변수의 개수를 줄이는 일련의 탐색적 분석 기법을 사용한다.

㉡ 머신러닝에서 원래의 데이터를 최대한 잘 설명하면서 효과적으로 축약하는 과정에는 목표변수(Y, 종속변수)가 필요하지 않고, 특성변수(설명 독립변수)의 값에만 의존하기 때문에 차원축소 방법은 비지노 학습(자율 학습) 머신러닝 기법에 속한다.

② 차원축소 기법의 주요 알고리즘은 다음과 같다.

〈표 2-12〉 차원축소 기법

구 분		주요 내용
개 념		• 축약되는 변수세트는 전체 데이터 변수들의 정보를 최대한 유지 • 변수들 사이 내재된 특성·관계를 분석, 새로운 선형·비선형 결합 구성 • 해당 결합변수만으로 전체 변수를 적절히 설명 • 다른 분석과정을 위한 전 단계, 분석 수행 후 결과 개선, 효과적인 시각화 등을 위하여 사용 • 고차원 특성으로 학습을 수행하는 대신, 변환된 저차원으로 학습 수행
주요 알고리즘	주성분 분석	• PCA(Principal Component Analysis) • 변수들의 공분산 행렬, 상관행렬 이용 • 원래의 데이터세트의 변수들을 선형 변환, 서로 직교하도록 선택 • 새로운 변수(주성분)를 만들어 낸 뒤, 원래 변수 설명
	독립성 분석	• ICA(Independent Component Analysis) • 변수들이 서로 독립적이라고 가정 • 비정규 분포를 따르게 되는 차원축소 방법
	특이값 분해	• SVD(Singular Value Decomposition) • 일반적인 m×n 차원의 행렬 데이터에서 특이값 추출 • 이를 이용하여 데이터세트 축약
	요인 분석	• FA(Factor Analysis) • 데이터 내 잠재적 변수(Latent Variable) 존재의 가정 • 모형을 세운 뒤, 관찰 가능한 데이터 이용, 잠재요인 도출 • 데이터 내 내재된 구조 해석 • 주로 사회과학, 설문조사 등에서 활용
	다차원 척도법	• MDS(Multi-dimensional Scaling) • 개체들 사이 관계 정보 이용 • 고차원 데이터를 해석이 용이하도록 가시적인 저차원(2차원)으로 사상한 뒤, 각 좌표점으로부터 그룹관계, 순서관계, 위상관계 등을 파악, 다변량 시각화 기법
활용 분야		• 탐색적 데이터 분석 • 변수 Set에서 주요 특징 추출 후, 타 분석 기법의 설명변수로 사용 • 주성분 회귀분석 등에서 사용 • 텍스트 등 문서에서의 숨겨진 주제나 개념 추출 • 이미지 및 사운드 등에서 주요한 데이터 특징 패턴 추출 • 고객의 구매 및 거래 데이터의 아이템 축약을 통한 추천 시스템 엔진 구현 • 다차원 공간의 정보를 저차원 정보로 시각화 • 공통요인을 추출하여 잠재된 데이터 구조를 발견 • 패턴인식 및 추천 시스템 구현 결과의 성능 개선

③ SVD(Singular Value Decomposition, 특이값 분해)는 주어진 행렬을 특정한 구조로 분해하는 방법이다. 정방행렬을 포함하여 임의의 m×n 차원의 행렬 A에 대해 $A = U \Sigma V^T$로 행렬을 분해(Decomposition, 3가지 요소로 분해)한다. 여기서 U는 m×m직교행렬, Σ는 m×n행렬(특이값 즉 0이 아닌 대각 원소값), V는 n×n 직교행렬이다. 즉, 직교하는 벡터집합에 대해 선형변환 후에 그 크기는 변하지만 여전히 직교할 수 있게 되는 직교집합을 찾고, 선형변환 후의 결괏값을 찾을 수 있다.

④ 주성분 분석
　㉠ 차원축소 방법으로 가장 보편화되어 있는 주성분 분석(PCA ; Principal Component Analysis)은 변수 간에 상관관계가 있는 다차원의 데이터를 분석에 필요한 차원축소 과정을 거쳐서 저차원의 데이터로 나타내는 방법이다.
　㉡ 통계적으로 독립변수들 사이에 상관관계가 없도록 하고 요인 적재값을 확인한다. 만약 요인 적재값에 차이가 나지 않아서 요인 분류가 어려운 경우 데이터를 회전하는 방법으로 주성분 분석을 실시한다.
　㉢ 즉, 서로 연관되어 있는 변수들이 있으면 이 변수들의 정보를 최대한 설명할 수 있는 작은 수의 새로운 성분을 만들어 내는 기법이라고 할 수 있다.
　㉣ 주성분 분석에서는 고윳값과 고유벡터를 계산하고 고유벡터를 열벡터로 갖는 행렬의 대각화를 통해서 고윳값 분해를 실시한다. 이때 가장 큰 고유치를 중심으로 기존 변수들을 선형결합해서 나타난 새로운 변수들로 변환을 실시하고 고유벡터를 구해서 차원을 축소하게 된다.

⑤ 주성분 분석결과의 시각화
　㉠ 주성분 분석은 n개의 변수들을 선형 결합하여 더 적은 개수의 변수들로 데이터를 표현하고 이를 이용하여 데이터를 분석하는 방법이다.
　㉡ 변수들의 상관관계를 이용하여 기존 변수들을 분산이 큰 변수들로 변환시키면 유의성이 높은 변수들로 데이터를 표현할 수 있다.
　㉢ 예를 들어, 아래 그림에서처럼 제1주성분을 새로운 좌표축으로 하여 데이터를 투영(Projection)하면, 한 개의 변수를 이용해서도 전체 데이터들의 분산을 잘 설명할 수 있게 된다.

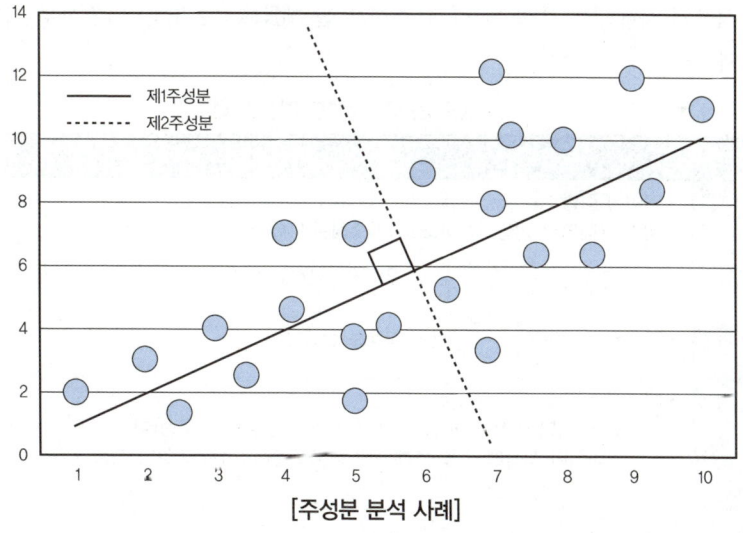

[주성분 분석 사례]

　㉣ 이런 개념을 이용하여 n개의 변수들의 선형결합을 통해 생성된 새로운 변수들을 분산의 크기에 따라 제1주성분, 제2주성분으로 나누면 이러한 주성분들은 서로 직교(Orthogonal)하여 상관관계를 갖지 않게 된다. 이러한 방법으로 주성분을 이용하게 되면, 원래의 변수보다 작은 개수로 데이터를 표현할 수 있다.

⑥ 공분산 행렬을 이용한 주성분 분석
  ㉠ 주성분 분석은 고차원의 데이터를 저차원의 데이터로 변환시키는 방법이다. 이때 서로 연관 가능성이 있는 고차원 공간의 표본들을 선형 연관성이 없는 저차원 공간(주성분)의 표본으로 변환하기 위해 직교 변환을 사용한다.
  ㉡ 데이터를 한 개의 축으로 사상시켰을 때 그 분산이 가장 커지는 축을 첫 번째 주성분, 두 번째로 커지는 축을 두 번째 주성분으로 놓이도록 새로운 좌표계로 데이터를 선형 변환한다.
  ㉢ 이와 같이 표본의 차이를 가장 잘 나타내는 성분들로 분해함으로써 데이터 분석에 여러 가지 이점을 제공한다.
  ㉣ 이러한 변환 방법을 통해 주성분이 가장 큰 분산을 가지고, 이후의 주성분들은 이전의 주성분들과 직교한다는 제약 아래에 가장 큰 분산을 갖고 있다는 식으로 정의된다. 중요한 성분들은 공분산 행렬의 고유 벡터이기 때문에 직교하게 된다.
  ㉤ 공분산은 데이터의 형태를 수치적으로 나타내는 값이며, 0을 중심으로 데이터가 어느 방향성을 띄고 퍼짐 정도를 갖는지를 나타낸다.
  ㉥ 공분산 행렬이 있으면 각 특징들에 대한 형태를 알 수 있으며, 고유벡터는 행렬의 방향성을 유지하는 선형 변환의 주축을 의미(선형변환 이후 크기만 바뀌고 방향은 바뀌지 않는 벡터)한다.
  ㉦ 공분산, 고유벡터의 개념을 이용하여 해당 데이터를 대표하는 주축을 발견할 수 있다. 즉 공분산 행렬의 고유벡터가 해당 데이터를 대표하는 주축이 된다.
  ㉧ 공분산 행렬(A), 고유벡터(X), 고윳값(λ)를 이용하여 $(A-\lambda)x=0$로부터 고유벡터 X를 구한다.

⑦ 주성분 분석에서 사용되는 분석 방법[제1주성분 및 제K(k=2,3,4,…)주성분 계산 방법]을 요약하면 다음과 같다.

〈표 2-13〉 주성분 계산 방법

주성분	계산 방법
제1 주성분	• 데이터 집합 : $x_1, x_2, \cdots, x_n$ • $\omega_1 : x$ (데이터 집합, Data Set)의 주성분 (제1주성분) • $\omega_1 = \dfrac{\arg\max}{\|\omega\|=1}\left\{\dfrac{\omega^T x^T x \omega}{\omega^T \omega}\right\}$, ω : 임의의 고윳값 벡터 • $\arg\max$: 함수 $\left\{\dfrac{\omega^T x^T x \omega}{\omega^T \omega}\right\}$를 최대로 만드는 ω
제K 주성분	• 데이터 집합 : $x_1, x_2, \cdots, x_n$ • $\omega_K : x$ (데이터 집합, Data Set)의 K번째 주성분 (제K주성분) • $\widehat{x_{K-1}}$: 데이터 집합에서 $K-1$개의 주성분을 뺀 나머지 데이터 집합 • $\widehat{x_{K-1}} = x - \sum_{i=1}^{k-1} \omega_i \omega_i^t x$ • $\omega_K = \dfrac{\arg\max}{\|\omega\|=1}\left\{\dfrac{\omega^T \widehat{x_{k-1}}^T \widehat{x_{k-1}} \omega}{\omega^T \omega}\right\}$ • $\arg\max$: 함수 $\left\{\dfrac{\omega^T \widehat{x_{k-1}}^T \widehat{x_{k-1}} \omega}{\omega^T \omega}\right\}$를 최대로 만드는 ω

⑧ 시각화를 통한 차원축소 방법
  ㉠ 고차원의 벡터를 이해하기 위하여 다양한 시각화 방법들이 이용된다.
  ㉡ 대표적으로 t-SNE(t-Stochastic Neighbor Embedding) 방법에서는 고차원 공간에서 유사한 두 벡터가 2차원 공간에서도 유사하도록 원래 공간에서의 점들 간 유사도를 보존하면서 차원을 축소한다. 왜냐하면 이해가 가능한 공간은 2차원 모니터(지도) 또는 3차원의 공간이기 때문이다.

⑨ 비음수 행렬 분해(NMF ; Non-negative Matrix Factorization)
  ㉠ NMF는 음수가 포함되지 않은 전체 원소가 양수인 행렬 V를 음수를 포함하지 않는 행렬 W와 H의 곱으로 분해하는 알고리즘이다.
  ㉡ 행렬에 음수가 없으면 분해한 결과 행렬을 찾기 쉽게 만든다. 일반적으로 행렬 분해는 정확한 해가 없기 때문에, NMF 알고리즘은 대략적인 해를 구한다.
  ㉢ NMF 알고리즘은 PCA와 유사하고 차원축소에도 사용된다. PCA처럼 어떤 성분의 가중치 합으로 각 데이터 포인터를 나타낼 수 있다. 다만 PCA에서는 데이터의 분산이 가장 크고 수직인 성분을 찾았다면, NMF에서는 음수가 아닌 성분과 계수 값을 찾는다. 즉, 주성분과 계수가 모두 0보다 크거나 같아야 한다.
  ㉣ NMF는 컴퓨터 시각 처리, 문서 분류, 음파 분석, 화학 계량분석, 시스템 추천 등에 주로 사용된다.

확인 문제 차원축소 기법

다음 중 차원축소 기법에 대한 설명으로 옳지 않은 것은?

① 서로 연관되어 있는 변수들이 있으면, 이 변수들의 정보를 최대한 설명할 수 있는 작은 수의 새로운 성분으로 만들어낸다.
② 대표적으로 주성분 분석 방법을 이용하여 변수 간에 상관관계가 있는 다차원의 데이터를 분석에 필요한 차원축소 과정을 거쳐 저차원의 데이터로 나타낸다.
③ 일반적으로 저차원 공간의 정보를 고차원 정보로 시각화하는 데 많이 활용된다.
④ 비지도 학습 기법 중 하나로서 대량의 빅데이터를 분석할 때, 분석대상이 되는 여러 변수들의 주요 정보는 최대한 유지하면서 데이터세트 변수의 개수를 줄이다.

풀이 차원축소 기법들은 일반적으로 다차원 공간의 정보를 저차원 정보로 시각화하는 데 많이 활용된다.
정답 ③

(3) 파생변수 생성

① 파생변수의 개념
  ㉠ 파생변수 또는 유도변수(Derived Variable)는 기존 변수에 특정 조건 또는 함수 등을 이용하여 새롭게 재정의한 변수이다.
  ㉡ 기존 변수들의 조합으로 새로운 파생변수를 만들게 되는데 조건을 주고 조건에 맞는 결과를 만드는 방법으로 파생변수를 생성한다.
  ㉢ 예를 들어서 새로운 신입사원을 뽑는 데 있어 지원자에게 영어 시험을 치게 하고 영어 시험 점수가 일정 수준을 상회하면 합격, 그렇지 않다면 불합격이라고 한다면 합격과 불합격을 정할 수 있는 파생변수를 만들 수 있다.
  ㉣ 데이터 분석모형·자료를 변환하기 위한 변경작업 계획 수립 시, 데이터 표준과 모델을 변경하기 위해 파생변수를 활용하거나 앙상블 모델링 분석결과를 이용하기도 한다.
② 기존 데이터 외에 분석모형에서 필요로 하는 파생변수를 생성·추가하여 분석모형에 활용하며, 파생변수의 생성 방법은 다음과 같다.

〈표 2-14〉 파생변수 생성 방법

구 분	변환 방법
단 위	• 주어진 변수의 단위 또는 척도 변환 • 새로운 단위로 표현하여 파생변수 생성
표현 형식	• 날짜 정보로 요일 생성 • 남·여의 성별 데이터를 1·0(이진변수)으로 표현 • 단순한 표현 방법의 변환으로 파생변수 생성
요약 통계량	요약 통계량(예 고객별 누적 방문횟수)을 이용한 파생변수 생성
변수 결합	• 기존 변수를 이용하고 다양한 함수 등을 이용한 수학적 결합 • 예를 들어, 매출액과 방문횟수 데이터로 1회 평균 매출액 생성 • 주성분 분석 방법을 이용하여 독립변수들의 선형조합으로 생성

③ 대표적으로 조건문을 이용한 파생변수의 생성 과정을 요약하면 다음과 같다.
  ㉠ 기준값 정하기
    • 회사에 서류를 제출한 지원자를 대상으로 영어 시험 점수에 대한 분석을 실시한다. 영어 점수의 요약통계량을 분석해서 평균, 중앙값 등을 확인한다.
    • 히스토그램을 이용해서 지원자의 영어 성적 분포를 확인한다.
    • 영어 성적 분포를 이용해서 선정 기준점을 정한다.
  ㉡ 조건문으로 (합격, 불합격)의 파생변수 만들기 : 조건에 따라서 서로 다른 값을 반환하는 함수로써 조건문을 이용하면 특정 조건을 만족했는지에 따라서 서로 다른 값을 부여해서 변수를 생성한다.
  ㉢ 파생변수에 대한 분석 : 생성된 파생변수의 합격자 수에 대한 분석을 위해서 막대 그래프 등을 이용한다.
④ 중첩 조건문을 이용한 파생변수 생성 방법
  ㉠ 조건문을 여러 가지 중첩해서 이용할 수 있고 조건에 맞는 중첩 조건문을 사용해서 유도함수를 생성할 수 있다.
  ㉡ 첫 번째 조건문을 주고 첫 번째 조건을 만족하면 다음 조건을 통해서 파생변수를 만들 수 있도록 한다.

⑤ 파생변수 생성 시 도메인 및 데이터 자체에 대한 지식, EDA(탐색적 데이터 분석)를 통한 Insight, 그리고 상호작용(교호작용) 변수를 고려하여야 한다. 특히 파생변수 생성 시 주관적 관점이 상당 부분 포함될 수 있으므로 교호작용 변수를 타당성 있게 개발해야 한다.

> **확인 문제** **파생변수 생성 방법**
>
> 다음 중 독립변수들의 선형 조합으로 파생변수를 생성하기 위해 주로 사용하는 방법은 무엇인가?
>
> ① 단위 및 표현형식 변환 방법　　② 시뮬레이션 분석
> ③ 요약 통계량 분석　　　　　　　④ 주성분 분석
>
> 풀이　주성분 분석 방법을 이용하여 독립변수들의 선형 조합으로 새로운 파생변수를 생성한다.
> 정답　④

(4) 변수 변환

① 변수란 두 가지 또는 그 이상의 값으로 경험적으로 분류할 수 있는 개념으로서 사상(事象)에 대한 계량적 수치, 계량적 가치가 부여된 속성 또는 상징이라고 할 수 있다.
② 변수는 연구대상의 경험적 속성을 나타내는 동시에 그 속성에 계량적 수치, 계량적 가치를 부여할 수 있는 개념을 의미한다.
③ 각 변수 간의 기능적 관계를 중심으로 독립, 종속, 외생, 매개, 선행, 억압(억제), 허위(외적, 외재적), 왜곡, 조절, 통제 변수로 구분된다. 실험연구에서 독립변수는 연구자에 의해 조작되는 변수를 의미하며, 사회조사연구에서는 연구자의 능동적 개입이 아닌 논리적 선행조건의 개념으로 파악된다. 그리고 종속변수는 독립변수의 변이 또는 변화에 따라 자연히 변하는 것으로서 결과적인 예측변수라고 할 수 있다.
④ 한편, 변수가 갖는 속성의 정도를 기준으로 이산(불연속), 연속, 더미, 이분, 잠재, 관찰 변수로 구분된다.
⑤ 수학적 의미를 보면, 변수 변환(Change of Variables)은 어떤 변수(들)로 나타낸 식을 다른 변수(들)로 바꿔 나타내는 기법이다.
⑥ 효율적인 데이터 분석을 위해 사용되는 변수 변환 기법은 수학적 방법 외에 구간화, 평활화, 클러스터링, 의사결정나무 등과 같은 다양한 방법들이 사용된다.
⑦ 예를 들어 데이터 분석의 성능을 향상시키기 위해 또는 해석의 편리성을 위해 이산형 변수를 범주형 변수로 변환한다. 이를 변수 구간화(Binning)라 하며, 대표적으로 숫자로 이루어진 나이 변수를 10대, 20대, 30대와 같이 특정 간격으로 나누거나 청소년(19세 이하), 청년(20~34세), 중장년(35~54세) 등으로 특정 의미 기준으로 나누는 방법이 사용된다.
⑧ 또는 이산값을 평활화(Smoothing)하여 단순한 이산값으로 변환시키는 기법을 사용하기도 한다. 변수의 값을 일정한 폭(Width)이나 빈도(Frequency)로 구간을 나눈 후, 각 구간 안에 속한 데이터 값을 평균, 중앙값, 경계값 등으로 변환해 준다.

⑨ 구간을 나누는 방법으로 클러스터링이나 의사결정나무와 같은 머신러닝 기법을 사용할 수도 있다. 클러스터링은 타깃 변수 설정이 필요없이 구간화할 변수의 값들을 유사한 수준끼리 묶어줄 수 있고, 의사결정나무는 타깃 변수를 설정하여, 구간화할 변수의 값을 타깃 변수 예측에 가장 적합한 구간으로 나누어 준다.
⑩ 효율적인 데이터 분석을 위해 수행되는 변수 변환 방법으로서 로그 변환, 거듭곱 변환, 누승 변환, 박스칵스 변환, 여존슨 변환 등을 사용한다.
　㉠ 로그 변환(Log Transformation) : 원본 데이터(X)에 대해 $y=\log(X)$로 로그값으로 변환한다. 원래의 눈금에 대해 상대적으로(또는 비례하게) 바뀐 것으로, 로그를 사용하면 의미를 해석하기 편하다. 로그의 밑을 10으로 사용하면, 로그 눈금에서 1만큼 증가하는 것이 원래의 눈금에서 10배 증가한 것과 대응된다. 로그 변환에서는 원래의 눈금에 대해 예측치를 그대로 양수로 놓을 수 있다.
　㉡ 거듭곱 변환(Power Transformation, 멱변환, 누승 변환) : 예를 들어 제곱근, 세제곱근을 사용하여 변환한다. $y=X^p$로서 거듭곱 변환이라 하며, 로그 변환에 비해 해석(의미)이 쉽지 않다.
　㉢ 박스칵스 변환(Box-cox Transformation) : 로그 변환과 거듭곱 변환을 둘 다 포함한다. 양수인 데이터 $x(x>0)$에 대해 $\lambda=0$인 경우 $y=\log(X)$, $\lambda>0$인 경우 $y=(X^\lambda-1)/\lambda$로 변환한다. 데이터를 정규분포에 가깝게 만들거나 데이터의 분산을 안정화하는 용도로 사용되며, 정규성을 가정하는 분석이나 정상성을 요구하는 분석 방법을 적용하기에 앞서 데이터의 전처리에 유용하게 사용된다.
　㉣ 여존슨 변환(Yeo-johnson Transformation) : 박스칵스 변환에 대해 $x=0$이거나 음수에 대해 일반화된 방법으로 적용하기 위해 사용된다.
⑪ 범주형 변수를 숫자형 변수로 변환하기 위하여 다음 방법을 이용한다.
　㉠ 원-핫 인코딩(One-hot Encoding) : 표현하고 싶은 범주형(예 단어 집합) 변수의 인덱스에 1의 값을 표현하고 다른 인덱스에는 0을 부여하는 벡터 표현 방식이다. 빈도가 낮은 범주는 모두 '기타 범주'로 정리한다.
　㉡ 레이블 인코딩(Label Encoding) : 범주형 변수의 각 레벨을 단순히 정수로 변환한다. 사전순으로 나열했을 때 인덱스 값은 대부분 본질적인 의미가 없다.
　㉢ 특징 해싱(Feature Hashing) : 데이터 변환 후의 특징의 수를 먼저 정하고, 해시 함수를 이용하여 레벨별로 플래그를 표시할 위치를 결정한다. 원-핫 인코딩에서는 레벨마다 서로 다른 위치에 플래그를 표시하지만 특징 해싱에서는 변환 후에 정해진 특징 수가 범주의 레벨 수보다 적으므로, 해시 함수에 따른 계산에 의해 다른 레벨에서도 같은 위치에 플래그를 표시한다.
　㉣ 프리퀀시 인코딩(Frequency Encoding) : 각 레벨의 출현 횟수 혹은 출현 빈도로 범주형 변수를 대체한다. 각 레벨의 출현 빈도와 목적 변수 사이 관련성이 있을 때 유효하다.
　㉤ 타깃 인코딩(Target Encoding) : 목적 변수를 이용하여 범주형 변수를 수치형 변수로 변환한다. 예를 들어 범주형 변수의 각 레벨 그룹에서 목적 변수의 평균값을 학습 데이터로 집계하고 그 값으로 치환한다. 목적변수의 데이터 정보를 누출할 우려가 있다.
　㉥ 임베딩(Embedding) : 자연어 처리에서 단어나 범주형 변수와 같은 이산적인 표현을 실수 벡터로 변환한다. 원-핫 인코딩을 하지 않아도 임베딩 계층에 범주형 변수를 부여하여 학습할 수 있다.

> **확인 문제** **변수 변환 기법**
>
> 변수 변환 기법 중 하나로서, 다음 중 데이터 분석의 성능을 향상시키기 위해 또는 해석의 편리성을 위해 이산형 변수를 범주형 변수로 변환하는 방법은 무엇인가?
>
> ① 구간화(Binning)
> ② 타깃변수 변환(Target Variable Change)
> ③ 평균 변환(Average Change)
> ④ 평활화(Smoothing)
>
> **풀이** 구간화(Binning) 방법을 이용하여 이산형 변수를 범주형 변수로 변환한다. 예를 들어 숫자로 이루어진 나이 변수를 10대, 20대, 30대 등과 같이 특정 간격으로 나누어 변수를 변환한다.
>
> **정답** ①

(5) 불균형 데이터 처리

① 데이터 분석 시 쉽게 마주치게 되는 문제 중 하나가 데이터의 불균형(Imbalanced Data)이다. 데이터 불균형이란 어떤 데이터에서 각 클래스(주로 범주형 변수)가 갖고 있는 데이터의 양에 차이가 큰 경우를 말한다.

② 대표적으로 우리가 찾고자 하는 데이터의 타깃의 수가 매우 극소수인 케이스가 많다. 예를 들어 기업의 부도 예측 시 일반적으로 기업의 부도는 전체 기업의 3% 내외로 극소수로서 이러한 비대칭 데이터세트에서는 정확도(Accuracy)가 높아도 재현율(Recall, 실제 기업의 부실을 부실이라고 예측할 확률)이 급격히 작아지는 현상이 발생하게 된다.

③ 다른 예를 들면, 병원에서 질병이 있는 사람과 질병이 없는 사람의 데이터를 수집했다고 가정하자. 일반적인 경우에 보통 '질병이 있는 사람' 데이터가 양적으로 훨씬 적을 수밖에 없을 것이다. 이 경우 데이터 불균형이 존재한다고 할 수 있다.

④ 불균형 데이터 처리 방법

데이터 균형을 맞춰주기 위해 다음과 같이 다운(또는 언더) 샘플링(Undersampling)과 오버 샘플링(Oversampling) 방법이 사용된다.

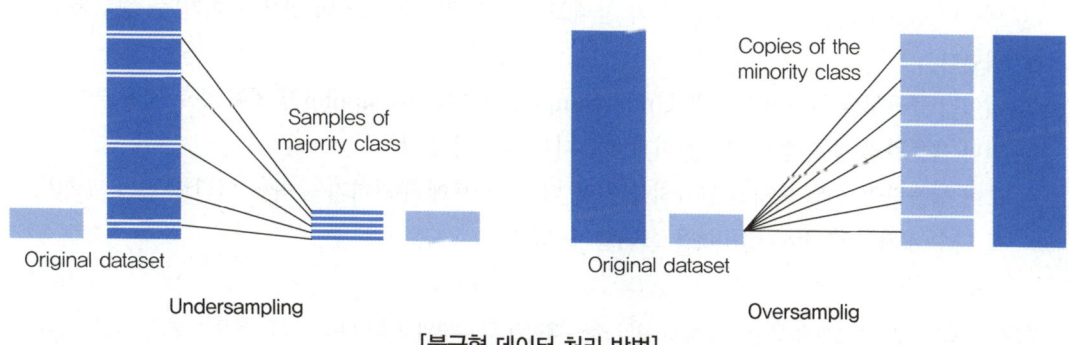

[불균형 데이터 처리 방법]

㉠ 다운(또는 언더) 샘플링 방법 : 다수 클래스 데이터에서 일부만 사용
- 무작위 추출 : 무작위로 정상 데이터를 일부만 선택
- 유의정보 : 유의한 데이터만을 남기는 방식
- 언더 샘플링의 경우 데이터의 손실이 매우 크고, 때로는 중요한 정상 데이터를 잃게 될 수 있다.

㉡ 오버 샘플링 방법 : 소수 클래스 데이터를 증가시키는 방법
- 무작위 추출 : 무작위로 소수 데이터를 복제
- 유의정보 : 사전에 기준을 정해서 소수 데이터를 복제
- 오버 샘플링의 경우 정보가 손실되지 않는다는 장점이 있으나, 복제된 관측치를 원래 데이터세트에 추가하기만 하면 여러 유형의 관측치를 다수 추가하여 오버 피팅(Overfitting)을 초래할 수 있다.

⑤ 데이터 분석 실무에서는 데이터의 특성이나 확보 데이터량에 따라 다르지만, 딥러닝 분석을 위해서는 많은 데이터 확보가 효과적이므로 오버 샘플링 기법을 보통 적용하게 된다.

⑥ 기계학습에서 관심 있는 예측변수의 클래스가 매우 적은 문제를 Class Imbalance(군집 또는 클래스 불균형)라 하며 이를 해결하기 위하여 과대표집(Oversampling), 과소표집(Undersampling), 양쪽표집(Bothsampling), 로즈표집(ROSEsampling, 가공 데이터 활용)의 방법을 사용한다. 또는 클래스 가중치(오분류 비용) 조정, 컷오프 기준 조정, 소수 표본 데이터에 대한 반응 조정 등의 알고리즘 수준에서 미세 조정을 취한다. 일반적으로 Major Class를 잘못 예측하는 것보다 Minor Class를 잘못 예측하는 것의 비용이 더 크다.

⑦ 인공신경망의 핵심 구성 요소인 다층 퍼셉트론(Multilayer Perceptron)에서의 학습에서도 불균형 데이터세트(Imbalanced 또는 Unbalanced Dataset) 문제가 종종 발생한다. 이로 인해 소수 범주(Class)에 속한 데이터들은 다수 범주에 속한 데이터보다 잘못 분류될 가능성이 높다. 이러한 문제를 해결하기 위하여 Oversampling, Undersampling, Ensemble(Bagging, Boosting) 기법 등을 이용하여 학습 데이터를 보완한다.

> **확인 문제** | **불균형 데이터 처리의 이해**

다음 중 불균형 데이터 처리 방법에 대한 설명으로 옳지 않은 것은?

① 데이터 불균형은 어떤 데이터에서 각 클래스가 갖고 있는 데이터의 양에 차이가 큰 경우를 의미한다.
② 데이터 불균형을 처리하기 위해 Undersampling과 Oversampling 방법이 주로 사용된다.
③ 언더 샘플링의 경우 정보가 손실되지 않는다는 장점이 있다.
④ 오버 샘플링의 경우 복제된 관측치를 원래 데이터세트에 추가하기만 하면 여러 유형의 관측치를 다수 추가하여 Overfitting을 초래할 수 있다.

풀이 다운(또는 언더) 샘플링(Undersampling)의 경우 데이터 및 정보의 손실이 매우 크고, 때로는 중요한 정상 데이터를 잃게 될 수 있다.

정답 ③

제2과목 [빅데이터 탐색]

제1장 적중예상문제

01 다음 중 대표적인 데이터의 오류가 발생하는 원인으로 볼 수 없는 것은?

① 결측치(Missing Value)
② 이상치(Anomaly)
③ 잡음(Noise)
④ 데이터 통합(Data Aggregation)

[해설] 대표적으로 결측치, 이상치, 잡음으로 인하여 데이터 오류가 발생한다.

02 다음 ( )에 들어갈 용어로 옳은 것은?

> 측정된 Sample에서 누락된 변숫값을 나타낸다. ( )은(는) 오류로 인해 발생할 수도 있지만, 단순히 조사 대상이 측정을 원하지 않을 때에도 발생한다.

① 결측치(Missing Value)
② 이상치(Anomaly)
③ 잡음(Noise)
④ 데이터 통합(Data Aggregation)

[해설] Missing Value(결측치)에 대한 설명이다. 결측치란 데이터 중 값을 지니지 않고 있어 데이터 프레임에서 특정 값이나 숫자가 표기되지 않으며 NA(Not Available)라고 표기된다.

정답 01 ④ 02 ①

03 데이터 오류가 발생하는 요소 중 다음 설명에 해당하는 것은?

> 데이터 측정 중에는 대상이 가지고 있는 속성값을 있는 그대로의 숫자 또는 기호에서 벗어나게 하는 원하지 않던 임의의 요소들이 개입될 수 있고, 이로 인해 대상이 잘못 측정되어 참값에서 벗어나는 경우가 발생한다.

① 결측치(Missing Value)   ② 이상치(Anomaly)
③ 잡음(Noise)   ④ 데이터 통합(Data Aggregation)

[해설] 잡음(Noise)에 대한 설명이다. 잡음은 랜덤 에러나 측정된 변수의 변형된 값으로서 센서의 작동 실패, 데이터 엔트리(표기, 기입) 문제, 데이터 전송 문제, 기술적인 한계, 데이터 속성값의 부정확성 등으로 인해 발생한다.

04 데이터의 오류 요소 중 잡음(Noise)을 제거하기 위해 사용하는 방법이 아닌 것은?

① 구간화   ② 데이터 추정
③ 군집화   ④ 회귀모형

[해설] 데이터 추정은 결측치 데이터에 대한 해결 방법 중 하나이다.

05 데이터 잡음(Noise) 문제를 해결하기 위한 방법 중 하나로서, 연속 변수를 다수의 작은 구간으로 나누고, 동일한 구간에 속한 변숫값들을 하나의 변숫값으로 변환하는 방법을 무엇이라고 하는가?

① 구간화   ② 데이터 추정
③ 군집화   ④ 회귀모형

[해설] 구간화 방법에 대한 설명이다. 데이터 전처리 방법 중 하나로 주어진 연속형 변수를 범주형 또는 순위형 변수로 변환한다. 예를 들어 소득을 소득분위로, 나이를 연령층으로 나누는 과정을 의미한다.

06 데이터 집합에서 대부분의 다른 측정값들과 비교하여 현저한 차이를 보이는 Sample 또는 변숫값을 무엇이라고 하는가?

① 결측치(Missing Value) ② 이상치(Anomaly)
③ 잡음(Noise) ④ 데이터 통합(Data Aggregation)

[해설] Anomaly 또는 Outlier(이상치)에 대한 설명이다. 이상치란, 정상 범주에서 크게 벗어난 값을 의미하며, 데이터 수집 과정에서 오류가 발생할 수 있기 때문에 현장에서 만들어진 실제 데이터에는 이상치가 포함될 수 있다.

07 수집 자료에 이상값(특이값, Outlier)이 일부 섞여 있는 경우에도 비교적 안정적인 산포의 측도는?

① 범 위 ② 분 산
③ 사분위수 ④ 표준편차

[해설] 데이터값의 크기에 따라 정해지는 사분위수 값은 이상값이 섞여 있는 경우에도 비교적 안정적인 산포를 보인다.

08 데이터 오류로 인해 발생되는 요소를 제거히지 않고 즉, 데이터 정제 과정을 거치지 않고 데이터 분석을 수행하는 경우 발생하는 가장 큰 문제점은 무엇인가?

① 단순회귀모형 분석모형을 적용할 수 없다.
② 곡선회귀모형 분석모형을 적용할 수 없다.
③ 데이터의 구성이 일관되지 않아 바람직한 데이터 분석결과를 얻을 수 없다.
④ 데이터 추출(수집), 저장 및 처리·분석 과정을 수행할 수 없게 된다.

[해설] 데이터 오류로 인해 발생되는 요소(결측치, 잡음, 이상치)를 제거하지 않은 경우 데이터 일관성 문제로 바람직한 데이터 분석결과를 얻을 수 없게 된다.

09 Hadoop은 방대한 데이터세트를 간단히 분석할 수 있는 새로운 방법을 제시하면서, 빅데이터 시장을 순식간에 바꾸었다. 다음 중 Hadoop의 표준 오픈소스 배포판이 아닌 것은?

① Cloudera
② Esper
③ Hortonworks
④ MapR

[해설] Esper는 복잡한 이벤트와 이벤트 스트림을 처리하기 위한 오픈소스 Java 기반의 소프트웨어이다.

10 다음 특징을 가지는 데이터 정제·처리 솔루션은 무엇인가?

- 다른 웹사이트나 클라이언트 측 응용 프로그램에 대한 온라인 서비스 제공
- REST 및 SOAP 프로토콜을 이용한 접근·이용 및 관리
- 맵리듀스 프레임워크를 클라우드 서비스 형태로 제공
- 원격 컴퓨팅 서비스 제공

① Amazon Web Service
② Azure
③ Cloudera
④ Hortonworks

[해설] 아마존 웹서비스(AWS ; Amazon Web Service)에 대한 특징이다. AWS는 다른 웹사이트나 클라이언트 측 응용 프로그램에 대한 온라인 서비스를 제공한다.

11 빅데이터 정제 및 처리 절차로 옳은 것은?

① 세부계획 수립 → 최적화된 분석 플랫폼 구축 → 자체 구축 및 클라우드 컴퓨팅 고려 → 계정 생성
② 세부계획 수립 → 계정 생성 → 자체 구축 및 클라우드 컴퓨팅 고려 → 최적화된 분석 플랫폼 구축
③ 세부계획 수립 → 자체 구축 및 클라우드 컴퓨팅 고려 → 최적화된 분석 플랫폼 구축 → 계정 생성
④ 세부계획 수립 → 자체 구축 및 클라우드 컴퓨팅 고려 → 계정 생성 → 최적화된 분석 플랫폼 구축

[해설] 빅데이터 정제 및 처리는 '세부계획 수립 → 자체 구축 및 클라우드 컴퓨팅 고려 → 최적화된 분석 플랫폼 구축 → 계정 생성'의 과정으로 수행된다.

12 다음 중 맵함수와 리듀스 함수 기반으로 구성되는 (Key, Value)의 작업을 병렬 처리하는 빅데이터 분석도구는?

① BigQuery　　② MapReduce
③ Presto　　　 ④ R

[해설] MapReduce를 이용하여 맵함수와 리듀스 함수 기반으로 구성되는 (키, 값) 리스트 기반의 데이터를 병렬 처리한다.

13 MapReduce 분석 도구에서 중복 데이터를 제거하고 원하는 데이터를 추출하는 작업을 수행하는 기능은 무엇인가?

① Map　　② Reduce
③ Hadoop　④ Key

[해설] 리듀스(Reduce) 함수 기반으로 중복 데이터를 제거하고 원하는 데이터를 추출하는 작업을 수행한다.

14 MapReduce의 주요 세 가지 수행작업의 순서를 바르게 나타낸 것은?

① Mapper － Shuffle & Sort － Reducer
② Mapper － Reducer － Shuffle & Sort
③ Reducer － Shuffle & Sort － Mapper
④ Reducer － Mapper － Shuffle & Sort

[해설] MapReduce는 Mapper－Shuffle & Sort－Reducer의 과정을 수행한다.

정답　09 ②　10 ①　11 ③　12 ②　13 ②　14 ①

15 다음 처리 작업으로 옳은 것은?

> - 각각의 Map Task는 일반적으로 하나의 HDFS block에서 수행
> - Map Task가 수행된 중간 결과는 로컬 디스크에 저장
> - 프로그래머에 의해 작성된 코드로 처리

① Mapper
② Reducer
③ Shuffle and Sort
④ HDFS Storage

[해설] 맵퍼(Mapper) 작업 내용이다. 맵퍼는 배열, 컬렉션, 객체 및 문자열 데이터 유형의 입력 값을 처리한다.

16 다음 처리 작업에 해당하는 것은?

> - 모든 Mapper로부터 받은 중간 데이터를 정렬
> - 동일한 Key 값들은 동일한 Reducer로 전달
> - 적절한 Key를 하나로 합쳐 Reduce Task에서 Key에 대응된 값들이 쉽게 조회될 수 있도록 함
> - 예를 들어 병합 정렬 방법을 이용하여 여러 Mapper에 있는 결과 파일을 정렬하고 정렬된 파일을 각 Reducer에 할당함

① Mapper
② Reducer
③ Shuffle and Sort
④ HDFS Storage

[해설] 셔플과 정렬(Shuffle and Sort) 작업 내용이다. 맵리듀스는 모든 리듀서의 입력이 키를 기준으로 정렬(Sort)되도록 한다. 시스템이 이러한 정렬을 수행하고 맵의 출력을 리듀서의 입력으로 전송하는 과정을 셔플(Shuffle)이라고 한다.

17 텍스트 데이터에 있는 단어의 수를 구하는 프로그램에서 필요한 클래스로 가장 적절하지 않은 것은?

① Driver – 작업 설정 정보를 작성하고 클러스터에 제출
② Mapper – 워드 카운트 프로그램의 입력을 받아 (Key, Value) 쌍을 만듦
③ Reducer – 단어의 개수(빈도수)를 구함, 최종 결과 HDFS에 저장
④ Sorter – 단어의 개수를 순서대로 정렬, 최종 결과 HDFS에 저장

[해설] 텍스트 데이터에서의 단어의 수를 구하기 위하여 Mapper, Reducer, Driver의 세 가지 클래스가 필요하다.

18 MapReduce를 이용한 데이터 병렬 처리 절차로 옳은 것은?

① HDFS → Local Disk 임시 저장 → Map → Reduce
② HDFS → Map → Local Disk 임시 저장 → Reduce
③ HDFS → Map → Reduce → Local Disk 임시 저장
④ HDFS → Local Disk 임시 저장 → Reduce → Map

[해설] MapReduce에서 데이터들은 'HDFS → Map → Local Disk 임시 저장 → Reduce'의 과정으로 처리된다.

19 다음 특징을 가지는 프로그래밍 언어는 무엇인가?

• 대규모 데이터세트에서 Sample용 데이터를 추출, ETL 작업 수행
• 데이터를 탐색하는 데이터 흐름 언어와 실행환경 제공
• Hive와 비교하여 프로그래밍 기능 제공
• 내부 인터프리터에 의해 맵리듀스 작업으로 변환하여 수행

① Java
② Perl
③ Pig
④ Python

[해설] Pig에 대한 특징을 나타낸다. Pig에서는 Pig Latin이라는 데이터세트 플로우 제어 언어를 사용한다.

정답 15 ① 16 ③ 17 ④ 18 ② 19 ③

20 다음 특징에 해당되는 언어는 무엇인가?

> • 출력을 요청할 때까지 수행 결과를 보여주지 않는 명령어 기능 제공
> • 순서대로 문장을 수행하는 데이터 흐름 언어
> • 사용자는 DUMP(STORE) 명령어로 결과를 화면에 출력, 파일 저장
> • 식별자는 필드와 다른 데이터 구조에 대한 이름으로 사용

① Bag
② Hive
③ Pig Latin
④ Python

[해설] Pig에서 사용되는 데이터세트 플로우 제어 언어인 Pig Latin의 특징이다.

21 이미지와 같은 비정형 데이터 분석 시 각각의 픽셀마다 수치로 변환하는 과정을 거쳐 이미지 분석을 수행한다. 이와 관련되어 최근 많이 사용되는 딥러닝 기법은 무엇인가?

① 생성적 적대 신경망(Generative Adversarial Network)
② 선형 신경망(Feed Forward Neural Network)
③ 순환 신경망(Recurrent Neural Network)
④ 합성곱 신경망(Convolutional Neural Network)

[해설] CNN(Convolutional Neural Network, 합성곱 신경망) 분석 기법을 이용하여 이미지 분석을 수행한다.

22 다음 설명에 해당하는 결측값의 유형은 무엇인가?

> 어떤 변수 상에 결측 데이터가 관측된 혹은 관측되지 않은 다른 변수와 아무 연관이 없는 경우 발생한다. 이러한 유형의 결측값은 대규모 데이터세트에서 단순 Random 표본추출을 통해 완벽한 데이터를 만드는 작업을 수행하기도 한다.

① MAR(Missing At Random, 무작위 결측)
② MCAR(Missing Completely At Random, 완전 무작위 결측)
③ NMAR(Not Missing At Random, 비무작위 결측)
④ MARS(Missing At Random Sample, 무작위 샘플 결측)

[해설] ① 어떤 변수 상에 결측 데이터가 관측된 다른 변수와 연관되어 있지만, 그 자체의 비관측된 값들과는 연관되어 있지 않은 데이터이다.
② 어떤 변수 상에 결측 데이터가 관측된 혹은 관측되지 않은 다른 변수와 아무 연관이 없는 데이터이다.
③ 어떤 변수의 결측 데이터가 완전 무작위 또는 무작위 결측이 아닌 데이터이다.

23 다음 중 무작위 추출법이 아닌 것은?

① 같은 크기의 책이 들어 있는 책상에서 한 권의 책을 뽑을 때
② 상자 속에 크고 작은 구슬들이 많이 있고 여기서 작은 구슬을 추출할 때
③ 당첨권이 들어 있는 제비를 뽑을 때
④ 카드 놀이에서 임의로 카드 한 장을 뽑을 때

[해설] 공의 크기가 다르면 큰 구슬과 작은 구슬이 뽑힐 확률이 다르다.

24 다음 중 결측값의 처리 방법에 대한 설명으로 옳은 것은?

① 나이, 연봉 등 사람들이 답을 하기 싫어하는 설문조사 항목에 대하여 완전 무작위 결측값이 존재한다.
② 데이터 삭제 후 데이터 분석 과정을 수행하는 것은 결측 자료에 대한 해결책이기도 하면서 적극적인 데이터 분석을 위한 보다 효율적인 방법이다.
③ 보통 비무작위 결측 데이터에 대하여 데이터 대체 또는 삭제 작업을 수행한다.
④ 결측 데이터에 대한 접근은 일반적으로 데이터가 완전 무작위 결측이거나 무작위 결측이라고 가정하여 처리한다.

[해설] 보통 완전 무작위 결측이거나 무작위 결측 데이터의 경우 데이터 대체(보완) 및 삭제 작업을 수행하여 데이터 분석 과정을 수행한다.

25 다음 중 결측값(Missing Data, 결측자료)에 대한 처리 방법으로 가장 적절한 것은?

① 난수표에서 번호를 추출하여 그 점수를 대체하여 사용한다.
② 결측자료가 50% 이상이 되더라도 원래 수집된 자료는 유지해야 하기 때문에 그대로 사용한다.
③ 결측된 변수의 평균값을 대체하여 사용한다.
④ 유사 데이터를 추출하여 그 데이터에 기재된 내용을 대체하여 사용한다.

[해설] 결측된 변수에 대한 수집 자료의 평균값을 사용하는 것이 가장 바람직하다.

26 다음 설명에 해당하는 결측값 대체 방법은 무엇인가?

- 오차가 무작위로 분포되어 있다고 가정
- 50% 이상 미수집 자료가 있는 데이터가 이미 삭제
- 데이터나 변수에 대한 사전지식이 충분하지 못한 경우에도 사용 가능

① Contextual Information Evaluation(맥락적 사정 및 평가)
② Interpolation Method(보삽법)
③ Inserting Means Approach(평균치 삽입법)
④ Estimating Values Approach(평가치 추정법)

[해설] ① 어떠한 집단의 특징과 관련된 조사에서 필요한 변수의 원래 현상이 가지고 있는 성격이나 집단의 목적 및 유형 등을 종합적으로 고려하여 일반적 지식의 견지에서 평가를 내린다.
② 시계열 자료의 누락된 데이터 보완이나 인구나 정부의 예산처럼 심한 변동을 나타내지 않는 변수의 추정 시 유용하다.
③ 변수의 평균치를 계산하여 누락된 변숫값으로 사용하며, 오차가 무작위로 분포되어 있고 50% 이상 미수집 자료가 있는 데이터가 이미 삭제된 경우 활용한다.
④ 작은 오차만을 감수하면서 원래의 값을 추정하며, 맥락적 사정이나 행렬식의 자료를 고려하여 추정한다.

27 다음 설명에 해당하는 데이터 처리 방법은 무엇인가?

어떠한 집단의 특징과 관련된 조사에서 필요한 변수의 원래 현상이 가지고 있는 성격이나 집단의 목적, 집단의 유형 등을 종합적으로 고려하여 일반적 지식의 견지에서 평가를 내린다. 이를 보다 체계적으로 사용하기 위해서는 결측자료에 유사한 몇 개의 사례를 선정하여 전체 사례를 검토하는 작업이 필수적으로 요구된다.

① Contextual Information Evaluation(맥락적 사정 및 평가)
② Interpolation Method(보삽법)
③ Inserting Means Approach(평균치 삽입법)
④ Estimating Values Approach(평가치 추정법)

[해설] 맥락적 사정 및 평가(Contextual Information Evaluation)에 대한 설명이다. 맥락적 접근은 인간이 체계를 매개로 상호 의존적인 관계를 맺으며 상호작용하는 구조들을 설명하여 그 과정에서 인간이 체계에 의해 영향을 받고 또한 체계를 변화시킨다고 본다.

정답 24 ④ 25 ③ 26 ③ 27 ①

28 입력 및 데이터 처리 오류 등의 이유로 인하여 발생하는 특정 범위에서 벗어난 데이터값을 의미하며 속성의 값이 일반적인 값보다 편차가 큰 값을 무엇이라고 하는가?

① 결측값(Missing Value)
② 입력 에러(Input Error)
③ 이상값(Outlier)
④ 잡음(Noise)

[해설] 이상값(Outlier, Anomaly)에 대한 설명이다. 이상값으로 인하여 데이터가 가지는 값의 특정 범위를 너무 벗어나 데이터 분석 및 모델링의 결과에 영향을 미치므로 데이터 전처리 과정에서 이상값 제거 작업을 반드시 수행하여야 한다.

29 다음 중 이상값을 검출하기 위해 사용하는 방법이 아닌 것은?

① Mean - 정규분포 평균에서 표준편차의 최댓·최솟값 범위에 속하지 않은 값을 이상치로 판별
② Density - 측정값의 LOF(Local Outlier Factor)를 계산하여 이 값이 가장 큰 데이터를 이상값으로 추정, 즉 데이터가 가지는 상대적인 밀도까지 고려한 이상치 탐지
③ Likelihood - 베이즈 정리에 의해 데이터세트가 가지는 두 가지 샘플링(정상, 이상)에 대한 발생 확률로 이상치 판별
④ Clustering - 작은 크기의 클러스터나 클러스터 사이의 거리를 계산하여 먼 경우 해당 클러스터에 속한 값을 이상치로 판별

[해설] Mean(평균의 최댓·최솟값의 범위)은 이상값을 검출하기 위해 사용되는 방법이 아니다.

30 베이즈 정리에 의해 데이터세트가 가지는 두 가지 Sample(정상, 이상)에 대한 발생 확률로 이상값을 판별하는 방법은 무엇인가?

① Clustering
② Density
③ Likelihood
④ Nearest-neighbor

[해설] ① 데이터를 여러 클러스터로 구분한 후 작은 크기의 클러스터나 클러스터 사이의 거리를 계산하여 먼 경우 해당 클러스터에 속한 값을 이상치로 판별하는 방법이다.
② 측정값의 LOF(Local Outlier Factor)를 계산하여 값이 가장 큰 데이터를 이상값으로 추정하고, 밀도 있는 데이터세트로부터 먼 데이터가 이상값이며 데이터가 가지는 상대적인 밀도까지 고려한 이상치 탐지 기법이다.
④ 모든 데이터 쌍의 거리를 계산하여 검출하는 방법이다.

31 모든 데이터 쌍의 거리를 계산하여 이상값을 검출하는 방법을 무엇이라고 하는가?

① Clustering
② Density
③ Likelihood
④ Nearest-neighbor

[해설] Nearest-Neighbor(NN) 기법에 대한 설명이다. NN 기법에서는 '정상값들은 어떤 근방(들)(Neighbor)에 밀집되어 있고, 이상값은 각 근방에서 멀리 떨어져 있다'고 가정한다. 데이터 쌍의 거리를 계산하기 위하여 연속형 변수의 경우 일반적으로 유클리드 거리를 사용한다.

32 측징값의 LOF(Local Outlier Factor)을 계산하여 이 값이 가장 큰 데이터를 이상치로 추정하는 방법으로서, 데이터가 가지는 상대적인 밀도까지 고려하는 이상값 탐지 방법은 무엇인가?

① Clustering
② Density
③ Likelihood
④ Nearest-ncighbor

[해설] ① 데이터를 여러 클러스터로 구분한 후 작은 크기의 클러스터나 클러스터 사이의 거리를 계산하여 먼 경우 해당 클러스터에 속한 값을 이상치로 판별하는 방법이다.
③ 베이즈 정리에 의해 데이터세트가 가지는 두 가지 샘플(정상, 이상)에 대한 발생 확률로 판별하는 방법이다.
④ 모든 데이터 쌍의 거리를 계산하여 검출하는 방법이다.

33 다음 설명으로 옳은 것은?

> 관심의 대상이 되는 사물이나 사건의 속성으로, 서로 다른 두 개 이상의 값을 가진다.

① 객체(Object)
② 변수(Variable)
③ 상수(Constant)
④ 속성(Attribute)

[해설] 수학에서 변수는 쓰이는 수식에 따라서 변하는 값을 의미하고 컴퓨터 프로그램에서 변수 또는 스칼라는 아직 알려지지 않거나 어느 정도까지만 알려져 있는 양이나 정보에 대한 상징적인 이름이다.

34 독립변수와 종속변수 간의 관계에 영향을 미치는 변수로서 독립변수와 종속변수의 중간에서 매개자 역할을 하여 간접적 관계를 갖도록 하는 제3의 변수는 무엇인가?

① 매개변수
② 질적변수
③ 양적변수
④ 외생변수

[해설] 매개변수는 독립변수와 종속변수 간에 직접적인 관계는 없지만 중간에서 매개자 역할을 하여 간접적인 관계를 맺도록 하는 변수이고, 외생변수는 독립변수와 종속변수 간에 상관관계가 있는 것처럼 보이도록 만드는 변수로서 독립변수와 종속변수의 가식적인 관계가 생기도록 하는 변수를 의미한다.

35 다음 중 두 변수 간의 사실적인 관계를 악화시키거나 소멸시켜버리는 검정변수는 무엇인가?

① 매개변수
② 선행변수
③ 억제변수
④ 왜곡변수

[해설] 두 변수 간에 상관관계가 있으나 그와 같은 관계가 없는 것처럼 보이게 하는 제3의 변수를 억제(억압)변수라 한다.

36 다변량 통계 분석에 있어 원래 변수가 내포하는 정보를 최대한 유지하면서 변수 사이의 관련성을 분석하고 해석 가능한 적은 수의 새로운 변수로 차원을 축소하는 분석 방법은 무엇인가?

① 주성분 분석
② 시계열 분석
③ 상관분석
④ 회귀분석

[해설] 통계분석에서 차원축소의 기법으로는 요인분석을 들 수 있고 요인분석의 방법론으로 주성분 분석을 들 수 있다.

37 주성분 분석에 대한 설명으로 옳은 것은?

① 시계열 자료를 분석하여 미래 수치를 예측한다.
② 여러 가지 변수가 나타내는 선형관계를 모형화한다.
③ 상관관계가 있는 변수들끼리 결합하여 분산을 극대화하는 변수로 만들어 선형 결합해 변수를 축약하여 희생되는 정보를 최소화한다.
④ 데이터의 인과관계를 나타내고자 할 때 공분산, 상관분석 등이 사용된다.

[해설] ①은 시계열 분석, ②는 다차원 척도법(여러 대상 사이의 관계에 대한 수치자료를 이용하여 유사성에 대한 측정치를 상대적 거리로 시각화함), ④는 상관분석에 대한 설명이다.

38 다음 설명에 해당하는 분석 방법은?

> 자동차 판매업체에서 실시한 구매자가 자동차 구매 시 가장 중요하게 생각하는 특성 6가지에 대한 설문조사 결과, 3개의 요인(경제성, 공간성, 안전성)으로 전체의 96%를 설명할 수 있다. 따라서 구매자의 구매 특성은 3가지로 변환이 가능할 것으로 보고 접근하고자 한다.

① 시계열 분석
② 연관성 분석
③ 요인분석
④ 다차원 척도법

[해설] 요인분석(Factor Analysis)에 대한 예이다. 요인분석(또는 인자 분석)은 인자(Factor) 또는 요인이라고 불리는 잠재적으로 적은 숫자의 관찰되지 않은 변수(Variable)들로, 관찰된 서로 상관인 변수들 사이에서의 분산을 설명하기 위한 통계적 방법이다. 예를 들어, 6개의 관측된 변수들의 분산은 2개의 관측되지 않은 근본적인 변수를 반영할 수도 있다. 요인분석은 관측되지 않은 잠재변수에 대해 이런 연결된 분산(Joint Variation)을 찾는다. 즉, 요인분석에서는 독립된 내재변수를 찾는 것을 목적으로 한다.

39 다음 설명에 해당하는 것은?

> 우리나라 9개 대도시의 상대적 거리가 주어진 경우 상대적인 위치도를 만들고, 정치적 성향에 따른 9개 대도시의 위치도를 만들고자 한다.

① 주성분 분석
② 다차원 척도법
③ 요인분석
④ 연관성 분석

[해설] 다차원 척도법(Multidimensional Scaling)의 예이다. 다차원 척도법은 다차원 관찰값 또는 개체들 간의 거리(Distance) 또는 비유사성(Dissimilarity)을 이용하여 개체들을 원래의 차원보다 낮은 차원(보통 2차원)의 공간상에 위치시켜(Spatial Configuration) 개체들 사이의 구조 또는 관계를 쉽게 파악하고자 하는 데 목적이 있다.

40 주성분 분석결과의 시각화에 대한 설명으로 옳지 않은 것은?

① 주성분 분석에서는 n개의 변수들을 선형 결합하여 더 적은 수의 변수들로 데이터를 표현하고 분석한다.
② n개 변수들의 선형결합을 통하여 생성된 새로운 변수들을 분산의 크기에 따라 서로 다른 주성분으로 나눈다.
③ 변수들의 상관관계를 이용하여 기존 변수들을 분산이 큰 변수들로 변환시키면서 유의성이 높은 변수들로 데이터를 표현한다.
④ k개의 주성분으로 나누면 이러한 주성분들은 서로 직교하여 상관관계를 가지게 된다.

[해설] 주성분 분석을 수행하여 주성분들이 서로 상관관계를 갖지 않게 한다.

41 자료 변환을 위해 사용되는 방법으로서 기존 변수에 특정 조건 또는 함수 등을 이용하여 새롭게 재정의한 변수는 무엇인가?

① 묵시적 변수
② 임시변수
③ 파생변수
④ 표준변수

[해설] Derived Variable(파생변수 또는 유도변수)을 이용한 데이터 변환 방법이다. 파생변수는 사용자(분석자)가 특정 조건을 만족하거나 특정 함수에 의해 값을 만들어 의미를 부여한 변수로서 매우 주관적일 수 있으므로 논리적 타당성을 갖추어 개발하여야 한다. 즉, 특정 상황에만 유의미하지 않게 대표성을 나타나게 할 필요가 있으며, 고객 세분화, 고객의 행동 예측, 캠페인 반응 예측 등에 많이 활용된다.

42 어떤 데이터에서 각 클래스(예를 들어 범주형 변수의 경우 각각의 범주에 속한 변숫값)가 갖고 있는 데이터의 양에 차이가 큰 경우를 무엇이라고 하는가?

① 데이터의 균형
② 데이터의 부정확도
③ 데이터의 불균형
④ 데이터의 차이

[해설] 데이터 불균형이란 어떤 데이터에서 각 클래스(주로 범주형 변수)가 갖고 있는 데이터의 양의 차이가 큰 경우를 의미한다.

43 다음 중 데이터 불균형을 처리하기 위한 두 가지 방법으로 옳은 것은?

① Underestimating, Oversampling
② Underfitting, Oversampling
③ Undersampling, Overfitting
④ Undersampling, Oversampling

[해설] 데이터 균형을 맞춰주기 위해 다운(또는 언더) 샘플링(Undersampling)과 오버 샘플링(Oversampling) 방법이 주로 사용된다.

제2장 데이터 탐색

01 데이터 탐색 기초

(1) 데이터 탐색 개요

① 데이터를 분석하기 위해서 시각화하고 측정값을 여러 가지 기법을 사용해서 탐색하게 된다.
② 탐색적 데이터 분석(EDA ; Exploratory Data Analysis)과 시각화
　㉠ 탐색적 데이터 분석이란 쌓여 있는 데이터를 기반으로 연구 목적에 맞는 가설을 세우고 데이터를 분석하는 것으로서 데이터의 구조와 특징을 파악하고 분석을 통해서 얻은 정보를 바탕으로 통계적 모형을 만드는 것을 의미한다.
　㉡ 데이터 표본을 추출하기 위한 기초적인 통계기법 및 데이터 분석 기법을 적용하고 분석모형을 설계하는 과정이다.
　㉢ 탐색적 데이터 분석은 '데이터 분석목적 설정 → 모집단 정의 → 표본추출 → 자료측정 → 데이터 수집 → 통계기법 적용'의 절차로 이루어진다.
　㉣ 탐색적 데이터 분석의 목적은 다음과 같다.
　　• 데이터를 이해하고 연구 목적에 맞게 데이터를 탐색하며 이러한 데이터를 표현하는 적절한 모형을 만든 시각화 산출물을 통해 다음 과정의 데이터를 생성한다.
　　• 데이터 탐색은 데이터에 포함된 변수에 내재된 변동성 유형을 파악하고 변수들 간의 공통변동은 어떤지 파악한다.
　　• 이러한 변동을 통해서 이상점을 파악하고 분석한다.
　㉤ EDA(탐색적 데이터 분석)를 위해 다양한 데이터 시각화 방법을 이용한다.
　㉥ 데이터 시각화 방법은 탐색적 데이터 분석을 위한 도구로 사용되며 데이터 분석 모델의 시스템화를 위한 데이터 시각화를 목적으로 활용할 경우 시각화 기획, 시각화 설계, 시각화 구현의 절차에 따라서 진행한다.
　㉦ 즉, 데이터 시각화를 통해 데이터의 형상 및 분포 등 데이터 특성을 파악하며, 가로 막대, 도넛 막대, 시간 표시 막대와 같은 차트나 그래프를 이용하고 비교테이블이나 피벗테이블 같은 테이블 형태를 이용해서 가독성을 높인다.
③ 데이터 탐색 절차
　㉠ 데이터 속성 파악 : 변수의 유형에 따라서 변수의 속성을 파악하고 데이터를 분석할 수 있는 기본 형태로 변형한다.
　㉡ 데이터 결측치 확인 : 데이터의 형태에 따라서 분석을 하기 위해 변수의 결측치에 대해서 어떻게 할 것인지를 정해야 한다.

ⓒ 데이터 이상치 확인 : 조사한 자료에 대해서 이상치가 있을 경우 이상치 처리를 어떻게 할 것인지를 결정해야 한다.

④ 데이터 탐색 사례

㉠ 사용 가능한 데이터 추출
- 데이터가 사용목적에 부합되도록 사용 가능한지를 검토하여 명세화하여야 한다. 모든 데이터는 하나 이상의 측정값과 차원을 가진다고 할 수 있다. 예를 들어서 대학별 신입생 수능성적의 경우 수능성적이라는 측정값을 가지고 대학이라는 차원을 가진다.
- 일반적으로 분류하는 데이터의 형태는 아래와 같다.

> **데이터 유형**
> - 정수형 : 0, 1, 2, 3
> - 실수형 : 소수점을 포함하는 자료
> - 문자형 : 문자열로 구성된 자료
> - 날짜형 : 연, 월, 일로 구성된 자료

㉡ 데이터 구성 원리 파악
- 첫째, 일반적으로 원본 데이터를 가공하여 사용하는데 일단 데이터가 어떻게 생성되었는지를 논리적으로 이해해야 한다. 원본 데이터나 로그 데이터는 특정 이벤트가 발생했을 때 생성된다. 데이터를 통해서 통찰하기 위해서는 데이터가 어떤 원리로 생성되고 구성되었는지를 염두에 두어야 한다.
- 둘째, 객체지향 관점에서 접근하여 데이터 구성 원리를 파악한다.

㉢ 데이터 상호 연결고리 확인
- 데이터가 주어지면 데이터 사이의 관계를 먼저 확인해야 한다.
- 연결고리를 파악하기 위해서 공통요소를 찾고 이러한 데이터의 속성이 같도록 공통요소를 변환해야 한다. 변환 시에는 도구와 방식에 따라 적절하게 변환한다.
- 측정값이 하나의 차원만 연결해 탐색하고 단계적으로 연결된 차원을 늘려가면서 데이터를 탐색할 수 있도록 하여야 한다.

㉣ 데이터 이상치 제거
- 데이터들 사이의 상호 관계를 확인하기 위해 먼저 데이터의 이상치를 제거하여야 한다.
- 이상치는 시각화를 통해서 찾기 쉬우며, 상자그림이나 산포도 같은 관계 시각화 도구를 사용하면 편리하다.

㉤ 데이터 시각화 및 탐색
- 차원과 측정값 유형에 따라서 관계를 파악할 수 있도록 하기 위해서 1차원 선형, 2차원 평면, 3차원 공간의 시각화가 필요하다.
- 데이터 패턴을 탐색하고 전체 패턴에서 각각이 어떻게 보이는지에 대한 부분 패턴 탐색이 필요하다.

㉥ 데이터 척도 조정 : 데이터의 척도에 따라서 다르게 보일 수 있으므로 척도 조정이 필요하다.

> **확인 문제** **데이터 탐색**
>
> 데이터 탐색에 대한 설명으로 옳지 않은 것은?
>
> ① 데이터 탐색을 위해서 시각화 방법을 사용한다.
> ② 데이터 탐색의 시각화는 가로막대, 도넛막대, 시간표시막대와 같은 차트나 그래프를 이용한다.
> ③ 탐색적 데이터 분석에서 모델의 시스템화를 위한 시각화를 목적으로 활용할 경우 시각화 설계, 시각화 기획, 시각화 구현의 절차에 따라서 진행한다.
> ④ 탐색적 분석을 위해서 비교테이블이나 피벗테이블과 같은 테이블 형태를 이용해서 가독성을 높인다.
>
> ---
>
> 풀이 데이터 시각화는 탐색적 데이터 분석을 위한 도구로 사용되며 모델의 시스템화를 위한 시각화를 목적으로 활용할 경우 시각화 기획, 시각화 설계, 시각화 구현의 절차에 따라서 진행한다.
>
> 정답 ③

(2) 상관관계 분석

① 상관관계 분석의 이해
  ㉠ 상관관계 분석이라 함은 두 변수 사이에 얼마나 선형적인 관계가 있는지를 파악하기 위해서 사용되는 통계적인 방법이다.
  ㉡ 상관관계 분석은 두 개의 변수 사이에 연관성을 파악하기 위한 단순상관관계 분석과 셋 또는 그 이상의 변수들 사이에 연관정도를 분석하기 위한 다중상관관계 분석으로 나눌 수 있다.
  ㉢ 두 변수가 연속형 변수인 경우 피어슨 상관계수를 구해서 두 변수 간의 연관성 정도를 파악할 수 있다. 그리고 상관계수와 함께 두 변수의 관계를 시각적으로 표현하기 위해서 산점도를 그려서 변수 간의 관계를 파악할 수 있다.
  ㉣ 상관관계 분석의 종류는 데이터의 형태가 명목형 데이터, 순위형 데이터, 수치형 데이터(등간 척도자료, 비율 척도자료)에 따라서 나누어진다.
  ㉤ 상관관계는 두 변수가 모두 연속형일 경우 피어슨 상관계수를 구하여 두 변수의 연관성을 파악한다. 이때 분석하려는 데이터가 순위를 나타내는 순위형 자료인 경우 스피어만 상관계수를 구하여 두 변수의 연관성을 검토한다.
  ㉥ 상관분석 또는 부분 상관분석(Partial Correlation Analysis)은 다른 변수들의 영향을 제거하고 두 변수 간의 고유한 관계를 파악하기 위해 사용되며, 제3의 변수(또는 여러 변수)의 영향을 제거하고 두 변수 간의 관계를 정확하게 측정한다. 예를 들어 A와 B라는 두 변수가 있을 때, C라는 제3의 변수가 A와 B에 모두 영향을 미친다고 가정하는 경우, 편 상관분석을 사용하여 C의 영향을 제거하고 A와 B 사이의 관계를 확인할 수 있다.

② 변수 간의 상관관계 분석
  ㉠ 두 개의 연속형 변수에 대해서 두 변수 간에 관계가 있는지, 만약 관계가 있다면 어떤 관계가 있다고 할 수 있는지를 알아보기 위해 상관관계를 분석한다.
  ㉡ 두 변수의 표현 : 두 변수의 관계를 파악하기 위해서 그림을 그리거나 통계적 수치로 확인한다.

ⓒ 산점도 : 두 변수 x, y에 대해서 분석하기를 원할 때, 첫 번째 단계로 그림을 그려서 파악하게 되는데, 이 경우 두 변수의 관계를 표현하는 그림을 산점도(Scatter Plot)라고 한다. 산점도를 통해서 두 변수 간의 관계에 대한 시각적 확인이 가능하며, 산점도를 통해서 두 변수 간의 관계가 직선관계인지, 곡선관계인지를 대략적으로 파악할 수 있게 된다.

ⓔ 상관계수 : 그림을 통해서 두 변수 간의 관계가 파악되고 나면, 관계의 정도를 객관적으로 파악하기 위해서 상관계수(r : Correlation Coefficient)를 구하게 되는데, 상관계수는 두 변수의 직선화 정도를 파악할 수 있는 통계량이다.

ⓜ 상관관계 분석은 두 변수 간의 선형성의 정도를 파악하는 통계량으로 그 범위가 $-1 \leq r \leq 1$ 사이이며, $0 < r \leq 1$인 경우는 양의 상관관계(즉, 상관계수 r이 양인 경우)에 있다고 할 수 있고 $-1 \leq r < 0$인 경우 음의 상관관계(즉, 상관계수 r이 음인 경우)가 있다고 할 수 있다. 그리고 상관계수 r이 0이라는 것은 x, y 두 변수가 선형적 관계가 없다는 것을 의미한다.

ⓗ 상관관계 분석 자료 : 상관관계 분석은 등간 척도 자료나 비율 척도 자료를 통해서 구할 수 있으며, 서열 척도 자료의 경우 스피어만 순위 상관계수를 구한다.

③ 산점도를 이용한 상관관계 분석

㉠ 두 연속형 변수 관계 : 두 연속형 변수 x, y에 대해서 관측값이 짝을 이루어 조사된 경우 두 변수가 관계가 있는지, 있다면 어떤 관계인지 분석할 필요가 있는데 이 경우 두 변수의 연관관계를 분석할 필요가 있다.

㉡ 산점도 : 두 개의 변수가 짝을 이루고 있는 경우 두 변수 사이의 관계를 파악하기 위해서 이것을 그림으로 표현한 것이 산점도이다.

④ 표본상관계수

㉠ 공분산 : 두 변수 간 모집단의 상관계수(ρ)를 구하기 위해서 공분산 $Cov(x, y)$를 먼저 구하여 측정할 수 있다. 공분산의 특성을 이용하면 $Cov(aX+b, cY+d) = ac\, Cov(X, Y)$이다.

$$Cov(X, Y) = E((X-E(X))(Y-E(Y)))$$
$$= E(XY) - E(X)E(Y)$$

㉡ 모상관계수 : 공분산을 이용하여 상관계수를 구할 수 있다.

$$\rho = Corr(X, Y) = \frac{Cov(X, Y)}{\sigma_x \sigma_y}$$

㉢ 모상관계수의 범위 : 여기에서 σ_x는 x의 모표준편차, σ_y는 y의 모표준편차이고 상관계수의 범위는 $-1 \leq \rho \leq 1$이다.

㉣ 표본상관계수 : 일반적으로 n개의 표본이 선출되었을 때 표본상관계수 r을 구하기 위한 방법은 아래의 식과 같다.

$$r = \frac{Cov(X, Y)}{Sd(X)Sd(Y)} = \frac{\sum(x_i - \overline{x})(y_i - \overline{y})}{\sqrt{\sum(x_i - \overline{x})^2} \sqrt{\sum(y_i - \overline{y})^2}}$$

㉤ 표본상관계수의 범위 : 여기에서 $Sd(X)$는 X의 표본표준편차, $Sd(Y)$는 Y의 표본편차이고 표본상관계수의 범위는 $-1 \leq r \leq 1$이다.

⑤ 피어슨 상관계수
  ㉠ 두 변수의 관계를 그림으로 표현하고 나면 두 변수의 관계가 곡선관계인지, 직선관계인지를 파악할 수 있다.
  ㉡ 이때 직선관계로 표현된 경우 어느 정도 직선관계 성향을 나타내는지를 수치로 표현하게 되는데 이때 수치를 피어슨 상관계수(Pearson Correlation Coefficient)라고 한다.
  ㉢ 즉, 수치형 데이터에 대해서 두 변수 간의 선형적 연관성을 파악하기 위해 피어슨 상관관계 분석을 실시한다.
  ㉣ 두 변수 (x, y)에 대해서 관측값 n개의 짝 $(x_1, y_1), \cdots, (x_n, y_n)$이 주어질 때 피어슨 상관계수 r은 다음과 같이 구할 수 있다.

$$r = \frac{\sum(x_i - \overline{x})(y_i - \overline{y})}{\sqrt{\sum(x_i - \overline{x})^2}\sqrt{\sum(y_i - \overline{y})^2}}$$

$$r = \frac{S_{xy}}{\sqrt{S_{xx}}\sqrt{S_{yy}}}$$

여기에서

$$S_{xx} = \sum_{i=1}^{n}(x_i - \overline{x})^2$$

$$S_{yy} = \sum_{i=1}^{n}(y_i - \overline{y})^2$$

$$S_{xy} = \sum_{i=1}^{n}(x_i - \overline{x})(y_i - \overline{y})$$

  ㉤ 자료 : 두 변수가 등간 척도 자료이거나 비율 척도 자료일 경우 피어슨 상관계수를 구하여 두 변수 간의 관계를 파악할 수 있다.
  ㉥ 가정 : 상관관계 분석은 등분산성의 가정을 충족해야 한다.
  ㉦ 이상치 발견 : 상관관계 분석 시에 이상치가 발견되면 이를 제거하고 구하여야 한다.

⑥ 스피어만 순위상관계수
  ㉠ 데이터의 형태가 순서형 자료인 경우에는 두 변수 사이의 상관성을 분석하기 위해 순위상관계수를 구한다.
  ㉡ 스피어만 순위상관계수는 데이터의 순위를 이용해서 구하게 된다.
  ㉢ 스피어만 순위상관계수 r은 다음과 같이 계산한다.

$$r = \frac{\sum(r_x^i - \overline{r_x})(r_y^i - \overline{r_y})}{\sqrt{\sum(r_x^i - \overline{r_x})^2}\sqrt{\sum(r_y^i - \overline{r_y})^2}}$$

여기에서 r_x : x 자료의 순위, r_y : y 자료의 순위

  ㉣ 두 변수의 상관성을 알아보기 위해서 수치로는 상관계수를 구하고 시각화를 위해서 산점도를 이용한다.

⑦ 상관계수의 성질
  ㉠ 상관계수 r은 $-1 \leq r \leq 1$의 범위에 있다.
  ㉡ 상관계수 r이 0보다 크다($r>0$)는 것은 x의 값이 증가하면 y의 값도 증가하고 x의 값이 감소

하면 y의 값도 감소한다는 것을 의미한다. 이러한 것은 회귀분석 시에 직선의 기울기가 양수인 경우이다.

ⓒ 상관계수 r이 0보다 작다($r<0$)는 것은 x의 값이 증가하면 y의 값이 감소하고 x의 값이 감소하면 y의 값이 증가한다는 것을 의미한다. 이러한 것은 회귀분석 시에 직선의 기울기가 음수인 경우이다.

ⓔ 상관계수 r의 값이 +1로 가까이 갈수록 양의 상관관계가 커진다고 할 수 있고, 양의 방향으로 된 직선의 경향이 강하게 나타난다고 할 수 있다.

ⓜ 상관계수 r의 값이 -1로 가까이 갈수록 음의 상관관계가 커진다고 할 수 있고, 음의 방향으로 된 직선의 경향이 강하게 나타난다고 할 수 있다.

⑧ 상관관계와 인과관계의 예
  ㉠ 어느 마을에서 목사님의 사례비와 포도주 판매량을 조사하여 본 결과 목사님 사례비가 증가할수록 포도주 판매량이 늘어났다면, 두 변수는 상관관계가 있다고 할 수 있는가?
  ㉡ 두 변수의 정량적 관계만을 고려하여 상관계수를 구하면 상관관계가 있는 것처럼 보일 수 있지만, 두 변수 사이에는 인과관계가 있는 것이 아니기 때문에 두 변수는 상관관계가 있다고 볼 수 없다.
  ㉢ 목사님의 사례비는 연도가 지날수록 높아지는 것으로 연도라는 잠재변수 때문에 나타나는 결과라고 볼 수 있다. 즉, 상관관계 분석을 위해서는 사전에 두 변수의 연관성에 대한 분석이 선행되어야 한다.

확인 문제 │ 산점도

다음 자료는 아버지의 키(x)와 아들의 키(y)에 대한 자료이다. 아버지의 키가 크면 아들의 키가 클 것으로 예상하여 조사한 자료인데 이 자료에 대해서 산점도를 작성하여 보시오.

x	170 168 172 175 169 180 178 175 179 182
y	174 170 169 180 173 175 177 176 180 179

풀이

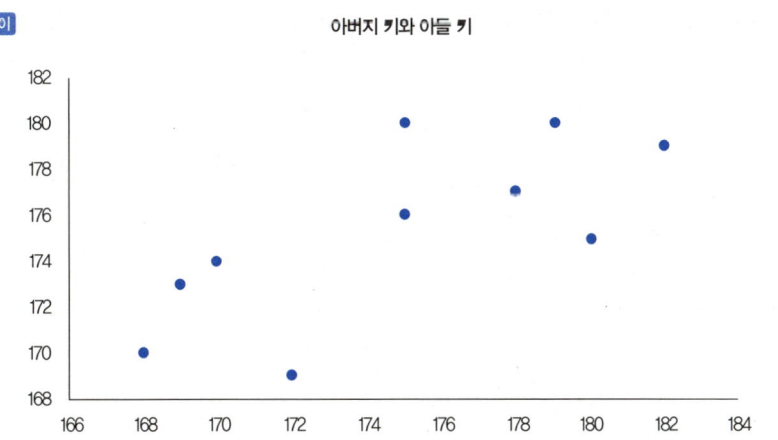

위 그래프를 산점도라고 하고, 산점도를 통해서 두 변수의 관계가 직선관계인지, 곡선관계인지 파악할 수 있다.

| 확인 문제 | 상관계수 구하기 |

위의 산점도 예제를 이용하여 상관계수를 구하여 보시오.

풀이 $S_{xx} = \sum_{i=1}^{10}(x_i - 174.8)^2 = 217.6$

$S_{yy} = \sum_{i=1}^{10}(y_i - 175.3)^2 = 136.1$

$S_{xy} = \sum_{i=1}^{10}(x_i - 174.8)(y_i - 175.3) = 124.6$

$r = \dfrac{S_{xy}}{\sqrt{S_{xx} \times S_{yy}}} = \dfrac{124.6}{\sqrt{217.6 \times 136.1}} = 0.724$

정답 0.724

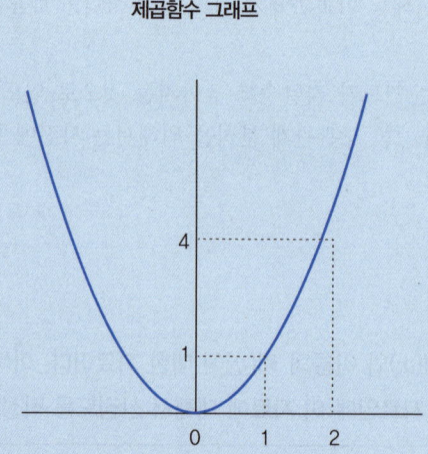

제곱함수 그래프

- 위 그래프는 $y = x^2$의 그래프이다.
- 이 경우 상관계수를 구하여 보면 0이다.
- 두 변수의 관계가 포물선 관계가 있음에도 불구하고 상관계수가 0인 것은 상관계수는 두 변수의 직선관계를 나타내는 통계적 척도이기 때문이다.

확인 문제 | 상관계수 구하기

다음 결합확률밀도함수의 상관계수를 구하시오.

y \ x	−1	0	1
0	0	1/3	0
1	1/3	0	1/3

① −1

② 0

③ 1

④ $\dfrac{1}{3}$

풀이
$E(X) = -\dfrac{1}{3} + 0 + \dfrac{1}{3} = 0$, $E(Y) = 0 + \dfrac{2}{3} = \dfrac{2}{3}$

$E(XY) = 0 + 0 + 0 + 0 - \dfrac{1}{3} + \dfrac{1}{3} = 0$

$Cov(X,Y) = E(XY) - E(X)E(Y) = 0 - 0 \times \dfrac{2}{3} = 0$

$E(X^2) = \dfrac{1}{3} + 0 + \dfrac{1}{3} = \dfrac{2}{3}$, $E(Y^2) = 0 + \dfrac{2}{3} = \dfrac{2}{3}$

$V(X) = E(X^2) - E(X)^2 = \dfrac{2}{3} - 0 = \dfrac{2}{3}$, $V(Y) = E(Y^2) - E(Y)^2 = \dfrac{2}{3} - \dfrac{4}{9} = \dfrac{2}{9}$

$Sd(X) = \sqrt{V(X)}$, $Sd(Y) = \sqrt{V(Y)}$

$r = \dfrac{Cov(X, Y)}{Sd(X)Sd(Y)} = 0$

$r = \dfrac{Cov(X, Y)}{Sd(X)Sd(Y)} = \dfrac{0}{\sqrt{\dfrac{2}{3} \times \dfrac{2}{9}}} = 0$

정답 ②

확인 문제 | 상관분석

두 변수 X, Y의 상관계수가 0이라고 한다면 다음 중 옳은 것은?

① 두 변수 X, Y는 포물선 관계이다.

② 두 변수 X, Y는 선형적 관계가 있다.

③ 두 변수 X, Y는 선형적 관계가 없다.

④ 상관계수는 0과 1 사이의 값이다.

풀이 상관계수가 0이라고 해서 두 변수의 관계가 포물선이라고는 볼 수 없다. 두 변수의 상관관계가 없다는 것은 두 변수가 선형적 관계가 없다는 것을 의미하며, 상관계수의 범위는 −1과 1 사이의 값을 가진다.

정답 ③

(3) 기초통계량 추출 및 이해

① **통계학 관련 용어의 이해**
  ㉠ 기술 통계학 : 자료의 특성을 쉽게 파악할 수 있도록 자료의 대푯값을 구하고 자료를 간단히 그래프로 표현하여 분석하는 것을 의미한다.
  ㉡ 추측 통계학 : 자료에 있는 불확실한 사실에 대한 추론을 하는 것으로 모집단에서 표본을 선출해서 선출된 표본으로 모집단의 특성을 파악하는 것이다.
  ㉢ 모수 통계학 : 모집단의 분포 특성을 알고 모집단의 특성을 선출된 표본으로부터 추정하는 것을 모수 통계라고 한다.
  ㉣ 비모수 통계학 : 모집단의 특성에 대한 분포의 특성을 가정하지 않은 상태에서 모집단의 특성을 추정하는 것을 의미한다.
  ㉤ 모집단 : 관심의 대상이 되는 전체 집합을 의미한다.
  ㉥ 표본집단 : 모집단에서 선출된 일부를 뜻한다.
  ㉦ 모수 : 모집단의 특성을 수치로 나타낸 것을 말한다.
  ㉧ 통계량 : 표본집단의 특성을 수치로 나타낸 것이다.

② **기초통계량 분석 절차**
  ㉠ 주어진 변수에 따라서 기초통계량을 구한다.
  ㉡ 가장 먼저 변수를 분류하고 변수에 따라서 기초통계량을 구한다.
  ㉢ 기초통계량을 이용하여 간단한 요약통계량을 구하고 선출된 표본에 대한 추정과 검정 과정을 거친다.
  ㉣ 추정은 점추정과 구간추정으로 나누어진다.
  ㉤ 대푯값으로 정의할 수 있는 것은 산술평균, 기하평균, 조화평균 등이 있고 중위수, 최빈수, 사분위수 등을 들 수 있다.
  ㉥ 또한 자료의 흩어짐 정도를 파악하기 위해서 범위, 사분위범위, 분산, 표준편차 등을 구할 수 있다.

③ **중심위치의 기초통계량** : 데이터를 정리하는 방법으로 중심이 되는 위치값을 결정하는 경우 사용되는 통계량으로 평균(Average), 중앙값(Median), 최빈값(Mode) 등을 들 수 있다. 일반적으로 자료를 분석하기 위해 우선적으로 중심위치의 값을 통해서 자료에 대한 분석을 실시한다.
  ㉠ 산술평균
    - 산술평균이란, n개의 수가 있을 때 이들 자료의 합을 개수로 나눈 것을 의미한다.
    - 즉, 산술평균 $\overline{x}$는 관측된 값 $x_1, x_2, \cdots, x_n$의 총합을 자료의 수 n으로 나눈 값으로 다음과 같이 구한다.

$$\overline{x} = \frac{\sum_{i=1}^{n} x_i}{n}$$

또는

$$\overline{x} = \frac{x_1 + x_2 + \cdots + x_n}{n}$$

- 산술평균은 관측된 자료값을 모두 이용해서 평균을 산출하기 때문에 이상치에 영향을 받는다.
- 편차의 합, 즉 $\sum(x_i - \overline{x}) = 0$이다.
- 가중산술평균 : x_1이 f_1개, ⋯, x_n이 f_n개 있을 때 이들 총합에 대해서 가중산술평균을 구하면 다음과 같다.

$$\overline{x} = \frac{f_1 x_1 + f_2 x_2 + \cdots + f_n x_n}{\sum f_i}$$

ⓒ 기하평균(G : Geometric Mean)
- 변화율 등을 구할 때 사용되는 대푯값으로서 자료의 값이 변화율이나 일반적인 비율의 평균을 구할 때 대체적으로 이용되는 평균값을 말한다.
- 인구변동률이나 물가변동률과 같은 비율을 계산해서 대푯값을 나타내야 하는 경우의 자료에 대해서 활용할 수 있다.
- 기하평균 G는 n개의 관측값에 대한 곱의 n제곱근이므로 아래의 식과 같이 구할 수 있다.

$$G = \sqrt[n]{x_1 \times x_2 \times \cdots \times x_n} \quad G : \text{기하평균}$$

ⓒ 조화평균(H : Harmonic Mean)
- 자료가 주어졌을 때 주어진 자료의 역수들을 산술평균한 것의 역수로 계산하여 대푯값을 구한 경우 조화평균이라 한다.
- 시간적으로 계속하여 변화되는 형태의 속도, 가속도 등의 평균값을 구하고자 할 때 이용되는 대푯값이다.
- 조화평균 H는 n개의 관측값에 대해서 관측값의 역수들을 산술평균한 것에 다시 역수를 취한 대푯값으로 아래의 식과 같이 구할 수 있다.

$$H = \frac{n}{\sum_{i=1}^{n} \frac{1}{x_i}} \quad H : \text{조화평균}$$

ⓔ 산술평균($\overline{x}$), 기하평균(G), 조화평균(H)의 대소 관계
- 측정값이 다른 경우 산술평균($\overline{x}$), 기하평균(G), 조화평균(H)의 대소 관계는 아래와 같다.

$$\overline{x} > G > H$$

- 측정값이 같은 경우 산술평균($\overline{x}$), 기하평균(G), 조화평균(H)의 대소 관계는 아래와 같다.

$$\overline{x} = G = H$$

- 측정값의 형태에 따라 위 경우를 종합하여 산술평균($\overline{x}$), 기하평균(G), 조화평균(H)의 대소 관계를 나타내면 아래와 같다.

$$\overline{x} \geq G \geq H$$

⑰ 중위수(Med : Median)
- 중위수(Med)는 자료를 크기순으로 배열했을 때 중앙에 위치한 값이다.
- 크기순으로 나열해서 대푯값을 나타내기 때문에 극단적인 값에 영향을 받지 않는다. 만약, 극단치가 있는 경우 자료의 대푯값으로 이용할 수 있다.
- 분포의 모양이 대칭일 경우 중위수, 최빈값, 산술평균이 동일하다.
- 분포의 모양이 비대칭인 경우 자료의 대푯값으로 사용하기에 적합하다.
- 자료의 개수가 짝수인 경우와 자료의 개수가 홀수인 경우 중위수 값을 구하는 식은 아래와 같다.

> 자료의 수가 짝수인 경우 아래와 같이 구할 수 있다.
> $$Med = \frac{\left(\frac{n}{2}\text{번 째 값}\right) + \left(\frac{n}{2}+1\text{번 째 값}\right)}{2}$$
> 자료의 수가 홀수인 경우 아래와 같이 구할 수 있다.
> $$Med = \frac{n+1}{2}\text{번 째 값}$$

⑱ 최빈값(Mode)
- 최빈값은 관측값에서 빈도가 가장 많은 값을 의미한다.
- 도수분포표로 정리된 자료의 경우 도수가 가장 많은 계급의 계급값이 최빈값에 해당된다.
- 최빈값은 이상치에 영향을 받지 않는다.
- 최빈값은 자료의 특성에 따라 없을 수도 있고, 여러 개 있을 수도 있다.

⑲ 평균($\overline{x}$), 중앙값(Med), 최빈값(Mo)의 대소 비교
- 평균, 중앙값, 최빈값의 크기는 분포의 모양에 따라 크기가 결정된다.
- 자료의 형태가 어느 쪽으로 기울어져 있는지를 나타내는 통계량은 왜도(Skewness)이다.
- 왜도값이 0인 경우, 즉 분포의 모양이 좌우대칭인 경우 평균($\overline{x}$), 중앙값(Med), 최빈값(Mo)의 대소를 비교하면 다음과 같다.

> $$\overline{x} = Med = Mo$$

- 왜도값이 +인 경우, 즉 분포의 모양이 왼쪽으로 기울어진 분포의 경우 평균($\overline{x}$), 중앙값(Med), 최빈값(Mo)의 대소를 비교하면 아래와 같다.

> $$Mo \leq Med \leq \overline{x}$$

- 왜도값이 -인 경우, 즉 분포의 모양이 오른쪽으로 기울어진 분포의 경우 평균($\overline{x}$), 중앙값(Med), 최빈값(Mo)의 대소를 비교하면 아래와 같다.

> $$\overline{x} \leq Med \leq Mo$$

◎ 사분위수(Quartile) : 자료를 크기순으로 나열했을 때 4등분한 위치의 값을 의미하며, 사분위수를 구하는 방법은 다음과 같다.

- 제1사분위수(Q_1)=25% 위치값
- 제2사분위수(Q_2)=50% 위치값
- 제3사분위수(Q_3)=75% 위치값
- 제4사분위수(Q_4)=100% 위치값

④ 퍼진 정도의 기초통계량 : 자료를 분석하는 데 있어서 중심위치의 척도만을 가지고 자료를 분석할 수는 없다. 자료가 평균으로부터 얼마나 퍼져 있는지의 정도가 자료 분석에 중요한 역할을 한다. 자료의 퍼진 정도를 나타내는 통계량으로는 분산, 표준편차, 범위, 사분위범위 등을 들 수 있다.

㉠ 범위(Range)
- 자료의 퍼진 정도를 측정하는 통계량으로 가장 간단하게 계산할 수 있다.
- 범위는 전체적인 자료의 값에서 계산되어지므로 이상치에 영향을 받는다.
- 범위는 최댓값에서 최솟값을 빼서 계산할 수 있다. 즉, 자료의 범위란 가장 큰 값에서 가장 작은 값을 뺀 값으로 자료가 어느 정도 범위에 있는지 파악하기 위한 값이다.

$$범위 = 최댓값 - 최솟값 (Range = Max - Min)$$

㉡ 분산($V(x)$, σ^2, S^2 : Variance)
- 자료가 평균으로부터 얼마만큼 퍼져 있는지를 측정하는 방법으로 퍼진 정도를 측정하기 위해서 가장 많이 사용되는 통계량이다. 즉, 자료가 평균으로부터 흩어진 정도를 계산할 수 있는 값이다.
- 중심위치의 척도인 평균으로부터 자료가 얼마나 떨어져 있는지를 측정할 수 있다.
- 분산이 0이라고 하는 것은 관측된 자료값이 모두 평균과 같음을 의미한다. 그러므로 분산이 크다는 것은 관측값들이 평균으로부터 떨어져 있음을 의미한다.
- 편차의 합 $\sum(x_i - \overline{x}) = 0$이므로 분산을 계산할 때는 편차의 제곱값을 이용해서 구한다.
- 분산은 관측값 모두를 이용해서 구하기 때문에 이상치에 영향을 받는다.
- 분산을 계산하기 위한 계산식은 아래와 같으며, 모집단 N개에서 표본 n개를 선출한 경우에 모분산(σ^2)과 표본분산(S^2)에 대한 계산 방법을 나타낸다.

분산공식
모분산의 계산은 아래와 같이 구할 수 있다.
$$\sigma^2 = \frac{\sum_{i=1}^{N}(x_i - \mu)^2}{N}$$
모집단 N에서 n개의 표본을 선출한 뒤 표본분산을 계산하면 아래와 같이 구할 수 있다.
$$S^2 = \frac{\sum_{i=1}^{n}(x_i - \overline{x})^2}{n-1}$$

ⓒ 표준편차($SD(x)$: Standard Deviation)
- 분산의 제곱근 값이 표준편차이다.
- 표준편차를 계산하기 위한 식은 아래와 같다.

$$\sigma = \sqrt{\sigma^2} \text{ (모표준편차)}$$
$$S = \sqrt{S^2} \text{ (표본표준편차)}$$

또는

$$SD(x) = \sqrt{V(x)}$$

ⓔ 변동계수(CV ; Coefficient of Variation)
- 단위가 다른 경우나 중심위치가 다른 두 개의 변수나 분포에 대해서 퍼진 정도를 비교하고자 할 때 사용하는 통계량이 변동계수이다. 즉, 단위가 다른 변수에 대해서 산포를 비교하고자 할 때 사용되는 값이다.
- 변동계수는 표본평균에 대해서 상대적으로 흩어진 정도를 측정하기 위한 것이다.
- 가격이 다른 주식시세와 같이 단위가 다른 경우의 변동을 비교하고자 할 때 사용된다.
- 변동계수는 단위가 없으므로 길이나 무게와 같이 서로 다른 단위의 퍼진 정도를 비교할 수 있다.
- 변동계수를 구하기 위한 식은 아래와 같다.

$$CV = \frac{S}{\bar{x}} \times 100, \ \bar{x} : \text{표본평균}, \ S : \text{표준편차}$$

ⓜ 사분위범위(IQR ; Inter Quartile Range)
- 사분위수를 구한 뒤, 제3사분위수에서 제1사분위수를 빼서 얻은 통계량이다.
- 사분위범위를 계산하기 위한 식은 아래와 같다.

$$\text{사분위범위} = \text{제3사분위수} - \text{제1사분위수}(IQR = Q_3 - Q_1)$$

즉,

$$IQR = Q_3 - Q_1$$
$$IQR : \text{사분위범위(Inter Quartile Range)}$$
$$Q_3 : \text{제3사분위수}, \ Q_1 : \text{제1사분위수}$$

- 사분위수와 백분위수의 관계를 나타내면 다음과 같다.

  > 사분위수는 아래와 같이 구할 수 있다.
  > - 제1사분위수 Q_1 = 제25백분위수
  > - 제2사분위수 Q_2 = 제50백분위수 = 중위수
  > - 제3사분위수 Q_3 = 제75백분위수
  >
  > 백분위수는 아래와 같이 구할 수 있다.
  > - 데이터를 크기순으로 나열한다.
  > - 데이터의 개수 n와 백분위수 p를 곱하여 그 값이 정수이면 $n \times p$와 $(n \times p)+1$번째로 작은 데이터의 평균을 백분위수로 하고, 그 값이 정수가 아니면 $n \times p$ 결괏값의 정수 부분에서 1을 더한 값을 구해서 그 값을 $100 \times p$ 백분위수로 한다.

⑤ 분포의 모양을 나타내는 척도

㉠ 왜도(Skewness)
- 자료의 모양이 어느 쪽으로 어떻게 기울어져 있는지를 알아보는 통계량으로 왜도를 이용해서 자료 분포의 비대칭도의 정도를 알아볼 수 있다.
- 왜도의 값이 0이면 대칭분포이고, 왜도의 값이 +이면 왼쪽으로 기울어진 분포이며, 왜도의 값이 −이면 오른쪽으로 기울어진 분포이다.
- 왜도의 계산식은 아래와 같다.

$$Skewness = \frac{\frac{1}{n}\sum(x_i - \overline{x})^3}{\left(\frac{1}{n}\sum(x_i - \overline{x})^2\right)^{3/2}}, \quad \overline{x} : 표본평균$$

- 왜도의 값에 따른 평균과 중앙값, 최빈값의 크기는 아래와 같다.

  > - 왜도 = 0 : 대칭인 경우로 평균 = 중앙값 = 최빈값
  > - 왜도 > 0 : 왼쪽으로 기울어진 분포로써 최빈값 ≤ 중앙값 ≤ 평균
  > - 왜도 < 0 : 오른쪽으로 기울어진 분포로써 최빈값 ≥ 중앙값 ≥ 평균

- 왜도(비대칭도)를 구하기 위한 또 다른 형태의 식은 아래와 같다.

$$Skewness = \frac{(평균 - 최빈수)}{표준편차} = \frac{3(평균 - 중위수)}{표준편차}$$

㉡ 첨도(Kurtosis)
- 자료의 모양이 얼마나 중심에 집중되어 있는지를 나타내는 값으로 분포가 중심에서 얼마나 뾰족한지를 나타내는 통계량이다.
- 첨도는 정규분포의 경우 3을 기준으로 해서 3보다 크면 정규분포보다 뾰족한 모양을 나타내고, 3보다 작으면 정규분포보다 완만한 모양을 나타낸다.
- 첨도를 계산하는 식은 아래와 같다.

$$Kurtosis = \frac{\frac{1}{n}\sum(x_i-\overline{x})^4}{\left(\frac{1}{n}\sum(x_i-\overline{x})^2\right)^2}$$

여기에서 $\overline{x}$는 표본평균이다.

확인 문제 **대푯값에 대한 이해**

다음 중 대푯값에 대한 설명으로 옳지 않은 것은?

① 단위가 다른 변수에 대해서 산포를 비교하고자 할 때 변동계수를 사용한다.
② 사분위범위는 중위수에서 1사분위수를 뺀 값이다.
③ 변화율 등을 구할 때 대푯값으로 주로 사용되는 것은 기하평균이다.
④ 평균과 비교하여 중앙값은 이상값에 영향을 받지 않는다.

풀이 사분위범위는 제3사분위수에서 제1사분위수를 뺀 값이다.
정답 ②

확인 문제 **산술평균과 편차의 합**

다음 2, 4, 6에 대해서 산술평균과 편차의 합을 구하시오.

① 산술평균 : 2, 편차의 합 : 0
② 산술평균 : 4, 편차의 합 : 0
③ 산술평균 : 6, 편차의 합 : 0
④ 산술평균 : 4, 편차의 합 : 2

풀이 산술평균 : $\overline{x} = \frac{2+4+6}{3} = 4$
편차의 합 : $(2-4)+(4-4)+(6-4)=0$
정답 ②

확인 문제 | 기하평균

다음 2, 8, 32에 대해서 기하평균을 바르게 구한 것은?

① $G=\sqrt[3]{2\times 8\times 32}=2^3=8$

② $G=\dfrac{2+8+32}{3}=14$

③ $G=\dfrac{3}{\dfrac{1}{2}+\dfrac{1}{8}+\dfrac{1}{32}}=\dfrac{32}{7}$

④ $G=\dfrac{\sqrt[3]{2\times 8\times 32}}{2}=\dfrac{2^3}{2}=4$

풀이 기하평균 G는 n개의 관측값에 대한 곱의 n제곱근이므로 $G=\sqrt[3]{2\times 8\times 32}=2^3=8$이다.

정답 ①

확인 문제 | 조화평균

회사를 입사한 사람이 회사에서 집까지의 거리를 측정해 보니 2km이었는데 이 사람은 처음 1km는 시속 20km/h로 걷고, 나머지 1km는 시속 10km/h의 속도로 걸어서 다닌다면, 이 사람이 출근하는 평균 속도는 얼마인가?

① $\dfrac{10+20}{2}$

② $\sqrt{20\times 10}$

③ $\dfrac{2}{\dfrac{1}{20}+\dfrac{1}{10}}$

④ $\dfrac{1}{20}+\dfrac{1}{10}$

풀이 이 문제는 조화평균을 구하는 문제이므로 답은 다음과 같다.

$$\dfrac{2}{\dfrac{1}{20}+\dfrac{1}{10}}$$

정답 ③

확인 문제 중위수 구하기

다음 자료 11, 2, 13, 4, 5, 8의 중위수를 계산하시오.

풀이 자료의 개수가 짝수 개이므로 크기순으로 나열했을 때 3번째 값과 4번째 값이 중위수가 된다.

∴ 이 경우는 5와 8의 평균인 $\dfrac{5+8}{2}=6.5$가 중위수이다.

확인 문제 최빈값 구하기

다음의 자료에서 최빈값(Mo)을 찾으시오.

① 2, 2, 2, 3, 4, 5 :
② 2, 3, 3, 4, 4, 5 :
③ 2, 3, 4, 5, 6, 7 :

풀이 ① 2
② 3, 4
③ 없음

확인 문제 평균, 중앙값, 최빈값의 대소 비교

왜도값이 +인 경우 평균과 중앙값과 최빈값의 크기를 비교한 결과로 옳은 것은?

① $\overline{x}=Med=Mo$
② $\overline{x}\leq Med\leq Mo$
③ $\overline{x}\geq Med\geq Mo$
④ $\overline{x}\neq Med\neq Mo$

풀이 왜도값이 +인 경우, 즉 분포의 모양이 왼쪽으로 기울어진 분포의 경우 평균($\overline{x}$), 중앙값(Med), 최빈값(Mo)의 대소를 비교하면 $Mo\leq Med\leq \overline{x}$이다.

정답 ③

확인 문제 | 범위 구하기

다음 자료 2, 3, 89, 5, 8의 범위를 구한 값은?

① 2
③ 8
② 5
④ 87

풀이 범위는 최댓값에서 최솟값을 빼서 구할 수 있다. 최댓값이 89이고 최솟값이 2이므로
범위(R) = 89 − 2 = 87이다.

정답 ④

확인 문제 | 분산에 대한 의미

다음 중 퍼진 정도를 측정하는 통계적 척도에 대한 설명으로 옳지 않은 것은?

① 분산은 자료가 평균으로부터 얼마만큼 퍼져 있는지를 측정하는 방법이다.
② 분산이 0이라고 하는 것은 관측된 자료값이 모두 평균과 같음을 의미한다.
③ 편차의 합 $\sum(x_i - \overline{x}) > 0$이 만족되므로 퍼진 정도를 측정할 수 있다.
④ 분산의 제곱근한 값이 표준편차이다.

풀이 분산은 자료의 퍼진 정도를 측정하기 위한 값으로 평균으로부터 얼마나 떨어져 있는지를 측정한다. 편차의 합 $\sum(x_i - \overline{x}) = 0$이므로 분산을 계산할 때는 편차를 제곱한 값을 이용해서 구한다.

정답 ③

확인 문제 | 분산과 표준편차 구하기

다음 자료 2, 3, 4, 5, 6의 분산을 구하고 표준편차를 구한 값으로 옳은 것은?

① 분산 2.5, 표준편차 1.58
② 분산 1.58, 표준편차 2.5
③ 분산 2.5, 표준편차 2.5
④ 분산 1.58, 표준편차 1.58

풀이 $S^2 = \dfrac{(2-4)^2 + (3-4)^2 + (4-4)^2 + (5-4)^2 + (6-4)^2}{4} = \dfrac{4+1+0+1+4}{4} = 2.5$

$S = \sqrt{2.5} = 1.58$

분산 : 2.5, 표준편차 : 1.58

정답 ①

확인 문제 | **변동계수 구하기**

다음의 자료는 두 개 상품의 주식 시세(단위 : 천 원)이다. 두 개 상품의 변동계수를 바르게 비교한 것은?

날 짜	A 주식	B 주식
1	10	110
2	11	105
3	13	100
4	10	104
5	9	105

① A 주식이 B 주식보다 변동계수가 크다.
② A 주식이 B 주식보다 변동계수가 작다.
③ A 주식과 B 주식의 변동계수는 같다.
④ A 주식과 B 주식의 변동계수는 비교가 안 된다.

풀이 A, B 주식의 변동계수를 구하기 위해서 먼저 A 주식과 B 주식의 평균과 표준편차를 구하면 아래와 같다.

날 짜	A 주식	B 주식
평 균	10.6	104.8
표준편차	1.517	3.563
변동계수	14.3	3.4

A 주식의 경우 범위가 4이지만, B 주식의 경우 범위는 10이 되어 퍼진 정도가 커 보이지만 변동계수를 구하여 보면 A 주식의 변동계수가 14.3인 데 반하여 B 주식의 변동계수는 3.4로서, A 주식은 B 주식에 비하여 변동계수가 무려 4.2배나 높음을 알 수 있다. 이와 같이 변동계수는 단위가 다른 값의 변동에 대해서 변동의 정도를 비교할 수 있다.

정답 ①

확인 문제 | 사분위범위 구하기

다음 자료의 사분위범위를 구하시오.

43, 42, 41, 39, 67, 89, 60, 40, 38, 37, 36, 66, 88, 45, 44, 43

① 23.5
② 39.5
③ 53
④ 89

풀이 자료의 수가 16개이므로 제1사분위수는 $16 \times 0.25 = 4$이고, 크기순으로 나열하면 4번째와 5번째의 평균값에 해당된다. 또한, 제3사분위수는 $16 \times 0.75 = 12$ 이므로 12번째와 13번째의 평균값에 해당된다.
먼저 자료를 크기순으로 나열하면 36, 37, 38, 39, 40, 41, 42, 43, 43, 44, 45, 60, 66, 67, 88, 89이므로 제1사분위수는 39와 40의 평균값인 39.5가 되며, 제3사분위수는 12번째와 13번째의 평균값인 즉, 60과 66의 평균 63이 되므로 사분위범위는 $63 - 39.5 = 23.5$가 된다.

정답 ①

확인 문제 | 왜도 구하기

평균이 40이고 최빈수가 35이며 표준편차가 5일 때 왜도는 얼마인가?

① 0.4
② 0.6
③ 0.8
④ 1

풀이 왜도 $= \dfrac{\bar{x} - Mo}{s} = \dfrac{3(\bar{x} - Med)}{s} = \dfrac{(40-35)}{5} = 1$

정답 ④

확인 문제 | 왜도와 첨도

정규분포의 왜도와 첨도는 각각 얼마인가?

① 왜도 −1, 첨도 0
② 왜도 −1, 첨도 1
③ 왜도 0, 첨도 1
④ 왜도 0, 첨도 3

풀이 정규분포의 경우 왜도는 0이고 첨도는 3이다.

정답 ④

(4) 시각적 데이터 탐색

① 데이터 탐색을 위한 시각화
  ㉠ 시각화의 정의에 있어 데이비드 맥캔들레스(David McCandless)는 시각 이해의 계층도를 통해서 데이터(Data), 정보(Information), 지식(Knowledge), 지혜(Wisdom) 사이의 계층적 관계를 설명하였다.
  ㉡ 데이터는 데이터 사이의 관계(상관관계, 인과관계) 등을 찾아서 정보를 발견하게 되고, 정보가 좀 더 조직화되었을 때 지식이 되며, 이러한 정보가 구조화되어 적용되었을 때 지혜가 된다고 정의하였다.
  ㉢ 예를 들어 학생들의 수능성적에 대한 자료는 데이터에 불과하지만 수능성적과 대학 입학 후 학과 성적과의 관계를 통해서 분석하게 되면, 이 학생의 전공에 대한 관심도와 적성을 파악하게 되고, 이것을 개인에게 적용하게 되면 개인의 능력에 맞는 직업과 연계되어 설명될 수 있는 것이다.

② 데이터 인사이트
  ㉠ 데이터 시각화에 있어 데이터 인사이트(Data Insights)란 통찰의 의미를 가지고 있는 것으로 직접적으로 어우러지는 명료하고 즉각적인 이해를 의미한다.
  ㉡ 인사이트(Insights)란 용어는 일반적으로 데이터, 정보, 지식, 지혜 등의 용어로 설명된다.
  ㉢ 인사이트에서 가장 중요한 것은 데이터 사이에 숨어 있는 관계를 밝히고 이런 관계를 통해서 상위개념을 발견하는 것이라고 할 수 있다.
  ㉣ 데이터 속에 숨어 있는 것들을 시각화하여 통찰을 추출하는 과정을 시각화 인사이트라고 한다.
  ㉤ 시각화 인사이트의 과정
    • 첫째, 탐색단계로서 모든 가능한 경우를 고려해서 사용할 수 있는 자료를 확인하고 의미를 검토하며 자료 사이에 어떤 관계가 있는지를 확인한다.
    • 둘째, 분석단계에서는 탐색단계를 통해 찾아낸 데이터 간의 관계를 명확하게 알아내고, 그 의미를 찾는 과정이라 할 수 있다. 앞에서 예로 든 수능성적과 대학성적, 취업진로의 형태를 분석하여 보면 수능성적이 대학성적에 영향을 줄 것이라는 것은 탐색단계에서 데이터를 통해서 알아내고, 분석단계에서 그것을 구체적으로 어떻게 영향을 주는지를 분석하게 된다.
    • 셋째, 활용단계에서는 탐색과 분석을 통해서 밝혀진 인사이트를 찾아낸 결과를 활용할 수 있어야 한다.

③ 시각적 데이터 탐색 사례
  ㉠ 문제 정의 : 앞서 정의된 연구 질문과 가설을 바탕으로 분석계획을 세우고 어떤 속성 및 속성 간의 관계를 집중적으로 관찰해야 할지를 정의하고 최적의 방법이 무엇인지를 파악한다.
  ㉡ 변수 확인 : 분석의 목적과 변수가 무엇이 있고 개별 변수에 대한 것을 확인한다.
  ㉢ 이상치와 결측치 확인 : 데이터를 전체적으로 살펴보고 이상치, 결측치를 확인한다.
  ㉣ 속성값 확인 : 데이터의 개별 속성값을 살펴보고 속성값이 예측한 범위와 분포를 만족하는지 확인한다.
  ㉤ 패턴발견 : 속성 간의 관계에 초점을 맞추어서 개별 속성 관찰에서 찾아내지 못했던 패턴을 발견한다.

> **확인 문제** **데이터 시각화 단계**
>
> 데이터 시각화 단계에 대한 설명으로 옳지 않은 것은?
>
> ① 탐색단계는 모든 가능한 경우를 고려해서 사용할 수 있는 자료를 확인하고 의미를 검토하고 자료 사이에 어떤 관계가 있는지 확인하는 단계이다.
> ② 분석단계는 탐색 단계를 통해서 찾아낸 데이터 간의 관계를 명확하게 알아내고, 그 형태가 지니는 의미를 찾는 과정이다.
> ③ 활용단계는 탐색과 분석을 통해서 밝혀진 인사이트를 찾아낸 결과를 활용하는 단계이다.
> ④ 시각화 인사이트 과정은 분석 → 탐색 → 활용의 단계를 통해서 이루어진다.
>
> **풀이** 데이터 시각화 인사이트 과정은 탐색 → 분석 → 활용의 관계를 통해서 이루어진다.
> **정답** ④

02 고급 데이터 탐색

(1) 시공간 데이터 탐색

① 시공간 데이터(Spatio-temporal Data)의 개념
  ㉠ 시공간 데이터란 공간적 객체에 시간의 개념이 추가된 것으로 시간에 따라 위치나 형상이 변하는 데이터를 나타낸다.
  ㉡ 시공간 데이터는 데이터를 공간과 시간의 흐름상에 위치시킬 수 있는 거리 속성과 시간 속성을 가지고 있는 특징이 있다.

② 시공간 데이터의 구분
  ㉠ 시공간 데이터는 이산적인 변화를 나타내는 것과 연속적인 변화를 나타내는 것으로 구분할 수 있다.

〈표 2-15〉 시공간 데이터의 구분

구 분	주요 특징
이산적 변화	• 데이터 수집의 주기가 일정하지 않은 데이터를 이용하여 표현 • 시간의 변화에 따라 데이터가 추가되는 특징이 있음
연속적 변화	• 일정한 주기로 수집되는 데이터를 이용하여 연속적으로 표현 • 연속적인 변화를 일종의 함수를 이용하여 표현

  ㉡ 이산적인 변화는 시간의 변화에 따라 데이터가 추가되며, 데이터 수집의 주기가 일정하지 않은 데이터를 이용하여 표현된다. 예를 들어 시간의 흐름에 따라 시와 군의 통합으로 인해 상호 간의 행정경계가 변화되는 경우를 들 수 있다.

ⓒ 연속적인 변화는 일종의 함수를 이용하여 표현되며, 일정한 주기로 수집되는 데이터를 이용하여 연속적으로 표현된다. 예를 들어 일정한 주기로 수집된 기상정보를 이용하여 기상전선의 변화를 나타내는 경우를 들 수 있다.

③ 시공간 데이터의 타입 : 시공간 데이터를 저장하기 위한 공간 데이터 타입은 객체의 기하학적인 특성을 기준으로 다음과 같이 구분할 수 있다.

〈표 2-16〉 시공간 데이터의 타입

데이터 타입	주요 특징
포인트(Point)	하나의 노드로 구성되는 공간 데이터 타입
라인(Line)	서로 다른 두 개의 노드와 두 노드를 잇는 하나의 세그먼트(Segment)로 구성
폴리곤(Polygon)	n개($n \geq 3$)의 노드와 n개의 세그먼트로 구성
폴리라인(Polyline)	n개($n \geq 3$)의 노드와 $n-1$개의 세그먼트로 구성

④ 시공간 데이터 탐색 과정 : 시공간 데이터를 탐색하기 위하여 문제정의, 변수 설정, 이상치와 결측치 확인, 속성값 정의, 패턴 발견의 과정을 거친다.

⑤ 시공간 데이터 탐색을 위하여 병렬 차트(Parallel Chart)가 이용된다. 병렬 차트 또는 병렬 막대 차트는 여러 범주의 데이터를 비교하기 위해 사용된다. 차원을 행, 측정값을 열에 배치하거나 그 반대로 배치하여 차트를 만들며 그룹화된 막대 그래프의 형식으로 표현되기도 한다.

⑥ 시공간 데이터로 지리통계, 그리드(Raster), 격자, 포인트 패턴, 궤도 데이터 등을 주로 이용한다.

확인 문제 **시공간 데이터의 타입**

서로 다른 두 개의 노드와 두 노드를 잇는 하나의 Segment로 구성되는 시공간 데이터 타입은 무엇인가?

① 라 인
② 포인트
③ 폴리곤
④ 폴리라인

풀이 라인(Line) 기법을 이용하여 서로 다른 두 개의 노드와 두 노드를 잇는 하나의 Segment로 구성되는 시공간 데이터 타입을 표현한다.

정답 ①

(2) 다변량 데이터 탐색

① 다변량 데이터 탐색의 개념

㉠ 단일 독립변수와 단일 종속변수 간의 관계를 파악할 경우 일변량 통계분석을 이용하는 데 반하여, 변수 하나의 변동 요인을 알아보기 위해서 많은 수의 요인 중 한 요인을 선택하여 선택된 요인과 연구하고자 하는 변수와의 관계를 분석하게 되면 요인들 간의 상호작용이 존재하고 연구하고자 하는 변수 또는 요인들에게 영향을 주게 되므로 명확한 분석이 어려울 경우가 발생하게 된다. 이 경우는 다변량 통계 분석을 이용한다.

㉡ 다변량 통계분석은 차원을 줄이고자 하는 분석과 많은 수의 케이스를 그 특성이 비슷한 몇 가지 집단으로 분류하여 전체 케이스가 가지고 있는 의미를 이들 분류된 몇 개의 집단으로 설명하고자 할 때 사용한다.

㉢ 차원을 축소하고자 하는 방법에는 변수의 차원을 줄이는 분석과 케이스의 차원을 줄이는 방법으로 나눌 수 있다.

㉣ 변수의 공분산이 크거나 상관계수가 작다는 것은 두 변수가 동질성이 없다는 것으로 두 변수의 관계가 거리적으로 멀다는 것을 의미한다. 다변량 통계 분석에서 변수들이 많아서 유사함의 정도를 행렬로 표현해야 하는데 통계량의 값이 커질수록 유사함을 의미하는 척도 값들이 원소로 구성된 행렬을 유사성 행렬이라 하고 유사성 행렬로는 상관관계 행렬을 들 수 있다. 그리고 상이함 정도를 나타내는 행렬로는 분산·공분산 행렬과 거리행렬을 들 수 있다.

② 분산 및 공분산 행렬

㉠ 관찰된 자료 $X_1, X_2, \cdots, X_n, Y_1, Y_2, \cdots, Y_n$에 대해서 분산·공분산을 구하여 보면 아래와 같다. 즉, 위의 결과를 이용하면 분산·공분산 행렬은 다음과 같이 정의할 수 있다.

〈표 2-17〉 분산 및 공분산 행렬

	X_1	X_2	.	.	X_n
X_1	$Var(X_1)$	$Cov(X_1, X_2)$	.	.	$Cov(X_1, X_n)$
X_2	$Cov(X_1, X_2)$	$Var(X_2)$	.	.	$Cov(X_2, X_n)$
.		.			
.	$Cov(X_1, X_{n-1})$	$Cov(X_2, X_{n-1})$	.	$Cov(X_{n-1}, X_n)$	.
X_n	$Cov(X_1, X_n)$	$Cov(X_2, X_n)$	.	.	$Var(X_n)$

㉡ 여기서 각 변수의 분산과 공분산은 다음과 같이 구할 수 있다.

$$Var(X) = \frac{\sum_{i=1}^{n}(X_i - \overline{X})^2}{n-1}$$

$$Var(Y) = \frac{\sum_{i=1}^{n}(Y_i - \overline{Y})^2}{n-1}$$

$$Cov(X, Y) = \frac{\sum_{i=1}^{n}(X_i - \overline{X})(Y_i - \overline{Y})}{n-1}$$

③ 상관관계 행렬
　㉠ 두 변수 간의 상관관계를 표시한 것으로 분산·공분산 행렬을 이용해서 두 변수 사이의 상관관계를 구할 수 있다.

$$R_{xy} = \frac{Cov(X,\ Y)}{\sqrt{Var(X)Var(Y)}}$$

　㉡ 임의의 변수들에 대한 상관관계 행렬은 아래와 같다.

〈표 2-18〉 상관관계 행렬

	X_1	X_2	X_3	.	.	X_n
X_1	1	Rx_1, x_2	Rx_1, x_3	.	.	Rx_1, x_n
X_2		1	Rx_2, x_3	.	.	Rx_2, x_n
.			1	.	.	Rx_3, x_n
.				.	.	.
.					.	.
X_n				.	.	1

　㉢ 상관관계 행렬은 대칭행렬이다.

④ 거리행렬
　㉠ 두 변수 사이의 거리를 행렬로 표시한 것으로 일반적으로 유클리디안 거리(Euclidean Distance)와 유클리디안 제곱거리(Squared Euclidean Distance)를 이용한다.
　㉡ 표본크기가 n인 경우 두 개의 변수 $X_1, X_2, \cdots, X_n, Y_1, Y_2, \cdots, Y_n$의 유클리디안 거리는 아래와 같이 구할 수 있다.

$$D_{xy} = \sqrt{(x_1-y_1)^2 + \cdots + (x_n-y_n)^2}$$
$$= \sqrt{\sum_{i=1}^{n}(x_i-y_i)^2}$$

　㉢ D_{xy}는 유클리디안 거리를 취한 값이고 유클리디안 제곱 D_{xy}^2 거리는 아래와 같이 구할 수 있다.

$$D_{xy}^2 = (x_1-y_1)^2 + \cdots + (x_n-y_n)^2$$
$$= \sum_{i=1}^{n}(x_i-y_i)^2$$

　㉣ 유클리디안 거리행렬은 아래와 같이 구할 수 있다.

〈표 2-19〉 유클리디안 거리행렬

	X_1	X_2	X_3	.	.	X_n
X_1	0	D_{12}	D_{13}	D_{14}	.	D_{1n}
X_2		0	D_{23}	D_{24}	.	D_{2n}
.			0	D_{34}	.	D_{3n}
.					.	.
.					.	.
X_n					.	0

ⓓ 즉, 여기에서 D_{ij}는 X_i에서 X_j의의 유클리디안 거리를 의미한다.
⑤ 고윳값과 고유벡터
　㉠ 고윳값을 구하는 방법
　　• 일반적으로 고윳값이란 k차의 정방행렬 A에 대해서 다음의 λ값을 가지는 경우를 의미하며 다음과 같이 구할 수 있다.

$$|A-\lambda I|=0$$

　　• 단 I는 k차 단위행렬을 의미하며 | |는 행렬식을 의미한다.
　㉡ 고유벡터 구하기
　　• 고유벡터라 하면 k차의 정방행렬 A에 대해서 다음을 만족하는 벡터 $\underline{v}$를 말하는 것으로 다음을 만족한다.

$$|A-\lambda I|\underline{v}=0 \text{ 또는 } A\underline{v}=\lambda\underline{v}$$

　　• 이 경우 λ는 고윳값을 의미하고 I는 k차 단위행렬을 의미한다.
　　• 이때 $\underline{v}$를 λ에 대응되는 고유벡터라고 하고 고윳값에 따라서 고유벡터가 달라진다고 할 수 있다.
　　• 고유벡터는 임의의 상수 값을 가지게 되므로 유일하지 않을 수 있다.
　　• 고윳값 λ_i에 대하여 $v'_i \underline{v}_i = 1$이 되도록 정규화하여야 하며 고유벡터 길이가 1이 되도록 하려면 다음과 같이 한다.

$$v_i = \frac{v}{\sqrt{v'_i v_i}}$$

⑥ 다변량 통계분석은 변수의 차원을 줄이는 방법과 케이스의 차원을 줄이는 방법이 있으며, 다음과 같이 구분된다.

〈표 2-20〉 다변량 통계분석의 분류

변수의 차원을 줄이는 방법	케이스의 차원을 줄이는 방법
다변량 회귀분석	군집분석
다변량 분산 분석	판별분석
주성분 분석	다차원 척도법
요인분석	–
정준상관분석	–

> **확인 문제** 상관계수와 거리 측정
>
> 두 변수 사이의 동질성을 측정할 수 있는 행렬은?
>
> ① 상관계수 행렬
> ② 분산 · 공분산 행렬
> ③ 유클리디안 거리행렬
> ④ 유클리디안 제곱거리행렬
>
> **풀이** 두 변수 사이의 동질성 검정을 위해서는 상관관계 행렬을 구해서 측정하고 두 변수 사이의 이질성을 측정하기 위해서는 분산 · 공분산 행렬이나 유클리디안 거리행렬, 유클리디안 제곱거리행렬 등을 이용한다.
>
> **정답** ①

(3) 비정형 데이터 탐색

① 비정형 데이터는 사전에 정의된 데이터 분석 모델을 가지고 있지 않으며, 데이터의 구조와 형태가 데이터마다 다르고 정형화되지 않은 문서, 영상, 음성 등을 의미한다.

② 비정형 데이터에는 책, 저널, 문서, 메타 데이터, 건강 기록, 오디오, 비디오, 아날로그 데이터, 이미지, 파일, 이메일, 메시지, 웹페이지, 워드 프로세스 문서 등이 포함된다. 이를 크게 텍스트, 이미지, 음성과 영상, 로그 파일로 구분하면 다음과 같다.

〈표 2-21〉 비정형 데이터 유형

구 분	데이터 유형
텍스트	• 트위터, 페이스북 등 소셜 미디어에서의 실시간 대화 • 온라인 모바일을 통한 SMS • 이메일 메시지 • 블로그, 커뮤니티에서의 게시물 • 전문정보, 뉴스 기사 등
이미지	인터넷 매체에서 업로딩되는 모든 사진, 그림 등
음성과 영상	음악 파일, 유튜브 등과 같은 동영상 전문 웹사이트가 제공하는 영상, UCC, 뉴스 동영상, 애니메이션 등
로그 파일 (Log File)	• 웹로그, 인터넷 검색 인덱싱(Indexing) • 페이지뷰 인덱싱 • 웹 상에서 모든 흔적들의 데이터 파일

③ 비정형 데이터는 불규칙 정도에 따라 반정형 데이터(Markup 언어, 이메일, EDI 등)로 구분되며, 반정형 데이터는 관계형 데이터베이스나 다른 형태의 데이터 테이블로 조직된 데이터 모델의 정형적 구조를 따르지 않지만, 어의적 요소를 분리시키고 데이터 내의 레코드와 필드의 계층 구조가 있게 하는 Tag나 다른 Marker를 포함하는 정형 데이터를 의미한다.

④ 비정형 데이터의 내용 파악과 비정형 데이터 속 Pattern 발견을 위해 데이터 마이닝, 텍스트 분석, 비표준 텍스트 분석 등과 같은 다양한 기법을 사용한다.

⑤ 일반적으로 비정형 데이터 탐색 및 정련 과정을 통해 정형 데이터로 만든 후, 분류, 군집화, 회귀분석, 요약, 이상감지 분석 등의 데이터 마이닝을 통해 의미 있는 정보를 발굴한다.
⑥ 최근 빅데이터 환경에서는 80% 이상이 비정형 데이터이며, 빅데이터의 데이터 마이닝은 비정형 데이터 마이닝에 초점이 맞추어져 있다. 비정형 데이터 탐색과 분석을 위해 통계기반의 데이터 분석도구의 사용, OLAP(Online Analytical Processing, 온라인분석처리) 분석을 통해 다양한 관점으로 조명하여 의미있게 해석, 데이터 사이에 숨겨진 관계, 패턴, 경향 등을 추출하기 위한 기술들이 제안되고 있다. 크게 텍스트 마이닝, 오피니언 마이닝, 웹 마이닝, 소셜 마이닝 기법들로 구분되며 주요 특징을 요약하면 다음과 같다.

〈표 2-22〉 비정형 데이터 탐색 및 분석 기법

구 분	주요 특징
텍스트 마이닝	• 인간의 언어로 이루어진 비정형 텍스트 데이터들을 자연어처리 방식을 이용하여 대규모 문서에서 정보추출, 연계성 파악, 분류 및 군집화, 요약 등을 통해 데이터에 숨겨진 의미를 발견 • 기존 통계 분석이나 데이터 마이닝을 적용하기에 부적합한 데이터를 다룸 • 텍스트 데이터 마이닝, 텍스트 분석, 텍스트 데이터베이스로부터 지식발견, 문서 마이닝 등으로 호칭 • 대규모의 텍스트에서 고품질 정보 도출(고품질 정보는 통계적인 패턴 학습 등의 수단을 통해 패턴과 추세를 파악함으로써 도출) • 일반적으로 입력 텍스트를 정형화한 다음, 정형화 데이터 내에서 패턴을 추출하고 난 후, 출력을 평가하고 번역하는 과정 포함 • 정형화는 입력 텍스트를 Parsing할 때 추출되는 언어적 특징은 추가시키고 그 이외의 것들은 제거하면서 데이터베이스와 같은 정형화된 구조 속에 삽입하는 것 • 고품질 정보는 보통 새롭고 적절하며 관심을 끄는 데이터들의 집합으로서 어떤 목적과 관련하여 의미 있는 정보를 의미함 • 정보검색, 단어 빈도 분포를 연구하는 어휘분석, 패턴 인식, 태그 및 주석, 정보 추출, 링크 및 연결 분석을 내포하는 데이터 마이닝, 시각화, 예측 분석 등이 필요
웹 마이닝	• 데이터 마이닝 기술의 응용분야로서 인터넷을 통해 웹서비스를 이용하면서 웹에서 패턴을 발견하는 것 • 데이터의 속성이 반정형이거나 비정형이고 Link 구조를 가지고 있기 때문에 전통적인 데이터 마이닝 기술에 추가적인 분석 기법이 필요 • 웹콘텐츠 마이닝 : 웹페이지에서 유용한 데이터, 정보, 지식을 마이닝하고 추출, 통합하는 것 • 웹사용 마이닝 : 웹 사이의 연결 분석, 웹사이트의 노드와 연결 구조를 분석하기 위해 그래프 이론을 사용하는 과정
오피니언 마이닝	• 어떤 사안이나 인물, 이슈, 이벤트 등과 관련 원천 데이터에서 의견이나 평가, 태도, 감정 등과 같은 주관적인 정보를 식별하고 추출하는 것 • 오피니언 분석, 평판 분석, 정서 분석 • 기본적인 작업 문서, 문장, 특징, 관점 수준에서 표현된 견해가 긍정적인지, 부정적인지, 중립적인지, 진보적인지 주어진 텍스트의 특성을 분류하는 것
소셜 데이터 마이닝	• 사용자의 로그, 관심사, 정보를 분석하여 트렌드 감지 • 브랜드를 모니터링, 감성분석, 마케팅 등을 제공할 수 있는 기반 환경 서비스소셜 미디어 분석에서 언어 분석 기술을 적용해 검색어에 대한 기간별 소셜 모니터링, 연관어 검색, 감성 분석 서비스 등을 제공 • 노드와 링크로 구성되는 네트워크 이론에 의해 사회적 관계(우정, 연대감, 조직력, 성향)를 보여주는 것

⑦ 비정형 데이터의 주요 특징과 탐색 방법을 요약하면 다음과 같다.

〈표 2-23〉 비정형 데이터 탐색 방법

구 분	주요 특징
개 념	• 데이터세트가 아닌 하나의 데이터가 수집 데이터로 객체화 • 언어 분석이 가능한 텍스트 데이터나 이미지, 동영상 등과 같은 멀티미디어 데이터가 대표적인 비정형 데이터 • 웹에 존재하는 데이터의 경우 html 형태로 존재하여 반정형 데이터로 구분할 수도 있지만, 특정한 경우 텍스트 마이닝을 통해 데이터를 수집하는 경우도 존재 • 분석이 가능한 텍스트형 파일과 데이터 형태가 아닌 이미지나 동영상 파일로 존재 • 이진 파일 형태 : 동영상, 이미지 • 스크립트 파일 형태 : 소셜 데이터의 텍스트 • 이진화한 형태의 데이터를 해석해 인지적(음성, 영상, 텍스트) 데이터 형태로 제공
탐색 및 수집 난이도	• 텍스트 마이닝 혹은 파일일 경우 파일을 데이터 형태로 파싱해야 하기 때문에 수집 데이터 처리가 어려움 • 텍스트나 파일을 파싱해 메타 구조를 갖는 데이터세트 형태로 바꾸고 정형 데이터 형태의 구조로 만들 수 있도록 아키텍처 구조의 수정 필요
가 치	• 수집 주체에 의해 데이터에 대한 분석이 선행되었기 때문에 목적론적 데이터 특징이 가장 잘 나타나는 데이터 • 수집이 가능하면, 수집주체에게는 가장 높은 잠재적 가치를 제공함
탐색 및 수집 방법	• 크롤링, Open API, FTP, HTTP 등 • 이진파일 : FTP 프로토콜을 사용해 파일을 수집 시스템에 다운로드하고 해당 파일을 API를 통해 데이터 처리 • 스크립트 파일 : HTTP 프로토콜을 사용해 파일의 텍스트를 스크랩하고 내부 처리에서 텍스트를 파싱해 데이터 처리

⑧ 정형 데이터 변환 절차
  ㉠ 반정형 및 비정형 데이터를 구조화된 정형 데이터 형태로 변환하여 저장하는 과정은 다음과 같다.
  ㉡ 저장은 데이터 전처리[필터링(데이터 분석 목적에 맞는 데이터 선별), 유형 변환, 정제(데이터 불일치성 검증 작업, 데이터 결측치 및 잡음 데이터 처리) 등] 또는 후처리(평활화, 집계, 일반화, 정규화, 속성 생성, 중복 데이터 검출, 표현단위 일치, 불필요한 데이터 축소 등)가 수행되기 전에 비정형 데이터를 구조적 형태로 변환하여 저장하는 과정을 의미한다.
     • 데이터 구조 정의 : 수집 데이터의 속성 구조를 확인하며, 수집할 데이터 구조를 정의하고 적절한 변수명으로 구분한다.
     • 수행 코드 정의 : 데이터 수집 절차에 대한 수행 코드를 정의한다. 이를 위하여 추출하고자 하는 정보들의 위치와 정보의 구조를 확인하며, 필요 데이터를 추출한다. 웹페이지의 경우 추출하고자 하는 정보가 태그에 둘러싸여 있음을 확인하고 추출 대상 데이터의 정보 구조도 확인한다. 그리고 필요 데이터만 추출할 수 있는 프로그램을 작성한다.
     • 프로그램 작성 : 생성된 데이터베이스 테이블에 수집 데이터를 저장하는 프로그램을 작성한다.
     • 데이터베이스(DB) 저장 : 작성된 프로그램을 실행하여 데이터베이스에 저장한다.

⑨ 정형 데이터와 비정형 데이터의 결합
  ㉠ 데이터를 이용하여 보다 가치 있는 데이터를 추출하기 위하여 일반적으로 정형 데이터와 비정형 데이터를 결합하여 데이터를 분석하기도 한다.
  ㉡ 예를 들어 고객 정보, 상품별 매출 정보 등의 정형 데이터를 데이터베이스에 저장하고 분석하여 고객관리를 하던 기업들은 최근 SNS 등에서 만들어지는 상품에 대한 고객의 반응, 선호도, 감정 데이터 등과 같은 비정형 데이터들을 추가적으로 분석하여 기업의 새로운 전략을 마련하는 데 이용한다.
  ㉢ 정형-비정형 데이터 결합 분석은 크게 4단계로 이루어진다.

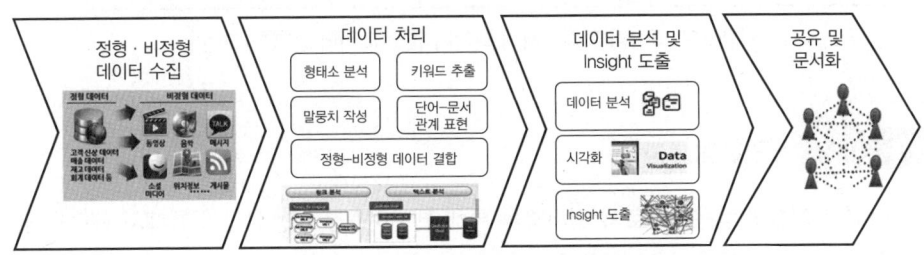

[정형·비정형 데이터 결합 및 분석 절차]

  • 데이터 수집 : 주로 조직 내부에서 가지고 있는 정형 데이터(회원 정보 등)와 외부의 비정형 데이터(SNS, 웹문서, 뉴스 등) 수집
  • 데이터 처리 : 비정형 데이터의 경우, 예를 들어 텍스트 분석을 위하여 형태소 분석, 키워드 추출, 말뭉치 작성, 단어-문서 관계 표현 기술을 적용하여 분석 가능한 데이터로 변환(데이터 가공)
  • 데이터 분석 및 Insight 도출 : 가공된 데이터를 이용한 데이터 분석(예를 들어 텍스트 분석에서 텍스트 분류, 텍스트 군집, 텍스트 요약 등을 수행) 및 업무 관련자에게 피드백을 제공하기 위한 Insight 추출, 데이터 분석을 위한 다양한 시각화 기능 활용하여 분석대상 데이터의 연관 정보 추출
  • 조직 내 공유 및 문서화 : 업무 관련자들과 공유, 조직의 목표 달성, 문서화(정형-비정형 데이터 분석결과, 데이터 처리 절차, 모델 구축 결과 등)

⑩ 정형 데이터 변환 사례(텍스트 마이닝)
  ㉠ 텍스트의 비정형 데이터를 정형화하는 과정(텍스트 분석)의 예는 다음과 같다.
  ㉡ 텍스트 마이닝에서는 비정형 데이터(텍스트) 수집, 텍스트 분석 후 정형화된 정보 추출·생성 그리고 정형 데이터로의 저장[필요시 조직 내 보유중인 정형 데이터와 결합(JOIN 기능 사용)하여 저장] 과정을 거친다.

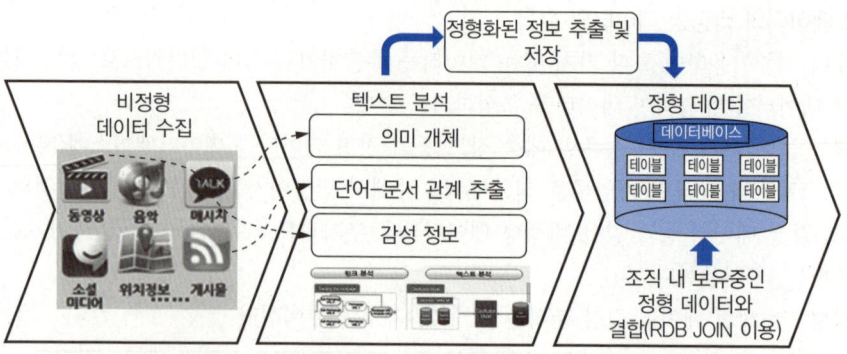

[텍스트 마이닝 기법에서의 데이터 결합(데이터 정형화) 과정]

확인 문제 | 비정형 데이터 탐색 방법

데이터 마이닝 기술의 응용분야로서 인터넷을 통해 웹서비스를 이용하면서 웹에서 패턴을 발견하는 비정형 데이터 탐색 방법은 무엇인가?

① 소셜 데이터 마이닝
② 오피니언 마이닝
③ 웹 마이닝
④ 텍스트 마이닝

풀이 웹 마이닝(Web Mining)에 대한 설명으로서 인터넷을 통해 웹서비스를 이용하면서 웹에서 패턴을 발견한다.
정답 ③

확인 문제 | 데이터 변환 절차

다음 중 반정형 및 비정형 데이터를 정형 데이터로 변환하는 과정으로 옳은 것은?

① 데이터 구조 정의 → 수행 코드 정의 → DB 저장 → 프로그램 작성
② 데이터 구조 정의 → 수행 코드 정의 → 프로그램 작성 → DB 저장
③ 데이터 구조 정의 → DB 저장 → 수행 코드 정의 → 프로그램 작성
④ 데이터 구조 정의 → 프로그램 작성 → 수행 코드 정의 → DB 저장

풀이 반정형 및 비정형 데이터를 구조화된 정형 데이터로 변환하여 저장하기 위하여 '데이터 구조 정의 → 수행 코드 정의 → 프로그램 작성 → DB 저장'의 순서로 작업을 수행한다.
정답 ②

제2장 적중예상문제

제2과목 [빅데이터 탐색]

01 다음 설명에 해당하는 것은?

> 쌓여 있는 데이터를 기반으로 연구 목적에 맞는 가설을 세우고 데이터를 분석하는 것으로서 데이터의 구조와 특징을 파악하고 분석을 통해서 얻은 정보를 바탕으로 통계적 모형을 만든다.

① 가설 검정
② 데이터 전처리
③ 데이터 후처리
④ 탐색적 데이터 분석

[해설] 탐색적 데이터 분석(EDA ; Exploratory Data Analysis)이란 쌓여 있는 데이터를 기반으로 연구 목적에 맞는 가설을 세우고 데이터를 분석하는 것으로서 데이터의 구조와 특징을 파악하고 분석을 통해서 얻은 정보를 바탕으로 통계적 모형을 만드는 것을 의미한다.

02 탐색적 데이터 분석 절차로 옳은 것은?

① 분석목적 설정 → 모집단 정의 → 표본 추출 → 자료측정 → 통계기법 적용 → 데이터 수집
② 분석목적 설정 → 모집단 정의 → 자료측정 → 표본 추출 → 통계기법 적용 → 데이터 수집
③ 분석목적 설정 → 모집단 정의 → 표본 추출 → 자료측정 → 데이터 수집 → 통계기법 적용
④ 분석목적 설정 → 모집단 정의 → 표본 추출 → 데이터 수집 → 자료측정 → 통계기법 적용

[해설] 빅데이터 분석을 위한 탐색적 데이터 분석 프로세스는 '분석목적 설정 → 모집단 정의 → 표본 추출 → 자료측정 → 데이터 수집 → 통계기법 적용'의 절차로 수행된다.

정답 01 ④ 02 ③

03 다음 결합확률밀도함수의 상관계수를 구하시오.

y \ x	−1	0	1
0	0	1/3	0
1	1/3	0	1/3

① −1
② 1
③ 1/2
④ 0

[해설] $E(X) = -1 \times 1/3 + 0 \times 1/3 + 1 \times 1/3 = 0$
$E(Y) = 0 \times 1/3 + 1 \times 2/3 = 2/3$
$E(X^2) = 1 \times 1/3 + 0 \times 1/3 + 1 \times 1/3 = 2/3$
$E(Y^2) = 0 \times 1/3 + 1 \times 2/3 = 2/3$
$E(XY) = 0$
$cov(x, y) = E(XY) - E(X) \times E(Y) = 0 - 0 = 0$
$V(X) = 2/3 - 0 = 2/3$
$V(Y) = 2/3 - 4/9 = 2/9$
$\therefore r = 0$

04 상관계수에 대한 설명 중 옳지 않은 것은?

① 상관계수의 제곱은 결정계수이다.
② 상관계수가 $0 \leq r \leq 1$은 양의 상관관계에 있다는 것이다.
③ 상관관계는 두 변수 간의 분산에 차이가 있는지를 검정하는 것이다.
④ 회귀식의 기울기가 양수이면 상관계수도 양수이다.

[해설] 상관계수를 구하는 것은 두 변수의 선형성을 알아보고 기울기를 통해서 양의 관계인지, 음의 관계인지를 파악하는 것이다. 상관계수의 제곱은 결정계수가 된다.

05 상관분석에 대한 설명으로 잘못된 것은?

① 상관계수의 부호는 공분산 부호와 같다.
② 상관계수의 크기는 $-1 \leq r \leq 1$이다.
③ 상관계수의 부호와 회귀식의 부호는 같다.
④ 결정계수를 제곱하면 상관계수이다.

[해설] 상관계수를 제곱하면 결정계수이다. 결정계수는 추정한 선형 모형이 주어진 자료에 적합한 정도를 재는 척도이다. 반응 변수의 변동량 중에서 적용한 모형으로 설명가능한 부분의 비율을 나타낸다.

06 공분산과 상관계수에 대한 성질로 옳지 않은 것은?

① $Cov(x, y) = E(XY) - E(X)E(Y)$
② $Cov(aX+b, cY+d) = acCov(x, y)$
③ $Cov(x, y) = 0$이면 $Corr(x, y) = 0$이다.
④ $Cov(aX+b, cY+d) = aCorr(X, Y) + cCorr(X, Y)$

[해설] 공분산을 구하는 공식은 $Cov(x, y) = E(XY) - E(X)E(Y)$이고 공분산의 성질에 의해서 $Cov(aX+b, cY+d) = acCov(x, y)$가 성립되며 $Cov(x, y) = 0$이면 $Corr(x, y) = 0$이다. 그리고 $Corr(aX+b, cY+d) = |ac|Corr(X, Y)$, $|ac|$는 ac곱의 부호를 의미한다.

07 두 변수의 공분산과 상관계수에 대한 설명으로 옳지 않은 것은?

① 두 확률변수가 독립이면 상관계수는 0이다.
② 상관계수가 0이면 두 확률변수가 독립이다.
③ 상관계수를 제곱하면 결정계수이다.
④ 상관분석은 두 변수의 유사성을 알아보기 위해서 구한다.

[해설] 두 변수가 독립이면 상관계수가 0이지만 역은 성립하지 않는다.

08 변량 $x_1, x_2, \cdots, x_n$에 대해서 표본평균을 $\overline{x}$ 라고 한다면 $\sum(x_i-\overline{x})$의 값은 얼마인가? (단, $\overline{x}$는 변량들의 표본평균이다)

① -1
② 1
③ -2
④ 0

[해설] $\sum_{i=1}^{n}(x_i-\overline{x})=\sum_{i=1}^{n}x_i-n\overline{x}=n\overline{x}-n\overline{x}=0$

09 변량 $x_1, x_2, \cdots, x_n$에 대해서 $\sum(x_i-x)=0$이라고 한다면 x값은 무엇인가?

① 표본평균 $\overline{x}$
② $\dfrac{1}{\overline{x}}$
③ 중앙값
④ 최빈값

[해설] $\sum(x_i-x)=0$을 만족하도록 하기 위해서는 $\sum x_i-nx=0$이 되어야 하므로 x는 $\overline{x}$가 되어야 한다.

10 크기가 각각 n_1, n_2이고, 평균이 각각 $\overline{x_1}$, $\overline{x_2}$인 두 자료가 있다면 두 자료의 평균은 어떻게 구하는가?

① $\dfrac{n_1\overline{x_1}+n_2\overline{x_2}}{n_1+n_2}$

② $\dfrac{\overline{x_1}+\overline{x_2}}{n_1\overline{x_1}+n_2\overline{x_2}}$

③ $\dfrac{\overline{x_1}+\overline{x_2}}{n_1+n_2}$

④ $\dfrac{n_1+\overline{x_1}}{n_2+\overline{x_2}}$

[해설] 가중평균에 해당되는 문제이므로 답은 $\dfrac{n_1\overline{x_1}+n_2\overline{x_2}}{n_1+n_2}$이다.

11 인구증가율이나 물가변동률과 같이 비율의 대푯값 산정에 쓰이는 대푯값은 무엇인가?

① 산술평균
② 기하평균
③ 조화평균
④ 평방평균

[해설] 인구증가율이나 물가변동률 등과 같이 비율을 가지고 대푯값을 구하는 것은 기하평균에 해당된다.

12 자본금 A로 시작한 부동산 투자가 첫해는 자본금의 4배, 다음해는 2배, 세 번째 해는 8배, 네 번째 해는 1/4로 줄었다면 연평균 자본은 몇 배로 증가했겠는가?

① $\dfrac{4+2+8+1/4}{4}$ ② $\sqrt[4]{4\times2\times8\times1/4}$

③ $\dfrac{4}{\dfrac{1}{4}+\dfrac{1}{2}+\dfrac{1}{8}+4}$ ④ $\dfrac{\dfrac{1}{4}+\dfrac{1}{2}+\dfrac{1}{8}+4}{4}$

〔해설〕 변화율 등을 의미하는 평균은 기하평균으로서 4년간의 연평균 자본은 $\sqrt[4]{4\times2\times8\times1/4}$ 로 계산된다.

13 두 지점을 왕복하는 데 갈 때는 2km/h로 걸어가고 올 때는 3km/h로 걸어왔다면 이 두 지점을 왕복하는 평균 속도는 얼마인가?

① $\dfrac{\dfrac{1}{2}+\dfrac{1}{3}}{2}$ ② $\dfrac{2}{\dfrac{1}{2}+\dfrac{1}{3}}$

③ $\dfrac{2+3}{2}$ ④ $2+3$

〔해설〕 속도와 같은 것은 조화평균을 이용해서 구할 수 있으므로 갈 때의 속도와 올 때의 속도를 고려하여 $\dfrac{2}{\dfrac{1}{2}+\dfrac{1}{3}}$ 로 구할 수 있다.

14 다음 자료의 각 학과별 변동계수는 얼마인가?

학 과	평 균	표준편차
데이터정보학과	60	3
소프트웨어학과	80	2

① 5, 2.5
② 2.5, 5
③ 1, 5
④ 5, 1

[해설] 변동계수는 $cv = \frac{s}{x} \times 100$으로 구할 수 있으므로 데이터정보학과는 $\frac{3}{60} \times 100 = 5$이고 소프트웨어학과는 $\frac{2}{80} \times 100 = 2.5$로 계산된다.

15 자료의 평균이 20, 중앙값이 30, 최빈값이 40이라고 한다면 왜도값이 어떻게 되겠는가?

① 왜도값이 0일 것이다.
② 왜도값이 +일 것이다.
③ 왜도값이 -일 것이다.
④ 위의 제시된 값을 보고 왜도를 알 수 없다.

[해설] 왜도라는 것은 분포가 기울어진 정도를 의미하는 척도로서 왜도가 0이라는 것은 대칭인 분포를 의미하고, 왜도가 +라는 것은 분포가 왼쪽으로 기울어진 형태의 분포를 의미한다. 왜도가 -라는 것은 분포가 오른쪽으로 기울어진 모양이라는 것을 의미한다.

16 왜도가 0이고 첨도가 3인 분포의 특징으로 옳은 것은?

① 왼쪽으로 기울어진 분포이다.
② 오른쪽으로 기울어진 분포이다.
③ 대칭인 분포이다.
④ 분포의 모양을 알 수 없다.

[해설] 왜도가 0이고 첨도가 3인 분포는 정규분포에 해당되므로 대칭인 분포이다.

17 왜도가 양수일 때 평균($\bar{x}$), 중앙값(Med), 최빈값(Mo)의 크기를 비교하시오.

① $Med \leq Mo \leq \bar{x}$
② $Mo \leq \bar{x} \leq Med$
③ $\bar{x} \leq Med \leq Mo$
④ $Mo \leq Med \leq \bar{x}$

[해설] 왜도가 양수라는 것은 왼쪽으로 기울어진 분포를 의미하므로 최빈값, 중앙값, 평균의 순으로 크기가 나타난다.

18 시각적 데이터 탐색 과정으로 옳은 것은?

① 문제 정의 → 속성값 확인 → 변수 확인 → 이상치와 결측치 확인 → 패턴발견
② 문제 정의 → 속성값 확인 → 이상치와 결측치 확인 → 변수 확인 → 패턴발견
③ 문제 정의 → 변수 확인 → 속성값 확인 → 이상치와 결측치 확인 → 패턴발견
④ 문제 정의 → 변수 확인 → 이상치와 결측치 확인 → 속성값 확인 → 패턴발견

[해설] 시각적 데이터 탐색은 '문제 정의 → 변수 확인 → 이상치와 결측치 확인 → 속성값 확인 → 패턴발견'의 과정을 통해 수행된다.

19 다음 설명에 해당하는 것은?

> 공간적 객체에 시간의 개념이 추가된 것으로 시간에 따라 위치나 형상이 변하는 데이터

① 공간 데이터
② 시간 데이터
③ 시공간 데이터
④ 복합 데이터

[해설] 시공간 데이터(Spatio-temporal Data)에 대한 개념을 의미한다. 대표적으로 측량, 항공사진, 위성의 원격탐사, GPS, 설문조사, 인구센서스 등의 데이터를 포함한다.

20 다음과 같은 특징을 갖는 시공간 데이터는 무엇인가?

> • 일정한 주기로 수집되는 데이터를 이용하여 연속적으로 표현한다.
> • 연속적인 변화를 일종의 함수를 이용하여 표현한다.

① 공간적 변화의 시공간 데이터
② 시간적 변화의 시공간 데이터
③ 연속적 변화의 시공간 데이터
④ 이산적 변화의 시공간 데이터

[해설] 연속적 변화의 시공간 데이터는 일종의 함수를 이용하여 표현되며, 일정한 주기로 수집되는 데이터를 이용하여 연속적으로 표현된다. 일정한 주기로 수집된 기상정보를 이용하여 기상전선의 변화를 나타내는 경우를 예로 들 수 있다.

21 n개(단, $n \geq 3$)의 노드와 $n-1$개의 세그먼트(Segment)로 구성되는 특징을 갖는 시공간 데이터 타입은 무엇인가?

① 라인
② 포인트
③ 폴리곤
④ 폴리라인

[해설] 시공간 데이터를 저장하기 위한 공간 데이터 타입은 객체의 기하학적인 특성을 이용하며 폴리라인(Polyline) 기법을 이용하여 n개($n \geq 3$)의 노드와 $n-1$개의 세그먼트를 이용하여 데이터를 표현한다.

22 변수들 간의 유사성을 알아보기 위해서 사용하는 행렬은?

① 상관관계 행렬
② 유클리디안 거리행렬
③ 유클리디안 제곱거리행렬
④ 분산-공분산 행렬

[해설] 변수들 간의 속성은 유사성과 상이성을 나타내는 행렬로 나누어지며 유사성을 나타내는 행렬은 상관관계 행렬이고, 상이성을 나타내는 것은 유클리디안 거리행렬, 유클리디안 제곱거리행렬, 분산-공분산 행렬 등을 들 수 있다.

23 변수의 차원을 줄이는 분석이 아닌 것은?

① 다변량 회귀분석
② 요인분석
③ 정준상관분석
④ 군집분석

[해설] 군집분석은 케이스의 차원을 줄이는 분석이다. 군집분석은 각 개체의 유사성을 측정하여 높은 대상 집단을 분류하고 군집에 속한 개체들의 유사성과 서로 다른 군집에 속한 개체 간의 상이성을 규명하는 통계분석 방법이다.

24 케이스의 차원을 줄이는 분석이 아닌 것은?

① 군집분석
② 판별분석
③ 다차원 척도법
④ 요인분석

[해설] 요인분석은 변수의 차원을 줄이는 분석이다. 요인분석은 다수 변수들을 변수들 간의 관계(상관관계)를 분석하여 공통 차원들을 통해 축약하는 통계 기법이다.

25 정형 데이터와 비정형 데이터를 결합하고 이를 분석하는 과정으로 옳은 것은?

① 데이터 수집 → 공유 및 문서화 → 데이터 처리 → 데이터 분석 및 Insight 도출
② 데이터 수집 → 데이터 분석 및 Insight 도출 → 데이터 처리 → 공유 및 문서화
③ 데이터 수집 → 데이터 처리 → 공유 및 문서화 → 데이터 분석 및 Insight 도출
④ 데이터 수집 → 데이터 처리 → 데이터 분석 및 Insight 도출 → 공유 및 문서화

[해설] 정형 데이터와 비정형 데이터를 결합하고 이를 분석하기 위하여 '데이터 수집 → 데이터 처리 → 데이터 분석 및 Insight 도출 → 공유 및 문서화'의 작업을 수행한다.

26 텍스트 마이닝 기법에서 비정형 텍스트 데이터를 정형화된 데이터로 저장하고 이를 조직 내에 보유중인 정형 데이터와 결합하기 위하여 사용하는 기능은 무엇인가?

① Create
② Join
③ Select
④ Update

[해설] 새로 생성된 정형 데이터는 Join 기능을 이용하여 기존에 보유하고 있는 데이터와 결합된다. 조인은 공통 필드를 기반으로 데이터를 결합하는 방법이다.

정답 22 ① 23 ④ 24 ④ 25 ④ 26 ②

제2과목 [빅데이터 탐색]

제3장 통계기법 이해

01 기술통계

(1) 데이터 요약

① 데이터 요약값의 개념
  ㉠ 데이터 분석을 위해서 간단한 기초통계량을 중심으로 제시된 값이다.
  ㉡ 데이터 요약값을 통해서 간단한 분석을 실시할 수 있다.
  ㉢ 데이터 요약값으로 데이터 분석 목적에 따라서 중심 위치 척도에 해당되는 평균이나 중앙값 등을 산출할 수 있다.
  ㉣ 데이터의 흩어짐 정도를 파악하기 위해서는 분산, 범위, 사분위범위, 변동계수 등을 산출할 수 있다.
  ㉤ 데이터 분석을 위해서 데이터 요약값을 산출해야 한다.

② 데이터 요약값의 형태
  ㉠ 일반적으로 데이터 요약값을 얻으면 데이터에 대한 평균, 분산, 합계, 중앙값 등을 출력한다.
  ㉡ 데이터에 대한 요약은 데이터 소스 유형에 따라 다르게 구할 수 있다.
  ㉢ 데이터의 기본 속성에 따라 요약값을 구하며 정형 데이터, 비정형 데이터, 반정형 데이터에 따라서 요약값을 확인한다.

③ 기술통계 분석
  ㉠ 기술통계 분석에서는 데이터 분석만을 목적으로 하고 있으며, 요약통계와 같은 간단한 통계적인 방법으로 데이터를 정리·요약하는 것을 의미한다.
  ㉡ 시각적 효과
     데이터에 대한 통계적 수치 계산의 값을 통해서 데이터에 대한 전반적인 내용을 파악하기 위해 데이터를 시각화한다. 막대 그래프, 원 그래프 등을 그려서 자료의 형태를 파악하고 두 변수 사이의 관계 파악을 위해서 산점도 등을 그려 자료를 파악할 수 있고, 자료의 분석 정확도를 높이기 위해 이상치 검정 등을 위해서 상자 그림 등을 그리게 된다.
  ㉢ 기술통계 분석의 목적 : 가장 기초적인 자료 분석의 형태로 데이터에 대한 전반적인 이해를 도울 수 있으며 데이터 분포를 파악할 수 있다.
  ㉣ 기술통계 분석의 통계량
     평균, 중앙값, 최빈값 등의 요약통계 분석 자료를 통해서 중심위치에 대한 파악을 할 수 있다. 분산, 표준편차, 범위, 사분위범위 등을 통해서 흩어짐의 정도를 파악할 수 있고, 왜도와 첨도 등을 통해서 분포의 전반적인 형태를 파악할 수 있다.

ⓜ 기술통계 분석의 분류
- 통계 분석에서는 일반적으로 표집분포의 모수를 알고 있다는 가정 하에 데이터 모델을 세우는 모수적 통계 분석 기법을 사용하는 경우와 표집분포의 모수를 알지 못한다는 가정 하에 분석을 하는 경우 사용되는 비모수적 통계 분석 기법이 있다.
- 모수적 통계 분석 기법으로는 빈도분석, 상관분석, 회귀분석, 평균차이 분석 등을 들 수 있고 비모수적 통계 분석 기법으로는 적합도 검정이나 순위상관분석 등을 들 수 있다.

확인 문제 **데이터의 흩어짐 정도 파악**

다음 중 데이터의 흩어짐 정도를 파악하기 위해 사용되는 데이터 요약값으로 적절하지 않은 것은?
① 범 위　　　　　　　　　② 변동계수
③ 분 산　　　　　　　　　④ 중앙값

풀이 데이터의 흩어짐 정도를 파악하기 위해 분산, 범위, 사분위범위, 변동계수 등을 산출하며, 중앙값은 평균과 함께 중심 위치 척도에 해당된다.

정답 ④

---

(2) 표본추출

① 통계분석의 개념
  ㉠ 통계학에서 다루는 통계분석이란 관심 있는 분석대상인 모집단의 특성을 표현(표본이 가지고 있는 모집단 성질의 일부만을 가지고 모집단의 특성을 합리적으로 추론하는 과정)하기 위하여 활용된다.
  ㉡ 통계학은 크게 기술통계(Descriptive Statistics, 記述 統計學)와 추론통계(Inferential Statistics 또는 추측통계, 推論 統計學)로 구분된다.
  ㉢ 기술 통계학은 모집단 전체(센서스) 또는 표본(모집단 일부)으로부터 얻은 데이터에 대한 숫자 요약(Numcrical Summary, 평균, 분산 등)이나 그래프 요약(Graphical Summary)을 통하여 데이터가 가진 정보를 정리하는 이론과 방법론을 다룬다.
  ㉣ 추론 통계학은 표본으로부터 얻은 정보를 이용하여 모집단의 특성(모수, Parameter)을 추론(추정, 검정)하거나 변수들 간의 적절한 함수 관계의 진위 여부를 판단하는 일련의 과정에 대한 이론과 방법론을 다룬다.
  ㉤ 추론 통계학에서는 정규성(중심극한정리에 의해 본래의 분포에 상관없이 무작위로 복원추출된 연속형 자료의 평균의 분포는 정규 분포를 따름)을 갖는다는 모수적 특성을 이용하는 모수적 방법(Parametric Method)과 모수적 방법을 사용하지 못하는 경우(정규성 검정에서 정규분포를 따르지 않거나 표본의 수가 10명 미만인 소규모인 경우 정규분포를 가정할 수 없음), 자료를 크기순으로 배열하여 순위를 매긴 후, 다음 순위의 합을 통해 차이를 서로 비교하는 비모수적 방법(Nonparametric Method, 대표적으로 스피어만 계수를 이용한 순위상관분석)을 이용한다.

ⓑ 통계분석을 통하여 효과적인 데이터 모형 설계 · 분석이 가능하다. 통계분석의 주요 개념과 용어를 정리하면 다음과 같다.

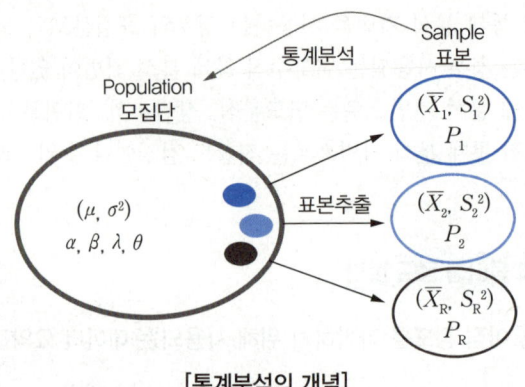

[통계분석의 개념]

〈표 2-24〉 통계분석을 위한 주요 용어

구 분	개 념
모집단 (Population)	• 분석을 위해 관심이 있는 대상 전체 예 대한민국에 거주하는 30대 남자, 한국대학교에 재학중인 여학생 등 특정 조건을 만족하는 전체 구성원 • 모집단의 종류 : 유한 모집단, 무한 모집단 ─ 유한 모집단(Finite Population) : 추출 단위가 유한, 일일 자동차 생산량이 1,000대인 공장에서의 표본은 최대 1,000개로 한정 ─ 무한 모집단(Infinite Population) : 추출 단위가 무한, 전 세계에서 올라오는 SNS Post는 거의 무한이므로 무한 모집단으로 간주
모수 (Parameter)	• 모집단의 통계적 속성을 나타내는 수치 • 평균, 중앙값, 분산, 표준편차 등 • 모수의 정확한 값은 표본들의 통계량(Statistics)을 통해 추정됨
표본추출 (Sampling)	• 모집단의 부분 집합을 추출한 것(통계치, Statistics) • 추출된 표본(Sample)은 모집단과 같은 대표성을 가진다고 가정 • 모집단 전체에 대한 분석이 사실상 불가능한 제약으로 표본 이용 예 LED 제품의 수명을 조사하는 이유는 생산품의 신뢰도를 높여 판매량을 늘리기 위해서인데, 만약 생산된 모든 제품에 대한 전수조사 시 오히려 막대한 비용이 들어 비효율적이며, 따라서 표본조사를 통한 품질관리를 수행하게 된다. • 단순무작위추출(Simple Random Sampling) : 정해진 규칙 없이 표본추출, 100개의 전구에서 무작위로 10개의 전구를 추출 • 계통추출(Systematic Sampling) : 모집단을 일정한 간격으로 추출, 100명의 사람에게 번호표를 나눠주고 끝자리가 7로 끝나는 사람 선정 • 층화추출(Stratified Random Sampling) : 모집단을 여러 계층으로 나누고, 계층별로 무작위 추출, 계층은 내부적으로 동질적이고, 외부적으로 이질적이어야 함, 지역별 여론 조사를 위해 조사 지역을 도별로 나누고, 각 도에서 무작위로 100명씩 선정 • 군집추출(Cluster Random Sampling) : 모집단을 여러 군집으로 나누고, 일부 군집의 전체를 추출, 100개의 전구에 무작위로 검은색, 노란색, 파란색을 칠하고 파란색의 전구를 모두 선정 • 표본값과 모집단 값의 차이를 표본오차(Sampling Error)라고 함

② 탐색적 데이터 분석과정에서의 통계분석
   ㉠ 통계분석은 거의 모든 분야(제조업, 경제학, 농업 등)에 적용되며, 속성을 이용해 행렬로 표현되는 거의 모든 형태의 정형 데이터를 다룰 수 있다.

ⓒ 빅데이터 분석을 위한 탐색적 데이터 분석(Exploratory Data Analysis)이란 데이터 집합이 실제로 어떤 정보를 포함하고 있는지를 파악하는 데 중점을 두고, 통계기법, 시각화 등을 통해 데이터 집합의 주요 특징을 얻어내는 방법이다.

ⓒ 탐색적 데이터 분석 과정에서 통계분석이 이용되는 이유는 통계기법을 통해서 데이터 집합의 주요 특징을 알아내기 위해서이다. 탐색적 데이터 분석을 위한 통계분석 과정은 다음과 같이 6단계로 이루어진다.
- 분석 목적 설정 : 데이터 분석의 목적 설정
- 모집단 정의 : 분석 목적에 맞는 모집단 정의
- 표본추출 : 모집단에 대한 표본 추출을 통해 대표성을 나타내는 데이터를 합리적으로 수집
- 자료 측정 : 추출된 표본들을 분석 목적에 맞게 측정
- 데이터 수집 : 데이터 수집 및 저장
- 통계기법 적용 : 통계기법을 활용하여 데이터 집합의 주요 특징 파악

ⓔ 모형 평가를 위하여 통계분석(기술 통계학)에서 활용되는 통계량은 다음과 같다.

〈표 2-25〉 기술 통계학에서 사용하는 주요 수치(통계량)

구 분	정 의
평균 (Mean)	$\overline{x} = \sum_{i=1}^{n} x_i / n$ • 데이터 집합이 어떤 값을 중심으로 분포되어 있는지를 나타냄 • 평균은 데이터가 대칭적으로 분포되어 있는 경우에만 옳은 정보 제공 • 이상치(비정상적인 속성값, Outlier)에 의해 영향을 받음
중앙값 (Median)	중앙값 $= \begin{cases} x_{(n+1)/2}, & n\text{이 홀수} \\ \frac{1}{2}(x_{n/2} + x_{(n/2+1)}), & n\text{이 짝수} \end{cases}$ • 크기에 따라 차례로 나열했을 때 가운데에 놓이는 값 • 데이터의 위치를 나타내는 값 • 이상치에 의한 영향을 덜 받으며, 데이터 분포가 비대칭이면 평균보다 더 의미 있는 지표로 활용
최빈치 (Mode)	• 데이터 집합에서 가장 많은 빈도를 갖는 데이터(최빈수, 최빈값) • 이상치에 의한 영향을 덜 받으며, 데이터 분포가 비대칭이면 평균보다 더 의미 있는 지표로 활용
분산 (Variance)	$s^2 = \sum_{i=1}^{n}(x_i - \overline{x})^2 / (n-1)$ • 평균으로부터 각각의 데이터가 얼마나 떨어져 있는지를 나타냄 • 평균이 포함되어 있어 이상치에 민감함 • 본래 데이터의 속성값과는 다른 단위를 가짐
표준편차 (Standard Deviation)	$s = \sqrt{\sum_{i=1}^{n}(r_i - \overline{x})^2 / (n-1)}$ 분산의 단위를 본래의 척도와 맞춰주기 위해 분산을 제곱근한 값
범위 (Range)	$R = x_{max} - x_{min}$ 데이터 집합에서의 최댓값과 최솟값의 차이

ⓜ 이 외에도 변동계수[Coefficient of Variation(CV)=편차/평균, 평균에 대한 변동의 상대적인 산포도], 왜도(Skewness, 분포의 기울어진 정도, 평균에 대한 비대칭 정도, 양수이면 평균을 중심으로 왼쪽으로 기울고 음수이면 오른쪽으로 기울어져 있음), 첨도(Kurtosis, 평균값 주위에 집중적으로 몰려 있는 정도) 등이 이용된다.

③ 표본설계
　㉠ 표본추출이라는 것은 모집단에서 모집단에 포함되는 일부를 표본으로 추출하는 것을 의미한다. 표본추출은 전체 대상의 특성을 대표할 수 있는지의 여부를 확인해야 하며, 표본의 대표성이 중요하다.
　㉡ 표본을 어떻게 선택해야 할지를 결정해야 하는데 표본을 선택하는 과정을 표집이라 한다.
　㉢ 표본조사설계의 목적은 노력과 비용을 최소화하면서 정확한 추정을 위한 것으로 표본크기를 결정하고 나면 통계적 추정을 진행한다.
　㉣ 표본조사의 장점
　　• 모집단을 조사하면서 소요되는 시간과 경비를 절감할 수 있다.
　　• 자료수집과 분석과정이 신속하게 진행될 수 있다.
　　• 모집단 전체를 조사하기 불가능한 경우에 적용이 가능하다.
　　• 비표본오차의 감소로 전수조사보다 더 정확한 자료를 얻을 수도 있다.
　㉤ 표본조사의 단점
　　• 표본의 대표성 문제로 인해 일반화가 어려울 수 있다.
　　• 모집단의 크기가 작은 경우에는 표본자체가 무의미하다.
　　• 표본설계를 위한 전문지식이 필요하다.
　　• 표본설계가 복잡한 경우 시간과 비용이 많이 소요된다.
　㉥ Odds Ratio(OR, 오즈값, 오즈비, 승산비)는 두 사건 A와 B 사이의 연관성의 강도를 수량화하는 통계이다. 어떤 사건이 일어날 확률이 p이면, 그 사건에 대한 Odds ratio=$p/(1-p)$이다. 아래 표에서 위험인자에 노출된 사람 중에서 암환자인 오즈값(O1)=354/143=2.48, 위험인자에 노출되지 않은 사람 중에서 암환자인 오즈값(O2)=293/511=0.57이다. 두 가지 경우에 대한 오즈비(OR)=O1/O2=2.48/0.57=4.35로서 위험인자에 노출된 사람은 노출되지 않은 사람에 비해 4.35배 정도로 더 암에 걸리는 경향을 보인다.

구 분	암 진단	정 상
위험인자 노출	354	143
위험인자 미노출	293	511

　㉦ Relative Risk(RR, 상대 위험도)는 위험인자에 노출된 암환자의 확률[R1=354/(354+143)=0.71]과 위험인자에 노출되지 않은 암환자의 확률[R2=293/(293+511)=0.36]을 이용하여 RR=R1/R2=0.71/0.36=1.97로서 위험인자에 노출된 사람은 그렇지 않은 사람에 비하여 암에 걸릴 확률이 1.97배 높음을 알 수 있다.
　㉧ 전수조사란 관심의 대상이 되는 집단을 이루는 모든 개체들을 조사하여 모집단의 특성을 측정하는 방법이다. 전수조사는 모집단을 파악하고 국가정책 수립의 기초자료를 제공한다는 점에서 필요하지만, 집단 내 모든 개체를 다 조사하기에는 현실적인 어려움이 따르고 많은 조사비용이 소요되므로 모든 조사를 다 전수조사로 할 수는 없다. 그러나 국가정책의 수립을 위해 정기적으로 수행하는 인구주택 총조사나 중요한 사안(징병 검사, 유권자 명부 조사, 아파트 단지 각 가구의 전력 소비량 조사(관리비 산출), 등록된 자동차 대수 조사, 우주선 부품 조사 등)들은 비용과 시간이 들더라도 전수조사를 수행하여야 한다.

④ 확률표본추출
  ㉠ 표본을 추출하는 데 있어서 확률적 근거에 의해서 표집하는 방법이다.
  ㉡ 단순무작위 추출(Simple Random Sampling)
   • 표본추출에서 가장 기본적인 방법으로 표본이 추출될 확률이 동일한 경우라고 볼 수 있다.
   • 단순 무작위 추출을 위해서는 모집단에 대한 표본틀(Sample Frame)이 정확히 구성되어야 한다.
   • 장점은 모집단에 대한 사전지식을 필요로 하지 않으며, 표본오차의 계산이 용이하다는 것과 확률표본추출 중에서 가장 적용이 용이하다는 것이다.
   • 단점은 동일한 크기의 표본일 경우, 층화표본 추출보다 표본오차가 크다는 것과 표본틀을 작성하는 것이 어렵다는 것이다.
   • 예를 들면, P 대학의 재학생 4,000명 중에서 200명을 단순임의추출 방식으로 표본을 추출한다면 P 대학 재학생 명부를 표본틀로 하고, 표본틀의 명부 4,000명에서 난수 등을 이용하여 200명을 선출하는 것으로 선출될 확률은 $\frac{200}{4000}=\frac{1}{20}$으로 동일한 확률값을 가지는 표본추출방식이 된다.
  ㉢ 층화표본추출(Stratified Random Sampling)
   • 둘 이상의 층으로 나누고 각 층마다 독립적으로 단순무작위추출법에 의해서 표집하는 방법이다.
   • 집단 내는 동질적이고 집단 간에는 이질적인 특성을 가지고 있다.
   • 모집단의 모수를 추정하는 데 있어서 일정한 정확성을 보다 적은 비용으로 확보할 수 있다는 것에 의의가 있다.
   • 종류로는 모집단에서 각 층에 정하는 비례에 따라 층의 크기를 할당하는 비례층화표본추출법과 각 층의 크기와는 상관없이 같은 수의 표본을 추출하는 비비례층화표본추출이 있고, 비비례층화표본추 방법의 변형으로 각 층의 크기를 표준오차가 최소가 되도록 정하는 최적분할 비비례층화표본추출 방법이 있다.
   • 장점은 모집단을 형성하고 있는 각 카테고리에 해당되는 표본을 골고루 포함시킬 수 있고 모집단의 각 층화집단의 특수성을 알 수 있어 비교가 가능하다는 것이다.
   • 단점은 모집단의 각 층에 대한 정확한 정보가 필요하다는 것과 층화 시에 모집단에 대한 지식이 요구되며 근거가 되는 자료가 필요하다는 것이다.

> **층화표본추출**
> 층화표본추출의 예를 들면 다음과 같다. 예를 들어서 P 대학 200명 선출 학생의 표본크기를 다음과 같이 선출한다고 하자. 4,000명을 학년별로 구분하면 아래와 같다.
>
> | 1학년 | 2학년 | 3학년 | 4학년 | 표본크기 |
> | --- | --- | --- | --- | --- |
> | 1,500 | 1,000 | 900 | 600 | 4,000 |
>
> 비례층화추출법에 의해서 표본을 선출하면 다음과 같다.
> 1학년 : $200 \times \frac{1500}{4000} = 75$ 2학년 : $200 \times \frac{1000}{4000} = 50$
> 3학년 : $200 \times \frac{900}{4000} = 45$ 4학년 : $200 \times \frac{600}{4000} = 30$

ⓔ 집락표본(군집)추출(Cluster Random Sampling)
- 이질적인 집락(군집, Cluster)으로 구분하고 난 뒤 무작위로 몇 개의 집락을 표본으로 추출하고 추출된 집락에 대해서 그 구성요소를 전수조사하거나 표본조사하는 방법으로 표집하는 것을 말한다.
- 집단 내는 이질적이고 집단 간에는 동질적인 특징이 있다.
- 층화표집과는 다르게 선택된 그룹 전체를 조사하거나 일부를 조사하는 방법으로 표본틀을 구성하기 어렵거나 시간이나 비용면에서 빠르게 진행해야 하는 경우 주로 사용되는 방법이다.
- 장점은 집락단위로 표본을 추출하므로 시간과 비용을 절약할 수 있다는 것과 선정된 집락은 다른 조사의 표본으로도 사용이 가능하다는 것이다.
- 단점은 집락이 동질적이면 오차의 개입가능성이 높고 표본추출오류를 측정하기 어렵다는 것이다.

ⓜ 계통표본추출(Systematic Random Sampling)
- 계통표본추출은 체계적 표본추출이라고도 하며 모집단 목록에서 일정한 순서에 따라 K 번째 요소를 추출하는 방식이다.
- 모집단의 크기에서 표본의 크기를 나누어서 표집간격을 정하고, 첫 번째 표집간격의 표본에서 무작위로 하나를 선정한 뒤에 일정한 표집간격마다 표본을 추출하는 방식이다.

> **계통표본추출**
> 계통표본추출은 매번 같은 간격의 표본을 선출하는 방식으로, 만약 4,000명의 재학생에서 200명을 선출해야 하는 경우 20명에서 1명을 선출하는 것이 되므로 1~20번에서 단순무작위 추출법으로 하나를 선출하고, 나머지는 모두 20번째 간격의 사람을 선출하는 방식이다. 즉, 1~20 사이에서 7이 선출되었다면 다음은 27, 47, 67, … 로 표본을 선출하는 방식이다.

ⓑ 확률표본추출방법의 주요 특징을 요약하면 다음과 같다.

〈표 2-26〉 확률표본추출방법

구 분	특 징
단순무작위표본추출	• 난수표나 컴퓨터를 이용한 난수의 추출방법을 이용해서 표본을 추출하는 것을 단순무작위표본추출이라 한다. • 모집단의 요소가 표본으로 선출될 확률이 동일하다. • 표본오차의 계산이 용이하다. • 동일한 크기의 표본일 경우 층화표본추출보다 표본오차가 크다.
층화표본추출	• 모집단을 집단 내 동질적인 몇 개의 집단으로 나누고 각 층별로 단순무작위추출방법으로 표본을 선출하는 것을 층화표본추출이라 한다. • 비례층화표본추출, 비비례층화표본추출, 최적분할 비비례표본추출 등이 있다. • 연구자가 층별 분석을 원할 시 나누어진 층에 따라서 층별 분석이 가능하다. • 층화 시에 근거가 되는 명부가 필요하다.
계통표본추출	• 일정한 순서에 따라서 표본을 추출하게 되므로 경향이 나타나지 않아야 하는 표본추출방법인 계통추출방법으로 체계적 표본추출이라고도 한다. • 표본을 추출하는 방법이 용이하다는 특징을 가지고 있다. • 모집단이 주기성과 경향성을 보일 경우는 편견이 개입되어 대표성이 문제가 된다.
집락표본추출	• 개별적 표본이 아닌 집락을 먼저 추출한 후 개별적 표본을 추출하므로 시간과 경비가 절약되는 추출방법이다. • 집락의 성격과 모집단 성격의 파악이 된다. • 집락이 동질적이면 오차의 개입가능성이 높고 표본추출오류를 측정하기 어렵다. • 표본틀 작성이 어려운 경우 사용하면 편리하다.

Ⓢ 목표 분포로부터 샘플을 추출하는 기법은 다음과 같다.

구 분	특 징
Metropolis-hastings	*Markov Chain Monte Carlo* 방법론 중 하나로, 주어진 목표 분포를 따르는 샘플을 생성하는 데 사용되고, 목표 분포의 형태가 복잡하거나 직접적으로 샘플링하기 어려운 경우에 사용된다.
Perfect Sampling	마르코프 체인을 사용하여 목표 분포로부터 완벽한 샘플을 생성하는 알고리즘이며, 목표 분포로부터 완전히 독립적인 샘플을 생성하는 것을 목표로 하고, 생성된 샘플은 목표 분포를 따르고, 어떠한 추가적인 가정도 필요하지 않다.
Rejection Sampling	샘플 공간에서 샘플을 생성하는 제안 분포를 사용하며, 제안 분포로부터 생성된 샘플이 목표 분포에 들어갈 확률을 구하고 확률에 따라 샘플을 거절하거나 수락한다.

⑤ 비확률표본추출

㉠ 확률표집의 경우 각 원소들이 표본으로 선출될 확률을 알고 있다는 가정에서 시작하는데 비확률표집은 이런 성질을 가지지 못할 때 사용되는 방법이다.

㉡ 비확률표집은 확률적인 통계처리가 불가능하다.

㉢ 장점은 표본의 규모가 크지 않은 경우 그리고 적절한 표본추출방법이 없을 때 유리하다.

㉣ 단점은 단위를 선택함에 있어 조사자의 편견이 개입될 수 있다는 것과 표본추출의 오류를 산출할 수 없고 표본의 정확성을 추정할 수 없다는 것이다.

㉤ 할당표본추출
- 확률표본추출에서 층화표본추출과 비슷한 형태로서 만약 성별에 따라서 표집을 한다면 남성과 여성의 비율을 고려하여 표집하는 방법이다.
- 모집단을 일정한 카테고리로 나눈 다음 각 카테고리에서 정해진 표본 수만큼 작위적으로 추출하는 방식이다.
- 최종적 표집단위에 대한 선정은 표본설계자가 하지 않고 현지 조사원이 자신의 주관에 의해서 한다.

㉥ 유의표본추출
- 유의표본추출은 판단표본추출이라고 한다.
- 연구자가 연구목적의 달성에 도움이 되는 구성요소를 의도적으로 추출하는 방법이라고 할 수 있다.
- 연구자는 표본에 대해서 기본적인 정보를 가지고 선출하게 되며, 예비조사, 시험조사에 주로 사용되는 추출방법이다.
- 연구자의 주관적 판단의 기준에 의존하므로 주관적 판단의 타당성에 대한 문제가 제기될 수 있다.
- 장점은 표본추출의 비용이 적고 간편하다는 것이며, 모집단에 대한 정보가 있는 경우 표본추출의 정확도가 높아진다.
- 단점은 모집단에 대한 충분한 사전지식을 가지고 있어야 한다는 것과 표본오차를 계산하기 어렵다는 것이다.

ⓢ 임의표본추출
- 정해진 표본을 선출할 때까지 조사자가 모집단의 일정 단위 또는 사례를 표집하는 방법으로 가장 간편하게 조사하는 방법으로 간편추출이라고도 한다.
- 임의표본추출은 시간, 편의성, 경제성에 초점을 둔 조사 방식이다.
- 장점은 연구자가 쉽게 이용 가능한 표본을 선택한다는 것과 시간과 비용을 절약할 수 있다는 것이다.
- 단점은 연구자의 편견이 개입될 수 있다는 것과 표본의 대표성이 문제가 된다는 것, 그리고 일반화 가능성이 낮다는 것이다.
- 임의표본추출의 예로는 백화점에서 이용하는 고객에 대한 조사를 원할 때 백화점 고객을 임의적으로 선출하여 조사하는 방법이 이에 해당한다.

ⓞ 누적표본추출
- 처음에 소수의 인원을 표본으로 추출하여 조사한 다음, 그 소수인원을 조사원으로 활용하여 그 조사원의 주위 사람들을 조사하는 방법이다.
- 표본의 크기가 커진다는 의미로 눈덩이표집이라고도 한다.
- 장점은 응답자의 신분이 노출되지 않은 상태에서 조사가 진행될 수 있다는 것과 응답자의 사생활을 보호할 수 있다는 것이다.
- 단점은 최초의 표본을 추출하는 것이 쉽지 않다는 것과 피조사자를 조사원으로 활용한다는 것이 쉽지 않다는 것이다.
- 비확률표본추출방법의 특징을 요약하면 아래의 표와 같다.

〈표 2-27〉 비확률표본추출방법

구 분	특 징
할당표본추출	• 연구자의 사전지식을 기초로 하여 모집단의 특성을 나타내는 하위 집단을 기준으로 표본수를 할당하고 추출하는 방법이 할당표본추출이다. • 모집단 분류 시 조사자의 편견이 개입될 가능성이 높다는 특징이 있다. • 무작위 추출의 보장이 어려워 결과에 대한 일반화가 어렵다.
유의표본추출 (판단표본추출)	• 연구자가 모집단에 대한 정보가 많은 경우에 사용하는 것으로 예비조사나 시험조사 등에 사용되는 표본추출방법이 유의표본추출이다. • 표본추출에 사용되는 비용이 적게 든다는 장점이 있다. • 모집단에 대한 사전지식을 전제로 한다는 특징이 있다.
임의표본추출 (편의표본추출)	• 연구자가 표본 선정에 편리성을 두고 표본을 선정할 수 있는 방법이 임의표본추출법이다. • 시간과 비용을 절약할 수 있다는 특징이 있다. • 연구자의 편견이 개입될 수 있는 가능성이 있다.
누적표본추출 (눈덩이표본추출)	• 응답자의 사생활이 보호되는 상태에서 조사가 이루어져야 한다는 것이 누적표본추출 방법이다. • 최초의 표본을 추출하는 어려움이 있다는 것이 특징이다.

㉢ 확률표본추출방법과 비확률표본추출방법을 서로 비교하면 다음과 같다.

〈표 2-28〉 확률표본추출방법과 비확률표본추출방법의 비교

확률표본추출방법	비확률표본추출방법
무작위적 표본추출이다.	작위적 표본추출이다.
모수추정에 편의가 없다.	모수추정에 편의가 있다.
분석 모델에 대해서 일반화가 가능하다.	분석 모델의 일반화에 문제가 있을 수 있다.
시간과 비용이 많이 든다.	시간과 비용이 적게 든다.
표본오차의 추정이 가능하다.	표본오차의 추정이 불가능하다.
확률표본추출의 종류로는 단순무작위추출, 층화표본추출, 계통표본추출, 집락표본추출 등이 있다.	비확률표본추출의 종류로는 할당표본추출, 유의표본추출, 임의표본추출, 누적표본추출 등이 있다.

확인 문제 · 표본 추출방법

다음 중 표본조사의 장·단점에 대한 설명으로 옳지 않은 것은?

① 모집단 전체를 조사하기 불가능한 경우에 적용이 가능하다.
② 표본설계를 위한 전문지식이 필요하지 않아 편리하다.
③ 표본의 대표성 문제로 인해 일반화가 어려울 수 있다.
④ 비표본오차의 감소로 전수조사보다 더 정확한 자료를 얻을 수도 있다.

풀이
· 장 점
  - 자료수집과 분석과정이 신속하게 진행될 수 있다.
  - 모집단 전수조사가 불가능한 경우에 적용이 가능하다.
  - 비표본오차의 감소로 전수조사보다 더 정확한 자료를 얻을 수 있다.
· 단 점
  - 표본의 대표성 문제로 인해 일반화가 어려울 수 있다.
  - 모집단의 크기가 작은 경우에는 표본 자체가 무의미하다.
  - 표본설계를 위한 전문지식이 필요하다.
  - 표본설계가 복잡한 경우 시간과 비용이 많이 소요될 수 있다.

정답 ②

확인 문제 | 확률표본추출방법

확률표본추출방법 중에서 체계적 추출방법으로 표본을 추출하는 방식은 무엇인가?

① 집락표본추출
② 계통표본추출
③ 단순무작위표본추출
④ 층화표본추출

풀이 체계적 추출방법이라고 하는 계통표본추출의 경우 표본을 추출하는 방법이 용이하고 일정한 순서에 따라서 표본을 추출하게 되므로 경향이 나타나지 않아야 한다는 것과 모집단이 주기성과 경향성을 보일 경우는 편견이 개입되어 대표성이 문제가 된다는 특징이 있다.

정답 ②

확인 문제 | 확률표본 추출방법

확률표본 추출방법 중에서 표본틀의 구성이 필수가 아닌 방식은?

① 집락추출
② 계통추출
③ 단순무작위추출
④ 층화추출

풀이 집락추출의 경우는 개별적 표본이 아닌 집락을 먼저 추출한 후 개별적 표본을 추출하므로 시간과 경비가 절약되는 방법이다. 집락의 성격과 모집단 성격 파악이 되고 집락이 동질적이면 오차의 개입가능성이 높고 표본 추출 오류를 측정하기 어려운 단점이 있지만, 표본틀 작성이 어려운 경우 사용하면 편리하다는 장점이 있는 추출방법이다.

정답 ①

확인 문제 | 비확률표본추출방법

비확률표본추출방법 중에서 모집단의 특징을 갖는다고 생각하는 표본을 연구자의 판단에 의해서 추출하는 방식은?

① 할당추출
② 누적추출
③ 유의추출
④ 임의추출

풀이 비확률표본추출방법 중 유의표본추출은 연구자가 모집단에 대한 정보가 많은 경우에 사용하는 것으로 예비조사나 시험조사 등에 사용되어지며 표본추출에 비용이 적게 들고 모집단에 대한 사전지식을 전제로 한다는 특징을 가지고 있는 추출방법이다.

정답 ③

> **확인 문제** **비확률표본추출방법**
>
> 연구자가 표본 선정에 편리성을 두고 표본을 선정할 수 있는 방법으로 시간과 비용을 절약할 수 있다는 특징이 있으며 간편하게 추출할 수는 있으나 연구자의 편견이 개입될 수 있는 가능성이 있는 비확률표본추출방법은 무엇인가?
>
> ① 할당추출 ② 누적추출
> ③ 유의추출 ④ 임의추출
>
> ---
> 풀이 임의표본추출은 연구자가 표본 선정에 편리성을 두고 표본을 선정할 수 있는 방법으로서 시간과 비용을 절약할 수 있지만 연구자의 편견이 개입될 가능성이 있다.
>
> 정답 ④

(3) 확률분포

① 확률분포의 개념

　㉠ 확률변수(Random Variable)는 표본공간의 근원사상을 정수나 실수로 표현하여 나타낸 변수이며, 확률분포(Probability Distribution)는 확률변수를 중심으로 확률변수의 특성에 따라 확률로 표현한 분포이다.

　㉡ 표본공간에서 나타난 사상들을 실수로 표현하여 나타낸 것을 확률변수라고 하며 확률변수 X로 표현하기도 한다.

　㉢ 확률분포는 데이터 형태가 이산형인지, 연속형인지에 따라서 구별되어 나타낼 수 있으며 확률분포의 특징을 구별하여 활용해야 한다.

② 확률분포(확률변수 X, Y)의 기댓값과 분산의 성질을 요약하면 다음과 같다.

> **기댓값 성질**
>
> $E(X) = \sum x_i f(x_i)$
> $E(aX+b) = aE(X) + b$
> $E(X+Y) = E(X) + E(Y)$
> $E(X-Y) = E(X) - E(Y)$
>
> **분산 성질**
>
> $V(X) = E(X-E(X))^2 = \sum(x_i - \overline{x})^2 f(x_i)$
> $V(aX) = a^2 V(X)$
> $V(X+b) = V(X)$
> $V(aX+b) = a^2 V(X)$
> $V(X+Y) = V(X) + V(Y) + 2Cov(X,Y)$
> $V(X-Y) = V(X) + V(Y) - 2Cov(X,Y)$
> 여기에서 a, b : 상수, X, Y : 확률 변수

③ 이산확률분포
　㉠ 확률분포는 확률변수의 속성에 따라서 표본공간의 근원사상들이 사건에 의해서 확률로 표시되는 것을 의미한다. 확률변수가 일정한 수로 나타나면 이산확률분포라고 한다. 이산확률분포에는 다음과 같은 분포가 있다.
　　• 베르누이 분포
　　• 이항분포
　　• 포아송 분포
　　• 초기하분포
　　• 기하분포
　　• 음이항분포
　　• 다항분포
　㉡ 확률질량함수
　　이산확률변수 X의 확률함수 $f(x)$는 확률함수 또는 확률질량함수(Probability Mass Function)라고 하며, 확률변수 X의 확률함수 $f(x_i)=P(X=x_i)$로서 다음 조건을 만족해야 한다.

　　> • 모든 x_i 값에 대해 $0 \leq f(x_i) \leq 1$
　　> • $\sum_{\text{모든}x_i} f(x_i) = 1$

　㉢ 베르누이 시행(Bernoulli Trial)
　　• 확률 변수 $X(X \sim Be(p))$가 성공 아니면 실패로 표본공간이 이루어진 경우를 의미한다.
　　• 성공과 실패가 일어날 확률은 다음과 같이 나타낼 수 있다.

　　> $P(S)=p$, $P(F)=1-p$, 여기에서 S는 성공, F는 실패이다.

　　• 베르누이 시행은 독립적인 시행이다.
　　• 베르누이 시행 확률밀도함수 : 확률 변수 X가 베르누이 시행을 따른다고 하면 아래와 같은 확률밀도함수를 갖는다.

　　> $X \sim Be(p)$로 나타내고
　　> $f(x) = p^x q^{1-x}$이고 $x=0, 1$이다.
　　> $E(X)=p$, $V(X)=pq$

　㉣ 이항분포(Binomial Distribution)
　　• 이항분포 확률변수는 성공 확률이 p인 베르누이 시행을 n번 독립적으로 반복할 때의 성공 횟수를 X라고 정의하면, 이때 확률변수 X는 모수 (n, p)인 이항분포를 따른다고 한다.
　　• 이항분포 확률밀도함수 : 확률변수 X가 이항분포를 따른다고 하면 다음과 같은 확률밀도함수를 갖는다.

$$X \sim B(n, p)\text{로 나타내고}$$
$$f(x) = \binom{n}{x} p^x q^{n-x} \text{이고 } x = 0, 1, \cdots, n \text{이다.}$$
$$E(X) = np, \quad V(X) = npq$$

ⓜ 포아송 분포(Poisson Distribution)
- 단위시간당 또는 단위면적당 사건의 평균 횟수가 몇 번인지를 확률변수 X로 정의한 경우에 포아송 분포를 따른다고 한다.
- 확률 변수 X는 단위시간당 사건이 일어날 평균의 수를 나타내고, 이 경우 단위시간당 일어나는 사건의 수가 모수(λ)가 되며, 모수 λ인 포아송 분포를 따른다고 한다.
- 포아송 분포 확률밀도함수 : 확률 변수 X가 포아송 분포를 따르는 경우 아래와 같은 확률밀도함수를 갖는다.

$$X \sim P(\lambda)\text{로 나타내고}$$
$$f(x) = \frac{e^{-\lambda}\lambda^x}{x!}, \quad x = 0, 1, \cdots \text{이다.}$$
$$E(X) = \lambda, \quad V(X) = \lambda$$
여기에서 λ는 단위시간당 발생한 사건의 평균 횟수를 의미한다.

ⓗ 초기하분포(Hypergeometric Distribution)
- 핸드폰을 제조하는 제조공장에서 생산된 N개의 제품에서 n개의 제품을 뽑아서 불량을 조사하려 한다면 D개의 불량 중에서 몇 개가 불량품이 뽑힐지에 대한 문제를 해결하기 위해서는 베르누이 시행에서의 독립성을 충족할 수 없다.
- 유한모집단에서 비복원 추출의 경우 성공의 수를 확률 변수 X로 정의한다면 확률 변수 X의 분포가 초기하분포가 된다.
- 초기하분포 확률밀도함수 : 확률 변수 X의 초기하분포에 대한 확률밀도함수는 다음 식과 같다.
- 즉 비복원추출의 경우 N개 중에서 n번 추출했을 때 불량의 개수 x개가 뽑힐 확률의 분포를 나타낸다.

$$X \sim HYP(n, D)\text{로 나타내고}$$
$$f(x) = \frac{\binom{D}{x}\binom{N-D}{n-x}}{\binom{N}{n}} \text{이고 } x = 0, 1, \cdots, n \text{이다.}$$
$$E(X) = np, \quad V(X) = npq\left(\frac{N-n}{N-1}\right)$$
여기에서 $p = \frac{D}{N}$
N : 모집단 크기
n : 표본크기
D : 모집단 내에서 불량품에 속하는 수
X : 표본 내에서 불량품에 속하는 구성 원소의 수

ⓈＩ 기하분포(Geometric Distribution)
- 첫 번째 성공이 일어날 때까지 시행횟수를 가지고 확률분포를 설명할 경우 기하분포라고 한다.
- 기하분포 확률밀도함수 : 성공의 확률 p인 베르누이 시행을 첫 번째 성공이 일어날 때까지 반복 시행할 때 그 시행횟수 X의 확률밀도함수는 다음과 같다.

$$X \sim GEQ(p)$$
$$f(x) = p \cdot q^{x-1}, \; x = 1, 2, \cdots$$
$$E(X) = \frac{1}{p}$$
$$V(X) = \frac{q}{p^2}$$

ⓞ 음이항분포(Negative Binomial Distribution)
- 성공확률이 p인 베르누이 시행을 독립적으로 반복 시행할 때 K번 성공하기까지의 시행횟수 X의 확률분포를 음이항분포라고 한다.
- 기하분포와 동일한 조건에서 확률변수 X를 K번째 성공을 얻을 때까지 걸리는 시행횟수라고 할 때 확률변수 X의 확률밀도함수는 다음과 같다.

$$X \sim NB(K, p)$$
$$f(x) = \binom{x-1}{K-1} p^K (1-p)^{x-K}, \; x = K, K+1, K+2, \cdots$$
$$E(X) = \frac{K}{p}, \; V(X) = \frac{K(1-p)}{p^2}$$

ⓩ 다항분포(Multinomial Distribution)
- 여러 개의 값을 가질 수 있는 독립확률변수들에 대한 확률분포로, 여러 번의 독립적 시행에서 각각의 값이 특정 횟수가 나타날 확률을 정의한다.
- 어떤 시행에서 k가지의 값이 나타날 수 있고, 그 값들이 나타날 확률을 각각 $p_1, p_2, \cdots, p_k$라고 할 때, n번의 시행에서 i번째 값이 x_i회 나타날 확률 분포는 다음과 같다.

$$X \sim Multinomial(n, p_1, p_2, \cdots, p_k)$$
$$f(x) = \frac{n!}{x_1! x_2! \cdots x_k!} p_1^{x_1} p_2^{x_2} \cdots p_k^{x_k}, \; x_1 + x_2 + \cdots + x_k = n$$
$$E(X_i) = np_i, \; V(X_i) = np_i(1-p_i)$$

④ 연속확률분포
㉠ 정규분포
- 연속확률변수와 관련된 하나의 전형적인 분포의 유형으로 연속확률변수의 가장 대표적인 분포이다.
- 정규분포확률밀도함수 : 확률변수 X가 정규 분포를 따를 경우 평균이 μ, 분산이 σ^2이라고 한다면 정규분포의 확률밀도함수는 아래와 같다.

$$X \sim N(\mu, \sigma^2)$$
$$f(x) = \frac{1}{\sigma\sqrt{2\pi}} \cdot e^{-\frac{(x-\mu)^2}{2\sigma^2}}$$
$-\infty < x < \infty$ 일때 X는 정규분포를 따른다.
$$E(X) = \mu$$
$$V(X) = \sigma^2$$

- 정규분포의 특징을 요약하면 다음과 같다.
  - 정규분포는 모수인 평균과 표준편차에 의해서 모양이 결정된다.
  - 정규분포는 평균을 중심으로 종모양을 이룬다.
  - 정규분포의 왜도는 0, 첨도는 3이다.
  - 확률변수 X가 이항분포를 따를 때, 표본의 수가 많으면 정규분포로 근사한다.
  - 확률밀도함수의 평균 및 표준편차와의 관계는 아래와 같다.

$$P(\mu - \sigma \leq X \leq \mu + \sigma) = 0.683$$
$$P(\mu - 2\sigma \leq X \leq \mu + 2\sigma) = 0.954$$
$$P(\mu - 3\sigma \leq X \leq \mu + 3\sigma) = 0.997$$

ⓒ 표준정규분포
- 정규분포는 평균과 표준편차에 따라서 모양이 달라지기 때문에 확률변수 X에 대한 표준화가 필요하다.
- 표준화라는 것은 단위가 다른 자료에 대해서 평균이 0, 표준편차가 1이 되도록 변환하는 과정이다.
- 표준화 작업을 위한 과정은 아래와 같다.

$$Z = \frac{X - \mu}{\sigma} \sim N(0, 1)$$

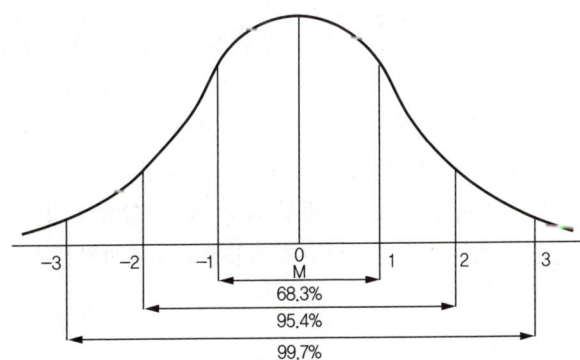

[표준 정규 분포]

- 표준정규분포의 경우 확률밀도함수의 평균과 표준편차의 관계는 아래와 같다.

$$P(-1 \leq X \leq 1) = 0.683$$
$$P(-2 \leq X \leq 2) = 0.954$$
$$P(-3 \leq X \leq 3) = 0.997$$

- 표준정규분포의 확률밀도함수는 다음과 같다.

$$X \sim N(0, 1)$$
$$f(x) = \frac{1}{\sqrt{2\pi}} \cdot e^{\frac{-x^2}{2}}$$
$-\infty < x < \infty$일때 X는 정규분포를 따른다.
$$E(X) = 0$$
$$V(X) = 1$$

ⓒ t 분포
- 표준정규분포를 따르는 확률변수 T가 표준편차 σ를 알 수 없어서 추정값을 사용하면, 확률변수 T는 t 분포를 따른다.
- t 분포를 따르는 확률변수 T는 다음과 같이 나타낼 수 있다.

$$T = \frac{X - \mu}{S} \sim t(n-1)$$
S : 표준편차

- t 분포는 자유도에 따라서 모양이 변하며 0을 중심으로 좌우대칭형으로 나타나고 표준정규분포와 유사한 모양이다.
- 표본의 크기가 작을 때, 즉 $n < 30$인 경우에 주로 이용되는 분포이다.

ⓓ 카이제곱분포
- 정규분포를 따르는 모집단에서 추출한 표본분포 중에는 카이제곱분포, t 분포, F 분포 등이 있다.
- 확률변수 $Z_1, Z_2, \cdots, Z_k$가 각각 표준정규분포 $N(0, 1)$을 따르고 서로 독립일 때, $Z_1^2 + Z_2^2 + \cdots + Z_k^2$의 분포를 자유도(Degrees of Freedom) k인 카이제곱분포라 한다.
- 카이제곱분포의 경우 왼쪽으로 기울어진 분포의 모양을 나타내는데, 자유도에 따라서 모양이 결정되고 자유도가 커질수록 대칭형에 가까워진다.
- 명목 척도나 서열 척도 자료의 독립성 검정이나 적합성 검정에 주로 활용된다.
- 카이제곱분포는 자유도가 증가할수록 정규분포에 가까워진다.

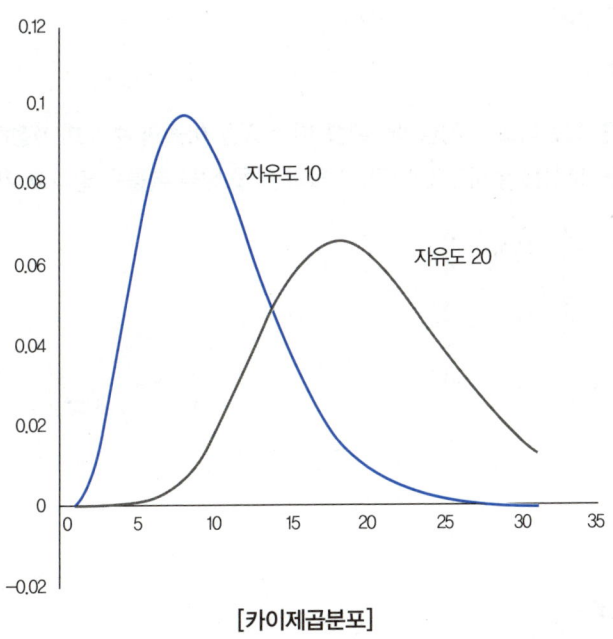

[카이제곱분포]

ⓑ F 분포
- V_1과 V_2를 각각 자유도 k_1, k_2인 카이제곱분포를 따르는 서로 독립인 확률 변수들이라 할 때, $F=\dfrac{V_1/k_1}{V_2/k_2}$의 분포를 자유도 (k_1, k_2)인 F 분포라 한다.
- 두 정규모집단에서 추출된 표본으로부터 두 모집단의 분산에 관한 검정을 할 경우에 사용된다.
- F 분포 곡선의 모양은 두 개의 자유도, 즉 분자의 자유도 k_1과 분모의 자유도 k_2에 따라 결정되며 비대칭이고 곡선의 정점은 왼쪽으로 기울어져 있으나 k_1과 k_2 중에 어느 한 자유도나 두 자유도 모두의 값이 커질수록 대칭에 가까워진다.
- 통계분석을 하는 데 있어 분산분석, 회귀분석, 실험분석 등에서 많이 사용된다.

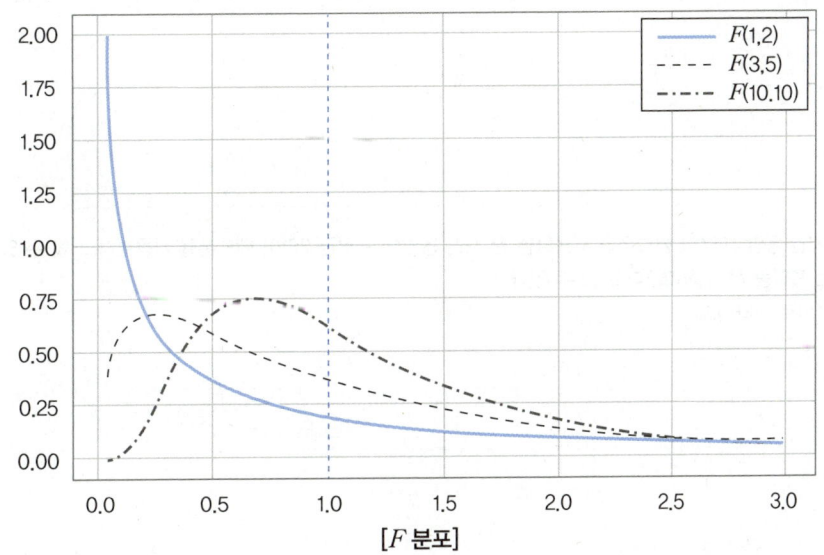

[F 분포]

확인 문제 — 이항분포

결혼하여 자녀를 3명 낳는다고 가정할 때, 확률 변수 X를 아들의 수라고 가정하면 이 경우 아들을 2명 낳을 확률, 평균, 분산은 얼마인가? (단, 아들과 딸을 낳을 확률은 같다고 가정한다)

① 확률 : $\frac{3}{8}$, 평균 : $\frac{3}{2}$, 분산 : $\frac{3}{4}$

② 확률 : $\frac{3}{8}$, 평균 : $\frac{3}{2}$, 분산 : $\frac{3}{2}$

③ 확률 : $\frac{3}{8}$, 평균 : 2,   분산 : $\frac{3}{4}$

④ 확률 : $\frac{6}{8}$, 평균 : $\frac{3}{2}$, 분산 : $\frac{3}{4}$

풀이 $X \sim B\left(3, \frac{1}{2}\right)$로 나타내고

아들을 둘 낳을 확률은

$f(2) = \binom{3}{2}\left(\frac{1}{2}\right)^2\left(\frac{1}{2}\right)^1 = \frac{3}{8}$ 이다.

$E(X) = 3 \times \frac{1}{2} = \frac{3}{2}$, $V(X) = 3 \times \frac{1}{2} \times \frac{1}{2} = \frac{3}{4}$

정답 ①

확인 문제 — 포아송 분포

어느 중학교 3학년 1반 학생은 총 30명인데 다섯 시간 동안 평균 10명이 핸드폰을 사용한다면, 한 시간 동안 핸드폰을 한 명도 사용하지 않을 확률은 얼마인가?

① e^{-2}

② e^{-5}

③ e^{-10}

④ e^{2}

풀이 다섯 시간 동안 10명이 핸드폰을 사용하면 한 시간 동안에는 평균 2명이 핸드폰을 사용한다고 할 수 있으므로 이 문제는 포아송 $P(2)$를 따른다고 할 수 있다.

$X \sim P(2)$로 나타내고

$f(0) = \frac{e^{-2} 2^0}{0!} = e^{-2}$

정답 ①

확인 문제 **초가하분포**

청소기 회사 본사에서 품질관리 조사를 실시한 결과 새 청소기 40개 중 10개가 불량품이라고 한다. 전자상품 지점에서 청소기 10대를 인수하였을 때, 이 중에서 불량품이 하나도 없을 확률을 구하시오.

① $f(0) = \dfrac{\binom{10}{0}\binom{30}{10}}{\binom{40}{0}}$ ② $f(0) = \dfrac{\binom{10}{10}\binom{30}{0}}{\binom{40}{10}}$

③ $f(0) = \dfrac{\binom{10}{5}\binom{30}{5}}{\binom{40}{10}}$ ④ $f(0) = \dfrac{\binom{10}{0}\binom{30}{10}}{\binom{40}{10}}$

풀이 $f(x) = \dfrac{\binom{D}{x}\binom{N-D}{n-x}}{\binom{N}{n}}$

여기에서 $f(0) = P(X=0)$

$f(0) = \dfrac{\binom{10}{0}\binom{30}{10}}{\binom{40}{10}}$

정답 ④

확인 문제 **기하 분포**

결혼해서 딸을 낳기를 희망하는 사람이 3번째에 딸을 낳을 확률은 얼마인가?

① $\dfrac{1}{8}$ ② $\dfrac{3}{8}$

③ $\dfrac{1}{2}$ ④ $\dfrac{3}{4}$

풀이 $f(x) = p \cdot q^{x-1},\ x = 1, 2, \cdots$

$f(3) = \dfrac{1}{2} \cdot \left(\dfrac{1}{2}\right)^{3-1} = \dfrac{1}{8}$

정답 ①

확인 문제 | 정규분포

확률 변수 X가 $X \sim N(\mu, \sigma^2)$을 따른다고 할 때 표준화식으로 올바른 것은?

① $\dfrac{1}{x}$
② $\dfrac{(x-\mu)}{\sigma}$
③ $\dfrac{(x-\sigma)}{\mu}$
④ $(x-\mu)$

풀이 X가 $X \sim N(\mu, \sigma^2)$을 따른다고 한다면 표준화시키기 위해서는 $\dfrac{(x-\mu)}{\sigma}$와 같이 정리해야 한다.
정답 ②

확인 문제 | 카이제곱분포

두 개의 과목에 대한 만족도가 성별에 따라서 차이가 있는지 알아보기 위해서 100명의 표본을 선출하였다면 이 경우 가장 적합한 통계량은?

① t
② χ^2
③ Z
④ F

풀이 범주형 변수에 대해서 두 변수 간 연관성 검정을 위해서 사용되는 분석 기법은 교차분석으로 이때 통계량은 χ^2통계량이다.
정답 ②

확인 문제 | 분포에 대한 이론

통계분석 시 검정에 이용되는 t, F, χ^2, Z에 대한 설명으로 옳지 않은 것은?

① 세 집단 이상의 평균차이 검정에 주로 사용하는 통계량은 F이다.
② 모집단의 표준편차를 모르면서 표본크기가 작은 경우 두 집단의 평균차이 검정은 t 검정을 한다.
③ 범주형 변수 간에 연관성 검정을 위해서 주로 사용되는 것이 χ^2통계량이다.
④ 성별에 따라 좋아하는 영화 장르에는 차이가 있는지 검정하기 위해서 Z 검정을 실시한다.

풀이 성별에 따라서 좋아하는 영화 장르에 대한 차이 검정은 범주형 자료의 독립성에 관한 문제이므로 교차분석을 실시해야 하며 이때 사용하는 통계량은 χ^2통계량이다.
정답 ④

(4) 표본분포

① **표본분포와 통계량**
  ㉠ 모집단에서 일부분을 추출하여 표본을 만들고 추출된 표본을 이용하여 분포에 대해 추론한다.
  ㉡ 표본은 모집단의 특성을 잘 반영한다는 생각으로 표본집단의 특성을 파악한다.
  ㉢ 모수 : 주어진 표본으로부터 모집단을 추론하는 것이 필요한데 이 경우 모집단의 특성값을 모수라고 한다.
  ㉣ 통계량 : 표본집단의 특성값을 통계량이라고 한다.

② **추정값에 대한 추론**
  ㉠ 모집단의 평균 μ를 알 수 없어서 표본집단에서 표본평균 $\overline{X}$를 계산하여 모집단의 평균을 추론하게 된다.
  ㉡ 모수는 통계량과 다소 차이날 수 있고 통계량은 추출된 표본의 영향을 받기 때문에 표본을 추출할 때마다 매번 바뀔 수 있다.

③ **통계량의 확률분포(표본분포)**
  ㉠ 표본분포는 통계량의 확률분포를 의미한다.
  ㉡ 모평균을 추론하기 위해서 표집분포의 표본평균 $\overline{X}$를 활용하게 되는데 이때 표본평균 $\overline{X}$의 평균과 분산은 다음과 같다.

  > 표본의 크기가 n인 표본 $X_1, X_2, \cdots, X_n$에 대하여 표본평균 $\overline{X}$의 기댓값과 분산, 표준편차는 다음과 같다.
  > $$E(\overline{X}) = \frac{1}{n}[E(X_1) + E(X_2) + \cdots + E(X_n)] = \mu$$
  > $$Var(\overline{X}) = \frac{1}{n^2}[Var(X_1) + \cdots + Var(X_n)] = \frac{\sigma^2}{n}$$
  > $$sd(\overline{X}) = \sqrt{Var(\overline{X})} = \frac{\sigma}{\sqrt{n}}$$

  ㉢ 정규모집단에서 표본평균 $\overline{X}$의 분포는 정규분포이다.

  > 모평균이 μ이고 모표준편차가 σ인 정규모집단에서 n개의 표본 $X_1, X_2, \cdots, X_n$을 추출할 때 표본평균 $\overline{X}$의 분포는 평균이 μ이고, 표준편차가 $\frac{\sigma}{\sqrt{n}}$인 정규분포를 따른다.

  ㉣ 표본의 크기가 큰 경우에 표본평균 $\overline{X}$의 분포는 모집단의 분포와 무관하게 정규분포를 따르게 되는데 이것을 중심극한정리라 하고 중심극한정리를 정리하면 다음과 같다.

> **중심극한정리**
> 모집단의 평균이 μ이고 모분산이 σ^2인 경우에 임의로 추출된 표본의 크기가 n인 표본 X_1, X_2, $\cdots$, X_n에 대하여 표본의 크기가 큰 경우(보통 30 이상) 근사적으로 정규분포를 따르게 되며 그때의 표본평균 $\overline{X}$의 평균은 μ이고 표본평균 $\overline{X}$의 분산은 $\dfrac{\sigma^2}{n}$이 되는 이 경우 표본평균 $\overline{X}$를 표준화하면 다음과 같다.
> $$Z = \dfrac{\overline{X} - \mu}{\sigma/\sqrt{n}} \sim N(0,\ 1^2)$$

ⓜ 특히, 모평균이 μ이고, 모표준편차가 σ인 정규모집단에서 n개의 표본을 임의로 추출할 경우, 그 표본의 표본평균 $\overline{X}$의 분포는 평균이 μ, 표준편차는 $\dfrac{\sigma}{\sqrt{n}}$인 정규분포를 따른다.

ⓑ 그리고 모집단의 분포가 정규분포가 아닌 경우는 $\overline{X}$의 분포는 모집단의 분포에 따라 다르게 나타나는데 표본의 크기 n이 큰 경우는 표본평균 $\overline{X}$의 분포는 모집단의 분포와 상관없이 정규분포로 근사하게 되는데 이를 중심극한정리라고 한다.

④ **모수와 통계량**
　㉠ 모 수
　　• 모집단의 특성을 수치로 표현한 값이다.
　　• 모수의 특성치를 알아내기 위해서는 전수조사가 필요하다.
　㉡ 통계량
　　• 표본집단의 특성을 수치로 표현한 값이다.
　　• 모집단에서 일부 표본을 뽑아서 표본분포를 만들고 표본분포의 특성을 수치로 나타낸 것이다.
　　• 모집단의 평균을 μ라고 한다면, 표본집단의 평균은 $\overline{x}$로 나타내고, 표본집단의 특성치로 활용한다.
　　• 표본에서 계산된 통계량은 모수의 값을 추측하는 데 사용된다.
　㉢ 통계량의 일반적 특성
　　• 표본집단의 특성치인 통계량이 정확히 모수와 일치한다고는 볼 수 없다.
　　• 통계량은 추출된 표본에 따라 달라진다.
　　• 다른 표본을 선출해서 구한 통계량은 경우에 따라 다르다.

ⓔ 기댓값과 분산 : 모집단의 중심경향을 나타내는 평균 μ의 점추정치 $\bar{x}$는 다음과 같은 성질을 가지고 있다. 즉, 표본의 크기가 n인 표본평균 $\bar{X}$의 평균과 분산은 다음과 같다.

$$E(\bar{X}) = \frac{1}{n}[E(X_1) + E(X_2) + \cdots + E(X_n)] = \mu$$

$$Var(\bar{X}) = \frac{1}{n^2}[Var(X_1) + \cdots + Var(X_n)] = \frac{\sigma^2}{n}$$

$$sd(\bar{X}) = \sqrt{Var(\bar{X})} = \frac{\sigma}{\sqrt{n}}$$

확인 문제 **표본 분포**

다음 분포에 대한 설명으로 옳지 않은 것은?

① 표본크기가 큰 경우 정규분포를 따른다.
② 표본크기가 작으면서 표준편차를 모르는 경우 t분포를 따른다.
③ 표본크기가 큰 경우 근사적으로 정규분포를 따르게 된다는 것은 대수의 법칙이다.
④ 확률변수 $X \sim N(\mu, \sigma^2)$인 경우 $Z = \frac{x - \mu}{\sigma}$의 경우 $Z \sim N(0, 1^2)$이다.

풀이 모집단의 평균이 μ이고 모분산이 σ^2인 경우에 임의 추출된 표본크기가 n인 표본 $X_1, X_2, \cdots, X_n$에 대하여 표본크기가 큰 경우(보통 30 이상) 근사적으로 정규분포를 따르게 되며 그때 표본평균 $\bar{X}$의 평균은 μ이고 표본평균 $\bar{X}$의 분산은 $\frac{\sigma^2}{n}$이 되는 이 경우 표본평균 $\bar{X}$를 표준화하면 다음과 같다.
$Z = \frac{\bar{X} - \mu}{\sigma/\sqrt{n}} \sim N(0, 1^2)$
이때 이것을 중심극한정리라고 한다.

정답 ③

확인 문제 중심극한정리

우리 과 학생의 형제 수를 조사해보니 1, 2, 3명으로 이루어져 있는데 확률변수 X를 형제 수로 정의한다면 X는 1, 2, 3 중 하나의 값을 가진다. 세 명 중에서 두 명을 복원추출해서 X_1, X_2라고 한다면 각각 첫 번째와 두 번째 추출된 형제의 수의 평균 $\overline{X}=\dfrac{X_1+X_2}{2}$의 분포를 구하시오.

풀이

(x_1, x_2)	(1,1)	(1,2)	(1,3)	(2,1)	(2,2)	(2,3)	(3,1)	(3,2)	(3,3)
$\overline{x}=\dfrac{x_1+x_2}{2}$	1	1.5	2	1.5	2	2.5	2	2.5	3
확률	1/9	1/9	1/9	1/9	1/9	1/9	1/9	1/9	1/9

$\overline{X}$의 분포

$\overline{X}$	1	1.5	2	2.5	3	합계
$f(x)$	1/9	2/9	3/9	2/9	1/9	1

x	$f(x)$	$xf(x)$	$x^2f(x)$
1	1/3	1/3	1/3
2	1/3	2/3	4/3
3	1/3	3/3	9/3
합계	1	6/3	14/3

$E(X)=2$

$\sigma^2=\dfrac{14}{3}-4=\dfrac{2}{3}$

$\overline{X}$의 분포

x	$f(x)$	$xf(x)$	$x^2f(x)$
1	1/9	1/9	1/9
1.5	2/9	3/9	4.5/9
2	3/9	6/9	12/9
2.5	2/9	5/9	12.5/9
3	1/9	3/9	9/9
합계	1	18/9	39/9

$E(\overline{X})=2$

$V(\overline{X})=\dfrac{39}{9}-4=\dfrac{1}{3}=\dfrac{\sigma^2}{2}$

즉, 확률변수 X의 분포가 평균(μ)은 2이고, 분산(σ^2)은 2/3인 경우, 확률 변수 $\overline{X}$의 분포는 평균(μ)이 2로 모집단 분포 평균과 동일하고, 분산이 1/3로 모집단 분포 분산과 $\dfrac{\sigma^2}{n}$ 관계가 있음이 증명되었다.

02 추론통계

(1) 점추정

① **통계적 추론** : 표본 정보를 이용·분석해서 모수 값을 유도하고 모수에 대한 검정과정을 거쳐 옳고 그름을 판별하는 행위이다.

② 모집단 평균 μ에 대해서 하나의 값으로 추정할 수도 있고, 모평균 μ를 포함할 수 있는 구간을 추정할 수도 있는데, 하나의 값으로 추정하게 되면 점추정이라 하고, 구간으로 추정된 경우를 구간추정이라 한다.

③ 추정된 값은 가설 검정을 통해서 옳고 그름을 판별할 수 있다.

④ 점추정

  ㉠ 모수를 하나의 값으로 추정하여 나타낸 것을 점추정이라 하는데 예를 들어서 모집단에서 표본의 크기가 n인 임의의 표본을 추출할 때 확률변수 $X_1, \cdots, X_n$을 이용하여 모집단의 모수 값을 추정하게 된다. 즉, 모집단의 평균 μ를 알 수 없어 추출된 표본으로부터 표본집단의 평균 $\overline{X}$를 계산하여 나타내게 되는 이때 표본집단에서 계산된 표본평균 $\overline{X}$는 모평균 μ의 점추정이라 한다.

  ㉡ 다음 우리과 학생들의 통학시간 자료에서 10명을 임의 선출하여 조사한 자료는 다음과 같다.

  > 60, 65, 50, 45, 35, 40, 45, 60, 50, 50
  > - 표본평균 $\overline{x}=50$
  > - 표본표준편차 $s=9.43$
  > - 중앙값 $Q_2=50$

⑤ 모평균에 대한 점추정

  ㉠ 모수를 추정하기 위해서 만들어진 표본 통계량을 추정량(Estimator)이라 하고 주어진 관측값으로부터 계산된 통계량 값을 추정치(Estimate)라고 한다. 위의 예제에서 보면 표본평균 $\overline{x}=50$이 추정치이다.

  ㉡ 추정량의 정확도를 측정하는 도구를 표준오차라고 하며, 추정량 표준편차를 이용한다.

  ㉢ 모평균에 대한 점추정치의 값을 정리하면 다음과 같다.

  > - 모수 : 모집단의 평균 μ
  > - 추정량 : 표본집단에서 표본평균 $\overline{x}$
  > - 표준오차 : $S.E.(\overline{X}) = \dfrac{\sigma}{\sqrt{n}}$

  ㉣ 위 통학시간 예제에서 모평균 μ의 점추정치는 $\overline{x}=50$이고, 표본표준편차 s이므로 표본평균의 추정된 표준오차는 $\dfrac{s}{\sqrt{n}} = \dfrac{9.43}{\sqrt{10}} = 2.98$이다.

⑥ 모분산에 대한 점추정
  ㉠ 모분산의 점추정량은 표본분산이다.
  ㉡ 모분산에 대한 점추정치인 표본분산은 편의추정량이다.

$$s^2 = \frac{\sum(x_i - \overline{x})^2}{n-1}$$

⑦ 모비율에 대한 점추정
  ㉠ 모비율에 대한 점추정치는 표본집단의 비율이다.
  ㉡ 모비율에 대한 분포는 모집단에서 n개의 표본을 추출하였을 때 특정 속성을 갖는 것들의 개수가 X라고 한다면 X는 이항분포 $B(n, p)$를 따른다고 할 수 있고, 이때 모비율 p의 추정량은 다음과 같이 구할 수 있다.

$$\hat{p} = \frac{x}{n}$$

  ㉢ 추정된 비율 $\hat{p}$에 대해서 평균과 분산을 구하여 보면 다음과 같다.

$$E(X) = np$$
$$V(X) = npq$$

표본비율 $\hat{p}$에 대해서

$$E(\hat{p}) = E\left(\frac{x}{n}\right) = \frac{E(X)}{n} = \frac{np}{n} = p$$
$$V(\hat{p}) = V\left(\frac{x}{n}\right) = \frac{V(x)}{n^2} = \frac{npq}{n^2} = \frac{pq}{n}$$

확인 문제 **점추정**

다음 정보통계학과 학생 6명의 통계학 성적 평균에 대한 점추정치를 구하시오.

| 통계학 성적 : 80, 85, 90, 70, 75, 60 |

① $\overline{x} = 76.7$(표본평균)   ② $V(\mathrm{x}) = 87.5$(분산)
③ $s = 9.35$(표준편차)   ④ $med = 77.5$(중앙값)

풀이 통계학 성적 평균에 대한 점추정치는 표본평균 $\overline{x}$이다.
정답 ①

(2) 구간추정

① 신뢰구간

㉠ 점추정은 모집단의 특성치인 모수를 하나의 값으로 표본으로부터 추정하고자 하는 것이다. 하나의 수치로 모수를 추정하는 것이 아니라 추정량의 분포를 이용해서 표본으로부터 모수 값을 포함할 것으로 예상되는 구간을 구할 필요가 있는데 이때 제시되는 구간을 신뢰구간이라 한다.

㉡ 신뢰구간에서 모두 모수를 포함하기 위해서는 신뢰구간의 길이가 길어야 하나 좀 더 정확한 모평균에 대한 정보를 얻기 위해서는 신뢰구간을 줄일 필요가 있다.

② 신뢰수준
신뢰구간이 모수를 포함할 확률은 90%, 95%, 99% 등을 사용하게 되며 이러한 확률값을 신뢰수준이라 한다.

③ 모평균에 대한 신뢰구간

㉠ 모평균에 대한 신뢰구간을 구하면 다음과 같다.

$$P\left(\left|\frac{\overline{X}-\mu}{\sigma/\sqrt{n}}\right|<Z_{\alpha/2}\right)=1-\alpha$$

이때 $Z_{\alpha/2}$는 표준정규분포 $N(0, 1)$을 의미한다.

$$P\left(-Z_{\alpha/2}\frac{\sigma}{\sqrt{n}}<\overline{X}-\mu<Z_{\alpha/2}\frac{\sigma}{\sqrt{n}}\right)=1-\alpha$$

$$P\left(\overline{X}-Z_{\alpha/2}\frac{\sigma}{\sqrt{n}}<\mu<\overline{X}+Z_{\alpha/2}\frac{\sigma}{\sqrt{n}}\right)=1-\alpha$$

$$\left(\overline{X}-Z_{\alpha/2}\frac{\sigma}{\sqrt{n}},\ \overline{X}+Z_{\alpha/2}\frac{\sigma}{\sqrt{n}}\right)$$

㉡ 표준정규분포에서 양쪽 꼬리확률이 각각 $a/2$인 임계점($\pm Z_{\alpha/2}$)을 나타내면 다음과 같다.

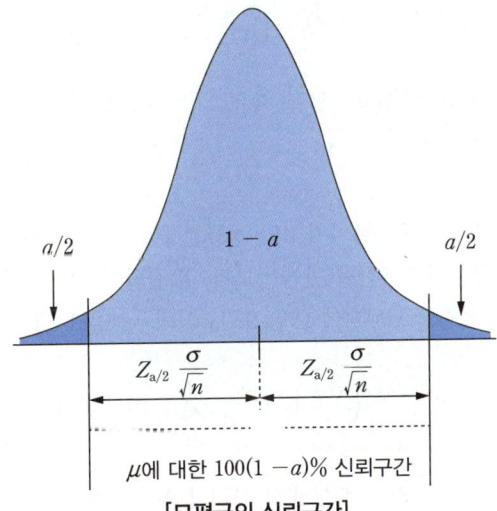

[모평균의 신뢰구간]

㉢ 신뢰구간의 길이 : 위의 식에서 확인한 결과 모평균 μ의 $100(1-\alpha)\%$ 신뢰구간은 $\overline{X}$를 중심으로 $\pm Z_{\alpha/2}\frac{\sigma}{\sqrt{n}}$만큼 떨어져 있는 것으로 나타났다. 또한 $\pm Z_{\alpha/2}\frac{\sigma}{\sqrt{n}}$값을 평균에 대한 오차범위라고 하고 신뢰구간의 길이는 $2\times Z_{\alpha/2}\frac{\sigma}{\sqrt{n}}$가 된다.

ⓔ 표본크기와 신뢰구간의 관계 : 표준편차 σ는 신뢰구간과 비례관계에 있으므로 값이 작을수록 신뢰구간의 길이가 짧아지고 α값을 줄이고 신뢰수준을 높일수록 $Z_{\alpha/2}$값이 커지기 때문에 신뢰구간의 길이가 길어진다. 신뢰구간은 표본의 크기 $\sqrt{n}$에 반비례하므로 표본의 크기가 커지면 신뢰구간의 길이는 짧아진다.

ⓜ 신뢰구간의 예시 : 다음 통학시간(분)의 95% 신뢰구간을 구하면 다음과 같다.

> (60, 65, 50, 45, 35, 40, 45, 60, 50, 50)
>
> $\left(\overline{X}-Z_{\alpha/2}\dfrac{\sigma}{\sqrt{n}},\ \overline{X}+Z_{\alpha/2}\dfrac{\sigma}{\sqrt{n}}\right)$
>
> $\left(50-1.96\dfrac{9.43}{\sqrt{10}},\ 50+1.96\dfrac{9.43}{\sqrt{10}}\right)$
>
> ∴ (44.19, 55.85)

ⓑ 평균에 대한 신뢰구간을 요약하면 다음과 같다.

> 표본의 크기가 크고 평균과 표준편차가 각각 $\overline{X}$, s인 경우 모평균 μ에 대한 $100(1-\alpha)$% 신뢰구간은 다음과 같다.
>
> $\left(\overline{X}-Z_{\alpha/2}\dfrac{s}{\sqrt{n}},\ \overline{X}+Z_{\alpha/2}\dfrac{s}{\sqrt{n}}\right)$

ⓢ 표본의 수가 큰 경우에 σ 대신에 s를 사용하여도 분포(표본평균의 분포)에 영향을 주지 않지만 표본의 크기가 작은 경우에는 σ 대신에 s를 사용하게 되면 표준정규분포에서 t분포로 변화된다. 이 경우 신뢰구간은 아래와 같이 구한다.

$$\left(\overline{x}-t_{\frac{\alpha}{2}}(n-1)\dfrac{s}{\sqrt{n}},\ \overline{x}+t_{\frac{\alpha}{2}}(n-1)\dfrac{s}{\sqrt{n}}\right)$$

여기에서 $t_{\frac{\alpha}{2}}(n-1)$은 자유도 $n-1$인 t분포 확률계수이다.

④ 신뢰구간의 의미
  ㉠ 예를 들어 평균이 10이고 표준편차가 2인 정규분포로부터 크기가 10인 표본을 100번 추출하고 모평균에 대한 95% 신뢰구간을 만들어보자. 모집단이 정규분포를 따르고 표준편차가 주어진다고 한다면 각 표본집단 100개에 대한 95% 신뢰구간을 각각 다음과 같이 구할 수 있다.

> $\left(\overline{X}-1.96\dfrac{\sigma}{\sqrt{n}},\ \overline{X}+1.96\dfrac{\sigma}{\sqrt{n}}\right)$

  ㉡ 이와 같이 100번의 과정을 거쳐서 구해진 신뢰구간은 모평균 μ를 포함하지 못하는 것들이 있을 수 있다. 즉, 표본의 크기가 10개인 100개의 표본에 대해서 각각의 신뢰구간을 구하여 보고 모평균 μ를 포함하는 것이 몇 개인지를 측정하여 신뢰구간이 모평균을 포함하는 비율을 측정(100번 중 모평균 μ를 포함하지 못하는 경우가 평균 5번 정도 됨)한다.

⑤ 모비율에 대한 신뢰구간 : 표본집단의 비율을 추정하기 위해서 모집단에서 표본을 산출하고 어떤 특성에 대한 비율을 구해서 모비율 p에 대한 표본집단의 비율 $\hat{p}$를 구할 수 있으며, 모비율 p에 대

한 신뢰구간은 다음과 같이 구한다.

$$\left(\hat{p} - Z_{\alpha/2}\sqrt{\frac{pq}{n}}, \hat{p} + Z_{\alpha/2}\sqrt{\frac{pq}{n}}\right)$$

⑥ 모분산에 대한 신뢰구간

㉠ 모분산 σ^2에 대한 신뢰구간을 구하기 위해서는 표본집단의 적절한 표본 분포를 찾아내야 한다.

㉡ σ^2에 대한 신뢰구간을 구하기 위해 다음과 같은 분포이론에 기초를 둔다.

$$\frac{(n-1)s^2}{\sigma^2} \sim \chi^2(n-1)$$

㉢ 즉, 표본분산의 신뢰구간을 구하기 위해서 카이제곱분포를 이용해야 한다.

㉣ $\frac{(n-1)s^2}{\sigma^2} \sim \chi^2(n-1)$을 이용한 모분산에 대한 신뢰구간은 다음과 같다.

$$\chi^2_{\frac{\alpha}{2}}(n-1) < \frac{(n-1)s^2}{\sigma^2} < \chi^2_{1-\frac{\alpha}{2}}(n-1)$$

㉤ 위 식을 σ^2에 대해서 정리하면 다음과 같다.

$$\frac{(n-1)s^2}{\chi^2_{1-\frac{\alpha}{2}}(n-1)} < \sigma^2 < \frac{(n-1)s^2}{\chi^2_{\frac{\alpha}{2}}(n-1)}$$

㉥ 표준편차에 대한 신뢰구간 : 위 식을 이용해서 모표준편차 $100(1-\alpha)\%$의 신뢰구간을 구하면 다음과 같다.

$$\sqrt{\frac{(n-1)s^2}{\chi^2_{(1-\frac{\alpha}{2})}(n-1)}} < \sigma < \sqrt{\frac{(n-1)s^2}{\chi^2_{\frac{\alpha}{2}}(n-1)}}$$

㉦ 모집단에 대한 모수값을 알고 있을 때와 모르고 있을 때의 구간추정 방법을 요약하면 다음과 같다.

〈표 2-29〉 모수값을 이용한 구간추정 방법

모집단의 표준편차를 알고 있을 때 신뢰구간	모평균 μ에 대한 $100(1-\alpha)\%$의 신뢰구간 $= \left(\overline{X} - Z_{\alpha/2}\dfrac{\sigma}{\sqrt{n}},\ \overline{X} + Z_{\alpha/2}\dfrac{\sigma}{\sqrt{n}}\right)$
모집단의 표준편차를 알지 못하고 표본집단의 표본크기가 클 경우	모평균 μ에 대한 $100(1-\alpha)\%$의 신뢰구간 $= \left(\overline{X} - Z_{\alpha/2}\dfrac{s}{\sqrt{n}},\ \overline{X} + Z_{\alpha/2}\dfrac{s}{\sqrt{n}}\right)$
표준편차를 알지 못하고 표본집단의 표본크기가 작은 경우	모평균 μ에 대한 $100(1-\alpha)\%$의 신뢰구간 $= \left(\overline{X} - t_{\alpha/2}(n-1)\dfrac{s}{\sqrt{n}},\ \overline{X} + t_{\alpha/2}(n-1)\dfrac{s}{\sqrt{n}}\right)$
표본비율에 대한 신뢰구간	모비율 p에 대한 $100(1-\alpha)\%$의 신뢰구간 $= \left(\hat{p} - Z_{\alpha/2}\sqrt{\dfrac{pq}{n}},\ \hat{p} + Z_{\alpha/2}\sqrt{\dfrac{pq}{n}}\right)$
분산에 대한 신뢰구간	모분산 σ^2에 대한 $100(1-\alpha)\%$의 신뢰구간 $\dfrac{(n-1)s^2}{\chi^2_{1-\frac{\alpha}{2}}(n-1)} < \sigma^2 < \dfrac{(n-1)s^2}{\chi^2_{\frac{\alpha}{2}}(n-1)}$

⑦ 두 모집단의 평균차이의 신뢰구간

  ㉠ 두 모집단의 평균차이에 대한 신뢰구간(분산을 아는 경우)
    두 모집단의 분포가 정규분포라고 하고, 모표준편차가 알려져 있는 경우에 두 모집단의 평균차이에 대한 신뢰구간은 다음과 같이 구할 수 있다.

$$\left((\overline{X}-\overline{Y}) - Z_{\alpha/2}\sqrt{\dfrac{\sigma_1^2}{n_1} + \dfrac{\sigma_2^2}{n_2}},\ (\overline{X}-\overline{Y}) + Z_{\alpha/2}\sqrt{\dfrac{\sigma_1^2}{n_1} + \dfrac{\sigma_2^2}{n_2}}\right)$$

  ㉡ 두 모집단의 평균차이에 대한 신뢰구간(표본의 크기가 작고 분산을 모르는 경우)
    모집단의 분산을 모를 경우 두 표본집단의 평균의 차에 대한 신뢰구간은 표본의 크기가 작은 경우 t분포를 따른다. 이 경우 신뢰구간은 아래와 같다.

$$\left((\overline{X}-\overline{Y}) - t_{\alpha/2}(n_1+n_2-2)\sqrt{\dfrac{s_1^2}{n_1} + \dfrac{s_2^2}{n_2}},\ (\overline{X}-\overline{Y}) + t_{\alpha/2}(n_1+n_2-2)\sqrt{\dfrac{s_1^2}{n_1} + \dfrac{s_2^2}{n_2}}\right)$$

  ㉢ 두 모집단의 분산이 같은 경우
    두 모집단의 분산이 같다는 가정이 있으면 두 모집단의 공통분산(Pooled Variance) s_p^2을 계산하여 신뢰구간을 구할 수 있다.

$$s_p^2 = \dfrac{(n_1-1)s_1^2 + (n_2-1)s_2^2}{n_1+n_2-2}$$

여기에서

$$s_1^2 = \sum \dfrac{(x_i-\overline{x})^2}{n_1-1},\ s_2^2 = \sum \dfrac{(y_i-\overline{y})^2}{n_2-1}$$이다.

이 경우 신뢰구간은 아래와 같이 구할 수 있다.

$$\left((\overline{X}-\overline{Y}) - t_{\alpha/2}(n_1+n_2-2)s_p\sqrt{\dfrac{1}{n_1} + \dfrac{1}{n_2}},\ (\overline{X}-\overline{Y}) + t_{\alpha/2}(n_1+n_2-2)s_p\sqrt{\dfrac{1}{n_1} + \dfrac{1}{n_2}}\right)$$

ⓔ 두 모집단의 차에 대한 구간추정 방법을 요약하면 다음과 같다.

〈표 2-30〉 두 모집단의 차에 대한 구간추정

모집단의 표준편차를 알고 있을 때	모평균의 차 $\mu_1-\mu_2$에 대한 $100(1-\alpha)$%의 신뢰구간 $\left((\overline{X}-\overline{Y})-Z_{\alpha/2}\sqrt{\dfrac{\sigma_1^2}{n_1}+\dfrac{\sigma_2^2}{n_2}},\ (\overline{X}-\overline{Y})+Z_{\alpha/2}\sqrt{\dfrac{\sigma_1^2}{n_1}+\dfrac{\sigma_2^2}{n_2}}\right)$
모집단의 표준편차를 알지 못하고 표본집단의 표본크기가 작을 때	모평균의 차 $\mu_1-\mu_2$에 대한 $100(1-\alpha)$%의 신뢰구간 $\left((\overline{X}-\overline{Y})-t_{\alpha/2}(n_1+n_2-2)\sqrt{\dfrac{s_1^2}{n_1}+\dfrac{s_2^2}{n_2}},\right.$ $\left.(\overline{X}-\overline{Y})+t_{\alpha/2}(n_1+n_2-2)\sqrt{\dfrac{s_1^2}{n_1}+\dfrac{s_2^2}{n_2}}\right)$
표준편차를 알지 못하고 표본집단의 표본크기가 작으면서 공통분산을 가질 때	모평균의 차 $\mu_1-\mu_2$에 대한 $100(1-\alpha)$%의 신뢰구간 $\left((\overline{X}-\overline{Y})-t_{\alpha/2}(n_1+n_2-2)s_p\sqrt{\dfrac{1}{n_1}+\dfrac{1}{n_2}},\right.$ $\left.(\overline{X}-\overline{Y})+t_{\alpha/2}(n_1+n_2-2)s_p\sqrt{\dfrac{1}{n_1}+\dfrac{1}{n_2}}\right)$

⑧ 표본크기 결정

㉠ 일반적으로 모집단에서 표본집단의 분포를 만들기 위해서는 표본의 개수를 몇 개로 해야 할지를 결정해야 한다. 표본의 크기가 크면 클수록 더 좋은 추정량을 구할 수 있으며, 좀 더 정확한 추정량을 얻을 수 있다. 그러나 표본의 수를 증가시키면 시간과 비용면에서 문제가 발생할 수 있으므로 무조건 추정량의 정확성을 높이기 위해서 표본의 수를 증가시킬 수는 없다.

㉡ 표본크기 계산
- 신뢰구간을 이용해서 표본 수를 산정하는 방법은 다음과 같다. 여기에서 오차의 값은 d로 하여 표본의 수를 구하기 위한 식은 아래와 같다.

$$P(|\overline{X}-\mu|\leq d)\geq 1-\alpha$$
$$P\left(\left|\dfrac{\overline{X}-\mu}{\sigma/\sqrt{n}}\right|\leq Z_{\alpha/2}\right)=1-\alpha$$
$$Z_{\alpha/2}\dfrac{\sigma}{\sqrt{n}}\leq d$$

- 위의 식을 정리하여 표본의 크기 n을 구할 수 있다. 이때 표본크기 n은 다음 식과 같다.

$$n\geq\left(Z_{\alpha/2}\dfrac{\sigma}{d}\right)^2$$

- 또한, 표본의 최소 크기를 구하기 위해서 표본크기 n은 다음과 같이 구할 수 있다.

$$n\geq\dfrac{Z_{\alpha/2}^2\times\dfrac{1}{2}\times\dfrac{1}{2}}{d^2}$$

ⓒ 표본크기는 위에서 구한 n의 값이 된다. 일반적으로 모집단에 대한 분포의 가정이 없을 때 중심극한정리를 만족하도록 하기 위해서 표본의 크기는 30 이상이 되도록 하여야 한다.

⑨ 추정량 결정
  ㉠ 추정량 : 모수의 추정을 위해서 표본집단에서 구한 표본통계량을 의미한다.
  ㉡ 추정량 결정기준
   • 불편성(Unbiasedness) : 추정량의 기댓값을 구하면 모수의 실젯값과 같을 때 이 추정량은 불편성의 성질을 만족한다고 한다. 그리고 이 추정량을 불편추정량이라고 한다. 예를 들면 다음과 같다.
     - $E(\overline{X})=\mu$의 성질을 만족하므로 표본평균 $\overline{X}$는 모평균 μ의 불편추정량이라고 할 수 있다.
     - 이때 추정량의 기대치와 모수의 차이를 편의라고 한다(편의 $=E(\hat{\theta})-\theta$).
   • 효율성(Efficiency) : 표본의 추정량은 모수에 근접해야 하는데 이렇게 되기 위해서는 추정량의 분산이 작아야 한다. 추정량의 분산이 가장 작은 추정량이 보다 바람직한 추정량이 된다는 의미가 효율성의 원칙이다. 예를 들면 다음과 같다.
     - $\hat{\theta}_1$, $\hat{\theta}_2$가 θ의 불편추정량이라 가정하고 두 추정량의 분산을 구하여 본 결과 다음과 같다.
     - $V(\hat{\theta}_1) > V(\hat{\theta}_2)$라고 한다면 $\hat{\theta}_2$가 $\hat{\theta}_1$보다 효율적인 추정량이라고 할 수 있다.
   • 일치성(Consistency) : 표본의 크기가 커지면 커질수록 추정량이 모수에 일치하게 되는 특성을 추정량의 일치성이라고 한다. 예를 들면 다음과 같다.

$$\lim_{n \to \infty} \hat{\theta} = \theta$$

   • 충분성(Sufficiency) : 추정량이 모수에 대해서 모든 정보를 제공한다고 하면 추정량의 충족성을 만족한다고 할 수 있다. 즉, 동일한 표본으로부터 얻은 추정량이 모집단의 모수에 대한 정보를 더 많이 제공할 경우 이러한 추정량을 충분성이 있다고 말한다. 예를 들어 중앙값과 평균 중 평균이 분석을 위해 더욱 많은 자료를 제공하기 때문에 중앙값에 비해 충분추정량이라 할 수 있다.

확인 문제 **구간추정**

정보통계학과 학생 중 30명을 선출하여 전공과목 성적에 대한 평균을 조사한 결과 평균이 80, 분산이 9이었다면, 이때 정보통계학 과목 성적의 평균에 대한 95% 신뢰구간을 구하시오.

① (78.93, 81.07)   ② (79.10, 80.90)
③ (77.95, 82.05)   ④ (77.64, 82.36)

풀이 모평균에 대한 표본평균의 신뢰구간은 이 문제의 경우 표본의 크기가 크므로 정규 분포를 따른다고 할 수 있고 표준편차 값이 주어져 있으므로 $\left(\overline{X}-Z_{\alpha/2}\frac{\sigma}{\sqrt{n}},\ \overline{X}+Z_{\alpha/2}\frac{\sigma}{\sqrt{n}}\right)$ 공식에 대입하여 구할 수 있다.

즉, $\left(80-Z_{\alpha/2}\frac{3}{\sqrt{30}},\ 80+Z_{\alpha/2}\frac{3}{\sqrt{30}}\right)$ 이고 이때 $Z_{\alpha/2}=Z_{0.025}=1.96$이므로 신뢰구간은 (78.93, 81.07)이다.

정답 ①

확인 문제 — 추정의 개념

모집단에서 무작위로 표본 두 개 X_1, X_2를 추출했다면 모평균을 추정하기 위한 가장 옳은 추정량은?

① $min(X_1, X_2)$

② $\dfrac{(X_1+X_2)}{2}$

③ X_1

④ $\dfrac{(2X_1+X_2)}{2}$

풀이 두 개의 표본에 대한 모평균을 추정하기 위해서 가장 바람직한 추정량은 표본평균이다. $\dfrac{X_1+X_2}{2}$는 두 개의 표본 X_1, X_2의 불편추정량이므로 가장 바람직한 추정량이라고 할 수 있다.

정답 ②

확인 문제 — 대푯값 추정

어느 과자 공장에서 과자의 평균 무게(μ)를 알아보기 위해서 30개의 표본(x_i)을 추출하여 무게를 조사하여 본 결과 다음과 같은 결과를 얻었다. 평균 무게를 추정하고 추정된 무게의 추정량에 대한 표준오차를 구하시오(이때 $\sum x_i = 90$, $\sum x_i^2 = 299$이다).

① $\mu=3$, $\dfrac{s}{\sqrt{n}} = \dfrac{1}{\sqrt{30}}$

② $\mu=2$, $\dfrac{s}{\sqrt{n-1}} = \dfrac{1}{\sqrt{29}}$

③ $\mu=3$, $\dfrac{s}{\sqrt{n+1}} = \dfrac{1}{\sqrt{31}}$

④ $\mu=2$, $\dfrac{s}{\sqrt{n}} = \dfrac{1}{\sqrt{30}}$

풀이 평균 과자 무게의 추정량은 표본평균 ($\overline{x}$)이므로

$\mu = \dfrac{90}{30} = 3$이다.

모집단의 표준편차가 알려져 있지 않기 때문에 표본표준편차를 이용해서 표준오차를 추정하기 위해서 표본표준오차를 계산하면 아래와 같다.

$s = \sqrt{\dfrac{1}{(n-1)}(\sum x_i^2 - n\overline{x}^2)} = \sqrt{\dfrac{1}{29}(299 - 30(3)^2)} = 1$

그러므로 표본평균의 표준오차는

$\dfrac{s}{\sqrt{n}} = \dfrac{1}{\sqrt{30}}$이다.

정답 ①

확인 문제 — 공통분산

다음 중 공통분산(S_p^2)을 구하는 수식으로 올바른 것은?

① $S_p^2 = \dfrac{(n_1-1)S_1^2 + (n_2-1)S_2^2}{n_1+n_2-2}$

② $S_p^2 = \dfrac{(n_1-1)S_1^2 + (n_2-1)S_2^2}{n_1+n_2-1}$

③ $S_p^2 = \dfrac{(n_1-1)S_1^2 + (n_2-1)S_2^2}{n_1+n_2}$

④ $S_p^2 = \dfrac{S_1^2 + S_2^2}{n_1+n_2}$

풀이 공통분산을 구하기 위한 계산식은 $Sp^2 = \dfrac{(n_1-1)S_1^2 + (n_2-1)S_2^2}{n_1+n_2-2}$ 이다.

정답 ①

확인 문제 — 표본크기

설문조사를 실시하기 위해서 표본크기를 결정해야 하는데 95% 신뢰도에서 ±3% 정도의 정확도를 유지하기 위해서는 최소한 몇 명의 표본을 선출해야 하는가?

① 752
② 802
③ 1068
④ 1156

풀이 표본크기는 $n = \dfrac{Z_{\alpha/2}^2 \times \frac{1}{2} \times \frac{1}{2}}{d^2}$ 이다.

$\therefore n = \dfrac{1.96^2 \times \frac{1}{2} \times \frac{1}{2}}{0.03^2} = 1067.11$

정답 ③

확인 문제 — 추정량

표본추출에서 추정되는 모수와 추정량의 기댓값과의 차이는 무엇인가?

① 오 차
② 점추정
③ 구간추정
④ 편 의

풀이 편의는 모수와 추정량의 기댓값과의 차이를 의미한다.

정답 ④

(3) 가설 검정

① **가설 검정의 개념**
  ㉠ 모집단의 모수에 대한 추정을 표본집단을 통해서 하나의 값으로 하게 되어지면 점추정이라 한다.
  ㉡ 점추정을 구하고 나면 추정값에 대한 검정 과정이 필요한데 이것을 가설 검정(Hypothesis Test)이라 한다.
  ㉢ 즉, 가설 검정이란 표본통계량을 이용하여 모수에 대한 주장의 진위를 검정하는 과정을 뜻한다.

② **가설의 종류(귀무가설)**
  ㉠ 통계적 가설(Statistical Hypothesis)이란 표본의 특성을 나타내는 모수에 대한 주장을 의미한다.
  ㉡ 모집단의 모수에 대하여 어떤 조건을 가정하여 가설을 설정하는데 이 가설을 귀무가설(Null Hypothesis)이라 한다.
  ㉢ 즉, 귀무가설이란 거짓이 명확히 규명될 때까지 참인 것으로 인정되는 모수에 대한 주장, 즉 그 타당성을 입증해야 할 가설을 의미한다.
  ㉣ 귀무가설은 일반적으로 H_0로 나타내며 H_0 가설을 기각할 수 없다는 것은 아무런 차이가 없다 또는 전혀 효과가 없다는 의미이다.

③ **가설의 종류(대립가설)**
  ㉠ 귀무가설과 반대되는 가설로서 H_1으로 표기한다.
  ㉡ 대립가설(Alternative Hypothesis)은 모수에 차이가 있다는 것을 나타내며, 효과가 있다는 것을 검증하기 위한 것이다.
  ㉢ 즉, 대립가설은 귀무가설을 부정하는 가설로서 귀무가설이 거짓이라면 참이 되는 가설을 의미한다. 일반적으로 귀무가설은 등호(=)를 사용하고 대립가설에는 등호를 사용하지 않는다.
  ㉣ 따라서 모수에 대한 가설의 형태는 다음과 같다.

  $\begin{cases} H_0 : \theta = \theta_0 \\ H_1 : \theta > \theta_0 \end{cases}$　　$\begin{cases} H_0 : \theta = \theta_0 \\ H_1 : \theta \neq \theta_0 \end{cases}$　　$\begin{cases} H_0 : \theta = \theta_0 \\ H_1 : \theta < \theta_0 \end{cases}$

  또는

  $\begin{cases} H_0 : \theta \leq \theta_0 \\ H_1 : \theta > \theta_0 \end{cases}$　　$\begin{cases} H_0 : \theta = \theta_0 \\ H_1 : \theta \neq \theta_0 \end{cases}$　　$\begin{cases} H_0 : \theta \geq \theta_0 \\ H_1 : \theta < \theta_0 \end{cases}$

④ **가설 검정의 오차** : 가설 검정의 오류는 표본에서의 통계량을 이용해서 모수치를 추정하면 거의 오차가 발생하기 때문에 이 오차를 가설 검정의 오차라 한다.

⑤ **오류** : 다음과 같이 제1종 오류와 제2종 오류로 나눌 수 있다.

〈표 2-31〉 오류의 종류

구 분	귀무가설(참)	귀무가설(거짓)
귀무가설(채택)	옳은 결정	제2종 오류
귀무가설(기각)	제1종 오류	옳은 결정

  ㉠ 제1종 오류 : 귀무가설이 참인데 참인 귀무가설을 기각하면서 생기는 오류를 의미하며 제1종 오류를 발생시킬 확률은 α로 나타낸다.

ⓒ 제2종 오류 : 대립가설이 참인데 참인 대립가설을 기각하면서 생기는 오류는 제2종 오류라고 하고 일반적으로 β로 나타낸다.

　　ⓒ 귀무가설이 기각과 채택을 결정하기 위해서 제1종 오류, 유의수준 α를 기준으로 한다.

⑥ **기각과 채택**

　　㉠ 가설을 기각 혹은 채택하는 기준은 유의수준(α, 제1종 오류를 범할 확률)이고 귀무가설이 기각된 경우 '유의하다' 라는 결론을 내린다.

　　ⓒ 세워진 귀무가설을 기각하였을 때 유의수준 몇 %에서 기각했는지를 보고 가설이 유의한지 그렇지 않은지를 결정할 수 있다.

⑦ **검정통계량**

　　㉠ 모집단의 부분집합인 표본으로부터 검정에 대한 결론을 내리고 H_0를 기각하거나 H_0를 기각하지 않고 유지하는 결정을 내리는 데 활용되는 표본의 함수를 의미한다.

　　ⓒ 예를 들어서 '예전에 혈압 환자들은 기본적으로 평균 혈압이 150mmHg이었는데 이번에 새로 개발된 약을 한 달간 복용하고 나면 혈압이 150mmHg 미만이 될 것이다.' 라는 것을 검정하려면 $\overline{X} \leq c$일 때 임의의 c에 대해서 귀무가설 H_0를 기각하게 된다.

　　ⓒ $\overline{X}$가 취하는 범위 중에서 H_0 가설을 기각하는 영역을 기각역이라 한다. 즉 이 경우, 기각역 R은 $\overline{X} \leq c$로 나타낼 수 있으며 표본평균 $\overline{X}$가 c 이하이면 H_0을 기각하게 된다.

　　ⓔ 표본을 이용해서 모수를 추정하기 때문에 오류를 범할 가능성이 존재하는데 이러한 가능성을 확률로 표현하면 제1종 오류를 범하게 될 확률은 α로 표기하고, 제2종 오류를 범하게 되는 확률은 일반적으로 β로 표기한다.

　　ⓜ 제1종 오류와 제2종 오류의 관계에 있어 α를 줄이려고 하면 β가 커지고, β를 줄이려고 하면 α가 커지게 된다.

⑧ **기각역**

　　㉠ H_0가 참이라고 하면 ($\mu = 150$일 때), $\alpha = P(\overline{X} \leq c)$
　　　H_1이 참이라고 하면 ($\mu < 150$일 때), $\beta = P(\overline{X} > c)$

　　ⓒ 제1종 오류와 제2종 오류의 관계에 있어 α, β를 동시에 줄일 수 없기 때문에 제1종 오류 α는 0.01, 0.05, 또는 0.1 등 작은 값을 갖도록 상한선을 두고, 제2종 오류 β를 작게 해주는 기각역을 선택한다.

　　ⓒ 예를 들어서 표본의 크기가 클 때 모평균 μ에 대한 검정통계량은 아래와 같이 구할 수 있다.

> **가설 검정**
> 표본의 크기가 클 때 귀무가설 $H_0 : \mu = \mu_0$를 검정하기 위한 검정통계량은 다음 수식과 같다.
> $$Z = \frac{\overline{X} - \mu}{s/\sqrt{n}} \sim N(0, 1)$$
> 검정통계량의 분포는 표준 정규 분포를 따르며 각 가설에 대해서 기각역은 다음과 같다.
> ❶ $H_1 : \mu > \mu_0$ 일때　　　$R : Z \geq z_\alpha$
> ❷ $H_1 : \mu < \mu_0$ 일때　　　$R : Z \leq -z_\alpha$
> ❸ $H_1 : \mu \neq \mu_0$ 일때　　　$R : |Z| \geq -z_{\frac{\alpha}{2}}$

　　ⓔ 위의 수식에서 ①, ②의 경우는 단측검정이라 하고, ③은 양측검정이라 한다.

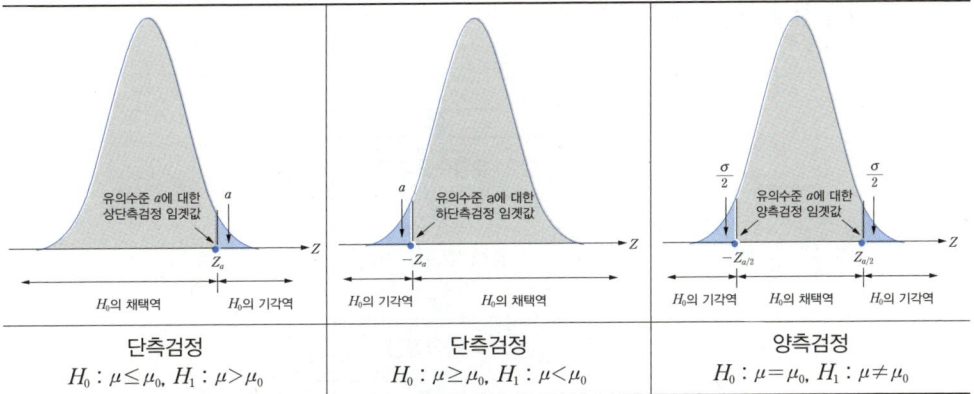

[가설 검정에 대한 귀무가설의 채택 및 기각역]

⑨ 유의수준과 유의확률
  ㉠ 귀무가설이 참인데 참인 귀무가설을 기각하면서 생기는 오류는 제1종 오류로서 α로 나타내고 유의수준이라 한다.
  ㉡ 주어진 통계량에서 귀무가설 H_0를 기각할 수 있는 최소의 유의수준을 유의확률이라 하고 p값 (P−value) 이라 한다.
  ㉢ 일반적으로 p 값이 주어진 경우 기각역은 다음과 같이 정의할 수 있다.

  > 아래의 수식을 만족하면 귀무가설을 기각할 수 있다.
  > p 값 $< \alpha$

⑩ 가설 검정 절차
  ㉠ 가설설정 : 데이터 분석을 위해서 모집단에 대한 통계적 가설을 설정한다.
  ㉡ 표본추출 : 모집단으로부터 표본을 추출한다.
  ㉢ 가설의 진위 파악
    • 추출된 표본의 정보로 통계적 가설의 진위 여부를 판단한다.
    • 표본의 크기가 고정되어져 있는 경우 제1종 오류의 확률이 커지면 제2종 오류의 확률이 작아지고 제1종 오류의 확률이 작아지면 제2종 오류 확률이 커진다고 할 수 있다. 통계적 가설 검정을 위해서는 귀무가설을 기각할 수 있는 최소의 유의확률 p를 기반으로 가설의 기각과 채택 여부를 결정할 수 있는데 유의확률 p가 유의수준 α보다 작으면 귀무가설을 기각한다.
    • 유의확률 p가 유의수준 α보다 크면 귀무가설을 기각할 통계적 근거가 없어서 귀무가설을 기각할 수 없다.

  > $p \leq \alpha$ H_0 기각
  > $p > \alpha$ H_0 채택

ㄹ) 가설 검정 과정을 요약하면 다음과 같다.

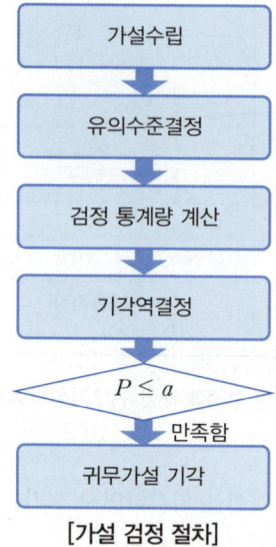

[가설 검정 절차]

> **확인 문제** **가설 검정**
>
> 앞의 예제를 이용해서 가설 검정 문제를 풀어보면 다음과 같다. 예전에 혈압 환자들은 기본적으로 평균 혈압이 150mmHg이었는데 이번에 새로 개발된 약을 한 달간 복용하면 혈압이 150mmHg 미만이 될 것이라는 가설을 검정하기 위해서 한 달간 혈압약을 복용하게 하였다. 혈압을 측정하기 위해서 49명의 고혈압 환자를 대상으로 조사를 하였더니, 평균 혈압은 145mmHg이었고 표준편차는 7mmHg로 조사되었다면 새로운 신약이 혈압을 낮추는 데 효과가 있다고 할 수 있는지 유의수준 5%에서 검정하시오.
>
> **풀이** $H_0 : \mu = 150$, $H_1 : \mu < 150$
> 유의수준은 $\alpha = 0.05$
> 검정통계량은 $Z = \dfrac{145 - 150}{7/\sqrt{49}} = -5$
> 기각역 $R : -5 \leq -z_{0.05} = -1.645$
> 결론 : 이 경우 기각역의 조건을 만족하여 귀무가설 H_0를 기각할 수 있으며 혈압약 복용 후 혈압이 낮아졌다고 할 수 있다.

> **확인 문제** **가설 검정**

다음 가설 검정과 관련된 내용으로 옳지 않은 것은?

① 귀무가설이 참인데 참인 귀무가설을 기각하면서 생기는 오류는 제1종 오류이다.
② 귀무가설이 거짓인데 거짓인 귀무가설을 채택하면서 생기는 오류는 제2종 오류이다.
③ 귀무가설을 기각할 수 있는 최소의 유의수준을 유의확률이라고 한다.
④ 유의수준은 제2종 오류이다.

풀이 귀무가설이 참인데 참인 귀무가설을 기각하면서 생기는 오류는 제1종 오류이고 귀무가설이 거짓인데 거짓인 귀무가설을 채택하면서 생기는 오류는 제2종 오류이다. 또한, 귀무가설을 기각할 수 있는 최소의 유의수준은 유의확률이라 하고 유의수준은 제1종 오류이다.

정답 ④

제3장 적중예상문제

제2과목 [빅데이터 탐색]

01 다음 중 통계 용어에 대한 설명으로 가장 거리가 먼 것은?

① Statistics(통계치) - 모집단 내 변수의 값
② Sample(표본) - 모집단 중 연구 대상으로 추출된 일부
③ Sampling Error(표본오차) - 표본수치와 모집단 수치의 차이
④ Population(모집단) - 연구하고자 하는 이론상의 전체 집단

[해설] 표본으로 수집된 데이터들의 집합은 통계치(Statistics)이고, 모집단 내 변수의 값은 모수(Parameter)이다.

02 표본에 관한 설명으로 옳지 않은 것은?

① 일반적으로 신뢰구간의 길이는 표본의 크기가 커질수록 작아진다.
② 표본평균의 기댓값은 표본의 크기에 따라 달라진다.
③ 표본의 크기가 커질수록 표본평균은 모평균에 가까워지는 경향이 있다.
④ 신뢰도를 높이려면 신뢰구간의 범위를 늘려야 한다.

[해설] 일반적으로 표본평균의 기댓값은 표본의 크기에 따라 달라지지 않으며, 그 기댓값은 모집단의 평균값과 일치(표본의 크기가 커질수록 표본평균은 모평균에 가까워지는 경향이 있음)한다.

03 다음 중 표본추출의 궁극적인 목적으로 옳은 것은?

① 모집단에서 얻은 자료를 정확하게 측정하기 위해서이다.
② 신뢰도를 높이기 위해서이다.
③ 표본조사에 드는 비용을 절약하기 위해서이다.
④ 모집단에 대한 올바른 추론을 얻기 위해서이다.

[해설] 표본조사는 표본의 통계량으로부터 모집단의 모수를 추정하기 위해서 이용된다. 조사 대상인 모집단의 전부를 대상으로 하여 조사를 시행할 수 없을 때에 모집단의 일부를 추출하여 조사하며, 이때 모집단으로부터 그 일부를 일정한 신뢰도와 오차의 한계 내에서 추출하는 방법과 기술을 표본추출이라고 한다.

04 다음 중 본래의 분포에 상관없이 무작위로 복원추출된 연속형 자료의 평균의 분포는 정규분포를 따른다는 특성은 무엇인가?

① 모수성
② 비모수성
③ 정규성
④ 표준성

[해설] 정규성(중심극한정리)에 대한 설명이다. 중심극한정리는 동일한 확률분포를 가진 독립확률변수 n개의 평균의 분포는 n이 적당히 크다면 정규분포에 가까워진다는 정리이다.

05 중심극한정리를 이용한 정규성에 기반한 추론 방법은 무엇인가?

① 모수적 방법
② 비모수적 방법
③ 정규적 방법
④ 표준적 방법

[해설] 모수적 방법(Parametric Method)은 정규성을 기반으로 한다. 추론 통계학에서는 정규성을 가지는 모수적 방법과 모수적 방법을 사용하지 못하는 경우 비모수적 방법(Nonparametric Method)을 이용하여 분석한다.

정답   01 ①   02 ②   03 ④   04 ③   05 ①

06 다음 중 분산에 대한 설명으로 옳은 것은?

① 최댓값과 최솟값의 차이
② 관찰값들이 평균으로부터 얼마나 떨어져 있는지를 나타내는 값
③ 관찰값들과 평균의 차의 절댓값 평균
④ 관찰치들의 중심값

[해설] 분산은 관찰값들이 평균으로부터 얼마나 떨어져 있는지를 나타낸다. 즉, 분산은 그 확률변수가 기댓값으로부터 얼마나 떨어진 곳에 분포하는지를 가늠하는 숫자이다. 기댓값은 확률변수의 위치를 나타내고 분산은 그것이 얼마나 넓게 퍼져 있는지를 나타낸다. 분산은 관측값에서 평균을 뺀 값을 제곱하고, 그것을 모두 더한 후 전체 개수로 나눠서(차이값의 제곱의 평균) 구한다.

07 다음 설명에 해당하는 것은?

> 분포의 기울어진 정도(평균에 대한 비대칭 정도)를 나타내는 척도로, 분포의 모양이 평균을 중심으로 왼쪽으로 기울어져 있으면 양수, 오른쪽으로 기울어져 있으면 음수로 나타낸다.

① Kurtosis
② Skewness
③ Mode
④ Coefficient of Variation(CV)

[해설] Skewness(왜도)에 대한 설명이다. Kurtosis(첨도)는 관측값들이 평균주위에 집중적으로 몰려 있는 정도이며, 변동계수(CV ; Coefficient of Variation)는 평균에 대한 변동의 상대적인 산포도를 나타내고 최빈값(Mode)은 관측값들 중 빈도가 가장 많은 값이다.

08 다음 중 수치를 이용한 자료 정리 방법이 잘못 연결된 것은?

① 산포도의 특성값 - 표준편차, 변동계수
② 산포도의 특성값 - 범위, 분산
③ 중심위치의 특성값 - 백분위수, 사분위수
④ 분포형태의 특성값 - 평균, 첨도

[해설] 평균은 중심위치의 특성값으로 이용된다.

09 다음 설명과 관련된 것은?

> 관측값들 중 빈도가 가장 많은 값으로 주로 계산이 의미 없는 명목 척도나 서열 척도를 이용하여 측정된 질적 변수의 대푯값으로 이용된다.

① 평 균
② 중앙값
③ 최빈수
④ 사분위수

[해설] 최빈수(Mode, 최빈치)에 대한 설명이다. 중앙값은 관측값들을 순서대로 배열했을 때 중앙에 위치하는 값이며, 사분위수란 자료를 크기순으로 배열하고 누적백분율을 사등분하였을 때의 각 점에 해당되는 값이다.

10 크기에 따라 차례로 나열했을 때, 가운데에 놓이는 값은?

① 평 균
② 중앙값
③ 최빈수
④ 범 위

[해설] 중앙값(Median)으로 데이터의 위치를 나타낸다. 중앙값 또는 중위수는 어떤 주어진 값들을 크기 순서대로 정렬했을 때 가장 중앙에 위치하는 값을 의미한다.

11 데이터세트에서 최댓값과 최솟값의 차이를 무엇이라고 하는가?

① 평 균
② 중앙값
③ 최빈수
④ 범 위

[해설] 범위(Range)는 데이터들 중 최댓값과 최솟값을 찾아 최댓값 − 최솟값으로 구한다.

12 변동에 대한 것을 측정하기 위해서 단위가 다른 변동의 상대적인 산포도를 측정할 수 있는 통계적 척도는 무엇인가?

① 범 위
② 변동계수
③ 분 산
④ 표준편차

[해설] 변동에 대한 값을 알아보기 위해서는 분산, 표준편차, 범위, 사분위범위 등을 구하는데 단위가 다른 것에 대해서 상대적인 산포를 알아보기 위해서는 변동계수를 구한다.

13 다음 중 사전에 정해진 규칙 없이 표본을 추출하는 방법으로서 예를 들어 반도체 불량률을 알아보기 위해 100개의 반도체에서 무작위로 10개의 반도체를 추출하는 방법을 무엇이라고 하는가?

① 군집추출(Cluster Random Sampling)
② 단순무작위추출(Simple Random Sampling)
③ 무작위층화추출(Random Stratified Sampling)
④ 층화추출(Stratified Random Sampling)

[해설] ① 모집단을 여러 군집으로 나누고 일부 군집의 전체를 추출하는 방법이다.
② 정해진 규칙 없이 표본을 추출하는 방법이다.
④ 모집단을 여러 계층으로 나누고 계층별로 무작위 추출하는 방법이다.

14 다음 특징을 가지는 표본 추출 방법은?

> - 모집단을 여러 군집으로 나눔
> - 군집들 중에서 하나의 군집을 선택하여 군집 내에 속한 데이터 전체 추출
> - 군집들 중에서 무작위로 하나의 군집 선택
> - 예를 들어 100개의 전구에 무작위로 색상(노랑, 검정, 빨강 등)을 칠하고 노랑색 전구 모두 선택

① 군집추출(Cluster Random Sampling)
② 단순무작위추출(Simple Random Sampling)
③ 무작위층화추출(Random Stratified Sampling)
④ 층화추출(Stratified Random Sampling)

[해설] 13번 해설 참조

15 다음 특징을 가지는 표본 추출 방법은?

> - 모집단을 여러 계층으로 나눔
> - 계층별로 무작위 추출
> - 각 계층은 내부적으로는 동질적, 외부적으로는 이질적 특성을 가짐
> - 지역별 여론조사의 경우 시별로 나누고 각각의 시에서 무작위로 200명씩 선정

① 군집추출(Cluster Random Sampling)
② 단순무작위추출(Simple Random Sampling)
③ 무작위층화추출(Random Stratified Sampling)
④ 층화추출(Stratified Random Sampling)

[해설] ① 모집단을 여러 군집으로 나누고 일부 군집의 전체를 추출하는 방법이다.
② 정해진 규칙 없이 표본을 추출하는 방법이다.

16 비확률표본추출 중 연구자가 모집단에 대한 정보가 많은 경우에 사용하는 것으로 예비조사나 시험조사 등에 사용되고 모집단에 대한 사전지식을 전제로 하는 방법은 무엇인가?

① 할당표본추출
② 임의표본추출
③ 유의표본추출
④ 누적표본추출

[해설] 연구자가 모집단에 대한 정보가 많은 경우에 사용하는 것으로 예비조사나 시험조사 등에 사용하고 모집단에 대한 사전지식을 전제로 하는 방법은 유의표본추출방법이다.

17 한 개의 주사위를 던져서 나온 눈을 확률변수 X라고 한다면 $E(X)$는 얼마인가? (단, 이때 주사위의 눈 1에서 6까지는 나올 확률이 동일하다)

① 1
② 2
③ 3
④ 3.5

[해설] 주사위를 던져서 나오는 눈의 확률은 $f(x)=\frac{1}{6}$이므로
$$E(X)=1\times\frac{1}{6}+2\times\frac{1}{6}+3\times\frac{1}{6}+4\times\frac{1}{6}+5\times\frac{1}{6}+6\times\frac{1}{6}=3.5$$이다.

18 베르누이 시행에서 성공의 확률이 $p=0.2$라고 한다면 세 번의 시행에서 모두 실패할 확률은 얼마인가?

① 0.2^3
② 0.8^3
③ 0.2×0.8^2
④ $0.2^2\times 0.8$

[해설] 베르누이 시행은 $f(x)=p^x q^{1-x}$이므로 세 번의 실패는 $f(0)=0.2^0\times 0.8^3=0.8^3$이다.

19 확률변수 X가 이항분포 $X \sim B(4, 0.25)$를 따른다고 한다면 한번 성공할 확률과 평균, 분산을 구하시오.

① 0.421875, 평균 : 1, 분산 : 0.5
② 0.046875, 평균 : 0.5, 분산 : 0.5
③ 0.421875, 평균 : 1, 분산 : 0.75
④ 0.046875, 평균 : 1, 분산 : 0.75

[해설] 이항분포의 확률밀도함수는
$f(x) = \binom{n}{x} p^x q^{n-x}$ 이므로 $f(1) = \binom{4}{1}(0.25)^1(0.75)^3 = 0.421875$
$E(X) = np = 4 \times 0.25 = 1$
$V(X) = npq = 4 \times 0.25 \times 0.75 = 0.75$

20 P 대학교에서 지난 20년간 조사해보니 평균적으로 1학년 때 자퇴하는 학생 수가 학과 별로 평균 2명이라고 조사되었다고 하자. 2020년도 P 대학의 데이터정보학과 학생의 평균 자퇴 학생에 대한 포아송 분포의 평균값은 얼마인가?

① 2
② 3
③ 4
④ 5

[해설] 포아송 분포의 확률밀도함수에서 모수는 평균값이다. 이때 평균값 $\lambda = 2$가 포아송 분포의 모수이다.

21 데이터정보학과 10명 학생 중에는 평택 거주 학생이 2명, 서울 거주 학생이 8명으로 구성되어 있는데 임의적으로 5명을 선출할 때 평택 거주 학생이 한명도 선출되지 않을 확률을 구하시오.

① 0.2222
② 0.3333
③ 0.4444
④ 0.5555

[해설] 이 문제는 초기하분포에 해당되는 문제이며 초기하분포의 확률밀도함수는
$f(x) = \dfrac{\binom{2}{0}\binom{8}{5}}{\binom{10}{5}}$ 이다.

정답 16 ③ 17 ④ 18 ② 19 ③ 20 ① 21 ①

22 결혼해서 3번째에 처음 딸을 낳을 확률을 구하시오.

① 1

② $\frac{1}{2}$

③ $\frac{1}{4}$

④ $\frac{1}{8}$

[해설] 위의 문제에 해당되는 분포는 기하분포로서 3번째에 처음 딸을 낳게 될 확률을 구하면 된다. 기하분포의 확률 밀도함수는 $f(x)=pq^{x-1}$이다. 3번째에 딸을 낳았다는 것은 아들을 2명 낳고 세 번째에 딸을 낳은 것이므로 $f(3)=\frac{1}{2}\times\left(\frac{1}{2}\right)^2=\frac{1}{8}$이다.

23 정규분포에 대한 설명으로 잘못된 것은?

① 정규분포의 모수는 평균과 분산이다.
② 정규분포의 모양은 종모양이다.
③ 정규분포의 왜도는 3, 첨도는 0이다.
④ 정규분포중 평균이 0, 분산이 1인 것은 표준정규분포이다.

[해설] 정규 분포는 왜도가 0이고 첨도가 3이다.

24 확률 변수 X가 $X \sim N(3, 2^2)$의 분포를 가질 때, 확률변수 Y가 $Y=3X+2$라고 한다면 Y의 분포는 무엇인가?

① $N(11, 36)$
② $N(11, 38)$
③ $N(3, 4)$
④ $N(9, 36)$

[해설] $y=3x+2$이면 $E(Y)=E(3X+2)=3E(X)+2=3\times3+2=11$
$V(Y)=V(3X+2)=9V(X)=9\times4=36$

25 X가 정규분포 $N(\mu, \sigma^2)$을 따른다고 한다면 $Y=3X+3$의 분포는?

① $N(0, 1)$
② $N(3\mu+3, 9\sigma^2)$
③ $N(3\mu, 3\sigma^2)$
④ $N(3\mu, 9\sigma^2)$

[해설] $N(3\mu+3, 9\sigma^2)$로 $E(Y)=E(3X+3)=3E(X)+3=3\mu+3$
$V(Y)=V(3X+3)=9V(X)=9\sigma^2$

26 확률변수 $X \sim N(\mu, \sigma^2)$이라고 한다면 다음 아래의 사항 중 잘못된 것은?

① $E(3X)=3\mu$
② $V(3X)=9\sigma^2$
③ $E(3X+2)=3\mu$
④ $V(3X+2)=9\sigma^2$

[해설] $E(aX+b)=aE(X)+b=a\mu+b$이다.
$V(aX+b)=a^2V(X)=a^2\sigma^2$

27 확률변수 X가 이항분포 $X \sim B(100, 0.3)$이라고 한다면 확률변수 X는 근사적으로 어느 분포로 변형해서 문제를 푸는 것이 가장 좋겠는가?

① 기하분포 $Geo(100, 0.3)$
② 정규분포 $N(30, 21)$
③ 기하분포 $Geo(100, 0.7)$
④ 정규분포 $N(30, 900)$

[해설] 이항분포 문제라 하더라도 n의 크기가 크고 p의 크기가 너무 작거나 크지 않으면 정규분포로 변형해서 문제를 풀 수 있다. 정규분포의 모수는 $N(\mu, \sigma^2)$이라고 할 수 있고, 이때 $\mu=np=100\times0.3=30$이고 $\sigma^2=npq=100\times0.3\times0.7=21$이므로 $N(30, 21)$이라고 할 수 있다.

정답 22 ④ 23 ③ 24 ① 25 ② 26 ③ 27 ②

28 어느 학급의 학생 100명에 대해서 IQ를 조사하여 본 결과 확률변수 X가 정규분포 $X \sim N(100, 10^2)$을 따르고, 영희의 IQ가 110이었다고 한다면 표준화 점수는 얼마인가?

① 1
② 2
③ 3
④ 0.5

[해설] 표준화 점수를 계산하는 공식은 $Z = \dfrac{X-\mu}{\sigma} = \dfrac{110-100}{10} = 1$

29 어느 고등학교 학생의 한 반의 수학성적을 조사하여 본 결과 40명에 대한 수학성적의 결과는 다음과 같았다. 평균성적을 추정하고 표준오차를 구하시오.

$$\sum_{i=1}^{40} x_i = 120, \quad \sum_{i=1}^{40} x_i^2 = 399$$

① 평균 3, 표준오차 $\dfrac{1}{\sqrt{40}}$

② 평균 3, 표준오차 $\dfrac{1}{\sqrt{39}}$

③ 평균 2, 표준오차 $\dfrac{1}{\sqrt{40}}$

④ 평균 2, 표준오차 $\dfrac{1}{\sqrt{39}}$

[해설] 평균을 구하는 공식은 $\bar{x} = \sum \dfrac{x_i}{n} = \dfrac{120}{40} = 3$이고

분산은 $s^2 = \dfrac{\sum x_i^2 - n\bar{x}^2}{n-1} = \dfrac{399 - 40 \times 9}{39} = \dfrac{399-360}{39} = 1$이며

표준오차는 $\dfrac{s}{\sqrt{n}} = \dfrac{1}{\sqrt{40}}$이다.

30 모 대학의 취업률을 알아보기 위해서 졸업생 500명 중 100명의 대학생 졸업자를 표본으로 하여 조사해 본 결과 51명이 취업된 것으로 조사되었다면 모비율에 대한 추정치는 얼마인가?

① $\dfrac{51}{500}$ ② $\dfrac{51}{100}$

③ $\dfrac{51}{400}$ ④ $\dfrac{100}{500}$

[해설] 모비율에 대한 점추정치는 $\hat{p}=\dfrac{x}{n}$ 이므로 $\hat{p}=\dfrac{51}{100}$ 이라고 할 수 있다.

31 표본의 크기가 큰 경우 표본평균 μ에 대한 신뢰구간을 구하기 위한 공식으로 바른 것은? (단, 이때 표준편차 σ는 안다고 가정하자)

① $\left(\overline{x} - Z_{\frac{a}{2}} \dfrac{\sigma}{\sqrt{n}},\ \overline{x} + Z_{\frac{a}{2}} \dfrac{\sigma}{\sqrt{n}} \right)$

② $\left(\overline{x} - t_{\frac{a}{2}}(n-1) \dfrac{\sigma}{\sqrt{n}},\ \overline{x} + t_{\frac{a}{2}}(n-1) \dfrac{\sigma}{\sqrt{n}} \right)$

③ $\left(\overline{x} - \chi_{\frac{a}{2}}(n-1) \dfrac{\sigma}{\sqrt{n}},\ \overline{x} + \chi_{\frac{a}{2}}(n-1) \dfrac{\sigma}{\sqrt{n}} \right)$

④ $\left(\overline{x} - F_{\frac{a}{2}} \dfrac{\sigma}{\sqrt{n}},\ \overline{x} + F_{\frac{a}{2}} \dfrac{\sigma}{\sqrt{n}} \right)$

[해설] 표본의 크기가 큰 경우 정규분포를 따르며 평균에 대한 신뢰구간은 $\left(\overline{x} - Z_{\frac{a}{2}} \dfrac{\sigma}{\sqrt{n}},\ \overline{x} + Z_{\frac{a}{2}} \dfrac{\sigma}{\sqrt{n}} \right)$ 에 의해서 구해진다.

32 표준편차가 1인 정규모집단에서 크기 25인 표본의 표본평균이 5이었다고 한다면 모평균 μ의 95% 신뢰구간을 구하시오.

① $4.608 \leq \mu \leq 5.392$
② $3.608 \leq \mu \leq 6.392$
③ $2.608 \leq \mu \leq 7.392$
④ $1.608 \leq \mu \leq 8.392$

[해설] 모평균에 대한 신뢰구간은 $\bar{x} - Z_{\alpha/2}\dfrac{\sigma}{\sqrt{n}} \leq \mu \leq \bar{x} + Z_{\alpha/2}\dfrac{\sigma}{\sqrt{n}}$이므로
$5 - 1.96 \times \dfrac{1}{\sqrt{25}} \leq \mu \leq 5 + 1.96 \times \dfrac{1}{\sqrt{25}} = (4.608, 5.392)$이다.

33 표준편차가 6이고 정규모집단에서 크기 36인 표본을 추출해서 평균이 20인 것에 대한 모평균 μ의 95% 신뢰구간을 구하면?

① $18.35 < \mu < 21.65$
② $18.04 < \mu < 21.96$
③ $18 < \mu < 20$
④ $19 < \mu < 21$

[해설] 모평균 μ에 대한 신뢰구간을 구하기 위해서는 $\left(\bar{x} - Z_{\alpha/2}\dfrac{\sigma}{\sqrt{n}}, \bar{x} + Z_{\alpha/2}\dfrac{\sigma}{\sqrt{n}}\right)$에 의해서 구할 수 있다.
즉, 이 경우는 다음과 같이 구한다.
$\left(20 - 1.96\dfrac{6}{\sqrt{36}}, 20 + 1.96\dfrac{6}{\sqrt{36}}\right) = (18.04 < \mu < 21.96)$

34 모든 조건이 동일한 경우 표본의 수를 9배로 늘릴 때 표본평균의 신뢰구간은 어떻게 되는가?

① 1/3로 줄어든다.
② 1/9로 줄어든다.
③ 3배로 늘어난다.
④ 9배로 늘어난다.

[해설] 신뢰구간을 구하는 공식은 $\bar{X} \pm Z_{\alpha/2}\dfrac{\sigma}{\sqrt{n}}$이다. 표본의 수의 제곱근에 반비례하므로 9배를 늘리면 1/3로 줄어든다.

35 좋은 추정량의 판정 기준이 아닌 것은?

① 불편추정량
② 일치추정량
③ 편의추정량
④ 유효추정량

[해설] 좋은 추정량은 추정량의 조건인 불편성, 일치성, 충족성, 효율성을 만족해야 한다.

36 표본의 크기가 커지면서 확률적으로 모수에 수렴하는 추정량을 무엇이라고 하는가?

① 일치추정량
② 불편추정량
③ 유효추정량
④ 충분추정량

[해설] 표본의 크기가 커지면서 추정량이 모수에 수렴하는 경우의 추정량을 일치추정량이라고 한다.

37 평균이 μ이고 분산이 σ^2인 정규모집단에서 모평균 μ를 추정하기 위해서 크기 2인 X_1, X_2 표본을 추출하였다. 두 개의 추정량 $\hat{\theta}_1 = \dfrac{X_1+X_2}{2}, \hat{\theta}_2 = X_1$에 대한 설명으로 옳은 것은?

① $\hat{\theta}_1$은 편의추정량이고 $\hat{\theta}_2$는 불편추정량이다.
② $\hat{\theta}_2$는 $\hat{\theta}_1$에 비교하여 분산이 작으므로 유효추정량이다.
③ $\hat{\theta}_1$, $\hat{\theta}_2$는 모두 편의추정량이다.
④ $\hat{\theta}_1$, $\hat{\theta}_2$는 모두 불편추정량이고 $\hat{\theta}_1$는 유효추정량이다.

38 귀무가설이 참인데 참인 귀무가설을 기각할 확률은 무엇인가?

① 제1종 오류
② 제2종 오류
③ 검정력
④ 유의확률

[해설] 귀무가설이 참인데 참인 귀무가설을 기각하게 될 오류는 제1종 오류이고, 귀무가설이 거짓인데 거짓인 귀무가설을 기각하지 않으면서 생기는 오류는 제2종 오류이다.

39 귀무가설에 대한 설명으로 옳지 않은 것은?

① 귀무가설의 기각과 채택 결정은 검정통계량을 통해서 이루어진다.
② 귀무가설이 거짓인데 귀무가설을 채택하는 오류는 제2종 오류이다.
③ 귀무가설을 기각하기 위해서는 유의확률이 유의수준보다 작을 때이다.
④ 유의수준은 제2종 오류이다.

[해설] 귀무가설이 참인데 참인 귀무가설을 기각하면서 생기는 오류는 제1종 오류이고 이것을 유의수준 α라고 한다.

40 주어진 유의수준 하에서 귀무가설의 기각과 채택을 결정할 수 있는 기준은 무엇인가?

① 유의확률
② 자유도
③ 표본오차
④ 제2종 오류

[해설] 유의확률이 유의수준보다 작으면 귀무가설을 기각하고 그렇지 않으면 귀무가설을 기각할 수 없다.

41 고향에 따라서 지지하는 정당에 차이가 있는지를 알아보기 위해서는 어떤 검정방법을 사용해야 하는가?

① $Z-$검정
② $t-$검정
③ $F-$검정
④ 카이제곱 검정

[해설] 고향(명목 척도)에 따른 지지 정당(명목 척도)에 차이가 있는지를 알아보기 위해 즉, 측정된 명목 척도들 사이의 독립성을 검정하기 위해서는 카이제곱 검정을 실시한다.

42 두 개의 모집단에 대한 평균차이 검정에 있어 공통분산을 계산하는 수식으로 옳은 것은? (단, 각각 모집단의 분산은 S_1^2, S_2^2이다)

① $\dfrac{S_1^2 + S_2^2}{2}$

② $\dfrac{(n_1-1)S_1^2 + (n_2-1)S_2^2}{n_1 + n_2 - 2}$

③ $\dfrac{(n_1-1)S_1^2 + (n_2-1)S_2^2}{n_1 + n_2}$

④ $\dfrac{(n_1)S_1^2 + (n_2)S_2^2}{n_1 + n_2}$

[해설] $\dfrac{(n_1-1)S_1^2 + (n_2-1)S_2^2}{n_1 + n_2 - 2}$ 는 공통분산을 계산하기 위한 것이다.

이때 $S_p^2 \dfrac{\sum(X_i - \overline{x})^2 + \sum(Y_i - \overline{y})^2}{n_1 + n_2 - 2}$ 와 같다.

우리 인생의 가장 큰 영광은
결코 넘어지지 않는 데 있는 것이 아니라
넘어질 때마다 일어서는 데 있다.

– 넬슨 만델라 –

빅데이터분석기사 필기 한권으로 끝내기

제3과목
빅데이터 모델링

제1장 분석모형 설계

제2장 분석 기법 적용

합격의 공식 시대에듀 | S D E D U

많이 보고 많이 겪고 많이 공부하는 것은 배움의 세 기둥이다.

— 벤자민 디즈라엘리 —

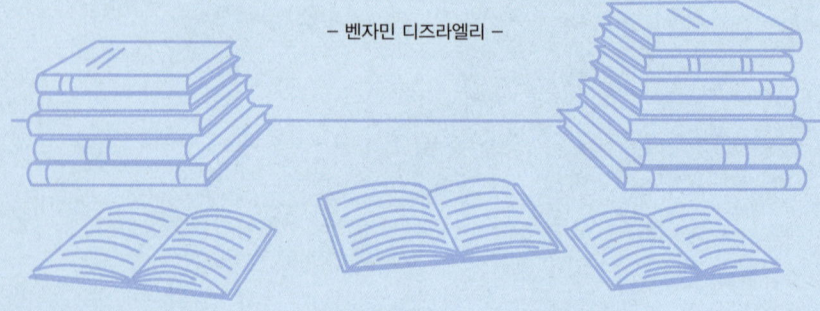

  **끝까지 책임진다! 시대에듀!**

QR코드를 통해 도서 출간 이후 발견된 오류나 개정법령, 변경된 시험 정보, 최신기출문제, 도서 업데이트 자료 등이 있는지 확인해 보세요! **시대에듀 합격 스마트 앱**을 통해서도 알려 드리고 있으니 구글 플레이나 앱 스토어에서 다운받아 사용하세요. 또한, 파본 도서인 경우에는 구입하신 곳에서 교환해 드립니다.

제3과목 [빅데이터 모델링]

제1장 분석모형 설계

01 분석 절차 수립

(1) 분석모형 선정

① 데이터 유형 파악 : 데이터 분석모형을 선정하기 전에 먼저 데이터의 유형(정형, 반정형, 비정형)을 파악하여야 한다. 그리고 분석하고자 하는 데이터가 독립변수, 종속변수인지 그리고 연속형인지, 범주형인지를 파악하고 분석모형을 선정한다.

② 데이터 속성 파악 : 연구하고자 하는 목적과 데이터의 속성에 맞게 분석하고자 하는 모형을 선택해야 한다. 다음은 독립변수와 종속변수의 유형에 따른 분석 방법이다.

〈표 3-1〉 독립변수 및 종속변수 유형에 따른 통계분석 방법

x	y	종속변수	
		연속형	범주형
독립변수	연속형	• 회귀분석 • 상관분석 • 인공신경망 분석	• 로지스틱 회귀분석 • 판별분석
	범주형	• 회귀분석 • 인공신경망 분석	• 로지스틱 회귀분석 • 분류트리기법

③ 통계분석모형
  ㉠ 통계분석은 객관적인 근거에 기반을 두고 데이터를 수집, 처리, 분류, 분석하여 의사결정을 하는 과정을 의미한다.
  ㉡ 일반적으로 통계분석에는 분석목적에 부합하는 통계기법을 선택해야 한다.
  ㉢ 통계분석을 하기 위해서는 통계패키지(SPSS, SAS) 및 프로그래밍 언어(R, Python 등)를 이용하여 다양한 통계적 방법을 통해 데이터를 처리·분석한다.
  ㉣ 독립변수만을 가지고 통계분석하는 경우와 독립변수, 종속변수를 이용해서 통계분석하는 경우를 고려해서 통계분석을 위한 모델을 정하고 데이터의 형태에 따라서 통계분석을 실시한다.
  ㉤ 통계적 기법을 활용해서 데이터를 분석하고 분식된 자료를 기반으로 추정과 예측을 하는 기법으로서 기술통계 분석, 상관관계 분석, 회귀분석, 분산분석, 주성분 분석 등의 방법을 이용한다.

④ 데이터 마이닝 기법
  ㉠ 데이터 마이닝은 통계 및 수학적 기술들을 활용해서 빅데이터를 분석하고 새로운 상관관계나 추세를 파악하여 예측과 분류 등을 찾아내는 과정이라 할 수 있다.
  ㉡ 데이터 마이닝은 기계학습이나 패턴인식과 관련한 빅데이터 분석에서 가장 기본적인 통계 기반 분석 기술이라 할 수 있다. 데이터 마이닝 분석을 위해 R, Python, 웨카(Weka) 등을 이용한다.

ⓒ 특히, 통계 기반 기법에서는 모집단에서 표본을 선출하고 표본을 기반으로 해서 가설 검정을 실시한다.
⑤ 빅데이터 분석
    ㉠ 빅데이터 분석은 수집된 데이터로 특정 변수의 미래값을 예측한다는 것에 가장 큰 의미가 있다.
    ㉡ 예를 들어 통계적인 방법론을 적용하여 인자에 대한 값을 추정해서 모델을 도출한다.
    ㉢ 여기에서 모델에 대한 유의성 검정을 위해서 연구자가 주장하고 싶은 내용을 중심으로 귀무가설과 대립가설을 세우고 세워진 가설을 검정한다.

확인 문제　분석유형

다음 중 연속형 독립변수와 연속형 종속변수의 자료 형태로 주어진 경우 통계분석 기법으로 적당하지 않은 것은?

① 회귀분석
② 상관분석
③ 인공신경망 분석
④ 판별 분석

풀이 자료의 형태가 독립변수와 종속변수 모두 연속형이면 회귀분석, 상관분석, 인공신경망 분석 등을 시행할 수 있다.
정답 ④

---

(2) 분석모형 정의

① 분석모형 정의하기
    ㉠ 빅데이터 분석을 위해서는 빅데이터 분석 목적에 부합하는 모형(모델)을 선택해야 하고 빅데이터 모형을 구축하기 위한 적합한 데이터를 선정하는 것이 중요하다. 그리고 선정된 데이터의 품질이 중요하다.
    ㉡ 빅데이터 분석을 위해서 가용한 표본 데이터는 분석모델의 모수를 추정하기 위한 부분과 추정된 모수의 통계적 유의성 검증을 위한 부분으로 나눌 수 있다.
② 데이터세트
    ㉠ 일반적으로 데이터세트는 훈련 데이터세트와 검증 데이터세트나 평가 검증 데이터세트로 나눌 수 있다. 이와 같이 훈련 데이터(Training), 검증 데이터(Validation), 평가 검증 데이터(Testing)는 일정한 비율에 의해서 무작위로 나누는 것이 일반적이다.
    ㉡ 훈련 데이터세트는 가장 큰 데이터세트로서 빅데이터 통계모형을 구축하기 위해서 사용된다.
    ㉢ 검증 데이터세트는 훈련 데이터세트의 성과를 검증하기 위해서 사용되는 데이터세트라고 할 수 있다.
    ㉣ 평가 검증 데이터세트는 새로운 데이터를 가지고 선택된 모형의 성능을 평가할 수 있도록 사용되는 데이터세트라고 할 수 있다.

ⓜ 훈련 데이터세트를 통해서 새로운 데이터세트를 적용하면 오차가 커지는 경우가 발생하는데 이것을 과적합 또는 미적합이라고 한다.
ⓑ 적합한 분석모형의 선택, 적용, 성능 및 적합성 평가, 안정성 평가를 하는 과정은 빅데이터 분석 프로세스의 핵심단계라고 할 수 있다.

확인 문제 데이터세트 유형

새로운 데이터를 가지고 선택된 모델의 성능을 평가할 수 있도록 사용되는 데이터세트란 무엇인가?

① 검증 데이터세트
② 적합 데이터세트
③ 평가 검증 데이터세트
④ 훈련 데이터세트

풀이 평가 검증 데이터세트(Testing Dataset)를 이용하여 선택된 분석모형의 성능을 평가한다.
정답 ③

---

(3) 분석모형 구축 절차

① 빅데이터 분석에 있어서 가장 중요한 것은 첫째로 데이터, 둘째로 분석을 수행할 수 있는 분석모형(모델), 셋째로 데이터 분석을 수행하는 분석가라고 할 수 있다. 이러한 세 가지 요소가 잘 구성되어야 가치 있는 결과를 창출할 수 있다.

② 사전 업무
  ㉠ 계획수립 : 빅데이터 분석모형 구축을 위한 계획(기획)에서 어떠한 목표를 달성하기 위해서 어떠한 데이터를 가지고 어떤 방식으로 수행할지에 대한 계획이 수립되어야 한다.
  ㉡ 요건정의
    • 정확한 요구사항 분석을 통해서 빅데이터 분석모형이 구축되어야 한다.
    • 빅데이터 모형 구축을 위한 요구정의에서는 분석요건을 도출해서 분석과정을 설계하고 과제의 수행방안에 대한 설계와 요건 확정이 이루어져야 한다.

③ 빅데이터 분석 기획
  ㉠ 빅데이터 분석을 위해서는 분석대상과 분석 방법을 명확히 설정해서 프로젝트를 진행해야 한다.
  ㉡ 빅데이터 분석 기획은 '문제발굴 → 문제정의 → 해결대안 설계 → 타당성 검토 → 과제선택'의 절차로 이루어지며, 일반적으로 '요건정의 → 모델링 → 검증 및 테스팅 → 적용'의 프로세스로 수행된다.
  ㉢ 빅데이터 분석을 위한 방법은 네 가지로 나눌 수 있는데 그 유형은 다음의 그림과 같다.

[분석대상과 방법에 따른 빅데이터 분석 유형]

ⓔ 위의 그림에서 제시한 분석주제 유형은 어떤 목표 달성을 위해서 어떤 데이터를 가지고 어떤 방식으로 문제를 해결할지에 대한 일련의 계획을 세우는 작업이라 할 수 있다.

ⓜ 이를 다시 하향식, 상향식 접근 방법으로 구분하기도 한다. 하향식 접근 방법은 해결해야 할 문제를 알고 세부 내용을 차차 정의하면서 분석 방법을 알고 최적화하는 기법으로서, 최적화 및 솔루션 기법이 해당된다. 상향식 접근은 문제를 모르고 세부 내용을 발견하는 것으로부터 시작해서 인사이트를 제시하는 발견 및 통찰 기법을 의미한다. 프로세스 관점에서 상향식 접근은 '프로세스 분류 → 프로세스 흐름 분석 → 데이터 분석 요건 식별 → 분석 요건 정의'의 단계로 수행된다.

ⓑ 최적화(Optimization) : 분석을 위한 주제 유형에 있어서 해결해야 할 문제뿐만이 아니라 분석의 방법도 알고 있는 경우는 최적화(Optimization)로 수행한다. 목적함수 값을 최대화, 최소화하는 것을 목표로 하는 방법으로 제약조건 하에서 목푯값을 개선하는 방식이다. 목적함수와 제약조건을 정의하고 문제를 해결하는 것을 최적화라고 한다.

ⓐ 솔루션(Solution) : 분석대상은 알면서 분석 방법을 모르는 경우에는 솔루션(Solution)을 찾아내야만 한다.

ⓞ 통찰(Insight) : 분석 방법은 알지만 분석대상을 정확히 알 수 없을 때는 기존 분석 방식을 통해서 새로운 지식과 통찰을 찾아낸다.

ⓩ 발견(Discovery)
- 분석 방법과 분석대상 모두를 모르는 경우는 발견(Discovery)을 통해서 새로운 분석대상 자체를 도출할 수 있다.
- 목표시점별 분석을 위한 기획 방안은 당면한 분석 주제의 해결을 위한 과제단위와 지속적 분석 문화 내재화를 위한 마스터플랜 단위로 나누어 볼 수 있다.
- 당면한 분석 주제 해결을 위한 과제단위의 1차 목표는 과제를 빠르게 해결하는 데 있으며, 과제의 유형은 Quick_Win 방식이고 접근방식은 Problem Solving이다.
- 마스터플랜 단위는 정확도에 1차 목표가 있으며, 과제 유형은 Long Term View에 있고 접근방식은 Problem Definition에 있다.

④ 분석 기획 시 고려 사항
㉠ 첫째, 데이터 유형에 따라 적용 가능한 솔루션 및 분석 방법이 다르기 때문에 가용한 데이터가 있어야 한다.
㉡ 둘째, 유사한 분석 솔루션을 활용할 수 있도록 적절한 유스케이스가 필요하고 여러 가지 환경적 요인에 의해서 늘어날 수 있는 기간이나 투입 리소스를 고려해서 장애 요소들에 대한 사전 대응 방안을 수립해야 한다.

⑤ 분석모형 구축 시 고려 사항
  ㉠ 첫째, 요구사항 분석이 정확하게 이루어져야 한다. 프로젝트를 진행함에 있어 가장 중요한 것은 요구사항 도출이므로 빅데이터 분석에 있어서도 가장 중요한 것은 정확한 요구사항 도출이라고 할 수 있다.
  ㉡ 둘째, 분석 데이터를 준비해서 빅데이터 분석모형을 구축하여야 한다. 빅데이터 분석을 위해서 먼저 분석하고자 하는 데이터를 준비하고 준비된 데이터를 통해서 모형을 선정해야 한다.
  ㉢ 셋째, 분석모형에 대한 검증과 테스트를 진행한다. 선정된 모형은 모형의 적합성을 검토하기 위해서 검증 및 테스트를 진행해야 한다.
  ㉣ 넷째, 검증된 모형에 대해서 적용을 하게 된다. 모형이 검증되고 나면 실증 데이터를 적용하여 본다.

⑥ 데이터 분석모형 구축 절차
  ㉠ 요건정의 단계 : 빅데이터 분석을 위한 첫 번째 단계로 분석요건을 구체적으로 도출, 선별, 결정하는 단계라고 할 수 있다. 요건정의를 위한 단계는 다음과 같다.
    • 분석요건 도출단계 : 이 단계에서는 일반적으로 현업과 IT를 활용한 문제해결 방안 사이에 상호 이해하고 있는 업무 내용이 전혀 다를 수 있으므로 정확한 검토를 통해서 요건에 대한 파악이 이루어져야 한다.
    • 수행방안 설계 단계 : 이 단계에서는 첫 번째 단계에서 수행했던 분석요건을 파악해서 문제를 해결할 수 있는 방법을 결정해야 하는데 빅데이터의 특성에 맞게 방법론을 수행해야 한다.
    • 요건확정 단계 : 요건이 정확히 정리되면 이해관계자들의 동의를 구해서, 요건을 확정하는 단계이다.
  ㉡ 모델링 단계 : 문제 해결을 위한 기법을 모델에 적용하는 단계라고 할 수 있는데 최적화 모델링이란 변수와 계수 값을 이용하여 목적함수와 제약조건을 정의하는 것을 의미한다. 모델링을 하기 위해서는 다음의 과정을 거친다.
    • 모델링 마트 설계 및 구축 단계 : 요건정의 단계에서부터 데이터 소스를 파악하고 수집하여 모델링 기법을 위한 데이터를 준비하고 필요한 데이터의 마트를 설계하는 단계라고 할 수 있다.
    • 탐색적 데이터 분석 및 유의변수 도출 단계 : 업무에 대한 이해 및 분석요건에 대한 구체적인 사실을 발견하고 탐색적 데이터 분석 과정을 통해서 유의변수를 도출하는 단계이다.
    • 모델링 단계 : 필요한 도구를 준비해서 수행하며 구현이 가능한 데이터 분석 모델링을 구축하는 단계라고 할 수 있다. 예를 들어 미래값을 예측하기 위한 데이터 분석 모델링 방법은 아래와 같다.
      − 프로세스적인 측면이 없으면 데이터 마이닝 모델 기법을 적용한다.
      − 프로세스 및 자원에 제약이 있고 입력값이 확률 분포를 가지게 되면 시뮬레이션(Simulation) 기법을 적용한다. 상황을 컴퓨터상에 모델로 재현해서 현상을 보다 잘 이해하도록 하고 미래의 변화에 따른 결과를 예측하기 위한 것을 시뮬레이션이라 한다.
      − 프로세스 및 자원에 제약이 있고 입력값이 상수값을 가질 때는 최적화 기법을 적용한다.
    • 모델링 성능평가 단계 : 분석 기법별로 성능평가의 기준은 다르다.
      − 데이터 마이닝 성능평가 항목

> 정확도(Accuracy), 정밀도(Precision), 디텍트 레이트(Detect Rate), 리프트(Lift)

- 시뮬레이션 성능평가 항목

> 처리율(Throughput), 평균지연시간(Average Waiting Time), 평균대기행렬길이(Average Queue Length), 시스템 작동 시간(Time in System)

- 최적화의 성능평가 항목

> 목적 함수 값(Object Function Value)의 최적화 전의 값과 최적화 후의 값

ⓒ 검증 및 테스트 단계
- 이 단계에서는 모델링 성과를 확인하고 목표 성과값과 비교해서 성능평가를 수행한다.
- 분석용 데이터를 트레이닝용과 테스트용으로 나누어서 자체 검증을 한다.
- 본 단계에서는 테스트의 절차를 설계하고, 테스트를 수행하여 결과를 분석하고 분석결과에 대해서 모형을 조정한다. 이러한 과정을 반복 시행해서 최적의 모형을 찾아낸다.

ⓔ 적용 단계
- 적용 단계에서는 실제 운영시스템에 실제 업무를 적용해서 성과를 확인하는 작업을 수행한다.
- 정확한 성과 측정을 위해서는 블라인드 테스트를 추천한다. 적용 단계에서는 실제 업무환경에서 테스트를 진행해 봐야 하고 적용 후 유지보수적인 측면에서 계속적으로 관심이 필요하다.
- 적용 단계에서는 주기적 리모델링이 필요한데 일반적으로 데이터 마이닝의 경우 분기별로 리모델링을, 시뮬레이션의 경우 반기별로 리모델링을, 최적화의 경우 연간으로 리모델링을 시행한다.
- 리모델링은 데이터 마이닝의 경우 재학습과 변수 추가 학습 방법으로 재조정을 시행하고, 시뮬레이션의 경우는 주요 시스템 원칙의 변경이나 발생 이벤트의 증가 시 평가와 재조정을 시행한다. 최적화의 경우는 조건의 변화나 가중치의 변화 시 재조정을 시행한다.

ⓜ 주기적 검토 : 한 번 만든 모형은 지속적으로 동일한 성과를 낼 수 없으므로 성과 모니터링을 주기적으로 수행하여 리모델링할 수 있도록 하여야 한다.

⑦ 데이터 분석 시 주요 고려 사항
㉠ 데이터 분석을 위해서는 데이터 처리, 시각화, 공간분석, 탐색적 자료 분석, 통계분석, 데이터 마이닝, 시뮬레이션, 최적화, WBS 수립, 결측치 및 이상치 처리 등을 고려한다.
㉡ 데이터 처리 단계 : 데이터 분석은 통계를 기반으로 하여 이루어진다고 볼 수 있으며, 데이터 처리를 위해서 최종 데이터 구조로 가공하게 되는데 예를 들어 시뮬레이션은 단계별 처리 시간에 대한 분포를 파악할 수 있는 속성을 만들고, 최적화는 제약값에 대한 내용, 목적함수, 제약조건의 계수값을 프로세스별로 산출하고, 데이터 마이닝은 분류값과 입력변수들의 연관관계를 파악한다.
㉢ 시각화 : 시각화는 빅데이터 분석에 있어서 필수적인 단계라고 할 수 있으며 탐색적 데이터 분석 시에도 시각화는 필수적이라고 할 수 있다. 여러 차트나 그래프로 데이터를 표현해서 가시적 효과를 높일 수 있다.
㉣ 공간분석 : 공간적 차원과 관련된 속성들을 시각화하고 예를 들어 지도 위에 관련 속성들을 생성하는 것을 공간분석이라 한다.

ⓐ 탐색적 자료 분석 : 탐색적 자료 분석은 다양한 차원의 값을 조합하여 특이점을 찾아내고 데이터의 특징이나 내재하는 구조적 관계를 알아내기 위한 기법들을 통칭하는 것으로 탐색적 자료 분석의 4가지 주제는 다음과 같다.
- 데이터의 저항성(Resistance)을 강조한다. 즉, 탐색적 자료 분석에서는 일부자료의 파손에 관한 저항성을 가져야 한다. 예를 들어 평균보다는 일부 자료의 파손에 저항적인 중위수가 바람직한 대푯값으로 선호된다.
- 잔차(Residual)를 계산한다. 잔차는 개별 관측값이 자료의 주경향으로부터 얼마나 벗어났는지를 나타낸다.
- 자료변수를 재표현(Re-expression)한다. 자료 분석을 단순화할 수 있도록 원래 변수를 다른 척도로 바꾸는 것을 의미하며 로그 변환, 제곱근 변환 등을 이용한다.
- 그래프를 통해서 현시성(Revelation)을 높인다. 그래픽 표현이 데이터 내에 숨겨진 정보를 파악할 수 있는 효율적인 수단이 된다.

ⓑ 통계분석 : 어떤 현상을 종합적으로 한눈에 알아보기 쉽게 숫자나 표, 그림으로 나타내는 것이다. 통계분석은 기술통계와 추론통계로 나뉜다.

ⓒ 데이터 마이닝 : 대용량의 자료에 대해서 데이터 속에 숨겨져 있는 유용한 연관관계를 파악하고 이것을 이용해서 미래에 실행 가능한 정보를 추출하며 의사결정에 이용하는 과정을 의미한다.

ⓓ WBS(Work Breakdown Structure) 수립 : 데이터 분석 흐름에 맞추어서 일정에 대한 계획을 세워야 하는데 여기에서 데이터 흐름은 다음과 같다.
- 데이터 분석과제 정의의 일정을 세우는 단계 : 일정을 계획하는 단계로 프로젝트 전체 일정에 맞는 준비를 하는 단계라 할 수 있다. 프로젝트 참여 인원에 대한 관리와 하드웨어, 소프트웨어 등에 대한 것을 고려하여 프로젝트의 전체 일정을 정해야 한다.
- 데이터 준비 및 탐색의 일정을 계획하는 단계 : 엔지니어가 필요한 데이터 수집에 관련된 일정을 정리하고 데이터 분석가는 최종적으로 도출하는 과정이 포함된 일정을 계획하고 수립해야 한다.
- 데이터 분석 모델링과 검증단계의 일정 계획을 세우는 단계 : 실험방법이나 절차를 기획하고 검증하는 등의 자세한 일정을 세워야 한다. 모델링은 비교 평가가 가능하도록 해야 한다.
- 산출물 및 기타 일정을 계획하는 단계 : 프로젝트 단계별로 산출물을 구별해서 필수 산출물을 정의하고 단계별 산출물 및 최종산출물을 정리하는 단계가 일정에 포함되어야 한다.

ⓔ 결측치 처리
- 데이터 분석에서는 결측치(Missing Data)에 대한 처리가 필요하며, 결측치를 어떻게 처리할 것인지에 대한 계획이 세워져야 한다.
- 결측치를 대푯값으로 대체하는 경우는 예측력을 높여주지만 정확성이 낮아질 수 있다.
- 데이터가 적어서 결측치를 사용해야 하는 경우는 대푯값으로 대체해서 사용하지만 내체적으로 결측치로 정의하여 처리하는 경우가 많다.

ⓕ 이상치 처리 : 이상치 발견(Outlier Detection)은 데이터 분석에 있어 데이터 전처리를 어떻게 할지를 결정하는 데 사용하며, 이상 감지(Fraud Detection)에서 규칙을 발견하기 위해서 사용된다.

⑧ 데이터마트 개발
  ㉠ 데이터 분석을 위해서 데이터 가공을 SQL 등의 데이터 처리 프로그램을 이용해서 처리해야 한다.
  ㉡ 일반적으로 R을 이용하게 되는데 R에서의 데이터마트 구축 패키지로는 reshape, sqldf, plyr, data.table 등을 들 수 있다. 데이터마트란 작은 규모의 데이터웨어하우스로 소규모로 분할하여 구축하고 이용하는 것이 더 효율적일 수 있어 주로 고객관리, 상품관리, 재무회계관리 등의 단일 주제별로 의사결정 그룹을 구축하는 것을 의미한다.
  ㉢ 변수
    • 요약변수 : 기본 정보를 Aggregation한 변수로 세분화나 행동 예측이 가능하다.
    • 파생변수 : 특정의미를 갖는 작위적 의미의 변수를 의미한다.
  ㉣ reshape
    • melt( )와 cast( )를 이용해서 데이터를 재구성하거나 재정렬하기 위한 기법으로 밀집화된 데이터를 유연하게 생성해준다.
    • reshape와 비교될 수 있는 밀집화는 엑셀의 피벗테이블 기능과 같은 것으로 밀집화 기능을 사용하면 복잡한 데이터를 단순하고 사용하기 편리한 상태로 축소하거나 재정렬할 수 있어 시각적인 효과를 줄 수 있지만, 기존의 정보를 손실한다는 단점이 있다. 그러나 reshape는 데이터를 재정렬하면서도 원본 데이터의 정보들을 유지할 수 있다.
    • melt( )는 선택한 id 변수를 이용해서 나머지 변수를 variable란 이름의 데이터로 만드는 것이다.
    • cast( )는 원하는 형태와 함수를 이용해서 데이터를 요약한다. cast( )의 경우 그래프를 시각화할 때의 데이터 구조에 적합하고, melt( )는 모델링할 때의 데이터 구조에 적합하다고 할 수 있다.
  ㉤ sqldf
    • SQL 명령이 주어지면 자동으로 스키마를 생성하고 데이터를 테이블로 로드한 뒤 SQL문을 수행하며 SQL 실행 결과를 다시 R로 로드하는 것을 말한다.
    • sqldf( ) 함수를 이용해서 데이터 조회를 실행할 수 있다.
    • SQL 문을 이용한 데이터 분석에 사용되며 데이터를 불러올 때 select( )를 이용해서 데이터를 추출한다.
  ㉥ plyr
    • 두 개 이상의 데이터 프레임을 병합하거나 분리해서 요약하고 집계할 때 사용되는 패키지라고 할 수 있다.
    • 데이터를 분리하고 처리한 다음, 다시 결합하는 가장 필수적인 데이터 처리 기능을 제공하고 있으며 한꺼번에 여러 개의 통계치를 구할 수 있다.

⑨ 프로젝트 산출물
  ㉠ 프로젝트 필수 산출물로는 데이터 분석과제 계획서가 있는데 여기에는 데이터 분석 목표를 정확하게 정의하고, 프로젝트 진행을 위한 일정 계획을 세우고, 자원을 배분할 계획을 세워야 한다.

ⓒ 데이터 탐색 보고서에는 데이터 수집 대상 내용을 포함해서 데이터 상세 내용을 기록해야 하고 프로젝트를 진행하기 위해서 사용할 데이터의 변수를 도출하고, 최종적으로 선택된 변수 목록을 기술해야 한다.

ⓒ 데이터 모델링 및 검증보고서에는 데이터 모델링을 위한 방안이 기술되어야 하고 데이터 모델링 개발을 위한 스크립트와 데이터 모델을 비교·검증하기 위한 검증 내용 및 결과를 기록해야 한다.

ⓔ 기타 그 외에도 데이터 분석 모델을 유지보수하기 위한 산출물과 프로젝트 관련 교육에 대한 일정과 산출물을 포함해야 한다.

⑩ **소프트웨어 분석 방법론**
  ⓐ 빅데이터를 분석하기 위한 소프트웨어 분석 방법론은 적용해야 하는 업무에 따라서 다양한 모델을 적용할 수 있다.
  ⓑ 폭포수 모델
   • 과정 : 개발 전 과정을 나누어서 체계적이고 순차적으로 접근하는 방식인 폭포수 모델은 요구사항 분석 → 설계 → 구현 → 테스트 → 유지보수의 단계로 분석이 이루어진다.
   • 장점 : 체계적 문서화가 가능해서 프로젝트 진행을 명확하게 알 수 있다.
   • 단점 : 단계적으로 이루어지므로 앞 단계가 완료되어야 다음 단계로 넘어갈 수 있다.
  ⓒ 나선형 모델
   • 목적 : 반복을 통해서 점증적으로 개발하는 방법으로 프로젝트를 수행할 때 위험을 관리하고 위험을 최소화하는 것이다.
   • 과정 : 나선형 모델은 목표설정 → 위험 분석 → 구현 및 테스트 → 고객평가 및 다음단계 수립의 과정으로 이루어진다.
   • 단점 : 복잡성으로 인한 프로젝트 관리가 어렵고 개발 장기화의 가능성이 존재한다.
  ⓓ 프로토타입 모델
   • 목적 : 사용자의 요구사항을 충분히 분석하고자 하는 목적으로 시스템 일부분을 구현한 후 다음 요구사항을 반영하는 방법으로 점진적 개발 방법이다.
   • 과정 : 계획수립 → 요구사항 분석 및 정의 → 프로토타입 개발 → 프로토타입 평가 → 구현 → 인수의 과정을 거친다.
   • 장점 : 사용자 요구사항을 도출하는 것이 용이하다.

⑪ **데이터 분석 기법 요약**
  ⓐ 빅데이터 분석을 위한 데이터 처리는 통계적 기법, 정형 데이터 마이닝과 비정형 데이터 마이닝으로 나눌 수 있다. 여기에서 통계기법과 정형 데이터 마이닝, 비정형 데이터 마이닝에 대해서 간단히 소개한다.
  ⓑ 통계분석 기법
   • 모수 검정 : 검정하고자 하는 모집단의 분포를 가정하고 검정통계량을 구하여 검정을 실시하는 것이다.
   • 비모수 검정 : 모집단의 분포에 제약을 가하지 않고 검정을 실시하는 검정방법이라고 할 수 있다.

- 기술통계 분석 : 자료를 분석하기 위해 간단한 기술통계 요약표를 만들어서 검토한 후 기초 통계량을 구해서 분석하는 것이다.
- 고급통계 분석 : 회귀분석, 시계열 분석, 분산분석, 판별분석, 군집분석, 요인분석, 로지스틱 회귀분석 등 프로젝트 기획에 맞추어서 용도에 맞는 분석을 실시하고 결과를 도출하는 것이다.

ⓒ 정형 데이터 마이닝
- 분류(Classification) : 훈련 데이터군(Group)을 학습시켜 만들어진 모델에 새롭게 추가되는 데이터가 어느 군에 속할지를 검증하여 속할 만한 데이터군을 찾는 지도 학습 방법이다.
- 추정(Estimation) : 분류가 결과물을 분리하는 데 사용된다면 추정은 입력 데이터를 사용해서 알려지지 않은 결과의 값을 추정하는 데 사용된다. 추정의 정확도를 높이기 위해서 모델에 대한 검증이 필요하다.
- 예측(Prediction) : 장바구니 분석, 의사결정나무, 신경망 모두 예측에 사용되는 기술들로서 입력데이터의 유형, 특성 및 성격에 따라서 방법론을 결정하게 된다.
- 연관분석(Association Analysis) : 아이템 사이의 연관성을 파악하는 분석이다. 연관분석의 한 기법인 장바구니 분석의 결과는 연관규칙으로 패턴을 발견하여 연관성을 찾아낸다.
- 군집화(Clustering) : 데이터의 특성을 고려하여 비슷한 특성이 있는 데이터들을 합쳐가면서 유사군으로 분류하는 기법으로 분류와 달리 훈련 데이터군이 이용되지 않기 때문에 군집화는 비지도 학습이다.
- 요약기술(Description) : 데이터가 가지고 있는 의미를 단순하게 기술하는 것으로 데이터가 암시하는 바에 대한 설명을 의미한다. 여기에서 데이터 마이닝 기능을 추진하기 위해서는 목적정의, 데이터준비, 데이터가공, 데이터 마이닝 기법의 적용과 검증 단계가 필요하다.

ⓔ 비정형 데이터 마이닝(텍스트 마이닝)
- 문서요약, 문서분류, 문서군집, 특성 추출의 기능을 가지고 있다.
- 데이터를 수집해서 데이터에 있는 문장부호나 의미 없는 숫자와 단어를 제거하거나 변형하여 분석에 용이하게 텍스트를 가공하는 과정을 의미한다.
- Corpus(말뭉치, 코퍼스)는 데이터 마이닝(텍스트 마이닝)에서 데이터에 대한 정제, 통합, 선택, 변환의 과정을 거친 구조화된 단계이다. 즉, 더 이상 추가적인 절차 없이 데이터 마이닝 알고리즘 실험에 활용될 수 있는 상태를 의미한다.

ⓜ 비정형 데이터 마이닝(사회연결망 분석)
- 개인과 집단들 간의 관계를 노드와 링크로써 모델링을 하고 위상구조와 확산 및 진화과정을 계량적으로 분석하는 방법론이라고 할 수 있다.
- 즉, 개인적인 인간관계가 확산되어 형성된 사람들 사이에 네트워크를 분석하는 것을 의미한다.

확인 문제 | 데이터마트 구축

R에서 데이터마트 구축 패키지가 아닌 것은?

① reshape
② sqldf
③ plyr
④ xml

풀이 R에서의 데이터마트 구축에 사용되는 패키지로는 reshape, sqldf, plyr 등을 들 수 있다.
정답 ④

확인 문제 | 데이터마트 구축 패키지

R에서 데이터마트 구축을 위한 패키지로 두 개 이상의 데이터 프레임을 병합하거나 분리해서 요약하고, 집계할 때 사용되는 패키지로 데이터를 분리하고 처리한 다음 다시 결합하는 가장 필수적인 데이터 처리 기능을 제공하고 있으며 한꺼번에 여러 개의 통계치를 구할 수 있는 것은?

① reshape
② sqldf
③ plyr
④ data.table

풀이 R에서의 데이터마트 구축에 사용되는 패키지로는 reshape, sqldf, plyr 등을 들 수 있으며, plyr은 두 개 이상의 데이터 프레임을 병합하거나 분리해서, 요약하고 집계할 때 사용되는 패키지라고 할 수 있다. 데이터를 분리하고 처리한 다음 다시 결합하는 가장 필수적인 데이터 처리 기능을 제공하고 있으며 한꺼번에 여러 개의 통계치를 구할 수 있다.
정답 ③

> **확인 문제** 분석 방법론

다음 분석 방법론에 대한 설명 중 잘못된 것은?

① 폭포수 모델은 요구사항 분석 → 테스트 → 설계 → 구현 → 유지보수의 단계로 분석이 이루어진다.
② 폭포수 모델의 장점은 체계적 문서화가 가능해서 프로젝트 진행을 명확하게 알 수 있다는 것이다.
③ 나선형 모델의 단점은 복잡성으로 인한 프로젝트 관리가 어렵고 개발 장기화 가능성이 존재한다는 것이다.
④ 프로토타입 모델의 장점은 사용자 요구사항을 도출하는 것이 용이하다는 것이다.

풀이 개발 전 과정을 나누어서 체계적이고 순차적으로 접근하는 방식인 폭포수 모델은 요구사항 분석 → 설계 → 구현 → 테스트 → 유지보수의 단계로 분석이 이루어진다.
폭포수 모델의 장점은 체계적 문서화가 가능해서 프로젝트 진행을 명확하게 알 수 있다는 것이며, 단점은 단계적으로 이루어지므로 앞 단계가 완료되어야 다음 단계로 넘어갈 수 있다는 것이다.

정답 ①

> **확인 문제** 분석 기법

다음 분석 기법에 대한 설명 중 잘못된 것은?

① 모집단의 분포에 대한 제약을 가하지 않고 검정을 실시하는 검정방법을 비모수 통계라고 한다.
② 연관관계 분석이란 아이템 사이의 연관성을 파악하는 분석이다.
③ 문서요약, 문서분류, 문서군집, 특성 추출의 기능을 가지고 있는 텍스트 마이닝은 정형 데이터 분석이다.
④ 사회연결망 분석은 개인과 집단들 간의 관계를 노드와 링크로써 모델링을 하고 위상구조와 확산 및 진화과정을 계량적으로 분석하는 방법론이라고 할 수 있다.

풀이 문서요약, 문서분류, 문서군집, 특성 추출의 기능을 가지고 있는 텍스트 마이닝은 비정형 데이터 분석이다.

정답 ③

02 분석 환경 구축

(1) 분석 도구 선정

① 빅데이터 처리 시스템

　㉠ 빅데이터 분석 도구
- 데이터의 양, 데이터의 처리 속도, 데이터의 다양성 등을 고려하여 데이터를 핸들링하고 이를 분석할 수 있는 통계적 방법이 필요하며 이를 수행할 수 있는 도구가 필요하다.
- 기초적인 도구로는 엑셀뿐만 아니라 SPSS, SAS, R, Python 등 다양하다.

　㉡ 빅데이터 처리 : 빅데이터 처리를 위해서는 대용량 데이터를 분산 병렬 처리하고 관리할 수 있어야 하므로 데이터의 유형에 따라서 실시간 처리나 배치 처리를 할 수 있도록 하여야 한다.

　㉢ 데이터 처리 환경 구축 시 고려 사항
- 빅데이터 처리 기술은 데이터 볼륨(Volume)과 데이터 발생 속도가 증가하고 데이터 형태가 다양해지면서 더욱 필요하게 되었다.
- 빅데이터 처리를 위해서는 빅데이터 처리를 위한 환경 구축이 되어야 하고, 빅데이터 처리 시스템 구축을 위한 계획을 세워야 한다. 기존 시스템과 연계 가능성을 고려해서 빅데이터 처리 환경을 구축해야 한다.

② 빅데이터 처리 시스템 구축 절차

　㉠ 데이터 검증은 별도의 검증 시스템에서 이루어지기도 하며, 보통 빅데이터 처리 시스템에서 데이터를 검증하기도 한다.

　㉡ 빅데이터 처리 시스템이란 대용량 데이터를 분산 병렬 처리하고 관리하는 시스템으로서 사용자에게 데이터 유형별로 실시간 처리나 배치(Batch) 처리가 가능하도록 하는 프레임워크를 제공한다.

　㉢ 빅데이터 처리 시스템은 대규모 양의 빅데이터 수집·관리·유통·분석 과정을 처리하는 일련의 분산 병렬 처리 프레임워크이다.

　㉣ 데이터 품질관리와 검증을 효율적으로 수행하기 위하여 데이터 처리 시스템을 사전에 정의된 절차에 의해 구축한다.

　㉤ 빅데이터 처리 시스템은 데이터 처리환경 분석, 데이터 처리 시스템 세부 계획 수립, 기존 시스템 연계 고려 및 데이터 처리 환경 구축의 절차로 구축된다.

　㉥ 빅데이터 처리 시스템 구축 과정은 다음과 같다.

```
┌─────────────────────┐              ┌─────────────────────┐
│ 빅데이터 처리 환경 분석 │              │ 빅데이터 처리 시스템  │
└─────────────────────┘              │    세부 계획 수립    │
                                     └─────────────────────┘
• 데이터 크기, 생성속도, 빈도에         • 빅데이터 처리 시스템 도입 및 설정 검토
  따른 데이터 처리 방안 검토            • 클러스터 구축을 위한 하드웨어 환경 점검
• 클러스터 구축 방안 수립      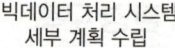   • 소프트웨어 환경 점검
• 목적에 맞는 처리 시스템 계획 수립      • 체크리스트 작성
                                     • 처리 방식과 수행 환경에 대한 운영 모드 검토
                                     • 검증 계획 작성, 운영 체계 등의 계획 수립

┌─────────────────────┐              ┌─────────────────────┐
│  빅데이터 처리 환경 구축  │              │   기존 시스템 연계 고려  │
└─────────────────────┘              └─────────────────────┘
• 사용자 관점의 빅데이터 처리 시스템 구축   • 데이터 처리 방식에 대한 기존 시스템과의
  예 하둡 회사의 가상머신 활용, 시나리오별     연계 가능성 및 복잡도 검토
     처리시스템 검증            • 연계 방안 및 설계안 작성
• 처리과정 및 특징점을 문서화            • 기존 DBMS와 하둡 시스템 연계 도구 검토
                                     • 비정형 데이터 처리방안
                                     • NoSQL 도구 검토(비관계형 데이터베이스)
```

[빅데이터 처리 시스템 구축 절차]

③ 빅데이터 저장 시스템
　㉠ 관계형 데이터베이스(RDBMS)와 NoSQL DBMS 시스템에 대한 저장 방법의 주요 특징을 비교하면 다음과 같다.

〈표 3-2〉 빅데이터 저장 시스템의 비교

모 델		저장 방법
관계형 데이터베이스 시스템 (RDBMS)		• 정형 데이터 유형의 데이터 저장 • 반정형 데이터로부터 구조적 데이터 추출 • 개념 데이터 모델링, 논리 DB, 물리 DB 설계 수행 • Oracle, MSSQL, MySQL, Sybase 등 활용
NoSQL DBMS	개 요	• 기존 RDBMS과 비교하여 상대적으로 제한이 덜한 데이터 모델 • 수평적 확장성, 데이터 복제, 간편한 API 제공, 일관성 보장 등의 장점 • 대용량 데이터베이스 저장 및 분산 데이터 처리 관리 • Key-value, Column-oriented, Document-oriented, Graph-oriented 등의 데이터 모델 방법 활용
	데이터 모델링	• 개념적 데이터 모델링 후 도메인 데이터 모델에서 질의 결과로 사용할 데이터가 무엇인지 정의하여 해당 질의 결과를 얻기 위한 데이터 저장 모델을 역순으로 설계 • 조인된 결과를 하나의 테이블로 설계하여 저장
	레코드 식별자	• id라는 별도의 객체 식별자를 사용하여 레코드 구별 • MongoDB의 경우 DBMS가 자동으로 생성하는 id식별자 이용
	조인 연산	• 조인 연산을 사용하지 않음 • 조인 연산을 위해 Linking, Embedding 기법 활용
	절 차	• 개념 데이터 모델 설계 : 데이터 도메인을 이해하고 데이터 저장, ER 모델을 이용한 개념적 설계 적용 • 논리 데이터 모델 설계 : 두 개체의 관계에 따른 모델링 적용, 예를 들어 두 개체의 관계가 1:1인 경우 관계형 논리 데이터 모델링의 경우와 유사하게 어느 한쪽의 속성에 Link로 저장하거나 하나의 테이블로 통합, 그리고 두 개체의 관계가 1:n인 경우 Embedding 기법 활용

ⓒ 빅데이터 모델을 설계하고 타당성을 검증하고 난 후, 데이터 유형별로 특성에 부합하는 데이터 저장 모델과 제약조건을 설계하기 위하여 다양한 데이터 저장 방법들에 대한 비교, 검토가 사전에 이루어져야 한다.

ⓒ NoSQL DBMS로서 최근 카산드라(Apache Cassandra) 시스템이 많이 활용되고 있으며 다음과 같은 특징을 가진다.
- 분산 시스템을 이용하여 방대한 데이터를 효율적으로 처리
- 오픈소스 DBMS로서 페이스북에서 개발
- 아파치 소프트웨어 재단의 프로젝트로 관리
- 자유−오픈소스 분산형 NoSQL 사용하여 고성능 제공
- 여러 데이터 센터에 클러스터 기능 지원(Low Latency 운영)

④ 분석 환경 구축을 위한 하드웨어 및 소프트웨어
ⓐ 빅데이터 처리 시스템은 크게 하드웨어와 소프트웨어로 나누며, 하드웨어는 빅데이터 수용 용량 및 분석 작업에 대한 부하를 고려하여 구축한다.

ⓑ 하드웨어는 크게 마스터 노드(Master Node)와 슬레이브 노드(Slave Node)로 구분되는데 마스터 노드는 메모리상에서 처리해야 할 작업이 많아서 고용량 메모리 크기(통상 128GB 이상의 애플리케이션·서비스)를 요구한다.

ⓒ 슬레이브 노드는 실제 파일 블록을 저장하고, 작업을 수행하는 노드이며, 가능한 많은 디스크를 장착하여 실제 블록이 있는 노드에서 작업을 수행하고 노드 사이의 블록 이동은 최소화하도록 설계한다.

ⓓ 하드웨어와 소프트웨어 구성 시 고려 사항은 다음과 같다.

〈표 3−3〉 빅데이터 처리를 위한 하드웨어 및 소프트웨어 구성

구 분		구 성
하드웨어	개 요	• 데이터 처리 시스템 • 클러스터 : 마스터, 슬레이브(또는 작업) 노드 구성 • 마스터 : Name, Standby Name, Secondary Name Node, Resource Manager 구성 • 슬레이브 : Data, Node Manager, Impala Server Daemons 구성
	마스터 노드	• 안정된 하드웨어 사용 • 20개 노드 이상 중대형 클러스터의 경우 Name Node와 Resource Manager를 별도 운영 • Carrier-class Hardware 이종 전원 공급 장치, 이중 이더넷 카드, RAID 된 하드디스크 사용
	슬레이브 (작업) 노드	• 데이터 저장·처리 서버, 보안 서버 등을 고려하여 구축 • 디스크는 별도의 RAID 구성을 하지 않음(HDFS에서 블록 중복 저장하여 사용) • 데이터가 많은 경우 메모리 증설 또는 10GB Ethernet Network Card 사용하여 성능 향상 • 1GB Ethernet, 48 TB SATA II disk, 256GB RAM 사용
소프트웨어	데이터 수집	외부 데이터 수집, 변환, 적재 예 Flume, Sqoop, Crawler, Open API
	데이터 관리	파일을 블록으로 나누어 분산 저장 예 HDFS(하둡 분산 파일 시스템)

소프트웨어	데이터 분석	• 대용량 데이터 분석 처리 프레임워크 • SQL 기반 데이터 분석, 머신러닝 라이브러리 • 인-메모리 분산처리 프레임워크 등 　예 MapReduce, Pig, Hive, Mahout, Spark, Storm, Impala

⑤ 데이터 분석 도구

　㉠ 하둡(Hadoop)

　　• 대용량의 데이터를 분산 처리할 수 있는 자바 기반의 오픈소스 프레임워크이다. 구글이 나오면서 데이터 양이 방대해졌으나 이러한 데이터를 분석할 수 있는 프레임워크는 없었다. 아파치에서는 빅데이터를 처리하기 위한 하둡을 공개소프트웨어로 제공했다.

　　• 시스템이 중단되지 않고 장비의 추가가 용이하며 저렴한 구축비용과 비용대비 데이터 처리 속도가 빠르다는 장점이 있고, 실시간 데이터 분석 같이 신속하게 처리해야 하는 작업에는 부적합하며 HDFS에 저장된 데이터를 변경할 수 없다는 단점이 있다.

　㉡ R

　　• 빅데이터 분석을 위한 오픈소스 프로그램으로 통계 계산 및 데이터 마이닝과 시각화를 위한 빅데이터 처리 프로그램이라고 할 수 있다.

　　• 빅데이터 분석이 목적이며 5,000개가 넘는 패키지들이 다양한 기능을 지원하고 있다는 것이 특징이다.

　　• 기초적인 통계분석을 할 수 있으며, 다양한 분석이 가능하고 데이터 모델에 따라서 예측 분석이 가능하다.

　㉢ 맵리듀스(MapReduce) : 구글에서 빅데이터를 분산 병렬 컴퓨팅 환경에서 처리하기 위한 목적으로 만들어졌으며 맵함수와 리듀스 함수 기반으로 데이터를 병렬 처리하는 방식이라고 할 수 있다.

　㉣ SPSS

　　• SPSS는 Statistical Package for Social Science의 약자로 사회과학의 자료 분석을 위하여 고안된 프로그램으로 보편적으로 많이 사용되는 빅데이터 분석 도구라고 할 수 있다.

　　• UI 측면에서 사용자가 쉽게 배울 수 있다는 장점이 있다.

　　• UI 측면에서 사용의 편리성이 있어 가장 보편적으로 사용되고 있다.

　㉤ SAS : Statistical Analysis System의 약자로 통계적인 전문가들이 주로 활용할 수 있으며 보고서 작성과 그래픽이 가능한 빅데이터 분석 도구이다.

⑥ 하둡 시스템을 이용한 데이터 처리 방법

　㉠ 하둡(Hadoop)을 이용한 데이터 검증・처리 방법을 요약하면 다음과 같다.

　㉡ 하둡이란 빅데이터를 처리할 수 있는 컴퓨터 클러스터에서 분산처리 애플리케이션을 지원하는 오픈 소프트웨어 프레임워크이다.

　㉢ 하둡 분산처리 시스템(HDFS ; Hadoop Distributed File System)은 여러 대의 서버로 구성된 클러스터에서 대용량 데이터 처리를 위해서 개발된 분산 파일 시스템이다. 이 시스템은 파일을 기본적으로 64MB 또는 128MB 블록 단위로 나누어 여러 개의 데이터 노드에 분산 저장한다.

㉣ 데이터 유실이나 하드웨어의 고장을 고려하여 복제본을 만들어 여러 노드에 중복 저장(고장 감내성 보장)한다. 복제된 블록들은 분산병렬 수행을 지원하고, 데이터가 있는 곳에서 계산이 수행되며, 수행 시의 데이터 이동을 최소화하도록 지원한다.

㉤ 블록들은 Master Node인 Name Node와 Slave Node인 Data Node에 의해서 관리·저장되며, 네임 노드가 파일의 메타 정보를 관리하고 실제 데이터는 여러 대의 데이터 노드에 분산·저장된다.

㉥ 하둡 시스템과 다른 플랫폼들 사이의 동작원리를 나타내면 다음과 같다.

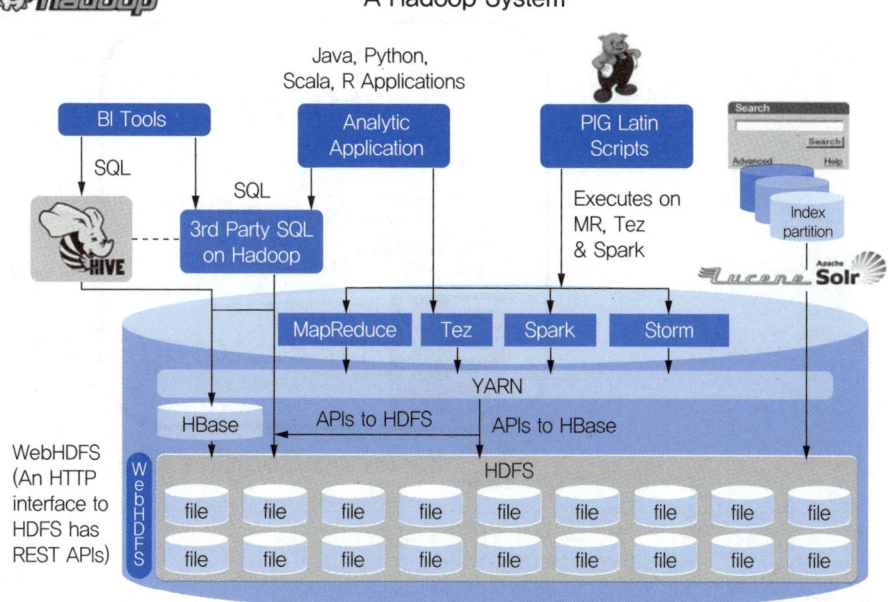

출처 : https://www.ibmbigdatahub.com/blog/what-hadoop

[하둡 시스템의 동작 원리]

ⓈHDFS 주요 노드의 기능은 다음과 같다.

〈표 3-4〉 HDFS 시스템의 주요 기능

구 분	주요 기능
Name Node	• 일반적으로 클러스터에 2개의 네임 노드 구축 • 네임 서버는 파일의 메타 정보 보관 • 클라이언트로부터 특정 파일에 대한 요구 발생 • 파일을 보관하는 블록들에 대한 정보를 통해 실제 노드(데이터) 제공 • 데이터 접근은 데이터 노드를 통해 이루어짐 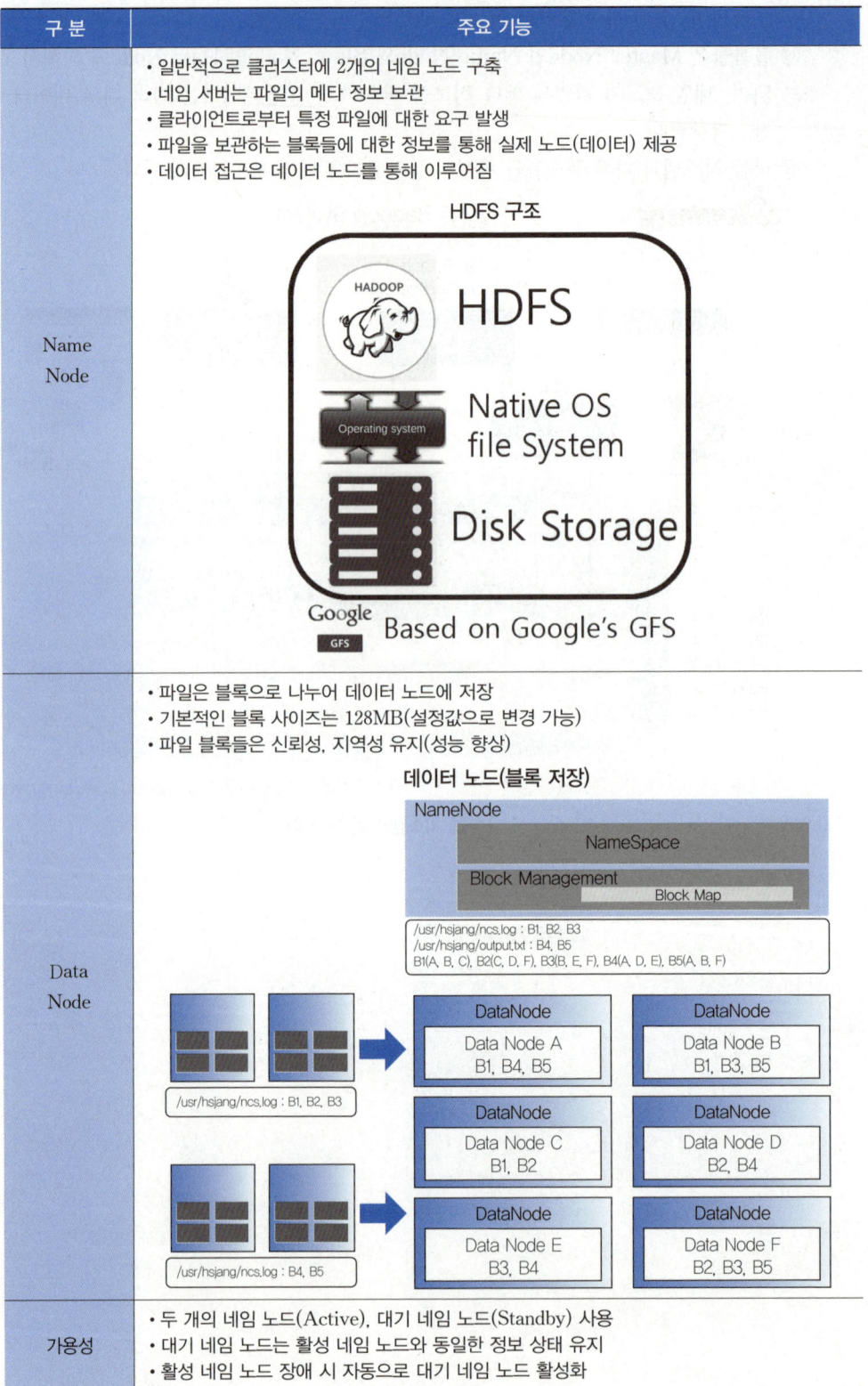
Data Node	• 파일은 블록으로 나누어 데이터 노드에 저장 • 기본적인 블록 사이즈는 128MB(설정값으로 변경 가능) • 파일 블록들은 신뢰성, 지역성 유지(성능 향상)
가용성	• 두 개의 네임 노드(Active), 대기 네임 노드(Standby) 사용 • 대기 네임 노드는 활성 네임 노드와 동일한 정보 상태 유지 • 활성 네임 노드 장애 시 자동으로 대기 네임 노드 활성화

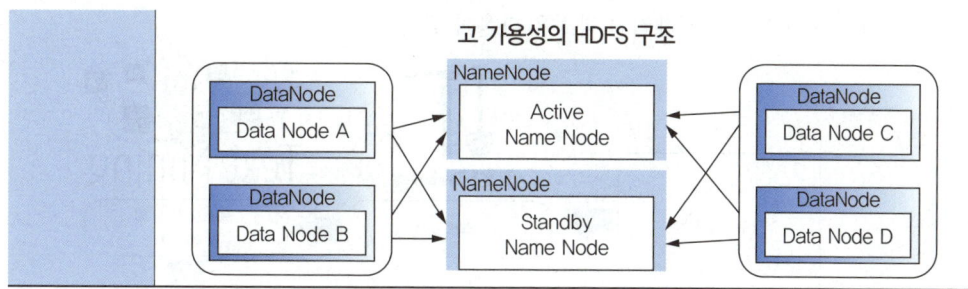

⑦ 텍스트 수집 도구
  ㉠ 예를 들어, 텍스트 마이닝(Text Mining) 기법을 적용하는 경우 텍스트 수집은 수집 대상 데이터를 선정하고 수집을 위한 세부 계획을 수립한 후 업무 특성 및 목적에 적합한 데이터를 수집한다.
  ㉡ 데이터의 유형 및 특성에 따라 다양한 텍스트 데이터 수집 기술이 활용되며, 주요 기술은 다음과 같다.

〈표 3-5〉 텍스트 수집 도구

구 분	특 징	비 고
스크래핑 (Scraping)	Crawler와 달리, 하나의 웹문서(웹사이트)에 대한 정보 수집	웹문서 정보 수집
크롤링 (Crawling)	• SNS, 뉴스, 웹정보 등 인터넷에서 제공되는 웹문서 정보 수집 • URL link를 이용하여 반복적으로 정보 수집 • 오피니언 마이닝(Opinion Mining) : 신문, 뉴스, 인물 등과 같은 관련 원천 데이터에서 특정 주제에 대한 의견, 평가, 태도 등의 정보 추출(2012년 미국 대통령 선거에 활용)	웹문서 정보 수집
FTP	• 인터넷 서버(TCP/IP 프로토콜)로부터 각종 파일 송수신 • 보안을 위한 SFTP(Secure FTP) 사용 • 서버 사이 연동을 위해 전용 네트워크 구축	파일 수집
RSS	• 웹기반 최신 정보 공유, XML 기반 콘텐츠 배급 프로토콜 이용 • RSS reader : 빅데이터의 생산, 공유, 참여 환경인 웹서비스를 구현하는 기술로 필요한 데이터를 프로그래밍을 통해 수집	콘텐츠 수집
Open API	• 데이터, 정보, 서비스 등을 어디서나 쉽게 이용할 수 있는 개방형 API로 데이터 수집 • 다양한 Application 개발이 가능하도록 개발자와 사용자에게 공개	실시간 데이터 수집

⑧ 텍스트 마이닝
  ㉠ 최근 SNS의 활성화로 대부분의 기업들이 텍스트 데이터 분석을 통해 기업 경영과 관련된 의사결정에 활용하고자 관련 분야에 많은 투자를 하고 있다.
  ㉡ 위키피디아에서는 텍스트 마이닝(Textmining, 텍스트 분석)을 "비정형 텍스트 데이터로부터 유용한 정보를 추출하는 것"으로 정의한다.
  ㉢ 텍스트 마이닝에서는 사람의 언어로 이루어진 비정형 데이터들을 자연어 처리 방식을 이용하여 대규모 문서에서 정보를 추출하거나, 연계성을 파악하여 분류, 군집화, 요약 등 빅데이터에 숨겨진 의미를 발견한다. 텍스트 분석, 지식 발견, 문서 마이닝 등으로 불리기도 한다.
  ㉣ 데이터 마이닝은 주로 구조적인 데이터(정형)을 대상으로 유용하고 가치 있는 패턴을 추출하는 것이라면, 텍스트 마이닝은 자연어로 구성된 비구조적인 데이터(비정형)를 대상으로 개체명(인명, 지역명 등), 패턴 혹은 단어-문장 관계 정보를 추출한다.

◎ 텍스트 마이닝의 전체적인 과정은 다음과 같다.

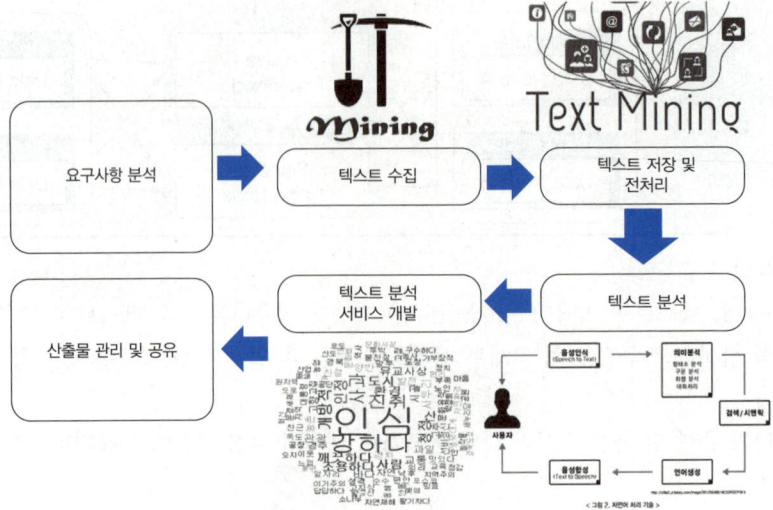

[텍스트 마이닝의 주요 분석 업무]

◉ 텍스트 마이닝을 위한 각 과정의 주요 업무는 다음과 같다.

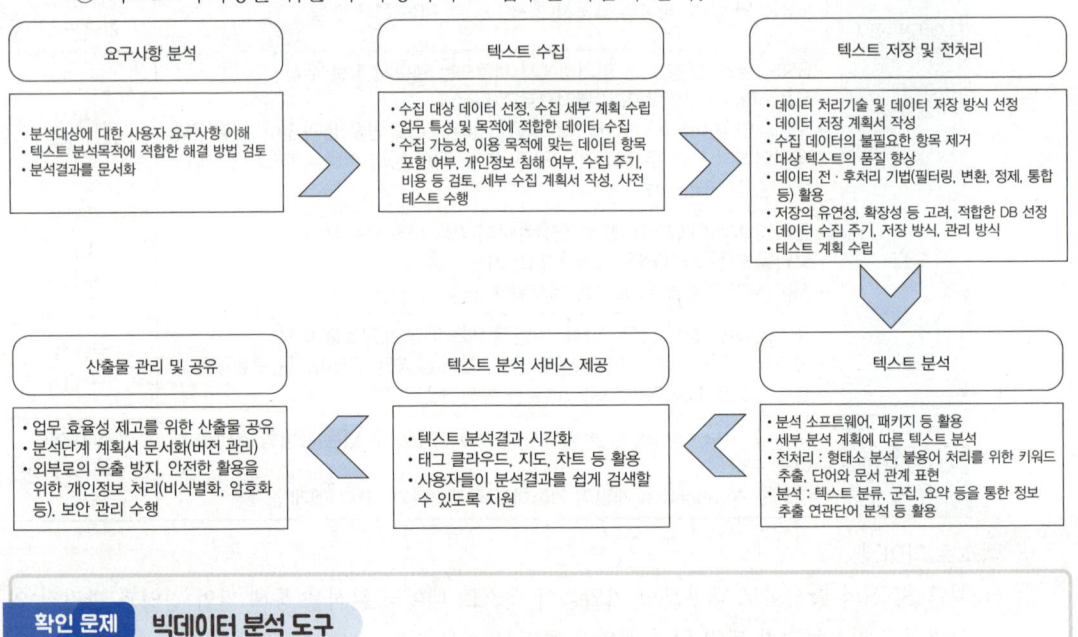

확인 문제 빅데이터 분석 도구

다음 중 빅데이터 분석 도구라고 보기 어려운 것은?

① Scribe
② R
③ MapReduce
④ Hadoop

풀이 빅데이터 분석 도구로는 하둡, R, SPSS, SAS, 맵리듀스 등을 들 수 있다.

정답 ①

(2) 데이터 분할

① 빅데이터 분석에서는 분석목적에 부합하는 모형 선택과 모형 구축을 위한 데이터의 질이 중요하다고 할 수 있다.
② 데이터 분석은 모집단에서 표본을 추출하고 추출된 데이터를 분할을 통해서 모형의 모수를 추정하여 모수 추정이 통계적으로 유의한지를 검증하는 검증단계로 나눈다.
③ 데이터세트는 훈련 데이터와 검증 데이터세트로 나누거나 또는 훈련 데이터와 평가 데이터와 검증 데이터세트로 나눌 수 있다. 각각의 데이터세트에 대한 정의는 아래와 같다.
④ **훈련 데이터세트** : 가장 큰 데이터세트로서 빅데이터 통계 모듈을 구축하기 위해 사용되는 다수의 모델(모형)을 개발하기 위한 훈련(학습) 데이터를 의미한다.
⑤ **검증 데이터세트** : 모형을 비교하여 좋은 모형을 선택하거나 각각의 모형의 성과를 평가하기 위해서 사용되는 데이터세트이다.
⑥ **평가 검증 데이터세트** : 새로운 데이터를 가지고 선택된 모형의 성능을 평가하기 위한 용도로 사용되는 데이터세트이다.
⑦ **과적합** : 제한된 훈련 데이터세트에 과하게 특화되어 새로운 데이터에 대한 오차가 매우 커지는 것을 과적합이라고 한다.
⑧ 적합한 분석모형을 선택하고 모형에 적용하여 모형의 성능 및 적합성, 안전성 등을 평가하는 과정이 빅데이터 분석과정에 있어 핵심이라 할 수 있다.

확인 문제 | **데이터 분할의 이해**

다음 중 데이터 분할과 관련된 설명으로 옳지 않은 것은?

① 훈련 데이터세트는 가장 큰 데이터세트로서 빅데이터 통계 모듈을 구축하기 위해 사용되며 다수의 분석 모델을 개발하기 위한 데이터이다.
② 제한된 훈련 데이터세트에 과하게 특화되어 새로운 데이터에 대한 오차가 매우 커지는 것을 미적합이라고 한다.
③ 검증 데이터세트는 분석 모델을 비교하여 좋은 모델을 선택하거나 각각의 모델의 성과를 평가하기 위해서 사용되는 데이터세트이다.
④ 평가 검증 데이터세트는 새로운 데이터를 가지고 선택된 모델의 성능을 평가하기 위한 용도로 사용되는 데이터세트이다.

풀이 제한된 훈련 데이터세트에 과하게 특화되어 새로운 데이터에 대한 오차가 매우 커지는 것을 과적합이라고 한다.
정답 ②

제1장 적중예상문제

제3과목 [빅데이터 모델링]

01 빅데이터 분석 기획의 절차로 맞는 것은?

① 문제발굴 → 해결대안설계 → 문제정의 → 타당성검토 → 과제선택
② 문제정의 → 문제발굴 → 해결대안설정 → 타당성검토 → 과제선택
③ 문제발굴 → 문제정의 → 해결대안설계 → 타당성검토 → 과제선택
④ 문제정의 → 문제발굴 → 해결대안설계 → 타당성검토 → 과제선택

[해설] 빅데이터 분석 기획은 '문제발굴 → 문제정의 → 해결대안설계 → 타당성검토 → 과제선택'으로 이루어진다.

02 빅데이터 분석 프로세스로 옳은 것은?

① 요건정의 → 모델링 → 적용 → 검증 및 테스팅
② 모델링 → 요건정의 → 적용 → 검증 및 테스팅
③ 요건정의 → 모델링 → 검증 및 테스팅 → 적용
④ 모델링 → 적용 → 요건정의 → 검증 및 테스팅

[해설] 빅데이터 분석을 위한 프로세스는 요건을 정의하고, 이것에 맞는 데이터를 수집하고, 수집된 데이터 탐색 및 전처리가 이루어지고, 모델링을 통해서 검증 및 테스팅이 이루어지고, 이 과정이 끝나면 적용을 한다.

03 분석주제 유형중 분석대상(What)을 인지하고 해결방법(How)을 알고 있는 경우에 해당하는 것은?

① Solution
② Optimization
③ Discovery
④ Insight

[해설] 분석의 대상(What)과 분석의 방법(How)에 따른 분석주제 유형에서 분석대상을 인지하고 해결 방법도 알고 있는 경우는 최적화(Optimization)이고 분석대상은 인지했으나 해결방법을 모르는 경우는 솔루션(Solution)이다. 또한, 분석대상은 모르나 분석 방법은 아는 경우는 통찰(Insight)이며, 분석대상도 모르고 분석 방법도 모르나 자체적으로 새롭게 도출할 경우는 발견(Discovery)이다.

04 소규모로 분할하여 구축과 이용하는 것이 더 효율적일 수 있어 작은 규모의 데이터웨어하우스로 고객관리, 상품관리, 재무회계관리 등의 단일 주제별로 의사결정 그룹을 구축하는 것은 무엇인가?

① 데이터마트
② DBMS
③ OLAP
④ 데이터웨어하우스

[해설] 작은 소규모로 분할하여 구축하고 이용하는 것이 데이터마트이다. 데이터마트는 데이터웨어하우스 환경에서 정의된 접근 계층으로, 데이터웨어하우스에서 데이터를 꺼내 사용자에게 제공하는 역할을 수행한다. 데이터마트는 데이터웨어하우스의 부분이며, 대개 특정한 조직 혹은 팀에서 사용하는 것을 목적으로 한다.

정답 01 ③ 02 ③ 03 ② 04 ①

05 데이터 마이닝의 주요 기법이 아닌 것은?

① Classification
② Text Mining
③ Association
④ ANOVA

[해설] 데이터 마이닝에서는 연관성을 탐색하고 연속성 규칙을 보고 분류규칙, 데이터 군집화, 웹 마이닝, 텍스트 마이닝, 오피니언 마이닝 등의 방법을 활용한다.

06 Clustering에 대한 설명으로 옳지 않은 것은?

① 가장 흔히 사용되는 Clustering 기법은 K-means이다.
② Hierarchical Clustering은 집단 개수를 정하지 않고 Clustering을 한 후 결정한다.
③ 계층적 Clustering의 알고리즘으로는 K-medoids가 있다.
④ Clustering는 각 개체 간의 유사도 혹은 비유사도를 기반으로 그룹에 할당하여 분석하는 기법이다.

[해설] Clustering은 계층적방법(Hierarchical Clustering), 비계층적방법(Nonhierarchical Clustering) 등으로 나눌 수 있는데 K-medoids는 비계층적 방법에 속한다.

07 다음 특징을 가지는 데이터 저장·관리 시스템은 무엇인가?

> • 대용량 데이터베이스 저장을 위해 제한이 덜한 데이터 모델 사용
> • 수평적 확장성(Scale-out), 데이터의 일관성 제공
> • 데이터 복제, 간편한 API 기능 제공
> • Mongoimport와 같은 적재 도구 활용
> • 기존 관계형 데이터베이스의 대안으로 활용

① GFS ② HDFS
③ NoSQL ④ RDBMS

[해설] NoSQL 방식을 이용한 데이터 저장, 관리 시스템의 특징이다. NoSQL(Non SQL 또는 Non Relational) 데이터베이스는 전통적인 관계형 데이터베이스보다 덜 제한적인 일관성 모델을 이용하는 데이터의 저장 및 검색을 위한 메커니즘을 제공한다.

08 빅데이터 저장 방식으로 옳지 않은 것은?

① NoSQL ② HDFS
③ RDB ④ Mahout

[해설] Mahout은 빅데이터 분석을 위한 알고리즘 패키지이다. Apache Mahout은 분산처리가 가능하고 확장성을 가진 기계학습용 라이브러리이다. 맵리듀스를 이용하는 하둡 위에 적용되며 비슷한 특성을 가진 데이터들을 분류하고 정의하는 작업 및 협업 필터링 분야에 집중한다.

09 다음 중 NoSQL DBMS의 특징으로 옳지 않은 것은?

① RDBMS와 비교하여 상대적으로 제한이 덜한 데이터 모델로 활용되고 있다.
② Key-value, Column-oriented, Document-oriented, Graph-oriented 등의 데이터 모델링 기법이 가능하다.
③ 만약, 두 개체의 관계가 1:n인 경우 어느 한쪽의 속성에 링크로 저장하거나 하나의 테이블로 통합할 수 있다.
④ MongoDB의 경우 DBMS가 자동으로 생성하는 id식별자를 이용할 수 있다.

[해설] 두 개체의 관계가 1:n인 경우 Embedding 기법을 활용하여 테이블을 생성하며, 관계가 1:1인 경우 어느 한쪽의 속성에 링크로 저장하거나 하나의 테이블로 통합하게 된다.

정답 05 ④ 06 ③ 07 ③ 08 ④ 09 ③

10 다음 특징에 해당하는 하드웨어 구성 요소는 무엇인가?

- 안정된 하드웨어 사용
- 중대형 클러스터의 경우 Name node, Resource Manager 구성
- 이중 전원 공급 장치
- RAID 형태의 하드디스크 사용

① Cluster Node ② Master Node
③ RAID Node   ④ Slave Node

[해설] 마스터 노드(Master Node)에 대한 특징이다. 물리적으로 여러 대의 서버가 하나의 클러스터처럼 동작하는 분산환경 시스템의 경우 Master-slave 구조를 사용한다. 여기에서는 최종 마스터 역할을 하는 마스터 측 데몬들이 존재하여 이런 마스터들의 관리를 받는 Slave 측 데몬들이 있는 형태로 운영된다.

11 관계형 DBMS에 저장된 데이터를 NoSQL 시스템에 적재하기 위한 방법으로 옳지 않은 것은?

① MongoDB의 경우 Mongify 기능을 활용하여 데이터를 적재한다.
② SQLtoNoSQLimporter를 활용하여 데이터를 적재한다.
③ 자바 및 C^{++} 프로그래밍 언어를 사용하여 데이터를 적재한다.
④ PHP 프로그래밍 언어를 사용한 데이터 적재는 불가능하다.

[해설] RDBMS 데이터를 NoSQL 저장관리 시스템에 저장하기 위하여 자바, C^{++}, PHP 등의 프로그래밍 언어를 사용한다.

12 다음 중 XML 기반의 콘텐츠 배급 프로토콜을 이용하여 웹기반의 최신 정보를 공유하고 해당 콘텐츠의 정보를 수집하는 기술은 무엇인가?

① Crawling
② Scraping
③ FTP
④ RSS

[해설] RSS(Rich Site Summary) 데이터 공유 및 수집 기술에 대한 설명이다. RSS는 뉴스나 블로그 사이트에서 주로 사용하는 콘텐츠 표현 방식으로서 웹사이트 관리자는 RSS 형식으로 웹사이트 내용을 보여준다.

13 다음 설명에 해당하는 데이터 수집 기술은 무엇인가?

> 실시간 데이터 수집을 이용하여 사용되며, 다양한 애플리케이션 개발이 가능하도록 개발자와 사용자에게 공개된 기술이다. 이를 이용하여 데이터, 정보, 서비스 등을 언제 어디서나 쉽게 이용할 수 있다.

① FTP
② Open API
③ RSS
④ Scraping

[해설] Open API를 이용한 데이터 수집 기술을 설명하고 있다. 누구나 사용할 수 있도록 공개된 API를 말하며, 개발자에게 응용 소프트웨어 또는 웹서비스에 대한 프로그래밍적인 권한을 제공한다.

14 하둡(Hadoop) 시스템의 특징으로 거리가 먼 것은?

① 하둡 시스템을 효율적으로 활용하기 위해서는 처리해야 할 데이터 크기가 작아야 한다.
② 하둡은 신뢰할 수 있고, 확장이 용이하며, 분산 컴퓨팅 환경을 지원하는 오픈소스 소프트웨어이다.
③ 하둡 시스템은 기능적으로 HDFS와 MapReduce 시스템으로 구성된다.
④ 대용량 데이터의 분산 저장 및 신속한 처리를 위해 다수의 컴퓨터를 네트워크로 연결하여 하나의 시스템과 같이 사용할 수 있다.

[해설] 일반적으로 하둡 시스템에서는 대용량 데이터를 처리하기 위하여 사용된다. 최근 하둡은 대용량 데이터를 적은 비용으로 더 빠르게 분석할 수 있는 소프트웨어로서 빅데이터 처리와 분석을 위한 플랫폼 중 사실상 표준으로 자리잡고 있다.

15 하둡의 핵심요소 중 연산의 실행 또는 계산을 분산 처리하는 역할은 무엇인가?

① HDFS
② MapReduce
③ Node Manager
④ YARN

[해설] MapRecuce(맵리듀스)는 연산의 실행(계산)을 분산 처리한다. 맵리듀스는 구글에서 대용량 데이터 처리를 분산 병렬 컴퓨팅에서 처리하기 위한 목적으로 제작된 소프트웨어 프레임워크이다. 이 프레임워크는 함수형 프로그래밍에서 일반적으로 사용되는 Map과 Reduce라는 함수 기반으로 주로 구성된다.

16 다음 설명에 해당되는 데이터 분석 도구는 무엇인가?

> - 통계적 분석과 데이터 마이닝 등에 사용되는 통계분석 프로그램
> - 사회과학 분야에서의 자료분석을 위해 주로 사용됨
> - UI 측면에서 사용자가 쉽게 배울 수 있고 편리하여 보편적으로 이용되고 있음
> - 상업용 소프트웨어로서 IBM에서 판매 · 유통하고 있음

① MapReduce
② R
③ SPSS(Statistical Package for Social Science)
④ SAS(Statistical Analysis System)

[해설] SPSS(Statistical Package for Social Science)는 사회과학용 통계 패키지로서 IBM에서 판매 · 유통하고 있다. 사회학, 정치학, 경제학, 경영학 분야 등에서 널리 사용되고 있으며 기업의 시장조사와 정부 활동을 위한 통계분석 및 대다수의 조사전문 기관에서도 활용한다. 기술통계, 이변량 통계, 수치결과 예측, 요인분석, 클러스터링 분석 등의 통계분석 결과를 얻을 수 있다.

17 MapReduce 데이터 분석 방법의 특징으로 가장 옳지 않은 것은?

① 병렬 컴퓨터 프로그램에 익숙하지 않은 프로그래머라도 쉽게 데이터에 대한 병렬 처리를 할 수 있도록 한다.
② Map과 Reduce는 간단하고 추상화된 연산 작업을 통해 복잡한 문제를 쉽게 해결할 수 있도록 한다.
③ 컴퓨터들은 서로 매우 약한 상관관계를 가지고 있어, 수백~수천 대의 컴퓨터로 확장이 가능하다.
④ 많은 컴퓨터가 데이터 처리 작업에 참여하므로, 시스템 장애는 쉽게 극복될 수 있다.

[해설] 많은 수의 컴퓨터가 데이터 처리 작업에 참여하여, 일반적으로 시스템 장애는 자주 발생된다.

18 다음 중 텍스트 마이닝의 절차로 옳은 것은?

① 텍스트 수집 → 요구사항 분석 → 텍스트 저장 및 전처리 → 텍스트 분석 → 서비스 개발
② 텍스트 수집 → 요구사항 분석 → 텍스트 분석 → 텍스트 저장 및 전처리 → 서비스 개발
③ 요구사항 분석 → 텍스트 수집 → 텍스트 저장 및 전처리 → 텍스트 분석 → 서비스 개발
④ 요구사항 분석 → 텍스트 수집 → 텍스트 분석 → 텍스트 저장 및 전처리 → 서비스 개발

[해설] 텍스트 마이닝은 '요구사항 분석 → 텍스트 수집 → 텍스트 저장 및 전처리 → 텍스트 분석 → 서비스 개발'의 절차로 수행된다.

19 다음 설명의 텍스트 마이닝 처리 단계는?

- 데이터 처리 기술 및 데이터 저장 방식 선정
- 데이터 저장 계획서 작성
- 수집 데이터에서 불필요한 항목 제거
- 데이터 필터링, 변환, 정제 및 통합 수행
- 데이터의 유연성 및 확장성을 고려한 적합한 데이터베이스 선정

① 요구사항 분석 ② 텍스트 수집
③ 텍스트 저장 및 전처리 ④ 텍스트 분석 서비스 제공

[해설] ① 분석대상에 대한 사용자 요구사항 이해가 진행되는 단계이다.
② 수집 대상 데이터 선정, 수집 세부 계획 수립 등을 수행하는 단계이다.
④ 텍스트 분석결과를 시각화하는 단계이다.

제3과목 [빅데이터 모델링]

제2장 분석 기법 적용

01 분석 기법

(1) 회귀분석(Regression Analysis)

① 회귀분석은 변수들 사이에 함수적인 관계를 알아보기 위해서 하는 통계적 기법으로 독립변수와 종속변수 간의 함수식을 유도하게 된다.
② 회귀분석을 통하여 독립변수와 종속변수 간의 상관관계에 따른 함수식을 도출하며, 독립변수들의 값을 이용해서 종속변수의 값을 예측한다.
③ **종속변수 예측**
 ㉠ 독립변수와 종속변수 간에 함수식이 성립되면 함수식을 통해서 독립변수의 값을 대입하여 종속변수를 예측하게 된다.
 ㉡ 회귀분석은 독립변수의 수가 몇 개인지, 종속변수의 수가 몇 개인지에 따라서 회귀모델을 설정할 수 있다.
④ **단순회귀분석모형** : 독립변수와 종속변수가 각각 1개인 경우로 가장 간단한 회귀분석모형이다.
⑤ **다중회귀분석모형** : 독립변수의 수가 두 개 이상이고 종속변수가 한 개인 경우의 회귀분석에 해당하며 주어진 독립변수와 종속변수 간에 회귀식을 구해서 종속변수와의 관계를 알아보는 회귀분석모형이다.
⑥ **적합성 평가** : 회귀분석의 모형에 대한 적합성 검정이 필요하며, 회귀분석의 적합성 검정은 다음의 방법을 이용한다.
 ㉠ 결정계수 확인 : 회귀분석에서는 회귀모형의 설명력을 알아보기 위한 결정계수(R^2 : Coefficient of Determination)를 구해서 회귀분석의 적합성을 검정할 수 있는데 결정계수 값은 $0 \leq R^2 \leq 1$로서 1에 가까운 값일수록 회귀식의 설명력이 높다고 할 수 있다.
 ㉡ 단순회귀분석모형의 경우 결정계수(R^2) 산출방법과 그 의미를 설명하면 다음과 같다.
  • 종속변수의 값을 y_i, 평균을 $\overline{y}$, 회귀분석모형을 이용한 예측값을 $\widehat{y_i}$라 한다.
  • 실제 데이터(y_i)가 그 평균($\overline{y}$)과 떨어진 정도를 다음과 같이 두 편차의 합(총편차 분해식)으로 나타낼 수 있다. 즉, **총변동**은 회귀식에 의해 설명 안되는 변동과 회귀식에 의해 설명되는 변동의 합으로 구해진다.

$$y_i - \overline{y} = (y_i - \widehat{y_i}) + (\widehat{y_i} - \overline{y})$$

  • 여기서 ($y_i - \widehat{y_i}$)는 실제 데이터와 회귀모형(회귀직선)을 통한 추정값의 차이로서 잔차(Residual)라고 하며, 이 값이 작을수록 회귀직선이 실제 데이터를 잘 설명해준다고 할 수 있다.

- 그리고 $(\widehat{y_i}-\overline{y})$는 회귀직선에 의해 설명될 수 있는 편차를 의미한다.
- 총편차 분해식을 제곱하여 합하면 다음이 성립한다.

$$\sum(y_i-\overline{y})^2=\sum(y_i-\widehat{y_i})^2+\sum(\widehat{y_i}-\overline{y})^2, \ SST=SSE+SSR$$

- 즉, 총편차의 제곱합(SST ; Total Sum of Squares)은 회귀에 의하여 설명되는 편차의 제곱합(SSR ; Regression Sum of Squares)과 잔차들의 제곱합(SSE ; Error Sum of Squares)의 합으로 나타낼 수 있다.
- 여기서 자료 전체의 흩어진 정도를 나타내는 SST 중에서 회귀에 의하여 설명되는 부분인 SSR이 클수록 회귀모형이 관측결과를 잘 설명해 준다고 할 수 있다. 이러한 의미에서 SST 중에서 SSR이 차지하는 비율을 결정계수(R^2) 또는 회귀직선의 기대율(기여율)이라고 한다.

$$R^2=\frac{SSR}{SST}=1-\frac{SSE}{SST}$$

- 결정계수($0 \leq R^2 \leq 1$)가 1에 가까울수록 산점도에서 점들이 직선 주위에 밀집되어 나타나게 되어 회귀에 의한 설명이 잘 됨을 뜻한다. 즉, 만약 모든 측정값들이 회귀직선상에 위치한다면 SSE=0이고 SSR=SST이므로 $R^2=1$이 된다.
- ⓒ 분산분석 테이블 확인 : 분산분석(ANOVA ; Analysis of Variance) 테이블의 검정통계량 값을 보고 가설의 유의성 검정을 할 수 있다. 이때 분석결과가 출력된 F값을 보고 회귀식의 유의성 검정을 할 수 있으며 유의확률 p가 유의수준 α보다 작으면 회귀식이 유의하다고 할 수 있다.
⑦ **회귀분석의 가정** : 회귀분석결과를 활용하기 위해서는 먼저 기본적인 가정이 필요하다. 이러한 가정을 만족하지 않으면 회귀식을 변환하여야 한다.
  - ㉠ 선형성 : 독립변수와 종속변수 간에는 선형적인 관계가 존재(단순회귀분석의 경우)해야 한다.
  - ㉡ 등분산성 : 회귀식의 잔차는 등분산성(분산이 일정)을 만족해야 한다.
  - ㉢ 독립성 : 회귀식의 잔차는 독립성을 만족해야 한다. 독립변수들 간에 독립이 보장되어야 한다.
  - ㉣ 정규성 : 회귀식의 잔차는 평균이 0(불편성)이고 표준편차가 σ인 정규분포를 따라야 한다.
⑧ **독립변수 선택 방법** : 다중회귀분석을 위해서 사용된 독립변수는 유의성 검정이 필요하다. 회귀분석에서 독립변수로 사용된 k개의 독립변수 중에서 유의성 검정을 통해서 변수를 선택하게 된다. 다중회귀분석에서 독립변수의 선택방법으로는 네 가지가 있으며 각각의 방법은 다음과 같다.
  - ㉠ 변수 모두선택 : 회귀분석을 실시할 경우 독립변수로 사용된 변수 모두를 이용해서 회귀식을 세우는 것이 첫 번째 방법이다.
  - ㉡ 전진선택법(Forward Selection) : 사용된 독립변수 중에서 가장 유의한 변수를 선택해서 하나씩 회귀식에 추가하는 방법이다. 즉, 종속변수에 가장 영향이 큰 독립변수라고 판단되는 변수를 하나씩 추가해 가면서 회귀방정식을 만들어 가는 방법이다.
  - ㉢ 후진제거법(Backward Selection) : 회귀분석을 위해서 모든 독립변수들을 이용해서 회귀식을 세우고 가장 유의하지 않은 독립변수를 제거하면서 적합한 회귀식을 찾는 방법이다. 즉, 회귀방정식에 포함된 모든 독립변수를 이용해서 회귀방정식에서 가장 중요하지 않다고 판단되는 변수를 하나씩 제거해 가면서 회귀방정식을 세우는 방법이다.

② 단계별 선택법(Stepwise Selection) : 전진선택법과 후진제거법을 동시에 이용하는 통계적 기법으로 단계별로 변수를 선택하는 방법이다. 즉, 단계별 선택법은 전진선택법과 후진제거법을 절충해서 만든 방법으로 기준 통계치에 영향이 적은 변수를 삭제하거나 모델에서 빠진 변수 중 모델을 위해서 추가해야 하는 변수를 검증하는 작업을 반복 수행해서 변수를 선택하는 방법이다.

〈표 3-6〉 회귀분석 변수 선택 방법

구 분	내 용
일반적 회귀식	모든 변수를 포함해서 회귀식을 만듦
전진선택법	영향이 가장 큰 변수부터 하나씩 추가하는 방법
후진제거법	가장 중요하지 않은 변수부터 하나씩 제거하는 방법
단계별 선택법	전진선택법과 후진제거법을 절충해서 하는 방법

⑪ AIC(Akaike Information Criterion) : 회귀분석이나 다른 예측 모델에서 독립변수를 선택할 때 모델의 적합도와 복잡성을 평가하는 데 유용한 지표로서 AIC는 독립변수의 수와 모델의 적합도를 고려하여 최적의 모델을 선택하는 데 도움을 준다.
  - AIC=$2k-2\ln(L)$로 구하며, k는 모델의 파라미터 수(독립변수의 수+상수항)이고, L은 모델의 최대우도(Likelihood)이다. AIC는 모델의 적합도를 평가하는 동시에, 모델의 복잡성(파라미터 수)을 고려하여 모델을 비교하는 데 사용된다.
  - AIC 값을 구하여 가장 낮은 AIC 값을 가진 모델을 선택하며, 이는 데이터에 적합하면서도 복잡성이 낮은 모델을 의미한다.

⑨ 다중공선성(多重共線性, Multicollinearity)
  ㉠ 회귀분석을 실시할 경우 독립변수들 사이에 강한 상관관계가 나타나는 문제를 의미한다.
  ㉡ 독립변수 간에 상관관계가 존재해서 회귀분석을 할 경우 회귀계수의 분산을 크게 하여 회귀계수에 대한 추정에 문제가 발생하는 경우가 생긴다.
  ㉢ 분산팽창지수(VIF ; Variance Inflation Factor) : 다중공선성을 측정하기 위해서는 분산팽창지수를 계산하거나, 공차한계(VIF의 역수) 등을 통해서 확인하고, 다중공선성 문제를 해결하기 위해서는 다중공선성 문제를 일으키는 설명변수를 제거한다. 분산팽창지수는 아래와 같이 구할 수 있다.

$$VIF = \frac{1}{1-R^2}$$

여기에서 R^2은 결정계수이다.

  ㉣ 다중공선성 문제를 해결하기 위한 절차를 요약하면 다음과 같다.
    - 다중공선성의 존재 유무를 판단한다.
      - 회귀분석에서 독립변수들 간의 상관관계를 구하여 본다.
      - 독립변수의 상관관계 유의성 검정에서 상관관계가 있다는 분석 결과가 도출되면 다중공선성이 존재함을 의심한다.

- 분산팽창지수의 계산 : 다중공선성이 의심되는 경우 분산팽창지수를 계산한다.
- 분산팽창지수에 따른 판단
  - 분산팽창지수 VIF가 10 이상이면 독립변수 간에 상관관계가 있다고 판정한다.
  - 공차한계(분산팽창지수의 역수 값)가 0.1 이하일 때 다중공선성 문제가 있다고 판정한다.
  ⑪ 회귀분석 모형의 성능을 평가하기 위하여 Studentized Residual(스튜던트화잔차), Mallow's Cp를 이용한다. Studentized Residual는 잔차를 표준오차로 나눈 값으로 여러 다른 예측변수값과 전체를 대상으로 회귀분석 모형의 관측 목푯값과 예측 목푯값 사이의 차이를 비교할 때 사용된다. Mallow's Cp는 Mallow가 제안한 통계량으로 최소자승법을 이용하여 추정된 회귀분석모형의 적합성 평가(예측 변수 개수의 균형을 찾음)에 사용된다.

⑩ 회귀분석 절차
  ㉠ 회귀식을 세우기 위한 독립변수와 종속변수를 결정한다.
  ㉡ 종속변수와 독립변수가 선형을 만족하는지 확인한다.
  ㉢ 최소제곱법을 이용해서 회귀계수를 추정한다.
  ㉣ 회귀모형의 유의성 검정을 실시한다.
  ㉤ 회귀모형이 유의하면 독립변수별 회귀계수의 유의성을 검정한다.
  ㉥ 회귀분석을 하고 나면 회귀분석결과에 대한 모형의 유의성 검정이 필요하다. 회귀분석의 유의성을 검정하기 위해서는 분산분석표를 확인해야 한다. 단순회귀분석의 경우에 분산분석표는 아래와 같다.

〈표 3-7〉 단순회귀분석 분산분석표

요 인	제곱합	자유도	제곱평균	F
회 귀	SSR	1	$MSR = \dfrac{SSR}{1}$	$F = \dfrac{MSR}{MSE}$
잔 차	SSE	$n-1-1$	$MSE = \dfrac{SSE}{n-1-1}$	
총	SST	$n-1$	—	

※ MSR ; Regression Mean Squares, MSE ; Error Mean Squares, n은 관측값의 수

⑪ 회귀분석의 종류
  ㉠ 단순회귀분석은 독립변수 하나를 가지고 종속변수를 설명하게 되는 경우로 회귀모델은 $y = \beta_0 + \beta_1 x + \epsilon$이다. 이 모형은 단순회귀모형으로 $\epsilon \sim^{iid} N(0, \sigma^2)$의 기본조건을 만족해야 한다.
  ㉡ 최소제곱추정법 : 단순회귀분석의 경우 회귀계수를 추정해야 하는데 회귀계수를 추정하기 위해서는 잔차($\epsilon_i = y_i - \hat{y_i}$)의 제곱의 합을 이용하고 기본 가정은 다음과 같다.
  - 잔차의 합은 0이다.
  - 잔차들의 x_i에 의한 $\sum x_i \epsilon_i = 0$이 만족되어야 한다.
  - 잔차들의 $\hat{y_i}$에 의한 $\sum \hat{y_i} \epsilon_i = 0$이 만족되어야 한다.
  - 최소제곱법을 이용해서 회귀계수를 구하면 아래와 같다.

$$\sum \epsilon^2 = \sum(y_i - \widehat{y_i})^2 = \sum(y_i - \beta_0 - \beta_1 x_i)^2$$

위의 식을 정리하면

$$\sum y_i = n\beta_0 + \beta_1 \sum x_i$$

$$\sum x_i y_i = \beta_0 \sum x_i + \beta_1 \sum x_i^2$$

$$\beta_1 = \frac{\sum(x_i - \overline{x})(y_i - \overline{y})}{\sum(x_i - \overline{x})^2} = \frac{S_{xy}}{S_{xx}}$$

$$\beta_0 = \overline{y} - \beta_1 \overline{x}$$

ⓒ 다중회귀분석은 두 개 이상의 독립변수와 종속변수 간의 선형적인 결합 상태를 알아보기 위한 회귀분석이다. 독립변수가 k개인 다중회귀분석의 회귀식은 $y = \beta_0 + \beta_1 x_1 + \beta_2 x_2 + \cdots + \beta_k x_k + \epsilon$이다.

ⓔ 더미(Dummy) 변수를 포함한 회귀분석 : 종속변수의 값이 개별 관측대상이 속하는 집단의 특성에 의해서도 영향을 받는 경우 즉, 범주형 변수들인 계절, 월, 지역 등과 같은 자료에 대하여 특정요인들(범주형 변수)에 의한 영향을 분석하기 위해 더미변수(가변수, Dummy Variable, D)를 이용한다. 예를 들어 단순회귀분석모형일 때 $y = \beta_0 + \beta_1 x + \beta_2 D + \epsilon$와 같이 더미변수 D를 포함(범주형 변수의 범주가 2개인 경우 1개의 더미변수 이용($D=1, D=0$))하여 분석한다. 변수의 범주가 3개인 다중회귀분석 모형의 경우(독립변수 2개), $y = \beta_0 + \beta_1 x_1 + \beta_2 x_2 + \beta_3 D_1 + \beta_4 D_2 + \epsilon$의 회귀식을 이용하며, 더미변수에 대하여 $(D_1=1, D_2=0)$, $(D_1=0, D_2=1)$, $(D_1=0, D_2=0)$으로 구분한다. 따라서 이 경우 추정해야 하는 회귀계수는 $(\beta_0, \beta_1, \beta_2, \beta_3, \beta_4)$의 5개이다.

ⓜ 다항회귀분석은 독립변수와 종속변수와의 관계가 1차 함수 이상인 경우이며 이때 회귀식은 $y = \beta_0 + \beta_1 x_1 + \beta_2 x_2 + \beta_{11} x_1^2 + \beta_{22} x_2^2 + \cdots + \beta_{12} x_1 x_2 + \epsilon$으로 표현된다.

ⓗ 곡선회귀분석은 다항회귀분석의 일종이다.

ⓢ 비선형회귀분석은 회귀식의 모형이 미지의 모수들의 선형관계로 이루어져 있지 않는 경우이다. 예를 들어서 $y = \alpha e^{-\beta x} + \epsilon$은 비선형회귀모형에 해당된다.

〈표 3-8〉 회귀분석의 종류

종 류	회귀식
단순회귀분석	$y = \beta_0 + \beta_1 x + \epsilon$
다중회귀분석	$y = \beta_0 + \beta_1 x_1 + \beta_2 x_2 + \cdots + \beta_k x_k + \epsilon$
다항회귀분석	$y = \beta_0 + \beta_1 x_1 + \beta_2 x_2 + \beta_{11} x_1^2 + \beta_{22} x_2^2 + \cdots + \beta_{12} x_1 x_2 + \epsilon$
비선형회귀분석	$y = \alpha e^{-\beta x} + \epsilon$

⑫ 결정계수의 수정

ⓐ 독립변수의 수가 많아질수록 결정계수는 증가한다. 종속변수와 관계가 없는 독립변수가 추가되어도 결정계수는 증가하게 되므로 이러한 점을 보완해서 만든 것이 수정된 결정계수이다.

ⓑ 수정된 결정계수 $adjR^2$는 다음과 같이 구한다.

$$adjR^2 = 1 - \left[\frac{n-1}{n-p-1}\right](1-R^2)$$

여기에서

$$R^2 = \frac{SSR}{SST}$$

ⓒ 상관계수와 회귀계수의 관계 : 상관계수 r과 회귀계수 $\hat{\beta}$(기울기, β_1의 추정값)의 관계는 다음과 같다.
- 첫째, $\hat{\beta} > 0$이면, $r > 0$가 성립되므로 양의 상관관계가 된다.
- 둘째, $\hat{\beta} < 0$이면, $r < 0$가 성립되므로 음의 상관관계가 된다.
- 셋째, $\hat{\beta} = 0$이면, $r = 0$이 성립되므로 상관관계가 성립되지 않는다.

ⓒ 상관계수를 이용하여 회귀계수를 유도하면 다음과 같다.

$$\hat{\beta} = \frac{\sum_{i=1}^{n}(x_i - \overline{x})(y_i - \overline{y})}{\sum_{i=1}^{n}(x_i - \overline{x})^2}$$

$$r = \frac{\sum(x_i - \overline{x})(y_i - \overline{y})}{\sqrt{\sum(x_i - \overline{x})^2}\sqrt{\sum(y_i - \overline{y})^2}}$$

$$\hat{\beta} = r\frac{s_y}{s_x}$$

여기에서 s_x는 x의 표준편차, s_y는 y의 표준편차이다.

⑬ 인과관계 분석(Causal Analysis)
ⓐ 인과관계(Causality)는 선행하는 한 변수가 후행하는 다른 변수의 원인이 되고 있는 관계를 말한다. 원인이 되는 변수가 하나가 아니고 여럿 있는 경우가 대부분이므로 상관관계는 인과관계를 암시하지 않으면 단지 인과관계가 성립되기 위한 하나의 필요조건일 뿐이다.
ⓑ 인과관계 분석은 독립변수(X)와 종속변수(Y) 사이의 인과관계를 분석한다.
ⓒ 인과관계는 다음과 같은 성질을 만족한다.
- X(원인)가 Y(결과)보다 시간적으로 먼저 발생한다.
- X가 있으면 Y도 있고, X가 없으면 Y도 없다.
- X의 발생은 Y의 발생을 예측하는 데 상당한 도움을 준다.
- X보다 Y의 역할에 더 적합한 다른 변수 Z가 없다.
- 독립변수와 종속변수 사이의 인과관계가 충분히 안정적이다.

ⓓ 변수들 사이의 인과관계를 분석하기 위하여 DAG(Directed Acyclic Graph, 방향 비순환성 그래프, 방향성이 있고 사이클이 없는 그래프) 이론을 이용하며, 약효검증, 추천 서비스 효과, 여론 조사 등 다양한 분야에 적용되고 있다.

⑭ 개별적인 데이터 표본 하나가 회귀분석 결과에 미치는 영향력은 레버리지 분석(Leverage Analysis)이나 아웃라이어 분석(Outlier Analysis)을 통해 확인한다.
ⓐ 레버리지 분석(Leverage, Self-Influence, Self-Sensitivity Analysis) : 레버리지는 실제 종속변수값이 예측값에 미치는 영향을 나타낸 값이다. 가중치 벡터의 결과값을 예측식에

대입하여 관계가 성립되는 경우 행렬 H를 영향도 행렬(Influence Matrix) 또는 hat 행렬(Hat Matrix)이라고 한다. 레버리지는 수학적으로 영향도 행렬의 대각성분이며, 예측점을 자기 자신의 위치로 끌어당기는 정도를 나타낸다. 대응하는 독립변수의 값이 보통 수준과 다른 경우, 높은 레버리지를 가진 관측치라 말할 수 있다. 높은 레버리지를 가지는 관측치는 추정 회귀선에 큰 영향을 미친다.

ⓒ 아웃라이어 분석(Outlier Analysis) : 데이터 분석모형에서 설명하고 있는 데이터와 동떨어진 값을 가지는 데이터, 즉 잔차가 큰 데이터를 아웃라이어(Outlier)라고 한다. 잔차의 크기는 독립변수의 영향을 받으므로 아웃라이어를 찾으려면 이 영향을 제거한 표준화된 잔차를 계산해야 한다. 이상치를 식별하기 위하여 Tukey Fence(사분위 범위 이용), Z-score(표준점수 이용) 방법을 이용한다.

ⓒ Cook's Distance : 회귀분석에는 잔차의 크기가 큰 데이터가 아웃라이어가 되는데 이 중에서도 주로 관심을 가지는 것은 레버리지와 잔차의 크기가 모든 큰 데이터들이다. 잔차와 레버리지를 동시에 보기 위한 기준으로 Cook's Distance(레버리지가 커지거나 잔차의 크기가 커지면 증가)를 이용한다.

- 쿡의 거리(Cook's Distance)는 회귀분석에서 관측치가 모델에 미치는 영향을 측정하는 지표로서 각 데이터 점이 회귀 모델의 적합에 미치는 영향을 평가하는 데 사용된다. 데이터 점 하나를 제외했을 때와 포함했을 때의 회귀계수 추정값의 차이를 측정한다.
- 쿡의 거리 값이 작은 경우 해당 관측치가 회귀분석 모델에 미치는 영향이 상대적으로 작다는 것을 의미한다.
- 쿡의 거리 값이 큰 경우 해당 관측치가 모델에 상당한 영향을 미친다는 것을 의미한다.
- 보통 쿡의 거리가 1을 초과하면 해당 관측치가 영향력이 큰 것으로 간주된다.
- 쿡의 거리는 이상치 탐지, 모델 진단 및 개선에 이용되며, 모델의 적합성과 신뢰성을 높이기 위해 널리 사용된다.

⑮ 회귀분석의 유의성 검정
㉠ 회귀분석의 유의성 검정을 위해서는 결정계수 R^2을 확인하고 회귀식의 분산분석표를 확인한다. 여기서 회귀식의 결정계수는 상관계수의 제곱값이다.
㉡ 다음은 독립변수가 k개인 다중회귀분석을 실시할 경우 회귀식의 유의성 검정을 위한 분산분석표이다.

〈표 3-9〉 다중회귀분석 분산분석표

요인	제곱합	자유도	제곱평균	F
회귀	SSR	k	$MSR = \dfrac{SSR}{k}$	$F = \dfrac{MSR}{MSE}$
잔차	SSE	$n-k-1$	$MSE = \dfrac{SSE}{n-k-1}$	
총	SST	$n-1$	-	

⑯ 분산분석(ANOVA ; Analysis of Variance)
  ㉠ 세 개 이상의 집단 간 평균에 대한 검정을 위해서 사용되는 기법이라고 할 수 있다.
  ㉡ 분산을 기반으로 하여 통계적인 평균을 비교하는 기법이라 할 수 있으며, 집단 간 분산과 집단 내 분산을 이용해서 집단 간 평균차이가 통계적으로 유의한지를 알아보기 위한 검정방법이다.
  ㉢ 집단 내 분산과 집단 간 분산비를 구하여 통계적인 차이가 있는지를 검정하게 된다.
  ㉣ 집단 내 분산과 집단 간 분산비를 통해서 F 검정통계량을 산출하게 되고, 이 값을 기반으로 하여 집단 간에 평균의 차이가 유의한지를 검정하게 된다.

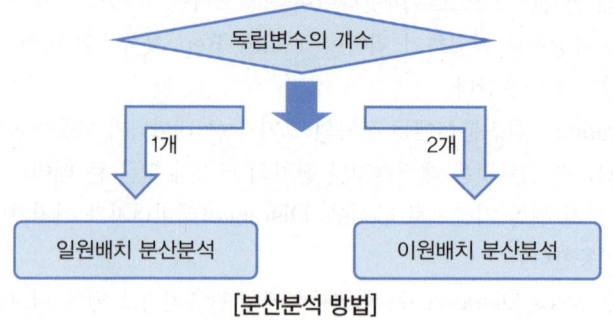

[분산분석 방법]

  ㉤ 분산분석의 가정
    • 종속변수는 등간 척도나 비율 척도 자료이다.
    • 각 표본은 독립적이다.
    • 모집단의 분산은 동일하다.
  ㉥ 분산분석의 의미
    • 세 개 이상의 모평균의 차이를 검정하기 위해 사용된다.
    • 집단 내 분산과 집단 간 분산의 비로 F값을 구한다.
    • 집단 간 차이가 커지면 F값이 커진다.
  ㉦ 일원(배치) 분산분석 : 일원 분산분석은 독립변수가 한 개이고 종속변수도 한 개인 경우로 질적 변수인 독립변수에 대한 양적 변수인 종속변수의 평균차이 검정을 실시하기 위한 통계적 기법이다. 예를 들어 성별에 따라서 키의 평균차이를 검정한다면 독립변수가 성별이 되고 종속변수가 키가 된다.
  ㉧ 이원(배치) 분산분석 : 독립변수가 두 개이고 종속변수가 한 개인 경우에 이원 분산분석을 실시할 수 있으며 질적 변수인 독립변수에 대한 양적 변수인 종속변수의 집단 간 평균차이를 검정하기 위한 통계적 분석법이다. 예를 들어 성별과 나이에 따라서 키의 평균차이를 검정하고자 한다면 독립변수는 (성별, 나이)가 되고 종속변수는 키가 된다.
  ㉨ 다원(배치) 분산분석 : 요인의 수가 3개 이상인 경우 종속변수의 평균차이를 검정하기 위한 방법이다.
  ㉩ 분산분석의 가설 : 분산분석은 세 개 이상의 집단에 대해서 평균에 대한 차이 검정을 실시하므로 가설은 다음과 같다.

> $H_0 : \mu_1 = \mu_2 = \cdots = \mu_p$로 각 집단의 평균에는 차이가 없다.
> $H_1 : \mu_i \neq \mu_j$로 적어도 하나의 집단 간 평균에는 차이가 있다.

㉠ 일원(배치) 분산분석의 유의성 검정
- 3개 이상의 집단에 대한 평균차이 검정을 위한 것으로 각 인자에 따른 수준별 평균에 대한 차이 검정를 실시하는 것이다.
- 일원배치 분산분석의 모형은 다음과 같다.

> **일원배치 분산분석모형**
> $Y_{ij} = \mu_i + \epsilon_{ij} (i=1, \cdots, p, j=1, \cdots, n_p)$
> - i : i번째 수준
> - μ_i : i번째 수준에서의 모평균
> - ϵ_{ij} : 오차항
>
> 오차항은 서로 독립이고 평균이 0, 분산이 σ^2인 정규분포를 따른다는 가정을 한다.
>
> **일원배치 분산분석에서 평균차이 검정을 위한 가설**
> p개의 수준에서 평균에 차이가 있는지를 검정하기 위해서 사용되는 가설은 다음과 같다.
> $H_0 : \mu_1 = \mu_2 = \cdots = \mu_p$
> $H_1 : \mu_i \neq \mu_j (i=1, \cdots, p)$로 적어도 하나의 집단 간 평균값에는 차이가 있다.
>
> **변동의 구분**
> $y_{ij} - \overline{y} = (\overline{y_i} - \overline{y}) + (y_{ij} - \overline{y_i})$
> 위의 식에서 양변을 제곱하여 정리하면
> $\sum_{i=1}^{p} \sum_{j=1}^{n_i} (y_{ij} - \overline{y})^2 = \sum_{i=1}^{p} (\overline{y_i} - \overline{y})^2 + \sum_{i=1}^{p} \sum_{j=1}^{n_i} (y_{ij} - \overline{y})^2$
> $\quad SST \quad = SStr \quad + SSE = \sum \sum (y_{ij} - \overline{y_i})^2$

- 위의 결과를 이용해서 일원배치 분산분석표를 만들면 다음과 같다.

〈표 3-10〉 일원배치 분산분석표

요 인	제곱합	자유도	제곱평균	F
처 리	SStr	$k-1$	$MStr = \dfrac{SStr}{k-1}$	$F = \dfrac{MStr}{MSE}$
잔 차	SSE	$\sum_{i=1}^{k_i} n_i - k$	$MSE = \dfrac{SSE}{\sum_{i=1}^{k_i} n - k}$	
총	SST	$\sum_{i=1}^{k_i} n_i - 1$	—	

㉡ 이원배치 분산분석
- 이원배치 분산분석은 반복이 있는 경우와 반복이 없는 경우로 나눌 수 있다.
- 반복이 없는 경우는 두 개의 요인에 대해서 1회씩의 실험 결과만 얻는 것이다.
- 이원배치 분산분석에서의 반복이 없는 경우 모형은 다음과 같다.

이원배치 분산분석모형

$Y_{ij} = \mu + \alpha_i + \beta_j + \epsilon_{ij}(i=1, \cdots, p, j=1, \cdots, q)$

- i : A 요인의 수준 수
- j : B 요인의 수준 수
- μ : 전체평균
- ϵ_{ij} : 오차항

오차항은 서로 독립이고 평균이 0, 분산이 σ^2인 정규분포를 따른다는 가정을 한다.

이원배치 분산분석에서 평균차이 검정을 위한 가설

A 요인은 p개의 수준, B 요인은 q개의 수준이라고 한다면 평균에 차이가 있는지를 검정하기 위해서 사용되는 가설은 다음과 같다.

$H_0 : \mu_1 = \mu_2 = \cdots = \mu_p (A\ 요인)$
$H_0 : \mu_1 = \mu_2 = \cdots = \mu_q (B\ 요인)$
$H_1 : \mu_i \neq \mu_j (i=1, \cdots, p)$로 적어도 하나의 집단 간 평균값에는 차이가 있다.

변동의 구분

$y_{ij} - \overline{y} = (\overline{y_{i.}} - \overline{y}) + (\overline{y_{.j}} - \overline{y}) + (y_{ij} - \overline{y_{i.}} - \overline{y_{.j}} + \overline{y})$

위의 식에서 양변을 제곱하여 정리하면

$\sum_{i=1}^{p}\sum_{j=1}^{q}(y_{ij}-\overline{y})^2 = q\sum_{i=1}^{p}(\overline{y_{i.}}-\overline{y})^2 + p\sum_{j=1}^{q}(\overline{y_{.j}}-\overline{y})^2 + \sum_{i=1}^{p}\sum_{j=1}^{n_i}(y_{ij}-\overline{y_{i.}}-\overline{y_{.j}}+\overline{y})^2$

$\quad SST \quad = SSA \quad\quad + SSB \quad\quad + SSE$

- 위의 결과를 이용해서 이원배치 분산분석표를 작성하면 다음과 같다.

〈표 3-11〉 이원배치 분산분석표

요 인	제곱합	자유도	제곱평균	F
요인 A	SSA	$p-1$	$MSA = \dfrac{SSA}{p-1}$	$F_A = \dfrac{MSA}{MSE}$
요인 B	SSB	$q-1$	$MSB = \dfrac{SSB}{q-1}$	$F_B = \dfrac{MSB}{MSE}$
잔 차	SSE	$(p-1)(q-1)$	$MSE = \dfrac{SSE}{(p-1)(q-1)}$	-
총	SST	$pq-1$	-	-

- 이원배치 분산분석은 각각의 요인에 대해 실시되어야 한다. 즉, A 요인에 대한 평균차이 검정은 F_A를 이용해서 검정을 하고, B 요인에 대한 평균차이 검정은 F_B를 이용해서 검정하게 된다.
- 반복이 있는 이원배치 분산분석은 각각의 요인에 대해서 평균차이 검정을 실시하고, 두 개의 변수로 인해서 나타나는 상호작용에 대해서 분석을 수행한다. 여기서 상호작용인자를 측정할 수 있도록 디자인한 경우를 팩토리얼 분산분석이라고 한다.

ⓜ 분산분석의 특징을 요약하면 다음과 같다.

〈표 3-12〉 분산분석의 정리

구 분	특 징
일원배치 분산분석	• 독립변수가 한 개인 경우의 분석 방법이다. • 독립변수는 질적 변수, 종속변수는 양적 변수 형태의 자료에 대해서 자료 분석을 실시한다. • 예를 들어서 입학년도별로 수능성적에 차이가 있는지를 검정할 경우 사용한다.
이원배치 분산분석	• 독립변수가 두 개인 경우의 분석 방법이다. • 독립변수는 질적 변수, 종속변수는 양적 변수 형태의 자료에 대해서 자료 분석을 실시한다. • 예를 들어서 성별과 입학년도별로 수능성적에 차이가 있는지를 검정할 경우 사용한다.
다원배치 분산분석	• 독립변수가 세 개 이상인 경우의 분석 방법이다. • 독립변수는 질적 변수, 종속변수는 양적 변수 형태의 자료에 대해서 자료 분석을 실시한다. • 예를 들어서 성별, 입학년도별, 거주지별 수능성적에 차이가 있는지를 검정할 경우 사용한다.

⑰ 주성분 분석

㉠ 변수의 수가 많으면 빅데이터 분석에 있어 어려움이 있다. 따라서 유의미한 변수만을 선정하기 위하여 주성분 분석과 같은 차원축소 방법인 통계적 분석 기법으로 유의미한 변수를 선택해서 빅데이터 분석 및 머신러닝 모형을 구축한다.

㉡ 이 방법은 많은 변수의 분산방식의 패턴을 간결하게 표현하여 주성분 변수를 변수의 선형결합으로서 추출하는 통계적 기법이라 할 수 있다.

㉢ 주성분 분석의 목적
  • k개의 변수로 구성된 모델을 k보다 작은 임의의 요인으로 축약해서 활용하기 위한 기법이다.
  • 주성분 분석은 통계적 기법에 적합하고 수집된 데이터의 변수를 고려해서 가장 적합한 빅데이터 분석모형을 결정하게 된다.

⑱ 회귀분석이나 분산분석은 종속변수가 정규분포(연속형 변수)를 따름을 가정한다. 그러나 많은 경우 종속변수가 정규분포를 따르지 않거나 범주형 변수인 경우도 있다. 이 경우 일반화 선형모형(GLM ; Generalized Linear Model)을 이용한다. 일반화 선형모형이란 기존의 선형 회귀모형에서 종속(반응) 변수의 분포를 정규분포를 포함한 여러 분포(이항분포, 포아송 분포 등의 연결함수)로 확장하고 기존 종속변수 평균과 독립(설명) 변수의 선형 관계를 종속변수 평균의 함수와 독립변수의 선형 관계로 확장한 모형이다.

⑲ 심슨의 역설(Simpson Paradox, 심프슨의 패러독스)이란 데이터의 세부 그룹별로 일정한 추세나 경향성이 나타나지만, 전체적으로 보면 그 추세가 사라지거나 반대 방향의 경향성을 나타내는 현상을 의미하며, 통계의 함정이 유발할 수 있는 잘못된 결과를 설명하는 데 사용된다. 심슨의 역설을 피하기 위해 분석하고자 하는 데이터를 전반적으로 이해하고 변수에 영향을 주는 모든 요인들을 고려해야 한다.

확인 문제 | 회귀분석

회귀분석에 있어 회귀식의 설명력을 나타내는 척도는 무엇인가?

① R^2
② F
③ χ^2
④ $\sum_{i=1}^{n}(E_i - O_i)^2$

풀이 회귀분석에서 회귀모형의 설명력을 알아보기 위한 것은 결정계수(R^2 : Coefficient of Determination)로서 결정계수는 총제곱합에서 회귀식에 의해서 설명되는 회귀제곱합의 비율로 구할 수 있고 그 값의 범위는 $0 \leq R^2 \leq 1$이다. 1에 가까운 값일수록 회귀식의 설명력이 높다고 할 수 있다.

정답 ①

확인 문제 | 회귀분석

다음은 관측값 10개를 가지고 단순회귀분석을 한 분산분석표이다. 다음 ㉠, ㉡, ㉢에 적합한 값을 구하시오.

요인	제곱합	자유도	제곱평균	F 값
회 귀	60	1	60	㉢
잔 차	100	㉠	㉡	

① ㉠ 1, ㉡ 100, ㉢ 0.6
② ㉠ 9, ㉡ 11.11, ㉢ 5.4
③ ㉠ 8, ㉡ 12.5, ㉢ 4.8
④ ㉠ 8, ㉡ 12.5, ㉢ 4

풀이
㉠ 자유도는 $n-2$에 해당되므로 $10-2=8$이다.
㉡ 잔차제곱평균에 해당되므로 $\frac{100}{8}=12.5$이다.
㉢ 통계량이므로 $\frac{MSR}{MSE} = \frac{60}{12.5} = 4.8$이다.

정답 ③

> **확인 문제** 회귀계수와 상관계수 관계

독립변수 X와 종속변수 Y의 상관계수가 -0.6이라고 한다면 회귀방정식의 결정계수 값은 얼마인가?

① -0.6
② 0.6
③ -0.36
④ 0.36

풀이 상관계수와 결정계수의 관계에 있어 상관계수의 제곱이 결정계수이므로 $(-0.6)^2 = 0.36$이라고 할 수 있다.

정답 ④

> **확인 문제** 일원배치 분산분석

일원배치 분석을 시행한 결과 처리는 4개이고 각 처리당 4회씩 반복 실험을 하였다고 하자. 결정계수의 값이 0.5라고 한다면 처리제곱평균의 값이 200이었을 때 오차제곱합의 값은 얼마인가?

① 400
② 500
③ 600
④ 1,200

풀이 처리의 자유도는 $4-1=3$이다.
총 관찰수가 16개이므로 전체 자유도는 15, 오차의 자유도는 12가 된다.
처리제곱평균이 200이라고 한다면 처리제곱합은 600이 된다.
결정계수는 처리제곱합/총제곱합=600/총제곱합=0.5이다.
총제곱합=1,200
오차제곱합=1,200-600=600
오차제곱평균=600/12=50
즉, F 값은 처리제곱평균/오차제곱평균=200/50=4이다.

정답 ③

(2) 로지스틱 회귀분석(Logistic Regression Analysis)

① 독립변수와 종속변수의 관계를 함수로 나타내고 향후 예측모델에 사용하기 위한 것으로 종속변수가 범주형으로 주어진 자료에 대해서 분류를 하는 기법이라고 할 수 있으며 의료, 통신, 데이터 마이닝과 같은 다양한 분야에서 분류와 예측을 위해서 사용된다.

② 로지스틱 회귀분석은 독립변수(설명변수)의 선형결합을 통해서 반응변수, 즉 종속변수가 범주형인 경우에 사용되는 회귀분석이다. 종속변수와 독립변수의 관계를 이용해서 향후 새로운 자료가 어느 범주에 속하게 될지를 예측할 수 있다. 즉, 새로운 설명변수의 값이 주어지면 반응변수의 각 범주에 속할 확률이 얼마인지를 추정하는 기법으로서 어느 범주에 속할지를 예측한다.

③ 목적 : 로지스틱 회귀분석은 종속변수가 범주형인 데이터를 대상으로 이루어지며, 입력 데이터가 주어지면 해당 데이터의 결과가 특정 분류로 나누어지는 분류 기법 중 하나라고 할 수 있다.

④ **종류** : 종속변수의 범주가 두 개이면 이항 로지스틱 회귀분석이 되고, 그 이상이면 다항 로지스틱 회귀분석이 된다.

⑤ 로지스틱 회귀모형식

㉠ 이항형과 다항형으로 나누어지고 이항형인 경우 두 개의 카테고리로 나누어져 있다. 이항형 로지스틱 회귀모형을 위해 아래와 같은 시그모이드(Sigmoid) 함수를 주로 이용한다.

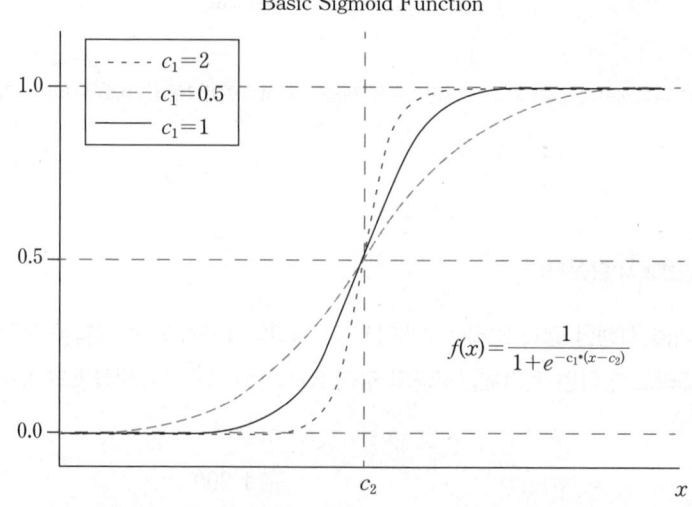

[시그모이드 함수를 이용한 이항형 로지스틱 회귀모형식]

㉡ 이항 로지스틱 회귀분석의 예를 들면 실패 아니면 성공, 가능 아니면 불가능과 같은 형태로 주어진다. 위 그림에서 $f(x)$의 값이 0.5 이상이면 성공(가능, 합격 등), 아니면 실패(불가능, 불합격 등)로 분류한다.

㉢ 일반 선형회귀분석의 모델로 특수한 경우라 볼 수 있고 종속변수가 0, 1의 범주로 나뉜다.

㉣ 종속변수가 두 개의 카테고리로 나누어져 있어 조건부 확률의 분포가 이항분포를 따른다.

㉤ 독립변수가 연속형 형태인 자료로 정의되고 종속변수는 범주형 형태로 정의되는데 예를 든다면 종속변수가 0, 1로 주어져서 결정할 수 있도록 한다.

㉥ 로지스틱 회귀분석모형은 두 개의 값만을 가지는 종속변수와 독립변수들 간의 인과관계를 로지스틱 함수를 이용하여 추정하는 통계 기법으로서 어떤 사건(Event)이 발생할지에 대한 직접 예측이 아니라 그 사건이 발생할 확률을 예측한다. 대표적으로 금융(고객 신용도 평가, 우량/불량), 통신(고객 평가, 유지/번호이동), 제조업(상품 제조, 지속/중단), 의료(질병 진단, 간경화 유/무) 등의 분야에 활용된다.

| 확인 문제 | 로지스틱 회귀분석 |

다음 중 로지스틱 회귀분석에 대한 설명으로 옳지 않은 것은?

① 독립변수의 선형 결합을 통해서 종속변수가 범주형인 경우에 사용되는 회귀분석 기법이다.
② 입력 데이터가 주어지면 해당 데이터의 결과가 특정 분류로 나누어지는 분류 기법 중 하나이다.
③ 종속변수가 두 개의 카테고리로 나누어져 있는 경우 조건부 확률은 포아송 분포를 따른다.
④ 이항형과 다항형으로 나누어지고 이항형인 경우 두 개의 카테고리로 나누어진다.

풀이 종속변수가 두 개의 카테고리로 나누어져 있는 경우 조건부 확률은 이항분포를 따른다.
정답 ③

(3) 의사결정나무(Decision Tree Analysis)

① 개 념
  ㉠ 과거에 수집된 자료를 분석해서 이들 사이에 존재하는 패턴을 나타내는 분류모형을 의사결정나무모형이라 할 수 있다. 즉, 의사결정나무모형은 의사결정구조를 나무모형으로 나타내고 전체 자료를 몇 개의 소집단으로 분류하거나 예측을 수행하는 데 사용되는 기법이다.
  ㉡ 일반적으로 의사결정나무는 기업의 부도 예측, 주가 상한가 종목 예측, 환율 예측이나 경제전망 등에 사용된다. 개인별 신용상태, 월 소득, 직업, 연령 등의 변수를 이용하여 작성된 의사결정나무의 예를 나타내면 다음과 같다.

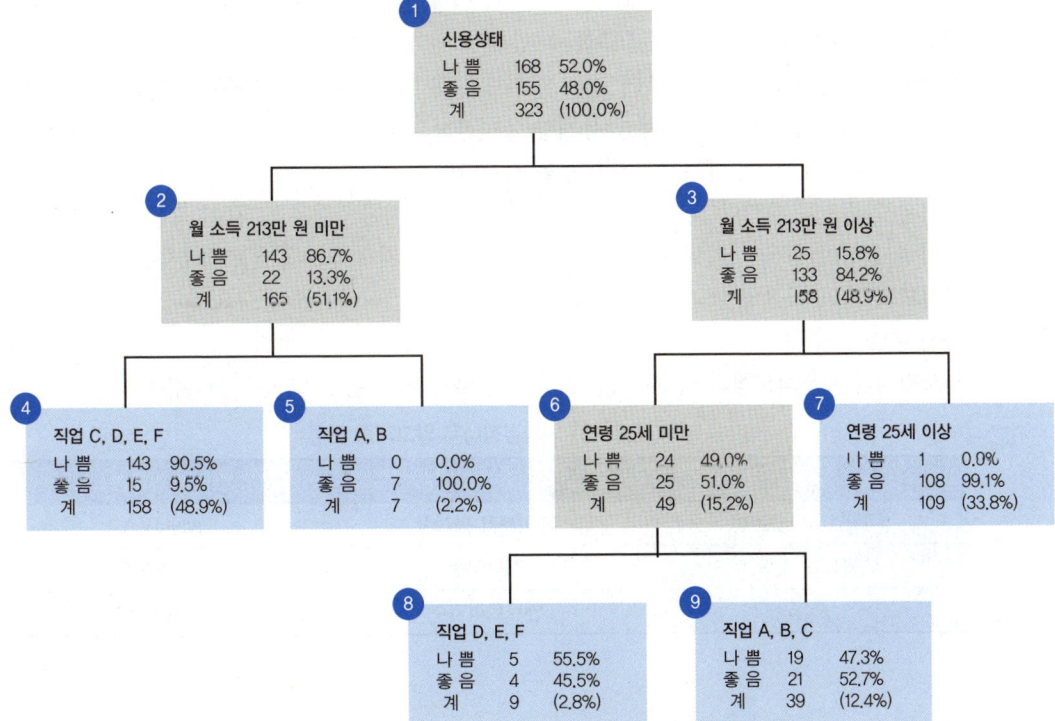

[신용, 월 소득, 직업, 연령 변수를 이용한 의사결정나무의 예]

ⓒ 상위노드에서 하위노드로 나무 구조를 형성하는 데 매 단계마다 분류변수와 분류 기준 값의 선택이 중요한 역할을 한다. 상위노드에서의 분류변수와 분류 기준값의 기준으로 인해서 분기되는 하위노드는 노드 내에서는 동질성이, 노드 간에는 이질성이 커지도록 선택된다.
ⓔ 위의 마디가 하위의 마디로 분류될 때 상위마디, 하위마디, 뿌리마디, 최종마디, 중간마디로 나타나는데 이에 대한 정의는 다음과 같다.
- 상위마디 : 부모마디
- 하위마디 : 자식마디
- 뿌리마디 : 의사결정나무가 시작되는 마디
- 최종마디 : 더 이상 분기되지 않는 마디
- 중간마디 : 의사결정나무의 중간에 있는 마디

ⓜ CHAID(Chi-squared Automatic Interaction Detection) 알고리즘은 카이제곱(이산형 목표변수)이나 F검정(연속형 목표변수)을 이용해서 분리를 수행하는 알고리즘이다. 카이제곱 통계량의 경우 기대도수와 관측도수의 차이를 이용한 값이므로 카이제곱 통계량을 이용하면 관측도수와 기대도수 차이가 커질수록 순수도는 높아지고 좋은 분리가 되었다고 할 수 있으며 카이제곱 통계량이 가장 큰 예측변수를 이용해서 자식마디를 형성한다.

ⓗ CART(Classification and Regression Tree) 알고리즘은 지니지수(Gini Index)를 이용해서 분리를 수행하는 알고리즘으로 지니점수(지수값)는 0에서 1 사이로 1은 완벽한 순수의 노드를 나타낸다. 지니지수는 각 마디에서의 불순도나 다양도를 측정한다.

ⓢ C4.5 알고리즘의 엔트로피지수(Entropy Index)는 다항분포에서 우도비(Likeihood Ratio) 검정통계량(어떤 모형이 표본 데이터에 더 나은 적합도를 제공하는지 확인하기 위해 모든 모수가 자유인 제약이 없는 모형과 귀무가설에 의해 더 적은 수의 모수로 제약되는 모형 등과 같은 두 가지 모형의 적합도를 비교하는 가설 검정 방법)을 사용하고 부모마디의 엔트로피에서 자식마디의 엔트로피를 차감해서 구할 수 있다.

ⓞ 목표변수가 이산형인 분류나무의 경우 상위노드에서 가지분할을 수행하면 분류변수와 분류 기준값의 선택 방법으로 카이제곱 통계량을 계산하고 카이제곱 통계량에 대한 유의확률 p값을 구하거나 지니지수, 엔트로피지수 등을 사용한다.

ⓩ 선택된 기준으로 분할이 되면 카이제곱 통계량의 유의확률 p값은 그 값이 작을수록 자식노드 내의 이질성이 큼을 나타낸다. 또한, 자식노드에서의 지니지수나 엔트로피지수 값이 클수록 자식노드 내의 이질성이 큼을 나타내고 이 값들이 가장 작아지는 방향으로 가지 분할을 수행하게 된다.

ⓩ 의사결정나무 분석모형의 알고리즘을 요약하면 다음과 같다.

〈표 3-13〉 의사결정나무 알고리즘 분류

구 분	이산형 목표변수	연속형 목표변수
CHAID(다지분할)	카이제곱 통계량	ANOVA
CART(이진분할)	지니지수	F-통계량
C4.5	엔트로피지수	분산감소량

② 의사결정나무모형의 분석 과정
  ㉠ 첫째, 목표변수와 관련 있다고 판단되는 설명변수를 선택한다.
  ㉡ 둘째, 분석의 목적과 자료형태에 따라서 분리기준과 정지규칙을 정해서 의사결정나무를 생성한다.
  ㉢ 셋째, 부적절한 나뭇가지는 제거한다.
  ㉣ 넷째, 이익, 위험, 비용을 고려하여 모형에 대한 타당성을 평가한다.
  ㉤ 다섯째, 분류 및 예측을 한다.
③ 의사결정나무 분석모형의 장단점
  ㉠ 장 점
    • 해석의 용이성 : 의사결정나무모형은 단순하여 해석이 쉽다는 것이다.
    • 상호작용 효과 : 유용한 입력변수의 파악과 예측변수 간의 상호작용 및 비선형성을 고려하여 분석이 수행된다는 것이다.
    • 비모수적 모형 : 선형성, 정규성, 등분산성 등의 수학적 가정이 불필요한 비모수적 모형이라는 것이다.
  ㉡ 단 점
    • 비안정성 : 분류 기준값의 경계선 근방의 자료값에 대해 오차가 클 수 있어 안전하지 않다.
    • 예측의 어려움 : 로지스틱 회귀분석과 같이 각 예측변수의 효과를 파악하기 어려워 새로운 자료에 대한 예측이 어렵다.

> **확인 문제** 의사결정나무
>
> 의사결정나무에 대한 설명으로 옳지 않은 것은?
> ① 분류결과가 트리구조라 쉽게 이해가 가능하다.
> ② 훈련 데이터 개수, 노드 선정에 따라 의사결정나무 모델이 고정되어 있다.
> ③ 수치자료와 범주자료에 모두 적용 가능하다.
> ④ 일부 명제가 손상되어도 안정적으로 동작한다.
>
> **풀이** 의사결정나무의 장점은 쉽게 이해가 가능하고 수치자료와 범수자료에 모두 적용된다는 것인데 반하여 단점은 각 노드에서의 부분 최적값에 빠지기 쉽다는 것과 분류 정확도가 떨어지며 훈련 데이터의 개수, 노드선정에 따라 의사결정나무 모델이 크게 달라진다는 것이다.
>
> **정답** ②

(4) 인공신경망(Artificial Neural Network)

① 사람의 뇌는 뉴런이라는 세포들의 방대한 연결을 통해 신호를 처리한다. 이러한 구조에서 모티브를 얻어 인공신경망(Artificial Neural Network)에서는 인공 뉴런(노드)의 네트워크를 구성하고 다층신경망을 만들어 복잡한 분류 문제, 비선형 문제, 수치예측 등에 활용된다.

② 초기 인공지능은 전문가 시스템, 사례기반추론, 퍼지이론 등을 활용한 문제해결 방법으로부터 출발하였으며, 최근에는 컴퓨팅 속도가 빨라지고 빅데이터 분석 기술이 발전하면서 인공신경망을 이용한 문제해결(딥러닝 알고리즘 활용 등)이 가능하게 되었다.

③ 사례기반 추론은 기존(과거)에 있었던 사례들의 결과를 토대로 새로운 사례의 결과를 예측하는 방법으로서 사례들 사이의 유사성(Similarity) 척도를 이용한다. 다른 기법과 비교하여 상대적으로 적용이 용이하고 간단하여 프로젝트 관리, 신용평가, CRM, ARS, 상황인식 및 개인화 서비스 제공 등에 활용되고 있다.

④ 인공신경망에 대한 내용을 요약하면 다음과 같다.

〈표 3-14〉 인공신경망 모형

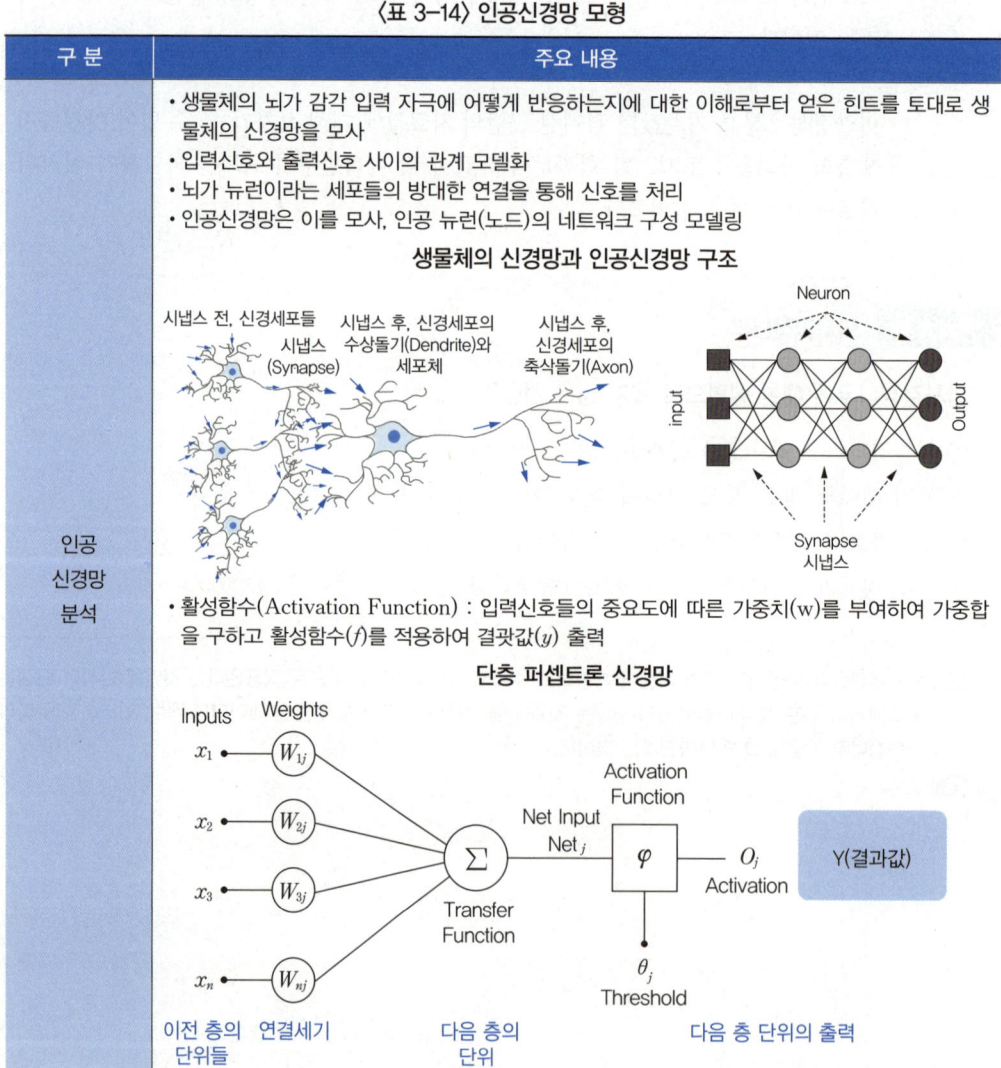

- 망 구성 및 훈련 알고리즘 : 단층 퍼셉트론에서 은닉층을 추가하여 다층신경망 구조를 만들어 XOR(Exclusive OR) 등과 같은 비선형 문제 해결

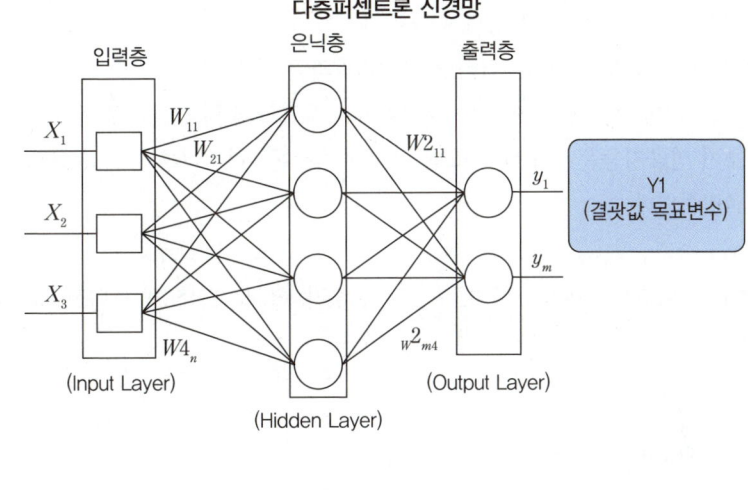

⑤ **활성함수(Activation Function)** : 입력신호들의 중요도에 따른 가중치(w)를 부여하여 가중합을 구하고 활성함수(f)를 적용하여 결괏값(y)을 출력하며, 여기서 가중치는 학습을 반복·수행하면서 개선한다.

㉠ 인공신경망 구조 설계를 위한 학습 과정 중 가중치, 편향(Bias) 등의 파라미터(Parameter, 학습과정에서 얻어지는 값)를 구할 수 있다.

㉡ 인공신경망 모형 설계를 위해서는 학습률(Learning Rate, Gradient의 방향으로 얼마나 빠르게 이동할 것인지 결정), 은닉층의 개수(Hidden Units, 훈련 데이터에 대한 학습 최적화 결정 변수), 배치 크기(Batch Size, 전체 학습 데이터를 나누는 크기), 훈련 반복 횟수, 손실함수(Cost Function, 입력에 따른 기댓값과 실젯값의 차이), 가중치 초기화 등의 하이퍼 파라미터(Hyperparameter, 초매개변수)를 사용자가 임의로 사전에 지정(절대적인 최적값은 존재하지 않음)해 수어야 한다.

> **확인 문제** 인공신경망 분석모형
>
> 다음 중 인공신경망 분석모형에 대한 설명으로 옳지 않은 것은?
>
> ① 인공신경망에서는 인공 뉴런의 네트워크를 구성하고 다층신경망을 만들어 복잡한 분류 문제, 비선형 문제, 수치예측 등에 활용된다.
> ② 인공신경망 분석모형은 딥러닝 알고리즘과는 무관하다.
> ③ 인공신경망은 사람 뇌에서의 뉴런이라는 세포들의 방대한 연결 구조에서 모티브를 얻었다.
> ④ 초기 인공지능은 전문가 시스템, 사례기반추론, 퍼지이론 등을 활용한 문제해결 방법으로부터 출발하였다.
>
> **풀이** 최근 컴퓨팅과 빅데이터 분석 기술의 발전으로 딥러닝에서도 인공신경망을 이용한 문제해결 방법이 제안되고 있다.
> **정답** ②

(5) 서포트벡터머신(Support Vector Machine)

① 서포트벡터머신(SVM ; Support Vector Machine) 분석모형에서는 서로 다른 분류에 속한 데이터들 사이의 간격(Margin)이 최대화되는 평면을 찾아 이를 기준으로 분류 결과를 찾아낸다.
② 분류 경계와 실제 데이터 사이의 거리가 가장 크도록 하는 것으로 선형분류모델을 만들어서 새로운 데이터가 어느 카테고리에 속할지 판단하는 비확률적 선형분류모델을 만든다.
③ SVM은 기계학습의 한 종류로 자료 분석을 위한 지도 학습 모델이다. 텍스트 분류, 패턴인식, 분류 및 회귀에 주로 사용되는데 분류는 이진 분류를 위한 기법 중 하나로서 N 차원의 공간을 N−1 차원으로 나눌 수 있는 초평면을 찾는 분류기법이다.
④ SVM 모형은 선형분류 뿐만 아니라, 커널 트릭(Kernel Trick)이라 불리는 입력자료의 다차원 공간상으로의 맵핑(Mapping) 기법을 사용하여 비선형분류에도 효율적으로 사용된다.

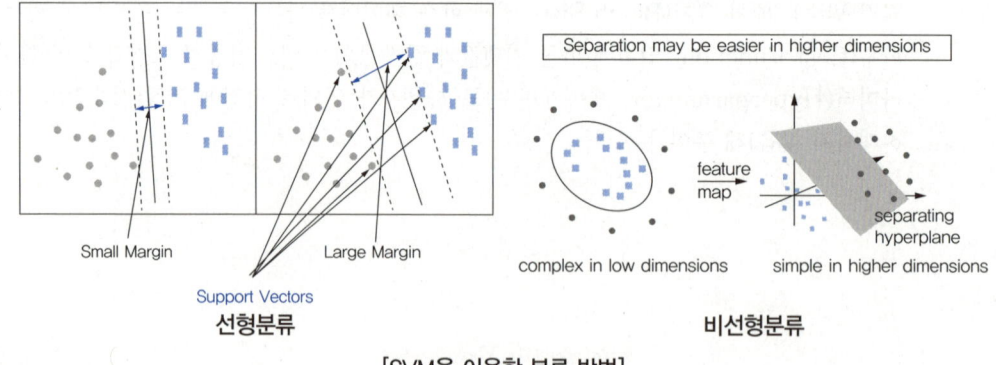

[SVM을 이용한 분류 방법]

⑤ 커널 함수(Kernel Function)와 커널 트릭(Kernel Trick)
　㉠ 수학적으로 커널 함수는 원점을 중심으로 대칭이면서 적분값이 1인 Non-negative 함수로 정의되며, Gaussian, 정규분포, Uniform 함수 등이 대표적인 커널 함수들이다.
　㉡ 히스토그램을 이용한 확률밀도함수 추정 시 비모수적 추정(확률밀도함수가 정해지지 않을 때 관측 데이터만으로 확률밀도함수 추정) 방법을 사용하며, 이 경우 커널 밀도 추정(KDE ; Kernel Density Estimation) 방법을 이용한다. 즉, 히스토그램 추정의 그래프를 Smoothing하게 표현하도록 한다. 이 경우 KDE를 추정하기 위해 커널 함수가 사용된다.
　㉢ 그래프를 Smoothing하게 표현하기 위해 관측된 데이터마다 해당 데이터 값을 중심으로 커널 함수를 생성하고, 커널 함숫값들을 모두 더한 후 전체 데이터 개수로 나누어 Smoothing 작업을 반복 수행한다.
　㉣ 대표적으로 계단 함수 형태 그래프의 불연속성 제거를 위해 시그모이드 함수(커널 함수)를 이용하여 Smoothing 작업을 수행한다.
　㉤ 저차원 공간에서 선형 분리가 되지 않는 데이터들을 고차원 공간에 매핑시켜서 선형 분리되도록 하기 위하여 매핑 함수가 필요하며, 이 경우 커널 함수를 사용하고 이러한 기법을 커널 트릭이라고 한다. 즉 저차원 공간을 고차원 공간으로 매핑해 주는 작업을 커널 트릭이라고 한다.
　㉥ 즉, 저차원(L) 공간상의 두 벡터 X, Y가 있다고 할 때 커널 함수 $K(X, Y) = M(X) \cdot M(Y)$를 만족하는 매핑함수 M(X), M(Y)가 존재하는 경우 커널 함수의 값과 고차원 공간(H) 상으로 매핑된 두 점 $M(X) \cdot M(Y)$의 내적이 같아야 한다.
　㉦ 여기서 커널 함수란 $K(X, Y) = M(X) \cdot M(Y)$를 만족하는 매핑함수가 존재할 때, K를 커널 함수로 정의한다.
　㉧ 대표적으로 커널 함수는 RBF(Radial Basis Function) 커널, 다항식 커널, 하이퍼볼릭 탄젠트 커널 함수 등이 사용된다.
　㉨ 그리고 커널 트릭은 선형성과 비선형성을 서로 연결하기 위해 SVM 모델에서 주로 사용된다.
⑥ SVM 방법의 장점
　㉠ 첫째, 다차원 벡터 공간에서 효과적이다.
　㉡ 둘째, 훈련신경망 기법에 비하여 과적합 정도가 덜하다.
　㉢ 셋째, 분류문제나 예측문제 모두에 사용할 수 있다.
⑦ SVM 방법의 단점
　㉠ 첫째, Kernel과 모델 파라미터를 조절하기 위한 테스트를 여러번 해서 최적화 모형을 만들기에 모형 구축 시간이 오래 걸린다.
　㉡ 둘째, 결과에 대한 설명력이 떨어진다.

⑧ SVM에 대한 주요 내용을 요약하면 다음과 같다.

〈표 3-15〉 서포트벡터머신(SVM) 분석모형의 특징

구 분	주요 내용
서포트 벡터머신 (SVM)	• 서포트벡터(지지 벡터)머신(Support Vector Machine) • 서로 다른 분류에 속한 데이터 간에 간격(마진)이 최대가 되는 선(초는 초평면)을 찾아서 이를 기준으로 데이터를 분류하는 모델 • 두 범주 간의 데이터를 최대로 나눌 최대 마진 초평면을 찾아서 데이터 분류 • 현재의 훈련 데이터가 아닌, 미래의 데이터를 분류 및 예측하는 데 최대한 일반화하게 최대 구별을 이끌어 낼 수 있는 초평면을 찾고자 함 • 서포트(지지)벡터 : 경계선과 가장 가까운 각 분류에 속한 점 • 각 분류는 최소 하나 이상의 서포트(지지)벡터를 가짐 • 분류와 수치예측 문제에 활용 • 분류 성능이 좋으면서도 과적합화가 잘 되지 않고 일반화 능력이 높아 정교한 분류 성능이 필요한 유전자 데이터 분류, 언어식별, 보안 결함, 이상치 거래 탐색 등 다양한 분야에 활용 • 초평면과 직교하는 가중치 벡터는 데이터를 분류하는 초평면을 구성하는 중요한 요소로, 초평면의 기울기와 방향을 나타내고 각 데이터 포인트의 특성이 얼마나 영향을 미치는지에 대한 가중치를 제공한다. • 편향 또는 절편은 초평면이 원점에서 얼마나 떨어져 있는지를 결정하는 값이다. • 서포트벡터는 초평면과 가장 가까운 데이터 포인트들을 의미한다. **서포트벡터머신의 개념** *[Support Vector(서포트벡터), 최대 마진, 지지 벡터, Gap, Class 1, Class 2를 나타내는 개념도]* **SVM의 장점 및 단점**
장 점	• 수치예측 및 범주분류에 활용 • Noise Data 영향을 크게 받지 않음, 과적합화가 잘 되지 않음 • 분류 문제에 대한 성능이 높음 • 분류 경계가 복잡한 비선형 문제의 경우, 타 기법 대비 성능 우수
단 점	• 커널 함수 및 매개변수 등에 대한 반복적인 조합 테스트 필요 • 입력 데이터 양, 변수가 많으면, 오랜 시간의 훈련 소요 • 다른 기법과 비교하여 난해한 배경 이론 및 알고리즘 구현 • 결과에 대한 해석이나 이유 설명 등이 어려움

⑨ SVM은 데이터를 선형으로 분리하는 최적의 선형 결정경계를 찾는 알고리즘이다. SVM에서 사용되는 가장 간단한 기법은 비용(Cost, C) 매개변수를 사용하는 선형분류 방법이다.
  ㉠ 선형분류 SVM에서는 아래 그림에서처럼 H1, H2보다 H3와 같은 마진(Margin, 두 데이터군과 결정경계와 떨어져있는 정도)값이 가장 큰 결정경계(분리 초평면)를 찾는다.

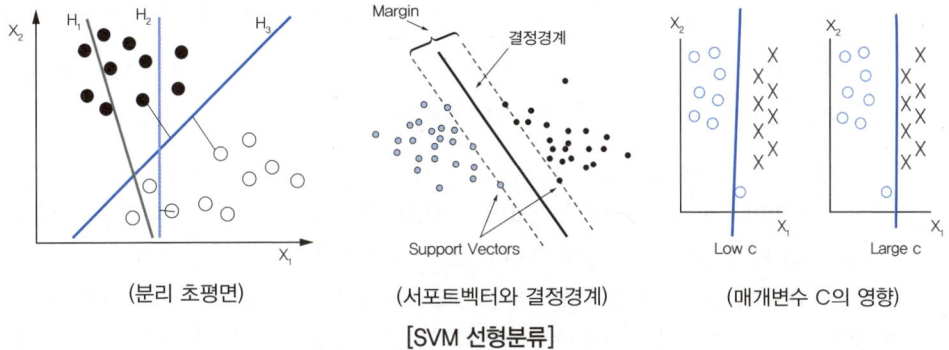

(분리 초평면) (서포트벡터와 결정경계) (매개변수 C의 영향)
[SVM 선형분류]

  ㉡ 서포트벡터들은 두 데이터군(클래스) 사이의 경계에 위치한 데이터 포인터들을 의미한다. 이 데이터들의 위치에 따라 결정경계의 위치도 달라지기 때문에 결정경계를 지지(Support)하고 있다고 표현한다.
  ㉢ 선형분류 문제에서 발생하는 이상치(Outlier) 문제를 해결하기 위해 매개변수(Cost, C)를 이용한다. C는 얼마나 많은 데이터 샘플이 다른 클래스에 포함되는 것을 허용하는지를 결정한다. C값이 작을수록 많이 허용하고 클수록 적게 허용한다. 즉, C값을 낮게 설정하면 이상치들이 있을 가능성을 크게 잡아 일반적인 결정경계를 찾아내고, 높게 설정하면 반대로 이상치의 존재 가능성을 작게 봐서 좀 더 세심하게 결정경계를 찾아낸다.
  ㉣ 위의 예에서 C가 낮을 때는 하나의 데이터를 잘못 분류했지만 좀 더 일반적인 결정경계를 찾아낸다. 반면, C가 높을 때는 실수 없이 분류해냈지만, 새로운 데이터가 어느 클래스에 속하는지 예측할 때는 좋은 성능을 낼 수 없을 가능성이 크다.
  ㉤ C가 너무 작으면 과소적합(Underfitting)이 될 가능성이 커지고, C가 너무 높으면 과대적합(Overfitting)이 될 가능성이 커지므로 적절한 C값을 설정하는 것이 바람직하다.
  ㉥ C값을 높게 설정하여 이상치들을 허용하지 않는 방법을 하드 마진(Hard Margin), 이상치들을 어느 정도 허용하면서 결정경계를 설정하는 방법을 소프트 마진(Soft Margin) SVM이라고 한다.
⑩ RBF(Radial Basis Function) 커널 분류 : 두 개(비용, 감마)의 매개변수(C, gamma)를 이용한 SVM 기법으로서 Grid Search라는 경험적 방법으로 최적의 매개변수를 찾는다.
  ㉠ 선형분류 방법으로 분류할 수 없는 경우 커널 기법(Kernel Trick, 주어진 데이터를 고차원 특징 공간으로 사상해 줌)을 사용하며, 고차원 공간으로의 사상 후, 원래의 차원에서는 보이지 않던 선형분류 방법을 적용할 수 있다.

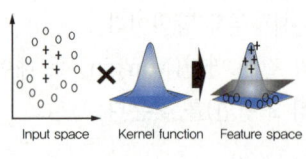 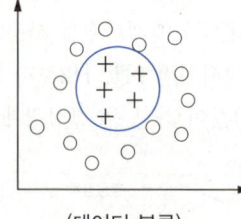 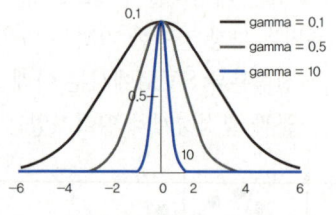

(커널 함수 적용)　　　　　(데이터 분류)　　　　(감마 매개변수, Gaussian 함수)

[Gaussian Radial Basis Function 커널 SVM]

ⓒ 커널에는 Polynomial, Sigmoid, Gaussian RBF 등 많은 종류가 사용된다. 그중 가장 많이 사용되는 방법이 Gaussian RBF 커널이다. RBF 커널의 경우 비용 매개변수(C)와 함께 감마(Gamma) 매개변수를 설정한다. Gamma는 하나의 데이터 샘플이 영향력을 행사하는 거리로서, 가우시안 함수의 표준편차와 관련(Gamma 값이 클수록 표준편차가 작음)된다.
ⓒ 감마값이 클수록 한 데이터 포인터들이 영향력을 행사하는 거리가 짧아지는 반면, 감마가 낮을수록 커지게 된다.
ⓔ C가 커질수록 이상치의 존재 가능성을 낮게 평가하며, 감마 매개변수는 결정경계의 곡률을 조정하는 데 이용된다. 즉, 감마값이 커질수록 결정경계 가까이에 있는 데이터 샘플들에 영향을 크게 받아 결정경계가 점점 더 구불구불해진다.
ⓜ 매개변수 C와 동일하게 감마값이 너무 작으면 과소적합, 너무 높으면 과대적합 가능성이 있어 두 파라미터 모두 적정한 값을 찾는 작업이 필요하다.
ⓗ 결국, 매개변수 C는 데이터 샘플들이 다른 클래스에 놓이는 것을 허용하는 정도를 결정하고, Gamma는 결정경계의 곡률을 결정하는 데 적용된다. 두 값 모두 커질수록 알고리즘의 복잡도는 증가한다. 일반적으로 Grid Search로 경험적으로 최적의 매개변수 값을 찾는다.

확인 문제 **분류기법**

텍스트 분류기법에 대한 설명 중 옳지 않은 것은?

① SVM(Support Vector Machine)은 기계학습의 한 종류로 패턴인식, 자료 분석을 위한 지도 학습 모델이다.
② 나이브 베이즈 기법은 베이지안 기법 기반의 분류기로서 훈련 데이터를 활용해서 특징 값이 제공하는 증거를 기반으로 결과가 관측될 확률을 계산하는 것으로 확률 분류기의 일종이다.
③ 나이브 베이즈의 단점은 Kernel과 모델 파라미터를 조절하기 위한 테스트를 여러 번 해서 최적화 모형을 만들기에 모형 구축 시간이 오래 걸린다는 것이다.
④ SVM 장점은 다차원 벡터 공간에서 효과적이라는 것과 훈련신경망 기법에 비하여 과적합 정도가 덜하다는 것이다.

풀이 SVM의 단점으로는 첫째, Kernel과 모델 파라미터를 조절하기 위한 테스트를 여러 번 해서 최적화 모형을 만들기에 모형 구축 시간이 오래 걸린다는 것이라는 것과 둘째, 결과에 대한 설명력이 떨어진다는 것이 있다.
정답 ③

(6) 연관성 분석(Association Analysis)

① 군집분석에 의해서 나누어진 클러스터를 대상으로 각 그룹에 대한 특성을 분석하기 위한 것이 연관 분석이다.

② 연관관계의 분석
   ㉠ 유사한 것은 군집으로 그룹화하여 각 그룹별 특성을 파악하고 빅데이터에서 유사한 클러스트를 묶어서 분석하면 더 효율적이다.
   ㉡ 예를 들어 잘 알려져 있는 미국의 마트에서 기저귀를 사는 고객은 맥주를 동시에 구매한다는 연관규칙을 알아내고 마트에 기저귀와 맥주를 인접한 진열대에 위치해 매출 증대를 가져왔다는 것이 연관관계 규칙을 발견한 예라고 볼 수 있다.
   ㉢ 빅데이터 분석은 어떤 질문에 대해서 일정한 규칙과 패턴을 발견하고 발견된 패턴을 통해서 최종적인 결정을 하게 된다.

③ **연관관계 규칙의 측정지표** : 도출된 연관규칙이 얼마나 유의미한지를 측정하기 위한 측정지표는 지지도, 신뢰도, 향상도 등을 측정한다.
   ㉠ 지지도(Support) : 전체 거래 중에서 상품 A, B를 동시에 구매하는 거래 비율을 측정하는 것으로 A, B를 다 포함하는 거래가 어느 정도인지를 나타내며, 전체 구매 경향을 파악할 수 있다.

   $$지지도 = P(A \cap B) = \frac{A, B \text{ 동시에 포함된 거래수}}{전체거래수}$$

   ㉡ 신뢰도(Confidence) : 품목 A가 포함된 거래 중에서 품목 B를 포함하는 거래의 비율을 측정하는 것으로 조건부 확률에 해당되며 측정식은 아래와 같다.

   $$신뢰도 = \frac{P(A \cap B)}{P(A)} = \frac{A, B \text{ 동시에 포함된 거래수}}{A를 \text{ 포함하는 전체거래수}}$$

   ㉢ 향상도(Lift) : 품목 B를 구매한 고객 대비 품목 A를 구매한 후, 품목 B를 구매하는 고객에 대한 확률을 의미하는 것으로 식은 아래와 같다.

   $$향상도 = \frac{P(B|A)}{P(B)} = \frac{P(A \cap B)}{P(A)P(B)} = \frac{A, B \text{ 동시에 포함된 거래수}}{A를 \text{ 포함하는 거래수} \cdot B를 \text{ 포함하는 거래수}}$$

④ 위에서 계산된 향상도 값에 따른 의미는 아래와 같다.

〈표 3-16〉 향상도 값의 의미

향상도	의 미
1	두 품목이 독립
1보다 크다	두 품목이 서로 양의 상관관계
1보다 작다	두 품목이 서로 음의 상관관계

⑤ 연관관계 분석 절차
  ㉠ 지지도가 일정수준 이상인 항목에 대해서 연관성 분석을 한다.
  ㉡ 신뢰도를 분석한다.
  ㉢ 향상도를 분석한다.

확인 문제 **지지도, 신뢰도, 향상도**

아래의 표를 보고 지지도, 신뢰도, 향상도를 계산하시오.

	맥 주	기저귀	노 트	볼 펜
거래 1	○	○	○	○
거래 2	×	×	×	×
거래 3	○	○	○	×
거래 4	○	○	×	○
거래 5	×	○	○	○
거래 6	○	○	×	○

풀이 위의 예제에서 6건의 거래를 확인하여 보면 맥주와 기저귀를 동시에 구입한 횟수가 4회이고, 노트와 볼펜을 동시에 구입한 횟수는 2회이다.

이때 맥주와 기저귀의 지지도는 $\frac{4}{6}=\frac{2}{3}$이고, 노트와 볼펜의 지지도는 $\frac{2}{6}=\frac{1}{3}$이다.

신뢰도는 맥주를 구입하였을 때 기저귀를 구매할 확률을 조건부식으로 구하는 것으로 맥주를 기준으로 하면 기저귀는 4회, 노트는 2회, 볼펜을 3회 구매한 것으로 조사된다.

맥주에 대한 기저귀의 신뢰도는 다음과 같다.

맥주에 대한 기저귀 신뢰도는 $\frac{4}{4}=1$,

맥주에 대한 노트의 신뢰도는 $\frac{2}{4}=0.5$,

맥주에 대한 볼펜의 신뢰도는 $\frac{3}{4}=0.75$로 나타난다.

맥주에 대한 노트의 향상도는 $\frac{2}{4}/\frac{3}{6}=1$,

맥주에 대한 볼펜의 향상도는 $\frac{3}{4}/\frac{4}{6}=\frac{9}{8}$로 나타낸다.

맥주에 대한 노트의 향상도보다는 맥주에 대한 볼펜의 향상도가 높게 나타나, 볼펜의 거래는 맥주 때문일 가능성이 노트보다는 높다.

---

(7) 군집분석(Clustering Analysis)

① 개체들에 대한 사전 지식 없이 유사도에 근거해서 군집을 구분하는 것으로 새로운 개체를 독립변수의 값만 가지고 예측하는 것이다. 계층적 군집, K－평균 군집, 혼합 분포 군집, 자기 조직화지도로 분류된다.

② **계층적 군집(Hierarchical Clustering)**
  ③ 가장 유사한 개체를 묶어 나가는 과정을 반복하여 원하는 개수의 군집을 형성하는 것을 의미한다.
  ⓒ 계층적 군집분석을 위해서는 덴드로그램(Dendrogram, 개체들이 결합되는 순서를 나타내는 트리 형태의 구조) 등의 그림을 통해서 군집의 형태를 파악하고 개체 간의 유사성에 대한 것을 측정하여 판단한다. 아래 그림은 군집 간 거리 측정 방법과 이를 이용하여 생성되는 덴드로그램 구조의 예를 나타낸다.

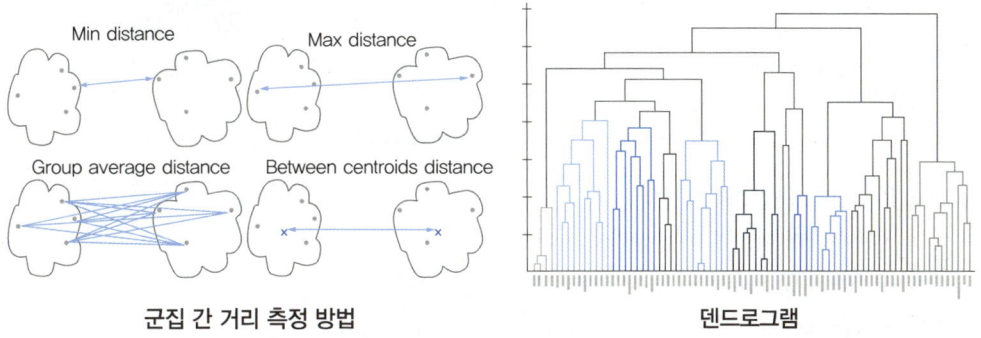

[군집 간 거리 측정 방법과 덴드로그램의 예]

  ⓒ 여기에서 군집 간의 거리를 측정하는데 거리 측정을 위한 방법으로는 최단연결법, 최장연결법, 평균연결법, 중심연결법(Centroid), 와드(Ward) 연결법[두 군집 간의 유사성을 두 군집이 합쳐졌을 때의 오차제곱합(Error Sum of Squares)의 증가분에 기반해서 측정] 등을 통해서 판단한다.
  ② 계층적 군집 방법은 병합적 방법과 분할적 방법으로 나누어진다. 병합적 방법은 작은 군집에서 출발해서 군집을 병합해 가는 과정이고, 분할적 방법은 큰 군집에서 군집을 분리해 나가는 과정이다. 계층적 군집을 행할 때는 두 군집 간의 거리를 측정하는 방법에 따라 시행한다.

③ **K-평균 군집(K-means Clustering)**
  ③ 군집분석에서 가장 많이 활용되는 방법이다.
  ⓒ 군집 내 응집도 최대화 원리는 군집 안의 중심과 해당 군집의 각 객체 간 거리의 합이 최소화되는 것이다.
  ⓒ 군집 간 분리도 최대화 원리는 각 군집의 중심 간의 거리 합이 최대화가 되는 것이다.
  ② K-평균 군집은 원하는 군집 수만큼 초기값을 지정하고 각 개체를 가까운 초기값에 할당하여 군집을 형성한다.
  ⑩ 각 군집의 평균을 재계산하여 초기값을 갱신하고 갱신된 값에 대해서 할당 과정을 반복하여 k개의 최종 군집을 형성한다. K-평균 군집화 알고리즘의 수행 과정을 요약하면 다음과 같다.

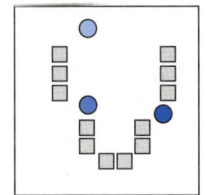 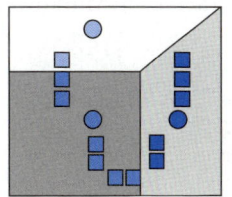

1) 초기 k "평균값"(위의 경우 $k=3$)은 데이터 오브젝트 중에서 무작위로 뽑힌다(색칠된 동그라미로 표시됨).

2) k 각 데이터 오브젝트들은 가장 가까이 있는 평균값을 기준으로 묶인다. 평균값을 기준으로 분할된 영역은 보로노이 다이어그램으로 표시된다.

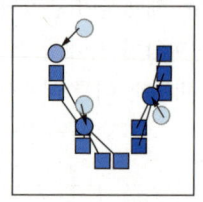
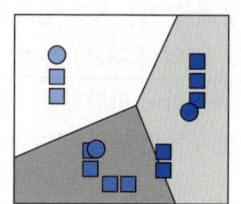

3) k개의 클러스터의 중심점을 기준으로 평균값이 재조정된다.

4) 수렴할 때까지 2), 3) 과정을 반복한다.

[K-평균 군집분석 과정]

　ⓑ K-평균 군집분석모형의 장점
　　• 단순하며 빠르게 계산된다.
　　• 계층적 군집보다 많은 양의 자료를 다룰 수 있다.
　　• 평균 등 거리 계산에 기반하므로 모든 변수가 연속형이다.
　ⓐ K-평균 군집분석모형의 단점
　　• 잡음이나 이상값에 영향을 받는다.
　　• 클러스터의 모양을 가정하고 있어 적용범위가 제한적이다.
④ 혼합 분포 군집(Mixture Distribution Clustering)
　㉠ 확률분포를 도입해서 군집을 수행하는 방법으로 군집을 몇 개의 모수로 표현할 수 있으며 서로 다른 크기나 모양의 군집 분류도 가능하다.
　㉡ 군집크기가 작으면 추정 정확도가 떨어지며 이상치 자료에 민감하므로 이상치가 발생된 경우 사전에 제거해야 한다.
⑤ 자기 조직화 지도(Self-Organizing Map)
　㉠ 입력 데이터로 학습(비지도 학습)해서 일관성 있게 변화한다는 자기조직화에 기반을 둔 것으로, 다차원의 데이터를 이해하기 쉬운 저차원의 뉴런으로 정렬하고 지도의 형태로 형상화하는 것이다.
　㉡ 수행 속도가 빨라서 실시간 학습 처리가 가능하고, 저차원의 지도 형태로 형상화되어 시각화에 유용하고 음성인식, 패턴발견, 이미지 분석에 활용된다.
⑥ 군집 간 거리 측정 방법
　㉠ 데이터가 수치값을 가질 때 거리 측정이 가능하다.
　㉡ 거리를 측정하기 위하여 민코프스키, 유클리디안, 맨해튼 거리 측정 등의 방법을 이용한다.
　　• 민코프스키(Minkowski)

$$dist(x_i, x_j) = ((x_{i1} - x_{j1})^h + \cdots + (x_{ir} - x_{jr})^h)^{\frac{1}{h}}$$

- 유클리디안(Euclidean) : 민코프스키 거리 측정에서 h=2인 경우 유클리디안 거리 측정값이 된다.

$$dist(x_i, x_j) = ((x_{i1}-x_{j1})^2 + \cdots + (x_{ir}-x_{jr})^2)^{\frac{1}{2}}$$
$$= \sqrt{((x_{i1}-x_{j1})^2 + \cdots + (x_{ir}-x_{jr})^2)}$$

- 맨해튼(Manhattan) : 민코프스키 거리 측정에서 h=1인 경우 맨해튼 거리 측정값이 된다.

$$dist(x_i, x_j) = (|x_{i1}-x_{j1}| + \cdots + |x_{ir}-x_{jr}|)$$

- 가중치를 적용한 유클리디안 거리 측정

$$dist(x_i, x_j) = (w_i(x_{i1}-x_{j1})^2 + \cdots + w_r(x_{ir}-x_{jr})^2)^{\frac{1}{2}}$$
$$= \sqrt{(w_i(x_{i1}-x_{j1})^2 + \cdots + w_r(x_{ir}-x_{jr})^2)}$$

- 제곱 유클리디안 거리 측정

$$dist(x_i, x_j) = (x_{i1}-x_{j1})^2 + \cdots + (x_{ir}-x_{jr})^2$$

- 체비셰프(Chebychev) : 거리 중 최대 거리값

$$dist(x_i, x_j) = \max_k |x_{ik}-x_{jk}|$$

⑦ **최적 군집의 수** : K-means 군집분석모형에서 군집의 개수(K)를 구하기 위해 엘보우(Elbow), 실루엣(Silhouette), 손실함수(RMSLE ; Root Mean Squared Logarithmic Error, RMSE 의 Log값) 이용 기법이 있다.

㉠ 엘보우(Elbow) : 클러스터들 사이의 거리의 합이 급격히 떨어지는 구간을 찾아 이 지점의 K값을 군집(클러스터)의 개수로 사용한다. K값에 대한 클러스터들 사이의 거리의 합을 그래프로 나타내면 그래프의 모양이 팔꿈치 같아 보여 Elbow Method라 한다.

㉡ 실루엣(Silhouette, 입체적 외형 및 윤곽) : 군집 타당성 지표인 실루엣 점수(Clustering Validity Index)를 이용한다. 실루엣 점수란 한 군집 내의 데이터들이 다른 군집과 비교하여 얼마나 비슷한지를 나타내는 값으로서 이 값이 1에 가까울수록 적절한 군집화가 되었다고 판단한다.

㉢ 손실함수(RMSLE) : K값을 하나의 하이퍼 파라미터로 지정하고 K값에 대한 RMSLE 값 평가 점수가 가장 좋게 나오는 K값을 선택한다.

> **확인 문제** **자기조직화 지도**
>
> 다음 중 자기조직화 지도에 대한 설명 중 옳지 않은 것은?
>
> ① 다차원의 데이터를 저차원으로 표현하는 것이다.
> ② 수치형 데이터 변수에서만 사용이 가능하다.
> ③ 입력벡터와 뉴런들 거리를 측정하기 위해서는 유클리디안 거리를 이용한다.
> ④ 자기주도적 지도는 지도 학습이다.
>
> ------
>
> 풀이 자기조직화 지도(SOM ; Self-organizing Map, 자기조직화 맵)는 비지도 학습(Unsupervised Learning, 자율학습) 방법을 기반으로 한 음성인식, 패턴발견, 이미지 분석에 활용된다.
>
> 정답 ④

02 고급 분석 기법

(1) 범주형 자료분석(Categorical Data Analysis)

① 범주형 자료

㉠ 범주형 자료는 관측된 데이터가 몇 개의 범주로 분류되고, 각 범주의 도수로 자료가 주어지는 것을 말하는 것으로, 성별에 따라서 전공에 대한 만족도에 차이가 있는지, 연령에 따라서 좋아하는 TV 프로그램의 종류에 차이가 있는가에 대한 문제가 범주형 데이터 분석에 포함되는 문제이다.

㉡ 범주형 자료 분석은 적합도 검정, 동질성 검정, 독립성 검정으로 나눌 수 있다.

㉢ 범주형 자료에 대한 검정을 위해서는 일반적으로 카이제곱 통계량을 이용하며 이때의 값은 다음과 같이 관측빈도와 기대빈도를 이용해서 통계량을 구할 수 있다.

교차분석을 위한 통계량

$$\chi^2 = \sum \frac{(관측빈도 - 기대빈도)^2}{(기대빈도)} = \sum \frac{(O_i - E_i)^2}{E_i}$$

기각역 $R : \chi^2 \geq \chi_\alpha^2(k-1)$ 이다.

범주	1	2	...	k	합계
관측빈도(O_i)	n_1	n_2	—	n_k	n
기대빈도(E_i)	np_{10}	np_{20}	—	np_{k0}	n

② 적합도 검정의 예

나무를 자가 수정시켰을 경우 나올 수 있는 나무의 종류는 A, B, C, D로 각각의 비율이 1 : 3 : 3 : 1이라고 한다. 이를 자가 수정시켰을 때 다음의 결과로 조사가 되었다면 1 : 3 : 3 : 1의 비율을 만족한다고 할 수 있는가?

나무종류	A	B	C	D	합계
관측수	10	35	40	15	100

이 경우 가설은 다음과 같다.

$H_0 : p_A = \frac{1}{8}, p_B = \frac{3}{8}, p_C = \frac{3}{8}, p_D = \frac{1}{8}$

$H_1 : H_0$ 가 아니다.

나무종류	A	B	C	D	합계
관측수	10	35	40	15	100
기대빈도	12.5	37.5	37.5	12.5	100

위의 가설을 검정하고자 하며 이때 이러한 검정을 적합도 검정이라 한다.

$$\chi^2 = \sum \frac{(관측빈도 - 기대빈도)^2}{(기대빈도)} = \sum \frac{(O_i - E_i)^2}{E_i}$$

$$\frac{(10-12.5)^2}{12.5} + \frac{(35-37.5)^2}{37.5} + \frac{(40-37.5)^2}{37.5} + \frac{(15-12.5)^2}{12.5} = 1.333$$

기각역 $R : \chi^2 \geq \chi_a^2(k-1) = 7.814$

이 경우 $\chi^2 = 1.333$이고 유의확률 $p = 0.721$로 귀무가설을 기각할 수 없으므로 위의 조사 결과 자가 수정으로 인해서 나타나는 결과 A, B, C, D는 1 : 3 : 3 : 1이라고 할 수 있다.

③ 동질성 검정의 예

다음은 학생들에게 토익 공부의 효과를 알아보기 위해서 A라는 교재와 B라는 교재를 주고 공부하게 하였다. A 교재로 공부한 학생은 50명, B 교재로 공부한 학생은 60명이라고 하였을 때, 효과의 정도가 책의 종류에 따라서 다음과 같이 조사되었다.

위의 예제에 대한 가설은 아래와 같다.

$H_0 : p_{A1} = p_{B1}, p_{A2} = p_{B2}, p_{A3} = p_{B3}$

$H_1 : H_0$가 아니다.

위의 가설을 확인해야 하며 이때 이러한 검정을 동질성 검정이라고 한다.

교재	매우효과	보통	효과없음	합계
교재 A	25	15	10	50
교재 B	20	20	20	60
합계	45	35	30	110

교재의 종류에 따라서 효과를 살펴본 검정에서 검정통계량 $\chi^2 = 3.725$이고 유의확률 $p = 0.155$로 유의수준 0.05보다 크므로 귀무가설을 기각할 수 없다. 즉, 교재 A, B에 따른 효과는 다르다고 할 수 없다.

④ 독립성 검정의 예

다음은 학생 성별에 따라서 게임을 좋아하는지에 대한 조사를 실시하였다. 성별과 게임의 선호에 대한 관계가 독립인지를 검정하려고 한다.

위의 예제에 대한 가설은 아래와 같다.

H_0 : 성별에 따른 게임의 선호도는 차이가 없다.
H_1 : 성별에 따른 게임의 선호도는 차이가 있다.

성 별	좋아함	보 통	좋아하지 않음	합 계
남 성	50	30	20	100
여 성	30	30	40	100
합 계	80	60	60	200

성별에 따라서 게임에 대한 선호도의 독립성 검정에 대한 검정통계량 $\chi^2 = 11.667$이고, 유의확률 $p = 0.003$으로 유의수준 0.05보다 작으므로 귀무가설을 기각한다. 즉, 성별은 게임의 선호도에 영향을 미친다고 할 수 있다.

확인 문제 　**범주형 자료분석**

다음 중 범주형 자료분석 방법에 대한 설명으로 옳지 않은 것은?

① 범주형 데이터는 관측된 자료가 몇 개의 범주로 분류되고, 각 범주의 도수로 자료가 주어지는 것을 말한다.
② 범주형 자료분석을 위하여 보통 $F-$통계량을 이용한다.
③ 범주형 자료분석은 크게 적합도 검정, 동질성 검정, 독립성 검정으로 나눌 수 있다.
④ 범주형 자료에 대한 검정을 위해 관측빈도와 기대빈도를 이용해서 통계량을 구한다.

풀이 범주형 자료에 대한 검정을 위해 일반적으로 카이제곱 통계량을 이용한다.
정답 ②

---

(2) 다변량 분석(Multivariate Analysis)

① 다변량 분석의 개념

㉠ 단일독립변수와 단일종속변수 간의 관계를 파악할 경우 일변량 통계분석을 이용하는 데 반하여, 변수 하나의 변동 요인을 알아보기 위해서 많은 수의 요인 중 한 요인을 선택하여 선택된 요인과 연구하고자 하는 변수와의 관계를 분석하게 되면 요인들 간의 상호작용이 존재하고 연구하고자 하는 변수 또는 요인들에 영향을 주게 되므로 명확한 분석이 어려운 경우가 발생하게 된다. 이 경우는 다변량 통계분석을 이용한다.

- ⓒ 다변량 통계분석은 차원을 줄이고자 하는 분석과 많은 수의 케이스(Case)를 그 특성이 비슷한 몇 가지 집단으로 분류하여 전체 케이스가 가지고 있는 의미를 이들 분류된 몇 개의 집단으로 설명하고자 할 때 사용한다. 여기서 케이스(Case)란 조사나 실험을 통하여 자료를 수집할 때 자료수집의 대상(각각의 관측값)을 나타낸다.
- ⓓ 차원을 축소하고자 하는 방법에는 변수의 차원을 줄이는 방법과 케이스의 차원을 줄이는 방법이 있다.
- ⓔ 변수의 차원을 줄이기 위해 다변량 회귀분석, 분산분석, 주성분 분석, 요인분석, 정준상관분석(正準, Canonical Correlation Analysis) 방법 등을 이용한다.
- ⓕ 케이스의 차원을 줄이기 위해 군집분석, 판별분석, 다차원 척도법 등을 이용한다.

② 변수의 차원을 줄이는 분석(요인분석 또는 인자 분석, Factor Analysis)
  ㉠ 개 요
   • 많은 변수가 상호연관성을 가지고 소수의 요인으로 분석되는 경우에 사용되고 해당하는 요인을 찾아서 변수를 줄이는 방법으로 활용될 수 있다.
   • 즉, 요인분석은 관련성이 많은 변수나 유사한 케이스(Case 또는 Observation, 조사나 실험을 통하여 자료를 수집할 때, 자료수집의 대상)들을 묶어 자료의 구조를 요약하고 압축하는 통계기법으로서 R형 요인분석(관련성이 많은 변수를 묶는 요인분석)과 Q형 요인분석(관련성이 많은 케이스를 묶는 요인분석)으로 구분된다. 보통 Q형 요인분석보다는 군집분석을 더 많이 사용한다.
   • 여기서 변수(Variable)란 분석에 적용하고자 하는 내용을 포함하고 있는 데이터이고 요인(Factor)이란 서로 상관계수가 높은 변수들끼리 모아서 작은 수의 변수 집단으로 나눈 것을 의미한다.
   • 예를 들어서 키, 몸무게, 운동시간, 식사량 등의 변수를 조사하여 요인분석을 실시한 결과 키와 몸무게의 관계가 높고 운동시간과 식사량의 관계가 높은 것으로 조사되었을 경우 키와 몸무게는 신체적 요인으로 운동시간과 식사량은 자아노력적인 요인으로 분류할 수 있다. 이처럼 상호 연관성이 있는 변수의 수를 하나의 요인으로 통계량을 알아볼 수 있는데 이것을 요인분석이라 한다.
   • 요인 적재값(Fator Loading)이란 변수들과 요인 간의 상관계수(회귀계수)로 요인 적재값의 제곱은 해당 변수가 요인에 의하여 설명되는 분산의 비율을 나타낸다. 보통 요인 적재값이 0.3 이상이면 유의하다고 보지만 보수적인 기준은 0.4 이상이며, 0.5 이상인 경우는 매우 높은 유의성을 가진 것으로 해석한다.
   • 고윳값(Eigenvalues)은 각각의 요인으로 설명할 수 있는 변수들의 분산 총합으로서 각 요인별로 모든 변수의 요인적재값을 제곱하여 더한 값이다.
  ㉡ 목 적
   • 첫째, 여러 개의 변수들을 작은 수의 요인으로 줄이기 위한 것이라 할 수 있다.
   • 둘째, 많은 수의 변수들을 이용해서 회귀분석이나 상관분석 또는 판별분석을 할 경우 유효성 있는 변수를 선정하는 데 활용된다.
   • 셋째, 회귀분석이나 상관분석 또는 판별분석에 사용할 적은 수의 변수를 새롭게 만들기 위해서 사용된다고 할 수 있다.

ⓒ 조 건
- 첫째, 요인분석을 위해서는 요인분석의 대상이 리커트(Likert) 척도와 같이 등간(간격)척도 또는 비율 척도로 구성(연속형 변수)되고 관측값들은 상호독립적이며, 각 변수가 정규분포를 따라야 한다. 그리고 변수별로 분산은 모두 동일하다는 가정을 만족하여야 한다.
- 둘째, 표본의 수는 최소한 50개 이상이어야 하고 100개 이상이 바람직하며, 일반적으로 변수 수의 4~5배(보수적)이고 경우에 따라서 2배 이상의 표본이 사용된다. 그리고 입력 변수들 간에는 어느 정도 수준 이상의 상관관계가 있어야 한다.
- 셋째, 변수의 분산은 다른 모든 변수와 공유하는 요인공통분산, 고유분산, 오차분산으로 나누어져 있다.

ⓓ 요인분석 과정
- 첫째, 요인분석의 적용이 가능한지를 검토한다.
- 둘째, 최초 요인을 추출한다.
- 셋째, 요인수를 몇 개로 할지를 결정한다.
- 넷째, 요인의 회전 등을 통해서 통계분석할 수 있도록 한다.

ⓔ 요인 추출방법
- 주성분 분석법, 최소제곱요인 추출법, 최대우도요인 추출법, 주축요인 추출법, 알파요인 추출법, 이미지요인 추출법이 있다.
- 여기에서 가장 많이 활용되는 주성분 분석법은 데이터의 총분산을 이용해서 구하는 방법이고, 최소제곱요인 추출법은 공통요인분석 방법의 하나로 사용되는 변수가 모집단이고 대상자가 표본으로 가정할 때 사용된다.

ⓕ 요인 수 결정 : 일반적으로 가장 많이 사용되는 방법이 최소 고윳값을 기준으로 하는 것으로 주대각(Main Diagonal) 성분 분석법에서 요인의 고윳값이 1보다 적은 경우에는 의미가 없으므로, 최소 고윳값 기준을 1로 해서 요인수를 결정하는 방법이다. 그리고 스크리 도표(Scree Plot)를 이용하여 고윳값을 기준으로 결정하기도 한다. 스크리 도표는 각 요인의 고유치를 Y-축에, 요인의 개수를 X-축으로 표시하여 요인의 수가 증가할 때 고윳값이 감소하는 형태에서 고윳값이 급격히 감소하다가 점점 감소폭이 줄어들게 된다. 이 경우 급격히 감소하다가 완만하게 감소하는 요인의 수(고윳값이 1 이상이 되는 지점)를 전체 요인의 수로 정하게 된다.

ⓖ 요인의 회전
- 요인의 축 사이의 각도를 90도로 유지하면서 회전하는 직각회전(Orthogonal Rotation)과 직각을 유지하지 않고 회전하는 사각회전(Oblique Rotation)이 있다.
- 직각회전은 쿼티맥스(Quartimax), 이쿼맥스(Equamax), 베리맥스(Varimax) 방법이 있다.
- 요인 회전 방법의 활용 예는 다음과 같다.

	키	몸무게	허리둘레	시력	청력	변수
1	160.00	50.00	26.00	5.00	4.00	
2	170.00	65.00	28.00	4.00	5.00	
3	165.00	60.00	27.00	5.00	5.00	
4	166.00	59.00	25.00	3.00	4.00	
5	170.00	62.00	31.00	5.00	5.00	
6	171.00	61.00	30.00	4.00	3.00	
7	180.00	70.00	33.00	2.00	1.00	
8	189.00	75.00	34.00	1.00	2.00	
9	172.00	56.00	30.00	4.00	4.00	
10	177.00	62.00	31.00	5.00	5.00	
11	165.00	50.00	25.00	3.00	4.00	
12	164.00	48.00	26.00	2.00	1.00	
13	168.00	59.00	30.00	1.00	2.00	
14	179.00	79.00	40.00	4.00	4.00	
15	180.00	76.00	33.00	5.00	5.00	
16	181.00	75.00	32.00	3.00	4.00	

위 자료는 어느 대학교 학생 40명을 대상으로 키, 몸무게, 허리둘레, 시력, 청력을 조사한 자료이다. 키, 몸무게, 허리둘레는 측정치를 그대로 사용했고 시력과 청력은 상태에 따라서 매우 좋은 경우는 5점, 매우 나쁜 경우는 1점으로 5점 리커트 척도로 조사한 자료이다.

- 먼저, 5개 변수의 상관관계를 구하면 아래와 같다.

구 분	키	몸무게	허리둘레	시 력	청 력
키	1	0.874	0.687	−0.347	−0.260
몸무게	0.874	1	0.741	−0.185	−0.064
허리둘레	0.687	0.741	1	−0.234	−0.193
시 력	−0.347	−0.185	−0.234	1	0.813
청 력	−0.260	−0.064	−0.193	0.813	1

- 상관관계를 살펴본 결과 키와 몸무게, 허리둘레의 상관관계가 높음을 알 수 있고 시력과 청력의 상관관계가 높음을 알 수 있다.

성 분	초기 고윳값			추출 제곱합 적재값			회전 제곱합 적재값		
	합 계	% 분산	% 누적	합 계	% 분산	% 누적	합 계	% 분산	% 누적
1	2.816	56.323	56.323	2.816	56.323	56.323	2.530	50.602	50.602
2	1.560	31.203	87.526	1.560	31.203	87.526	1.846	36.924	87.526
3	0.348	6.951	94.477						
4	0.180	3.609	98.087						
5	0.096	1.913	100.000						

- 위의 표에서 고윳값 기준을 1로 두면 2개의 요인으로 축소됨을 알 수 있다.
- 첫 번째 요인은 키, 몸무게, 허리둘레에 해당되고 두 번째 요인은 시력과 청력을 들 수 있다.

- 첫 번째 요인은 신체관련요인이라 할 수 있고, 두 번째 요인은 시청각요인이라 할 수 있다.

구분	성분행렬	
	성 분	
	1	2
키	0.903	0.245
몸무게	0.847	0.450
허리둘레	0.818	0.307
시 력	−0.593	0.743
청 력	−0.512	0.807

- 위의 표에서 제시하는 값은 성분행렬의 요인적재값이라 할 수 있고, 이 요인적재값은 변수와 요인 사이의 상관관계를 의미한다.
- 요인적재량의 제곱은 해당변수가 해당 요인에 의해서 설명되는 분산의 비율을 나타낸다.
- 즉, 예를 들어서 키의 경우 요인 1과의 상관관계가 0.903이라고 할 수 있고, 키는 요인 1에 의해서 설명되는 비율이 $0.903^2 = 0.815$로 81.5% 정도이다.

◎ 요인분석 과정을 요약하면 다음과 같다.

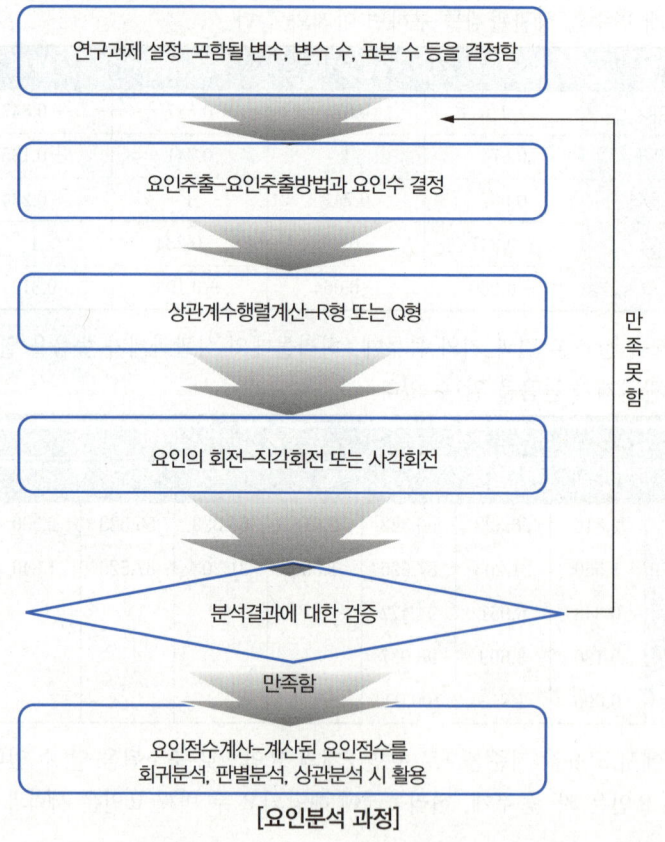

[요인분석 과정]

③ 케이스의 차원을 줄이는 분석(군집분석)
  ㉠ 개 요
    - 예를 들어 설명하면 먼저 세계에는 다양한 여러 맥주들이 있다. 맥주는 알코올 농도, 칼로리, 가격, 염분의 양 등 여러 사항들로 나눌 수 있으며 유사한 정도에 따라서 묶는 것을 군집분석이라 한다.
    - 객체들을 일정한 속성에 따라 몇 개의 군집으로 분류하고, 같은 군집에 속한 객체들의 유사성과 서로 다른 군집에 속한 객체들의 상이성을 알아내고자 하는 분석 기법이다.
  ㉡ 군집분석은 객체들의 여러 가지 속성들을 이용해서 그 속성들이 유사성 거리로 환산하여 거리가 상대적으로 가까운 객체들을 동질적 집단으로 분류하는 방법으로 다음의 절차를 따른다.
    - 첫째, 어떤 특성들을 비교할지 설명변수 선정문제를 고려하여야 한다.
    - 둘째, 어떤 방법으로 유사성 거리를 측정할 것인지를 측정방법을 결정해야 한다.
    - 셋째, 어떻게 군집화할 것인지를 결정해야 한다.
  ㉢ 설명변수 선정 방법
    - 의미 없는 설명변수를 이용해서 군집분석을 하면 설명변수의 가중치가 모두 동일한 상태에서 분석되므로 군집분석에 문제가 생길 수 있다.
    - 군집분석은 통계적 유의성 검정의 절차를 거치지 않기 때문에 이러한 점을 고려하여 설명변수의 선정에 유의해야 한다.
    - 요인분석을 통해서 변수들 간의 중복부분을 검토하고 군집분석의 설명변수를 선택하기도 한다.
  ㉣ 유사성 거리의 측정 방법
    - 유사성 거리가 가깝다는 것은 두 객체 간 속성이 유사하다는 것을 나타내고 유사성 거리가 멀다는 것은 두 객체 간 속성이 유사하지 않다는 것을 나타낸다.
    - 유클리디안 거리

$$D_{xy} = \sqrt{(x_1-y_1)^2 + \cdots + (x_n-y_n)^2}$$
$$= \sqrt{\sum_{i=1}^{n}(x_i-y_i)^2}$$

    - D_{xy}는 유클리디안 거리를 계산한 값이고 유클리디안 제곱거리 D_{xy}^2는 아래와 같이 구할 수 있다.
    - 유클리디안 제곱거리

$$D_{xy}^2 = (x_1-y_1)^2 + \cdots + (x_n-y_n)^2$$
$$= \sum_{i=1}^{n}(x_i-y_i)^2$$

  ㉤ 군집화 방법
    - 최단연결법 : 어느 한 객체와 가장 가까운 객체부터 군집에 포함시켜서 군집화하는 방법이다.
    - 최장연결법 : 군집 간의 거리를 각 군집에 속해있는 객체 간에 가장 먼 거리로 산정하여 비교하는 방법이다.

- 중심연결법 : 각 군집의 중심들 사이의 거리를 사용하는 것으로 새로운 객체 포함 시에도 군집의 중심과의 거리가 가장 가까운 군집에 객체를 포함시키는 방법이다.
- 군집분석의 예를 설명하면 다음과 같다.

학과	아이큐	수학	국어	과학	영어
data	130.00	95.00	80.00	89.00	88.00
software	125.00	95.00	78.00	90.00	87.00
statisti	113.00	89.00	82.00	94.00	86.00
society	100.00	67.00	92.00	90.00	90.00
korea	108.00	76.00	95.00	78.00	91.00
welfare	105.00	75.00	97.00	76.00	88.00
english	104.00	70.00	96.00	75.00	78.00
phy	110.00	65.00	60.00	60.00	75.00
music	120.00	85.00	65.00	55.00	69.00
broad	115.00	80.00	70.00	65.00	75.00

다음은 군집분석을 설명하기 위해서 조사한 데이터이다. 학과는 아이큐, 수학, 국어, 과학, 영어 성적에 따라서 분류될 것으로 생각하여 조사한 자료이다.

- 위의 자료를 이용해서 군집분석한 결과는 아래와 같다.

군집화 일정표						
단계	결합 군집		계수	처음 나타나는 군집의 단계		다음 단계
	군집 1	군집 2		군집 1	군집 2	
1	5	6	5.196	0	0	3
2	1	2	5.568	0	0	5
3	5	7	13.256	1	0	6
4	9	10	14.526	0	0	7
5	1	3	16.758	2	0	8
6	4	5	18.420	0	3	8
7	8	9	21.786	0	4	9
8	1	4	35.407	5	6	9
9	1	8	42.685	8	7	0

- 위의 표를 통해서 확인할 수 있는 것은 다음과 같다.
  - 5, 6의 케이스가 가장 거리가 짧아서 첫 번째 군집으로 형성된다.
  - 1, 2 케이스가 묶이며 다음은 5, 7 케이스가 묶이는데 5 케이스는 처음 1단계에서 나타났으므로 단계 표시를 해주고 다음 단계는 6단계에서 다시 묶임을 표시하고 있다.
  - 데이터를 통해서 군집분석을 하게 되면 1, 2, 3의 케이스가 한 그룹으로 묶이고 4, 5, 6, 7이 한 그룹으로 묶이며 8, 9, 10이 한 그룹으로 묶이는 예가 된다.
  - 이와 같이 비슷한 속성을 가지는 것끼리 군집화해주기 위해서 사용하는 방법이 군집분석이라 할 수 있다.

④ 판별분석(Discriminant Analysis)
  ㉠ 개 요
  - 결과가 다르게 나타난 개체들의 집단 간의 유사성과 차이점을 기준으로 아직 결과를 알 수 없는 개체에 대해서 결과를 예측하는 방법이다.

- 집단을 구별할 수 있는 설명변수(독립변수, 판별변수)를 통하여 집단 구분 함수식(판별함수, 판별식)을 도출하고, 소속된 집단을 예측하는 목적으로 사용된다.
- 보통 등간 척도나 비율 척도로 측정된 독립변수를 이용해 명목 척도 또는 서열 척도로 측정된 종속변수를 분류하는 데 사용된다.
- 즉, 집단변수 개개의 변숫값을 판별하는데 판별변수(독립변수)의 선형결합인 판별함수(판별식)를 만든 후에 판별함수에 새로운 개체 특성을 대입하여 어떤 집단에 속할지 결정하는 것이라고 할 수 있다.

ⓒ 판별분석에 사용되는 변수의 특성
- 판별분석을 하기 위해서 사용되는 집단변수는 범주형 변수이다.
- 판별변수(독립변수)는 연속형 변수이다.

ⓒ 판별분석의 가정
- 사용된 개체들이 다변량 정규분포를 따른다.
- 부분집단들의 모집단 분포가 동일한 공분산행렬을 가진다.

ⓔ 판별분석 과정
- 첫째, 집단 구별을 위해서 필요한 판별변수를 정한다.
- 둘째, 판별변수의 선형결합을 통한 판별함수를 만들어서 개체들의 집단이 어디인지를 분류하기 위해 사용한다.
- 셋째, 판별함수의 정확도를 판정한다.
- 넷째, 새로운 개체에 대해서 판별함수를 이용해서 어떤 집단에 속할지 결정한다.

ⓜ 이때 사용되는 판별함수의 수는 아래와 같은 방법으로 결정한다.

판별함수 수 ≤ min[(집단수−1), 판별변수 수]

ⓗ 판별분석의 예를 설명하면 다음과 같다.

다음은 이공계, 인문계, 예체능계 학생들의 수학, 국어, 영어, 과학 성적을 바탕으로 그룹을 분류하기 위해 판별 분석을 한 예이다.

함 수	고윳값	분산의 %	누적 %	정준 상관
1	1.576	74.6	74.6	0.782
2	0.536	25.4	100.0	0.591

- 위의 표에서 제시된 것과 같이 3개의 집단에 대해서 두 개의 판별함수가 생성되었으며, 판별함수의 고윳값이 각각 1.576, 0.536으로 분산의 비율은 각각 74.6%, 25.4%로 조사되었다. 즉, 첫 번째 판별함수를 통해서 설명할 수 있는 설명비율은 74.6%임을 알 수 있으며, 두 번째 판별함수를 통해서 설명할 수 있는 비율은 25.4%임을 알 수 있다. 마지막 열에 출력된 정준상관계수의 제곱이 집단들에 의해서 설명될 수 있는 판별함수의 분산의 비율을 의미하는 것으로 1에 가까울수록 설명력이 커진다고 할 수 있다.

구분	표준화 정준판별함수 계수	
	함수	
	1	2
수학	0.436	−.257
영어	1.023	−.550
과학	0.757	−.104
국어	0.075	1.160

- 새로운 개체를 분류하기 위해서는 판별변수를 통한 판별함수를 만들어야 한다. 이 경우 위의 표를 통해서 판별함수식을 세울 수 있는데 판별함수는 아래와 같이 세울 수 있다.

$z_1 = 0.436$수학$+1.023$영어$+0.757$과학$+0.075$국어

$z_2 = -0.257$수학-0.550영어-0.104과학$+1.160$국어

구분	구조행렬	
	함수	
	1	2
과학	0.496	−.397
영어	0.481	0.392
국어	0.327	0.926
수학	0.247	−.391

- 구조행렬은 판별함수와 변수 간의 상관관계를 나타내는 것으로, 첫 번째 함수의 경우 과학에 의해서 가장 큰 영향을 받고 두 번째 함수의 경우 국어에 의해서 가장 큰 영향을 받음을 알 수 있다.

구분		적성	분류결과			전체
			예측 소속집단			
			1.00	2.00	3.00	
원래값	빈도	1.00	11	2	0	13
		2.00	3	7	2	12
		3.00	0	0	6	6
	%	1.00	84.6	15.4	0	100.0
		2.00	25.0	58.3	16.7	100.0
		3.00	0	0	100.0	100.0

원래의 집단 케이스 중 77.4%이(가) 올바르게 분류되었습니다.

- 위의 표를 통해서 확인된 것은 적성 1인 경우 1로 정확히 예측한 것은 총 13개 중 11개로 84.6%의 예측력을 나타내고 있으며, 원래 적성 2를 2로 정확히 예측한 것은 총 12개 중 7개로 예측력은 58.3%로 나타났으며 적성 3을 3으로 예측한 것은 총 6개 중 6개가 모두 예측되어 예측력은 100%로 조사되었다.

- 위의 예에서 집단은 이공계, 인문계, 예체능계로 3개이고 설명변수(독립변수, 판별변수)는 국어, 영어, 수학, 과학의 4개 과목 성적이다.
- 따라서 판별함수는 min[(집단수−1), 판별변수 수] = min[2, 4] = 2개가 사용된다.
- 고윳값(Eigenvalues)은 집단 간 제곱합/집단 내 제곱합으로 구하며, 고윳값이 크면 판별함수의 설명력이 높고, 작으면 판별함수의 설명력이 약하다고 해석한다.
- 집단 간 변동과 집단 내 변동의 비율을 최대화하는 판별함수를 도출하기 위해 표준화 정준 판별함수 계수를 이용한다.
- 판별함수(z_1, z_2)를 이용하여 각각의 케이스에 대한 판별 분석을 실시한다. 이를 위하여 각각의 케이스에 대하여 판별함수 값을 구하고 그 값이 큰 집단에 속하게 한다.

⑤ **다차원 척도법(MDS ; Multidimensional Scaling)**
㉠ 개체들의 특성을 측정하고 이 특성을 이용해서 개체들 사이의 유사성과 비유사성을 측정하여 다차원 공간상에 점으로 표현하는 방법이다.
㉡ 다차원 척도법은 다차원 공간상에서 유사성이 큰 대상들은 가깝게 유사성이 작은 대상들은 상대적으로 멀게 위치시킨 결과를 얻게 된다.
㉢ 다차원 척도법 분석과정
- 첫째, 자료를 수집하고 수집된 자료의 개체들을 대상으로 임의의 개수만큼 특성을 측정한다.
- 둘째, 관측된 변수들을 이용해서 개체들 사이의 유사성과 비유사성을 측정한다.
- 셋째, 개체들 사이의 유사성과 비유사성 자료를 구한 후 자료를 이용해서 개체들을 2, 3차원 공간상에 점으로 표현한다.
- 넷째, 관측된 개체들을 대상으로 특성을 관찰해서 2차원 공간상에 표현하고자 하는 경우 개체들 사이의 원래의 비유사성 정도를 가장 잘 표현하는 개체들의 위치를 구한다.

㉣ 다차원 척도법(MDS)에서는 유사성(Similarity) 또는 비유사성(Dissimilarity)을 저차원의 공간에 기하학적으로 나타내어 그들의 관계를 탐색적으로 살펴보는 다변량 그래프적 기법을 이용한다. 여기서 MDS에서 표현되는 저차원 공간을 형상공간(Configuration Space)이라 하며, 특히 비유사성과 형상공간에서의 거리의 관계가 절대 척도, 구간 척도, 비율 척도의 경우 계량형 다차원 척도법(Metric MDS)을 적용하고 순서 척도인 경우 비계량형 다차원 척도법(Nonmetric MDS)을 적용한다. 계량형 다차원 척도법의 대표적인 토거선 알고리즘(Torgerson Algorithm)에서는 비유사성 행렬에 대한 스펙트럼 분해(Spectral Decomposition)를 수행하고 차원축소된 형상공간의 좌표를 제공한다.

확인 문제 요인분석

다음 요인분석에 대한 설명으로 옳지 않은 것은?

① 변수의 차원을 줄이기 위한 분석 기법이다.
② 상관관계 행렬을 이용해서 유사성을 검토한다.
③ 요인의 명확한 결정을 위해서 요인회전을 시킬 수 있다.
④ 요인 수 결정을 위해서 고윳값은 일반적으로 3 이상인 것으로 한다.

풀이 요인분석은 여러 개의 변수들을 작은 수의 요인으로 줄이기 위한 것이라 할 수 있다. 요인분석을 위한 조건은 다음과 같다. 첫째, 요인분석의 대상이 등간 척도 이상의 관측치로서 상호독립적이며, 각 변수가 정규분포를 따라야 한다. 둘째, 표본의 수는 최소한 50 이상이어야 하며 100 이상이어야 정상적이고 분석하려는 변수의 4~5배 정도 되어야 한다. 셋째, 변수의 분산은 다른 모든 변수와 공유하는 요인공통분산, 고유분산, 오차분산으로 나누어져 있어야 한다. 요인 수에 대한 결정은 일반적으로 가장 많이 사용되는 방법이 최소 고윳값을 기준으로 하는 것으로 주대각성분 분석법에서 요인의 고윳값이 1보다 적은 경우에는 의미가 없으므로, 최소 고윳값 기준을 1로 해서 요인수를 결정하는 방법이다. 요인의 명확한 분류를 위해서 필요한 경우 요인의 회전을 실시하는데 요인의 회전이란 요인의 축 사이의 각도를 90도로 유지하면서 회전하는 직각회전(Orthogonal Rotation)과 직각을 유지하지 않고 회전하는 사각회전(Oblique Rotation)이 있다. 직각회전은 쿼티맥스, 이쿼맥스, 베리맥스 방법이 있다.

정답 ④

확인 문제 군집분석

다음 중 군집분석에 대한 설명으로 옳지 않은 것은?

① 군집분석은 일정한 속성에 따라 몇 개의 군집으로 분류하고, 같은 군집에 속한 객체들의 유사성과 서로 다른 군집에 속한 객체들의 상이성을 알아내고자 하는 분석 기법이다.
② 군집화 방법 중 하나인 중심연결법은 군집 간의 거리를 각 군집에 속해있는 객체 간에 가장 먼 거리로 산정하여 비교하는 방법이다.
③ 군집화 방법 중 최단연결법은 어느 한 객체와 가장 가까운 객체부터 군집에 포함시켜서 군집화 하는 방법이다.
④ 군집분석에서 설명변수 선정 시 요인분석을 통해서 변수들 간의 중복부분을 검토하고 군집분석의 설명변수를 선택하기도 한다.

풀이 군집분석 절차란 객체들의 여러 가지 속성들을 이용해서 그 속성들을 유사성 거리로 환산하여 거리가 상대적으로 가까운 객체들을 동질적 집단으로 분류하는 방법이다. 또한, 군집화 방법 중 중심연결법은 각 군집의 중심들 사이의 거리를 사용하는 것으로 새로운 객체 포함 시에도 군집의 중심과의 거리가 가장 가까운 군집에 객체를 포함시키는 방법이다.

정답 ②

> **확인 문제** **판별분석**
>
> **다음 판별분석에 대한 설명으로 옳지 않은 것은?**
>
> ① 판별분석을 하기 위해서 사용되는 집단변수는 연속형 변수이고 판별변수는 범주형 변수이다.
> ② 판별함수의 수는 판별함수 수 ≤ min[(집단수−1), 판별변수 수]이다.
> ③ 판별분석을 위해서 사용한 개체들은 다변량 정규분포이어야 한다는 가정이 필요하다.
> ④ 판별함수를 만든 후에 판별함수에 새로운 개체 특성을 대입하여 어떤 집단에 속할지를 결정하는 것이 판별 분석이다.
>
> **풀이** 판별분석을 하기 위해서 사용되는 집단변수는 범주형 변수이고 판별변수는 연속형 변수이다. 간혹 판별변수에 범주형 변수가 사용되기도 한다. 판별함수의 수는 판별함수 수 ≤ min[(집단수−1), 판별변수 수]이다.
>
> **정답** ①

(3) 시계열 분석(Time Series Analysis)

① 개 요
- ㉠ 시간의 경과에 따라 변동하는 변수를 관측하고, 그것을 이용해서 예측하는 방법이다. 백화점에서 매월 매출액을 예측한다거나 날씨 예보에서 오늘의 날씨를 예측하는 경우에 활용될 수 있다.
- ㉡ 시계열 분석 자료의 경우 오랫동안의 변동을 통해서 일정한 추세를 가지게 되면, 그것을 통해 미래에 어떤 현상이 발생될지를 예측하는 것이며 과거를 통해서 미래의 지속성을 확인하는 과정이 시계열 분석이라 할 수 있다.

② 접근 방법
- ㉠ 시계열 분석은 접근 방법에 따라서 자기회귀이동평균모형(ARMA ; Autoregressive Moving Average)과 같은 시간 영역 분석과 스펙트럴 분석(Spectral Analysis, 스펙트럼 분석)과 같은 진동수 영역 분석을 이용한 시계열 분석을 활용한다.
- ㉡ 스펙트럴 분석에서는 정상성을 갖는 시계열 자료의 경우 싸인, 코사인 함수와 같이 주기적인 형태로 이루어진 주기함수들의 합으로 나타낼 수 있음을 이용해서 시계열 분서에 대한 각각의 주기함수 영향력을 스펙트럴 밀도함수로 나타내는 것이다.

③ 시계열 자료의 정상성(Stationarity)
- ㉠ 시계열 자료의 변동이 시간에 따라서 일정한 경우로서 시간이 지나도 분산이 일정한 경우를 정상성이라고 한다.
- ㉡ 계열의 확률적인 성질들이 시간의 흐름에 따라서 변하지 않는 것으로 평균과 분산 등이 주기적인 변화가 없다. 시계열 자료의 경우 정상성을 가정하고 분석을 시작한다. 만약 비정상성 자료의 경우 변수 변환을 통해서 정상성 성질을 만족할 수 있도록 한다.

ⓒ 예를 들어 추세와 계절성이 있는 시계열 자료는 정상성을 만족한다고 볼 수 없으며, 이 경우 시계열의 자료는 다른 시계열의 값에 영향을 주게 된다. 백색잡음(White Noise) 시계열 자료(자기상관이 없는 시계열 자료, 어쩔 수 없는 오차)는 정상성을 나타내는 자료로서 시간에 따라 어떤 경우라도 똑같이 보인다. 즉, 시계열의 정상성을 만족한다는 것은 평균이 일정하고 분산이 시점에 의존하지 않고 분산은 단지 시차에만 의존하고 시점 자체에는 의존하지 않는다는 것을 의미한다.

④ 정상성의 예
㉠ 예를 들어 주식시세를 분석하는 데 있어서 1년간의 주식시세가 정상성의 성질을 만족할 수 없는 경우 일일시세 변동을 조사해보면 정상성을 만족하는 경우가 생길 수 있다. 이것은 연이은 값의 차이를 계산하는 차분(Differencing)이라 한다.
㉡ 차분을 이용하면 시계열이 수준에서 나타나는 변화를 없애고 시계열의 평균 변화를 일정하게 만드는 것으로 추세나 계절성이 제거된다고 볼 수 있다.

⑤ 시계열 자료의 처리 절차
㉠ 문제정의 단계 : 자료를 보고 예측 모델을 통한 정확한 예측을 위해서는 가장 중요한 부분이라 할 수 있으며 수요자의 입장에 대한 요구사항을 충분히 파악해서 문제를 정의해야 한다.
㉡ 정보수집 단계 : 예측을 위해서는 모델링을 하기 위한 과거의 충분한 데이터 수집이 필요하고 전문적인 지식이 필요하다.
㉢ 예비 분석 단계 : 데이터가 수집되고 나면 이 데이터에 추세가 있는지, 계절성이 있는지 또는 특이점이 존재하는지 등을 정확히 판단해야 한다.
㉣ 모델 선택 단계 : 예측값이 사용되는 방식에 따라 사용될 수 있는 모델이 달라진다.
㉤ 예측모델 평가 단계 : 모델이 선택되고 나면 예측값을 추정하게 되는데 예외적인 상황을 고려하여 모델을 적용하고 평가한다.

⑥ 시계열 자료의 패턴
㉠ 추세(Trend) : 데이터의 값이 증가하거나 감소하는 형태가 존재할 때 추세가 있다고 한다.
㉡ 계절성(Seasonality) : 시계열에서 계절성의 패턴이 존재한다는 것은 해마다 어떤 특정한 때에 또는 매주일마다 특정 요일에 특정 패턴이 나타나는 것과 같이 계절성 요인이 시계열에 영향을 줄 때 계절성 패턴이 존재한다고 한다.
㉢ 주기성(Cycle) : 고정되지 못하고 증가하거나 감소하는 형태로 나타날 때 주기가 있다고 하고 주로 경제상황에서 이런 형태가 나타난다. 계절성 자료와 비교하여 주기성 자료는 보통 주기적인 변화를 가지나 변화가 계절에 의한 것이 아니고, 주기가 긴 경우의 변동 자료에서의 패턴을 나타낼 때 사용된다.
㉣ 자기상관(Autocorrelation) : 시계열이 시차값 사이에 선형관계를 측정하는 것을 자기상관이라 한다. ACF(Autocorrelation Function, 자기상관함수) 값은 시계열들이 과거와 얼마나 강한 영향을 받고 있는지를 나타낸다.
㉤ 백색잡음(White Noise) : 자기상관이 없는 시계열을 백색잡음이라 한다. 백색잡음 시계열의 경우 자기상관이 0에 가깝고 백색잡음에서는 시계열에 대해서 ACF의 뾰족한 막대의 95%가 $\pm 2/\sqrt{T}$(T : 시계열 길이)에 들어갈 것을 기대한다.

⑦ 예측기법
　㉠ 평균기법 : 예측을 위해서 과거 데이터의 평균을 사용한다.

$$\widehat{y_{T+h|T}} = \bar{y} = \frac{(y_1 + \cdots + y_T)}{T}$$

여기에서 T는 시간의 단위이다.

　㉡ 단순기법 : 모든 예측 값을 마지막 값에 두는 분석 방법이다. 경제금융부분의 시계열 자료에 주로 사용되며 확률보행 패턴을 따르는 경우 단순기법을 적용하므로 확률보행 예측값이라고도 한다.

$$\widehat{y_{T+h|T}} = y_T$$

　㉢ 계절성단순기법 : 계절성이 뚜렷한 데이터를 다룰 때 유용한 기법으로 예측값을 연도의 같은 계절의 마지막 관측값으로 사용하는 것을 의미한다. 예를 들면 월별데이터에서 미래의 모든 6월 값들의 예측값은 마지막으로 관측된 6월 값과 같다고 적용하는 기법이다.

$$\widehat{y_{T+h|T}} = y_{T+h-m(K+1)} \qquad m : \text{계절성의 주기}$$

　㉣ 표류기법 : 단순기법을 수정하여 예측값이 시간에 따라 증가하거나 감소할 수 있는데 시간에 따른 변화량을 과거 데이터의 평균 변화량으로 나타내는 것을 의미한다.

$$\widehat{y_{T+h|T}} = y_T + \frac{h}{T-1}\sum_{t=2}^{T}(y_t - y_{t-1}) = y_T + h\left(\frac{y_T - y_1}{T-1}\right)$$

⑧ 잔차 진단 방법
　㉠ 적합값 : 시계열에서 각 관측값은 이전의 모든 관측치를 이용해서 예측할 수 있는데 이러한 예측값을 적합값(Fitted Values)이라 한다. 즉 $y_1, \cdots, y_{t-1}$을 이용해서 예측값 $\widehat{y_t}$을 측정하고 적합값은 항상 한 단계 예측값을 포함한다.
　㉡ 잔차(Residual) : 예측값과 실젯값 사이의 차이를 의미하는 것으로 시계열에서의 잔차는 관측값과 이것에 대응되는 적합값의 차이를 의미한다.

$$e_t = y_t - \widehat{y_t}$$

　㉢ 자기상관 : 잔차에 자기상관이 없어야 좋은 모델이라 할 수 있다. 또한, 잔차에 대한 조건은 평균이 0이어야 한다. 평균이 0이 아니면 예측값이 편이가 생길 수 있으며, 잔차의 분산은 상수가 되도록 산차의 분포는 정규분포를 따르도록 한다.

⑨ 시계열 회귀모형
  ㉠ 시계열 회귀모형은 시계열 y를 예측하는 데 다른 시계열 x와 선형관계에 있다는 가정을 기본으로 해서 만들어진 모형이다. 예를 들어 광고비용에 따라서 매출 변화를 예측하는 경우에서 사용될 수 있다. 이때 y를 목표예상변수라고 하고 이것은 일반적으로 종속변수 또는 반응변수라고 한다. 여기에서 x는 예측변수, 독립변수, 설명변수라고 한다.
  ㉡ 단순선형회귀 : 목표예상변수 y와 예측변수 x사이에 선형관계를 이룬다는 가정하에 제시된 모델이다. 이 경우 시계열 모델은 아래와 같다.

$$y_t = \beta_0 + \beta_1 x_t + \epsilon_t$$
여기에서 β_0 : 절편, β_1 : 기울기이다.

  ㉢ 다중선형회귀 : 목표예상변수 y와 두 개 이상의 독립변수 x를 가진 회귀모델을 다중선형회귀 모델이라 한다. 이 경우 모델은 아래와 같다.

$$y_t = \beta_0 + \beta_1 x_{1,t} + \beta_2 x_{2,t} + \cdots + \beta_k x_{k,t} + \epsilon_t$$
여기에서 $x_1, \cdots, x_k$: 예측변수
β_0 : 절편
$\beta_1, \cdots, \beta_k$: 회귀계수이다.

  ㉣ 선형회귀모델의 기본가정
   • 첫째, 목표예상변수와 예측변수는 선형적 관계를 가지고 있다.
   • 둘째, 오차에 대해서 오차의 평균은 0이며 오차에는 자기상관관계가 없다.
   • 셋째, 오차는 예측변수와 상관관계가 존재하지 않는다.

⑩ 최소제곱추정법
  ㉠ 선형회귀모델로 제시된 회귀식의 회귀계수의 추정을 위해서 최소제곱추정법을 이용한다.
  ㉡ 최소제곱추정법은 오차의 합을 최소화하여 계수를 효과적으로 선택하는 방법으로서 오차제곱합을 통해서 각각의 회귀계수에 대한 편미분을 통해서 회귀계수를 추정한다.

$$\sum_{t=1}^{T} \epsilon_t^2 = \sum_{t=1}^{T} (y_t - \beta_0 - \beta_1 x_{1,t} - \beta_2 x_{2,t} - \cdots - \beta_k x_{k,t})^2$$

⑪ 회귀모형 평가
  ㉠ 관측값 y와 적합값 $\hat{y}$ 사이 차이의 값은 회귀모델을 평가하는 기준이 되며 이것을 잔차라고 한다.
  ㉡ 잔차는 다음과 같이 구할 수 있다.

$$e_t = y_t - \hat{y}_t$$
$$= y_t - \hat{\beta}_0 - \hat{\beta}_1 x_{1,t} - \cdots - \hat{\beta}_k x_{k,t}$$

ⓒ 잔차의 일반적 성질은 다음과 같다.

$$\sum_{t=1}^{T} e_t = 0$$

$$\sum_{t=1}^{T} x_{k,t} e_t = 0$$

모든 k에 대해서 잔차의 평균이 0이고 잔차와 예측변수에 대한 상관관계가 0이다.

⑫ 시계열 분석모형
  ㉠ 자기회귀모형(AR 모형, Autoregressive Model)
    - 자기회귀모형은 현 시점의 자료를 p 시점 전의 과거 자료로 설명할 수 있다. $AR(p)$모형이라고 한다.
    - 자기회귀모형은 현시점이 시계열 자료에 몇 번째 과거의 자료까지가 영향을 주는지 알아내야 한다. 현시점에 시계열 자료에 과거 1시점 이전의 자료만 영향을 준다면 $AR(1)$모형이라 할 수 있으며 $Z_t = \phi Z_{t-1} + a_t$로 모형화할 수 있다.
    - 자기회귀모형은 자기상관함수(ACF)와 부분자기상관함수(PACF ; Partial Autocorrelation Function)를 이용해서 모델을 식별한다.

    $$Z_t = \phi Z_{t-1} + \phi_2 Z_{t-2} + \cdots + \phi_p Z_{t-p} + a_t$$

    - Z_t : 현 시점의 시계열 자료
    - $Z_{t-1}, \cdots, Z_{t-p}$: 과거 시계열 자료
    - ϕ_p : p 시점이 현재 시점에 영향을 주는 정도를 나타내는 모수
    - a_t : 백색잡음, 오차항
    여기에서 백색잡음과정 a_t는 독립이고 같은 분포를 따르며 평균이 0이고 분산이 σ_a^2인 확률변수이다.

  ㉡ 이동평균모형(MA 모형, Moving Average Model), $MA(q)$ 모형
    - 이동평균모형은 현 시점의 자료를 유한개의 백색잡음의 선형 결합으로 표현하고 항상 정상성을 만족하므로 정상성의 가정이 따로 필요 없는 모델이다.
    - 1차 이동평균모형, $MA(1)$은 $Z_t = a_t - \theta_1 a_{t-1}$이다.
    - 이동평균모형은 자기상관함수(ACF)와 부분자기상관함수(PACF)를 이용해서 모델을 식별한다.

    $$Z_t = a_t - \theta_1 a_{t-1} - \theta_2 a_{t-2} - \cdots - \theta_q a_{t-q}$$

    Z_t : 현 시점의 시계열 자료
    $MA(2)$ 모형은 아래와 같다.
    $Z_t = a_t - \theta_1 a_{t-1} - \theta_2 a_{t-2}$

ⓒ 자기회귀 누적이동평균모형(ARIMA 모형, Autoregressive Integrated Moving Average)
• ARIMA 모형은 비정상 시계열 모형이기 때문에 차분이나 변환을 통해 AR 모형이나 MA 모형, ARIMA(Autoregressive Moving Average) 모형을 정상화할 수 있으며 ARIMA(p, d, q) 모형의 경우 p, d, q에 따라서 모형이 결정된다. 여기에서 d는 ARIMA 모형에서 ARIMA 모형으로 정상화할 때 몇 번 차분을 했는지의 의미이다. 그리고 p는 AR 모형과 관련이 있으며, q는 MA 모형과 관련이 있다.
• ARIMA(p, d, q)에서 d는 ARIMA에서 ARIMA로 정상화할 때 몇 번 차분을 했는지를 의미하므로 $d=0$이라는 것은 ARMA(p, q) 모형으로 정상성을 만족한다.

⑬ 시계열 구성요인
㉠ 추세요인 : 데이터값이 오르거나 내리는 추세의 경향을 보이는 것인데, 선형적으로 추세가 나타나는 경우와 이차식 또는 지수적 형태를 취할 수 있고 자료가 특정 형태를 취하게 되면 추세요인이라 한다.
㉡ 계절요인 : 요일마다 반복되거나 월에 의한 변화, 사분기에서 분기에 의한 변화 등 자료에서 고정된 주기에 따라서 자료가 변화하는 경우를 의미하며 이 경우 계절요인이 있다고 할 수 있다.
㉢ 순환요인 : 정확히 알려지지 않는 주기로 데이터가 변화하는 경우 순환요인이 있다고 할 수 있다.
㉣ 불규칙요인 : 추세요인, 계절요인, 순환요인으로 설명되지 않는 경우로 회귀분석에서 오차에 해당하는 요인을 불규칙 요인이라 한다.
㉤ 시계열 성분
• 시계열 데이터의 다양한 형태에 대한 분석을 위해서 일반적으로 추세변동, 순환변동, 계절변동, 불규칙변동으로 나눈다.
• 시계열성분 – 시계열 자료의 경우 다음과 같이 분해된다.

> **가법모형**
> $Y = T + C + S + I$
> 여기에서
> Y : 전체변동
> T : 추세변동
> C : 순환변동
> S : 계절변동
> I : 불규칙변동
>
> **승법모형**
> $Y = T \cdot C \cdot S \cdot I$

⑭ **지수평활법(Exponential Smoothing)**
  ㉠ 지수평활법은 예측값을 과거 관측값의 가중평균을 통해서 구할 수 있는 방법으로 과거 시간이 오래될수록 지수적으로 감소하는 가중치를 적용하며 가장 최근의 관측값일수록 높은 가중치를 적용하는 모델로 비즈니스에 많이 활용된다.
  ㉡ 단순지수평활
    • 단순기법
      - 시계열 자료 중 추세나 계절성 패턴이 없는 경우에 사용하는 것으로 단순기법과 평균기법으로 나눈다.
      - 단순기법을 사용할 경우 모든 미래 예측값은 시계열의 마지막 관측값과 같은 경우로서 수식은 아래와 같다.

$$\widehat{y_{T+h|T}} = y_T$$

      - 이것은 가장 최근 값이 가장 중요한 값이고 이전 관측값은 미래 예측에 정보를 제공하지 못한다는 가정에서 제시된 모델이다.
    • 평균기법
      - 모든 미래 예측치가 관측된 자료의 평균을 사용하는 것으로 수식은 아래와 같다.

$$\widehat{y_{T+h|T}} = \frac{1}{T}\sum_{t=1}^{T} y_t$$

      - 평균기법을 사용하는 것은 관측된 값들이 미래를 예측하는 데 모두 중요하다고 생각하고 똑같은 가중치를 적용하는 경우이다.
    • 단순지수 평활기법
      - 오래된 자료보다는 최근의 자료가 더 중요한 역할을 미친다는 가정 하에 가중치가 지수적으로 감소하는 형태로 예측치를 계산하는 방법으로 수식은 다음과 같다.

$$\widehat{y_{T+h|T}} = \alpha y_T + \alpha(1-\alpha)y_{T-1} + \alpha(1-\alpha)^2 y_{T-2} + \cdots$$
여기에서 $0 \leq \alpha \leq 1$이다.
이 경우 α은 평활매개변수이다.

      - 시간 $T+1$에 대한 한 단계 앞 예측치는 시계열 자료 $y_1, \cdots, y_T$에서 모든 관측값을 가중평균하여 얻게 되는 가중치가 감소하는 비율은 매개변수로 조절한다.

- 가중평균기법 : 시간 $T+1$의 예측이 y_T, $\widehat{y_{T|T-1}}$의 가중평균으로 예측값을 구하는 모델이다. 이 경우 수식은 아래와 같다.

> **가중평균기법**
> $\widehat{y_{T+h|T}} = \alpha y_T + \alpha(1-\alpha)\widehat{y_{T|T-1}}$
> 여기에서 $0 \leq \alpha \leq 1$이다.
> 이 경우 α는 평활매개변수이다.

⑮ ARIMA(Auto-regressive Integrated Moving Average) 모델
  ㉠ 정상성(Stationarity)이란 해당 시계열이 시간과 무관한 것으로 추세나 계절성의 경우는 정상성이라고 볼 수 없고, 백색잡음 시계열은 정상성을 나타낸다고 할 수 있다.
  ㉡ ARIMA 분석모형
   - 지수평활 분석 모델이 데이터의 추세와 계절성에 대한 것을 기초로 한다면 ARIMA 모델은 데이터에 나타나는 자기상관을 표현하는 것을 목적으로 사용하며 시계열에서 가장 많이 사용된다.
   - 후방이동기호 : 후방이동 연산자 B는 시계열 시차를 다룰 때 유용한 것으로 $By_t = y_{t-1}$로서, 즉 여기에서 B는 데이터를 한 시점 뒤로 옮기는 효과를 나타내고 B를 y_t에 두 번 적용하면 데이터를 뒤로 두 시점 옮기게 된다. 즉, $B(By_t) = B^2 y_t = y_{t-2}$로 나타난다.
   - 후방이동 연산자는 차분과 연계된다.
     - 1차 차분은 아래와 같다.

> $y_t' = y_t - y_{t-1} = y_t - By_t = (1-B)y_t$

     - 2차 차분을 구하면 아래와 같다.

> $y_t'' = y_t - 2y_{t-1} + y_{t-2} = (1-2B+B^2)y_t = (1-B)^2 y_t$

     - 위의 결과를 이용하면 m차 차분은 다음과 같다.

> $(1-B)^m y_t$

  ㉢ 비계절성 ARIMA 모형
   - 자기회귀와 이동평균모형을 결합하면 비계절성 ARIMA 모형이 된다.
   - ARIMA 모형식은 다음과 같다.

> $y_t' = \phi_1 y_{t-1}' + \phi_2 y_{t-2}' + \cdots + \phi_p y_{t-p}' + \theta_1 \epsilon_{t-1} + \cdots + \theta_q \epsilon_{t-q} + a_t$
> 여기에서 y_t' : 차분을 구한 시계열이다.
> a_t : 백색잡음
> 이 경우 $ARIMA(p, d, q)$ 모델이라고 한다.
> 여기에서 p : 자기회귀부분의 차수
> d : 1차 차분이 포함된 정도
> q : 이동평균 부분의 차수

⑯ Box-Jenkins(박스-젠킨스) 방법
　㉠ 시계열 분석에서 박스-젠킨스 방법에서는 자동회귀이동평균(ARMA) 또는 자동회귀누적이동평균(ARIMA) 모형을 적용하여 시계열 과거값에 대한 시계열 모형의 최적합을 찾는다.
　㉡ 단기예측 방법으로서 변수에 관한 정보가 부족하거나 너무 많은 변수가 영향을 미치고 있는 경우에 과학적 예측치를 구한다.
　㉢ 모형 선정, 매개변수 추정, 적합성 검정의 3단계를 반복적으로 수행함으로써 최적 모형에 이르게 하며, 최소의 가능한 모형으로부터 시작하여 부적절한 부분을 제거시켜 나가면서 시행착오의 과정을 최소화한다.
　㉣ 즉, 시계열의 정상성(차분 분석)과 계절성을 먼저 확인하고 자기회귀 및 이동평균 항의 차수(매개변수 p, q)를 식별하며, 최종적으로 자기상관 및 부분 자기상관 분석을 통하여 적합성을 검증하게 된다.

> **확인 문제** **시계열**
>
> 다음 시계열 분석에 대한 설명으로 옳지 않은 것은?
>
> ① 추세가 있다는 것은 데이터값이 증가하거나 감소하는 형태가 존재하는 것이다.
> ② 해마다 어떤 특정한 때에 특정 패턴이 나타나는 것은 계절성 요인이 있다는 것이다.
> ③ 시계열 자료의 변동이 시간에 따라서 일정한 경우로서 시간이 지나도 분산이 일정한 경우를 정상성이라고 한다.
> ④ 잔차에 자기상관이 있어야 좋은 모델이다.
>
> **풀이** 잔차는 예측값과 실젯값 사이의 차이를 의미하는데 시계열에서의 잔차는 관측값과 이것에 대응되는 적합값의 차이를 의미한다. 잔차에 자기상관이 없어야 좋은 모델이라 할 수 있다. 또한, 잔차에 대한 조건은 평균이 0이어야 한다. 평균이 0이 아니면 예측값이 편이가 생길 수 있으며, 잔차의 분산은 상수가 되도록 잔차의 분포는 정규분포를 따르도록 한다.
>
> **정답** ④

> **확인 문제** **시계열 분석**
>
> 4가지로 구분되는 시계열 변동에 대해서 가장 장기적인 변동이라고 볼 수 있는 변동은 무엇인가?
>
> ① 추세변동　　　　　　　　　② 계절변동
> ③ 불규칙변동　　　　　　　　④ 순환변동
>
> **풀이** 추세변동은 데이터값이 오르거나 내리는 추세의 경향을 보이는 것으로 선형적으로 추세가 나타나는 경우와 이차식의 형태를 취하거나 지수적 형태를 취할 수 있다. 자료가 특정 형태를 취하면 추세요인이라 하며 전체 기간을 통해서 일정한 진행을 나타내는 변동이라 할 수 있다.
>
> **정답** ①

(4) 베이지안 기법(Bayesian Method)

① 베이지안 데이터 분석 기법

　㉠ 주관적 확률(Subjective Probabilities, 사전 확률로 이용)을 실제 가능한 일로 설정하여 분석하는 통계분석의 하나로서 모수 추정에 적용되는 경우, 관측된 데이터 정보에 주관적 확률에 근거한 사전 분포(Prior Distribution)를 이용하여 사후 분포(Posterior Distribution)를 계산하고 사후 분포를 통해 모수를 추정한다.

　㉡ 주관적 확률로서 이용할 수 있는 정보가 있어야 하고 확률이 설정된 사상(事象)은 배타적으로 완전한 것이어야 한다.

　㉢ 베이지안 분석은 부동산 투자 결정에 이용하는데, 상담사나 의뢰인의 사고과정을 정식화시켜 준다.

　㉣ 새로운 정보와 경험에 비추어 변경하는 새로운 투자목적 달성을 위한 확률을 정기적으로 수정할 수 있도록 해주고, 또 이에 의해 양호한 투자 관리를 가능하게 해준다.

　㉤ 베이즈 정리(Bayes' Theorem)를 기반으로 한다. 베이즈(Thomas Bayes)는 영국의 수학자이자 통계학자로서 확률에 대한 연구로 유명하다. 그가 창안한 베이즈 정리는 다음과 같은 형태로 확률적 추론에 이용되는 정리(조건부 확률)이다.

$$P(A|B) = \frac{P(A \cap B)}{P(B)} = \frac{P(B|A)P(A)}{P(B)}$$

　㉥ 여기서 조건부 확률 $P(A|B)$는 B가 주어졌을 때 A가 발생할 확률이다.

② 베이즈 정리(전체 확률의 법칙 이용)

　㉠ 사건 $A_1, A_2, \cdots, A_n$이 표본공간 S의 분할이라 하고 $P(B)>0$인 어떤 사건 B가 발생했다고 하자. 사건 B가 발생했을 때, 이 사건이 사전에 주어진 사건 A_i에 의해 나왔을 조건부 확률 $P(A_i|B)$를 구하고자 한다. 우선 조건부 확률의 정의에 의해 다음이 성립한다.

$$P(A_i|B) = \frac{P(A_i \cap B)}{P(B)}$$

　㉡ 특히 분자의 확률은 $P(A_i \cap B) = P(A_i)P(B|A_i)$이고 분모의 확률 $P(B)$는 전확률 공식에 의해 다음과 같이 표현할 수 있다.

$$P(B) = \sum_{j=1}^{n} P(A_j)P(B|A_j)$$

　㉢ 따라서 사건 B가 주어졌다고 할 때, 이 사건이 사전에 주어진 사건 A_i에서 나왔을 조건부 확률 $P(A_i|B)$는 다음과 같이 구할 수 있다. 이를 베이즈 정리(Bayes's Theorem)라 한다.

$$P(A_i|B) = \frac{P(A_i \cap B)}{P(B)} = H = \frac{P(A_i)P(B|A_i)}{\sum_{j=1}^{n} P(A_j)P(B|A_j)}$$

② 이때 사건 B의 원인을 제공하는 확률 $P(A_i)$를 사전확률(Prior Probability)이라 하고, 사건 B가 발생한 이후의 확률 $P(A_i|B)$를 사후확률(Posterior Probability)이라 하며, 이를 그림 ($n=6$인 경우)으로 나타내면 다음과 같다.

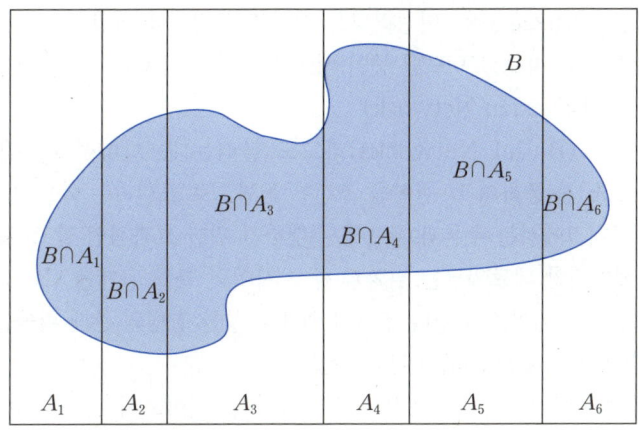

[전체 확률의 법칙과 베이즈 정리의 이해, $n=6$]

⑩ 베이즈 정리는 사전확률들 $P(A_i)$가 미미한 정보에 기초하여 추측되는 경우에 가용할 수 있는 더 많은 정보를 수집하는 수단으로 사용될 수 있다는 점에서 확률론에서 중요한 역할을 한다.
⑪ 베이지안 이론의 핵심은 어떤 미지변수의 불확실성은 확률 분포로 표현되며, 이는 과거의 경험에 기초한 주관적(Subjective) 사전지식(Prior Knowledge)과 현재의 데이터에 기반한 객관적(Objective) 우도(Likelihood)의 곱으로 주어진다는 것이다.
⊙ 베이지안 분석에서는 베이즈의 정리를 이용하며, 베이즈의 정리는 과거의 데이터들을 기반으로 미래를 예측하는 모델로서 통계학과 경제학에 널리 적용되고 있다. 특히 검색엔진, 스팸 메일 차단, 금융 이론, 승부 예측, 기상 예측, 의료 분야, 인공지능 등에 폭넓게 활용된다.

③ 베이지안 데이터 분석 단계
㉠ 데이터 탐색 : 연구 문제에 맞는 데이터를 찾는다. 데이터 측정 규모가 어느 정도인가, 어느 데이터 변수를 예상할 것이고, 어느 데이터 변수가 예측 변수 역할을 할 것인가를 결정한다.
㉡ 기술 모형 정의 : 관련 데이터에 대한 기술 모형을 정의한다. 수학식과 파라미터는 분석을 하는 이론적 목적에 맞고 의미가 있어야 한다.
㉢ 사전 분포 분석 : 파라미터로 사전 분포를 명확히 한다. 사전 분포는 의심이 많은 과학자처럼 분석적인 독자의 검열을 통과해야 한다.
㉣ 사후 분포 분석 : 파라미터 값을 따라 신뢰율을 재할당하는 베이지안 추론을 사용한다. 이론적으로 의미 있는 경우에 대해서 사후 분포를 해석한다.

④ 베이지안 기법 적용 사례
㉠ 증상과 의학 진단 분야에서 많이 활용된다. 가령 B가 '열이 많이 난다'이고 A가 '독감'이라면, $P(B)$는 환자 중에 열이 많이 나는 환자가 있을 확률이고 $P(A)$는 환자 중에 독감에 걸린 환자가 있을 확률이다.
㉡ 이때 조건부 확률 $P(A|B)$는 열이 많이 나는 환자가 독감 환자일 확률이고, $P(B|A)$는 독감 환자가 열이 많이 나는 확률이다.

ⓒ 일반적으로 구하기 어려운 확률인 '열이 많이 나는 환자가 독감 환자일 확률'을 베이즈 정리를 이용하여 비교적 구하기 쉬운 '독감 환자가 열이 많이 날 확률'을 통해 추정할 수 있다는 점이 베이즈 정리의 큰 장점이다.

② 따라서 확률을 기반으로 하는 머신러닝은 베이즈의 정리에 바탕을 두는 경우가 많은데, 나이브 베이지안과 은닉 마르코프 모델 등이 베이즈 정리에 기반한 대표적인 알고리즘들이다.

⑤ 베이지안 네트워크(Bayesian Network)

㉠ 빌리프 네트워크(Belief Networks)라고도 불리는데, 방향성 비순환 그래프(Directed Acyclic Graph)를 통하여 그 집합을 조건부 독립으로 표현하는 확률의 그래픽 모델이다.

㉡ 베이지안 네트워크에서는 추론과 학습을 수행하기 위한 효과적인 알고리즘이 존재한다.

㉢ 예를 들어, 베이지안 네트워크는 질환과 증상 사이의 확률 관계를 나타낼 수 있다. 증상이 주어지면 네트워크는 베이즈의 정리 조건에 의해 다양한 질병의 존재 확률을 계산할 수 있다.

⑥ 나이브 베이지안(Naive Bayesian) 분석 기법

㉠ 나이브 베이지안 분석(분류) 기법은 머신러닝의 한 분야로서 측정 자료가 여러 가지 속성을 가지고 있을 때, 해당 자료를 어느 클래스(Class)에 넣어야 할지를 베이즈 정리를 활용하여 판단한다.

㉡ 조건부 확률 모형으로서, 나이브 베이즈 분류기에서 모든 속성값은 서로 독립이라고 가정한다.

㉢ 나이브 베이즈 분류기(Naive Bayes Classifier)는 구축하기 쉽고 대규모 데이터세트에 매우 유용하다. 또 지도 학습 환경에서 비교적 효율적으로 훈련될 수 있다. 그리고 간단한 디자인과 단순한 가정에도 불구하고 복잡한 실제 상황에서 비교적 잘 작동한다.

㉣ 나이브 베이즈 기법은 주로 주가 상승이나 하락이 예상되는 종목을 분류하는 데 활용된다. 그리고 문서의 내용에 따른 문서 분류가 가능하고 이메일의 경우 문서에 적힌 내용에 따라 스팸이나 정상 메일로 분류한다.

⑦ 은닉 마르코프 모델

㉠ 은닉 마르코프 모델(Hidden Markov Model)은 마르코프 모델의 일종으로, 시스템이 은닉된 상태와 관찰 가능한 결과의 두 요소로 이루어진 확률형 모델이다.

㉡ 은닉 마르코프 모델은 동적 베이지안 네트워크로 간단히 나타낼 수 있으며, 음성인식, 자연어 처리 등과 같이 대량의 데이터를 통계적으로 분석하여 입력된 정보를 추론하는 데 활용된다.

㉢ 아래 그림은 은닉 마르코프 모형의 예로서, 영희는 철수가 살고 있는 지역의 날씨(Rainy, Sunny)에 관해 정확히는 모르고 대략적인 경향성만을 알고 있으며(즉 날씨는 영희에게 은닉 상태), 철수와의 전화 통화 내용에 기반하여 그 지역의 날씨를 예측하고자 한다. 그리고 철수는 그 날의 날씨에 따라서 걷거나(Walk), 쇼핑을 하거나(Shop), 청소(Clean)를 하는 것으로 관찰되고 있다. 이 경우 철수가 살고 있는 지역의 날씨와 비가 온다면 철수가 무엇을 할 것인지 등을 예측할 수 있다.

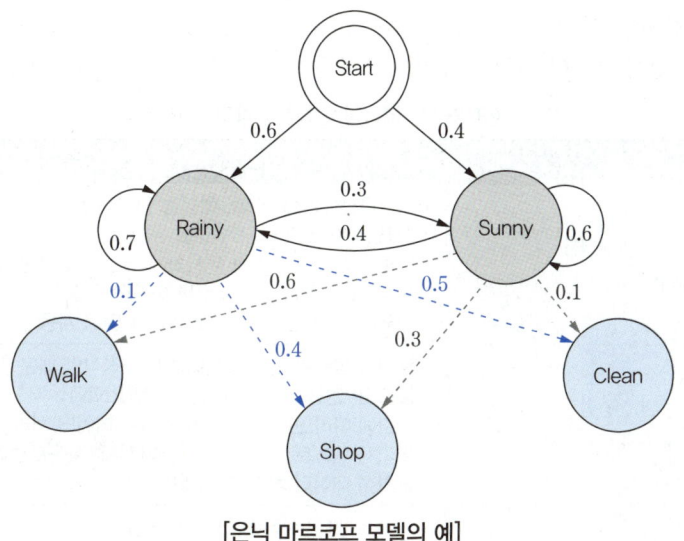

[은닉 마르코프 모델의 예]

> **확인 문제** **베이지안 데이터 분석 기법 수행 절차**
>
> 다음 중 베이지안 데이터 분석 기법의 수행 단계로 옳은 것은?
>
> ① 데이터 탐색 → 기술 모형 정의 → 사후 분포 분석 → 사전 분포 분석
> ② 데이터 탐색 → 기술 모형 정의 → 사전 분포 분석 → 사후 분포 분석
> ③ 데이터 탐색 → 사전 분포 분석 → 기술 모형 정의 → 사후 분포 분석
> ④ 데이터 탐색 → 사후 분포 분석 → 기술 모형 정의 → 사전 분포 분석
>
> 풀이 일반적으로 베이지안 데이터 분석은 '데이터 탐색 → 기술 모형 정의 → 사전 분포 분석 → 사후 분포 분석'의 단계로 수행된다.
>
> 정답 ②

(5) 딥러닝 분석(Deep Learning)

① 딥러닝(Deep Learning)이란 머신러닝과 신경망의 한 분야로서 여러 개의 은닉층을 가진 심층 신경망(DNN ; Deep Neural Network)을 기반으로 하는 학습 방법이다. 일반적으로 딥러닝 학습은 영상이나 음성 등 대량의 데이터로부터 특징을 추출하여 학습을 통해 영상인식, 음성인식 등의 패턴인식 분야에 좋은 성과를 나타내고 있다.

② 딥러닝 또는 심층학습은 여러 비선형 변환 기법의 조합을 통해 높은 수준의 추상화(Abstraction, 다량의 데이터나 복잡한 자료들 속에서 핵심적인 내용 또는 기능을 요약하는 작업)를 시도하는 기계학습 알고리즘의 집합이다. 큰 틀에서는 사람의 사고 방식을 컴퓨터에게 가르치는 기계학습의 한 분야로 볼 수 있다.

③ 최근에는 기계가 데이터를 통해 자신만의 규칙을 생성하여 정보를 학습하는 형태로 발전하고 있다.

④ 딥러닝을 사용하는 심층신경망에는 컨볼루션 신경망, 순환 신경망, 제한된 볼쯔만 머신, 심층 신뢰 신경망, 생성적 적대 신경망 등이 있으며 주요 특징을 요약하면 다음과 같다.

〈표 3-17〉 딥러닝 심층신경망의 주요 특징

구 분	주요 특징
컨볼루션 신경망 (Convolutional Neural Network)	• 합성곱 신경망(CNN), 합성곱 연산 사용 • 3차원 데이터의 공간적 정보 유지 • 동물의 시신경 구조와 유사하게 뉴런 사이의 연결 패턴 형성 모형 • 특징 지도(Feature Map)를 이용한 학습 • 컴퓨터 비전, 영상 분석 및 인식에 많이 사용
순환 신경망 (Recurrent Neural Network)	• 순차적 정보가 담긴 데이터에서 규칙적인 패턴 인식 • 노드 간 연결이 순환 구조를 가짐(RNN) • 시간에 따라 변하는 특징을 가지는 데이터 처리 • 필기체 텍스트, 음성 인식, 음악(작사, 작곡), 언어 번역, 주가 예측 등 순차적 데이터 처리 분야 활용
제한된 볼쯔만 머신 (Restricted Boltzmann Machine)	• Hinton 제안(RBM), 비지도 학습 • 입력 집합에 대한 확률 분포 학습 신경망 • 확률은 에너지 함수 형태로 표현(에너지 최소화) • 다른 심층신경망의 학습을 돕기 위해 사용 • 방향성이 없는 가시적 층과 은닉층으로 구성 • 분류, 선형회귀분석, 필터링, 특징값 학습, 차원축소 등에 활용
심층 신뢰 신경망 (Deep Belief Network)	• 다층의 잠재변수로 표현하는 은닉층으로 구성(DBN) 사전에 훈련된 RBM을 여러 층으로 쌓아 올린 구조 • 레이블이 없는 데이터에 대한 비지도 학습 • 부분 이미지에서 전체를 연상하는 일반화 과정 실현 • 손으로 쓴 글씨 인식, 음성의 감성 인식 시스템에 활용
생성적 적대 신경망 (Generative Adversarial Network)	• Ian Goodfellow 제안, 차세대 딥러닝 알고리즘 • 제로섬 게임 틀 내에서 서로 경쟁하는 두 개의 신경망에 의해 구현 • 진짜 같은 가짜 생성 모델과 이에 대한 진위를 판별하는 모델의 경쟁을 통해 진짜 같은 가짜 이미지 생성 • 학습 패턴을 이용한 영상, 음성 생성 및 복원 • 컴퓨터 게임, 패션, 광고 등에 활용

⑤ sequence-to-sequence(seq2seq) 모델은 한 시퀀스를 다른 시퀀스로 변환하는 작업을 수행하는 딥러닝 모델로, 주로 자연어 처리(Natural Language Processing) 분야에서 활용된다. 이 모델은 Encoder와 Decoder 모듈을 가지고 있어 Encoder-Decoder 모델이라고도 한다. 일반적으로 두 모듈은 RNN, LSTM, GRU 등의 순환신경망 구조를 사용하며, Encoder는 입력 시퀀스를 고정 길이의 벡터(컨텍스트 벡터, Context Vector)로 변환하고, Decoder는 고정 길이의 벡터를 기반으로 원하는 출력 시퀀스를 생성한다. Decoder의 예측은 일반적으로 Softmax 활성화 함수를 통해 확률분포로 변환되며, 가장 확률이 높은 단어가 선택된다.

⑥ Transformer는 Attention 메커니즘이 적용된 딥러닝 모델로써, 2017년 구글이 발표한 "Attention is all you need"의 논문에서 처음 소개되었다. RNN과 LSTM과 같은 Recurrent 딥러닝 모델을 대체할 수 있는 대안으로 사용되고 있고, 자연어 처리와 같은 다양한 분야에서 성능이 우수(모델 효율성, 일반화, 적용 측면)하다. Encoder와 Decoder의 주요 컴포넌트로 구성되어 있으며, Encoder는 Input Embedding, Positional Encoding, Multi-Head Attention, Add & Norm, Feed Forward의 기능을 수행하고, Encoder는 Output Embedding, Masked Multi-Head Attention, Linear Transform 등의 기능을 수행한다.

⑦ 딥러닝 분석에서 많이 사용되는 오토인코더(Autoencoder)는 아래와 같이 어떤 감독 없이도 (즉, 레이블되어 있지 않은 훈련 데이터를 사용해서) 입력 데이터의 효율적인 표현인 코드를 학습할 수 있는 인공신경망을 의미한다. 여기서 코드는 입력 차원의 데이터를 표현할 수 있는, 입력보다 낮은 차원의 데이터를 의미하므로 종종 차원축소에 유용하게 사용된다.

인코더(Encoder)는 인지 네트워크(Recognition Network)라고 하며 입력을 내부 표현으로 변환한다. 그리고 디코더(Decoder)는 생성 네트워크(Generative Network)라고 하며, 내부 표현을 출력으로 변환한다.

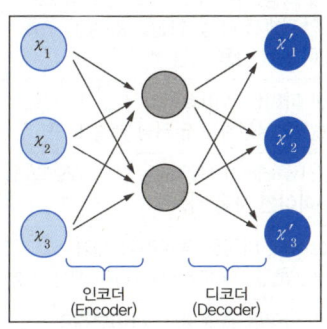

⑧ 대표적으로 RNN, RBM, DBN 심층신경망 구조의 예를 나타내면 다음과 같다.

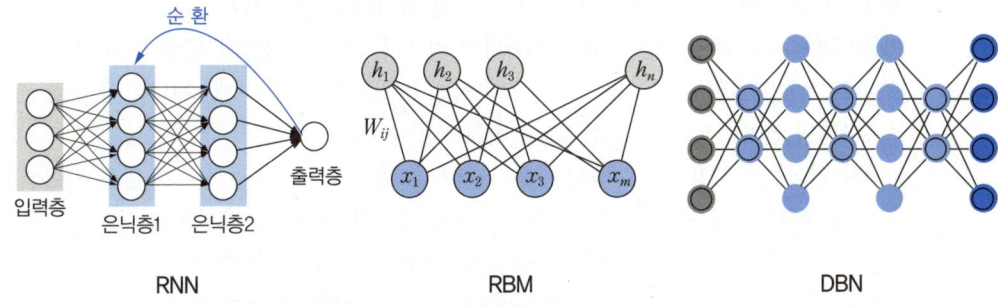

[딥러닝 심층 신경망 구조]

⑨ 순환신경망(RNN)의 일종인 LSTM(Long Short-Term Memory)에서는 은닉층(Hidden layer)의 메모리 셀에 입력 게이트, 삭제(망각) 게이트, 출력 게이트를 추가하여 불필요한 기억을 지우고, 기억해야 할 것들을 정함으로써 딥러닝의 성능을 개선한다. LSTM은 데이터 시간 스텝 사이의 장기적인 의존성을 훈련할 수 있으므로 순차 데이터를 학습, 처리, 분류하는데 주로 사용(감성 분석, 언어 모델링, 음성 인식, 비디오 분석 등)된다. 그러나 은닉상태를 계산하는 식이 RNN보다 조금 더 복잡하고, 셀 상태(Cell State) 값을 추가함으로써 은닉 상태를 업데이트하기 위한 시간이 많이 소요된다. 이러한 문제점을 개선하기 위하여 GRU(Gated Recurrent Unit) 기법이 제안되었으며, 이 방법은 업데이트 게이트와 리셋 게이트 두 가지 게이트만을 이용하며, LSTM과 유사한 성능을 보장하면서 학습속도가 빠르다고 알려져 있다.

⑩ 딥러닝 개발을 위한 주요 환경을 요약하면 다음과 같다.

〈표 3-18〉 딥러닝 개발 환경

구 분	주요 기능
Tensorflow	• 구글에서 제공하는 딥러닝 라이브러리, 수치 계산 도구 지원 • 알파고 개발(바둑), 파이썬 사용 가능 • Udacity 등의 이러닝 서비스에서 사용법 제공 • 튜토리얼, 관련 문헌에서 사용법 제공
Caffe	• 버클리 비전 & 러닝 센터 주도 개발 딥러닝 프레임워크 • 컴퓨터 비전 연구에서 파생, 합성곱 신경망 구축 • 파이썬, MATLAB 사용 가능
Theano	• 딥러닝을 위한 파이썬 라이브러리 • 수치 계산 전반을 실행하는 딥러닝 개발 도구
Chainer	• Preferred Networks가 제공하는 오픈소스 딥러닝 프레임워크 • 일본어 지원, 파이썬 사용 가능
MXNet	• 딥러닝 라이브러리, 다양한 튜토리얼 제공 • 파이썬, $C++$, R, Julia, 자바스크립트 사용 가능
Keras	• 여러 플랫폼의 차이를 흡수 처리 라이브러리 • 텐서플로 · 테아노에 대응하여 자바스크립트 라이브러리(Keras.js) 개발

㉠ 체이너(Chainer)와 텐서플로(Tensorflow)는 파이썬이 중심이다.
㉡ 2015년부터 파이썬에 대한 수요가 늘어나고 있으며, 윈도우 개발의 전성기, 10년 이상 계속된 웹 프로그래밍의 발전, 2000년 후반 모바일앱 개발의 시대와 함께, 지금까지 주로 사용했던 프로그래밍 언어는 $C++$, C#, Java, PHP 등이 있다.
㉢ 이러한 언어들의 사용으로 그동안 주로 과학기술 계산에 사용되는 경우가 많은 파이썬은 주목을 받지 못하였으나 최근 딥러닝과 머신러닝을 이용한 인공지능 개발의 인기, 기초 교육용 언어로 파이썬의 인기가 높아지면서 파급력이 급격히 높아지고 있다.

⑪ 합성곱 신경망(CNN ; Convolutional Neural Network)을 이용한 이미지 인식
㉠ CNN에서는 사람의 시각 세포가 인식하는 것처럼 이미지 전체를 보는 것이 아니라 아래 그림에서처럼 뉴런들이 부분을 보고 조합하는 방식을 이용한다.
㉡ 합성곱(Convolution) : 합성곱 연산은 두 함수 f, g 가운데 하나의 함수를 반전(Reverse), 전이(Shift)시킨 다음, 다른 하나의 함수와 곱한 결과를 적분하는 것이다.
㉢ 채널(Channel) : 각각의 이미지 픽셀은 컬러의 경우 RGB 3개의 실수로 표현한 3차원 데이터가 된다. 즉, 컬러 이미지는 3개의 채널로 구성되며, 흑백 이미지는 2차원 데이터로 1개 채널로 구성된다.
㉣ 필터(Filter) : 이미지의 특징을 찾아내기 위한 공용 파라미터로서 커널(Kernel)이라고도 한다. 일반적으로 (4, 4)나 (3, 3)과 같은 정사각 행렬로 정의되며, CNN에서 학습의 대상이 된다.

ⓜ 스트라이드(Stride) : 필터는 입력 데이터를 지정한 간격으로 순회하면서 합성곱을 계산한다. 여기서 지정된 간격으로 필터를 순회하는 간격을 Stride라고 한다.
ⓑ 피처 맵(Feature Map) : 입력 데이터가 여러 채널을 가질 경우 필터는 각 채널을 순회하며 합성곱을 계산한 후 채널별로 피처 맵을 만든다. 그리고 각 채널의 피처 맵을 합산하여 최종 피처 맵으로 반환한다. 입력 데이터는 채널 수와 상관없이 필터별로 1개의 피처 맵이 만들어진다.
ⓢ 패딩(Padding) : CNN에서 필터와 스트라이드를 이용하게 되면 피처 맵의 크기는 입력 데이터보다 작아지게 된다. 이러한 문제를 해결하기 위해 출력 데이터가 줄어드는 것을 방지하기 위한 방법이 패딩이다. 패딩은 입력 데이터의 외각에 지정된 픽셀만큼 특정 값으로 채워 넣는 것을 의미한다. 보통 패딩값을 0으로 채워 넣는 경우가 많다.

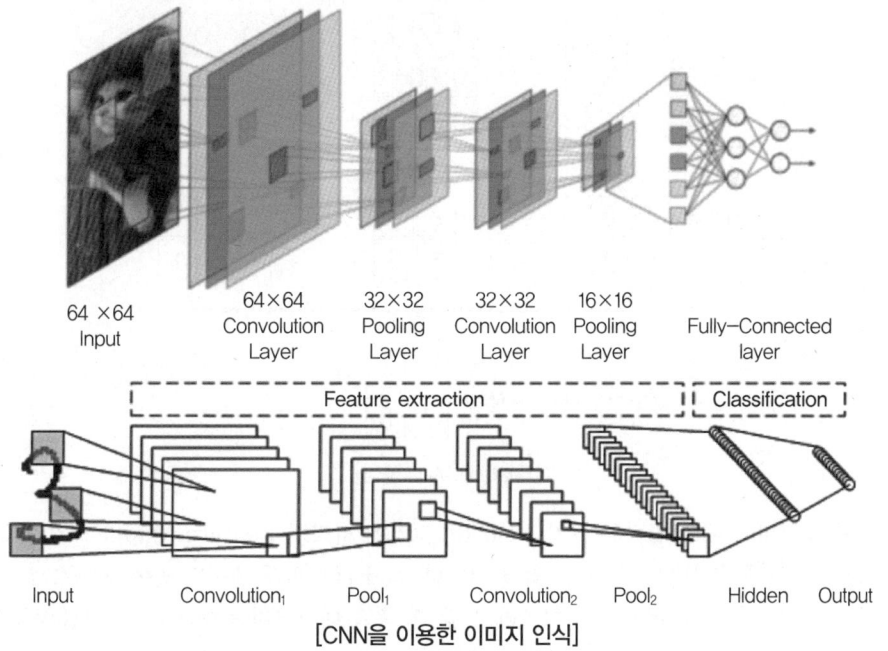

[CNN을 이용한 이미지 인식]

ⓞ 예를 들어 아래 그림과 같이 3개의 채널을 갖는 입력 데이터가 (4, 4)이고 필터가 (3, 3), 스트라이드가 1, 패딩이 0인 경우의 피처 맵(2, 2)을 구할 수 있다.

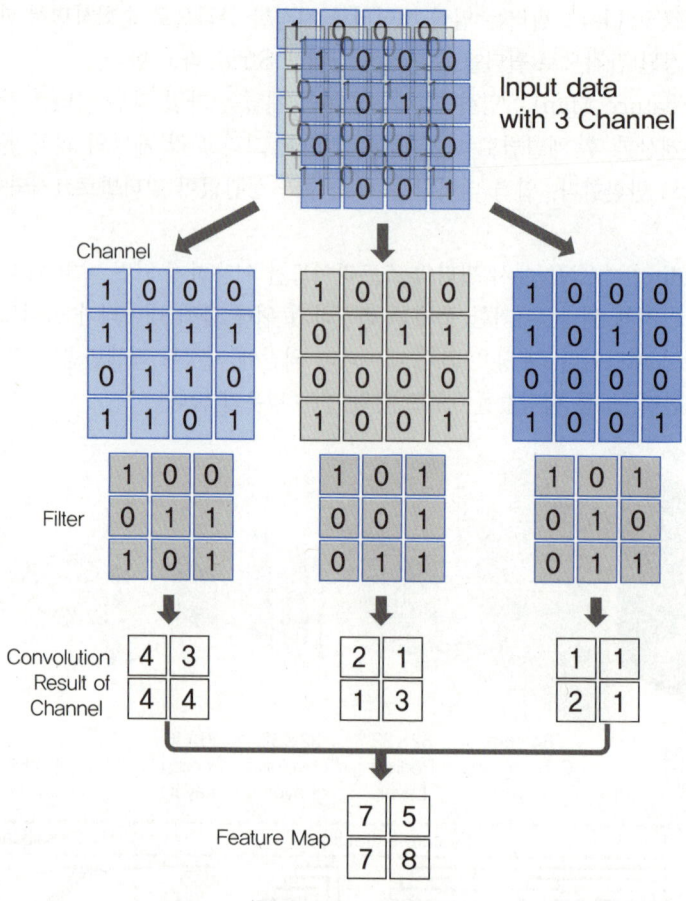

[Feature Map 생성]

　ⓧ 입력 데이터에 대한 필터의 크기와 Stride 크기에 따라서 Feature Map의 크기가 결정된다. 즉, H : 입력 데이터 높이, W : 입력 데이터 폭, FH : 필터 데이터 높이, FW : 필터 폭, S : Stride 크기, P : Padding 사이즈라고 할 때 출력 데이터의 높이(OH)와 폭(OW)은 다음과 같다.
　　・Feature Map의 높이(OH ; Output Height) = (H+2P−FH) / S + 1
　　・Feature Map의 폭(OW ; Output Width) = (W+2P−FW)/ S + 1
⑫ 강화학습(Reinforcement Learning) : 기계학습의 한 영역으로서 행동심리학에서 영감을 받았으며, 어떤 환경 안에서 정의된 에이전트가 현재의 상태를 인식하여, 선택 가능한 행동들 중 보상을 최대화하는 행동 혹은 행동 순서를 선택하는 방법이다.
　㉠ 강화 학습에서 다루는 환경은 주로 마코프 결정과정(MDP ; Markov Decision Process)으로 주어진다. 차이점은 강화 학습은 마코프 결정과정에 대한 지식을 요구하지 않는다는 점과 크기가 매우 커서 결정론적 방법을 적용할 수 없는 규모의 마코프 결정과정 문제를 다룬다는 점이다.
　㉡ 강화 학습은 또한 입출력 쌍으로 이루어진 훈련집합이 제시되지 않으며, 잘못된 행동에 대해서도 명시적으로 정정이 일어나지 않는다는 점에서 일반적인 지도 학습과 다르다.

ⓒ 대신, 강화 학습의 초점은 학습 과정에서의 On-line 성능이며, 이는 탐색(Exploration)과 이용(Exploitation)의 균형을 맞추며 향상된다. 즉, 아직 조사되지 않은 영역을 탐험(탐색)하는 것과 이미 알고 있는 지식을 이용하는 것의 균형을 찾아간다.
ⓔ 게임 이론, 제어 이론, 운용 과학, 정보 이론, 시뮬레이션 기반 최적화, 다중 에이전트 시스템, 유전 알고리즘 등의 분야에 적용된다.

⑬ 딥러닝의 인공신경망에서는 입력받은 데이터를 다음 층으로 출력하기 위해 활성화 함수 (Activation Function)가 사용된다.
㉠ 인공신경망에서 뉴런은 층으로 구성되고, 층에는 여러 개의 노드로 구성된다. 하나의 노드는 1개 이상의 노드와 연결되어 있고 데이터 입력을 받게 되며, 연결강도의 가중치의 합을 구하고 활성화 함수를 통해 가중치의 값의 크기에 따라 출력한다.

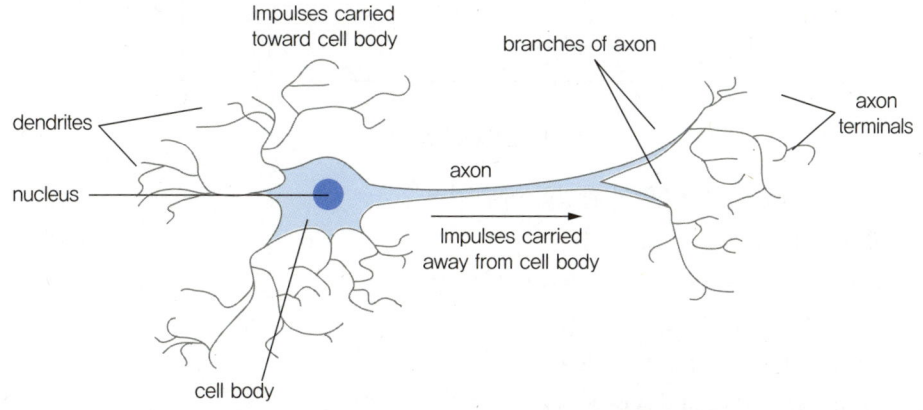

A cartoon drawing of a biological neuron and its mathematical model.

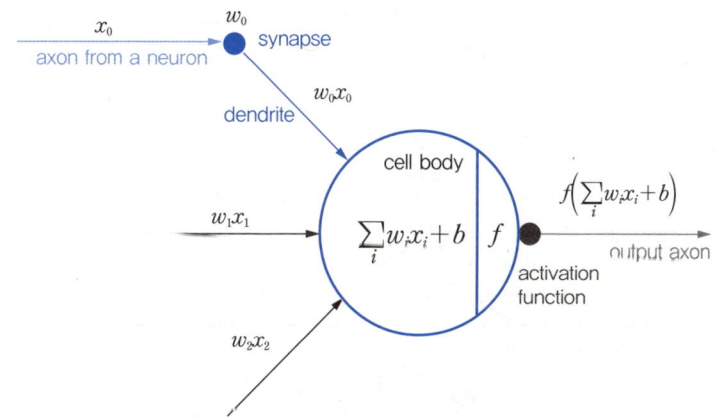

[뉴런의 구조와 입력된 데이터의 가중합을 활성화 함수로 출력]

㉡ 활성화 함수는 주로 비선형 함수를 이용한다. 왜냐하면 선형 함수를 사용할 경우 은닉층이 없는 네트워크로 표현되어 층을 깊게 하는 의미가 줄어든다.
㉢ 활성화 함수는 출력값의 (양수, 음수)에 따라 단극성(출력값이 양수), 양극성(출력값이 양수, 음수 모두 가능)으로 분류된다.

ⓐ 그리고 사용되는 함수 형태에 따라 계단, 시그모이드, ReLU(Rectified Linear Unit), ELU(Exponential Linear Unit), Softmax, Hyperbolic Tangent(tanh, 쌍곡선 탄젠트)으로 분류된다.

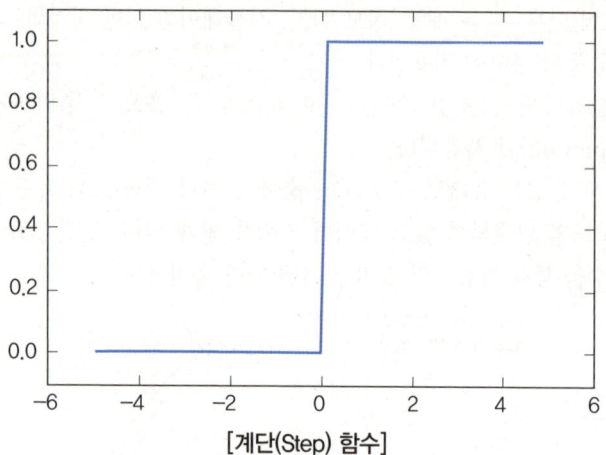

[계단(Step) 함수]

- 임계치 기준으로 가중합의 활성화 여부 결정
- 0 혹은 1의 이산적인 값 출력
- 기울기가 무한대($x=0$)인 구간에서 미분 불가
- 가중치의 업데이트 과정에서 문제 발생
- 단일 퍼셉트론의 활성화 함수로만 사용
- 딥러닝의 활성화 함수로는 부적절

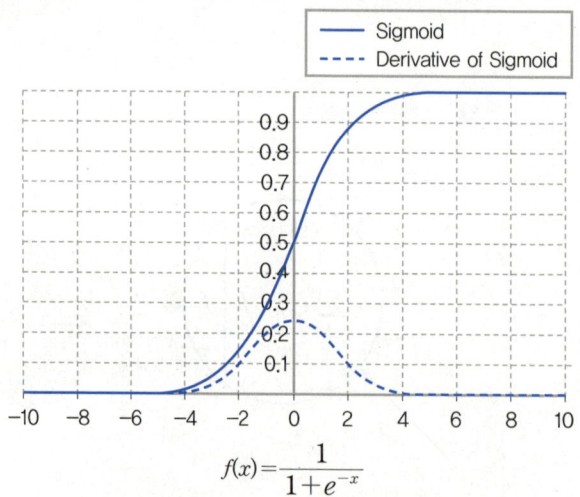

$$f(x) = \frac{1}{1+e^{-x}}$$

[시그모이드(Sigmoid) 함수(또는 로지스틱 함수)]

- S자 형태, S자 곡선
- 정의역 : 실수 전체
- 유한한 구간 (a, b) 사이의 한정된 값 반환, a와 b는 주로 0과 1을 사용함
- 정의역의 절댓값이 클수록 미분값=0으로 수렴
- 가중치가 업데이트되지 않고 소실되는 기울기 손실(Gradient Vanishing)

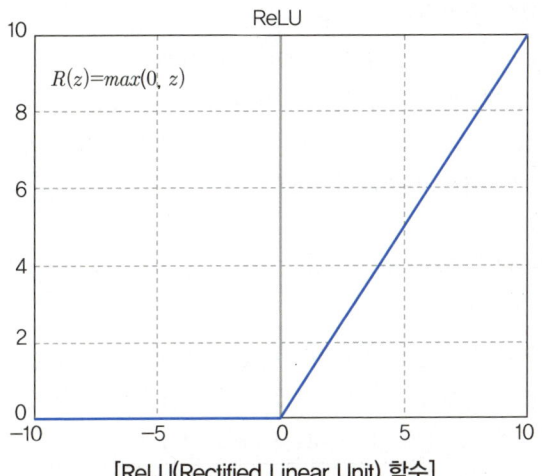

[ReLU(Rectified Linear Unit) 함수]

- 입력값≤0이면 0, 입력값>0이면 입력값 그대로(선형 함수) 출력
- Gradient Vanishing 현상 해결, 단순하고 성능이 우수함
- 가중합이 음수인 노드들은 다시 활성화하지 않는 Dying ReLU(Dead Neuron) 현상 발생
- 이를 해결하기 위해 0 이하의 값에서도 기울기를 가지는 Leaky ReLU(입력값이 음수일 때 $y=0.01x$), Parametric ReLU($y=ax$) 함수 사용

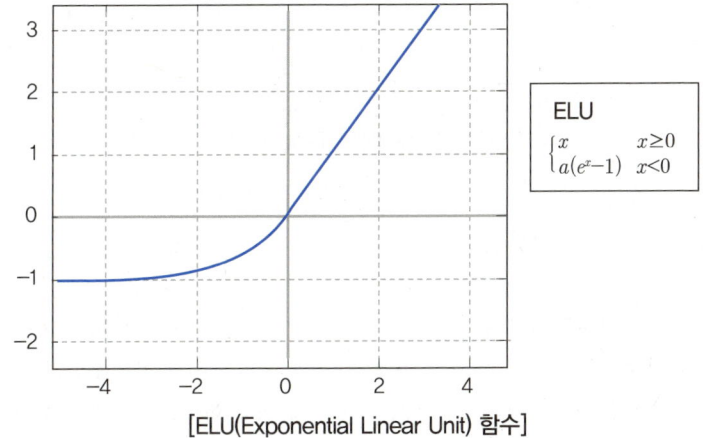

[ELU(Exponential Linear Unit) 함수]

- ReLU와 형태가 유사함
- 입력값이 0인 지점이 Sharp Point가 아니므로 0에서도 미분 가능
- 0 이하 입력의 모든 출력이 0이 아니라 0으로 수렴하는 형태의 함수, Dying ReLU 현상 해결
- 선형함수로 구성된 ReLU에 비해 Exponential Function을 계산해야 하는 비용 발생

$$\sigma(Z)_j = \frac{e^{z_j}}{\sum_{k=1}^{K} e^{z_k}}$$

[소프트웨어(Softmax) 함수]

- 출력값이 0~1 사이로 정규화됨
- 모든 출력값의 총합이 항상 1이 되는 특성을 가짐

- 주로 인공신경망의 출력층에서 사용
- 다중 클래스(세 개 이상)를 분류하는 목적으로 사용
- 여러 개의 클래스에 대해 예측 결과를 정규화하여 확률값으로 표현해 줌(분류될 클래스가 K개라 할 때, K 차원의 벡터를 입력받아, 각 클래스에 속할 확률 추정). 'j번일 확률/전체 확률'로 확률 추정, 확률의 총합=1이므로 어떤 분류에 속할 확률이 가장 높을지를 쉽게 인지할 수 있음
- 지수함수(e^{zj})는 단조 증가 함수(계속 증가함)이므로 인자들의 대소 관계는 불변(지수함수 값과 확률값)
- 지수함수 적용으로 작은 값의 차이라도 구별될 정도로 큰 출력값 확보
- 지수함수의 미분은 원래값과 동일하므로 미분값 적용이 편리함

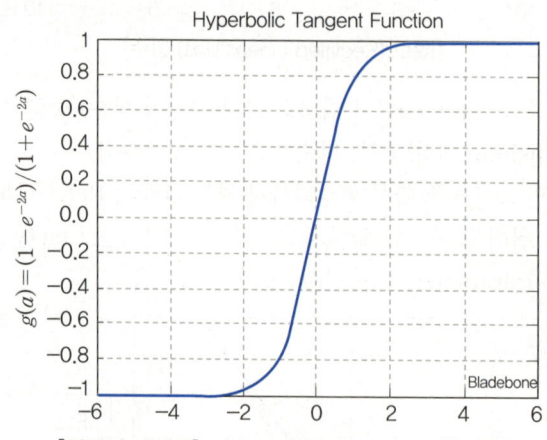

[쌍곡선 탄젠트[Hyperbolic Tangent(tanh)] 함수]

- 시그모이드 함수 재활용
- 출력값이 −1~+1의 범위를 가짐
- $\tanh x = \sinh x / \cosh x = (e^x - e^x)/(e^x + e^x)$
- 중앙값=0, 경사하강법 사용 시 시그모이드 함수에서 발생하는 편향 이동이 발생하지 않음
- 기울기가 양수, 음수 모두 나올 수 있기 때문에 시그모이드 함수보다 학습 효율성이 높음
- 시그모이드 함수보다 범위가 넓기 때문에 출력값의 변화 폭이 더 크고, Gradient Vanishing 증상이 적음

⑭ **경사하강법(Gradient Descent)** : 딥러닝에서 사용되는 심층인공신경망 구조에서 비용함수를 최소화하고 가중치(Weights)를 조절하기 위한 방법으로 경사하강법을 사용한다.

㉠ 딥러닝에서 사용되는 심층인공신경망 구조에서 비용함수(또는 손실함수)를 최소화하고 가중치(Weights)를 조절하기 위해 경사하강법(Gradient Descent)을 이용한다. 즉, 경사하강법을 이용하여 비용함수가 최솟값을 갖는, 오차가 최소화되도록 하는 가중치를 계산한다. 이러한 최솟값을 찾기 위해 Step Size를 얼마나 이동할지는 Step Size에 대해 편미분해서, 나온 기울기와 학습률로 결정한다. 이 경우 학습률이 너무 크면 최적값을 지나 발산하여 최솟값을 찾지 못하거나, 반대로 너무 작으면 최적값을 찾기까지 너무 오랜 시간이 걸린다. 따라서 최적의 학습률을 정하는 것이 중요하다.

ⓒ 경사하강법(GD ; Gradient Descent, Steepest Descent)은 함숫값이 낮아지는 방향으로 독립변수 값을 변형시켜 가면서 최종적으로 최소 함숫값을 갖는 독립변수 값을 찾는 방법(함수의 최솟값을 찾는 문제에서 활용)이다.

ⓒ 미분계수=0인 지점을 찾는 방식이 아닌 Gradient Descent를 이용해 함수의 최솟값을 찾는 이유는 실제 분석대상의 함수들은 Closed form이 아니거나 함수의 형태가 복잡해(비선형 함수의 경우) 미분계수와 그 근을 계산하기 어렵고, 실제 미분계수를 계산하는 과정을 컴퓨터로 구현하는 것에 비해 Gradient Descent는 컴퓨터로 비교적 쉽게 구현할 수 있으며, 데이터 양이 많은 경우 Gradient Descent와 같은 Iterative한 방법을 통해 해를 구하면 계산량 측면에서 보다 효율적으로 해를 구할 수 있기 때문이다.

ⓔ Gradient Descent에서는 함수의 기울기(Gradient)를 이용해 x의 값을 어디로 옮겼을 때 함수가 최솟값을 찾는지 알아본다. 기울기가 양수라는 것은 x값이 커질수록 함수 값이 커진다는 것을 의미하고, 반대로 기울기가 음수인 경우 x값이 커질수록 함수의 값이 작아진다는 것을 의미한다. 그리고 기울기의 값이 크다는 것은 가파르다는 것을 의미하고 x의 위치가 최솟값(또는 최댓값)에 해당되는 x좌표로부터 멀리 떨어져 있는 것을 의미한다.

ⓜ 이러한 성질을 이용하여, 특정 포인트 x에서 x가 커질수록 함숫값이 커지는 경우라면(기울기 부호=양수), 음의 방향으로 x를 옮겨야 하고, 반대로 x에서 x가 커질수록 함숫값이 작아지는 경우라면(기울기 부호=음수), 양의 방향으로 x를 옮긴다.

ⓗ 이 논리를 수식으로 표현하면 다음과 같다. $x(i+1)=x(i)-$이동거리$\times$기울기부호$=x(i)-\alpha dfdx(xi)=x(i)-\alpha \nabla f(xi)$, 여기서 $x(i)$(또는 xi)는 i번째 계산된 x의 좌표, $x(i+1)$은 $(i+1)$번째 계산된 x의 좌표이다. 그리고 α는 이동거리로 Gradient의 크기(Step Size)로서 사용자가 조절(Step Size가 너무 작으면 이동하는 거리가 너무 작아 수렴하지 못하고 너무 크면 발산하게 되므로 적절한 크기를 지정함)한다.

ⓢ 인공신경망의 매개변수를 θ라고 할 때, 인공신경망에서 내놓는 결괏값과 실제 결괏값 사이의 차이를 정의하는 함수(Loss Function, 손실함수, 비용함수, Cost Function)를 J(θ)라 한다. Gradient Descent 방법을 이용하여 $\theta(i+1)=\theta(i)-\alpha \nabla J(\theta i)$ 변화식으로 J(θ)의 값을 최소화하는 θ를 찾는다.

ⓞ 여기서 Loss Function을 계산할 때 전체(Batch) 훈련용 데이터세트를 사용하는 것을 Batch Gradient Descent라 한다. 이 경우 한 번 Step을 수행할 때 전체 데이터에 대해 비용함수를 계산해야 하므로 너무 많은 계산량이 문제가 된다.

ⓩ 이를 방지하기 위해 Stochastic Gradient Descent(SGD) 방법을 사용하며, 이 방법에서는 전체 데이터 대신 일부 데이터의 모음(Mini-batch)에 대해서만 비용함수를 계산한다. SGD 방법은 다소 부정확할 수 있으나, 계산 속도가 빠르기 때문에 더 많은 Step을 갈 수 있고, 여러 번 반복할 경우 Batch Gradient Descent의 결과와 유사한 결과로 수렴한다. 또한, Local Minima에 빠지지 않고 더 좋은 방향으로 수렴할 가능성도 높다.

ⓧ 그러나 단순한 SDG를 이용하여 인공신경망을 학습시키는 것에는 이동속도가 현저하게 늦고, 방향을 제대로 잡지 못하며, 이상한 곳에서 수렴하여 이동하지 못하는 한계가 있다. 따라서 SDG를 변형한 Momentum, NAG(Nesterov Accelerated Gradient), Adagrad (Adaptive Gradient), RMSProp, AdaDelta, Adam(Adaptive Moment Estimation) 등의 알고리즘들이 사용된다.

- Momentum : Gradient Descent를 통해 이동하는 과정에 일종의 '관성'을 준다. 현재 Gradient를 통해 이동하는 방향과는 별개로, 과거에 이동했던 방식을 기억하면서 그 방향으로 일정 정도를 추가적으로 이동한다.
- NAG(Nesterov Accelerated Gradient) : Momentum 방식을 기초로 한 방식이지만, Mementum 방식에 비해 보다 효과적으로 이동한다. Momentum 방식의 경우 멈춰야 할 시점에서도 관성에 의해 훨씬 멀리 갈수도 있다는 단점이 존재하는 반면, NAG에서는 적절한 시점에서 제동을 거는 데에 용이하다.
- Adagrad(Adaptive Gradient) : 변수들을 Update할 때 각각의 변수마다 Step Size를 다르게 설정해서 이동한다. 지금까지 많이 변화하지 않은 변수들은 Step Size를 크게 하고, 지금까지 많이 변화했던 변수들은 Step Size를 작게 한다. Adagrad에서는 학습이 오래 진행될 경우 Step Size가 너무 작아져서 결국 거의 움직이지 않게 된다.
- RMSProp(Root Mean Square Proportion) : Adagrad의 단점을 보완하기 위해 제안되었으며, 최근 변화량의 변수 간 상대적인 크기 차이를 유지하기 위해 지수평균을 이용한다.
- AdaDelta : RMSProp와 유사하게 Adagrad의 단점을 보완하기 위해 제안되었으며, Step Size 변화값의 제곱의 지수평균값을 이용한다.
- Adam(Adaptive Moment Estimation) : RMSProp와 Momentum 방식을 합친 알고리즘으로서 기울기의 지수평균(Momentum), 기울기 제곱값의 지수평균(RMSProp)을 이용한다.
- 산을 내려올 때 작은 오솔길을 찾기 위한 방법과 비교하여 알고리즘별 특징을 요약하면 다음과 같다.

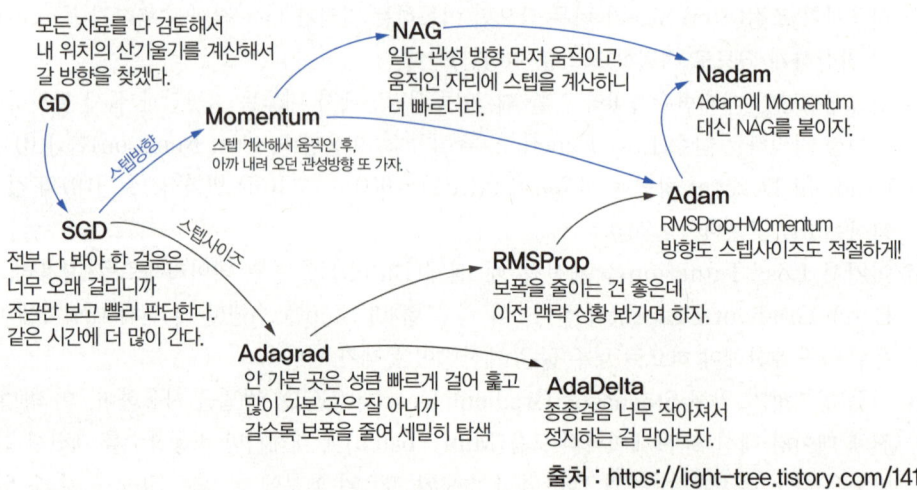

[경사하강법 기반의 Stochastic Gradient Descent 기법]

㉢ 심층인공신경망에서 데이터 학습 시 역전파 과정에서 입력층으로 갈수록 기울기가 점차적으로 작아(활성함수의 도함수값이 계속 곱해짐에 따른 결괏값의 기울기가 0이 됨)지는 현상이 발생할 수 있다. 입력층에 가까운 층들에서 가중치들이 업데이트가 제대로 되지 않으면 결국 최적의 모형을 찾을 수 없게 되는 현상을 기울기 소실(Gradient Vanishing)이라고 한다.

ⓒ 반면, 기울기가 점점 커져 가중치들이 비정상적으로 큰 값이 되면서 발산하는 현상을 기울기 폭주(Gradient Exploding)라 한다. 이러한 기울기 소실(또는 폭주) 문제를 해결하기 위하여 ReLU처럼 활성함수를 개선하거나 층을 건너뛰어 연결하는 ResNet(Residual Neural Network), 배치 정규화(Batch Normalization) 등의 기법을 이용한다.

확인 문제 **딥러닝 개발 환경**

다음 딥러닝 개발 환경에 대한 설명으로 옳지 않은 것은?

① 구글에서 제공하는 딥러닝 라이브러리를 이용하며 알파고 개발용으로 사용되었던 환경은 텐서플로이다.
② 체이너(Chainer)와 Tensorflow는 파이썬이 중심이다.
③ Caffe 딥러닝 개발환경에서는 파이썬, MATLAB 사용이 불가능하다.
④ Chainer는 Preferred Networks가 제공하는 오픈소스 딥러닝 프레임워크이다.

풀이 Caffe는 버클리 비전&러닝 센터의 주도로 개발된 딥러닝 프레임워크로서 파이썬, MATLAB 사용이 가능하다.
정답 ③

---

(6) 비정형 데이터 분석(Unstructured Data Analysis)

① 비정형 데이터란 그림, 영상, 음성, 문서처럼 구조화되지 않은 데이터이다. 일정한 규칙이나 형태를 지닌 숫자 데이터와 달리 형태와 구조가 다른 데이터들을 의미한다.
② 기존의 컴퓨터 시스템은 연산과 처리 절차가 숫자 데이터 중심으로 설계되어 있어 이름, 성별과 같은 문자변수는 숫자로 변환해 처리하는 방법을 주로 사용하였다. 그러나 문자, 숫자, 도표, 그림 등이 포함된 비정형 데이터에 들어 있는 정보는 숫자로 변환하는 방법의 적용이 어렵다.
③ 즉, 정보의 관점에서 보면 유형이 불규칙하고 의미를 파악하기 모호해서 기존의 컴퓨터 처리 방식을 그대로 적용하기 어렵다. 따라서 비정형 데이터의 경우 새로운 데이터 분석 기법이 적용된다.
④ 비정형 데이터 분석 기법은 정형 데이터 분석 기법인 데이터 마이닝의 한계를 극복하기 위한 방편으로 발전하여 왔으며, 비정형 데이터를 대상으로 분석하는 기법에는 텍스트 마이닝(Text Mining), 오피니언 마이닝(Opinion Mining), 웹 마이닝(Web Mining) 등의 유형이 있다.
⑤ 텍스트 마이닝(Text Mining)
  ㉠ 텍스트 분석 모델은 텍스트 분석을 위한 방법으로서 텍스트의 분류나 군집 등을 위한 사전작업이라 할 수 있다. 그리고 텍스트 분석이란 비정형 텍스트로부터 유용한 정보를 추출하는 기술이다.
  ㉡ 일반적으로 텍스트 모델은 입력 텍스트에 대한 형태소 분석, 불용어 처리를 통한 키워드 추출, 단어와 문서 관련 표현을 통해서 이루어질 수 있다.
  ㉢ 텍스트 분석을 위해서 먼저 형태소 분석이 이루어져야 하는데, 여기서 형태소 분석이란 의미가 있는 최소 단위로 더 이상의 분리가 불가능하도록 하는 것을 의미한다. 즉, 형태소 분석을 위해서는 아래와 같이 주어진 문장을 기본형 및 품사 정보를 추출한다고 할 수 있다.

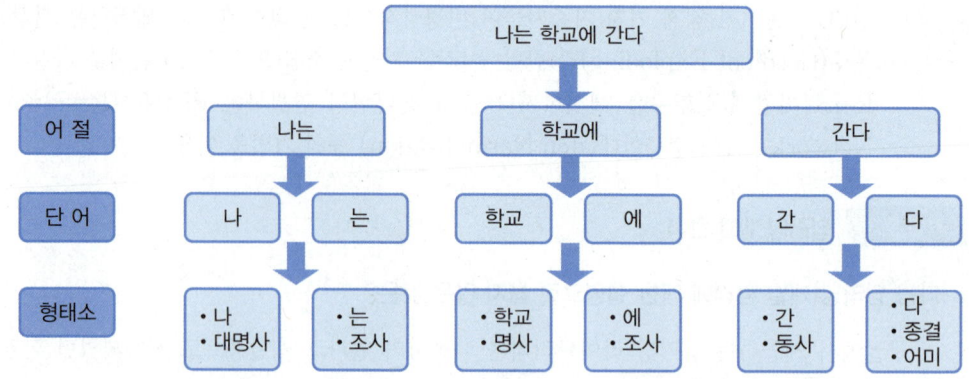

ⓐ 텍스트 전처리 과정에서는 문장을 분리하고 불필요한 문장 성분을 제거하게 된다.

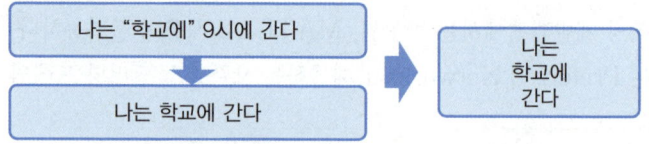

ⓑ 즉, 데이터 전처리 과정에서는 위의 예시에서 볼 수 있는 것과 같이 문장에서 불필요한 문장 성분인 숫자나 특수문자, 문장 부호 등을 제거해서 어절 분리를 하게 된다.

ⓒ 텍스트 전처리 작업에서는 클렌징(Cleansing), 토큰화(Tokenization, Tokenizing), 불용어 제거, 정규화 등의 작업이 필요하다. 클렌징은 텍스트 분석에 방해가 되는 불필요한 문자, 기호 등을 사전에 제거(Corpus로부터 노이즈 데이터 제거)하는 작업이며, 토큰화는 문서에서 문장을 분리하는 문장 토큰화와 문장에서 단어를 분리하는 단어 토큰화로 나눈다. 불용어(Stopword)란 문서의 정보를 표현하지 못하는 단어(조사, 접속사 등)이고 분석에 큰 의미가 없는 단어를 제거한다. 정규화(Normalization) 작업에서는 표현 방법이 다른 단어들을 통합시켜서 같은 단어로 만들어주며, 이를 위해 어간 추출(Stemming, 단어의 의미를 담고 있는 단어의 핵심 부분 추출), 표제어 추출(Lemmatization, 기본 사전형 단어 추출) 등의 작업을 수행한다.

ⓓ 그리고 품사 태깅[Part-of-Speech(POS) Tagging] 작업에서는 품사의 모호성을 제거하는 과정(문장을 형태소 단위로 분리 후, 해당 형태소의 품사를 태깅하는 작업)을 수행한다.

ⓔ 데이터 전처리 작업 후, 언어 모델링(LM ; Language Modeling) 작업을 수행한다. 언어 모델링이란, 언어라는 현상을 모델링하고 주어진 단어들로부터 아직 모르는 단어를 예측하는 과정이며, 단어 시퀀스(문장)에 확률을 할당한다. 언어 모델링은 통계를 이용하는 방법과 인공신경망을 이용하는 방법으로 구분된다. 통계적 언어 모델링과정 중에서 N-gram 기법은 이전에 등장한 모든 단어를 고려하지 않고 일부 단어(N개)만 고려하는 접근 방법을 이용한다.

ⓕ 토픽 모델링(Topic Modeling)이란, 문서 집합의 추상적인 주제(Topic)를 발견하기 위한 통계적 기법 중 하나로, 텍스트 본문의 숨겨진 의미 구조를 발견하기 위해 사용된다.

⑥ 텍스트 분석을 위한 통계적 방법
  ㉠ 통계적 방법이라는 것은 대량의 사전을 참고해서 어휘적 확률과 문맥적 확률을 계산하고 품사를 결정하는 방법을 의미한다.
  ㉡ 품사 결정을 위해서는 규칙을 도출해야 하고, 이를 기반으로 주어진 단어의 품사를 결정하는 방법인 규칙 기반형 방법이 있다.
  ㉢ 위의 예시에서 본 것처럼 형태소 분석을 위해서는 형태소 분석기를 구현하는데 R 패키지를 활용할 수 있다. R 패키지를 활용해서 데이터 전처리를 하기 위해서는 "tm" 패키지를 활용해 문장 부호를 제거하고 특정 문자를 제거하며 대소문자를 변환하는 작업을 수행하게 된다. R 패키지에서 tm_map( ) 함수를 이용해서 문장부호나 숫자, 대소문자 변환 등의 작업을 수행할 수 있다.

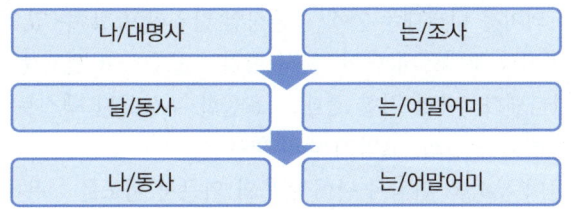

  ㉣ 예를 들어서 형태소 분석을 위해서 '나는' 이란 의미를 분석하여 보면 첫째, '나는'은 1인칭을 나타내는 대명사로 분석이 가능하다고 볼 수 있다. 둘째, '나는'은 '날다'는 의미의 동사로도 의미가 해석될 수 있다. 셋째, '나는'은 생산하다의 의미의 동사로도 분석될 수 있다.
  ㉤ 이와 같이 의미적으로 모호성이 있는 단어의 발생 가능성을 모두 후보군으로 하고 분석을 한다. '나는' 이란 의미만 보더라도 3가지로 분류가 되며 이때 문맥에 가장 적합한 품사를 선택해서 입력 문장에 대한 최종적인 품사로 결정하게 된다. 위의 문장에서 '나는 학교에 간다'고 하면 '나'는 대명사이고 '는'은 조사에 해당된다. 전처리 과정이 끝나면 복합명사나 사전 미등록 단어나 줄임말 등에 대한 데이터 후처리 과정을 거치게 된다.

⑦ 불용어
  ㉠ 문서의 정보를 표현하지 못하는 단어를 의미한다.
  ㉡ 가용어는 불용어가 아닌 단어로서 주제어 즉, 키워드가 있다. 나는 학교에 간다고 하면 여기에서 불용어는 조사가 해당된다.
  ㉢ 하나의 예를 들면 "나는 학교에 간다."는 문장에서 형태소 분석을 하면 '나'는 대명사이고 '는'은 조사이며 '학교'는 명사이고 '에'는 조사, '간다'는 동사이다. 이와 같이 형태소 분석이 되고 나면 불용어 처리를 통해서 '나', '학교', '간다'가 추출된다. 여기에서 키워드를 추출하면 '학교'가 추출될 것이고, 이렇게 추출된 키워드는 텍스트군집, 텍스트요약, 특성 추출 등의 과정을 거쳐서 텍스트 마이닝 결과를 도출하게 된다.

⑧ 말뭉치
  ㉠ 정의 : 언어의 본질적인 모습을 총체적으로 드러내 보여줄 수 있는 자료의 집합을 의미한다. 일정 규모 이상의 크기를 갖추고 내용상으로 다양성과 균형성이 확보된 자료의 집합체라고 할 수 있는데 전산학적 말뭉치는 텍스트의 정제와 통합과 변환의 절차를 거쳐서 구조화된 형태의 자료라고 할 수 있다.

○ 말뭉치 종류
- 작성방법에 따른 말뭉치 종류 : 텍스트의 내용 변화 여부에 따라서 샘플 말뭉치와 모니터 말뭉치로 나눈다.
- 연구목적에 따른 말뭉치 종류 : 범용 말뭉치와 특수 목적 말뭉치로 나눈다.
- 채취 샘플링 대상에 따른 말뭉치 종류 : 공시 말뭉치와 통시 말뭉치로 나눈다.
- 언어매체에 따른 말뭉치 종류 : 문자언어 말뭉치와 음성언어 말뭉치로 나눈다.

© 구어 말뭉치 작성 방법 : 가공방법, 작성방법에 따라서 자료 수집 계획서를 작성하고 목적에 적합한 자료를 신청하고 구어를 수집하고 녹음된 자료를 문장에서 정리하고 마크업 작업을 수행하는 것이다.

② 단어 문서 행렬
- 단어 : 문서의 의미를 나타내는 가장 기본적인 단위라고 할 수 있으며, 단어 문서 행렬을 통해서 텍스트 마이닝 분야에서 단어, 문서 행렬로 표현하고 전체 문서와 전체 단어들 사이의 포함관계를 나타낸다. 단어 집합 형태로 표현한 추상화된 텍스트 모델의 일종으로 텍스트 분석 기법인 분류나 군집화, 요약에 널리 활용된다.
- 단어 빈도 : 단어 분석을 위해서 단어 빈도와 역문서 빈도를 이용하는데 단어빈도는 특정한 단어가 문서 내에서 얼마나 자주 등장하는지를 나타내는 값으로 단어 빈도가 높을수록 중요한 단어로 판단할 수 있다. 여기에서 단어 빈도는 다음과 같이 나타낸다.

$$단어\ 빈도 = \frac{문서\ 내\ 단어\ 수}{문서\ 내\ 모든\ 단어\ 수}$$

- 역문서 빈도 : 특정 단어를 포함하고 있는 문서의 수를 문서 빈도라고 하는데 이 값의 역수를 의미하는 것으로 다음과 같이 나타낸다.

$$역문서\ 빈도 = \frac{전체문서\ 수}{단어를\ 포함한\ 문서\ 수}$$

◎ 단어 빈도와 역문서 빈도를 곱해서 가중치를 결정하게 된다.
⊎ 자연어 처리 및 텍스트 마이닝에서 사용되는 주요 기법들을 요약하면 다음과 같다.

품사태깅(Part-of-speech Tagging)	문장에서 각 단어의 품사 결정
파싱(Parsing)	문장의 구문 분석 트리(문법 분석) 결정
어간 추출(Stemming)	어간(Stem)을 추출함으로써 단어를 근본 형태로 줄이는 과정
토큰화(Tokenization)	텍스트 데이터 또는 말뭉치(Corpus)에서 Token이라 불리는 의미있는 단위로 나누는 작업
표제어 추출(Lemmatization)	문장 속에서 다양한 형태로 활용된 단어의 표제어(Lemma)를 찾음
불용어 제거(Stopwords)	가장 일반적인 단어로, 텍스트 마이닝에서는 유용하지 않은 단어 제거
Bag of Words(BoW)	단어들의 순서는 전혀 고려하지 않고, 단어들의 출현 빈도(Frequency)에만 집중하는 텍스트 데이터의 수치화 표현
문서 단어 행렬(DTM ; Document-Term Matrix)	다수의 문서에서 등장하는 각 단어들의 출현 빈도를 행렬로 표현

TF-IDF(Term Frequency- Inverse Document Frequency)	DTM 내에 있는 각 단어에 대한 중요도를 계산할 수 있는 TF-IDF 가중치, 단어의 빈도와 역 문서 빈도(문서의 빈도에 특정 식을 취함)를 사용하여 DTM 내의 각 단어들마다 중요한 정도를 가중치로 주는 방법
LSI(Latent Semantic Indexing)	주제-단어, 문서-주체 행렬과 유사성을 통한 토픽 모델링
LDA(Latent Dirichlet Allocation)	토픽 모델링을 위한 일반적인 알고리즘으로 디리클레 사전 확률분포 이용
Word2Vec	• 단어 간 유사도를 반영할 수 있도록 단어의 의미를 벡터화 • 워드 임베딩(Word Embedding)은 자연어 처리에서 텍스트 데이터를 컴퓨터가 이해하는 수치 벡터로 변환하는 기술이며, 대표적으로 Word2Vec, GloVe, FastText 등이 있음 • 단어들 사이의 유사성 측정을 위해 코사인 유사도(두 벡터간의 코사인 각도 측정), 자카드 유사도(두 벡터 사이의 교집합과 합집합의 비율 측정), 유클리드 거리, 맨해튼 거리, Hamming 거리(두 벡터 요소 비교, 서로 다른 값의 개수 측정) 등의 방법 이용
Doc2Vec	Word2Vec 알고리즘을 문장, 단락 또는 전체 문서와 같이 더 큰 텍스트 블록에 대한 연속 표현을 위해 비지도 학습 방법 이용

⑨ 키워드 집합 선정 과정 : 키워드 집합 선정 과정은 두 가지 측면에서 볼 수 있다.
  ㉠ 도메인 전문가에 의한 선정 : 도메인 전문가에 의한 키워드 선정 방법은 키워드 집합의 품질이 우수하다는 장점이 있으나 키워드의 양이 제한적이며, 구축하는 데 많은 비용과 노력이 소요되는 단점이 있다.
  ㉡ 인터넷이나 도서 같은 문헌을 참고해서 선정
    • 인터넷이나 문헌을 참고해서 선정하는 경우는 도메인 전문가에 의해서 선정하는 방법보다 품질이 낮다는 단점이 있으나 비용과 노력이 적게 든다는 장점이 있다.
    • 온라인에서 제공되는 양질의 콘텐츠가 풍부해지면서 온라인 백과사전 활용으로 개별 카테고리 키워드가 정의된다는 장점이 있다.

⑩ 텍스트 분석 사전 구축
  ㉠ 유의어 사전과 규칙을 작성하고 감성 분석 사전을 구축하는 것을 의미한다. 여기서 유의어라 하면 주어진 어휘를 의미의 유사성에 따라서 분류한 자료집으로 서로 의미상 유사한 관계를 맺고 있으면서 동일한 문장 안에서 대체가 가능한 어휘를 의미한다.
  ㉡ 유의어 사전이란 텍스트 분석을 위해서 주제어와의 유사 표현 및 동의어 처리를 위해 사용하는 것이다.

⑪ 오피니언 마이닝(Opinion Mining)
  ㉠ 오피니언 마이닝은 텍스트 마이닝에서 발전된 분석 기법이다. 오피니언은 상품평이나 영화 감상평 또는 정치인에 대한 호감도와 같이 특정 주제나 대상에서 보인 사람들의 주관적이고 감정적인 의견을 의미한다.
  ㉡ 오피니언이 포함된 빅데이터에서 사용자가 게재한 의견과 감정을 나타내는 패턴을 이용하여 특정 주제에 보인 의견이 긍정(Positive)인지, 부정(Negative)인지, 중립(Neutral)인지를 찾아낸다. 이를 통해 선호도를 판별하는 기술이 오피니언 마이닝 분석 기법이다.
  ㉢ 일반적으로 오피니언 마이닝은 특징 추출, 의견 분류, 요약 및 전달의 3단계로 수행된다.
  ㉣ 특징 추출 단계에서는 데이터에서 의미있는 요소나 정보로 판단되는 특징들을 추출한다.

ⓜ 의견 분류 단계에서는 특징 추출 단계에서 추출된 특징과 의견을 표현하는 단어가 데이터에서 어떠한 의미로 사용되었는지를 분석한다.
ⓗ 요약 및 전달 단계에서는 성향이나 선호도가 밝혀진 오피니언 정보들을 요약하여 사용자에게 전달한다.
ⓢ 오피니언 마이닝은 여론의 향방을 추적하는 데 주로 사용된다. 주로 소셜 네트워크 데이터를 활용하며, 트위터, 페이스북 등에서 대표적으로 사용되고 주제, 대상, 인물 등이 특정 부분에 국한되지 않고 다양하기 때문에 오피니언 마이닝 기술이 많이 이용된다.

⑫ 웹 마이닝(Web Mining)
㉠ 보통 World Wide Web이라고 불리는 Web은 텍스트만 지원했던 기존과는 다르게 텍스트, 그림, 동영상, 소리 등을 지원하는 정보 검색 서비스이다. 하이퍼텍스트 개념을 도입하여 쉽게 원하는 정보와 관련 정보를 찾아볼 수 있는 특징을 갖고 있다. 하이퍼텍스트란 컴퓨터를 통하여 저장된 정보를 학습자가 자신이 필요로 하는 관심 및 인지 스타일에 따라 자유롭게 검색하도록 도와주는 비순차적 텍스트의 전개 원리를 의미한다.
㉡ 그래픽 환경으로 사용 방법이 쉬워 현재 인터넷이 급부상하게 된 원인이기도 하다.
㉢ 웹로그(Web Log)란 매일 또는 수시로 특정 주제나 일반적인 주제 정보의 일별 운용 기록 형식을 사용하는 개인 또는 기관의 웹사이트 정보를 의미한다.
㉣ 웹 마이닝이란 이러한 웹을 대상으로 한 데이터 마이닝 기법이다. 웹 마이닝의 속성은 반정형 또는 비정형이고, 링크 구조를 형성하고 있어 전통적인 데이터 마이닝의 분석 방법론을 사용하기도 하지만, 별도의 분석 기법이 적용되기도 한다.
㉤ 웹사이트에서 한 개의 페이지처럼 보이는 정보 단위를 노드라 하고, 점으로 서로 연결되어 있는 연결점을 링크라고 한다. 웹 마이닝은 노드와 연결구조를 분석하는 기법으로 하이퍼링크로부터 패턴을 찾아내거나 웹페이지 구조를 분석한다.
㉥ 구글은 웹문서들 간 하이퍼링크로 이뤄진 네트워크에서 Page Rank라는 중심도(Centrality) 지수를 계산하여 웹페이지의 상대적 중요성을 평가하는 데 활용한다.
㉦ 한편, 기업 내에 축적되는 트랜잭션 데이터(Transaction Data, 특정 시점에 발생한 모든 이벤트의 내역 기록)를 분석하기 위해 그래프 분석(Graph Analysis) 방법이 사용된다.
- 트랜잭션 데이터 형식은 이벤트 ID, 발생 시각, 이벤트 속성값, 이벤트에 포함된 개체 등으로 구성된다.
- 트랜잭션 데이터는 기업 내 OLTP(Online Transaction Processing) 시스템으로부터 발생한다.
- 트랜잭션 데이터는 그래프 모델링 과정을 거쳐 그래프 데이터로 변환될 수 있다.
- 즉, 트랜잭션 데이터의 각 이벤트에 등장하는 개체의 쌍(Pair)이 링크(Link)로 정의되고, 이벤트 속성이 링크 속성, 각 개체가 노드(Node)로 정의된다.
- 그래프 분석은 노드 연결 구조상 위치 속성값을 계산하는 방법론으로서 중요성을 측정하는 중심도(Centrality) 지수, 응집 클러스터를 판별하는 커뮤니티(Community), 역할 및 지위를 판별하는 등위성(Equivalence) 지수 등이 사용된다.

⑬ 네트워크에서의 중심성(Centrality) 평가
  ㉠ 네트워크 분석(Network Analysis)이란, 사회 및 자연 현상을 네트워크 형태로 모델링하고 그 특성을 분석하는 것으로써 중심성(Centrality)과 다양한 중심화관련 데이터(최단 경로, 노드의 수, 집단화 계수, 밀도 등)를 분석한다.
  ㉡ 네트워크 분석을 위하여 그래프(Graph)를 이용하며, 아래의 그림처럼 관계의 주체가 되는 행위자들은 Node(노드, Vertex)로, 관계들은 Node 사이를 연결하는 Edge(엣지, Link)로 나타낸다. Node들 사이의 관계의 유무만 표현하는 방법을 이진 네트워크(Binary Network), 관계의 정도(가중치 포함)를 함께 표현하는 방법을 가중 네트워크(Value Network)로 분류한다.

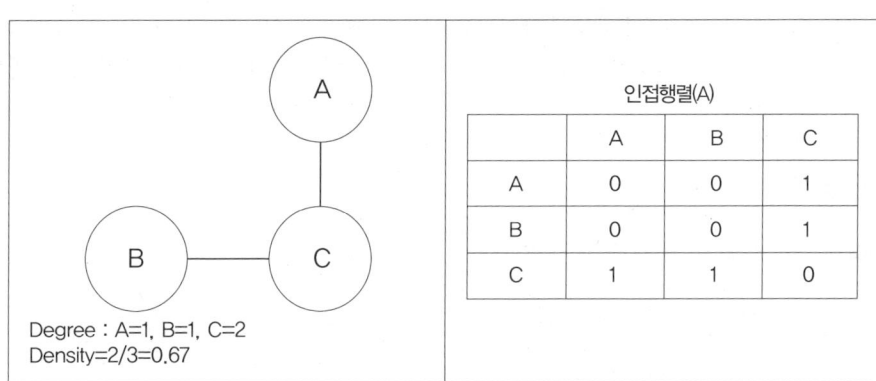

  ㉢ 그래프에서 Degree는 해당 노드에 연결된 Edge의 수를 나타내며, Edge의 가중치를 고려하여 계산하는 경우 Strength라 한다. Density는 네트워크가 얼마나 밀집되어 있는지를 계산하는 척도로서 Density=(실제 존재하는 Edge수)/(모든 노드가 연결되어 있다는 가정에서의 Edge수)=2/3(=0.67)로 계산된다. 인접행렬(A)은 노드들 사이의 연결(1), 연결 안 됨(0)으로 구분하여 나타낸다.
  ㉣ 네트워크에서 노드의 중요도(영향력)를 계산하기 위하여 중심성(Centrality)을 이용하여 중요도를 구성하는 요소에 따라 다양한 중심성 평가 척도를 사용한다.
    • 연결 중심성(C_d ; Degree Centrality) : 한 노드에 연결된 모든 Edge의 개수로 중심성을 평가함, $C_d = A \cdot 1 = (1, 1, 2)$, C에 연결된 Edge의 수(2개)가 가장 많으므로 C가 중심성이 높다고 평가함
    • 고유벡터 중심성(C_e ; Eigenvector Centrality) : 중요한 노드와 많이 연결된 노드가 더 중요한 노드로 평가함, $(A-\lambda)C_e = 0$를 만족하는 λ(고윳값)을 구하고 3개의 고윳값 중 가장 큰 값을 갖는 고윳값에 해당하는 고유벡터(C_e)를 구함
    • Katz 중심성(C_k ; Katz Centrality) : 방향성 비순환 그래프의 경우 $C_e = 0$이 나오는 경우가 있음, 이를 방지하기 위해 모든 노드 중심성에 상수값을 더하는 방식, 고유벡터 중심성의 변형 버전, $C_k = \alpha A C_k + \beta 1$의 식으로부터 구함
    • 페이지 랭크(C_p ; Page Rank) : Katz 중심성 계산식에서는 한 노드가 매우 중요하게 계산될 경우, 그와 연결된 노드들도 중요도가 높아져 버리는 문제 발생, 한 노드의 영향력을 다른 노드로 전파할 때 외부로 향하는 모든 Edge의 수로 나누어 다른 노드로의 영향력이 지나치게 퍼지는 것을 방지함, Katz 중심성의 개량 버전, $C_p = \alpha A D^{-1} C_p + \beta 1$ (D는 각 노드에서 외부로 향하는 Edge의 수를 성분으로 가지는 대각행렬)

- 매개 중심성(Cb ; Betweenness Centrality) : 노드들 간의 최단 경로 이용, A 노드의 중요성을 평가하기 위해 A 노드를 제외한 다른 노드들이 이동 시 얼마나 A 노드를 거쳐가는가를 평가, 노드 A의 중요성은 노드 B-C의 최단 경로에서 A가 포함되어 있는 비율로 평가
- 근접 중심성(Cc ; Closeness Centrality) : 중요한 노드일수록 다른 노드까지 도달하는 경로가 짧음을 이용, A 노드가 다른 모든 노드까지 가는 데 걸리는 시간 평균과 B 노드가 다른 모든 노드까지 가는 데 걸리는 시간 평균을 비교해서 짧은 값을 가지는 노드를 중심성이 높은 노드로 평가, 수학적으로 계산하기 위해 최단 경로 길이의 평균을 내고 그 값을 역수로 취함(길이가 짧을수록 Cc 값이 커져야 하기 때문)
- 조화 중심성(Ch ; Harmony Centrality) : 근접 중심성과 유사하지만, 최단거리의 평균을 역수를 취하는 것이 아니라 최단거리의 역수를 평균을 취함(조화 수열), 두 노드 사이의 경로가 존재하지 않을 경우 최단거리를 무한대로 보고 최단거리의 역수=0으로 지정함

확인 문제 용어 정의

다음 용어에 대한 설명 중 옳지 않은 것은?

① 단어 빈도 = $\dfrac{\text{문서 내 단어 수}}{\text{문서 내 모든 단어 수}}$ 로 구한다.

② 역문서 빈도 = $\dfrac{\text{전체문서 수}}{\text{단어를 포함한 문서 수}}$ 로 구한다.

③ 단어라는 것은 언어의 본질적인 모습을 총체적으로 드러내 보여줄 수 있는 자료의 집합을 의미한다.

④ 문서의 정보를 표현하지 못하는 단어를 불용어라고 한다.

풀이 말뭉치라는 것은 언어의 본질적인 모습을 총체적으로 드러내 보여줄 수 있는 자료의 집합을 의미하고 단어는 문서의 의미를 나타내는 가장 기본적인 단위라고 할 수 있다.

정답 ③

---

(7) 앙상블 분석(Ensemble Analysis)

① 앙상블 분석(Ensemble Analysis)에서는 여러 분류 모형에 의한 결과를 종합하여 분류의 정확도를 높인다. 이를 위하여 새로운 자료에 대한 분류 예측값들의 가중 투표(Weighted Vote)를 통한 분류를 수행한다.

② 일반적으로 어떤 데이터의 값을 예측할 때, 하나의 모델을 사용하는 것보다 여러 개의 모델을 조화롭게 학습시켜 그 모델들의 예측 결과들을 이용하면 더 정확한 예측값을 구할 수 있다.

③ 앙상블 학습에서는 여러 개의 결정 트리(Decision Tree)를 결합하여 하나의 결정 트리보다 더 좋은 성능을 내는 머신러닝 기법을 이용한다. 즉, 앙상블 학습의 핵심은 여러 개의 약 분류기(Weak Classifier)를 결합하여 강 분류기(Strong Classifier)를 만들어 모델의 정확성을 향상시킨다.

④ 앙상블 학습법에는 배깅(Bagging)과 부스팅(Boosting)이 있다. 배깅은 Bootstrap Aggregation을 의미하며 샘플을 여러 번 뽑아(Bootstrap) 각 모델을 학습시켜 결과물을 집계(Aggregation)한다.
⑤ 부스팅은 가중치를 활용하여 약 분류기를 강 분류기로 만드는 방법을 의미한다. 즉, 부스팅에서는 처음 모델이 예측을 하면 그 예측 결과에 따라 데이터에 가중치가 부여되고, 부여된 가중치가 다음 모델에 영향을 준다. 잘못 분류된 데이터에 집중하여 새로운 분류 규칙을 만드는 단계를 반복한다.
⑥ 일반적으로 배깅에 비해 부스팅의 에러가 적고 성능이 좋다. 하지만 부스팅은 속도가 느리고 오버 피팅(Over Fitting)이 될 가능성이 높다. 따라서 주어진 문제의 상황에 따라 다른 모델을 적용한다. 일반적으로 개별 결정 트리의 성능이 낮은 경우 부스팅이 적합하고, 오버 피팅이 문제가 될 경우 배깅이 적합하다.
⑦ 아래는 배깅과 부스팅 앙상블 모형의 적용 예를 나타낸다.

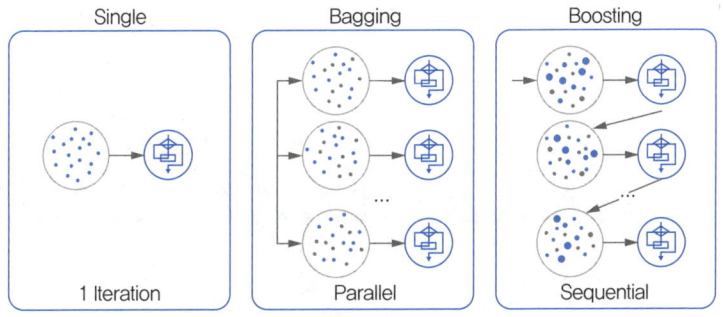

[배깅 및 부스팅 앙상블 모형 적용 예]

㉠ 배깅이 일반적인 모델을 만드는 데 집중되어 있다면 부스팅은 맞히기 어려운 문제를 맞히는 데 초점(분류 예측)이 맞추어져 있다.
㉡ 즉, 부스팅에서는 주어진 문제들 중 어려운 문제를 잘 맞힌 모델을 최종 모델로 선정하게 된다.
㉢ 부스팅도 배깅과 동일하게 복원 랜덤 샘플링을 하지만, 가중치를 부여한다는 차이점이 있다.
㉣ 배깅이 병렬로 학습하는 반면, 부스팅은 순차적으로 학습시키며 학습이 끝나면 나온 결과에 따라 가중치가 재분배된다.
㉤ 부스팅 기법이 경우 정확도가 높게 나타나지만 이상값(Outlier)에 취약하다.
㉥ 대표적인 배깅 알고리즘으로 랜덤 포레스트 모델이 있으며, 여러 부스팅 알고리즘 가운데 가장 많이 알려진 부스팅 알고리즘으로는 AdaBoost, GBM(Gradient Boosting Machine), XGBoost와 Arc-x4가 있다. 그리고 Stacking(또는 Meta Modeling)은 서로 다른 모델들을 조합해서 최고의 성능을 내는 모델 생성 방법이다.
㉦ AdaBoost(Adaptive Boost)는 약한 분류기(학습기)의 오류 데이터에 가중치를 부여하면서 부스팅을 수행하는 알고리즘이며, GBM(Gradient Boosting Machine)은 가중치 업데이트를 경사하강법(Gradient Descent Method)을 통해 수행하여 최적화된 결과를 얻는 알고리즘이다. GBM은 예측 성능이 높지만 Greedy Algorithm으로 과적합이 빨리 되거나, 시간이 오래 걸린다는 단점이 있다.

⑧ 랜덤 포레스트(Random Forest)
  ㉠ 배깅의 개념과 속성(또는 변수)의 임의 선택(Random Selection)을 결합한 앙상블 기법으로서 배깅에 랜덤 과정을 추가한 방법이다. 즉, 훈련 과정에서 구성한 다수의 결정트리로부터 분류 또는 회귀분석(평균예측 등) 결과를 출력한다.
  ㉡ 원래의 자료로부터 부트스트랩 샘플을 추출하고, 각 부트스트랩 샘플에 대해 트리를 형성해 나가는 과정은 배깅과 유사하나, 각 노드마다 모든 예측 변수 안에서 최적의 분할(Split)을 선택하는 방법 대신 예측변수들을 임의로 추출하고, 추출된 변수 내에서 최적의 분할을 만들어 나가는 방법을 사용한다.
  ㉢ 새로운 자료에 대한 예측은 분류의 경우는 다수결(Majority Voting)로, 회귀(Regression)의 경우에는 평균을 취하는 방법을 사용한다.
  ㉣ 아래는 Majority Voting 방법을 적용한 랜덤 포레스트 모형 구조의 예(클래스 분류)를 나타낸다.

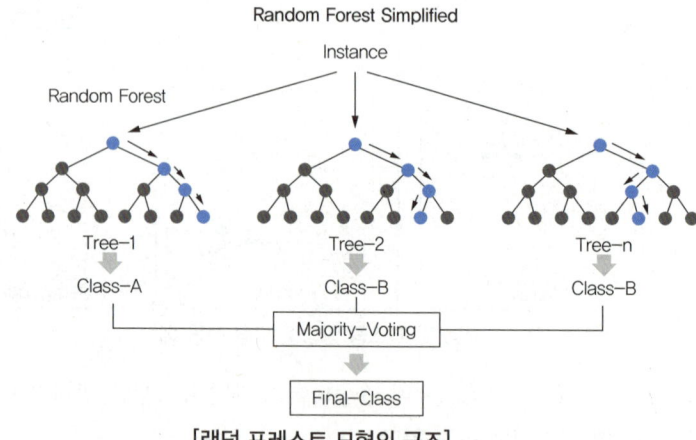

[랜덤 포레스트 모형의 구조]

  ㉤ Random Forest 방법은 Decision Tree 생성 방법을 이용하여 이들의 결과를 Majority Voting 등의 방법을 통해 종합하므로 알고리즘이 비교적 단순하며, 과적합의 가능성이 낮다. 그러나 Decision Tree를 만들기 위한 Memory 사용량이 많고 학습 데이터의 양이 증가한다고 해도 성능이 급격하게 향상되지는 않는다.

> **확인 문제** 앙상블 분석 기법
>
> 다음 중 앙상블 분석을 위해 사용되는 두 가지 주요 학습법은 무엇인가?
> ① Bagging, Boosting　　② Bagging, Mining
> ③ Boosting, Classifing　　④ Mining, Boosting
>
> **풀이** 앙상블 학습법에는 배깅(Bagging)과 부스팅(Boosting)이 있다. 배깅은 Bootstrap Aggregation을 의미하여 샘플을 여러 번 뽑아(Bootstrap) 각 모델을 학습시켜 결과물을 집계(Aggregation)한다. 그리고 부스팅은 가중치를 활용하여 약 분류기를 강 분류기로 만드는 방법을 의미한다.
>
> **정답** ①

(8) 비모수 통계(Nonparametric Method)

① 추론 통계학에서는 정규성(중심극한정리에 의해 본래의 분포에 상관없이 무작위로 복원추출된 연속형 자료의 평균의 분포는 정규분포를 따름)을 갖는다는 모수적 특성을 이용하는 모수적 방법(Parametric Method)과 모수적 방법을 사용하지 못하는 경우(정규성 검정에서 정규분포를 따르지 않거나 표본의 수가 10명 미만인 소규모인 경우 정규분포를 가정할 수 없음), 자료를 크기 순으로 배열하여 순위를 매긴 후, 다음 순위의 합을 통해 차이를 서로 비교하는 비모수적 방법(Nonparametric Method)을 이용한다.

② 대표적인 비모수적 방법으로는 스피어만 계수를 이용한 순위상관분석 방법과 비모수 검정 방법이 있다.

③ 비모수 검정

　㉠ 회귀분석이나 분산분석의 경우 모수를 통해서 모집단의 특성을 파악할 수 있다.

　㉡ 예를 들어서 평균과 분산을 알고 있는 확률변수 X가 정규분포를 따른다고 가정하면 두 집단의 평균차이 검정 등을 일반적인 모수 검정으로 할 수 있다.

　㉢ 두 집단을 비교하는 경우에 있어 두 집단의 분포가 다른 경우에는 평균에 대한 차이 검정이 의미가 없다. 비모수 검정은 일반적으로 다음의 경우에 적용이 가능하다.
　　• 모집단의 분포가 알려져 있지 않은 경우 적용한다.
　　• 관찰된 값이 실제 자료가 아닌 순위 등의 형태로 주어져 있을 때 적용한다.

　㉣ 비모수 검정의 장점
　　• 모집단 분포에 대한 가정이 필요 없어서 어떤 형태의 모집단이라 해도 비교가 가능하다.
　　• 검정을 위해서 일반적으로 평균보다는 중앙값이나 자료의 순위 값을 이용하므로 이상 값에 영향을 받지 않는다.
　　• 자료의 관찰된 형태가 순위로 주어져도 검정이 가능하다.

　㉤ 비모수 검정의 단점
　　• 모집단 분포가 어느 정도 가정이 되어진 경우 비모수 검정을 사용하면 검정력이 약해진다.
　　• 실제 관측값이 아닌 순위를 사용하므로 정보량이 감소된다.
　　• 모수 검정보다 계산과정이 복잡하다.

④ 비모수 검정의 종류

〈표 3-19〉 비모수 검정의 종류

구 분	대응되는 모수 검정
부호검정	한 집단의 모평균 검정
	짝을 이룬 표본 검정
윌콕슨 순위합검정	독립 두 표본 검정
	짝을 이룬 표본 검정
크루스칼왈리스 순위검정	일원배치 분산분석

㉠ 부호검정 : 자료가 정확하지 않거나 순위로 주어진 경우 평균에 대한 검정을 실시할 수 없다.
  • 하나의 중앙값에 대한 검정
    - 중앙값 y가 특정값 y_0와 같은지를 검정하는 것으로 가설은 아래와 같다.

$$H_0 : y = y_0$$
$$H_1 : y \neq y_0$$

    - 검정절차에 있어 관찰된 표본 중 중앙값을 초과하는 수가 몇 개인지를 중심으로 설정하게 된다.
    - 이 경우 중앙값을 초과하는 개수가 $\frac{n}{2}$로서 이 경우는 시행횟수가 n이고 성공의 확률이 $\frac{1}{2}$인 이항분포를 따른다고 할 수 있다. 즉, 전체 n개의 표본 중에서 중앙값을 초과하는 개수(K)의 확률분포는 이항분포 $K \sim B\left(n, \frac{1}{2}\right)$를 따른다.
    - 만약 k를 n개의 표본 중에서 중앙값을 초과하는 표본의 수라고 가정한다면 다음과 같이 정의할 수 있다.

비모수 검정절차
가설 : $H_0 : y = y_0$
$\qquad H_1 : y \neq y_0$
$p = P(K \geq k) = P(K \leq n-k)$
$= \sum_{x=0}^{n-k} \binom{n}{x} \left(\frac{1}{2}\right)^n \quad k \geq \frac{n}{2}$
또는
$p = P(K \leq k) = P(K \geq n-k)$
$= \sum_{x=n-k}^{n} \binom{n}{x} \left(\frac{1}{2}\right)^n \quad k \leq \frac{n}{2}$

  • 짝을 이룬 표본에서 두 모집단의 중앙값 검정
    - 두 모집단에 대한 비교를 위해서 평균값을 사용하는 것이 아닌 중앙값을 사용해서 비교한다. 가설은 아래와 같다.

$$H_0 : y_1 - y_2 = 0$$
$$H_1 : y_1 - y_2 \neq 0$$

    - 즉, 두 집단의 중앙값에 대한 차이가 0인지 아닌지를 검정하는 것으로 짝을 이룬 표본 값의 차이가 양수일 확률이 $\frac{1}{2}$이 된다. P(짝을 이룬 표본값의 차이가 양수)$= \frac{1}{2}$이다.

ⓛ 윌콕슨(Wilcoxon) 순위합 검정
- 윌콕슨에 의해서 도입되고 맨-휘트니(Mann-Whitney)에 의해서 발전되어 맨-휘트니 검정이라고도 한다.
- 두 모집단에 대한 분포의 가정이 어렵거나 표본이 순위로밖에 표현될 수 없을 때, 두 모집단의 확률 분포가 같은지에 대한 가설을 검정할 수 있다. 두 모집단의 확률분포가 각각 P_1, P_2라고 한다면 이 경우 가설은 아래와 같다.

$$H_0 : P_1 - P_2 = 0, \quad H_1 : P_1 - P_2 \neq 0$$
$$H_0 : P_1 - P_2 = 0, \quad H_1 : P_1 - P_2 > 0$$
$$H_0 : P_1 - P_2 = 0, \quad H_1 : P_1 - P_2 < 0$$

- 독립표본으로부터 두 모집단의 확률분포 차에 대한 검정
  - 독립적으로 선출된 표본이 아래와 같다고 가정하자.

$$\text{표본 1 : 160 163}$$
$$\text{표본 2 : 162 164 165}$$

- 두 개를 한 개의 집합으로 하고 자료에 대해서 순위를 부여하고 순위가 동률인 경우는 해당 순위의 평균값을 적용하여 보자. 자료에 대한 순위는 다음과 같다.

$$\text{표본 1 : 160(1) 163(3)}$$
$$\text{표본 2 : 162(2) 164(4) 165(5)}$$

- 순위합 검정의 검정통계량 W는 표본의 크기가 작은 집단의 순위합으로 결정한다. 예를 들어서 위의 예제의 경우 표본 1의 순위합 $4(=1+3)$가 검정통계량의 값이 된다.
- 두 집단의 순위합이 차이가 많으면 두 집단의 확률분포가 다르다는 것을 의미한다.
- 표본의 크기가 각각 2, 3인 경우 표본의 크기가 작은 집단의 순위합이 4라면, 이 경우 윌콕슨 순위합 검정표에서 단측검정의 경우 유의확률 p 값은 0.2가 되고, 양측검정의 경우 p 값은 0.4가 된다.
- 유의수준 0.1하에서 귀무가설을 기각할 수 없으므로 두 집단의 확률분포는 같다고 할 수 있다.
- 만약 윌콕슨 순위합 검정의 경우 표본의 수가 크면, 즉 $n_1 \geq 10$, $n_2 \geq 10$이면 표준정규확률변수를 이용해서 검정하게 된다.

$$Z = \frac{W - \dfrac{n_1(n_1 + n_2 + 1)}{2}}{\sqrt{\dfrac{n_1 n_2 (n_1 + n_2 + 1)}{12}}}$$

- 이때 $|Z| > z_{\alpha/2}$이면 귀무가설을 기각하게 된다.

ⓒ 짝을 이룬 표본에서 두 모집단의 확률분포 차에 대한 검정
- 예를 들어서 쌍둥이 자매의 키를 비교하는 실험에서 차이에 대한 유의성 검정을 실시한다고 하자.

검 사	쌍둥이 자매		차 이	차이절댓값	절댓값순위
	1	2			
1	161	160	1	1	1.5
2	165	159	6	6	9.5
3	159	161	−2	2	3.5
4	158	161	−3	3	5
5	165	163	2	2	3.5
6	170	165	5	5	7.5
7	160	161	−1	1	1.5
8	163	159	4	4	6
9	166	161	5	5	7.5
10	167	161	6	6	9.5

순위합 : 10, 45
$W=9$

절댓값 순위와 순위합

검 사	1	2	3	4	5	6	7	8	9	10	순위합
그룹1에 속한 값이 작은 경우			3.5	5			1.5				10
그룹1에 속한값이 큰 경우	1.5	9.5			3.5	7.5		6	7.5	9.5	45

- 윌콕슨 순위합 검정표를 이용하면 짝을 이룬 순위합 검정 임곗값은 양쪽 검정의 경우 유의수준 0.05에서 기각역이 $W≤8$이므로 귀무가설을 기각할 수 없다. 두 집단의 확률분포는 같다고 할 수 있다.

ⓓ 크루스칼−왈리스(Kruskal−Wallis) 순위검정
- 몇 개(k)의 모집단에 대한 평균 검정을 하는 경우 모집단이 정규분포를 따른다는 가정을 할 수 없을 때 비모수적 검정을 하여야 하는데 이 경우에 사용하는 방법이 크루스칼−왈리스 순위 검정을 한다. 이 경우 검정을 위한 가설은 아래와 같다.

$H_0 : P_1=P_2=\cdots=P_k$
$H_1 : H_0$가 아니다.

- 크루스칼-왈리스의 검정통계량은 다음과 같다.

$$H = \frac{12}{N(N+1)} \sum_{i=1}^{k} \frac{R_i^2}{n_i} - 3(N+1) \sim \chi^2_{(k-1)}$$

여기에서
- N : 전체 표본의 수
- R_i : i 번째 수준에서 순위합, $i=1, 2, \cdots, k$
- n_i : 모집단 i 에서의 표본수

기각역
$H > \chi^2_{\alpha, k-1}$

ⓜ 프리드만 검정(Friedman Test)
- 동일한 케이스에 대해 반복된 측정이 이어졌을 때 세 개 이상의 집단 비교를 위해 사용되는 비모수 검정 방법이다.
- 순위의 합을 계산하여 변수들 간의 평균 순위에 차이가 있는지의 여부를 검정한다.
- 모수 통계학의 무작위 블록디자인에 의한 ANOVA의 비모수 검정에 해당한다.
- 검정 통계량(카이제곱)으로 구한 유의확률 값이 유의수준보다 작은 경우 귀무가설(평균 순위에 차이가 없다)을 기각한다.

ⓑ 런검정(Run Test)
- 표본의 독립성 검정을 위해서 사용되는 검정 방법이 런검정이다.
- 런(Run)이란, 동일한 관측값이 연속적으로 이어진 것을 말한다. 예를 들어 동전을 던졌을 때 앞면(1), 뒷면(0)이 11/00/1/0/111/00과 나타났을 경우 런의 수는 6이 된다.
- 연속적인 관찰치가 무작위적으로 나타난 것인지 앞에서 관찰치가 뒤의 관찰치에 어떤 영향을 미치는지를 검정하기 위해서 사용된다.
- 표본이 독립적이라는 것은 중앙값 선을 어떻게 지나가느냐에 따라서 결정할 수가 있는데 다음과 같이 정의할 수 있다.

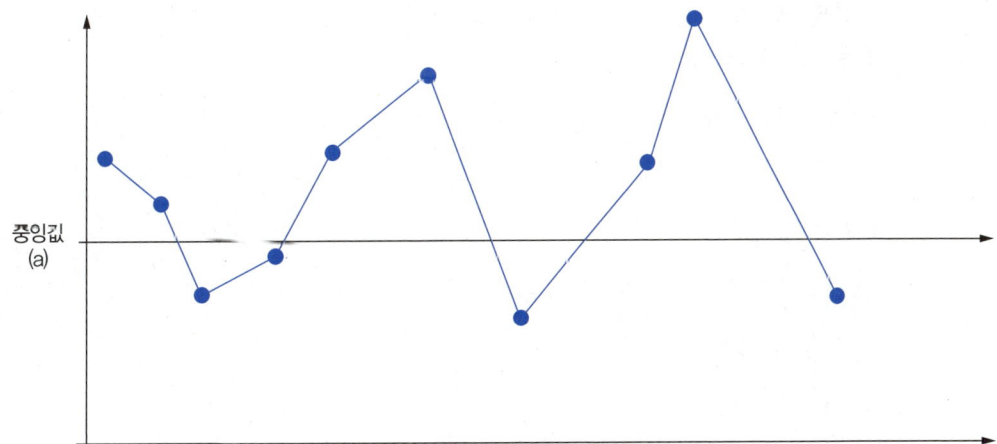

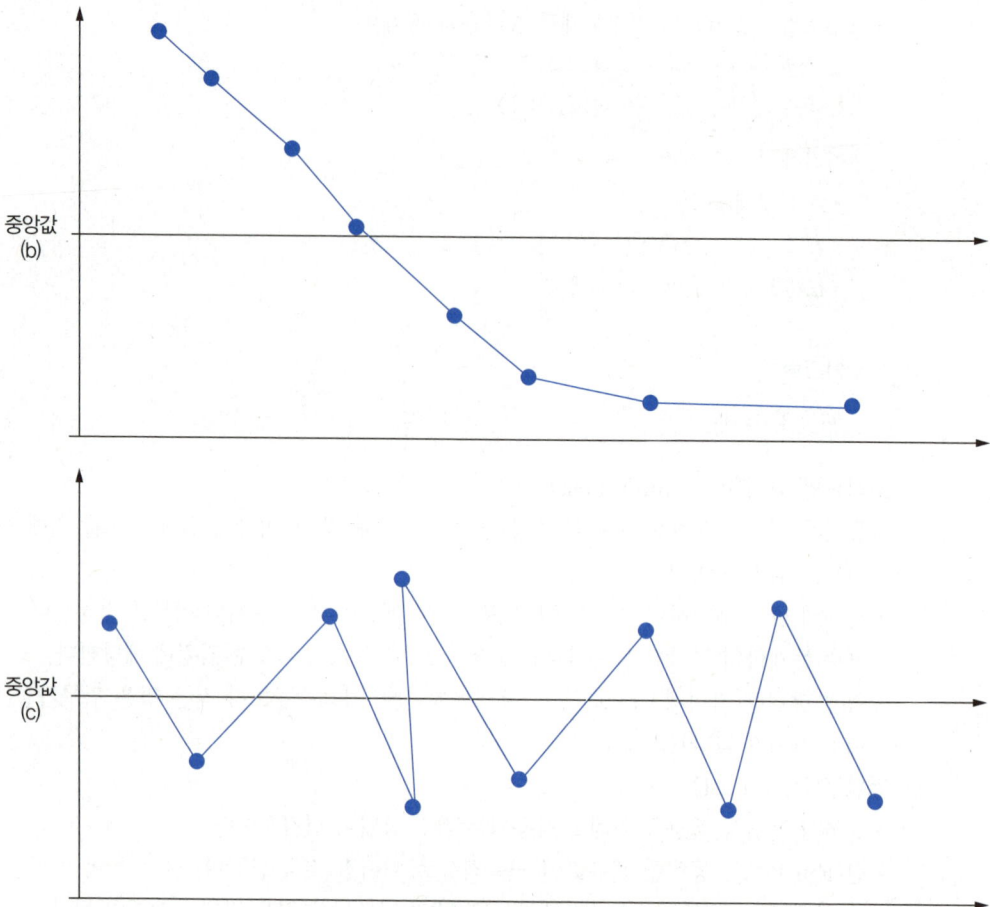

- 위의 그림에서 (a)의 경우는 관찰값이 중앙선을 기준으로 해서 다소 변화가 있고 (b)의 경우는 교차선이 매우 적으며 (c)의 경우는 교차선이 매우 빈번하게 발생한다.
- (a)의 경우는 표본의 독립성이 보장된다고 할 수 있으나 교차가 매우 적게 일어나거나 교차가 매우 많이 일어나는 (b), (c)의 경우는 독립이라고 할 수 없다.
- 표본의 크기가 n이고 런의 수가 R인 경우 표본이 독립이라는 귀무가설이 참이라면 런의 수 R은 근사적으로 정규분포를 따르게 된다.

$R \sim N(E(R), V(R))$이고
이 경우

$E(R) = \dfrac{2n_1 n_2}{n_1 + n_2} + 1$이고

$V(R) = \dfrac{2n_1 n_2 (2n_1 n_2 - n_1 - n_2)}{(n_1 + n_2)^2 (n_1 + n_2 - 1)}$이다.

이때 검정통계량은

$Z = \dfrac{R - E(R)}{\sqrt{V(R)}}$이다.

확인 문제 **비모수 검정**

다음 비모수 검정에 대한 설명으로 옳지 않은 것은?

① 모집단에 대한 가정이 필요 없어서 어떤 모집단 형태라 해도 비교가 가능하다.
② 검정을 위해서 평균보다는 중앙값이나 자료의 순위값을 이용한다.
③ 자료의 관찰 형태가 순위로 주어져도 검정이 가능하다.
④ 모수 검정보다 계산이 쉽다.

풀이 비모수 검정의 장점은 모집단 분포에 대한 가정이 필요 없어서 어떤 형태의 모집단이라 해도 비교가 가능하며, 검정을 위해서 일반적으로 평균보다는 중앙값이나 자료의 순위값을 이용하므로 이상값에 영향을 받지 않는다는 것이다. 또, 자료의 관찰된 형태가 순위로 주어져도 검정이 가능하다. 비모수 검정의 단점은 모집단 분포를 어느 정도 가정이 되어진 경우 비모수 검정을 사용하면 검정력이 약해진다는 것이다. 실제 관측값이 아닌 순위를 사용하게 되므로 정보량이 감소되며, 모수 검정보다 계산과정이 복잡하다.

정답 ④

확인 문제 **비모수 검정**

전국 중학교 학생들의 키에 대한 중앙값이 160이라고 한다. P 중학교 학생들의 키가 이보다 큰지 알아보기 위해서 P 중학교 학생 중 7명을 표본으로 추출해서 키를 조사한 자료가 다음과 같다고 한다면, 유의수준 5%에서 P 중학교 학생의 키가 160보다 크다고 할 수 있는지 검정하시오.

> 표본의 자료 : 162, 163, 158, 159, 161, 170, 165

풀이 위의 경우 7개의 자료 중 5개는 160보다 크다고 할 수 있고, 2개는 작다고 할 수 있다. 이 경우 이항분포를 가정하고 p 값을 구하여 보면 다음과 같다.

$H_0 : y = 160$
$H_1 : y > 160$
$p = P(K \geq 5) = 0.164 + 0.055 + 0.008 = 0.2266$으로 귀무가설을 기각할 수 없다.
즉, 중앙값이 160이라고 할 수 있다.

확인 문제 | 비모수 검정

다음은 7쌍의 쌍둥이 자매의 키가 같은지 검정하기 위해서 조사한 자료이다. 유의수준 5%에서 자료에 차이가 있는지 검정하시오.

> X : 160, 160, 165, 161, 164, 164, 165
> Y : 158, 165, 160, 158, 162, 163, 162

풀이 가설 $H_0 : y_1 - y_2 = 0$
$H_1 : y_1 - y_2 > 0$

두 개 자료에 대해서 분포를 검정하여 보면 + 부호의 수가 6개로 나타난다. 이 경우 p값을 구하면 아래와 같다.
$p = P(K \geq 6) = 0.0625$
위의 유의확률이 유의수준보다 크므로 귀무가설을 기각할 수 없다. 즉, 두 개 집단의 분포가 다르다고 할 수 없다.

확인 문제 | 크루스칼-왈리스

다음은 P대학교 이공학부 학생들의 학과별 토플 성적이다. 각 전공별 토플 성적에는 차이가 없다는 귀무가설을 크루스칼-왈리스 순위 검정을 이용해서 유의수준 5%에서 검정하시오.

데이터정보학과	융합소프트웨어학과	정보통신학과
70(4)	66(2)	90(15)
60(1)	67(3)	89(14)
85(11)	88(13)	79(8)
87(12)	76(5)	81(9)
78(7)	77(6)	83(10)
$R_1 = 35$	$R_2 = 29$	$R_3 = 56$

풀이 검정통계량을 구하면

$$H = \frac{12}{15(16)} \frac{35^2 + 29^2 + 56^2}{5} - 3(16) = 4.02$$

$\chi_{0.05, 2} = 5.99$

유의수준 0.05에서 귀무가설을 기각할 수 없다.
세 학과의 학생들 토플 성적은 모두 같다고 할 수 있다.

확인 문제 — 런검정

통계학 수업을 받은 사람에게 개념에 대한 이해 정도를 파악하기 위해서 T/F 문항으로 이루어진 시험을 실시했다. 시험의 정답은 다음과 같이 구성되었다. 검정을 실시하시오.

> $F\ T\ T\ F\ T\ F\ T\ F\ F\ T\ F\ T\ T\ F\ T\ F\ T\ F\ F\ T$
>
> H_0 : T/F가 무작위로 배열되어 있다.
> H_1 : T/F가 무작위로 배열되지 않았다.

풀이 $n_1 = 10$, $n_2 = 10$
런의 개수 $R = 16$
런검정의 임곗값을 이용하면 위의 경우 기각역은 $u \leq 6$, $u \geq 16$이다.
이때

$E(R) = \dfrac{2n_1 n_2}{n_1 + n_2} + 1$이고

$V(R) = \dfrac{2n_1 n_2 (2n_1 n_2 - n_1 - n_2)}{(n_1 + n_2)^2 (n_1 + n_2 - 1)}$ 이며 검정통계량은

$Z = \dfrac{R - E(R)}{\sqrt{V(R)}}$ 이다.

여기에서 위의 예제값을 대입하여 보면
$E(R) = 11$, $V(R) = 4.74$이다.

검정통계량 $Z = \dfrac{(16 - 11)}{\sqrt{4.74}} = 2.30$

유의수준 0.05에서 $z \leq -1.96$, $z \geq 1.96$이므로 귀무가설을 기각하여 T/F가 무작위로 배열되어 있지 않다고 할 수 있다.

제2장 적중예상문제

01 회귀분석에 대한 설명으로 잘못된 것은?

① 독립변수와 종속변수의 함수적 관계를 파악하기 위한 것이다.
② 독립변수 한 개에 종속변수 한 개의 함수 관계는 단순회귀분석이다.
③ 독립변수 두 개 이상과 종속변수의 함수 관계는 다중회귀분석이다.
④ 회귀분석의 설명력을 알아보기 위한 척도는 F 값이다.

[해설] 회귀분석에서 회귀분석의 설명력을 알아보기 위해서는 총 분산에서 회귀식에 의해서 설명되는 분산의 비로 측정하는데 이것을 결정계수 R^2이라 한다.

02 회귀분석의 기본 가정에 포함되지 않는 것은?

① 오차항의 평균은 0이다.
② 오차항은 서로 독립이다.
③ 오차항은 정규 분포를 따른다.
④ 오차항은 이분산을 가진다.

[해설] 회귀분석의 기본 가정에서 오차항의 등분산성, 불편성, 정규성, 독립성의 성질을 확인해야 한다.
- 등분산성 : 회귀식의 잔차는 분산이 일정하다.
- 불편성 : 잔차는 평균이 0이다.
- 정규성 : 잔차는 정규분포를 따른다.
- 독립성 : 변수들 사이는 서로 독립이다.

03 단순회귀분석의 적합도 추정에 대한 설명으로 옳지 않은 것은?

① 결정계수는 오차의 변동 대비 회귀의 변동을 비율로 나타낸 값이다.
② 추정의 표준오차는 잔차에 의한 식으로 계산된다.
③ 모형의 $F-$검정이 유의하면 기울기의 유의성 검정도 항상 유의하다.
④ 결정계수가 1이면 상관계수는 반드시 1이다.

[해설] 결정계수 $R^2 = \dfrac{SSR}{SST}$ 이다. 즉, 결정계수는 총 변동 대비 회귀의 변동을 비율로 나타낸 값이다.

04 분산분석에 대한 설명 중 옳지 않은 것은?

① 집단 내 분산과 집단 간 분산을 통해서 검정통계량을 구한다.
② 독립변수 수에 따라서 1개이면 일원배치 분산분석이라 한다.
③ 집단 내 분산과 집단 간 분산비 χ^2 통계량을 이용해서 구한다.
④ 분산분석은 집단 간 평균차이 검정을 위한 것이다.

[해설] 분산분석은 집단 간의 평균차이 검정을 위해서 사용하는 것으로 집단 내 분산과 집단 간 분산비의 통계량은 F 이다.

05 표본의 수가 n이고 독립변수의 수가 k인 다중회귀분석모형의 분산분석표에서 잔차제곱합 SSE의 자유도는?

① $n-1$
② $n-k-1$
③ k
④ $k+1$

[해설] 다중회귀분석에서 회귀제곱합의 자유도$=k$, 잔차제곱합의 자유도$=n-k-1$, 전체제곱합의 자유도 $=k+(n-k-1)=n-1$이다.

정답 01 ④ 02 ④ 03 ① 04 ③ 05 ②

06 다음 분산분석표에 관한 설명으로 옳지 않은 것은?

요인	제곱합	자유도	제곱평균	F값	유의확률
Month	127,049	7	18,150	1.52	0.164
잔차	1,608,204	135	11,913	—	—
계	1,735,253	142	—	—	—

① 요인은 Month로서 수준 수는 8개이다.
② 오차항의 분산 추정값은 11,913이다.
③ 총 관측자료 수는 142개이다.
④ 유의수준 0.05에서 인자의 효과가 인정되지 않는다.

[해설] 전체 자유도 = 총 관측자료 수−1=n−1이다. 따라서 총 관측자료 수는 143이다.

07 일원 분산분석으로 4개의 평균의 차이를 동시에 검정하기 위하여 귀무가설을 H_0 : $\mu_1=\mu_2=\mu_3=\mu_4$라 정할 때 대립가설 H_1은?

① H_1 : 모든 평균이 다르다.
② H_1 : 적어도 한 쌍 이상의 평균이 다르다.
③ H_1 : 적어도 두 쌍 이상의 평균이 다르다.
④ H_1 : 적어도 세 쌍 이상의 평균이 다르다.

[해설] 대립가설(H_1)은 "모든 μ_i가 같은 것은 아니다." 즉 "적어도 한 쌍 이상의 평균이 다르다."로 설정한다.

08 데이터 분석모형 중 독립변수와 종속변수가 모두 연속형인 경우 사용되는 기법으로 적절하지 않은 것은?

① k−평균 군집화 분석
② 로지스틱 회귀분석
③ 인공신경망 모델
④ 단순회귀분석

[해설] 로지스틱 회귀분석(Logistic Regression Analysis) 모형은 종속변수가 이산형(범주형)인 경우 사용한다. 독립변수의 선형 결합을 이용하여 사건의 발생 가능성을 예측하는 데 사용되며, 일반적인 회귀분석의 목표와 동일하게 종속변수와 독립변수 간의 관계를 구체적인 함수로 나타내어 향후 예측 모델에 사용한다.

09 다음 설명에 해당하는 데이터 마이닝 기법은 무엇인가?

> 주로 분류 및 예측을 위하여 사용되며, 데이터를 분석하여 이들 사이에 존재하는 패턴을 예측 가능한 규칙들의 조합으로 나타낸다.

① Decision Tree
② Knowledge Discovery
③ K-means Clustering
④ Text Mining

[해설] 의사결정나무(Decision Tree) 기법에 대한 설명이다. 의사결정나무 분석은 판별분석, 회귀분석 등과 같은 모수적 모형을 분석하기 위해 사전에 이상치를 검색하거나 분석에 필요한 변수 또는 모형에 포함되어야 할 상호작용의 효과를 찾아내기 위해서 사용된다. 그리고 분류 또는 예측모형으로도 사용된다.

10 의사결정나무 분석에서 분류 기준 변수의 선택에 사용되는 기준이 아닌 것은?

① 일반화분산
② 지니지수
③ 엔트로피지수
④ 카이제곱 통계량의 p값

[해설] 의사결정나무 분석에서 목표변수가 이산형인 분류나무의 상위노드에서 가지분할을 수행할 때 분류변수와 분류 기준값의 선택방법은 카이제곱 통계량의 p값, 지니지수, 엔트로피지수 등이 사용된다.

11 Decision Tree(의사결정나무)를 이용한 데이터 분석 방법에서 결과를 표현할 때 맨 위의 노드는 무엇인가?

① Floor
② Root
③ Ceiling
④ Top

[해설] Root Node(뿌리노드)는 Decision Tree(의사결정나무) 분석 방법에서의 맨 위의 노드를 지칭한다.

정답 06 ③ 07 ② 08 ② 09 ① 10 ① 11 ②

12 다음 중 의사결정나무에서 주로 사용되는 경험적 지식을 이용하는 탐색 방법은 무엇인가?

① 깊이 우선 탐색 방법
② 너비 우선 탐색 방법
③ 랜덤 확률적 탐색 방법
④ 휴리스틱 탐색 방법

[해설] 휴리스틱(Heuristic) 탐색 방법에 대한 설명이다. 문제에 대한 해를 제공하지만 너무 많은 노드를 확장시키므로 실용적이지 못한 경우 탐색 작업을 축소시키기 위해 항상 옳은 해를 제공하지는 못하지만 휴리스틱 탐색 방법을 통하여 대부분의 경우에 잘맞는 경험에 의한 규칙(Rules of Thumb)을 이용하는 경우가 많다.

13 다음 설명 중 ( )에 들어갈 용어는?

> 사람의 뇌는 Neuron이라는 세포들의 방대한 연결을 통해 신호를 처리한다. 이러한 구조에서 Motive를 얻어 ( )(에서)은(는) 인공 Neuron의 Network를 구성하고 다층신경망을 만들어 복잡한 분류 및 비선형 문제를 해결하며 수치예측 등에 사용된다.

① Association Analysis
② Deep Learning
③ Text Mining
④ Artificial Neural Network

[해설] 인공신경망(Artificial Neural Network)에 대한 설명이다. 인공신경망은 기계학습과 인지과학에서 생물학의 신경망(동물의 중추신경계 중 특히 뇌)에서 영감을 얻은 통계학적 학습 알고리즘이다.

14 다음 중 Artificial Neural Network(인공신경망)에 대한 특징으로 옳지 않은 것은?

① 대표적인 비선형 기법으로서 다른 방법과 비교하여 예측이 뛰어나다.
② 적용 결과에 대한 해석이 쉽고, 분석 모델에서 소요되는 학습시간이 짧다.
③ 수집 자료에 대한 통계적 분석 과정 없이 의사결정을 지원한다.
④ 복잡하고 비선형적이며, 상호 관계성을 갖는 다변량을 분석할 수 있다.

[해설] Neural Network(인공신경망) 분석 방법은 해석이 어렵고, 모델 학습에 필요한 시간이 많이 소요된다는 단점을 가진다.

15 다음 중 인공신경망 모델에서 사용되는 알고리즘으로서 오차들을 출력계층에서 입력계층으로 역방향으로 반영하는 방법은 무엇인가?

① Back Propagation Algorithm
② Clustering Propagation Algorithm
③ Forward Propagatino Algorithm
④ Support Vector Machine

[해설] 역전파 알고리즘(Back Propagation Algorithm)에 대한 설명이다. 역전파(또는 오차 역전파, 오류 역전파) 알고리즘은 다층 퍼셉트론 학습에 사용되는 통계적 기법으로서 일반적인 다층 퍼셉트론의 형태는 입력층, 은닉층, 출력층으로 구성되며 각 층은 서로 교차되는 Weight 값으로 연결되어 있다. 출력층에서 제시한 값에 대해 실제 원하는 값으로 학습하는 방법으로서 통계적 방법에 의한 역전파 알고리즘(동일 입력층에 대해 원하는 값이 출력되어도 개개의 Weight를 조정하는 방법)이 사용된다. 역전파 알고리즘은 속도는 느리지만, 안정적인 결과를 얻을 수 있는 장점이 있어 기계학습(머신러닝)에 널리 사용된다.

16 인공신경망 분석에서 입력신호들의 중요도에 따른 가중치를 부여하여 가중합을 구하고 결괏값을 출력하기 위해 사용되는 함수는 무엇인가?

① 뉴런 함수
② 퍼셉트론 함수
③ XOR 함수
④ 활성함수

[해설] 활성함수(Activation Function)를 이용하여 출력값을 구한다. 활성화 함수란 어떠한 신호를 입력받아 이를 적절한 처리를 하여 출력해 주는 함수이다. 이를 통해 출력 신호가 다음 단계에서 활성화되는지를 결정하게 된다.

17 다음 중 활성함수로 비교적 많이 사용하지 않는 함수는?

① 계단 함수
② 임계논리 함수
③ 시그모이드 함수
④ 코사인 함수

[해설] 인공신경망에서는 활성함수로 계단, 임계논리 및 시그모이드 함수가 주로 사용된다.

18 SVM(Support Vector Machine) 머신러닝 알고리즘에 대한 설명으로 옳지 않은 것은?

① 서로 다른 분류에 속한 데이터들 사이 마진(간격)이 최대가 되는 선(초평면)을 찾아 이를 기준으로 데이터를 분류한다.
② 경계선과 가장 가까운 각 분류에 속한 값(점)을 서포트벡터라고 한다.
③ 분류 성능은 좋지만 과적합화 문제와 일반화 능력이 낮아 정교한 분류 성능이 요구되는 분야에 대한 적용은 어렵다.
④ 노이즈 데이터에 큰 영향을 받지 않아 주로 분류와 수치예측에 활용되고 있다.

[해설] SVM(Support Vector Machine) 모형은 과적합화가 잘 되지 않고 일반화 능력이 높아 정교한 분류 성능이 필요한 분야(유전자 데이터 분류, 언어식별, 보안 결함 감지, 이상 거래 탐지 등)에 활용된다.

19 다음 중 SVM(Support Vector Machine) 머신러닝 알고리즘의 장점에 대한 설명으로 옳지 않은 것은?

① 입력 데이터의 양이 많거나 변수가 많은 경우에도 짧은 시간에 분류 결과를 도출해 낸다.
② 노이즈 데이터에 큰 영향을 받지 않고 과적합화가 잘 되지 않는다.
③ 특히 분류 문제에 대한 성능이 우수한 편이다.
④ 분류 경계가 복잡한 비선형 문제의 경우 다른 기법과 비교하여 성능이 우수하다.

[해설] 입력 데이터의 양이 많거나 변수가 많은 경우 SVM 모형은 결과 도출(데이터의 학습 시간)에 오랜 시간이 걸린다.

20 다음 중 두 군집 사이의 거리를 두 군집의 중심 간 거리로 계산하는 계층적 군집방법은?

① 중심연결법
② 최단연결법
③ 최장연결법
④ 평균연결법

[해설] 중심연결법은 두 군집 사이의 거리는 두 군집의 중심 간 거리로 계산하는 계층적 군집방법이다.

21 비계층적 군집분석에 대한 설명으로 잘못된 것은?

① K-means는 원하는 군집 개수와 초기값을 정해 Seed 중심으로 군집을 형성한다.
② 혼합 분포군집은 K-평균군집과 다르게 이상치에 민감하지 않다.
③ K-means는 데이터의 내부구조에 대한 사전 정보 없이 의미 있는 자료구조를 찾을 수 있다.
④ 혼합 분포군집은 확률분포를 도입해서 군집을 수행한다.

[해설] 비계층적 군집분석에서 혼합 분포군집은 K-평균군집과 같이 이상치에 민감하다.

22 다음 중 관측빈도와 기대빈도를 이용한 적합도 검정을 위해 사용되는 검정통계량은 무엇인가?

① 카이제곱 검정통계량
② 표준정규검정통계량
③ $F-$검정통계량
④ $t-$검정통계량

[해설] 범주형 자료 분석에서 사용되는 적합도 검정에서는 카이제곱 검정통계량을 이용한다.

23 많은 변수의 수를 줄여서 요인으로 차원을 축소하는 통계분석 기법은 무엇인가?

① 군집분석
② 요인분석
③ 단순회귀분석
④ 다중회귀분석

[해설] 많은 수의 변수의 수를 축소하여 요인으로 통계분석하는 기법은 요인분석이다. 요인분석은 변수들 간의 상관관계를 고려하여 저변에 내재된 개념인 요인들을 추출해내는 분석 방법으로서 서로 유사한 변수들끼리 묶어주게 된다. 즉, 많은 변수로 구성된 데이터가 몇 개의 요인에 의해 영향을 받는가를 알아보는 것이다.

정답 18 ③ 19 ① 20 ① 21 ② 22 ① 23 ②

24 요인분석에 대한 설명으로 옳지 않은 것은?

① 요인분석을 위해서는 요인분석의 대상이 등간 척도 이상의 관측치로서 상호독립적이여야 한다.
② 변수가 정규분포를 따라야 한다.
③ 표본의 수는 변수의 2배 정도 되어야 한다.
④ 변수의 분산은 다른 모든 변수와 공유하는 요인공통분산, 고유분산, 오차분산으로 나누어져 있다.

[해설] 요인분석을 위해서는 표본의 수는 4~5배 정도가 되어야 한다.

25 다음 요인분석에 대한 설명 중 옳지 않은 것은?

① 일반적으로 요인 수 결정은 고유 값 기준 1을 둔다.
② 요인의 회전에서 쿼티맥스는 사각회전이다.
③ 요인적재값은 변수와 요인 사이에 상관관계를 의미한다.
④ 요인적재값의 제곱은 해당요인에 의해서 설명되는 분산의 비율을 의미한다.

[해설] 요인의 회전은 직각회전과 사각회전으로 나누어지는데 직각회전으로는 쿼티맥스, 베리맥스, 이쿼맥스 등을 들 수 있다.
- 쿼티맥스(Quartimax) : 각 변수를 설명하는 데 필요한 요인의 수를 최소화하는 방법이다.
- 베리맥스(Varimax) : 각 요인의 로딩이 높은 변수의 수를 최소화하는 방법이다.
- 이쿼맥스(Equamax) : 변수를 단순화하는 쿼티맥스 방법과 요인을 단순화하는 베리맥스 방법을 조합한 회전 방법이다.

26 개체의 유사성 측도 값을 이용해서 저차원의 가시적 공간에 표현하는 그래프적 통계기법을 무엇이라 하는가?

① 시계열 분석
② 다차원 척도
③ 주성분 분석
④ 요인분석

[해설] 다차원 척도라는 것은 개체들의 특성을 측정하고 이 특성을 이용해서 개체들 사이의 유사성과 비유사성을 측정하여 다차원 공간상에 점으로 표현하는 방법이다.

27 판별분석에 대한 설명으로 잘못된 것은?

① 사용된 개체들이 다변량 정규분포를 따른다는 가정이 필요하다.
② 판별분석의 집단변수는 범주형 변수이다.
③ 판별함수의 수는 (집단수-1)이다.
④ 판별분석은 차원을 축소하기 위한 분석이다.

[해설] 판별함수의 수는 Min(집단수-1, 판별변수 수)이다.

28 시계열 분석에 대한 설명으로 옳지 않은 것은?

① 추세분석법은 관측값을 시간의 함수로 표현하는 것으로 이동평균법이 대표적이다.
② 시계열 분석의 가장 큰 목적은 수집된 시계열 데이터를 분석하여 미래를 예측하는 것이다.
③ 시계열 분석은 모형의 식별, 분석, 진단의 단계를 거친다.
④ 관측값이 일정한 추세를 가지고 증가하거나 감소하는 모형은 선형추세모형이다.

[해설] 추세분석은 AR, MA, ARIMA 등이 있다.
- AR(Autocorrelation) : 자기상관(어떤 Random Variable에 대해서 이전의 값이 이후의 값에 영향을 미치는 정도) 모형
- MA(Moving Average) : 이동평균(시간에 따라 변화하는 데이터의 평균값 이용) 모형
- ARIMA(Autoregressive Integrated MA) : 과거의 데이터와 함께 데이터가 지니고 있던 추세를 반영

29 단순회귀모형에서 회귀계수를 추정하고자 할 때 사용되는 기법은?

① 최소제곱법 ② 유크리드 제곱거리법
③ 모수추정법 ④ 분산분석법

[해설] 회귀분석에서 회귀계수를 추정할 때는 잔차의 제곱에 대한 합이 최소가 되는 최소제곱법을 이용한다. 최소제곱법은 제안한 분석모형의 해 방정식을 근사적으로 구하는 방법으로서 근사적으로 구하려는 해와 실제 해의 오차의 제곱의 합이 최소가 되는 해를 구한다.

30 시계열 분석에 있어 변수의 과거 자료 값의 선형조합을 이용해서 관심 있는 변수를 예측하는 것은 무엇이라 하는가?

① 이동평균모델
② ARIMA 모델
③ 자기회귀모델
④ 비계절성 ARIMA 모델

[해설] 시계열 분석의 모델에서 과거의 p시점 전의 자료가 현재 자료에 영향을 준다는 자기회귀모델과 유한 개의 백색잡음의 결함에 의해서 생긴다는 이동평균모델, 비정상시계열모델로 AR과 MA가 합친 모델인 ARIMA 모델 등을 들 수 있다.

31 다음 특징을 갖는 예측 데이터 분석모형은?

> - 시계열 분석 방법 중 단기예측 방법으로서 변수에 관한 정보가 부족하거나 너무 많은 변수가 영향을 미치는 경우 적용
> - 자동회귀, 이동평균, 계절적 시계열 모형의 통합
> - 모형 관련 계수의 수를 최소화하며, 만족스러운 모델 개발이 가능함

① ARIMA(Auto-regressive Integrated Moving Average)
② Box-jenkins
③ 평활법
④ 시계열 분해법

[해설] Box-jenkins 방법에 대한 설명이다. 시계열 분석에서 박스-젠킨스 방법은 자동회귀이동평균 또는 자동회귀누적이동평균 모델을 적용하여 시계열 과거 값에 대한 시계열 모델의 최적합을 찾는다. 통계학자 조지 박스(George Box)와 젠킨스(Gwilym Jenkins)의 이름을 따서 명명되었다.

32 다음 중 주관적 확률(사전 확률)을 실제 가능한 일로 설정하여 분석하는 통계분석 기법은 무엇인가?

① 다변량 분석
② 베이지안 분석
③ 앙상블 분석
④ 시계열 분석

[해설] 베이즈 정리를 기반으로 하는 베이지안 데이터 분석 기법에 대한 설명이다. 베이지안 분석 기법의 핵심은 베이즈 정리이며, 이는 어떤 미지변수의 불확실성은 확률분포로 표현되고 이는 과거의 경험에 기초한 주관적(Subjective) 사전 지식(Prior Knowledge)과 현재의 데이터에 기반한 객관적(Objective) 우도(Likelihood)의 곱으로 주어진다. 이를 이용하여 베이지안 접근법에서는 객관적 데이터와 주관적 지식을 하나의 프레임워크 내에서 통합 고려하여 분석하게 된다.

33 주사위 1개와 동전 1개를 동시에 던질 때, A는 동전이 앞면일 사건, B는 주사위 눈의 수가 5일 사건으로 정의하자. 이때 $P(A|B)$의 값은?

① $\dfrac{1}{6}$
② $\dfrac{1}{2}$
③ $\dfrac{1}{12}$
④ $\dfrac{5}{6}$

[해설] $P(A|B) = \dfrac{P(A \cap B)}{P(B)} = \dfrac{\frac{1}{2} \times \frac{1}{6}}{\frac{1}{6}} = \dfrac{1}{2}$

정답 30 ③ 31 ② 32 ② 33 ②

34 Markov 모델의 일종으로, 시스템이 은닉된 상태와 관찰 가능한 결과의 두 요소로 이루어진 확률 모델은 무엇인가?

① Bayesian Network
② Decision Tree
③ Hidden Markov Model
④ Naive Bayes Classifier

[해설] 은닉 마르코프 모델(Hidden Markov Model)은 마르코프 모델의 일종으로, 음성 인식, 자연어 처리 등과 같이 대량의 데이터를 통계적으로 분석하여 입력된 정보를 추론하는 데 활용된다.

35 딥러닝 개발 환경에 대한 설명으로 옳지 않은 것은?

① Keras는 Tensorflow, Theano에 대응하여 만들어졌으며, 자바스크립 라이브러리를 활용한다.
② 텐서플로, 체이너와 같은 딥러닝 개발 환경의 중심 언어는 자바이다.
③ Caffe는 컴퓨터 비전 연구를 위해 처음 만들어졌으며, 합성곱 신경망을 구축할 수 있다.
④ MXNet에서는 파이썬, C^{++}, R, 자바스크립트를 사용할 수 있다.

[해설] 텐서플로, 체이너는 파이썬이 중심이다.

36 다음 특징을 가지는 딥러닝 개발 환경은 무엇인가?

> • 구글에서 제공하는 딥러닝 라이브러리
> • 수치 계산 도구 지원
> • 파이썬 사용 가능
> • 알파고 개발에 활용

① Caffe ② Keras
③ MXNet ④ Tensorflow

[해설] Tensorflow(텐서플로)에 대한 설명이다. 텐서플로는 다양한 작업에 대해 데이터 흐름 프로그래밍을 위한 오픈소스 소프트웨어 라이브러리이다. 심볼릭 수학 라이브러리이면서 인공신경망과 같은 기계학습 응용 프로그램에도 사용되고 있다.

37 다음 중 Python의 주요 특징이라 볼 수 없는 것은?

① 인터프리터 언어로서 실행결과를 즉석에서 확인할 수 있다.
② 들여쓰기를 사용하여 블록을 구분하는 문법을 채용하고 있다.
③ 프리웨어가 아니므로 비싸지는 않으나 프로그램을 구입해야 한다.
④ 플랫폼이 독립적이다.

[해설] 파이썬(Python)은 1991년 프로그래머인 귀도 반 로섬(Guido van Rossum)이 발표한 고급 프로그래밍 언어로, 플랫폼에 독립적이며 인터프리터식, 객체지향적, 동적 타이핑 대화형 언어이다. 비영리의 파이썬 소프트웨어 재단이 관리하는 개방형, 공동체 기반 개발 언어로서 무료로 다운로드하여 사용할 수 있다.

38 다음 중 개발자의 성지라고도 불리며, 오픈소스 소프트웨어의 중심지 역할을 하고 있는 서비스의 이름은 무엇인가?

① CNTK
② GitHub
③ MXNet
④ Python

[해설] 깃허브(GitHub)는 분산 버전 관리도구인 깃(Git)을 사용하는 프로젝트를 지원하는 웹호스팅 서비스로서 영리적인 서비스와 오픈소스를 위한 무상 서비스를 모두 제공한다.

정답 34 ③ 35 ② 36 ④ 37 ③ 38 ②

39 텍스트 마이닝 처리 과정으로 옳은 것은?

① 입력단계 → 준비단계 → 전처리단계 → 출력단계 → 지식 추출단계
② 준비단계 → 입력단계 → 전처리단계 → 지식 추출단계 → 출력단계
③ 입력단계 → 준비단계 → 전처리단계 → 지식 추출단계 → 출력단계
④ 지식 추출단계 → 준비단계 → 입력단계 → 전처리단계 → 출력단계

[해설] 텍스트 마이닝 처리 과정은 '입력단계 → 준비단계 → 전처리단계 → 지식 추출단계 → 출력단계'로 이루어진다.

40 여러 분류 모형에 의한 결과를 종합하여 분류의 정확도를 높이기 위해 새로운 자료에 대한 분류 예측값들의 가중 투표 방법을 이용하는 분류 기법은 무엇인가?

① 마르코프 분석
② 베이지안 분석
③ 앙상블 분석
④ 의사결정나무

[해설] 앙상블 분석(Ensemble Analysis)에서는 여러 개의 결정트리를 결합하여 하나의 결정트리보다 더 좋은 분류 성능을 나타내기 위해 가중 투표 방법을 이용한다.

41 다음 중 두 모집단에 대한 분포의 가정이 어렵거나 표본이 순위로 표현되어 있을 때 주로 사용하는 검정 방법(두 모집단의 확률분포가 같은지 또는 다른지를 검정)은 무엇인가?

① 중앙값 검정
② 카이제곱 검정
③ Kruskall-Wallis 순위 검정
④ Wilcoxon 순위합 검정

[해설] 두 모집단에 대한 분포의 가정이 어렵거나 표분이 순위로 표현되어 있을 때 윌콕슨(Wilcoxon) 순위합 검정 방법을 이용하며, 두 모집단의 확률분포가 같은지 알아보기 위하여 독립표본으로부터 두 모집단의 확률분포의 차에 대한 검정을 수행한다.

42 다음 중 k개의 모집단에 대한 평균 검정 시, 모집단이 정규분포를 따른다는 가정을 할 수 없을 때 사용되는 비모수적 검정 방법은 무엇인가?

① 중앙값 검정
② 카이제곱 검정
③ Kruskal-Wallis 순위 검정
④ Wilcoxon 순위합 검정

[해설] k개의 모집단에 대한 평균 검정 시, 모집단이 정규분포를 따른다는 가정을 할 수 없을 때 크루스칼-왈리스 (Kruskal-Wallis) 순위 검정을 수행한다.

43 추출된 표본의 독립성 검정을 위해 사용되는 "동일한 관측값이 연속적으로 이어진 값"을 무엇이라고 하는가?

① Run
② Sample
③ Statistics
④ Test

[해설] 표본의 독립성 검정을 위하여 Run Test(런 검정)이 사용되며, 여기서 런(Run)이란 동일한 관측값이 연속적으로 이어진 값을 의미한다.

정답 39 ③ 40 ③ 41 ④ 42 ③ 43 ①

모든 전사 중 가장 강한 전사는 이 두 가지,
시간과 인내다.

– 레프 톨스토이 –

빅데이터분석기사 필기 한권으로 끝내기

제4과목
빅데이터 결과 해석

제1장 　분석모형 평가 및 개선

제2장 　분석결과 해석 및 활용

합격의 공식 시대에듀

배우기만 하고 생각하지 않으면 얻는 것이 없고,
생각만 하고 배우지 않으면 위태롭다.

― 공자 ―

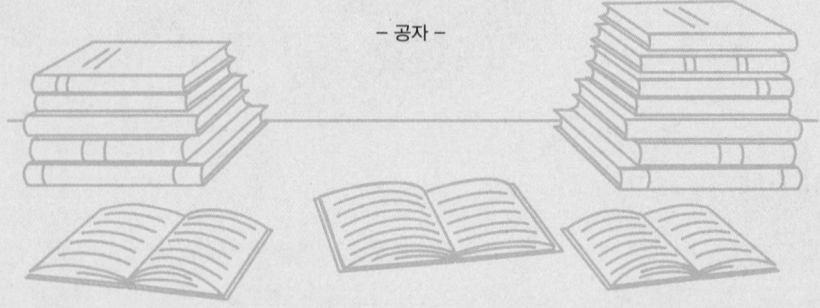

끝까지 책임진다! 시대에듀!

QR코드를 통해 도서 출간 이후 발견된 오류나 개정법령, 변경된 시험 정보, 최신기출문제, 도서 업데이트 자료 등이 있는지 확인해 보세요! 시대에듀 합격 스마트 앱을 통해서도 알려 드리고 있으니 구글 플레이나 앱 스토어에서 다운받아 사용하세요. 또한, 파본 도서인 경우에는 구입하신 곳에서 교환해 드립니다.

제4과목 [빅데이터 결과 해석]

제1장 분석모형 평가 및 개선

01 분석모형 평가

(1) 평가지표

① 빅데이터 분석을 위해 수립된 모형의 성능을 평가하기 위하여 다양한 지표를 설정하고 평가한다. 즉, 사전에 선정된 데이터 분석 기법을 토대로 데이터 분석모형을 설계하고 이를 평가하기 위한 평가지표를 수립한다.

② 데이터 분석 평가지표

  ㉠ 대표적으로 통계적 기법에서는 기술통계 관련 지표(평균, 분산, 표준편차, 왜도·첨도 등)를 사용하고, 인공지능 군집화 모형에서는 K-means, K-medoids 등의 유사성 평가지표를 사용한다.

  ㉡ 데이터 분석모형을 설정하고 이들을 평가하기 위한 평가지표 설정 및 활용 프로세스를 사전에 수립한다.

  ㉢ 통계적 분석을 기반으로 한 분석 모델에서는 확률·통계적 기법을 적용하여 어떤 현상에 대한 추정·검정을 실시하며, 이를 위하여 가장 단순한 기술통계 방법을 비롯한 상관분석, 회귀분석, 분산분석, 주성분 분석 등을 이용한다.

  ㉣ 통계분석에서 사용되는 지표를 요약하면 다음과 같다.

기술통계	상관분석	회귀분석
• 평균 • 분산 • 표준편차 • 변동계수 = 편차/평균 • 왜도, 첨도 • 빈도 • 막대그래프 • 파이그래프	• 수치적 데이터 - 공분산 - 피어슨 상관계수 • 명목적 데이터 - 교차분석(카이제곱 검정) • 순서적 데이터 - 스피어만 순위상관계수	• 종속변수와 독립변수 간의 상관관계 도출 • 적합도 평가 • 단순회귀모형 • 다중회귀모형 • 결정계수

분산분석	주성분 분석
• 두 개 이상의 집단 간 비교 • 집단 내 분산, 평균, 평균차이 • 가설 검정 (검정통계량 : F 분포) • 일원 분산분석(독립변수 1, 종속변수 1) • 이원 분산분석(독립변수 2, 종속변수 1) • 다변량 분산분석(종속변수 2개 이상)	• 주성분 변수를 원래 변수의 선형결합으로 추출하는 통계기법 • 일부 주성분에 의해 원래 변수의 변동이 충분히 설명되는지 확인 • 분산의 최대량을 설명
	판별분석
	• 집단에 대한 정보로부터 집단을 구별할 수 있는 판별규칙(판별함수) 작성 • 새로운 개체가 어떤 집단인지를 탐색

[빅데이터 분석을 위한 평가지표]

③ 예를 들어 변수들 사이의 유의성을 분석하는 경우 상관분석(Correlation Analysis), 회귀분석(Regression Analysis) 및 주성분 분석(Principal Analysis, 여러 변수의 선형결합으로 주성분 변수 추출·분석)으로 나누어 평가지표를 설정한다. 상관분석에서의 평가지표는 아래와 같이 상관계수(Correlation Coefficient)와 표본상관계수(Sample Correlation Coefficient)가 사용된다.

④ 상관분석모형의 평가지표 : 상관분석은 두 변수 간의 선형적 관계를 정량적인 지표로 나타내기 위해 사용된다. 주요 상관분석 지표는 다음과 같다.

〈표 4-1〉 상관분석모형의 평가지표

구 분	정의 및 해석
상관계수 (ρ)	• $\rho = \dfrac{Cov(x_1, x_2)}{\sigma_1 \sigma_2}$ • $Cov(x_1, x_2)$: 두 모집단 사이의 공분산(Covariance) • σ_1 : x_1의 표준편차, σ_2 : x_2의 표준편차 • $Cov(x_1, x_2) = \dfrac{1}{n-1} \sum_{i=1}^{n}(x_{1i}-\overline{x_1})(x_{2i}-\overline{x_2})$ (표본공분산, 편차곱의 평균) • 두 모집단(x_1, x_2) 사이의 선형관계를 나타내는 척도
표본 상관계수 (r)	• 표본상관계수(피어슨 상관계수) $Pearson\ Correlation,\ r = \dfrac{\sum_{i=1}^{n}(x_{1i}-\overline{x_1})(x_{2i}-\overline{x_2})}{\sqrt{\sum_{i=1}^{n}(x_{1i}-\overline{x_1})^2}\sqrt{\sum_{i=1}^{n}(x_{2i}-\overline{x_2})^2}},\ -1 \le r \le 1$ • $r=0$이면, 두 변수 사이에는 상관관계가 없다. • r의 절댓값이 클수록 변수 사이의 상관성이 있다(유의성이 높음).

⑤ 회귀분석 평가지표

㉠ 회귀분석에서는 단순회귀, 다중회귀 및 곡선회귀모형으로 나누어 지표를 평가한다.

㉡ 회귀분석은 한 변수가 다른 변수에 미치는 영향을 함수 형태로 추정하기 위해 고안된 방법이다. 상관분석이 두 변수 간의 1차원 관계를 방향성 없이 추정하는 것이라면, 회귀분석은 한 변수가 다른 변수에 1차원 또는 2차원 이상의 영향을 주고 있다는 가정 아래 수행된다.

㉢ 여기서 영향을 주는 변수를 독립변수(Independent Variable)라 하며, 영향을 받는 변수를 종속변수(Dependent Variable)라 한다.

㉣ 회귀분석은 독립변수의 개수와 함수 관계의 차원에 따라 다음과 같이 나눈다.

〈표 4-2〉 회귀분석모형의 평가지표

구 분	정의 및 해석
단순회귀 (Simple Regression)	• 독립변수 1개, 종속변수와의 관계가 선형적(1차 함수) • 독립변수 x_1이 종속변수 $y(x_2)$에 선형적인 영향을 미친다. • 모형 : $y = \beta_0 + \beta_1 x + \epsilon$, 여기서 β_0(y절편), β_1(기울기)은 모수 ϵ은 표준정규분포 $N(0,\ \sigma^2)$을 따르는 오차 • 최소제곱법 : 표본 데이터를 이용하여 오차를 최소화하는 모수 추정 • 모수 추정값 $\widehat{\beta_1} = \dfrac{\sum_{i=1}^{n}(x_{1i}-\overline{x_1})(x_{2i}-\overline{x_2})}{\sum_{i=1}^{n}(x_{1i}-\overline{x_1})^2},\ \widehat{\beta_0} = \overline{x_2} - \widehat{\beta_1}\overline{x_1}$

다중회귀 (Multiple Regression)	• 독립변수 2개 이상, 종속변수와의 관계가 선형적(1차 함수) • n개의 변수가 y에 선형적인 영향을 미친다. • 모형 : $y = \beta_0 + \beta_1 x_1 + \beta_2 x_2 + \cdots + \beta_n x_n + \epsilon$, 여기서 β_i은 모수 　ϵ은 표준정규분포 $N(0, \sigma^2)$을 따르는 오차
곡선회귀 (Curvilinear Regression)	• 독립변수 1개, 종속변수와의 관계가 곡선적(2차 함수 이상) • 독립변수 x_1이 y에 k차원 함수 형태의 영향을 미친다. • 모형 : $y = \beta_0 + \beta_1 x_1 + \beta_2 x_1^2 + \cdots + \beta_k x_1^k + \epsilon$, 여기서 β_i은 모수 　ϵ은 표준정규분포 $N(0, \sigma^2)$을 따르는 오차

ⓓ 회귀분석결과의 예

- 회귀분석 수행 시 독립변수 $x_1, x_2, \cdots, x_n$들에 대한 분산분석결과에서 $p-value > 0.05$(유의수준 5%)인 변수들은 종속변수 y에 대해 유의한 것으로 판정한다. 여기서 $p-value$는 통계적 가설 검정에서 사용되는 유의확률(귀무가설을 기각할 수 있는 최소한의 확률)이다.
- 통계학에서 회귀분석(Regression Analysis)이란 주로 관찰된 연속형 변수들에 대해 두 변수 사이의 모형을 구한 뒤 적합도를 측정하는 방법이다.
- 회귀분석은 시간에 따라 변화하는 데이터나 어떤 영향, 가설적 실험, 인과관계의 모델링 등의 통계적 예측에 이용된다.
- 최근에는 다양한 통계 소프트웨어의 개발로 회귀분석이 용이해져서 결과를 쉽게 얻을 수 있지만, 이를 사용하기 전에 반드시 수립된 모형의 적절성 평가와 함께 어떠한 평가지표를 사용하여야 하는지, 그리고 정확한 정보 분석인지를 검토한다.
- 아래 그림은 단순회귀(1차 함수)와 곡선회귀(2차 함수) 분석 사례이다.

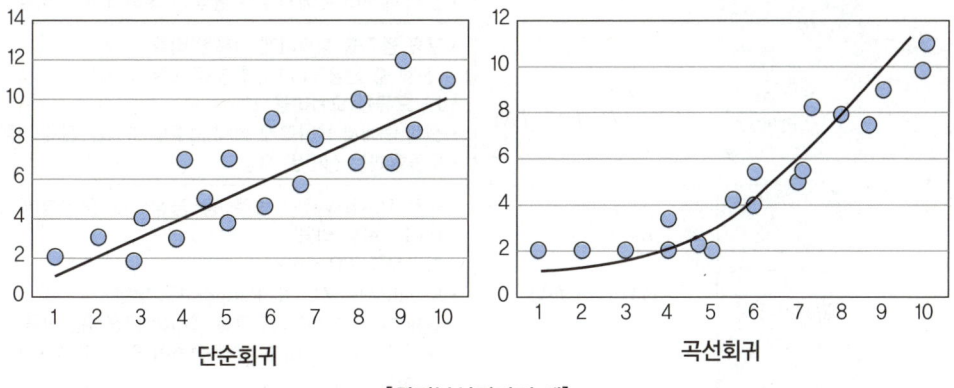

[회귀분석결과의 예]

⑥ 머신러닝 모형의 평가지표(혼동행렬, Confusion Matrix)

㉠ 머신러닝 기반의 데이터 분석의 경우 선정한 모델(모형)의 성능을 평가하는 작업은 현재 수행 중인 분석이 얼마나 타당한지, 또는 적정한 기준에 부합하고 있는지, 분석결과의 일반화가 가능한지 등을 판단할 수 있는 근거를 제공해 준다. 따라서 머신러닝 모형의 성능평가기준들이 사전에 마련되어야 한다.

㉡ 예를 들어, 분류목적의 머신러닝 알고리즘에서 분석모형의 성능을 평가하기 위하여 혼동행렬(Confusion Matrix, 분류 정확도 평가지표)을 사용한다. 혼동행렬은 다음과 같이 분석 모델에서 구한 분류의 예측범주와 데이터의 실제 분류 범주를 교차표 형태로 정리한 행렬이다.

〈표 4-3〉 혼동행렬을 이용한 머신러닝 평가지표

실제 \ 예측		예측 범주 값	
		Yes(참)	No(거짓)
실제 범주 값	Yes (참)	O (TP ; True Positive, 참긍정) 진양성	X (FN ; False Negative) 가음성
	No (거짓)	X (FP ; False Positive) 가양성	O (TN ; True Negative, 참부정) 진음성

ⓒ 대각선에 있는 칸(O로 표현)의 경우, 예측과 실제 범주값이 일치하여 올바르게 머신러닝 분류 알고리즘이 예측한 경우이다. 그러나 대각선 외의 칸은 그 결과가 일치하지 않는 경우로서, 모델이 부정확하게 예측한 사례이다.

ⓔ 혼동행렬을 이용하여 각각의 경우에 대한 비율을 구함으로써 알고리즘의 성능을 평가한다.

ⓜ 머신러닝 기반 데이터 분석의 경우, 혼동행렬을 이용한 성능평가지표를 요약하면 다음과 같다.

〈표 4-4〉 머신러닝 모형의 성능평가지표

지표	계산식	의미
오차 비율 (Error Rate)	$(FP+FN)/(TP+FP+FN+TN)$	• 오류율 • 분류 범주를 잘못 분류한 비율 　= 1 − 정확도 • 전체 데이터 수에서 잘못 분류한 데이터 수의 비율
정확도 (Accuracy)	$(TP+TN)/(TP+FP+FN+TN)$	• 분류 범주를 정확하게 예측한 비율 　[전체 중 참긍정(TP), 참부정(TN) 비율] • 1 − 오류율(오차비율, Error Rate) • 전체 중에서 올바르게 실제 범주를 추정한 전체 비율 • 오류율과는 상반된 개념
민감도 (Sensitivity)	$TP/(TP+FN)$	• 긍정(Positive)인 범주 중 긍정으로 올바르게 예측(True Positive)한 비율 • 참긍정률(TP rate) • Recall(재현율), Hit Ratio라고도 부름 • 실제 참인 경우를 참으로 분류하여 판정하는 비율 　예 특정 질병에 대해 실제 질병이 있는 경우를 양성으로 판정하는 비율
특이도 (Specificity)	$TN/(TN+FP)$	• 부정(Negative)인 범주 중 부정으로 올바르게 예측(True Negative)한 비율 　= 1 − 거짓긍정률(FP rate) • 실제 거짓인 경우를 거짓으로 분류하여 판정하는 비율
정밀도 (Precision)	$TP/(TP+FP)$	긍정(Positive)으로 예측한 비율 중에서 실제 긍정(True Positive)의 비율
거짓 긍정률 (FP rate)	$FP/(TN+FP)$	부정(Negative)인 범주 중 긍정으로 잘못 예측(False Positive)한 비율 = 1 − 특이도

카파 값 (Kappa Value 또는 Kappa Statistics)	$\dfrac{Pr(a)-Pr(e)}{1-Pr(e)}$	• Pr(a) : 정확확률(Accuracy), 정확도 Pr(e) : 오차확률(Error Rate), 오차비율 • 모델의 예측값과 실젯값이 우연히 일치할 확률을 제외한 뒤의 값 • 0~1의 값을 가짐 • 1에 가까울수록 모델의 예측값과 실젯값이 정확히 일치 • 0에 가까울수록 모델의 예측값과 실젯값이 불일치
F-Measure	$2TP/(2TP+FN+FP)$	• 정밀도와 민감도(재현율)를 하나로 합한 성능평가지표 • 정밀도와 민감도의 조화 평균 • 0~1 사이의 범위를 가짐 • 정밀도와 민감도 양쪽이 다 클 때 $F-measure$도 큰 값을 보임

ⓑ $F-measure$(또는 $F1-score$)는 정의에 의해 다음과 같이 구한다.

$$F-measure(F1-score) = 2 \times Precision \times Sensitivity/(Precision+Sensitivity)$$

$$= \dfrac{2 \times \dfrac{TP}{TP+FP} \times \dfrac{TP}{TP+FN}}{\left(\dfrac{TP}{TP+FP}+\dfrac{TP}{TP+FN}\right)}$$

$$= \dfrac{2 \times TP}{TP(TP+FN)+TP(TP+FP)}$$

$$= \dfrac{2TP}{2TP+FN+FP}$$

⑦ ROC(Receiver Operating Characteristic) 곡선

  ㉠ ROC는 머신러닝의 성능평가 지표들 중, 거짓긍정률(FP rate)과 참긍정률(TP rate, 민감도)을 이용하여 표현한 곡선이다.

  ㉡ 혼동행렬 값들 중에서 FP 비율(FP rate, 거짓긍정률)과 TP 비율(TP 비율, 참긍정률, 민감도) 사이의 관계를 아래 그림처럼 그래프로 표현함으로써 목표변수 범주 값 분류 시 긍정 범주(Positive)와 부정 범주(Negative)를 판단하는 기준치의 변화에 따른 참긍정과 거짓긍정 비율이 어떻게 변화하는지를 알 수 있다.

  ㉢ 분석대상의 데이터세트가 적은 경우 TP와 FP 비율의 값이 큰 변화가 없으며(step 함수 형태, 예측결과에 큰 차이가 없음), 데이터세트가 많을 때 선정한 모형에 따라 복잡한 ROC 곡선이 표현된다.

  ㉣ 분석모형에 대한 평가 결과, TP rate 값이 클수록, FP rate 값이 작을수록 성능이 우수하다.

  ㉤ 따라서, FP rate이 동일한 값을 가지는 경우, TP rate의 값이 클수록 성능이 우수한 모형이며, 동일한 TP rate에 대해 FP rate의 값이 작을수록 성능이 우수하다(모형 3이 모형 1 또는 2보다 성능이 우수)고 평가한다.

  ㉥ ROC 그래프 표현 결과가 대선일 때 분석모형은 참긍정과 거짓긍정을 제대로 구별하지 못해 바람직하지 않은 모형(예측력이 없는 모형)으로 평가한다.

  ㉦ AUC(Area Under Curve)는 ROC 곡선 아래 영역(ROC 곡선에서 (0,0)에서 (1,1)까지 ROC 곡선 아래의 면적)을 의미한다. AUC는 가능한 모든 분류 임곗값에서 성능의 집계 측정값을 제공한다. AUC 값의 범위는 0~1이며, AUC 값이 클수록 정확한 예측 성능을 나타내는 분석모형으로 평가된다.

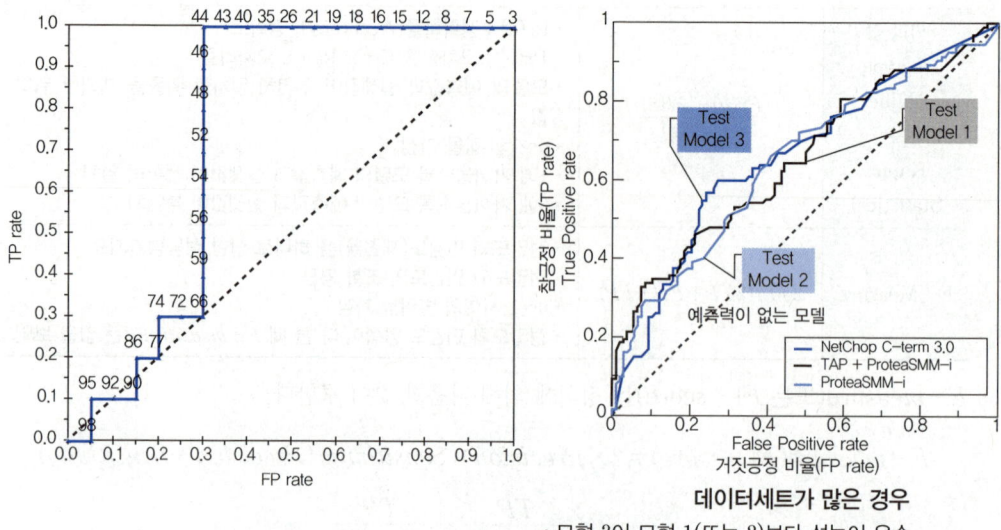

[ROC(Receiver Operating Characteristic) 곡선]

⑧ K-fold 교차 검증(k-fold Cross Validation)
  ㉠ K-교차 검증을 이용한 방법에서는 데이터세트를 분할하여 일부 데이터세트로 모델을 훈련하고, 나머지 데이터세트에서 예측력을 평가한다.
  ㉡ K-교차 검증에서는 단일 훈련 데이터와 평가 데이터로 1회만 분할하는 것이 아니라, 전체 데이터를 K개로 등분한 뒤, $i(i=1,2,\cdots,K)$번째 데이터세트를 차례로 검증 데이터(Validation Data)로 사용하고 나머지 데이터세트를 모델 훈련에 반복적으로 사용하면서 성능을 측정한다.
  ㉢ 즉, 데이터세트를 훈련 데이터와 검증 데이터로 나누어 모델링 및 성능평가를 K회 반복하며, 모든 K개 중첩에 대한 성능평가 결과들에 대한 평균치를 통해 최종적인 모델의 성능평가 결과를 도출한다.
  ㉣ 반복적인 중첩 평가 과정을 통해 1회 데이터세트 분할을 통한 모델 성능평가보다 안정적으로 모델을 평가할 수 있다.
  ㉤ 교차검증 형태로 수행된 모델은 다시 전체 데이터세트를 훈련 데이터로 하여 모델링 과정을 수행하고, 이 경우 별도의 평가 데이터세트를 대상으로 결과를 평가하여 그 결과가 기준에 부합되는지를 최종적으로 평가한다.

⑨ 예측을 위한 빅데이터 분석모형의 성능평가를 위해 다음과 같은 평가지표를 이용한다.

〈표 4-5〉 빅데이터 분석모형(예측)의 성능평가지표

지표		정의
예측 오차	평균 절대오차	• Mean Absolute Error(MAE), $MAE = \frac{1}{n}\sum_{y_i \in L}|y_i - \widehat{y_i}|$ • 예측 오차의 절댓값들의 평균 • 절댓값을 사용함으로써 (+오차)와 (-오차)가 다양하게 발생하더라도 오차 간 상쇄 효과를 예방 • 계산이 쉽고 이해가 용이
	평균 제곱오차	• Mean Squared Error(MSE), $MSE = \frac{1}{n}\sum_{y_i \in L}(y_i - \widehat{y_i})^2$ • 큰 오차는 더욱 크게 반영되고, 작은 오차는 상대적으로 작게 반영
	표준오차	• Root Mean Square(RMS), $RMS = \sqrt{\frac{1}{n}\sum_{y_i \in L}(y_i - \widehat{y_i})^2}$ • 평균제곱오차(MSE)의 제곱근 값 • MSE로 평가 시 수치가 커지는 것을 제곱근을 취함으로써 보정
	평균 절대백분 오차비율	• Mean Absolute Percentage Error($MAPE$) $MAPE = \frac{1}{n}\sum_{y_i \in L}\left|\frac{y_i - \widehat{y_i}}{y_i}\right| \times 100(\%)$ • 종속변숫값 대비 예측오차 비율의 절댓값들을 평균한 값 • 실제 데이터에서 오차가 어느 정도의 비율로 발생했는지 평가 • Mean Percentage Error(MPE) = (평균 백분율 오차) : 예측값과 실젯값 사이의 평균 백분율 차이를 나타내는 지표
교차 유효성 (Cross Validation)		• 보유한 데이터 크기가 작아서 검증 데이터세트를 분리하기 어려운 경우 사용 • 일반적으로 K-fold Cross Validation(K-fold 교차 검증) 사용

⑩ 데이터 분석모형에 대한 성능추적
  ㉠ 빅데이터 분석모형 운영시스템은 계속적인 성능 추적이 필요한데, 성능이 좋은 분석모형이라 하여도 환경이 변함에 따라 성능저하가 발생할 수 있으므로, 계속적으로 예측오차를 추적하여 예측오차의 성향을 파악할 필요가 있다.
  ㉡ 예측오차가 주기성을 가지고 계속적으로 증가하는지 또는 감소하는지를 검토해야 한다.
  ㉢ 예측오차의 추적은 추적신호(TS ; Tracking Signal)를 이용해서 계속적으로 추적한다.
  ㉣ 여기서, 예측오차의 추적은 예측오차 $e_i = y_i - \widehat{y_i}$를 통해서 추적신호(추적오차) TS를 계산하여 나타낸다.
  ㉤ 추적오차는 예측치의 평균이 일정한 진로를 유지하고 있는지를 나타내는 척도로 사용된다. 이는 누적예측오차를 평균절대오차의 값으로 나누어 구한다.

$$추적오차 = \sum \frac{\sum e_t}{\frac{\sum |e_i|}{n}}$$

  ㉥ 일반적으로 추적오차는 0 부근이 정상이라고 할 수 있다. 이 값이 -4와 4를 벗어나면 예측모델의 성능이 저하되는 것을 의미하고 점검이 필요하다고 할 수 있다.
  ㉦ 추적오차에 이상값이 검출된 경우 예측모델의 업데이트를 통해서 다시 적용하는 방법이나 또는 다른 예측 모델을 구축해서 상호 비교 평가를 통해서 선정된 예측모델로 교체하는 방법이 있다.

확인 문제 : 머신러닝 데이터 분석모형의 성능평가지표

다음 특징을 가지는 머신러닝 데이터 분석모형의 성능평가지표는 무엇인가?

- 긍정인 범주 중 긍정으로 올바르게 예측한 비율
- 실제 참인 경우를 참으로 분류하여 판정하는 비율
- 참긍정률(True Positive Rate)
- Recall, Hit Ratio라고도 부름
- 특정 질병에 대해 실제 질병이 있는 경우를 양성으로 판정하는 비율

① 정확도(Accuracy)
② 카파 값(Kappa Value)
③ 정밀도(Precision)
④ 민감도(Sensitivity)

풀이 민감도(Sensitivity)의 특징으로서, 민감도=TP/(TP+FN)(TP : 진양성, FN : 가음성)로 구한다.
여기서, 진양성(TP ; True Positive)은 실제 범주값이 참인 경우 예측 범주값도 참으로 예측한 경우의 수를 나타내고 가음성(FN ; False Negative)은 예측 범주값을 거짓으로 잘못 예측한 경우의 수를 의미한다.

정답 ④

확인 문제 : 추적오차 구하기

다음 중 추적오차를 구하기 위한 수식으로 옳은 것은?

① $TS = \dfrac{\sum_{i=1}^{n} e_i}{\sum_{i=1}^{n} |e_i| / n}$

② $TS = \dfrac{\sum_{i=1}^{n} e_i^2}{\sum_{i=1}^{n} |e_i| / n}$

③ $TS = \dfrac{\sum_{i=1}^{n} e_i}{\sum_{i=1}^{n} |e_i|^2 / n}$

④ $TS = \dfrac{\sum_{i=1}^{n} e_i^2}{\sum_{i=1}^{n} |e_i|^2 / n}$

풀이 예측오차의 추적은 추적신호(Tracking Signal)를 이용해서 계속적으로 추적하게 되며, 예측오차 ($e_i = y_i - \hat{y_i}$)를 통해서 추적신호 TS를 계산한다.

$$TS = \dfrac{\sum_{i=1}^{n} e_i}{\dfrac{\sum_{i=1}^{n} |e_i|}{n}}$$

정답 ①

> **확인 문제** **빅데이터 분석**
>
> **다음 중 빅데이터 분석을 위한 설명으로 옳지 않은 것은?**
>
> ① 오차는 실젯값과 예측값의 차이 $e_i = y_i - \hat{y}_i$로 구한다.
>
> ② 추적오차는 $\sum \dfrac{\sum e_i}{\dfrac{\sum |e_i|}{n}}$ 의 수식으로 구한다.
>
> ③ 분석모델에 대한 성능 추적 단계는 계속적으로 예측오차를 추적하여 분석모델의 예측 정확성을 고려한다.
>
> ④ 추적오차에 이상값이 검출되면 무조건 빼고 다시 계산한다.
>
> ---
> **풀이** 추적오차에 이상값이 검출된 경우에 예측모델은 첫째, 같은 예측모델에 업데이트를 통해서 다시 적용하는 방법과 둘째, 다른 예측모델을 구축해서 상호 비교 평가를 통해 선정된 예측모델로 교체하는 방법이 있다.
>
> **정답** ④

(2) 분석모형 진단

① **데이터 마이닝 결과에 대한 검증** : 분석목적과의 일치성을 확인하고 데이터 마이닝을 통해서 발견된 지식을 업무에 활용하기 위한 방안을 찾고, 필요에 따라서 데이터세트를 선택한 후 프로세스로부터 데이터 마이닝 프로세스를 반복해서 수행한다.

② **분석 모델링에 대한 검증** : 모델링에서 얻은 모델이 프로젝트 목적에 부합하는지를 평가하여야 하는데, 이 단계의 목적은 데이터 마이닝 결과를 어떻게 할 것인지를 판단하는 과정으로 분석결과 평가, 모델링 과정 평가, 모델 적용성 평가로 진행된다.

③ **분석 기획에 대한 검증** : 분석 기획에서 수립된 프로젝트의 목적을 달성했는지의 여부를 평가하고 데이터 분석 단계와 시스템 구현 단계에서 구축된 모델의 발전 계획을 수립하는 것으로 프로젝트를 정량적이고 객관적으로 평가한다.

④ **데이터 분석모형 진단 도구**

㉠ 데이터 품질관리 모형을 진단하는 과정은 고품질 데이터의 운영·관리를 위한 데이터 관리 정책 수립에서부터 데이터 표준 관리, 데이터 모델 관리, 데이터 흐름 관리, 데이터베이스 관리, 데이터베이스 보안관리, 데이터 활용 관리, 요구사항 관리에 이르는 일련의 데이터 관리 활동들과 연관된다.

㉡ 빅데이터 분석모형을 진단하는 도구로는 대표적으로 데이터 프로파일링(Data Profiling)이 있으며, 그 외에 평가지표를 활용한 진단, 체크리스트 방법 및 오류 데이터 확인 방법 등이 있다.

㉢ 데이터 프로파일링 기법은 데이터 소스에 대해 일련의 데이터 검사 절차를 수행함으로써 데이터에 관한 중요한 정보와 통계치를 수집한다. 이는 데이터베이스에 있는 방대한 정보로부터 숨어있는 지식(Hidden Knowledge)을 자동적으로 추출하는 과정인 데이터 마이닝 또는 지식 발견의 개념과 유사하다.

② 데이터 프로파일링은 데이터의 구조, 내용, 품질을 발견하기 위해 다양한 분석 기술을 활용한다. 현재 운영되는 모형 또는 시스템에 저장된 데이터의 오류 발생 현상을 파악하기 위하여 데이터 프로파일링 기법은 매우 합리적인 해결책이 된다.
③ 데이터 프로파일링은 데이터의 통계적 분석 방법을 적용하여 시스템에 적재된 데이터와 관련된 오류 현상을 발견할 수 있고, 이렇게 발견된 현상을 토대로 관리 문서와 시스템 간의 불일치 사항을 제안하여 고품질 데이터를 사용할 수 있는 기반 환경을 제공한다.

⑤ 진단 절차
㉠ 분석모형 진단을 위해 사전 고려 사항을 요약하면 다음과 같다.
  • 과거 모형 진단 사례, 유사 모형 진단 프로젝트 사례를 중심으로 진단 절차, 방법론, 프레임워크 등 관련 자료를 분석한다.
  • 현 조직의 규모, 인력, 자원에 부합된 모형 진단 절차 및 방법론을 선정한다.
  • 선정된 모형 진단 절차 및 방법론을 토대로 현 조직의 여건에 부합된 기능, 조직, 프로세스를 설계한다.
  • 적용할 모형 진단 절차에 대한 적정성을 검토하여 확정한다.
㉡ 데이터 형태에 따라 데이터 분석모형 진단을 수행할 대상 정보시스템의 테이블 및 컬럼 등을 정의하거나 진단 대상이 되는 멀티미디어 콘텐츠 및 해당 메타 데이터를 선정하여, 데이터 유형별 특성에 따른 데이터 프로파일링 및 업무규칙 정의, 체크리스트 준비 등의 업무를 수행한다.
㉢ 아래는 데이터 모형 진단을 위한 세부 작업 내용이다.

〈표 4-6〉 데이터 분석모형 진단 절차

절차	진단 내용
품질 기준 선정	• 적절한 품질 기준 선정 • 정형, 비정형 데이터의 형태별 특성 고려
품질 이슈 조사	• 데이터 품질 이슈 조사 • 설문, 인터뷰, 과거 품질 진단 내용 조사
데이터관리 문서수집	시스템 구성도, 테이블 정의서, 컬럼 정의서, Data Dictionary, ERD 등의 설계 표준이나 지침, 콘텐츠 작성 표준 등의 관리 문서 수집
진단대상 중요도 평가	진단대상의 비정형 콘텐츠나 테이블 등의 업무 중요도 및 서비스 중요도 선정, 진단 대상의 중요도 평가
진단대상 선정	진단대상 업무, 테이블, 비정형 콘텐츠 등에 대한 중요도, 품질 이슈 등에 따른 우선 진단대상 선정
핵심 데이터 항목 정의	• 진단대상 테이블에 대해 핵심 데이터 후보 항목 도출 • 비정형 콘텐츠에 대한 측정 항목 도출 • 타당성 평가 과정 수행, 핵심 데이터 항목 또는 측정항목 선정
데이터 프로파일링	데이터 소스에 존재하는 데이터 구조, 내용, 품질을 파악하기 위한 통계적 분석 수행
업무 규칙 정의	데이터에 존재하는 업무 규칙 정의

⑥ 품질관리 기준을 적용한 데이터 분석모형 진단 사례
㉠ 데이터 모형 진단을 위한 데이터 품질기준 평가(동영상 콘텐츠의 예) 사례는 다음과 같다.
㉡ 품질기준으로 비정형 데이터 품질관리 요소인 기능성, 신뢰성, 사용성, 효율성, 이식성을 선정하고 세부기준에 대한 측정항목을 통해 데이터의 품질기준을 확인하며, 궁극적으로 빅데이터 분석모형에 활용한다.

〈표 4-7〉 데이터 품질기준을 이용한 모형 평가 사례(비정형 데이터)

기준		측정 항목
기능성	정확	• 부가요소의 정확성(정확한 자막, 사운드) • 메타 데이터 연결의 정확성

	적절	• 목적에 대한 내용의 부합
		• 운용의 적절성
		  -비디오 및 오디오 압축 코덱
		  -초당 프레임 수, 사운드 채널, 화면의 비율, Running Time

	상호 운용	사운드 및 자막의 동기화
	기능 순응	• 기능성에 대한 규격화 여부 • 규격의 준수, 규격에 대한 공유와 숙지
신뢰성	성숙	• 기준 환경에서의 결함 발생 정도 • 결함 발생에 대한 대응성
	신뢰 순응	• 신뢰성 관련 기준 환경 및 적용기준 규격화 (모니터, 컴퓨터 사양, 실행환경설정 표준 등) • 신뢰성 관련 규격의 공유, 숙지, 준수 정도
사용성	이해	• 영상의 끊김, 영상인식 만족도(영상 및 자막의 선명도) • 음향인식 만족도
	친밀	포맷의 친숙성, 기준 환경의 친숙 및 친밀성
	사용 순응	• 사용성에 대한 규격화 여부 • 규격에 대한 공유, 숙지, 및 준수 정도
효율성	시간	응답속도, 버퍼링
	자원	기준 환경(모니터, 스피커 등 컴퓨터 사양)의 적절성
	효율 순응	• 효율성에 대한 규격화 여부 • 규격에 대한 공유, 숙지, 준수 정도
이식성	적응	운영환경 및 플레이어 호환
	공존	수행 시 다른 소프트웨어에 미치는 영향 여부
	이식 순응	• 이식성에 대한 규격화 여부 • 규격에 대한 공유, 숙지, 준수 정도

⑦ 데이터 분석모형의 오류
  ㉠ 데이터 분석모형을 구축하는 데는 다음과 같이 일반화 오류와 훈련 오류가 존재한다. 데이터 분석모형 진단은 이를 고려하여 수행된다.
  ㉡ 모집단에서 표본 추출한 데이터 집합을 이용하여 모집단을 합리적으로 추론하는 다양한 데이터 분석모형의 구축을 위해 두 가지 오류를 모두 고려한다.

〈표 4-8〉 데이터 분석모형의 오류

구분	주요 내용
일반화 오류	• 분석모형을 만들 때 주어진 데이터 집합의 특성을 지나치게 반영 • 모집단 일부분인 데이터임에도 불구하고 데이터가 가진 주변적 특성, 단순 잡음 등을 모두 묘사하기 때문에 발생 • 과적합(Overfitting)이라고 함
훈련 오류	• 주어진 데이터 집합에 부차적 특성과 잡음을 고려하여 데이터의 특성을 덜 반영하도록 분석모형을 만들어 생김 • 미적합(Underfitting)이라고 함

ⓒ 데이터 분석모형을 검증하기 위해 홀드아웃 교차검증(Holdout Cross Validation)과 다중 교차검증(K-fold Cross Validation, K-겹 교차검증) 방법을 이용한다.
- 홀드아웃 교차검증 : 데이터 집합을 서로 겹치지 않는 훈련집합과 시험집합으로 무작위 구분 후, 훈련집합을 이용하여 분석모형을 구축하고 시험집합을 이용하여 분석모형의 성능평가
- 다중 교차검증 : 데이터 집합을 무작위로 동일 크기를 갖는 k개의 부분 집합으로 나누고, 그 중 1개를 시험집합으로, 나머지 $k-1$개를 훈련집합으로 선정하여 분석모형 평가

ⓔ 데이터 분석모형 진단 시 주의 사항을 요약하면 다음과 같다.
- 데이터 분석 과정에서 분석모형의 기본 가정에 대한 진단 없이 모형이 사용될 경우 분석결과가 오용될 수 있다.
- 최근 데이터 분석을 위한 소프트웨어의 개발로 분석결과를 쉽게 얻을 수 있지만 적용한 데이터 분석 방법이 적절한가에 대해서는 사전에 진단할 필요가 있다.
- 데이터 분석모형에 대한 기본 가정을 만족시키지 못했지만 가설 검정은 통과했을 경우가 발생한다면 선정한 분석모형에 대한 사전 진단이 반드시 필요하다.

확인 문제 **빅데이터 모형 진단 도구의 분류**

빅데이터 모형을 진단하기 위한 진단 도구의 분류로 적절하지 않은 것은?

① $F-measure$를 이용한 모형 진단
② 평가지표를 활용한 모형 진단
③ 체크리스트 및 오류 데이터 확인을 이용한 모형 진단
④ 데이터 프로파일링

풀이 $F-measure(F1-score)$는 머신러닝 분석모형의 성능평가지표이다. $F-Measure$는 혼동행렬을 이용하여 정밀도와 민감도의 조화 평균으로 구하며, 정밀도(또는 민감도)가 클수록 큰 값을 가진다.

정답 ①

---

⑧ Service Quality(SERVQUAL) 기반 서비스 품질 관리 방법
ⓐ 보건소, 병원 등의 의료기관에서 제공하는 서비스 품질 관리를 위한 SERVQUAL은 의료 서비스 행위에 대한 고객의 기대와 실제로 고객이 경험한 인식을 비교하여 일치하는 정도와 방향을 측정하여 서비스 품질을 진단하고 개선하는 기법이다.
ⓑ 고객들이 서비스 품질을 판단하는 기준인 여러 속성을 파악하여 5가지 척도로 나누어 평가한다. 5가지 척도는 유형성(물리적인 시설), 신뢰성(고객에게 약속한 서비스 준수 여부), 대응성(즉각적 응대 및 신속한 서비스 제공), 확신성(전문지식, 기술, 자격 등의 능력), 공감성(고객에 대한 배려, 관심, 맞춤형 서비스 제공 여부)으로서 각 항목에 대한 기준을 세우고 '고객의 기대'와 '서비스 인지'에 대한 점수를 산출하여 서비스 품질을 관리한다.

(3) 교차 검증

① 교차 검증 기법

㉠ 데이터 분석대상의 변수들 사이의 교차성(특히, 두 변수 간의 선형 정도 분석)을 분석·검증하는 기법은 다음과 같다.

〈표 4-9〉 교차 타당성 검증 기법

구 분	검증 방법
상관분석 (변수 간 선형의 정도 분석)	• 명목적 데이터 변수들 간의 연관성 분석 • 두 집단 간의 평균 차이를 검정하는 경우 t검정을 실시 • 범주형 변수 간의 차이(혹은 연관성)를 검정하는 경우 χ^2 검정을 실시 • 명목적 변수들로 구성된 분류표 상의 발생빈도를 이용하여 명목적 변수들 간의 연관성 추론
유효성 검사	• 교차 유효성(Cross Validation) 검사 • 보유한 데이터의 크기가 작은 경우 적용 • $K-$겹 교차검증에서 전체를 k등분한 후 그 중 $k-1$ 데이터세트를 학습 데이터세트로 모형을 구축하고, 나머지 1개의 데이터세트를 검증 데이터세트로 개발된 모형 검증

㉡ 교차분석에서는 아래와 같은 검정 방법을 이용하며 검정통계량은 카이제곱 통계량을 이용한다.

〈표 4-10〉 교차분석 방법

구 분	분석 방법
적합도 검정	관찰도수와 이론에 의한 기대도수 사이에 적합도 여부 검정
독립성 검정	두 변수 간에 관련성이 있는지를 알아보는 독립성 검정
동일성 검정	k개 부분 모집단의 표본이 c개의 범주로 주어졌을 때, 이들 각 모집단의 분포가 서로 동일한가를 검정

② 상관관계 검증

㉠ 상관분석은 두 변수 간의 선형적인 관계를 정량적인 지표로 나타내며, 상관분석을 위해 두 변수 x_1, x_2간의 상관 정도를 나타내는 공분산[Covariance, $Cov(x_1, x_2)$, 표본 공분산]을 이용하며 다음과 같이 구한다.

$$Cov(x_1, x_2) = \frac{1}{n-1}\sum_{i=1}^{n}(x_{1i}-\overline{x_1})(x_{2i}-\overline{x_2})$$

㉡ 공분산은 한 변수가 상승할 때 나머지 변수가 상승하는 경향이 존재하면 양의 값을 갖고, 하강하는 경향이 존재하면 음의 값을 갖는다.

㉢ 하지만 공분산 값의 크기는 측정 단위에 따라 달라지므로 선형관계의 정도를 나타내지는 못한다.

㉣ 따라서 이를 각 변수의 표준편차의 곱으로 나누어 주어 선형관계의 정도를 표현하고 이를 상관계수로 정의한다. 다음은 표본들의 산포와 공분산의 관계를 보여준다.

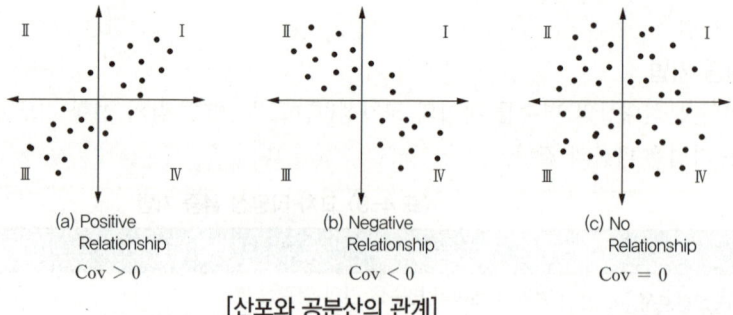

[산포와 공분산의 관계]

ⓜ 상관관계 검증
- 상관분석에서는 두 개 이상의 변수 간에 존재하는 상호 연관성의 정도(즉, 하나의 변수가 다른 변수와 어떤 밀집성을 가지고 변화하는가?)를 측정하고 분석한다.
- 두 변수 사이의 연관 정보를 알아내는 것을 단순상관분석이라 하고, 셋 또는 그 이상의 변수들 사이의 연관 정보를 분석하는 것을 다중상관분석이라 한다.
- 데이터 속성에 따라 수치적, 명목적, 순서적 데이터 등을 가지는 변수 간의 상관분석으로 구분되기도 한다.
- 아래와 같이 두 변수들 간의 상관관계는 상관계수[$r=\dfrac{Cov(x_1,x_2)}{\sigma_1\sigma_2}$, $Cov(x_1, x_2)$: 공분산, σ_1 : x_1의 표준편차, σ_2 : x_2의 표준편차]를 이용하여 양의 상관관계, 음의 상관관계 그리고 상관관계 없음으로 구분된다.

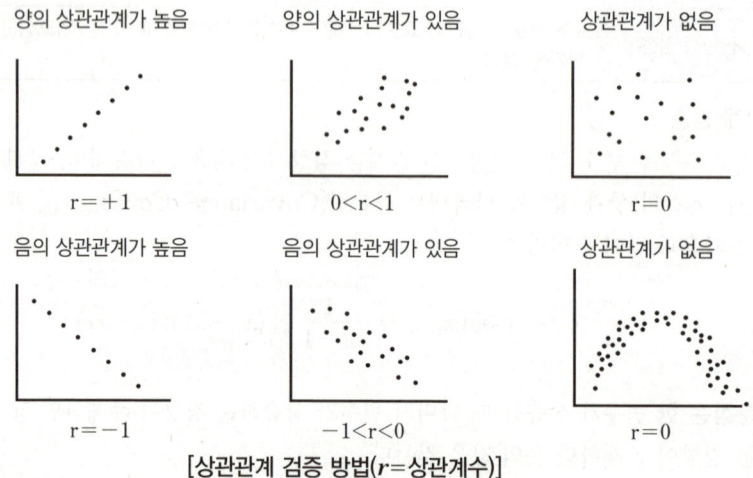

[상관관계 검증 방법($r=$상관계수)]

ⓑ 데이터 유형별(수치, 명목, 순서) 상관관계 검증 방법을 요약하면 다음과 같다.

〈표 4-11〉 데이터 유형별 상관관계 분석 및 검증 방법

구 분	검증 방법
수치 데이터	• 수치적 데이터 변수로 이루어진 두 변수 간의 선형적 연관성 검증 • 공분산이 클수록 상관관계가 높음 • 피어슨 상관계수(Pearson Correlation Coefficient, 표본상관계수) 이용 $Pearson\ Correlation,\ r=\dfrac{\sum_{i=1}^{n}(x_{1i}-\overline{x_1})(x_{2i}-\overline{x_2})}{\sqrt{\sum_{i=1}^{n}(x_{1i}-\overline{x_1})^2}\sqrt{\sum_{i=1}^{n}(x_{2i}-\overline{x_2})^2}}$, $-1 \leq r \leq 1$

명목 데이터	• 명목 데이터 변수들 간의 연관성 검증(x^2 검정 이용) • 명목 변수들로 구성된 분류표 상의 발생빈도를 이용하여 연관성 추론
순서 데이터	• 순서 데이터 변수들 간의 연관성 검증 • 스피어만 순위상관계수(Spearman Rank Correlation Coefficient) 이용 $$Spearman\ Rank\ Correlation,\ r_s = \frac{\sum_{i=1}^{n}(r_{x_1}^i - \overline{r}_{x_1})(r_{x_2}^i - \overline{r}_{x_2})}{\sqrt{\sum_{i=1}^{n}(r_{x_1}^i - \overline{r}_{x_1})^2}\sqrt{\sum_{i=1}^{n}(r_{x_2}^i - \overline{r}_{x_2})^2}} = 1 - \frac{6\sum_{i=1}^{n}(r_{x_1}^i - r_{x_2}^i)^2}{n(n^2-1)}$$ • 여기서 x_1값들의 순위 : $r_{x_1}^1, r_{x_1}^2, \cdots, r_{x_1}^n$, x_2값들의 순위 : $r_{x_2}^1, r_{x_2}^2, \cdots, r_{x_2}^n$

③ 회귀분석 검증

㉠ 상관관계 분석결과, 변수들 사이 연관성이 검증된 경우, 주어진 독립변수에 대한 예측 모델을 수립할 수 있다. 이 경우 보통 회귀분석 검증 과정을 거친다.

㉡ 회귀분석(Regression Analysis)은 연속형 변수들에 대해 종속변수와 독립변수들의 값이 주어졌을 때 이에 따른 종속변수 값을 예측하고 수학적 예측 모델이 얼마나 변수들 사이의 관계를 잘 설명하고 있는지를 판별하기 위하여 사용된다.

㉢ 회귀분석 모델은 독립변수와 종속변수의 개수 및 형태에 따라서 다양한 세부 모형들로 분류된다.

㉣ 단순회귀모형은 독립변수와 종속변수가 1개씩이며, 모두 수치형 변수인 경우 적용되고, 2개 이상의 독립변수(수치형 또는 범주형)와 1개의 수치형 종속변수에 대한 모델을 다중회귀모형이라고 한다. 이러한 회귀분석결과를 신뢰하고 효과적으로 활용하기 위해 다음 4가지 기본 조건을 확인하고 검증한다.

• 선형성 : 독립변수와 종속변수 간에는 선형관계 존재
• 등분산성 : 잔차(추정 오차)들은 같은 분산을 가짐
• 독립성 : 잔차들은 서로 독립
• 정규성 : 잔차는 평균이 0, 분산이 σ^2인 정규분포를 따름

④ 분산분석 검증

㉠ 분산분석(ANOVA ; Analysis of Variance)이란 두 개 이상의 집단 간 비교를 수행하고자 할 때 집단 내의 분산, 총 평균과 각 집단의 평균 차이에 의해 생긴 집단 간 분산 비교로 얻은 F분포를 이용하여 가설 검정을 수행하는 방법을 말한다.

㉡ 검정통계량인 $F-$검정통계량 값은 집단 분산 대비 집단 간 분산이 몇 배 더 큰지를 나타내는 값으로 해석된다.

㉢ 분산분석은 복수의 집단을 비교할 때 분산을 비교함으로써 집단 간에 통계적인 차이가 있다고 할 수 있는지, 혹은 차이가 없다고 할 수 있는지를 판정한다.

㉣ 분산분석은 아래와 같이 종속변수와 독립변수의 개수에 따라 일원 분산분석, 이원 분산분석 그리고 다변량 분산분석으로 나눈다.

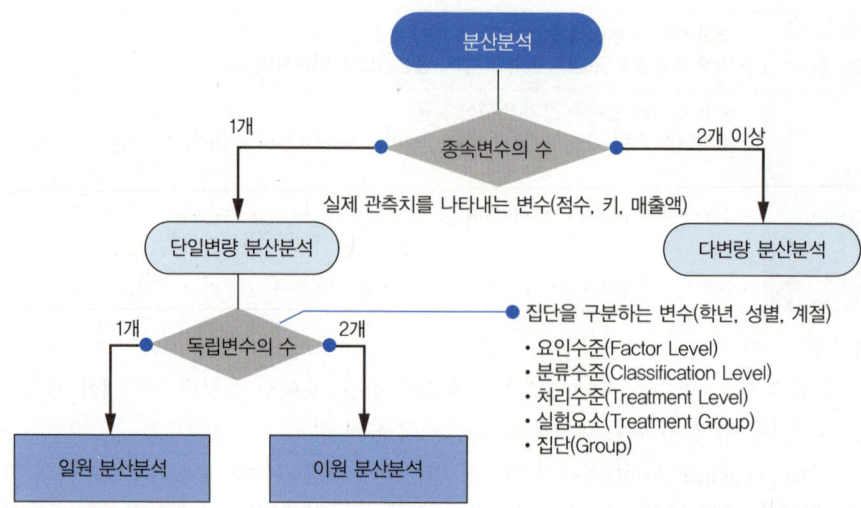

[분산분석의 분류]

⑤ 학습 데이터 기반 교차 검증
　㉠ 학습 데이터를 이용한 데이터 분석모형의 교차 타당성을 검증하기 위하여 홀드아웃 교차와 다중 교차 방법을 이용한다.
　㉡ 이에 대한 개념과 특징을 요약하면 다음과 같다.

〈표 4-12〉 학습 데이터 기반 분석모형의 교차 검증 방법

구 분	검증 방법
홀드아웃 (Hold-out Cross Validation)	• 데이터 집합을 서로 겹치지 않는 훈련집합(Training Set)과 시험집합(Testing Set)으로 무작위로 구분 • 모델의 성능향상을 위하여 훈련집합을 Training, Validation으로 구분하기도 함 • 훈련집합을 이용하여 분석모형 구축 • 시험집합을 이용하여 분석모형의 성능평가 • 훈련집합과 시험집합의 비율은 50:50, 70:30 등 사용자가 결정 • 계산량이 많지 않아 모형을 쉽게 평가할 수 있음 • 모형 평가 결과가 훈련집합과 시험집합의 구성에 의존적 예 홀드아웃 교차 검증 적용 사례 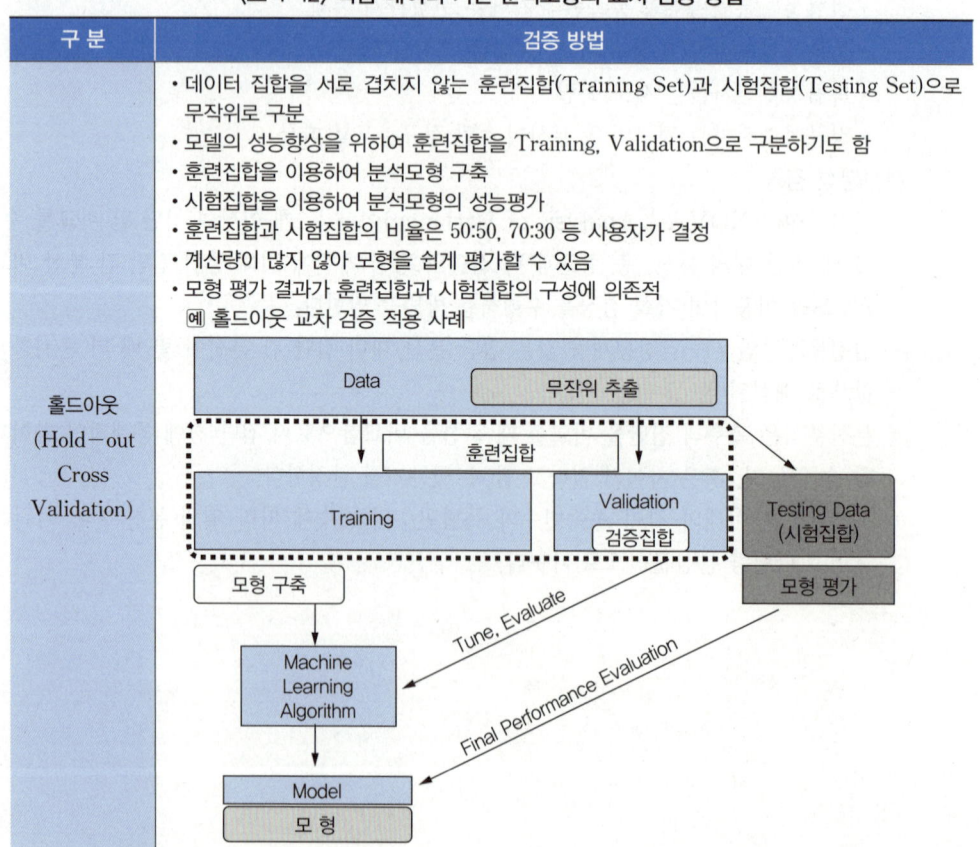

다중 교차 (K-fold Cross Validation)	• 데이터 집합을 무작위로 동일 크기를 갖는 k개의 부분 집합으로 나누고, 그중 1개를 시험집합으로, 나머지 (k−1)개를 훈련집합으로 선정하여 분석모형을 평가 • 모든 부분집합을 시험집합으로 1회씩 선정, 총 k번 반복 수행 • 홀드아웃 방법과 달리, 모든 데이터 집합을 훈련집합 및 시험집합으로 사용하므로 분석모형의 평가 결과가 편향되지 않음 예) k=6인 다중 교차 검증 적용 사례 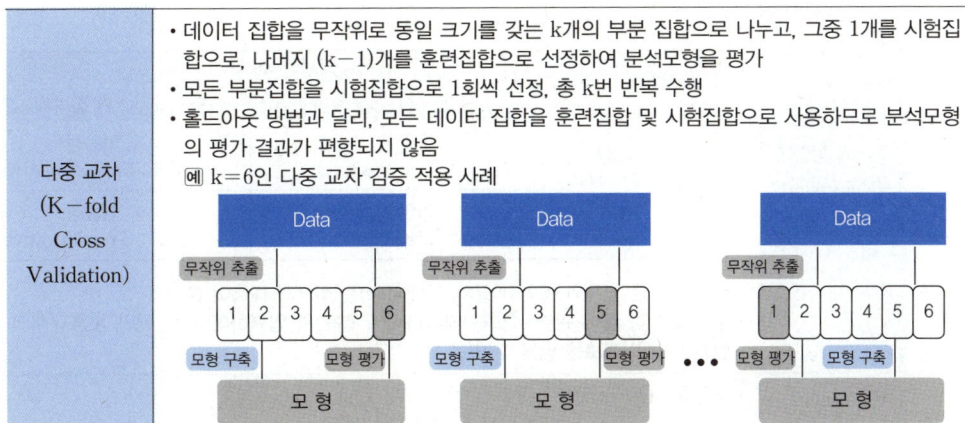

ⓒ LOOCV(Leave−one−out Cross Validation) 방법 : Fold 하나에 샘플 하나만 들어있는 K−fold 교차 검증 방법으로서, 각 반복에서 하나의 데이터 포인트를 선택해 시험(검증) 데이터세트로 사용한다. Fold 하나에 데이터가 하나만 있기 때문에 데이터세트가 클 때는 시간이 오래 걸리지만 작은 데이터세트에서는 좋은 결과를 만들어낸다.

⑥ **교차분석**

ㄱ. 교차분석(Cross Tabulation Analysis)이란, 보통 범주형인 명목 척도와 서열 척도의 성격을 가진 두 변수가 가진 각각의 범주를 교차하여 해당빈도를 표시하는 교차분석표를 작성하여 두 변수간의 관련성을 분석하는 기법을 말한다. 교차분석을 위한 주요 통계적 기법은 다음과 같다.
  • 적합도 검정 : 관찰도수와 이론에 의한 기대도수 사이에 적합도 여부 검정
  • 독립성 검정 : 두 변수 간에 관련성이 있는지를 알아보는 독립성 검정
  • 동일성 검정 : k개 부분 모집단의 표본이 c개의 범주로 주어졌을 때, 이들 각 모집단의 분포가 서로 동일한가를 검정
  • 검정통계량 : 두 변수의 관계를 카이제곱(χ^2) 통계량을 이용하여 검정

ㄴ. 교차분석에서는 보통 교차분석표 상의 각 셀의 기대빈도(예측값)와 관찰빈도(실젯값)가 5보다 작은 셀이 20% 미만인 경우 적용하며, 각 셀의 빈도는 상호 독립적이어야 한다.

ㄷ. 교차분석 방법을 이용하여 빅데이터 분석모형에 대한 성능평가(실제 데이터들에 대한 예측 데이터의 성능)를 수행한다.

⑦ 분류를 위한 데이터 분석모형의 경우 성능평가 및 검증 방법을 요약하면 다음과 같다.

〈표 4−13〉 분류를 위한 데이터 분석모형의 성능평가 및 검증(진단) 방법

구 분	평가 방법
분류 오류율	• 분류 규칙을 통해 추정된 범주와 실제 범주가 일치하지 않는 비율 • 검증 데이터세트로 분류 오류율 검사 • 데이터 크기가 충분하지 않은 경우 교차 유효성 검사

구분		예측	
		참	거짓
혼동 행렬 (Confusion Matrix)	· 참과 거짓으로 분류하는 분류 규칙 모델에 적합		
	실제 참	진양성 (TP ; True Positive)	가음성 (FN ; False Negative)
	실제 거짓	가양성 (FP ; False Positive)	진음성 (TN ; True Negative)

· 혼동 행렬 (Confusion Matrix)
- · 참과 거짓으로 분류하는 분류 규칙 모델에 적합
- · 진(True)은 실제와 예측이 일치, 가(False)는 실제와 예측이 불일치
- · 혼동행렬 각 셀에 관측수(학습 데이터세트 활용)를 입력하며, 이를 통해 분류규칙의 성능과 관련된 다양한 정보를 얻을 수 있음

성능평가 지표
- · 오류율 $=(FP+FN)/(TP+FP+FN+TN)$
- · 정확도 $=(TP+TN)/(TP+FP+FN+TN)$
- · 민감도 $=TP/(TP+FN)$, 특이도 $=TN/(TN+FP)$

확인 문제 교차 타당성 검증 방법

다음 특징에 해당되는 교차 타당성 검증 기법은 무엇인가?

- · 보통 명목적 데이터 변수들 사이의 연관성 분석에 활용
- · 두 집단 간의 평균 차이를 검정하는 경우 t검정 사용
- · 범주형 변수 간의 차이(연관성)를 검정하는 경우 카이제곱 검정 사용
- · 변수들로 구성된 분류표 상의 발생빈도 이용

① 산포도 분석
② 상관분석
③ 유효성 검사
④ 공분산분석

풀이 상관분석에 대한 특징을 설명하고 있다. 상관분석을 이용하여 두 변수들 사이의 선형 정도를 분석하고 검증한다.
정답 ②

확인 문제 │ 상관 분석을 이용한 교차 타당성 검증 방법

교차 타당성 검증을 위한 상관관계 분석에 대한 설명으로 옳지 않은 것은?

① 수치 데이터의 경우 수치 데이터 변수로 이루어진 두 변수 간의 선형적 연관성을 검증하는 데 이용된다.
② 명목 데이터의 경우 명목 변수들로 구성된 분류표 상의 발생빈도를 이용하여 연관성을 추론하며 보통 t-검정을 이용한다.
③ 순서 데이터의 경우 순서 데이터 변수들 사이의 연관성을 검증하여 스피어만 순위상관계수를 이용한다.
④ 상관관계 분석결과, 변수들 사이의 연관성이 검증된 경우 주어진 독립변수에 대한 예측 모델을 수립할 수 있으며, 이 경우 보통 회귀분석 검증 과정을 거친다.

풀이 명목 데이터들에 대한 연관성 추론은 카이제곱 검정을 이용한다. 명목변수들로 구성된 분류표 상의 발생 빈도를 이용하여 카이제곱 검정 통계량을 구하고 상호 연관성을 추론한다.

정답 ②

확인 문제 │ 빅데이터 분석모형 검증 방법

다음 중 빅데이터 분석모형을 검증하는 대표적인 방법으로 옳은 것은?

① 과적합 분석, 미적합 분석
② Support Vector Machine, Back Propagation Algorithm
③ Holdout Cross Validation, K-fold Cross Validation
④ 제1성분 분석, 제k성분 분석

풀이 훈련집합과 시험집합을 구성하여 빅데이터 분석모형을 검증하는 대표적인 방법은 Holdout Cross Validation, K-fold Cross Validation이다.

정답 ③

> **확인 문제** 교차 타당성 검증 기법의 이해
>
> 다음 특징을 가지는 교차 타당성 검증 기법은 무엇인가?
>
> - 데이터 집합을 서로 겹치지 않는 훈련집합과 시험집합으로 무작위 구분
> - 성능향상을 위하여 훈련집합을 Training, Validation으로 구분하기도 함
> - 훈련집합을 이용하여 모형구축, 시험집합으로 모형의 성능평가
> - 계산량이 많지 않아 모형을 쉽게 평가할 수 있음
> - 모형 평가의 결과가 훈련집합과 시험집합의 구성에 의존적
>
> ① Holdout Cross Validation
> ② K-fold Cross Validation
> ③ Training and Testing Set Validation
> ④ K-means Cross Validation
>
> **풀이** 홀드아웃 교차 타당성 검증(Holdout Cross Validation) 방법의 특징이다. 홀드아웃 교차 검증에서는 훈련집합을 이용하여 데이터 분석모형을 구축하고, 시험집합을 이용하여 모형의 성능을 평가한다.
>
> **정답** ①

(4) 모수 유의성 검정

① 모수의 추정(Estimation)
  ㉠ 모수를 추정하고 모수의 유의성을 판단하기 위하여 통계적 추정과 검정 방법을 이용하며, 모집단의 일부인 표본의 특성을 이용하여 모집단의 특성을 추정하거나 가설을 검정하는 방법을 다루는 통계 분야를 추측 통계학이라 한다.
  ㉡ 추정은 모수의 값이 얼마인가를 알아보는 점추정(Point Estimation)과 모수를 포함할 것으로 기대되는 구간을 확률적으로 구하는 구간추정(Interval Estimation)으로 분류된다.
    • 점추정 : 모수를 단일치로 추측하는 방법으로 표본에서 얻어지는 정보를 이용하여 미지인 모수의 참값으로 생각되는 하나의 수 값을 일정한 방법에 따라 택하게 되는 과정이다. 어떠한 수 값을 택할 것인가를 지정해 주는 방법을 점추정량 또는 추정량(예를 들어 모평균, 모분산을 추정하기 위해 각각 표본평균과 표본분산 이용)이라 한다. 또한, 특정한 관측값에 대하여 정해진 추정량을 사용하여 택하여진 수 값을 추정값이라 한다.
    • 구간추정 : 모수를 포함한다고 추측되는 구간을 구하는 방법이며, 점추정과 달리 구간추정은 모수의 추정치와 신뢰도를 함께 구할 수 있다. 구간추정은 표본에서 얻어지는 정보를 이용하여 미지인 모수의 참값이 속할 것으로 기대되는 범위를 일정한 방법에 따라 택하는 과정이다.

② 가설 검정(Hypothesis Testing)
　㉠ 가설 검정은 모수에 대한 가설을 세우고 그 가설의 옳고 그름을 확률적으로 판정하는 방법이다.
　㉡ 가설은 검정 대상이 되는 귀무가설(표본으로부터 얻은 강력한 증거에 의해 입증하고자 하는 가설, 모집단의 특성에 대해 옳다고 제안하는 잠정적 주장, 거짓이 명확히 규명될 때까지 참인 것으로 인정되는 모수에 대한 주장, 즉 그 타당성을 입증해야 할 가설)과 대립가설(귀무가설을 부정하는 가설, 새로운 이론 또는 현재 보여주고 싶은 주장, 즉 귀무가설이 거짓인 경우 참이 되는 가설)로 분류된다.
　㉢ 통계적 방법에 근거하여 모수의 유의성을 판단하고 주어진 가설을 검증하는 데 있어서 모집단 전체를 통해 검증하는 것이 아닌 모집으로부터 추출된 표본을 기반으로 모집단에 대한 결론을 내리기 때문에 통계적 오류가 발생할 가능성이 존재한다.
　㉣ 통계적 오류는 다음과 같이 제1종, 제2종 오류로 구분된다.
　　• 제1종 오류 : 귀무가설이 사실일 때 귀무가설을 기각하는 오류, 제1종 오류를 범할 최대 허용확률을 유의수준(Significance Level, α)이라 하며, 귀무가설이 참일 때 이를 참이라고 판단할 확률($1-\alpha$)을 신뢰수준(Confidence Interval)이라 한다.
　　• 제2종 오류 : 대립가설이 사실일 때 귀무가설을 채택하는 오류, 제2종 오류를 범할 확률을 β라 할 때, 귀무가설이 참이 아닌 경우 이를 기각할 수 있는 확률($1-\beta$)을 검정력이라 한다.
　㉤ 단측검정(가설 검정에서 귀무가설을 기각할 영역이 한 쪽에 위치하고 있는 경우)의 경우 가설 검정의 오류를 나타내면 다음과 같다.

		참값(실제 현상)	
구 분		귀무가설 H_0 참	귀무가설 H_0 거짓
통계적 결정 (가설채택 및 기각)	귀무가설 H_0 채택	옳은 결정($1-\alpha$)	제2종 오류(β-오류)
	귀무가설 H_0 기각	제1종 오류(α-오류)	옳은 결정($1-\beta$)

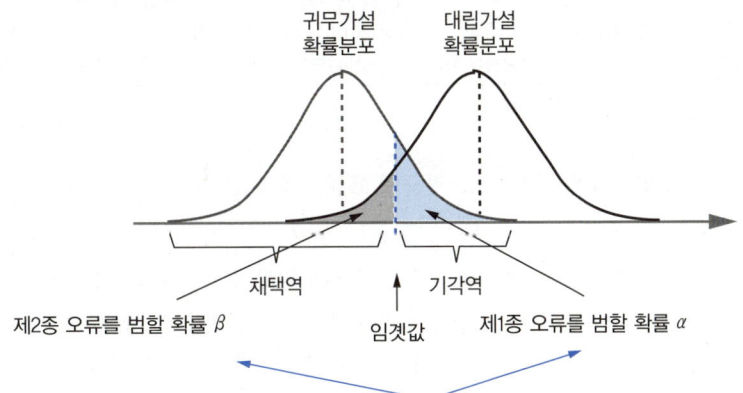

[가설 검정의 오류]

③ 가설 검정 절차
  ㉠ 검정하고자 하는 가설을 설정한다.
  ㉡ 유의수준(α)을 결정한다.
  ㉢ 검정통계량을 정하고 이를 계산한다. 유의수준을 만족하는 임계치(또는 유의확률)를 구하고 이를 검정통계량(또는 유의수준)과 비교한다.
  ㉣ 판정 : 유의확률이 유의수준보다 작으면 귀무가설을 기각한다.
④ 가설 검정을 위해 사용되는 검정통계량과 유의확률(p 또는 α)을 설명하면 다음과 같다.

〈표 4-14〉 검정통계량과 유의확률

구 분	주요 내용
검정 통계량	• 가설 검정의 대상이 되는 모수를 추론하기 위해 사용되는 표본 통계량 • 귀무가설이 참이라는 전제하에 모집단으로부터 추출된 확률표본의 정보를 이용하여 계산
유의확률	• 귀무가설이 참이라는 가정에 따라 주어진 표본 데이터를 희소 또는 극한값으로 얻을 확률값 • 귀무가설이 참일 때 귀무가설을 기각하게 되는 제1종 오류 **검정통계량과 p와의 관계** $H_0 : \theta \leq \theta_0$ 하에서의 검정통계량 분포 유의수준 α에 대한 상단측검정 임곗값 α(유의수준, α) p-값 Z 검정통계량 값 H_0의 채택역　H_0의 기각역 검정통계량으로부터 구한 유의확률(p)이 유의수준(α)보다 작으면($p \leq \alpha$), 귀무가설(H_0)이 기각(Reject)되고, 유의확률(p)이 유의수준(α)보다 크면($p > \alpha$), 귀무가설(H_0)이 채택(Accept)된다.

⑤ $t-$검정

  ㉠ 모분산이 알려있지 않은 경우, 표본평균의 표준화 확률변수 $\left(T = \dfrac{\overline{X} - \mu}{s/\sqrt{n}} \sim t_{n-1}\right)$는 자유도 $n-1$인 $t-$분포를 따른다.
  ㉡ 정규 모집단의 모평균 μ에 대한 귀무가설 검정을 위하여 자유도 $n-1$인 $t-$분포를 사용한다.
  ㉢ 집단들 사이의 평균의 차이를 검정하기 위해 $t-$검정 방법(Paired $t-$Test)을 이용한다. 이 경우 쌍으로 이루어진(Paired) 데이터에 대한 평균의 차이를 검정하며, 쌍(평균의 차이)으로 구성된 평균의 차이는 자유도가 $n-1$인 $t-$분포를 따른다.
  ㉣ $t-$검정의 경우 이상값(Outlier)에 상관없이 $t-$검정을 통해 귀무가설이 기각되면, 비모수검정 통계 방법(표본의 수가 작은 경우에 대한 검정)을 이용하더라도 동일하게 귀무가설이 기각된다.

> **확인 문제** 가설 검정의 개념
>
> 다음 (   ) 안에 들어갈 용어로 적절한 것은?
>
> > 분석의 핵심은 인식된 문제에 대해 관련된 데이터를 수집, 분석하여 문제 해결에 필요한 정보를 얻는 것이다. 이 경우 문제는 (   )의 형태로 표현하며, 분석을 통해 검정된다. 일반적으로 (   )(이)란 어떤 사실을 설명하거나 이론 체계를 검정하기 위하여 설정한 가정을 의미한다. 그러나 분석을 위한 (   )은(는) 변수들 사이의 관계에 대한 잠정적인 믿음이나 주장으로서 분석을 통해 정보의 가치를 얻게 된다.
>
> ① 추 론   ② 가 설
> ③ 대 안   ④ 모 형
>
> **풀이** 가설에 대한 개념이다. 그리고 가설 검정은 모수에 대한 가설을 세우고 그 가설의 옳고 그름을 확률적으로 판정하는 방법이다.
>
> **정답** ②

(5) 적합도 검정(Goodness of Fit Test)

① 적합도 검정 통계량

㉠ 모집단의 분포에 대한 가정이 옳은지를 실제 관측된 자료를 토대로 검정하는 방법을 적합도 검정이라 한다.

㉡ n개의 표본자료를 k개의 범주로 분류하여 각 범주에 속하는 관찰도수(O, 관측도수)와 귀무가설 하에서 주어진 확률분포에 대해 각 범주에 속하는 기대도수(E)들 간에 잘 맞는지(적합한지)를 검정한다.

㉢ 가설은 보통 다음과 같이 정의된다.
  - 귀무가설(H_0) : 실제 분포와 이론적 분포는 일치한다.
  - 대립가설(H_1) : 실제 분포는 이론적 분포와 일치하지 않는다.

㉣ 귀무가설의 채택 여부를 결정하기 위해 필요한 검정통계량은 다음과 같다. 검정통계량은 관찰도수와 기대도수 사이의 적합도 정도에 따라 영향을 받는다. O_i, E_i는 각각 i번째 관찰도수와 기대도수를 의미한다.

$$\chi^2 = \sum_{i=1}^{k} \frac{(O_i - E_i)^2}{E_i}, \ i=1, 2, \cdots, k$$

㉤ 검정통계량의 계산식(χ^2)으로부터 χ^2 통계량이 값이 크면, 범주별 관찰도수와 기대도수의 차이가 커서 적합도가 낮으며, χ^2 통계량 값이 작으면 범주별 관찰도수와 기대도수의 차이가 작아서 적합도가 높음을 의미한다.

㉥ 검정통계량 χ^2은 자유도가 $k-1$인 카이제곱 분포(Chi-square Distribution)를 따른다고 알려져 있으며, 카이제곱 분포값, 검정통계량, 유의수준을 이용하여 귀무가설의 채택 여부를 결정한다.

② 카이제곱 검정통계량
　㉠ 적합도 검정에 필요한 카이제곱 분포는 다음과 같이 정의된다.
　　• 확률 변수 $Z_1, Z_2, \cdots, Z_k$가 각각 표준정규분포 $N(0, 1)$을 따르고 서로 독립일 때, $Z_1^2 + Z_2^2 + Z_k^2$의 분포를 자유도(Degree of Freedom)가 k인 카이제곱 분포라 한다. 이를 기호로 $Z_1^2 + Z_2^2 + \cdots + Z_K^2 \sim \chi^2_{(k)}$와 같이 나타낸다.
　　• 확률은 특정 사건(Event)이 일어날 가능성의 척도이며, 확률 변수는 정의역을 사건들의 집합(표본공간), 치역을 실숫값으로 정의하여 사용된다.
　　• 확률 변수들은 분석대상의 변수가 이산형인 경우 이산형 확률분포(이항, 다항, 포아송 등)를 따르고, 연속형인 경우 연속형 확률분포(지수, 정규, 카이제곱 등)를 따른다.
　㉡ 카이제곱 분포는 모평균과 모분산이 사전에 알려져 있지 않은 경우 정규분포의 모집단에서의 모분산에 대한 가설의 검정에 주로 사용된다. 즉, 모평균 μ와 모분산 σ^2이 미지인 정규모집단 $N(\mu, \sigma^2)$의 모분산 σ^2에 관한 다음 가설을 검정한다.
　　• 귀무가설(H_0) : $\sigma^2 \geq \sigma_0^2$
　　• 대립가설(H_1) : $\sigma^2 < \sigma_0^2$, (단, σ_0^2은 사전에 주어지는 상수)
　㉢ 검정통계량은 $\chi^2 = (n-1)S^2/\sigma_0^2$이고 유의수준을 α라 할 때 카이제곱 분포의 확률값을 이용하여 기각역을 $\chi^2 \geq \chi^2_{(n-1, \alpha)}$로 설정한다.
　㉣ S^2은 크기 n인 확률표본으로부터 $S^2 = \sum_{i=1}^{n}(X_i - \overline{X})^2/(n-1)$로 구하고 $\chi^2_{(n-1, \alpha)}$은 카이제곱 분포에서 $P[\chi^2_{(n-1)} \geq \chi^2_{(n-1, \alpha)}] = \alpha$를 만족하는 값을 의미한다.
　㉤ 확률표본으로부터 구한 검정통계량의 값[$\chi^2 = (n-1)S^2/\sigma_0^2$]이 $\chi^2_{(n-1, \alpha)}$보다 크면, 귀무가설(H_0)을 기각(즉, 정규분포를 따르는 모집단의 모분산은 σ_0^2보다 크다고 볼 수 없다)한다.

③ Kolmogorov-Smirnov Test (콜모고로프-스미르노프 검정, K-S Test)
　㉠ 주어진 어떤 표본분포가 이론적으로 기대되는 분포(예 정규분포, 감마분포, 포아송 분포, 이항분포 등)와 일치하는지의 여부를 검정(적합도 검정)할 때 이용된다.
　㉡ 누적관측분포와 누적 이론적 분포(누적분포함수)와 가장 큰 차이(절댓값 이용)를 이용하여 K-S Test 검정통계량을 구한다.
　㉢ K-S 검정통계량의 값이 작을수록 귀무가설(주어진 자료의 분포는 이론적 분포와 일치한다)을 기각하지 못하게 되며, K-S 검정을 이용하기 위해서는 자료가 적어도 순위자료 이상이고 연속적 분포를 가정할 수 있어야 한다.

④ Q-Q(Quantile-Quantile) plot : 데이터의 정규성 가정에 대한 검토
　㉠ 통계적 추론은 대부분 모집단이 정규분포를 따른다는 가정하에 진행이 되며, 따라서 데이터에 대한 정규모집단의 가정에 대한 검토가 필요하다.
　㉡ Q-Q plot(분위수 대조도)는 정규모집단 가정에 대한 타당성을 검증하기 위해 사용되며, 수집된 데이터를 표준정규분포의 분위수와 비교하여 그리는 그래프이다. 주어진 데이터세트에 대한 데이터가 같은 분포인지 판단하고 회귀분석 등에서 잔차의 정규성을 판단하기 위해 사용되기도 한다.
　㉢ 가로축은 Z Score 값, 세로축은 데이터 값이며, 모집단이 정규성을 따른다면 Q-Q plot은 직선의 형태로 그려진다.

㉣ 종속변수에 로그를 취하면, 데이터의 분포가 정규분포와 가깝게 될 수 있으며, 데이터 변환을 위해 데이터의 특성에 따라 power, log, exponential transform 기법을 이용한다. 예를 들어 로그 변환은 데이터의 왜도를 줄이고, 이상값의 영향을 줄일 수 있으며, 정규분포에 가깝게 만들어 기계학습 데이터로 사용된다.

㉤ 그러나 로그를 취하는 것이 항상 데이터를 정규분포로 변환시킨다는 것은 아니며, 데이터의 특성에 따라 달라질 수 있어, 로그를 취한 후에도 Q−Q plot을 사용하여 데이터의 정규성을 확인하는 것이 중요하다.

확인 문제 | **적합도 검정을 위한 검정통계량**

모집단의 분포에 대한 가정이 옳은지를 실제 관측된 자료를 토대로 검정하는 적합도 검정을 위하여 주로 사용되는 검정통계량의 분포로 옳은 것은?

① 표준정규분포
② 카이제곱 분포
③ $F-$분포
④ $t-$분포

풀이 적합도 검정에서는 카이제곱 검정통계량을 사용한다. 카이제곱 분포는 모평균과 모분산이 사전에 알려져 있지 않은 경우 정규분포의 모집단에서의 모분산에 대한 가설 검정에 주로 사용된다.

정답 ②

---

02 분석모형 개선

(1) 과대적합 방지

① 과대적합의 예

㉠ 아래 그림과 같이 (a)의 학습 데이터를 이용하여 (b), (c), (d)와 같은 직선(또는 곡선)으로 예측(추정)한 데이터 분석모형을 가정하는 경우 (d)를 과대적합(Overfitting), (b)를 미적합(Underfitting)이라 한다.

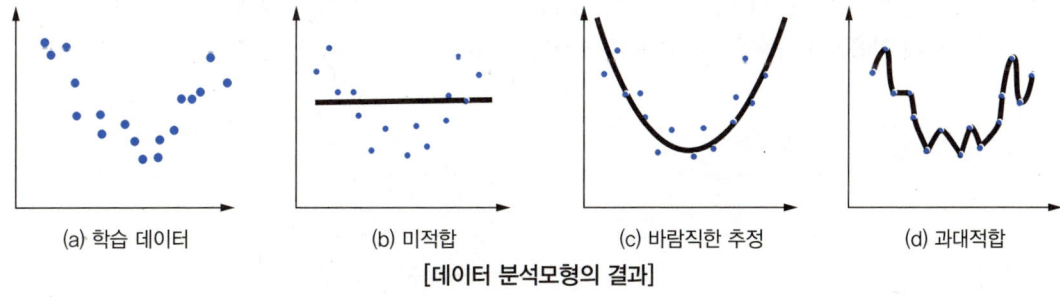

(a) 학습 데이터   (b) 미적합   (c) 바람직한 추정   (d) 과대적합

[데이터 분석모형의 결과]

ⓒ 과대적합(또는 과적합, Overfitting, 일반화 오류)이란 제한된 학습 데이터세트(모델 훈련에 사용한 한정된 데이터)에 너무 과하게 특화되어 새로운 데이터에 대한 오차가 커지는 현상을 의미한다.
ⓒ 만약, (a)의 학습 데이터를 이용하여, (b)와 같이 단순히 직선으로 추정하는 경우는 학습 데이터뿐만 아니라 실제 데이터에서도 큰 오차가 클 수 있음(이 경우를 Underfitting이라고 함, 훈련오류)을 알 수 있다.
ⓔ (c)를 (b)와 (d)의 경우와 비교할 때, 비록 약간의 오차가 존재하지만 예측 모형이 학습 데이터 상의 데이터에 대한 특성을 잘 나타내고 있으며, 새로운 데이터에 대해서도 좋은 결과가 나올 가능성이 높은 것으로 평가된다.

② 아래는 군집화 모형을 적용할 때의 과대적합의 결과이며, 바람직한 군집화 결과(Good fit)를 얻기 위한 모형 개발이 필요하다.

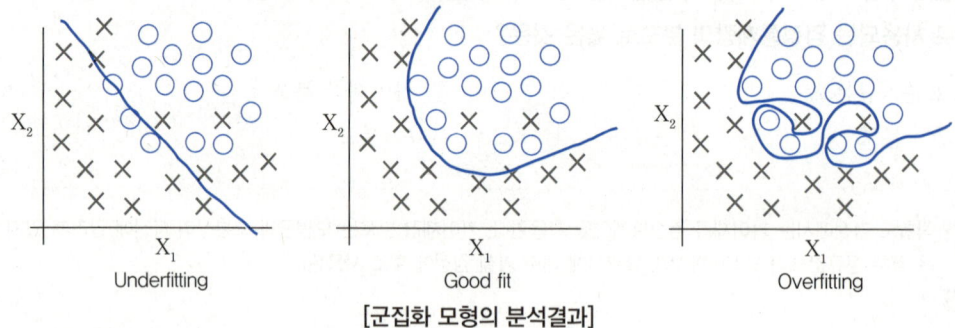

[군집화 모형의 분석결과]

③ 과대적합 방지
  ㉠ 빅데이터 분석모형과 관련되어 과적합 문제는 항상 발생하며, 이를 해결하는 방법 또한 마땅치 않은 것이 현실이다.
  ㉡ 즉, 학습 데이터세트만을 가지고 실제 데이터의 오차가 증가하는 지점을 정확히 예측하는 것은 불가능하며, 예측 빅데이터 분석모형의 성능평가를 통해 상대적으로 우수한 모형을 구분하여 사용한다.
  ㉢ 예를 들어, 예측을 위한 데이터 분석모형을 설계하는 경우 다양한 성능평가 지표(예측 오차 및 교차 유효성 평가)를 비교·분석하여 과대적합의 원인을 규명하고 데이터 오차가 증가하는 원인을 찾아낸다.
  ㉣ 인공신경망 분석모형의 과적합을 방지하기 위하여 데이터의 양 늘리기, 모델의 복잡도 줄이기(은닉층의 수 또는 매개변수의 수 줄이기), 가중치 규제(가중치들의 절댓값 합계 또는 모든 가중치들의 제곱합을 비용함수에 추가), 드롭 아웃(Dropout, 학습과정에서 신경망의 일부를 사용하지 않음), 학습률을 적절하게 유지하기 등의 방법을 이용한다.

◎ 학습률(Learning Rate)이란, 한 번 학습할 때 얼마만큼 학습해야 하는지(학습 양)를 의미하며, 한 번의 학습량으로 학습 이후 가중치 매개변수가 갱신된다. 학습률 값은 사전에 0.01, 0.001과 같이 특정 값을 정해두어야 하며, 일반적으로 이 값이 너무 크거나 작으면 적합한 지점을 찾기 어렵게 된다(즉 학습률이 너무 크면 큰 값을 반환(가중치 변화 폭이 커짐)하고, 너무 작으면 거의 갱신되지 않고(가중치 변화 폭이 작아짐) 학습이 종료됨). 인공신경망 학습에서는 보통 이 학습률을 변경하면서 올바르게 학습하고 있는지를 확인한다. 그리고 처음에는 큰 학습률을 사용했다가, 일정 정도 이상 학습을 한 후, 학습률을 작게 조정하는 경우(학습률 분해, Learning Rate Decay)도 있다.

확인 문제 **데이터 과대적합의 개념**

다음 중 데이터 과대적합에 대한 설명으로 가장 옳은 것은?

① 사전 계획을 수립하고 절차에 따라 만들어진 데이터 분석모형의 경우 과적합의 문제는 절대로 발생하지 않는다.
② 다양한 성능평가 지표를 비교 분석하여 과대적합의 원인을 규명하고 데이터 오차가 증가하는 원인을 점검한다.
③ 학습 Data Set만을 가지고 실제 데이터의 오차가 증가하는 지점을 정확히 예측할 수 있으며, 이를 통하여 과적합 데이터를 찾아내게 된다.
④ 과대적합된 데이터들은 모두 제거하여 우수한 성능평가 지푯값을 나타내는 데이터 분석모형을 설계하고 이를 예측 시스템에 적용한다.

풀이 예측 모델의 경우 학습 데이터세트만을 가지고 실제 데이터의 오차가 증가하는 지점을 정확히 알아내는 것은 불가능하다. 따라서 빅데이터 분석모형의 성능평가를 통해 과대적합의 원인을 찾아낸다.

정답 ②

---

④ 편향(Bias)과 분산(Variance)
  ㉠ 편향(Bias)이란 예측값과 정답의 떨어져 있는 정도이고, 예측값들의 분산(Variance)이란 예측값들이 자기들끼리 떨어져 있는 정도를 나타낸다.
  ㉡ 즉, 예측값들과 정답이 대체로 멀리 떨어져 있으면 결과의 편향이 높다고 말하고, 예측값들이 자기들끼리 대체로 멀리 흩어져 있으면 분산이 높다고 말한다.
  ㉢ 아래 그림에서 가운데 점을 '정답', 여러 번 찍힌 점을 '예측값'이라고 한다면, 아래 그림보다 위의 그림에서 편향이 작고, 왼쪽보다 오른쪽의 그림에서 분산이 높음을 알 수 있다.

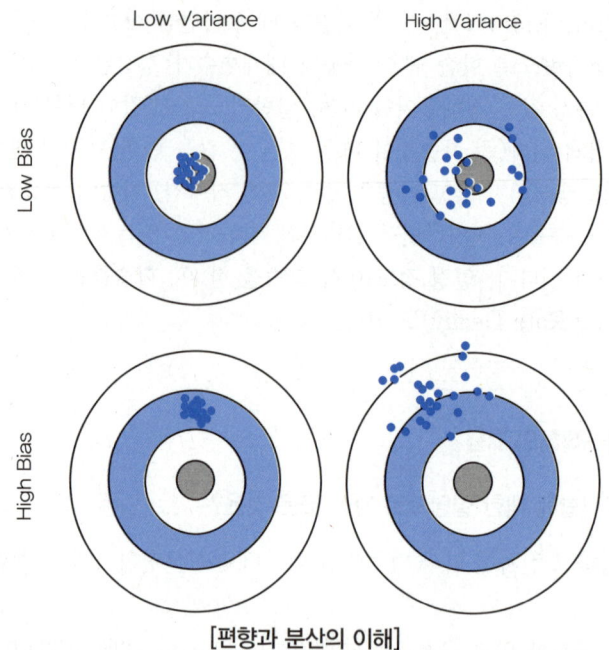

[편향과 분산의 이해]

 ② 임의의 예측점(x)에 대한 오차(Error)를 수식으로 표현하면 다음과 같다. 여기서 $f(x)$는 정답값, $f(\hat{x})$는 예측값, σ_e^2는 예측에러를 나타낸다.

$$Error(x) = (E[f(\hat{x})] - f(x))^2 + E[f(\hat{x}) - E[f(\hat{x})]^2] + \sigma_e^2$$

 ⑩ 편향과 분산은 데이터 분석모형의 복잡도와 관련이 많으며, 일반적으로 과적합된 모형(훈련이 너무 심하게 되어 있거나 복잡한 모형)의 경우 편향이 낮고, 분산은 높으며, 미적합된 모형(훈련이 너무 덜 되어 있는 모형)의 경우 편향이 높고, 분산은 낮다. 즉, 편향과 분산은 한쪽이 증가하면 다른 한쪽이 감소하고, 한쪽이 감소하면 다른 한쪽이 증가하는 경향을 보인다. 따라서 훈련이 적절하게 되어 있고 편향과 분산이 적정한 값을 유지하는 분석모형을 설계하는 것이 바람직하다.

⑤ 훈련 에러(Training Error)와 검증 에러(Validation Error)

 ㉠ 훈련 에러(Training Error)는 훈련용 데이터로 데이터 분석 모델을 훈련시킬 때 발생하는 오차이고 모델이 복잡할수록(Model Complexity가 높아질수록, 데이터를 반복 학습하는 횟수가 늘어날수록) 훈련 에러는 감소하게 된다. 즉, 데이터가 모델의 내부 구조를 변화시키면서 훈련 에러를 줄이는 것이 모델이 지향하는 바이다.

 ㉡ 유효성 검증 에러(Validation Error)는 데이터로 모델을 평가할 때 발생하는 오차이며, 데이터가 모델의 내부 구조를 변화시키지 않고, 그저 Validation용 데이터를 집어넣었을 때 모델이 어떤 결과를 내놓는지만을 관찰하여 그 오차를 측정한다. 이 경우 모델의 복잡도가 증가할수록 어느 정도까지는 검증 에러가 감소하지만, 어느 지점 이후부터는 다시 증가하게 된다.

 ㉢ 따라서 다음 그림에서처럼 모델의 복잡도가 증가할수록 훈련에러는 감소하지만 유효성 검증 에러가 증가하게 되므로 모델을 훈련시키는 과정 중에 검증 에러가 최소인 지점에서 훈련을 멈추는 것이 중요하다.

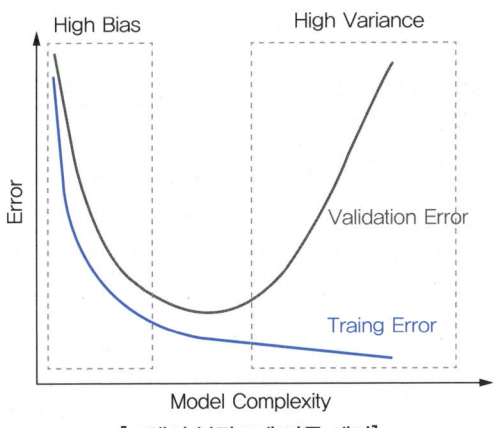

[모델의 복잡도에 따른 에러]

(2) 매개변수 최적화

① 데이터 분석모형 개발·운영

㉠ 빅데이터 분석모형을 개발·운영하고 데이터 최적화를 수립하여 효과적인 빅데이터 서비스를 제공하는 일련의 프로세스는 다음과 같다.

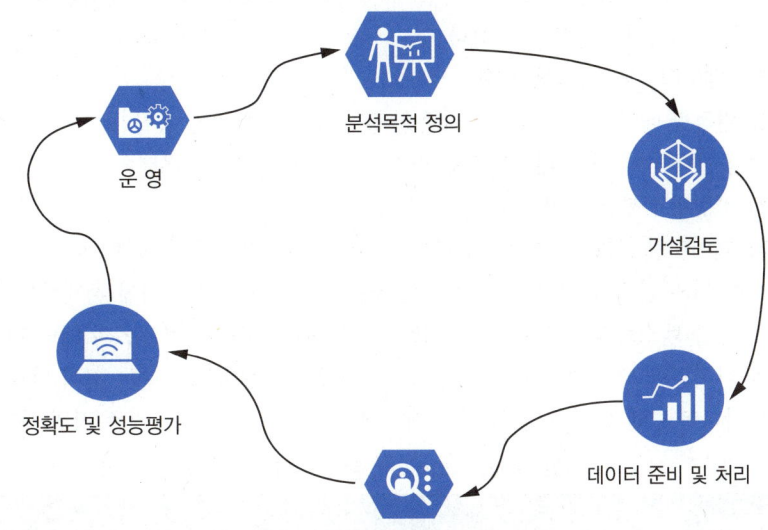

[빅데이터 분석모형 개발 및 운영 과정]

㉡ 6가지 프로세스에서 수행되는 주요 업무를 요약하면 다음과 같다.

〈표 4-15〉 빅데이터 분석모형 개발 및 운영 업무

구 분	주요 업무
분석목적의 정의	• 문제의 정의, 문제 해결 방법, 문제 해결의 목적을 명확히 정의 • 문제 해결을 위한 빅데이터 분석 모델의 적용 가능성 판단 • 문제 해결을 위하여 직관적 사고(통찰력)와 함께 경험적 검증 사용
가설검토	• 분석모형을 이용한 문제 해결 방법, 가설 설정 • 통계적으로 유의미한 결론 도출 방법 검토 • 결과 활용 방법과 문제 해결 방법으로의 적용 검토

데이터 준비·처리	• 데이터 수집·저장 • 변수 정의, 단위 및 측정기간, 일관성 점검 • 데이터 정제, 결측치 처리 등 데이터 전처리 과정 수행 • 필요한 경우 새로운 파생변수 생성 • 변수별 분석모형에 대한 적절성 검토 • 데이터 마이닝 기법의 모형을 사용하는 경우 • 학습 데이터세트, 평가 데이터세트, 검증 데이터세트로 분류
모델링 및 분석	• 분석목적 및 설정된 가설에 대한 구체적인 통계적 모델링 • 학습 데이터세트를 이용하여 분석모형 도출
정확도 성능평가	검증 데이터세트를 이용하여 분석 모델의 성능평가
운영	• 운영 시스템과 통합 • 데이터 분석목적과 부합된 분석 모델 활용

② 데이터 준비·처리 단계에서의 매개변수 데이터 최적화
  ㉠ 데이터 준비·처리 과정에서 데이터 최적화를 위한 구체적인 방법을 설정하고 이를 적용한다.
  ㉡ 데이터 최적화를 위하여 데이터 품질의 기본 요소(정확성, 완전성, 적시성, 일관성)를 검증한다.
  ㉢ 데이터 품질기준이 조직에서 필요한 데이터 품질관리 실무 기준을 적용하기에 부족할 수 있다. 이를 위하여 도출된 데이터 품질기준을 보다 상세화하고 그 의미를 세분화하여 하위 품질기준을 정의하여 사용되기도 한다.

③ 매개변수 데이터 최적화 적용 사례
  ㉠ 보통 비정형 데이터에 대한 품질기준은 정형 데이터에 대한 품질기준과 다소 다르게 적용된다.
  ㉡ 비정형 데이터의 경우 대표적으로 디지털화된 멀티미디어 콘텐츠를 예로 들 수 있으며, 이는 다시 비정형 콘텐츠 자체와 메타 데이터로 구분된다.
  ㉢ 메타 데이터란 '어떤 목적을 가지고 만들어진 데이터'로 정의되며, 이는 정형 데이터와 품질 특성이 거의 같으나 일반적인 정형 텍스트 데이터가 현실 세계에 존재하는 개체나 사건에 대한 내용을 텍스트 데이터로 표현하고 있는데 반해, 비정형 콘텐츠의 메타 데이터는 시스템 내부에 디지털화 되어 존재하는 멀티미디어 개체를 표현하고 있다는 점이 다르다.
  ㉣ 멀티미디어 콘텐츠(동영상)의 경우 데이터 최적화를 위한 품질기준 정의 사례는 다음과 같다.

〈표 4-16〉 멀티미디어 콘텐츠 데이터 품질기준 적용 사례

품질기준		적용 사례
기능성 (Functionality)	정의	특정 조건에서 사용될 때, 명시된 요구와 내재된 요구를 만족하는 기능 제공
	정확	규격에 따른 구현(메타 데이터와의 일치)
	적절	• 목적에 대한 내용의 부합 • 운용의 적절성(파일 및 프레임 크기, 파일 포맷, 초당 프레임 수, 초당 전송률, 압축률, 화면 비율, 수행 시간 등)
	상호운용	동기화(사운드, 자막 등)
	기능 순응	품질 표준 준수(명명 규칙, 기준값 준수 등)
신뢰성 (Reliability)	정의	규정 조건에서 사용 시, 규정된 신뢰수준 유지 및 사용자 오류 방지
	성숙	기준 환경(모니터, 스피커, 컴퓨터 사양 등)의 결함 여부
	신뢰순응	관련 표준 준수 여부

사용성 (Usability)	정 의	규정 조건에서 사용 시, 사용자가 이해하고 선호하는 정도
	이 해	영상의 끊김, 영상 및 음향 인식의 만족도 등
	친 밀	친숙하고 사용이 용이한 포맷 사용 여부
	사용순응	관련 표준 준수 여부
효율성 (Efficiency)	정 의	규정 조건에서 사용 시, 자원의 양에 따른 요구 성능 제공
	시 간	적절한 로딩 시간
	자 원	적절한 기준 환경(모니터, 스피커, 컴퓨터 사양 등)
	효율순응	관련 표준 준수 여부
이식성 (Portability)	정 의	다양한 환경과 상황에서 실행될 수 있는 가능성
	적 응	운영 환경 및 플레이어 호환성
	공 존	수행 시 다른 소프트웨어의 동작에 영향을 미치는지 여부
	이식순응	관련 표준 준수 여부

④ 머신러닝 기반의 데이터 분석 및 성능평가

㉠ 머신러닝 기반의 데이터 분석 및 성능평가 절차는 다음과 같다.

데이터 분석 계획 수립 / 데이터 분할 과정 사전 준비
- 머신러닝 기반의 데이터 분석 계획 수립
- 분석의 정확도를 측정하기 위한 계획 수립
- 훈련(학습)용 데이터와 평가용 데이터 분할 계획 수립
- 과적합 방지 계획 수립
- 모델 성능평가 방법 수립

원 데이터세트에서 훈련데이터와 평가데이터 분할
- 전체 데이터 크기 확인
- 훈련(학습)데이터와 평가데이터 분할 비율 결정
- 훈련 : 평가=6:4 또는 7:3, 8:2정도
- 원 데이터세트와 분할된 데이터 세트에서 각각 목적변수 속성들의 빈도 일관성 여부 확인

머신러닝 수행
- 훈련 데이터를 이용한 머신러닝 수행
- K-교차 검증 수행
- 모델 훈련 시 일정비율 제외 (검증 데이터)
- 나머지 데이터들도 모델링 학습 K-fold 반복

모델 성능평가
- 평가 데이터를 이용한 모델 성능평가
- 성능이 만족스럽지 않은 경우 모델링 과정 반복 수행

최종 모델 결과 제출
- 모델 성능평가 및 예측 결과가 기준치에 부합하거나, 목적에 적합한 경우 분석 모델링 종료 최종 결과 제출

[머신러닝 기반의 데이터 분석 및 성능평가 절차]

㉡ 머신러닝에서는 데이터를 훈련(학습) 데이터와 평가 데이터로 분할하여 알고리즘을 수행하며, 모형의 성능을 평가한다.

㉢ 인공지능 기술의 발전과 함께 다양한 머신러닝 알고리즘들이 제시되고 있으며, 주로 분류 및 예측(수치값 예측 등)에 사용된다.

㉣ 수치예측을 위한 머신러닝에서는 독립변수(설명, 예측변수)를 이용하여 관심 있는 종속변수(목적, 반응변수)의 수치값을 예측하는 형태의 문제에 많이 적용된다.

㉤ 대표적인 활용 예는 주식가격 예측, 경제 지표 예측, 기업의 제품 판매량 및 가격 변화 예측, 대출 채무 불이행에 대한 손실금액 예측, 고객 LTV(Customer Lifetime Value) 예측, 상품 구매 가능성 추천, 인구통계 특성에 따른 의료비 증감 예측 등을 들 수 있다. 수치예측을 위한 주요 머신러닝 알고리즘은 다음과 같다.

〈표 4-17〉 주요 머신러닝 알고리즘

구 분	개 념
회귀분석	• Regression Analysis(추론 통계 기반 모형) • 관측 사건들을 정량화, 독립변수와 종속변수의 관계를 함수식으로 설명 • 함수식이 모수에 대해 선형일 경우 선형 회귀분석 • 독립변수가 한 개인 경우 단순선형회귀 적용 • 독립변수가 여러 개인 경우 다중선형회귀 적용
의사결정 트리	• Decision Tree(Divide & Conquer) • 목표변수와 연관성이 높은 변수의 순서대로 나무 형태 분할 • 분산(또는 표준편차)의 감소량(Reduction)을 최대화하는 기준의 최적분리에 의해 회귀나무 형성
랜덤 포레스트	• Random Forest(Ensemble Model) • 주어진 데이터로부터 여러 개의 다양한 의사결정트리 생성 • 의사결정트리의 예측결과를 평균내고 그 평균값을 최종결과로 결정 • Ensemble(앙상블) 형태의 기법 • 분류문제에서는 각 예측 분류 결과를 투표하여 과반수 이상의 분류결과를 최종결과로 도출
서포트 벡터 머신	• Support Vector Machine(Linear or Nonlinear Kernel Trick) • 데이터 점들이 잘 적합되도록 가장 많은 데이터 점을 표현하는 튜브(Tube)를 찾음 • 분류문제에서는 서로 다른 분류에 속한 데이터 간의 간격(Margin)을 최대화하는 초평면을 찾음
인공신경망	• Artificial Neural Network(Black Box) • 입력 노드, 은닉 노드, 출력 노드를 구성하여 복잡한 수치예측 문제를 해결 • 인간의 뇌의 뉴런 작용 형태에서 모티브를 얻은 기법

⑤ 머신러닝에서의 매개변수 데이터 최적화

㉠ 머신러닝 기법의 주요 역할은 주어진 데이터세트를 학습하여 최적의 모수(파라미터)를 도출하는 것과 이를 바탕으로 특정 설명변수(특성)가 주어졌을 때 목적변수(반응변수)의 값을 예측하는 것이다.

㉡ 훈련 데이터세트에 포함된 데이터는 '우연에 의해 얻어진 값'이며, 새로운 목적변수 등의 값을 예측하기 위해 얻어지는 신규 데이터세트는 원래의 훈련 데이터세트와 동일한 데이터가 아니다. 그러므로, 훈련 데이터에서 나타난 패턴들과 신규 데이터의 패턴이 정확하게 일치할 가능성은 상당히 낮다.

㉢ 머신러닝 기반 모델을 학습하는 데 있어, 훈련 데이터세트가 가지고 있는 특성을 너무 많이 반영하면, 훈련 데이터세트의 패턴만 잘 표현하는 '과적합(Overfitting)'이 발생하고, 새로운 데이터가 주어졌을 때 정확하게 예측할 수 있는 '일반화(Generalization)' 능력은 오히려 떨어진다.

㉣ 이러한 현상을 방지하고자 일반적으로 데이터세트를 훈련용 데이터세트와 평가용 데이터세트로 분할하고, 훈련용 데이터세트로 학습한 머신러닝 모델이 평가용 데이터세트의 목적변수를 얼마나 정확하게 예측하는지를 측정하여 이러한 측정 기준값을 모델 성능평가기준으로 삼는다.

㉤ 데이터 분석모형 선택 후, 초매개변수(Hyper Parameter)의 최적화를 위해 Random Grid Search, Manual Search, Random Search, Grid Search, Bayesian Search(베이지안 최적화) 등의 방법을 이용한다.

㉥ 대표적으로 Grid search에서는 모든 하이퍼 파라미터 후보들에 대한 일반화 성능을 확인하기 때문에 시간이 오래 걸린다는 단점이 있으며, Random search는 상대적으로 시간이 적게 걸

리지만, 정확도가 다소 떨어진다는 단점이 있다. 반면 Bayesian Search(또는 Bayesian Optimization, 베이지안 최적화)에서는 사전정보를 최적값 탐색에 반영함으로써 효율적으로 최적값을 찾아낸다는 장점이 있다. 사전정보를 이용하기 위하여 베이지안 최적화 기법에서는 Surrogate model(목적함수 f(x)의 형태에 대한 확률적 추정을 통해 모델 내에서 사전 정보를 학습하고 자동적으로 업데이트 수행)과 수집한 사전 정보를 바탕으로 Acquisition function(다음번에 탐색할 입력값 후보 추천 기능 수행)을 이용하여 다음 탐색값을 찾는다. NAdam(Adam with Nesterov Momentum)은 Momentum과 NAG(Nesterov-accelerated Gradient) 방법을 함께 적용하여 Momentum을 보완한다.

⑥ 평균제곱근오차($RMSE$; Root Mean Squared Error) 평가
  ㉠ 예측 모형의 성능을 평가하기 위해 예측오차를 구하며, 평균절대오차, 평균제곱오차, 평균제곱근오차, 표준오차 등이 사용된다.
  ㉡ 평균제곱근오차($RMSE$)란, 평균제곱오차(MSE ; Mean Squared Error)의 제곱근 값 ($RMS = \sqrt{\dfrac{1}{n}\sum_{y_i \in L}(y_i - \hat{y_i})^2}$)으로 MSE 평가 시 수치가 커지는 것을 제곱근을 취하여 보정한 값이다.
  ㉢ 아래 그림은 학습 데이터세트(Training Set)와 평가 데이터세트(Test Set)에 대한 $RMSE$ 계산 결과이다.

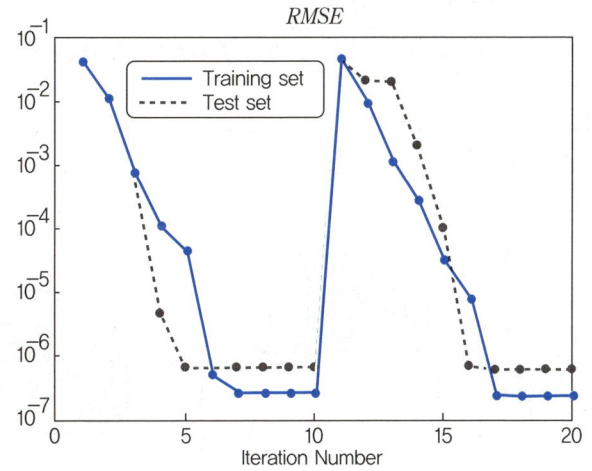

[훈련 · 평가 데이터의 $RMSE$ 평가]

  ㉣ 그림에서 반복적인 수행 결과에 따라 $RMSE$의 값이 변함을 알 수 있다. 이 경우 적용된 데이터 분석모형에 대하여 그 원인(예측 모형의 모수 추정, 다항식의 차수, 데이터 오류, 데이터 분할, 과적합 및 미적합 등)을 진단하고, $RMSE$ 값의 패턴(증가 및 감소)을 분석하여 데이터 최적화와 정확한 예측 모형을 수립하는 데 활용한다.
  ㉤ 평가 데이터세트를 사용하는 목적은 미지의 데이터를 예측하는 능력, 즉 머신러닝 기반 분석 모델의 일반화 능력을 측정하고 성능을 향상하기 위해서이다. 그러나 일반적으로 훈련 데이터와 유사하면서 목적에 적합한 평가 데이터를 별도로 구하기는 쉽지 않으므로, 모델링을 위해 주어진 데이터를 학습용 데이터와 평가용 데이터로 분할하여 머신러닝 기법을 적용한다.

⑦ 훈련(학습) 데이터와 평가 데이터를 분할하여 데이터를 최적화하는 방법을 요약하면 다음과 같다.

〈표 4-18〉 머신러닝 모형의 데이터 최적화 사례

구 분	주요 내용
데이터 분할	• 데이터의 일부를 훈련 데이터, 나머지를 평가 데이터로 분할 • 전체 데이터에서 랜덤하게 특정 비율로 학습용 데이터 추출 • 학습용 데이터에 사용되지 않은 나머지 데이터를 평가용으로 사용 • 전체 데이터들 중 훈련 데이터의 비율을 높게 책정 • 훈련 데이터 60~80%, 평가 데이터 20~40%로 할당 • 분석의 목적이나 분석자의 판단, 경험을 통한 분할 비율 적용 • 성능은 학습용 데이터세트의 크기가 작을수록 나빠짐. 따라서 너무 많은 데이터를 평가용 데이터로 분할하면, 최종 성능에 나쁜 영향을 미침
학습 데이터 머신러닝 수행	• 훈련 데이터 목적에 적합한 머신러닝 기법 적용 • 머신러닝 모델링 적용 • 여러 기법을 적용하여 기법 사이의 성능 비교 • 동일 기법 내, 추정방법 변경, 파라미터 변경 등의 과정 수행 • 교차검증(Cross Validation)을 이용한 성능 향상 • 교차검증 : 훈련 데이터를 통한 모델링 훈련 시 훈련 데이터 내에서 별도의 검증 데이터를 할당하여 모델링 및 평가를 반복 수행
평가 데이터 모델 성능평가	• 평가 데이터를 이용한 성능평가 • 성능이 만족스럽지 않은 경우 앞의 단계로 가서 다시 수행 • 평가 데이터는 모델링 과정에서 이용되지 않다가 모델이 만들어진 후 해당 모델의 성능을 평가하기 위하여 사용
최종 모델 결과 제출	• 평가 데이터를 이용한 성능평가 및 예측결과가 기준치에 부합하거나 목적에 적합한 경우 분석 모델링 과정 종료 • 최종 분석결과 제출

⑧ 데이터 최적화 및 수행 절차를 요약하면 다음과 같다.

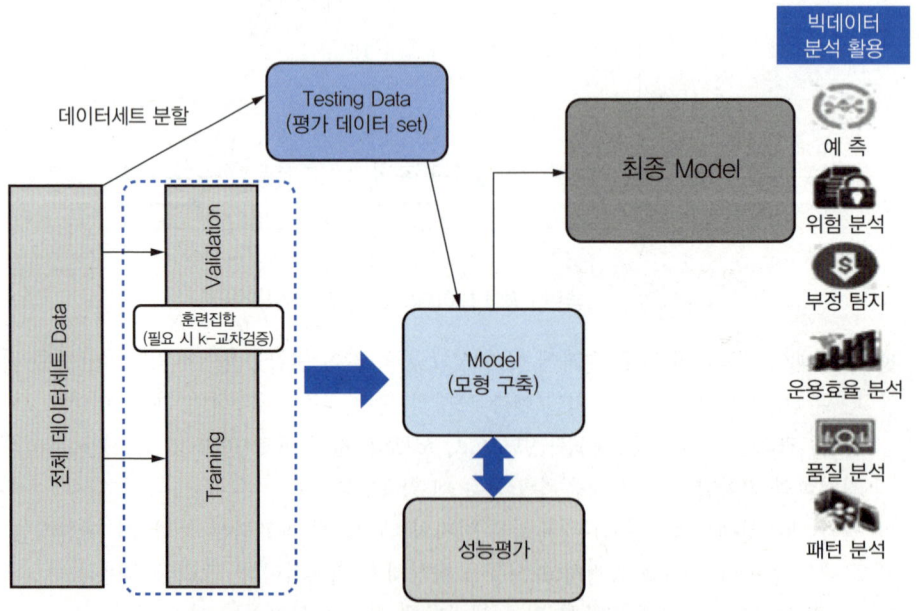

[머신러닝 기법에서의 데이터 분할 및 최적화 과정]

확인 문제 | **빅데이터 분석모형의 개발 및 운영 절차**

빅데이터 분석모형의 개발 및 운영 절차로 옳은 것은?

① 분석목적 정의 → 가설검토 → 데이터 준비·처리 → 성능평가 → 모델링 및 분석 → 운영
② 분석목적 정의 → 가설검토 → 데이터 준비·처리 → 모델링 및 분석 → 성능평가 → 운영
③ 분석목적 정의 → 데이터 준비·처리 → 가설검토 → 모델링 및 분석 → 성능평가 → 운영
④ 분석목적 정의 → 데이터 준비·처리 → 모델링 및 분석 → 가설검토 → 성능평가 → 운영

풀이 빅데이터 분석모형의 개발운영은 '분석목적 정의 → 가설검토 → 데이터 준비·처리 → 모델링 및 분석 → 성능평가 → 운영'의 절차로 수행된다.

정답 ②

확인 문제 | **머신러닝에서의 매개변수 데이터 최적화 방법**

다음 중 머신러닝 분석모형 적용 시 매개변수 데이터 최적화 방법에 대한 설명으로 가장 옳지 않은 것은?

① 분석을 위해 주어진 데이터를 학습용 데이터와 평가용 데이터로 분할하여 분석모형을 적용하고 최적의 매개변수(파라미터)를 도출한다.
② 일반적으로 평가 데이터세트는 미지의 데이터를 예측하는 일반화 능력을 측정하고 머신러닝 분석모형의 성능을 향상시키기 위해 사용된다.
③ 훈련용 데이터세트로 학습한 머신러닝 모델이 평가용 데이터세트의 목적변수를 얼마나 정확하게 예측하는지를 측정한다.
④ 훈련용 데이터와 유사하면서 목적에 적합한 평가 데이터를 별도로 구하기 쉬워 이를 이용하여 분석모형의 성능을 개선한다.

풀이 일반적으로 훈련용 데이터와 유사하면서 목적에 적합한 평가 데이터를 별도로 구하기는 쉽지 않으므로, 분석 모델링을 위해 주어진 데이터를 학습용 데이터와 평가용(검증용) 데이터로 분할하여 분석모형을 적용한다.

정답 ④

(3) 분석모형 융합

① 효율적인 데이터 분석을 위해서 데이터 마이닝을 포함한 다양한 분류, 예측, 군집화, 연관규칙 모형 및 머신러닝 알고리즘을 융합하여 활용한다.

② 데이터 마이닝

㉠ 최근에는 인공지능 서비스를 제공하기 위하여 다음과 같은 데이터 마이닝 기법과 함께 다양한 분석 모델이 이용된다.

〈표 4-19〉 데이터 마이닝 주요 기법

구 분	주요 내용
분류 (Classification)	• 범주형 변수 또는 이산형 변수 등의 범주 예측 • 다수의 속성(변수)을 가지는 객체를 사전에 정해진 그룹이나 범주 중의 하나로 분류 • 학습 데이터를 바탕으로 규칙(분류규칙) 생성 • 통계적 방법 : 로지스틱 회귀분석, 판별 분석 등의 다변량 통계 이론에 근거 • 트리기반 방법 : 트리형태의 분지 방법 이용, 의사결정 규칙에 따라 의사결정트리(의사결정나무, 비정상적인 잡음 데이터에 대해서도 민감하지 않은 분류 기능 수행) 구성, CART(Classification and Regression Tree) 알고리즘에서는 각 독립변수를 이분화하는 과정을 반복하여 이진트리 형태를 구성하여 분류 수행 • 최적화 방법 : 수리 최적화 기법을 통한 분류 모델, SVM(Support Vector Machine) 방법에서는 데이터를 분리하는 초평면(Hyperplane) 중에서 데이터들과 거리가 가장 먼 초평면을 선택하여 분리하는 확정적 모델 기반의 이진선형분류 기법 • 기계학습 방법 : 블랙박스 모델로 인공신경망 모델이 대표적임, 기대 출력값과 실제 출력값 간의 비교를 통해 계산된 오차를 시냅스 역할을 하는 노드에 가중치 조정으로 모델에 반영, 이러한 오차들은 출력 계층에서 입력 계층으로 역방향으로 반영하는 역전파 알고리즘(Back Propagation Algorithm)을 통해 모델을 안정화하며 학습과정을 기계적으로 단축함
예측 (Prediction)	• 미래의 예상되는 결과에 대한 예측 모델 • 측정될 변수를 알고 이에 대한 과거 데이터가 존재한다면, 분류와 추정을 위한 대부분의 모델들이 예측에도 사용됨 • 예측 모델로는 회귀분석, 의사결정트리, 인공신경망 모델, 시계열 분석 등을 포함 • 정준상관분석(Canonical Correlation Analysis, CCA)을 이용하여 두 개 이상의 집단 사이의 연관성을 확인하며, 두 변수 집단 사이의 상관성을 구하기 위해 상관계수를 이용함
군집화 (Clustering)	• 이질적인 집단을 몇 개의 동질적인 집단으로 세분화하는 작업 • 유사한 속성들을 갖는 집단 내 객체들을 모아서 하나의 소집단을 구성하여 전체 집단을 몇 개의 군집으로 분류 • 계층적 방법 : 사전에 군집 수를 정하지 않고 단계적으로 단계별 군집결과를 산출 • 비계층적 방법 : 군집을 위한 소집단의 개수를 정해놓고 각 객체 중 하나의 소집단으로 배정하는 방법 • K-평균 군집화 : 대표적인 비계층적 군집 방법으로서 k개 소집단의 중심좌표를 이용하여 각 객체와 중심 좌표 간의 거리를 산출하고, 가장 근접한 소집단에 배정한 후, 해당 소집단의 중심좌표를 업데이트하는 방식으로 군집화하는 방법
연관규칙 (Association Rule)	• 데이터에 숨어 있는 동시에 발생하는 사건 혹은 항목 간의 규칙을 수치화하는 작업(연관성 분석) • "어떤 이벤트가 또 다른 이벤트를 동반하는가"를 표현 예 고객 구매 데이터를 분석하여 어떠한 상품이 또 다른 어떠한 상품과 함께 판매될 확률이 높은가에 대한 연관규칙 도출

㉡ 데이터 마이닝이란 대용량 데이터로부터 데이터 내에 존재하는 패턴, 관계 혹은 규칙 등을 탐색하고 통계적인 기법들을 활용하여 모델화하며, 이를 통해 데이터 분석 및 더 나아가 유용한 정보, 지식 등을 추출하는 과정을 의미한다.

ⓒ 데이터 마이닝은 기존 통계적 기법에서 주로 다루던 가설의 검정에 머무르는 것이 아니고, 이를 확장하여 데이터로부터 의미 있는 새로운 가설 혹은 규칙 등을 찾아내는 통계기반 분석 기법이며, 대표적으로 분류, 예측, 군집화, 연관규칙 추출 등이 사용된다.

③ 다수의 속성(변수)를 가지는 객체를 사전에 정의된 그룹이나 범주 중의 하나로 분류(Classification)하기 위해 사용되는 방법은 다음과 같다.

〈표 4-20〉 분류를 위한 데이터 분석모형

구분	주요 내용
통계	• 다변량 통계이론 적용 • 로지스틱 회귀분석 : 분석대상이 두 개 또는 그 이상의 집단으로 구분되는 경우 개별 관측치들이 어느 집단에 분류되는지 예측

의사결정트리	• 트리형태의 분지 방법 적용
	• 의사결정규칙에 따라 관심대상(집단)을 몇 개의 소집단으로 분류
	• CART(Classification and Regression Tree) 알고리즘 : 각 독립변수를 이분화하는 과정을 반복하여 이진트리 형태를 형성, 분류
	• 3단계(의사결정트리, 가지치기, 분류) 수행
	  - 의사결정트리(나무) : 학습 데이터로 트리 형성, 변수선정, 분지기준 결정
	  - 가지치기 : 트리의 일부 가지 절단, 단순한 트리구조 생성, 분류오류를 크게 할 위험이 크거나 부적절한 분류규칙을 가진 가지 제거, 최상위는 Root노드
	  - 분류 : 완성 트리를 이용하여 분류규칙(Rule 자동변환) 도출
	• 데이터들 사이에 존재하는 패턴을 예측 가능한 규칙들의 조합으로 나타냄
	• 고객분류, 기업 부도·환율·주가 예측, 경제 전망 등에 활용

최적화	• 수리 최적화 기법을 통한 분류 모델 • SVM(Support Vector Machine) 알고리즘 : 최대마진분류기라고도 함, 데이터를 분리하는 초평면 중에서 데이터들과 거리가 가장 먼 초평면을 선택하여 분리, 확정적 모델 기반의 이전 선형 분류 • 서포트 벡터 : 초평면에 가장 가까운 곳에 위치한 데이터
기계학습 (머신 러닝)	• 인공신경망 모델 적용(블랙박스 모델) • 분류와 예측을 위해 사용 • 인간의 뇌가 신경망의 신호전달체계를 통해 학습하는 방식 모사 • 기대출력값과 실제출력값 간의 비교로 계산된 오차를 시냅스 역할을 하는 노드에 가중치 조정으로 모델에 반영 • 이 과정을 신경망 구조가 안정화될 때까지 반복 • 역전파 알고리즘(Back Propagation Algorithm) : 오차들을 출력계층에서 입력계층으로 역방향으로 반영하는 방법

(인공신경망 모델)

④ 예측 모형(Prediction)
　㉠ 미래에 예상되는 결과를 예측하기 위해 사용되는 모형은 다음과 같다.

〈표 4-21〉 예측을 위한 데이터 분석모형

구 분	주요 내용
예측 (시계열)	• 시간적 순서를 가지는 시계열 데이터를 이용한 예측 • 분해법 : 시계열을 추세, 순환, 계절 및 불규칙 변동으로 분해, 각 변동을 추정하여 해석 • 평활법 : 과거와 현재값의 (가중)평균으로 미래값 예측, 이동평균법 및 지수평활법 등 • ARIMA(Auto-regressive Integrated Moving Average) : 과거 관측값과 오차를 이용하여 현재의 시계열 값을 설명하는 Box-Jenkins 모델을 일반화하여 적용 • Box-Jenkins 시계열 분석법 : 단기예측 방법으로서 변수에 관한 정보가 부족하거나 너무 많은 변수가 영향을 미치고 있는 경우에 과학적 예측치를 구함, 이는 자동회귀(Autoregressive), 이동평균(Moving Average), 계절적 시계열 모형을 통합한 일반적 모형으로 특별한 불안전성을 보이지 않는 경우 모두 모형화가 가능하며, 모형과 관련된 계수의 수를 최소화하면서 만족스러운 모델 개발이 가능함. 이 예측 방법은 모형 선정, 매개변수 추정, 적합성 검정의 3단계를 반복적으로 수행함으로써 최적 모형에 이르게 하며, 최소의 가능한 모형으로부터 시작하여 부적당한 부분을 제거시켜 나가면서 시행착오의 과정을 최소화함

　㉡ 예측을 위해 사용되는 시계열 분석(Time Series Analysis)은 어떤 관찰값이나 통곗값의 변화를 시간의 변화에 따라서 계열화했을 때, 이때의 데이터를 시계열 데이터라 하고, 이러한 데이터들을 분석하는 것을 시계열 분석이라고 한다. 특히 관측값을 시간의 함수로 표현하여 분석하는 방법을 추세분석법이라 한다.
　㉢ 예를 들어, 시간에 따른 관측값을 가질 수 있는 국제 유가, 주식시장, 인구 변화 추이, 생산·소비량의 변화, 경기지수 변화, 전력사용량 변화 예측 등을 위하여 시계열(추세) 분석 방법을 적용한다. 시계열 데이터는 시간에 종속적으로 측정된 모든 데이터를 의미하므로, 시계열 분석은 미래를 예측하기 위한 중요한 도구로 인식된다.

⑤ 군집화 모형(Clustering)
　㉠ 군집화(Clustering)는 대표적인 비지도 학습(또는 자율 학습, Unsupervised Learning) 방법을 이용한 머신러닝 기법 중 하나이다.
　㉡ 자율 학습 또는 비지도 학습 머신러닝 기법은 데이터세트에 목적변수(종속변수, 반응변수, Y)가 없이, 일련의 변수들 $X_1, X_2, \cdots, X_p$만 주어진 경우에 시행한다.
　㉢ 일련의 설명변수들과 연관된 목적변수가 없기 때문에 무엇을 예측하기보다는 주어진 데이터에서 특정한 패턴이나 알려지지 않은 지식을 발견하고자 하는 것이 주요 목표이다.
　㉣ 자율 학습 기법은 무엇을 발견하고자 하는 것이 명확하지 않으며, 예측 대상을 '지도(Supervised)'할 수 없으므로 컴퓨터 프로그램은 실제로 정답을 알 수 없다.
　㉤ 이러한 문제로 인하여 머신러닝 수행 알고리즘의 결과가 만족스러운 것인지 아닌지를 검증하기 어렵다.
　㉥ 자율 학습 머신러닝 방법은 분석의 목적 및 알고리즘에 따라, 유사한 개체나 사람들을 그룹 짓는 군집화(Clustering), 특정 대상들 사이의 발생 관련성을 파악하는 연관성 분석(Association), 주어진 변수 세트를 효과적으로 설명 가능한 더 적은 수의 대표적인 변수들로 요약하는 차원축소(Dimension Reduction) 등으로 구분된다.
　㉦ 자율 학습 기반의 군집화 머신러닝 알고리즘을 요약하면 다음과 같다.

〈표 4-22〉 자율 학습(비지도 학습) 기반의 군집화 모형

구분	주요 내용
개요	• 이질적인 집단을 몇 개의 동질적인 소집단으로 세분화 • 유사한 속성들을 갖는 집단 내 객체들을 모아 하나의 소집단으로 구성 • 전체 집단을 몇 개의 군집으로 나누는 작업 • 사전에 정의된 집단과 구분을 위한 사전정보가 존재하지 않음 • 계층적 방법 : 군집수를 정하지 않고 단계별 군집결과 산출 • 비계층적 방법 : 군집수에 따라 각 객체 중 하나의 소집단으로 배정 • K-평균 군집화 : K개 소집단의 중심좌표 이용, 각 객체와 중심좌표 간의 거리 산출, 가장 근접한 소집단에 배정, 해당 소집단의 중심좌표를 업데이트 **K-평균 군집화 분석결과**
군집분석	• 일련의 관측값들을 적절한 기준으로 서로 유사한 값끼리 그룹화 • 사전에 그룹이 어떤 형태인지 모르는 상태에서 실행 • 무엇을 예측하기보다는 지식 발견이 주 목적 • 알려지지 않았던 통찰을 발견하려는 데이터 마이닝에 가까움 • 각 데이터 사이의 유사성을 기준으로 그룹화 (가정) 군집 내의 데이터는 매우 유사, 다른 군집과는 다름 • 주요 활용 분야 : 마케팅 분야에서의 고객 세분화(Segmentation), 질병 및 환자 특성에 따른 유사 그룹화, 개체 유사성에 근거한 문서 분류, 디지털 이미지 인식을 통한 사물 및 안면 인식, 금융 분야에서의 사용 패턴 식별(신용카드 사기, 보험료 과다 청구 등), 이상치 탐지(제조업에서의 불량제품 자동 탐지, 통화음질 개선을 위한 노이즈 구별 등), 컴퓨터 네트워그에 비인가 된 침입 등의 비정상적 행위 탐지 **분류 목적의 분석과 군집분석** 목표변수(Y)의 속성범주 구분 (분류 목적의 분석)　　　목표변수(Y) Label이 없으며 　　　특징들(X)의 유사성에 의해 Group화

◎ 군집화를 위한 비지도 학습 기반의 K-평균 군집화 알고리즘의 주요 내용은 다음과 같다.

〈표 4-23〉 K-평균 군집화 데이터 분석모형

구 분	주요 내용

K-평균 군집화	• 주어진 군집 수 K에 대하여 군집 내 거리 제곱합 최소화
	• 개체점들 간의 거리를 이용하여 전체 데이터세트를 상대적으로 유사한 k개의 군집으로 나눔
	• 계산량이 적은 편으로 실행속도가 빠름
	• 노이즈 이상치에 민감, 무작위로 군집 중심점을 할당하는 문제로 전역적 최적해(Global Optimal)가 아닌, 지역적 최적해(Local Optimal)을 찾기도 함
	• 연속형 변수를 이용한 거리 측도에만 사용 가능
	• 데이터 관측치가 여러 군집 간에 중복될 수 있는 경우는 사용하기 힘듦
	• K-평균 클러스터링 알고리즘 수행 절차
	  1. 군집의 개수($K=n$) 결정 후, 임의의 중심점 n개 설정
	  2. 데이터 내 각각의 관측값에 대해 n개 중심점까지의 거리 계산 후 가장 가까운 중심점을 각 관측값들의 중심점으로 정함
	  3. 새로 정해진 중심점에 따라 각각의 데이터 관측값의 소속 군집 할당 각각의 군집 중심점을 다시 계산
	  4. 새로운 군집 중심점을 이용하여 2, 3 단계 반복
	  5. 관측값들의 군집 할당이 더 이상 변하지 않으면 알고리즘 종료
	
	1. 임의의 군집 중심 설정 2. 중심점과의 거리계산
	3. 새로운 중심점 계산 4. 관측값들을 새로운 군집에 할당

⑥ K-평균 군집화 알고리즘과 함께 사용되는 대표적인 클러스터링(군집) 분석 알고리즘의 특징을 요약하면 다음과 같다.

〈표 4-24〉 군집화(클러스터링) 알고리즘

구 분		특 징
계층적 군집	병합적 또는 상향식 군집	• Agglomerative(Bottom-up) Clustering • 모든 데이터 객체를 별개의 그룹으로 구성 • 단 하나의 그룹화가 될 때까지 각 그룹을 단계적으로 합쳐감
	분할식 또는 하향식 군집	• Divisive(Top-down) Clustering • 모든 데이터 객체를 하나의 그룹으로 구성 • 각 데이터 점이 하나의 그룹으로 될 때까지 단계적으로 분할
비계층적 군집 (분할 기반)	K-means	• K-평균 클러스터링 • 주어진 군집수(K)에 대해 군집 내 거리 제곱합의 합을 최소화하는 형태로 데이터 내의 객체들을 서로 다른 군집으로 그룹화
	K-medoids	• 모든 형태의 유사성(비유사성) 척도 사용 • 좌표 평면상 임의의 점이 아닌 실제 데이터 Set 내의 값을 사용하여 클러스터 중심 결정 • 노이즈나 이상치 처리에 강건한 특징을 가짐 • PAM(Partitioning Around Method)이라고도 함
	DBSCAN	• Density-based Spatial Clustering of Application with Noise • 밀도개념을 도입, 일정한 밀도로 연결된 데이터 집합은 동일한 그룹으로 판정 • 노이즈나 이상치 처리에 강건한 특징을 가짐
	자기 조직화지도	• Self-organizing Map • 자율 학습 목적의 머신러닝, 인공신경망의 한 기법 • 벡터 수량화 네트워크를 이용한 군집화 기법
	Fuzzy	하나의 객체가 여러 개의 군집에 중복해서 속할 수 있도록 하는 중복 군집화 기법
확률 기반 군집	가우스 혼합 모형	• EM(Expectation Maximization) 또는 MCMC(Markov Chain Monte Carlo) 등의 알고리즘 사용 • 모수를 추정하는 확률 기반의 군집분석

⑦ 연관규칙 모형(Association Rule)
　㉠ 데이터에 숨어 있는 동시에 발생하는 사건 또는 항목들 사이의 규칙을 수치화하기 위해 연관규칙 모델이 사용된다.
　㉡ 예를 들어, 고객 구매 데이터를 분석하여 어떤 상품이 또 다른 상품과 함께 판매될 확률이 높은가에 대한 연관규칙을 도출(장바구니 분석모형이라고도 함)하는 데 사용된다.
　㉢ 연관규칙을 이용한 연관성 분석(Association Analysis)모형에 대한 개념과 주요 평가지표(Measure)는 다음과 같다.

〈표 4-25〉 연관성 분석모형의 개념 및 주요 Measure

구분	주요 내용
개념	• 비지도 학습(자율 학습) 기법에 해당 • 방대한 데이터세트에서 객체나 아이템 사이의 연관관계를 찾아냄 • 빈발 아이템(Frequent Item) 또는 연관규칙(Associative Rule) 형태로 표현 • 빈발 아이템 : $\{X, Y\}$의 형태 • 연관규칙 : $\{X\} \rightarrow \{Y\}$, X가 발생하면 Y가 함께 발생한다. 　여기서 X는 조건, Y는 결과 • 각 아이템 사이의 연관성을 파악 　예 {순대, 족발} → {보쌈} : 순대와 족발을 구매하면 보쌈도 함께 구매와 같은 규칙을 찾음
주요 측도 (Measure)	• 연관성 파악 측도(Measure) • 지지도(Support) : 전체 데이터세트에서 해당 아이템 집합이 포함된 비율 $$S(X)=\frac{Count(X)}{N}, \ S(X, Y)=\frac{Count(X, Y)}{N}=P(X\cap Y)$$ 즉, 지지도 $S(X)$는 N명의 모집단에서 사건 X가 일어날 확률의 개념과 유사하게 정의됨 • 신뢰도(Confidence) : 조건 X를 포함한 아이템 Set 중에서 X, Y 둘 다 포함된 아이템 Set가 발생한 비율 (조건부 확률, P(Y|X)) $$Conf(X\Rightarrow Y)=\frac{S(X, Y)}{S(X)}=\frac{\frac{Count(X, Y)}{N}}{\frac{Count(X)}{N}}=\frac{Count(X, Y)}{Count(X)}=\frac{P(X\cap Y)}{P(X)}=P(Y|X)$$ • 향상도(Lift) : 조건 X가 주어지지 않았을 때의 결과 Y가 발생할 확률 대비, 조건 X가 주어졌을 때의 결과 Y의 발생 확률의 증가 비율 • 모형의 성능평가로 사용(연관성의 정도) • 아이템 Set Y가 원래 발생된 경우의 수보다 연관규칙($X\rightarrow Y$)이 탐색되었을 때 조건에 해당하는 아이템 Set X가 주어졌다는 정보가 결과 아이템 Set Y가 발생하게 되는 경우의 수를 예상하는 데 얼마나 유용하느냐를 표현 $$Lift(X\Rightarrow Y)=\frac{Conf(X\Rightarrow Y)}{S(Y)}=\frac{\frac{S(X, Y)}{S(X)}}{S(Y)}=\frac{S(X, Y)}{S(X)S(Y)}=\frac{\frac{Count(X, Y)}{N}}{\frac{Count(X)}{N}\frac{Count(Y)}{N}}$$ $$=\frac{P(Y|X)}{P(Y)}=\frac{\frac{P(X\cap Y)}{P(X)}}{P(Y)}=\frac{P(X\cap Y)}{P(X)P(Y)}$$ • 향상도가 1을 넘으면 조건과 결과 아이템 집합 사이에 서로 양의 상관관계가 있으며, 1보다 작으면 서로 음의 상관관계가 존재 • 향상도=1이면, 조건과 결과 아이템 집합은 서로 독립적인 관계로 해석

㉣ 연관성 분석모형의 활용 분야와 활용 시 고려 사항은 다음과 같다.

〈표 4-26〉 연관성 분석모형의 활용 분야

구 분		주요 내용
알고리즘	아프리오리	• Apriori Algorithm • 빈출(Frequent Pattern) 아이템 집합을 효과적으로 계산 • 검토 대상 집합 pool을 효과적으로 줄여줌 • 특정집합 {1, 5}가 빈발하지 않으면, 이를 포함한 {0, 1, 5}, {1, 3, 5}, {1, 4, 5}, {0, 1, 2, 3, 4, 5} 등도 빈발하지 않을 것으로 예측하여 지지도 계산 검토 대상에서 제외 • 검토 대상의 아이템 데이터 집합을 효과적으로 줄여 연관 규칙 계산 • 데이터가 많아지면, 계산량 및 속도 면에서 비효율적
	빈출패턴 성장	• Frequent Pattern(FP) Growth Algorithm • DB를 모든 중요한 정보를 가진 FP-tree라는 구조로 압축 • 높은 빈도세트와 관련된 조건부 데이터세트로 분할, 규칙 생성 • 전체 DB 검색 작업이 아프리오리 알고리즘보다 줄어들어 높은 성능과 처리속도를 보임 • 단, 아프리오리 알고리즘보다 구현이 어려움
활용 분야		• 방대한 데이터베이스나 인터넷 로그 데이터 등에서 아이템, 객체들 사이의 발생 연관성을 파악하거나 발생순서 간 패턴 파악 • 쇼핑, 유통 분야에서 구매된 물품 간의 장바구니 분석 • 금융상품이나 서비스 사이의 가입 패턴의 연관성 분석 • 인터넷, 모바일 서비스 상품 추천 시스템의 구매 항목 간 연관성 분석 • 웹페이지 사이의 링크 관계성 분석(웹사용자의 행동 추적 및 패턴 예측) • 가맹점 사이의 방문 연관성 및 순서 패턴 도출을 이용한 쿠폰 마케팅 활용 • 생물 정보학 분야에서의 단백질과 유전자 패턴 분석 • 신용카드 사기 및 보험청구 사기 등 부정거래 패턴 발견
고려 사항		• 항목의 속성 Level : 비즈니스 도메인별로 구매나 거래품목의 메타 정보들의 항목 레벨에 대해 어느 정도의 레벨을 분석대상으로 선정하는가를 고려, 상위 속성 레벨의 항목에서 몇 가지 의미있는 연관규칙을 만들고, 해당 규칙에 대한 속성들을 세분화, 세분화된 속성레벨에 대하여 연관규칙을 새로 구성 • 연관규칙의 비즈니스적 의미 판단 : 주요 연관규칙들이 생성된 후, 실질적으로 의미가 있는지를 비즈니스 도메인 전문가나 기획자와 상의하여 결과의 유용성을 검토한 뒤 추가적인 연관성 분석 수행 • 순서 패턴(Sequence Pattern) 연관규칙 적용 : 도출된 연관규칙들은 시차에 따른 순서를 의미하지는 않음, $\{X\} \rightarrow \{Y\}$의 연관규칙은 조건 X와 결과 Y는 특정 기간 중 동시에 발생한 $\{Y, Y\}$ 집합에서의 조건과 결과를 의미, 시차의 순서가 중요한 경우에는 순서패턴(Sequence Pattern) 연관성 분석 고려, 예를 들어 웹페이지 사이의 웹로그 이동경로 분석, 가맹점들의 방문순서 분석, 고객 구매 물품들 사이의 구매 순서 연속 패턴 분석 등은 순서패턴 언관성 분석을 수행하여야 함

⑧ 머신러닝 알고리즘
  ㉠ 머신러닝 알고리즘은 보통 지도 학습과 비지도 학습에 따라 구분된다.
  ㉡ 지도 학습(Supervised Learning)에는 알고리즘에 주입하는 훈련 데이터에 레이블(Label)이라는 원하는 답이 포함된다. 분류가 전형적인 지도 학습에 속하며, 선형회귀, 로지스틱 회귀, SVM, Decision Tree, Random Forest, Neural Network 등이 포함된다.
  ㉢ 비지도 학습(Unsupervised Learning)에는 지도 학습에서 필요했던 레이블이 필요하지 않고, 시스템(알고리즘)에서 아무런 도움 없이 스스로 학습하여 결과를 도출한다. 대표적으로 군집 알고리즘이 해당되고, 시각화(Visualization), 차원축소(Dimensionality Reduction), 주성분 분석, 연관분석 등이 포함된다.

ⓔ 최근 많이 활용되는 머신러닝 알고리즘을 요약하면 다음과 같다.

〈표 4-27〉 주요 머신러닝 알고리즘

구 분	주요 내용	
활용 영역	• 스팸메일 분류, 기업부도·정상 예측, 고객 이탈·유지 예측 • 고객 신용등급 판별, 특정 질병(암, 심장병 등) 발생 여부, 예측마케팅 이벤트에 대한 고객 반응 여부 예측 • 고객의 구매 여부 예측	
주요 머신러닝 알고리즘	구 분	알고리즘
	로지스틱 회귀	• Logistic Regression(확률모형, 최대 우도 추정법) • 설명변숫값이 주어졌을 때, 목표변숫값이 특정 부류에 속할 확률이 로지스틱 함수 형태로 따름 • 최대 우도 추정 방법으로 목표변수의 확률 추정
	의사결정 트리	• Decision Tree(Divide & Conquer) • 목표변수와 연관성이 높은 순서대로 불순도나 엔트로피 등이 낮아지는 방향으로 나무 형태로 분할하면서 분류 규칙 생성
	랜덤 포레스트	• Random Forest • 주어진 데이터로부터 여러 개의 의사결정트리 생성 • 각 의사결정트리의 예측결과를 투표형식으로 집계 • 최종적으로 앙상블 모형을 이용한 분류 결과 결정 • 앙상블(Ensemble) 모형이란 여러 분류 모형에 의한 결과를 종합하여 분류의 정확도를 높이는 방법[새로운 자료에 대한 분류 예측값들의 가중 투표(Weighted Vote)를 통한 분류 수행]
	SVM	• Support Vector Machine(선형 및 비선형 Kernel Trick) • 서로 다른 분류에 속한 데이터 간의 간격(마진)이 최대화가 되는 평면을 찾아 이를 기준으로 분류
	K-최근접 이웃	• K-nearest Neighbor(Lazy Learning) • 특정 데이터 좌표점과 나머지 좌표점들 간의 거리에 기반을 두어 가장 가까운 K개의 점들의 목적변수(반응변수)값들의 다수결로 분류
	나이브 베이즈	• Naive Bayes(확률모형, 베이즈 정리 기반) • 목적변수(반응변수) 발생 조건부 확률을 사전확률과 우도 함수의 곱으로 표현 • 확률이 높은 분류 항목에 속하게 함 • 관측값들은 서로 독립이라고 가정
	인공 신경망	• Artificial Neural Network(Black Box) • 입력, 은닉, 출력 노드 구성, 복잡한 분류나 수치 예측 • 인간의 뇌의 뉴런 작용 형태에서 모티브를 얻음

⑨ 로지스틱 회귀(Logistic Regression)
  ㉠ 설명변수 값이 주어졌을 때, 목표변수의 값이 특정 부류에 속할 확률이 로지스틱 함수를 따르는 경우, 목표변수의 범주를 예측하기 위해 사용된다.
  ㉡ 로지스틱 회귀모형에 대한 내용은 다음과 같다.

〈표 4-28〉 로지스틱 회귀모형

구 분	주요 내용

로지스틱 회귀	• 예측하고자 하는 목표변수(Y)의 범주를 분류
	• 예측하는 것은 목표변수 Y값이 아니라, 목표변수 Y가 특정 범주(i)가 될 확률, $P(Y=i)$이다. (이항 로지스틱 회귀) 목표변수 Y의 범주가 0, 1일 때,
	$$E[Y]=P(Y=1)=\frac{e^{(\beta_0+\beta_1 X)}}{1+e^{(\beta_0+\beta_1 X)}}=\frac{1}{1+e^{-(\beta_0+\beta_1 x)}}$$
	• 모수는 MLE(Maximum Likelihood Estimation) 방법으로 추정
	• 로지스틱 회귀함수의 그래프
	  $P(Y=1)$: 목표변수 Y의 발생 확률(0에서 1 사이의 범위 값을 가짐)
	  $P(Y=1)$는 X값의 증가에 따라 0에서 1로 S자 곡선 형태를 보임
	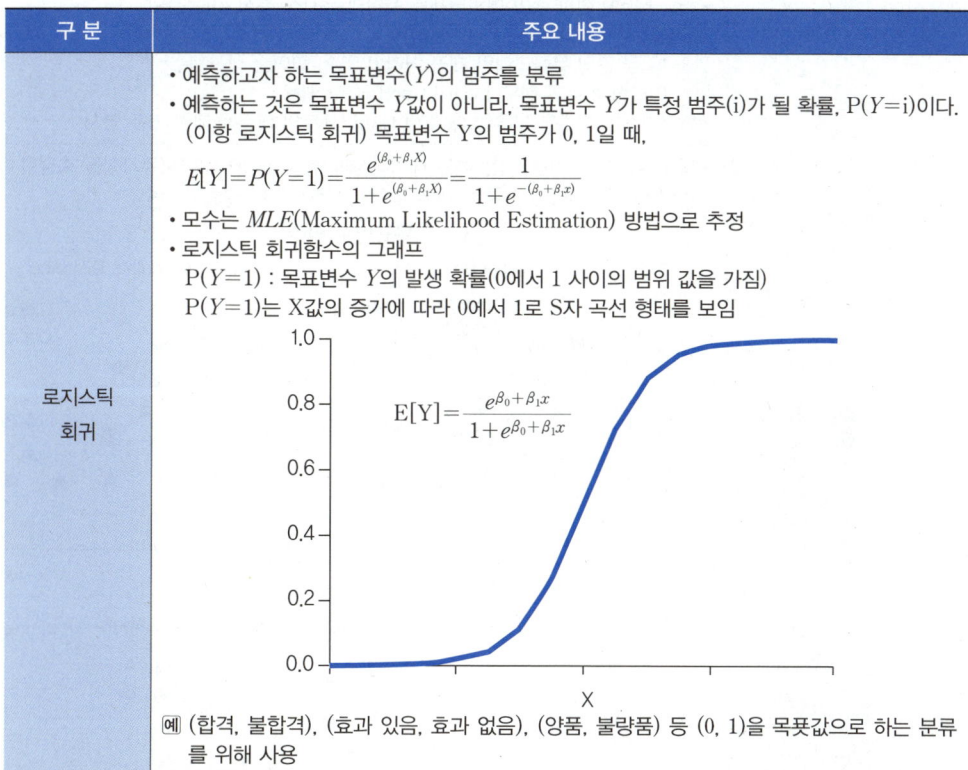
	예 (합격, 불합격), (효과 있음, 효과 없음), (양품, 불량품) 등 (0, 1)을 목푯값으로 하는 분류를 위해 사용

⑩ K-최근접 이웃(K-nearest Neighbor)
  ㉠ 특정 데이터 좌표점과 나머지 좌표점들 사이의 거리를 기준으로 가장 가까운 k개의 점들의 목적변수(반응변수) 값들을 동일 범주로 분류한다.

ⓒ K-최근접 이웃(K-NN) 모델에 대한 주요 내용을 요약하면 다음과 같다.

〈표 4-29〉 K-최근접 이웃 모형

구 분	주요 내용

K-최근접 이웃	• (분류예측) 목표변수의 범주를 알지 못하는 데이터세트의 분류
	• 해당 데이터세트와 가장 유사한 주변 데이터세트의 범주로 지정
	• 해당 데이터점과 주변 데이터세트 사이의 유사성 측정 기준 정의
	• 유사성
	   - 두 점 간의 유클리디안 제곱 거리의 역수, 피어슨 상관계수
	   - 이산형 변수의 경우 Jacard Coefficient 사용
	• 목표변수의 범주를 분류할 때 주변 데이터세트의 개수에 대한 기준 명시
	
	• 목표변수 분류 기준 : k는 해당 데이터점과 주변 데이터세트의 유사성을 측정한 후, 해당 데이터 점의 목표변수 분류를 위해 참조할 주변 데이터 점들의 개수
	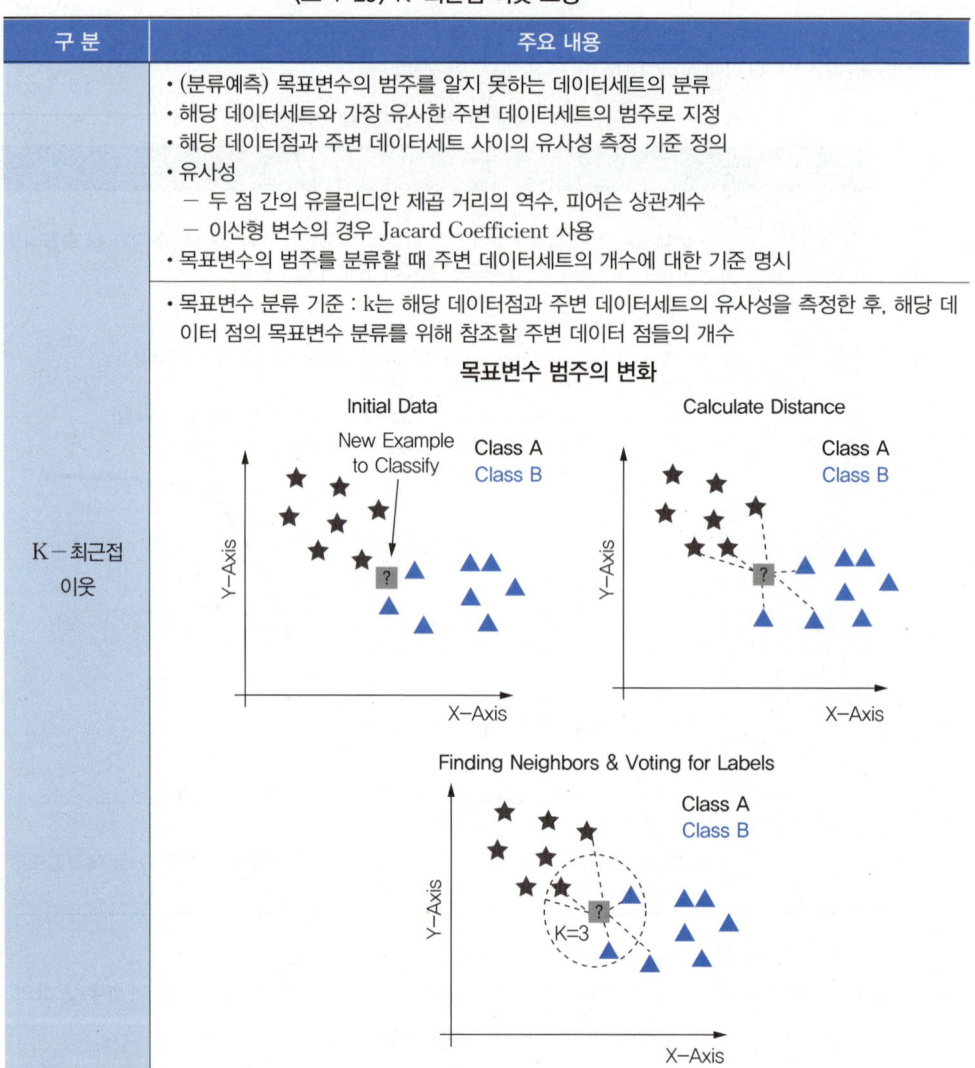

⑪ 변수 유형에 따른 데이터 분석모형
  ㉠ 데이터 변수(독립변수, 종속변수)의 유형(연속형, 범주형)에 따라 다음과 같이 구분하여 데이터 분석모형을 적용한다.
  ㉡ 독립변수와 종속변수가 주어져 있는 경우 이들을 이용하여 주어진 독립변수에 대한 종속변수의 값을 예측·분류하는 적절한 분석 모델을 개발한다.

〈표 4-30〉 변수 유형에 따른 데이터 분석 방법

구 분		종속변수	
		연속형 변수	범주형 변수
독립변수	연속형 변수	• 회귀분석 • 인공신경망 모델 • K-평균 군집화	• 로지스틱 회귀분석 • 판별분석 • K-평균 군집화
	범주형 변수	• 회귀분석 • 인공신경망 모델 • 의사결정트리(회귀나무)	• 인공신경망 모델 • 의사결정트리 • 로지스틱 회귀분석

확인 문제 | **분류 분석 방법의 개념**

데이터 마이닝 기법 중 분류 분석에 대한 설명으로 옳지 않은 것은?

① 다수의 속성(변수)을 가지는 객체를 사전에 정해진 그룹이나 범주 중의 하나로 분류한다.
② 대표적인 분류 기법에는 SVM, 의사결정나무, 인공신경망 등이 있다.
③ 분류 분석에서는 각 계급이 어떻게 정의되는지 사전에 알아야 한다.
④ 의사결정나무는 한 변수와 상관성이 높은 다른 불필요한 변수가 있을 경우 큰 영향을 받는다.

풀이 의사결정나무를 이용한 분류기법에서는 비정상적인 잡음 데이터에 대해서도 민감하지 않고 분류 기능을 수행한다.
정답 ④

---

(4) 최종모형 선정

① 여러 방법들 중 바람직한 데이터 분석모형을 선택하기 위하여 먼저, 분석 데이터 수준, 기술적 적용 수준, 분석의 전략적 중요성을 고려한다. 분석 목적별로 데이터 분석모형이 명확하게 정의되어 있지 않다.
② 예를 들어, 분류 목적의 머신러닝 기법 선정 과정에서 어떤 상황에서 어떤 분류 기법을 적용해야 하는지에 대한 명확하고 검증된 이론이나 기준은 없다.
③ 일반적으로 비즈니스 도메인 이슈, 결과물의 활용 형태, 데이터세트의 형태 및 양, 변수의 특성, 데이터 변환 및 전처리 과정에서 얻은 사전 데이터 이해 및 통찰력, 분석가의 경험 및 능숙도 등에 따라 적합한 기법을 선정한다.
④ 보통은 다양한 기법을 적용하여 그 중 가장 정확도가 높고 일반화 능력이 높은 기법을 선정하는 것이 바람직하다.

⑤ 머신러닝 기법 선정 시 가이드라인을 요약하면 다음과 같다.

〈표 4-31〉 머신러닝 분석모형 선정 시 가이드라인

- 배경 이론이나 확률적 접근이 가능한 경우, 로지스틱 회귀모델이나 나이브 베이즈 기법을 적용한다.
- 문서 등의 비정형 데이터를 변환하여 분류 예측 등을 수행하는 경우, 분류 결과는 중요하나 분류 확률값 자체는 상대적으로 중요하지 않을 경우, 나이브 베이즈 모형을 적용한다.
- 해당 비즈니스 도메인 영역의 특성상 분석 모델링에 엄격한 기준이 존재하거나, 모델 결과 계숫값 등에 대한 유의성 검정이 요구될 경우 로지스틱 회귀분석모형을 적용한다.
- 어떤 변수가 목표변수 분류에 중요한지 빠르게 탐색하고자 할 때, 의사결정트리 모형을 적용하고, 트리 분류기준을 변경하거나 가지치기 등을 수행하며, 결과의 변화를 분석한다.
- 목표변수 분류 규칙을 도출하거나 지식화해야 할 경우 의사결정트리 모형을 고려한다.
- 결과 분류의 이유나 규칙 등에 대한 설명보다는 예측의 정확도가 중요한 경우, 인공신경망 모형이나 서포트벡터머신을 고려한다.
- 불완전한 데이터, Noise 등의 존재, 비정규성 등이 존재하는 데이터일 경우, 인공신경망 모형이나 서포트벡터머신을 고려한다.
- 특별한 통계모델의 가정 없이, 또는 모수적인 접근이 아닌 데이터의 유사성 등에 근거한 데이터 분류를 원하는 경우, K-최근접 이웃 기법을 적용한다.
- 기존에 수행한 분류 모델링의 성능이나 정확도를 개선해야 하거나 일반화 능력을 높이고자 할 때, 랜덤 포레스트 등의 앙상블 모형을 고려한다.

확인 문제 최종모형 선정 시 고려 사항

다음 중 데이터 분석모형을 최종적으로 선정할 때 고려 사항으로 옳지 않은 것은?

① 일반적으로 다양한 데이터 분석 기법을 적용하여 그중 가장 정확도가 높고 일반화 능력이 높은 기법을 선정한다.
② 상황에 따라 어떤 데이터 분류 기법을 적용해야 하는지에 대한 명확하고 검증된 이론이나 기준은 반드시 존재한다.
③ 바람직한 데이터 분석모형을 선택하기 위해 먼저 분석 데이터 수준, 기술적 적용 수준, 분석의 전략적 중요성을 고려한다.
④ 비즈니스 도메인 이슈 및 결과물 활용 형태, 데이터세트의 형태 및 양, 변수 특성, 변환 및 전처리 과정에서 얻은 사전 이해 및 통찰력, 분석가의 경험 및 능숙도 등에 따라 적합한 기법을 선정한다.

풀이 분류 목적의 머신러닝 기법 선정 과정에서 어떤 상황에서 어떤 분류 기법을 적용해야 하는지에 대한 명확하고 검증된 이론이나 기준은 없다.

정답 ②

제1장 적중예상문제

제4과목 [빅데이터 결과 해석]

01 변수들의 순위를 고려하여 평가하는 상관계수는 무엇인가?

① Pearson 상관계수 ② Spearman 상관계수
③ Sample 상관계수 ④ Population 상관계수

[해설] 스피어만(Spearman) 상관계수를 이용하여 순위를 기준으로 표현된 변수들에 대한 상관계수를 평가한다.

02 회귀분석에 대한 설명으로 옳지 않은 것은?

① 회귀분석은 한 변수가 다른 변수에 1차원(또는 2차원) 이상의 영향을 주고 있다는 가정 아래 수행된다.
② 다른 변수로부터 영향을 받는 변수를 종속변수라 한다.
③ 회귀분석에서 영향을 받는 변수를 독립변수라 한다.
④ 한 변수가 다른 변수에 미치는 영향을 함수 형태로 추정하기 위해 고안된 방법이다.

[해설] 영향을 받는 변수를 종속변수(Dependent Variable), 다른 변수에 영향을 주는 변수를 독립변수(Independent Variable)라 한다.

정답 01 ② 02 ③

03 독립변수가 2개 이상이고 종속변수와의 관계가 선형적(1차 함수)인 경우 적용되는 회귀분석모형은?

① 단순회귀모형
② 다중회귀모형
③ 곡선회귀모형
④ 주성분회귀모형

[해설] 다중회귀 모형에 대한 설명이다. 설명변수(독립변수)가 2개 이상인 회귀모형을 분석대상으로 하며 (상품가격, 대체재 및 보완재 가격, 소득, 가족의 수)에 따른 수요량 예측 그리고 (이자율, 소득)에 따른 투자 금액 분석 등에 이용된다.

04 종속변수가 1개인 회귀분석모형을 적용하여 교차 타당성을 검증하는 경우의 고려 사항이 아닌 것은?

① 독립성
② 등분산성
③ 주성분성
④ 정규성

[해설] 회귀분석모형 적용 시 선형성, 등분산성, 독립성, 정규성을 사전에 검토한다.
  • 선형성(Linearity) : 종속변수는 독립변수의 선형 함수
  • 등분산성(Equal Variance, Homoscedasticity) : 오차의 분산은 등분산, 잔차(추정오차)들은 같은 분산을 가짐
  • 독립성(Independence) : 종속변수는 관찰값에 조건부 독립, 잔차들은 서로 독립
  • 정규성(Normality) : 오차의 분포는 정규분포이며, 잔차는 평균이 0이고 분산이 σ^2인 정규분포임

05 다음 특징을 가지는 머신러닝 성능평가 지표로 옳은 것은?

> • 분류 목적의 머신러닝 모형 성능평가 시 활용
> • 분류 정확도의 평가지표로 사용
> • 분류의 예측 범주와 데이터의 실제 분류 범주 구분
> • 교차표 형태로 표현

① 교차행렬
② 혼동행렬
③ 혼합행렬
④ 회귀행렬

[해설] 주로 분류 목적의 머신러닝 데이터 분석모형의 성능을 평가하기 위해 사용되는 Confusion Matrix(혼동행렬)의 특징이다.

06 다음 특징을 가지는 머신러닝의 성능평가 지표는?

> • 부정(Negative)인 범주 중 부정으로 올바르게 예측한 비율
> • 실제 거짓인 경우를 거짓으로 분류하여 반응한 비율
> • $1-FP$ rate (FP rate는 거짓 긍정률로서 부정인 범주 중 긍정으로 잘못 예측한 비율)

① 민감도(Sensitivity)
② 정확도(Accuracy)
③ 특이도(Specificity)
④ 카파값(Kappa Statistics)

[해설] 특이도(Specificity) $=\dfrac{TN}{TN+FP}$, TN : 진음성, FP : 가양성으로 구한다.

07 머신러닝 성능평가 지표 중 긍정으로 예측한 비율 중에서 실제 긍정인 경우의 비율은 무엇인가?

① 민감도(Sensitivity) ② 정밀도(Precision)
③ 특이도(Specificity) ④ 카파값(Kappa Statistics)

[해설] 정밀도(Precision) $= \dfrac{TP}{TP+FP}$, TP : 진양성, FP : 가양성으로 구한다.

08 다음 특징을 가지는 머신러닝의 성능평가 지표는?

- 모형의 예측값과 실젯값이 우연히 일치할 확률을 제외하여 반영
- 0에서 1의 값을 가짐
- 0에 가까울수록 모형의 예측값과 실젯값이 일치하지 않음
- 1에 가까울수록 모형의 예측값과 실젯값이 일치

① 민감도(Sensitivity) ② 정확도(Accuracy)
③ 특이도(Specificity) ④ 카파값(Kappa Statistics)

[해설] 카파값(Kappa Statistics)에 대한 설명이며,
$K = \dfrac{Pr(a) - Pr(e)}{1 - Pr(e)}$, Pr(a) : Accuracy, Pr(e) : Error Rate로 구한다.

09 다음 특징을 가지는 머신러닝의 성능평가 지표는?

- 정밀도와 민감도를 하나로 통합한 지표
- 정밀도와 민감도의 조화 평균
- 0에서 1의 값을 가짐
- 정밀도와 민감도가 모두 큰 값을 가질 때, 이 값도 큰 값을 가짐

① $F-measure(F1-score)$
② 정확도(Accuracy)
③ 특이도(Specificity)
④ 카파값(Kappa Statistics)

[해설] $F-measure$(또는 $F1-score$)이며,
$F-measure = 2 \times \text{Precision} \times \text{Sensitivity}/(\text{Precision} + \text{Sensitivity})$
$= \dfrac{2TP}{2TP + FN + FP}$로 구한다.

10 다음 특징을 가지는 성능평가 방법은 무엇인가?

> • 혼동행렬의 값에서 FP rate(False Positive, 거짓긍정률)와 TP rate(True Positive, 참긍정률) 사이의 관계 표현
> • 목표변수 범주 값 분류 시 긍정과 부정 범주의 변화 판단
> • 기준값의 변화에 따른 참긍정과 거짓긍정 비율의 변화 분석

① 최대우도법(Maximum Likelihood Estimation) 곡선
② 최소제곱법(Least Square Method) 곡선
③ ROC(Receiver Operating Characteristic) 곡선
④ 회귀(Regression) 곡선

[해설] ROC(Receiver Operating Characteristic) 곡선(Curve)을 이용한 FP rate와 TP rate 사이의 관계 분석 방법이다. True Positive(TP) rate를 Y축, False Positive(FP) rate를 X축으로 하여 모델이 양성(긍정)으로 예측했을 때 얼마나 잘 맞추고 있는지를 설명한다.

11 ROC(Receiver Operating Characteristic) 곡선을 이용한 성능평가 판단 방법으로 옳지 않은 것은?

① ROC 곡선은 머신러닝이 성능평가 지표들 중 거짓긍정률(FP rate)과 참긍정률(TP rate) 사이의 관계를 분석하기 위해 사용된다.
② 분석대상의 데이터세트가 작은 경우 TP와 FP 비율의 값의 변화가 커서 분석모형에 따라 다양한 곡선 형태로 그려진다.
③ 데이터 분석모형에 대한 평가 결과 TP rate 값이 클수록, FP rate 값이 작을수록 성능이 우수한 모형으로 평가된다.
④ FP rate 값이 동일한 경우, TP rate의 값이 클수록 성능이 우수한 모형이다.

[해설] 분석모형을 위한 데이터세트가 작으면, 예측 결과에 큰 차이가 없어 보통 step 함수 형태의 곡선으로 그려진다.

12 ROC(Receiver Operating Characteristic) 곡선에 대한 설명으로 옳지 않은 것은?

① 모형에 대한 분석결과 TP rate 값이 동일한 경우 FP rate가 클수록 우수한 성능을 갖는 모형으로 평가된다.
② 혼동행렬의 요소들 중 기준값의 변화에 따른 참긍정과 거짓긍정 비율의 변화를 분석하기 위해 사용된다.
③ 분석모형에 사용되는 데이터세트가 많을 때 모형에 따라 복잡한 ROC 곡선이 만들어진다.
④ ROC 곡선에서 대각선 모양에 가까울수록 예측을 위한 분석모형의 예측력 성능이 우수하지 않음을 알 수 있다.

[해설] TP rate가 클수록, FP rate가 작을수록 우수한 분석모형이다. 따라서 TP rate가 동일한 경우, FP rate가 작을수록 우수한 모형이다.

13 다음 특징을 가지는 성능평가 방법은 무엇인가?

- 데이터세트를 분할하여 일부 데이터세트로 모델 훈련, 나머지 데이터세트에서 예측력 평가
- 전체 데이터를 K개로 분할, 차례로 검증 데이터세트로 사용
- 전체 데이터세트를 훈련 데이터와 검증 데이터로 나누어 모델링
- 성능평가를 K회 반복 수행, 성능평가들에 대한 평균값 활용

① 민감도 분석
② K-교차 검증
③ 주성분 분석
④ ROC 곡선 검증

[해설] K 교차검증(K-fold Cross Validation) 방법을 이용한 모형 성능평가 방법이다. K개의 fold를 만들어서 진행하는 교차검증 방법으로서 총 데이터세트가 적은 데이터세트에 대하여 정확도를 향상시키기 위해 사용된다.

14 예측 분석모형의 평가지표들 중 종속변수 값 대비 예측 오차비율의 절댓값들을 평균한 값으로서 실제 데이터에서 오차가 어느 정도의 비율로 발생했는지 평가하는 방법은 무엇인가?

① 평균절대오차 ② 평균제곱오차
③ 표준오차 ④ 평균절대백분오차비율

[해설] 평균절대백분오차비율($MAPE$; Mean Absolute Percentage Error)로서, $MAPE = \frac{1}{n} \sum_{y_i \in L} \left| \frac{y_i - \hat{y_i}}{y_i} \right| \times 100(\%)$로 구한다.

15 다음 오차 계산 방법 중 옳지 않은 것은? (단, 여기서 y_i는 실젯값, $\hat{y_i}$은 예측값이다)

① Mean Absolute Error(MAE) : $MAE = \frac{1}{n} \sum_{y_i \in L} |y_i - \hat{y_i}|$

② Mean Squared Error(MSE) : $MSE = \frac{1}{n} \sum_{y_i \in L} (y_i - \hat{y_i})^2$

③ Root Mean Square(RMS) : $RMS = \frac{1}{n} \sum_{y_i \in L} (y_i - \hat{y_i})^2$

④ Mean Absolute Percentage Error($MAPE$) : $MAPE = \frac{1}{n} \sum_{y_i \in L} \left| \frac{y_i - \hat{y_i}}{y_i} \right| \times 100(\%)$

[해설] 표준오차(RMS ; Root Mean Square)는 $RMS = \sqrt{\frac{1}{n} \sum_{y_i \in L} (y_i - \hat{y_i})^2}$로 구하며, MSE로 평가 시 수치가 커지는 것을 제곱근을 취함으로써 보정하여 오차를 평가한다.

16 다음 설명에 해당하는 방법은?

> 수집 데이터에 대해 데이터 검사 절차를 수행함으로써 데이터에 관한 중요한 정보와 통계치를 수집하며, 통계적 분석 방법을 적용하여 데이터 오류를 발견하고 수정하면서 고품질 데이터를 사용할 수 있는 기반환경을 제공한다.

① 데이터 무결성
② 데이터 평가지표 진단
③ 데이터 프로파일링
④ 데이터 체크리스트 설정

[해설] 데이터 프로파일링(Data Profiling)에 대한 설명이다. 데이터 프로파일링은 데이터의 일관성, 정확성 및 완전성 부족 그리고 데이터 중복과 같은 데이터 품질 상의 문제를 발견하고 조사하기 위한 기술이다. 하나 이상의 데이터 소스를 분석하고 데이터 상태를 보여주는 메타 데이터를 수집하여 수행되며, 데이터 관리자가 데이터 오류의 원인을 조사할 수 있도록 한다. 데이터 프로파일링을 통해 데이터 중복의 정도 및 속성값 비율과 같은 데이터 통계를 확인하게 된다.

17 데이터 프로파일링 방법을 이용한 빅데이터 분석모형의 진단 절차로 옳은 것은?

① 품질기준 선정 및 이슈 조사 → 핵심 데이터 정의 → 데이터관리 문서 수집 → 진단대상 중요도 평가 및 대상 선정 → 데이터 프로파일링
② 품질기준 선정 및 이슈 조사 → 데이터관리 문서 수집 → 진단대상 중요도 평가 및 대상 선정 → 핵심 데이터 정의 → 데이터 프로파일링
③ 품질기준 선정 및 이슈 조사 → 데이터관리 문서 수집 → 핵심 데이터 정의 → 진단대상 중요도 평가 및 대상 선정 → 데이터 프로파일링
④ 품질기준 선정 및 이슈 조사 → 진단대상 중요도 평가 및 대상 선정 → 데이터관리 문서 수집 → 핵심 데이터 정의 → 데이터 프로파일링

[해설] 데이터 프로파일링을 위한 데이터 분석모형의 진단은 '품질기준 선정 및 이슈 조사 → 데이터관리 문서 수집 → 진단대상 중요도 평가 및 대상 선정 → 핵심 데이터 정의 → 데이터 프로파일링'의 과정으로 수행된다.

18 데이터 분석모형의 오류 분류 방법으로 적절한 것은?

① 일반화 오류, 진단 오류
② 일반화 오류, 훈련 오류
③ 학습 오류, 훈련 오류
④ 제1종 오류, 제2종 오류

[해설]
- 일반화 오류(Overfitting) : 분석모형을 만들 때 주어진 데이터세트의 특성을 지나치게 반영하여 발생하는 오류
- 훈련 오류(Underfitting) : 주어진 데이터세트에 부차적인 특성과 잡음이 있다는 점을 고려하여 이 특성을 덜 반영되도록 분석모형을 만들어 생기는 오류

19 공분산에 대한 설명으로 옳지 않은 것은?

① 두 확률변수 x, y의 평균이 같아야 한다.
② 두 확률변수 x, y 편차의 곱의 합으로 구한다.
③ 두 확률변수 x, y가 독립이면 공분산은 0이다.
④ 공분산은 크기보다 +, -의 부호에 의미가 있는 값이다.

[해설] 공분산은 두 확률 변수의 변량을 조정하지 않은 편차의 곱의 합으로 구한다. 공분산은 크기에 의미를 두기 보다는 부호(+, -)에 의미를 둔다. 부호와 함께 크기를 고려하고자 할 때, 공분산을 각각의 확률 변수의 표준편차로 나눈 상관계수를 이용한다.

20 다음 설명에 해당하는 데이터 분석 방법은?

> 일반적으로 범주형인 명목 척도와 서열 척도의 성격을 가진 두 변수가 가진 각각의 범주를 교차하여 해당빈도를 표시하는 교차 분석표를 작성하여 두 변수 간의 관련성을 분석하는 기법

① 교차분석
② 연관성 분석
③ 혼동행렬 분석
④ 홀드아웃 분석

[해설] 교차분석(Cross Tabulation Analysis)에 대한 설명이다. 교차분석에서는 보통 교차분석표 상의 각 셀의 기대빈도(예측값)와 관찰빈도(실젯값)가 5보다 작은 셀이 20% 미만인 경우 적용하며, 각 셀의 빈도는 서로 독립적이어야 한다.

정답 16 ③ 17 ② 18 ② 19 ① 20 ①

21 교차분석을 위한 통계적 검정 기법에 해당되지 않은 것은?

① 독립성 검정
② 동일성 검정
③ 유효성 검정
④ 적합도 검정

[해설] 유효성 검정은 교차분석을 위한 통계적 가설 검정기법에 해당되지 않는다. 예를 들어 교차 유효성 검정에서는 주어진 데이터의 일부를 학습시켜 모델을 생성하고 나머지 데이터는 모델을 검정하고 유효성을 검사하는 데 사용된다.

22 교차 타당성을 검증하기 위한 교차분석에서 사용되는 검정 통계량으로 옳은 것은?

① 교차 검정통계량
② 카이제곱 검정통계량
③ $F-$검정통계량
④ 표준 검정통계량

[해설] 교차분석을 위하여 카이제곱(Chi-square, χ^2) 검정통계량을 이용한다.

23 다음 중 교차 타당성 검증을 위해 사용되는 교차 분석에 대한 설명으로 옳지 않은 것은?

① 교차분석 방법을 이용하여 빅데이터 분석모형에 대한 성능(예측값의 정확성)을 평가한다.
② 교차분석표에서의 각 셀의 기대빈도(예측값)와 관찰빈도(실젯값)가 5보다 작은 셀이 20% 미만인 경우를 가정한다.
③ 일반적으로 두 변수의 척도가 범주형인 명목 척도 또는 서열 척도인 경우에 적용된다.
④ 교차분석을 위해 사용되는 교차분석표 상의 각 셀의 빈도는 상호 의존적인 값이다.

[해설] 교차분석표에서의 각 셀의 빈도가 상호 독립적인 경우 교차 분석을 수행한다.

24 다음 중 상관분석에 대한 설명으로 옳지 않은 것은?

① 상관분석을 이용하여 두 변수의 관계를 어느 정도 알 수 있다.
② 등간 척도 변수의 상관관계를 측정할 때는 Pearson 상관계수를 이용한다.
③ 상관계수의 범위는 0과 1 사이이다.
④ 서열 척도 변수의 상관관계를 측정할 때는 Spearman 상관계수를 이용한다.

[해설] 상관계수는 −1과 1 사이의 값을 가진다. 상관계수(Correlation Coefficient)란 등간 척도 이상의 두 변수 중에서 한 변수의 변화가 다른 변수의 변화에 따라 어떤 변화가 일어나는지를 보여주는 지표이다. 양의 상관관계인 경우 한 변수가 증가함에 따라 다른 변수도 증가하는 경우를 의미하며, 음의 상관관계는 한 변수가 증가함에 따라 다른 변수는 감소하는 경우를 뜻한다.

25 상관계수(r)에 대한 설명이다. 빈 칸에 들어갈 숫자로 옳은 것은?

> 상관계수는 두 변수 X와 Y 사이 존재하는 관계의 정도를 측정하는 척도이다. 상관계수의 크기 범위는 $-1 \leq r \leq 1$로 절댓값이 (   )에 근접할수록 상관관계는 약하고, (   )에 가까울수록 상관관계는 강하다.

① 0, 1
② 1, 0
③ 1, 1
④ 1, 2

[해설] 0에 가까울수록 상관관계가 약하며, 1에 가까울수록 양(정)의 상관관계, −1에 가까울수록 음(부)의 상관관계를 갖는다.

26 다음 설명에 해당하는 가설 검정 방법은 무엇인가?

> 두 개 이상의 집단들 사이의 비교를 수행하고자 할 때 사용하며, 집단 내의 분산, 총 평균과 각 집단의 평균 차이에 의해 생긴 집단 간 분산비교로 얻은 F분포를 이용하여 가설을 검정한다.

① 분산분석
② 요인분석
③ 주성분 분석
④ 카이제곱 분석

[해설] ANOVA(Analysis of Variance, 분산분석)에 대한 설명이다. 분산분석(또는 변량 분석)은 통계학에서 두 개 이상 다수의 집단을 비교하고자 할 때 집단 내의 분산, 총평균과 각 집단의 평균의 차이에 의해 생긴 집단 간 분산의 비교를 통해 만들어진 F분포를 이용하여 가설 검정을 하는 방법이다. 통계학자이자 유전학자인 로날드 피셔(R. A. Fisher)에 의해 만들어졌다.

27 A, B, C, D 4가지 제품에 대한 콜레스트롤 함량 측정결과를 이용하여 $F-$검정하고자 한다. 다음 중 어느 검정 방법이 가장 바람직한가?

① 일원 분산분석
② 이원 분산분석
③ 다변량 분산분석
④ 단일표본 $t-$검정

[해설] 4가지 인자에 대하여 인자가 취할 수 있는 상태가 1가지(콜레스트롤 함량)인 경우, 일원 분산분석 방법을 적용한다.

28 다음 중 ANOVA 분석에 사용되는 통계적 검정 방법은?

① Chisquare(χ^2)$-$Test
② $F-$Test
③ Poisson$-$Test
④ $t-$Test

[해설] ANOVA는 $F-$Test를 이용한 분산분석 방법으로서, 집단의 분산을 이용하여 총 데이터 변동값을 요인별로 분류하고 3개 이상의 모집단의 평균에 차이가 있는지를 검정한다.

29 데이터 모형 진단 기법 중, 데이터 집합을 서로 겹치지 않는 훈련집합과 시험집합으로 무작위 구분 후, 훈련집합을 이용하여 분석모형을 구축하고 시험집합으로 모형의 성능을 평가하는 방법으로 옳은 것은?

① 과적합 및 미적합 검증
② 다중 교차검증
③ 홀드아웃 교차검증
④ 훈련 데이터셋 검증

[해설] 홀드아웃 교차검증(Holdout Cross Validation) 방법이다. 홀드아웃 교차검증 방법에서는 데이터 집합을 서로 겹치지 않는 훈련집합과 시험집합으로 무작위 구분한 후, 훈련집합을 이용하여 분석모형을 구축하고 시험집합을 이용하여 분석모형의 성능을 평가한다.

30 다음 특징을 갖는 추정 방법은 무엇인가?

- 모수를 단일치로 추측
- 표본을 이용하여 모수의 참값으로 생각되는 하나의 값 추측
- 어떠한 값을 택할 것인가를 사전에 지정(추정량)
- 관측값에 대하여 추정량을 이용하여 값 추측(추정값)

① 가설추정
② 구간추정
③ 신뢰노추성
④ 점추정

[해설] 점추정에 대한 특징이다. 통계학에서 점추정(Point Estimation)이란 미지의 분포에 대하여 가장 근사한 단일 값을 구하는 것으로서, 추정하고자 하는 하나의 모수에 대하여 모집단에서 임의로 추출된 n개 표본의 확률변수로 하나의 통계량을 만들고 주어진 표본으로부터 그 값을 계산하여 하나의 수치를 제시한다.

31 모집단에 대한 가설을 설정한 뒤, 표본관찰을 통해 가설의 채택여부를 결정하는 분석 방법은?

① 구간추정
② 점추정
③ 검정통계량
④ 가설 검정

[해설] 가설 검정에 대한 설명으로서 가설 검정에서는 귀무가설과 대립가설 중 하나를 선택하게 된다.
- 귀무가설(Null Hypothesis) : 차이가 없거나 의미 있는 차이가 없는 경우의 가설, 통계학적 증거를 통해 증명하려는 가설
- 대립가설(Alternative Hypothesis) : 귀무가설에 대립하는 명제, 모집단에서 독립변수와 종속변수 사이 특정 관련이 있음

32 두 집단 사이 평균의 차이를 검정하는 방법으로 옳은 것은?

① 카이제곱 검정
② 평균 검정
③ $F-$검정
④ $t-$검정

[해설] $t-$검정 방법을 이용하여 두 집단 간의 평균의 차이를 검정한다. $t-$검정은 일반적으로 모집단의 분산이나 표준편차를 알지 못할 때 모집단을 대표하는 표본으로부터 추정된 분산이나 표준편차를 가지고 검정하는 방법으로서 "두 모집단의 평균 간의 차이는 없다"라는 귀무가설과 "두 모집단의 평균 간에 치이가 있다"라는 대립가설 중에 하나를 선택하는 통계적 검정방법이다.

33 다음 중 제1종 오류에 대한 설명으로 옳은 것은?

① H_0가 사실이 아닐 때 H_0를 채택한다.
② H_0가 사실일 때 H_0를 기각한다.
③ H_0가 사실이다.
④ H_0가 사실이 아니다.

[해설] 귀무가설(H_0)이 참일 때 이를 기각하는 경우를 제1종 오류라고 한다. 예를 들어 실제로 효과가 없는데 효과가 있다고 주장할 오류(실제 음성인 것을 양성으로 판정하는 오류, 거짓 양성, 알파 오류 등)를 의미한다.

34 다음 설명과 관련된 것은?

> 통계적 가설 검정은 귀무가설이 옳다는 것에서 출발한다. 표본들의 평균치 사이에 생기는 차이가 우연에 의한 것이라기에는 큰 경우, 우연이 아니라는 의문이 발생하며, 이때 우연인지를 판단하는 기준을 설정하여 가설 검정에 이용한다.

① 유의수준
② 검정통계량
③ 기각역
④ 구간추정

[해설] 유의수준(Significance Level)은 통계적인 가설 검정에서 사용되는 기준값으로서 95%의 신뢰도를 기준으로 하는 경우 0.05 값이 유의수준이 된다. 가설 검정에서 유의수준과 유의확률 값을 비교하여 통계적 유의성을 검정한다.

정답 31 ④ 32 ④ 33 ② 34 ①

35 통계적 가설 검정 절차를 바르게 나타낸 것은?

> (가) 유의수준을 지정하고 임곗값(기각역)을 정한다.
> (나) 임곗값과 검정통계량을 비교하여 귀무가설의 기각여부를 판정한다.
> (다) 표본자료를 수집하여 검정통계량을 구한다.
> (라) 귀무가설과 대립가설을 설정한다.
> (마) 검정에 적용할 분포와 검정통계량을 선택한다.

① (마) - (가) - (다) - (나) - (라)
② (마) - (라) - (가) - (다) - (나)
③ (라) - (가) - (마) - (다) - (나)
④ (라) - (마) - (가) - (다) - (나)

[해설] 검정은 귀무가설과 대립가설 설정 후, 검정에 적용할 분포와 검정통계량을 선택하고, 유의수준을 지정하여 임곗값(기각역)을 구한다. 그리고 표본자료를 수집하여 검정통계량을 계산하며, 임곗값과 검정통계량을 비교하여 귀무가설의 기각 여부를 판정한다.

36 상단측 검정에서 검정통계량을 이용하여 구한 유의확률(p)과 유의수준(α)을 비교하여 검정을 수행하는 방법으로 옳은 것은?

① $p > \alpha$이면 귀무가설은 기각된다.
② $p > \alpha$이면 대립가설은 채택된다.
③ $p \leq \alpha$이면, 귀무가설은 기각된다.
④ $p \leq \alpha$이면, 대립가설은 기각된다.

[해설] 표본을 수집하여 검정통계량으로 구한 유의확률(p)이 유의수준(α)보다 같거나 작으면($p \leq \alpha$), 귀무가설은 기각된다. 즉, 검정통계량으로부터 구한 유의확률(p)이 유의수준(α)보다 같거나 작으면($p \leq \alpha$), 귀무가설(H_0)이 기각(Reject)되고, 유의확률(p)이 유의수준(α)보다 크면($p > \alpha$), 귀무가설(H_0)이 채택(Accept)된다.

37 통계적 분석 기법의 관계가 적절하지 않은 것은?

① 평균에 대한 검정과 추정 - T 검정
② 분할표의 검정 - 카이제곱 검정, Fisher 검정, 잔차 분석
③ 변수들 사이의 상관관계의 강도 검증 - 요인분석, 주성분 분석
④ 시간의 흐름에 따른 데이터 분석 모델 - 시계열 분석

[해설] 변수들 사이의 상관관계의 강도는 상관 분석을 이용하여 확인한다. 요인분석과 주성분 분석은 결과에 영향을 미치는 요인들 사이의 관계와 핵심요인분석에 이용된다.

38 P대학교 통계학과 3학년 50명 학생의 중간고사 및 기말고사 시험 성적에 차이가 있는지를 확인하기 위한 가장 바람직한 검정 방법은?

① 대응표본 $t-$검정
② 독립표본 $t-$검정
③ 단일표본 $t-$검정
④ 일원배치 분산분석

[해설] 동일 대상으로 조사된 2개의 표본을 대응표본이라 하며, 동일 대상에 대하여 차이가 있는지는 대응표본 $t-$검정 방법을 이용한다.

39 다음 중 적합도 검정에서 사용되는 귀무가설은?

① 실제 분포와 이론적 분포는 일치하지 않는다.
② 실제 분포와 이론적 분포는 일치한다.
③ 실제 분포와 학습 데이터의 분포는 일치하지 않는다.
④ 실제 분포의 모수 값은 관측값보다 항상 크다.

[해설] 적합도 검정에서는 모집단의 분포에 대한 가정(실제 분포와 이론적 분포의 일치)을 검정한다.

40 적합도 검정에서의 검정통계량(n개의 표본으로부터 분석)의 분포로 옳은 것은?

① 자유도가 n인 카이제곱 분포
② 자유도가 $n-1$인 카이제곱 분포
③ 자유도가 n인 $F-$분포
④ 자유도가 $n-1$인 $F-$분포

[해설] 적합도 검정 통계량은 자유도가 $n-1$인 카이제곱 분포를 따른다. 카이제곱 분포는 K개의 서로 독립적인 표준정규 확률 변수를 각각 제곱한 다음 합해서 얻어지는 분포이다. 이 때 K를 자유도라고 하며, 카이제곱 분포의 매개변수가 된다. 카이제곱 분포는 신뢰구간이나 가설 검정 등의 모델에서 자주 사용된다.

정답 35 ④ 36 ③ 37 ③ 38 ① 39 ② 40 ②

41 다음 설명에 해당하는 데이터 분석모형(추정)의 결과는 무엇인가?

> 사용된 예측 모형 함수가 학습 데이터세트 상의 모든 데이터를 오차가 없이 추정하는 예로서 제한된 학습 데이터세트에 너무 과하게 특화되어 새로운 데이터에 대한 오차가 매우 커지는 현상

① 과대적합
② 미적합
③ 부분적합
④ 훈련적합

[해설] 과대적합은 모델이 훈련 데이터세트의 각 샘플에 너무 가깝게 맞춰져서 새로운 데이터에 일반화되기 어려울 때 발생한다.

42 다음 중 학습 데이터세트를 이용한 데이터 분석모형(예측 및 추정)의 결과로 가장 바람직한 것은? (단, 점은 학습데이터, 선은 예측(추정) 결과이다)

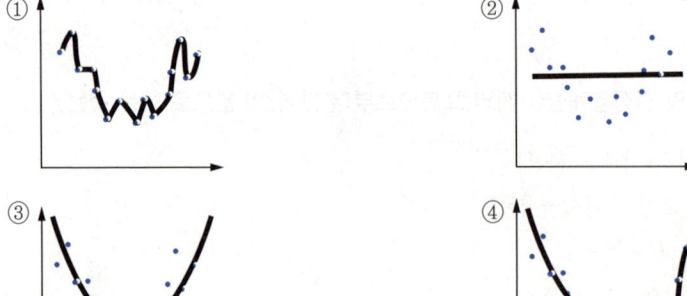

[해설] ① 과대적합, ② 미적합의 결과이며, ④ 과대적합과 미적합이 같이 반영된 결과이다.

43 다음 중 학습 데이터세트를 이용한 데이터 분석모형(예측 및 군집화)의 결과로 가장 바람직한 것은? (단, 점(원)은 학습데이터, 선은 예측(추정) 결과이다)

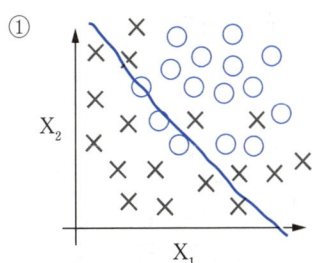
①

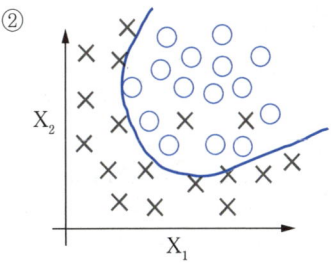
②

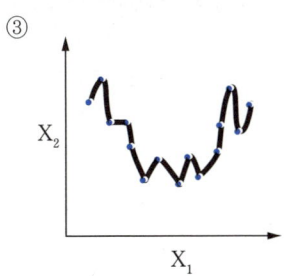
③

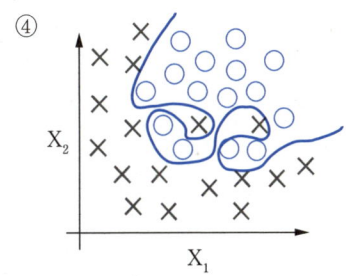
④

[해설] ③(예측)·④(군집화) 과대적합, ①(군집화) 미적합의 결과이다.

44 과대적합 방지를 위한 설명으로 옳지 않은 것은?

① 학습 데이터세트를 이용하여 실제 데이터의 오차가 증가하는 지점을 정확히 예측하는 것은 불가능하다.
② 빅데이터 분석모형의 성능평가 결과를 이용하여 상대적으로 우수한 모형을 구분하여 사용한다.
③ 예측을 위한 모형의 경우 예측오차와 교차 유효성 검사 방법을 위하여 과대적합을 방지한다.
④ 알고리즘의 성능이 우수한 데이터 분석모형을 이용하면, 과적합 문제는 항상 해결할 수 있다.

[해설] 빅데이터 분석모형 개발의 경우 과적합 문제는 항상 발생하며, 어떠한 상황에서도 과적합 문제를 해결할 수 있는 방법은 존재하지 않는다. 따라서 다양한 데이터 분석모형의 성능을 평가하여 과적합 문제가 발생하지 않는 상대적으로 우수한 모형을 선택한다.

45 빅데이터 분석모형의 개발·운영을 위한 데이터 준비처리 과정에서 다루는 데이터세트가 아닌 것은?

① 검증 데이터세트
② 관리 데이터세트
③ 평가 데이터세트
④ 학습 데이터세트

[해설] 관리 데이터세트는 데이터 마이닝 기법에서 다루는 데이터 집합으로 적합하지 않다.
• 학습 데이터세트(Training) : 알고리즘이 학습할 데이터
• 검증 데이터세트(Validation) : 모델의 예측 및 분류의 정확도를 계산하는 데 사용
• 평가 데이터세트(Test) : 모형의 성능이 어느 정도 만족스러운 경우 사용되는 실제 데이터, 검증 데이터세트와 비슷하지만 모형을 구축하거나 튜닝할 때 포함된 적 없다는 점에서 차이가 있음

46 데이터 최적화를 위한 품질기준을 설정하기 위해서 멀티미디어 콘텐츠를 분석하였다. 이러한 비정형 데이터의 경우 콘텐츠 분류 방법으로 옳은 것은?

① 메타 데이터, 비정형 콘텐츠 자체
② 메타 데이터, 태그 데이터
③ 텍스트 데이터, 비정형 콘텐츠 자체
④ 텍스트 데이터, 태그 데이터

[해설] 멀티미디어 콘텐츠와 같은 비정형 데이터는 메타 데이터와 비정형 콘텐츠 자체로 구분하여 분석한다.

47 '어떤 목적을 가지고 만들어진 데이터'는 무엇인가?

① # 데이터
② 메타 데이터
③ 키워드 데이터
④ 태그 데이터

[해설] 메타 데이터에 대한 정의이다. 메타 데이터는 데이터에 대한 데이터이다. Karen Coyle에 의해 '어떤 목적을 가지고 만들어진 데이터(Constructed data with a Purpose)'로 정의된다. 최근 온톨로지의 등장과 함께 기계가 읽고 이해할 수 있는 Machine Actionable한 형태의 메타 데이터가 많이 사용되고 있다.

48 머신러닝 기반의 데이터 분석 절차로 옳은 것은?

① 데이터 분석 계획 수립 → 훈련·평가 데이터 분할 → 머신러닝 수행 → 성능평가 → 결과 제출
② 데이터 분석 계획 수립 → 훈련·평가 데이터 분할 → 성능평가 → 머신러닝 수행 → 결과 제출
③ 데이터 분석 계획 수립 → 머신러닝 수행 → 성능평가 → 훈련·평가 데이터 분할 → 결과 제출
④ 데이터 분석 계획 수립 → 머신러닝 수행 → 훈련·평가 데이터 분할 → 성능평가 → 결과 제출

[해설] 머신러닝에서는 '데이터 분석 계획 수립 → 훈련·평가 데이터 분할 → 머신러닝 수행 → 성능평가 → 결과 제출'의 절차로 데이터 분석 및 최적화 과정이 수행된다.

49 수치예측을 위한 머신러닝 알고리즘이 아닌 것은?

① K-means 군집화
② 랜덤 포레스트
③ 서포트벡터머신
④ 의사결정트리

[해설] 수치예측을 위한 주요 머신러닝 알고리즘에는 회귀분석, 의사결정트리, 랜덤 포레스트, 서포트벡터머신, 인공신경망 등이 있다.

50 Ensemble 모형이라고 불리며, 주어진 데이터를 이용하여 다양한 의사결정트리를 만들고, 이들로부터 최적 분류 조건을 찾는 방법은 무엇인가?

① 인공신경망
② 랜덤 포레스트
③ 서포트벡터머신
④ 의사결정트리

[해설] 랜덤 포레스트(Random Forest)에 대한 설명이다. 기계학습에서의 랜덤 포레스트는 분류, 회귀분석 등에 사용되는 앙상블 학습 방법의 일종으로 훈련 과정에서 구성한 다수의 결정 트리로부터 분류 또는 평균 예측치(회귀분석)을 출력하는 과정으로 동작한다.

51 머신러닝에서의 데이터 최적화 방법에 대한 설명으로 옳지 않은 것은?

① 머신러닝 기법의 주요 역할은 주어진 데이터세트를 학습하여 최적의 모수(파라미터)를 도출하는 것이다.
② 일반적으로 최적의 모수를 추정하여 특정 설명변수(특성)가 주어졌을 때 목적변수(반응변수)의 값을 예측한다.
③ 머신러닝에서 사용된 훈련 데이터세트의 패턴은 신규로 수집한 신규 데이터세트의 패턴과 반드시 일치한다.
④ 머신러닝 알고리즘 적용 시 훈련 데이터세트의 특성을 너무 많이 반영하면, 과적합이 발생하여 일반화 능력이 오히려 떨어진다.

[해설] 훈련 데이터세트에 포함된 데이터는 우연에 의해 얻어진 값이며, 새로운 목적변수의 값을 예측하기 위해 수집한 신규 데이터세트는 훈련 데이터세트와 동일한 데이터가 아니며, 따라서 데이터의 패턴이 서로 일치할 가능성은 상당히 낮다.

52 머신러닝에서 평가 데이터세트를 별도로 구분하여 사용하는 이유로 가장 옳은 것은?

① *RMSE* 오차를 줄이기 위해서이다.
② 방대한 데이터 양으로 인하여 빅데이터 분석 시스템이 한 번에 처리할 수 있는 처리능력이 제한되기 때문이다.
③ 학습 데이터세트 외에 외부에서 평가 데이터세트를 구하기 쉽기 때문이다.
④ 머신러닝 기반 분석모형의 일반화 능력을 측정하고 성능을 향상시키기 위해서이다.

[해설] 평가 데이터세트를 이용하여 제시된 머신러닝 모형의 일반화 능력을 측정·평가함으로써 모형의 성능(예측, 분류 등)을 향상시킨다.

53 다음 중 분류 분석의 특징으로 옳지 않은 것은?

① 고객기록들을 특정 계급으로 나누는 분류 분석 기법은 Clustering 분석 방법과 유사하다.
② 분류 분석에서는 각 계급들이 어떻게 정의되는지 알 필요 없다.
③ 분류 분석이란 데이터의 실체가 어떤 그룹에 속하는지 예측하기 위하여 사용하는 데이터 마이닝 기법 중 하나이다.
④ (0, 1)을 구분하거나 또는 (0, 1, 2, 3, 4) 등으로 구분하는 데 적용된다.

[해설] 각 계급(그룹)들이 어떻게 정의되는지 사전에 정의하여 분류 모형을 적용한다. 즉 분류, 분석(Classification Analysis)에서는 다수의 변수를 갖는 데이터세트를 대상으로 특정 변숫값을 조건으로 지정하여 데이터를 분류하며 트리 형태의 분류 모델을 생성한다.

54 다음 중 설명에 해당하는 분석 방법은?

> 시간의 흐름에 따른 경제활동 인구, 물리적 현상 등의 변동을 파악하고자 연도별로 집계한 데이터를 분석하여 의미 있는 데이터 분석모형을 얻었다.

① 주성분 분석
② 연관성 분석
③ 요인분석
④ 시계열 분석

[해설] 시계열 분석에 대한 예이다. 시계열은 일정 시간 간격으로 배치된 데이터들의 수열을 말한다. 시계열 분석을 통해 이런 시계열 데이터들을 해석하고 분석하여 다양한 정보를 제공한다.

55 예측 모형의 시계열 분석 과정에서 시계열을 구성하는 요소가 아닌 것은?

① 규칙 요인
② 추세 요인
③ 계절 요인
④ 순환 요인

[해설] 시계열을 구성하는 요인은 추세, 계절, 순환 및 불규칙 요인이 있다.
- 추세(Trend) : 인구, 자원, 자본재, 기술의 변화 등과 같은 요인들에 의해 영향 받는 장기 변동 요인
- 계절(Seasonality) : 예를 들어 12개월(1년)의 주기를 가지고 반복되는 변화를 나타냄, 계절, 공휴일, 추석 명절의 반복 요인
- 순환(Cycle) : 경제활동의 팽창, 위축과 같이 불규칙적이며 반복적인 중기 변동 요인
- 불규칙(Irregularity) : 일정한 규칙성을 인지할 수 없는 변동의 유형, 천재지변, 전쟁, 질병 등과 같은 우연적 요인

56 다음 설명에 해당하는 것은?

> 전체 데이터를 구분하기 위하여 다양한 특징을 가진 관찰 대상으로부터 동일 집단을 분류하는 방법으로서, 유사한 특성을 가진 개체를 합쳐가며 최종적으로 동일한 특성을 갖는 대상을 찾는다. 대상을 분류하기 위하여 사전에 아무런 지식이 없는 상태에서 분류하므로 무감독 학습(Unsupervised Learning 또는 비지도 학습, 자율 학습)에 해당된다.

① Clustering Analysis
② Text Mining
③ Neural Network
④ Decision Tree

[해설] 군집분석(Clustering Analysis)에 대한 설명이다. 군집분석은 각 개체의 유사성을 측정하여 높은 대상 집단을 분류하고, 군집에 속한 개체들의 유사성과 서로 다른 군집에 속한 개체 간의 상이성을 규명하는 통계 분석 방법이다. 비슷한 특성을 가진 개체를 합쳐가면서 최종적으로 유사 특성의 그룹을 발굴하는 데 사용된다.

57 군집분석의 특징으로 옳지 않은 것은?

① Unsupervised Learning 기법 중 하나이다.
② Target Value를 사전에 설정하여 모델링한다.
③ 상대적으로 데이터에 대한 지식이 많이 필요하지 않다.
④ 실행시간의 상대적으로 빠른 편이다.

[해설] 군집분석(Clustering Analysis)은 Unsupervised Learning(비지도, 자율 학습) 기법으로서 타깃(Target) 값이 주어지지 않는다.

58 정형 데이터 마이닝 방법 중에서 Target 변수가 없는 데이터 구조를 찾고자 하는 자율 학습 기법은?

① 로지스틱 회귀분석
② 의사결정나무 분석
③ K-평균 군집분석
④ 인공지능 신경망 분석

[해설] K-평균 군집분석에 대한 설명으로서 정형 데이터 마이닝 기법 중에서 비계층적 군집 방법에 속한다.

59 다음 중 군집화의 특징으로 옳지 않은 것은?

① 다른 기법과 비교하여 분석 방법의 적용이 상대적으로 훨씬 용이하다.
② 여러 집단의 데이터들이 섞여 있어도 데이터 분석이 가능하다.
③ 사전에 정해진 형태의 데이터에만 적용이 가능하다.
④ 데이터의 내부구조에 대한 사전정보 없이 의미 있는 데이터 구조를 찾을 수 있다.

[해설] 다양한 형태의 데이터에도 군집화가 가능하다. 예를 들어 관측값들 사이의 거리를 데이터 형태에 맞게 정의하면, 모든 형태의 데이터에 대해서 적용이 가능하다.

60 군집분석에 대한 설명으로 옳지 않은 것은?

① 일련의 관측값들을 적절한 기준으로 서로 유사한 값끼리 그룹화한다.
② 군집분석은 알려지지 않았던 통찰력을 발견하려는 데이터 마이닝에 가깝다.
③ 사전에 그룹이 어떤 형태인지 알아야 한다.
④ 목표기반 세분화에서는 예를 들어 고객가치 또는 특정상품을 구매하는 고객을 타깃으로 세분화한다.

[해설] 군집분석(Clustering Analysis, 클러스터 분석)에서는 사전에 그룹이 어떤 형태인지 모르는 상태에서 실행된다. 군집분석에서는 주어진 데이터들의 특성을 고려해 데이터 집단(클러스터)을 정의하고 데이터 집단의 대표할 수 있는 대표점을 찾는데 이는 데이터 마이닝의 한 방법이다. 여기서 클러스터란 비슷한 특성을 가진 데이터들의 집단이며, 데이터의 특성이 다르면 다른 클러스터에 속하게 된다.

61 K-평균 군집화 알고리즘의 수행 절차로 옳은 것은?

① 군집 중심설정 → 중심점과의 거리계산 → 관측값들을 새로운 군집에 할당 → 새로운 중심점 계산
② 군집 중심설정 → 관측값들을 새로운 군집에 할당 → 중심점과의 거리계산 → 새로운 중심점 계산
③ 관측값들을 새로운 군집에 할당 → 군집 중심설정 → 중심점과의 거리계산 → 새로운 중심점 계산
④ 군집 중심설정 → 중심점과의 거리계산 → 새로운 중심점 계산 → 관측값들을 새로운 군집에 할당

[해설] K-평균 군집화는 '군집 중심설정 → 중심점과의 거리계산 → 새로운 중심점 계산 → 관측값들을 새로운 군집에 할당'로 수행된다.

62 다음 특징을 갖는 군집화(클러스터링) 방법은 무엇인가?

- 모든 형태의 유사성 척도 사용
- 임의의 점이 아닌 실제 데이터세트의 값을 이용한 클러스터 중심 결정
- 노이즈나 이상값 처리에 강건한 특징을 보임

① DBSCAN
② Fuzzy
③ K-means
④ K-medoids

[해설] K-medoids 군집화 기법에 대한 특징이다. K-medoids 군집화 알고리즘에서는 각 군집에서 대표 객체(medoids)를 임의로 찾음으로써 n개의 객체 중에서 K개의 군집을 찾는다. K-medoids 방법은 K-means 방법에 비해 이상치에 덜 영향을 받게 되지만, 군집의 수와 데이디의 총 수에 비례하여 고비용이 든다. 따라서 두 가지의 알고리즘을 선택하는 것은 이상치의 유무와 저용량의 데이터를 기준으로 결정한다.

63 다음 특징을 갖는 군집화(클러스터링) 방법은 무엇인가?

> • 밀도의 개념 사용
> • 일정한 밀도로 연결된 데이터는 동일한 그룹에 속함
> • 노이즈, 이상값을 고려한 분류

① DBSCAN
② Fuzzy
③ K-means
④ K-medoids

[해설] DBSCAN(Density-based Spatial Clustering of Application with Noise, 밀도기반 클러스터링)에 대한 설명이다. 데이터의 위치 정보를 사용하여 군집을 생성하며 밀도기반이란 점들이 밀집된 곳을 하나의 군집으로 본다는 의미이다. 단, 노이즈(아무 군집에도 들어가지 않는 데이터, 필요없는 값)는 제외한다.

64 연관성 분석의 활용 사례로 가장 적절하지 않은 것은?

① 상품 A를 구매한 고객에게 연관성 분석결과로 나타난 상품 B를 구매할 수 있도록 유도한다.
② 분석결과를 활용하여 고객의 제품 구매 수량을 늘릴 수 있다.
③ 고객 구매 데이터를 분석하여 어떤 상품이 또 다른 상품과 함께 판매될 확률이 높은가에 대한 연관규칙을 도출할 수 있다.
④ 분석결과를 활용하여 실시간으로 상품 추천 서비스를 제공하며 고객의 구매를 유도한다.

[해설] 고객의 구매 수량을 늘리기 위해 다양한 통계적 분석과 차별화된 마케팅 전략이 요구된다.

65 다음 중 연관 분석모형에서 사용되는 지표가 아닌 것은?

① Lift
② Support
③ $F-measure$
④ Confidence

[해설] $F-measure(F1-score)$는 머신러닝 모형의 성능평가 지표 중 하나로서 정밀도와 민감도의 조화평균으로 구한다.

66 다음 설명에 해당되는 연관관계 분석의 지표(Measure)는?

> 전체 거래 중에서 어떠한 항목이 포함되었는가에 대한 거래 빈도를 구한다. 계산 공식은 $N(X \cap Y)/N$ 이며, 여기서 N은 전체 거래의 수, $N(X \cap Y)$는 두 가지 거래(X, Y)가 동시에 일어난 경우의 수이다.

① Lift(향상도)
② Support(지지도)
③ Sensibility(민감도)
④ Confidence(신뢰도)

[해설] 지지도(Support)에 대한 설명이다. 연관관계 분석에서 주로 사용되는 지표(Measure)는 지지도, 신뢰도, 향상도이다.

67 다음은 연관관계 분석의 지표(Measure) 중 무엇에 대한 설명인가?

> X를 구매한 경우 그 거래에 Y가 포함될 경우와 Y가 단독으로 거래된 경우의 비율로서, Y가 X와 연관되어 구매되는 것이 일반적으로 Y가 구매되는 것에 비해 얼마나 더 많은지를 나타낸다. 이를 구하는 공식은 $P[Y|X]/P[Y]$이며, 여기서 $P[Y]$는 Y가 단독으로 거래된 경우의 비율이며, $P[Y|X]$는 X를 구매한 경우 그 거래에 Y가 포함될 경우의 비율을 나타낸다.

① Lift(향상도)
② Support(지지도)
③ Sensibility(민감도)
④ Confidence(신뢰도)

[해설] 향상도(Lift)에 대한 설명이다. A → B의 연관규칙에서 임의로 B가 구매되는 경우에 비해 A와의 관계가 고려되어 구매되는 경우의 비율이다. 즉, 연관 규칙이 오른쪽 항목을 예측하기 위한 능력이 얼마나 향상되었는가를 표현하는 값이다.

68 연관성 분석의 Measure에 대한 설명으로 옳지 않은 것은?

① Lift(향상도)가 1보다 작으면, 적용된 연관성 규칙은 결과 예측에 있어 우연적으로 평가하기 보다는 우수한 규칙으로 평가된다.
② Support(지지도)는 전체 데이터세트 중에서 항목 X와 항목 Y가 동시에 포함된 비율로 구한다.
③ Lift(향상도)는 조건 X가 주어지지 않았을 때의 결과 Y가 발생할 확률 대비, 조건 X가 주어졌을 때의 결과 Y의 발생 확률의 증가 비율로 구한다.
④ Confidence(신뢰도)는 일반적으로 조건부 확률로 구하며, 예를 들어 'X 규칙이 발생하면 Y 규칙이 발생할 확률이 높다'라고 말할 수 있는 비율이다.

[해설] Lift(향상도)가 1보다 큰 경우 우수한 연관규칙(두 품목이 서로 양의 상관관계, 빵과 버터)으로 평가한다. 1보다 작은 경우 두 품목이 서로 음의 상관관계를 가지는 품목으로서 설사약과 변비약을 예로 들 수 있다. 그리고 Lift=1이면 두 품목이 서로 독립적인 관계를 가지는 것으로서 과자와 후추를 고려할 수 있다.

정답   65 ③   66 ②   67 ①   68 ①

69 대형 마트에서의 각 item(X, Y, Z)에 대한 거래 건수가 다음 그림과 같을 때, X item에 대한 Y item의 향상도($X \Rightarrow Y$, Lift)를 구하시오. (단, 각 item에 나타낸 숫자는 서로 배타적인 거래 건수이다)

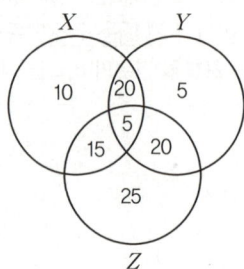

① 0.1 ② 0.5
③ 1.0 ④ 1.5

[해설] 향상도(Lift)는 다음과 같이 구한다.
 전체 건수 = 100
 count(X) = 10+20+5+15 = 50, count(Y) = 5+20+5+20 = 50
 count(X,Y) = 20+5 = 25, P(X) = 50/100 = 0.5
 P(Y) = 50/100 = 0.5, P($X \cap Y$) = 25/100 = 0.25
 향상도($X \Rightarrow Y$) = P($X \cap Y$)/(P(X)P(Y)) = 0.25/(0.5×0.5) = 1

---

70 대형 마트에서의 각 item(X, Y, Z)에 대한 거래 건수가 다음과 같을 때, X와 Y item이 공통적으로 구매되는 규칙에 대한 신뢰도[Confidence, Conf($X \Rightarrow Y$)]를 구하시오. (단, 각 항목별로 나타낸 숫자는 서로 배타적인 거래 건수이다)

항목	거래 건수
X	15
Y	10
Z	20
X, Y	20
X, Z	10
Y, Z	15
X, Y, Z	10

① 0.15 ② 0.25
③ 0.45 ④ 0.55

[해설] 신뢰도[Conf($X \Rightarrow Y$)]는 다음과 같이 구한다.

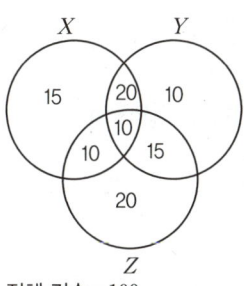

전체 건수＝100
count(X)＝15＋20＋10＋10＝ 55, count(X, Y)＝20＋10＝30
신뢰도 : Conf(X⇒Y)＝count(X, Y) / count(X)＝30/55＝0.55

71 대형 마트에서의 각 item(X, Y, Z)에 대한 거래 건수는 다음 그림과 같다. X와 Y item이 공통적으로 구매되는 규칙에 대한 지지도(Support)를 구하시오. (단, 각 item에 나타낸 숫자는 서로 배타적인 거래 건수이다)

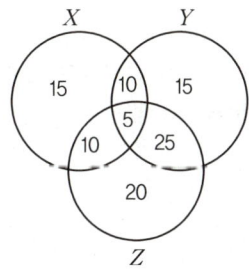

① 0.15 ② 0.50
③ 1.00 ④ 1.50

[해설] 지지도(Support)는 다음과 같이 구한다.
전체 건수＝100
count(X,Y)＝10＋5＝15
지지도(Support)는 P(X∩Y)＝15/100＝0.15

72 다음 특징에 해당하는 연관성 분석 알고리즘은?

- 자주 판매되는 빈출(Frequent Pattern) 아이템 집합을 효과적으로 계산
- 검토 대상의 집합 Pool을 효과적으로 줄임
- 특정 집합이 빈발하지 않으면 이를 포함한 다른 집합도 빈발하지 않음
- 데이터가 많아지면 계산량 및 속도면에서 비효율적

① Apriori Algorithm
② Frequent Pattern Algorithm
③ Frequent Pattern Growth Algorithm
④ Sequence Pattern Algorithm

[해설] 아프리오리(Apriori Algorithm)에 대한 설명이다. 아프리오리 알고리즘은 빈번한 항목세트 안에서 항목들 사이에 확률적 관계를 표현하는 연관규칙을 만든다. 연관규칙은 '만약 선행 조건이 있으면, 결과가 나타난다' 라는 형식으로 표현된다. 이는 선행조건이라는 어떤 항목 또는 항목의 그룹이 있으면 같은 장바구니안에 다른 항목, 즉 결과가 어떤 확률로 나타난다는 뜻이다.

73 다음 특징을 갖는 머신러닝 알고리즘은 무엇인가?

- 주어진 데이터를 이용하여 여러 개의 의사결정트리 생성
- 각각의 의사결정트리의 예측 결과를 투표형식으로 집계
- 앙상블 모형을 이용한 분류 결과 적용

① 나이브 베이즈
② 로지스틱 회귀
③ 랜덤 포레스트
④ 의사결정트리

[해설] 랜덤 포레스트(Random Forest)에 대한 특징이다. 랜덤 포레스트는 앙상블 기계학습 모델로서 여러 개의 의사결정나무 구조를 형성하고 새로운 데이터 포인트를 각 트리에 동시에 통과시키며, 각 트리가 분류한 결과에서 투표를 실시하여 가장 많이 득표한 결과를 최종 분류 결과로 선택한다. 랜덤 포레스트가 생성한 일부 트리는 Overfitting될 수 있지만, 많은 수의 트리를 생성함으로써 Overfitting이 예측하는 데 있어 큰 영향을 미치지 못하도록 예방한다.

74 다음 특징을 갖는 데이터 분석모형으로 적절한 것은?

> • 목표변수의 범주를 알지 못하는 데이터세트의 분류에 활용
> • 해당 데이터세트와 가장 유사한 주변 데이터세트의 범주로 지정
> • 유사성은 유클리디안 제곱 거리의 역수, 피어슨 상관계수, Jacard Coefficient로 계산
> • 분류 및 예측 모형에 주로 사용

① K-fold Cross Validation
② K-means Clustering
③ K-nearest Neighbor
④ Support Vector Machine

[해설] K-최근접 이웃(K-nearest Neighbor) 방법을 이용하여 분류 및 예측 모형에 적용한다. 비모수 방식으로서 입력이 특징 공간 내 K개의 가장 가까운 훈련 데이터로 구성되어 있고 출력은 K-NN이 분류로 사용되었는지 또는 회귀(예측)에 사용되었는지에 따라 다르게 적용된다.

75 머신러닝 알고리즘 선정 방법으로 옳지 않은 것은?

① 모형의 적용 결괏값 등에 대한 유의성 검정이 요구되는 경우 로지스틱 회귀모형을 사용한다.
② 어떤 변수가 목표변수의 분류에 중요한지 빠르게 탐색하고자 할 때 의사결정트리 모형을 고려한다.
③ 비정형 데이터를 변환하여 분류를 수행하는 경우 분류 결과는 중요하나, 분류 확률값 자체는 상대적으로 덜 중요하다면 로지스틱 회귀모형을 사용한다.
④ 배경이론이나 확률적 접근이 가능하다면 로지스틱 회귀 및 나이브 베이즈 모형을 적용한다.

[해설] 비정형 데이터를 변환하여 분류를 수행하는 경우 분류 결과는 중요하나, 분류 확률값 자체는 상대적으로 덜 중요하다면 나이브 베이즈 모형을 적용한다.

제 2 장 분석결과 해석 및 활용

01 분석결과 해석

(1) 분석모형 해석

① 분석모형 시각화의 특징
  ㉠ 최근 빅데이터 분석 기법을 사용하는 기업과 기관들이 늘어나면서 데이터의 단순 나열보다는 분석된 데이터를 표현해 주는 데이터 시각화(도식화)와 같은 예전에는 요구되지 않았던 새로운 기술(빅데이터 분석 목적에 적합한 데이터 시각화 기술)과 직무를 요구하고 있다.
  ㉡ 데이터 시각화는 다양하고 방대한 데이터를 탐색하는 가운데 데이터의 특징을 쉽고 빠르게 알 수 있도록 도와주며, 데이터에 감춰진 의미를 찾아내어 이를 논리적으로 이해하는 데 많은 도움을 준다.
  ㉢ 데이터 시각화의 주요 특징은 다음과 같다.
  - 정보를 직관적으로 이해할 수 있다.
  - 많은 데이터를 동시에 차별적으로 보여준다.
  - 지각적 추론(Perceptual Inference)이 가능하다.
  - 흥미를 유발시키고 주목성을 증대시켜준다.
  - 정보를 친근하게 전달하여 보다 다양한 사람들에게 접근이 가능하다.
  - 관계와 차이를 명확하게 표시하여 추가적인 정보와 스토리를 제공한다.
  - 데이터를 입체화하여 거시적·미시적 시각 등 수직적 구조를 부여한다.

② 분석결과 해석 방법
  ㉠ 데이터 시각화 기능은 설명, 탐색, 표현의 세 가지로 구분된다.
  ㉡ 설명적 시각화는 단일 시각 경험을 제공하고, 탐색적 시각화는 다양하지만 유한한 경험을 제공하며, 표현적 시각화는 심미적인 측면에서 감정적 반응과 데이터에 대한 다양하고도 풍부한 해석을 제공한다.

ⓒ 빅데이터 분석을 통한 결과 해석 방법을 요약하면 다음과 같다.

〈표 4-32〉 분석결과 해석 방법

기 능	해석 방법
설 명	• 데이터의 시각화를 통해 전달하려는 메시지와 주요 분석결과 설명 • 데이터로부터 유의미하거나 흥미로운 이야기와 분석을 명확하게 전달
탐 색	• 데이터에 숨겨져 있는 관계와 패턴을 찾기 위한 시각적 분석 기능 제공 • 사용자가 유의미한 데이터와 흥미로운 요소를 직접 탐색하게 함
표 현	• 데이터에 대한 분석적인 통찰보다는 데이터를 활용한 예술적 표현 제공 • 감정적 시선이나 이야기 전달 • 분석결과에 대한 공감을 불러일으키기 위한 기능 제공

㉣ 데이터 시각화의 목적은 시각화 결과물을 이용하는 사용자가 주제에 대해 더 잘 이해하고 느끼게 하는 것으로서 정보전달과 설득으로 구분한다.
- 정보전달 : 데이터의 진실을 간단하고 정확하게 전달하고 분석할 수 있는 실용적·과학적 측면의 목적
- 설득 : 데이터의 창의적이고 심미적 표현을 통해 전달하고자 하는 메시지에 대한 공감, 설득 등의 감정적 반응을 유도하는 추상적·예술적 측면의 목적

㉤ 대표적으로 텍스트 마이닝 기법을 활용한 데이터 분석결과의 해석 과정을 요약하면 다음과 같다.

사용자 요구사항 분석
- 사용자 면담, 설문조사, 각종 문서 검토 등을 이용한 사용자 요구사항 분석
- 요구사항 기반의 텍스트 분석목적, 분석대상에 대한 성능, 제약 조건 등을 문서화하여 명시
- 사용자 요구사항이 제대로 반영되었는지 검토

데이터 수집 기술 선정 텍스트 수집
- 수집 대상 텍스트 선정, 수집 세부 계획 수립
- 데이터 수집 가능성, 정확성, 보안, 사용 주기 등을 검토
- 데이터 유형을 고려한 데이터 수집 기술 선정
- 세부 데이터 수집 계획서 작성
- 사전 테스트 진행, 수집 대상 텍스트에 대한 수집 활동 수행

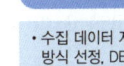

텍스트 저장 및 수행 계획서 작성
- 수집 데이터 저장 및 관리 계획, 저장 방식 선정, DB 구축 계획 수립
- DB : 관계형 DB, NoSQL DB 검토
- 데이터 보관 주기, 백업 방식, 저장 공간 확대 등 반영하여 세부저장 계획서 작성
- 사전 테스트 수행, DB 구축 및 데이터 저장
- 데이터 수집 및 운영 관련 DB 모니터링
- 대용량 저장 공간이 필요한 경우 저장 공간 확보 방안 수립

분석결과 해석
- 시스템 환경 및 방법론 등 세부 분석 계획 수립
- 분석 계획 문서화, 버전 관리 번호 부여
- 데이터 분석 시나리오 작성 : 사용자 관점의 텍스트 분석 시나리오 구성, 적합한 텍스트 분석 기법 선정
- 분석 소프트웨어 및 프로그래밍 언어 실행 환경 구축 및 계획 수립, 시스템 기능 및 성능 요구사항 분석, 보안 이슈 검토
- 세부 분석 계획 수립 : 운영 관리 및 예산 계획 수립, 전담인력 확보 계획 수립

문서화 및 버전 관리
- 텍스트 분석에서 도출된 산출물을 현업 구성원에게 공유
- 문서화 및 버전 관리 방안 계획
- 산출물 관리 계획에 따른 문서화 및 버전 관리

[분석결과의 해석 과정(텍스트 마이닝 기법의 예)]

③ 분석결과 검증절차 수립 : 시각화 결과를 얻기 위하여 여러 번의 반복(피드백) 과정을 거친다. 아래 그림과 같이 데이터 시각화 및 분석결과의 표현은 크게 4단계(Colin이 제안)로 이루어진다.

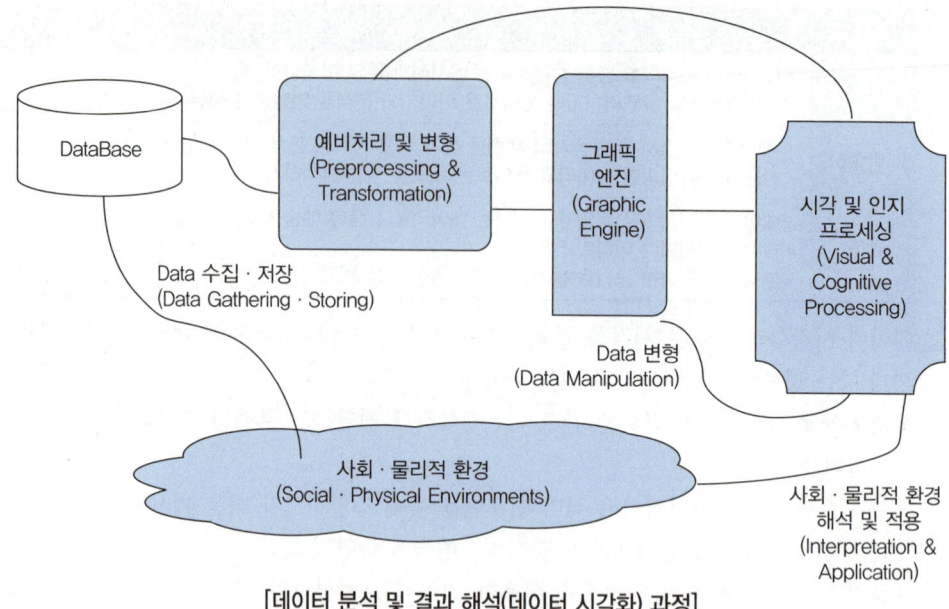

[데이터 분석 및 결과 해석(데이터 시각화) 과정]

㉠ 데이터 수집과 저장(Data Gathering and Storing) : 분석하고자 하는 사회 · 물리적 환경에서 필요한 데이터를 수집하고 이를 데이터베이스에 저장한다.
㉡ 데이터 예비처리 및 변형(Preprocessing and Transformation) : 시각화를 위한 그래픽 엔진을 수행하기 전에 그래픽 엔진이 이해할 수 있는 형태로 데이터를 변형하기 위한 작업을 수행한다.
㉢ 그래픽 엔진을 이용한 시각화(Graphic Engine) : 여러 가지 시각화 도구와 알고리즘들 중에 분석대상과 데이터에 적합한 도구와 알고리즘을 이용하여 사람들이 이해하기 쉬운 형태로 시각화 및 도식화 작업을 수행한다.
㉣ 시각 및 인지 프로세싱(Visual and Cognitive Processing) : 시각화 및 도식화된 분석결과를 이해하고 이를 해석한다.

④ 분석결과의 검증
㉠ 데이터 분석결과를 시각화하고 이를 검증하기 위해서는 우선 데이터 속에 숨겨져 있는 패턴과 규칙을 찾는 것이 중요하다. 왜냐하면, 데이터 패턴과 규칙은 데이터가 설명하려는 정보가 되며, 전달하려는 스토리로 확장되기 때문이다.
㉡ 분석결과를 검증하기 위해 가장 먼저 수행하여야 할 대상은 시각화된 분석결과에 대한 데이터 배열이 적절한지를 확인하는 것이다.
㉢ 시각화 데이터는 크게 위치(Location, 지리적 또는 공간적 위치)에 따른 데이터 배열과 알파벳(Alphabet, 알파벳으로 데이터 나열), 시간(Time, 시간 순서에 따른 데이터), 카테고리(Category, 데이터의 속성, 중요도, 주제가 유사한 정보 배열) 및 위계(Hierarchy, 데이터 값, 중요도 순서에 따른 나열)에 따른 데이터 배열로 구분된다.
㉣ 데이터의 시각적 분석을 통해 데이터가 표현하고 있는 다양한 규칙과 패턴을 검증할 수 있으며, 데이터 분석 기준과 검증 사례를 예로 들면 다음과 같다.

〈표 4-33〉 데이터 분석결과의 검증 사례

분석결과	검증 사례
범주·비율값 비교	• 값의 범위 파악 및 검증 • 변수 및 변수의 조합이 갖는 분포 형태 확인 • 크기를 기준으로 데이터 순서 확인 • 최댓값, 최솟값, 중앙값, 사분위수 등 확인 • 깊이 있는 조사로 값이 갖는 중요성 파악 • 평균, 편차, 이상치(Outlier) 값 등 확인
추세와 패턴	• 값의 증가·감소 등 변화 여부 확인 • 변화가 없는지, 선형·지수형 변화인지 확인 • 얼마나 빨리 변하는지(추세) 확인 • 반복 패턴, 변동폭, 계절 효과, 무작위 패턴 확인 • 패턴의 중요성(중요한 패턴 또는 잡음) • 변수 사이의 교차 및 중첩 • 관계의 변화를 나타내는 교차점 확인
관계와 연결	• 정상 범위를 벗어난 변수(Outlier) 확인 • 변수 간 관련성 확인 • 약한 상관관계의 존재 확인 • 변수 및 변수의 조합 간에 의미 있는 관계 확인 • 데이터 클러스터(군집화) 확인 • 데이터 범주와 하위 범주의 구성과 분포, 관련성 확인

⑤ 분석결과 스토리텔링 과정

㉠ 분석결과를 표현하고 데이터를 시각화·도식화하기 위해서 가장 중요한 것은 스토리텔링이다.

㉡ 데이터 분석결과로 수집된 정보를 어떻게 보여주느냐에 관심을 두기보다는 정보를 효과적으로 보여주기 위해서는 어떤 이야기로 설명해 줄 것인지를 먼저 결정해야 한다. 이를 위하여 아래와 같이 3단계 스토리텔링 과정을 수행한다.

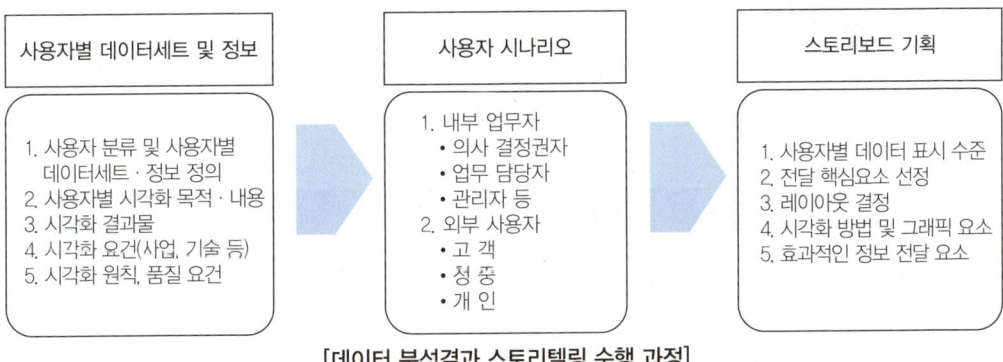

[데이터 분석결과 스토리텔링 수행 과정]

㉢ 사용자별 데이터세트 및 정보 정의 : 데이터 분석결과를 이용하는 사용자별로 필요한 데이터 세트 및 표현 정보를 정의한다. 사용자는 내부 업무자와 외부 사용자로 구분되며, 사용자별로 시각화의 목적, 내용, 결과물, 원칙 및 품질 요건을 정의한다. 그리고 사업적 요구사항과 기술적 요구사항을 정의한다. 사업적 요구사항은 빅데이터 분석 기획 시 정의한 사업 목표와 전략을 기준으로 시각화 결과물을 활용하는 데 필요한 요건들을 기술한다. 그리고 시각화 구현을 위해 사용되는 시각화 도구인 분석 플랫폼 및 라이브러리 등에 대한 요구사항을 정의(기술적 요구사항)한다. 시각화 원칙 및 품질 요건을 사전에 정의함으로써 사용자가 많은 학습시간을 들이지 않아도 데이터가 전달하려는 정보나 메시지 및 스토리를 쉽게 이해할 수 있도록 한다.

- ② 사용자별 시나리오 작성 : 사용자별로 시각화 이용 기능과 사용 과정에 대한 사용자 시나리오를 작성한다.
- ⑩ 스토리보드 기획 : 스토리보드란 컴퓨터로 작업하기 전에 대충의 아이디어를 종이나 보드에 그리는 스케치 작업을 의미한다. 스토리보드 기획 과정을 통하여 사용자별로 시각적 분석결과 중 전달해야 하는 핵심요소와 전달 효과를 높일 수 있는 시각화 방법 및 그래픽 표현 요소들을 발굴하게 된다.

⑥ 시각화 도구의 특징
  ㉠ 시각화 플랫폼, 라이브러리 및 인포그래픽(Infographics=Information+Graphics)으로 구분한 시각화 도구의 특징은 다음과 같다.

〈표 4-34〉 시각화 도구의 특징

구 분	도 구	특 징
시각화 플랫폼	Excel, R, SAS Enterprise Business Intelligence, Cognos Insight, Information Builders, Power Pivot, PowerView, Visual Insight, QlikView, Tableau, Tibco Spotfire Analytics, WolframAlpha, Better World Flux, Dipity, Many Eyes, CartoDB, Weka, Gephi	• 사전 설치 및 구축 • 제공되는 기능 · 옵션 내에서만 차트 · 그래프에 대한 디자인 기능 수정 가능
라이브러리	Google Charts, jQuery Visualize, D3.js, JavaScript InfoVis Toolkit, Flot, Rapha1, Modest Maps, Leaflet, Timeline, Exhibit, jqPlot, jpGraph, Highcharts, Crossfilter, Tangle, Polymaps, OpenLayers, Kartograph, Processing, NodeBox	• 라이브러리 설치 필요 • 프로그래밍 관련 경험 또는 전문지식 요구 • 차트와 그래프에 대해 사용자가 원하는 형식으로의 디자인 · 동작 제어 가능
인포그래픽스	iCharts, Visualize Free, Visual.ly	• 웹서비스 형태로 제공 • 차트, 다이어그램, 로고, 일러스트레이션 등 이용, 다양한 정보 표현

  ㉡ 시각화 도구로서 차트·통계, 프로그래밍, 지도, Gephi 플랫폼의 사용 예는 다음과 같다.

〈표 4-35〉 데이터 분석결과의 시각화 사례

분 류	도 구	
차트 통계	• 마이크로소프트 엑셀 • 구글 스프레드시트 • Many Eyes • Tableau	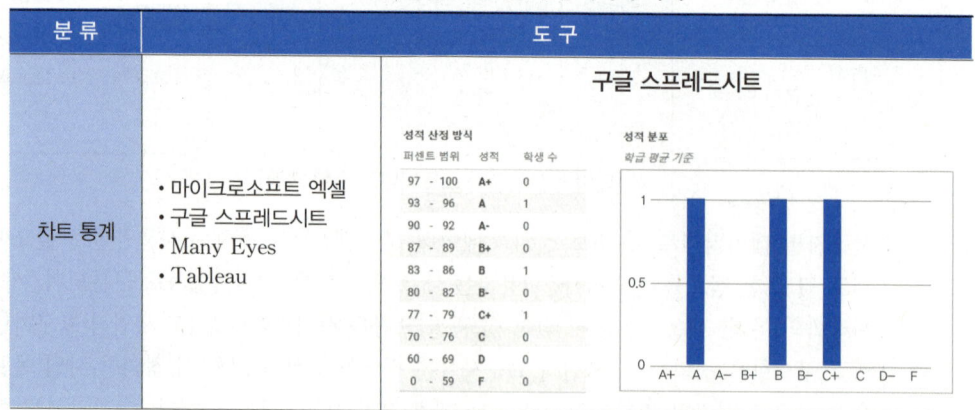

프로그래밍	• R • Python • Processing • D3.js	
지도	• 구글 • 야후 • 마이크로소프트 지도 • ArcGIS	
기타 (Gephi)	• Gephi • Illustrator • INKSCAPE	

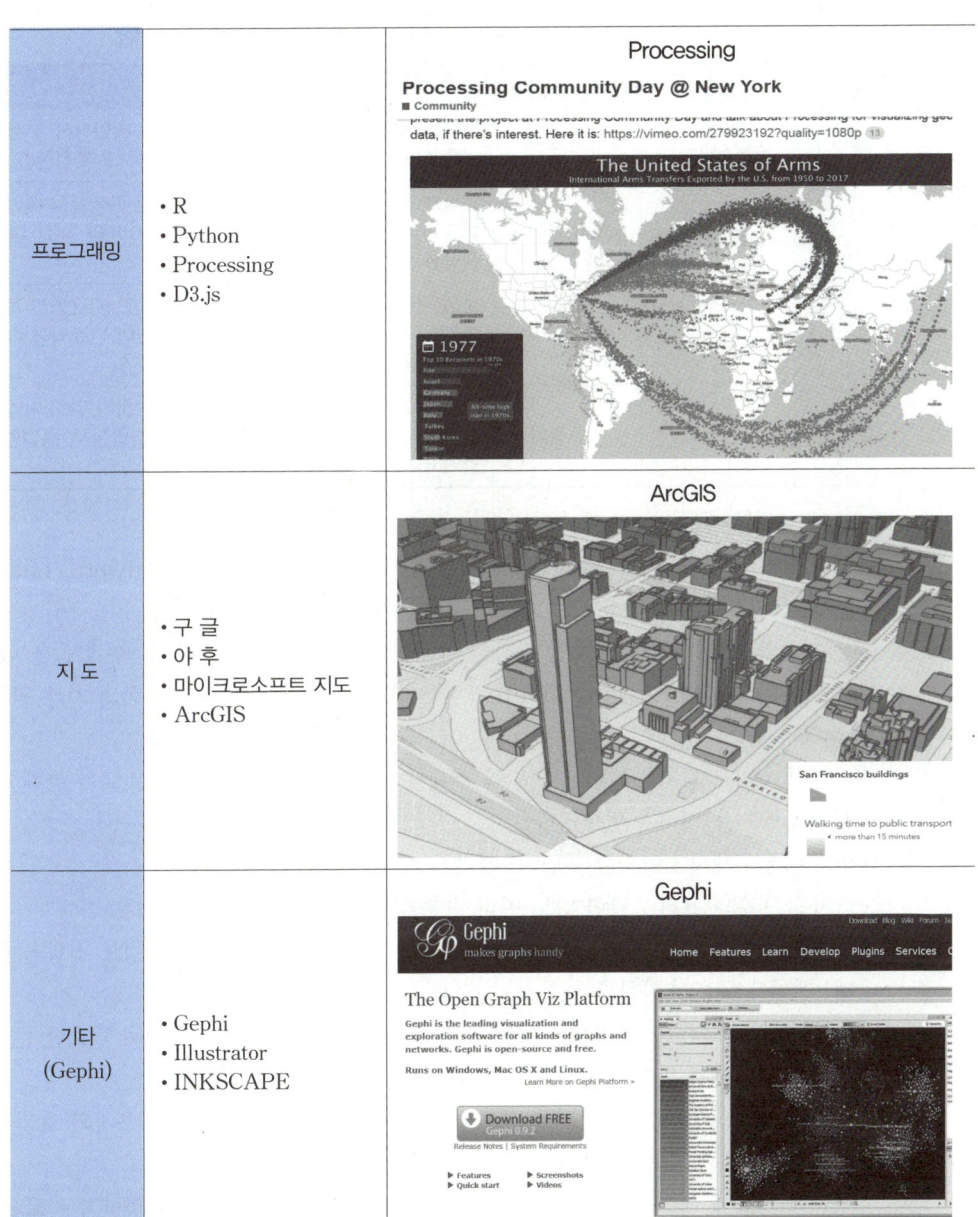

⑦ 분석결과 스토리텔링 시나리오 작성

㉠ 분석결과를 이용하는 사용자별로 다음과 같이 시나리오를 작성한다.

㉡ 사용자별로 여러 가지 데이터와 정보를 통해 해당 목적에 맞는 이용 시나리오 작성이 가능하며, 사용자별 데이터 표시 수준, 전달하고자 하는 핵심요소 선성, 그래픽 레이아웃 설정 등의 효과적인 정보전달 방법이 결정된다.

〈표 4-36〉 사용자별 분석결과 스토리텔링 시나리오 작성 사례

구 분	사용자	데이터	스토리텔링
내부	임원 (의사결정권자)	인사고과	임원은 올해 부서별 인사고과 데이터를 확인하여 부서별 인센티브를 심의하고, 내년 승진 대상자를 추천하고 확정한다.
내부	관리자	판매실적	영업소별 판매실적을 기준으로 올해 8월 판매실적 데이터를 확인하고 판매실적 감소의 원인을 진단하며, 이에 대한 대처 방안과 전략을 수립한다.
외부	고객	사용 포인트	상품 구입 후 포인트 누적 현황을 확인하고 지금까지 사용된 포인트와 남아 있는 포인트, 그리고 유효기간이 만료되어 가는 포인트 등의 현황을 확인한다.
외부	개인	기업평가	개인이 해당 기업에 대한 투자 금액을 정하기 위해 기업 홈페이지에서 기업평가 데이터와 기업의 소개, 영업실적, 종업원 현황, 기업의 비전 등의 관련 데이터를 확인한다.

⑧ 스토리텔링 시각화 원칙

㉠ 분석결과를 이해하기 쉽게 나타내고 효과적인 스토리텔링을 위하여 Edward Thufte는 "훌륭한 시각 디자인은 시각적으로 표현된 명쾌한 생각이다."라고 하였다.

㉡ 이는 시각적 인지 과정과 디자인 원칙을 이해해야 좋은 시각화를 구현할 수 있음을 나타낸다.

㉢ 좋은 시각화를 위해 Edward Thufte가 제시한 7가지 스토리텔링 시각화의 기본 원칙은 다음과 같다.

- 시각적인 비교 강화 : 관련된 변수와 추세를 비교할 수 있도록 하며, 비교를 통해 정보는 사용자에게 더욱 의미가 있어진다.
- 인과관계의 제시 : 명확한 원인 → 결과를 제시한다.
- 다차원 변수의 표시 : 관련 있는 여러 변수를 이용하여 정보를 표현한다.
- 효과적인 정보 전달을 위한 데이터, 텍스트, 그래픽 배치 : 효과적인 정보 전달을 위하여 범례, 레이블 등을 추가한다.
- 명확한 콘텐츠의 질, 연관성, 진실성 전달 : 사용자의 목적 달성을 위해 필요한 콘텐츠를 명확하게 전달하기 위하여 콘텐츠의 질, 연관성, 진실성 등을 검토한다.
- 공간적 순서의 배치 : 시간적 순서보다 공간에 따라 배치함으로써 사용자의 효과적인 이해를 돕는다.
- 정량적 자료에 대한 양적 정보의 표현 : 그래프 또는 차트로 표현된 정량적 자료는 추세 정보와 함께 양적 정보를 포함하고 표현되어야 한다.

⑨ 지표 발견과 해석 모델의 이해

㉠ 분석결과, 데이터가 시각화를 위한 데이터로서 적절한지 검토하고 새로운 지표의 정의(변수)가 필요한지를 확인한다.

㉡ 데이터 검토와 새로운 지표 발견 시 요구되는 데이터 검수 항목은 다음과 같다.

- 필요한 데이터가 모두 있는가?
- 추가 데이터(지표)가 필요한가?
- 데이터의 크기와 형태는 바람직한가?
- 필드에 Null 값 또는 결측치는 없는가?
- 중복된 데이터가 있는가?
- 일반적이지 않은 값 또는 이상치(Outlier)가 있는가?

© 검수 과정이 완료된 데이터에 대하여 변수(지표)별로 상세 내역을 정리한 데이터 명세서를 작성한다.
② 데이터 명세서에는 데이터 유형(척도), 변수(지표)명 및 데이터형, 데이터 값의 범위, 데이터에 대한 상세 설명 등의 내용이 포함된다.
⑩ 데이터 유형과 분석 목적에 따라 데이터를 시각적으로 분석한 후 데이터 표현 규칙과 패턴을 찾게 되며, 이는 범주(또는 비율)의 비교, 추세와 패턴의 비교, 관계와 연결의 비교에 따라 분석 모델이 달라진다.

⑩ **분석결과의 이해** : 시각화 방법에 따라 데이터 분석결과를 해석한다. 시간, 공간, 분포, 관계 및 비교 시각화로 구분된 시각적 결과물의 해석 방법을 요약하면 다음과 같다.

㉠ 시간 시각화
- 시계열 데이터는 관측값이 시간적 순서를 가지며, 주가, 월별 기업의 매출액, 연도별 실업률, 일별 환율 등의 지표들처럼 관측 시점들 사이의 간격으로 시차가 중요한 역할을 한다.
- 시계열 데이터에서 주 관심 요소는 트렌드, 경향성이며, 추세선과 스캐터 플롯의 경우 시간의 흐름에 따른 추세를 알아 볼 수 있는 대표적인 시각화 방법이다.

㉡ 공간 시각화
- 보통 좌푯값을 가진 데이터의 경우 지도상에서 표현(직관적 시각화)한다.
- 지도는 직관성을 폭넓게 활용한 시각화의 한 분야이며, 산점도와 달리 지도는 그래프의 x, y 좌표 대신 위도와 경도를 사용하여 좌표를 점으로 정의하고 지도상에서 두 지점 사이의 연결 관계는 거리 혹은 이동 시간으로 측정이 가능하다. 대표적으로 구글 및 네이버 지도 등이 해당된다.

㉢ 분포 시각화
- 구분단위는 시간이 아닌, 분류, 세부 분류 등과 같은 가짓수이며, 이들은 가능한 선택(또는 결과)들 즉 샘플의 측정 범위에서의 분류를 나타낸다.
- 분포 시각화를 통해 데이터의 양 또는 크기가 어떻게 분포되어 있는지에 대한 정보를 얻을 수 있으며, 예를 들어 막대 그래프의 경우 주로 막대의 길이나 명암 등으로 크기를 결정한다. 파이 차트의 경우 항목에 대한 비율을 원에서 차지하는 크기로 결정하며, Tree Map(트리맵)을 이용하여 계층적 구조의 데이터(큰사각형 안에 작은 사각형이 들어 있는 중첩된 사각형 구조 활용)를 표현한다.

㉣ 관계 시각화
- 하나의 변수가 다른 변수에 어떤 영향을 주는지에 대한 관심이 있으면 주로 상관관계로 표현하는데, 상관관계를 알면 한 수치의 변화를 통해 다른 수치의 변화를 예측할 수 있다.
- 이러한 관계를 시각적으로 표현하는 방법이 관계 시각화이며 예를 들어, 버블 차트의 경우 스캐터 플롯에 버블의 크기라는 새로운 정보를 표현함으로써 두 변수들 사이의 관계(중요노 등)를 이해할 수 있다. 그리고 밀도함수(Density Function)를 그리는 밀도플롯(Density Plot)을 이용하여 변수 사이의 관계를 이해한다.

ⓜ 비교 시각화
- 비교해야 할 변수가 둘 이상인 경우 여러 변수들 사이의 관계를 이해하기가 어렵다. 이 경우 비교 시각화 방법을 이용하여 다양한 변수의 특징을 한 번에 비교함으로써 전체적인 정보 표현이 가능하다.
- 예를 들어, 히트맵(Heat Map)의 경우 색상의 명암으로 값의 크기를 표현하며, 다양한 정보를 일정한 이미지 위에 열 분포 형태의 그래픽으로 보일 수 있어, 변수들 사이의 관계를 서로 비교하는 데 유용하다. 그리고 체르노프 페이스(사람의 얼굴 이미지를 이용하여 시각적으로 표현)를 이용하여 다차원 통계 데이터를 이해할 수 있다.

확인 문제 **데이터 시각화의 주요 기능**

데이터 분석결과의 해석 방법(또는 데이터 시각화의 주요 기능)으로 적절하지 않은 것은?

① 설 명 ② 전 략
③ 탐 색 ④ 표 현

풀이 데이터 시각화의 주요 기능은 설명, 탐색, 표현이다. 데이터 시각화를 통하여 결과물을 이용하는 사용자가 주제에 대해 더 잘 이해할 수 있게 된다.

정답 ②

확인 문제 **데이터 분석결과 검증을 위한 시각화 작업 내용**

시각화 과정 중에서 데이터 분석결과를 검증하기 위해 가장 우선적으로 수행하여야 할 작업 내용으로 옳은 것은?

① 데이터가 표현하고 있는 다양한 규칙과 패턴을 검증
② 시각화를 위한 도구와 알고리즘의 적절성 검증
③ 시각화된 분석결과에 대한 데이터의 배열이 적절한지를 확인
④ 시각 및 인지 프로세싱 결과의 적절성 검증

풀이 분석결과를 검증하기 위해 가장 먼저 수행하여야 할 대상은 시각화된 분석결과에 대한 데이터의 배열이 적절한지를 확인하는 것이다.

정답 ③

확인 문제 | 데이터 시각화를 위한 사전 작업

데이터 분석결과를 시각화(도식화)하기 위해서 사전에 수행하여야 할 작업으로 가장 중요한 것은?

① 분석결과에 대한 주요 사용자 분류
② 분석결과에 대한 경제적 가치 산정
③ 사용자별 데이터세트 및 정보의 정의
④ 스토리텔링

풀이 데이터 시각화 전에 분석결과를 표현하기 위한 스토리텔링 작업을 수행한다. 스토리텔링은 Story + Telling의 합성어로 '이야기하다'라는 의미이며, 상대방에게 알리고자 하는 바를 재미있고 생생한 이야기로 설득력 있게 전달하는 행위이다. 스토리텔링은 사용자별 데이터세트 및 정보 정의, 사용자 시나리오 작성, 스토리보드 기획의 과정으로 수행된다.

정답 ④

확인 문제 | 스토리텔링 시각화의 기본 원칙

Edward Thufte가 제시한 스토리텔링 시각화의 기본 원칙이 아닌 것은?

① 가능한 한 일차원 변수를 사용한 정보 표현
② 인과관계의 제시
③ 효과적인 정보 전달을 위한 데이터, 텍스트, 그래픽 배치
④ 정량적 자료에 대한 양적 정보의 표현

풀이 관련 있는 변수(다차원 변수)들을 이용하여 정보를 표현하는 것이 변수들 사이의 관계를 이해하는 데 바람직하다.

정답 ①

확인 문제 | 데이터 검수 항목

다음 중 데이터 검토와 새로운 지표 발견 시 요구되는 데이터 검수 항목으로 적절하지 않은 것은?

① 데이터는 모두 숫자로 표현되었는가?
② 추가 데이터 또는 지표가 필요한가?
③ 중복된 데이터가 있는가?
④ 일반적이지 않은 값 또는 Outlier가 있는가?

풀이 비정형 데이터의 경우 숫자로 입력되지 않을 수 있으므로 모두 숫자로 입력되었는지를 확인하는 과정은 데이터 검수 항목으로 적절하지 않다.

정답 ①

> **확인 문제** **데이터 시각화 기술**
>
> 데이터 시각화 기술에 대한 설명으로 옳지 않은 것은?
>
> ① 관계 시각화 – 변수들 사이의 관계를 찾음, 변수들 사이의 상관관계는 Scatter Plot으로 표현
> ② 분포 시각화 – 데이터의 양 또는 크기가 어떻게 분포되어 있는지에 대한 정보를 얻을 수 있음
> ③ 시간 시각화 – 특정 시점 또는 구간값을 막대 그래프 등으로 표현
> ④ 비교 시각화 – 변수들 사이의 값을 비교, 도넛 차트로 표현
>
> ──────────────────────────────────────
> **풀이** 도넛 차트는 대표적인 분포 시각화 기법 중 하나이다.
> **정답** ④

(2) 비즈니스 기여도 평가

① 데이터 분석결과의 적용
  ㉠ 기업에서는 재무 분석, 산업 분석, 프로세스 분석, 시스템 개발 분석 등 다양한 분야에 빅데이터 분석을 활용한다. 보다 더 적극적으로 활용하는 경우 기업은 새로운 상품과 서비스를 개발할 수 있는 기회로 삼을 수 있다.
  ㉡ 보다 창의적이고 효율적인 아이디어를 제공하여 줌으로써 이들이 사업화로 이어지고 지식기반 사업들이 활성화됨에 따라 스타트업 등의 새로운 기업들이 출현할 수 있는 동기가 된다.
  ㉢ 빅데이터 비즈니스 모델을 통해 비효율적이고 개선되어야 할 사업들이 사라지고, 규모보다는 효율성을 더 중시하는 비즈니스가 창출되어 고용 증대의 기회와 함께 새로운 가치의 창출이 가속화된다.
  ㉣ 빅데이터 분석 프로젝트는 기업에게 많은 비용과 위험요소를 줄 수도 있다. 그러나 이를 잘 활용한다면 기업 의사결정의 효율성과 효과를 극대화시킬 수 있다.
  ㉤ 빅데이터 분석결과를 적용하는 대표적인 사례로서 의사결정 과정이 있으며, 의사결정은 탐색, 설계, 선택, 실행의 과정으로 분류된다.
  ㉥ 의사결정 과정에서 다양한 대안들과 이들에 대한 분석, 비교 평가 및 예측을 통해 최종적인 의사결정 단계에 도달한다.

② 분석결과의 적용 사례
  ㉠ 데이터 분석결과 적용 시 주로 정형 데이터를 이용한 정량적 분석이 큰 비중을 차지하지만, 정성적 데이터 또한 반드시 고려하여 분석하여야 한다.
  ㉡ 예를 들어, 설문조사를 통해 고객의 의견에 대한 정량적 조사와 함께 인터넷을 통해 수집한 비정형 데이터로 정성적인 고객의 생각과 의견, 반응 및 추이를 알 수 있다면, 가치가 높은 분석결과가 될 것이다.
  ㉢ 추가적인 정보를 얻고자 하는 경우 소셜 미디어나 모바일 앱을 이용하여 고객들의 정보를 손쉽게 얻을 수도 있다.

ⓔ 빅데이터 분석결과를 경제, 공공, 사회 및 기타 부문으로 구분하여 주요 적용 사례를 요약하면 다음과 같다.

〈표 4-37〉 데이터 분석결과의 적용 사례

구 분	적용 사례
경 제	• 기업에서 소비자의 행동 패턴을 분석하고 시장 동향 예측 • 비즈니스 프로세스의 문제점을 파악하고 개선 • 비즈니스 전반의 데이터 활용으로 원가 절감 및 제품 차별화 구현 • 다른 나라에서의 에너지 생산을 전망하고 국내 에너지 수요 및 생산량 예측
공 공	• 사회 환경 분석을 통한 재해 및 재난 정보 제공 • 사회 현안 및 미래 대응 방안에 대한 데이터 분석을 통한 정책 수립 및 추진 • 지능형 교통안내 시스템을 통한 교통정보 제공
사 회	• 빅데이터 서비스를 통한 빈곤 국가들에 대한 현금 기부 • 사회적 약자들의 활동에 도움을 주는 데이터 서비스 제공
기 타	• 선거, 연예인 등의 개인 홍보에 활용 • 다양한 통찰과 분석을 통한 사회적 문제 해결 방안 제시

ⓜ 일반적으로 빅데이터 분석을 잘하기 위해서는 분석적 사고와 창의적인 접근 방법이 요구된다. 빅데이터 분석 시 다양한 데이터로부터 의미 있는 관계와 패턴을 찾아내서 다양한 분야에 활용할 수 있도록 노력한다.

③ 비즈니스 기여 분야
㉠ 빅데이터 관련 비즈니스는 인프라와 서비스 부문으로 나눈다.
㉡ 인프라는 하드웨어와 소프트웨어 영역으로 구분되며, 하드웨어는 빅데이터의 수집, 저장, 분석을 위한 하드웨어 장비로 네트워크, 서버, 스토리지 등이 있으며 최근에는 효과적인 빅데이터 분석 업무의 처리를 위해 기존 하드웨어보다 성능이 우수한 고용량, 고속의 장비들로 대체되고 있다.
㉢ 소프트웨어에서는 빅데이터 분석을 위한 솔루션 및 분석 도구를 개발하여 새로운 수익 구조 모델을 만들고 있으며, 이들은 오픈소스와 상용 솔루션으로 구분되어 서로 경쟁하고 있고, 오픈소스에 새로운 기능성과 관리 기능을 추가하여 상용화 서비스를 제공하는 비즈니스 모델도 출현하고 있다.
㉣ 서비스 영역은 교육, 컨설팅, 솔루션, 데이터 및 정보 서비스 제공, 데이터 처리 등의 다양한 분야가 포함된다.

④ 컨설팅 분야 비즈니스 기여
㉠ 빅데이터 분석결과를 활용한 컨설팅 분야 비즈니스는 크게 기업과 개인을 상대로 한 영역으로 나눈다.
㉡ 기업을 대상으로 하는 컨설팅 비즈니스 모델의 대표적인 예로는 카드사에서의 고객 결제 정보 및 SNS를 활용한 상권 분석 컨설팅, 고객의 구매 패턴을 활용한 제품 개발 컨설팅 등이 있다.
㉢ 개인 대상의 컨설팅 비즈니스는 개인별 신용카드 사용 데이터와 금융 정보(은행, 보험 등) 데이터를 활용한 종합 금융 컨설팅, 건강보험 데이터를 이용한 맞춤형 건강관리 컨설팅 등이 활용된다.

⑤ 비즈니스 기여도 평가 사례
  ㉠ 기여도 분석이란 데이터 분석결과가 비즈니스의 효율성(매출 증대, 비용 감소, 고객의 증가 등) 향상에 어느 정도 기여했는지를 판단하는 것이다.
  ㉡ 기여도 분석은 주어진 비즈니스의 상황, 서비스 제공 현황, 데이터 분석모형, 데이터의 품질, 구성원의 참여 등 많은 요인들에 의해 좌우되며, 기여도 분석의 중요성은 누구나 다 알고 있지만, 정확한 기여도 분석 수행 작업은 여전히 풀기 어려운 과제로 남아있다. 특히 최근의 비즈니스의 상황은 다변화, 다각화되고 있어 기여도 분석을 완벽하게 한다는 것은 사실상 불가능에 가깝다.
  ㉢ 보통은 주요 비즈니스 성과지표(KPI ; Key Performance Indicator)를 사전에 설정하여 KPI의 극대화 정도를 비즈니스 기여도로 평가한다.
  ㉣ 대표적으로 광고업(인터넷 광고)에서는 다음과 같은 주요 성과지표를 활용한다.
    • User Insight : 웹사이트 고객 행동 및 Funnel Analysis(퍼널 분석) 등 비즈니스 관련 인사이트 분석
    • Product Recommendation Report : 추천 제품 구매 비중 분석
    • Website Traffic Report : 웹사이트 트래픽 현황 분석
    • Unique Visitors Report : UV(Unique Visitor, 순방문자 수) 현황 분석
    • Onsite Analysis Report : 웹사이트에 방문한 users들의 행동 패턴 분석(제품 페이지를 방문하는 비중, 구매하지 않고 이탈하는 유저의 비중, 데일리 구매 유저의 비중 등)
    • Audience and Reach Report : 고객의 의견에 대한 응대비율 분석
    • Campaign Performance Report : 캠페인 기간 동안의 새롭게 유입된 신규 방문자 수, 신규 방문자의 재방문 수 등 분석
  ㉤ 빅데이터 분석결과의 기준기반평가(Criterion-referenced Assessment)는 사전에 정의된 기준을 바탕으로 분석결과의 성과를 평가한다. 이 방법은 빅데이터 분석이 의도한 목표에 맞게 이루어졌는지, 데이터의 품질과 모델의 성능이 원하는 수준을 만족하는지를 확인하는 데 효과적이다. 이를 위해 사전에 명확한 기준을 설정하고, 다양한 성능 지표와 비즈니스 목표, 데이터 품질 및 법적 규제를 고려하여 종합적으로 평가한다.
    • 목표와 기준설정 : 분석결과를 평가할 기준(정확성, 비즈니스 성과, 데이터 품질 등)을 사전에 명확하게 설정한다.
    • 벤치마킹 : 다른 유사 사례 또는 기준 성과와 비교한다.
    • 규제 및 법적 기준 준수: 유럽연합의 일반 데이터 보호 규정(GDPR)에 따른 개인정보 처리 기준 준수 여부와 데이터 처리 및 보관 과정에서 산업 표준이나 법적 규정을 따르는지 평가한다.
    • 모델 일반화 성능 평가: 새로운 데이터에서도 잘 작동하는지를 평가한다.
    • 시간 및 비용 효율성 평가: 자원의 효율적 사용(시간과 비용)이 기준을 초과하지 않는지 평가한다.

> **확인 문제** | **빅데이터 분석결과 적용 사례**

다음 설명에 적합한 빅데이터 분석결과 적용 사례는 무엇인가?

> 데이터 탐색, 대안 설계, 대안 선택, 실행의 과정으로 이루어지며, 다양한 대안들과 이들에 대한 분석, 비교 평가 및 예측을 통해 기업의 효율성과 효과를 극대화한다.

① 시나리오 분석　　　　　　　　② 시뮬레이션
③ 의사결정　　　　　　　　　　④ 빅데이터 서비스 제공

풀이 기업의 효율성과 효과를 극대화하기 위한 의사결정 수행에 대한 설명이다. 다양한 대안들과 대안 분석, 비교 평가 및 예측을 통해 최종적인 의사결정을 수행한다.
정답 ③

> **확인 문제** | **비즈니스 기여도 분석 시 비즈니스 영역의 분류**

비즈니스 기여도 분석 시 비즈니스 영역을 크게 인프라와 서비스 영역으로 분류한다. 다음 중 서비스 영역의 비즈니스 분야가 아닌 것은?

① 데이터 분석 컨설팅 비즈니스
② 데이터 분석 솔루션 비즈니스
③ 데이터 및 정보 서비스 제공 비즈니스
④ 컴퓨터, 단말, 네트워크, 서버, 스토리지 비즈니스

풀이 컴퓨터, 단말, 네트워크, 서버, 스토리지 비즈니스 등은 인프라(하드웨어) 구축 관련 비즈니스 영역이다.
정답 ④

02　분석결과 시각화

(1) 시공간 시각화

① NCS의 데이터 시각화 정의
　㉠ 데이터 시각화(Data Visualization)는 데이터 분석결과를 사용자가 쉽게 이해할 수 있도록 시각적 수단을 통해 제시하는 것으로 텍스트, 도표, 이미지 등을 이용하여 한눈에 이해할 수 있도록 하는 것이다.

ⓛ NCS에서는 데이터 시각화를 "인간의 시지각 능력을 토대로 데이터에 대한 이해와 설득에 도움을 주기 위해 그림이나 도형 등의 그래픽 요소들을 이용하여 데이터를 묘사하고 표현하는 것"이라고 정의하고 있다.

② 3단계 시각화 프로세스

㉠ 데이터 시각화는 과거에 정보 전달의 부가적 설명을 위한 장치로서 단순히 수치를 그래프로 나타내는 것으로 인식되었다.

㉡ 최근에는 방대한 양의 정보를 하나의 인사이트(Insights)로 도출해 낼 수 있는 분석 도구들을 이용한 인포그래픽(Infograhics＝Information＋Graphics) 형태의 시각화가 많이 활용된다.

㉢ 인포그래픽이란 정보, 데이터, 지식을 시각적으로 표현한 것으로 정보를 빠르고 쉽게 표현하기 위해 사용되는 기술로서 사람의 시각 시스템을 통해 정보를 쉽고 빠르게 전달하기 위하여 보통 그래픽을 기반으로 패턴과 경향을 파악한 결과를 나타낸다.

㉣ 데이터 시각화는 아래와 같이 3단계(구조화, 시각화, 시각표현)로 이루어진다.

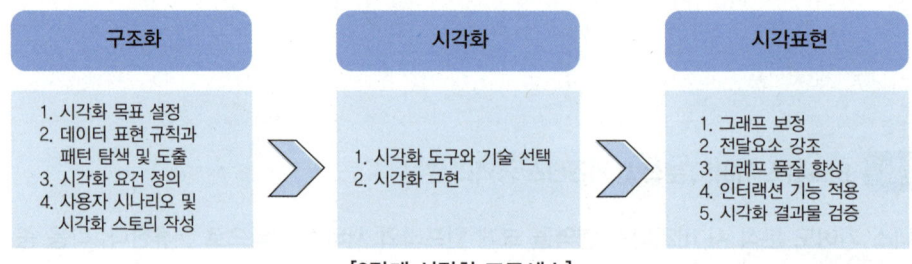

[3단계 시각화 프로세스]

㉤ 데이터 구조화 단계 : 데이터 시각화 목표를 설정하고, 데이터 및 분석결과를 토대로 데이터의 표현 규칙과 패턴을 탐색하여 시각화 요건을 정의한 후, 사용자에 따른 시나리오를 작성하고 스토리를 구성한다.

㉥ 시각화 단계 : 적절한 시각화 도구와 기술을 선택하여 데이터 분석 정보의 시각화를 구현한다.

㉦ 시각표현 단계 : 시각화 단계에서 만들어진 시각화 결과물을 바로잡고, 정보표현을 위한 그래픽 요소를 반영하여 정보전달 효과를 극대화하도록 그래픽 품질을 향상한 후, 최종 디자인된 시각화 결과물이 구조화 단계에서 정한 목적과 의도에 맞는지 확인한다.

③ 7단계 시각화 프로세스

㉠ Ben Fry에서는 위의 3단계 시각화 프로세스를 구체화하여 아래와 같이 7단계로 빅데이터 시각화 프로세스를 설명한다.

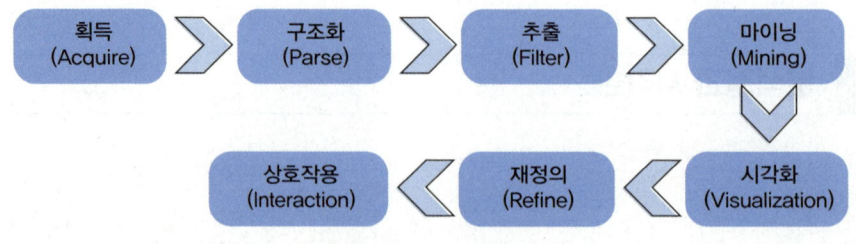

[7단계 시각화 프로세스]

㉡ 데이터를 획득(1단계)하고, 획득한 데이터를 구조화 및 분류(2단계)하며, 이로부터 관심 데이터를 추출(3단계)하고, 통계적인 방법과 데이터 마이닝 기법을 적용함으로써 마이닝 프로세스(4단계)를 수행한다.

ⓒ 그리고 그래프, 리스트 또는 트리 등이 시각 모델을 적용하여 시각화(5단계)하고 이를 이용하여 보다 명확하고 이해하기 쉽게 다시 표현(6단계)한다.

ⓓ 마지막으로 사용자와의 상호작용 조작이 가능하도록 데이터를 변경하거나 새로운 조작 기능을 추가(7단계)한다.

④ 시각화 기술

㉠ 시각화 방법이나 소프트웨어를 선택하기 위해 많은 도구의 활용법과 장단점을 먼저 알아보고 분석하고자 하는 데이터의 특성에 맞는 방법과 도구를 선택하는 것이 바람직하다.

㉡ 주요 시각화 알고리즘 기술은 다음과 같다.

〈표 4-38〉 주요 데이터 시각화 기술

기 술	시각화 방법
기하학적 기술 (Geometric)	기하학적 형태와 자료의 시각적 표현
아이콘 기반 기술 (Icon-based)	정보 유용성을 표현하기 위하여 상징적인 아이콘 이용
화소 지향적 기술 (Pixel-oriented)	각각의 픽셀(색)에 의해 속성 표현
위계적 기술 (Hierarchical)	위계 패턴을 이용한 정보의 시각화 기술
그래프 기술 (Graph-based)	그래프를 이용한 명확하고 빠른 정보 전달
하이브리드 기술 (Hybrid)	다양한 기술을 혼합하여 시각화 표현성을 극대화함
왜곡 기술 (Distortion)	텍스트, 이미지, 화상 등의 일그러짐 표현을 이용한 시각화
동적 인터랙션 기술 (Dynamic Interaction)	사용자와의 상호작용을 이용한 효율적인 정보 탐색 제공

⑤ 시각화 방법

㉠ 차트와 통계 도구 : 시각화를 위한 모든 기능과 도구를 내장한 도구로 데이터를 복사하거나 CSV 파일을 그대로 대입하면 몇 번의 클릭으로 시각화가 가능한 방법(구글의 Spreadsheet 등)

㉡ 프로그래밍 : 데이터량이 많은 경우 사용되며, 데이터 조작에 유리하지만 프로그래밍 사용 로직을 사전에 알고 있어야 한다. 대표적으로 R과 파이썬(Python) 프로그래밍 기법이 사용되며, 데이터 활용 범위가 확대되고 단순한 차트와 통계 소프트웨어에서 제공되는 지원 범위를 넘어선 기능이 필요할 때 시각화에 유용하다.

㉢ 지도 : 매우 직관적인 시각화 방법으로 공간 데이터 시각화에 유리하며, 모바일 위치 정보 기반으로 빠르게 데이터를 탐색하는 도구로 발전하고 있다(ESRI의 ArcGis, 구글 지도, Modest Map, GeoCommons 등).

㉣ 일러스트레이션 등의 활용 : 어도비 일러스트레이터, INKSCAPE 등을 활용하여 분석결과를 좀 더 이해하기 쉽고 보기 좋게 만든다.

ⓜ 최근에는 시각화를 위한 자동화 도구들이 많이 사용되고 있으며, SAS의 Visual Analytics
은 실시간 비정형 데이터 분석, 시각화 그래프, 예측, 레포팅 및 모바일 BI(Business
Intelligence) 등의 기능을 제공한다.
ⓗ SPSS에서는 그래프(G) 메뉴를 이용하여 데이터 특성에 맞는 그래프를 선택하여 분석결과를
시각화할 수 있다.
ⓢ 구글의 트렌드 분석도구(https://trends.google.com)를 이용하여 사용자들의 검색 시 사용
된 단어에 대한 지역별·시간별 분석이 가능하며, 소비자의 관심(선호도)을 파악할 수 있다.

⑥ 데이터의 시각적 표현
㉠ 데이터의 시각적 표현이란 데이터에 따라서 변할 수 있는 일종의 시각적 차원(Visual Domain)으로 주로 크기(Size), 색상(Color), 위치(Position), 네트워크(Network), 시간(Time), 다중표현기법(Multi-visualization)을 기준으로 표현한다.
㉡ 데이터 시각화 표현 방법은 다음과 같다.

〈표 4-39〉 데이터 시각화 표현 방법

형 식	표현 방법
크기(Size)	• 면적이나 도형 모양의 확대·축소 이용 • 직관적으로 구별할 수 있어서 가장 많이 사용
색상(Color)	데이터세트가 많을 때 효과적, 규칙성과 특이성 구분
위치(Position)	장소와 데이터 연결(예 지도), 장소와 연결된 시각화 표현
네트워크(Network)	데이터 사이 관계, 데이터를 노드로 연결하여 표현
시간(Time)	시간 순서에 따른 데이터 표현
다중표현 (Multi-visualization)	크기, 색상, 위치 등의 표현을 혼합하여 사용

⑦ 데이터들 사이의 관계 표현
㉠ 데이터들 사이의 관계는 논리적 혹은 자연적 관계로 하나의 데이터가 다른 데이터에 대해 가지는 연관성 및 연결을 의미한다.
㉡ 관계들 사이의 연결을 나타내기 위하여 선, 다이어그램, 트리 등을 이용한다. 데이터들 사이의 관계를 표현하는 방법은 다음과 같다.

〈표 4-40〉 데이터들 사이의 관계 표현

형 식	표현 방법
선(Line)	관계 있는 데이터들 사이를 직선으로 연결하여 관련성 표현
지도와 다이어그램 (Map & Diagram)	클러스터링 맵, 벤다이어그램 등 활용
트리(Tree)	• 노드와 링크를 활용한 관련성 표현 • 나뭇가지 모양의 트리 구조(수형도, 樹型圖) 이용

⑧ 데이터 시각화의 분류
  ㉠ 시각화는 방대한 양의 데이터를 효과적으로 표현하고 시각적으로 묘사하는 방법을 제공하며, 기존의 단순선형적 구조의 표현 방법의 한계성으로 인하여 최근 빅데이터 시각화 알고리즘은 필수적인 요소로 인식되고 있다.
  ㉡ 시각화 기술은 사회적 이슈, 영상 및 지리정보 데이터, 사물인터넷 센서 데이터 처리, 응용 프로그램 데이터 검색·개발·관리·분석 기능을 제공하며, 궁극적으로는 사용자에게 이해하기 쉽고 편리한 빅데이터 서비스를 제공한다.
  ㉢ 시각화는 시간 시각화, 공간 시각화, 분포 시각화, 관계 시각화, 비교 시각화, 인포그래픽 등의 기법이 있다.

⑨ 시간 시각화
  ㉠ 관측값이 시간적 순서(주로 시계열 데이터 표현)를 가지는 경우 사용되며, 대표적으로 주가, 월별 기업의 매출액, 연도별 실업률, 일별 환율 등의 지표들처럼 관측 시점들 사이의 간격(시차)이 표현 방법에 중요한 역할을 담당한다.
  ㉡ 시간 시각화의 예는 다음과 같다.

〈표 4-41〉 시간 시각화 사례

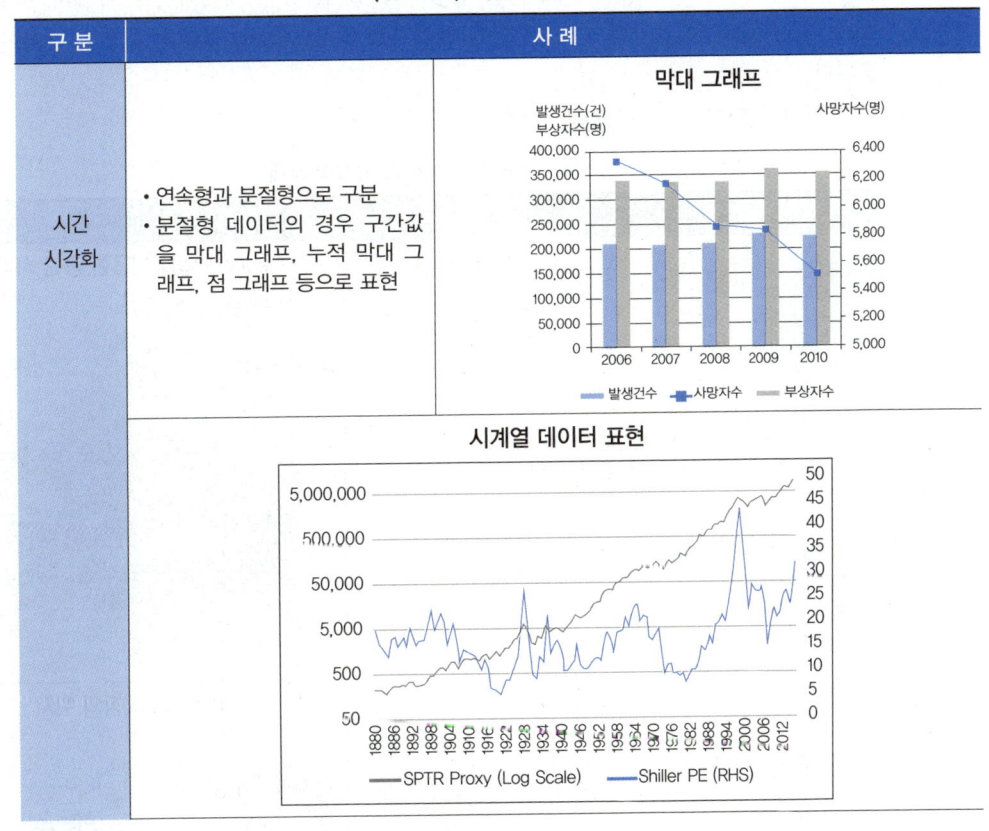

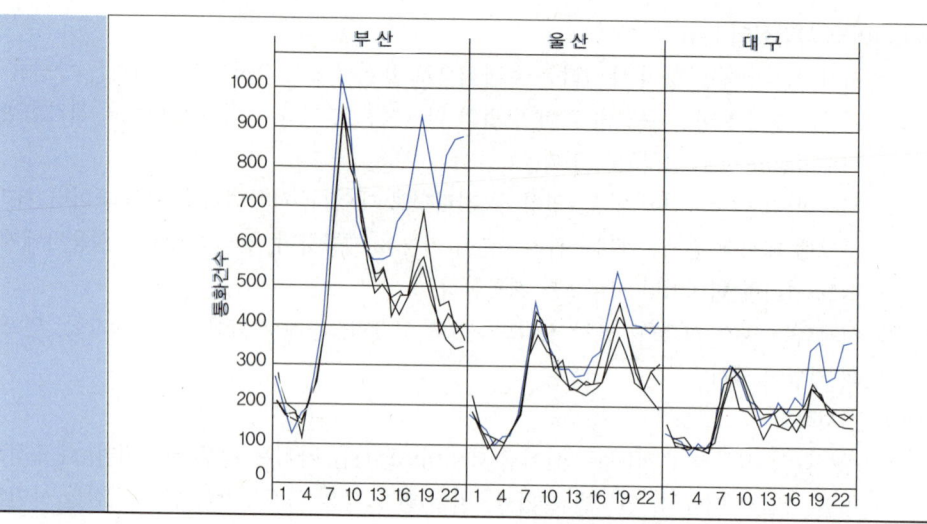

⑩ 공간 시각화

㉠ 좌푯값을 가진 데이터의 경우 지도상에서 시각화하는 것이 보다 더 직관적이며, 구글, 네이버 등의 업체들에서 지도 서비스 제공 시 활용하고 있다. 공간 데이터는 기하학적 형태(Point, Line, Polygon 등)를 이용한 벡터 방식과 격자형 픽셀(Pixel) 형태의 래스터 방식이 주로 이용된다.

㉡ 공간 시각화를 이용한 분석결과의 예는 다음과 같다.

〈표 4-42〉 공간 시각화 사례

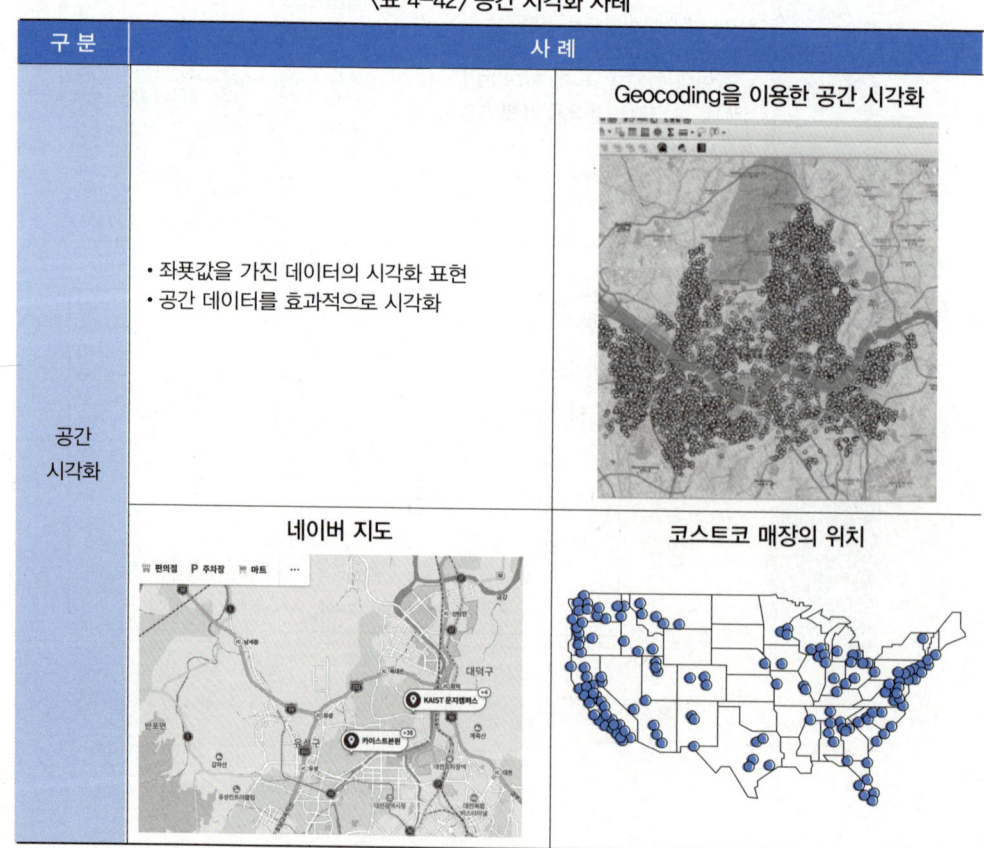

ⓒ 주어진 공간에 대하여 시간에 따른 데이터 분석결과의 이해를 돕기 위하여 시간과 공간 시각화 기술을 같이 활용한 사례를 나타내면 다음과 같다.

〈표 4-43〉 시공간 시각화 사례

구분	사례
시공간 시각화	• 시간의 흐름에 따른 공간 데이터 분석결과를 유의미하게 시각화 표현 • 시간과 공간 데이터를 효과적으로 시각화 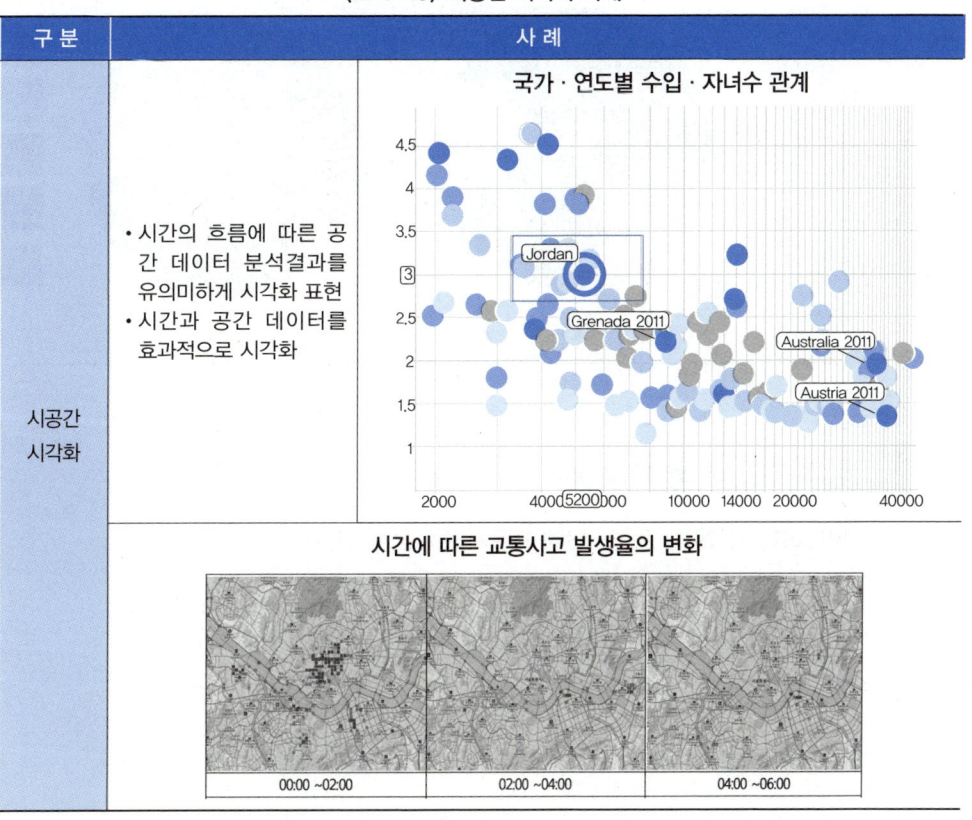

⑪ 분포 시각화

㉠ 구분단위로 분류, 세부 분류 등과 같은 가짓수인 경우 가능한 선택(또는 결과)들, 즉 샘플의 측정 범위에서의 분류 결과를 나타내기 위해 사용된다.

㉡ 분포 시각화를 이용한 분석결과의 예는 다음과 같다.

〈표 4-44〉 분포 시각화 사례

구분	사례
분포 시각화	• 시간의 변화에 따른 분포의 경우 누적 연속 그래프, 누적 영역 그래프, 선 그래프 등으로 표현 • 전체의 경향을 표현하고자 하는 경우 파이 차트, 도넛 차트, 누적 막대 그래프, 인터랙티브 누적 영역 그래프 활용 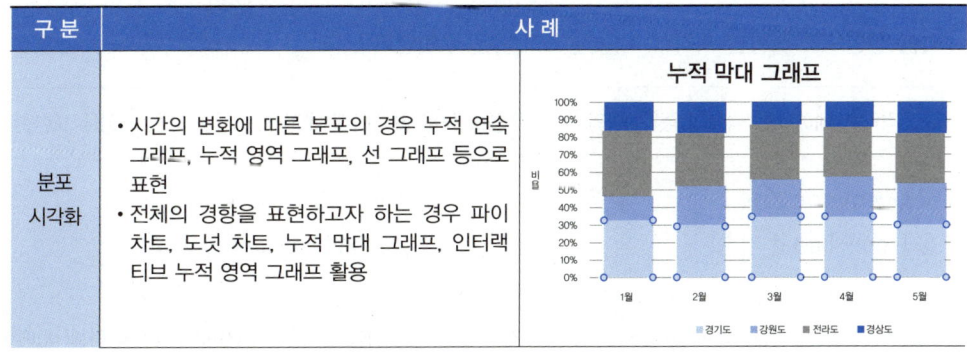

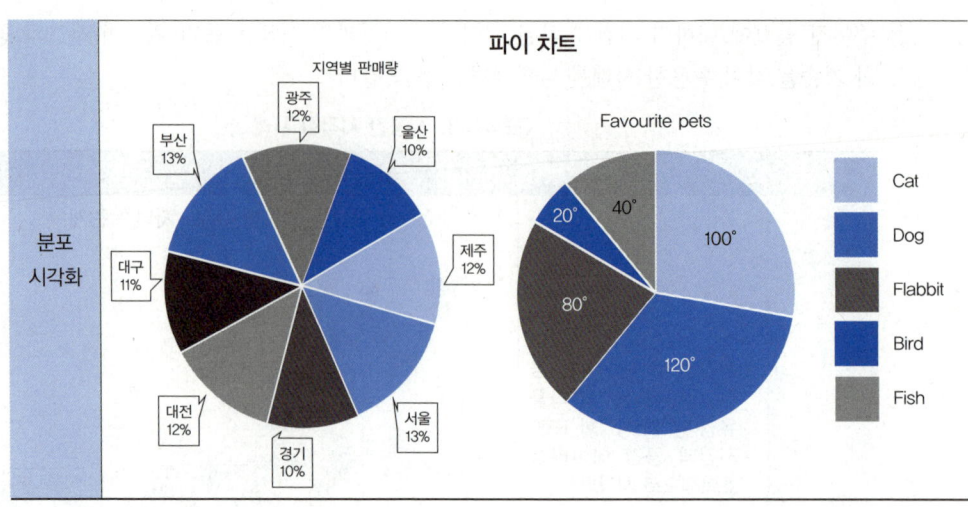

확인 문제 **빅데이터 시각화 3단계 절차**

다음 중 빅데이터 시각화를 위한 3단계 프로세스로 옳은 것은?

① 시각화 – 구조화 – 시각표현
② 시각화 – 시각 표현 – 구조화
③ 구조화 – 시각화 – 시각표현
④ 구조화 – 시각 표현 – 시각화

풀이 빅데이터 시각화는 '구조화–시각화–시각표현'의 처리과정으로 수행된다.
정답 ③

확인 문제 **시각화 알고리즘의 이해**

다음 설명으로 적합한 시각화 기술(알고리즘)은 무엇인가?

> 각각의 데이터를 색상의 종류, 색의 크기, 투명도 등을 활용하여 데이터의 서로 다른 속성을 표현한다.

① Geometric 기술
② Graph–based 기술
③ Icon–based 기술
④ Pixel–oriented 기술

풀이 화소 지향적 기술(Pixel–oriented)에 대한 설명이다. 화소 지향적 기술을 이용하여 각각의 픽셀(색)에 대한 속성을 색상, 색의 크기, 투명도 등으로 표현한다.
정답 ④

> **확인 문제** | **노드를 이용한 데이터 시각화 방법**
>
> 데이터 시각화 방법의 하나로서, 데이터들 사이의 관계를 표현하기 위하여 데이터를 노드로 연결하여 표현하는 방법으로 적절한 것은?
>
> ① Multi-visualization
> ② Network Visualization
> ③ Position Visualization
> ④ Time Visualization
>
> **풀이** 네트워크 시각화(Network Visualization) 기법을 이용하여 데이터를 노드로 연결하며, 데이터들 사이의 관계를 효과적으로 표현한다.
>
> **정답** ②

(2) 관계 시각화

① 서로 다른 변수들 사이의 관계를 시각적으로 표현하기 위해 사용된다. 하나의 변수가 다른 변수에 어떤 영향을 주는지에 대한 분석결과를 해석하는 데 유용하다.

② 관계 시각화의 예는 다음과 같다.

〈표 4-45〉 관계 시각화 사례

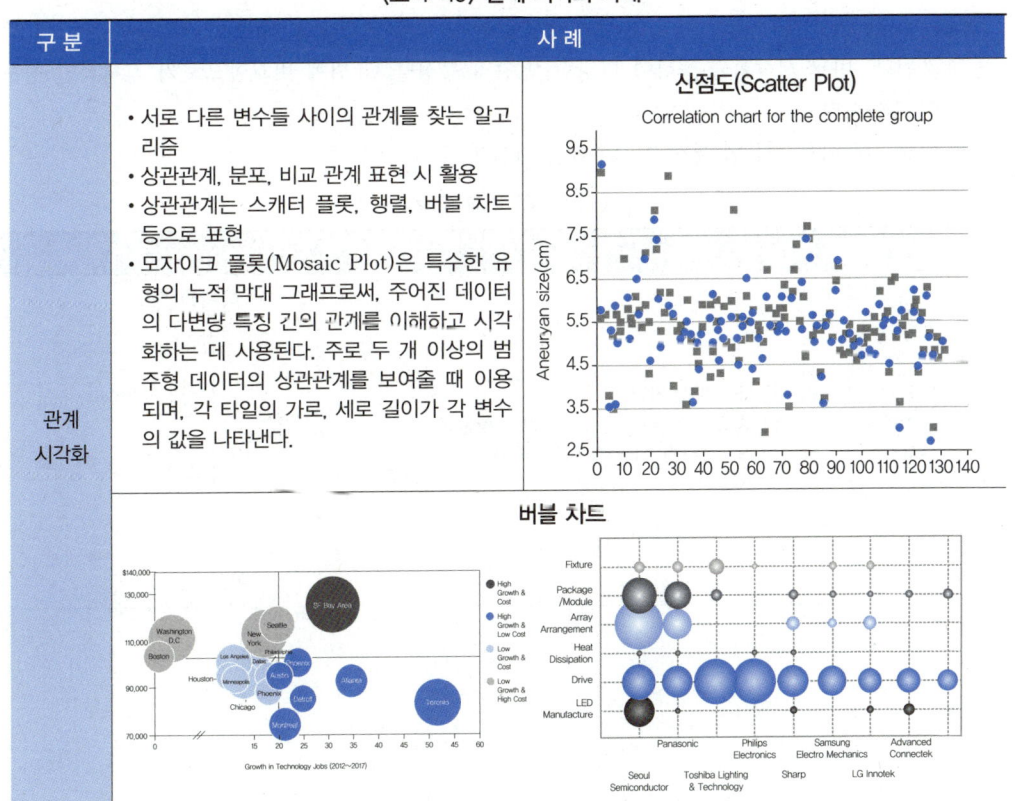

| 확인 문제 | 스캐터 플롯, 행렬, 버블 차트를 이용한 시각화 방법 |

다음은 무엇에 대한 설명인가?

- 다변량 데이터들 사이에 존재하는 변수들 사이의 연관성 표현
- 서로 다른 변수들 사이의 분포와 패턴을 찾는 시각화 방법
- 서로 다른 변수들 사이의 관계 표현
- 교통사고 발생 건수와 부상자 수 사이의 상관관계 표현
- 상관관계는 스캐터 플롯, 행렬, 버블 차트 활용

① 관계 시각화
② 분포 시각화
③ 비교 시각화
④ 시간 시각화

풀이 관계 시각화 방법에 대한 특징을 설명하고 있다. 관계 시각화를 통해 서로 다른 변수들 사이의 관계를 시각적으로 표현하고, 하나의 변수가 다른 변수에 어떤 영향을 주는지에 대한 분석결과를 해석한다.

정답 ①

(3) 비교 시각화

① 비교 대상의 변수가 둘 이상인 경우 변숫값을 비교하며 변수들 사이의 관계를 이해하기 위해 사용된다. 비교 시각화를 통하여 다양한 변수의 특징을 한 번에 비교함으로써 전체적인 정보 표현이 가능하다.

② 비교 시각화를 이용한 분석결과의 예는 다음과 같다.

〈표 4-46〉 비교 시각화 사례

구분	사례
비교 시각화	• 변수들 사이의 값 비교 • 히트맵, 체르노프 페이스, 스타 차트, 평행좌표 그래프, 다차원 척도법, 아웃라이어 찾기 등으로 표현 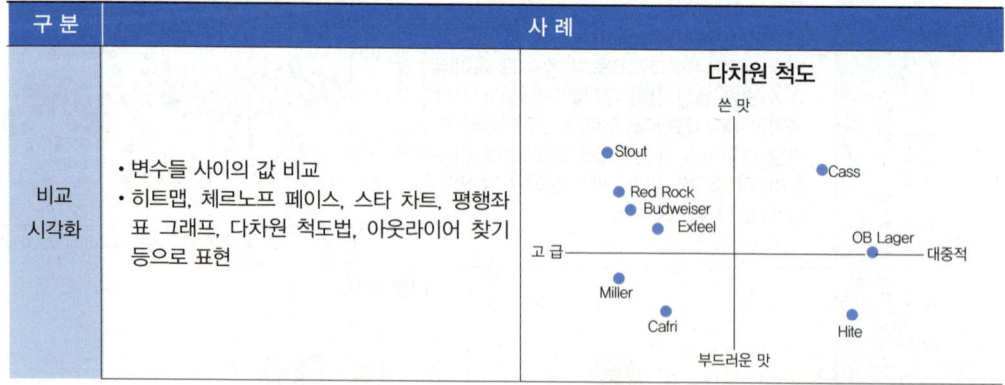

비교 시각화	비교 시각화 분석결과
	(히트맵) (체르노프 페이스)

③ 비교 시각화를 위해 사용되는 거미줄 차트(Spider 또는 Radar Chart)에서는 동일한 중심점을 기준으로 변수의 수만큼 축을 그리고 각각의 축에 해당 측정값을 표시하며 각각의 점을 선으로 이어 각 항목의 점수를 비교한다. 반면에 스타 차트(Star Chart)는 각 항목에 대한 중심점들이 차이 있게 표현된다.

④ Cartogram(카토그램) : 아래 그림과 같이 의석수나 선거인단수, 인구 등의 특정한 데이터 값의 변화에 따라 지도의 면적이 왜곡되는 그림을 말한다. 변량비례도(變量比例圖) 또는 왜상 통계지도(歪像統計地圖)라고도 한다. 주로 통계지도를 표현하기 위해 사용되며, 실제 면적을 기반으로 작성되는 일반적인 지도와는 달리 특정 통계 정보를 기반으로 작성된 지도를 표현한다.

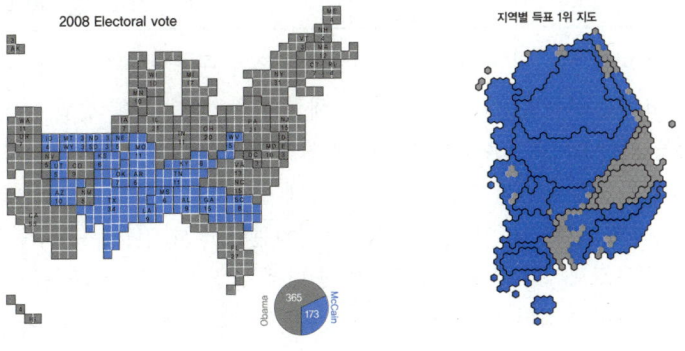

[Cartogram(카토그램)]

확인 문제   **비교 시각화 기술**

다차원 통계 데이터를 사람의 얼굴 이미지를 이용하여 시각적으로 표현하는 비교 시각화 기술은 무엇인가?

① Box Plot   ② Chernoff Face
③ Heat Map   ④ Star Chart

풀이 체르노프 페이스(Chernoff Face)에서는 얼굴의 가로 너비, 세로 높이, 눈, 코, 입 등 각 부위를 변수로 대처하여 데이터의 속성을 쉽게 파악할 수 있도록 한다.
정답 ②

(4) 인포그래픽(Inforgraphics = Information + Graphics)

① 많은 정보를 효율적으로 표현하기 위하여 인포그래픽에서는 차트, 지도, 다이어그램, 로고, 일러스트레이터 등을 이용한다.

② 인포그래픽의 예는 다음과 같다.

〈표4-47〉 인포그래픽 사례

구분	사례	
인포그래픽	다량의 정보를 차트, 지도, 다이어그램, 로고, 일러스트레이션 등으로 표현	

③ 인포그래픽은 크게 나열형(여러 항목을 시각적으로 나열), 통계형(파이 차트, 막대그래프 등을 사용하여 시각적 표현), 사용법(How-to, 문제 해결 방법, 과제 수행 방법 등 안내), 타임라인(이벤트 및 사건을 시간순으로 표현, 사람 또는 사물의 역사적 발전, 제품 또는 트렌드 진화, 특정 행동 및 실천 방법 등이 시간이 지남에 따라 어떻게 발전했는지 표현), 비교(다양한 옵션 비교 및 대조), 지리적(지도, 위치 등 이용, 인구통계, 위치관련 정보 전달), 순서도(정보의 흐름 표현), 프로세스 설명(프로세스의 주요 요소, 작업 및 단계 설명), 스토리텔링형(사건 및 주제에 대한 이야기 구성), 만화형(캐릭터 등 만화적 요소 활용) 인포그래픽으로 구분된다.

④ 별도의 소프트웨어를 설치하여 인포그래픽을 작성할 수도 있으나, 사용자 프레젠테이션 및 이미지 도구 등의 서식 파일을 활용하기도 하며, 최근에는 온라인상에서 다양한 인포그래픽 시각화 편집 기능이 사용되고 있다.

확인 문제 인포그래픽의 개념

다음 중 인포그래픽을 뜻하는 두 단어로 옳은 것은?

① Information, Graphics
② Information, Grid
③ Internet, Graphics
④ Internet, Grid

풀이 Infographics(인포그래픽)이란 정보를 나타내는 Information과 그래픽(Graphics)의 합성어로서 정보를 시각적인 형태로 전달하기 위해 차트, 지도, 다이어그램, 로고, 일러스트레이터 등을 이용한다.

정답 ①

03 분석결과 활용

(1) 분석모형 전개

① 빅데이터 분석모형 구축 프로세스
  ㉠ 빅데이터 분석모형 구축 프로세스(Process, 한 개 이상의 입력을 이용하여 가치 있는 산출물을 만드는 활동)는 아래와 같이 데이터 수집, 데이터 정제, 분석모형 구축, 분석모형을 이용한 분석·예측 및 모형 업데이트, 그리고 시각화·대시보드 작성으로 이루어진다.
  ㉡ 빅데이터로부터 의미 있는 지식을 얻고 이를 의사결정에 효율적으로 활용하기 위해서는 빅데이터를 효과적으로 분석할 수 있는 방법과 모형 그리고 이를 적용할 인프라가 요구된다.

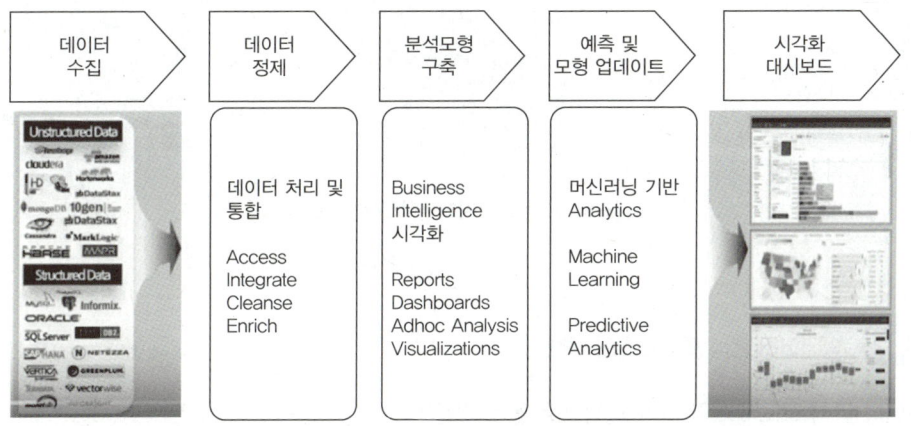

[빅데이터 분석모형 구축 프로세스]

  ㉢ 개인의 의사결정과 달리 기업은 기업의 목표 달성을 위한 합리적 의사결정 과정에서 수많은 불확실성의 요인을 포함하고 있다.
  ㉣ 따라서 많은 데이터가 혼재되어 있는 상태에서 의사결정에 필요한 데이터를 정제하여 필요한 만큼 적절하게 제공하는 기법과 함께 데이터를 수집·분석하여 이를 토대로 기업의 올바른 의사결정을 내릴 수 있도록 해주는 비즈니스 인텔리전스(BI ; Business Intelligence) 형 솔루션 및 기술을 활용한 빅데이터 분석모형의 개발·구축과 적용이 반드시 필요하다.
  ㉤ BI는 의사결정에 대한 지원에 사용되는 기술, 프로세스, 스킬, 응용 프로그램 등을 모두 포함하는 포괄적 용어이며, 보통 빅데이터 분석 시 요구되는 요구사항을 추구하기 위하여 전략적으로 기존에 사용되었던 데이터를 다룬다.
② 머신러닝 기반의 분석모형 적용 : 머신러닝 기반의 데이터 분석 절차를 요약하면 다음과 같다.

비즈니스 이해 및 정의	데이터 수집	데이터 전처리와 탐색
• 문제의 이해와 정의 • 문제 해결을 위한 비즈니스 도메인 이해 • 구체적인 목적과 데이터에 대한 이해 • 적용 머신러닝 기법에 대한 결정	• 필요한 데이터 수집 • 내부 데이터 저장소(데이터웨어하우스, 데이터 마트 등)에서 SQL을 통해 데이터 추출 • 하둡 기반의 빅데이터 플랫폼에서 추출 • 외부 데이터 추출 • Scraping 또는 API 등을 통한 데이터 수집	• 머신러닝 적용을 위한 데이터 전처리 • 데이터 변화 및 탐색 수행 • 머신러닝을 적용하기에 적당한 형태로의 데이터 전처리

모델 성능향상 및 적용	모델 성능평가	데이터에 대한 모델 훈련
• 모델 파라미터나 추정 방법 등을 변화 • 모델 성능 향상 추구 • 알고리즘의 성능을 비교, 분석 • 비즈니스 이슈 고려한 성능평가 수행 • 자동화 및 시스템 연계를 고려, 추가 개발	• 평가 데이터세트를 이용한 모델 정확도 평가 • 자율 학습 : 교차검증보다 분석과정에서 도출되는 통계값들이 얼마나 규칙들의 해석 가능성에 맞는가에 초점을 두고 성능평가 수행	• 머신러닝 기법을 통한 데이터 학습 • 지도 학습 : 학습용, 검증용, 평가용 데이터로 분할, 교차 검증 설계, 모델 훈련 • 자율 학습 : 분석을 통한 패턴 도출

[머신러닝 기반의 데이터 분석모형 적용 절차]

확인 문제 | **빅데이터 분석 프로세스의 이해**

빅데이터 분석 프로세스의 처리 과정으로 옳은 것은?

① 데이터 수집 → 데이터 정제 → 예측 및 모형 업데이트 → 분석모형 구축시각화
② 데이터 수집 → 데이터 정제 → 분석모형 구축 → 예측 및 모형 업데이트 → 시각화
③ 분석모형 구축 → 데이터 수집 → 데이터 정제 → 예측 및 모형 업데이트 → 시각화
④ 분석모형 구축 → 예측 및 모형 업데이트 → 데이터 수집 → 데이터 정제 → 시각화

풀이 빅데이터 분석은 '데이터 수집 → 데이터 정제 → 분석모형 구축 → 예측 및 모형 업데이트 → 시각화'의 프로세스로 수행된다.

정답 ②

---

(2) 분석결과 활용 시나리오 개발

① 사용자 분류
㉠ 빅데이터 분석모형을 이용하여 얻은 결과는 사용자(의사결정자, 일반 사용자 등 관련자)들이 이해하기 쉽도록 시각화(또는 도식화)하여 보여준다.
㉡ 시각화 전에 사용자가 누구인지를 명확하게 정의한다.
㉢ 시각화 활용 목적(데이터 설명, 시각적인 탐색 수단 제공, 표현을 위한 전시목적 등)은 시각화 구축 목적과 일치하며, 시각화 결과물의 주된 사용자가 누구냐에 따라 시각화를 통해 전달하고자 하는 정보의 수준과 내용이 다르게 결정된다.

② 일반적으로 정의되는 사용자 분류는 다음과 같다.

〈표 4-48〉 사용자 분류

구 분	사용자
내 부	• 의사결정권자(대표, 임원, CEO, CIO 등) • 부사장과 수석관리자 • 감독, 관리자 • 직 원
외 부	• 고객 : 특정 주제에 관심을 가지는 대규모 고객 • 청중 : 전 세계 불특정 다수의 청중 • 개인 : 개인적 업무로 데이터 자체를 탐색(혹은 교육)하는 자

② 분석결과의 품질기준 요구사항 : 시각화 활용 목적과 사용자 가치 관점에서 데이터 시각화를 위한 사업적·기술적 요구사항과 품질기준에 대한 요구사항을 요약하면 다음과 같다.

〈표 4-49〉 분석결과 활용을 위한 품질기준 요구사항

구 분	주요 내용
사업적 요구사항	• 빅데이터 분석기획 시 정의한 사업목표 및 전략 기준의 요구사항 • 내부 의사결정 수단으로 이용 시 필요한 요구사항 • 외부의 대중들에게 정보전달(또는 설득) 제공을 위한 요구사항
기술적 요구사항	• 시각화 도구인 분석 플랫폼 및 라이브러리에 대한 요구사항 • 데이터 분석 및 시각화 결과물을 보고서 형식으로 제공하는 기능 • 디자인이 강화된 인포그래픽 형태의 솔루션 제공 • 시각화 업무 환경에 맞는 시각화 구현 도구에 대한 기술 요구사항
시각화 품질 요건	• 데이터의 표현 규칙과 패턴을 토대로 구현해야 할 기능적 측면 • 시각화 결과물의 심미적 측면에서의 요구사항 • (전반부) 시각화 결과물의 기능적 측면 위주 작업 • (후반부) 사용자의 시지각적 인지 효과를 높일 수 있는 디자인 표현 강화

③ 분석결과 활용 절차
  ㉠ 데이터 분석결과, 수집된 정보를 어떻게 보여주느냐 즉, 사용자 시나리오를 어떻게 도출하고 작성하느냐는 정보를 효과적으로 보여주기 위해서 어떤 이야기로 설명해 줄 것인가를 결정하는 과정이다.
  ㉡ 이는 다음과 같이 3단계 과정으로 진행된다.
    • 시각화 결과물을 사용할 사용자별로 이용 데이터세트 및 정보를 기술한다.
    • 사용자별로 사용자 시나리오를 작성하며, 사업적·기술적 요구사항과 품질요건을 반영한다.
    • 스토리보드(사용자 시나리오)를 기획한다. 사용자별로 전달해야 할 핵심적 요소와 전달 효과를 높일 수 있는 시각화 방법 및 그래픽 표현 요소들을 발굴하고, 사용자별로 작성된 시나리오에 적용할 스토리보드를 작성한다.

④ 스토리보드는 컴퓨터로 작업하기 전 대충의 아이디어를 종이나 보드에 그리는 스케치 작업으로 작성하며, 다음과 같은 요소를 고려하여 작성한다.

〈표 4-50〉 시나리오(스토리보드) 작성 시 고려 사항

구 분	주요 내용
사용자별 데이터 표시 수준	• 사용자별로 보여줄 데이터의 표시 수준을 다음과 같이 결정 • 드릴다운(Drill Down : 가장 요약된 레벨로부터 가장 상세한 레벨까지 차원의 계층에 따라 분석에 필요한 요약 수준 변경) 기능 사용 | 역 할	데이터 표시(요약) 수준
직원(참여자)	Drill Down(드릴다운) 데이터(작업별)
관리자	Drill Down 데이터(팀별)
감 독	상위수준, Drill Down 데이터(부서별)
부사장, 수석관리자 등	상위 수준 데이터(그룹별)
임원(CEO, CIO, CFO 등)	상위 수준 데이터(회사 전체)	
핵심요소 선정	• 사용자별로 전달할 핵심요소(데이터, 정보 등) 선정 • 예를 들어, 사용자가 관심인 시각화 결과물이 시간에 따른 추세와 비교인 경우 핵심요소로 (시간, 추세, 비교)로 선정
레이아웃 (Layout)	• 시각화 결과물을 효과적으로 제시하기 위해 사용될 그리드 선택 • 아래와 같이 기본 그리드와 변형 그리드 형태 활용 기본 그리드: LARGE GRID, PRODUCTS 변형 그리드: LANDING PAGE, BLOGE, ARTICLE
시각화 방법 그래픽 요소	• 데이터 시각화를 위한 효과적인 그래픽 요소 추가 • 그래픽 요소 : 기하(점, 선, 면, 입체)와 함께 색, 질감, 명도, 채도, 위치, 배치, 간격 등의 장식 요소 추가 • 지도, 차트, 다이어그램, 텍스트, 인포그래픽 등 적용 • 전달 효과를 높일 수 있는 그래픽 표현 요소 배치 • 차트, 그래프 외에 이를 설명하기 위한 텍스트, 버튼 등 추가
정보 메시지 전달	• 효과적인 정보 및 메시지 전달 방법 활용 • 동선, 순서, 상호작용, 연결, 다양한 색상, 설명 또는 레이블 등 적용

> **확인 문제** | **빅데이터 분석결과 활용 시나리오 도출 절차**
>
> 빅데이터 분석결과를 활용하기 위한 시나리오 도출 과정으로 옳은 것은?
>
> ① 사용자별 데이터세트 표시 수준 결정 → 핵심요소 선정 → Layout 선택 → 그래픽 요소 추가 → 정보 메시지 전달
> ② 사용자별 데이터세트 표시 수준 결정 → 핵심요소 선정 → 그래픽 요소 추가 → Layout 선택 → 정보 메시지 전달
> ③ 사용자별 데이터세트 표시 수준 결정 → Layout 선택 → 핵심요소 선정 → 그래픽 요소 추가 → 정보 메시지 전달
> ④ 사용자별 데이터세트 표시 수준 결정 → Layout 선택 → 그래픽 요소 추가 → 핵심요소 선정 → 정보 메시지 전달
>
> ---
>
> **풀이** 데이터 분석결과를 활용하기 위한 시나리오는 '사용자별 데이터세트 표시 수준 결정 → 핵심요소 선정 → Layout 선택 → 그래픽 요소 추가 → 정보 메시지 전달'의 과정으로 도출된다.
>
> **정답** ①

(3) 분석모형 모니터링

① 분석결과 문서화 시 고려 사항
- ㉠ 빅데이터 분석결과의 문서화는 구조화된 데이터를 정렬, 그룹, 합계, 필터링 그리고 형식화의 과정을 거쳐 최종적으로 사전에 정의된 양식에 구조화된 데이터를 처리하는 프로세스이다.
- ㉡ 과거에는 대부분의 보고서가 문서 형태였으나, 최근에는 많은 보고서들이 모바일 기기에 표기되는 방식으로도 제공된다.
- ㉢ 빅데이터 분석결과의 문서화 즉, 보고서 작성은 크게 읽기용과 발표용(요약본)으로 구분된다. 읽기용 보고서는 보고를 받는 사람에게 좀 더 구체적인 자료를 제공하는 목적을 가지며, 도표와 설명을 잘 배합하여 자세한 내용으로 구성한다.
- ㉣ 전체 내용을 요약한 요약본에서는 그래프나 표 등을 이용하여 수치를 시각화하여 보여주어, 보고받는 사람이 한눈에 보아서 전체 내용을 파악하고 이해하기 쉽도록 작성한다. 최근 통계 조사 및 분석 분야에서는 주로 읽기형에서 차트형으로 작성된 요약본의 형태로 변화하고 있다.
- ㉤ 보고서를 작성하기 전에 서식 디자인, 목차 구성 및 작성 기준을 사전에 수립하여야 한다.
- ㉥ 보고서 작성과 관련된 주요 내용을 요약하면 다음과 같다.

보고서 구성	서식 디자인 : 보고서 형식, 디자인 서식, 문단 글자 모양, 문단 모양 등
	목차 구성 : 기본 구조(개요, 목적, 데이터 수집 및 설계, 조사 결과 및 분석, 요약, 결론 등으로 구성)
	작성기준 수립 : 독자 이해, 명확한 문장의 흐름, 객관성, 간결성, 연관성 있는 표·그래프 활용
보고서 작성	결과 보고 : 논리의 전개(귀납법, 연역법), 정확성·간결성·설득력 고려, 그래픽 활용(그래프, 표, 도형 등)
	시사점 및 제언 : 분석결과 해석, 시사점 및 전략적 제언 제시

[보고서 구성 및 주요 작성 내용]

② 보고서 작성 기준에 대한 주요 원칙은 다음과 같다.

〈표 4-51〉 보고서 작성 기준

구 분	주요 내용
독자에 대한 이해	• 의사결정자가 누구인가에 대한 이해 • 독자가 주로 관심을 가지는 문제에 대한 해결 방안 강조 • 전략적 대안에 대한 보고 • 의사결정 대안을 구체적으로 제시 • 가능한 한 전문적인 용어의 사용을 지양 • 전문적 용어의 경우 주석, 부록, 참고자료에 별도로 설명 추가
명확한 문장의 흐름	• 논리적이고 명확한 구조로 작성 • 보고서의 내용을 쉽게 찾아볼 수 있는 구조로 작성 • 일관성 있는 구조로 작성과 정확한 용어 사용 • 보고서에 관한 수정(어려운 용어, 비속어, 진부한 표현 등) 작업
객관성	• 객관적인 시각에서 보고서 작성 • 조사자의 이해관계 및 선입견 배제 • 모든 관련 사항을 재확인, 연구자의 주관적인 시각을 배제
간결성	• 간결하고 간명한 보고서 작성 • 육하 원칙에 의거하여 간결하게 작성 • 불필요한 미사여구, 수식어, 애매·과장된 표현 지양 • 긴 문장 표현 지양
표·그래프 활용	• 표, 그래프, 그림, 지도 등의 시각적 자료 활용 • 분석 주제의 목록과 순서를 도식화하여 제시 • 표, 그래프는 1페이지에 3~4개로 작성

③ 분석결과의 산출물
　㉠ 분석의 목적이 비즈니스 이슈 해결 또는 성과개선을 위해 문제의 원인에 대한 분석이나 개선 방향 등에 대한 시사점을 도출하고자 하는 분석이라면, 분석 프로세스의 마지막 단계는 적용한 분석모형을 통한 데이터 분석이 어떠한 의미를 가지고 있는지, 그 결과를 적절히 제시하는 것이다.

ⓒ 이 단계의 업무가 효과적으로 수행되지 않으면, 아무리 최신기법을 적용하여 유의미한 분석을 수행하였다 하더라도 그 결과물이 조직 내에서 인정받을 수 없다.
ⓒ 따라서 사용된 데이터 분석모형에서 변수들 사이의 관련성이나 결괏값의 개선 등 그 의미를 명료하게 정리 · 해석하여 의사결정자에게 구체적인 시사점을 제시하는 것이 바람직하다.
② 이러한 목적으로 작성되는 분석결과 보고서는 분석 과정 개요, 결과 요약, 수행기법 소개, 분석 프레임워크, 모형 소개, 결과 시사점 및 개선과제 등이 포함되며, 결과 시사점 및 개선과제를 제시할 때는 구체적인 예시나 방법론을 제안하고, 업무 수행관련 유관부서 · 조직이나 담당자까지 사전 협의를 통해 명시해 주는 것이 중요하다.
ⓜ 데이터 분석결과 시사점을 의사결정자에게 보고하거나 상용 서비스에 적용하여 프로세스화하거나 어떤 목적으로 분석을 수행하든지 분석 계획 및 과정 등 전반적인 내용에 대한 산출물들을 체계적으로 작성하고 정리한다.
ⓗ 데이터 분석결과를 유관부서 이해관계자와 공유하거나 유지보수 및 모델 개선 시 참고하기 위해서 핵심결과 산출물을 작성하고 관리한다.
ⓢ 분석결과에 대한 주요 산출물들은 다음과 같다.
- 데이터 분석 계획서
- 사용 데이터 및 확보 방안
- 데이터 전처리 및 변환 수행 절차
- 데이터 분석모형 사용 기법별 훈련 및 예측 결과 비교자료
- 비즈니스 성과 개선 및 기여도 평가 계량 자료
- 데이터 분석 스크립트 코드 및 주석 등 문서화
- 데이터 분석 모델 유지보수 및 교육을 위한 가이드 및 매뉴얼
- 효과검증(POC ; Proof of Concept, 솔루션이나 접근 방법 등 개념 검증을 위해 업체들에게 요청하여 수행하는 작업) 프로젝트 수행 계획서 및 결과 보고서
- 시스템 연동 개발 시 주요 개발 요건정의서
- 화면 개발 시 화면설계 정의서

ⓞ 산출물들은 분석계획서 및 분석결과 보고서 등에 포함되기도 하고, 추가적인 별도의 자료로 분서화되기도 한다.

④ 분석결과 모니터링 최적화 : 데이터 분석결과들 문서화하고 이를 현업에 적용하는 단계(최적화)를 요약하면 다음과 같다.

분석목적에 따른 보고서 배포	산출물에 대한 문서화	모델 개선 결과의 현업 적용 최적화
• 의사결정자 보고 및 공유 : 비즈니스 이슈 해결, 성과개선, 분석결과 대비 차별화, 다양한 차트 및 시각화 활용, 직관적이고 간명한 결과 전달 • 결과 배포 · 운영 : 서비스 기능 적용성 검증, 효과 검증, A/B test, 고객의 반응 수집, 적용 가치 검증, 서비스 구현 적용, 분석모형 결과 내용 요약, 분석 스크립트 코드 문서화, 서비스 연동 시 고려 사항, 시스템 현황 및 애플리케이션 고려, Migration 반영	• (계획) 데이터 분석 계획서, 사용 데이터 및 확보 방안, 데이터 전처리 및 변환 수행 절차 • (수행) 적용 모델의 주요 기법, 훈련 · 예측결과, 성능 비교 자료 • (적용) 분석결과, 성과개선 및 기여도, 유지보수 및 교육 가이드 • (서비스 적용) 분석 스크립트 코드, 주석, 효과검증, 개발요건, 화면설계, 유지보수 가이드	• 현업 업무 적용을 통한 고객반응 수집 및 모니터링, 개선점 발굴 • 반복적인 피드백 수행 • 분석모형 모델 개선 • 모델 결과의 업무 재적용 • 고객 반응 수집 • 지속적인 서비스 개선 • 고객의 서비스 만족도 향상

[분석결과 모니터링 최적화 과정]

⑤ 머신러닝 기반의 분석모형 모니터링 절차 : 머신러닝 기반의 데이터 분석과 문서화 작업 절차는 다음과 같다.

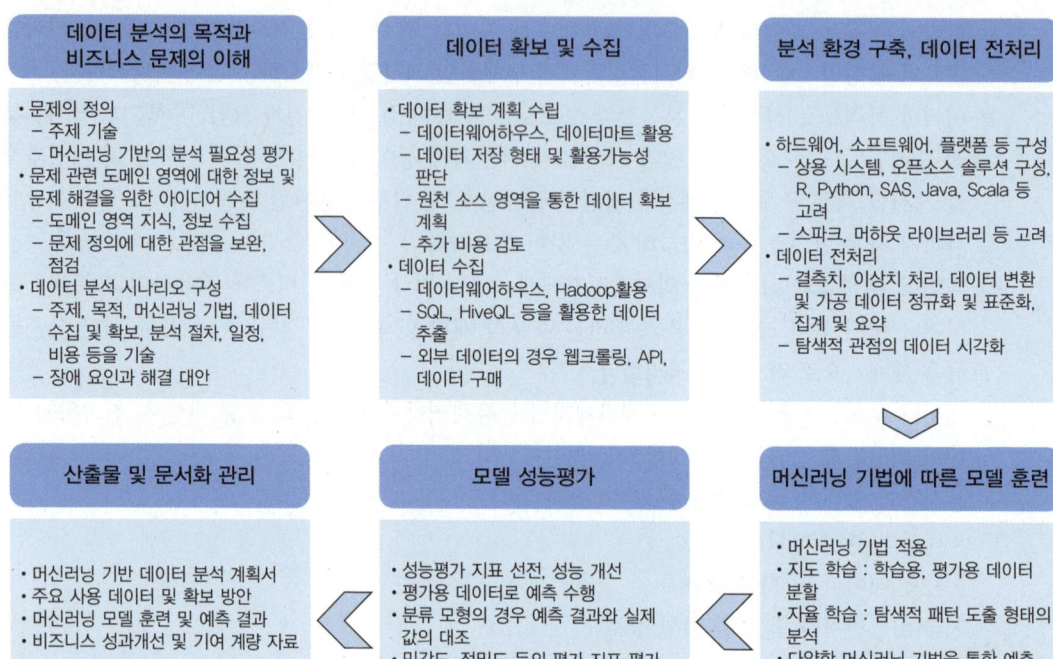

[머신러닝 기반의 분석모형 모니터링 절차]

⑥ 문서화 및 모니터링 담당자별 역할 : 프로젝트 관리자(PM, 팀장), 참여인력 및 문서관리 담당자로 구분하여 문서화 작업 과정을 나타내면 다음과 같다.

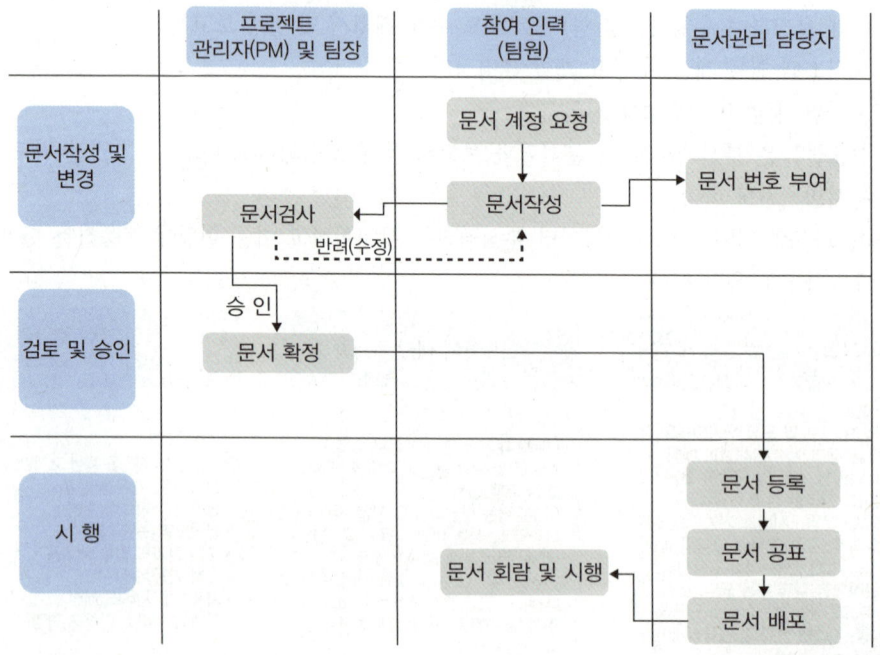

[분석모형 모니터링을 위한 담당자별 문서화 작업]

⑦ 분석모형 모니터링 자동화
  ㉠ 빅데이터 분석결과 자동화는 아래와 같이 비즈니스 인텔리전스(BI ; Business Intelligence) 시스템에 의해 지식근로자와 의사결정자들에게 자동으로 이루어진다.
  ㉡ 소스 데이터는 조직이 보유하고 있는 운영 데이터베이스가 될 수도 있고, 수집한 데이터 또는 데이터 공급자로부터 구매한 데이터가 되기도 하며, 소셜 미디어에서 얻어진 데이터일 수도 있다.
  ㉢ 사전에 정의된 분석모형을 통해 이러한 데이터들을 분석한 후, 관련자들이 활용할 수 있도록 한다.

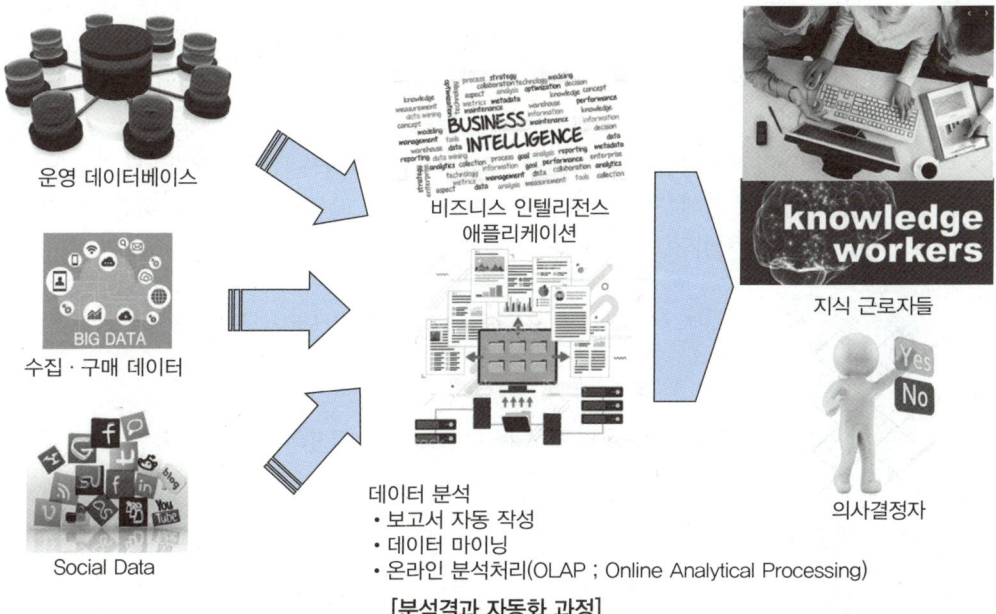

[분석결과 자동화 과정]

⑧ BI의 자동화 기능
  ㉠ BI 시스템을 이용하는 경우 보고서 자동 작성 기능, 데이터 마이닝과 함께 OLTP(Online Transaction Processing, 온라인 트랜잭션처리, 보통 데이터베이스에 데이터 저장·처리, 대표적으로 은행 창구 업무나 항공사 예약 등의 데이터), OLAP[Online Analytical Processing, 온라인 분석처리, 보통 데이터웨어하우스에서 데이터 저장·처리, 사용자의 분석적 질의 처리(View) 제공] 솔루션을 이용하여 대량의 데이터를 실시간으로 정확하게 분석하고 예측한다.
  ㉡ 비즈니스 인텔리전스(BI)의 주요 기능은 다음과 같다.

〈표 4-52〉 BI의 분석결과 자동화 기능

구 분	주요 내용
엔터프라이즈 레포팅	• 기업에서 주로 사용되는 출력 형태 제공 • 웹기반 형태의 보고서 자동 제공 • 주기적인 제품·서비스 현황 자료 제공
통계 및 데이터 마이닝	• 변수들 사이의 관련성 정보 제공 • 가격 탄력성과 매출 사이의 관련 정보 제공 • 집합, 통계적 처리, 기타 고급 수학 함수 활용 • 배송시간, 가격 및 수요에 대한 수익 함수 모델링

보고서 Alerting	• 기업의 보고서 및 메시지 제공 • 사용자가 원하는 보고서 구독 기능 제공 • 스케줄 및 이벤트 트리거에 따른 보고서 배포 기능 제공
Cube 분석	• 예측 분석 제공(OLAP에서 제공하기도 함) • 지역별 판매 분석 예측, 판매 직원별 판매 예측 등
Adhoc 쿼리 작성 및 분석	• 트랜잭션 수준까지의 데이터 정밀 분석결과 제공 • 사용자와의 상호 인터랙티브 정보 교환을 통한 정보 제공

⑨ 요약본 작성
  ㉠ 보고서 요약본은 전체 내용의 스토리를 정확히 전달하여야 한다.
  ㉡ 전달 메시지가 명확하고, 읽는 독자가 이해하기 쉬우며, 전달하고 싶은 핵심 내용이 잘 정리되어 있어야 한다.
  ㉢ 아래 그림과 같이 요약본을 위해 사전에 시나리오를 작성하는 것이 바람직하다.
  ㉣ 요약본을 작성하기 전에 전체 보고서의 내용을 이해하고, 요약본 작성을 위한 스토리보드를 작성함으로써 효과적인 요약본 작성이 가능하다.

요약 시나리오 작성	보고서 이해 : 보고서 구성 시 스토리라인 이해, 보고서 구조 이해
	스토리보드 : 구상, 가시적인 아웃라인 설정, 분석결과 작성 및 수정
요약본 작성	요약본 : 서론, 본론, 결론의 3단계로 구성 • 서론 : 개요, 전체구조, 결론 요약 • 본론 : 객관적 사실, 자료 및 분석결과, 구체적 사례, 근거 포함 • 결론 : 요약 및 정리, 보완 설명, 시사점 및 제안 내용
	전체 구성 · 내용을 정리, 검토 및 수정 · 보완

[요약본 작성 내용]

⑩ 요약본 작성 시 고려 사항
  ㉠ 스토리보드의 내용을 토대로 요약본을 작성하며, 요약본에는 독자가 이해하기 쉬운 자료로 작성하고 레이아웃이나 디자인도 간결하게 하여 전달하고자 하는 메시지가 명확하게 전달되도록 작성한다.
  ㉡ 보고서를 작성할 때와 마찬가지로 요약본도 목차를 먼저 만들어보면 전체적인 요약본의 내용이 그려지고 쉽게 요약본을 만들 수 있다.
  ㉢ 목차를 먼저 만들면 전체 내용과 함께 핵심적 내용을 명확히 이해하면서 효과적으로 요약본을 만들고 읽는 사람들에게도 보고서의 내용을 쉽게 이해시킬 수 있다.

확인 문제 　데이터 분석결과 보고서 작성 기준

데이터 분석결과 보고서 문서화 작업 시 주요 작성 기준으로 적절하지 않은 것은?

① 보고서 독자에 대한 이해
② 명확한 문장의 흐름
③ 객관성, 간결성
④ 가능한 한 표 및 그래프를 사용하지 않음

풀이 가능한 한 표, 그래프 등의 시각적 자료를 활용하여 문서화 작업을 수행한다. 표와 그래프는 1페이지에 3~4개로 작성하고, 분석하는 주제의 목록과 순서를 도식화하여 제시한다.

정답 ④

확인 문제 　기업 의사결정 지원 정보 시스템

다음 설명에 해당하는 것은?

> 기업에서 데이터를 수집, 정리, 분석하고 활용하여 효율적인 의사결정을 할 수 있는 방법을 의미한다. 그리고 기업의 비전을 달성하기 위하여 비즈니스의 전략을 효율적이고 효과적으로 지원하여 각 조직의 구성원(팀원, 중간 관리자, 의사결정자 등)에게 적시에 의사결정을 할 수 있도록 지원하는 정보체계를 뜻한다.

① Business Intelligence
② Customer Relationship Management
③ Management Information System
④ Value-based Management

풀이 Business Intelligence(BI, 비즈니스 인텔리전스)에 대한 설명이다. BI 자동화 도구를 통하여 데이터 마이닝, OLTP, OLAP 솔루션을 이용한 실시간 데이터 분석을 수행한다.

정답 ①

> **확인 문제** 　**데이터 분석결과 보고서의 요약본 작성 절차**
>
> 다음 중 분석결과 보고서의 요약본 작성 과정으로 옳은 것은?
>
> ① 보고서 이해 → 스토리보드 작성 → 요약본 작성 → 검토 및 수정
> ② 보고서 이해 → 요약본 작성 → 스토리보드 작성 → 검토 및 수정
> ③ 스토리보드 작성 → 보고서 이해 → 요약본 작성 → 검토 및 수정
> ④ 스토리보드 작성 → 요약본 작성 → 보고서 이해 → 검토 및 수정
>
> ---
>
> **풀이** 　분석결과 보고서를 토대로 요약본은 '보고서 이해 → 스토리보드 작성 → 요약본 작성 → 검토 및 수정'의 절차로 작성된다.
>
> **정답** ①

(4) 분석모형 리모델링

① 리모델링 절차

　㉠ 빅데이터를 분석하고 결과를 평가하며 이를 다시 피드백하여 현장에 적용하고 검증하는 일련의 절차는 다음과 같다.

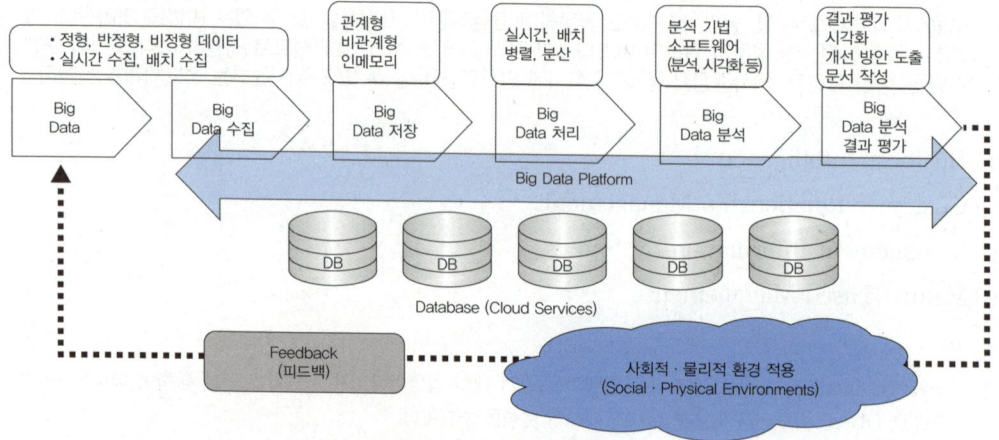

[분석모형 리모델링 절차]

　㉡ 사회적·물리적 환경 속에서 생성된 데이터를 수집하고, 비정형 데이터의 경우 비구조적 데이터로 저장하거나 정형 데이터로 변환하여 데이터베이스에 저장한다.

　㉢ 저장된 데이터를 활용 목적에 맞게 데이터를 처리·분석하는 다양한 빅데이터 기술들이 사용된다.

　㉣ 시각화 소프트웨어를 이용하여 결과를 시각화하고 이를 문서화하여 보고서와 요약본을 작성한다.

　㉤ 결과 평가를 통해 이루어진 판단과 의사결정은 사회적·물리적 환경 속에서 수행되어 다시 새로운 데이터를 생성하고, 이를 분석함으로써 의사결정에 대한 유의성을 검증한다.

② 분석모형에서의 데이터 흐름
  ㉠ 분석기획 단계에서 작성된 분석목표 정의서에서 데이터 분석모형에 대한 구체적인 운영 프로세스를 사전에 수립하는 것이 바람직하다.
  ㉡ 분석모형에 대한 운영 프로세스는 크게 분석모형 운영 계획수립, 분석모형 시스템 구축, 분석 및 운영의 3단계로 구성된다.
  ㉢ 아래는 빅데이터 분석 업무에서의 데이터 흐름이다.

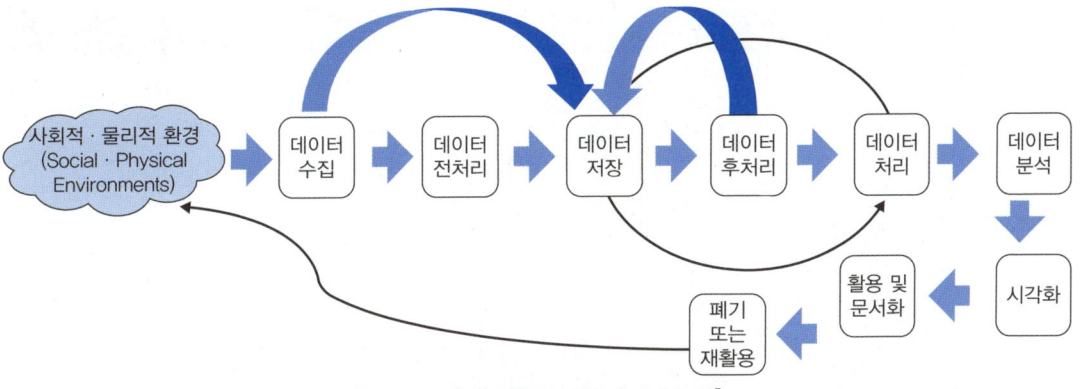

[분석모형 리모델링을 위한 데이터 흐름]

③ 분석모형 리모델링 프로세스 : 분석모형 리모델링을 위한 운영 프로세스의 주요내용을 요약하면 다음과 같다.

〈표 4-53〉 분석모형 리모델링 운영 프로세스

구 분	주요 내용
운영 계획 수립	• 해결하고자 하는 목적(문제의 정의)을 명확히 정의 • 분석 절차와 분석 기법에 대한 세부 시나리오 작성 • 분석 환경에 대한 사전검토(인프라, 운영 환경 등) • 자체 인프라 및 서비스 연계 활용 검토
시스템 구축	• 빅데이터 용량, 분석 작업의 부하 검토 • 수집 데이터 저장 서버, 데이터 처리 서버 등 검토 • 빅데이터 분석 인프라 및 기술 검토 • 데이터 수집, 관리, 분석, 이용 환경 분석 등 검토 • 필요한 소프트웨어 요구사항 검토
분석 및 운영	• 빅데이터 분석 알고리즘 검토 및 구현 • 통계 분석, 데이터 마이닝, 텍스트 마이닝, 최적화, 예측 분석 등 실행 • 가용 데이터 및 실시간 분석 검토 • 빅데이터 분석 시각화 및 문서화 • 분석결과 운영(사회적·물리적 환경 활용), 폐기 및 재활용 결정

④ 빅데이터 저장 시스템 운영
  ㉠ 빅데이터 저장·관리 시스템은 일반적으로 데이터 유형과 특성에 따라 RDBMS, NoSQL, 분산 파일 시스템을 이용한다.
  ㉡ RDBMS의 경우 SQL을 사용하여 데이터 분석 요구사항에 맞도록 데이터를 저장하고 관리된다.

ⓒ NoSQL의 경우에는 해당 소프트웨어의 클라이언트 도구(예를 들어, MongoDB의 경우 Mongo Shell Script)에 따른 데이터 질의를 수행하며, Hadoop의 HDFS를 사용한다면, HDFS 명령을 통해 데이터 질의를 처리한다. 사용자의 요구에 따라 빅데이터 저장·관리 시스템의 데이터 설계를 변경할 수 있도록 한다.

ⓔ 빅데이터 저장 시스템 운영 업무와 관련된 주요 고려 사항을 요약하면 다음과 같다.

〈표 4-54〉 빅데이터 저장 시스템 운영 시 고려 사항

구분	주요 업무
데이터베이스 용량	• 데이터 증가를 고려한 데이터베이스 용량 설계 • 지속적인 저장소 사용 모니터링 • 사용 예측에 따른 주기적인 저장소 증설 설계 • 데이터 보존 연한을 고려한 데이터 제거 작업 수행
장애 대응	• 시스템 장애 발생 시 허용 시간 내 장애 처리 • 시스템 설정 변경 시 다른 서비스에 영향이 없도록 작업 수행 • 장애대응 모의훈련 계획 수립 및 수행
사용자 권한	정보보호 규정 고려, 사용자별 권한 관리·운영
시스템 및 데이터베이스 백업·복구	• 시스템 고장 및 데이터 손상에 대비한 주기적인 시스템 백업 • 장애 발생 시 업무 중단의 최소화 • 장애에 대한 복구 계획 수립 및 시스템 복구 • 장애 발생 시 데이터베이스 복구 작업 수행

⑤ 소프트웨어 운영계획 수립 : 빅데이터 저장·관리 시스템을 구축하고 관련된 소프트웨어 운영 계획을 수립하는 절차를 요약하면 다음과 같다.

저장 관리 시스템 설치 및 운영 계획 수립	데이터베이스 용량 계획 수립	관련 소프트웨어 운영 계획 수립
데이터 저장관리 시스템 운영 계획 수립 고려요소 • 빅데이터 분석 업무 중요도 • 데이터 수집, 저장 관리 데이터 현황 • 저장관리 시스템 설치 장소 • 시스템 운영 인력	• 데이터 저장용량의 크기 예측 • 데이터베이스 저장소 사용량 모니터링 • 저장소 구입 및 증설 계획 수립 • 법적 요건을 고려한 안전한 데이터 보관 방안	• 기관, 조직 현황을 고려한 최적의 소프트웨어 • 데이터 유형별 저장 시스템 소프트웨어 • 관련 소프트웨어 : 데이터 수집, 분석, 저장관리, 시각화 등의 소프트웨어 선정 • 시스템 운영 비용의 최소화 • 소프트웨어 라이선스 도입 방안 수립

[빅데이터 분석 및 리모델링을 위한 소프트웨어 운영 계획 수립]

⑥ 분석결과의 활용

㉠ 데이터 분석을 통해 얻은 결과가 이전에 설정된 비즈니스 목표를 어느 정도 달성하는지를 평가한다.

㉡ 일반적으로 분석결과를 이용한 개선 포인트를 적용한 경우와 그렇지 않은 경우로 구분하여 A/B 테스트[버킷 테스트 또는 분할-실행 테스트, 대조실험, 가설을 입증하기 위해 대조군(Controlled Group)과 실험군(Experimental Group)]을 설정하고 결과를 검증하는 과학적 방법론) 등을 통하여 적용이 가치 있는지를 검증한다.

ⓒ 데이터 분석결과의 활용 사례는 다음과 같다.

〈표 4-55〉 빅데이터 분석결과의 활용 사례

구 분	주요 내용
효과검증	• Proof of Concept(POC) • 본격적인 서비스 구현 전에 일부의 데이터를 대상으로 검증 • 데이터 분석결과의 적용이 실제 효과가 있는지를 확인 • 실제 상용 서비스 적용 전에 반드시 수행 • 분석모델의 성능평가, 개선 가능성 등을 모니터링, 추가 모델 성능 개선 • 비즈니스 목표와 분석 설계가 일치하는지 검증 • 시행한 데이터 분석이 적절한지 검증 • 분석결과의 적용 시 발생할 수 있는 제반사항 미리 점검
서비스 적용 및 구현	• 실제 서비스 시스템, 인프라 환경, 아키텍쳐 등 고려 • 시스템 통합 및 서비스 연동 지원 • 데이터 분석가가 사용하는 언어(R, SAS, Python 등)와 웹서비스와의 연동을 고려하여 마이그레이션(Migration, 더 나은 운영환경으로 옮겨가는 과정) 작업 수행 • 주로 데이터 엔지니어, 웹개발자, 시스템 개발자 등이 수행 • 적용한 데이터 분석모형(예 머신러닝 알고리즘 등)을 관련자와 공유
반복적 피드백	• 데이터 분석결과를 적용하여 서비스 개선 • 고객 반응 수집(VOC ; Voice of Customer), 모니터링, 추가 개선 영역 도출 • 이를 위해 필요한 분석 재 수행, 피드백 사이클 반복 • 효과검증 단계에서의 개선사항 반영 • 새로운 아이디어, 인사이트, 의문점 해결 방안을 데이터 분석 시 반영 • 서비스 고도화, 고객 서비스 만족도 향상을 위한 피드백 계획 수립

확인 문제 빅데이터 분석결과의 평가 및 피드백 절차

빅데이터 분석결과를 평가하고 피드백하여 현장에 적용·검증하는 과정으로 옳은 것은?

① 데이터 수집 → 저장 → 처리 → 현장 적용 및 검증 → 분석결과평가 → 피드백
② 데이터 수집 → 저장 → 처리 → 현장 적용 및 검증 → 피드백 → 분석결과평가
③ 데이터 수집 → 저장 → 처리 → 분석결과평가 → 피드백 → 현장 적용 및 검증
④ 데이터 수집 → 저장 → 처리 → 피드백 → 분석결과평가 → 현장 적용 및 검증

풀이 데이터 분석결과 평가, 피드백 및 현장 적용검증은 '데이터 수집 → 저장 → 처리 → 분석결과평가 → 피드백 → 현장 적용 및 검증'의 절차로 이루어진다.

정답 ③

| 확인 문제 | **데이터 분석모형 운영 프로세스의 주요 업무** |

데이터 분석모형 운영 프로세스의 주요 업무 내용으로 적절하지 않은 것은?

① 기존 Legacy 시스템을 이용한 분석결과와의 비교·분석
② 데이터 분석 프로젝트의 운영 계획 수립
③ 하드웨어 및 소프트웨어 시스템 구축 요구사항 수립
④ 빅데이터 분석 알고리즘 검토 및 구현·실행

풀이 기존 Legacy 시스템을 이용한 분석결과와의 비교·분석은 운영 프로세스에 포함되지 않는다. 데이터 분석모형 프로세스에는 운영계획 수립, 시스템 구축, 분석 및 운영 업무가 포함된다.

정답 ①

제4과목 [빅데이터 결과 해석]

제2장 적중예상문제

01 시각화를 포함한 데이터 분석결과를 제시하는 방법으로 가장 적절하지 않은 것은?

① 데이터 분석결과를 제시할 때 연구과정의 개요, 결과 요약, 문제 해결 방안 등이 포함되어야 한다.
② 데이터 분석결과를 명료하게 해석·요약함으로써 적절한 의사결정을 지원해야 한다.
③ 데이터 분석결과를 제시할 때, 복잡한 차트나 그래프보다는 표를 활용하는 것이 좋은 방법이다.
④ 주어진 문제나 문제해결의 목표와 직접적으로 연관된 스토리로 만들어 내는 것은 호소력이 있는 방법 중 하나이다.

[해설] 데이터 분석결과를 제시할 때, 표를 활용하는 것보다는 간단한 차트나 그래프를 활용하여 주의를 끄는 방법이 유용하다.

02 데이터 시각화의 주요 목적 중 하나로서, 데이터의 창의적이고 심미적 표현을 통해서 전달하고자 하는 메시지에 대한 공감 등의 감정적 반응을 유도하는 추상적·예술적 측면의 목적은 무엇인가?

① 데이터 처리
② 데이터 추상화
③ 설 득
④ 정보전달

[해설] 시각화의 두 가지 주요 목적(정보전달, 설득) 중 설득에 대한 설명이다.

정답 01 ③ 02 ③

03 Colin이 설명하는 데이터 분석결과의 해석과 시각화 절차로 옳은 것은?

① 데이터 수집 · 저장 → 예비처리변형 → 그래픽엔진을 이용한 시각화 → 시각인지 프로세싱
② 데이터 수집 · 저장 → 시각인지 프로세싱 → 예비처리변형 → 그래픽엔진을 이용한 시각화
③ 데이터 수집 · 저장 → 그래픽엔진을 이용한 시각화 → 시각인지 프로세싱 → 예비처리변형
④ 데이터 수집 · 저장 → 예비처리변형 → 시각인지 프로세싱 → 그래픽엔진을 이용한 시각화

[해설] Colin은 데이터 분석결과의 해석(시각화)을 위하여 '데이터 수집 · 저장 → 예비처리변형 → 그래픽엔진을 이용한 시각화 → 시각인지 프로세싱'의 절차를 제안하였다.

04 데이터의 속성, 중요도, 주제가 유사한 정보 배열을 위해 주로 사용되는 데이터 배열 방법은?

① 카테고리에 따른 데이터 배열
② 알파벳에 따른 데이터 배열
③ 위계에 따른 데이터 배열
④ 위치에 따른 데이터 배열

[해설] 시각화 데이터는 크게 위치(지리적 또는 공간적 위치)에 따른 데이터 배열과 알파벳(알파벳으로 데이터 나열), 시간(시간 순서에 따른 데이터), 카테고리(데이터의 속성, 중요도, 주제가 유사한 정보 배열) 및 위계(데이터값, 중요도 순서에 따른 나열)에 따른 데이터 배열로 구분된다.

05 데이터 분석결과에 대한 검증 사례로서 다음과 관련된 요소로 옳은 것은?

- 값의 증가, 감소 등 변화 여부 검증
- 변화가 없는지, 선형 및 지수형 변화인지 확인
- 얼마나 빨리 변하는지 확인
- 변동폭, 계절 효과, 무작위 변화 등 검증
- 관계 변화를 나타내는 교차점 확인

① 범주 및 비율값 검증
② 분석모형의 정확성 검증
③ 관계와 연결 검증
④ 추세와 패턴 검증

[해설] 추세와 패턴에 대한 결과 검증 사례이다. 보통 데이터 시각화 차트에서 시각화 요소의 형태, 크기, 위치, 색을 근거로 시각적 패턴을 찾는다. 차트의 시각적 패턴을 근거로 데이터의 추세는 어떤지, 다른 값들과 구별되는 이상값을 빠르게 찾을 수 있다.

06 데이터 분석결과에 대한 검증 사례로서 다음 관련 요소로 옳은 것은?

- 이상값(Outlier)을 보이는 변수 검증
- 변수들 사이의 관련성 검증
- 약한 상관관계의 존재 확인
- 변수 및 변수의 조합들 사이에 의미 있는 관계 확인
- 데이터 클러스터(군집화) 검증

① 범주 및 비율값 검증
② 분석모형의 정확성 검증
③ 관계와 연결 검증
④ 추세와 패턴 검증

[해설] 관계와 연결 요소 검증 사례이다. 예를 들어 관계형 데이터의 시각화에서는 소셜 데이터 분석결과를 시각화하기 위하여 거미줄 형태의 인물 관계도(네트워크 시각화)를 사용한다. 네트워크 시각화에서는 아이템 간의 관계를 선으로 연결하고 아이템의 속성에 따라 색상을 다르게 하거나 관계의 정도에 따라 연결한 선의 굵기를 다르게 하는 등 다양한 형태로 변형하여 활용한다.

07 분석결과의 시각화와 함께 스토리텔링을 이용한 분석결과의 전달이 중요하다. 이에 대한 설명으로 바람직하지 않은 것은?

① 스토리텔링은 '스토리＋텔링'의 합성어로 '이야기를 말하다'의 의미이다.
② 스토리텔링은 의사소통에 있어 중심적인 역할을 수행한다.
③ 스토리텔링은 상대에게 알리고자 하는 내용을 흥미 있고 보다 생생한 이야기로 전달하는 것이지만 설득력은 그다지 높지 않다.
④ 데이터 분석과 관련하여 스토리텔링은 문제 상황 디자인, 문제해결 과정과 결과의 해석에 대한 전개를 의미한다.

[해설] 스토리텔링 방법을 이용하여 분석결과에 대한 이해와 함께 의사결정을 설명하기 위한 설득력을 높일 수 있다.

08 다음 중 시각화 도구의 주요 구성요소가 아닌 것은?

① 라이브러리
② 시각화 사전
③ 시각화 플랫폼
④ 인포그래픽스

[해설] 시각화 사전은 주요 구성요소로 적합하지 않다. 시각화 도구를 활용하여 원하는 정보를 추출하고 분석한다. 전통적인 시각화 도구는 SAS, SPSS와 같은 데이터 마이닝 도구들이 있으며, 최근 Hadoop 기반 빅데이터 시각화 분석을 지원하는 Tableau, Splunk, Datameer 등이 사용되고 있다.

09 사용자별로 구분하여 분석결과에 대한 활용 시나리오를 수행하는 목적으로 옳지 않은 것은?

① 사용자별로 요구되는 데이터 분석결과의 성능을 임의로 조정할 수 있다.
② 사용자별로 최적의 그래픽 레이아웃을 설정할 수 있다.
③ 전달하고자 하는 핵심요소를 선정한다.
④ 사용자별로 요구되는 데이터 표시 수준을 결정한다.

[해설] 데이터 분석결과의 성능은 조정할 대상이 아니다. 데이터 분석 활용 시나리오는 분석(예측) 결과로부터 인사이트를 발굴하고 의사결정 방법을 검토, 선택하며 데이터 특성에 적합한 차트와 필요에 따라 적정한 시각화 도구를 선택하는 방법을 계획하여 시나리오를 작성한다.

10 Edward Thufte가 제시한 스토리텔링 시각화의 기본 원칙으로 옳지 않은 것은?

① 시간적 순서보다 공간적 순서의 배치가 사용자의 이해를 돕는다.
② 사용자의 목적을 위해 필요한 콘텐츠를 명확하게 전달하기 위하여 콘텐츠의 질, 연관성, 진실성 등을 검토한다.
③ 관련된 변수와 추세를 비교할 수 있도록 시각적인 비교를 강화한다.
④ 시각화를 이용한 원인 – 결과의 표현(인과관계)은 불가능하므로 고려하지 않는다.

[해설] 시각화를 이용하여 원인 – 결과 관계를 명확하게 제시한다. 시각화는 18세기에서 20세기에 걸쳐 Jacques Bertin과 Edward Thufte를 비롯한 여러 연구자에 의해 오늘날의 시각화 원리와 방법론이 발전되어 왔다. 특히 Edward Thufte 교수는 디자인에서 특정한 정보를 전달하지 않는 그래픽 요소는 필요하지 않으며, 생략해야 한다고 주장하고 있다. 불필요한 선, 제목이나 이름표 또는 장식적 요소와 같은 요소는 보는 사람을 산만하게 하며 데이터를 왜곡하기 때문에 그래픽의 진실성을 훼손시키고 그 가치를 떨어뜨릴 수 있다고 조언하고 있다.

11 빅데이터 분석결과의 적용 방법과 사례에 대한 설명으로 옳지 않은 것은?

① 빅데이터 분석결과를 활용하여 기업에서는 새로운 상품과 서비스 개발의 아이디어를 얻을 수 있다.
② 규모보다는 효율성을 더 중시하는 비즈니스가 창출되어 고용 증대의 기회가 생긴다.
③ 빅데이터 분석 프로젝트는 별도의 비용과 위험요소를 주지 않는다.
④ 기업 의사결정의 효율화와 효과를 극대화시킬 수 있다.

[해설] 빅데이터 분석 프로젝트는 기업에게 많은 비용과 위험요소를 줄 수 있다. 그러나 최근 IT 기술과 빅데이터 분석 기법이 빠르게 발전하고 여러 분야에서 방대한 양의 빅데이터가 축적되고 있어 성장 정체로 인한 경영상 어려움을 극복하기 위하여 빅데이터를 활용한 발전 전략을 수립하고 있다.

12 빅데이터 분석의 비즈니스 기여도 분석에 대한 설명으로 옳지 않은 것은?

① 빅데이터 분석 프로젝트 수행 결과가 비즈니스에 얼마나 기여하는가를 분석하는 업무는 매우 중요하다.
② 기여도 분석은 데이터 분석결과가 비즈니스의 효율성 향상에 어느 정도 기여했는지를 분석하는 방법이다.
③ 비즈니스 기여도 분석은 비즈니스 상황, 서비스 제공, 데이터 분석모형, 데이터 품질, 구성원의 참여 등 많은 요인들에 의해 좌우된다.
④ 최근 다변화, 다각화되어 가는 비즈니스 상황에서도 기여도 분석을 완벽하게 수행하는 상용화 도구들이 제공되고 있다.

[해설] 비즈니스 기여도 분석은 여전히 어려운 과제이며, 이를 해결하기 위한 상용화 도구는 아직 제공되지 않는다.

13 보편적으로 사용되고 있는 비즈니스 기여도 평가 방법은 무엇인가?

① KPI(성과지표) 설정, 비교 및 분석을 통한 평가
② 데이터 분석가의 정량·정성적 평가
③ 사용자의 정성적 평가
④ 의사결정자의 정성적 평가

[해설] KPI(Key Performance Indicator, 비즈니스 성능평가지표) 설정, 비교 및 분석 방법을 이용하여 비즈니스 기여도를 평가한다.

14 다음 설명에 해당하는 기술은?

> 데이터의 단순 나열보다는 분석결과로 얻은 데이터를 이해하기 쉽게 표현해 주는 기술로서, 다양하고 방대한 데이터를 탐색하는 가운데 데이터의 특징을 쉽고 빠르게 알 수 있도록 도와주는 방법

① 데이터 분류
② 데이터 커스터마이징
③ 데이터 시각화
④ 데이터 클러스터링

[해설] 데이터 시각화에 대한 설명이다. 데이터 시각화는 데이터 분석결과를 쉽게 이해할 수 있도록 시각적으로 표현하고 전달되는 과정을 의미한다. 데이터 시각화의 목적은 도표라는 수단을 통해 정보를 명확하고 효과적으로 전달하는 것이다.

15 데이터 시각화(Data Visualization)에 대한 설명으로 옳지 않은 것은?

① 시각화는 이를 보는 사람이 흥미를 가지고 볼 수 있도록 설계되며, 주목성이 높아 쉽게 이해가 된다.
② 데이터들 사이의 유사성을 명확히 파악하기에는 편리하지만, 문자나 수치에서 발견하기 힘든 내용을 알 수는 없다.
③ 문자보다 상대적으로 친근하게 정보를 전달할 수 있으며, 조직 내에서의 다양한 구성원들에게 쉽게 다가갈 수 있다.
④ 많은 데이터를 서로 비교하면서 동시에 차별적으로 보여줄 수 있다.

[해설] 데이터 시각화(Data Visualization)를 통하여 데이터들 사이의 유사성을 명확히 파악할 수 있으며, 문자나 수치에서 발견하기 힘든 부분도 표현하고 이해할 수 있다.

16 시각화 프로세스 중 시각화 목표 설정, 데이터 표현 규칙 도출, 패턴 탐색, 시각화 요건 정의, 사용자 시나리오 작성과 관련된 업무는 무엇인가?

① 데이터 구조화
② 데이터 시각 표현
③ 데이터 시각화
④ 데이터 인포그래픽

[해설] 데이터 구조화 프로세스에서 수행하는 작업이다. 빅데이터 3단계 프로세스는 데이터 구조화(데이터 수집 및 정제), 시각화(분석도구에서 제공하는 그래프 등 활용), 시각표현(별도의 그래픽 요소를 추가하여 완성)으로 이루어진다.

17 시각화를 세분화한 7단계 프로세스로 옳은 것은?

① 데이터 획득 → 구조화 → 마이닝 → 추출 → 시각화 → 재정의 → 상호작용
② 데이터 획득 → 구조화 → 마이닝 → 재정의 → 추출 → 시각화 → 상호작용
③ 데이터 획득 → 구조화 → 추출 → 마이닝 → 시각화 → 재정의 → 상호작용
④ 데이터 획득 → 구조화 → 추출 → 시각화 → 마이닝 → 재정의 → 상호작용

[해설] 데이터 시각화 7단계 프로세스는 '데이터 획득 → 구조화 → 추출 → 마이닝 → 시각화 → 재정의 → 상호작용' 이다.

18 다음 중 데이터 시각화에 대한 특징으로 옳은 것은?

(가) 많은 데이터를 동시에 차별적으로 보여줄 수 있다.
(나) 관계와 차이를 명확하게 표시하기보다는 다소 추상적으로 표현한다.
(다) 데이터를 평면화하여 일반적으로 수직적 구조로 표현된다.
(라) 정보를 직관적으로 이해할 수 있게 도와준다.

① (가), (나)
② (가), (다)
③ (가), (라)
④ (나), (다)

[해설] 데이터 시각화는 관계와 차이를 명확하게 표시하여 추가적인 정보와 스토리를 제공하고, 데이터를 입체화하여 거시적·미시적 시각 등 수직적 구조를 부여하는 등의 특징이 있다.

19 시각화 알고리즘의 기술 분류 방법이 아닌 것은?

① 기하학적 기술
② 그래프 기술
③ 심미·예술적 기술
④ 화소 지향적 기술

[해설] 심미, 예술적 기술은 시각화 알고리즘의 분류에 해당되지 않는다. 주요 데이터 시각화 기술은 기하학, 아이콘 기반, 화소 지향적, 위계적, 그래프, 하이브리드, 왜곡, 동적 인터랙션 기술을 포함한다.

20 다양한 기술을 혼합하여 시각화의 표현성을 극대화시키는 시각화 기술은 무엇인가?

① 그래프 기술
② 하이브리드 기술
③ 왜곡 기술
④ 동적 인터랙션 기술

[해설] 주요 데이터 시각화 기술에는 그래프 기술(그래프를 이용한 명확하고 빠른 정보 전달), 하이브리드 기술(다양한 기술을 혼합하여 시각화 표현성을 극대화함), 왜곡 기술(텍스트, 이미지, 화상 등의 일그러짐 표현을 이용한 시각화), 동적 인터랙션 기술(사용자와의 상호작용을 이용한 효율적인 정보탐색 제공) 등이 있다.

21 사용자와의 상호작용을 이용한 효율적인 정보 탐색 기능을 제공하는 시각화 기술은?

① 그래프 기술
② 하이브리드 기술
③ 왜곡 기술
④ 동적 인터랙션 기술

[해설] 동적 인터랙션(Dynamic Interaction) 시각화 기술이다. 최근 모바일 환경에서 인터랙션은 화면의 크기가 작고 인터랙션 가능 여부를 인지하기 어려워 버튼 터치 방식으로 앱에서 제공하는 제한된 시각화 기능을 제공하고 있다. 그리고 챗봇과의 대화를 통해 데이터 시각화 인터랙션을 가능하게 하여 사용자들에게 개개인의 데이터를 다양한 시각화를 통해 확인할 수 있도록 하고 있다.

22 표현해야 할 데이터세트가 많은 경우 효과적으로 사용되며, 규칙성과 특이성을 구분하기 위해 유용하게 사용되는 시각화 표현 방법은?

① 색 상
② 네트워크
③ 크 기
④ 다중표현

[해설] 데이터의 시각적 표현이란 데이터에 따라서 변할 수 있는 일종의 시각적 차원(Visual Domain)으로, 주로 크기(Size), 색상(Color), 위치(Position), 네트워크(Network), 시간(Time), 다중표현기법(Multi-visualization) 등을 기준으로 표현한다.

23 시간 시각화를 위한 데이터 유형의 표현 방법으로 옳은 것은?

① 그래프형, 분절형
② 그래프형, 산점도형
③ 연속형, 이산형
④ 연속형, 분절형

[해설] 시간 시각화 표현을 위하여 데이터를 연속형, 분절형으로 구분한다.

24 시간 시각화 방법의 특징으로 옳지 않은 것은?

① 시간 시각화를 위하여 계단식 Chart를 이용하는 경우 상승, 하락에 대한 차이를 표현한다.
② 추세선과 Scatter Plot은 상승, 하락에 대한 차이를 보여주기 위해 많이 사용된다.
③ 대표적인 시간 시각화 기법으로 국내총생산, 소비자물가지수, 환율, 금리 등의 시계열 데이터 표현 방법을 들 수 있다.
④ Tree Map 기법은 시간의 흐름에 따른 추세를 볼 수 있는 대표적인 시각화 방법이다.

[해설] 트리맵(Tree Map)은 분포 시각화 방법 중 하나이다. 그리고 시간 시각화 기법에는 추세선, Scatter Plot 등이 이용된다.

25 구글, 네이버 등의 업체들에서 지도 서비스 제공 시 활용되고 있으며, 좌푯값을 가진 데이터의 경우 지도상에서 시각화하는 것이 보다 더 직관적으로 표현할 수 있어 주로 활용되고 있는 시각화 기법은 무엇인가?

① 관계 시각화
② 공간 시각화
③ 비교 시각화
④ 시간 시각화

[해설] 공간 시각화 방법이다. 좌푯값을 가진 데이터는 지도상에서 시각화하는 것이 직관적이다. 야후, MS 등 글로벌 인터넷 업체들과 네이버, 카카오 등 국내 업체들에서 지도 서비스를 제공하고 있으며, 지도상에서 다양한 정보를 시각화할 수 있도록 지원하고 있다.

정답 20 ② 21 ④ 22 ① 23 ④ 24 ④ 25 ②

26 다음 설명과 관련된 시각화 방법은?

> • 구분단위는 분류, 세분류 등과 같은 가짓수
> • 가짓수는 가능한 선택(결과)들, 즉 샘플의 측정 범위 내에 속한 분류 표현
> • 데이터의 양 또는 크기의 분포에 대한 정보 표현
> • 막대 그래프의 경우 막대의 길이, 명암 등으로 크기 표현
> • 파이 차트의 경우 항목에 대한 비율을 원의 크기로 표현

① 관계 시각화
② 분포 시각화
③ 비교 시각화
④ 시간 시각화

[해설] 분포 시각화 방법이다. 전체 분포의 경우 최대, 최소, 전체 분포를 나타내는 그래프로 전체의 관점에서 각 부분이 차지하는 정도를 파이 차트, 도넛 차트, 누적 막대 그래프, 인터랙티브 누적 막대 그래프 등으로 시각화한다. 시간에 따른 분포의 경우 예를 들어 최근 50년간 연령별 인구 분포와 같이 시간에 따라, 어떤 변화가 있었는지 나타내는 기술로 누적 연속 그래프, 누적 영역 그래프, 인터랙티브 누적 영역 그래프, 선 그래프 등을 이용한다.

27 다음 중 분포 시각화의 특징으로 옳지 않은 것은?

① 분포 시각화는 데이터의 양 또는 크기가 어떻게 분포되어 있는지에 대한 정보를 알아보기 위하여 주로 사용된다.
② 분포 시각화를 위한 대표적인 차트로 변수 사이의 관계를 설명하기 위한 Scatter Plot을 들 수 있다.
③ 분포 시각화를 위한 구분 단위로는 분류, 세부 분류 등의 가지 수, 가능한 선택이나 결과들의 수, 샘플 측정 범위에서의 분류 등이다.
④ 분포 시각화 방법 중 하나인 Tree Map에서는 Tree Chart에서 사용되는 분류 항목이 많은 경우 이를 한눈에 알아보기 쉽게 하기 위하여 개선되었다.

[해설] Scatter Plot은 관계 시각화 표현 방법이다. 분포 시각화 방법에는 막대 그래프, 파이 차트, 트리맵, 누적 영역 그래프 등이 활용된다.

28 다음 설명과 관련된 시각화 방법은?

> • 하나의 변수가 다른 변수에 어떤 영향을 주는지를 표현
> • 주로 상관관계 표현에 활용
> • 버블 차트의 경우 버블의 크기로 변수들 사이의 중요도 표현
> • 두 변수들 사이의 관계를 이해할 수 있음

① 관계 시각화　　　　　　　　② 분포 시각화
③ 비교 시각화　　　　　　　　④ 시간 시각화

[해설] 관계 시각화 방법이다. 변수들 사이에 존재하는 관계를 찾는 기술로 상관관계, 분포, 비교로 구분할 수 있으며 상관관계는 스캐터 플롯, 스캐터 플롯 행렬, 버블 차트 등으로 표현한다.

29 비교해야 할 변수가 둘 이상의 다양한 변수의 특징을 한 번에 비교하여 전체적인 정보를 표현하는 시각화 기법은?

① 공간 시각화　　　　　　　　② 시간 시각화
③ 비교 시각화　　　　　　　　④ 관계 시각화

[해설] 비교해야 할 변수가 많은 경우 히트맵, 체르노프 페이스, 스타 차트 등을 이용하여 한눈에 알아볼 수 있도록 비교 시각화 기법을 적용한다.

30 다음 설명에 해당하는 것은?

> (X, Y) 좌표 평면상에 두 변수를 점들로 나타내어 변수 간의 선형성, 비례성, 밀집도 등의 관계를 시각적으로 쉽게 알아볼 수 있게 하는 방법

① Fisher's Coefficient　　　　② Correlation Coefficient
③ Significance Level　　　　　④ Scatter Plot

[해설] 산포도(Scatter Plot)를 이용한 시각화 방법이다. Scatter Plot(산포도, 산점도)은 서로 다른 변수들 사이의 관계를 시각적으로 표현하기 위해 사용되며, 하나의 변수가 다른 변수에 어떤 영향을 주는지에 대한 분석결과를 해석하는 데 유용하다.

정답　26 ②　27 ②　28 ①　29 ③　30 ④

31 비교 시각화 방법이 아닌 것은?

① 히트맵
② 버블 차트
③ 체르노프 페이스
④ 스타 차트

[해설] 버블 차트(Bubble Chart)는 관계 시각화 방법에서 이용된다. 거품형 차트라고도 하며 X축, Y축 그리고 버블(거품)로 구성된 좌표평면 위에 세 지표를 동시적으로 표현함으로써, 세 지표와 그들 관계에서 나타나는 변화 양식을 시각적으로 보여준다.

32 다음 중 비교 시각화에 대한 설명으로 적절하지 않은 것은?

① 비교 시각화 방법에서는 다양한 변수의 특징을 한 번에 비교하여 표현함으로써 전체적인 정보 표현이 가능하도록 한다.
② 비교 시각화를 표현하기 위해 사용되는 Star Chart에서는 중심으로부터 각 평가항목의 정량화된 점수에 따른 거리로 계산되어 표현되며, 평가항목 사이의 균형을 한눈에 알아볼 수 있다.
③ 비교 시각화를 위한 Heat Map에서는 다양한 정보를 일정한 이미지 위에 열 분포 형태의 그래픽으로 표현한다.
④ 비교 시각화를 위한 Scatter Plot은 다차원 통계 데이터를 사람의 얼굴로 이미지화하여 시각적으로 표현한다.

[해설] 다차원 통계 데이터를 사람의 얼굴로 이미지화하여 시각적으로 표현하는 방법은 체르노프 페이스(비교 시각화 기법)이다.

33 데이터 시각화 방법의 연결로 옳은 것은?

① 히트맵 — 관계 시각화
② 추세선 — 시간 시각화
③ 밀도 플롯 — 분포 시각화
④ 트리맵 — 비교 시각화

[해설] 밀도 플롯은 관계 시각화, 히트맵과 체르노프 페이스는 비교 시각화, 트리맵은 분포 시각화를 위해 사용된다.

34 데이터 분석결과를 나타내기 위한 시각화 표현 방법의 연결이 적절하지 않은 것은?

① 체르노프 페이스, 스타 차트 — 관계 시각화
② 파이 차트, 도넛 차트, 누적 영역 그래프 — 분포 시각화
③ 히트맵, 평행좌표 그래프, 아웃라이어 표현 — 비교 시각화
④ 막대 그래프, 누적 막대 그래프, 점 그래프 — 시간 시각화

[해설] 관계 시각화를 위하여 스캐터 플롯, 버블 차트 등을 이용하며, 체르노프 페이스, 스타 차트는 비교 시각화를 위한 표현 방법에 속한다.

35 시계열 데이터를 표현하기 위한 시간 시각화 방법 중 이산형 데이터 표현에 적절하지 않은 것은?

① 누적 막대 그래프
② 막대 그래프
③ 산점도
④ 선 그래프

[해설] 선 그래프는 연속형 데이터를 표현하는 방법이다.

정답 31 ② 32 ④ 33 ② 34 ① 35 ④

36 다음 설명에 해당하는 시각 도식화 방법은?

> Color bar를 사전에 정의하고 색에 대한 순서성을 이용하여 데이터의 특징을 표현한다. 예를 들어, 구간 척도 데이터의 경우 색, 밝기를 사용하고 서열 척도 데이터의 경우 x축, y축을 정의하여 색에 대한 순서성을 표현하고 데이터의 크기와 서열을 비교하여 나타낸다.

① Box Plot
② Histogram
③ Pie Chart
④ Tree Map

[해설] 트리맵(Tree Map)에 대한 시각화 방법이다. 트리맵은 많은 계층구조(트리구조) 데이터를 표시하는 데 적합하다.

37 관계 시각화 방법에 대한 설명으로 옳지 않은 것은?

① Bubble Chart — 다차원 속성을 지닌 통계 데이터를 사람의 얼굴로 이미지화한다.
② Density Plot — 데이터 측정값을 몇 개의 구간으로 나누어 각 구간의 도수에 비례하는 높이로 표현한다.
③ Scatter Plot — 측정 변수들 사이의 관계를 설명하기 위한 차트로 두 변수사이의 상호 영향력을 이해하기 쉽다.
④ Histogram — 데이터 측정값을 몇 개의 구간으로 나누어 각 구간의 도수에 비례하는 높이로 표현한다.

[해설] 다차원 속성을 지닌 통계 데이터를 사람의 얼굴로 형상화한 차트는 체르노프 페이스이다.

38 다음 시각화 기법에 대한 설명으로 옳은 것은?

> 색상으로 표현할 수 있는 다양한 정보를 일정한 이미지 위에 열 분포 형태의 비주얼한 그래픽으로 표현하는 것이 특징이다. 주로 웹사이트의 방문자를 분석하는 웹 로그 분석에 많이 사용되고, 웹페이지에서 발생하는 방문자의 마우스 클릭을 열 분포 형태의 이미지로 변환하여 사이트 이미지 위에 겹쳐서 보여주며, 클릭이 많이 발생하는 영역은 붉은색으로, 클릭이 적게 발생하는 영역은 푸른색으로 표현한다.

① Clustering Map ② Heat Map
③ Map Diagram ④ Network Tree

[해설] 히트맵(Heat Map)에 대한 설명이다. 히트맵은 열을 뜻하는 히트와 지도를 뜻하는 맵을 결합시킨 단어로 색상으로 표현할 수 있는 다양한 정보를 일정한 이미지 위에 열분포 형태의 비주얼한 그래픽으로 표현한다.

39 다음 설명에 해당하는 것은?

> 차트, 다이어그램, 로고, 일러스트레이션 등을 이용하여 다량의 정보를 표현하며 Information과 Graphic의 합성어이다.

① Data Science ② R
③ Infographics ④ Data Visualization

[해설] 인포그래픽(Infographics)에 대한 설명이다. 인포그래픽(Information Graphics 또는 News Graphics)에서는 정보를 빠르고 분명하게 표현하기 위해 정보, 자료, 지식을 그래픽(시각적)으로 표현한다.

40 다음 ( ) 안에 들어갈 용어로 적절한 것은?

> ( )은(는) 어떤 현상(문제)과 관련된 데이터를 수집·분해하여 데이터 속에 숨어있는 의미있는 패턴을 찾아내서 문제해결이나 의사결정 등에 활용하는 것이다. 현상이란 자연 또는 사회의 모든 것으로 행동이나 심리 등을 포함한다. 따라서 ( )은(는) 우리가 관심을 갖는 모든 문제를 풀기 위하여 적용할 수 있다.

① 데이터 수집
② 데이터 저장
③ 데이터 분석
④ 데이터 시각화

[해설] 데이터 분석에 대한 정의이다. 데이터 분석은 유용한 정보를 발굴하고 결론을 도출하며 의사결정을 지원하는 것을 목표로 데이터를 정리, 변환, 모델링한다.

41 머신러닝 기반의 데이터 분석모형 적용 절차로 옳은 것은?

① 비즈니스 이해·정의 → 데이터 전처리·탐색 → 데이터 수집 → 모델 훈련 → 모델 성능평가 → 적용
② 비즈니스 이해·정의 → 데이터 전처리·탐색 → 모델 훈련 → 데이터 수집 → 모델 성능평가 → 적용
③ 비즈니스 이해·정의 → 데이터 수집 → 데이터 전처리·탐색 → 모델 훈련 → 모델 성능평가 → 적용
④ 비즈니스 이해·정의 → 데이터 수집 → 데이터 전처리·탐색 → 모델 성능평가 → 모델 훈련 → 적용

[해설] 머신러닝을 이용한 데이터 분석모형 및 예측(분류)는 '비즈니스 이해·정의 → 데이터 수집 → 데이터 전처리·탐색 → 모델 훈련 → 모델 성능평가 → 적용'의 절차로 수행한다.

42 데이터 분석결과로 얻은 정보를 효과적으로 보여주기 위해서 만들어지는 이야기 형식의 작성 문서와 관련된 요소는 무엇인가?

① 스토리보드
② 시각화 문서
③ 정보 문서
④ 품질 문서

[해설] 스토리보드(Storyboard, 사용자 시나리오)에 대한 설명이다. 스토리보드란 영화나 텔레비전 광고 또는 애니메이션 같은 영상물을 제작하기 위해 작성하는 일종의 문서이다. 빅데이터 분석결과의 활용을 위해 스토리보드를 기획하며, 사용자별로 전달해야 할 핵심적 요소와 전달 효과를 높일 수 있는 시각화 방법 및 그래픽 표현 요소들을 발굴하고, 사용자별로 작성된 시나리오에 적용한 스토리보드를 작성한다.

43 데이터 분석결과를 활용하기 위해 만들어지는 사용자 시나리오 도출 과정으로 옳은 것은?

① 사용자별 데이터세트 및 정보 기술 → 스토리보드 기획 → 사용자 시나리오 작성
② 사용자별 데이터세트 및 정보 기술 → 사용자 시나리오 삭성 → 스토리보드 기획
③ 사용자 시나리오 작성 → 사용자별 데이터세트 및 정보 기술 → 스토리보드 기획
④ 사용자 시나리오 작성 → 스토리보드 기획 → 사용자별 데이터세트 및 정보 기술

[해설] 스토리보드(사용자 시나리오)는 '사용자별 데이터세트 및 정보 기술 → 사용자 시나리오 작성 → 스토리보드 기획'의 과정으로 만들어진다.

정답 40 ③ 41 ③ 42 ① 43 ②

44 사용자별로 데이터 표시 수준을 정하기 위해 사용되는 기능으로서 가장 요약된 레벨로부터 가장 상세한 레벨까지 차원의 계층에 따라 분석에 필요한 요약 수준을 변경하는 기능은 무엇인가?

① Drill Down
② Drill Skill
③ Skill Down
④ Up Down

[해설] 드릴 다운(Drill Down) 기능을 이용하여 사용자별로 필요한 데이터 수준을 결정한다. 드릴 다운은 가장 요약된 레벨로부터 가장 상세한 레벨까지 차원의 계층에 따라 분석에 필요한 요약 수준을 바꿀 수 있는 기능을 의미한다.

45 데이터 분석결과 보고서 작성 시 유의사항과 거리가 먼 것은?

① 스토리보드의 내용을 토대로 요약본을 작성하며, 요약본에는 독자가 이해하기 쉬운 자료로 작성한다.
② 분석결과 요약본의 내용에는 읽는 독자가 이해하기 쉽게 최대한 전달하고자 하는 내용을 모두 포함시켜야 한다.
③ 가능한 한 레이아웃이나 디자인도 간결하게 하고, 전달하고자 하는 메시지를 명확하게 전달하도록 작성한다.
④ 요약본을 작성하기 전에 목차를 먼저 만들어보고 전체적인 요약본의 내용을 검토하여 작성하는 것이 바람직하다.

[해설] 분석결과 요약본은 모든 내용을 포함시키는 것보다 핵심적 내용을 명확히 이해하기 쉽게 효과적으로 작성하는 것이 바람직하다.

46 다음 설명에 해당하는 것은?

> • 고객, 제품, 서비스, 운영, 공급자, 파트너에 대한 개별 정보와 관련 데이터를 수집·관리·분석
> • 과거 성과를 분석하고 미래를 예측할 수 있는 운영상의 데이터 처리 시스템
> • 데이터를 수집·분석해 이를 근거로 올바른 의사결정을 내릴 수 있도록 해주는 솔루션 및 기술
> • 의사결정에 사용되는 기술, 프로세스, 스킬, 응용 프로그램 등을 모두 포괄

① Data Warehouse
② Database Management System
③ Business Intelligence
④ Data Mart

[해설] 정보를 활용하여 비즈니스 운영에 대한 올바른 의사결정을 내릴 수 있도록 해주는 시스템을 Business Intelligence(비즈니스 인텔리전스)라 한다.

47 비즈니스 인텔리전스(BI ; Business Intelligence)에 대한 설명으로 가장 적질힌 것은?

① 빅데이터를 이용하면 데이터 양과 복잡성으로 인해 실시간 분석이 불가능해진다.
② 고객, 제품, 서비스, 운영 등의 개별 정보 및 관련 데이터를 모으고 관리하며 분석하는 것을 의미한다.
③ 과거에 일어난 사건이나 행동의 원인과 결과를 분석하기 위한 목적으로 사용된다.
④ 소셜 데이터는 활용하지 않는다.

[해설] 비즈니스 인텔리전스(BI)는 의사결정에 대한 지원에 사용되는 기술, 프로세스, 스킬, 응용 프로그램 등을 모두 포괄적인 개념이다.

48 BI(Business Intelligence)의 주요 기능에 해당되지 않는 것은?

① Adhoc 쿼리 작성 및 분석
② 보고서 Alerting
③ 엔터프라이즈 레포팅
④ 최적의 머신러닝 알고리즘 제시

[해설] BI(Business Intelligence)는 최적의 머신러닝 알고리즘을 제시하지는 않는다. 비즈니스 인텔리전스는 기업 내에 흩어져 있는 데이터를 수집하여 일목요연하게 정리하고 기업 경영에 꼭 필요한 정보들을 즉각적으로 제공해 준다.

49 다음 설명에 해당하는 BI의 기능으로 옳은 것은?

- 트랜잭션 수준까지의 분석결과 제공
- 데이터 정밀 분석결과 제공
- 사용자와의 인터랙티브 정보교환 기능 제공

① Adhoc 쿼리 작성 및 분석
② 보고서 Alerting
③ 엔터프라이즈 레포팅
④ Cube 분석

[해설] Adhoc 쿼리 작성 및 분석 기능이다. Adhoc 쿼리란 미리 사전에 정의되지 않은 쿼리, 즉 동적으로 그때 그때 만들어 쓰는 쿼리를 뜻한다.

50 OLTP와 OLAP에 대한 설명으로 옳지 않은 것은?

① OLTP(On-line Transaction Processing) 데이터는 보통 데이터베이스에 저장된다.
② OLAP(On-line Analytical Processing) 데이터는 보통 데이터웨어하우스에 저장된다.
③ OLTP는 산업 성장률과 제품의 변화 분석 업무에서 분석적 질의들을 처리하기 위한 분석 뷰를 제공한다.
④ 은행 창구 업무나 항공사 예약 등 일상 업무와 관련된 데이터는 OLTP이다.

[해설] ③ OLAP에 대한 설명이다.

51 다음 설명에 해당하는 것은?

> 솔루션이나 접근 방법 등 개념에 대한 검증을 위해 업체들에게 요청하여 수행하는 작업을 통칭한다.

① Proof of Concept
② Benchmarking
③ Prototyping
④ Trial and Error

[해설] 개념의 증명(POC ; Proof of Concept, 효과검증)에 대한 설명이다. POC는 지금까지 시장에 없었던 신기술을 도입하기 전에 이를 검증하기 위해 사용되며, 특정 방식이나 아이디어를 실현하여 그 타당성을 검증하는 방법을 뜻한다.

52 문서화 작업 대상자 중 문서 검사와 확정 업무를 수행하는 사람은 누구인가?

① 감 사
② 문서관리 담당자
③ 팀 원
④ 프로젝트 관리자

[해설] 프로젝트 관리자(PM ; Project Manager)의 역할이다. PM은 주어진 일을 수행하는 데 있어서 관리 방법론(통합, 범위, 시간, 원가, 품질, 인력, 의사소통, 위험, 조달관리 등)에 따라 가장 효율적으로 작업을 추진하며, 프로젝트의 계획과 실행에 있어서 종합적인 책임을 가지는 직책 또는 직무이다.

정답 48 ④ 49 ① 50 ③ 51 ① 52 ④

53 빅데이터 분석모형의 운영 프로세스로 옳은 것은?

① 운영 계획수립 → 시스템 구축 → 분석 및 운영
② 운영 계획수립 → 분석 및 운영 → 시스템 구축
③ 시스템 구축 → 운영 계획수립 → 분석 및 운영
④ 시스템 구축 → 분석 및 운영 → 운영 계획수립

[해설] 분석모형은 '운영 계획수립 → 시스템 구축 → 분석 및 운영'의 절차로 운영된다.

54 빅데이터 저장·관리 시스템 관련 소프트웨어의 운영 계획 수립 절차로 옳은 것은?

① 데이터베이스 용량 계획수립 → 시스템 설치·운영 계획수립 → 소프트웨어 운영 계획수립
② 데이터베이스 용량 계획수립 → 소프트웨어 운영 계획수립 → 시스템 설치·운영 계획수립
③ 시스템 설치·운영 계획수립 → 소프트웨어 운영 계획수립 → 데이터베이스 용량 계획수립
④ 시스템 설치·운영 계획수립 → 데이터베이스 용량 계획수립 → 소프트웨어 운영 계획수립

[해설] 소프트웨어는 '시스템 설치·운영 계획수립 → 데이터베이스 용량 계획수립 → 소프트웨어 운영 계획수립'의 절차로 운영 계획을 수립한다.

55 다음 특징에 해당하는 빅데이터 분석모형의 테스트 방법은 무엇인가?

> - 데이터 분석결과의 개선점을 적용한 경우와 그렇지 않은 경우로 구분
> - 가설 입증을 위한 대조군과 실험군 설정
> - 빅데이터 분석모형의 가치 검증
> - 버킷 테스트, 대조실험, 분할·실행 테스트라고도 함

① Integrity Test
② Reliability Test
③ A/B Test
④ Complexity Test

[해설] A/B 테스트 방법의 특징이다. 마케팅과 웹 분석에서 주로 사용되는 A/B 테스트(또는 버킷 테스트, 분할실행 테스트)는 두 개의 변형 A와 B를 사용하는 종합 대조 실험(Controlled Experiment) 방법이다. 통계적 가설 검정 또는 2-표본 가설 검정의 한 형태로서 웹 디자인(사용자 경험 디자인)과 같은 온라인 영역에서 A/B 테스트의 목표는 관심 분야에 대한 결과를 늘리거나 극대화하는 웹페이지에 대한 변경 사항이 무엇인지를 규명하는 것이다.

56 다음 특징에 해당하는 데이터 분석결과의 활용 예로 옳은 것은?

> - 빅데이터 서비스 구현 전에 일부 데이터 대상으로 검증
> - 데이터 분석결과의 적용 및 검증(비즈니스 목표와의 비교)
> - 분석 모델의 성능평가 및 개선 가능성 모니터링
> - 데이터 분석모형의 적절성 검증
> - 분석결과 적용 시 발생할 수 있는 제반사항 사전 점검

① 반복적 피드백
② 서비스 적용 및 구현
③ 환류 시스템 활용
④ Proof of Concept

[해설] POC(Proof of Concept, 효과검증, 개념증명, 빅데이터 분석결과에 대한 타당성 검증)에 대한 특징이다.

57 다음 설명에 해당하는 서비스는 무엇인가?

> • 하나의 운영환경으로부터 더 나은 운영환경으로 옮겨가는 과정
> • 새로운 하드웨어, 소프트웨어, 데이터베이스, 저장장치 등이 바뀌는 환경
> • 단일 시스템이 옮겨 가는 것을 소규모 이주라고 함
> • 많은 시스템들이 새로운 애플리케이션(또는 네트워크)으로 옮겨 가는 것을 대규모 이주라고 함
> • 예를 들어 윈도우 환경으로부터 유닉스 기반의 운영체제로 옮기는 것

① Migration
② Proof of Concept
③ System Feedback
④ System Integration

[해설] 마이그레이션(Migration)에 대한 설명이다. 마이그레이션은 새로운 하드웨어나 새로운 소프트웨어, 또는 둘 모두가 바뀌는 환경으로 옮겨가는 과정을 포함한다. 마이그레이션의 규모에는 단일 시스템이 옮겨가는 것과 같은 소규모 마이그레이션도 있지만, 많은 시스템들이 새로운 애플리케이션이나 새롭게 재설계된 네트워크로 옮겨가게 되는 대규모 마이그레이션도 있다.

58 빅데이터 분석모형의 운영 프로세스 중에서 반복적인 피드백을 위한 수행 업무로 볼 수 없는 것은?

① 고객의 반응을 수집하고 모니터링하여 추가 개선 영역을 도출한다.
② POC(효과검증) 단계에서 제안된 개선 사항은 반복적인 피드백 과정에서 고려되지 않는다.
③ 반복적인 피드백 수행 시 데이터 분석결과를 활용하여 빅데이터 서비스를 개선한다.
④ 빅데이터 서비스를 고도화하고 고객 서비스 만족도를 향상시키기 위한 피드백 계획을 사전에 수립한다.

[해설] POC(Proof of Concept, 효과검증) 단계에서 제시된 개선 사항을 반영하여 반복적인 피드백 업무를 수행한다.

빅데이터분석기사 필기 한권으로 끝내기

기출복원문제

◎ 2021년 제2회 기출복원문제
◎ 2021년 제3회 기출복원문제
◎ 2022년 제4회 기출복원문제
◎ 2022년 제5회 기출복원문제
◎ 2023년 제6회 기출복원문제
◎ 2023년 제7회 기출복원문제
◎ 2024년 제8회 기출복원문제
◎ 2024년 제9회 기출복원문제

※ 빅데이터분석기사 시험은 시험지 반출이 금지되어 있어 실제 수험생들의 후기를 참고하여 복원하였으므로, 실제 기출문제와 다소 상이할 수 있습니다.

2021년 제2회 기출복원문제

- 제1과목 빅데이터 분석 기획
- 제2과목 빅데이터 탐색
- 제3과목 빅데이터 모델링
- 제4과목 빅데이터 결과 해석

01 관련 업계에서 사용되는 데이터 분석 표준용어로서, 데이터 소스로부터 데이터를 추출하고 이를 분석이 용이한 형태로 변환하며, 변환된 최종 데이터를 대상 시스템에 적재하는 핵심 구성요소(기술 및 도구)를 무엇이라고 하는가?

① ETL
② Data Suppression
③ DBMS
④ Data Integration

02 다음 중 데이터 분석을 위한 조직의 성숙도 발전 단계로 적절하지 않은 것은?

① 도입
② 활용
③ 확산
④ 인프라

03 다음 설명과 관련된 것은?

> 데이터에 대한 표준화된 관리 체계를 수립하고 운영을 위한 프레임워크 및 저장소를 구축하는 것

① 데이터 거버넌스
② 데이터 저장계획 수립
③ IT 거버넌스
④ 데이터 플랫폼 구축

04 다음 중 비지도 학습을 적용하기에 가장 적절한 문제는 무엇인가?

① 메일에 들어 있는 특정 단어, 발신자, 단어의 빈도수, 이미지 등을 파악하여 스팸메일을 분류한다.
② 페이스북에 게시된 동물 사진을 보고 동물의 특징별(예 다리의 수, 목의 길이 등)로 군집화 작업을 수행한다.
③ 날씨와 관련되어 비가 오는 다양한 변수들을 학습시켜 다음 날 비가 오는지를 예측한다.
④ 부동산과 관련된 여러 변수들을 이용하여 부동산의 가격이 오를지를 예측한다.

05 어느 고등학교 학생들의 신체 치수(키, 몸무게 등)와 교복 사이즈 데이터를 학습한 후 새로 전학 온 학생의 신체 치수를 이용하여 그 학생의 교복 사이즈를 선정하려고 한다. 다음 중 가장 적절한 모델은 무엇인가?

① 분 류
② 군 집
③ 연관성
④ 시계열

06 주로 분류와 회귀분석을 위해 사용되며 입력과 이에 대응하는 출력을 연관시키는 관계를 학습하는 방법으로서 (입력, 출력) 쌍이 데이터로 주어지는 경우 그들 사이의 대응관계를 학습하는 방법을 무엇이라고 하는가?

① 강화 학습
② 지도 학습
③ 비지도 학습
④ 전이 학습

07 인공신경망(Artificial Neural Network) 구조에서 학습을 반복·수행하면서 개선하고자 하는 목푯값은 무엇인가?

① 커널값(Kernel Value)
② 뉴런값(Neuron Value)
③ 가중치(Weights)
④ 손실값(Loss Value)

08 다음 중 딥러닝에 대한 설명으로 가장 옳은 것은?

① 오류 역전파 알고리즘을 사용한다.
② 시그모이드(Sigmoid) 함수를 주로 이용한다.
③ 딥러닝에서는 과적합 문제가 발생하지 않는다.
④ 드롭아웃(Dropout)을 적용하는 경우 반드시 입력 가중치를 조정해야 하며, 이 값을 일정 비율로 끊음으로써 은닉 유닛(Hidden Units)을 제거한다.

09 아래는 기계학습 분야의 트레이닝 및 테스트에 널리 사용되는 MNIST(Modified National Institute of Standards and Technology) 데이터베이스에 저장되어 있는 손으로 작성된 숫자이다. 다음 중 이를 주로 활용하는 데이터 분석 기법은 무엇인가?

① Classification Analysis(분류 분석)
② Clustering Analysis(군집분석)
③ Convolutional Neural Network(컨볼루션 신경망)
④ Regression Analysis(회귀분석)

10 다음 중 진단분석(Diagnostics Analysis)에 대한 설명으로 옳은 것은?

① 기업의 진단분석에서는 기업 규모, R&D 규모, 사업화 역량, 산업 분류 등을 기반으로 경영 역량, 혁신 역량, 기획 및 수행 역량 등을 평가할 수 있다.
② 공장의 진단분석을 통하여 공장 구조를 평가하고 문제점을 개선할 수 있으나 공장 가동을 통한 이익 창출 구조를 알아내기는 어렵다.
③ 발생될 수 있는 문제 또는 사건에 대하여 즉각 대응할 수 있도록 현재 무슨 일이 벌어지고 있는지를 조기에 탐지할 수 있다.
④ 사람의 생명과 직접 연관되어 있어 시약 및 의료기기에서의 진단분석 방법은 잘 사용되지 않는다.

11 다음 중 개인정보 보호법에서 규정하고 있는 내용으로서 개인의 동의를 반드시 받아야 하는 경우는 무엇인가?

① 위험에 처한 사람의 정보 조회
② 회사가 입사지원자의 범죄 이력 등을 조회
③ 회사가 사용자에게 세금을 부과하기 위한 개인정보 조회
④ 정보주체의 신체, 재산의 이익을 위해 필요한 경우의 개인정보 조회

12 다음 중 개인정보 보호법에서 정의된 개인정보처리자의 의무 규정 사항이 아닌 것은?

① 개인정보의 수집 및 이용 목적
② 개인정보의 파기
③ 개인정보의 관리 및 보관
④ 개인정보의 수집, 저장, DB 적재, 활용 및 품질관리 방안 마련

13 다음 중 빅데이터 분석을 위한 5단계 절차로 옳은 것은?

① 데이터 수집 → 정제 → 적재 → 시각화 → 분석
② 데이터 수집 → 적재 → 정제 → 시각화 → 분석
③ 데이터 수집 → 정제 → 적재 → 분석 → 시각화
④ 데이터 수집 → 적재 → 정제 → 분석 → 시각화

14 다음 설명에 해당하는 것은?

데이터 집합에서 대부분의 다른 측정값들과 현저한 차이를 보이는 샘플 혹은 변숫값

① 결측값(Missing Value)
② 불균형값(Imbalanced Value)
③ 이상값(Outlier)
④ 잡음(Noise)

15 데이터 유형별 데이터 수집 방법으로 옳지 않은 것은?

① DBMS 데이터 − Crawling
② 웹 데이터 − FTP
③ 센서 데이터 − Open API
④ 동영상 − Streaming

16 다음 중 비정형 데이터 분석에 사용되는 대표적인 데이터 소스는 무엇인가?

① DBMS의 테이블에서 추출된 컬럼 데이터
② 스프레드시트 형태의 .csv 데이터
③ Apache Flume을 사용하여 수집한 로그 데이터
④ $y=f(x)$ 형태로 주어진 음성 데이터

17 다음 중 데이터 비식별화 방법에 대한 개념으로 가장 옳은 것은?

① 가명처리란 식별 가능한 값을 제거하는 과정을 의미한다.
② 데이터 치환 작업을 통해 데이터 값을 범주화한다.
③ 데이터 섭동(Perturbation, 攝動)이란 식별 가능한 값을 제거하는 작업이다.
④ 데이터 익명화 과정을 통해 더 이상 개인을 알아볼 수 없고 복원이 불가능할 정도로 조치한다.

18 데이터 비식별화 조치 및 처리 방법에 대한 설명 중 가장 옳지 않은 것은?

① K-익명성 : 한 개인이 (K-L) 명의 다른 사람의 데이터(Record)와 구별되지 않도록 비식별화 조치한다.
② L-다양성 : 각 데이터 블록이 적어도 1개의 다양한 민감정보를 가지고 있도록 비식별화 조치한다.
③ T-근접성 : 데이터 집합에서 구별되지 않은 Record들의 민감한 정보의 분포와 전체 데이터의 민감 정보의 분포의 차이를 T 이하로 만들어 비식별화 조치한다.
④ 데이터 유일성 : 기본키(또는 수퍼키 등)를 활용하여 유일한 데이터 Record인지 확인하고 이를 삭제함으로써 비식별화 조치한다.

19 다음 중 데이터 품질점검 항목에 대한 설명으로 옳은 것은?

① 데이터 분량 점검을 통해 사전에 정의된 데이터 유형과 값이 일치하는지 확인한다.
② 데이터 일관성 검증을 통해 데이터의 편향과 분산을 점검한다.
③ 데이터 완전성이란 데이터 내 필요한 대상과 속성을 포함하는지 확인하고 데이터 누락 또는 결측값의 비율을 확인하는 것이다.
④ 데이터 정확성 점검을 통해 데이터 속성들 사이의 관계를 확인한다.

20 정형 데이터의 품질을 검증하기 위하여 테이블, 컬럼, 데이터 사전 등에서 주요 데이터를 수집·확인하고 테이블의 컬럼 이름과 자료명의 불일치 등을 확인·검증하는 수행 작업으로 적절한 것은?

① 속성값이 가져야 할 허용 범위 검증
② 중복 발생 여부 확인을 통한 유일성 검증
③ 데이터의 유효성 검증
④ 메타 데이터 수집 및 분석

21 시각적 데이터 탐색에서 자주 사용되는 박스 플롯(Box-plot)으로 알 수 없는 것은?

① 평 균
② 분 산
③ 이상값
④ 최댓값

22 다음 중 데이터 분석을 위한 주요 변수 선택 시 발생하는 차원의 저주(The Curse of Dimensionality)에 대한 설명으로 옳지 않은 것은?

① 차원의 저주란 데이터 학습을 위해 차원이 증가하면서 학습 데이터 수가 차원의 수보다 적어져 성능이 저하되는 현상을 의미한다.
② 일반적으로 변수의 수보다 관측치의 수가 많을 때 발생한다.
③ 차원의 저주 문제를 해결하기 위해 차원을 축소하거나 학습 데이터를 많이 획득한다.
④ 차원의 저주 문제를 해결하기 위해 대표적으로 t-SNE(Stochastic Neighbor Embedding) 방법에서는 고차원 공간에서 유사한 두 벡터가 2차원 공간에서도 유사하도록, 원 공간에서의 점들 유사도를 보존하면서 차원을 축소한다.

23 회귀분석을 위한 변수 선택 방법 중 여러 변수들 중 유효한 변수를 선택하기 위한 Feature Selection 모델에서 사용하는 방법이 아닌 것은?

① 래퍼(Wrapper)
② 임베디드(Embedded)
③ 주성분 분석(PCA)
④ 필터(Filter)

24 다음 중 파생변수에 대한 설명으로 옳지 않은 것은?

① 파생변수(Derived Variable)란 기존 변수에 특정 조건 또는 함수 등을 이용하여 새롭게 재정의한 변수이다.
② 파생변수 생성 시 한 변수의 효과가 다른 변수의 수준에 영향을 미치는 교호작용은 고려할 필요가 없다.
③ 파생변수 생성 시 분석 도메인 및 데이터 자체에 대한 지식이 요구되며 EDA를 통한 Insight 방법을 통해 생성되기도 한다.
④ 항상 데이터가 적합한 것이 아니기 때문에 데이터 분석 목적에 맞게 분석 이전에 개발해 낸 유의미하고 적합한 변수이기도 하다.

25 학습 데이터의 불균형(Imbalanced Data) 문제를 해결하는 방법 중 다음 설명에 해당하는 것은?

- 다수 클래스 데이터에서 일부만 사용한다.
- 무작위로 정상 데이터 일부만 선택한다.
- 유의한 데이터만을 남기는 방식을 사용한다.
- 정보가 손실된다는 단점이 있다.

① 언더 샘플링(Under Sampling)
② 오버 샘플링(Over Sampling)
③ 랜덤 샘플링(Random Sampling)
④ 적합 샘플링(Fitting Sampling)

26 다음 중 기계학습에서 관심 있는 예측변수의 클래스가 매우 적은 경우 발생되는 군집 또는 클래스 불균형(Class Imbalance) 문제를 해결하기 위한 방법으로 옳지 않은 것은?

① 과대표집, 과소표집, 소수 표본 데이터 조합 등의 방법을 이용하여 훈련 데이터를 보정한다.
② 클래스 가중치(오분류 비용) 조정, 컷오프 기준 조정, 소수 표본 데이터 반응 조정 등의 알고리즘 수준에서 미세 조정을 취한다.
③ 일반적으로 Major Class를 잘못 예측하는 것보다 Minor Class를 잘못 예측하는 것의 비용이 더 작다.
④ 향상도(Lift) 지표를 이용하여 희소한 또는 관심 있는 클래스를 탐지하고 예측 모형에서 나온 표본 중 얼마를 탐지해야 유의미한지 확인한다.

27 다음 중 다층 퍼셉트론(Perceptron)에서 데이터 불균형(Imbalanced 또는 Unbalanced Dataset) 문제를 해결하기 위한 방법으로 가장 옳지 않은 것은?

① 인공신경망에서의 기본 요소인 다층 퍼셉트론을 구성할 때 학습 데이터의 불균형 문제를 해결하기 위해 다수 범주의 데이터세트에서 무작위로 데이터를 추출하는 언더 샘플링(Under Sampling) 기법은 사용되지 않는다.
② 의료 분야에서 클래스 불균형(Imbalanced Dataset)이 심한 유방암 검사, 갑상선 진단 검사와 관련된 학습 데이터의 불균형 문제를 해결하기 위해 앙상블 기법을 사용한다.
③ 소수 범주의 데이터세트에서 무작위로 데이터를 추출하여 새로운 데이터세트를 만들고 이를 기존의 집합에 더하는 과정으로 데이터 불균형 문제를 해결하는 기법을 과표본화(Over Sampling) 기법이라 한다.
④ 과표본화(Over Sampling) 기법을 통해 무작위로 추출된 데이터세트가 기존 데이터 집합에 추가됨으로써 기존 데이터 집합의 범주 분포에 대한 임곗값이 조절된다.

28 다음 중 저장된 데이터를 기반으로 연구 목적에 맞는 가설을 세우고 데이터를 분석하는 작업으로서 데이터의 구조와 특징을 파악하고 분석을 통해 얻은 정보를 토대로 통계적 모형을 만드는 작업을 무엇이라고 하는가?

① Enterprise Application Integration(EAI)
② Exploratory Data Analysis(EDA)
③ Correlation Analysis(CA)
④ Statistical Hypothesis(SH)

29 다음 중 탐색적 데이터 분석(EDA ; Exploratory Data Analysis)에 대한 설명으로 가장 옳지 않은 것은?

① 데이터를 이해하고 연구 목적에 맞게 데이터를 탐색하는 작업을 의미한다.
② 데이터의 변동을 분석하고 이상점을 파악할 수 있다.
③ 데이터 시각화 방법을 사용하지 않는다.
④ 데이터에 포함된 변수에 내재되어 있는 변동성 유형을 파악하고 변수들 사이에 공통 변동을 파악한다.

30 다음 중 상관계수에 대한 설명으로 옳은 것은?

① 분석대상이 모두 연속형 변수인 경우 상관관계 분석을 할 수 없다.
② 상관계수(r)는 두 변수 간의 선형성 정도를 파악하는 통계량으로 $0 \leq r \leq 1$의 범위값을 가진다.
③ 변수 하나의 변동 요인을 알아보기 위해 많은 수의 요인 중 한 요인을 선택하고 연구 대상 변수와의 관계를 분석함으로써 요인들 사이의 상호작용을 알 수 있으며, 이를 위해 다변량 분석 방법을 이용한다.
④ 두 변수 X, Y의 상관계수가 0이면 두 변수 X, Y는 선형적 관계가 있다고 볼 수 있다.

31 유럽 프리미어 리그에서 뛰고 있는 A 축구 구단 선수들에 대한 연봉의 대푯값을 구하려고 한다. A 축구 구단 선수들의 연봉을 모두 확인한 결과, 특정 한두 명 선수의 연봉이 전체 연봉의 50%를 넘었고 연봉 분포가 오른쪽으로 길게 늘어진 형태를 갖고 있었다. 다음 중 A 축구 구단 선수들에 대한 연봉 수준의 대푯값으로 적절한 것은?

① 중앙값
② 최댓값
③ 최빈값
④ 평균값

32 다음 중 병렬 차트(Parallel Chart) 작성 방법에 대한 설명으로 옳지 않은 것은?

① 시공간 데이터 탐색을 위하여 병렬 차트를 먼저 그려서 시공간에서의 변화를 사전에 확인한다.
② 병렬 차트 작성 시 여러 범주의 데이터를 비교하기 위해 차원을 나타내는 행의 값과 평행한 좌표로 표현한다.
③ 병렬 차트는 여러 범주의 데이터를 비교하기 위해 사용된다.
④ 병렬 차트는 그룹화된 막대 그래프의 형식으로 표현되기도 한다.

33 다음 중 확률표본 추출을 위한 층화추출 방법에 대한 설명으로 옳지 않은 것은?

① 모집단을 둘 이상의 층으로 나누고 각 층마다 독립적으로 단순 임의 추출법에 의해 표본을 추출한다.
② 층별 분석을 원하는 경우 나누어진 층에 따라서 층별 분석이 가능하다.
③ 모집단의 모수를 추정하는 데 있어서 보다 적은 비용으로 일정한 정확성을 확보할 수 있다.
④ 각 층마다 독립적으로 표본을 추출하므로 집단 내는 이질적이고 집단 간에는 동질적인 특징을 가진다.

34 다음 중 분포의 형태가 다른 것은?

① 이항 분포
② $F-$분포
③ 기하 분포
④ 포아송 분포

35 빅데이터 학과 학생은 총 30명인데 다섯 시간 동안 평균 10명이 스마트폰을 사용한다면, 한 시간 동안 스마트폰을 한 명도 사용하지 않을 확률은 얼마인가?

① e^2
② e^{-10}
③ e^{-5}
④ e^{-2}

36 다음 중 정규 분포와 $t-$분포에 대한 설명으로 옳지 않은 것은?

① 정규 분포는 모수인 평균과 표준편차에 의해 분포의 모양이 결정된다.
② 정규 분포와 $t-$분포는 평균을 중심으로 좌우 대칭이고 종모양을 이룬다.
③ 정규 분포는 평균과 표준편차에 따라서 모양이 달라지기 때문에 표준화 작업을 수행하고 표준 정규 분포를 이용하여 정규확률을 계산한다.
④ 표본의 크기가 작을 때 $t-$분포를 사용하며 표본의 크기가 n이면 $t-$분포의 자유도는 n이다.

37 어느 학급의 학생 100명에 대해서 키를 조사한 결과 확률변수 X가 정규분포 $X \sim N(175, 20^2)$을 따른다고 한다. 영미의 키가 179.56이면 표준화 점수는 얼마인가?

① 1.128
② 1.228
③ 0.128
④ 0.228

38 다음 빅데이터 분석 학과 학생 6명의 통계학 성적 평균에 대한 점추정치로 바람직한 것은?

통계학 성적
80, 85, 90, 70, 75, 60

① 표본평균=76.7
② 분산=87.5
③ 표준편차=9.35
④ 중앙값=77.5

39 빅데이터 학과 학생 중 25명을 선발하여 키를 측정하였더니 평균이 170cm, 표준편차가 5cm 이었다. 아래 t분포의 확률값을 이용하여 모평균에 대한 95% 신뢰구간을 구하시오.

자유도 \ Pr[$T>t$]	0.100	0.050	0.025	0.010	0.005	0.0025
23	1.319	1.714	2.069	2.500	2.807	3.104
24	1.318	1.711	2.064	2.492	2.797	3.091
25	1.316	1.708	2.060	2.485	2.787	3.078
26	1.315	1.706	2.056	2.479	2.779	3.067
27	1.314	1.703	2.052	2.473	2.771	3.057

① (167.936, 172.064)
② (167.940, 172.060)
③ (168.289, 171.711)
④ (168.292, 171.708)

40 다음은 가설 검정 시 발생하는 오류에 대한 설명이다. (ㄱ), (ㄴ)에 들어갈 말로 옳은 것은?

통계적 가설이란 표본의 특성을 나타내는 모수에 대한 주장을 의미한다. 모집단의 모수에 대하여 어떤 조건을 가정하여 가설을 설정하는데 이 가설을 귀무가설(Null Hypothesis)이라 하며, 귀무가설과 반대되는 가설을 대립가설(Alternative Hypothesis)이라 한다. 아래와 같이 가설 검정 시 오류는 필연적으로 발생하게 되며, 이 경우 대립가설이 참인데 참인 대립가설을 기각하면서 생기는 오류를 (ㄱ)라 하고, 귀무가설이 참인데 참인 귀무가설을 기각하면서 생기는 오류를 (ㄴ)라 한다.

구 분	귀무가설(참)	귀무가설(거짓)
귀무가설(채택)	옳은 결정	(ㄱ)
귀무가설(기각)	(ㄴ)	옳은 결정

① (ㄱ)-제1종 오류, (ㄴ)-제2종 오류
② (ㄱ)-제1종 오류, (ㄴ)-검정 오류
③ (ㄱ)-제2종 오류, (ㄴ)-제1종 오류
④ (ㄱ)-제2종 오류, (ㄴ)-검정 오류

41 다음 중 독립변수가 연속형이고 종속변수가 범주형일 때 대표적으로 사용하는 회귀분석방법은 무엇인가?

① 라쏘 회귀분석(LASSO Regression Analysis)
② 릿지 회귀분석(Ridge Regression Analysis)
③ 로지스틱 회귀분석(Logistic Regression Analysis)
④ 엘라스틱넷 회귀분석(ElasticNet Regression Analysis)

42 빅데이터 분석 모델링의 절차로 옳은 것은?

① 데이터 분할 → 데이터 모델링 → 모델 적용 및 운영 방안 마련 → 모델 평가 → 모델 검증
② 데이터 분할 → 데이터 모델링 → 모델 평가 → 모델 적용 및 운영 방안 마련 → 모델 검증
③ 데이터 분할 → 모델 적용 및 운영 방안 마련 → 데이터 모델링 → 모델 평가 → 모델 검증
④ 데이터 분할 → 모델 적용 및 운영 방안 마련 → 데이터 모델링 → 모델 검증 → 모델 평가

43 분석대상과 방법에 따른 빅데이터 분석 유형 중 해결해야 할 문제뿐만 아니라 분석의 방법도 알고 있는 경우 사용하는 방법으로 가장 적절한 것은 무엇인가?

① 최적화(Optimization)
② 발견(Discovery)
③ 통찰(Insight)
④ 솔루션(Solution)

44 다음 중 프로세스적 관점에서 데이터 분석을 위한 상향식 접근 방법의 절차로 옳은 것은?

① 프로세스 분류 → 데이터 분석 요건 식별 → 프로세스 흐름 분석 → 분석 요건 정의
② 프로세스 분류 → 프로세스 흐름 분석 → 데이터 분석 요건 식별 → 분석 요건 정의
③ 프로세스 흐름 분석 → 프로세스 분류 → 데이터 분석 요건 식별 → 분석 요건 정의
④ 프로세스 흐름 분석 → 데이터 분석 요건 식별 → 프로세스 분류 → 분석 요건 정의

45 회귀분석모형을 설계하는 과정에서 모든 독립변수들을 이용하여 회귀식을 세우고 회귀 모형에 가장 영향력이 적은 변수부터 하나씩 삭제하면서 적합한 회귀식을 찾는 방법을 무엇이라고 하는가?

① 전진 선택법(Forward Selection)
② 후진 제거법(Backward Selection)
③ 단계별 선택법(Stepwise Selection)
④ 임의 선택법(Random Selection)

46 다음 중 로지스틱 회귀분석(Logistic Regression Analysis)을 적용할 문제 유형으로 가장 바람직하지 않은 것은?

① 은행 등의 금융 회사에서 고객의 신용도를 평가하여 대출 여부를 심사하고자 한다.
② 보험사에서 고객의 납부 보험료를 적절하게 정하기 위해 고객의 의료비를 예측하고자 한다.
③ 병원에서 어떤 입원 환자의 간경화 질병 유무를 진단하고자 한다.
④ 제과점에서 그동안 판매해왔던 상품을 앞으로 계속 판매할 것인지 폐기할 것인지를 결정하고자 한다.

47 인공신경망 분석모형에서 사용하는 하이퍼파라미터(Hyperparameter)에 대한 설명으로 가장 옳지 않은 것은?

① 데이터 학습 훈련의 반복 횟수(Training Loop)는 학습의 조기 종료를 결정하는 변수로 사용자가 사전에 지정함으로써 학습 효율이 떨어지는 시점을 적절히 판단한다.
② 가중치(Weights)의 초깃값과 가중치는 출력값과 실젯값을 비교하여 역전파 알고리즘을 통하여 최적화를 이루기 위해 지정해주는 대표적인 하이퍼파라미터이다.
③ 학습률(Learning Rate)이란 적절한 학습 속도를 유지하기 위해 Gradient 방향으로 얼마나 빠르게 이동할 것인지를 결정하는 변수이다.
④ 손실 함수(Cost Function)는 입력에 따른 기댓값과 실젯값의 차이를 계산하는 함수로서 평균제곱오차, 교차엔트로피오차 등을 고려하여 지정한다.

48 다음 중 인공신경망(Artificial Neural Network)에서 사용자가 직접 지정하여 사용하는 하이퍼파라미터(Hyperparameter, 초매개변수)로 가장 적절한 것은?

① 가중치(Weights)
② 목표변수 결괏값(Target Values)
③ 은닉층의 개수(Number of Hidden Units)
④ 편향(Bias)

49 서포트벡터머신(SVM ; Support Vector Machine) 분석 기법의 장점으로 가장 거리가 먼 것은?

① 데이터 학습 시간과 분석모형 구축 시간이 짧아 계산과정이 빠르다.
② 인공신경망 기법과 비교하여 과적합 정도가 덜하다.
③ 분류 경계가 다소 복잡한 비선형 문제의 경우 다른 기법과 비교하여 성능이 우수하다.
④ 노이즈 데이터의 영향을 크게 받지 않는다.

50 군집분석(Clustering Analysis)을 위한 K-means(K-평균) 군집분석모형에서 군집화의 개수(K)를 구하기 위하여 아래와 같은 코드(Tensorflow)를 이용하였다. 이에 대한 군집화 척도로 옳은 것은? (단, 아래 코드에서 변수 interia의 값을 출력하고 이 값이 급격하게 감소되는 지점을 파악하여 군집화의 개수를 구하고자 한다)

```
inertia_arr = []
k_range = range(2, 15)

for k in k_range :

    Kmeans = Kmeans(n_clusters=k, random_state=200)
    Kmeans. fit(X_train)
    interia = Kmeans. inertia_

    print('k : ', k, 'inertia : ', interia)

    inertia_arr. append(interia)

inertia_arr = np. array(inertia_arr)
```

① 손실 함수(Root Mean Squared Logarithmic Error)
② 실루엣(Silhouette)
③ 엘보우(Elbow)
④ 평균 제곱근 오차(Root Mean Squared Error)

51 다음 설명에 해당하는 다변량 분석 기법은 무엇인가?

- 개체들의 특성을 측정하고 개체들 사이의 특성 유사성(또는 비유사성)을 측정한다.
- 개체 간의 비유사성을 저차원 공간에 기하학적으로 나타내는 다변량 분석의 그래프적 기법이다.
- 개체들의 군집별 특성을 파악하기 위한 변수 정보를 공간상에 가상점을 이용하여 나타낸다.
- 계량형 척도(양적자료)의 경우 스펙트럼 분해를 통해 차원을 축소한다.

① 군집분석(Clustering Analysis)
② 판별 분석(Discriminant Analysis)
③ 요인분석(Factor Analysis)
④ 다차원 척도법(MDS ; Multidimensional Scaling)

52 다음 중 시계열 분석모형으로 가장 적절하지 않은 것은?

① 자기회귀 누적이동(Autoregressive Integrated Moving Average)
② 이항분포(Binomial Distribution)
③ 자기회귀(Autoregressive)
④ 이동평균(Moving Average)

53 아래 그림에서 표현된 시계열 데이터(Time Series Decomposition)로부터 알 수 없는 요인은 무엇인가? [단, 가장 위에 있는 데이터가 관측 데이터(Observed Data)이다]

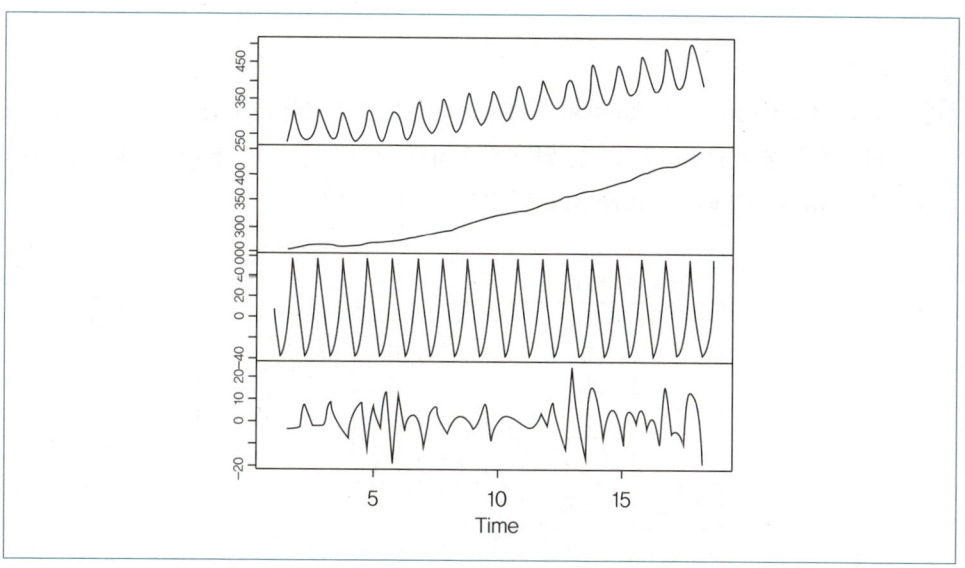

① 추세(Trend)
② 잔차(Residual)
③ 계절성(Seasonality)
④ 랜덤 요인(Random)

54 사건 X의 원인을 제공하는 P[A], P[B]의 사전확률을 이용하여 사건 X가 발생한 원인이 사건 B일 확률, P[B|X]를 구하고자 한다. 다음 중 베이지안 기법(Bayesian Method)을 이용한 확률 계산 방법으로 옳은 것은?

① P[B|X]=P[B]P[X|B] / (P[A]P[X|A]+P[B]P[X|B])
② P[B|X]=P[A]P[X|A] / (P[A]P[X|A]+P[B]P[X|B])
③ P[B|X]=P[B]P[X|B] / (P[A]P[A|X]+P[B]P[B|X])
④ P[B|X]=P[A]P[X|A] / (P[A]P[A|X]+P[B]P[B|X])

55 자동차 생산 과정을 거쳐 A는 50개, B는 30개, C는 20개의 제품(모델)을 생산하였다. 확인 결과, 각 제품의 불량률은 A 1%, B 2%, C 3%로 조사되었다. 제품 A, B, C 중에서 하나를 고르는 경우 이 제품이 불량품일 때 불량품이 제품 A일 확률은 얼마인가?

① 5/17 ② 6/17
③ 5/12 ④ 1/2

56 CNN(Convolutional Neural Network, 합성곱 신경망)을 이용하여 아래 그림과 같이 이미지 특징을 추출하려고 한다. 입력 데이터의 크기가 (5, 5), 필터가 (3, 3), Stride=1, Padding=0일 때 Feature Map의 크기는 얼마인가?

① (2, 2) ② (3, 3)
③ (4, 4) ④ (5, 5)

57 다음 설명에 해당되는 데이터 분석 기법은 무엇인가?

- 기업 내에서 발생하는 트랜잭션 데이터를 모델링하기 위해 사용된다.
- 트랜잭션 데이터의 각 이벤트(개체 쌍)는 링크로 정의된다.
- 이벤트 속성은 링크 속성, 각 객체는 노드로 정의된다.
- 노드의 연결 주소상 위치 속성값을 계산하는 방법론으로 활용된다.

① 그래프 분석(Graph Analysis)
② 네트워크 분석(Network Analysis)
③ 오피니언 마이닝(Opinion Mining)
④ 텍스트 마이닝(Text Mining)

58 다음 설명에 해당하는 앙상블 분석(Ensemble Analysis)을 위한 부스팅(Boosting) 알고리즘은 무엇인가?

- 가중치를 활용하여 약 분류기(학습기)를 강 분류기로 만든다.
- 가중치를 업데이트하기 위해 경사하강법을 사용한다.
- 미래를 생각하지 않고 각 단계에서 가장 최선의 선택을 하는 기법이다.
- 다른 방법과 비교하여 예측 성능이 높지만 시간이 오래 소요된다.

① AdaBoost(Adaptive Boost)
② Cat Boosting
③ GBM(Gradient Boosting Machine)
④ Ordered Boosting

59 다음 중 앙상블 분석을 위해 사용되는 두 가지 주요 학습 방법에 대한 대표적인 알고리즘 연결로 가장 적절한 것은?

① 배깅 – 랜덤 포레스트
② 배깅 – AdaBoost
③ 부스팅 – 랜덤 포레스트
④ 부스팅 – Meta Modeling

60 랜덤 포레스트(Random Forest) 분석 기법에 대한 설명으로 가장 옳지 않은 것은?

① Decision Tree 분석 기법과 비교하여 과적합 가능성이 낮다.
② 새로운 자료에 대한 예측은 분류 기법의 경우 일반적으로 Majority Voting 방법을 이용한다.
③ 학습 데이터의 양이 증가할수록 성능이 급격히 향상된다.
④ Decision Tree 생성방법을 이용하여 이들의 결과를 다수결 등의 방법을 통해 종합하므로 알고리즘이 비교적 단순하다.

61 다음 중 선형회귀(Linear Regression) 분석에 대한 설명으로 옳지 않은 것을 모두 고르면?

> (ㄱ) 독립변수에 대한 회귀계수의 유의성을 검정하기 위해 카이제곱 검정통계량을 이용한다.
> (ㄴ) 독립변수와 종속변수가 각각 1개인 경우 단순선형회귀분석이라 한다.
> (ㄷ) 회귀분석모형에 대한 유의성 검정을 위해 일반적으로 귀무가설은 '설정된 회귀모형은 타당하다' 또는 '유의하다'로 설정한다.
> (ㄹ) 결정계수(자료전체의 흩어진 정도 중에서 회귀에 의해 설명되는 부분의 비율, R^2)가 1에 가까울수록 회귀에 의한 설명이 잘 됨을 의미한다.

① (ㄱ), (ㄴ)
② (ㄱ), (ㄷ)
③ (ㄴ), (ㄷ)
④ (ㄷ), (ㄹ)

62 최대우도추정법(Maximum Likelihood Estimation)을 이용하여 $Y=a+bX$ 회귀식의 두 모수(a, b)를 추정하려고 한다. 9개의 관찰값으로부터 계산한 통계량들이 다음과 같을 때, $b-a$의 값은?

> $\overline{X}=1,\ \overline{Y}=17/12,\ S_{XX}=\sum_{i=1}^{9}(X_i-\overline{X})^2=12,\ S_{XY}=\sum_{i=1}^{9}(X_i-\overline{X})(Y_i-\overline{Y})=11$

① 5/17
② 6/17
③ 5/12
④ 1/2

63 다음 중 독립변수가 K개인 다중회귀분석모형의 회귀식으로 옳은 것은? [단, 여기서 β_i는 모수이고 ε는 잔차(Residual)를 나타낸다]

① $Y=\beta_0\beta_1X_1\times\beta_2X_2\times\cdots\times\beta_kX_k+\varepsilon$
② $Y=\beta_0+(\beta_1+\beta_2+\cdots+\beta_k)\times(X_1+X_2+\cdots+X_k)+\varepsilon$
③ $Y=\beta_0+\beta_1X_1+\beta_2X_2+\cdots+\beta_kX_k+\varepsilon$
④ $Y=\beta_0+\beta_1X_1+\beta_2X_2^2+\cdots+\beta_kX_k^k+\varepsilon$

64 다음 적합도 검정(Goodness of Fit Test)에 대한 설명으로 가장 옳지 않은 것은?

① 가정된 확률이 정해져 있을 경우와 가정된 확률이 정해져 있지 않을 경우 데이터가 가정된 확률에 적합하게 따르고 있는가를 검정할 때 사용된다.
② 독립성 검정, 동일성 검정과 함께 적합도 여부를 검정할 때 $F-$분포를 이용한다.
③ 모집단의 분포에 대한 가정이 옳은지 실제 관측된 자료를 토대로 검정할 때 사용된다.
④ 관측 자료에 대한 적합도 검정을 위해 검정통계량은 관찰 도수와 기대 도수를 이용하여 구한다.

65 지도 학습으로 훈련된 분류 알고리즘의 성능평가 결과, 다음과 같은 혼동행렬(Confusion Matrix)을 얻었다. 정밀도(Precision)와 재현율[Recall, 또는 민감도(Sensitivity)]의 값으로 옳은 것은?

실제 \ 예측		예측 범주 값	
		참(Yes)	거짓(No)
실제 범주 값	참(Yes)	60	5
	거짓(No)	20	15

① Precision=1/13, Recall=1/4
② Precision=1/4, Recall=1/13
③ Precision=12/13, Recall=3/4
④ Precision=3/4, Recall=12/13

66 병원에서의 질병 진단과 관련된 데이터 분석모형의 민감도(Sensitivity)와 특이도(Specificity)에 대한 설명으로 옳지 않은 것은?

① 민감도와 특이도가 높은 진단 도구(키트, Kit)일수록 신뢰도가 높은 Kit로 평가된다.
② '민감도=1-특이도'의 관계가 성립된다.
③ 특정 질병에 대해 실제 질병이 있는 경우를 양성으로 판정하는 비율은 민감도로 구한다.
④ 질병이 실제로 없는데 테스트 결과도 질병이 없다고 판단하는 비율은 특이도로 구한다.

67 머신러닝 모형의 성능을 평가하기 위하여 혼동행렬(Confusion Matrix)을 사용하며, 이를 통해 예측값이 실제 관측값을 얼마나 정확히 예측했는지를 평가한다. 혼동행렬에서 정밀도(Precision)와 재현율(Recall)을 이용한 F1 점수(F1 스코어, F1-score, F-measure)의 계산 방법으로 옳은 것은?

① F1-score=Precision×Recall/(2×(Precision+Recall))
② F1-score=2×(Precision+Recall)/(Precision×Recall)
③ F1-score=2×Precision×Recall/(Precision+Recall)
④ F1-score=(Precision+Recall)/(2×Precision×Recall)

68 아래 그림은 ROC(Receiver Operating Characteristic, 수신자 조작 특성) 곡선을 나타낸다. 세 가지 모델(Model 1, 2, 3)의 성능에 대한 비교·설명으로 옳지 않은 것은?

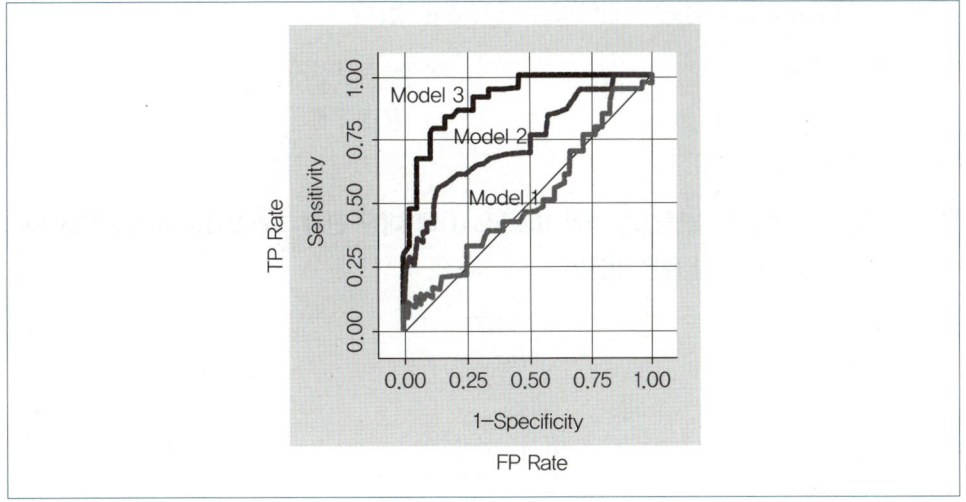

① TP Rate 값이 동일한 경우 FP Rate의 값이 작을수록 성능이 우수하며, 따라서 Model 1보다 Model 3의 성능이 우수하다.
② FP Rate 값이 동일한 경우 TP Rate의 값이 클수록 성능이 우수하며, 따라서 Model 1보다 Model 2의 성능이 우수하다.
③ ROC 곡선을 이용하여 AUC(Area Under Curve, ROC 곡선 아래 영역) 값을 구할 수 있고, AUC 값이 작을수록 모델의 성능이 우수하며, 따라서 Model 3보다 Model 2의 성능이 우수하다.
④ Model 1과 같이 ROC 선이 대각선에 가까울수록 참 긍정과 거짓 긍정을 제대로 구별하지 못해 바람직하지 않은(또는 예측력이 없는) 분석모형으로 평가한다.

69 다음 중 데이터 분석모형의 진단에 대한 설명으로 가장 옳지 않은 것은?

① 데이터 분석모형의 오류는 크게 일반화오류(과적합)와 훈련오류(미적합, 과소적합, 학습오류)로 구분된다.
② 데이터 분석 과정에서 분석모형의 기본 가정에 대한 진단 없이 모형이 사용될 경우 분석결과가 오용될 수 있다.
③ 분석모형에 대한 기본 가정을 만족시키지 못했더래도 가설 검정을 통과했다면 선정한 분석모형에 대한 진단 과정은 필요 없다.
④ 최근 데이터 분석을 위한 소프트웨어의 개발로 분석결과를 쉽게 얻을 수 있지만 적용한 데이터 분석 방법이 적절한가에 대해서는 사전에 진단할 필요가 있다.

70 실제 데이터와 회귀분석모형을 통한 추정값의 차이를 잔차(Residual)라고 하며, 이 값이 작을수록 회귀모형이 실제 데이터를 잘 설명해 준다고 볼 수 있다. 다음 중 회귀모형 구축 시 잔차가 가져야 하는 가정(잔차 진단)으로 옳지 않은 것은?

① 선형성   ② 등분산성
③ 독립성   ④ 정규성

71 다음은 예측값과 실젯값의 차이(Residual)에 대한 잔차 그래프(Residual Plot)이다. 이에 대한 설명으로 가장 옳은 것은?

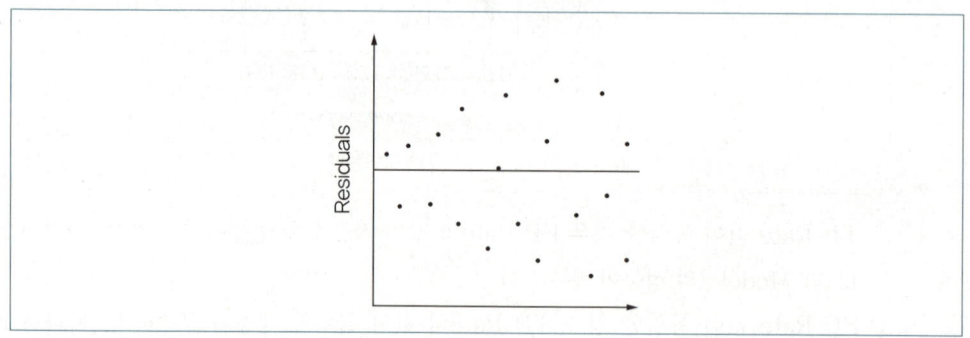

① 선형회귀모형에 대한 잔차 그래프의 경우 잔차 형태가 U자 형태이므로 선형성 가정에 위배된다.
② 잔차들이 각각 뭉쳐 Set를 이루고 있어 잔차의 독립성 가정에 위배된다.
③ 잔차의 로그변환 값이 특별한 형태 없이 무작위로 퍼져 있어 좋은 예측 모형으로 평가할 수 있다.
④ 잔차의 분포가 점점 커지고 있어 잔차의 등분산성 가정(정규성)에 위배된다.

72 아래 데이터는 새로운 신기술에 대해 연도별 투자(기획 자금, 기술투자 및 인력지원)에 대한 기술·경제적 성과(5점 척도 측정)를 측정한 것이다. 다음 중 연도별 투자에 대한 기술·경제적 성과의 차이를 분석하기 위한 가장 바람직한 분석모형은 무엇인가?

연 도	기획자금(만 원)	기술투자액(만 원)	인력지원(명)	기술·경제적 성과(5점 척도)
2010	10,000	65,752	20	2
2012	12,000	66,700	25	4
2014	10,000	67,000	20	4
2016	10,000	62,000	21	3
2018	12,000	66,800	25	5
2020	16,000	69,000	22	5

① 다원분산분석
② 단순선형회귀분석
③ 이원배치분산분석
④ 일원배치분산분석

73 학습 데이터를 이용한 데이터 분석모형의 교차 타당성을 검증하기 위해 사용되는 기법으로서 다음과 같은 특징을 가지는 데이터 검증 방법은 무엇인가?

- 데이터를 서로 겹치지 않는 훈련집합과 시험집합으로 무작위 구분
- 훈련집합을 이용하여 모형 구축, 시험집합으로 모형 성능평가 수행
- 모형 평가의 결과가 훈련집합과 시험집합의 구성에 의존적

① 홀드아웃(Holdout)
② 케이폴드(K-fold)
③ 리브-p-아웃(Leave-p-out)
④ 리브-원-아웃(Leave-one-out)

74 다음 중 학습 데이터를 이용한 데이터 분석모형의 교차 타당성을 검증하기 위해 사용되는 K-fold 다중교차 방법에 대한 설명으로서 옳은 것은?

① 전체 데이터를 서로 겹치지 않는 훈련 데이터와 시험 데이터로 무작위로 1회 구분하여 K번 반복 평가한다.
② 데이터를 무작위로 동일 크기를 갖는 K개의 부분 데이터로 나누고, 그 중 하나를 시험 데이터로 나머지 (K-1)개를 훈련 데이터로 선정하며, 모든 부분 데이터를 시험 데이터로 1회씩 선정하여 총 K번 반복 수행한다.
③ 훈련 데이터와 시험 데이터의 비율을 50 : 50, 70 : 30, K% : (100-K)% 등으로 사용자가 결정하여 평가한다.
④ 데이터 분석모형 평가의 결과가 훈련 데이터와 시험 데이터의 구성에 의존적이며, 계산량이 많지 않아 쉽게 평가할 수 있다.

75 아래의 조건에서 분석모형 진단 평가에 대한 설명 중 옳지 않은 것은?

구 분	예측(예)	예측(아니오)
실제(예)	참긍정, True Positive(TP)	거짓부정, False Negative(FN)
실제(아니오)	거짓긍정, False Positive(FP)	참부정, True Negative(TN)

① 카파값(Kappa Value)은 0~1 사이의 값을 가지며 1에 가까울수록 예측값과 실젯값이 일치함을 알 수 있다.
② 부정(Negative)인 범주 중 부정으로 올바르게 예측(Negative)한 비율은 민감도(Sensitivity) 지표를 사용한다.
③ 부정인 범주 중 긍정으로 잘못 예측(False Positive)한 비율을 정밀도(Precision)라고 하며 TP / (TP + FP)라고 표기한다.
④ 머신러닝 성능평가지표 중 정확도(Accuracy)를 표기하는 식은 (TP+TN)/(TP+FP+FN+TN)이다.

76 다음 중 빅데이터 분석모형의 평가와 관련된 설명으로 가장 옳지 않은 것은?

① 데이터 분석모형은 예측값과 실젯값을 비교하여 편향과 분산을 최소화하도록 설계하여야 한다.
② 데이터 분석모형의 예측값들의 분산은 (예측값들과 예측값들 평균 차이의 제곱)평균으로 구한다.
③ 데이터 분석모형의 예측값들의 평균과 실제 정답값과의 차이(또는 절댓값, 차이의 제곱)를 편향(Bias)이라 한다.
④ 예측값들과 정답이 멀리 떨어져 있으면 결과의 편향이 높다고 하고, 예측값들이 자기들끼리 멀리 흩어져 있으면 분산이 높다고 평가한다.

77 서로 다른 변수들 사이의 관계를 시각적으로 표현하기 위해 산점도(Scatter Plot)가 사용된다. 다음 중 하나의 변수가 다른 변수에 어떤 영향을 주는지에 대한 산점도 시각화 표현 방법으로 가장 적절한 차트는 무엇인가?

① 파이 차트(Pie Chart)
② 도넛 차트(Donut Chart)
③ 트리맵(Tree Map)
④ 버블 차트(Bubble Chart)

78 다음 설명에 해당하는 차트로 가장 적절한 것은?

- 변수의 수만큼 축을 그리고 각각의 축에 측징값 표시
- 여러 측정항목 간 균형을 한눈에 볼 수 있음
- 각 측정항목들에 대한 중심점은 동일하게 시각화함
- 중심으로부터 일정간격으로 척도를 재는 칸을 나누어 각 항목의 점수 표현
- 각 항목에 점을 찍고 그 점을 선으로 이어 만듦

① X-Y 플로팅 차트(X-Y Floating Chart)
② 거미줄 차트(Spider Chart)
③ 바 차트(Bar Chart)
④ 스타 차트(Star Chart)

79 다음 중 인포그래픽(Infographics)의 특징에 대한 설명으로 옳지 않은 것은?

① SNS 등에 유출되어서 다소 부정적인 영향을 준다.
② 정보를 시각적인 형태로 전달하기 위해 차트, 지도, 다이어그램, 로고 등을 이용한다.
③ 다량의 정보를 효율적으로 표현하고 흥미와 관심을 유발하며 이해가 쉽다.
④ 표현된 정보의 이해가 쉽고 오랫동안 기억할 수 있으며 인터넷 등을 통해 자발적으로 확산되는 효과가 있다.

80 다음 중 데이터 분석결과의 활용에 대한 설명으로 가장 옳지 않은 것은?

① 빅데이터 분석모형을 이용하여 얻은 결과는 사용자들이 이해하기 쉽도록 시각화하여 보여준다.
② 평가 데이터세트를 별도로 구하여 구축된 분석모형의 성능을 평가하고 모형의 일반화 능력을 측정한다.
③ 시각화 결과물의 주된 사용자가 누구냐에 따라 시각화를 통해 전달하고자 하는 정보의 수준과 내용이 다르게 설정된다.
④ 데이터가 많을 때는 훈련 데이터로만 이용하여 분석모형을 설계하고 이에 대한 검증은 하지 않아도 신뢰성이 높게 된다.

2021년 제3회 기출복원문제

- 제1과목 빅데이터 분석 기획
- 제3과목 빅데이터 모델링
- 제2과목 빅데이터 탐색
- 제4과목 빅데이터 결과 해석

01 빅데이터의 주요 특징을 설명하는 3V가 아닌 것은?

① Variety
② Velocity
③ Volume
④ Variation

02 데이터 과학자(Data Scientist)에게 필요한 기본 소양으로 가장 적절하지 않은 것은?

① 데이터베이스 관리 시스템 구축 역량
② 빅데이터 분석을 위한 제반 기술적 역량
③ 업무 및 데이터에 대한 통찰 역량
④ 최적의 모델 인자를 구성할 수 있는 특징공학(Feature Engineering) 역량

03 데이터 소스로부터 데이터를 추출하고 이를 분석이 용이한 형태로 변환하며, 변환된 최종 데이터를 대상 시스템에 적재하는 핵심 구성요소(기술 및 도구)를 무엇이라고 하는가?

① ETL
② Data Suppression
③ DBMS
④ Data Integration

04 다음 중 전통 인공지능과 최신 인공지능에 대한 설명으로 가장 옳은 것은?

① 전통적인 인공지능은 사람을 학습시키는 과정에서 착안한 방법을 사용한다.
② 전통적인 인공지능은 전문가가 지정해둔 절차를 신뢰성 있게 수행한다.
③ 최신 인공지능의 가장 큰 특징은 명시적으로 지정된 작업을 절차적으로 수행하는 것이다.
④ 최신 인공지능에서는 정해진 과업 수행을 위해 스스로 방법을 찾지 못한다.

05 다음 중 개인정보로 가장 적절하지 않은 것은?

① 독서, 영화감상, 악기 연주 등 개인의 취미생활
② 사상, 신조, 종교, 가치관, 정치적 성향 등 내면의 비밀
③ 성명, 주민등록번호, 주소, 본적, 가족관계, 본관 등 신분관계
④ 지문, 홍채, DNA 등 생체인식정보

06 개인정보를 처리하는 사람이 금지해야 할 내용으로 가장 옳지 않은 것은?

① 거짓이나 그 밖의 부정한 수단이나 방법으로 개인정보를 취득하거나 처리에 관한 동의를 받는 행위
② 개인정보가 분실, 도난, 유출, 위조, 변조 또는 훼손되지 않도록 내부 관리 계획을 수립하고 데이터 익명화를 실시하는 행위
③ 업무상 알게 된 개인정보를 누설하거나 권한 없이 다른 사람이 이용하도록 제공하는 행위
④ 정당한 권한 없이 또는 허용된 권한을 초과하여 다른 사람의 개인정보를 훼손, 멸실(파손), 변경. 위조 또는 유출하는 행위

07 다음 중 재현 데이터(Synthetic Data)에 대한 설명으로 가장 옳은 것은?

① 모집단의 통계적 특성을 유지하면서 민감한 정보를 외부에 공개하지 않기 위해 사용되는 데이터
② 식별 후 실제로 측정된 데이터와 동일한 데이터로 생성 가능한 데이터
③ 임의로 생성되지 않고 개인이 제공하는 Real Data
④ 통계적 방법 또는 머신러닝 학습 방법 등을 이용하지 않고 실제로 측정된 데이터

08 A 기업이 B 기업으로부터 별도의 인터페이스를 통해 데이터(개인정보 이용과 수집에 동의한 데이터)를 전송받고 이를 토대로 다양한 서비스(금융기업에서의 개인정보 공유, 고객 신용 및 자산 통합 관리, 금융 상품 추천 등)를 제공하는 방법을 무엇이라고 하는가?

① 개인정보 간소화 서비스
② 개인정보 동의 간소화 서비스
③ 개인정보 보안 서비스
④ 마이 데이터 서비스

09 데이터 분석을 위한 마스터 플랜(로드맵) 수립 시 고려 사항으로 가장 적절하지 않은 것은?

① 데이터 분석 과제의 전략적 중요도, 비즈니스 성과 및 ROI, 분석 과제의 실행 용이성을 우선 고려하여 로드맵을 수립한다.
② 로드맵 수립 시 데이터 분석 프로젝트를 수행하기 위해 필요한 하드웨어 및 소프트웨어 비용, 인건비 등의 소요 비용은 추후 고려한다.
③ 마스터 플랜을 수립하기 위해 분석대상 과제 정의(도출), 우선순위 평가, 단계적 세부 이행 계획 수립, 중장기적 로드맵 작성의 절차를 수행하게 된다.
④ 일반적으로 단계적 세부 이행 계획을 수립하기 위하여 WBS(Work Breakdown Structure)를 이용한다.

10 데이터 분석 시스템 구현 방법을 이용한 빅데이터 분석절차의 순서로 옳은 것은?

① 데이터 준비 → 분석 기획 → 데이터 분석 → 시스템 구현 → 평가 및 전개
② 데이터 준비 → 분석 기획 → 시스템 구현 → 데이터 분석 → 평가 및 전개
③ 분석 기획 → 데이터 준비 → 데이터 분석 → 시스템 구현 → 평가 및 전개
④ 분석 기획 → 데이터 준비 → 시스템 구현 → 데이터 분석 → 평가 및 전개

11 다음 설명에 해당되는 빅데이터 분석 업무는?

- 데이터 분석을 통한 개선사항을 도출하기 위해 분석하고자 하는 과제 현황 파악
- 분석대상 과제에 대한 문제점을 파악하기 위해 인터뷰, 설문조사 등을 수행
- 개선과제를 정의하고 작성하기 위하여 문제의 주요 이슈별로 개선방향 도출
- 문제를 인식하고 해결하고자 하는 목적을 명확히 정의

① 도메인 이슈 도출
② 빅데이터 분석 기획
③ 빅데이터 분석모형화
④ 빅데이터 시각화

12 다음 중 데이터 분석을 위한 데이터 수집 및 저장 계획 수립 시 고려 사항으로 보기 힘든 것은?

① 데이터의 수집, 전환, 적절성 검증 계획 수립
② 데이터 유형 및 속성 파악
③ 데이터 변환 방법 및 계획 수립
④ 데이터 탐색 후 시각화 방법 및 계획 수립

13 데이터 수집 시 고려 사항으로 가장 적절하지 않은 것은?

① 데이터 도메인 정보, 이슈사항, 개선 사항 등 데이터 분석 목표에 따른 데이터 품질 측정 계획을 수립한다.
② 데이터 수집의 용이성, 데이터 발생빈도, 데이터 전처리 및 후처리 등과 관련된 비용을 고려한다.
③ 데이터의 개인정보 포함 여부, 지적 재산권 여부를 고려하여 적절한 조치 계획을 수립한다.
④ 적절한 데이터 분석모형을 활용한 데이터 분석 주기를 고려한다.

14 다음 설명에 해당되는 규제의 이름은 무엇인가?

> 유럽 연합의 법으로서 유럽 연합에 속해 있거나 유럽경제지역에 속해 있는 모든 사람들의 사생활 보호와 개인정보들을 보호해 주는 규제이다. 유럽 연합과 유럽경제지역 이외 지역의 개인정보의 침해 또한 적용이 가능하다. 본 규제의 목표는 개인정보를 자유롭게 쓸 수 있게 하며 유럽 내 보안관련 제도들을 통합시킴으로써 규제력이 짙은 국제 비즈니스 환경을 단순화하는 것이다.

① Act EU
② GDPR
③ Policy Directive
④ Regulation EC

15 다음 중 데이터 비식별화 방법이 아닌 것은?

① 가명처리(Pseudonymization)
② 데이터 마스킹(Data Masking)
③ 데이터값 대체(Data Substitution)
④ 범주화(Suppression)

16 다음 설명에 해당되는 데이터 품질관리 특성은 무엇인가?

> - 실세계에 존재하는 객체(사건, 사물, 개념 등)의 값이 오류 없이 저장되어 있음
> - 분석대상에 대한 올바른 값 저장
> - 내재적(고유) 데이터 품질 특성(Intrinsic Data Quality)
> - 사실성, 적합성, 필수성, 연관성의 특징을 가짐

① 완전성(Completeness)
② 일관성(Consistency)
③ 적시성(Timeliness)
④ 정확성(Accuracy)

17 다음 중 데이터 전처리 과정에서 수행되는 데이터 스케일링(Data Scaling) 작업에 대한 설명으로 옳지 않은 것은?

① 데이터 스케일링이란 각 변수들의 범위 혹은 분포를 같게 만드는 데이터 전처리 작업 중 하나이다.
② 데이터 스케일링 작업을 통해 각 변수들이 동일한 조건(또는 범위)을 가지게 되어, 이 변수들에 대한 상대 비교가 가능하게 된다.
③ 데이터를 정규화하거나 표준화한다.
④ 데이터의 값들을 정규화하기 위해 (대상값 – 최댓값)/(최댓값 – 최솟값)의 수식을 이용한다.

18 대표적으로 아파치 재단의 Cassandra가 있으며 소셜 데이터, 이미지, 오디오 등 주로 비정형 데이터를 저장하기 위해 사용되는 시스템은 무엇인가?

① Grid
② Legacy
③ NoSQL
④ RDB

19 기업의 의사결정을 지원하기 위해 주로 사용되는 데이터웨어하우스(Data Warehouse)의 주요 특징이 아닌 것은?

① 소멸성 자료의 집합을 저장한다.
② 시간에 따라 변하는 내용을 저장한다.
③ 주제 중심적이다.
④ 통합적 내용을 저장한다.

20 다음 중 아파치 하둡(Apache Hadoop)을 관리하는 워크플로우로서 옳은 것은?

① Hbase
② Oozie
③ Pig
④ Tajo

21 다음 중 데이터 정제 단계에서 수행해야 할 업무로 옳은 것은?

① 데이터에 포함된 변수의 내재 변동성 유형을 파악하고 변수들 간의 공통변동은 무엇인지 파악한다.
② 데이터 오류를 일으키는 주요 요소들인 결측치, 잡음, 이상치를 제거한다.
③ 대량의 빅데이터 분석을 위하여 분석대상이 되는 여러 변수들의 주요 정보는 최대한 유지하면서 데이터세트 변수의 개수를 줄인다.
④ 변수의 기능에 따라 독립, 종속, 통제, 매개, 왜생, 억압 변수로 구분한다.

22 데이터 분석 변수를 처리하기 위해 사용되는 차원축소(Dimensionality Reduction)에 대한 설명으로 옳지 않은 것은?

① 차원축소란 대량의 빅데이터를 분석할 때, 분석대상이 되는 여러 변수들의 주요 정보는 최대한 유지하면서 데이터세트 변수의 개수를 줄이는 일련의 탐색적 분석 기법이다.
② 차원축소 기법은 다른 분석 과정을 수행하기 전 단계에서 주로 활용되며, 분석 수행 후 결괏값을 이용한 효과적인 시각화 등을 위해 사용된다.
③ 차원축소를 위해 대표적으로 사용되는 다차원 척도법(Multi-Dimensional Scaling)에서는 고차원 데이터를 해석이 용이하도록 가시적인 저차원으로 사상하여 표현한다.
④ 차원축소를 위해 대표적으로 사용되는 요인분석(Factor Analysis)에서는 설정된 분석모형을 이용하여 주요변수와 비슷한 특징을 가지는 변수를 제거한다.

23 다음 중 주성분 분석(PCA ; Principal Component Analysis)에 대한 설명으로 옳지 않은 것은?

① 고윳값과 고유벡터를 계산하고 고유벡터를 열벡터로 갖는 행렬의 대각화를 통해서 고윳값을 분해하며, 가장 큰 고윳값을 중심으로 기존 변수들을 선형결합해서 나타난 새로운 변수들로 변환한다.
② 변수 간에 상관관계가 있는 다차원의 데이터를 분석에 필요한 차원축소 과정을 거쳐서 저차원의 데이터로 나타낸다.
③ 비음수 행렬분해 분석 방법으로서 음수가 포함되지 않은 전체 원소가 양수인 행렬 V를 음수를 포함하지 않는 행렬 W와 H의 곱으로 분해하는 알고리즘이다.
④ 통계적으로 독립변수들 사이에 상관관계가 없도록 하고 요인 적재값을 확인하며, 요인 적재값에 차이가 나지 않아 요인 분류가 어려운 경우 데이터 회전 방법으로 분석을 실시한다.

24 차원축소를 위해 사용되는 주성분 분석(PCA ; Principal Component Analysis)에서 공분산 행렬에 대한 설명으로 옳지 않은 것은?

① 변수들의 공분산 행렬을 이용하여 기본 변수들을 분산이 작은 변수들로 변환시키면 유의성이 높은 변수들로 데이터를 표현할 수 있게 된다.
② 중요한 주성분들은 공분산 행렬의 고유벡터이기 때문에 서로 직교하게 된다.
③ 공분산 행렬의 고유벡터가 해당 데이터를 대표하는 주축이 되도록 하는 방법으로 주성분을 판별한다.
④ 공분산 행렬을 이용하여 고유벡터를 구하며, 고유벡터란 행렬의 방향성을 유지하는 선형변환의 주축을 의미(선형변환 이후 크기만 바뀌고 방향은 불변)한다.

25 아래 그림을 이용하여 주성분 분석을 통해 영상인식 시스템을 개발하고자 한다. 픽셀값을 이용하여 구한 이미지의 특성값(공분산 행렬, A)과 고유벡터(Eigenvector, X)가 다음과 같을 때 총분산의 값을 구하시오. [단, 총분산은 고윳값(Eigen Value)의 합($\lambda_1+\lambda_2$)으로 구한다고 가정한다]

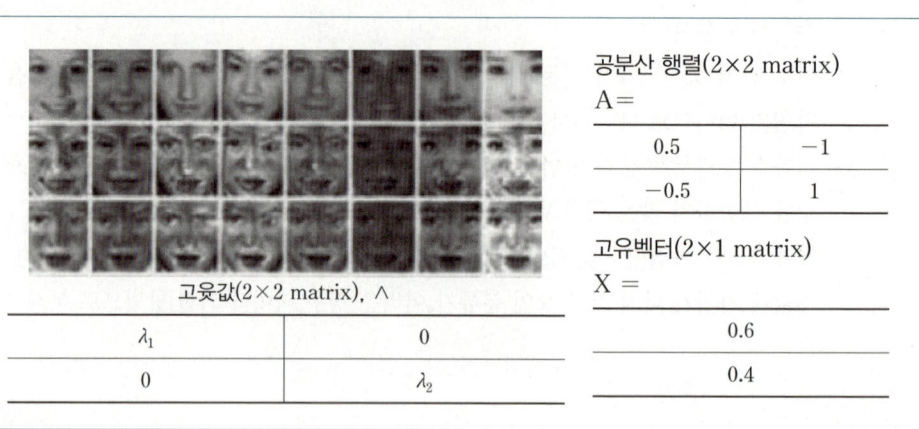

① 0.07
② 0.08
③ 1.07
④ 1.08

26 박스칵스 변환(Box-cox Transformation)에 대한 설명으로 옳지 않은 것은?

① 로그 변환과 거듭곱 변환을 포함한다.
② 정규성을 가정하거나 정상성(분산을 안정화)을 요구하는 분석 방법을 적용하기 전에 사용된다.
③ 파생변수를 만드는 방법 중 하나이다.
④ 효율적인 데이터 분석을 위해 사용되는 변수 변환 방법들 중 하나이다.

27 불균형 데이터(Imbalanced Data)에 대한 설명으로 옳지 않은 것은?

① 데이터 불균형이란, 어떤 데이터에서 각 클래스(주로 범주형 변수)가 가지고 있는 데이터의 양에 차이가 큰 경우를 의미한다.
② 데이터 타깃의 수가 매우 극소수인 비대칭 데이터세트를 활용하는 경우 분류 및 예측 모델의 정확도, 민감도, 재현율이 높다.
③ 다수 클래스 데이터에서 일부 데이터만 사용하는 다운(또는 언더) 샘플링 방법에서는 유의한 데이터만을 남기는 방식을 이용하며, 데이터의 손실이 크고 때로는 정상 데이터를 잃게 되기도 한다.
④ 소수 클래스 데이터를 증가시키는 오버 샘플링 방법에서는 기준을 정해서 무작위로 소수 데이터를 복제하며, 정보가 손실되지 않는다는 장점이 있으나 여러 유형의 관측치를 다수 추가함으로써 Overfitting을 초래하기도 한다.

28 상관계수에 대한 기본 개념으로 옳은 것은?

① 상관계수의 값을 이용하여 두 변수 간의 비선형 정도를 파악한다.
② 상관계수의 값이 −1이면 음의 상관관계를 가진다고 한다.
③ 상관계수의 값이 0이면 양의 상관관계를 가진다고 한다.
④ 상관계수의 값이 1이면 상관관계가 없다고 한다.

29 아래 그림처럼 우측(오른쪽) 꼬리 분포를 가지는 그래프에 대한 설명으로 옳은 것은?

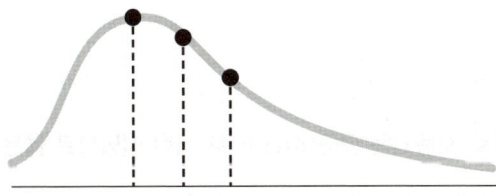

① 왜도(Skewness) > 0, 최빈값(Mode) < 중앙값(Median) < 평균값(Mean)
② 왜도(Skewness) > 0, 최빈값(Mode) > 중앙값(Median) > 평균값(Mean)
③ 왜도(Skewness) < 0, 최빈값(Mode) < 중앙값(Median) < 평균값(Mean)
④ 왜도(Skewness) < 0, 최빈값(Mode) > 중앙값(Median) > 평균값(Mean)

30 기술 통계학에서 주로 사용되는 범위, 중앙값, 최빈값, 평균의 통계량 중 성질이 다른 것은 무엇인가?

① 범위(Range)
② 중앙값(Median)
③ 최빈값(Mode)
④ 평균(Mean)

31 탐색적 데이터 분석과정에서 구한 대푯값들에 대한 설명으로 옳지 않은 것은?

① 중앙값(Median)은 이상치에 민감하며, 데이터 분포가 대칭인 경우 평균보다 더 의미 있는 지표로 활용된다.
② 분산(Variance)은 평균이 포함되어 있어 이상치에 민감하며, 본래 데이터의 속성값과는 다른 단위를 가진다.
③ 분산의 단위를 본래의 척도와 맞춰주기 위해 분산을 제곱근한 값으로 표준편차(Standard Deviation)를 사용한다.
④ 최빈치(Mode)는 이상치에 덜 민감하며, 데이터 분포가 비대칭인 경우 평균보다 더 의미 있는 지표로 활용된다.

32 기술통계에서 주로 사용되는 평균(Mean)에 대한 설명으로 옳은 것은?

① 평균은 이상치에 의해 전혀 영향을 받지 않는다.
② 평균은 데이터가 대칭적으로 분포되어 있는 경우 옳지 않은 정보를 제공한다.
③ 평균과 평균을 측정하기 위해 수집된 데이터 관측값의 단위는 동일하다.
④ 평균은 일반적으로 크기에 따라 차례로 나열했을 때 가운데에 놓이는 값과 동일하다.

33 다음 중 데이터 분석을 위하여 표본조사 방법이 아니라 전수조사를 해야 하는 경우로 가장 옳은 것은?

① 동해안의 고래 수
② 선거에서 후보자 지지율 조사
③ 암환자 중 5년 생존자 수
④ 우주선 부품 조사

34 표본을 추출하는 데 있어서 확률적 근거에 의해서 표집하는 확률표본 추출 방법 중 "집단 내는 이질적이고, 집단 간에는 동질적"인 특징을 나타내는 방법은 무엇인가?

① 군집(집락표본) 추출
② 계통 추출
③ 단순 임의 추출
④ 층화 추출

35 확률변수 X와 Y는 포아송 분포를 따르며, 각각 평균이 $E[X]=4$, $E[Y]=9$이고 서로 독립[즉 $Cov(X, Y)=0$]이다. $a=E[(3X+2Y)/6]$, $b=Var[(3X+2Y)/6]$일 때 a와 b의 값을 구하시오.

① $a=2$, $b=5$
② $a=3$, $b=6$
③ $a=5$, $b=2$
④ $a=6$, $b=3$

36 n개의 표본으로부터 구한 표본평균($\overline{X}$)에 대한 정규분포 근사화와 관련된 설명으로 옳지 않은 것은?

① 모집단의 평균이 μ이고 모분산이 σ^2인 경우 임의로 추출된 n개의 표본으로부터 구한 표본평균($\overline{X}$)의 평균은 모평균과 동일($\mathrm{E}(\overline{X})=\mu$)하다.

② 모집단의 평균이 μ이고 모분산이 σ^2인 경우 임의로 추출된 n개의 표본으로부터 구한 표본평균($\overline{X}$)의 분산은 모분산과 동일($\mathrm{Var}(\overline{X})=\sigma^2$)하다.

③ 모집단의 평균이 μ이고 모분산이 σ^2인 정규모집단의 경우 임의로 추출된 n개의 표본으로부터 구한 표본평균($\overline{X}$)의 표준편차는 $\sigma/\sqrt{n}$($\mathrm{sd}(\overline{X}))=\sigma/\sqrt{n}$이다.

④ 모집단의 분포가 정규분포가 아닌 경우 표본평균($\overline{X}$)의 분포는 모집단의 분포에 따라 다르게 나타나며, 표본의 크기(n)가 큰 경우 $\overline{X}$의 분포는 모집단의 분포와 상관없이 정규분포로 근사화된다.

37 중심극한정리(Central Limit Theorem)에 대한 설명으로 가장 옳은 것은?

① 모집단이 이산형 분포의 경우 표본의 크기가 크더라도 표본평균은 정규분포를 따르지 않는다.

② 여러 모집단에서 뽑은 표본평균도 표본의 크기가 큰 경우 정규분포를 따른다.

③ 모집단의 분포가 정규분포인 경우 표본의 크기가 크더라도 표본평균은 정규분포를 따르지 않는다.

④ 분포의 비대칭도를 나타내는 왜도(Skewness)의 값이 양수나 음수를 가지는 경우에도 표본의 크기가 큰 경우 표본평균은 정규분포를 따른다.

38 다음 중 점추정(Point Estimation)을 위해 사용되는 추정량의 주요 성질(추정량 결정기준)로 적절하지 않은 것은?

① 일치성(Consistency)
② 충분성(Sufficiency)
③ 편의성(Convenience)
④ 효율성(Efficiency)

39 유의수준(Significance Level)에 대한 개념으로 가장 옳은 것은?

① 귀무가설이 거짓인데 이를 채택함으로써 발생하는 오류의 가능성을 설정한 값이다.
② 귀무가설이 참인데 이를 기각함으로써 발생하는 오류의 가능성을 설정한 값이다.
③ 대립가설이 참인데 참인 대립가설을 기각하면서 생기는 오류의 가능성을 설정한 값이다.
④ 유의수준은 제2종 오류의 가능성을 의미한다.

40 다음 중 유의확률(Significance Probability)에 대한 설명으로 옳은 것은?

① 모집단의 부분집합인 표본으로부터 검정에 대한 결론을 내리고 귀무가설을 기각하거나 채택하는 결정을 내리는 데 활용되는 표본의 함수
② 가설 검정에서 가설을 통해 얻어진 검정 통계량이 어떤 범위 내에 들어오면 이 가정을 옳지 않다고 판단하며, 이때의 범위값
③ 대립가설이 맞다고 가정할 때 주어진 검정통계량을 이용하여 대립가설을 기각하면서 생기는 오류값
④ 귀무가설이 맞다고 가정할 때 주어진 검정통계량을 이용하여 구한 최소의 유의수준 값

41 다음 중 회귀분석 수행 시 독립변수들 사이에 강한 상관관계로 인해 발생되는 다중공선성 (Multicollinearity) 문제를 해결하기 위한 방법으로 적절하지 않은 것은?

① 다중공선성 문제를 일으키는 독립(설명) 변수들 중 하나 혹은 일부를 제거한다.
② 릿지(Ridge) 함수를 이용하여 모형의 가중치를 제한하고 다항식 차수를 감소시킨다.
③ 박스칵스(Box-cox) 변환 방법을 이용하여 해결한다.
④ 변수를 변형시키거나 새로운 관측치를 이용한다.

42 아래는 단순회귀분석결과에 대한 모형의 유의성을 검정하기 위해 작성한 분산분석표 (ANOVA ; Analysis of Variance)이다. 다음 설명 중 옳지 않은 것은?

요인	제곱합	자유도	제곱평균	F
회귀	SSR	1	$MSR = \dfrac{SSR}{1}$	$F = \dfrac{MSR}{MSE}$
잔차	SSE	$n-2$	$MSE = \dfrac{SSE}{n-2}$	
총	SST	$n-1$	—	

① ANOVA 표를 이용하여 종속변수의 표본분산을 구할 수 있다.
② 회귀 요인의 제곱합은 종속변수를 회귀식으로 추정하는 경우 설명되는 분산이고 잔차의 제곱합은 회귀식으로 설명되지 않는 분산을 나타낸다.
③ ANOVA 표를 이용하여 독립변수와 종속변수의 선형성, 오차의 정규성, 등분산성, 독립성을 검정할 수 있다.
④ F통계량 값을 이용하여 유의확률(p-value = P[F > MSR/MSE])을 구하고 유의확률 값이 유의수준(α)보다 작으면 회귀식이 유의하다고 판정한다.

43 분류하고자 하는 목표변수가 이산형인 경우 의사결정나무 분석모형 적용 시 사용되는 검정 방법으로 옳지 않은 것은?

① $F-$ 통계량 이용($F-$ 검정)
② 엔트로피 지수 이용
③ 지니 지수 이용
④ 카이제곱 통계량 이용(카이제곱 검정)

44 아래 그림의 인공신경망에서 활성화 함수의 출력결과 중 Y3의 값을 구하시오. [단, Output Y=(Y1, Y2, Y3)의 값은 Input X=(X1, X2)과 Weight W=((1,2,7),(4,5,6))의 행렬곱으로 구해진다]

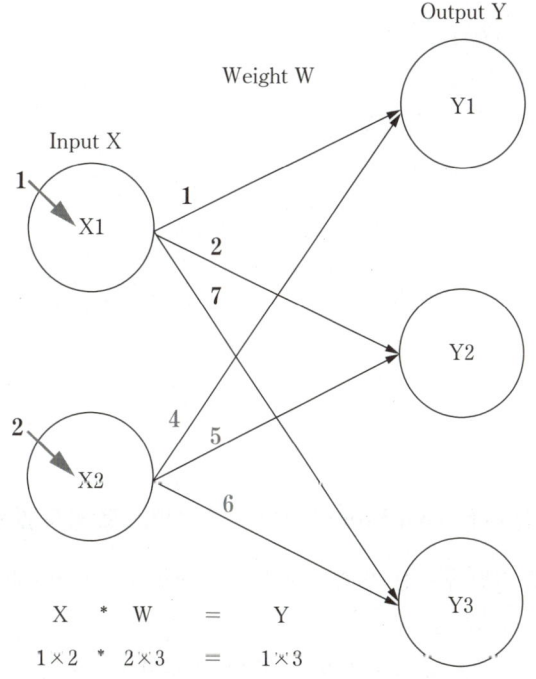

① 7
② 12
③ 13
④ 19

45 인공신경망(Artificial Neural Network)에서 사용자가 직접 지정하여 사용하는 하이퍼파라미터(Hyperparameter, 초매개변수)에 해당하는 것은?

① 가중치(Weights)
② 목표변수 결괏값(Target Values)
③ 편향(Bias)
④ 학습률(Learning Rate)

46 다음 중 커널 함수(Kernel Function)에 대한 설명으로 옳지 않은 것은?

① 수학적으로 커널 함수는 원점을 중심으로 대칭이면서 적분값이 1인 Non-negative 함수이다.
② 홀드아웃과 다중교차 등 교차검증 기법에서 훈련용 데이터세트 분류에 주로 사용된다.
③ 비모수적 추정에서 커널 밀도 추정을 위하여 커널 함수를 사용하며, 이 경우 관측된 데이터마다 해당 데이터 값을 중심으로 커널 함수를 반복 생성하는 방법을 이용한다.
④ SVM 분류를 위하여 저차원 공간에서 선형 분리가 안 되는 데이터들을 고차원 공간에 매핑시켜서 선형분리되도록 하기 위하여 매핑함수의 내적으로 커널 함수가 사용된다.

47 서로 다른 분류에 속한 데이터들 사이의 간격(Margin)이 최대화되는 평면을 찾아 이를 기준으로 분류 결과를 제시하는 서포트벡터머신(SVM ; Support Vector Machine) 기법 중 RBF(Radial Basis Function) 커널 트릭 기법에 대한 설명으로 옳지 않은 것은?

① 비용, 감마 두 가지 매개변수를 사용하는 가우시안 RBF 커널 기법에서는 경험적 방법인 Grid Search 알고리즘으로 적정한 매개변수 값을 찾는다.
② 비용, 감마 두 가지 매개변수를 사용하는 가우시안 RBF 커널 기법에서는 비용 매개변수 값이 증가할수록, 감마 매개변수 값이 감소할수록 과대적합(Overfitting)의 위험이 있다.
③ 비용, 감마 두 가지 매개변수를 사용하는 가우시안 RBF 커널 기법에서는 매개변수의 값이 증가할수록 알고리즘의 복잡도는 증가한다.
④ 비용, 감마 두 가지 매개변수를 사용하는 가우시안 RBF 커널 기법에서 비용 매개변수는 데이터 샘플들이 다른 클래스에 놓이는 것을 허용하는 정도를 결정하고, 감마는 결정 경계의 곡률을 결정한다.

48 시계열 데이터에서 시차 값(Lagged Value) 사이의 선형관계를 측정하기 위해 사용되는 값은 무엇인가?

① 데이터 차분(Data Differencing)
② 데이터 편중(Data Bias)
③ 백색잡음(White Noise)
④ 자기상관(Autocorrelation)

49 시계열 자료를 분석하기 위해 사용되는 자기회귀 누적이동평균모형(ARIMA ; Autoregressive Integrated Moving Average)에 대한 설명으로 옳지 않은 것은?

① ARIMA(p, d, q)에서 p는 자기회귀부분의 차수, d는 1차 차분이 포함된 정도, q는 이동평균 부분의 차수를 의미한다.
② ARIMA(p, d, q)에서 d=0이 되면 정상성을 만족하지 못하게 되어 ARMA(p, q) 모형을 적용할 수 없다.
③ ARIMA(p, d, q)에서 d는 ARIMA 모형으로 정상화(자료 변동이 시간에 따라 일정)할 때 몇 번 차분했는지를 의미한다.
④ ARIMA(p, d, q)에서 p는 AR(Autoregressive) 모형과 관련되고 q는 MA(Moving Average) 모형과 관련된다.

50 다음 각 설명에 대한 연결로 옳은 것은?

(가)	• 합성곱 연산 이용 • Feature Map을 이용한 학습 • 로봇 이미지 인식, 컴퓨터 비전, 영상분석 및 인식
(나)	• 노드 간 연결이 순환 구조를 가짐 • 주가예측 등 순차적 데이터 처리 분야 활용 • 필기체 텍스트, 음성, 언어 번역
(다)	• 제로섬 게임 틀 내에서 서로 경쟁하는 신경망 활용 • 가짜 생성 모델에 대한 진위 여부 판별 모델의 경쟁 • 컴퓨터 게임, 패션, 광고
(라)	• 행동심리학에서 영감을 받음 • 마코프 프로세스 결정 모델 활용 • 게임, 제어, 정보 이론, 다중 에이전트 시스템

① (나) RNN, (다) 강화 학습
② (나) RNN, (다) DBN
③ (가) CNN, (라) Markov Decision Process
④ (가) CNN, (라) 강화 학습

51 딥러닝에서 사용되는 심층신뢰신경망(DBN ; Deep Belief Network)에 대한 설명으로 옳은 것은?

① 데이터를 학습시키기 위해 레이블이 있는 데이터들에 대한 지도 학습 방법을 이용한다.
② 입력된 데이터의 가중합을 출력 신호로 변환하기 위해 주로 비선형 활성화 함수를 사용한다.
③ 입력 집합에 대한 확률 분포를 학습시키는 신경망 구조인 RBM(Restricted Boltzmann Machine) 구조를 전혀 사용하지 않는다.
④ 학습 데이터가 충분해야 하며, 제한된 Gradient Descent Vanishing 문제가 여전히 해결되지 않는 구조를 제공한다.

52 딥러닝에서 사용되는 소프트맥스(Softmax) 활성화 함수에 대한 설명으로 옳지 않은 것은?

① Softmax 함수는 세 개 이상으로 분류하는 다중 클래스 분류에서 주로 사용된다.
② 입력값들의 차이가 작은 경우 출력값들이 잘 구별되지 않으며, 출력값들의 분산은 1이다.
③ 분류될 클래스가 n개일 때, n차원의 벡터를 입력받아, 각 클래스에 속할 확률을 추정한다.
④ 각 클래스에 대한 예측 결과를 정규화하여 확률값으로 표현해 주며 확률(Weights의 평균)의 총합=1이다.

53 다음 중 인공신경망에서 사용되는 활성화 함수(Activation Function)에 대한 설명으로 옳은 것은?

① 시그모이드 활성화 함수에서 사용되는 정의역은 정수로 제한되어 있다.
② 시그모이드 함수를 사용하면 Gradient Vanishing(기울기 손실) 현상이 발생하지 않는다.
③ 활성화 함수로 선형함수를 사용하는 경우 은닉층이 없는 네트워크로 표현이 가능하여 인공신경망 사용 시 층을 깊게 하는 의미가 줄어든다.
④ 은닉층의 수가 많아지면 매개 변수의 수가 늘어나서 필요한 연산의 수가 증가한다.

54 다음에 해당되는 인공신경망의 활성화 함수로 옳은 것은?

> • 유한한 구간 (a, b) 사이의 한정된 값을 반환하고, a와 b는 주로 0과 1을 사용한다.
> • 정의역은 실수 전체 집합이며 S자 곡선 형태이다.
> • 정의역의 절댓값이 클수록 미분값=0으로 수렴한다.
> • 가중치가 업데이트되지 않고 소실되는 기울기 손실 현상이 발생될 수 있다.

① ELU(Exponential Linear Unit)
② ReLU(Rectified Linear Unit)
③ 하이퍼볼릭 탄젠트(Hyperbolic Tangent)
④ 시그모이드(Sigmoid)

55 딥러닝 분석을 위한 심층신경망 구조에서 비용함수를 최소화하기 위해 사용되는 경사하강법(Gradient Descent)이 아닌 것은?

① AdaBoost
② Adam
③ Nesterov Accelerated Gradient
④ RMSProp

56 사회연결망 분석(Social Network Analysis)에서 사용되는 중심성(Centrality) 척도 평가에 대한 설명으로 옳지 않은 것은?

① 연결정도(Degree)는 노드 간의 총 연결관계 개수를 의미하여, 한 노드가 몇 개의 노드와 연결되어 있는지를 나타낸다.
② 밀도(Density)는 네트워크 내에 존재하는 최대 가능한 관계 대비 실제 형성된 관계의 개수 비율로 계산하며, 한 노드가 얼마나 많은 노드들과 관계를 맺고 있는지를 파악할 수 있다.
③ 중요한 노드와 많이 연결된 노드를 더 중요한 노드로 평가하기 위하여 고윳값을 구하고 가장 큰 고윳값을 가지는 아이겐벡터를 구하는 방법을 관계 중심성 평가라 한다.
④ 한 노드에 연결된 모든 Edge의 개수로 중심성을 평가하고 노드에 연결된 Edge의 수가 가장 많은 노드를 중심성이 높은 노드로 평가하는 방법을 연결 중심성 평가라 한다.

57 여러 분류 모형에 의한 결과를 종합하여 분류의 정확도를 높이기 위해 앙상블 분석(Ensemble Analysis)이 사용된다. 앙상블 분석모형을 설계하기 위한 학습법 중 가중치를 이용하여 약 분류기를 강 분류기로 만드는 방법은 무엇인가?

① Boosting
② Bagging
③ Random Forest
④ Bootstrap Aggregation

58 다음 사례에 적합한 비모수 검정 방법은 무엇인가?

- 우리나라 대학생의 IQ 중앙값은 115이다.
- P대학 학생의 IQ 중앙값이 115 이상이라고 주장한다.
- 이 주장이 옳은지를 확인하기 위해 임의로 P대학 학생 20명을 추출하여 IQ를 조사하였다.
- 유의수준 $\alpha=0.05$에서 비모수 검정 방법을 이용하여 검정하고자 한다.

① Kolmogorov-Smirnov 검정
② 런 검정(Run Test)
③ 부호 검정(Sign Test)
④ 대응표본 t-검정(Paired T-test)

59 다음 중 모집단이 정규 분포로 가정할 수 없는 경우 비모수 대응 표본에 대한 검정(짝을 이룬 표본 검정) 방법으로 적절한 것은?

① 윌콕슨 부호순위 검정(Wilcoxon Signed Rank Test)
② 런 검정(Run Test)
③ 부호 검정(Sign Test)
④ 대응표본 t−검정(Paired T−test)

60 다음은 혈압 치료약(A, B, C, D)에 대한 5명 의사들의 선호도를 서열로 나타낸 자료이다. 이 자료에 대한 Friedman(프리드만) 검정 결과, 카이제곱 검정통계량=6.36, 자유도=3, (근사) 유의확률=0.095 값을 구하였다. 이에 대한 해석 결과로 바람직하지 않은 것은?

의사	치료약 A	치료약 B	치료약 C	치료약 D
1	1	2	4	3
2	2	1	3	4
3	1	3	4	2
4	1	3	2	4
5	2	3	4	1
평균 순위	1.4	2.4	3.4	2.8

① 프리드만 검정에서는 순위의 합을 계산하여 변수들 간의 평균 순위에 차이가 있는지의 여부를 검정한다.
② 유의수준 5%에서 귀무가설을 기각할 수 없으므로 4가지 혈압 치료약에 대한 평가 결과, 의사들의 선호도 차이가 있다고 할 수 있다.
③ 검정통계량(카이제곱)으로 구한 유의확률 값(0.095)이 유의수준(0.05)보다 커서 귀무가설을 기각할 수 없다.
④ 프리드만 검정을 위하여 대립가설로 "4개 혈압 치료약에 대한 의사들의 평균 선호도(순위)에 차이가 있다"로 설정한다.

61 이진분류기[(참, 거짓), (양성, 음성), (남성, 여성) 등]의 성능을 평가하기 위해 혼동행렬(Confusion Matrix)을 사용한다. 다음 중 혼동행렬을 이용하여 평가하는 성능 지표로서 바람직하지 않은 것은?

① 오분류율(Error Rate)
② 정밀도(Precision)
③ 정분류율(Accuracy)
④ Mean Absolute Error(*MAE*)

62 다음은 머신러닝의 성능을 평가하기 위해 작성된 혼동행렬(Confusion Matrix) 표이다. 부정(Negative)인 범주 중 부정으로 올바르게 예측한 비율[TN/(TN+FP)]을 무엇이라고 하는가?

구 분		예측 범주 값	
		Yes(참)	No(거짓)
실제 범주 값	Yes(참)	O(TP ; True Positive)	X(FN ; False Negative)
	No(거짓)	X(FP ; False Positive)	O(TN ; True Negative)

① 정확도(Accuracy)
② 민감도(Sensitivity)
③ 특이도(Specificity)
④ 정밀도(Precision)

63 다음은 머신러닝의 성능을 평가하기 위해 작성된 혼동행렬(Confusion Matrix) 표이다. 긍정(Positive)인 범주 중 긍정으로 올바르게 예측(True Positive)한 비율[TP/(TP+FN)]을 무엇이라고 하는가?

구 분		예측 범주 값	
		Yes(참)	No(거짓)
실제 범주 값	Yes(참)	O(TP ; True Positive)	X(FN ; False Negative)
	No(거짓)	X(FP ; False Positive)	O(TN ; True Negative)

① 정확도(Accuracy)
② 재현율(Recall)
③ 특이도(Specificity)
④ 정밀도(Precision)

64 다음은 혼동행렬(Confusion Matrix) 표이다. 민감도(Sensitivity)와 정밀도(Precision) 값으로 옳은 것은?

구 분		실제 범주 값	
		Yes(참)	No(거짓)
예측 범주 값	Yes(참)	O(TP ; True Positive), TP=12	X(FN ; False Negative), FP=6
	No(거짓)	X(FP ; False Positive), FN=3	O(TN ; True Negative), TN=15

① 민감도=2/7, 정밀도=5/7
② 민감도=5/7, 정밀도=2/7
③ 민감도=2/3, 정밀도=4/5
④ 민감도=4/5, 정밀도=2/3

65 아래 ROC(Receiver Operating Characteristic) 곡선과 AUC(Area under the Curve)에 대한 설명으로 옳지 않은 것은?

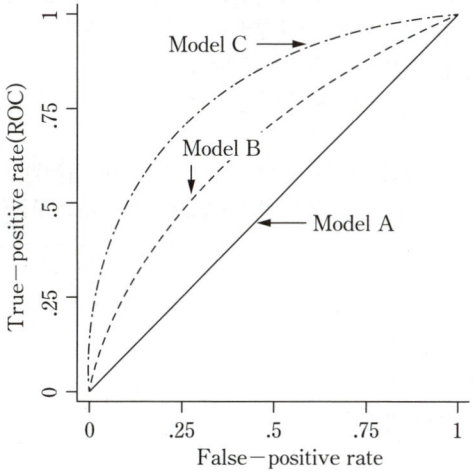

① 기준선에 있는 Model A의 성능이 가장 우수하다.
② Model C의 성능은 Model B보다 우수하다.
③ Model B의 AUC 값은 Model A의 AUC 값보다 크다.
④ Model C에 대한 AUC 값이 가장 크다.

66 데이터 예측 모형의 예측오차($y_i - \widehat{y_i}$)를 구하기 위한 방법으로서 평균절대백분오차비율(*MAPE*; Mean Absolute Percentage Error)을 구하는 식으로 옳은 것은?

① $\frac{1}{n}\sum |y_i - \widehat{y_i}|$

② $\frac{1}{n}\sum \left| \frac{y_i - \widehat{y_i}}{y_i} \right|$

③ $\frac{1}{n}\sum (y_i - \widehat{y_i})^2$

④ $\sqrt{\frac{1}{n}\sum |y_i - \widehat{y_i}|}$

67 다음 설명에 해당되는 교차검증 기법은 무엇인가?

- 주어진 데이터세트를 서로 겹치지 않게(Random하게) 두 분류로 분리한다.
- 하나는 모형의 학습 및 구축을 위한 훈련용 데이터로 사용한다.
- 다른 하나는 성과평가를 위한 검증용 데이터로 사용한다.
- 훈련 데이터세트를 이용하여 분석모형을 구축하고 검증용 데이터세트로 분석모형의 성능을 평가한다.
- 훈련집합과 검증 집합의 비율은 50 : 50, 70 : 30 등으로 결정한다.
- 검증용 데이터의 결과는 분류분석모형에는 영향을 주지 않고 모형의 성과 측정만을 위해 사용한다.

① 다중교차(K-fold)
② 홀드아웃(Hold-out)
③ K-means 교차 검증
④ K-medoids 교차 검증

68 다음 중 학습 데이터 기반의 교차 검증 방법을 이용한 데이터 분석모형 개발 시 옳지 않은 것은?

① 홀드아웃 교차 검증 방법에서는 데이터세트를 훈련집합, 테스트 집합으로 나누는 경우 이를 무작위로 구분하여 분류한다.
② 홀드아웃 방법과 달리, 다중교차 방법에서는 모든 데이터세트를 훈련 데이터와 테스트 데이터로 사용하므로 분석모형의 평가 결과가 비교적 편향되지 않는다.
③ 훈련, 테스트, 검증 데이터세트로 구분한 경우 훈련 데이터세트를 이용하여 분석모형을 구축하게 된다.
④ 일반적으로 테스트 데이터(Testing Set)와 검증 데이터(Validation Set)는 같아도 무방하다.

69 모집단의 분포에 대한 가정이 옳은지를 실제 관측된 자료(O_i)와 확률분포로부터 구한 기대도수(E_i)를 토대로 수행하는 적합도 검정에서의 카이제곱 검정통계량(x^2)으로 옳은 것은?

① $\frac{1}{k}\sum |O_i - E_i|$

② $\frac{1}{k}\sum \left|\frac{O_i - E_i}{E_i}\right|$

③ $\frac{1}{k}\sum \frac{(O_i - E_i)^2}{E_i}$

④ $\sum (O_i - E_i)^2$

70 인공신경망 분석 시 과적합을 막기 위해 사용되는 방법으로 옳지 않은 것은?

① 가중치 조절하기
② 신경망 노드 중 일부를 사용하지 않기
③ 은닉층 노드 수 줄이기
④ 학습률 줄이기

71 다음 중 시계열 자료의 주요 성분(패턴)으로 옳지 않은 것은?

① 규칙(Rules)
② 계절성(Seasonality)
③ 주기성(Cycle)
④ 추세(Trend)

72 아래와 같은 거래 데이터세트(Data Set)가 주어졌을 때 연관규칙 '오렌지, 사과 ⇒ 자몽'의 지지도와 신뢰도는 각각 얼마인가?

{오렌지, 사과, 자몽},
{수박, 레몬},
{오렌지, 사과, 레몬, 자몽},
{딸기, 수박, 사과, 레몬},
{딸기, 수박, 레몬, 자몽},
{오렌지, 사과}

① 지지도=50%, 신뢰도=66%
② 지지도=50%, 신뢰도=50%
③ 지지도=33%, 신뢰도=66%
④ 지지도=33%, 신뢰도=50%

73 로지스틱 회귀분석(Logistic Regression Analysis)에 대한 설명으로 옳지 않은 것은?

① 이항형과 다항형으로 나누고 이항형인 경우 두 개의 카테고리로 나눈다.
② 입력 데이터가 주어지면 해당 데이터의 분석결과 특정 분류로 나누어지는 분류 기법에 적용할 수 있다.
③ 종속변수가 두 개의 카테고리로 나누어져 있는 경우 조건부 확률은 이항분포를 따른다.
④ 종속변수가 정규분포를 따르는 경우 적용한다.

74 다음 설명에 해당되는 데이터 분석 방법은 무엇인가?

> (가) 뉴턴의 관성의 법칙에 따르면 관성은 물체의 질량(무게)에 정비례한다. 물체의 질량에 따른 관성을 예측하고자 한다. 그리고 가속도의 법칙은 F=ma이다. 여기서 F : 힘(물체에 변화를 일으키는 요인), m : 질량(물체의 무게), a : 가속도(물체가 겪게 되는 변화 또는 속도의 변화)를 나타낸다. 즉 물체에 가해지는 힘이 동일할 경우(질량이 클수록) 가속도는 작고, 가속도가 클수록 질량도 작다는 의미를 포함한다. 동일한 힘(F)을 얻기 위해 질량(m)에 따른 가속도(a)의 값을 예측하고자 한다.
> (나) 고객이 제품을 구매할지 여부를 확인하고 싶다. 이를 위해 회귀분석을 실행하고 종속변수는 이진변수(1은 예, 0은 아니오)를 사용한다. 이처럼 독립변수에 따른 종속변수(이진변수)를 추정하기 위해 사용되며, 주로 시그모이드(Sigmoid) 함수를 사용한다.

① (가) 로지스틱 회귀분석,　(나) 선형 회귀분석
② (가) 선형 회귀분석,　　(나) 로지스틱 회귀분석
③ (가) 선형 회귀분석,　　(나) 시그모이드 회귀분석
④ (가) 시그모이드 회귀분석, (나) 선형 회귀분석

75 빅데이터 서비스(또는 비즈니스) 모델의 활용 효과로 보기 힘든 것은?

① 공공분야 도입 시 재난 예방과 함께 다양한 분야에서의 사회적 기회 창출이 가능하다.
② 빅데이터 서비스를 이용함으로써 재택근무가 점차적으로 감소된다.
③ 사회경제적 가치 측면에서 자동화된 알고리즘의 사용으로 의사결정 자동화 및 비즈니스 혁신이 가능하다.
④ 정교한 의사결정을 돕는 데이터 패턴 파악, 미래예측을 통한 효익 창출 등으로 수익증대가 가능하다.

76 데이터 분석결과의 시각화에 대한 설명으로 가장 옳지 않은 것은?

① 보통 데이터 분석결과의 시각화를 위해 새로운 지표를 생성하여 사용하지 않아도 된다.
② 최근 시각화 기술로는 사용자와의 상호작용 조작이 가능하도록 데이터를 변경하거나 새로운 조작 기능을 추가함으로써 인터랙션 기능을 적용하고 있다.
③ 최근에는 방대한 양의 정보를 하나의 인사이트로 도출해 내기 위하여 다양한 시각화 도구들이 이용되고 있다.
④ 데이터 시각화는 구조화, 시각화, 시각표현의 단계로 수행되며, 구조화 단계에서 데이터 분석결과를 이용하는 사용자에 따른 시나리오 작성 및 스토리 구성 작업이 필요하다.

77 다음 중 데이터 분석결과의 시각화 기법으로 적절하지 않은 것은?

① 레이더 차트(Radar Chart)
② 원-핫 인코딩(One-hot Encoding)
③ 체르노프 페이스(Chernoff Face)
④ 히트맵(Heat Map)

78 다음 중 관계 시각화 기술로 옳은 것은?

① 히트맵(Heat Map)
② 파이 차트(Pie Chart)
③ 체르노프 페이스(Chernoff Face)
④ 버블 차트(Bubble Chart)

79 다음 시각화 기술에 대한 설명으로 옳은 것은?

> • 서로 다른 변수들 사이의 존재하는 변수들 사이의 연관성 표현
> • 교통사고 발생 건수와 부상자 수 사이의 관련성 표현
> • 스캐터 플롯, 행렬, 버블 차트 활용

① 관계 시각화
② 분포 시각화
③ 비교 시각화
④ 시공간 시각화

80 지도의 크기에 따라 특정 통계 정보를 기반으로 작성되며, 지도의 면적을 왜곡하여 그림을 표현하는 시각화 기술(지도에 의한 비교 통계도)은 무엇인가?

① Cartogram(카토그램)
② Heat Map(히트맵)
③ Point Map(포인트 맵)
④ Star Chart(스타 차트)

2022년 제4회 기출복원문제

- 제1과목 빅데이터 분석 기획
- 제2과목 빅데이터 탐색
- 제3과목 빅데이터 모델링
- 제4과목 빅데이터 결과 해석

01 IT 자문기관인 가트너(Gartner)에서 설명하고 있는 빅데이터의 특징 3V에 해당되지 않는 것은?

① Value(가치)
② Volume(규모)
③ Velocity(속도)
④ Variety(다양성)

02 1ZB(Zetta Byte)의 클라우드 스토리지에 저장할 수 있는 ASCII(아스키코드)의 크기(Byte)는 얼마인가? [단, ASCII는 미국정보교환표준부호(American Standard Code for Information Interchange)로서 하나의 ASCII 코드는 1Byte라고 가정한다]

① 2의 10승 Byte
② 2의 30승 Byte
③ 2의 50승 Byte
④ 2의 70승 Byte

03 다음 중 데이터 3법이 아닌 것은?

① 개인정보 보호법
② 정보통신산업 진흥법
③ 정보통신망 이용촉진 및 정보보호 등에 관한 법률
④ 신용정보의 이용 및 보호에 관한 법률

04 인공지능에 대한 설명으로 가장 옳지 않은 것은?

① 약 인공지능(Narrow AI)은 자의식이 없는 AI로 영상, 음성, 자연어 인식 등 특정 영역에만 활용이 가능하며, 다른 분야에 관해서는 새로운 학습이 필요하다.
② 강 인공지능(General AI)은 사람과 똑같이 스스로 학습하여 행동하는 것을 의미하며, 자의식이 있다.
③ 초 인공지능(Super AI)에서는 특이점을 넘어 스스로 자신보다 더 똑똑한 AI를 만들어 지능이 무한히 높은 존재가 출현하게 된다.
④ 훌륭한 알고리즘을 보유하였다면 학습을 생략해도 된다.

05 다음 ( ) 안에 들어갈 말로 옳은 것은?

> 머신러닝에서는 일반적으로 목적변수(종속변수) 존재 여부 등에 따라, 지도 학습 및 비지도 학습으로 분류된다. 비지도 학습은 라벨링(혹은 출력값)이 사전에 (A), 비지도 학습에 대한 대표적인 데이터 분석모형의 예시로 (B)을(를) 들 수 있다.

	A	B
①	알려지지 않고	군집분석
②	알려지고	군집분석
③	알려지지 않고	로지스틱 회귀분석
④	알려지고	로지스틱 회귀분석

06 다음 중 개인정보를 수집하고 수집 목적의 범위에서 이용할 수 있는 경우로 옳지 않은 것은?

① 정보주체의 동의를 받은 경우
② 공공기관이 법령 등에서 정하는 소관 업무의 수행을 위하여 불가피한 경우
③ 개인의 편의를 높이기 위한 경우
④ 법률에 특별한 규정이 있거나 법령상 의무를 준수하기 위하여 불가피한 경우

07 빅데이터 분석 로드맵 작성 시 우선적으로 고려해야 할 사항이 아닌 것은?

① 비즈니스 성과 및 ROI(Return on Investment)
② 데이터 분석의 시급성
③ 데이터 분석 기술의 용이성
④ 데이터 분석모형 적용을 위한 데이터 탐색 및 준비

08 공공데이터 포털(www.data.go.kr)에서 제공하는 데이터(또는 파일) 형식이 아닌 것은?

① SQL
② JSON
③ XML
④ CSV

09 빅데이터 분석 기획 단계에서의 작업 수행 절차로 옳은 것은?

① 프로젝트 정의 → 비즈니스 이해 및 범위 설정 → 프로젝트 위험계획 수립 → 프로젝트 수행계획 수립
② 프로젝트 정의 → 비즈니스 이해 및 범위 설정 → 프로젝트 수행계획 수립 → 프로젝트 위험계획 수립
③ 비즈니스 이해 및 범위 설정 → 프로젝트 정의 → 프로젝트 수행계획 수립 → 프로젝트 위험계획 수립
④ 비즈니스 이해 및 범위 설정 → 프로젝트 정의 → 프로젝트 위험계획 수립 → 프로젝트 수행계획 수립

10 시스템의 전방에 위치하여 백엔드(Back-end) 서비스 또는 데이터와 접속하고 클라이언트로부터 다양한 서비스를 처리한 후, 처리 결과를 내부 시스템으로 전달하는 미들웨어(Middleware)는 무엇인가?

① Database
② API Gateway
③ PaaS(Platform as a Service)
④ Enterprise Service Bus(ESB)

11 다음 중 정형 데이터와 비정형 데이터에 대한 설명으로 옳은 것은?

① 이미지, 동영상 등은 대표적인 정형 데이터에 속한다.
② RDBMS의 Table, Spreadsheet 등은 대표적인 비정형 데이터이다.
③ 형태소(形態素, Morpheme)란 정형 데이터 분석에서 사용되는 단위이다.
④ 비정형 데이터는 정형(또는 반정형) 데이터로 변환하는 전처리 과정을 거친 후 데이터 분석에 사용된다.

12 개인정보 비식별화 방법에 대한 설명으로 옳지 않은 것은?

① 총계처리(Aggregation) — 데이터의 총합 값으로 처리하여 개별 데이터의 값을 보이지 않도록 함
② 데이터 마스킹(Data Masking) — 개인 식별에 중요한 데이터 값 삭제
③ 가명처리(Pseudonymization) — 개인 식별에 중요한 데이터를 식별할 수 없는 다른 값으로 변경
④ 범주화(Suppression) — 데이터 값을 범주의 값으로 변환하여 값을 변경

13 다음 설명에 해당하는 데이터 비식별화 방법은 무엇인가?

> 각각의 데이터 블록이 적어도 1개의 다양한 민감 정보를 가지고 있어야 한다. 여기서 블록은 데이터에서 민감하지 않은 속성값들이 통계적으로 동일한 Record 집합을 의미한다.

① 가명 처리(가명화)
② K-익명성
③ 데이터 차등 변환
④ L-다양성

14 다음 특징을 가지는 데이터 비식별화 기술은 무엇인가?

> - 데이터에 수학적인 노이즈 데이터 추가
> - 개인정보에 임의의 숫자 등 잡음 추가(더하기 또는 곱하기)
> - 개인의 정보가 포함되어 있는지에 관계 없이 주어진 알고리즘의 출력값 이용
> - 개인이 특정 데이터세트에 속하는지 알기 어려움
> - 노이즈가 추가되어 데이터의 유용성이 줄어들 수 있음

① 개인정보 차등 보호
② 데이터 마스킹
③ 데이터 범주화
④ 데이터 K-익명성

15 다음 중 고품질 데이터의 특성으로 가장 적절하지 않은 것은?

① 불편의성(Unbiasedness)
② 정확성(Accuracy)
③ 적시성(Timeliness)
④ 일관성(Consistency)

16 다음 중 데이터 저장소가 아닌 것은?

① Data Dam
② Data Lake
③ Data Mining
④ Data Warehouse

17 다음 중 분산 파일 시스템(Distributed File System)에 대한 설명으로 옳은 것은?

① 다수의 사용자를 위한 서비스 제공을 위해 모든 컴퓨팅 자원을 단일 Server에 배치하는 시스템
② 네트워크를 통해 물리적으로 다른 위치에 있는 여러 컴퓨터에 자료를 분산, 저장하여 마치 Local System에서 사용하는 것처럼 동작하게 하는 시스템
③ 특정 사용자가 접속을 시도했을 때 처음 접속된 Server로 계속해서 접속되도록 트래픽을 처리하는 시스템
④ 파일 접근 방식에서 응용 프로그램과 데이터 간의 의존관계가 존재하여 데이터 구조, 접근 방법이 변경되면 기존의 프로그램과 데이터를 함께 변경하여 사용하는 시스템

18 다음 중 빅데이터 저장 기술에 해당되는 것은?

① 맵리듀스(MapReduce)
② 데이터 직렬화(Data Serialization)
③ 데이터 가시화(Data Visualization)
④ NoSQL(Not only SQL)

19 데이터 처리 및 분석을 위한 하둡파일시스템(HDFS ; Hadoop File System)에 대한 설명으로 옳은 것은?

① Data node에서의 블록 데이터 복제 횟수는 Data Node 내부에서 결정된다.
② ETL(Extract, Transform, Load), NTFS(Network Technology File System)가 상위 프로그램이다.
③ GFS(Google File System)와 동일한 특징을 가진다.
④ Name Node에 일정한 크기로 나눈 블록 데이터를 저장한다.

20 다음 중 인메모리(In-memory) 기반의 데이터 처리와 관련된 오픈소스 프로젝트는 무엇인가?

① 하이브(Hive)
② 피그(Pig)
③ 아파치 스파크(Apache Spark)
④ 맵리듀스(MapReduce)

21 다음 중 이상값을 찾는 방법이 아닌 것은?

① 박스 플롯과 스캐터 플롯 등에서 멀리 떨어진 값
② 정규 분포에서 평균으로부터 좌우로 표준편차의 3배 이상 떨어진 값
③ 도메인 지식에서 이론적 혹은 물리적으로 맞지 않는 값
④ 가설 검정의 노이즈 값

22 박스플롯(Box-Plot)에서 제3사분위수(Q3)보다 작은 값을 가지는 것은?

① 중앙값
② 최댓값
③ 하위 80%에 해당되는 값
④ 제4사분위수

23 다음과 같은 네 개의 변수(X1, X2, X3, X4)에 대한 박스플롯(Box-Plot)의 설명으로 가장 적절하지 않은 것은?

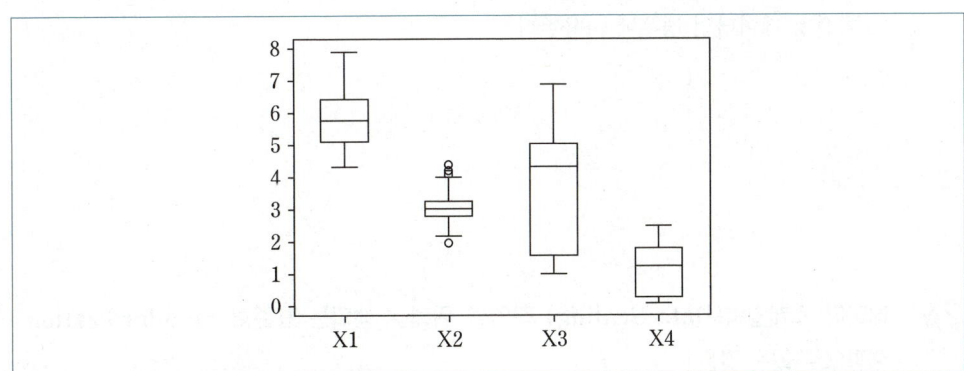

① X2의 변수에 이상값이 존재한다.
② X2의 분산은 X3보다 작다.
③ X3의 평균은 4에 가깝다.
④ X1의 제1사분위수는 5에 가깝다.

24 회귀분석모형의 최적화(관측값 x_{ij}, 예측값 y_j)를 위하여 아래와 같이 추정계수(β_i)의 제곱합을 최소로 하는 제약조건을 이용하는 기법을 무엇이라고 하는가? (단, 식에서 λ는 사전에 주어지는 하이퍼 파라미터이다)

$$\hat{\beta} = \arg\min_{\beta} \left[\sum_{j=1}^{t} (y_j - \sum_{i=0}^{k} \beta_i x_{ij})^2 + \lambda \sum_{i=0}^{k} \beta_i^2 \right]$$

① LASSO Regression(라쏘 회귀)
② ElasticNet Regression(엘라스틱넷 회귀)
③ Partial Least Squares Regression(부분 최소제곱법 회귀)
④ Ridge Regression(릿지 회귀)

25 차원축소를 위해 보편적으로 사용되는 주성분 분석(Principal Component Analysis)에 대한 설명으로 가장 옳지 않은 것은?

① 변수들의 선형 결합으로 새로운 변수를 만든다.
② 분석결과를 직관적으로 이해할 수 있다.
③ 변수들의 상관관계를 이용하여 기존 변수들을 분산이 큰 변수들로 데이터를 표현한다.
④ 이산형 데이터의 경우에 사용한다.

26 데이터 스케일링(Data Scaling) 작업을 위해 수행되는 표준화(Standardization)에 대한 설명으로 옳은 것은?

① 표준화의 최댓값은 1이다.
② 표준화의 표준편차는 0이다.
③ 정규분포를 표준화하면 표준정규분포가 된다.
④ 표준화는 각 요소에서 평균을 뺀 값에 분산을 나누어 구한다.

27 데이터 전처리 과정 중 하나로 데이터 표준화와 함께 사용되며, 입력된 값들을 모두 0과 1 사이의 값으로 변환하는 작업을 무엇이라고 하는가?

① 데이터 분할(Data Partition)
② 데이터 정규화(Data Normalization)
③ 데이터 최적화(Data Optimization)
④ 데이터 축소(Data Reduction)

28 사육한 지 한 달째 되는 실험용 쥐의 무게는 평균(μ)이 150g, 표준편차(σ)가 6g인 정규분포를 따른다. 36개의 표본을 추출하여 무게를 측정하고자 할 때, 표본평균의 분포는 무엇인가?

① N(0, 1)
② N(150, 1)
③ N(150, 0)
④ N(0, 1/150)

29 탐색적 데이터 분석(EDA ; Exploratory Data Analysis) 기법을 이용한 데이터 탐색에 대한 설명으로 가장 적절하지 않은 것은?

① 수집된 빅데이터의 전체적인 분포를 검토한다.
② 데이터 탐색 시 데이터 분석을 위한 잠재적 문제를 발견하는 과정이 포함된다.
③ 데이터 탐색 과정에서 가능한 한 분석결과를 도출한다.
④ 데이터 탐색 과정에서 분석대상 데이터의 패턴을 찾는 과정이 포함된다.

30 상관관계 분석결과에 대한 설명으로 가장 적절하지 않은 것은?

① 두 변수의 직선화 정도를 파악하기 위해 사용되는 상관계수(Correlation Coefficient)는 −1에서 1까지의 값을 가진다.
② 상관계수는 결정계수(Coefficient of Determination)의 제곱이다.
③ 상관계수가 0에 가까우면 두 변수 사이의 선형적 관계가 낮다고 본다.
④ 두 변수 사이의 관계를 알아보기 위해 산점도(Scatter Plot)를 이용하며, 시각적으로 관계를 확인할 수 있다.

31 대푯값으로 사용되는 기초 통계량에 대한 설명으로 옳지 않은 것은?

① 평균은 중앙값보다 이상값에 영향을 더 적게 받는다.
② 사분위수 범위는 3사분위에서 1사분위수를 뺀 값(Q3−Q1)으로 전체 자료의 중간에 있는 절반의 자료들이 지니는 값의 범위를 말한다.
③ 변동률(혹은 변화율) 등을 구할 때 기하평균(Geometric Mean)을 이용한다.
④ 변동계수(Coefficient of Variation)는 산포도와 관련이 있다.

32 자료의 분포가 오른쪽으로 긴꼬리 모양을 가지는 경우에 대한 설명으로 옳은 것은?

① 왜도 > 0, 최빈값 < 중앙값 < 평균
② 왜도 > 0, 평균 < 중앙값 < 최빈값
③ 왜도 < 0, 중앙값 < 최빈값 < 평균
④ 왜도 < 0, 최빈값 < 중앙값 < 평균

33 다음 중 시공간 데이터로 활용하기에 가장 적절하지 않은 것은?

① 포인트 패턴
② 지리 통계 데이터
③ 패널(Panel) 데이터
④ 격자 데이터

34 소수 극단값(이상값 등)의 영향을 받지 않아 변동성 척도로 사용하기에 가장 적절한 통계량은?

① 범위
② 변동계수
③ 표준편차
④ 사분위범위

35 평균＝μ, 표준편차＝a인 모집단에서 2개의 표본 ($X1$, $X2$)에 대한 $X1+X2$의 표준편차는 얼마인가? (단, 표본 $X1$과 $X2$는 서로 독립이다)

① $\sqrt{2}a$
② a
③ $a/\sqrt{2}$
④ a^2

36 다음 설명에 해당하는 것은 무엇인가?

- Probability의 다른 표현법
- 어떤 사건이 일어날 확률을 p라고 하면, 그 사건에 대한 $p/(1-p)$의 값
- 경마에서 특정 말이 이길 확률이 0.75인 경우, 0.75/0.25＝3 즉, 4게임 중 3게임은 이김을 예측
- 특정 유전자를 가진 사람의 특정 질병의 비율을 구하여 유전자-질병 사이의 연관성 평가

① Bayesian Probability
② Conditional Probability
③ Odds Ratio
④ Random Variable

37 다음 특징을 가지는 분포는 무엇인가?

> - 확률론에서 단위 시간 안에 어떤 사건이 몇 번 발생할 것인지를 표현하는 이산확률분포
> - 시간 또는 공간의 일정한 구간에서 발생하는 사건의 횟수 추정
> - 동일한 길이의 어떤 두 구간에서 사건 발생 확률은 동일
> - 어떤 구간의 사건 발생이나 사건불발은 다른 구간의 사건발생(혹은 불발)과는 독립
> - 예를 들어 시간당 요금소에 도착하는 자동차의 대수에 대한 확률분포 추정

① 감마분포(Gamma)
② 기하분포(Geometric)
③ 초기하분포(Hypergeometric)
④ 포아송분포(Poisson)

38 다음 중 초기하분포(Hypergeometric Distribution)에 대한 설명으로 적절하지 않은 것은?

① 확률변수 값으로서 일정한 횟수의 베르누이 시행에서 성공횟수를 가진다.
② 성공확률은 일정하지 않다.
③ 각 시행은 독립적이다.
④ 이산형 확률분포를 따른다.

39 다음 중 정규분포에 대한 설명으로 옳지 않은 것은?

① 정규분포는 모수인 평균과 표준편차에 의해서 모양이 결정된다.
② 정규분포의 왜도=3, 첨도=0이다.
③ 정규분포는 평균을 중심으로 종 모양을 이룬다.
④ 정규분포는 좌우대칭의 형태를 띠며, 평균치에서 확률값이 가장 높다.

40 표본의 수는 36, 표본 평균은 38, 표준편차는 6일 때 1% 유의수준(99% 신뢰구간)에서 귀무가설(모평균은 35 이상)에 대한 표준정규확률변수의 값(z)과 가설 검정 결과로 옳은 것은? [단, 아래 표준정규분포표는 표준정규확률변수(Z)에 대한 Pr[Z≤z]의 값이다]

Z	0.00	0.01	0.02	0.03	0.04	0.05	0.06	0.07	0.08	0.09
0.0	0.5000	0.5040	0.5080	0.5120	0.5160	0.5199	0.5239	0.5279	0.5319	0.5359
0.1	0.5398	0.5438	0.5478	0.5517	0.5557	0.5596	0.5636	0.5675	0.5714	0.5753
0.2	0.5793	0.5832	0.5871	0.5910	0.5948	0.5987	0.6026	0.6064	0.6103	0.6141
0.3	0.6179	0.6217	0.6255	0.6293	0.6331	0.6368	0.6406	0.6443	0.6480	0.6517
0.4	0.6554	0.6591	0.6628	0.6664	0.6700	0.6736	0.6772	0.6808	0.6844	0.6879
0.5	0.6915	0.6950	0.6985	0.7019	0.7054	0.7086	0.7123	0.7157	0.7190	0.7224
0.6	0.7257	0.7291	0.7324	0.7357	0.7389	0.7422	0.7454	0.7486	0.7517	0.7549
0.7	0.7580	0.7611	0.7642	0.7673	0.7704	0.7734	0.7764	0.7794	0.7823	0.7852
0.8	0.7881	0.7910	0.7939	0.7967	0.7995	0.8023	0.8051	0.8078	0.8106	0.8133
0.9	0.8159	0.8186	0.8212	0.8238	0.8264	0.8289	0.8315	0.8340	0.8365	0.8389
1.0	0.8413	0.8438	0.8461	0.8485	0.8508	0.8531	0.8554	0.8577	0.8599	0.8621
1.1	0.8643	0.8665	0.8686	0.8708	0.8729	0.8749	0.8770	0.8790	0.8810	0.8830
1.2	0.8849	0.8869	0.8888	0.8907	0.8925	0.8944	0.8962	0.8980	0.8997	0.9015
1.3	0.9032	0.9049	0.9066	0.9082	0.9099	0.9115	0.9131	0.9147	0.9162	0.9177
1.4	0.9192	0.9207	0.9222	0.9236	0.9251	0.9265	0.9279	0.9292	0.9306	0.9319
1.5	0.9332	0.9345	0.9357	0.9370	0.9382	0.9394	0.9406	0.9418	0.9429	0.9441
1.6	0.9452	0.9463	0.9474	0.9484	0.9495	0.9505	0.9515	0.9525	0.9535	0.9545
1.7	0.9554	0.9564	0.9573	0.9582	0.9591	0.9599	0.9608	0.9616	0.9625	0.9633
1.8	0.9641	0.9649	0.9656	0.9664	0.9671	0.9676	0.9686	0.9693	0.9699	0.9706
1.9	0.9713	0.9719	0.9726	0.9732	0.9738	0.9744	0.9750	0.9756	0.9761	0.9767
2.0	0.9772	0.9778	0.9783	0.9788	0.9793	0.9798	0.9803	0.9808	0.9812	0.9817
2.1	0.9821	0.9826	0.9830	0.9834	0.9838	0.9842	0.9846	0.9850	0.9854	0.9857
2.2	0.9861	0.9864	0.9868	0.9871	0.9875	0.9878	0.9881	0.9884	0.9887	0.9890
2.3	0.9893	0.9896	0.9898	0.9901	0.9904	0.9906	0.9909	0.9911	0.9913	0.9916
2.4	0.9918	0.9920	0.9922	0.9925	0.9927	0.9929	0.9931	0.9932	0.9934	0.9936
2.5	0.9938	0.9940	0.9941	0.9943	0.9945	0.9946	0.9948	0.9949	0.9951	0.9952
2.6	0.9953	0.9955	0.9956	0.9957	0.9959	0.9960	0.9961	0.9962	0.9963	0.9964
2.7	0.9965	0.9966	0.9967	0.9968	0.9969	0.9970	0.9971	0.9972	0.9973	0.9974
2.8	0.9974	0.9975	0.9976	0.9977	0.9977	0.9978	0.9979	0.9979	0.9980	0.9981
2.9	0.9981	0.9982	0.9982	0.9983	0.9984	0.9984	0.9985	0.9985	0.9986	0.9986
3.0	0.9987	0.9987	0.9987	0.9988	0.9988	0.9989	0.9989	0.9989	0.9990	0.9990
3.1	0.9990	0.9991	0.9991	0.9991	0.9992	0.9992	0.9992	0.9992	0.9993	0.9993
3.2	0.9993	0.9993	0.9994	0.9994	0.9994	0.9994	0.9994	0.9995	0.9995	0.9995
3.3	0.9995	0.9995	0.9995	0.9996	0.9996	0.9996	0.9996	0.9996	0.9996	0.9997
3.4	0.9997	0.9997	0.9997	0.9997	0.9997	0.9997	0.9997	0.9997	0.9997	0.9998
3.5	0.9998	0.9998	0.9998	0.9998	0.9998	0.9998	0.9998	0.9998	0.9998	0.9998

① 표준정규확률변수 z=2, 귀무가설 채택
② 표준정규확률변수 z=2, 귀무가설 기각
③ 표준정규확률변수 z=3, 귀무가설 채택
④ 표준정규확률변수 z=3, 귀무가설 기각

41 분류를 위한 종속변수가 범주형인 경우 사용되는 데이터 분석모형이 아닌 것은?

① 선형회귀분석
② 인공신경망
③ 서포트벡터머신
④ 의사결정나무

42 다음 중 데이터 분석모형 구축 시 수행 업무로 가장 적절하지 않은 것은?

① 훈련, 검증 또는 훈련, 평가 등의 데이터세트로 데이터 분할
② 프로젝트 성과 분석 및 평가 보고서 작성
③ 데이터 분석 목적에 부합하는 모형(모델) 선택 및 데이터 모델링
④ 데이터 분석모형 적용 및 시스템 운영 방안 제시

43 회귀분석(Regression Analysis)의 결과를 활용하기 위해 사용되는 오차항(Error Terms)에 대한 가정으로 옳지 않은 것은?

① 독립성
② 선형성
③ 비정규성
④ 등분산성

44 의사결정나무 분석(Decision Tree Analysis)모형에 대한 설명으로 옳지 않은 것은?

① 이산형(범주형) 목표변수의 경우 목표변수의 각 범주에 속하는 빈도, 연속형(구간형) 목표변수의 경우 목표변수의 (평균, 표준편차)에 기초하여 분리가 일어난다.
② 분리기준으로 사용되는 C4.5(혹은 C5.0) 알고리즘에서는 엔트로피 지수를 이용한다.
③ 분리기준으로 사용되는 CHAID, QUEST 알고리즘에서는 카이제곱 통계량을 이용한 $F-$검정 방법을 이용한다.
④ 나무 구조는 뿌리마디, 중간마디, 끝마디로 이루어지며, 끝마디에 하나의 가지가 남을 때까지 진행하여 모형을 구축한다.

45 인공신경망의 특징이 아닌 것은?

① 인공신경망의 결과는 해석이 쉽다.
② 프로젝트 관리, 고객 신용 평가, 상황인식, 개인화 서비스 제공 등 광범위한 문제 영역을 다룰 수 있다.
③ 데이터 변환 등의 작업을 거쳐 이산형 및 연속형 변수를 활용하여 입력과 출력을 생성할 수 있다.
④ 복잡한 문제들에 대해서도 우수한 결과를 도출할 수 있다.

46 뉴욕에서 4개의 상가가 자리 잡고 있는 위치 좌푯값이 a(1, 1), b(1, 2), c(2, 2), d(4, 1)일 때, a와 c 사이의 맨해튼(Manhattan) 거리 측정값은 얼마인가?

① 1
② 2
③ 3
④ 4

47 군집분석모형을 구축하기 위해 군집의 수에 따른 실루엣 계수(Silhouette Coefficient)를 아래와 같이 구하였다. 최적 군집의 수는 얼마인가?

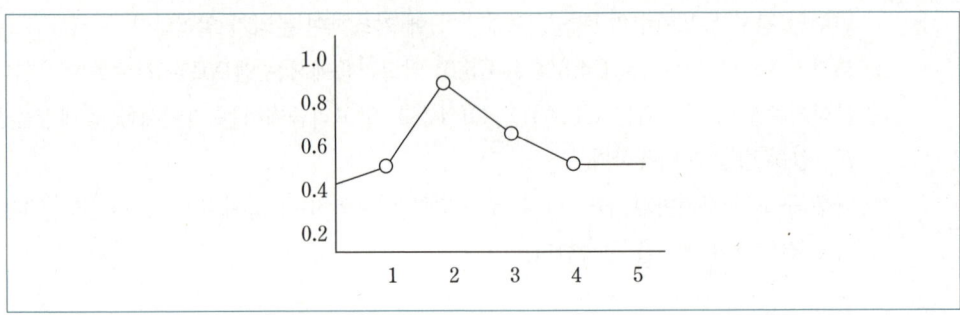

① 1
② 2
③ 3
④ 4

48 다음 특징을 가지는 다변량 분석 방법은 무엇인가?

- 상관분석과 회귀분석이 결합 확장된 분석 방법
- 몇 개의 변수가 집단으로 관측된 두 집단 사이의 연관성을 구하는 통계분석 방법
- 두 변수 간의 상관계수가 최대가 되도록 두 변수 군의 선형결합 변수 유도

① 분산분석(Analysis of Variance)
② 요인분석(Factor Analysis)
③ 정준 상관분석(Canonical Correlation Analysis)
④ 판별 분석(Discriminant Analysis)

49 관측값 y_i와 예측값 $\hat{y_i}$ 사이의 차이값인 잔차(Residuals, $e_i = y_i - \hat{y_i}$)의 가정으로 옳지 않은 것은?

① 잔차의 분포는 정규 분포를 따른다.
② 잔차는 독립이어야 한다. 즉, 잔차와 독립변수 사이에 상관관계가 없고 자기 자신과도 상관이 없어야 한다.
③ 잔차의 분포는 일정하다. 즉, 잔차는 등분산성을 만족한다.
④ 잔차끼리는 서로 선형적 관계가 존재한다.

50 다음에 해당되는 시계열 자료의 특성은 무엇인가?

- 중·장기적인 특성을 나타내며, 빈번한 발생 빈도가 없는 패턴
- 시간의 경과(흐름)에 따라 상하로 반복되는 변동
- 경기변동곡선 등 주로 경제상황에서 나타남

① 계절(Seasonality)
② 불규칙(Irregular)
③ 주기(Cycle)
④ 추세(Trend)

51 메일 서버에서 수집된 단어들로부터 (정상 메일, 스팸 메일) 분류 결과는 다음과 같다. 나이브 베이지안 기법을 이용하여 이진분류기(Boolean 또는 Binary Classifier) 분석모형을 구축하고자 할 때 함수 계산식으로 옳지 않은 것은? (단, 분류 대상의 입력 텍스트는 "you free lottery"이다)

구분	추출 단어	분류
1	you free scholarship	정상 메일
2	free to contact me	정상 메일
3	you ticket lottery	스팸 메일
4	me free lottery	스팸 메일
5	you won award	정상 메일
6	free get free you	스팸 메일

① $P(정상) = 0.5$
② $P(스팸) = 0.5$
③ $P(정상|텍스트) = 0.006$
④ $P(스팸|텍스트) = 0.006$

52 다음은 사건(혹은 Event) {A, B, C, D, E}에 대한 사건 발생의 관련성(연관성)을 나타낸다. 사건 A와 B는 사건 C에 대해 조건부 독립이고, 사건 E는 {A → C → E} 혹은 {B → C → E}로 발생된다. 아래의 수식에서 옳지 않은 것은?

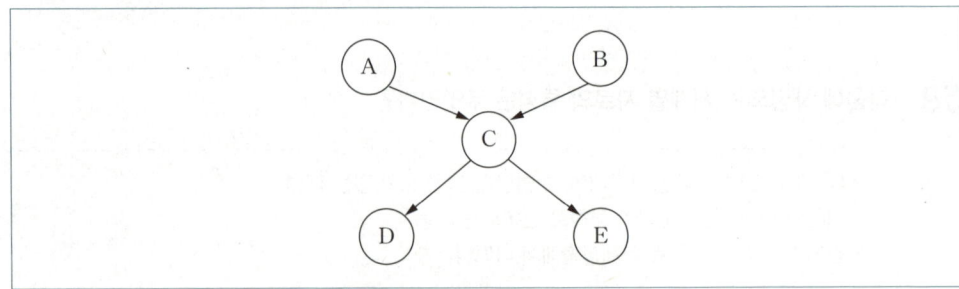

① $P(A,E|C) = P(A|C) \times P(E|C)$
② $P(A,B|C) = P(A|C) \times P(B|C)$
③ $P(A|B,C) = P(A|C)$
④ $P(B|A,C) = P(B|C)$

53 다음 중 오토인코더(Autoencoder)에 대한 설명으로 가장 적절하지 않은 것은?

① 딥러닝에서의 비지도 학습에 활용된다.
② 입력과 출력층의 뉴런 수를 동일하게 설계하여, 입력 데이터에 노이즈를 추가한 후, 원본 입력을 복원할 수 있도록 네트워크를 학습시키는 데 활용된다.
③ 다양한 제약조건들을 줌으로써 오토인코더가 단순히 입력을 바로 출력으로 복사하지 못하도록 방지한다.
④ 입력 데이터 수는 은닉층의 수보다 항상 작다.

54 딥러닝 분석에서 사용되는 계단 활성화 함수(Step Activation Function)가 해결하지 못하는 문제는 무엇인가?

① AND
② OR
③ NOR
④ XOR

55 다음 중 초매개변수(Hyper Parameter)의 최적화 기법으로 옳지 않은 것은?

① 베이지안 최적화(Bayesian Optimization)
② 경사하강법(Gradient Descent)
③ 그리드 탐색(Grid Search)
④ 랜덤 탐색(Random Search)

56 Text Mining 기법에서 분석 대상의 문장을 의미가 있는 최소의 단위(문법적, 관계적인 뜻을 나타내는 단위 또는 단어의 부분)로 구분하여 2단위 이상의 문장을 각 단위별로 분리하는 방법은 무엇인가?

① 형태소 분석
② 토픽 모델링(Topic Modeling)
③ N-gram
④ TF-IDF 분석

57 대표적인 비정형 데이터 분석 중 하나로 텍스트 마이닝(Text Mining)에서 사용되는 텍스트 데이터의 전처리 기법이 아닌 것은?

① 토크 나이징(Tokenizing)
② 불용어 제거
③ 역문서 빈도 산출
④ 스테밍(Stemming)

58 앙상블 분석에서 사용되는 배깅(Bagging)에 대한 설명으로 옳은 것은?

① 배깅 학습법을 이용하면 편향(Bias)이 낮은 과소적합 모형과 편향이 높은 과적합 모형을 모두 개선함으로써 예측결과의 분산을 줄인다.
② 가중치를 활용하여 약 분류기를 강 분류기로 만드는 방법으로, 처음 모형이 예측한 결과에 따라 가중치를 부여하고, 잘못 분류된 데이터에 집중하여 새로운 분류 규칙을 만드는 단계를 반복한다.
③ 배깅에 랜덤 과정을 추가하는 방법으로, 훈련 과정에서 구성한 다수의 결정트리로부터 분류 또는 회귀분석(예측) 결과를 출력한다.
④ Bootstrap Aggregation을 의미하며, 샘플을 여러 번 뽑아 부트스트랩 자료를 생성하고 각 부트스트랩 자료를 결합하여 학습시키면서 결과물을 집계하여 최종적인 예측 모형을 구축한다.

59 다음 특징을 가지는 부스팅(Boosting) 알고리즘은 무엇인가?

- 관측치들에 가중치를 더하면서 동작
- 분류하기 어려운 instances에는 가중치를 더하고 이미 잘 분류되어진 instances는 가중치를 줄임
- 약한 학습기의 오류에 가중치를 더하고, 부스팅 수행
- 약한 학습기로 의사결정트리 사용

① AdaBoost
② Gradient Boosting Machine
③ Greedy Algorithm
④ XGBoost

60 윌콕슨 부호순위 검정과 윌콕슨 부호 순위합 검정에 대한 설명 중 옳지 않은 것은?

① 윌콕슨 검정은 모집단이 정규성을 만족할 때 사용한다.
② 윌콕슨 부호순위 검정은 일변량 검정이다.
③ 윌콕슨 부호 순위합 검정은 이변량 검정이다.
④ 쌍으로 구성된 두 자료의 절댓값의 차이는 대칭분포를 따른다.

61 다음 중 불균형한 레이블 값 분포의 데이터에서 데이터 분석모형의 성능이 실제로 좋지 못하더라도 그 값이 높을 수 있는 성능 지표는 무엇인가?

① 민감도(Sensitivity)
② 정확도(Accuracy)
③ 오분류율(Error Rate)
④ ROC Curve의 x축 값

62 혼동행렬을 이용한 머신러닝의 성능평가 지표로 False Negative(FN)에 해당되는 것은?
[단, 실제와 예측 범주값은 1(정답, 참값) 또는 0(정답이 아닌 것, 거짓값)의 값을 가진다]

① 실젯값=1(정답), 예측값=1(정답)
② 실젯값=0(정답이 아닌 것), 예측값=1(정답)
③ 실젯값=1(정답), 예측값=0(정답이 아닌 것)
④ 실젯값=0(정답이 아닌 것), 예측값=0(정답이 아닌 것)

63 y=0 혹은 y=1의 값을 가지는 이진분류분석에서 y=1의 값이 y=0 값의 2배일 때 민감도, 특이도, 정확도에 대한 설명으로 옳은 것은?

① 특이도가 1이면 정확도는 1/2이다.
② 민감도가 1/2일 때 정확도는 1/2이다.
③ 민감도와 특이도가 같을 때 정확도=특이도이다.
④ 민감도와 특이도 둘 다 1일 때 정확도는 1이다.

64 다음 중 재현율(Recall)에 대한 설명으로 옳지 않은 것은?

① 실제 부정인 범주 중 부정으로 올바르게 예측한 비율이다.
② 실제 True인 것 중에서 모형이 True라고 예측한 것의 비율이다.
③ Sensitivity(민감도), Hit Ratio라는 용어로도 사용한다.
④ 특정 질병에 대해 실제 질병이 있는 경우를 양성으로 판정하는 비율이다.

65 ROC(Receiver Operating Characteristic) 그래프에 대한 설명으로 옳지 않은 것은?

① 민감도가 1, 특이도가 0인 점을 지난다.
② X축은 특이도를 나타내며, 민감도가 동일할 때 특이도가 작을수록 데이터 분석모형의 성능이 우수하다.
③ 가장 이상적인 ROC 그래프는 민감도가 1, 특이도가 1인 점을 지난다.
④ 민감도가 0, 특이도가 1인 점을 지난다.

66 학습 데이터를 이용한 데이터 분석모형의 교차 타당성을 검증하기 위하여 홀드아웃(Hold-out) 방법을 주로 이용한다. 다음 중 홀드아웃 방법에서 사용되는 데이터로 가장 적절하지 않은 것은?

① 테스트 데이터
② 검증 데이터
③ 학습 데이터
④ 오그먼트 데이터

67 머신러닝에서 사용되는 다중교차 검증(K-fold Cross Validation) 방법에 대한 설명으로 옳지 않은 것은?

① 모든 데이터세트를 훈련에 활용함으로써 정확도를 향상시키고 데이터 부족으로 인한 미적합(Underfitting) 문제를 방지한다.
② 평가결과에 따라 좀 더 일반화된 데이터 분석모형을 구축한다.
③ 계산량이 많지 않아 모델 훈련 및 평가 시간이 짧다.
④ 모든 데이터세트를 평가에 활용하여 평가에 사용되는 데이터 편중을 막는다.

68 A 상품의 인지도 조사결과가 아래와 같을 때, 이에 대한 설명으로 옳지 않은 것은?

구 분	알고 있다	모른다	계
아이가 있는 남성(명)	460	40	500
아이가 없는 남성(명)	440	60	500
계	900	100	1000

① A 상품을 알고 있을 확률은 0.90이다.
② 아이가 있는 남성이면서, A 상품을 모를 확률은 0.04이다.
③ 아이가 없는 남성이면서, A 상품을 모를 확률은 0.06이다.
④ 아이가 있는 남성 중에서 A 상품을 알고 있을 확률은 0.92이다.

69 모집단의 분포가 포아송 분포(하루 동안의 고속도로 교통사고 발생 횟수)인지를 확인하기 위하여 적합도 검정을 실시한다. 다음 보기 중 옳은 것을 모두 고른 것은?

> ㉠ n개의 표본자료로부터 하루에 몇 회(고속도로 교통사고 발생 횟수)인지 평균을 구한다.
> ㉡ 관찰도수와 기대도수를 이용하여 카이제곱 검정통계량을 구하고, 카이제곱 값이 클수록 귀무가설을 기각한다.
> ㉢ 관찰도수와 기대도수를 이용하여 카이제곱 검정통계량을 구하고, 카이제곱 값이 클수록 대립가설을 기각한다.

① ㉠, ㉡ ② ㉠, ㉢
③ ㉡, ㉢ ④ ㉠, ㉡, ㉢

70 분산=50인 정규분포에서 추출된 다음 4개의 데이터에 대한 설명으로 옳지 않은 것은?

> 54, 46, 60, 40

① 평균=50이다.
② 각각의 데이터에 대한 비율은 $p_1=p_2=p_2=p_4=1/4$이다.
③ 카이제곱 값=4.64이다.
④ 검정통계량(자유도가 3인 카이제곱 분포)=7.8 이상일 때 귀무가설을 기각한다.

71 다음 중 과대적합(Overfitting)을 방지하기 위한 기법으로 적절하지 않은 것은?

① 정보의 양과 종류에 규제(Regularization) 부과
② 평균과 분산을 조정하는 과정을 포함한 배치 정규화(Batch Normalization)
③ 학습과정에서 일부를 사용하지 않는 Dropout 적용
④ 정해진 크기 안에서 가장 큰 값만 추출하는 Max Pooling 기법

72 다음 중 비지도 학습(Unsupervised Learning)에 해당하는 데이터 분석모형으로 가장 적절하지 않은 것은?

① 군집분석(Clustering Analysis)
② 생성적 적대 신경망(Generative Adversarial Network)
③ 토픽 모델링(Topic Modeling)
④ 회귀분석(Regression Analysis)

73 다음 특징을 가지는 알고리즘은 무엇인가?

> • 연관성 분석에서 구매 대상 품목을 효과적으로 계산
> • 품목 (A, B)와 품목 C 사이의 지지도가 높으면 (A, C), (B, C) 사이의 지지도가 높음
> • 검토 대상의 아이템 데이터 집합을 효과적으로 줄여 연관 규칙 계산

① C5.0 Algorithm
② Nesterov Accelerated Gradient Algorithm
③ 아프리오리 알고리즘(Apriori Algorithm)
④ POS Tagging Algorithm

74 히스토그램(Histogram)의 특징으로 옳지 않은 것은?

① 질적, 양적 자료 표현에 사용한다.
② 종속변수를 확률 단위로도 표현이 가능하다.
③ 데이터를 잘 표현하려면 구간을 잘 정해야 한다.
④ 상대도수 히스토그램에서 구간의 간격으로 상대도수를 나누면, 상대도수 히스토그램은 확률밀도함수를 나타낸다.

75 다음 중 시공간 데이터를 시각화하는 방법으로 가장 적절한 것은?

① 지도 맵핑(Map Mapping)
② 체르노프 페이스(Chernoff Face)
③ 평행 좌표계(Parallel Coordinates)
④ 히스토그램(Histogram)

76 다음 중 비교 대상의 변수들 사이의 관계를 이해하기 위해 사용되는 비교 시각화 그래프로 가장 적절하지 않은 것은?

① 막대 그래프
② 레이더 차트
③ 히트맵
④ 산점도

77 아래는 2022년 서울 지역별 교통사고에 대한 (사고 발생건수, 부상자수, 사망자수)이다. 이와 같이 색상으로 표현할 수 있는 다양한 정보를 일정한 이미지 위에 열 분포 형태로 비주얼하게 표현하는 그래프의 이름은 무엇인가?

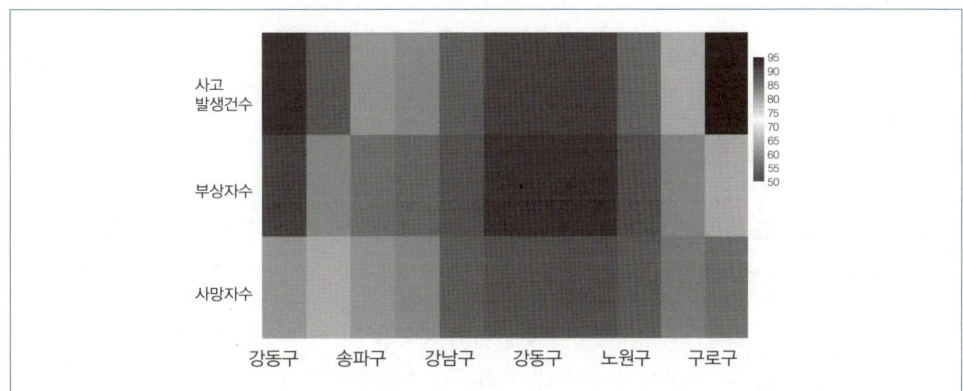

① 히트맵
② 트리맵
③ 영역차트
④ 누적영역차트

78 인포그래픽(Infographics)을 이용한 효과적인 데이터 시각화 방법으로 옳지 않은 것은?

① 효율적인 시각화를 위하여 차트, 지도, 다이어그램, 로고, 일러스트레이터 등을 이용한다.
② 최대한 많은 양의 데이터나 많은 양의 정보를 담는다.
③ 정보의 규칙성을 찾아 시각적으로 표현하여 보다 간결하게 정보를 나타내 사람의 이해를 돕는다.
④ 쉽게 흥미를 유발하고, 정보 습득 시간을 절감하며, 기억 지속시간을 연장시킨다.

79 데이터 분석결과를 활용하기 위한 시나리오 개발 시 고려 사항으로 가장 적절하지 않은 것은?

① 가능한 한 전문 용어를 많이 사용한다.
② 빅데이터 분석 관련 이해관계자별로 전달하고자 하는 정보의 수준과 내용을 다르게 하여 시나리오를 작성한다.
③ 사업적, 기술적 요구사항과 함께 데이터 품질요건을 반영하고 최신 업무 형태를 고려하여 시나리오를 개발한다.
④ 데이터 분석결과를 사용자들이 이해하기 쉽도록 시각화(또는 도식화)하여 보여준다.

80 데이터 분석모형의 리모델링(기존 분석모형에 추가적인 작업 수행) 과정 중 수행 업무에 대한 설명이 잘못 짝지어진 것은?

① 데이터 마이닝 – 동일한 데이터에 대해 재학습 및 변수를 추가하여 분석한다.
② 시뮬레이션 – 이벤트 발생에 대한 패턴의 변화를 확인하고 시간 지연 변화 등을 처리한다.
③ 데이터 분석 시각화 및 문서화 – 성능 측정항목 정의, 항목별 임곗값 측정 및 성능 모니터링을 실시한다.
④ 최적화 – 목적함수의 계수를 변경하거나 제약조건의 제약 값을 변화(혹은 추가)하여 분석한다.

2022년 제5회 기출복원문제

- 제1과목 빅데이터 분석 기획
- 제2과목 빅데이터 탐색
- 제3과목 빅데이터 모델링
- 제4과목 빅데이터 결과 해석

01 조직 내 잠재적인 데이터 소스 평가 후 이를 통합·집중화하고, 보호·관리 계획을 설계하며, 데이터 관리 시스템의 성능을 지속적으로 모니터링하여 보고하는 업무를 담당하는 사람은 누구인가?

① 데이터 분석가(Data Analyst)
② 데이터 사이언티스트(Data Scientist)
③ 데이터 아키텍트(Data Architect)
④ 데이터 엔지니어(Data Engineer)

02 다음 설명에 해당하는 것은?

- 동일 기종 또는 타기종의 데이터 소스로부터 데이터를 추출한다.
- 조회 또는 분석을 목적으로 적절한 포맷이나 구조로 데이터를 저장하기 위해 데이터를 변환한다.
- 최종 대상(데이터베이스, 데이터마트, 데이터웨어하우스 등)으로 변환 데이터를 적재한다.

① Open API
② ETL
③ DBMS
④ Data Migration

03 다음 중 인공지능, 딥러닝, 머신러닝 사이의 관계를 바르게 표시한 것은? (단, A⊂B는 "A는 B의 부분집합이다"를 뜻한다)

① 딥러닝 ⊃ 머신러닝 ⊃ 인공지능
② 딥러닝 ⊃ 인공지능 ⊃ 머신러닝
③ 인공지능 ⊃ 딥러닝 ⊃ 머신러닝
④ 인공지능 ⊃ 머신러닝 ⊃ 딥러닝

04 다음 설명에 해당하는 기법으로 옳은 것은?

- 학습된 모델을 기반으로 최종 출력층을 바꿔 학습함
- 최종 출력층을 보유 중인 데이터에 대응하는 출력층으로 바꿈
- 교체한 출력층의 결합 파라미터를 소량의 데이터로 다시 학습함

① 강화 학습(Reinforcement Learning)
② 비지도 학습(Unsupervised Learning)
③ 전이 학습(Transfer Learning)
④ 지도 학습(Supervised Learning)

05 다음 중 데이터 분석 로드맵 또는 분석 기획 업무에 대한 설명으로 옳지 않은 것은?

① 데이터 분석 로드맵 설정 시 Work Breakdown Structure를 이용하면 효율적인 업무 수행이 가능하다.
② 기획 단계에서 향후 데이터 분석모형의 발전 계획도 수립하여야 한다.
③ 데이터 분석 프로젝트 수행에 필요한 비용(인건비, 하드웨어 및 소프트웨어 비용 등)을 고려하여야 한다.
④ 프로젝트 수행을 위한 투입인원, 역할 정의 등 업무 분장 계획과 산출물을 정의하여야 한다.

06 데이터 수집 가능 여부를 확인하고 수집된 데이터를 테스트하기 위해 사전에 원천 데이터를 이해하여 이를 탐색하는 과정이 필요하다. 다음 중 이러한 업무를 수행하는 단계로 옳은 것은?

① 도메인 이슈 도출
② 데이터 분석
③ 데이터 분석 목표 수립
④ 분석결과 시각화

07 빅데이터 분석 방안을 수립하고 적절한 분석모형을 구축하기 위해 수행하는 기법에 대한 설명으로 옳지 않은 것은?

① 브레인스토밍(Brainstorming) : 집단적, 창의적 발상 기법으로 집단에 소속된 사람들이 자발적으로 자연스럽게 제시된 아이디어 목록을 통해 특정한 문제에 대한 해답을 찾고자 노력한다.
② 스캠퍼(Scamper) : 사고의 영역을 7개의 키워드(대체, 결합, 조정, 수정, 다른 용도 사용, 제거, 재정렬)로 정하여 이에 맞는 새로운 아이디어를 생성한다.
③ 인터뷰(Interview) : 상대방에게 어떤 문제에 대한 질문을 해서 정보나 의견 등을 알아낸다.
④ 포커스그룹 인터뷰(Focus Group Interview) : 시계열 과거 값에 대한 시계열 모델 최적합을 찾기 위해 소규모 그룹 예측값들의 회귀누적이동평균을 이용한다.

08 데이터 분석 때마다 데이터 분석 기획 업무를 시작하는 것은 매우 어렵고 비효율적이므로 데이터 거버넌스를 구축하여 체계화된 데이터 분석 절차와 방법을 사용하는 CRISP-DM이 필요하다. 이때 CRISP-DM 방법의 수행 절차로 옳은 것은?

① 비즈니스 이해 → 데이터 이해 → 데이터 준비 → 모델링 → 평가 → 전개
② 비즈니스 이해 → 데이터 준비 → 데이터 이해 → 모델링 → 평가 → 전개
③ 비즈니스 이해 → 데이터 이해 → 데이터 준비 → 평가 → 모델링 → 전개
④ 비즈니스 이해 → 데이터 준비 → 데이터 이해 → 평가 → 모델링 → 전개

09 빅데이터 분석은 도메인 이슈 도출 → 분석 목표 수립 → 프로젝트 계획 수립 → 보유 데이터 자산 확인 → 분석결과 시각화의 절차로 수행된다. 이 중 어느 단계에서 WBS(Work Break Structure, 작업분할구조도)를 작성하는가?

① 도메인 이슈 도출
② 분석 목표 수립
③ 프로젝트 계획 수립
④ 보유 데이터 자산 확인

10 데이터 유형에 따른 데이터 수집 방법의 연결로 옳지 않은 것은?

① 실시간 데이터 − 오픈 API
② 웹 로그 데이터 − ftp
③ 웹 메타 데이터 − 스크래핑
④ 웹 문서 데이터 − 크롤링

11 테이블의 행, 열로 구조화되어 있지는 않으나 스키마 및 메타 데이터의 특성을 가지고 있는 데이터 유형은 무엇인가?

① 정형 데이터
② 반정형 데이터
③ 비정형 데이터
④ 비구조 데이터

12 데이터 측정 척도에 대한 설명으로 옳지 않은 것은?

① 계량적 변수는 수치로 측정할 수 있는 데이터를 저장하고, 수치로 측정할 수 없는 명목 및 서열 척도 데이터는 비계량적 변수에 저장한다.
② 계량적 변수는 매출액이나 생산량처럼 연속적인 값을 가질 수 있는 연속형 변수로 표현하여 해석하게 된다.
③ 성별, 출신지, 직업, 국적 등의 명목 척도 데이터는 비계량적 변수로 표현하여 해석하게 된다.
④ 연속형 척도와 동일하게 범주형 척도도 평균, 표준편차와 같은 기술통계량을 구하여 해석하게 된다.

13 데이터 변환 방법에 대한 설명으로 옳지 않은 것은?

① 데이터 집계(Data Aggregation) : 다양한 차원의 방법으로 데이터 요약
② 변수변환(Variable Transformation) : y=f(x)의 함수를 이용해 변수 값을 일괄 적용하여 새로운 변수 생성
③ 정규화(Normalization) : 데이터에 대한 최소-최대 정규화, Z-score 정규화 등의 통계적 기법 적용
④ 평활화(Smoothing) : 데이터 통합을 위해 새로운 속성이나 특징 추가

14 다음 특징을 가지는 변수 변환 방법은 무엇인가?

- 정의역은 양수(Positive Real Number)이다.
- 공역은 모든 실수(Real Number)이다.
- 변환값은 제약식이 없는 실수이다.
- 정의역이 가지는 값의 범위에 따라 변환값이 가지는 최댓값과 최솟값의 차이가 크다.

① 구간화 변환
② 시계열 단위 변환
③ 자연로그 변환
④ 평활 변환

15 다음 중 빅데이터 분석을 위한 개인정보 처리 방법에 대한 설명으로 옳지 않은 것은?

① 가명처리 등과 같은 개인정보 비식별화 처리를 하는 경우 개인의 동의 없이 사용이 가능하다.
② 다른 정보와 결합하여 재식별되지 않도록 필수적인 관리 조치를 이행한다.
③ 비식별 정보를 제공하거나 혹은 위탁한 자가 재식별 가능성을 발견한 경우 정보 처리자에게 즉시 통지하여 정보의 회수 및 파기 조치한다.
④ 데이터 처리 과정 중 개인정보가 재식별되는 경우 즉시 파기하거나 추가적인 비식별 조치를 시행한다.

16 다음 중 개인정보 비식별화 조치에 대한 설명으로 옳지 않은 것은?

① 범주화(Suppression) - 주요 개인 식별 정보 일부 삭제
② 가명처리(Pseudonymization) - 개인정보의 식별 가능한 값을 다른 값으로 대체
③ 데이터 마스킹(Data Masking) - 개인정보의 식별 가능한 값이 보이지 않도록 처리
④ 총계처리(Aggregation) - 개인정보 데이터 값을 모두 더해 주거나 데이터의 평균값 등을 사용

17 개인정보 총계처리(Aggregation) 방법에 대한 설명으로 옳지 않은 것은?

① 개인정보보호를 위해 데이터를 총합하거나 평균을 사용한다.
② 세부적으로 데이터 라운딩, 부분총계, 재배별 방법 등을 사용한다.
③ 데이터 전체가 유사한 특징을 가진 개인으로 구성되어 있는 경우 데이터의 대푯값이 특정 개인의 정보를 노출시킬 수 있다.
④ 개인정보 비식별화가 불가능하다.

18 빅데이터의 수집 → 저장 → 처리 → 분석 → 시각화의 단계 중 데이터 수집 및 저장 시 사용하는 도구로 적절하지 않은 것은?

① 하둡(Hadoop)
② 텍스트 마이닝(Text Mining)
③ GFS(Google File System)
④ NoSQL

19 다음 중 병렬 DBMS에 대한 설명으로 옳지 않은 것은?

① 순차적으로 처리되는 DBMS와 비교하여 데이터 중복의 가능성이 높다.
② 다중 중앙처리장치와 디스크를 병렬로 사용함으로써 데이터 처리 및 입출력 속도를 개선한다.
③ 데이터 적재, 색인 빌드, 쿼리 평가 등의 다양한 동작의 병렬 컴퓨팅을 통해 성능을 개선한다.
④ 일반적으로 Massive Parallel Processing 구조이며, 대량의 데이터를 빠르게 적재하고 저장한다.

20 다음 특징을 가지는 플랫폼 구조로 옳은 것은?

- 서버, 스토리지, 네트워크 등의 자원 사용 지원
- 클라우드 서비스 제공
- 서버 가상화, 데스크톱 가상화 등의 자원관리 모듈 지원

① 서비스형 가상화 플랫폼
② 서비스형 소프트웨어 플랫폼
③ 서비스형 인프라스트럭처 플랫폼
④ 서비스형 자원관리 플랫폼

21 다음 중 데이터 탐색에 대한 설명으로 옳지 않은 것은?

① 데이터를 탐색하고 시각화하여 패턴을 식별하기 위하여 박스플롯을 이용한다.
② 박스플롯에서 제1사분위수는 전체 데이터 중 하위 75%에 해당하는 값이다.
③ 박스플롯에서 제2사분위수는 중앙값(Median)과 동일하다.
④ 박스플롯에서 제3사분위수는 전체 데이터 중 상위 25%에 해당하는 값이다.

22 상자수염 그림(Box and Whisker 또는 Box-plot)과 이상값에 대한 설명으로 옳지 않은 것은?

① 상자수염 그림은 최솟값, 제1사분위, 제2사분위, 제3사분위, 최댓값과 함께 이상값을 표현한다.
② 수염은 사분위범위(IQR ; Interquartile Range)의 1.5배 내지 3배 멀리 떨어진 데이터까지 연결되어 있다.
③ 상자수염 그림은 데이터 분포를 사분위수로 나타내며 중위값, 이상값을 강조하여 표현한다.
④ 수염(선)을 이용하여 제1사분위수와 제3사분위수 외부의 변동성을 나타내며 선 또는 수염 외부의 모든 점은 이상값으로 간주한다.

23 다음 중 회귀분석모형에서 과대적합을 방지하기 위해 사용되는 기법으로 옳은 것은?

① 구축된 회귀분석모형을 이용하여 추가적으로 학습 데이터를 랜덤하게 발생시켜 데이터의 양을 늘린다.
② 벌점화 회귀 방법을 이용하여 회귀분석모형에 추가적인 제약조건을 이용한다.
③ 학습 과정에서 일부의 데이터를 사용하지 않고 회귀분석모형을 구축한다.
④ 회귀분석모형을 이용하여 (실젯값, 예측값)의 차이가 큰 학습 데이터를 삭제한 후, 회귀분석모형을 다시 구축한다.

24 주성분 분석(Principal Component Analysis)에 대한 설명으로 옳지 않은 것은?

① 고차원의 데이터를 저차원의 데이터로 변환한다.
② 저차원 공간의 주성분을 찾기 위해 원 데이터세트의 변수들을 선형 변환하거나 직교변환 한다.
③ 주성분을 설명하기 위해 필요한 변수는 수집된 표본의 수보다 반드시 커야 한다.
④ 주성분을 찾아내기 위해 변수들의 공분산 행렬 및 상관행렬을 이용한다.

25 다음 중 범주형 변수를 숫자형 변수로 변환하기 위해 사용되는 기법에 대한 설명으로 옳지 않은 것은?

① 레이블 인코딩(Label Encoding) : 범주형 변수의 각 레벨을 단순히 정수로 변환한다.
② 원 – 핫 인코딩(One-hot Encoding) : 표현하고 싶은 단어 집합 변수의 인덱스에 1의 값을 표현하고 다른 인덱스에는 0을 부여한다.
③ 타깃 인코딩(Target Encoding) : 분석 대상의 범주형 변수에 대한 표준편차를 실수 벡터로 변환하고 임베딩 계층에서 범주형 변수를 부여하여 학습한다.
④ 특징 해싱(Feature Hashing) : 데이터 변환 후의 특징의 수를 먼저 정하고, 해시 함수를 이용하여 레벨별로 플래그를 표시할 위치를 결정한다.

26 각각의 클래스가 가지고 있는 데이터의 양에 차이가 큰 클래스 불균형 문제에 대한 처리 방법으로 옳지 않은 것은?

① 반복 샘플링(Resampling)
② 언더 샘플링(Undersampling)
③ 오버 샘플링(Oversampling)
④ 정규화(Normalization)

27 아래 그림과 같이 데이터 분석모형의 효율적인 학습을 위하여 사용되는 Undersampling(데이터 수를 줄임) 또는 Oversampling(데이터 수를 늘림)의 개념을 무엇이라고 하는가?

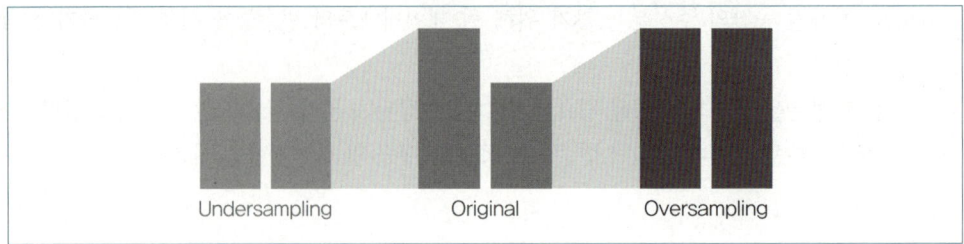

① 클래스 변수 변환
② 클래스 변수 축소
③ 클래스 불균형 해소
④ 클래스 학습 데이터 삭제

28 다음 중 데이터 분석모형 구축 시 고려해야 하는 내용으로 옳은 것은?

① 가중치 업데이트 - 소수 클래스는 무시하고 배치 사이즈를 결정한다.
② 데이터 샘플링 - 데이터의 불균형을 맞추고 학습하기 위하여 오버 샘플링 및 언더 샘플링 방법을 이용한다.
③ 비용 민감 학습 - 소수 클래스 데이터에 더 민감하게 학습하도록 더 큰 클래스 가중치(비용 함수)를 지정한다.
④ 소수 클래스 추가 수집 - 심하게 상호 균형적인 데이터를 불균형 데이터가 되도록 소수 클래스를 추가 수집한다.

29 다음은 변수 (A, B, C) 사이의 피어슨 상관계수값이다. 가장 연관성이 적은 변수를 제거하고자 할 때 해야 할 일로 옳은 것은?

구분	A	B	C
A	1	0.01	0.01
B	0.01	1	0.95
C	0.01	0.95	1

① 변수 A를 제거한다.
② 변수 B를 제거한다.
③ 변수 C를 제거한다.
④ 변수 (B, C)를 동시에 제거한다.

30 아래와 같이 (X, Y) 평면에 데이터를 시각적으로 표현한 그림을 무엇이라고 하는가?

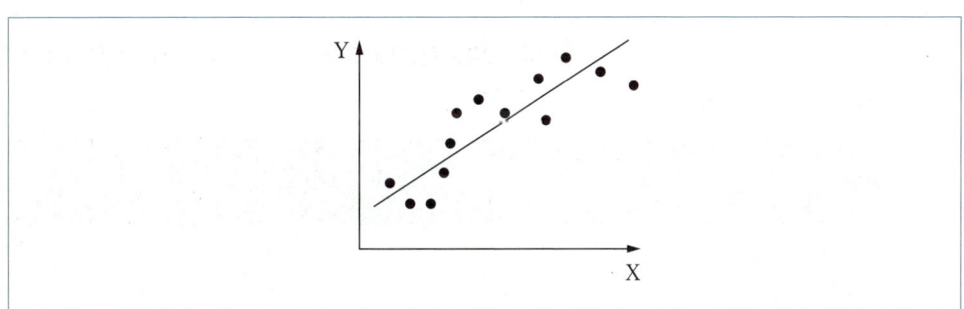

① 산점도(Scatter Diagram)
② 상자수염 그림(Box and Whisker Plot)
③ 파이 차트(Pie Chart)
④ 히스토그램(Histogram)

31 아래는 지역별 소득금액에 대한 분포이다. 조사 과정 중 일부 응답자의 값이 누락되어 다른 값으로 대체하고자 한다. 가장 적절한 것은?

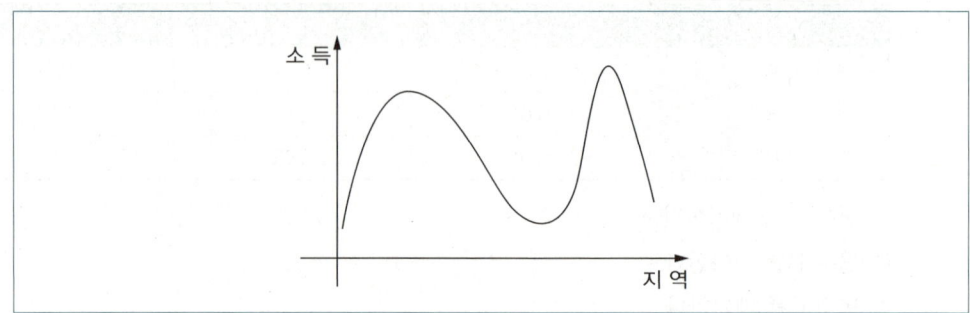

① 범위(Range)
② 중앙값(Median)
③ 평균(Mean)
④ 최빈수(Mode)

32 다음은 P 대학 병원에서 초기 및 말기 암환자들에게 투여한 신약(A, B)의 효과를 측정한 데이터이다. 분석 내용으로 옳지 않은 것은?

구 분	암 초기		암 말기		합 계	
	생존자 수	사망자 수	생존자 수	사망자 수	생존자 수	사망자 수
신약 A	18	2	2	8	20	10
신약 B	7	3	9	21	16	24

① P대학 병원에서의 암 환자 생존율은 50% 이상이다.
② 신약 A를 투여한 환자의 생존율은 50%이고 신약 B를 투여한 환자의 생존율은 40%이다.
③ 암 말기 환자들을 대상으로 볼 때 신약 A의 생존율이 신약 B의 생존율보다 낮다.
④ 암 초기 환자들을 대상으로 볼 때 신약 A의 생존율이 신약 B의 생존율보다 높다.

33 주어진 시간 또는 영역에서 특정 사건의 발생 횟수를 확률변수로 갖는 확률분포로 적절한 것은?

① 균일분포(Uniform Distribution)
② 이항분포(Binomial Distribution)
③ 초기하분포(Hypergeometric Distribution)
④ 포아송분포(Poisson Distribution)

34 다음 중 확률분포에 대한 설명으로 옳지 않은 것은?

① 확률분포는 확률변수를 중심으로 확률변수의 특성에 따라 확률로 표현한 분포이다.
② 확률분포는 데이터의 형태가 이산형인지, 연속형인지에 따라서 구별되며, 확률분포의 특징을 사전에 구별하여 활용한다.
③ 연속확률분포에는 초기하분포, 지수분포, 정규분포가 있다.
④ 이산확률분포에는 베르누이 분포, 포아송 분포, 다항분포가 있다.

35 정규분포를 따르는 확률분포에서 표본의 수=4인 확률변수를 추출하고 이를 각각 X_1, X_2, X_3, X_4라 한다. 이에 대한 설명으로 옳지 않은 것은?

① 표본평균은 확률변수 (X_1, X_2, X_3, X_4)로 추출된 표본의 값에 따라 매번 달라진다.
② 확률변수 (X_1, X_2, X_3, X_4)의 평균은 모집단의 평균(정규분포의 평균)과 동일하다.
③ 확률변수 (X_1, X_2, X_3, X_4)의 평균에 대한 분산(표본평균의 분산)은 모분산보다 작다.
④ 확률변수 X_2, X_3은 서로 종속이다.

36 다음 중 중심극한정리(Central Limit Theorem)에 대한 설명으로 옳지 않은 것은?

① 동일한 확률분포를 가진 독립확률변수 n개의 평균의 분포는 n이 적당히 크면 정규 분포에 가까워진다.
② 표본의 크기가 큰 경우 표본평균의 기댓값은 항상 모평균과 동일하다.
③ 표본의 크기가 큰 경우 표본평균의 분산은 모분산보다 작다.
④ 표본의 크기와 무관하게 표본평균의 기댓값은 항상 모평균의 값과 동일하다.

37 다음 중 모집단의 표준편차를 알지 못하는 경우, 집단들 사이의 평균의 차이를 검정하기 위하여 사용되는 분포로 옳은 것은? (단, n은 표본의 수이다)

① 자유도=n, t 분포
② 자유도=n−1, t 분포
③ 자유도=n, 카이제곱 분포
④ 자유도=n−1, 카이제곱 분포

38 다음 중 데이터세트의 분포가 정규분포를 따르는지를 검정하기 위한 정규성 검정 방법으로 사용되지 않는 것은?

① 샤피로윌크 테스트(Shapiro−wilk Test)
② 카이스퀘어 테스트(Chi−square Test)
③ 콜모고로프−스미르노프 검정(Kolmogorov−smirnov Test)
④ 큐−큐 플롯(Quantile−quantile Plot)

39 빅데이터분석기사 필기시험 응시자들 중 121명에 대한 연령 조사 결과, 평균 연령은 35세이다. 평균에 대한 95% 신뢰구간을 구하시오. [단, 연령에 대한 모표준편차는 11세로 알려져 있고, 표준정규분포(Z)에 대한 P[$Z>1.96$]=0.025, P[$Z>1.64$]=0.05이다]

① (33.04, 36.96)
② (33.04, 36.64)
③ (33.36, 36.64)
④ (33.36, 36.96)

40 P 제약회사에서 다이어트를 위한 신약을 개발하였다. 임의로 추출한 20명의 사람들에게 신약을 복용하게 한 후 전후 효과를 비교하였다. 신약 복용 후 체중이 감량하였는지를 검정하기 위한 표본추출과 검정 방법으로 옳은 것은?

① 독립표본, 단측 검정
② 독립표본, 양측 검정
③ 대응표본, 단측 검정
④ 대응표본, 양측 검정

41 독립변수와 종속변수의 유형(또는 척도)에 따른 데이터 분석 방법에 대한 설명으로 옳지 않은 것은?

① 공변량 분석(ANCOVA ; Analysis of Covariance)은 종속변수가 범주형이고 독립변수가 연속형일 때 사용된다.
② 교차분석(Chi-square Test)은 두 범주형 변수 간의 연관성을 확인하기 위해 교차표(Cross Tabulation)를 만들어 관계를 확인한다.
③ 로지스틱 회귀분석은 종속변수가 명목변수일 때 사용하는 회귀분석 방법으로서 회귀분석과 모든 형태가 같고 단지 종속변수만 이항형 또는 순서적인 다항형인 경우 사용된다.
④ 회귀분석(Regression Analysis)은 관찰된 연속형 변수들에 대해 두 변수 사이의 모형을 구한 뒤 적합도를 측정하는 분석 방법이다.

42 두 가지 확률변수 사이의 상관관계 분석에서 사용되는 공분산(Covariance)에 대한 설명으로 옳지 않은 것은?

① 두 확률변수 (X, Y)의 공분산을 이용하여 두 확률변수 사이 상관관계의 상승 혹은 하강하는 경향을 이해할 수 있다.
② 두 확률변수 중 하나의 값이 상승하는 경향을 보일 때 다른 값도 상승하는 선형 상관성이 있다면 공분산은 양수의 값을 가진다.
③ 두 확률변수 중 하나의 값이 상승하는 경향을 보일 때 다른 값이 하강하는 선형 상관성이 있다면 공분산은 음수의 값을 가진다.
④ 두 확률변수 (X, Y)의 공분산이 0이면, 두 확률 변수 X, Y는 항상 독립이다.

43 다음 중 회귀분석모형에 대한 설명으로 옳은 것은?

① 독립변수가 2개 이상이고, 차수가 2차 이상인 경우 다항 회귀분석모형에 속한다.
② 분석 대상인 종속변수가 2개 이상일 때 Univariate(단변량) 회귀분석이라 한다.
③ 종속변수에 유의한 독립변수가 2개 이상일 때 단순(Simple) 회귀분석이라 한다.
④ 회귀분석모형에서 회귀계수(Regression Coefficient)는 (독립, 종속) 변수 사이에 영향을 미치지 않는다.

44 다음 중 회귀분석을 수행하기 위해 사용되는 독립변수 선택 방법으로 바람직하지 않은 것은?

① 단계별 선택법(Stepwise Selection)
② 전진 선택법(Forward Selection)
③ 차수 선택법(Degree Selection)
④ 후진 제거법(Backward Elimination)

45 다음 그래프로부터 상관계수를 구한 값은? [단, 두 변수 (X, Y) 사이의 공분산=−0.9, X의 분산=4, Y의 분산=0.25이다]

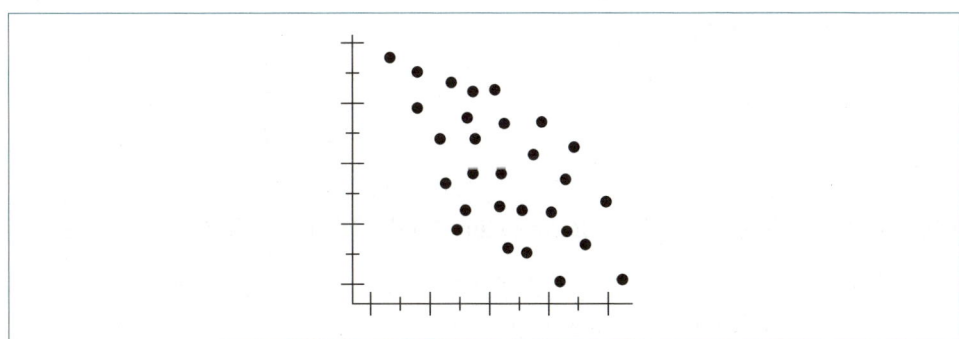

① 0.1
② −0.1
③ 0.9
④ −0.9

46 일반화 선형모형(GLM ; Generalized Linear Model)에 대한 설명으로 옳은 것을 모두 고른 것은?

> (가) 종속(반응)변수가 정규분포를 따르지 않거나 범주형 변수인 경우 사용된다.
> (나) 종속(반응)변수가 정규분포를 따르는 경우만 사용된다.
> (다) 종속(반응)변수가 지정된 연결함수를 통해 요인 및 공변량과 선형적으로 관련되도록 선형모형을 확장한다.
> (라) 최소제곱 회귀분석모형과 달리 모형의 적합치가 최적화되는 모형의 모수를 추정할 필요가 없다.

① (가), (나) ② (가), (다)
③ (나), (다) ④ (나), (라)

47 다음 설명에 해당되는 용어는 무엇인가?

> • 각각의 변수에 신경쓰지 않고 전체 통계 결과를 유추할 때 일어나는 오류
> • 각 부분에 대한 평균이 크다고 해서 전체에 대한 평균까지 크지는 않음
> • 사람들의 직관과 반대되는 상황이 발생될 때 사용하는 표현

① 몬티 홀 문제(Monty Hall Problem)
② 메트칼프의 법칙(Metcalfe Law)
③ 베르트랑의 역설(Bertrand Paradox)
④ 심슨의 역설(Simpson Paradox)

48 로지스틱 회귀분석(Logistic Regression Analysis)에 대한 설명으로 옳은 것은?

① 로지스틱 회귀분석모형은 종속형 변수가 맑음, 흐림, 비와 같은 3개 이상의 카테고리로 분류하는 모형에서는 적용할 수 없다.
② 로지스틱 회귀분석모형을 이용하기 위해서는 분석대상인 독립변수가 반드시 이산형 변수이어야 한다.
③ 이진 분류의 경우 두 개의 범주로 나누어지며, 이를 위해 일반적으로 사인함수를 이용한다.
④ 종속변수가 범주형이면서 0(음성) 또는 1(양성)인 경우와 같이 이진적 분류를 위해 사용된다.

49 다음 중 의사결정나무(Decision Tree Analysis) 분석모형의 결과에서 뿌리노드만 남는 이유로 적절한 것은?

① 각 노드에서의 분류 기준값이 뿌리 노드에서의 분류 기준값과 서로 다르다.
② 분류 변수를 이용하여 뿌리노드에서 분류기준을 결정하기 위한 데이터의 수가 적다.
③ 하위 노드를 분류하기 위한 변수 결정값이 하위 노드에서의 결정값과 일치하지 않는다.
④ 하위 노드를 결정하기 위한 변별력 있는 변수가 없어 뿌리노드에서 분류를 정지한다.

50 다음 중 인공신경망 분석모형에서 과적합(Overfitting)을 감소시키기 위해 사용되는 방법으로 적절하지 않은 것은?

① 가지치기(Tree Pruning)
② 드롭 아웃(Dropout)
③ 데이터 학습률 수정
④ 은닉층 노드 삭제

51 연관성 분석에서 사용되는 측정 지표로서 품목 A가 포함된 거래 중에서 품목 A와 품목 B가 동시에 포함되는 거래의 비율을 평가하는 지표는?

① 신뢰도(Confidence)
② 정확도(Accuracy)
③ 지지도(Support)
④ 향상도(Lift)

52 아래와 같이 군집분석 수행결과 작성된 덴드로그램에서 군집 간 거리(Height)를 Y=4로 정할 때 군집의 개수는?

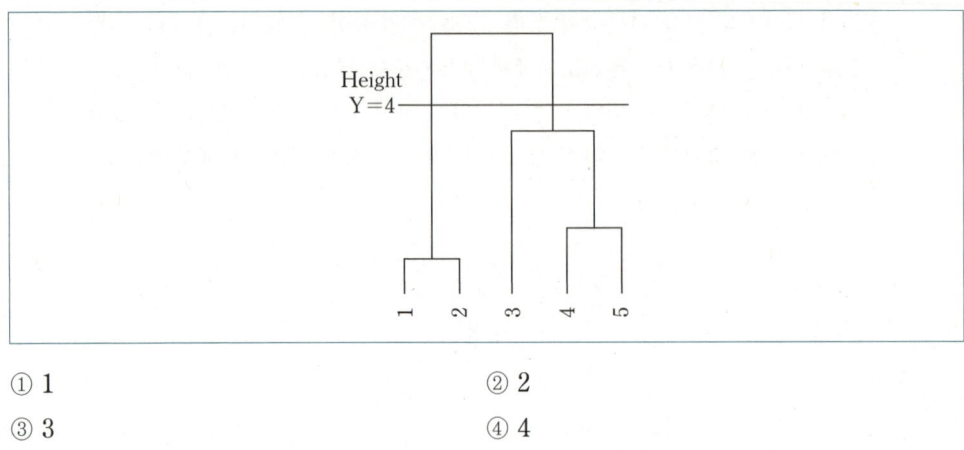

① 1
② 2
③ 3
④ 4

53 다음 중 인자분석(Factor Analysis)에 대한 설명으로 옳지 않은 것은?

① 분석 대상의 변수들이 상호연관성을 가지고 소수의 요인으로 분석되는 경우에 사용되고 해당 요인들을 찾아서 변수를 줄이는 차원축소 방법으로 이용된다.
② 상호연관된 여러 개의 변수들 간의 내부적 상호 관계를 변수들 간의 내재하는 소수의 잠재적인 관측 불가능한 인자를 추출해 내는 다변량 분석 방법 중 하나이다.
③ 인자분석을 위해 사용되는 공분산 행렬에서 행과 열의 수는 동일해야 한다.
④ 회귀분석, 상관분석, 판별분석 등에 사용될 적은 수의 변수를 새롭게 만들기 위해서 사용된다.

54 시간에 따른 일별 온도 변화를 분석하고자 한다. 다음 중 가장 적합한 데이터 분석모형은 무엇인가?

① 군집분석(Clustering Analysis)
② 다변량 분석(Multivariate Analysis)
③ 시계열 분석(Time Series Analysis)
④ 앙상블 분석(Ensemble Analysis)

55 시계열 분석을 위해 사용되는 ARIMA(Autoregressive Integrated Moving Average, 자기회귀 누적이동평균) 모형에 대한 설명으로 옳지 않은 것은?

① 과거의 관측값과 오차를 사용해서 현재의 시계열 값을 설명하는 ARMA(Autoregressive Moving Average) 모형을 일반화한 것이다.
② 시계열이 안정적이지 않을 때 로그를 이용하거나 차분을 통해 시계열을 안정적으로 변환한 뒤 분석을 진행한다.
③ ARIMA 모형은 Autoregression(AR) 모형과 Moving Average(MA) 모형을 합친 모형이다.
④ ARIMA 모형에서 사용되는 백색잡음 데이터들은 서로 독립적이지 않다.

56 심층 인공신경망 구조에서 발생하는 기울기 소실(Gradient Vanishing) 문제에 대한 설명으로 옳은 것은?

① 데이터 학습 시 역전파(Backpropagation) 과정에서 초기 부분의 입력층으로 갈수록 기울기가 점차적으로 커지면서 가중치들이 비정상적으로 업데이트되는 현상이다.
② 비용함수로 사용되는 활성함수를 최소화함으로써 발생되는 가중치의 기울기가 점차적으로 증가하는 현상이다.
③ 역전파 과정에서 레이어(Layer)를 많이 쌓아 데이터 표현력을 증가시킴으로써 학습 기울기가 증가되는 현상이다.
④ 활성함수의 도함수 값이 계속 곱해지면서 가중치에 따른 결괏값의 기울기가 0이 되어, 경사하강법을 이용할 수 없게 되는 현상이다.

57 텍스트 마이닝에서 사용되는 기법으로서 단어를 벡터화(또는 행렬화)하는 방법(Text to Vector)으로 옳지 않은 것은?

① DoC2Vec
② POS Tagging
③ Term Frequency-Inverse Document Frequency(TF-IDF)
④ Word2Vec

58 다음 중 앙상블 분석모형에 대한 설명으로 모두 옳은 것은?

> (가) 단일 데이터 분석모형에 비해 분류 성능이 우수하다.
> (나) 여러 가지 우수한 학습 모형을 조합하여 예측력을 향상시킨다.
> (다) 분석모형에 대한 결과 해석이 쉽고, 예측 시간이 짧다.
> (라) 최종 모형의 예측값을 결정짓는 방법들 중 각 모형의 예측 확률값의 평균 또는 가중 합을 이용하는 것을 하드 보팅(Hard Voting)이라 한다.

① (가), (나)　　② (가), (다)
③ (나), (다)　　④ (나), (라)

59 다음 중 앙상블 분석모형을 최적화하는 방법에 대한 설명으로 옳지 않은 것은?

① 독립적으로 여러 가지 모형을 이용하여 구축된 앙상블 분석모형을 평가하기 위한 데이터세트를 다양화한다.
② 여러 개의 데이터 분석모형을 조화롭게 학습시킨다.
③ 훈련 데이터세트를 무작위로 다른 데이터세트로 만들어서 결정트리 분류기를 만들고, 많은 모형들 중에서 가장 많은 선택을 받은 클래스를 예측한다.
④ 훈련 데이터세트의 중복을 허용하여 샘플링하거나 약한 학습기 여러 개를 서로 연결하고 보완해 가면서 더욱 강한 학습기를 만든다.

60 다음 중 중위수(Median)와 순위합(Rank Sum)을 이용하는 검정 방법에 대한 설명으로 옳지 않은 것은?

① 런검정(Run Test)은 표본의 독립성 검정을 위해서 사용되는 비모수 검정 방법으로 중위수보다 큰 값(혹은 작은 값)을 측정한다.
② 맨－휘트니(Mann－Whitney) 검정은 두 모집단이 확률 분포가 같은지에 대한 가설을 검정하기 위해 순위합을 이용하는 양측 모수 검정방법이다.
③ 부호검정(Sign Test)은 두 표본들의 분포가 동일한지 여부를 검정하는 비모수적 검정 방법으로서 중앙값을 사용하여 비교한다.
④ 크루스칼－왈리스(Kruskal－Wallis) 검정은 동일한 케이스에 대해 반복된 측정이 이어졌을 때 세 개 이상의 집단 비교를 위해 사용되는 비모수 검정 방법으로서 순위의 합을 이용한다.

61 다음 혼동행렬로부터 구하는 성능평가지표의 식으로 옳지 않은 것은?

실제\예측		예측 범주 값	
		Yes(참)	No(거짓)
실제 범주 값	Yes(참)	참긍정(TP ; True Positive)	가음성(FN ; False Negative)
	No(거짓)	가양성(FP ; False Positive)	참부정(TN ; True Negative)

① 재현율(Recall) = TN/(TN+FP)
② 정밀도(Precision) = TP/(TP+FP)
③ 거짓긍정률(FP Rate) = FP/(TN+FP)
④ 참긍정률(TP Rate) = TP/(TP+FN)

62 다음 혼동행렬로부터 재현율에 대한 공식으로 옳은 것은?

실제\예측		예측 범주 값	
		Yes(참)	No(거짓)
실제 범주 값	Yes(참)	참긍정(TP ; True Positive)	가음성(FN ; False Negative)
	No(거짓)	가양성(FP ; False Positive)	참부정(TN ; True Negative)

① FP/(TN+FP)
② TN/(TN+FP)
③ TP/(TP+FN)
④ TP/(TP+FP)

63 재현율(Recall)=60%, 정밀도(Precision)=40%일 때 F1-Score(F-Measure)의 값은?

① 47%
② 48%
③ 49%
④ 50%

64 ROC(Receiver Operating Curve) 그래프에 대한 설명으로 가장 옳지 않은 것은?

① 성능평가 지표들 중 거짓긍정률과 참긍정률을 이용하여 작성한다.
② 범주값 분류 시 긍정 범주와 부정 범주를 판단하는 기준치의 변화에 따른 변화율을 알 수 있다.
③ ROC 그래프가 대각선인 경우 참긍정과 거짓긍정을 제대로 구별하지 못해 바람직하지 않은 모형으로 평가한다.
④ ROC 그래프를 이용하여 혼동행렬을 구할 수 있다.

65 ROC(Receiver Operating Curve) 그래프의 축을 구성하는 지표로 올바르게 짝지어진 것은?

① 민감도, 특이도
② 민감도, 정밀도
③ 특이도, 정밀도
④ 특이도, 정확도

66 예측을 위한 데이터 분석모형의 성능을 평가하기 위한 지표로 옳지 않은 것은? [단, y_i는 참값(실젯값), $\widehat{y_i}$는 예측값이다]

① MAE(Mean of Absolute Erros) $= \sum_{i=1}^{n}|y_i - \widehat{y_i}|/n$

② MPE(Mean of Percentage Errors) $= \sum_{i=1}^{n}\left(\dfrac{y_i - \widehat{y_i}}{y_i}\right)/n$

③ MSE(Mean of Squared Errors) $= \sum_{i=1}^{n}(y_i - \widehat{y_i})^2/n$

④ $RMSE$(Root Mean of Squared Errors) $= \sqrt{\dfrac{\sum_{i=1}^{n}(y_i - \widehat{y_i})^2}{n}}$

67 K-fold 교차 검증에 대한 설명으로 옳지 않은 것은?

① 수집된 데이터의 수가 비교적 적은 경우 정확도를 향상시키기 위하여 사용한다.
② 수집된 데이터의 집합을 체계적으로 바꿔가면서 모든 데이터에 대해 분석모형의 성과를 측정한다.
③ 전체 데이터세트를 K개의 부분집합으로 나누며, 각 부분집합을 차례대로 교차해 검증 데이터로 사용한다.
④ 훈련, 검증, 평가 데이터세트를 2:3:5의 비율로 구성한다.

68 다음 중 인공신경망 분석모형에서 사용되는 드롭아웃(Dropout)과 동일한 효과를 가져오는 기법은 무엇인가?

① 가중치 규제 완화
② 데이터 증강
③ 복잡한 분석모형 사용
④ 학습 데이터 제거

69 다음 중 과대적합에 대한 설명으로 옳지 않은 것은?

① 과대적합은 머신러닝에서 자주 발생하며, 데이터 분석모형이 과대적합일 때 일반적으로 분산이 크다.
② 과대적합은 비선형모형보다 선형모형에서 더 쉽게 발생한다.
③ 과대적합의 경우 데이터 분석모형의 파라미터가 많아 주어진 데이터에서 다소 복잡한 모형을 만든다.
④ 훈련 데이터세트에서 평가 점수가 좋았는데 테스트 데이터세트에서 점수가 굉장히 나쁘다면 훈련 데이터세트에 과대적합되었다고 말한다.

70 다음 중 데이터 분석모형의 평가 기준으로 가장 적절하지 않은 것은?

① 분류 및 예측의 정확도(Accuracy)
② 수집된 데이터 표본의 충분성(Sufficiency)
③ 예측값과 실젯값 사이의 편향(Bias)
④ 예측값들의 분산(Variance)

71 다음 중 데이터 마이닝 기법 중 하나로, 기존 데이터나 미래 상황에 대한 가정을 활용하여 고객이 제안에 반응을 보이거나 특정 제품을 구매할 확률 등 비즈니스 활동 결과를 예측하는 분석 방법은 무엇인가?

① Association Analysis
② Clustering Analysis
③ Predictive Analysis
④ Propagation Analysis

72 다음 중 데이터 분석모형 선정 방법으로 가장 옳지 않은 것은?

① 다양한 분석모형을 적용하여 그중 가장 정확도가 높고 일반화 능력이 우수한 모형을 선정한다.
② 단순한 데이터 분석모형보다 복잡한 분석모형일수록 무조건 성능이 우수하다.
③ 바람직한 데이터 분석모형을 선정하기 위하여 사전에 분석 데이터 수준, 기술적 적용 수준, 분석의 전략적 중요성을 고려한다.
④ 상황에 따라 어떤 분석모형을 적용해야 하는지에 대한 명확하고 검증된 이론이나 기준은 일반적으로 존재하지 않는다.

73 데이터 분석결과에 대한 스토리텔링(Storytelling) 수행 업무가 아닌 것은?

① 사용자별 데이터세트 및 정보 정의
② 사용자 시나리오 작성
③ 스토리보드 기획
④ 스토리보드 도구 검증

74 다음 중 빅데이터 분석결과의 활용에 대한 설명으로 옳지 않은 것은?

① 기업에게 새로운 상품과 서비스를 개발할 수 있는 기회가 생길 수 있다.
② 다양한 대안들에 대한 비교분석을 통해 효율적인 의사결정을 할 수 있다.
③ 창의적이고 효율적인 새로운 아이디어를 얻을 수 있다.
④ 항상 경제적으로 이익을 얻을 수 있다.

75 데이터 분석결과를 시각화하기 위한 주요 프로세스가 아닌 것은?

① 구조화
② 시각표현
③ 시각화
④ 정 제

76 다음 중 관계 시각화 기술로 가장 옳지 않은 것은?

① 버블 차트(Bubble Chart)
② 체르노프 페이스(Chernoff Face)
③ 산점도(Scatter Plot)
④ 히스토그램(Histogram)

77 다음 중 비교 시각화 기술로 가장 옳지 않은 것은?

① 히트맵(Heat Map)
② 스타 차트(Star Chart)
③ 버블 차트(Bubble Chart)
④ 평행 좌표 그래프(Parallel Coordinate Plot)

78 다음 설명에 해당하는 시각화 기법은 무엇인가?

- 우리나라 각 지역별 판매 상품에 대한 판매량 표현
- 행을 지역으로, 열을 상품으로 지정
- 각각의 셀에 판매량을 색상으로 지정

① 체르노프 페이스(Chernoff Face)　② 버블 차트(Bubble Chart)
③ 스타 차트(Star Chart)　④ 히트맵(Heat Map)

79 인포그래픽(Infographics)에 대한 설명으로 옳지 않은 것은?

① 많은 정보를 효율적으로 표현할 수 있다.
② 시각적 형태로 전달하기 위해 차트, 지도, 다이어그램, 로고, 일러스트레이터 등을 활용한다.
③ 분석대상의 각각의 변수들에 대한 패턴을 효율적으로 발견할 수 있다.
④ 시각화된 정보의 이해가 쉽고 오랫동안 기억할 수 있으며, 인터넷 등을 통해 자발적으로 확산되는 효과가 있다.

80 다음 중 데이터 분석모형을 이용한 분석결과(머신러닝 분석결과)의 산출물로 옳지 않은 것은?

① 데이터 분석 계획서　② 분석모형 유지보수 가이드
③ 알고리즘 보안 계획서　④ 효과검증 프로젝트 결과 보고서

2023년 제6회 기출복원문제

- 제1과목 빅데이터 분석 기획
- 제2과목 빅데이터 탐색
- 제3과목 빅데이터 모델링
- 제4과목 빅데이터 결과 해석

01 다음 중 빅데이터분석 산업의 단점이 아닌 것은?

① Human to Human(인간과 인간) 사이의 연결이 상시 가능하게 되었다.
② 개인정보의 유출로 보안 문제가 발생할 수 있다.
③ 개인 프라이버시가 침해될 수 있다.
④ 이성적 능력으로 예측할 수 없는 수많은 미지의 예측들로 빅데이터에 대한 의존성이 심화될 수 있다.

02 빅데이터 분석 업무를 수행하기 위한 조직 구조의 설명으로 옳지 않은 것은?

① 빅데이터 분석 조직은 크게 집중 구조, 기능 구조, 분산 구조의 유형으로 나눌 수 있다.
② 집중 구조는 전담 조직에서 분석 업무를 수행하기 때문에 다른 현업 부서와 업무가 중복되지 않는다.
③ 기능 구조는 각 해당 부서에서 업무를 수행하기 때문에 전사적인 핵심 분석이 다소 어렵다.
④ 분산 구조는 분석 인력을 현업 부서에 배치하기 때문에 부서별 역할 분담을 사전에 명확하게 설정하여야 한다.

03 데이터 사이언스(Data Science)에 대한 설명으로 알맞은 것은?

① 인문, 사회, 의학, 공학 등 전반적인 영역에 골고루 활용되고 있다.
② 데이터 사이언스는 데이터 마이닝, 머신러닝, 예측·분류 분석 등 주로 확률 및 통계 분야에만 적용되는 영역이다.
③ 의학, 공학 등의 영역에서는 많이 사용되고 있지만 비즈니스 인사이트 추출에는 한계가 있어 널리 이용되지 않고 있다.
④ 데이터에서 인사이트를 얻기 위한 종합적인 접근 방법이긴 하지만 데이터 가치와는 거리가 멀다.

04 다음 중 데이터 분석을 통한 개선사항을 도출하기 위하여 분석 대상 현황을 파악하고 개선과제를 정의하는 단계로 옳은 것은?

① 도메인 이슈 도출
② 보유 데이터 자산 확인
③ 분석목표 수립
④ 프로젝트 계획

05 데이터 거버넌스(Data Governance)의 구성 요소로 적절하지 않은 것은?

① IT 인프라(IT Infra)
② 프로세스(Process)
③ 조직(Organization)
④ 원칙(Principle)

06 조직의 데이터 거버넌스 수준 진단 결과, 분석 준비도는 기준에 비해 낮지만 비즈니스, 조직, 역량, IT 영역에서의 성숙도는 높은 것으로 판단되었다. 이 조직은 다음 사분면 분석결과 중 어느 수준에 해당되는가?

① 도입형 수준
② 정착형 수준
③ 준비형 수준
④ 확산형 수준

07 조직의 분석 준비도(Readiness)를 진단하기 위하여 분석 업무 도입 방법론, 분석 기법의 라이브러리, 분석 효과성 평가, 정기적인 개선 여부 등을 평가하는 영역은 무엇인가?

① IT 인프라 진단
② 분석 기법 진단
③ 분석 인력 및 조직 진단
④ 분석 활용 진단

08 다음 중 인공지능 시스템 구현 기법에 대한 설명으로 틀린 것은?

① 머신러닝이란 컴퓨터가 명시적으로 프로그램되지 않고도 학습할 수 있도록 하는 연구 분야이며, 학습을 위해 (지도, 비지도, 강화) 등의 학습 방법을 이용한다.
② 인공신경망이란 소프트웨어적으로 인간의 뉴런 구조를 본떠 만든 머신러닝 모델로 인공지능 기술 중 한 형태이다.
③ 딥러닝은 인간의 뇌 신경망을 모방한 인공신경망의 한 종류이다.
④ 머신러닝은 딥러닝의 일부이다.

09 데이터 분석을 위한 마스터 플랜 수립 작업으로 옳은 것은?

① 데이터 분석 과제를 정의하고 과제의 중요도 및 난이도 등을 고려하여 우선순위를 결정하며, 단기와 중장기로 구분하여 분석 로드맵을 수립한다.
② 분석 목표와 프로젝트 계획에 따라 보유하고 있는 데이터 자산을 점검한다.
③ 분석하고자 하는 과제 현황을 파악, 분석하고 개선 과제를 정의, 도출한다.
④ 최종적으로 데이터 분석 보고서를 작성하고 빅데이터 분석결과 시각화 기법을 이용한다.

10 다음 중 데이터 탐색 업무에 대한 설명으로 가장 옳지 않은 것은?

① 분석 대상 데이터를 탐색함으로써 데이터 특징을 파악한다.
② 데이터를 탐색하고 시각화하여 통찰력을 발견하고 조사 영역 및 패턴을 식별한다.
③ 변수 파악, 통계량 산출, 상관분석 등을 수행하고 시각화를 통해 Data Insights를 얻는다.
④ 데이터 분석 모형의 수행 결과를 해석하는 업무에 해당된다.

11 데이터 수집 및 통계분석 시 고려 사항으로 옳지 않은 것은?

① 데이터 유형을 고려하여 데이터 유형별로 효율적인 데이터 수집 기술을 결정한다.
② 수집 데이터의 위치에 따라 내부와 외부 데이터로 구분하며 외부 데이터의 경우 데이터 수집 시 기술적 제약이 많고 수집 비용이 많이 든다.
③ 데이터 분석을 이용한 추론통계에서는 모집단을 이용하여 표본집단을 추론한다.
④ 데이터 수집 후 기술통계에서는 데이터 분석을 위해 필요한 통계적 기법을 이용하여 데이터를 정리 및 요약한다.

12 외부 데이터에 대한 설명으로 가장 옳은 것은?

① 내부에 있는 데이터 저장소를 이용하며, 데이터 수집 비용이 저렴하다.
② 대부분 정형 데이터이므로 일반적인 CRUD 처리 아키텍처와 같은 구성이 가능하다.
③ 소셜, 센서, 공개 데이터 등 상대적으로 잠재적 가치가 높고 선택의 폭이 넓은 데이터 수집이 가능하다.
④ 해당 소스 데이터 담당자와 의사소통이 원활하기 때문에 수집 난도가 상대적으로 낮다.

13 데이터는 (정형, 반정형, 비정형)의 유형으로 구분한다. 이와 관련된 빅데이터의 특성으로 가장 옳은 것은?

① 가 치
② 규 모
③ 다양성
④ 속 도

14 데이터에 존재하는 노이즈(Noise, 잡음)로 인해 거칠게 분포된 데이터를 매끄럽게 만들면서 노이즈를 제거하는 데이터 변환 기법은 무엇인가?

① Aggregation(총계)
② Min-Max Normalization(최소-최대 정규화)
③ Normalization(정규화)
④ Smoothing(스무딩)

15 다음 중 데이터 전처리 작업에서 수행되는 데이터 정제(Data Cleansing) 업무로 적합하지 않은 것은?

① 노이즈(잡음) 데이터 문제를 해결하기 위해 평균에서 3×표준편차보다 큰 값을 제거한다.
② 데이터 결측치 문제를 해결하기 위해 표본을 다시 수집하여 결측값을 채워 넣는다.
③ 데이터를 분석 목적에 맞게 하고 데이터 분석가가 이해하기 쉽게 하기 위해 데이터 유형을 변환한다.
④ 이상값 데이터를 결측값으로 대체하거나 해당 이상치를 제거(Trimming)한다.

16 (60, 70, 80) 데이터에 대한 최소−최대 정규화(Min−Max Normalization) 처리 결과의 합을 구하시오.

① 1
② 1.5
③ 2
④ 2.5

17 다음 중 비정형 데이터의 특성으로 옳은 것은?

① 보통 NoSQL 데이터베이스에 저장한다.
② 보통 전통적인 관계형 데이터베이스에 저장한다.
③ 분산 파일 시스템에 저장할 수 없다.
④ 데이터 저장 시스템 선정 시 데이터 유형을 고려하지 않아도 된다.

18 다음 중 데이터 저장 시스템에 대한 설명으로 옳지 않은 것은?

① 데이터마트는 데이터웨어하우스의 경량화된 형태로서 주로 본부별, 부서별 또는 업무 영역별로 구성되는 소규모 데이터웨어하우스이다.
② 데이터 레이크는 데이터마트와 달리 데이터를 더 많이 모으기 위해 등장한 개념이며, 다양한 종류의 데이터를 모으는 관점에서 고안된 개념이다.
③ 데이터 댐은 여러 곳에서 생산되는 데이터를 수집, 분류, 가공해 누구나 쉽게 인공지능과 네트워크를 결합해 쓸 수 있도록 공급하는 시스템 개념이다.
④ 데이터 소매점은 데이터웨어하우스, 그리고 데이터 도매점은 데이터마트의 개념으로 사용된다.

19 저사양의 서버들로 제한적 환경을 가지고 있는 경우 빅데이터를 효율적으로 저장하기 위하여 대용량, 데이터 집중형의 애플리케이션을 지원하고 사용자들에게 고성능의 Fault-tolerant 환경을 제공하기 위해 고려되는 저장 시스템은 무엇인가?

① 데이터베이스 시스템
② 레거시 시스템
③ 병렬 파일 시스템
④ 분산 파일 시스템

20 다음 중 분산 파일 시스템(Distributed File System)에 대한 설명으로 옳은 것은?

① 서비스를 위한 모든 컴퓨팅 자원을 하나의 중앙 서버에 배치하기 때문에 서버 오류 발생 시 전체 서비스가 실패하게 된다.
② 네트워크를 사용하기 때문에 노드들 사이의 데이터 전송 시 데이터 손실(또는 누락) 가능성이 있고 여러 클라이언트에서 동시에 동일 데이터 접근 시 지연 및 장애가 발생할 수 있나.
③ 데이터를 물리적으로 다른 위치에 중복하여 저장함으로써 디스크 장애 발생 시 복구의 어려움이 있다.
④ 사용자가 원하는 파일들이 분산되어 있어 다수의 사용자들은 원격으로 데이터를 공유할 수 없다.

21 다음 중 데이터 전처리(Data Pre-processing) 작업에 해당하지 않은 것은?

① 데이터 정제(Cleansing)
② 데이터 준비(Collection)
③ 데이터 필터링(Filtering)
④ 데이터 유형 변환(Type Transformation)

22 데이터 추출, 변환, 로드(적재, 저장) 작업을 뜻하는 용어로써, 기존 데이터를 저장하거나 집계하여 분석하고 비즈니스 의사결정 과정에 활용하는 업무를 무엇이라고 하는가?

① Data Integration
② Data Loading
③ Data Virtualization
④ ETL

23 다음 MapReduce 작업을 위한 디자인 패턴(Design Pattern)은 무엇인가?

- 특별한 관계를 발견하기 위해 다른 데이터세트를 함께 분석한다.
- 대표적으로 하둡 맵리듀스 활용 시 서로 다른 유형의 데이터세트를 함께 분석하기 위해 사용된다.
- 실제 연산이 수행되는 위치에 따라 Map 단, Reduce 단에서의 연산으로 나뉜다.
- 이항연산자의 경우 두 개의 입력을 요구한다.

① 요약 패턴
② 메타 패턴
③ 조인 패턴
④ 필터링 패턴

24 결측값(또는 결측치, Missing Value) 처리를 위한 다음 기법은 무엇인가?

> 데이터 값이 관측되지 않거나 해당 칸이 비어 있는 결측치를 처리하기 위하여 평균 대치, 단순 확률 대치 등의 작업을 한 번 하지 않고 m번의 대치를 통한 m개의 가상적 완전한 자료를 만들어서 분석하고 대치, 분석, 결합의 단계를 수행한다.

① 다중 대치법(Multiple Imputation)
② 단순 대치법(Single Imputation)
③ 단순 확률 대치법(Single Stochastic Imputation)
④ 평균 대치법(Mean Imputation)

25 다음 중 데이터 이상값(Outlier) 발생 원인으로 옳지 않은 것은?

① 보고 오류(Reporting Error)
② 처리 오류(Processing Error)
③ 측정 오류(Measurement Error)
④ 표본 오류(Sampling Error)

26 다음 중 이상값(Outlier) 처리와 관련된 설명으로 가장 옳지 않은 것은?

① 이상값이란, 관측된 데이터의 범위에서 많이 벗어난 아주 작은 값이나 큰 값으로써, 의사결정에 큰 영향을 미칠 수 있어 데이터 전처리 과정에서 적절한 처리가 필수적이다.
② 이상값을 찾기 위하여 박스 플롯을 이용하는 경우 사분위수 범위값을 이용하여 탐지할 수 있다.
③ 분석의 목적이나 종류에 따라 이상값을 제거하거나 대체하며, 이상값을 대체하기 위하여 평균, 최빈값, 중앙값, 예측값 등을 이용한다.
④ 이상값을 평균값으로 대체하여 사용하는 경우 데이터 변환 작업 시 데이터의 신뢰도 문제가 발생하지 않는다.

27 다음과 같이 상자와 T자 형태의 선으로 데이터를 시각화하여 이상치, 사분위 범위, 중앙값 등을 확인하는 차트의 이름은 무엇인가?

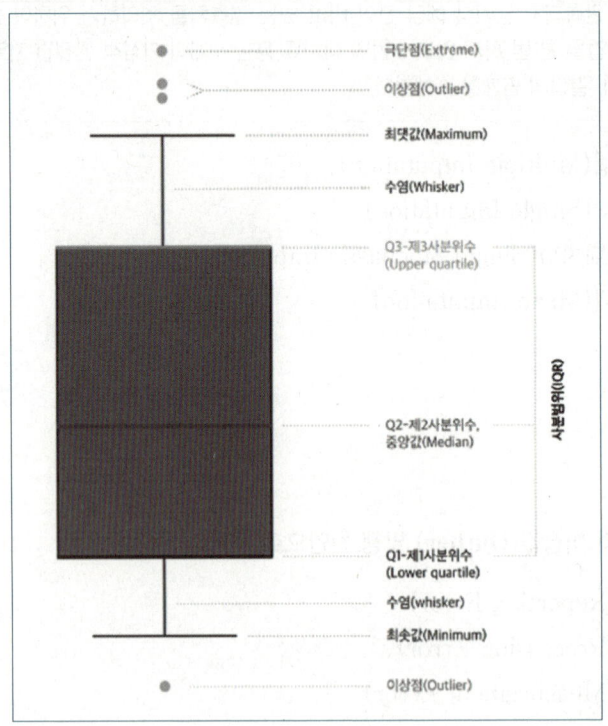

① 박스 플롯
② 산점도
③ 점도표
④ 히스토그램

28 다음 중 변수 특성이 다른 하나는 무엇인가?

① 실내 온도
② 책의 두께
③ 키
④ 혈액형

29 주성분 분석(PCA, Principal Component Analysis)에 대한 설명으로 옳지 않은 것은?

① 기존의 변수를 조합하여 서로 연관성이 없는 새로운 변수, 즉 주성분들을 만든다.
② 데이터를 한 개의 축으로 사상시켰을 때 그 분산이 가장 커지는 축을 첫 번째 주성분, 두 번째로 커지는 축을 두 번째 주성분으로 놓이도록 새로운 좌표계로 데이터를 선형 변환한다.
③ 음수가 포함되지 않은 전체 원소가 양수인 행렬 V를 음수를 포함하지 않는 행렬 W와 H의 곱으로 분해한다.
④ 차원축소 기법 중 하나로 원 데이터의 분포를 최대한 보존하면서 고차원 공간의 데이터들을 저차원 공간으로 변환한다.

30 파생변수(Derived Variable)의 사용 예로 옳지 않은 것은?

① 나이 결측값을 평균값으로 생성
② 원점수(0~100)로 표준편차가 반영된 수능 표준점수 생성
③ 주민번호로 나이 생성
④ 키와 몸무게로 BMI(체질량 지수) = 몸무게/(키×키) 변수 생성

31 변수 변환을 위한 원-핫 인코딩(One-hot Encoding)에 대한 설명으로 옳지 않은 것은?

① 단어 집합의 크기를 벡터 차원으로 하고, 표현하고자 하는 단어의 인덱스에 1, 다른 인덱스에는 0을 부여하는 방식에 적용된다.
② 데이터를 수많은 0과 한 개의 1의 값으로 데이터를 구별하는 인코딩 방법이다.
③ 범주형의 종류 개수 크기의 벡터를 0으로 초기화하고, 특정 범주를 나타내기 위해 특정 위치의 값을 1로 설정한다.
④ 범주형 변수를 숫자형 변수로 변환하기 위해 공간을 효율적으로 사용하게 된다.

32 데이터 불균형(또는 클래스 불균형, Class Imbalance)에 대한 설명으로 옳지 않은 것은?

① 클래스 불균형은 클래스의 개수보다 클래스별 샘플의 개수와 관련된 문제를 주로 뜻한다.
② Oversampling(오버샘플링)은 양이 적은 데이터를 양이 많은 데이터로 원본 데이터의 성질과 동일하도록 샘플링하는 방법이다.
③ Undersampling(언더샘플링)은 양이 많은 데이터를 양이 적은 데이터로 대표성을 잘 가지도록 샘플링하는 방법이다.
④ Weight Balancing(클래스 가중치 조정) 기법으로는 불균형 문제를 해결할 수 없다.

33 탐색적 데이터 분석(EDA, Exploratory Data Analysis)에 대한 설명으로 옳지 않은 것은?

① 자료 구조와 함께 자료가 가지고 있는 본연의 의미를 분석하는 과정으로서 데이터 분석 모형 적합과 정교한 모형 개발에 도움을 준다.
② EDA 분석을 효율적으로 수행하기 위해 다양한 데이터 시각화 방법을 이용한다.
③ 분석 대상이 되는 상호 의미 있는 속성들 사이의 상관관계를 갖는 속성의 조합을 찾는 과정이 포함된다.
④ 주성분 분석(PCA, Principal Component Analysis) 과정은 포함되지 않는다.

34 다음과 같이 도표 위에 독립변수(X)와 종속변수(Y)의 값이 만나는 점을 표시하여 두 변수 사이의 관계를 알 수 있다. 이 도표의 이름은 무엇인가?

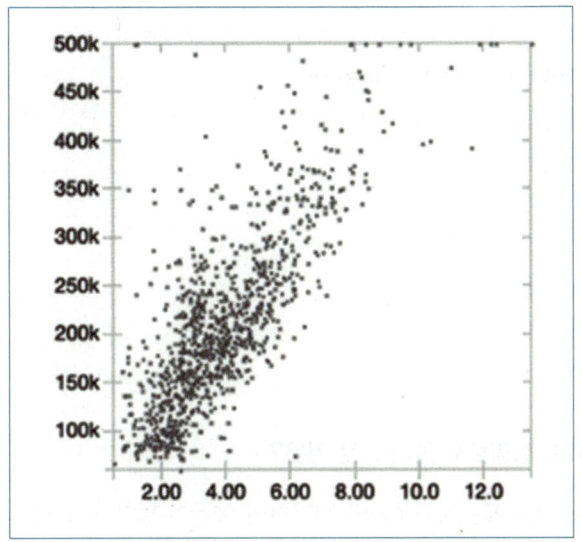

① 박스 플롯
② 산점도
③ 점도표
④ 히스토그램

35 모집단에서 추출한 다음 표본 데이터에 대한 평균과 분산을 구하시오.

(2, 4, 6, 8, 10)

① 평균 = 6, 분산 = 8
② 평균 = 6, 분산 = 10
③ 평균 = 7, 분산 = 8
④ 평균 = 7, 분산 = 10

36 표준편차를 표본평균(또는 모평균)으로 나눈 값으로 측정 단위가 서로 다른 자료를 비교할 때 주로 사용하는 값은 무엇인가?

① 범위(Range)
② 변동계수(Coefficient of Variation)
③ 왜도(Skewness)
④ 첨도(Kurtosis)

37 기술통계량에 대한 설명으로 옳지 않은 것은?

① 첨도(Kurtosis)는 표준정규분포와 비교하여 양끝이 얼마나 뾰족한 형태인지를 나타낸다.
② 중앙값(Median)은 데이터를 크기 순서대로 나열했을 때, 가운데 위치한다.
③ 왜도(Skewness)는 평균에 대한 비대칭 정도(왼쪽 또는 오른쪽 꼬리 형태)를 나타낸다.
④ 범위(Range)는 데이터의 최댓값과 최솟값의 차로써 데이터가 퍼져 있는 영역의 크기를 나타낸다.

38 독립변수 X에 대하여 어떤 사건이 일어날 확률 $p = \Pr[Y=1|X]$라고 할 때, Odds Ratio(오즈비, $O1 = p/(1-p)$)와 파라미터 (a, b) 사이의 관계는 다음과 같다. X의 값이 1 증가할 때 O1과 비교하여 Odds Ratio(O2)는 몇 배 증가(O2/O1)하는가?

$$\ln(p/(1-p)) = a+bX$$

① e^a 증가
② e^b 증가
③ 1 증가
④ 증가하지 않는다.

39 P병원 조사 결과, 흡연자 200명 중 폐암 20명, 비흡연자 220명 중 폐암 4명으로 조사되었다. 흡연 여부에 대한 폐암 오즈비(Odds Ratio)를 구하시오.

① 1
② 4
③ 5
④ 6

40 한 시간 동안 P은행 업무 처리를 위해 방문한 평균 고객의 수(m)와 다음 분포를 이용하여 업무를 원활하게 처리하기 위해 필요한 적정 직원의 수를 구하고자 한다. 다음 중 어떤 분포를 이용하는가? (단, $e=2.718282$는 자연상수이다.)

$$f(x) = \frac{e^{-m}m^x}{x!},\ x=0,\ 1,\ 2,\cdots$$

① 기하분포
② 다항분포
③ 이항분포
④ 포아송 분포

41 다음 중 독립변수가 연속형이고 종속변수가 범주형인 경우 사용되는 데이터 분석 모형으로 가장 적합하지 않은 것은?

① 군집분석
② 다중선형 회귀분석
③ 로지스틱 회귀분석
④ 서포트벡터머신

42 데이터 분할(Data Splitting)에 대한 설명으로 바람직하지 않은 것은?

① 학습 데이터란 데이터를 학습하여 분석 모형을 만드는데 직접적으로 활용되는 데이터이다.
② 모형을 학습하는 과정에서 학습이 잘 이루어지고 있는지 확인하기 위해 검증용 데이터세트를 이용한다.
③ 성능을 높이기 위해 하이퍼파라미터를 미세조정하며, 검증 데이터보다 학습 데이터세트를 이용한다.
④ 학습 데이터와 검증 데이터세트는 반드시 동일한 데이터 전처리 과정을 거쳐야 한다.

43 회귀분석 모형의 성능을 평가하기 위한 지표인 결정계수(Coefficient of Determination, R^2)에 대한 설명으로 틀린 것은?

① 결정계수는 회귀모형 내에서 설명변수(또는 독립변수) X로 설명할 수 있는 반응변수(또는 종속변수) Y의 변동 비율로 구한다.
② 결정계수는 0부터 1의 값을 가지며, 0에 가까울수록 설명변수 X와 반응변수 Y는 선형 상관관계의 정도가 없고, 1에 가까울수록 선형 관계의 정도가 크다고 평가한다.
③ 결정계수가 0에 가까울수록 회귀식의 정확도는 매우 낮고 1에 가까울수록 정확도는 매우 높다고 평가한다.
④ 분석 대상인 독립변수가 많을수록 결정계수는 0에 가까워지고 적어질수록 1에 가까워진다.

44 독립변수(또는 설명변수)가 2개 이상인 회귀분석 모형(다중회귀분석) 구축 시 필요한 가정으로 옳지 않은 것은?

① 각 독립변수는 종속변수와 선형관계에 있다.
② 회귀모형의 잔차는 등분산성을 만족한다.
③ 회귀모형의 잔차는 종속변수와 선형관계에 있다.
④ 회귀모형의 잔차는 평균=0인 정규분포를 따른다.

45 데이터 분석을 위한 데이터세트는 변수 10,000개로 1,000명에 대한 조사 자료(변수의 수가 대상자의 수보다 많은 경우)이다. 다음 중 데이터분석 모형 구축 방법에 대한 설명으로 가장 옳지 않은 것은?

① 일반적으로 모형의 성능을 검증하기 위해 1,000명의 데이터세트를 이용하여 동일한 과정을 100번 수행한다.
② 독립변수의 수가 많은 경우 차원축소 기법을 이용한 유효 변수 추정 후, 홀드아웃 또는 K-fold 교차 검증 방법으로 (학습, 검증) 데이터세드를 구성한다.
③ 분석 대상자 수에 비해 고려하는 변수의 개수가 많으면 회귀분석 모형에서 회귀계수에 대한 추정에 실패할 확률이 크다.
④ 차원의 저주(The Curse of Dimensionality)는 데이터 학습을 위하여 차원이 증가하면서 학습 데이터 수가 차원의 수보다 적어져 성능이 저하되는 현상을 뜻한다.

46 데이터 수집 후 다음과 같은 문제점을 해결하기 위해 수행되는 전처리 작업은 무엇인가?

- 데이터세트의 특성이 많아지면, 각 특성인 하나의 차원이 증가하게 된다.
- 많은 양의 데이터를 대상으로 분석하는 경우 많은 시간이 소요로 인해 비현실적이다.
- 데이터의 차원이 증가할수록 데이터 공간의 부피가 기하급수적으로 증가하게 된다.
- 차원이 증가하면서 학습 데이터의 수가 차원의 수보다 적어져 성능이 저하된다.
- 차원이 증가할 수록 개별 차원 내 학습 데이터의 수가 적어진다.

① 데이터 밸런싱(Data Balancing)
② 데이터 변환(Data Transformation)
③ 데이터 정제(Data Cleansing)
④ 데이터 축소(Data Reduction)

47 회귀분석 모형의 구축 절차로 옳은 것은?

① 기본 가정(선형성, 정규성, 등분산성, 독립성 등) 검증 → 회귀계수 추정 및 독립변수별 유의성 검정 → 분석 대상의 독립변수 및 종속변수 설정 → 회귀분석 모형의 유의성 검정 및 최종 모형 선정

② 기본 가정(선형성, 정규성, 등분산성, 독립성 등) 검증 → 분석 대상의 독립변수 및 종속변수 설정 → 회귀계수 추정 및 독립변수별 유의성 검정 → 회귀분석 모형의 유의성 검정 및 최종 모형 선정

③ 분석 대상의 독립변수 및 종속변수 설정 → 기본 가정(선형성, 정규성, 등분산성, 독립성 등) 검증 → 회귀계수 추정 및 독립변수별 유의성 검정 → 회귀분석 모형의 유의성 검정 및 최종 모형 선정

④ 분석 대상의 독립변수 및 종속변수 설정 → 회귀계수 추정 및 독립변수별 유의성 검정 → 기본 가정(선형성, 정규성, 등분산성, 독립성 등) 검증 → 회귀분석 모형의 유의성 검정 및 최종 모형 선정

48 회귀분석 모형 적용 시 독립변수들 사이의 상관관계를 먼저 확인(변수들 사이의 다중공선성)하여야 한다. 다음 중 다중공선성을 측정하기 위해 사용되는 지표는 무엇인가?

① Studentized Residual(스튜던트화 잔차)
② Mallow's Cp(멜로우즈 Cp)
③ Coefficient of Determination(결정계수)
④ Variance Inflation Factor(분산팽창지수)

49 Causal Analysis에 대한 설명으로 옳은 것은?

① 독립변수와 종속변수 사이의 결정계수를 분석한다.
② 독립변수와 종속변수 사이의 상관관계를 분석한다.
③ 독립변수와 종속변수 사이의 선형관계를 분석한다.
④ 독립변수와 종속변수 사이의 인과관계를 분석한다.

50 단순선형회귀분석에 대한 설명으로 옳지 않은 것은?

① 관측치가 회귀분석 모형이 예측한 값과 크게 다른 경우 아웃라이어(Outlier, 이상치) 값을 식별하기 위하여 Tukey Fence 또는 Z-score 방법을 이용한다.
② 대응하는 독립변수의 값이 보통 수준과 다른 경우 레버리지 통계량 값이 높은 관측치이며, 이는 회귀분석 결과에 큰 영향을 미치지 않는다.
③ 두 개 또는 그 이상의 설명변수(독립변수)들이 서로 밀접하게 상관되어 있는 경우 다중공선성(Multcollinearity)을 검출하여 변수를 제외하거나 차원축소(변수 결합) 기법을 적용한다.
④ 주어진 잔차(관측치-예측치)를 설명변수(독립변수)에 대해 그래프로 표현했을 때, 일정한 패턴이 존재하는 경우 선형 회귀분석 모형에 문제가 있으므로 다른 모형(다항 회귀 또는 비선형적 모형 등)을 적용한다.

51 독립변수가 12개일 때 절편을 포함하는 다중회귀분석 모형을 이용하여 회귀식을 추정한다. 각각의 종속변수에 대하여 세 가지 범주(계절, 월, 지역)를 고려하여야 하는 경우 필요한 회귀계수는 총 몇 개인가?

① 24
② 25
③ 36
④ 37

52 여러 개 독립변수와 하나의 종속변수 사이의 선형관계 분석 모형(다중선형회귀)의 성능을 평가하기 위한 지표로 옳은 것은?

① 결정계수, 표본의 수, 독립변수의 수를 이용하여 구한 수정된 결정계수를 이용한다.
② 단순선형회귀분석에서 구한 결정계수를 이용한다.
③ 데이터 전체의 흩어진 정도를 나타내는 값들 중에서 잔차 제곱합의 비율을 이용한다.
④ 분산팽창지수를 이용한다.

53 다음 중 회귀분석 결과의 해석으로 가장 옳지 않은 것은?

① 하나 이상의 예측(독립, 설명) 변수와 반응(종속, 관측) 변수의 통계적 관계를 설명하는 공식을 도출할 수 있다.
② 가능하다면 반응 변수에 중요한 방식으로 영향을 줄 수 있는 상호 작용을 미리 식별하는 것이 바람직하다.
③ 교호작용(Interaction)이란 한 요인의 효과가 다른 요인의 수준에 의존하는 경우로 교호작용도를 사용하여 분석하고 교호작용도가 평행선(선형회귀의 경우)으로 나타나면 교호작용도가 없다고 해석한다.
④ 선형회귀식의 경우 교호작용의 해석 결과는 동일한 회귀계수를 이용하여 생성한 다항 회귀식(또는 비선형 회귀식)에도 동일한 의미로 해석된다.

54 다음과 같이 의사결정나무를 이용하여 변수의 값(X)에 따른 분류 분석을 하고자 한다. 의사결정나무 구조에서 X1과 X2의 값으로 옳은 것은?

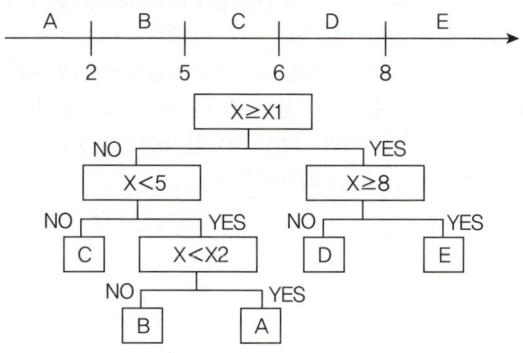

① X1 = 6, X2 = 2
② X1 = 6, X2 = 5
③ X1 = 8, X2 = 2
④ X1 = 8, X2 = 5

55 의사결정나무 분석에서 사용되는 알고리즘으로써 엔트로피 지수(Entropy Index, 다항 분포에서 우도비 검정통계량 활용)를 계산하여 부모마디에서 자식마디로의 분기를 수행하는 기법은 무엇인가?

① Alpha-Beta 가지치기(알파-베타컷)
② C4.5
③ CART
④ CHAID

56 다음 중 시계열 분석과 관련된 설명으로 옳지 않은 것을 모두 고르시오.

> (가) 시계열은 크게 정상성(Stationarity)과 비정상성(Non-Stationarity) 자료로 구분되며, 비정상성 자료에 대한 시계열 분석이 더욱 어렵다.
> (나) 횡단면 자료처럼 종단면 자료 즉 시계열 자료는 관측값들 사이의 독립성이 중요하다.
> (다) 지수평활법에서는 과거값에 큰 가중치를 두고 최근의 자료에 더 작은 가중치를 적용한다.
> (라) 이동평균법은 과거부터 현재까지의 시계열 자료를 대상으로 일정기간별로 이동평균을 구하고 이들의 추세를 파악하여 다음 기간을 예측한다.

① (가), (나)
② (나), (다)
③ (다), (라)
④ (나), (라)

57 시계열 자료를 분석하기 위하여 시차값 사이에 선형관계를 측정함으로써 이전 시기의 데이터로 다음 시점의 시계열 자료를 예측할 수 있다. 이러한 시계열 자료의 특성을 무엇이라고 하는가?

① 계절성(Seasonality)
② 백색 잡음(White Noise)
③ 자기상관(Autocorrelation)
④ 주기성(Cycle)

58 순환신경망(Recurrent Neural Network)의 성능을 개선하고 학습시간을 줄이기 위하여 Reset, Update 게이트를 이용하는 딥러닝 기법은 무엇인가?

① Convolutional Neural Network(CNN)
② Deep Belief Network(DBF)
③ Gated Recurrent Unit(GRU)
④ Long Short-Term Memory(LSTM)

59 앙상블 분석(Ensemble Analysis)에서의 배깅(Bagging) 및 부스팅(Boosting) 학습법에 대한 설명으로 옳지 않은 것은?

① 배깅은 Bootstrap Aggregation을 뜻하며, 각 모형별로 임의의 데이터세트를 생성하고 생성되는 데이터세트는 기존 데이터세트에서 중복을 허용한다.
② 배깅 방식의 앙상블 모형의 경우 전체 모형 결과의 평균을 계산(예측)하거나 과반수 투표를 실시(분류)한다.
③ 부스팅 방식에서는 이전 모형의 오차를 보완하며, 무작위로 데이터를 선택하지만 이전 학습에서 오차가 심했던 데이터들에 가중치를 부여하여 데이터세트를 생성한다.
④ 부스팅 방식에서는 여러 모형이 상호 독립적으로 병렬로 처리되며, 각 모형들은 서로의 영향을 받지 않는다.

60 랜덤 포레스트(Random Forest)에 대한 설명으로 옳지 않은 것은?

① 원 자료로부터 부트스트랩 샘플을 추출하고, 각 부트스트랩 샘플에 대해 트리를 형성하기 위해 사용 가능한 모든 데이터를 학습한다.
② 랜덤 포레스트는 결측치를 다루기 용이하며, 대용량 데이터 처리에 효과적이고 모델의 정확도를 향상 시킬 수 있으나, 학습을 위한 메모리 소모가 크다.
③ 랜덤 포레스트는 분류, 회귀분석 등에 사용되는 앙상블 학습 방법의 일종으로, 훈련 과정에서 구성한 다수의 결정 트리로부터 분류 또는 평균 예측치를 출력한다.
④ 랜덤 포레스트는 의사결정 나무 기법에서의 오버피팅 한계를 극복하기 위한 하나의 전략으로 제시되었으며, 훈련을 통해 구성한 다수의 나무들로부터 최종적인 결과를 취합하여 결론을 얻는다.

61 다음은 혼동행렬을 이용한 머신러닝 성능평가 결과이다. 이에 대한 설명으로 옳지 않은 것은?

실제 ↓	예측 →	예측 범주값	
		Yes	No
실제 범주값	Yes	True Positive(TP)	False Negative(FN)
	No	False Positive(FP)	True Negative(TN)

① 정밀도는 TP/(TP+FP)이다.
② 재현율은 TP/(TP+FN)이다.
③ 특이도는 TN/(FP+TN)이다.
④ F1 스코어는 정밀도와 재현율의 기하평균으로 구한다.

62 로지스틱 회귀분석 결과 예측력이 있는 모형으로 평가되었으며, p = 민감도, c = 특이도(0 < c < 1)라고 할 때 다음 설명으로 옳지 않은 것은?

① 민감도 값이 증가하면 특이도는 감소한다.
② 특이도 값이 증가하면 민감도는 감소한다.
③ 민감도와 특이도의 차이는 1(p−c=1)이다.
④ 민감도와 특이도의 합은 1보다 크다.

63 다음 중 보건소, 병원 등의 의료기관 서비스 품질을 진단하기 위한 Service Quality (SERVQUAL) 기반 평가지표 항목을 모두 고르시오.

> (가) 대응성   (라) 효율성
> (나) 유형성   (마) 사용성
> (다) 신뢰성   (바) 이식성

① (가), (나), (다)
② (가), (다), (바)
③ (다), (라), (마), (바)
④ (나), (다), (마)

64 다음은 S사 에어컨 시험검사 결과로 Gas 주입량(%)에 따른 냉방능력(Kcal/h)을 나타낸다. 이에 대한 설명으로 옳은 것은?

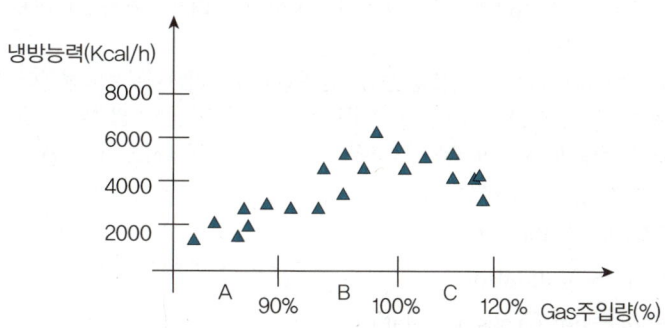

① A−B, B−C 구간으로 나누어 분석하면 유의한 상관관계가 있다.
② A−B 구간에서의 기울기는 B−C 구간에서의 기울기보다 작다.
③ A−B 구간은 음의 상관관계, B−C 구간은 양의 상관관계가 있다.
④ A−B−C 전체 구간에 대하여 상관계수 값은 양수이며, 선형의 상관관계가 있다.

65 K−fold Cross Validation(다중 교차 검증)에 대한 설명으로 틀린 것은?

① 데이터 집합을 체계적으로 바꿔가면서 모든 데이터에 대해 분석 모형의 성과를 측정하는 검증 방식이다.
② 데이터의 수가 많지 않은 경우 일반화된 모형을 구축할 수 있으나, 학습 시간이 오래 걸린다는 단점이 있다.
③ (K−1)개의 훈련(학습) 데이터 집합을 만들고, 1개의 검증(평가) 데이터 집합을 만들어서 분석 모형을 학습, 평가한다.
④ (K−1)개의 검증(평가) 데이터 집합을 만들고, 1개의 훈련(학습) 데이터 집합을 만들어서 분석 모형을 학습, 평가한다.

66 다음 설명에 해당하는 교차 검증 기법은 무엇인가?

- 전체 n개 관측값들 중 하나의 관측값만을 검증(시험) 데이터로 사용하고 나머지 $n-1$개 관측값은 훈련 데이터로 사용한다.
- 각 반복에서 하나의 데이터 포인트를 선택해 검증(시험) 데이터세트로 사용한다.
- $n-1$개 관측값을 훈련용으로 사용하므로 Bias가 낮으나 과적합이 발생할 수 있고, 랜덤성이 없다.
- 데이터세트가 많을 때 시간이 오래 걸리지만 작은 데이터세트에서는 좋은 결과를 만들어 낸다.

① Holdout Cross Validation
② K-fold Cross Validation
③ Leave-one-out Cross Validation
④ Shuffle-split Cross Validation

67 다음 중 Kolmogorov-Smirnov(K-S) Test 방법을 이용한 적합도 검정 예제로 옳은 것은?

(가) P고등학교 3학년 학생들의 수학시험 점수가 정규분포를 따르는지를 검정한다.
(나) U은행에 도착하는 고객들의 도착 시간 간격이 감마분포를 따르는지를 검정한다.
(다) J지역 A기지국이 단위시간 당 서비스하는 스마트폰 가입자의 수가 포아송 분포를 따르는지를 검정한다.
(라) 글씨를 왼손으로 쓰는 사람과 오른손으로 쓰는 사람의 비율이 30% : 70%인지 여부를 확인하기 위해 관측 및 기대 도수를 이용하여 검정한다.

① (가), (나)
② (가), (나), (다)
③ (가), (다), (라)
④ (가), (나), (다), (라)

68 인공신경망 구축을 위한 데이터 학습 시 과적합 방지 방법으로 적절하지 않은 것은?

① 가중치 절댓값을 최대화한다.
② Epoch의 수를 줄인다.
③ 은닉층(Hidden Layer)의 수를 줄인다.
④ 입력 노드의 수를 줄인다.

69 인공신경망에서의 학습률(Learning Rate)에 대한 설명으로 옳지 않은 것은?

① 경사하강법에서 학습률이란 매 가중치에 대해 구해진 기울기 값을 얼마나 적용할지를 결정하는 하이퍼파라미터이다.
② 최솟값을 찾는 비용함수에서 학습률이 큰 경우 데이터가 무질서하게 이탈하며, 최저점에 수렴하지 못하고 학습률이 작은 경우 학습시간이 오래 걸려 최저점에 도달하지 못하게 된다.
③ 표준화된 최적 학습률 계산 방법은 없어 학습목적, 환경 등을 고려하여 초기값을 설정하고 여러번 모형 적용 후 적절한 값을 찾는 과정을 수행한다.
④ 학습률은 연구자가 모형 구축 전에 정의하는 하이퍼파라미터로써 모형 수행 도중에 변경 또는 조정할 수 없다.

70 다음 중 매개변수와 초매개변수에 대한 설명으로 옳지 않은 것은?

① 신경망의 가중치처럼 학습과정에서 얻어지는 값을 매개변수라 한다.
② 학습률, 학습횟수나 배치 크기처럼 사용자가 임의로 지정해야 하는 값을 초매개변수라 한다.
③ 인공신경망을 구축하기 위해 매개변수와 초매개변수를 데이터 학습 전에 사용자에 의해 정한다.
④ 보통 매개변수와 초매개변수 모두 데이터 분석 모형의 구성을 수정하면서 최적의 값을 찾아내는 과정을 수행한다.

71 초매개변수(Hyper Parameter)에 대한 설명으로 가장 옳은 것은?

① 인공신경망 모형 설계시 사람이 직접 설정해 주어야 하는 매개변수가 아니다.
② 최적화 기법을 이용하여 적절한 값을 찾기(튜닝 등)도 하며, 분석가의 경험에 의해 최적의 값을 정하기도 한다.
③ 데이터를 (학습, 검증) 데이터로 분류하여 분석모형 구축을 위한 학습과정에서 얻어지는 값이다.
④ 가중치(Weight)와 같이 데이터 분석 모형이 스스로 설정 및 갱신하는 매개변수이다.

72 초매개변수(Hyper Parameter, 하이퍼파라미터)를 최적화하기 위하여 사용되는 다음 기법은 무엇인가?

> • 알려져 있지 않은 목적함수를 최대화(또는 최소화) 하는 최적의 해를 찾는다.
> • Surrogate 모델을 활용해 지금까지 확보된 데이터와 평가지표의 숨겨진 관계를 모델링한다.
> • 다음 탐색 지점을 결정하기 위해 Acquisition function을 이용한다.
> • 일반적으로 Surrogate 모델은 가우시안 프로세스를 거쳐 만들어지며, Acquisition function을 이용하여 Expected Improvement를 최대화하는 방향으로 학습을 진행하게 된다.

① Bayesian Optimization
② Grid Search
③ Manual Search
④ NAdam(Adam with Nesterov Momentum)

73 다음 특징을 가지는 군집분석 알고리즘은 무엇인가?

- 클러스터의 수(군집의 수)를 사전에 정하지 않음(군집의 수 파라미터 불필요)
- 어느 점을 기준으로 반경 Epsilon 내에 점이 n개 이상 있으면 하나의 군집으로 인식
- 밀도 방식의 클러스터링 방법으로써 점이 세밀하게 몰려 있는 경우 밀도가 높은 부분을 클러스터링
- 클러스터의 밀도에 따라 클러스터를 서로 연결하기 때문에 기하학적 모양의 군집 형성도 가능

① DBSCAN
② K-means
③ K-medoids
④ Self Organizing Map

74 다음 중 데이터 시각화에 대한 설명으로 옳지 않은 것은?

① 데이터 시각화는 구조화, 시각화, 시각 표현의 단계로 이루어진다.
② 데이터 시각화는 인간의 시지각 능력을 토대로 데이터에 대한 이해와 설득에 도움을 주기 위해 그림이나 도형 등의 그래픽 요소들을 이용한다.
③ 데이터 시각화를 위하여 시각화 툴(소프트웨어 설치)이 반드시 필요하다.
④ 많은 시각화 도구의 활용법과 장단점을 알아보고 데이터 특성에 맞는 방법 및 도구를 선택한다.

75 시간 시각화 기법에 대한 설명으로 가장 옳지 않은 것은?

① 시간 시각화 기법은 시간에 따른 데이터 변화를 표현하는 것으로 일정기간에 걸쳐 진행되는 변화와 트렌드를 추적하는 데 주로 사용된다.
② 계단 그래프는 점과 점 사이를 직접 연결하는 것이 아니라, 변화가 생길 때까지 일정한 선을 유지하다가 다음 값으로 바뀌는 지점에서 급격하게 변화하는 것을 표현한다.
③ 막대 그래프는 특정 시점 또는 특정 구간의 구간 값을 표현한다.
④ 점 그래프는 어떤 구간에서 지속적으로 변화하는 연속형 데이터 값을 표현하기 위해 사용된다.

76 비교 시각화 기법에 대한 설명으로 틀린 것은?

① 스타 차트에서는 각 변수의 표시 지점(중심점은 축이 나타내는 최솟값, 가장 먼 끝점은 최댓값)을 연결선을 통해 별 모양의 도형으로 나타내며, 독립변수(설명변수)가 증가할 때마다 별의 개수가 증가한다.
② 체르노프 페이스에서는 데이터를 사람의 얼굴 이미지로 표현하며, 얼굴의 가로 너비, 세로 높이, 눈, 코, 입, 귀 등 각 부위를 변수로 대체해 데이터 속성을 쉽게 파악할 수 있다.
③ 평행 좌표계에서는 여러 축을 평행으로 배치해서 만들며, y축에서 윗부분은 최댓값, 아래는 최솟값을 나타내고, 대상이 많은 데이터에 대한 집단적 경향성을 파악할 수 있다.
④ 히트맵에서는 색상으로 데이터 값을 표현하며, 하나의 대상에 해당하는 한, 행을 왼쪽에서 오른쪽(또는 한 열을 위에서 아래로)으로 보면서 모든 변수를 파악할 수 있다.

77 다음 중 인포그래픽(Infographics)에 대한 설명으로 옳지 않은 것은?

① 인포그래픽이란 Information과 Graphics의 합성어로서 정보를 시각적인 형태로 전달한다.
② 인포그래픽 시각화 작업을 위해 소프트웨어를 설치해야 한다.
③ 인포그래픽은 스토리를 통해 정보를 전달하려는 경향이 강하다.
④ 좋은 인포그래픽은 처음 보는 사람도 직관적으로 쉽게 정보를 얻을 수 있다.

78 다음 특징을 가지는 인포그래픽 기법은 무엇인가?

- 이벤트 및 역사적인 사건을 시간 순으로 표현
- 각 포인트별로 나타내야 하는 부분들과 전체 부분의 길이를 고려하여 아이콘, 일러스트레이션 활용
- 사람 또는 사물의 역사적인 발전을 시각적으로 표현
- 틈새시장 내에서 제품 또는 트렌드의 진화 설명

① 나열형 인포그래픽
② 사용법 안내 인포그래픽
③ 타임라인 인포그래픽
④ 프로세스 설명 인포그래픽

79 하나의 사건이나 주제에 대해 이야기를 들려주듯 구성하며, 특정 사건(주제)의 전개 양상을 전방위로 연결하여 시각적으로 전달하기 위해 사용되는 인포그래픽 기법은 무엇인가?

① 나열형 인포그래픽
② 만화형 인포그래픽
③ 스토리텔링형 인포그래픽
④ 타임라인 인포그래픽

80 기계학습(머신러닝)과 통계적 분석 기법과의 비교 설명으로 옳지 않은 것은?

① 통계적 분석은 주로 표본을 추출하여 모집단을 추정하고, 기계학습은 모집단 전체를 분석 대상으로 한다.
② 통계적 분석과 다르게 기계학습에서는 결과물에 대한 수학적 공식을 도출, 해석할 수 없다.
③ 통계적 분석은 공식에 의한 산출 결과를 얻지만, 기계학습은 무작위 데이터 선정, 학습 과정으로 매번 다른 결과가 도출되기도 한다.
④ 통계적 분석은 주로 정형화된 수치형 데이터를 이용하여 결과를 도출하고, 기계학습은 비정형 등 다양한 데이터 유형을 함께 분석한다.

2023년 제7회 기출복원문제

- 제1과목 빅데이터 분석 기획
- 제3과목 빅데이터 모델링
- 제2과목 빅데이터 탐색
- 제4과목 빅데이터 결과 해석

01 빅데이터의 주요 특징(3V)에 해당되는 것은?

① 다양성, 규모, 속도
② 다양성, 규모, 정확성
③ 가치, 규모, 속도
④ 가치, 규모, 정확성

02 데이터 사이언티스트(Data Scientist)에게 요구되는 소프트 스킬(Soft Skill)로 가장 필요한 것은?

① 데이터 분석, 처리, 모형, 분석결과, 시각화 등에 대한 통찰력
② 머신러닝 알고리즘을 소프트웨어로 구현할 수 있는 프로그래밍 능력
③ 새로운 인공지능 알고리즘을 개발할 수 있는 수학적 배경 지식
④ 정형 및 비정형 데이터를 인터넷에서 수집, 저장할 수 있는 소프트웨어 개발 능력

03 다음 중 데이터 사이언티스트의 수행 업무에 대한 설명으로 가장 적절하지 않은 것은?

① 데이터를 관리하고 분석하여 문제를 해결하기 위한 다양한 기술 및 도메인 기반 기술을 활용한다.
② 데이터 사이언티스트는 통계분석, 머신러닝 및 데이터 시각화를 위해 데이터에서 통찰력을 추출한다.
③ 문제해결을 위한 데이터 분석모형 선택시 모형이 해결할 수 없는 한계점은 배제하여 선택한다.
④ 크고 복잡하고 다양한 빅데이터를 분석하여 추출한 인사이트를 활용하여 의사결정을 내린다.

04 데이터 분석가(Data Analyst)에게 필요한 역량으로 옳지 않은 것은?

① 경영진, 프로젝트 매니저, 마케터 등 다양한 직무의 사람들과 협업 및 커뮤니케이션을 하여야 한다.
② 주어진 문제를 논리적으로 정의하고, 현상 파악을 토대로 다양한 분석 방법론을 시도하여야 한다.
③ 형식, 논리, 시각화를 고려하여 누구나 잘 이해할 수 있는 보고서를 작성하여야 한다.
④ 데이터 분석결과의 객관성을 유지하기 위해 배경지식을 배제해야 한다.

05 기업 데이터 분석 조직의 성숙도 수준을 평가하기 위한 진단 항목이 아닌 것은?

① 데이터 분석 조직
② 데이터 분석 조직의 규모
③ 데이터 분석 인력
④ 데이터 분석 수준 및 역량

06 빅데이터 분석 플랫폼에 대한 설명으로 옳지 않은 것은?

① 빅데이터 플랫폼은 빅데이터를 처리하는 과정에서 발생하는 컴퓨팅, 저장, 네트워크 부하를 기술적인 요소로 해결하기 위해 설계된다.
② 빅데이터 분석 플랫폼은 소프트웨어, 플랫폼, 인프라스트럭처 계층으로 구성된다.
③ 플랫폼 계층은 작업 스케줄링, 자원 할당 및 관리, 프로파일링 기능을 수행한다.
④ 인프라스트럭처 계층은 데이터 처리, 분석, 수집, 정제 기능을 수행한다.

07 다음 중 데이터 관련 3법이 아닌 것은?

① 공공 데이터의 제공 및 이용 활성화에 관한 법률
② 개인정보 보호법
③ 신용정보의 이용 및 보호에 관한 법률(신용정보법)
④ 정보통신망 이용촉진 및 정보보호 등에 관한 법률(정보통신망법)

08 다음 중 빅데이터 분석 기획의 주요 업무가 아닌 것은?

① 빅데이터 분석결과의 도출 및 관리를 위한 사전 계획을 수립한다.
② 빅데이터 분석 수행 시 필요한 가용 데이터를 확인하고, 발생할 수 있는 장애 요인에 대처하기 위한 사전 계획을 수립한다.
③ 빅데이터 분석을 위해 요구되는 모형 구축을 위한 상세 알고리즘을 설계한다.
④ 빅데이터 분석을 통해 그 가치가 창출될 수 있는 실용적이고 적절한 활용방안과 Use Case를 탐색한다.

09 빅데이터 분석 기획 업무 수행 시 주요 고려요소가 아닌 것은?

① 과거의 유사한 분석 사례, 솔루션, 활용 방안, 유스 케이스를 탐색한다.
② 데이터 분석결과를 시각화 하기 위해 요구되는 데이터 분석 적용 수준을 진단한다.
③ 데이터 확보가 가능한지 확인하고 데이터의 유형을 분석한다.
④ 발생 가능한 장애 요소를 진단하고 이를 해결하기 위한 사전 계획을 수립한다.

10 조직 내 데이터 거버넌스를 구축하기 위한 CRISP-DM(Cross Industry Standard Process for Data Mining) 수행 절차로 옳은 것은?

① 업무 이해 → 데이터 준비 → 데이터 이해 → 평가 → 모델링 → 전개
② 업무 이해 → 데이터 이해 → 데이터 준비 → 평가 → 모델링 → 전개
③ 업무 이해 → 데이터 준비 → 데이터 이해 → 모델링 → 평가 → 전개
④ 업무 이해 → 데이터 이해 → 데이터 준비 → 모델링 → 평가 → 전개

11 다음 특징과 거리가 먼 것은?

- 정형 데이터에 비해 확장이 더 유연하고 간단하다.
- 기존 방식으로 캡쳐되거나 형식이 지정되지 않은 데이터이다.
- 원시 또는 비정형 상태가 아니며, 태그 및 조직 메타 데이터와 같은 일부 구조적 요소가 내재되어 있다.
- 데이터 내부에 정형 데이터의 스키마에 해당하는 메타 데이터를 가지고 있다.
- 고정된 스키마가 없어 테이블 형식이나 관계형 데이터베이스의 형식을 따르지 않는다.
- HTML, XML, RDF(Resource Description Framework) 규격, JSON 등이 포함된다.

① Log and Sensing Data
② Graph Database
③ RDB(Relational Database)
④ Semi-Structured Data

12 다음 중 비정형 데이터로 적합하지 않은 것은?

① MRI, 방사선, CT 스캔 등 의료 영상 데이터
② 쇼핑몰의 판매 상품별 가격 데이터
③ 오디오 및 비디오 데이터
④ 이메일, 문자 메시지, 인보이스 등 텍스트 데이터

13 다음 중 계량적 변수가 아닌 것은?

① 소셜 미디어에 작성한 영화 평론 및 의견
② 연도별 대한민국 국내 총생산량(Gross Domestic Product)
③ H자동차 회사의 연간 매출액
④ P제약회사의 연도별 신입 직원의 수

14 민감한 데이터를 보호하기 위해 데이터의 일부 또는 전체를 삭제하거나 노이즈를 추가하는 비식별화 방법은?

① 데이터 토큰화
② 데이터 가명처리
③ 데이터 셔플링
④ 데이터 마스킹

15 데이터 비식별화 기술 중 하나로 수치적인 개인정보를 임의의 수 기준으로 올림 또는 내림하는 방법을 무엇이라고 하는가?

① 가명처리
② 랜덤 라운딩
③ 데이터 마스킹
④ 부분 총계

16 정형 데이터 품질검증 방법에 대한 설명으로 옳지 않은 것은?

① 업무 규칙 작업을 통해 분석 대상에 대해 비즈니스적 관점에서 업무 규칙(Business Rule)의 특성은 알 수 있으나, 데이터 오류를 포함한 품질 검증은 할 수 없다.
② Data Profiling은 데이터 소스에 대해 일련의 데이터 검사 절차를 수행함으로써 데이터에 관한 중요한 정보와 통계치를 수집하는 작업이다.
③ Meta Data 수집은 프로파일링을 수행하기 이전 단계에서 수행되며, 데이터의 부정확성을 판단하는 데 중요한 기초자료가 된다.
④ Profiling 기법은 누락 값, 값의 허용 범위, 허용 값 목록, 문자열 패턴, 날짜 유형, 유일 값, 데이터 구조, 기타 도메인 분석 작업이 포함된다.

17 주요 품질 점검 항목 중 데이터 누락 또는 결측값을 확인하는 품질 요소는 무엇인가?

① 데이터 유일성
② 데이터 완전성
③ 데이터 일관성
④ 데이터 유효성

18 데이터 처리과정 중에서 변경되거나 손상되지 않고, 정확하고 신뢰할 수 있도록 데이터가 유지됨을 보장하는 특성은 무엇인가?

① 데이터 정확성
② 데이터 적시성
③ 데이터 일관성
④ 데이터 무결성

19 다음과 같은 특징을 가지는 데이터 저장 시스템은 무엇인가?

> • 분산확장을 위한 Auto-sharding(자동 샤딩)을 지원한다.
> • Join이 필요없는 Embedded Data 모델을 지원함으로써 처리속도가 빠르다.
> • 문서 지향 데이터 모델(Document Database)을 사용한다.
> • 정형 및 비정형 데이터를 보다 쉽고 빠르게 통합할 수 있다.
> • 신뢰성, 가용성, 확장성, 유연성, index 지원 등의 특징을 가지고 있다.
> • NoSQL로 분류된다.

① CouchDB
② Redis
③ MongoDB
④ DynamoDB

20 HDFS(Hadoop Distributed File System, 하둡 분산 파일 시스템)에 대한 설명으로 옳은 것은?

① 마스터 노드인 데이터 노드와 슬레이브 노드인 네임 노드로 구성된다.
② 네임노드는 각 파일 블록들이 어디에 저장되어 있는지를 저장하고 있어 반드시 1개로 둔다.
③ 네임노드가 정상적으로 동작하지 않는 경우, 전체 시스템이 중단된다.
④ 블록 단위가 256MB일 때 10MB 파일은 4개의 블록으로 나누어 저장된다.

21 다음 중 데이터 정제(Data Cleansing) 작업으로 옳은 것은?

① 데이터 특성 선택 및 추출
② 하이퍼 파라미터 튜닝
③ 중복 데이터 제거
④ 데이터 예측 및 추론

22 데이터 전처리 작업에 대한 설명으로 가장 옳지 않은 것은?

① 데이터 세분화(Segmentation) 작업에서 데이터를 기준에 따라 나누고, 선택한 매개변수를 기반으로 유사한 데이터를 그룹화하여 효율적으로 사용할 수 있게 한다.
② 데이터의 측정단위가 다를 경우 모델 성능에 영향을 미치므로 Scaling을 통해 단위를 일정하게 맞춘다.
③ 자연어 처리에서 전처리란 데이터를 사용자의 용도에 맞춰 데이터를 정제하는 과정을 의미한다.
④ 레거시(Legacy) 시스템으로만 데이터 전처리 작업을 수행해야 한다.

23 혈액형을 조사하는 과정 중에 결측값을 대체하기 위한 방안으로 가장 알맞은 것은?

① 기하평균
② 평균값
③ 중앙값
④ 최빈값

24 독립변수가 2개, 종속변수가 1개인 일변량 분산분석을 위해 데이터를 수집하였다. 다음 중 이상치를 판단하는 방법으로 가장 적절하지 않은 것은?

① 독립변수와 종속변수 사이의 산포도를 작성하여 추세 패턴을 벗어나는 데이터를 이상치로 판단한다.
② 데이터 히스토그램을 그려서 극단적으로 높거나 낮은 값을 이상치로 판단한다.
③ 데이터 값이 평균에서 얼마나 표준편차만큼 떨어져 있는지를 측정(Z Score)하여 이상값을 판단한다.
④ 박스플롯에서 사분위수 범위를 이용하여 시각적으로 이상치를 판단한다.

25 데이터 분석을 위한 변수 선택 방법으로 옳지 않은 것은?

① 변수 선택은 데이터 분석에서 모델의 복잡성을 줄이고 예측 성능을 향상시키기 위해 어떤 변수(특성)를 포함할지 선택하는 과정이다.
② 변수들 사이의 상관관계를 확인하고, 낮은 상관관계를 가지는 변수는 중복 정보를 제공하므로 변수로 선택한다.
③ L1 정규화를 사용한 선형회귀 모형에서 정규화 패널티로 인해 분산이 낮은 변수의 계수가 0으로 수렴하게 되는 경우 이 변수를 제외한다.
④ 특정 분산 임곗값을 설정하고, 해당 임곗값 미만의 분산을 가지는 변수를 제외한다.

26 데이터 축소를 위해 사용되는 SVD(Singular Value Decomposition) 기법에 대한 설명으로 옳지 않은 것은?

① 3가지 요소로 분해한다.
② 정방행렬의 경우에만 사용한다.
③ 임의의 m×n 차원의 행렬로 분해한다.
④ 분해과정을 통해 특이값을 가진 대각행렬을 찾는다.

27 파생변수(Derived Variable)를 생성하는 방법으로 가장 바람직하지 않은 것은?

① 컬럼별 데이터를 더하기 한다.
② 컬럼별 데이터를 서로 나눈다(단, 분모의 값은 0이 아니다).
③ 컬럼의 데이터 값을 기준으로 (합격, 불합격) 변수를 만든다.
④ 컬럼의 이름을 변경한다.

28 평균=60, 표준편차=10의 정규분포인 모집단에서 데이터값=70에 대한 표준점수(Z score, Standard Score)는 얼마인가?

① −1
② 0
③ 1
④ 2

29 아래와 같이 고객이 주문한 상품(item)에 대해 0과 1로 인코딩하는 방식을 무엇이라고 하는가?

item_TV	item_냉장고	item_믹서	item_선풍기
1	0	0	0
0	1	0	0
0	0	0	0
0	0	0	0
0	0	0	1
0	0	0	1
0	0	1	0
0	0	1	0

① Embedding
② Feature Hashing
③ Target Encoding
④ One-hot Encoding

30 데이터 탐색 과정 중 명목형(또는 범주형) 자료를 요약할 때 사용하는 그래프가 아닌 것은?

① 히스토그램(Histogram)
② 파레토 차트(Pareto Chart)
③ 선 그래프(Line Chart)
④ 점 그래프(Dot Plot)

31 다음은 모집단으로부터 추출한 (X1, X2, X3) 표본들 사이의 공분산 행렬(Covariance Matrix)이다. 다음 설명으로 옳지 않은 것은? [단, (X1, X2, X3) = (나이, 성별, 구매경험)이다]

구 분	X1	X2	X3
X1	4	1	1
X2	1	4	0
X3	1	0	1

① X1(나이)의 분산은 4이다.
② X1(나이)과 X2(성별)의 상관계수는 0.25이다.
③ X1(나이)과 X3(구매경험) 사이의 상관계수는 1이다.
④ X2(성별)와 X3(구매경험)의 상관계수는 0이다.

32 공기질(Air quality) 측정 데이터에 대한 분석결과가 다음과 같을 때 옳은 설명은?

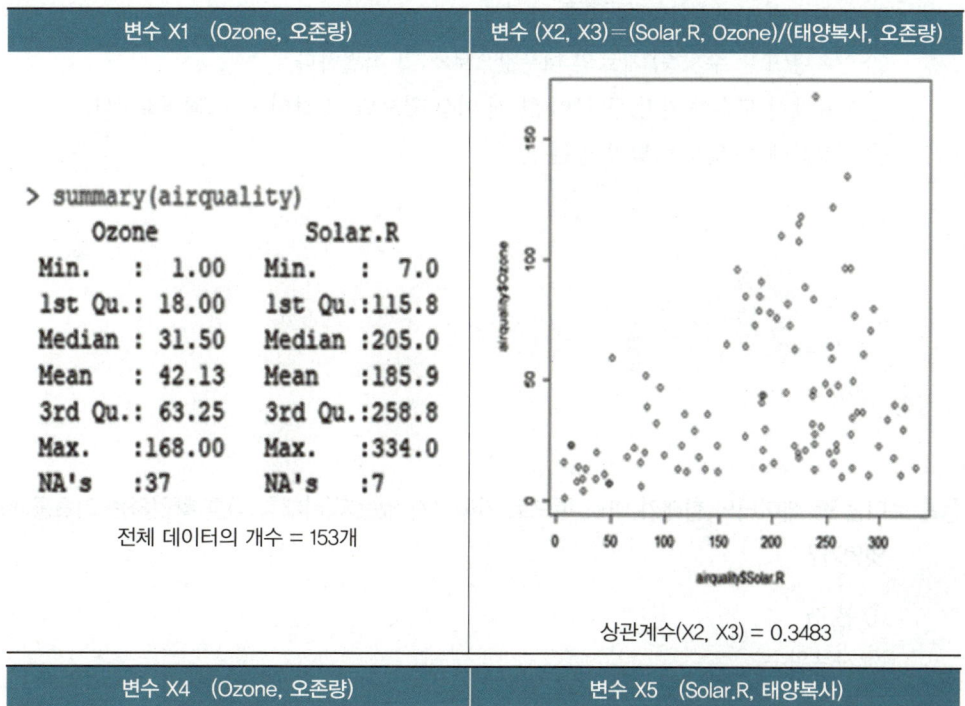

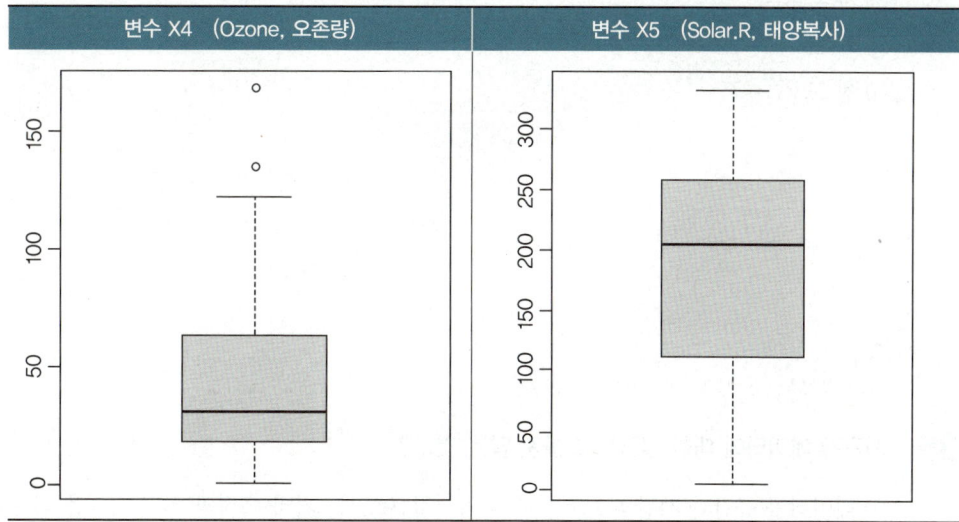

① 변수 X1(Ozone)은 결측값(NA's)이 많아서 그 분포를 추측하기 힘들다.
② 변수 X2(Solar.R, 태양복사) 값이 큰 경우 대체적으로 X3(Ozone) 값이 작아진다.
③ 변수 X4(Ozone)은 최댓값(Upper Fence)을 넘는 이상값을 가지고 있다.
④ 변수 X5(Solar.R)의 중앙값은 최댓값(Max) 보다 최솟값(Min)에 가깝다.

33 최빈값에 대한 설명으로 옳지 않은 것은?

① 관측값에서 빈도가 가장 많은 값이다.
② 연속형(또는 수치형) 자료의 대푯값으로 가장 적절하다.
③ 자료에서 도수가 가장 큰 값이 한 개 이상 있으면 그 값이 모두 최빈값이다.
④ 이상값에 큰 영향을 받지 않는다.

34 다음 중 데이터의 형태가 어느 쪽으로 기울어져 있는지(비대칭성)를 확인하는 기초통계량은 무엇인가?

① 분 산
② 사분위수
③ 왜 도
④ 첨 도

35 시공간 데이터에 대한 설명으로 옳지 않은 것은?

① 데이터를 공간과 시간의 흐름상에 위치시킬 수 있는 거리 속성과 시간 속성을 가진다.
② 시공간에서의 데이터 분석은 공간과 시간이 어떻게 정의되느냐에 따라서 결과가 다르게 나올 수 있다.
③ 대부분의 경우 시간과 공간 데이터는 서로 밀접하게 연결되어 있어 두 가지 정보를 함께 고려하여 종합적인 분석을 수행한다.
④ 시간 데이터를 이용하여 공간 데이터를 쉽게 추출할 수 있다.

36 다음 중 데이터의 중심경향값을 나타내는 기술통계량이 아닌 것은?

① 중앙값(Median)
② 최빈값(Mode)
③ 평균(Mean)
④ 표준편차(Standard Deviation)

37 다음 중 이산형 확률변수에 대한 확률분포로 옳은 것은?

① 이항분포
② 정규분포
③ 지수분포
④ 카이제곱 분포

38 중심극한정리(CLT, Central Limit Theorem)에 대한 설명으로 옳지 않은 것은?

① 동일한 확률분포를 가진 독립 확률변수 n개의 평균의 분포는 n이 적당히 크면 정규분포에 가까워진다.
② 모집단은 반드시 연속형 변수여야 한다.
③ 모집단의 분포에 대한 어떤 정보가 없더라도 (평균, 표준편차)만 알고 있더라도 표본평균의 분포를 점근적으로 알 수 있다.
④ 표본의 크기 n이 보통 30 이상인 경우 표본평균은 근사적으로 정규분포를 따른다.

39 가설 검정에 대한 설명으로 옳지 않은 것은?

① 어떤 현상에 대한 효과나 차이가 없다고 주장하는 가설을 귀무가설, 이와 대조적으로 효과나 차이가 존재한다고 주장하는 가설을 대립가설로 정한다.
② 가설 검정 시 귀무가설 또는 대립가설이 각각 1개씩만 있어도 수행할 수 있다.
③ 귀무가설이 참인데 귀무가설을 기각하면서 생기는 오류를 제1종 오류라 한다.
④ 대립가설이 참인데 대립가설을 기각하면서 생기는 오류를 제2종 오류라 한다.

40 두 모집단에 대한 분포의 가정이 어렵거나 표본이 순위로 밖에 표현될 수 없을 때, 사용하는 비모수 검정 방법은 무엇인가?

① 윌콕슨 부호 순위 검정
② 카이제곱 검정
③ t-검정
④ Z-검정

41 다음 중 데이터 분석모형 설계 시 수행 업무로 가장 적절하지 않은 것은?

① 탐색적 데이터 분석(Exploratory Data Analysis) 과정을 통해 데이터에서 패턴을 발견한다.
② 데이터마이닝 과정을 통해 대용량 데이터로부터 데이터 내에 존재하는 패턴, 관계 또는 규칙 등을 탐색하고 유용한 정보 및 지식 등을 추출한다.
③ 입력 데이터, 속성 및 변수의 해석을 통해 분석모형 기법을 선택하고 다수의 모형을 조합한 앙상블 기법을 고려한다.
④ 분석을 위한 주제 유형에 있어서 해결해야 할 문제뿐만이 아니라 분석 방법도 알고 있다면, 발견적 기법(Discovery)을 이용한다.

42 다음 중 분류분석 모형을 적용할 수 있는 문제로 가장 적합한 것은?

① 빵집에서 (요일, 날씨) 등을 고려하여 방문 고객의 수를 예측한다.
② H회사의 차량 등록정보를 이용하여 연비를 예측한다.
③ P대학 학생들의 키(신장, cm) 데이터를 이용하여 몸무게를 예측한다.
④ P카드회사에서 고객들의 회원 가입정보를 이용하여 신용등급을 예측한다.

43 종속변수(목표 변수)가 정의되어 있지 않을 때 사용하는 모델 유형으로 가장 적절한 것은?

① 의사결정나무(Decision Tree)
② K-평균 군집(K-means Clustering)
③ 선형 회귀(Linear Regression)
④ 나이브 베이즈(Naive Bayes)

44 도시 전체 인구들 중 여성이 40%이고, 키가 180cm 이상인 남성은 15%, 여성은 2.5%이다. 180cm 이상인 사람이 여성일 확률은?

① 0.001
② 0.01
③ 0.1
④ 1

45 데이터 분할 방법에 대한 설명으로 옳지 않은 것은?

① 데이터세트는 (훈련, 테스트) 또는 (훈련, 검증, 테스트)로 분할하여 데이터 분석모형을 구축한다.
② 데이터 분석모형을 학습하는 과정에서 학습이 잘 이루어지고 있는지를 확인하고 하이퍼파라미터를 조정하기 위해 검증용 데이터세트를 이용한다.
③ 홀드아웃과 비교하여, K-겹 교차검증에서는 모든 데이터세트를 (훈련, 테스트) 데이터로 사용하여 평가 결과가 편향되지 않는다.
④ K-겹 교차검증은 홀드아웃 방법보다 연산 과정이 단순하고 시간이 적게 소요된다.

46 학습 또는 훈련 데이터(Training Data)와 평가 데이터(Test Data)에 대한 설명으로 가장 적절하지 않은 것은?

① 평가 데이터는 분석모형을 평가하기 위해 사용된다.
② 평가 데이터를 학습에 사용하여 분석모형의 성능을 높인다.
③ 훈련 데이터는 분석모형을 적합하기 위해 사용된다.
④ 훈련 데이터와 별개로 즉 공통된 데이터가 없도록 평가 데이터를 구성한다.

47 K-겹 교차검증(K-fold Cross-validation)에 대한 설명으로 옳지 않은 것은?

① 데이터를 무작위로 K개의 동일한 크기로 나누며, 이 K개의 부분을 fold(폴드)라고 한다.
② 데이터분석 모델 구축 시 모델을 K개 fold 마다 한번씩만 학습하고, 테스트(평가) 데이터는 10%를 차지하게 한다.
③ 반복 학습 시 하나의 fold를 테스트(평가) 데이터로 사용하고 나머지 (K-1)개의 fold를 학습 데이터로 사용하여 K번 테스트를 진행한다.
④ K번 반복 동안 얻은 성능지표(정확도, 손실 등)를 평균하여 최종 성능평가 결과를 도출하며, 데이터의 개수가 적을 때 유용하다.

48 선형회귀분석 모델에서 잔차(Residuals)에 대한 가정으로 옳지 않은 것은?

① 독립변수와 종속변수 간에는 선형적인 관계가 존재한다.
② 잔차들은 정규분포를 따른다.
③ 잔차들은 모든 독립변수 값에 대해 분산이 일정하다.
④ 잔차의 자유도는 (표본의 크기-1)이다.

49 아래와 같이 선형회귀분석에서 실젯값과 예측값의 차이를 최소화하고, 특징(가중치)에 대한 가중치(w)의 효과를 제어하면서 최적의 모형을 찾는 방법은 무엇인가? (단, n은 전체 데이터의 수, m은 특징의 개수, α는 가중치를 제어하기 위한 하이퍼파라미터이다)

$$\underset{w,\,b}{argmin}\left\{\frac{1}{n}\sum_{i=1}^{n}(y_i-\hat{y}_i)^2+\alpha\sum_{j=1}^{m}|w_j|\right\}$$

① 라쏘 분석(Lasso)
② 릿지 분석(Ridge)
③ 엘라스틱 넷(ElasticNet)
④ Partial Least Square(PLS)

50 모수의 유의성 검정 방법에 대한 설명으로 옳은 것은?

① 단측 검정의 경우 효과의 방향에 대한 가정이 없고, 단순히 효과의 존재 여부를 확인하려는 경우 사용한다.
② 양측 검정의 경우 특정 방향의 가설을 검정하려는 경우 사용한다.
③ 양측 검정의 경우 귀무가설에 대한 기각역은 양측에 있다.
④ 유의수준은 가설 검정에서 사용되는 통계적 임곗값으로 대부분 1%를 사용하며, 단일 가설 검정 시 유의수준을 반복하여 조정한다.

51 아래와 같은 거래 데이터가 주어졌을 때 연관규칙 '{사과} ⇒ {달걀, 오이}'의 향상도(Lift)를 구하시오.

거래1	{사과, 달걀}
거래2	{오이}
거래3	{사과, 달걀, 오이}
거래4	{사과, 오렌지}
거래5	{사과, 오이, 오렌지}

① 1
② 1.25
③ 2
④ 2.25

52 다음 중 사전에 군집의 개수를 지정하지 않아도 수행할 수 있는 분석모형은 무엇인가?

① 계층적 군집분석
② Fuzzy 군집분석
③ Gaussian Mixture Model
④ K-means 군집분석

53 다음 빈칸에 들어갈 말로 알맞은 것은?

> seq2seq(sequence-to-sequence) 모델은 한 시퀀스를 다른 시퀀스로 변환하는 작업을 수행하는 딥러닝 모델로, 주로 자연어 처리 분야에서 활용된다. seq2seq 모델은 (a)와(과) (b)의 모듈을 가지고 있어, 이 두가지 모듈이 서로 협력하여 입력 시퀀스를 원하는 출력 시퀀스로 변환한다. (a)은(는) 일반적으로 Recurrent Neural Network이나 Long Short-Term Memory, Gated Recurrent Unit 등의 순환 신경망 구조를 사용하여 입력 시퀀스를 고정 길이의 벡터로 변환한다. 그리고 (b)은(는) 고정 길이의 벡터를 기반으로 원하는 출력 시퀀스를 생성한다.

① a : Activator, b : Deactivator
② a : Encoder, b : Decoder
③ a : Gator, b : Degator
④ a : Generator, b : Degenerator

54 자연어 처리를 위한 Transformer 기법이 아닌 것은?

① Forget Gate
② Input Embedding
③ Multi-head Attention
④ Positional Encoding

55 다음과 같은 인공신경망의 경우 출력값은?

> - 입력 데이터는 (X1, X2, X3) = (-1, 0, 1)
> - 가중치는 (W1, W2, W3) = (1, 1, 0.11)
> - 편향(bias)는 -0.1
> - 활성화 함수는 계단함수를 이용하며, 임계값 = 0이다.
> - 총합이 0 이상이면 1, 아니면 -1을 출력한다.

① -1 ② 0
③ 1   ④ 2

56 다음 설명에 들어갈 용어로 알맞은 것은?

> 딥러닝에서 사용되는 심층 인공신경망 구조에서 비용함수(또는 손실함수)를 최소화하고 가중치 (Weights)를 조절하기 위해 경사하강법(Gradient Descent)을 이용한다. 즉, 경사하강법을 이용하여 비용함수가 최솟값을 갖는, 오차가 최소화되도록 하는 가중치를 계산한다. 이러한 최솟값을 찾기 위해 Step Size를 얼마나 이동할지는 Step Size에 대해 (a)해서(하여서), 나온 기울기와 (b)(으)로 결정한다. 이 경우 (b)이(가) 너무 크면 최적값을 지나 발산하여 최솟값을 찾지 못하거나, 반대로 너무 작으면 최적값을 찾기까지 너무 오랜 시간이 걸린다. 따라서 최적의 (b)을(를) 정하는 것이 중요하다.

① a : 내 적, b : 거 리
② a : 내 적, b : 학습률
③ a : 편미분, b : 거 리
④ a : 편미분, b : 학습률

57 SNS(인스타그램, 트위터, 페이스북 등) 및 블로그 등 다양한 소셜 미디어 데이터 분석 방법이 아닌 것은?

① 감정(감성) 및 연관어(또는 상품) 분석
② 네트워크, 트렌드 분석 및 고객 라이프 스타일 추적
③ 맵리듀스 분석
④ 자연어 처리 등 텍스트 마이닝

58 다음 중 비정형 데이터분석을 위해 사용되는 언어 모델(Language Model)이 아닌 것은?

① Bidirectional Encoder Representations from Transformers(BERT)
② Latent Semantic Analysis
③ N-gram
④ You Only Look Once(YOLO)

59 앙상블 분석 방법 중 하나로 약한 학습자를 강한 학습자로 변환하는 기계학습 알고리즘이며, 복원 샘플링을 통해 다수의 샘플을 만들어서 순차적으로 학습하고, 이 경우 잘 분류하지 못한 데이터에 가중치를 주면서 수행하는 방법은 무엇인가?

① 그래디언트 디슨트
② 데이터 마이닝
③ 부스팅
④ 배깅

60 다음 설명에 해당하는 학습 방법과 데이터 분석 모형은 무엇인가?

> 앙상블 분석 모형을 구축하기 위해 학습은 부트스트랩(Bootstrap Aggregation) 기법을 이용하고 랜덤성을 확보하기 위해 개별 Base 모형을 서로 독립적으로 형성하는 Random Subspace 방식(병렬화를 통한 의사결정나무 구축)을 이용한다.

① 부스팅 — 랜덤 포레스트
② 부스팅 — AdaBoost
③ 배깅 — 랜덤 포레스트
④ 배깅 — AdaBoost

61 아래 혼동행렬(Confusion Matrix)을 이용하여 구한 성능평가 지표 값으로 옳지 않은 것은?

예측 → 실제 ↓		예측 범주 값(Predicted Class)	
		긍정(Positive)	부정(negative)
실제 범주 값 (Actual Class)	긍정(Positive)	13	1
	부정(negative)	2	4

① 정밀도(Precision)=13/15
② 정분류율(Accuracy)=17/20
③ 재현율(Recall)=13/14
④ 특이도(Specificity)=1/3

62 데이터 분석 모형의 성능을 평가하기 위해 사용되는 F1-score(F-measure)를 구하는 식으로 옳은 것은? (단, precision은 정밀도, recall은 민감도(sensitivity, 재현율)이다)

① (precision+recall)/(precision×recall)
② precision×recall/(precision+recall)
③ 2×(precision+recall)/(precision×recall)
④ 2×precision×recall/(precision+recall)

63 ROC(Receiver Operating Characteristic) 곡선에 대한 설명으로 옳지 않은 것은?

① ROC 곡선은 FPR(False Positive Rate)과 TPR(True Positive Rate)을 각각 x축, y축으로 놓은 그래프이다.
② ROC 곡선의 x축은 특이도, y축은 민감도를 나타낸다.
③ ROC 곡선의 x축, y축은 모두 [0, 1]의 범위 값을 가진다.
④ ROC 곡선에서 면적이 1에 가까울수록(왼쪽 위 꼭짓점에 다가갈수록) 성능이 우수한 모형이다.

64 회귀분석 모형의 평가지표로 적합하지 않은 것은?

① Mean Absolute Error(MAE)
② Mean Absolute Percentage Error($MAPE$)
③ Root Mean Square Error($RMSE$)
④ F1-score

65 K-Fold(K-겹) 교차검증에 대한 설명으로 옳지 않은 것은?

① 각 데이터 Fold는 학습 데이터로 1번 사용한다.
② 각 데이터 Fold는 테스트 데이터로 한 번씩 사용한다.
③ 일반적으로 K=2일 때보다 K=10일 때 성능이 개선된다.
④ K=10인 경우 각 데이터 Fold는 9번 학습 데이터로 이용된다.

66 적합도 검정에 대한 설명으로 잘못된 것은?

① 귀무가설은 주어진 데이터가 어떤 분포 또는 모델과 일치한다는 가설이다.
② 주어진 데이터와 귀무가설에 따른 예상치(기댓값)와의 차이를 나타내는 검정통계량을 구하여 귀무가설의 기각여부를 결정한다.
③ 귀무가설이 기각되는 경우 기대도수의 합과 관찰도수의 합은 일치한다.
④ 계산된 검정통계량을 이용하여 유의확률(p-value)을 구하고 일반적으로 p-value가 유의수준보다 작은 경우 귀무가설을 기각한다.

67 다음 Q-Q(Quantile-Quantile) plot과 회귀직선에 대한 설명으로 옳은 것을 모두 고르시오. 단, 시각화 분석결과 Q-Q plot 우측 위 부분에(회귀직선 위) 이상값이 다수 있는 것으로 확인되었다.

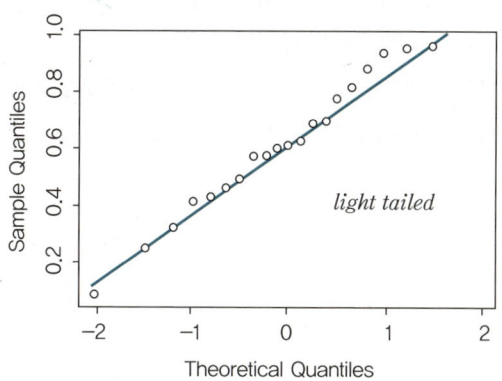

(가) 왜도값이 0보다 크다.
(나) 분포가 좌측에 치우쳐져 있다. 즉, 좌측에 긴 꼬리 모양(왼쪽 꼬리)을 나타낸다.
(다) 종속변수에 로그를 취하여 작성한 Q-Q plot 시각화 결과, 데이터들이 회귀직선 상에 존재하여 정규성을 확인한다.

① (가)
② (나)
③ (가), (나)
④ (가), (다)

68 다음 중 표본을 이용하여 신뢰구간을 구하는 방법으로 옳은 것은?

① 모집단의 표준편차를 알고 있을 때 모평균에 대한 신뢰구간은 자유도가 $n-1$인 $F-$분포를 이용한다.
② 모분산에 대한 신뢰구간은 자유도가 $n-1$인 카이제곱 분포를 이용한다.
③ 표본의 크기가 큰 경우 모평균에 대한 신뢰구간은 자유도가 $n-1$인 $t-$분포를 이용한다.
④ 표본의 크기가 큰 경우 표준편차에 대한 신뢰구간은 표준정규분포를 이용한다.

69 (훈련, 평가) 데이터를 이용하여 데이터 분석모형을 구축하고 정확도를 평가하였다. 다음 중 과대적합(또는 과적합, Overfitting)이 발생한 경우로 옳은 것은?

① 훈련 데이터 정확도 = 50%, 평가 데이터 정확도 = 50%
② 훈련 데이터 정확도 = 70%, 평가 데이터 정확도 = 90%
③ 훈련 데이터 정확도 = 90%, 평가 데이터 정확도 = 70%
④ 훈련 데이터 정확도 = 100%, 평가 데이터 정확도 = 100%

70 초매개변수(Hyper Parameter)에 대한 설명으로 옳지 않은 것은?

① 학습 데이터는 모델의 파라미터를 결정하는 데 사용된다.
② 초매개변수와 무관하게 데이터 분석 모델의 성능은 사전에 정해진 손실함수에 의해 결정된다.
③ 인공신경망에서 학습률이나 배치 사이즈처럼 사용자가 사전에 정하는 값을 초매개변수라 한다.
④ 검증 데이터의 성능 평가를 통해 가장 성능이 높은 모델을 선택하는 방법으로 초매개변수를 결정한다.

71 데이터 분석모형에 대한 설명으로 잘못된 것은?

① 분류와 회귀분석 모형의 경우 종속변수에 대한 데이터 속성은 다르지만 동일한 지표를 이용하여 성능을 평가한다.
② 분류분석은 데이터를 여러 범주 또는 클래스로 분류하는 작업을 수행한다.
③ 회귀분석의 경우 종속변수는 연속적인 값을 가지며, 주로 수치형 데이터를 예측한다.
④ 분류와 회귀분석은 머신러닝 및 통계분석에서 중요한 역할을 하며, 주어진 문제와 데이터 유형에 따라 적절한 모형을 선택한다.

72 분류분석 문제로서 다양성을 확보하고 성능을 향상시키기 위해 앙상블 기법을 적용하기로 하였다. 다음 설명 중 앙상블 기법을 적용하기 위한 방법으로 적절하지 않은 것을 모두 고르시오.

(가) k=1, 5, 6인 k-NN(k-최근접 이웃) 기법을 결합하여 수행한다.
(나) 로지스틱 회귀분석, 의사결정나무, 나이브 베이즈 모형을 결합하여 수행한다.
(다) 선형 회귀분석 모형을 결합하여 수행한다.

① (가)
② (나)
③ (가), (나)
④ (가), (다)

73 정준상관분석에 대한 설명으로 잘못된 것은?

① 상관분석과 회귀분석이 결합 확장된 분석 방법이다.
② 두 개 이상의 다변량 데이터세트 사이의 상관관계를 분석하는 통계적 기법이다.
③ 두 변수 집단 사이의 상관성을 확인하기 위해 각 집단의 모수 개수로부터 구한 자유도를 이용한다.
④ 두 변수 집단 (X1, X2)와 (Y1, Y2, Y3) 사이의 선형 결합변수를 각각 W, V라고 할 때 정준상관계수는 변수 W와 V의 상관계수를 구하여 분석한다.

74 의사결정나무(Decision Tree) 모델에서 과적합을 방지하기 위해 사용되는 정지규칙(Stopping Rule)으로 옳지 않은 것은?

① 리프(Leaf) 노드마다 분류된 데이터의 개수가 동일한 경우
② 불순도 감소가 일정 수준(임곗값) 이상으로 지정하여 분할이 수행되는 경우
③ 노드를 분할하기 위한 최소 데이터의 개수를 지정하는 경우
④ 의사결정나무의 최대 깊이를 제한하는 경우

75 K-평균 군집분석 모형(K-means Clustering) 설계 시 필요한 최적 군집의 개수(K)를 구하는 방법은 무엇인가?

① 체비셰프(Chebyshev)
② 엘보우(Elbow)
③ 커널 트릭(Kernel Trick)
④ 향상도(Lift)

76 데이터 분석결과의 해석 방법에 대한 설명으로 잘못된 것은?

① 모든 가능성을 열고, 올바른 결과 해석은 데이터로부터 인사이트를 얻는데 도움이 된다.
② 올바른 분석결과의 해석은 바람직한 의사결정을 지원하고 문제를 해결하는 데 도움을 준다.
③ 분석결과가 표본에서 얻은 경우 결과에 대한 불확실성이 존재하며, 이를 고려하여 최종 결정을 내린다.
④ 데이터 분석모형 설계 및 구축 시 사용하였던 가정을 배제하여 해석한다.

77 시간 시각화에 대한 설명으로 옳지 않은 것은?

① 데이터의 시간적인 변화를 이해하기 위해 사용되며, 시계열 데이터 패턴, 추세, 주기성 등을 파악하는 데 유용하다.
② 연속형 데이터의 경우, 임의 구간에서 연속적으로 변화하는 값을 표현하기 위해 꺾은선 그래프 또는 추세선을 이용한다.
③ 특정 시점 또는 특정 시간의 구간 값을 표현하기 위해 점그래프를 사용하는 경우 점의 분포와 배치로는 데이터의 시간적 흐름을 파악하기 어렵다.
④ 계단 그래프는 점과 점 사이를 직접 연결하는 것이 아니라 변화가 생길 때까지 일정한 선을 유지하다가 다음 값으로 바뀌는 지점에서 급격히 변화하는 것을 표현한다.

78 비교 시각화에 대한 설명으로 가장 적절한 것은?

① 다양한 변수들에 대한 특징, 유사성 및 차이점을 한 번에 확인할 수 있다.
② 분류, 세부 분류, 가짓수와 같은 결과를 통해 최대, 최소, 전체 분포를 확인할 수 있다
③ 서로 다른 변수들 사이의 관계, 즉 하나의 변수가 다른 변수에 어떤 영향을 주는지를 확인할 수 있다.
④ 시간의 변화에 따른 특징, 트렌드 및 경향성을 확인할 수 있다.

79 새로 나온 신형 자동차 모델에 대한 성능을 아래와 같이 나타내었다. 적절한 시각화 기법은 무엇인가?

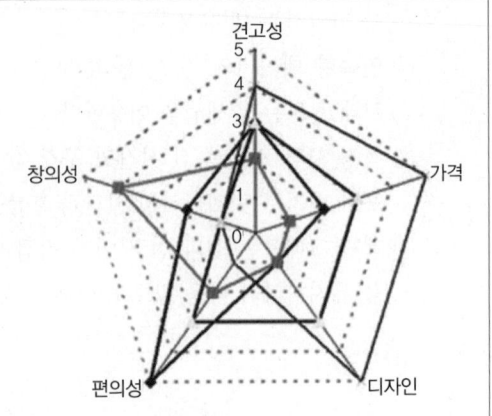

견고성 (주행 중 오류 대처 능력) : 4점

가격 (타사 비교 가격) : 5점

디자인 (자동차 디자인) : 5점

편의성 (주행의 편의성) : 1점

창의성 (새로운 개념의 설계) : 1점

① 레이더 차트(Radar Chart)
② 체르노프 페이스(Chernoff Faces)
③ 카토그램(Cartogram)
④ 모자이크 플롯(Mosaic Plot)

80 머신러닝 기반 데이터 분석 모형의 성능평가에 대한 설명으로 잘못된 것은?

① 학습 데이터가 적고 분석모형이 복잡한 경우 과대적합(Overfitting)의 위험이 높아진다.
② 데이터 분석모형의 성능을 높이기 위해 평가 및 검증 데이터를 이용한다.
③ 데이터 분석 모형의 복잡성이 증가하면 학습 데이터의 수준도 높아져야 한다.
④ 어떤 시점에서는 추가 데이터의 수가 모형의 성능에 큰 영향을 미치지 않아 데이터의 수가 많아질수록 항상 모형의 성능이 향상되지는 않는다.

2024년 제8회 기출복원문제

- 제1과목 빅데이터 분석 기획
- 제3과목 빅데이터 모델링
- 제2과목 빅데이터 탐색
- 제4과목 빅데이터 결과 해석

01 다음 중 빅데이터의 주요 특징에 대한 설명으로 옳은 것은?

① Veracity : 대용량 데이터 내부에 숨어 있는 가치가 중요하다.
② Volume : 정형화된 데이터 외에 텍스트 등의 비정형 데이터로 다양하다.
③ Velocity : 데이터가 실시간으로 변하여 데이터 생성 및 유통의 속도가 빠르다.
④ Variety : 기술적 발전과 IT 서비스의 일상화로 데이터 양이 많다.

02 다음 중 데이터 분석을 위한 주요 수행 업무로 보기 힘든 것은?

① 데이터 소재 파악 및 확보
② 데이터 모형화 및 예측
③ 결과 해석 및 통찰력 도출
④ 데이터베이스 설계 및 커스터마이징

03 다음 설명에 해당하는 것은 무엇인가?

> 대규모 및 다양한 종류의 데이터를 수집, 저장, 처리, 분석할 수 있는 하드웨어 및 소프트웨어 환경을 제공하는 기술적인 인프라이며, 빅데이터 환경에서 데이터 관리, 분석, 시각화 및 의사결정에 필요한 모든 도구와 기능을 제공한다.

① 데이터베이스 관리 시스템
② 빅데이터 저장 시스템
③ 빅데이터 플랫폼
④ 클라우드 컴퓨팅 시스템

04 지도학습 모델에 대한 설명으로 가장 옳지 않은 것은?

① 변수 간의 자기 상관성이 높고, 명확한 목표 변수가 없는 경우 지도학습 모델이 적합하다.
② 목표 변수와 특징(Feature) 간의 관계를 학습하는데 지도학습이 적합하다.
③ 라벨링된 데이터가 있는 경우 이를 기반으로 새로운 데이터에 대한 예측 수행 시 지도학습이 적합하다.
④ 목표 변수에 대한 중요한 특성이 명확하게 드러나는 경우 지도학습이 적합하다.

05 개인정보 보호법에 대한 설명으로 가장 옳지 않은 것은?

① 개인정보 보호법은 신용정보의 이용 및 보호에 관한 법률과 정보통신망 이용촉진 및 정보보호 등에 관한 법률과 함께 데이터 3법에 포함된다.
② 익명정보도 개인정보로 간주되어 당사자의 동의를 반드시 구해야 한다.
③ 개인을 식별하거나 특정 개인에 대한 정보로 쉽게 연결될 수 있는 다양한 데이터가 개인정보 보호법의 보호 대상에 해당된다.
④ 개인정보 보호법에 따라 개인정보보호위원회가 구성되었다.

06 다음 중 데이터 3법에 대한 설명으로 가장 옳지 않은 것은?

① 데이터 3법이란 개인정보 보호법, 정보통신망법, 신용정보법이다.
② 추가 정보 없이는 특정 개인을 알아볼 수 없는 가명정보의 개념이 도입되었다.
③ 가명 주체의 동의를 얻은 경우 비식별화 조치를 하지 않고 데이터를 활용할 수 있다.
④ 향후 특정 개인 식별 가능성이 증가될 우려가 있어 데이터 활용 시 준수해야 할 안전조치 사항을 명확히 설정하였다.

07 내부 및 외부 데이터에 대한 설명으로 가장 옳지 않은 것은?

① 내부 데이터는 기업이나 조직의 특정 도메인에 관련된 정보를 포함한다.
② 내부 데이터는 보안 및 개인정보 보호 등의 이슈에 대해 더 쉽게 관리된다.
③ 외부 데이터는 다양한 도메인과 산업에 관련된 정보를 포함한다.
④ 외부 데이터는 데이터의 소유권 및 저작권 문제가 없어 자유롭게 사용된다.

08 다음 중 비정형 데이터로 가장 적합하지 않은 것은?

① 거래 데이터
② 음성 데이터
③ 메시지 데이터
④ 이미지 데이터

09 데이터 측정 시 사용하는 척도와 그 예시로 가장 알맞게 연결된 것은?

① 등간 척도 — 학점
② 명목 척도 — 성별
③ 비율 척도 — 혈액형
④ 서열 척도 — 매출액

10 정성적 데이터와 정량적 데이터에 대한 설명으로 가장 옳지 않은 것은?

① 정성적 데이터는 질적 데이터이다.
② 정량적 데이터는 양적 데이터이다.
③ 정량적 데이터 중 상관계수와 같은 데이터는 범주형 데이터로 변환이 가능하다.
④ 정성적 데이터 중 상품 사용 후기 데이터는 연속형 데이터로 변환이 가능하다.

11 데이터 변환 작업에 해당하지 않은 것은?

① 대학생으로부터 수집한 키 데이터를 평균=0, 표준편차=1로 표준화하여 저장한다.
② 인덱스가 1, 2, 3학년인 값을 섞어 작은 배치로 분할한다.
③ 설문조사 결과로 얻은 나이 데이터에 대해 10~25세는 청년, 40~55세는 중년 등으로 범주화한다.
④ 숫자로 입력된 데이터를 날짜(YYYY/MM/DD)로 저장한다.

12 데이터 표준화에 대한 설명으로 가장 옳은 것은?

① 데이터 노이즈를 제거하거나 데이터를 매끄럽게 하기 위해 데이터 표준화 작업을 수행한다.
② 데이터 표준화 작업을 이용하여 서로 다른 샘플 데이터를 하나로 통합 혹은 결합한다.
③ 데이터 표준화 결과를 통해 단위를 제거하고 상대적인 크기를 비교한다.
④ 데이터 표준화 작업 수행 후, 분석 모델의 계수 또는 중요도를 해석하기가 더 어려워진다.

13 데이터 전처리 과정 중 정규화 작업에 대한 설명으로 가장 옳지 않은 것은?

① 데이터 정규화는 데이터의 값을 특정 범위로 조정하는 방법이다.
② 가장 일반적인 방법으로 최소-최대 정규화 작업이 있으며, 데이터의 최솟값과 최댓값을 이용한다.
③ 최소-최대 정규화는 원래 데이터의 분포를 유지하지 않아 데이터 분포의 정보가 일부 손실될 수 있다.
④ 스케일링 범위를 [0, 1]로 하지 않고 임의의 [a, b]로 변환 및 설정이 불가능하다.

14 데이터 비식별화 기법으로 서로 옳게 연결된 것은?

① 총계처리 — 다양한 축을 기준으로 재구성하여 총계 계산
② 범주화 — T-근접성 처리
③ 데이터 마스킹 — 노이즈 데이터 추가
④ 가명처리 — 휴리스틱 익명화

15 데이터 마스킹 기법에 대한 설명으로 가장 옳지 않은 것은?

① 원본 데이터의 일부를 가려서 숨기는 기술로 식별 가능한 값이 보이지 않도록 처리한다.
② 개인정보를 포함한 데이터의 일부를 무작위로 변환하거나 대체한다.
③ 데이터 마스킹 수준이 높을수록 데이터 식별 및 예측이 쉬워진다.
④ 개인정보보호를 위해 적절한 마스킹을 수행하되, 분석 목적에 맞는 유용한 정보를 보존할 필요가 있다.

16 차원축소 기법을 수행하는 이유로 가장 적합하지 않은 것은?

① 데이터 분석을 위한 비용, 시간, 용량 문제 해결
② 과소적합 문제 해결
③ 주요 특성 추출
④ 불필요한 정보 및 데이터 노이즈 제거

17 데이터웨어하우스의 주요 특징으로 가장 옳지 않은 것은?

① 기업 내 의사결정 지원 애플리케이션들을 위한 정보를 제공하는 하나의 통합된 데이터 저장 공간
② 여러 시스템에서 추출된 데이터를 중앙집중화하여 저장하여 모든 데이터를 하나의 장소에서 접근
③ 비즈니스 인텔리전스 도구와 통합되어 데이터 분석 및 시각화 활용
④ 시간적 변화를 추적할 수 없는 휘발성 자료 집합

18 다음 중 분산 저장 시스템이 아닌 것은?

① Ceph
② GoogleFS
③ HBase
④ HDFS

19 몽고디비, 카산드라를 포함하는 반정형, 비정형 데이터 저장소의 이름은 무엇인가?

① DFS(Distributed File System)
② In-memory DB
③ NoSQL
④ RDBMS

20 Key-value 데이터베이스에 대한 설명으로 가장 옳지 않은 것은?

① 데이터는 키와 값의 쌍으로 구성되어 있으며, 각 키는 데이터베이스에서 유일해야 한다.
② 상대적으로 다른 데이터베이스와 비교하여 복잡한 쿼리의 수행이 가능하다.
③ 키를 기반으로 데이터를 저장하고 검색하기 때문에 빠른 읽기 및 쓰기 성능을 제공한다.
④ 일반적으로 데이터 값의 형식에 제한을 두지 않고 모든 데이터를 저장할 수 있다.

21 데이터 결측값 대체 방법에 대한 설명으로 가장 옳지 않은 것은?

① 수치형 변수이고 결측값이 무작위로 발생한 경우 평균 또는 중앙값으로 대체하는 것이 유용하다.
② 상관성이 낮은 변수들을 사용하여 자기회귀 모형으로 결측값을 대체하는 경우 정확성이 높아지고 분산이 작아진다.
③ 범주형 변수의 경우 보통 최빈값을 사용하여 결측값을 대체한다.
④ 수집 데이터의 수가 분석하기에 충분하다면, 결측 데이터를 삭제하는 것도 가능하다.

22 다음은 지역별 소득액(Revenue)을 나타내는 박스플롯이다. 이에 대한 설명으로 가장 옳지 않은 것은?

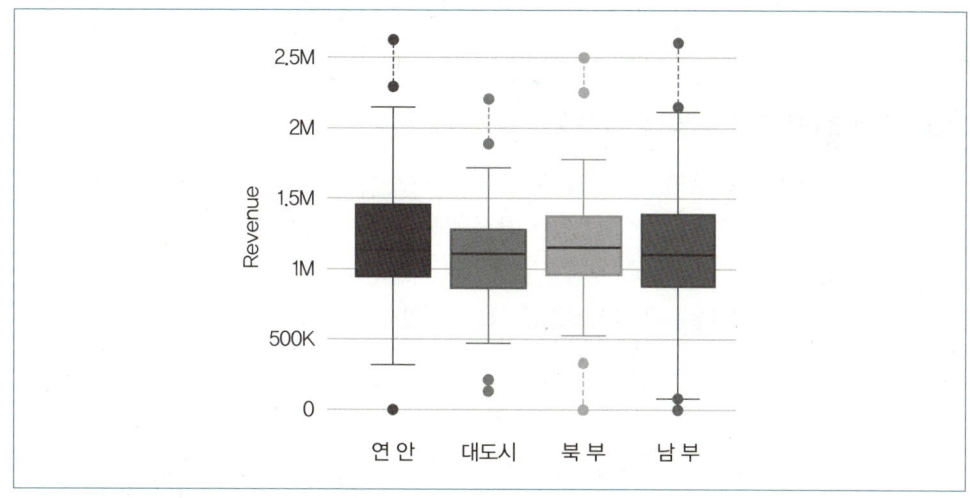

① 연안 및 남부 지역의 수염이 조금 더 길어 소득액이 저조한 곳과 우수한 곳이 함께 있다.
② 북부 및 대도시 지역의 수염이 연안 및 남부 지역보다 약간 짧으므로 해당 지역의 소득액이 다른 지역보다 더 일관적이다.
③ 상자 크기가 비슷하고 중앙값이 일치하여 지역 간 소득액의 차이가 거의 없다.
④ 소득액에 대한 대도시 지역의 신뢰구간이 연안 및 남부 지역의 신뢰구간보다 넓다.

23 데이터 분석 모형의 복잡성을 줄이고, 과적합을 방지하기 위해 규제 기법이 사용된다. 가중치의 제곱을 패널티로 사용하여 가중치의 크기를 줄이는 방법은?

① Batch Normalization ② Lasso
③ Maximum Norm ④ Ridge

24 주성분 분석결과, 고윳값이 [4, 3.5, 2, 0.5]일 때, 제3주성분은 전체 데이터의 분산을 몇 %까지 설명하고 있는가?

① 40% ② 35%
③ 20% ④ 5%

25 파생변수에 대한 설명으로 가장 옳지 않은 것은?

① 시간에 따른 파생변수를 만들 수 있다.
② 독립변수와 종속변수의 교호작용 분석결과를 이용하여 파생변수를 만들 수 있다.
③ 종속변수들에 대한 예측 결과를 이용하여 파생변수를 만들 수 있다.
④ 특정 조건을 이용하여 파생변수를 만들 수 있다.

26 양수 데이터에 대해 정규분포에 근사하게 데이터를 변환하는 방법은 무엇인가?

① Box-cox 변환 ② Min-max 변환
③ Z-score 변환 ④ Yeo-johnson 변환

27 불균형 데이터에 대한 설명으로 가장 옳지 않은 것은?

① 다수 클래스의 경우 샘플을 제거하여 클래스 간의 균형을 맞추는 경우 정보의 손실이 발생할 수 있다.
② 데이터 분석 모델이 소수 클래스를 잘 학습하지 못하거나 예측하지 못하는 경향이 있다.
③ 소수 클래스의 샘플에 높은 가중치를 부여하여 모델이 소수 클래스를 더 잘 학습하도록 유도한다.
④ 소수 클래스의 경우 언더샘플링 방법으로 데이터 불균형 문제를 해결한다.

28 소득과 암 발생률 사이의 상관관계를 분석할 때 소득과 암 발생률에 모두 영향을 미치는 (나이, 음주, 흡연)의 변수를 제외하고 분석하고자 한다. 다음 중 가장 적합한 분석 기법은 무엇인가?

① 편상관분석 ② 군집분석
③ 적합도 분석 ④ 연관성 분석

29 Unimodal Distribution(단봉 분포)이면서 오른쪽으로 꼬리가 긴 분포의 경우 최빈값, 중앙값, 평균값의 크기는?

① 최빈값 < 중앙값 < 평균값 ② 최빈값 > 중앙값 > 평균값
③ 최빈값 < 평균값 < 중앙값 ④ 최빈값 > 평균값 > 중앙값

30 빅데이터 분석 과목의 점수가 (60, 70, 80)점일 때 표본분산을 구하시오.

① 10 ② 20
③ 100 ④ 200

31 다음 중 기술통계량으로 가장 적합하지 않은 것은?

① 최댓값　　　　　　　　② 중앙값
③ 이상값　　　　　　　　④ 분 산

32 기술통계량에 대한 설명으로 옳지 않은 것은?

① 최빈값은 데이터 집합에서 가장 많은 빈도를 갖는 데이터로 주로 범주형 데이터에서 사용된다.
② 중앙값은 데이터를 크기순으로 정렬했을 때 중앙에 위치한 값으로 데이터의 이상치에 덜 민감하다.
③ 변동계수는 데이터의 표준편차를 평균으로 나눈 값으로 서로 다른 단위나 크기를 갖는 데이터를 비교할 때 유용하다.
④ 표본의 크기와 상관없이 표본평균은 모집단 평균과 항상 동일하다.

33 기존 공정과 신규 공정 기술에 대한 불량률과 정상률이 다음과 같을 때, 불량률 발생에 대한 오즈비와 위험도를 구하시오.

구 분	불량률	정상률
기존 공정	0.08	0.92
신규 공정	0.02	0.98

① 오즈비=$(0.08 \times 0.98)/(0.02 \times 0.92)$, 위험도=0.25
② 오즈비=$(0.08 \times 0.98)/(0.02 \times 0.92)$, 위험도=4
③ 오즈비=$(0.02 \times 0.98)/(0.08 \times 0.92)$, 위험도=0.25
④ 오즈비=$(0.02 \times 0.98)/(0.08 \times 0.92)$, 위험도=4

34 다음 중 목표 분포로부터 표본을 추출하기 위한 샘플링 기법으로 가장 적합하지 않은 것은?

① Metropolis-hastings 알고리즘
② Expectation-maximization 알고리즘
③ Perfect Sampling 알고리즘
④ Rejection Sampling 알고리즘

35 모집단에서 n개의 표본을 추출하여 표본평균의 분포를 분석할 때 다음 설명 중 가장 옳지 않은 것은?

① 표본평균은 모집단의 기댓값이다.
② 정규 모집단에서 추출한 표본평균의 분포는 정규분포를 따른다.
③ n이 커지면 표본평균 분포의 평균은 동일하고, 표준편차는 커진다.
④ n이 커지면 표본평균의 분포는 모집단의 평균과 매우 유사해진다.

36 동일한 확률분포를 가진 독립확률변수로부터 추출된 n개의 표본평균은 n이 적당히 크다면 정규분포에 가까워진다는 정리는 무엇인가?

① 베르세르-고르노프 정리
② 베이즈 정리
③ 벡터 내적의 정리
④ 중심극한정리

37 아래와 같이 P후보에 대한 지역별 전체 유권자들에 대해 A지역 71명, B지역 134명의 득표를 얻었다. A지역과 B지역의 득표율에 대한 모비율 차이의 추정값은?

지 역	유권자 수(명)	득표 수(명)
A	100	71
B	200	134

① 0.03
② 0.04
③ 0.05
④ 0.06

38 n개의 데이터($x_1, x_2, \cdots, x_n$)로 부터 구한 다음 점 추정량에 대한 설명으로 옳은 것은? (단, A는 평균, B는 분산이다)

$$A = \frac{\sum_{i=1}^{n} x_i}{n}, \; B = \frac{\sum_{i=1}^{n}(x_i - A)^2}{n}$$

① A의 Bias(편의)는 0이다.
② A는 일치추정량이 아니다.
③ B는 불편추정량이다.
④ B는 일치추정량이다.

39 다음은 가설 검정에 대한 설명이다. (　)에 들어갈 용어로 알맞은 것은?

> 가설 검정은 어떤 가설이 사실인지를 통계적으로 판단하는 과정이다. 보통은 귀무가설과 대립가설을 설정하고, 주어진 데이터를 사용하여 귀무가설을 기각할지를 결정한다. 귀무가설은 실험 결과에 대해 기본적으로 참으로 가정하는 가설이며, 대립가설은 귀무가설의 반대되는 가설이다. 귀무가설(혹은 대립가설)이 참인 경우 데이터 분석 결과, 귀무가설(혹은 대립가설)을 채택함으로써 (ㄱ)을(를) 하는 경우가 있다. 그러나 가설이 거짓인 경우에도 가설을 채택함으로써 오류가 발생한다. 대립가설이 참인데 이를 기각하면서 생기는 오류를 (ㄴ)라 하고, 귀무가설이 참인데 이를 기각하면서 생기는 오류를 (ㄷ)라 한다.

① ㄱ : 잘못된 결정,　ㄴ : 제2종 오류,　ㄷ : 제1종 오류
② ㄱ : 잘못된 결정,　ㄴ : 제1종 오류,　ㄷ : 제2종 오류
③ ㄱ : 옳은 결정,　ㄴ : 제2종 오류,　ㄷ : 제1종 오류
④ ㄱ : 옳은 결정,　ㄴ : 제1종 오류,　ㄷ : 제2종 오류

40 마술시연 중 10번 시행에서 6번 이하로 성공하는 귀무가설에 대해 대립가설이 아래와 같을 때, 제2종 오류 확률을 구하시오.

> • 귀무가설 : 마술 성공확률은 0.6 이하이다.
> • 대립가설 : 마술 성공확률은 2/3 이다.

① $\sum_{i=7}^{10}\binom{10}{i}(0.6)^i(0.4)^{10-i}$

② $\sum_{i=7}^{10}\binom{10}{i}\left(\frac{2}{3}\right)^i\left(\frac{1}{3}\right)^{10-i}$

③ $\sum_{i=0}^{6}\binom{10}{i}(0.6)^i(0.4)^{10-i}$

④ $\sum_{i=0}^{6}\binom{10}{i}\left(\frac{2}{3}\right)^i\left(\frac{1}{3}\right)^{10-i}$

41 주어진 문제를 해결하기 위한 하향식 접근 방법에 대한 설명으로 가장 옳지 않은 것은?

① 문제 탐색 단계에서는 문제 정의 자체가 어려워 간단하게 문제를 나열하고 데이터를 기반으로 문제를 재정의한다.
② 문제 정의 단계에서는 도메인 및 비즈니스 문제를 데이터의 문제로 변환하여 정의한다.
③ 해결 방안 탐색 단계에서는 분석 역량(Who)과 기법(How)으로 분석 문제를 해결하기 위한 다양한 방안을 모색한다.
④ 타당성 검토 단계에서는 경제성과 함께 데이터 및 기술적 타당성 등 다각적인 분석을 수행한다.

42 데이터 분석 단계에서 도메인 지식을 활용하여 유의미한 변수를 도출하는 작업에 해당되는 것은?

① 데이터 모형화
② 데이터 전처리
③ 모델 평가 및 성능 개선
④ 탐색적 데이터 분석

43 결정계수에 대한 설명으로 옳은 것은?

① 결정계수 값의 범위는 0~1이다.
② 결정계수 값이 0에 가까울 수록 회귀식의 설명력이 높다.
③ 독립변수의 분산 중에서 종속변수로 설명되는 비율이다.
④ 결정계수가 1에 가까울수록 산점도에서 점들은 직선 주위에 밀집되어 나타나지 않는다.

44 다중공선성(Multicollinearity)에 대한 설명으로 가장 옳은 것은?

① 다중공선성이 있는 경우 각 독립변수들 사이의 관계를 이용한 회귀분석 모델의 구축과 설명력이 높아진다.
② 독립변수들 사이의 상관관계 유의성 검정에서 상관관계가 없다는 결과를 얻게 되면, 다중공선성이 존재한다.
③ 독립변수들의 서로 다른 단위나 스케일을 가지고 있는 문제와 다중공선성의 발생 여부는 상관이 없다.
④ 독립변수들 간에 높은 상관관계가 있는 경우 발생하며, 다중공선성은 회귀분석 결과를 왜곡하고 모델의 해석을 어렵게 만든다.

45 다음은 회귀분석에 대한 분산분석표이다. 틀린 값을 고르시오.

요 인	제곱합	자유도	제곱평균	F 비
회 귀	72	–	–	
잔 차	–	9	3	–
합 계	–	11	–	

① 오차 제곱합 = 27
② F-통계량 = 9
③ 제곱합 합계 = 99
④ 회귀 자유도 = 2

46 주성분 분석(Principal Component Analysis)에 대한 설명으로 옳은 것을 모두 고르시오.

(가) 주성분 분석을 통한 차원축소는 분석 대상 변수들 간에 상호 관계가 없는 경우에 주로 사용된다.
(나) 분석대상인 데이터의 분포가 정규분포를 따르는 경우에 적용된다.
(다) 주어진 데이터세트의 가장 큰 분산을 설명하는 방향을 찾는다.

① (다)
② (가), (나)
③ (가), (다)
④ (가), (나), (다)

47 선형회귀와 로지스틱 회귀분석에 대한 설명으로 옳지 않은 것은?

① 종속변수가 범주형인 경우 로지스틱 회귀분석 모형을 이용한다.
② 선형회귀분석에서 LSE(Least Squares Estimation) 방법으로 모델의 계수를 추정하면 그 추정량은 불편추정량이다.
③ 선형회귀와 로지스틱 회귀분석 모형은 모두 잔차의 정규성을 가정한다.
④ 선형회귀와 로지스틱 회귀분석 모두 MLE(Maximum Likelihood Estimation) 방법으로 모델의 계수 추정이 가능하다.

48 다음 중 의사결정나무 분석 모형에 대한 설명으로 옳은 것을 모두 고르시오.

> (가) 트리 형태로 시각화되어 결과를 이해하기 쉽고 결과에 대한 설명력이 명확하다.
> (나) 각 분기 지점에서 노드 분할 시 동질성(Homogeneity)이 증가하는 방향으로 분기 작업을 수행한다.
> (다) 특징의 스케일 조정 및 정규화 처리 등 데이터 전처리 작업이 필요하다.
> (라) 데이터를 분할하는 과정에서 변수들 사이의 교호작용을 고려하지 않고 분할 기준을 결정한다.

① (가), (다)   ② (가), (나)
③ (나), (다)   ④ (나), (다), (라)

49 인공신경망 분석결과가 다음과 같을 때 출력값은?

> - 은닉 노드의 수 = 2개
> - 은닉 노드로의 입력값 = (0.2, 0.1)
> - 은닉노드의 가중치 = (0.4, 0.5)
> - 편향 = 0.2

① 0.31   ② 0.33
③ 0.35   ④ 0.37

50 신경망 모형 구축 시 전체 학습 데이터를 나누기 위한 배치의 크기에 대한 설명으로 가장 옳지 않은 것은?

① 배치의 크기는 훈련속도에 직접적인 영향을 끼치지만, 신경망 모형의 성능에는 영향을 미치지 않는다.
② 배치의 크기가 너무 크면 많은 메모리를 필요로 하며, 메모리가 제한적인 환경에서는 주의해야 한다.
③ 배치의 크기가 너무 작으면 상대적으로 불안정한 그래디언트를 생성하여 학습 과정에 악영향을 미친다.
④ 일반적으로 작은 배치 크기와 큰 배치 크기 간에는 각각 장단점이 있어 실험을 통해 최적의 배치 크기를 결정한다.

51 서포트벡터머신(SVM)에 대한 설명으로 옳지 않은 것은?

① 서로 다른 분류에 속한 데이터들 사이의 간격을 최대화하는 평면을 찾는다.
② 선형분류 뿐만 아니라, 커널 트릭을 이용하여 비선형분류에도 효율적이다.
③ 분류 성능을 높이기 위해 RBF, 다항식, 하이퍼볼릭 등 다양한 커널 함수를 이용한다.
④ 초 매개변수의 최적화는 필요하지 않다.

52 두 개의 지점인 (x_i, x_j)에 대해 군집 간 거리를 산출하기 위해 사용되는 다음 측정 방식은 무엇인가? (단, p는 거리를 결정하는 매개변수로 0보다 큰 양수이다)

$$D=(x_i, x_j) = \left(\sum_{k=1}^{n}(x_{ik}, x_{jk})^p\right)^{1/p}$$

① 민코프스키 거리(Minkowski Distance)
② 맨해튼 거리(Manhattan Distance)
③ 마할라노비스 거리(Mahalanobis Distance)
④ 유클리디안 거리(Euclidean Distance)

53 나이브 베이즈 분석 기법에 대한 설명으로 옳지 않은 것은?

① 분류하려는 클래스의 조건부 확률을 구한 후, 베이즈 정리를 이용하여 샘플이 특정 클래스에 속할 확률을 예측한다.
② 모든 특성(또는 변수)이 서로 독립적이라고 가정한다.
③ 특성들 사이의 의미있는 상호작용을 고려하기 때문에 복잡한 분류 문제에 적합하다.
④ 특성과 특성에 대한 클래스의 조건부 확률을 이용하여 새로운 샘플을 분류한다.

54 ( )에 들어갈 말로 옳은 것은?

> seq2seq(sequence-to-sequence) 모델에서 인코더를 통해 ( )(이)가 만들어진다.

① 고유벡터
② 공벡터
③ 기저벡터
④ 컨텍스트 벡터

55 경사하강법에 대한 설명으로 가장 옳은 것은?

① 모멘텀 방법에서는 지역 최솟값에 갇히는 것을 방지하고 그래디언트의 방향을 따라 빠르게 이동할 수 있도록 함으로써 전역 최솟값을 찾아간다.
② 확률적 경사하강법에서는 각 학습단계에서 전체 데이터세트를 선택하여 기울기를 계산한다.
③ Adaptive Gradient(Adagrad) 기법에서는 이전 기울기에 따라 수렴 속도가 달라진다.
④ Adam 기법에서는 모멘텀을 이용하지 않는다.

56 텍스트 마이닝에서 주로 사용하는 기법에 대한 설명으로 옳지 않은 것은?

① 품사 태깅(POS Tagging) : 문장의 뜻을 파악하는 구문 분석 트리 결정
② 토큰화(Tokenization) : 텍스트 데이터(또는 말뭉치)에서 토큰이라 불리는 의미있는 단어로 나눔
③ 어간 추출(Stemming) : 어간을 추출함으로써 단어를 근본 형태로 줄임
④ 불용어 제거(Stopwords) : 사용하지 않거나 분석에 필요하지 않은 단어 제거

57 앙상블 분석에서 사용되는 주요 기법에 대한 설명으로 옳지 않은 것은?

① 배깅 : 원본 데이터에서 중복을 허용하여 무작위로 샘플링하는 부트스트랩 샘플링 기법
② 부스팅 : 강한 학습기를 여러 개 조합하여 설계하며, 모델이 단순하고 학습시간이 짧은 기법
③ 보팅 : 각 트리가 예측한 클래스를 기반으로 다수결 또는 가중치 평균 등의 방식을 이용하여 최종 예측 수행
④ 스태킹 : 여러 개의 다른 기계학습 모델들의 예측 결과를 결합하여 최종 예측 수행

58 부스팅(Boosting)에 대한 설명으로 가장 옳지 않은 것은?

① AdaBoost는 초기에 모든 샘플에 동일한 가중치를 부여하고, 학습에 따라 이전 학습기가 틀린 샘플에 더 큰 가중치를 주는 방식으로 과적합에 취약하다.
② LightGBM은 트리를 분기하는 과정에서 Leaf-wise 방식을 사용하며, 손실을 줄이기 위해 가장 큰 그래디언트를 가진 특성을 기준으로 데이터를 분할한다.
③ XGBoost 알고리즘은 GBM을 기반으로 하며, 일반적으로 GBM 보다 계산 속도가 느리다.
④ GBM은 부스팅 알고리즘 중 하나로, 너무 많은 트리를 학습하거나 트리의 깊이가 깊을 경우 과적합에 취약하다.

59 데이터 분석 모형에 대한 설명으로 가장 옳지 않은 것은?

① 랜덤 포레스트는 결정 트리의 장점을 취합한 모델로 과적합을 줄이는 데 도움을 준다.
② 랜덤 포레스트 모델에서 트리의 깊이가 깊고 많은 수의 트리가 사용되는 경우 메모리 사용량이 증가한다.
③ 앙상블 모델은 단일 모델보다 예측 및 분류 성능이 항상 우수하다.
④ 앙상블 분석은 다양한 종류의 모델을 결합하는 개념이며, 랜덤 포레스트는 결정 트리를 기반으로 한 앙상블 학습 모델 중 하나이다.

60 다음 중 비모수 검정 방법에 대한 설명으로 가장 옳지 않은 것은?

① 관찰된 값이 실제 자료가 아닌 순위의 형태로 주어져 있을 때 비모수 검정 방법을 이용한다.
② 모집단의 분포가 알려져 있지 않은 경우 비모수 검정 방법을 이용한다.
③ 비모수 검정 방법이 모수 검정 방법보다 검정력이 높다.
④ 비모수 검정 방법은 이상치나 특이값에 대해 민감하지 않고 표본의 크기가 작은 경우에도 적용할 수 있다.

61 다음 중 데이터 또는 확률분포의 비대칭 정도를 나타내는 통계적 척도는 무엇인가?

① 변동계수   ② 사분위수 범위
③ 왜 도   ④ 첨 도

62 다음 중 실젯값이 참일 때, 예측값이 참일 확률은 무엇인가?

① 정밀도(Precision)   ② 정확도(Accuracy)
③ 재현율(Recall)   ④ 특이도(Specificity)

63 혼동행렬을 이용하여 구한 성능평가 지표 값으로 가장 옳지 않은 것은?

실제 ↓ 예측 →		예측 범주값(Predicted Class)	
		긍정(Positive)	부정(Negative)
실제 범주값 (Actual Class)	긍정(Positive)	20	5
	부정(Negative)	5	10

① 민감도=0.80
② 정밀도=0.67
③ 정확도=0.75
④ 특이도=0.67

64 데이터 분석 모형 평가 시 사용되는 ROC 곡선에 대한 설명으로 옳지 않은 것은? (단, FPR은 False Positive Rate, TPR은 True Positive Rate, AUC는 Area Under Curve이다)

① ROC는 FPR 값에 따른 TPR 값을 나타낸 그래프이다.
② FPR이 작아도 TPR이 클 수 있다.
③ 무작위로 분류하는 모형의 경우 TPR과 FPR은 같은 값으로 수렴하게 된다.
④ AUC 값이 작을수록 성능이 우수한 모형이다.

65 다음 중 실젯값 x_i와 예측값 y_i 사이의 차이를 평가하는 성능평가 지표로 옳지 않은 것은?

① Mean Absolute Percentage Error(MAPE) $= \frac{1}{n}\sum_{i=1}^{n}\left|\frac{x_i-y_i}{x_i}\right|$

② Mean Percentage Error(MPE) $= \frac{1}{n}\sum_{i=1}^{n}\left|\frac{x_i-y_i}{x_i}\right| \times 100(\%)$

③ Mean Absolute Error(MAE) $= \frac{1}{n}\sum_{i=1}^{n}|x_i-y_i|$

④ Mean Squared Error(MSE) $= \frac{1}{n}\sum_{i=1}^{n}(x_i-y_i)^2$

66 교차검증에 대한 설명으로 옳지 않은 것은?

① 교차검증을 통해 모델이 새로운 데이터에 대해 얼마나 일반화될 수 있는지를 평가할 수 있다.
② K-겹 교차검증에서 전체를 K등분한 후 그 중 K-1 데이터세트를 학습 데이터로 이용하고 나머지 1개를 검증 데이터로 이용한다.
③ 시계열 데이터의 경우 시간순으로 나눠서 검증하지 않는다.
④ 주택의 크기(제곱 피트)에 따른 주택 가격 예측 모델을 평가하기 위해 교차검증 방법으로 검증한다.

67 다변량 분산분석에 대한 설명으로 옳은 것은?

① 독립변수가 여러 개, 종속변수가 여러 개일 때 사용된다.
② 독립변수가 여러 개, 종속변수가 1개일 때 사용된다.
③ 독립변수가 1개, 종속변수가 1개일 때 사용된다.
④ 독립변수가 2개, 종속변수가 1개일 때 사용된다.

68 서열 척도 변수들 사이의 상관관계를 측정하고자 한다. 다음 중 가장 적합한 상관계수는 무엇인가?

① 피어슨 상관계수
② 스피어만 상관계수
③ 켄달 상관계수
④ 심슨 상관계수

69 K-폴드 교차검증에 대한 설명으로 가장 옳지 않은 것은?

① 데이터를 여러 개의 폴드로 나누어 각각의 폴드를 하나의 검증세트로 사용하고 나머지를 훈련세트로 이용한다.
② 일반적으로 데이터세트를 열로 나누어 검증용 폴드 세트로 이용한다.
③ K-1개의 데이터세트는 훈련용, 나머지 1개 데이터세트는 검증용으로 이용한다.
④ 동일한 과정을 K번 반복하여 각각의 폴드가 한 번씩 검증세트로 사용되도록 한다.

70 과적합을 방지하기 위한 방안으로 옳지 않은 것은?

① 데이터의 양을 늘린다.
② 매개변수의 수를 늘린다.
③ 가중치를 비용함수에 추가하여 규제한다.
④ 드롭아웃 방법을 이용한다.

71 데이터 분석결과로부터 얻은 편향(Bias)과 분산(Variance)에 대한 설명으로 가장 옳은 것은?

① 모델의 복잡도가 높으면 편향과 분산이 높아진다.
② 편향을 줄이면 분산이 줄고, 분산을 줄이면 편향이 줄어든다.
③ 과적합 모형의 경우 편향이 높고, 분산은 낮다.
④ 편향이 낮고 분산이 작으면 상대적으로 우수한 분석모형으로 평가된다.

72 기계학습에서 사용되는 매개변수와 초매개변수에 대한 설명으로 가장 옳지 않은 것은?

① 매개변수는 경사하강법이나 그 변형을 이용하여 추정할 수 있다.
② 매개변수는 학습하는 동안 손실함수를 최소화하기 위해 조정, 갱신된다.
③ 은닉층의 수와 학습률은 대표적인 초매개변수이다.
④ 초매개변수는 학습하는 동안 변경된다.

73 Ben Fry가 제시한 데이터 시각화 7단계 프로세스로 옳은 것은?

① 데이터 획득 – 구조화 – 선별 – 마이닝 – 정제 – 표현 – 상호작용
② 데이터 획득 – 구조화 – 마이닝 – 선별 – 정제 – 표현 – 상호작용
③ 데이터 획득 – 구조화 – 선별 – 마이닝 – 표현 – 정제 – 상호작용
④ 데이터 획득 – 구조화 – 마이닝 – 선별 – 표현 – 정제 – 상호작용

74 다음 중 기초통계량과 그래프 등을 이용한 시각적 데이터 탐색으로 확인할 수 없는 것은?

① 데이터의 분포
② 통계적 유의성
③ 이상값
④ 결측값

75 아래 연도별 출생아 수와 합계 출산율(여성 1명이 낳을 것으로 예상되는 평균 출생아 수)에 대한 설명으로 가장 옳은 것은?

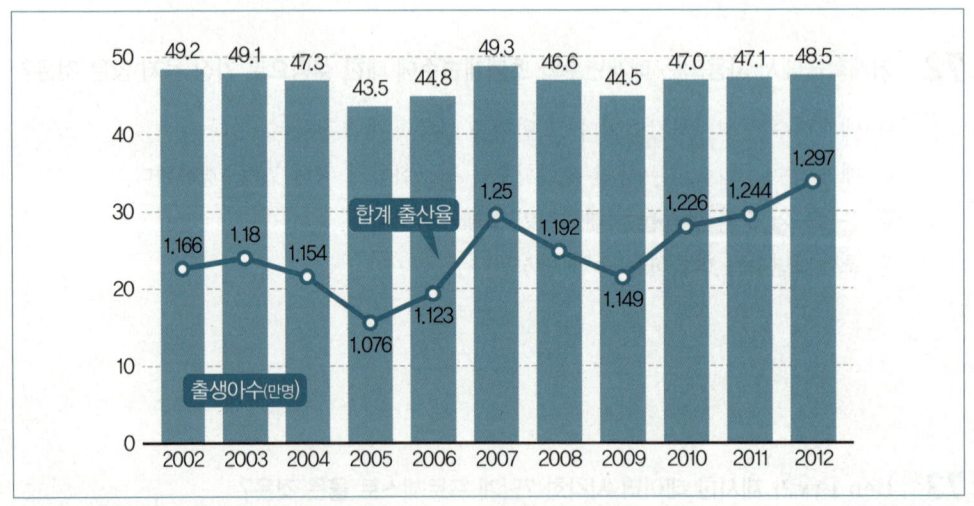

① 출생아 수는 산점도, 합계 출산율은 막대 그래프로 표현되었다.
② 연도별로 출생아 수가 증가할수록 합계 출산율은 감소하는 것으로 평가된다.
③ 2005년 출생아 수와 합계 출산율이 가장 작다.
④ 2007년 출생아 수와 합계 출산율이 가장 크다.

76 관계 시각화를 위한 모자이크 플롯에 대한 설명으로 가장 옳지 않은 것은?

① 주어진 데이터의 다변량 특징 간의 관계를 표현한다.
② 범주형 변수들 사이의 관계를 보여준다.
③ 플롯은 사각형 모양으로 구성되며, 각 사각형은 데이터 집합내에서 각 범주 조합의 빈도를 나타낸다.
④ 히스토그램 안에 히스토그램을 새롭게 그리는 방식이다.

77 주요 지역들 사이 수출액과 수입액을 시각화로 나타내고자 한다. 영역의 크기를 매출액, 점의 크기를 수입액으로 관계 시각화 도구를 사용하고자 할 때 가장 적합한 도구는?

① 수출액 – 카토그램, 수입액 – 버블차트
② 수출액 – 카토그램, 수입액 – 산점도
③ 수출액 – 레이더 차트, 수입액 – 버블차트
④ 수출액 – 레이더 차트, 수입액 – 산점도

78 국회의원 선거에서 당선자의 수를 시각화하여 나타내려고 한다. 지역별 면적이 아니라 당선된 국회의원의 수에 따라 시각화하고자 할 때 가장 적합한 도구는 무엇인가?

① 단계 구분도
② 등치선도
③ 격자 카토그램
④ 픽토그램

79 지역별 및 월별 코로나 발생률을 시각화 도구로 표현하고자 한다. 가장 적합한 인포그래픽 도구는?

① 지역별 코로나 발생률 : 지도 인포그래픽, 월별 코로나 발생률 : 나열형 인포그래픽
② 지역별 코로나 발생률 : 지도 인포그래픽, 월별 코로나 발생률 : 타임라인 인포그래픽
③ 지역별 코로나 발생률 : 프로세스 인포그래픽, 월별 코로나 발생률 : 나열형 인포그래픽
④ 지역별 코로나 발생률 : 프로세스 인포그래픽, 월별 코로나 발생률 : 타임라인 인포그래픽

80 데이터 분석 활용 계획에 대한 설명으로 가장 옳지 않은 것은?

① 분석 활용 계획은 필요한 인력, 기술, 시간, 예산 등을 고려하여 가장 나중에 수립한다.
② 비즈니스 목표를 달성하기 위한 데이터 분석의 경우 비즈니스 목표와의 연계성을 고려한다.
③ 데이터 분석결과를 활용할 이해관계자들의 요구사항을 고려한다.
④ 데이터 분석결과의 품질을 관리하고 모니터링하는 방법을 고려한다.

2024년 제9회 기출복원문제

- 제1과목 빅데이터 분석 기획
- 제2과목 빅데이터 탐색
- 제3과목 빅데이터 모델링
- 제4과목 빅데이터 결과 해석

01 빅데이터의 3V 특징에 속하지 않는 것은?

① Value(가치)
② Variety(다양성)
③ Velocity(속도)
④ Volume(규모)

02 데이터 사이언티스트가 갖추어야 할 역량 분류 방법으로 가장 옳은 것은?

① 소프트 스킬 – 상호 협력 및 커뮤니케이션
② 소프트 스킬 – 수학 및 통계학 등의 이론적 지식
③ 하드 스킬 – 문제 정의 및 인식을 통한 비즈니스 인사이트(통찰력) 도출
④ 하드 스킬 – 프로젝트 참가 팀원들에 대한 설득력

03 데이터 분석을 위한 조직의 성숙도 수준 중 아래에 해당되는 단계는 무엇인가?

> 데이터 분석을 위한 도구와 시스템을 구축 중이며, 일부 숙련된 담당자의 역량에 데이터 분석을 의존하고 있다.

① 도입
② 최적화
③ 확산
④ 활용

04 다음 중 지도학습의 사례로 가장 적절한 것은?

① 딥마인드의 알파고
② 차원 축소
③ 회귀분석
④ K-means 클러스터링

05 수집된 데이터의 일부에는 라벨(Label, 출력 또는 목표값)이 있고, 일부에는 라벨이 없는 경우 적용할 수 있는 데이터 학습 기법으로 가장 적합한 것은?

① 강화학습
② 비지도 학습
③ 준지도 학습
④ 지도 학습

06 다음 설명에 해당하는 딥러닝 알고리즘으로 옳은 것은?

> • 두 개의 신경망을 경쟁적으로 훈련시켜서 데이터를 생성한다.
> • 생성자는 실제와 유사한 데이터를 생성하고 판별자가 가짜 데이터를 진짜로 인식하도록 유도한다.
> • 판별자 또는 구별자는 입력 데이터가 진짜인지 가짜인지를 구별하고 잘못 인식하지 않도록 학습한다.
> • 생성자와 판별자는 서로 적대적인 관계를 가진다.

① 합성곱 신경망(Convolutional Neural Network)
② 순환 신경망(Recurrent Neural Network)
③ 마스크드 오토인코더(Masked Autoencoders)
④ 생성적 적대 신경망(Generative Adversarial Network)

07 개인정보에 대한 설명으로 가장 옳지 않은 것은?

① 개인정보란 이름, 주소 등 개인을 특정 지을 수 있는 정보를 의미한다.
② 지문, 홍채, DNA 등 유전적 성질 및 인종에 대한 정보는 개인정보에 해당되지 않는다.
③ 개인정보를 사용할 때에는 개인정보 주체의 동의를 별도로 받고 제3자에게 제공해야 한다.
④ 개인정보 처리에 대해 개인정보 처리 방침을 사전에 공개해야 한다.

08 데이터 분석 시스템 구현을 통한 빅데이터 분석 과정으로 옳은 것은?

① 분석 기획 → 데이터 준비 → 데이터 분석 → 시스템 구현 → 평가 및 전개
② 분석 기획 → 데이터 준비 → 데이터 분석 → 평가 및 전개 → 시스템 구현
③ 분석 기획 → 데이터 준비 → 시스템 구현 → 데이터 분석 → 평가 및 전개
④ 분석 기획 → 시스템 구현 → 데이터 준비 → 데이터 분석 → 평가 및 전개

09 데이터 분석을 위한 마스터 플랜 수립 시 수행되는 분석과제 우선순위 지정 업무에서 고려해야 할 요소로 가장 적합하지 않은 것은?

① 비즈니스 성과 및 ROI
② 실행 용이성
③ 업무 내재화 적용 수준
④ 전략적 중요도

10 데이터 수집 시 고려사항으로 가장 적절하지 않은 것은?

① 데이터 분석 기법의 난이도
② 데이터 분석에 필요한 소요 비용
③ 데이터 수집 가능성
④ 데이터 수집 시 개인정보의 활용 여부

11 다음 중 비정형 데이터로 가장 적합하지 않은 것은?

① 개인 프로필 사진 ② 유튜브 영상
③ 멜론 음악 ④ 반도체 판매량

12 데이터 유형에 대한 설명으로 가장 옳은 것은?

① 대표적으로 테이블 형태로 정리된 데이터를 반정형 데이터라고 한다.
② 데이터 활용 측면에서 비정형 데이터보다 정형 데이터의 가치가 매우 높게 평가된다.
③ 일반적으로 비정형 데이터와 비교하여 정형 데이터의 수집 난이도가 높다.
④ 자연어 처리를 위해 사용되는 텍스트는 대표적인 비정형 데이터이다.

13 다음 데이터 유형으로 가장 적합한 것은?

업종 구분	연 도	평균 연봉(만 원)	지 역	설립연도
1(제조)	2023	5,500	울 산	1998
1(제조)	2024	5,800	울 산	1998
2(IT서비스)	2023	7,200	평 택	2000
2(IT서비스)	2024	7,500	평 택	2000
3(금융)	2023	6,500	제 주	1986
3(금융)	2024	6,900	제 주	1986

① 대화형 데이터(Interactive Data)
② 시계열 데이터(Time Series Data)
③ 패널 데이터(Panel Data)
④ 횡단면 데이터(Cross-Sectional Data)

14 다음은 스마트 공장에서 제조한 부품A의 10,000개 당 불량품의 개수이다. 품질관리를 통해 불량율을 개선하고자 하는 경우 무슨 척도를 사용하는 것이 가장 바람직한가?

1월	2월	3월	4월	5월	6월
15개	20개	30개	50개	41개	35개

① 등간 척도
② 명목 척도
③ 비율 척도
④ 서열 척도

15 수집된 데이터셋에 포함된 잡음(Noise) 데이터 처리 방법으로 가장 옳지 않은 것은?

① 구간화(Binning)
② 군집화(Clustering)
③ 표준화(Standardization)
④ 회귀값으로 대치(Regression)

16 개인정보보호를 위해 사용되는 익명처리 기법이 아닌 것은?

① 가명처리
② 데이터 범주화
③ 데이터 섭동
④ 특이화

17 의료 정보와 같은 민감 데이터의 경우 노이즈를 추가하여 데이터 비식별화 조치 후, 데이터 분석 과정을 수행한다. 이러한 방법을 무엇이라고 하는가?

① 데이터 가명 처리(Pseudonymization)
② 데이터 마스킹(Masking)
③ 데이터 차등 정보보호(Differential Privacy)
④ L-다양성(L-Diversity)

18 고품질의 데이터를 관리하기 위한 주요 평가 요소로 가장 옳지 않은 것은?

① 불편의성(Unbiasedness)
② 시의성(Timeliness)
③ 완전성(Completeness)
④ 정확성(Accuracy)

19 데이터 품질 진단 및 개선을 위한 6단계로 옳은 것은?

① 진단대상 정의 → 품질진단 실시 → 개선계획 수립 → 진단결과 분석 → 품질통제 → 개선 수행
② 진단대상 정의 → 품질진단 실시 → 진단결과 분석 → 개선계획 수립 → 개선 수행 → 품질통제
③ 진단대상 정의 → 품질진단 실시 → 진단결과 분석 → 개선계획 수립 → 품질통제 → 개선 수행
④ 진단대상 정의 → 품질진단 실시 → 진단결과 분석 → 품질통제 → 개선계획 수립 → 개선 수행

20 분산 파일 시스템(Distributed File System)에 대한 설명으로 가장 옳은 것은?

① 관계형 데이터베이스와 SQL을 사용하지 않는다.
② 여러 개의 마이크로프로세서를 사용한다.
③ 여러 저장 장치가 하나의 서버에만 연결되어 사용된다.
④ 컴퓨터 네트워크를 통해 여러 호스트 컴퓨터(PC)와 파일에 접근할 수 있다.

21 다음 중 데이터 오류에 대한 설명으로 가장 옳지 않은 것은?

① 노이즈 데이터는 무작위적 변동으로 발생한다.
② 노이즈 데이터는 데이터의 품질을 저하시키고 간섭 데이터는 신호의 정확성을 저하시킨다.
③ 간섭 데이터는 주기적 패턴이나 규칙성을 가진다.
④ 특정한 패턴이나 주파수로 인해 발생하여, 원래 신호와 겹칠 수 있는 간섭 데이터는 보통 노이즈 데이터로 취급한다.

22 엔터프라이즈 데이터웨어하우스(Enterprise Data Warehouse, EDW)에 저장되기 전에 사용되는 다음 저장 장소는 무엇인가?

> EDW로 데이터를 저장하기 전에, 임시로 운영 시스템의 데이터를 보관하는 장소이며, 운영 시스템의 이력성 데이터를 보관한다. 의사결정 지원을 위해 EDW를 보완하는 요소로 사용되고, 주로 운영 보고(Report), 제어, 의사결정, 데이터에 대한 추가 작업을 위한 여러 소스의 데이터를 통합하도록 설계된 데이터베이스로 사용된다. 일반적으로 저장되는 많은 양의 데이터와는 다르게 실시간 또는 실시간 근접(Near Real Time) 데이터 또는 저수준 또는 원자성 데이터를 포함하도록 설계된다.

① Data Mart(DM)
② Extract, Transform, Load(ETL)
③ Operational Data Store(ODS)
④ Online Analytical Processing(OLAP)

23 다음 중 결측치 처리 기법에 대한 설명으로 가장 옳지 않은 것은?

① 불완전 자료는 모두 무시하고 완전하게 관측된 자료만 사용하는 완전분석법은 단순 대치 방법 중 하나이다.
② 시계열 자료의 결측치를 보완하기 위해 보삽법(Interpolation Method)에서 맥락적 사정 및 평가 방법을 이용할 수 있다.
③ 콜드덱(Cold-deck) 기법은 외부 출처 혹은 비슷한 연구 결과를 이용하여 결측치를 대치하는 단순 확률 대치 방법 중 하나이다.
④ 핫덱(Hot-deck) 기법은 동일하거나 비슷한 성향을 가진 자료를 여러번 사용하여 가상 자료를 얻고 대체 내 분산과 대체 사이의 분산을 추정하는 다중 대치 방법 중 하나이다.

24 다음과 같은 네 개의 변수(X1, X2, X3, X4)에 대한 박스플롯(Box-plot)의 설명으로 가장 옳지 않은 것은?

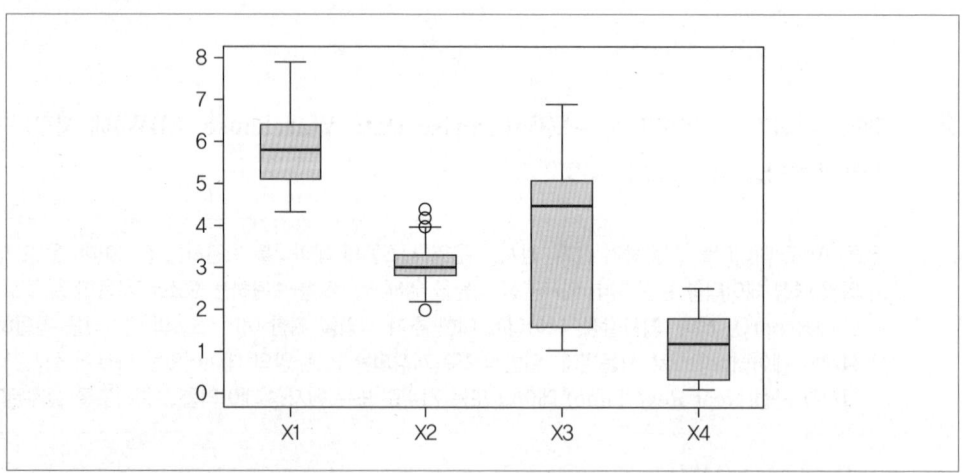

① X2의 분산은 X3보다 작다.
② X3의 평균값은 4에 가깝다.
③ X2의 변수에 이상값이 존재한다.
④ X4의 중앙값은 X1의 중앙값보다 작다.

25 다음 중 사칙연산이 가능하고 절대영점이 존재하는 척도는 무엇인가?

① 간격 척도(Interval Scale)　　② 명목 척도(Nominal Scale)
③ 비율 척도(Ratio Scale)　　　 ④ 서열 척도(Ordinal Scale)

26 다음 중 주성분 분석에 대한 설명으로 옳은 것을 모두 고르시오.

> (가) 원래의 변수들을 선형 변환하여 새로운 변수(주성분)를 생성한다.
> (나) 주성분 분석을 통해 생성된 주성분들은 상호 독립적이다.
> (다) 데이터의 차원을 줄이고, 차원의 저주 문제를 완화하는 데 사용된다.
> (라) 독립성, 등분산성, 정규성을 사전에 가정한다.

① (가)　　　　　　　　　　② (나), (다)
③ (가), (다), (라)　　　　　 ④ (가), (나), (다)

27 차원축소 기법에 대한 설명으로 가장 거리가 먼 것은?

① t-SNE 방법을 이용하여 주어진 비용함수를 최소화 또는 최대화하는 문제를 해결한다.
② 다차원 척도법(MDS)을 이용하여 고차원 데이터를 저차원 공간에 투영하여 데이터 간의 유사성을 시각화한다.
③ 주성분 분석(PCA)은 선형적인 차원축소 방법으로 데이터의 분산을 최대화하는 방향으로 차원을 축소한다.
④ 특이값 분해 방법은 PCA와 비교하여 큰 행렬에서 SVD를 계산하는 데 많은 시간과 저장공간이 필요하다.

28 데이터 수집 결과, 관심있는 예측변수에 대한 클래스 불균형 문제가 발생되었다. 이를 해결하기 위한 방법으로 가장 옳지 않은 것은?

① 군 집　　　　　　　　② 과대표집
③ 과소표집　　　　　　　④ 클래스 가중치 조정

29 모집단에 속한 두 가지 속성 A와 B의 독립성과 상관계수에 대한 설명으로 옳은 것은?

① 모집단 상관계수가 0이면 A와 B는 독립이다.
② 표본집단 상관계수가 0이면 A와 B는 독립이다.
③ A와 B가 독립이면 모집단 상관계수는 0이다.
④ A와 B가 독립이면 표본집단 상관계수는 0이다.

30 분포의 모양이 아래와 같이 왼쪽으로 기울어진 경우 왜도, 최빈값, 중위수, 평균값의 크기에 대한 설명으로 옳은 것은?

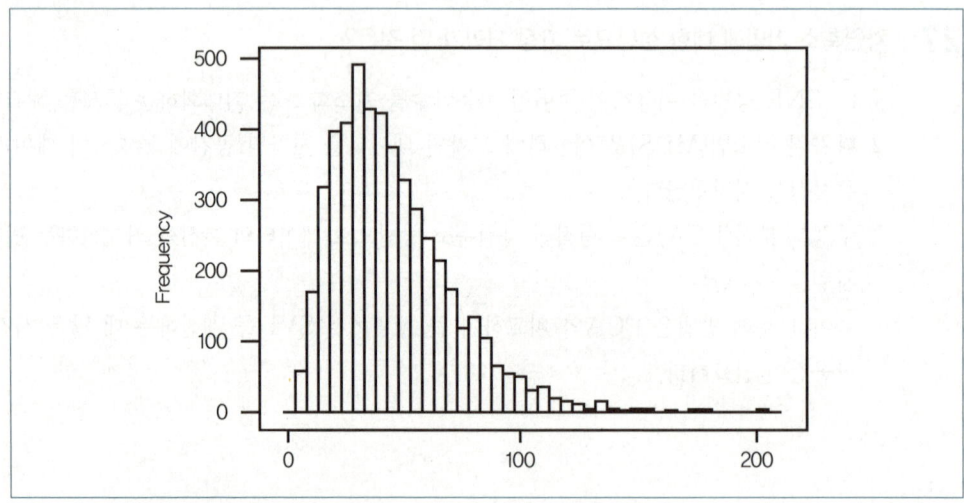

① 왜도>0, 최빈값<중위수<평균값
② 왜도>0, 최빈값>중위수>평균값
③ 왜도<0, 최빈값<중위수<평균값
④ 왜도<0, 최빈값>중위수>평균값

31 모분산=σ^2이고 표본분산=S^2인 경우 표본분산의 MSE(Mean Squared Error, 평균제곱오차)의 값은?

① σ^4/n
② $2\sigma^4/n$
③ $\sigma^4/(n-1)$
④ $2\sigma^4/(n-1)$

32 다음 중 첨도에 대한 설명으로 가장 옳은 것은?

① 첨도 통계량은 항상 양수이다.
② 첨도의 단위는 평균의 단위와 동일하다.
③ 첨도는 0의 값을 가질 수 없다.
④ 첨도는 자료의 모양이 어느 쪽으로 어느 정도 기울어져 있는지를 알아보는 통계량이다.

33 다음 자료(P회사의 월별 매출액)의 유형으로 가장 옳은 것은?

(단위 : 백만 원)

1월	2월	3월	4월	5월	6월
200	220	250	240	260	280
7월	8월	9월	10월	11월	12월
300	290	320	330	350	380

① 시계열 자료
② 준정형 자료
③ 패널 자료
④ 횡단면 자료

34 다음 중 데이터가 모두 음수인 경우 결괏값을 해석하기에 가장 어려운 기술 통계량은 무엇인가?

① 범 위
② 변동계수
③ 분 산
④ 사분위수 범위

35 다음과 같은 로지스틱 회귀분석 모형에 대한 설명으로 가장 거리가 먼 것은?

> - $P[Y=1]=p$, $P[Y=0]=1-P[Y=1]=1-p$이다.
> - $\log(p/(1-p)) = a+bx$ 식을 이용하여 회귀계수(a)와 상수항(b)을 예측한다.

① 오즈비(Odds Ratio)는 $p/(1-p)$이다.
② $P[Y=1] = 1/(1+\text{Exp}(-a-bx))$이다.
③ a=0, b=0인 경우 $P[Y=0]=1/2$이다.
④ a=0, b=0인 경우 p=1이다.

36 이질적인 집락으로 구분하고 무작위로 몇 개의 집락을 표본으로 추출함으로써 집단 내는 이질적이고 집단 간에는 동질적인 특징을 갖도록 하는 확률표본추출방법은 무엇인가?

① 군집표본추출
② 계통표본추출
③ 단순무작위추출
④ 층화표본추출

37 다음 중 확률분포의 특징에 대한 설명으로 옳지 않은 것은?

① 정규분포는 모수인 평균과 표준편차에 의해 모양이 결정된다.
② 포아송 분포의 분산은 평균의 제곱과 같다.
③ 서로 독립인 k개의 표준정규분포의 합은 카이제곱 분포를 따르게 된다.
④ 초기하분포는 비복원추출에서 N개의 모집단 중 n개를 추출할 때, k번의 성공을 할 확률에 대한 분포이다.

38 변수 X에 대해 $E[X]=1/2$, $\text{Var}[X]=1/4$일 때의 기댓값은?

① 1/4
② 1/2
③ 3/4
④ 1

39 용이동에 거주하는 주민 1,000명을 조사한 결과, 그들 중 100명이 실업자로 조사되었다. 조사 대상 주민들 중 실업자 수의 모평균 신뢰구간에 대한 설명으로 가장 옳지 않은 것은?

① 95% 신뢰구간보다 90% 신뢰구간이 더 좁다.
② 95% 신뢰구간보다 99% 신뢰구간이 더 넓다.
③ 신뢰수준=95%에서 표본으로 선택된 주민들 중 실업자의 수가 100명일 때보다 200명일 때 신뢰구간이 더 좁다.
④ 신뢰수준=95%에서 주민의 수가 1,000명일 때보다 2,000명일 때 신뢰구간이 더 좁다.

40 회귀분석 결과에 대한 유의성 검정(회귀계수의 분산분석)을 위해 사용되는 검정통계량 분포와 검정 방법에 대한 설명으로 옳은 것은? (단, 검정통계량으로 구한 유의확률은 p−value이고 유의수준은 α이다)

① 카이제곱 분포, p−value가 α보다 작으면 귀무가설 기각
② 카이제곱 분포, p−value가 α보다 높으면 귀무가설 기각
③ F−분포, p−value가 α보다 작으면 귀무가설 기각
④ F−분포, p−value가 α보다 높으면 귀무가설 기각

41 데이터 분석을 통해 주어진 문제를 해결하고자 한다. 사전에 분석대상을 알고 분석 방법도 알고 있는 경우 적용해야 할 방법으로서 옳은 것은?

① 발견(Discovery)
② 솔루션(Solution)
③ 최적화(Optimization)
④ 통찰(Insight)

42 독립변수들 사이에 상관관계의 여부, 즉 다중공선성을 측정하는 지표로 가장 바람직한 것은?

① Adjusted R-squared
② 분산팽창지수(Variance Inflation Factor)
③ 쿡의 거리(Cook's Distance)
④ Akaike Information Criterion

43 아래는 단순회귀분석결과에 대한 모형의 유의성을 검정하기 위해 작성한 분산분석표(Analysis of Variance, ANOVA)이다. 다음 설명 중 옳지 않은 것은?

요인	제곱합	자유도	제곱평균	F
회귀	SSR	1	$MSR = \dfrac{SSR}{1}$	
잔차	SSE	8	$MSE = \dfrac{SSE}{8}$	$F = 8 \times SSR/SSE$
총	SST	9		

MSR : Regression Mean Squares, MSE : Error Mean Squares, n은 관측값의 수

① n=10으로 관측값의 개수이다.
② 결정계수는 $R^2 = SSR/SST$이다.
③ $F = 8 \times SSR/SSE$ 검정통계량으로 구한 유의확률을 이용하여 독립변수에 대한 등분산성을 검정한다.
④ 종속변수에 대한 표본분산은 $SST/(n-1)$이다.

44 이산형 종속변수의 경우 의사결정나무 분석에서 사용되는 트리 분리 기준으로 가장 적합하지 않은 것은?

① 엔트로피 지수
② 지니 지수
③ 카이제곱 통계량
④ F-통계량

45 다음 설명에서 (가), (나)에 들어갈 용어로 가장 옳은 것은?

> 서포트벡터머신(SVM, Support Vector Machine)에서 (가)는(은) 초평면과 직교하고, (나)는(은) offset을 결정한다.

① (가) : 가중치 벡터, (나) : 커널
② (가) : 가중치 벡터, (나) : 편향
③ (가) : 마진,　　(나) : 커널
④ (가) : 마진,　　(나) : 편향

46 서포트벡터머신 기법을 이용하여 1차원 데이터에 대해 다음과 같은 분류 문제를 해결하고자 한다. 문제 해결을 위해 사용되는 초평면으로 가장 적합한 것은?

> - 분류 데이터: $a=(-2, 0)$, $b=(-3, 0)$, $c=(-4, 0)$, d$=(2, 0)$, e$=(3, 0)$
> - (a, b, c, d)는 레이블=0으로 분류
> - e는 레이블=1로 분류

① $x = 2.5$
② $x = \sqrt{2.5}$
③ $x = 2$
④ $x = -0.5$

47 군집분석에서 평가하는 군집 간 거리 측정 방법에 대한 설명으로 옳지 않은 것은?

① 단일 연결법 : 두 군집 사이의 거리 중 최솟값
② 완전 연결법 : 두 군집 사이의 거리의 최댓값
③ 와드 연결법 : 두 군집 사이의 거리 평균
④ 중심 연결법 : 두 군집의 중심간 거리

48 다음 중 과거 데이터를 이용하여 미래를 예측하기 위해 사용되는 시계열분석 기법의 수식으로 옳지 않은 것은? [단, 시점 t에서 S_t는 예측값, Y_t는 관측값, T_t는 추세변동의 평균값, n은 관측 자료의 개수, $(\alpha, \beta, \omega_i)$은 0과 1의 상수이다]

① 단순기법 : $S_t = Y_t$

② 가중평균법 : $S_t = \dfrac{\sum_{i=1}^{n} w_i Y_{t-i}}{\sum_{i=1}^{n} \omega_i}$

③ 평균기법 : $S_t = \dfrac{\sum_{i=1}^{n} Y_i}{n}$

④ 단순지수 평활법 : $S_t = \alpha Y_t + (1-\alpha) S_{t-1} + \beta T_t$

49 다음과 같은 조건에서 불량품이 발생했을 때 불량품이 A공정에서 발생할 확률을 베이지안 기법으로 구하시오.

- 전체 공정 중 A공정은 50%, B공정은 30%, C공정은 20%이다.
- 불량률은 A공정에서 1%, B공정에서 2%, C공정에서 3%이다.

① 5/12
② 1/2
③ 5/17
④ 6/17

50 다음 중 역전파 알고리즘에 대한 설명으로 가장 옳지 않은 것은?

① 각 뉴런의 출력을 시그모이드, 렐루, Tanh 등의 활성화 함수에 통과시켜 비선형성을 추가한다.
② 주어진 데이터를 학습하면서 신경망의 가중치와 바이어스를 최적화한다.
③ 컨벌루션 신경망과 생성적 적대 신경망에는 적용되지 않는다.
④ 학습률, 배치 크기, 에포크 수 등의 하이퍼 파라미터를 조정하여 모델의 성능을 최적화한다.

51 다음 중 딥러닝 분석에 사용되는 seq2seq(sequence−to−sequence) 모델에 대한 설명으로 옳은 것을 모두 고르시오.

> (가) 순환신경망 구조에서 사용되는 입력 시퀀스에 대해 다양한 시퀀스 길이의 데이터를 처리한다.
> (나) 입력 시퀀스 길이와 상관없이 모형의 성능 또는 품질이 동일하다.
> (다) 인코더−디코더 구조를 가지며, 벡터 형식의 컨텍스트 텍스트가 생성된다.

① (가)
② (가), (다)
③ (나), (다)
④ (가), (나), (다)

52 딥러닝에서 사용되는 오토인코더(Autoencoder)에 대한 설명으로 가장 거리가 먼 것은?

① 오토인코더는 학습 단계에서만 사용되며, 테스트 단계에서는 일반적으로 사용되지 않는다.
② 인코더는 인지 네트워크라고도 하며, 입력을 내부 표현으로 변환한다.
③ 디코더는 생성 네트워크라고도 하며, 내부 표현을 출력으로 변환한다.
④ 오토인코더는 대표적인 비지도 학습 모델 중 하나이다.

53 아래와 같이 인공신경망 학습과정에서 출력값을 구하기 위해 항등함수(Identity Function)을 이용하는 경우 노드의 출력값(Output Y)은?

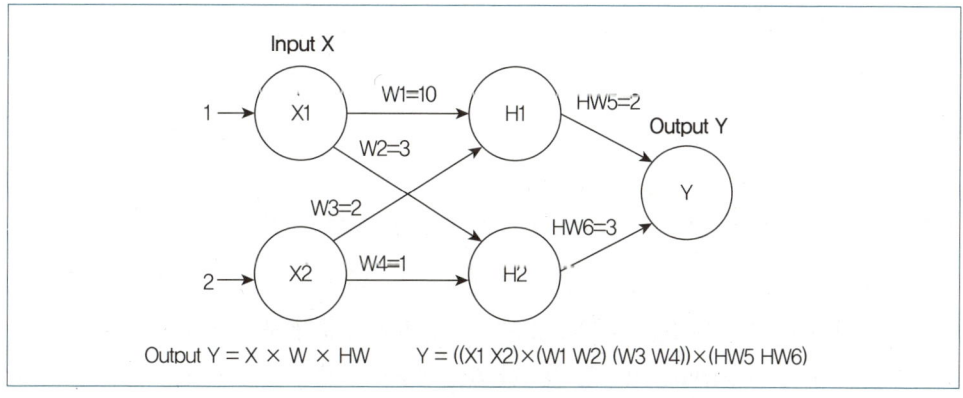

Output Y = X × W × HW   Y = ((X1 X2)×(W1 W2) (W3 W4))×(HW5 HW6)

① 17
② 18
③ 19
④ 20

54 딥러닝에서 사용되는 활성화 함수에 대한 설명으로 가장 거리가 먼 것은?

① 일반적으로 딥러닝에서 사용하는 활성화 함수는 비선형 함수이다.
② 시그모이드 함수의 미분은 $x=0$에서 최솟값을 가진다.
③ ReLU 함수를 이용하는 경우 기울기 소멸(Gradient Vanishing) 현상 문제를 어느 정도 완화한다.
④ 입력이 0 이하일 때 기울기가 0이 되어 학습이 되지 않은 문제를 해결하기 위해 Exponential Linear Unit 함수를 이용한다.

55 쌍곡선 탄젠트(Hyperbolic Tangent) 활성화 함수에 대한 설명으로 가장 옳지 않은 것은?

① 입력값에 대해 비선형성을 제공한다.
② S자형 곡선으로 입력 값이 0에 가까울 때는 거의 선형적으로 변화한다.
③ 출력 범위가 시그모이드 함수와 동일하다.
④ 데이터 분석 모델이 더 복잡한 패턴을 학습할 수 있게 한다.

56 딥러닝에서 사용되는 심층 인공신경망 구조에서 비용함수를 최소화하고 가중치를 조절하기 위해 사용되는 경사하강법과 관련된 알고리즘으로 가장 옳지 않은 것은?

① Adaboost
② Adagrad
③ Nesterov Accelerated Gradient
④ RMSProp

57 자연어 처리에서의 텍스트 마이닝 기법에 대한 설명으로 알맞지 않은 것은?

① Pos tagging : 문장에서 각 단어의 품사 결정
② Stemming : 문장을 의미있는 토큰으로 분해하고 문장 구조 생성
③ Stop words removal : 큰 의미가 없는 유용하지 않은 단어 제거
④ Tokenization : 긴 형태의 텍스트를 토큰이라는 문장 및 단어로 나눔

58 단어들 사이의 유사성을 측정하는 워드 임베딩 기법에 대한 설명으로 가장 옳은 것은?

① 워드 임베딩은 자연어 처리에서 텍스트 데이터를 컴퓨터가 이해할 수 있는 문자열 벡터로 변환하는 기술이다.
② 워드 임베딩에서는 단어들 사이의 유사성을 측정하기 위해 코사인 유사도보다 절대 거리를 측정하는 기법이 주로 사용된다.
③ 자카드 유사도가 클수록 두 집합이 공유하지 않은 요소가 많아서 유사하지 않다고 평가한다.
④ 코사인 유사도는 최댓값=1이고 유사도 값이 클수록 두 단어가 유사하다고 평가한다.

59 네트워크 분석에서 노드들의 연결 정도를 알아보기 위해 사용되는 척도는 무엇인가?

① 디그리(Degree) ② 밀도(Density)
③ 연결 강도(Strength) ④ 연결 전이성(Transitivity)

60 다음 중 앙상블 분석에 대한 설명으로 가장 옳지 않은 것은?

① 배깅은 여러 개의 약한 모델을 학습시키고 이들의 예측을 결합하여 최종 예측을 만든다.
② 배깅에서는 원본 데이터셋에서 중복을 허용하여 여러 개의 부트스트랩 샘플을 생성한다.
③ 부스팅은 순차적으로 모델을 학습하고 이전 모델의 오류를 보완한다.
④ 랜덤 포레스트는 부스팅의 일종으로 약한 모형을 순차적으로 결합하여 강한 모형을 만드는 방법이다.

61 다음 중 혼동행렬을 이용한 성능평가 지표 계산 방법으로 옳지 않은 것은?

① 거짓 긍정률은 부정인 범주 중 긍정으로 잘 못 예측한 비율이다.
② 민감도는 긍정인 범주 중 긍정으로 올바르게 예측한 비율이다.
③ 정확도는 긍정으로 예측한 비율 중에서 실제 긍정의 비율이다.
④ 특이도는 부정인 범주 중 부정으로 올바르게 예측한 비율이다.

62 ROC(Receiver Operating Characteristic) 곡선에서 가로 방향의 x축은 오분류율(거짓 긍정률, FP rate)이다. 세로 방향의 y축은 무엇인가?

① 민감도　　　　　　　　　② 정밀도
③ 정확도　　　　　　　　　④ 특이도

63 n개의 데이터에 대한 실제값(A_i)과 예측값(F_i)의 차이를 서로 비교하고자 한다. 다음 중 평균 절대백분율 오차를 구하는 식으로 옳은 것은?

① $\frac{1}{n} \times \sum_{i=1}^{n}(A_i - F_i)^2$

② $\sqrt{\frac{1}{n} \times \sum_{i=1}^{n}(A_i - F_i)^2}$

③ $\frac{1}{n} \times \sum_{i=1}^{n}|A_i - F_i|$

④ $\frac{1}{n} \times \sum_{i=1}^{n}\left|\frac{A_i - F_i}{A_i}\right| \times 100$

64 동질성 검정(Homogeneity Test)에 대한 설명으로 가장 거리가 먼 것은?

① 동질성 검정은 두 개 이상의 모집단이 동일한 분포를 따르는지 여부를 확인하는 통계적 방법이다.
② 동질성 검정에서 일반적으로 사용되는 검정통계량은 카이제곱 검정통계량이다.
③ 동질성 검정에서 사용되는 각 표본은 서로 독립적으로 표본이 추출되어야 한다.
④ 동질성 검정에서는 일반적으로 군집추출방법으로 표본을 추출한다.

65 다음 중 두 변수 사이의 상관관계를 표현하는 방법으로 가장 거리가 먼 것은?

① 산점도에서 각 점은 데이터의 한 관측값을 나타내며, x축과 y축은 두 변수의 값을 표현한다.
② 두 변수 사이의 산점도를 이용하여 모든 경우 히트맵으로 시각화하여 표현된다.
③ 히트맵은 데이터의 밀도나 빈도를 색상으로 나타내며, 값의 분포와 변동을 시각적으로 표현한다.
④ 상관관계 네트워크 형태를 이용하는 경우 노드는 변수, 엣지는 상관관계를 나타낸다.

66 수집된 데이터의 수가 적을 때 주로 사용하는 교차검증 방법은 무엇인가?

① 계층별 K-fold 교차검증(Stratified K-fold Cross Validation)
② 홀드아웃 교차검증(Hold-Out Cross Validation)
③ K-fold 교차 검증(K-fold Cross Validation)
④ LOOCV(Leave-one-out Cross Validation)

67 다음 중 교차분석(Cross Tabulation Analysis)에 대한 설명으로 가장 옳지 않은 것은?

① 교차분석은 두 변수가 어떻게 상호작용하는지 알아보는 데 유용한 방법이다.
② 교차분석 기법 중 하나인 적합도 검정에서는 관측빈도와 기대빈도 사이의 차이를 평가하기 위해 F-분포를 이용하여 검정통계량을 구한다.
③ 카이제곱 독립성 검정에서는 두 범주형 변수의 관찰된 빈도와 두 변수가 독립적이라고 가정했을 때 기대되는 빈도를 서로 비교한다.
④ 카이제곱 동일성 검정에서는 여러 집단이 동일한 분포를 갖고 있는지 혹은 집단 간 차이가 있는지 알아보기 위해 관찰빈도와 기대빈도를 서로 비교한다.

68 이산형 변수들 사이의 동질성, 독립성, 적합도 검정에 대한 설명으로 가장 거리가 먼 것은?

① 실제 데이터에서 관찰된 관찰 빈도를 이용한다.
② 귀무가설 하에서 기대되는 기대 빈도를 이용한다.
③ 검정통계량 분포를 이용하고, 각 검정의 자유도는 검정 유형과 범주의 수에 따라 다르다.
④ 일반적으로 사용되는 검정통계량은 $F-$검정 통계량이다.

69 과적합 문제를 해결하기 위한 방법 중 하나로 신경망 일부를 사용하지 않은 기법을 무엇이라 하는가?

① 교차 검증
② 드롭 아웃
③ 데이터 증강
④ 피처 추가

70 군집분석에 대한 설명으로 가장 옳지 않은 것은?

① 계층적 군집분석 과정 중에 개체가 속한 군집을 자유롭게 이동하며 최적의 군집을 정한다.
② K-means는 사전에 정의된 K개의 군집 중심을 설정하고, 각 데이터 포인트를 가장 가까운 군집 중심에 할당하는 비계층적 군집분석 기법 중 하나이다.
③ 군집의 품질을 평가하기 위해 군집 내 응집도와 군집 간 분리도를 기반으로 계산하는 실루엣 지수를 이용한다.
④ 군집 수를 결정하기 위해 군집 수에 따른 총제곱합을 나타낸 엘보우 그래프를 이용한다.

71 다음 설명에 해당되는 군집분석 방법은 무엇인가?

- 군집의 수를 사전에 지정할 필요가 없다.
- 적절한 수까지 군집의 수가 클수록 성능이 향상되는 특징이 있다.
- 군집에 포함되는 최대 거리 및 필요한 최소 데이터 포인트 수를 이용한다.
- 데이터의 밀도 중심을 찾는 방식으로 군집을 형성한다.

① Agglomerative Clustering
② DBSCAN
③ K-medoids Clustering
④ Self-organizing Map

72 다음 설명으로 가장 적합한 것은?

- P쇼핑몰에서 기존에 구입한 제품 목록을 확인하여 제품을 구매하고자 한다.
- 구매 항목(Item) 집합 사이의 규칙 또는 항목 간의 관계를 발견한다.
- 구매 항목 A가 존재할 때 항목 B도 존재하는지 확인한다.
- 빈번하게 구매하는 항목의 집합을 바탕으로 생성된다.

① 아이템 규칙(Item Rule)
② 연관 규칙(Association Rule)
③ 공분산 행렬(Covariance Matrix)
④ 상관계수 행렬(Correlation Matrix)

73 아래와 같은 거래 데이터에서 연관규칙 '{오렌지, 사과} ⇒ {자몽}'의 지지도와 신뢰도는 각각 얼마인가?

{오렌지, 사과}
{수박, 레몬, 딸기}
{오렌지, 사과, 수박}
{오렌지, 사과, 자몽}
{오렌지, 사과, 자몽, 레몬}
{오렌지, 사과, 자몽, 딸기}

① 지지도=33%, 신뢰도=60%
② 지지도=33%, 신뢰도=67%
③ 지지도=50%, 신뢰도=60%
④ 지지도=50%, 신뢰도=67%

74 다음 중 인공신경망에 대한 설명으로 옳은 것은?

① 1개의 은닉층을 가지고 소프트맥스 활성화 함수를 이용하는 경우 모델의 성능은 로지스틱 회귀분석 모형과 동일하다.
② 은닉층의 개수는 인공신경망의 성능과 무관하다.
③ 은닉층이 없고 시그모이드 활성화 함수를 이용하는 경우 수학적으로 로지스틱 회귀분석 모형과 동일하다.
④ 인공신경망에서는 일반적으로 선형적 구조의 활성화 함수를 주로 이용한다.

75 다음 문제를 해결하기 위해 적절한 데이터 분석 모형으로 가장 올바르게 연결된 것은?

> (가) 영화평을 (긍정, 부정)으로 분류하는 문제
> (나) 얼굴 안면 인식 프로그램 작성
> (다) 로봇 팔 동작 알고리즘 작성

① (가) 강화학습을 통한 작업 수행
　(나) 합성곱 신경망(CNN)
　(다) 순환 신경망(RNN)

② (가) 합성곱 신경망(CNN)
　(나) 순환 신경망(RNN)
　(다) 강화학습을 통한 작업 수행

③ (가) 합성곱 신경망(CNN)
　(나) 강화학습을 통한 작업 수행
　(다) 순환 신경망(RNN)

④ (가) 순환 신경망(RNN)
　(나) 합성곱 신경망(CNN)
　(다) 강화학습을 통한 작업 수행

76 빅데이터 분석결과를 객관적이고 명확하게 평가하는 다음 평가 방법의 이름은 무엇인가?

- 사전에 명확한 Standard를 토대로 분석결과의 성과를 평가한다.
- 데이터 분석이 의도한 목표에 맞게 이루어졌는지 평가한다.
- 기존 평가 방법 및 결과에 대한 벤치마킹 결과를 활용한다.
- 모델의 성능이 원하는 수준을 만족하는지를 확인하는 데 효과적이다.

① 교차 평가(Cross Assessment)
② 기준기반 평가(Criterion-referenced Assessment)
③ 성과지표 평가(KPI Assessment)
④ ROC 평가(ROC Assessment)

77 다음 중 시공간 시각화에 대한 설명으로 가장 옳지 않은 것은?

① 등고선 지도(Contour Map)는 대표적인 시공간 시각화에 해당된다.
② 시간과 공간 차원을 동시에 고려하여 데이터를 시각적으로 표현한다.
③ GIS, Tableau, D3.js 등 여러 도구를 사용하여 시각화할 수 있다.
④ 기상학, 교통분석, 환경 모니터링, 도시 계획, 질병 확산 등 다양한 분야에서 활용된다.

78 시각화 결과는 사람의 의도 혹은 실수로 인해 데이터 왜곡이 발생할 수 있다. 다음 중 데이터 왜곡에 해당되지 않은 것은?

① (열대, 남극, 북극) 지역의 계절별 온도 변화를 나타낸 극좌표
② 서로 큰 차이가 없는 성적임에도 불구하고 세로축(y축)의 시작점을 조정한 막대 그래프
③ 3차원으로 회전시켜 표현한 파이차트
④ 지역별 과일 수확량 비교를 위해 감과 배만 표현하고 다른 과일 수확량은 제외한 그래프

79 다음 박스플롯에 대한 설명으로 가장 옳지 않은 것은?

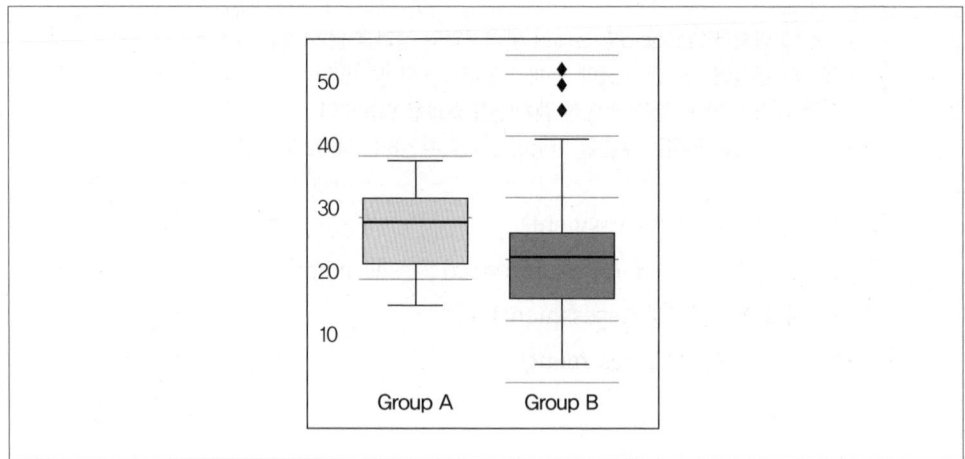

① Group B에는 이상치가 있다.
② Group B의 평균은 20에 가깝다.
③ Group A의 1사분위 수는 20에 가깝다.
④ Group A의 중앙값은 Group B의 중앙값보다 크다.

80 다음 중 다차원 데이터(Multidimensional Data) 시각화 방법에 대한 설명으로 가장 적합한 것은?

① 주성분 분석을 이용하여 데이터의 분산을 최대화하는 새로운 축을 찾아서 데이터를 투영한다.
② 변수 사이의 선형적 상관관계 계수 값을 그래프로 나타낸다.
③ 로지스틱 회귀분석 결과를 이용하여 여러 클래스 분류 결과를 ROC 곡선으로 표현한다.
④ 그룹들 사이의 분산 비교를 위해 박스플롯을 이용하여 시각화 결과를 제시한다.

빅데이터분석기사 필기 한권으로 끝내기

기출복원문제

정답 및 해설

◎ 2021년 제2회 정답 및 해설
◎ 2021년 제3회 정답 및 해설
◎ 2022년 제4회 정답 및 해설
◎ 2022년 제5회 정답 및 해설
◎ 2023년 제6회 정답 및 해설
◎ 2023년 제7회 정답 및 해설
◎ 2024년 제8회 정답 및 해설
◎ 2024년 제9회 정답 및 해설

2021년 제2회 기출복원문제

01	①	02	④	03	①	04	②	05	①	06	②	07	③	08	①	09	③	10	①
11	②	12	④	13	③	14	③	15	①	16	④	17	④	18	④	19	③	20	④
21	①,②	22	②	23	②	24	②	25	①	26	②	27	①	28	②	29	②	30	③
31	①	32	②	33	④	34	②	35	④	36	④	37	④	38	①	39	①	40	③
41	③	42	①	43	①	44	②	45	②	46	②	47	②	48	①	49	①	50	③
51	④	52	②	53	②	54	①	55	①	56	②	57	①	58	②	59	①	60	③
61	②	62	③	63	③	64	②	65	④	66	②	67	②	68	③	69	③	70	①
71	④	72	①	73	①	74	②	75	②,③	76	①	77	④	78	②	79	①	80	④

01 데이터 소스로부터 데이터를 추출하고, 추출된 데이터는 데이터 분석이 용이한 형태로 변환한다. 데이터 변환을 위해서는 ETL(Extract, Transform, Load) 도구 등을 활용하고 변환된 데이터는 분석을 위한 최종 대상 시스템에 적재한다.

02 데이터 분석을 위한 조직의 성숙도는 '도입 → 활용 → 확산 → 최적화' 단계로 발전한다.

03 데이터 거버넌스(Data Governance)란 데이터에 대한 표준화된 관리 체계를 수립하고 이를 운영하기 위한 프레임워크 및 저장소를 구축하는 것을 의미한다.

04 비지도 학습은 출력값이 없거나, 출력값을 알려주지 않고 주어진 입력만으로 스스로 모델을 구축하여 학습하는 방법이다. 페이스북에 있는 동물들의 사진을 보고 동물의 다양한 특징별로 분류하는 Clustering 기법이 대표적이다.

05 (신체 치수, 교복 사이즈)의 데이터를 사전에 학습한 후 새로운 학생의 신체 치수를 선정하는 문제는 대표적인 지도 학습의 분류 모델이다.

06 지도 학습(Supervised Learning)은 입력과 이에 대응하는 미리 알려진 출력을 연관시키는 관계를 학습하는 방법이며, (입력, 출력) 쌍이 데이터로 주어지는 경우 그들 사이의 대응 관계를 학습한다. 분류 및 회귀분석에 주로 사용된다.

07 사람의 뇌 구조에서 모티브를 얻어 인공신경망 네트워크를 구성하고 다층신경망을 만들어 복잡한 분류 문제, 비선형 문제, 수치예측 등에 활용한다. Input, Hidden, Output Layer의 3가지 층으로 나누고, 각 Units에서는 데이터를 받아들여 다음 계층으로 전달할지를 판단한다. 가중치(Weights)는 전후 Units를 잇는 화살표로서, 각 Units의 연결강도를 결정하며, 학습을 반복·수행하면서 개선된다.

08 역전파(또는 오차 역전파, 오류 역전파, Backpropagation of errors) 알고리즘은 다층 퍼셉트론 학습에 사용되는 통계적 기법을 의미한다. 딥러닝에서 심층신경망을 학습한다는 것은 최종 출력값과 실젯값의 오차가 최소가 되도록 심층신경망을 이루는 각 층에서 입력되는 값에 곱해지는 가중치와 편향(Bias)을 계산하여 결정한다는 것이다.

09 컨볼루션 신경망(Convolutional Neural Network)은 특징 지도를 이용한 학습 방법을 통해 컴퓨터 비전, 영상 분석 및 인식에 많이 이용된다. 특히 숫자 인식을 위한 학습 데이터는 MNIST(Modified National Institute of Standards and Technology) 데이터베이스에 저장되어 있는 숫자 이미지 데이터를 이용한다.

10 **진단분석(Diagnostics Analysis)**
- 데이터 속에서 일관적인 경향을 나타내는 패턴을 잘 파악해 문제를 발생시키는 원인이나 상황을 찾아내는 분석 기법이다.
- 언제, 어디서, 어떤 일이, 얼마나 발생했는지를 파악해 체계적으로 정리함으로써 문제 해결과 빅데이터에 기반한 인공지능의 발전으로 유용성을 증대시킬 수 있다.
- 기업의 진단분석을 통하여 기업 규모, R&D 규모, 사업화 역량, 산업 분류 등을 기반으로 경영 역량, 혁신 역량, 기획 및 수행 역량 등을 평가할 수 있다.

11 개인정보 보호법에서 제시하는 개인정보의 구체적 예로는 신분관계, 내면의 비밀, 심신의 상태, 사회경력, 경제관계, 기타 생체인식정보, 위치정보 등이 있다. 입사지원자의 범죄 이력 등의 조회는 반드시 개인의 동의가 필요하다.

12 개인정보 보호법에는 개인정보처리자의 의무 사항으로서 개인정보의 수집, 이용 및 제공, 관리(보관), 파기에 대하여 규정하고 있다.

13 **빅데이터 분석 5단계 절차**
데이터 수집 → 정제 → 적재 → 분석 → 시각화

14 이상치(이상값, Outlier, Anomaly)는 입력 오류, 데이터 처리 오류 등의 이유로 특정 범위에서 벗어난 데이터 값(속성의 값이 일반적인 값보다 편차가 큰 값, 특정 범위를 벗어난 자료)을 의미한다.

15 대표적인 데이터 수집 방법은 다음과 같다. DBMS 데이터는 주로 정형 데이터이며 RDB Aggregator 방법으로 데이터를 수집한다. Crawling은 웹 문서(주로 텍스트) 정보를 수집하기 위해 사용된다.
데이터 수집 방법
- Crawling : 외부 데이터의 HTTP 수집 방법, SNS · 뉴스 · 웹 문서 정보 수집
- Open API : 웹을 운영하는 주체가 정보 · 데이터를 제공하기 위해 개발자와 사용자에게 공개하는 수집 기술
- FTP : 인터넷 서버로부터 각종 파일 송 · 수신
- RSS : XML 기반 콘텐츠 배급 프로토콜을 이용한 콘텐츠 수집
- Streaming : 인터넷 음성, 오디오, 비디오 데이터를 실시간으로 수집
- Log Aggregator : 웹서버 로그, 웹 로그, 트랜잭션 로그, DB 로그 등 각종 로그 데이터 수집
    예 Chukwa, Flume, Scribe 등
- RDB Aggregator : 관계형 DB에서 정형 데이터 수집, HDFS, HBase등의 NoSQL에 저장
    예 Sqoop, Direct JDBC / ODBC 등

16 비정형 데이터란 그림, 영상, 음성, 문서처럼 구조화되지 않은 데이터이다. 일정한 규칙이나 형태를 지닌 숫자 데이터와 달리 형태와 구조가 다른 데이터들을 의미한다.

17 ① 가명처리란 식별 가능한 값을 다른 값으로 대체하는 작업이다.
② 데이터 치환이란 가명정보와 익명정보의 처리 과정을 통해 데이터 비식별화 조치를 취하는 작업이다.
③ 데이터 섭동(Perturbation, 攝動) 작업에서는 노이즈 데이터를 추가하여 개인정보를 보호한다.

18 데이터 비식별화를 위하여 기본키를 삭제한다고 하여도 K-익명성, L-다양성, T-근접성 등의 비식별 조치를 취해야 한다.
- K-익명성 : 한 개인이 (K-L) 명의 다른 사람의 데이터(Record)와 구별되지 않아야 한다.
- L-다양성 : 각 데이터 블록이 적어도 1개의 다양한 민감정보를 가지고 있어야 한다. 여기서 블록은 데이터에서 민감하지 않은 속성 값이 동일한 Record 집합을 말한다.
- T-근접성 : 데이터 집합에서 구별되지 않은 Record들의 민감한 정보의 분포와, 전체 데이터의 민감한 정보의 분포의 차이를 T 이하로 만들어 데이터를 보호한다.

19 ① 데이터 분량 점검에서는 테이블 내 컬럼별 데이터 축적 기간 및 데이터 분량을 확인한다.
② 데이터 일관성 검증이란 데이터 속성 간 관계, 상 · 하위 간 관계의 값의 일치, 데이터 유형값의 일치 여부를 확인한다.
④ 데이터 정확성 검증에서는 데이터의 편향(Bias)과 분산값을 점검한다.

20 정형 데이터의 품질을 검증하고 진단하기 위하여 메타 데이터 수집 및 분석 작업을 수행하고, 여기에서는 테이블, 컬럼, 관계 및 도메인 정의서, 데이터 사전 및 ERD 데이터를 수집하여 테이블명 및 컬럼의 누락을 확인하며, 컬럼명-자료명의 불일치 등을 확인 · 검증한다.

21 박스 플롯(Box-plot)을 이용하여 1사분위수(Q1), 2사분위수(Q2, 중앙값, Median), 3사분위수(Q3), 사분위수 범위(Q3-Q1) 등을 알 수 있다. 일부 Box-Plot을 그리는 도구에서는 Box-plot 내 평균을 같이 표시하기도 한다.
※ 출제 오류로 복수정답처리되었습니다.

22 **차원의 저주(The Curse of Dimensionality)**
데이터 학습을 위해 차원이 증가하면서 학습 데이터 수가 차원의 수보다 적어져 성능이 저하되는 현상을 의미한다. 일반적으로 관측치 수보다 변수의 수가 많아지는 경우 발생한다.

23 회귀분석 과정에서 d개의 변수들 중 가장 유효한 p개의 변수를 선택하기 위하여 Filter, Wrapper, Embedded 방법을 이용한다. 주성분 분석(PCA ; Principal Component Analysis)은 d개의 변수들을 조합하여 새로운 변수 p개를 정의할 때 사용(Feature Extraction 모델)된다.
- Filter : 주관적, 정량적 기준에 의해서 각 독립변수들을 평가, 선택한다.
- Wrapper : 독립변수를 달리해서 모형을 만들고, 예측 성능을 평가하여 독립변수를 선택한다.
- Embedded : 예측모형 최적화 과정(회귀계수 추정)에서 각 독립변수가 도출되도록 한다.

24 파생변수 생성 시 도메인 및 데이터 자체에 대한 지식, EDA(탐색적 데이터 분석)를 통한 Insight, 그리고 상호작용(교호작용) 변수를 고려하여야 한다. 특히 파생변수 생성 시 주관적 관점이 상당 부분 포함될 수 있으므로 교호작용 변수를 타당성 있게 개발해야 한다.

25 데이터 불균형이란 어떤 데이터에서 각 클래스(주로 범주형 변수)가 갖고 있는 데이터 양의 차이가 큰 경우를 말한다. 데이터 균형을 맞춰주기 위해 언더 샘플링, 오버 샘플링 방법이 사용된다.
- 언더 샘플링(Under Sampling) : 다수 클래스 데이터에서 일부만 사용하며 무작위 추출, 유의정보 추출 방법을 이용한다. 데이터의 손실이 크고 때로는 중요한 정상 데이터를 잃게 되기도 한다.
- 오버 샘플링(Over Sampling) : 소수 클래스 데이터를 증가하는 방법이다. 정보가 손실되지 않는다는 장점이 있으나 오버 피팅(Over Fitting) 문제가 발생될 수도 있다.

26 기계학습에서 관심 있는 예측변수의 클래스가 매우 적은 문제를 규칙 또는 클래스 불균형(Class Imbalance)이라 하며 이를 해결하기 위하여 과대표집(Over Sampling), 과소표집(Under Sampling), 양쪽표집(Both Sampling), 로즈표집(ROSE Sampling, 가공 데이터 활용)의 방법을 사용한다. 또는 클래스 가중치(오분류 비용) 조정, 컷오프 기준 조정, 소수 표본 데이터에 대한 반응 조정 등의 알고리즘 수준에서 미세 조정을 취한다. 일반적으로 Major Class를 잘못 예측하는 것보다 Minor Class를 잘못 예측하는 것의 비용이 더 크다.

27 인공신경망의 핵심 구성 요소인 다층 퍼셉트론(Multilayer Perceptron)에서의 학습에서도 불균형 데이터세트(Imbalanced 또는 Unbalanced Dataset) 문제가 종종 발생한다. 이로 인해 소수 범주(Class)에 속한 데이터들은 다수 범주에 속한 데이터보다 잘못 분류될 가능성이 높다. 이러한 문제를 해결하기 위하여 Over Sampling, Under Sampling, Ensemble(Bagging, Boosting) 기법 등을 이용하여 학습 데이터를 보완한다.

28 EDA(Exploratory Data Analysis, 탐색적 자료 분석)를 통해 데이터를 이해하고 연구 목적에 맞게 데이터를 탐색하며, 데이터의 구조와 특징을 파악한다. EDA에서는 데이터 집합이 실제로 어떤 정보를 포함하고 있는지를 파악하는 데 중점을 두고 통계기법, 시각화 등을 통해 데이터 집합의 주요 특징을 찾는다.

29 EDA(Exploratory Data Analysis)를 위해 다양한 데이터 시각화 방법을 이용한다.

30 두 개의 연속형 변수에 대해 두 변수 간에 관계가 있는지, 어떤 관계가 있는지를 알아보기 위해 상관관계를 분석한다. 상관계수(r)는 $-1 \leq r \leq 1$의 범위값을 가지며, r이 0보다 크면 양의 상관관계 r이 0보다 작은 경우 음의 상관관계를 가진다고 할 수 있다. $r=0$이면 두 변수 사이 선형적 관계가 없다고 볼 수 있다.

31 중앙값(Median)이 대푯값으로 적당하다. 중앙값은 자료를 크기 순으로 배열했을 때 중앙에 위치한 값이다. 중앙값은 크기 순으로 나열해서 대푯값을 나타내기 때문에 극단적인 값에 영향을 받지 않는다.

32 병렬 차트 또는 병렬 막대 차트는 여러 범주의 데이터를 비교하기 위해 사용된다. 차원을 행, 측정값을 열에 배치하거나 그 반대로 배치하여 차트를 만들며 그룹화된 막대 그래프의 형식으로 표현되기도 한다.

33 층화표본추출(Stratified Random Sampling)에서는 모집단을 둘 이상의 층으로 나누고 각 층마다 독립적으로 단순임의추출법에 의해 표본을 표집한다. 집단 내에는 동질적이고 집단 간에는 이질적인 특징을 가지게 된다.

34 확률분포는 확률변수의 속성에 따라서 표본공간의 근원사상들이 사건에 의해 확률로 표시되는 것을 의미한다. 확률분포는 데이터 형태가 이산형인지, 연속형인지에 따라 구별되어 나타내며, 각각 이산형 확률 분포, 연속형 확률분포로 표현된다. 대표적인 이산형확률분포에는 베르누이, 이항, 포아송, 초기하, 기하, 음이항, 다항 분포 등이 있다. $F-$분포는 연속형 확률분포에 해당된다.

35 다섯 시간 동안 10명이 스마트폰을 사용하면, 한 시간 동안 평균 2명($=10/5$)이 스마트폰을 사용한다고 할 수 있다. 포아송 분포를 이용하여 한 시간 동안 스마트폰을 한 명도 사용하지 않을 확률을 구하면 $\Pr[X=0]=e^{-2}=0.14$이다.

36 표본의 크기가 작을 때($n<30$) 주로 $t-$분포가 이용된다. 표본의 크기가 n이면, $t-$분포에서의 자유도는 $n-1$이다. 표준화는 단위가 다른 자료에 대해서 평균이 0, 표준편차가 1이 되도록 변환하는 과정이다.

37 표준화 점수 $Z=(179.56-175)/20=0.228$

38 통계학 성적 평균에 대한 점추정치로 표본평균이 사용된다.

39 모집단에 대한 분산을 알지 못하고 표본집단의 표본크기가 작은 경우 t분포를 이용하여 신뢰구간을 구한다. 표본평균에 대한 신뢰구간은 다음과 같이 구한다.
$$\left(\overline{X}-t_{a/2}(n-1)\frac{s}{\sqrt{n}},\ \overline{X}+t_{a/2}(n-1)\frac{s}{\sqrt{n}}\right)=(170-2.064\times 5/25,\ 170+2.064\times 5/25)=(167.936,\ 172.064)$$

40 제1종 오류란 귀무가설이 참인데 참인 귀무가설을 기각하면서 생기는 오류이다. 그리고 제2종 오류란 대립가설이 참인데 참인 대립가설을 기각하면서 생기는 오류이다. 보통은 가설 검정 시 제1종 오류와 제2종 오류를 동시에 줄이기는 어렵다. 귀무가설의 기각과 채택을 결정하기 위해 제1종 오류를 유의수준으로 설정한다.

41 데이터 분석모형을 선정하기 전에 데이터 유형을 정의하고 분석하고자 하는 데이터가 독립변수, 종속변수인지 그리고 연속형인지 범주형인지를 파악하여야 한다. 독립변수가 연속형이고 종속변수가 범주형인 회귀분석의 경우 로지스틱 회귀분석을 이용한다. LASSO, Ridge, ElasticNet은 일반적으로 독립, 종속변수가 모두 연속형 변수인 경우 사용되는 방법이다.

42 빅데이터 분석 모델링에서는 사전에 가설을 설정하여 통계 모델을 만들거나 기계학습(지도, 비지도 학습) 방법을 이용하여 모델을 만든다. 이 과정은 데이터 분할 → 데이터 모델링 → 모델 적용 및 운영 방안 마련 → 모델 평가 → 모델 검증의 단계로 수행된다.

43
- 최적화(Optimization) : 해결해야 할 문제뿐만 아니라 분석의 방법도 알고 있는 경우 수행한다.
- 솔루션(Solution) : 분석대상은 알고 있으나 분석 방법을 모르는 경우 적용한다.
- 통찰(Insight) : 분석 방법은 알지만 분석대상이 정확하지 않을 경우 사용한다.
- 발견(Discovery) : 분석 방법 및 대상을 모두 모르는 경우 활용한다.

44 하향식 접근 방법은 해결해야 할 문제를 알고 세부 내용을 차차 정의하면서 분석 방법을 알고 최적화하는 기법으로서 최적화 및 솔루션 기법이 해당된다. 상향식 접근은 문제를 모르고 세부 내용을 발견하는 것으로부터 시작해서 인사이트를 제시하는 발견 및 통찰 기법을 의미한다.
프로세스 관점에서 상향식 접근
프로세스 분류 → 프로세스 흐름 분석 → 데이터 분석 요건 식별 → 분석 요건 정의

45 회귀분석모형에서 독립변수를 선택하는 방법 중, 후진 제거법(Backward Selection 또는 후진 소거법)에서는 가장 중요하지 않은 변수부터 하나씩 제거하면서 적합한 회귀식을 찾는다. 전진 선택법(Forward Selection)에서는 사용된 독립변수 중에서 가장 유의한 변수를 선택해서 하나씩 회귀식에 추가한다. 단계별 선택법(Stepwise Selection)에서는 전진 선택법과 후진 제거법을 절충해서 사용한다.

46 로지스틱 회귀분석(Logistic Regression Analysis)은 독립변수와 종속변수의 관계를 함수로 나타내고 향후 예측 모델에 사용하기 위한 것으로 종속변수가 범주형으로 주어진 자료에 대해 분류하는 기법이다. 보험사에서 적정 보험료 산정을 위해 필요한 고객의 의료비를 예측하기 위해서는 의료비에 영향을 미치는 여러 가지 요소[연령, 성별, 흡연여부, 부양가족 수, 지역, BMI(Body Mass Index, 체질량 지수, 비만도) 등]를 반영한 다중선형 회귀분석모형을 이용하는 것이 바람직하다.

47 인공신경망 구조에서 가중치의 초깃값, 학습률, 손실 함수, 훈련 반복 횟수 등은 사용자가 임의로 지정해주는 하이퍼파라미터(Hyperparameter, 초매개변수)이지만 가중치(Weights)는 편향(Bias)과 함께 역전파 알고리즘 등을 통해 개선되는 파라미터에 해당된다.

48 인공신경망 구조 설계를 위한 학습 과정 중 가중치, 편향(Bias), 결괏값 등의 파라미터(Parameter, 학습과정에서 얻어지는 값)를 구할 수 있고, 인공신경망 모형 설계를 위해서는 학습률(Learning Rate, Gradient의 방향으로 얼마나 빠르게 이동할 것인지 결정), 은닉층의 개수(Hidden Units, 훈련 데이터에 대한 학습 최적화 결정 변수), 배치 크기(Batch Size, 전체 학습 데이터를 나누는 크기), 훈련 반복 횟수, 손실 함수(Cost Function, 입력에 따른 기댓값과 실젯값의 차이), 가중치 초기화 등의 하이퍼파라미터(Hyperparameter, 초매개변수)를 사용자가 직접 임의로 사전에 지정(절대적인 최적값은 존재하지 않음)해주어야 한다.

49 SVM(Support Vector Machine) 분석 기법은 서로 다른 분류에 속한 데이터 간에 간격(마진)이 최대가 되는 선(또는 초평면)을 찾아서 이를 기준으로 데이터를 분류하는 모델이다. 분류, 예측 문제에 사용되며, 과적합이 잘 되지 않고 노이즈 데이터의 영향을 크게 받지 않는 장점이 있다. 그러나 다른 분석 기법과 비교하여, 입력 데이터의 양(또는 변수)이 많은 경우 분석모형 구축 및 학습 시간이 오래 걸려 계산과정이 다소 느리다는 단점을 갖고 있다.

50 K-means 군집분석모형에서 군집의 개수(K)를 구하기 위해 엘보우(Elbow), 실루엣(Silhouette), 손실 함수(RMSLE ; Root Mean Squared Logarithmic Error, RMSE의 Log값) 이용 기법을 사용한다.
- 엘보우(Elbow) : 클러스터들 사이의 거리의 합이 급격히 떨어지는 구간을 찾아 이 지점의 k값을 군집(클러스터)의 개수로 사용한다. K값에 대한 클러스터들 사이의 거리의 합을 그래프로 나타내면 그래프의 모양이 팔꿈치 같아 보여 Elbow Method라 한다.
- 실루엣(Silhouette, 입체적 외형 및 윤곽) : 군집 타당성 지표인 실루엣 점수(Clustering Validity Index)를 이용한다. 실루엣 점수란 한 군집 내의 데이터들이 다른 군집과 비교하여 얼마나 비슷한지를 나타내는 값으로서 이 값이 1에 가까울수록 적절한 군집화가 되었다고 판단한다.
- 손실 함수(RMSLE) : k값을 하나의 하이퍼파라미터로 지정하고 k값에 대한 RMSLE 값 평가 점수가 가장 좋게 나오는 k값을 선택한다.

51 **다차원 척도법(MDS ; Multidimensional Scaling)**
유사성(또는 비유사성)을 저차원의 공간에 기하학적으로 나타내어 그들의 관계를 탐색적으로 분석하고 이를 저차원의 형상공간(Configuration Space)에 표현하는 다변량 분석 기법이다. 계량형 척도(양적자료)의 경우 스펙트럼 분해(Spectral Decomposition) 방법으로 차원을 축소한다.

52 이항분포는 이산확률분포로서 성공 확률이 p인 베르누이 시행을 n번 독립적으로 반복 시행할 때의 성공횟수에 대한 확률값을 구하기 위해 사용된다.

53 **잔차(Residual)**
예측값과 실젯값 사이의 차이를 의미하는 것으로 시계열에서의 잔차는 관측값과 이에 대응되는 적합값의 차이로 구한다.

54 베이지안 기법(Bayesian Method)에서는 사전 확률 P[A], P[B]와 조건부 확률 P[X|A], P[X|B]를 이용하여 P[B|X]=P[B]P[X|B]/(P[A]P[X|A]+P[B]P[X|B])로 사건 X의 발생 원인이 사건 B일 확률을 구한다.

55 하나를 고를 때 제품이 불량품일 확률 P[X]=(50×0.01+30×0.02+20×0.03)/100=17/1000
하나를 고를 때 이 제품이 불량품이고 제품 A일 확률=P[A/X]=P[A∩X]/P[X]=(0.5/100)/(17/1000)=5/17, 또는 불량품 중 그 제품이 A일 확률=(50×0.01)/(50×0.01+30×0.02+20×0.03)=5/17

56 H=W=5, FH=FW=3, S=1, P=0이므로 Feature Map의 높이와 폭은 OH=OW=(5-3)+1=3이다.
주어진 데이터 값에 대해 아래 그림과 같이 Feature Map이 작성된다.

입력 데이터 (5, 5)

1	0	0	0	1
1	1	1	1	0
0	1	1	0	1
1	1	0	1	0
1	0	1	0	1

필터 (3, 3)

1	0	0
1	1	1
0	1	1

Stride = 1
Padding = 0

Feature Map

4	3	3
4	4	2
3	2	4

57 기업 내에 축적되는 트랜잭션 데이터(Transaction Data, 특정 시점에 발생한 모든 이벤트의 내역 기록)를 분석하기 위해 그래프 분석(Graph Analysis) 방법이 사용된다. 트랜잭션 데이터 형식은 이벤트 ID, 발생 시각, 이벤트 속성값, 이벤트에 포함된 개체 등으로 구성되며, 트랜잭션 데이터는 기업 내 OLTP(Online Transaction Processing) 시스템으로부터 발생한다. 트랜잭션 데이터는 그래프 모델링 과정을 거쳐 그래프 데이터로 변환될 수 있다. 즉, 트랜잭션 데이터의 각 이벤트에 등장하는 개체의 쌍(Pair)이 링크(Link)로 정의되고, 이벤트 속성이 링크 속성, 각 개체가 노드(Node)로 정의된다. 그래프 분석은 노드 연결 구조상 위치 속성값을 계산하는 방법론으로서 중요성을 측정하는 중심도(Centrality) 지수, 응집 클러스터를 판별하는 커뮤니티(Community), 역할 및 지위를 판별하는 등위성(Equivalence) 지수 등이 사용된다. 한편, 구글은 웹문서들 간 하이퍼링크로 이뤄진 네트워크에서 Page Rank라는 중심도(Centrality) 지수를 계산하여 웹페이지의 상대적 중요성을 평가하는 데 활용한다.

58 GBM(Gradient Boosting Machine) 알고리즘은 앙상블 분석에서 사용되는 부스팅 알고리즘으로서 가중치를 업데이트하기 위해 경사하강법(Gradient Descent Method) 방법을 이용한다. GBM은 예측 성능이 높지만 미래를 생각하지 않고 각 단계에서 가장 최선의 선택을 하는 기법(Greedy Algorithm)으로 과적합이 빠르게 되고, 수행 시간이 오래 걸린다는 단점이 있다.

59 앙상블 학습법에는 배깅(Bagging)과 부스팅(Boosting) 방법이 있다. 배깅(Bagging)은 Bootstrap Aggregation을 의미하며 샘플을 여러 번 뽑아(Bootstrap) 각 모델을 학습시켜 결과물을 집계(Aggregation)하고 대표적으로 랜덤 포레스트 모델이 있다. 부스팅(Boosting)은 가중치를 활용하여 약 분류기를 강 분류기로 만드는 방법으로서 여러 부스팅 알고리즘 가운데 가장 많이 알려진 부스팅 알고리즘으로는 AdaBoost, XGBoost와 Arc-x4가 있다. 그리고 Stacking(또는 Meta Modeling)은 서로 다른 모델들을 조합해서 최고의 성능을 내는 모델 생성 방법이다.

60 Random Forest는 Decision Tree(의사결정나무)들을 엮어서 Forest를 만듦으로써 더 좋은 예측을 하는 기법이다. 즉, Decision Tree 생성방법을 이용하여 이들의 결과를 Majority Voting 등의 방법을 통해 종합하므로 알고리즘이 비교적 단순하며, 과적합의 가능성이 낮다. 그러나 Decision Tree를 만들기 위한 Memory 사용량이 많고 학습 데이터의 양이 증가한다고 해도 성능이 급격하게 향상되지는 않는다.

61 회귀식의 유의성 검정을 위하여 단순선형회귀분석모형의 경우 t(또는 표준정규)분포, 여러 개의 독립변수에 대한 다중회귀분석모형의 경우 F분포를 이용한다. 그리고 가설 검정을 위한 귀무가설은 일반적으로 '설정된 회귀모형은 타당하지 않다' 또는 '유의하지 않다'로 설정한다.

62 기울기 $b = S_{xy}/S_{xx} = 11/12$
Y절편 $a = \overline{Y} - b\overline{X} = 17/12 - 11/12 = 1/2$
∴ $b - a = 11/12 - 1/2 = 5/12$

63 독립변수가 K개인 다중회귀분석모형의 회귀식은 $Y = \beta_0 + \beta_1 X_1 + \beta_2 X_2 + \cdots + \beta_k X_k + \varepsilon$ 이다.

64 범주형 자료 분석 기법 중 대표적인 적합도 검정은 관측값들이 어떤 이론적 분포를 따르고 있는지를 검정하는 방법이다. 적합도 검정에서는 k개의 범주(또는 계급)를 가지는 한 개의 요인에 대해서 어떤 이론적 분포를 따르고 있는지를 검정하며, 실제 관측 도수와 기대 관측 도수 사이의 차이를 카이제곱 검정통계량을 활용하여 검정한다.

65 정밀도(Precision)는 긍정으로 예측한 비율(True Positive + False Positive) 중에서 실제 긍정의 비율(True Positive ; TP)을 나타내고 재현율(Recall, 또는 민감도)은 긍정인 범주 중(True Positive + False Negative) 긍정으로 올바르게 예측한 비율을 나타낸다.
- Precision(정밀도) = TP/(TP+FP) = 60/(60+20) = 3/4
- Recall(재현율, Hit Ratio) 또는 민감도(Sensitivity) = TP/(TP+FN) = 60/(60+5) = 12/13

66 민감도(Sensitivity)는 긍정인 범주 중 긍정으로 올바르게 예측한 비율, 특이도(Specificity)는 부정인 범주 중 부정으로 올바르게 예측한 비율을 나타낸다. 1−특이도는 거짓 긍정률로서 부정인 범주 중 긍정으로 잘못 예측한 비율이다.

67 정밀도(Precision)와 재현율(Recall, Sensitivity)이 모두 중요할 때 이 두 값의 조화평균인 F1−Score(F−Measure)를 사용하여 분류 분석모형의 성능을 평가한다.
계산식 : F1−Score = 2×Precision×Recall/(Precision+Recall) = 2TP/(2TP+FN+FP)

68 ROC(Receiver Operating Characteristic) 곡선은 모든 분류 임곗값에서 분류 모델의 성능을 나타내는 그래프이며, 허위양성 비율(FP Rate, 거짓 긍정률, 1−특이도)과 참양성 비율(TP Rate, 참 긍정률, 민감도, 재현율, Hit Ratio) 사이의 관계를 표현한다. ROC 곡선은 분석대상의 데이터세트가 적은 경우 TP와 FP 비율의 값이 큰 변화가 없으며(Step 함수 형태를 가짐), 데이터세트가 많을 때 선정 모형에 따라 복잡한 ROC 곡선이 표현된다. ROC 곡선에서 TP Rate 값이 클수록, 그리고 FP Rate 값이 작을수록 분석모형의 성능이 우수하다. 따라서 Model 3이 Model 1(또는 Model 2)보다 성능이 우수하다. AUC(Area Under Curve)는 가능한 모든 분류 임곗값에서 성능의 집계 측정값을 의미하며 ROC 곡선 아래 영역의 면적으로 구한다. AUC 값이 클수록 예측이 정확한 우수한 성능을 나타내는 분석모형으로 평가한다.

69 데이터 분석모형에 대한 기본 가정을 만족시키지 못했지만 가설 검정은 통과한 경우가 발생한다면 선정한 분석모형에 대한 사전 진단이 반드시 필요하다.

70 회귀분석모형 구축 시 잔차(Residual, 실제 데이터와 회귀모형을 통한 추정값의 차이)에 대하여 등분산성, 독립성, 정규성의 가정을 확인하여야 한다.
• 등분산성 : 회귀식의 잔차는 분산이 일정하다.
• 독립성 : 독립변수들 간에 서로 독립이 보장된다.
• 정규성 : 회귀식의 잔차는 평균이 0(불편성)이고 표준편차가 σ인 정규분포를 따른다.

71 잔차 진단을 위해 잔차 그래프(Residual Plot)를 이용한다. 잔차 그래프를 이용하여 정규성(잔차는 정규분포를 따름), 등분산성(잔차의 분포는 정규분포를 따르고 분산값은 상수), 잔차의 독립성(잔차는 서로 독립적임, 잔차의 자기상관이 없음)을 확인한다. 그리고 선형회귀모형의 경우 잔차 그래프를 이용하여 선형성(독립변수와 종속변수 사이의 선형적인 관계)을 확인하기도 한다.

72 요인의 수가 3개 이상인 경우 종속변수(기술·경제적 성과)의 평균 차이를 검정하기 위해 다원분산분석 방법을 이용한다.

73 학습 데이터를 이용한 데이터 분석모형의 교차 타당성을 검증하기 위하여 홀드아웃과 K-fold 교차 검증 방법을 주로 이용한다. 홀드아웃 교차 타당성 검증(Holdout Cross Validation) 방법에서는 훈련집합을 이용하여 데이터 분석모형을 구축하고, 시험집합을 이용하여 모형의 성능을 평가한다. 다중교차(K-fold Cross Validation) 방법에서는 데이터 집합을 무작위로 동일한 크기를 갖는 K개의 부분집합으로 나누고, 그중 1개를 시험집합으로 나머지 (K-1)개를 훈련집합으로 선정하여 데이터 분석모형을 평가한다.

74 다중 교차(K-fold Cross Validation) 방법에서는 데이터 집합을 무작위로 동일 크기를 갖는 K개의 부분 집합으로 나누고, 그중 1개를 시험 데이터로, 나머지 (K-1)개를 훈련 데이터로 선정하여 데이터 분석모형을 평가한다. 그리고 모든 부분 데이터 집합을 시험 데이터로 1회씩 선정하고 총 K번 반복 수행한다. 홀드아웃 방법과 달리, 모든 데이터 집합을 훈련 및 시험 데이터로 사용하므로 분석모형의 평가 결과가 편향되지 않으나 계산량이 많아 시간이 다소 오래 걸린다는 단점을 가진다.

75 긍정(Positive)인 범주 중 긍정으로 올바르게 예측(True Positive)한 비율을 민감도(Sensitivity)라고 하며 TP/(TP+FN)으로 구한다.
※ 출제 오류로 복수정답처리되었습니다.

76 편향(Bias)과 분산(Variance)은 데이터 분석모형의 복잡도와 관련이 많으며, 일반적으로 과적합된 모형(훈련이 심하게 되어 있거나 복잡한 모형)의 경우 편향이 낮고, 분산은 높으며, 미적합된 모형(훈련이 덜 되어 있는 모형)의 경우 편향이 높고, 분산은 낮다. 즉, 편향과 분산은 한쪽이 증가하면 다른 한쪽이 감소하고, 한쪽이 감소하면 다른 한쪽이 증가하는 경향을 보인다. 따라서 훈련이 적절하게 되어 있고 편향과 분산이 적정한 값을 유지하는 분석모형을 설계하는 것이 바람직하다.

77 서로 다른 변수들 사이의 관계를 이해하기 위해 관계 시각화 방법으로서 버블 차트(Bubble Chart)를 이용한다.

78 거미줄 차트(Spider Chart) 또는 레이더 차트(Radar Chart)에서는 동일한 중심점을 기준으로 변수의 수만큼 축을 그리고 각각의 축에 해당 측정값을 표시하며 각각의 점을 선으로 이어 각 항목의 점수를 비교할 수 있다. 스타 차트(Star Chart)는 각 항목에 대한 중심점의 차이가 있다.

79 **Infographics(Information + Graphics)**
차트, 지도, 다이어그램, 로고, 일러스트레이터 등을 이용하여 정보를 시각적인 형태로 표현하고 다량의 정보를 효율적으로 나타낸다. 다른 시각화 기술보다 인터넷 등을 통해 자발적으로 확산되는 효과가 높으며, 정보 전달에 있어 부정적인 것보다 긍정적인 영향을 준다.

80 데이터가 많을수록 훈련 데이터와 검증 데이터를 구분하여 데이터 분석모형을 설계하여야 신뢰성이 높아진다.

2021년 제3회 정답 및 해설

01	④	02	①	03	①	04	②	05	①	06	②	07	①	08	④	09	②	10	③
11	①	12	④	13	④	14	②	15	③	16	④	17	④	18	③	19	①	20	②
21	②	22	④	23	①	24	①	25	②	26	①	27	②	28	④	29	①	30	①
31	①	32	③	33	④	34	①	35	③	36	②	37	④	38	③	39	②	40	④
41	③	42	③	43	①	44	④	45	④	46	②	47	②	48	④	49	②	50	④
51	②	52	②	53	②	54	①	55	①	56	①	57	③	58	③	59	①	60	②
61	④	62	③	63	①	64	①	65	①	66	②	67	②	68	④	69	③	70	④
71	①	72	④	73	④	74	②	75	②	76	①	77	②	78	④	79	①	80	①

01 빅데이터의 주요 특징을 설명하는 3V는 Volume(규모의 증가), Variety(다양성), Velocity(처리속도)이다.

02 데이터 과학자는 컴퓨터 사이언스, 인공지능, 통계학 등의 분야에 대한 제반 기술적 역량과 함께 데이터 분석 모델의 인자를 구성함으로써 효율적인 빅데이터 분석 모델을 생성할 수 있는 특징공학 역량이 필요하다.

03 데이터 소스로부터 데이터를 추출하고, 추출된 데이터는 데이터 분석이 용이한 형태로 변환한다. 데이터 변환을 위해서는 ETL(Extract, Transform, Load) 도구 등을 활용하고 변환된 데이터는 분석을 위한 최종 대상 시스템에 적재한다.

04 공장기계나 사무실에서 주로 사용되었던 전통적인 인공지능(기계, 소프트웨어)은 전문가가 지정해둔 절차를 신뢰성 있게 수행하였으나, 머신러닝 및 딥러닝 등의 최신 인공지능에서는 사람을 학습시키는 과정에서 착안한 방법을 이용한다.

05 개인정보란 살아 있는 개인에 관한 정보로서 성명, 주민등록번호 및 영상 등을 통하여 개인을 알아볼 수 있는 정보(해당 정보만으로는 특정 개인을 알아볼 수 없더라도 다른 정보와 쉽게 결합하여 알아볼 수 있는 것 포함)를 의미하며 다음과 같은 예를 포함한다.
  • 신분관계 : 성명, 주민등록번호, 주소, 본적, 가족관계, 본관 등
  • 내면의 비밀 : 사상, 신조, 종교, 가치관, 정치적 성향 등
  • 심신의 상태 : 건강 상태, 신장, 체중 등 신체적 특징, 병력, 장애 정도 등
  • 사회경력 : 학력, 직업, 자격, 전과 여부 등
  • 경제관계 : 소득규모, 재산보유현황, 거래내역, 신용정보, 채권채무관계 등
  • 기타 새로운 유형 : 생체인식정보(지문, 홍채, DNA 등), 위치정보 등

06 개인정보 보호법 제2조("개인정보처리자"란 업무를 목적으로 개인정보파일을 운용하기 위하여 스스로 또는 다른 사람을 통하여 개인정보를 처리하는 공공기관, 법인, 단체 및 개인 등을 말한다)와 관련되어 행정안전부에서는 개인정보처리자의 금지 행위를 정의하고 있다.

07 실제로 측정된 데이터를 생성하는 모형이 존재한다고 가정하고, 통계적 방법이나 머신러닝 학습 방법 등을 이용하여 추정된 모형에서 새롭게 생성한 모의 데이터(Simulated Data)를 재현 데이터(Synthetic Data)라 한다.

08 마이 데이터(MyData)란 개인이 데이터를 주체적으로 관리하는 것을 넘어, 능동적으로 활용하는 일련의 과정을 의미한다. 신용정보법에 포함된 '개인신용정보 전송요구권'이 대표적이다.

09 데이터 분석을 위한 로드맵을 수립하기 위하여 인건비, 하드웨어 및 소프트웨어 비용, 기타 비용 등의 프로젝트 소요 비용을 먼저 고려하고 빅데이터 서비스 비즈니스 성과 및 ROI(Return on Investment)를 분석하여 프로젝트 수행의 타당성을 진단하여야 한다.

10 데이터 분석 시스템 구현을 통한 빅데이터 분석 과정은 '분석 기획 → 데이터 준비 → 데이터 분석 → 시스템 구현 → 평가 및 전개'의 절차로 이루어진다.

11 빅데이터 분석 프로세스 중 도메인 이슈 도출 과정을 통하여 분석과제에 대한 개선 방향을 도출하고 문제를 정의한다.

12 데이터 탐색 후 시각화 방법 및 계획 수립은 데이터 탐색 단계에서 수행한다.

13 데이터 분석을 위하여 데이터 수집 가능성, 개인정보 포함 여부, 지적 재산권 여부, 데이터 정확성, 데이터 수집의 난이도 및 비용 등을 고려하여 데이터 수집 계획을 수립한다.

14 GDPR(General Data Protection Regulation, 유럽 연합 일반 데이터 보호 규제)은 유럽 연합의 법으로서 개인정보의 활용 범위와 데이터 비식별화를 통한 개인정보보호 방안을 제시하며, 유럽 연합에 속해있거나 유럽 경제지역에 속해있는 모든 사람들의 사생활 보호와 개인정보들을 보호해 준다.

15 데이터 비식별화를 위하여 가명처리, 총계처리, 데이터값 제거, 범주화, 데이터 마스킹 방법을 사용한다. 데이터 수집 과정 중 결측값이 있는 경우 데이터값 대체 방법을 활용하여 결측값을 대체한다.

16 데이터 품질관리 요소 중 정확성(Accuracy)은 분석 객체에 대한 올바른 값을 오류 없이 저장하는 특성을 의미한다.
- 정확성 : 오류값이 없음
- 완전성 : 데이터 식별 수준 만족(대상, 속성 포함)
- 일관성 : 규정, 포맷, 형식 유지
- 적시성 : 유효한 시간 정보 확인(소멸성이 높은 데이터에 대한 품질 기준)

17 데이터 전처리 작업에서 수행되는 데이터 스케일링(Data Scaling)이란 각 변수들의 범위 혹은 분포를 같게 만드는 작업으로서 각 변수들이 동일한 조건(또는 범위)을 가지게 되어, 이 변수에 대한 상대 비교가 가능하게 된다. 대표적으로 정규화와 표준화 방법을 주로 사용한다. 정규화(Normalization)는 데이터의 값들을 [0, 1] 사이의 값이 되게 변환[(X−Min)/(Max−Min)]한다. 그리고 표준화(Standardization)는 데이터의 값들을 평균은 0, 분산은 1이 되게 변환[(X−평균)/표준편차, Z점수 정규화]한다.

18 비정형 데이터는 Cassandra와 같은 NoSQL 저장 시스템에 저장한다. NoSQL 방식은 대용량 데이터베이스를 저장하기 위하여 전통적인 RDBMS보다 상대적으로 제한이 적은 데이터 모델을 기반으로 수평적 확장성, 데이터 복제, 간편한 API, 일관성 보장 등의 장점을 가진다.

19 기업의 의사결정을 지원하기 위해 사용되는 데이터웨어하우스(Data Warehouse)는 주제 중심적이고 통합적이며, 시간성을 가지는 비휘발성(비소멸성) 자료의 집합을 저장한다.

20 아파치 우지(Apache Oozie)는 하둡의 Job을 관리하기 위한 서버 기반의 워크플로우 스케줄링 시스템이다. 우지의 워크플로우는 방향성 비사이클 그래프에서 제어 흐름과 액션 노드의 모임으로 정의된다. 제어 흐름 노드는 워크플로우의 시작과 끝(시작, 끝, 실패 노드) 그리고 워크플로우 실행 경로를 제어하기 위한 구조(결정, 포크, 조인 노드)를 정의한다.

21 원시 데이터 측정 시 보통 결측치(Missing Value), 잡음(Noise), 이상치(Outlier) 등이 포함되어 있어 잘못된 분석결과를 나타낼 수 있으므로 수집된 데이터를 정제(Cleansing, Refinery)하는 과정이 필수적으로 요구된다.

22 요인분석(Factor Analysis)에서는 데이터 잠재적 변수(Latent Variable)가 존재한다고 가정하여, 분석모형을 세운 뒤, 관찰 가능한 데이터를 이용하여 잠재변수(요인)을 도출함으로써 데이터 내 내재된 구조를 해석한다.

23 대표적인 차원축소 방법으로서 주성분 분석(PCA ; Principal Component Analysis)은 변수 간에 상관관계가 있는 다차원의 데이터를 분석에 필요한 차원축소 과정을 거쳐 저차원의 데이터로 변환한다. 비음수 행렬분해(NMF ; Non−negative Factorization) 알고리즘은 음수가 포함되지 않은 전체 원소가 양수인 행렬 V를 음수를 포함하지 않는 행렬 W와 H의 곱으로 분해하는 알고리즘으로서 컴퓨터 시각 처리, 문서 분류, 음파 분석 등에 주로 사용된다.

24 주성분 분석에서는 서로 연관 가능성이 있는 고차원 공간의 표본들을 선형 연관성이 없는 저차원 공간(주성분)의 표본으로 변환하기 위해 직교변환을 사용한다. 공분산 행렬을 이용하여 고유벡터를 구하며, 공분산 행렬의 고유벡터가 해당 데이터를 대표하는 주축(주성분)이 된다. 주성분이 가장 큰 분산을 가지도록 하고, 이후의 주성분들은 이전의 주성분들과 직교한다는 제약 아래에 가장 큰 분산을 갖고 있다는 식의 개념을 이용한다.

25 공분산 행렬(A), 고유벡터(X), 고윳값(∧)을 이용하여 (A−∧)X=0로부터 고유벡터 X를 구한다. (0.5−λ1)×0.6−0.4=0, (1−λ2)×0.4−0.5×0.6=0으로부터 λ1=−0.17, λ2=0.25, ∴ λ1+λ2=0.08

26 대표적인 변수 변환 방법으로서 박스칵스 변환(Box−cox Transformation)은 로그 변환과 거듭곱 변환을 둘 다 포함하며, 데이터를 정규 분포에 가깝게 만들거나 데이터의 분산을 안정화하는 용도로 사용된다.

27 데이터 불균형이란, 어떤 데이터에서 각 클래스(주로 범주형 변수)가 갖고 있는 데이터의 양에 차이가 큰 경우를 말한다. 이러한 비대칭 데이터세트에서는 정확도(Accuracy)가 높아도 재현율(Recall, 예측 확률)이 급격히 작아지는 현상이 발생한다. 이를 해결하기 위하여 다운(또는 언더) 샘플링과 오버 샘플링 방법을 사용한다.

28 상관계수(r)는 두 변수 간의 연관관계(두 변수 간의 선형성 정도)를 분석하기 위하여 사용된다. 상관계수는 −1≤r≤1의 값을 가지며, 0<r≤1인 경우 양의 상관관계, −1≤r<0인 경우 음의 상관관계, r=0인 경우 상관관계가 없다(두 변수가 선형적 관계가 없다)는 것을 의미한다.

29 왜도>0인 경우 우측(오른쪽) 꼬리 분포의 형태를 가지며 최빈값(Mode)<중앙값(Median)<평균값(Mean)이고, 왜도<0인 경우 좌측(왼쪽) 꼬리 분포의 형태를 가지며, 최빈값(Mode)>중앙값(Median)>평균값(Mean)이다.

30 중앙값, 최빈값, 평균은 중심의 척도(Center of Distribution)로서 중심위치를 표현하는 통계량이며, 범위(최댓값−최솟값)는 자료의 분산 상황을 나타내는 수의 값을 나타낸다.

31 중앙값(Median)은 이상치에 의한 영향을 덜 받으며, 데이터 분포가 비대칭인 경우 평균보다 더 의미 있는 지표로 활용된다.

32 일반적으로 평균과 평균을 측정하기 위해 수집된 데이터 관측값의 단위는 동일하다. 평균은 데이터가 대칭적으로 분포되어 있는 경우 올바른 정보를 제공하며, 이상치에 의해 영향을 받는다. 크기에 따라 차례로 나열했을 때 가운데에 놓이는 값은 중앙값(Median)이다.

33 시간과 비용이 들더라도 국가정책의 수립을 위한 인구주택 총조사나 우주선 부품 조사와 같은 중요한 사안은 전수조사를 실시한다.

34 군집추출(Cluster Random Sampling)에서는 이질적인 군집(집락)으로 구분하고 난 뒤 무작위로 몇 개의 군집을 표본으로 추출하고 추출된 군집에 대해서 그 구성요소를 전수조사하거나 표본조사하는 방법으로 표집한다.

35 확률변수 X가 포아송 분포인 경우 E[X]=Var[X]이다. X와 Y는 서로 독립[Cov(X,Y)=0]이므로 다음과 같이 a, b 값을 구한다.
a=E[(3X+2Y)/6]=(3E[X]+2E[Y])/6=(3×4+2×9)/6=5
b=Var[(3X+2Y)/6]=(9Var[X]+4Var[Y]+2Cov(3X, 2Y))/36=(9×4+4×9)/36=2

36 모집단의 평균이 μ이고 모분산이 σ^2인 경우 임의로 추출된 n개의 표본으로부터 구한 표본평균($\overline{X}$)의 분산은 σ^2/n (즉, $Var(\overline{X})=\sigma^2/n$)이다.

37 중심극한정리에 따르면, 왜도(Skewness) 값과 무관하게 하나의 모집단에서 임의로 추출된 표본의 크기가 큰 경우 표본평균은 정규분포를 따른다.

38 모수의 점추정을 위해 사용되는 추정량은 불편성, 효율성, 일치성, 충분성을 기준으로 결정된다.
• 불편성(Unbiasedness) : 추정량의 기댓값을 구하면 모수의 실젯값과 같음
• 효율성(Efficiency) : 표본의 추정량은 모수에 근접해야 하며, 추정량의 분산이 작아야 함
• 일치성(Consistency) : 표본의 크기가 커질수록 추정량이 모수에 일치함
• 충분성(Sufficiency) : 추정량이 모수에 대한 모든 정보를 제공함

39 귀무가설이 참인데 참인 귀무가설을 기각하면서 생기는 오류(제1종 오류)를 유의수준이라고 하며, 주어진 통계량에서 귀무가설을 기각할 수 있는 최소의 유의수준을 유의확률이라 한다.

40 유의확률이란, 귀무가설이 맞다고 가정할 때 주어진 검정통계량을 이용하여 구한 최소의 유의수준 값을 의미한다.
① 검정 통계량, ② 기각역, ③ 제2종 오류에 대한 설명이다.

41 박스콕스 변환(Box-cox Transformation)은 로그 변환과 거듭곱 변환을 둘 다 포함하며, 데이터를 정규분포에 가깝게 만들거나 데이터의 분산을 안정화하는 용도로 사용된다.

42 회귀분석의 유의성을 검정하기 위해 분산분석표를 이용한다. 분산분석표에서 유의확률 값(p-value)이 유의수준(α)보다 작으면 회귀식이 유의하다[회귀식은 유의하지 않다(회귀계수(기울기)=0, 종속변수와 독립변수 사이에는 아무런 선형관계가 없다)는 귀무가설을 기각]는 판정을 내린다. 종속변수의 표본분산은 $SST/(n-1)$로 구할 수 있으며, 분산분석은 기본적인 가정(선형성, 정규성, 등분산성, 독립성)을 토대로 이루어진다. 그리고 종속변수의 전체 분산을 회귀식(독립변수)에 의해 설명되는 비율($R^2=SSR/SST$)을 결정계수라 하며, 이 값이 클수록(1에 가까울수록) 좋은 회귀모형이라고 할 수 있다.

43 의사결정나무 분석은 의사결정구조를 나무모형으로 나타내고 전체 자료를 몇 개의 소집단으로 분류하거나 예측하는 데 사용된다. 분류 및 예측하고자 하는 목표변수(종속변수, 반응변수)가 이산형인 경우 카이제곱 통계량(Chi-square Statistics), 지니 지수(Gini Index), 엔트로피 지수(Entropy Index)를 이용한다.

44 Output Y=X · W=(1, 2)×((1, 2, 7),(4, 5, 6))=(9, 12, 19)로서 Y3=19이다.

45 인공신경망 구조 설계를 위한 학습 과정 중 가중치, 편향(Bias), 결괏값 등의 파라미터(Parameter, 학습과정에서 얻어지는 값, 일반 매개변수)를 구할 수 있고, 인공신경망 모형 설계를 위해서는 학습률(Learning Rate, Gradient의 방향으로 얼마나 빠르게 이동할 것인지 결정), 은닉층의 개수(Hidden Units, 훈련 데이터에 대한 학습 최적화 결정 변수), 배치 크기(Batch Size, 전체 학습 데이터를 나누는 크기), 훈련 반복 횟수, 손실 함수(Cost Function, 입력에 따른 기댓값과 실젯값의 차이), 가중치 초기화 등의 하이퍼 파라미터(Hyperparameter, 초매개변수)를 사용자가 직접 임의로 사전에 지정(절대적인 최적값은 존재하지 않음)해 주어야 한다.

46 커널 함수는 가우시안, 정규분포, Uniform 분포와 같이 원점을 중심으로 대칭이면서 적분값이 1인 Non-negative인 함수로 정의된다. 커널 밀도 추정, SVM에서의 저차원 공간에서 고차원 공간으로의 매핑 작업(커널 트릭, 선형과 비선형성의 상호 연결)을 위해 사용된다. 특히 SVM(Support Vector Machine) 기법에서는 커널 함수를 통해 저차원의 데이터를 고차원으로 매핑하여 선형분류를 가능하게 한다.

47 비용, 감마 두 가지 매개변수를 사용하는 가우시안 RBF 커널 기법에서는 두 가지 매개변수의 값이 모두 증가할수록 과대적합(Overfitting)의 위험이 있다.

48 자기상관(Autocorrelation)은 시간 또는 공간적으로 연속된 일련의 시계열 관측값들 사이에 존재하는 상관관계를 의미하며, 시계열 데이터에서 시차 값 사이의 선형관계를 측정하기 위해 사용된다.

49 시계열 분석에서 예측 모형으로 사용되는 자기회귀 누적이동평균모형(ARIMA ; Autoregressive Integrated Moving Average)에서는 차분이나 변환을 통해 AR 모형이나 MA 모형, 정상화 ARIMA 모형으로 변환하여 사용된다. ARIMA(p, d, q)에서 d=0이 되면 정상성을 만족하게 되어 ARMA(p, q) 모형을 적용한다.

50 인공신경망에서 (가) CNN(합성곱 신경망, Covolutional Neural Network), (나) RNN(순환 신경망, Recurrent Neural Network), (다) GAN(생성적 적대 신경망, Generative Adversarial Network), (라) 강화 학습(Reinforcement Learning)에 대한 설명이다.

51 DBN(Deep Belief Network, 심층신뢰신경망)은 다층의 잠재 변수로 표현되는 은닉층으로 구성되며, 레이블이 없는 데이터에 대한 비지도 학습 방법을 이용한다. 학습 데이터가 충분하지 않을 때 유용하며, 사전에 훈련된 RBM(Restricted Boltzmann Machine)을 층층이 쌓아 구성한다. 부분 이미지에서 전체를 연상시키는 일반화 과정을 구현하며, 글씨 인식, 음성 데이터를 이용한 감성분석에 활용된다.

52 딥러닝에서 사용되는 활성화 함수는 함수 형태에 따라 계단, 시그모이드, ReLU(Rectified Linear Unit), ELU(Exponential Linear Unit), Softmax, Hyperbolic Tangent 함수로 분류된다. 여기서 Softmax는 세 개 이상의 다중 클래스를 분류하는 목적으로 사용되며, 모든 출력값(각 분류에 속할 확률값, Weights의 평균값)의 총합이 항상 1이 되는 특성을 가진다.

53 인공신경망에서 사용되는 활성화 함수란 입력된 데이터의 가중합을 출력 신호로 변환하는 함수이다. 시그모이드 함수는 S자 곡선의 함수로 정의역은 실수 전체이고 유한한 구간 사이의 한정된 값을 반환한다. 시그모이드 함수는 정의역의 절댓값이 클수록 미분값이 0으로 수렴함으로써 가중치가 업데이트되지 않고 소실되는 기울기 손실(Gradient Vanishing) 현상이 발생된다. 그리고 일반적으로 은닉층의 수가 많아지면 매개 변수의 수를 줄여 필요한 연산의 수가 감소하게 된다.

54 인공신경망에서 사용되는 활성화 함수란 입력된 데이터의 가중합을 출력 신호로 변환하는 함수이다. 시그모이드 함수는 S자 곡선의 함수로 정의역은 실수 전체이고 유한한 구간 사이의 한정된 값을 반환한다.

55 딥러닝 심층 인공신경망에서 비용함수를 최소화하고 가중치를 조절하기 위해 사용되는 경사하강법은 Momentum, NAG(Nesterov Accelerated Gradient), Adagrad(Adaptive Gradient), RMSProp, AdaDelta, Adam(Adaptive Moment Estimation) 등이 있다. AdaBoost는 앙상블 분석에서 사용되는 부스팅 알고리즘이다.

56 네트워크 분석(Network Analysis)이란, 사회 및 자연 현상을 네트워크 형태로 모델링하고 그 특성을 분석하는 것으로서 중심성(Centrality)과 다양한 데이터를 분석한다. 일반적으로 그래프 이론을 이용하여 분석하며 중심성을 평가하기 위하여 연결, 고유벡터(아이겐벡터 이용), Katz, 페이지 랭크, 매개, 근접, 조화 중심성 평가 방법을 이용한다. 중요한 노드와 많이 연결된 노드를 더 중요한 노드로 평가하기 위하여 고윳값을 구하고 가장 큰 고윳값을 가지는 아이겐벡터를 구하는 방법을 고유벡터 중심성(Eigenvector Centrality) 평가라 한다.

57 앙상블 학습법에는 배깅(Bagging)과 부스팅(Boosting) 방법이 있다. 배깅(Bagging)은 Bootstrap Aggregation을 의미하며 샘플을 여러 번 뽑아(Bootstrap) 각 모델을 학습시켜 결과물을 집계(Aggregation)하고 대표적으로 랜덤 포레스트 모델이 있다. 부스팅(Boosting)은 가중치를 활용하여 약 분류기를 강 분류기로 만드는 방법으로서 여러 부스팅 알고리즘 가운데 가장 많이 알려진 부스팅 알고리즘으로는 AdaBoost, XGBoost와 Arc-x4가 있다. 그리고 Stacking(또는 Meta Modeling)은 서로 다른 모델들을 조합해서 최고의 성능을 내는 모델 생성 방법이다.

58 부호 검정(Sign Test)은 모집단의 중앙값에 대한 검정으로 귀무가설은 중앙값=u로 설정된다. 관찰된 표본 중에서 중앙값을 초과하는 값이 몇 개인지를 파악하며, 표본자료에 대하여 u보다 큰 것에는 (+) 부호를, 작은 것에는 (-) 부호를 부여한다. (+) 부호의 개수와 (-) 부호의 개수가 비슷하면 u에 대해 대칭이므로 귀무가설을 채택하고, 개수의 차이가 크면 귀무가설을 기각한다. 표본 중에서 u와 같은 값을 갖는 데이터는 분석대상에서 제외시킨다.

59 두 모집단에 대한 분포의 가정이 어렵거나 표본이 순위로밖에 표현될 수 없을 때, 두 모집단의 확률분포가 동일한지에 대한 가설 검정을 위해 윌콕슨 부호순위 검정(Wilcoxon Signed Rank Test) 방법을 이용한다.

60 프리드만 검정은 동일한 케이스에 대해 반복된 측정이 이어졌을 때 세 개 이상의 집단 비교를 위해 사용되는 비모수 검정 방법이다. 유의확률=0.095 > 0.05이므로 귀무가설(치료약 선호도에 차이가 없다)을 기각할 수 없어 "치료약 선호도에는 차이가 없다"는 결론을 도출하게 된다.

61 MAE(Mean Absolute Error)는 평균절대오차로서 예측오차의 절댓값들의 평균을 의미하며, 예측을 위한 데이터 분석모형의 성능을 평가하기 위해 사용된다.

62 실제 거짓인 경우를 거짓으로 분류하여 판정하는 비율을 특이도(Specificity)라고 하며, Specificity=TN/(TN+FP)로 구한다. Accuracy=(TP+TN)/(TP+FP+FN+TN), Sensitivity=TP/(TP+FN), Precision=TP/(TP+FP).

63 긍정(Positive)인 범주 중 긍정으로 올바르게 예측(True Positive)한 비율[TP/(TP+FN)]을 민감도(Sensitivity), 재현율(Recall), Hit Ratio라고 한다.

64 행과 열의 값의 순서를 수정하여 실젯값과 예측값을 표현하면 다음과 같다.

구 분		예측 범주 값	
		Yes(참)	No(거짓)
실제 범주 값	Yes(참)	O(True Positive ; TP), TP=12	X(False Negative ; FN), FN=3
	No(거짓)	X(False Positive ; FP), FP=6	O(True Negative ; TN), TN=15

따라서 민감도(Sensitivity)=TP/(TP+FN)=12/(12+3)=4/5, 정밀도(Precision)=TP/(TP+FP)=12/(12+6)=2/3이다.

65 Model C에서의 AUC 값이 가장 크고 성능이 가장 우수하다. 반면, Model A에 대한 AUC 값은 가장 작고 성능은 Model B와 C에 비해 우수하지 않다.

66 평균 절대백분 오차비율은 실제 데이터에서 오차가 어느 정도의 비율로 발생했는지 평가하기 위하여 종속변수 값 대비 예측오차 비율의 절댓값을 평균한 값으로 구한다. 즉, $MAPE = \frac{1}{n}\sum \left| \frac{y_i - \hat{y_i}}{y_i} \right|$ 이다.

67 홀드아웃 교차 검증에서는 훈련집합을 이용하여 데이터 분석모형을 구축하고, 검증용 데이터세트를 이용하여 모형의 성능을 평가한다.

68 훈련 데이터세트를 이용하여 데이터 분석모형을 구축하고 테스트 데이터(Testing Set)를 통해 데이터 분석모형의 성능을 평가한다. 그리고 데이터 분석모형의 성능을 향상시키기 위하여 훈련 데이터를 (훈련, 검증)으로 구분하여 사용하기도 한다.

69 n개의 표본자료를 K개의 범주로 분류하여 각 범주에 속하는 관찰도수(O_i)와 귀무가설하에서 주어진 확률분포에 대해 각 범주에 속하는 기대도수(E_i)들 간에 잘 맞는지(적합한지)를 검정하기 위해 카이제곱 검정통계량 $\left(\chi^2 = \frac{1}{k}\sum \frac{(O_i - E_i)^2}{k}\right)$을 이용한다.

70 인공신경망 분석모형의 과적합을 방지하기 위하여 데이터의 양 늘리기, 모델의 복잡도 줄이기(은닉층의 수 또는 매개변수의 수 줄이기), 가중치 규제(가중치들의 절댓값 합계 또는 모든 가중치들의 제곱합을 비용함수에 추가), 드롭 아웃(Dropout, 학습과정에서 신경망의 일부를 사용하지 않음), 적절한 학습률 유지 등의 방법을 이용한다.

71 시계열 자료의 주요 성분은 추세, 계절성, 주기성(순환), 자기상관, 백색잡음, 불규칙 변동(Random) 등이다.

72 지지도(Support)란 전체 거래 중에서 {오렌지, 사과, 자몽}을 동시에 구매하는 거래 비율을 측정(P[{오렌지, 사과}∩{자몽}]=2/6=33%)한다. {오렌지, 사과}에 대한 {자몽}의 신뢰도(Confidence)는 {오렌지, 사과}가 포함된 거래 중에서 {자몽}이 포함되는 거래의 비율을 측정(P[{오렌지, 사과}∩{자몽}]/P[{오렌지, 사과}]=(2/6)/(3/6)=2/3=66%)한다.

73 로지스틱 회귀분석은 독립변수(설명변수)의 선형결합을 통해서 반응변수, 즉 종속변수가 범주형[(성공, 실패), (가능, 불가능), (합격, 불합격), (남성, 여성) 등]인 경우에 사용되는 방법으로서 의료, 통신, 데이터 마이닝과 같은 다양한 분야에서의 분류 및 예측을 위해 사용된다. 종속변수의 범주가 2개이면 이항 로지스틱, 그 이상이면 다항 로지스틱 회귀분석을 수행한다.

74 회귀분석은 변수들 사이에 함수적인 관계를 알아보기 위해 사용되는 방법이다. 독립변수와 종속변수 사이가 선형 관계인 경우 선형 회귀분석모형을 사용한다. 로지스틱 회귀분석은 독립변수와 종속변수의 관계를 함수로 나타내고 종속변수가 범주형으로 주어진 자료에 대해서 분류를 수행하는 방법이다.

75 빅데이터 비즈니스 모델은 경제, 사회, 문화, 정치, 과학기술, 공공 등 전 영역에 걸쳐 활용될 수 있으며, 산업 경쟁력 제고, 생산성 향상, 기능 혁신을 통한 새로운 가치를 창출할 것으로 전문가들은 전망하고 있다.

76 데이터 분석결과의 시각화에서는 인간의 시지각 인지 능력을 높이기 위해 새로운 지표를 생성하여 사용하고 그림이나 도형 등의 그래픽 요소들을 이용하여 데이터를 묘사하고 표현함으로써 데이터 분석결과의 이해와 설득에 도움을 준다.

77 원－핫 인코딩(One－hot Encoding)이란 단어 집합의 크기를 벡터의 차원으로 하고, 표현하고 싶은 단어의 인덱스에 1의 값을 부여하고, 다른 인덱스에는 0을 부여하는 단어의 벡터 표현 방식이다. 컴퓨터는 문자보다 숫자를 더 잘 처리할 수 있기 때문에 자연어 처리에서 문자를 숫자로 바꾸는 기법을 이용한다.

78 서로 다른 변수들 사이의 관계를 시각적으로 표현하기 위해 버블 차트, 산점도를 사용한다. 하나의 변수가 다른 변수에 어떤 영향을 주는지에 대한 분석결과를 해석하는 데 유용하다.

79 관계 시각화 기술로 서로 다른 변수들 사이의 관계를 표현한다.

80 **Cartogram(카토그램)**
의석 수나 선거인단 수, 인구 등의 특정한 데이터 값의 변화에 따라 지도의 면적이 왜곡되는 그림을 말한다. 변량비례도(變量比例圖) 또는 왜상 통계지도(歪像統計地圖)라고도 한다.

2022년 제4회 정답 및 해설

01	①	02	④	03	②	04	④	05	①	06	③	07	③	08	①	09	③	10	②
11	④	12	②	13	④	14	①	15	①	16	③	17	②	18	④	19	③	20	③
21	④	22	①	23	④	24	④	25	②	26	④	27	④	28	④	29	③	30	②
31	①	32	①	33	③	34	④	35	④	36	④	37	④	38	③	39	④	40	④
41	①	42	④	43	④	44	④	45	①	46	②	47	②	48	④	49	④	50	③
51	③	52	①	53	②	54	④	55	①	56	①	57	③	58	④	59	①	60	①
61	②	62	②	63	④	64	①	65	②	66	②	67	③	68	④	69	①	70	④
71	②	72	④	73	③	74	①	75	①	76	④	77	①	78	②	79	①	80	③

01 가트너에서는 빅데이터를 "높은 통찰력, 의사결정, 프로세스 자동화를 위해 비용 효과가 높은 혁신적인 정보처리 과정을 요하며, 대용량의 데이터 규모(High Volume), 빠른 속도(High Velocity), 높은 다양성(High Variety)을 지닌 정보 자산이다."라고 정의한다.

02 $1ZB = 2^{10} EB(Exa) = 2^{20} PB(Peta) = 2^{30} TB(Tera) = 2^{40} GB(Giga) = 2^{50} MB(Mega) = 2^{60} KB(Kilo) = 2^{70} Byte$

03 데이터 3법이란 데이터 이용을 활성화하는 개인정보 보호법, 정보통신망법(정보통신망 이용촉진 및 정보보호 등에 관한 법률), 신용정보법(신용정보의 이용 및 보호에 관한 법률)의 3가지 법률을 통칭한다.

04 인공지능은 약·강·초 인공지능으로 구분하며, 특이점에 도달하게 되는 초 인공지능 시대에서도 학습은 반드시 필요하다.

05 비지도 학습(Unsupervised Learning)은 출력 없이 또는 출력값(라벨링)을 알려주지 않고 주어진 입력만으로 스스로 모델을 구축하여 학습하는 방법이다. 대표적으로 군집분석, 연관성 분석, 자율학습 기반의 인공신경망 등을 들 수 있다.

06 개인의 편의를 높이기 위한 경우에 대해서는 개인정보 보호법상(개인정보의 수집 및 이용)에 정의되지 않는다.

07 빅데이터 분석을 위한 로드맵으로 소요 비용 배분, 프로젝트 WBS 수립, 업무 분장 계획을 수립한다. 그리고 로드맵 작성을 위하여 비즈니스 성과 및 ROI 평가, 데이터 분석의 시급성, 데이터 탐색 등의 업무를 우선적으로 고려하며, 이후 적절한 데이터 분석모형을 탐색한다.

08 공공데이터 포털에서는 CSV, XML, JSON 형식의 데이터를 Open API 또는 파일로 제공하고 있다. SQL(Structured Query Language)은 관계형 데이터베이스 관리 시스템의 데이터를 관리하기 위해 설계된 특수 목적의 프로그래밍 언어이다.

09 빅데이터 분석 기획(Planning)에서는 '비즈니스 이해 및 범위 설정 → 프로젝트 정의 → 프로젝트 수행계획 수립 → 프로젝트 위험계획 수립'의 업무를 수행한다.

10 API 게이트웨이는 실제 백엔드 서비스 또는 데이터와 접속하고 API 호출에 대한 정책, 인증 및 일반 액세스 제어를 적용하여 중요한 데이터를 보호하는 트래픽 관리자이다.

11 비정형 데이터는 데이터 구조가 없어 비정형 데이터 자체만으로는 내용에 대한 질의 처리(Query Processing)를 할 수 없다. 따라서 데이터의 특징을 추출하여 반정형 또는 정형 데이터로 변환하는 전처리(Preprocessing)가 필요하다.

12 데이터 마스킹은 식별 가능한 값이 보이지 않도록 처리하는 기술이다.

13 L-다양성(Diversity)이란 주어진 데이터세트에서 함께 비식별되는 레코드들은 동질 집합에서 적어도 L개의 서로 다른 민감한 정보를 가져야 하는 성질을 의미한다.

14 개인정보 차등 보호란 데이터에 수학적인 노이즈를 추가(속성의 값을 원래의 값과 다르게 변경)하는 기술이다. 잡음은 데이터값과 무관하기 때문에 유효한 데이터로 활용하기 곤란하며, 중요한 종적정보는 동일한 잡음을 사용해야 한다.

15 수집된 데이터는 정확성(분석 대상에 대한 올바른 값 저장), 완전성(결측치 등의 오류가 없음), 적시성(유효한 시간 정보 포함), 일관성(일관된 속성, 규정, 포맷 및 형식 유지)의 품질 관리 요소를 검증한다.

16 데이터 마이닝은 대규모로 저장된 데이터 안에서 체계적이고 자동적으로 통계적 규칙이나 패턴을 분석하여 가치있는 정보를 추출하는 과정이다. 데이터를 저장하기 위한 데이터 저장소는 데이터웨어하우스, 데이터마트, 데이터 레이크, 데이터 댐 등을 이용한다.

17 분산 파일 시스템에서는 다수의 사용자가 원격으로 데이터를 쉽게 공유할 수 있도록 하며, 데이터의 가용성(Availability)을 향상시키고, 데이터를 물리적으로 다른 위치에 중복하여 저장함으로써 디스크에 장애가 발생하더라도 단일 서버 환경에서보다 상대적으로 쉽게 복구될 수 있도록 설계된다. 대표적인 분산 파일 시스템은 GFS, HDFS 등이 있다.

18 NoSQL 저장 방식은 대용량 데이터베이스를 저장하기 위하여 전통적인 RDBMS보다 상대적으로 제한이 적은 데이터 모델을 기반으로 수평적 확장성, 데이터 복제, 간편한 API, 일관성 보장 등의 장점을 가진다.

19 HDFS는 GFS를 모델로 하여 만들어진 오픈소스이며, GFS와 동일한 특징을 가진다. HDFS는 대용량의 파일을 Chunk라는 단위로 분할해 Data Node에 분산 저장(64MB)하고, 이 Chunk가 어느 데이터노드에 저장되었는지에 대한 메타 데이터는 Name Node에 저장한다. 그리고 MapReduce 프레임워크를 이용해 분산 저장된 파일을 읽어 연산 기능을 수행한다. Name Node는 클라이언트가 하둡이 어떻게 실행될지 처리에 대한 요청을 직접 접수하고 Data Node에서의 블록 복제의 횟수를 관리한다.

20 인메모리 기반 데이터 처리 방식에서는 디스크 기반 컴퓨팅과 달리 데이터를 하드디스크에 저장하고 관리하는 것이 아니라, 전체 데이터를 메모리에 적재하여 사용한다. 아파치 스파크는 대용량의 데이터를 효율적으로 처리하기 위한 오픈소스 클라우드 플랫폼으로 RDD(Resilient Distributed Dataset)라고 부르는 인-메모리 처리 방식이며, 머신러닝과 그래프 알고리즘과 같은 반복적인 어플리케이션에 적합하다.

21 가설 검정 시 사용되는 노이즈는 이상값을 찾는 방법이 아니며, 노이즈 값을 반영하여 가설을 검정한다. 예를 들어 t-검정에서 사용되는 통계량은 신호/노이즈로서 샘플 평균과 귀무가설 평균의 차이/평균의 표준오차, 노이즈로 통계량이 얼마나 정확하게 모집단에 대한 평균을 보유한 샘플이 추정되는지를 검증한다.

22 중앙값은 제2사분위수(Q2, 하위 50%)에 해당하며, 제3사분위수(Q3, 하위 75%, 상위 25%)보다 작은 값을 가진다.

23 X3의 평균이 아니라 제2사분위수(중앙값, 중위수)가 4에 가깝다.

24 Ridge Regression에서는 추정계수의 제곱합을 최소로 하는 회귀분석모형을 찾는다. 제곱합을 최소화하기 때문에 계수의 크기가 줄어들어 과적합이 방지되고, 다중공선성이 분산되어 효과적이다.

25 주성분 분석에서는 변수들의 상관관계를 이용하여 기존 변수들을 분산이 큰 변수들로 변환시켜 유의성이 높은 변수들로 데이터를 표현힘으로써 저자원의 데이터로 나타낸다(차원축소 기법). 즉, 새로 생긴 변수들은 서로 상관관계가 없도록 설계되며, 새로운 변수를 정의하기 때문에 문제의 원인을 추론하기 어려워 직관적 이해가 다른 기법에 비해 다소 어렵다.

26 데이터 표준화는 (X-평균)/표준편차로 구하며, 평균=0, 분산=1이 되게 데이터를 변환한다. X가 정규분포인 경우 Z=(X-평균)/표준편차는 평균=0, 분산=1인 표준정규분포를 따른다.

27 데이터 정규화 작업으로 입력값들을 모두 0과 1 사이의 값으로 변환한다.

28 모평균(μ)=150g, 모 표준편차(σ)=6g인 정규분포에서 조사된 샘플(표본)의 평균에 대한 표본평균의 분포는 평균(μ)=150g, 표준편차=$\sigma/\sqrt{n}$ 인 정규분포[N(150, 1)]를 따른다.

29 탐색적 데이터 분석이란 쌓여 있는 데이터를 기반으로 연구 목적에 맞는 가설을 세우고 데이터를 분석하는 것으로서 데이터의 구조와 특징을 파악하고 분석을 통해서 얻은 정보를 바탕으로 통계적 모형을 만드는 과정을 의미한다.

30 회귀분석에서 결정계수는 0에서 1까지의 값을 가지며, 1에 가까운 값일수록 회귀식의 설명력이 높다고 할 수 있다.

31 평균은 극단적으로 크거나 작은 값(이상값 등)에 민감하며, 중앙값은 이상값에 영향을 받는 평균의 단점을 보완해 주는 중심위치의 측도이다. 즉, 자료에 이상값이 포함되어 있을 때, 또는 한 쪽으로 심하게 치우친 분포의 경우에는 중앙값이 평균보다 중심위치를 나타내는 수치로 더 적합하다.

32 왜도(Skewness) 값이 양수인 경우, 즉 분포의 모양이 왼쪽으로 기울어진 분포(오른쪽으로 긴꼬리 모양을 가지는 분포)의 경우 최빈값(Mode) < 중앙값(Median, 중위수) < 평균(Mean)의 대소관계를 나타낸다.

33 시공간 데이터로 지리통계, 그리드(래스터), 격자, 포인트 패턴, 궤도 데이터 등을 이용한다. 패널 데이터는 종단 자료로 여러 개체들을 복수의 시간에 걸쳐서 추적하여 얻은 데이터이며, 개인이나 가구의 패널 데이터는 흔히 패널 조사를 통해 얻는다.

34 사분위범위=(제3사분위수−제1사분위수)로 구하며, 다른 통계량과 비교하여 극단적인 이상값에 영향을 덜 받아 변동성 척도로 사용된다.

35 표본 X1, X2는 서로 독립이므로 Cov(X1, X2)=0이다.
   따라서 Var(X1+X2)=Var(X1)+Var(X2)+2Cov(X1, X2)=Var(X1)+Var(X2)=$a^2+a^2=2a^2$.
   ∴ X1+X2의 표준편차=$\sqrt{Var(X1+X2)}=\sqrt{2a^2}=\sqrt{2}a$

36 Odds Ratio(승산비, 오즈비)는 확률(Probability)의 또 다른 표현법으로, 어떠한 사건이 일어날 확률을 p라고 한다면, 그 사건에 대한 Odds Ratio=$p/(1-p)$이다.

37 단위시간당 또는 단위면적당 사건의 평균 횟수가 몇 번인지를 확률변수(X)로 정의한 경우에 X는 포아송 분포를 따른다.

38 유한 모집단에서 비복원 추출의 경우 성공의 수를 확률변수 X로 정의한다면, 확률변수 X의 분포가 초기하 분포이다. 즉, 비복원 추출의 경우 N개 중에서 n번 추출했을 때 불량의 개수 x개가 뽑힐 확률의 분포로 비복원 추출을 위한 각각의 시행은 서로 독립적(앞 시행에서 추출된 불량의 개수에 따라 다음 추출 시 불량이 나올 확률이 다름)이지 않다.

39 정규분포의 왜도(Skewness)=0, 첨도(Kurtosis)=3이다.

40 표준정규확률변수 $z=(\overline{x}-\mu)/(s/\sqrt{n})=(38-35)/(6/\sqrt{36})=3$, 유의수준 $p-value=P[Z≥3]<0.01=P[Z≥2.33]$ 이므로 귀무가설을 기각한다.

41 선형회귀분석은 독립변수가 연속형, 범주형, 종속변수가 연속형인 경우 독립변수와 종속변수 간의 상관관계에 따른 함수식을 도출하며, 독립변수를 이용하여 종속변수를 예측한다.

42 빅데이터 분석은 요건정의, 모델링, 검증 및 테스팅, 적용의 프로세스로 수행된다.

43 회귀분석에서의 오차항은 선형성, 독립성, 등분산성, 정규성을 만족하여야 한다.

44 목적과 자료구조에 따라 적절한 분리기준과 정지규칙을 지정하여 의사결정나무 모형을 구축하며, 분류오류를 크게 할 위험이 높거나 부적절한 가지를 제거함으로써 한 범주에 한 종류의 데이터가 남을 때까지 가지치기를 수행한다.

45 인공신경망의 결과는 설명할 수 없어 결과에 대한 행동이 이해하는 것보다 더 중요시되는 선택의 도구로 간주된다.

46 맨해튼 거리는 (좌푯값 차이의 절댓값)으로 구하며 a－c 사이의 맨해튼 거리＝|1－2|＋|1－2|＝2이다.

47 실루엣 계수(점수)란 한 군집 내의 데이터들이 다른 군집과 비교하여 얼마나 비슷한지를 나타내는 값으로서 이 값이 1에 가까울수록 적절한 군집화가 되었다고 판단한다.

48 정준상관분석이란 몇 개의 변수들이 집단으로 관측된 두 집단 사이의 연관성(상관성)을 구하는 통계적 분석 방법이다. 몇 개의 변수로 이루어진 집단 사이의 연관성에 관심이 있는 경우 여러 개의 변수로 구성된 X변수들과 여러 개의 변수로 이루어진 Y변수들 사이의 연관성을 구하는 방법은 X변수들의 선형결합으로 이루어진 변수와 Y변수들의 선형결합으로 이루어진 변수들을 만들어 이들의 상관계수로 두 집단 사이의 연관성을 유추한다.

49 관측값과 예측값의 차이인 잔차의 합은 0이며, 잔차는 정규성, 독립성, 등분산성을 만족한다. 독립변수에 잔차항을 가중한 합은 0이고, 관측값과 예측값의 합은 동일하며, 오차항의 제곱합은 최소가 된다. 그리고 잔차끼리는 선형적 관계가 아니라 서로 독립적 관계를 가진다.

50 시계열 자료에서 고정되지 못하고 증가하거나 감소하는 형태로 나타날 때 주기가 있다고 하고 주로 경제상황에서 이런 형태가 나타난다. 변화가 계절에 의한 것이 아니고, 주기가 긴 경우의 변동 자료에서의 패턴을 나타낼 때 사용된다.

51 P(정상)=P(스팸)=3/6=0.5. 정상(10개)=(award, contact, free, free, me, scholarship, to, you, you, won), 스팸(10개)=(me, free, free, free, get, lottery, lottery, ticket, you, you) 단어에 대한 조건부 확률은 P(정상|텍스트)=P(정상)xP(you|정상)xP(free|정상)xP(lottery|정상)=0.5x2/10x2/10x0/10=0, P(스팸|텍스트)=P(스팸)xP(you|스팸)xP(free|스팸)xP(lottery|스팸)=0.5x2/10x3/10x2/10=0.006. 따라서 입력 텍스트(you free lottery)는 스팸 메일로 분류된다.

52 사건 A, E가 C에 대해 조건부 독립이 아니므로 ①번 식은 성립되지 않는다.

53 오토인코더를 이용하여 입력(Input Layer)보다 낮은 차원의 데이터를 표현(Hidden Layer)하며, 종종 차원 축소(입력 데이터에서 가장 중요한 특성을 학습)에 유용하게 사용된다.

54 0 혹은 1의 이산적인 값을 출력하는 계단 함수는 XOR 문제를 해결하지 못하여 딥러닝의 활성화 함수로는 부적절하다.

55 초매개변수 최적화를 위해 Random Grid, Manual, Random, Grid 탐색 기법과, Bayesian 최적화 방법을 이용한다. 경사하강법은 딥러닝에서 사용되는 심층 인공신경망 구조에서 비용함수를 최소화하고 가중치를 조절하기 위한 방법으로 사용된다.

56 형태소 분석에서는 형태소를 포함하여 어근, 접두사, 접미사, 품사 등 다양한 언어적 속성의 구조를 파악한다. 즉, 형태소 분석을 통해 문장을 의미가 있는 최소 단위로 더 이상의 분리가 불가능하도록 한다.

57 텍스트 데이터에 대한 전처리 작업(토크 나이징, 품사 태깅, 불용어 제거, 스테밍, 표제어 추출 등) 수행 후, 단어 – 문서 행렬을 구하고 역문서 빈도를 산출한다.

58 배깅은 통계적 분류와 회귀분석에서 사용되는 기계학습 알고리즘의 안정성과 정확도를 향상시키기 위해 고안된 앙상블 분석모형에서의 학습 방법이다. 배깅 학습과정을 통해 과적합을 피하고 분산을 줄인다.

정답 및 해설

59 AdaBoost(Adaptive Boost)는 약한 분류기(학습기)의 오류 데이터에 가중치를 부여하면서 부스팅을 수행한다.

60 윌콕슨 부호순위와 부호 순위합 검정은 모집단이 정규성을 만족하지 못할 때 사용한다. 즉, 정규성 검정에서 정규 분포를 따르지 않거나 표본의 수가 10개 미만인 소규모로 정규분포를 가정할 수 없는 경우 순위 데이터를 이용한 비모수적 검정 방법을 이용한다.

61 정확도는 직관적으로 데이터 분석모형의 예측 성능을 나타내는 평가지표이다. 그러나 이진분류일 경우 모형의 성능을 왜곡할 수 있기 때문에 정확도 수치 하나만 가지고 성능을 평가하기 어렵다. 예를 들어 100개의 데이터 세트에서 90개의 데이터 레이블이 0, 10개의 데이터 레이블이 1이라고 할 때 0만을 예측하는 모형의 정확도는 90%가 된다.

62 FN(False Negative, 가음성)은 실제 범주값이 참(1, 정답)이고, 예측 범주값이 거짓(0, 정답이 아닌 것)인 경우이다.

63 $y=1$의 값이 $y=0$ 값의 2배일 때, $(TP+FN)=2(FP+TN)$이다. 민감도=특이도=1이므로, $TP=TP+FN$, $TN=TN+FP$이다. 따라서 정확도=$(TP+TN)/(TP+FN+FP+TN)=(TP+TN)/(TP+TN)=1$이다.

64 부정(Negative)인 범주 중 부정으로 올바르게 예측(True Negative)한 비율은 특이도[Specificity=True Negative(TN)/(True Negative(TN)+False Positive(FP))]이다.

65 ROC 곡선에서 X축은 (1−특이도)=FP rate, Y축은 민감도(TP rate)를 나타내며, 민감도가 동일할 때 특이도가 클수록 즉, FP rate값이 작을수록 데이터 분석모형의 성능이 우수하다.

66 홀드아웃 방법에서는 데이터 집합을 서로 겹치지 않는 (훈련, 시험) 혹은 (훈련, 검증) 데이터로 구분하여 데이터 분석모형을 구축하고 성능을 평가한다. 오그먼트 데이터(Augmented data)는 언더샘플링의 경우 데이터의 양을 늘리기 위해 원본 데이터를 이용하여 데이터 변환 후 데이터의 개수를 늘려서 사용되는 데이터이다.

67 다중교차 검증에서는 반복(Iteration) 훈련으로 인하여 데이터 분석모형의 훈련 및 평가시간이 오래 걸린다.

68 아이가 있는 남성 중에서 A 상품을 알고 있을 확률은 $500/1000 \times 460/500 = 0.46$이다.

69 카이제곱 검정통계량이 크면, 범주별 관찰도수와 기대도수의 차이가 커서 적합도가 낮으며, 귀무가설(실제 분포와 이론적 분포는 일치한다)을 기각(대립가설 채택)한다.

70   표본분산. $S^2=((54-50)^2+(46-50)^2+(46-50)^2+(60-50)^2+(40-50)^2)/3=77.33$, 기각역 임곗값 = $(n-1)S^2/$모분산 $=3\times77.33/50=4.64$이다. 따라서 검정통계량의 값이 4.64 이상일 때 귀무가설을 기각한다.

71   배치 정규화는 평균과 분산을 조정하는 과정이 별도의 과정으로 떼어진 것이 아니라, 신경망 안에 포함되어 학습 시 평균과 분산을 조정하는 과정을 같이 조절함으로써 학습과정을 전체적으로 안정화하여 학습 속도를 가속화시키고 Local Optimum 문제에 빠지는 가능성을 줄인다.

72   회귀분석은 정답을 알려주며 학습하는 대표적인 지도 학습 데이터 분석모형이다.

73   Apriori Algorithm은 연관성 분석모형에서 빈출(Frequent Pattern) 아이템 집합을 효과적으로 계산하기 위해 사용되며, 검토 대상 집합 Pool을 효과적으로 줄여준다. 즉, 특정 구매 집합이 빈발하지 않으면 이를 포함한 다른 구매 등도 빈발하지 않을 것으로 예측하여 지지도(Support) 계산 검토 대상에서 제외함으로써 연관규칙을 계산한다.

74   질적 자료는 막대 그래프(Bar Chart), 파이 차트(Pie Chart)를 사용하며, 양적 자료는 히스토그램, 꺾은선 그래프, 누적백분율곡선 등을 이용한다.

75   지도 맵핑 방법을 이용하여 지도별로 시각적 패턴(시간에 따른 변화 등)을 비교하면서 데이터 변화를 표현할 수 있다.

76   산점도(Scatter Plot)는 관계 시각화 그래프로, 서로 다른 변수들 사이의 관계를 시각적으로 표현하기 위해 사용되며, 하나의 변수가 다른 변수에 어떤 영향을 주는지에 대한 분석결과를 해석하는 데 유용하다.

77   히트맵(Heat Map)은 열을 뜻하는 히트(Heat)와 지도를 뜻하는 맵(Map)을 결합시킨 단어로, 색상으로 표현할 수 있는 다양한 정보를 일정한 이미지 위에 열분포 형태의 비주얼한 그래픽을 출력한다.

78   인포그래픽은 Information과 Graphics의 합성어로 복잡한 데이터나 많은 양의 정보를 단순화시키는 것을 의미하며, 라인이나 도형을 기반으로 그래프, 다이어그램 등 다양한 방식으로 정보를 간소화하고 이를 통해 보다 직관적으로 정보를 전달할 수 있는 장점이 있다.

79   데이터 분석결과는 사용자가 누구인지를 사전에 명확하게 정의하고 분석결과물의 주된 사용자가 누구냐에 따라 시각화를 통해 전달하고자 하는 정보의 수준과 내용을 다르게 설정한다.

80   데이터 성능 모니터링 업무에서 성능 측정 항목을 정의하고 모니터링 실시, 측정 항목별 임곗값 확인 및 성능 관리 업무를 수행한다.

2022년 제5회 정답 및 해설

01	③	02	②	03	④	04	③	05	②	06	③	07	④	08	①	09	③	10	②
11	②	12	④	13	④	14	③	15	①	16	①	17	④	18	②	19	①	20	③
21	②	22	②	23	②	24	③	25	③	26	④	27	③	28	③	29	①	30	①
31	②	32	③	33	④	34	③	35	③	36	④	37	②	38	②	39	①	40	③
41	①	42	④	43	①	44	③	45	③	46	②	47	④	48	④	49	④	50	①
51	①	52	②	53	③	54	③	55	④	56	④	57	②	58	①	59	①	60	②
61	①	62	③	63	②	64	③	65	①	66	②	67	④	68	③	69	②	70	②
71	③	72	②	73	④	74	④	75	③	76	②	77	③	78	④	79	③	80	③

01 ① 데이터 분석가는 데이터를 분석·정리하여 비즈니스적인 결정 시 도움을 줄 수 있는 데이터 분석 보고서를 만든다.
② 데이터 사이언티스트는 비즈니스 문제를 정의하고 문제를 해결하기 위한 데이터 분석모형을 만든다.
④ 데이터 엔지니어는 내부·외부 원천 데이터를 수집·가공·적재하여 데이터의 흐름(파이프라인)을 설계·구축한다.

02 추출, 변환, 적재(ETL ; Extract, Transform, Load)는 컴퓨팅 데이터베이스 이용의 한 과정으로 특히 데이터웨어하우스에서 수행된다. 데이터 소스로부터 데이터를 추출하고, 추출된 데이터는 데이터 분석이 용이한 형태로 변환한다. 데이터 변환을 위해서는 ETL 도구 등을 활용하고 변환된 데이터는 분석을 위한 최종 대상 시스템에 적재한다.

03 딥러닝은 머신러닝 연구 분야 중 하나이며, 머신러닝과 딥러닝은 인공지능 분야에 포함된다.

04 전이 학습이란 한 분야의 문제를 해결하기 위해서 얻은 지식과 정보를 다른 문제를 푸는 데 사용하는 방식으로서 하나의 작업을 위해서 훈련된 모델을 유사 작업 수행 모델의 시작점으로 활용하는 딥러닝 접근 방법이다. 일반적으로 신경망은 처음부터 새로 훈련하는 것보다 전이 학습을 통해 업데이트하고 재훈련하는 방법이 효율적이다. 전이 학습 기법은 객체 검출, 영상 인식, 음성 인식 분야에 많이 사용된다.

05 데이터 분석 로드맵은 프로젝트 소요 비용 배분 → 프로젝트 WBS 수립 → 프로젝트 업무 분장 계획 및 배분 작업을 수행한다. 데이터 분석모형의 평가 단계에서 모형을 진단하고 개선한다.

06 데이터 분석 목표 수립 단계에서 분석목표정의서를 작성하며, 정의서에는 데이터 원천 파악, 분석접근방안 및 적용 가능성 판단, 성과평가 기준 등을 작성한다.

07 FGI(Focus Group Interview)는 숙달된 진행자가 소규모의 참여자와 함께 밀도 있게 진행하는 논의 방식으로서 현재 일어나고 있는 특정 주제에 대한 의견을 교환하거나 미래 전략 도출을 위해 사용한다.

08 **CRISP-DM(Cross Industry Standard Process for Data Mining) 분석**
- 체계화된 절차와 방법으로서 계층적 데이터 분석 프로세스 모델
- 분석 6단계 : 비즈니스 이해 → 데이터 이해 → 데이터 준비 → 모델링 → 평가 → 전개

09 프로젝트 계획 수립 단계에서 WBS를 설계하고 빅데이터 분석에 필요한 인프라, 인력, 기간 등의 자원 활용 계획을 수립한다.

10 웹 로그 등의 반정형 데이터는 Apache Flume, Scribe, Chukwa 등의 Log Collector 솔루션을 이용하여 데이터를 수집한다. ftp는 서버와 클라이언트 사이의 파일 전송을 위한 프로토콜이다.

11 반정형 데이터에 대한 설명으로 주로 XML, HTML, JSON 등의 파일 형태로 저장된다. 스키마(Schema)란 데이터베이스의 구조와 제약조건에 관한 전반적인 명세를 기술한 Meta Data의 집합이다.

12 범주형 자료를 나타내는 명목 척도(Nominal Scale)와 순위 척도(Ordinal Scale)는 성별(남, 여), 국적(한국, 중국, 일본 등), 직업(회사원, 공무원, 자영업 등), 고객등급(VIP, A, B 등), 성적순위(1, 2, 3) 등을 나타내기 위하여 사용되며, 숫자로 표현될 수 있지만 수량적인 의미를 갖지 않고 범주(Category)를 구분하는 용도로 사용된다.

13 평활화(Smoothing)란 데이터로부터 잡음을 제거하기 위해 데이터 추세에 벗어나는 값들을 변환하는 방법으로서 구간화, 군집화 등이 사용된다. 속성 생성(Attribute Construction) 기법에서는 새로운 속성이나 특징을 추가함으로써 주어진 여러 데이터 분포를 대표할 수 있는 새로운 속성(혹은 특징)을 활용한다.

14 자연로그(Natural Logarithm)는 e를 밑으로 하는 로그를 뜻한다. 즉 $e^y = x$ 일 때, $y = \ln(x)$를 자연로그라 한다. 독립변수(정의역)는 양수, 종속변수(공역)은 모든 실수의 값을 가지며, 자연로그 변환 시 변환값이 가지는 최댓값과 최솟값의 차이가 커지게 된다.

15 데이터 수집 시부터 개인 식별 정보에 대해 철저하게 비식별화 조치를 취하고, 비식별화 조치 후에도 개인의 동의를 구한 후 제3자 제공이 가능하다.

16 데이터 범주화(Suppression)란 개인정보에 해당되는 값을 대체하기 위하여 데이터값을 범주화(나이 데이터의 경우 38세를 30대로 표기)하여 표현하는 방법이다. 주요 개인 식별 정보의 일부를 삭제하는 방법은 데이터값 제거(Reduction)이다.

17 개인정보 비식별화를 위한 총계처리 방법에서는 개인정보보호를 위해 데이터를 총합하거나 평균값 등을 사용한다.

18 텍스트 마이닝은 텍스트에서 의미 있는 고품질의 정보를 추출하는 비정형 데이터 분석모형 중 하나이다.

19 병렬 DBMS에서는 다양한 동작의 병렬 컴퓨팅을 통해 성능을 개선하고 데이터 중복의 가능성을 낮게 한다.

20 서비스형 인프라스트럭처는 서버, 스토리지, 네트워크를 필요에 따라 인프라 자원을 사용할 수 있게 클라우드 서비스를 제공한다. 대표적으로 서버 가상화, 데스크톱 가상화 등이 있다.

21 박스플롯에서 제1사분위수는 전체 데이터 중 하위 25%에 해당하는 값이다.

22 상자수염(또는 박스플롯) 그림에서 수염은 모든 데이터의 최솟값과 최댓값을 표현(이상값 포함)하기도 하지만, 일반적으로 안쪽 울타리(Inner Fence)까지 표현한다. 여기서 안쪽 울타리는 (제1사분위수 $-1.5 \times$ IQR, 제3사분위수 $+1.5 \times$ IQR)로 정한다.

23 회귀분석모형에서는 회귀식의 회귀계수 해를 찾을 때 벌점화 조건(제약 조건)을 추가하여 과대적합을 방지한다.

24 주성분 분석은 고차원의 데이터를 저차원의 데이터로 변환하는 기법이며, 서로 연관성이 있는 고차원 공간의 표본들을 선형 연관성이 없는 저차원 공간(주성분)의 표본으로 변환하기 위해 직교변환 기법을 이용한다.

25 타깃 인코딩(Target Encoding)에서는 목적 변수를 이용하여 범주형 변수를 수치형 변수로 변환한다. 예를 들어 범주형 변수의 각 레벨 그룹에서 목적 변수의 평균값을 학습 데이터로 집계하고 그 값으로 치환한다.

26 데이터 정규화란 분석모형 구축 시 학습값들이 적당한 범위를 유지하도록 모형에 입력할 데이터를 변환하는 방법이다.

27 클래스 불균형을 해소하기 위해 Undersampling(높은 비율을 차지하는 클래스의 데이터 수를 줄임) 혹은 Oversampling(낮은 비율 클래스의 데이터 수를 늘림) 기법을 이용한다.

28 소수 클래스 데이터에 더 민감하게 학습하도록 더 큰 클래스 가중치(비용 함수)를 지정하는 방법을 비용 민감 학습이라 한다.

29 수치형 데이터에 대하여 두 변수 간의 선형적 연관성을 파악하기 위해 피어슨 상관계수를 이용하며, 상관계수의 값이 1에 가까울수록 양의 상관관계가 크다고 해석한다. 다른 변수 (B, C)와의 상관계수가 가장 작은 변수 A를 제거한다.

30 산점도(Scatter Diagram)는 직교 좌표계를 이용해 좌표상의 점들을 표시함으로써 두 개 변수 간의 관계를 나타내는 그래프이며, 두 변수 사이의 관계를 알 수 있다.

31 응답자에 대한 지역별 소득금액의 차이가 큰 경우 중앙값(Median)으로 결측값을 대체하는 것이 바람직하다.

32 신약 A를 투여한 환자의 생존율은 $20/(20+10)=66.7\%$이다.

33 포아송 분포(Poisson Distribution)는 확률론에서 단위 시간당 또는 단위 면적(영역) 당 특정 사건의 발생 횟수를 표현하는 이산확률분포이다.

34 초기하분포는 이산확률분포이다.

35 모집단에서 추출된 (X_1, X_2, X_3, X_4)의 확률변수들은 서로 독립이다.

36 임의로 추출된 표본의 크기가 큰 경우(보통 30 이상) 근사적으로 표본평균은 정규분포를 따른다.

37 모집단에 대한 모분산(또는 모표준편차)이 알려져 있지 않은 경우, 집단들 사이의 평균의 차이를 검정하기 위해 자유도가 N−1인 t분포를 이용한다.

38 Chi−square Test는 카이제곱 분포에 기초한 통계적 검정 방법으로 일반적으로 관찰된 빈도가 기대되는 빈도와 의미 있게 다른지의 여부를 검정(동질성, 독립성 검정)하기 위해 사용된다.

39 모표준편차($\sigma=11$)가 알려져 있는 경우 모평균에 대한 신뢰구간은 $\overline{X} \pm Z_{a/2}\dfrac{\sigma}{\sqrt{n}}=35 \pm 1.96\dfrac{11}{\sqrt{121}}=(33.04, 36.96)$이다.

40 귀무가설("신약 복용 전 체중은 복용 후 체중보다 더 나간다. 즉, 신약의 효과가 없다.")에 대한 검정을 수행하기 위해 20명의 사람들에 대한 대응표본과 단측 검정을 이용한다.

41 공변량(혹은 공분산) 분석은 종속변수가 연속형일 때 사용되며, 독립변수에 따른 종속변수가 차이가 있는지 검정하지만, 독립변수 이외에 종속변수에 영향을 주는 요인(공변량, Covariate)을 통제한 후 독립변수가 종속변수에 미치는 순수한 영향을 측정하는 데 주 목적이 있다.

42 두 확률변수 (X, Y)가 서로 독립이면 공분산은 0이 되지만 그 역은 성립하지 않는다. 즉, X와 Y가 독립이 아니더라도 공분산은 0이 될 수 있다.

43 종속변수가 1개인 경우 단변량(Univariate), 2개 이상인 경우 다변량(Multivariate) 회귀분석이라 한다. 그리고 독립변수가 1개인 경우 단순(Simple), 2개 이상일 때 다중(Multiple) 회귀분석이라 한다.

44 회귀분석 시 많은 변수 중에서 관심의 대상이 되는 변수(종속변수, 반응변수, 결과변수)를 잘 설명하는 변수를 고르기 위하여 전진 선택, 후진 제거(소거), 단계별 선택 방법을 이용한다.

45 상관계수＝공분산/(X의 표준편차 $\times$ Y의 표준편차)＝$-0.9/(\sqrt{4} \times \sqrt{0.25})=-0.9$이다.

46 일반화 선형모형은 기존의 선형 회귀모형에서 종속(반응)변수의 분포를 정규분포를 포함한 여러 분포(이항분포, 포아송 분포 등의 연결함수)로 확장하고 기존 종속변수 평균과 독립(설명)변수의 선형 관계를 종속변수 평균의 함수와 독립변수의 선형 관계로 확장한 모형이다.

47 심슨의 역설이란 각각의 변수에 신경 쓰지 않고 전체 통계 결과를 유추할 때 일어나는 오류로서 사람들의 직관과 반대되는 역설적인 상황이 발생되는 현상이다. 여러 그룹의 자료를 합했을 때의 결과와 각 그룹을 구분했을 때의 결과가 다른 때를 말하며, 부분을 단순히 합친 것뿐인데 그 결과가 각 부분을 비교했을 때의 결과와 달라지는 것은 일반적인 상식으로 이해가 되지 않으므로 역설이라고 한다.

48 로지스틱 회귀분석은 독립변수(설명변수)의 선형 결합을 통해서 반응변수 즉, 종속변수가 범주형(0 또는 1의 이진 분류)인 경우에 사용되는 회귀분석모형(이항형)이다. 3개 이상의 범주로 분류하는 경우 다항형 로지스틱 회귀분석 방법을 이용한다.

49 의사결정나무 구조를 형성하는 데 매 단계마다 분류변수와 분류 기준 값의 선택을 통해 하위 노드가 결정된다. 분류를 위한 변별력 있는 변수가 없는 경우 뿌리노드만 남게 된다.

50 가지치기(Tree Pruning)는 의사결정나무 분석에서 과적합을 줄이고 일반화 가능성을 증대시키는 Sub-Tree를 찾는 과정이다. 즉, 의사결정나무에서 과적합을 방지하기 위해 적절한 수준에서 Terminal Node를 결합해 준다.

51 연관성 분석에서 품목 A가 포함된 거래 중, 품목 B를 포함하는 거래의 비율(조건부 확률)을 신뢰도(Confidence)라 한다.

52 덴드로그램(Dendrogram)의 Y축은 군집 간 거리를 나타내며, 군집분석 수행결과 Y=4일 때 군집의 수=2개이다.

53 분석 대상 변수의 수에 따라 공분산 행렬에서의 행, 열의 수는 결정된다.

54 시계열 분석에서는 시간의 경과에 따라 변동하는 추세를 분석하여 미래의 변화를 예측한다.

55 ARIMA 시계열 분석에서는 자기상관이 없는(서로 독립적인) 백색잡음 데이터를 가정한다.

56 심층 인공신경망에서 데이터 학습 시 역전파 과정에서 입력층으로 갈수록 기울기가 점차적으로 작아지는 현상을 기울기 소실 문제라 한다.

57 POS Tagging(품사태깅)은 문장에서 각 단어의 품사를 결정하는 자연어 처리 기법이다.

58 앙상블 분석은 여러 가지 학습모형을 조합해 예측력을 향상시키며, 단일 모형에 비해 분류 성능이 우수하지만, 모형의 분석결과에 대한 해석이 어렵고 예측 시간이 오래 소요된다. 최종 분석모형의 예측값을 결정짓는 Voting은 Hard Voting(다수결 투표)과 Soft Voting(예측 확률값의 평균 또는 가중치 합 이용) 방법을 이용한다.

59 앙상블 분석에서는 여러 개 분석모형을 조합해 정확도가 높은 최종 모형을 만들며, 단일 분류기보다 신뢰성이 높은 예측값을 도출한다. 대표적으로 Voting(서로 다른 알고리즘의 분류기 결합), Bagging(같은 알고리즘의 분류기 결합, 균일한 확률분포에 의해 훈련 데이터세트 구성, 병렬학습), Boosting(앞에서 학습한 분류기가 예측이 틀린 데이터에 대해 올바르게 예측할 수 있도록 다음 분류기에는 가중치를 부여하면서 학습·예측 진행, 순차학습) 방법을 이용한다.

60 맨-휘트니 검정은 두 모집단에 대한 분포의 가정이 어렵거나 표본이 순위로밖에 표현될 수 없을 때, 두 모집단의 확률분포가 같은지에 대한 가설을 검정하는 비모수 검정 방법이다.

61 재현율 또는 민감도(참긍정률)는 긍정인 범주 중 긍정으로 올바르게 예측한 비율[True Positive=TP/(TP+FN)]이다. TN/(TN+FP)는 특이도(Specificity)를 의미하며 부정(Negative)인 범주 중 부정으로 올바르게 예측한 비율(True Negative)이다.

정답 및 해설

62 재현율(Recall, Hit Ratio) 혹은 민감도(Sensitivity)는 긍정인 범주 중 긍정으로 올바르게 예측한 비율 [=TP/(TP+FN)]이다.

63 F1-Score=2×재현율×정밀도/(재현율+정밀도)=2×60×40/(60+40)=48%이다.

64 ROC(Receiver Operating Curve) 그래프는 성능평가 지표들 중 거짓긍정률(1-특이도)과 참긍정률(민감도)을 이용하여 표현한 곡선으로서 긍정 범주와 부정 범주를 판단하는 기준치의 변화에 따라 참긍정과 거짓긍정의 비율이 어떻게 변화하고 있는지를 파악하기 위해 사용된다. 여기서 거짓긍정률과 참긍정률은 혼동행렬로부터 구할 수 있다.

65 ROC(Receiver Operating Curve)의 x축은 $1-$특이도, y축은 민감도이다.

66 평균제곱오차(MSE ; Mean of Squared Errors) $= \sum_{i=1}^{n}(y_i-\widehat{y_i})^2/n$이다.

67 K-Fold 교차 검증에서는 수집된 전체 데이터세트를 K개의 부분집합으로 나누고 각각의 부분집합을 차례대로 교차해 검증 데이터로 사용한다. 이 경우 (훈련, 검증) 혹은 (훈련, 검증, 평가) 데이터세트의 비율은 확보한 데이터세트와 데이터 분석모형 등을 고려하여 다양한 비율을 적용하여 데이터 분석모형의 성능을 서로 비교·분석할 수 있다.

68 드롭아웃은 데이터의 양 늘리기, 모형의 복잡도 줄이기, 가중치 규제, 학습률 조정 등과 함께 인공신경망 분석모형의 과적합을 방지하기 위하여 사용된다.

69 차수가 높은 비선형모형의 경우 학습 데이터에만 너무 맞춘 학습이 이뤄져서 정작 테스트 환경에서는 오히려 예측 정확도가 떨어진다. 즉, 차수가 높을수록(비선형모형일수록) 과대적합의 문제가 크게 발생한다.

70 데이터 분석모형의 성능을 평가하기 위하여 혼동행렬을 이용한 정확도, 편향, 분산, ROC, AUC 등을 이용한다.

71 예측 분석(Predictive Analysis)은 측정될 변수를 알고 이에 대한 과거 데이터가 존재하는 경우 사용되며, 분류와 추정을 위한 데이터 분석모형을 이용한다.

72 주어진 데이터세트와 문제에 따라 단순한 데이터 분석모형이 복잡한 모형보다 성능이 우수할 수 있다.

73 데이터 분석결과에 대한 스토리텔링은 사용자별 데이터세트 및 정보 정의 → 사용자 시나리오 작성 → 스토리보드 기획의 순으로 수행된다.

74 빅데이터 분석 프로젝트는 항상 경제적으로 이익을 가져오지는 않고, 주어진 환경에 따라 기업에게 많은 비용과 위험요소를 줄 수도 있다.

75 데이터 분석결과에 대한 시각화는 구조화, 시각화, 시각표현의 3단계로 이루어진다.

76 체르노프 페이스(Chernoff Face)는 비교 시각화를 위해 사용되는 시각화 기법이다.

77 버블 차트(Bubble Chart)는 관계 시각화 기법에 해당된다.

78 히트맵(Heat Map)은 히트(Heat)와 지도(Map)를 결합시킨 단어로 색상으로 표현할 수 있는 다양한 정보를 일정한 이미지위에 열(Heat) 분포 형태의 비주얼한 그래픽으로 표현한다.

79 인포그래픽 기법으로 차트, 지도, 다이어그램, 로고, 일러스트레이터 등을 이용하여 정보를 시각적인 형태로 표현하고 다량의 정보를 효율적으로 나타낸다. 다량의 정보를 한눈에 표현하기 때문에 모든 변수들에 대한 패턴을 표현하는 데 한계가 있다.

80 데이터 분석결과에 대한 주요 산출물로 데이터 분석 계획서, 분석모형별 예측 결과 보고서, 효과검증 프로젝트 결과 보고서(또는 비즈니스 성과 보고서), 분석모형 유지보수 가이드 등이 있다.

2023년 제6회 정답 및 해설

01	①	02	②	03	①	04	①	05	①	06	②	07	②	08	④	09	①	10	④
11	③	12	③	13	③	14	④	15	③	16	②	17	①	18	④	19	④	20	②
21	②	22	④	23	③	24	①	25	①	26	④	27	①	28	④	29	③	30	①
31	④	32	④	33	④	34	④	35	②	36	②	37	①	38	②	39	④	40	④
41	②	42	②	43	④	44	④	45	①	46	④	47	②	48	④	49	④	50	②
51	④	52	②	53	④	54	④	55	②	56	②	57	③	58	③	59	④	60	②
61	②	62	③	63	①	64	②	65	④	66	③	67	②	68	①	69	④	70	③
71	②	72	①	73	①	74	③	75	④	76	①	77	②	78	③	79	③	80	②

01 빅데이터분석 산업의 발전으로 개인 사생활 침해, 개인정보 유출(보안), 빅데이터 분석결과에 대한 의존성 심화 등의 문제가 발생될 수 있어 개인 정보를 보호하면서 이를 활용하는 가이드라인이 요구된다. 인간들 사이의 상시 연결성은 빅데이터 분석산업의 단점으로 평가하지 않는다.

02 빅데이터 분석 조직은 집중, 기능, 분산 구조로 구분된다. 집중 구조는 전담 조직에서 분석업무를 담당하여 우선순위의 업무를 수행할 수 있으나 타 부서와의 업무 중복 및 이원화 가능성이 높다. 기능 구조는 각 해당 부서에서 업무를 수행하며, 과거에 국한된 분석 수행 가능성이 높고 전사적인 핵심 분석이 어렵다. 분산 구조는 분석 인력을 현업 부서에 배치하여 전사적 차원의 우선순위 업무를 수행함으로써 빠른 피드백 및 모범 사례의 공유가 가능하나 부서별 역할 분담을 사전에 명확하게 설정하여야 한다.

03 데이터 사이언스는 분석 방법, 도메인 전문성 및 기술의 융합을 통해 데이터에서 패턴을 찾고, 추출하고 표면화하는 다학문적인 접근 방법이다. 최근 다양한 영역에서 데이터 사이언스가 중요해짐에 따라 데이터의 가치도 증가하고 있다.

04 NCS에서 정의한 빅데이터 분석 기획 업무는 도메인 이슈 도출 → 분석목표 수립 → 프로젝트 계획 → 보유 데이터 자산 확인의 단계로 수행되며, 도메인 이슈 도출에서는 대상 과제의 현황을 파악하고 개선과제를 정의하는 빅데이터 요건 정의서를 작성한다.

05 데이터 거버넌스의 구성요소는 원칙(Principle: 데이터 유지 및 관리, 품질기준, 보안 변경관리 지침), 조직(Organization: 데이터 관리 조직, 역할, 책임, 관리자, 데이터 아키텍처 등), 프로세스(Process: 데이터 활동, 체계, 작업 절차, 모니터링 및 측정 활동 등)이다.

06 정착형은 분석 준비도(분석 업무 파악, 인력 및 조직, 분석 기법, 분석 데이터, 분석 문화, IT 인프라)는 낮은 편이지만, 조직, 인력, 분석업무, 분석 기법 등을 기업 내부에서 제한적으로 사용하고 있는 것으로 평가되며, 우선적으로 분석의 정착이 필요한 조직 유형으로 평가한다.

07 데이터 분석 도입 수준을 파악하기 위한 분석 준비도(Readiness) 진단을 위하여 분석업무 파악(예측 분석, 시뮬레이션 분석, 최적화 분석 업무 등), 분석 인력 · 조직(전문가 직무, 교육훈련 프로그램, 관리자 능력, 전사 총괄 조직, 경영진 이해 등), 분석 기법(분석 기법 라이브러리, 효과성 평가, 정기적 개선 등), 분석 데이터(데이터 확보, 비구조적 데이터 관리, 외부 데이터 활용 체계, 기준 데이터 관리), 분석 문화(의사결정 구조, 관리자 데이터 중시, 데이터 활용, 데이터 공유 및 협업 문화 등), IT 인프라(데이터 통합, 데이터 유통 체계, 전용 서버 및 스토리지 확보, 분석 환경 등) 영역으로 구분하여 평가한다.

08 인공지능은 사람의 지능을 모방하여 사람이 하는 것과 같이 복잡한 일을 할 수 있는 시스템이다. 인공지능을 구현하기 위하여 머신러닝 및 딥러닝(머신러닝의 여러 방법 중 하나이며, 인공신경망의 한 종류)을 이용한다. 즉, 인공지능⊃머신러닝⊃인공신경망⊃딥러닝의 관계로 볼 수 있다.

09 데이터 분석 마스터플랜 수립 시 정보전략계획 방법론을 활용할 수 있으며, 분석과제 정의, 중요도 및 난이도를 고려하여 우선순위 결정, 단기 및 중장기별 분석 로드맵을 수립한다.

10 데이터 분석 모형을 구축하기 전 데이터의 특징을 파악하기 위해 데이터 탐색 업무를 주로 수행한다. 탐색적 자료분석(EDA) 과정에서는 데이터의 특징을 이해하기 위해 대상 데이터를 탐색하며, 변수 파악, 통계량 산출, 상관분석 등을 수행함으로써 시각화를 통해 데이터 Insights를 얻는다.

11 추론통계에서는 모집단에서 수집한 표본 자료의 분석(점추정, 신뢰구간 추정, 가설 검정 등)을 통해 모집단을 추론한다.

12 외부 데이터는 데이터 소스가 외부 시스템에 존재하는 것으로 특정 기관의 담당자와 협의를 통해 데이터를 수집하기도 하고, 데이터를 제공하는 외부 전문업체를 통해 수집할 수 있다. 외부 데이터의 대부분은 반정형 및 비정형 형태로 존재하고 수집 난도가 높으나, 내부 데이터에 비해 상대적으로 잠재가치가 높다.

13 빅데이터의 특징 3V는 Volume(규모의 증가), Variety(다양성), Velocity(처리속도)이다. 여기서 Variety(다양성)은 다양한 형태의 데이터가 포함되는 것을 의미하며, 정형 데이터뿐만 아니라 사진, 오디오, 비디오, 소셜 미디어, 로그 파일 등과 같은 비정형(또는 반정형) 데이터도 포함하여 분석해야 하는 특성을 뜻한다.

14 데이터 평활(Smoothing, 스무딩) 기법을 이용하여 무작위적 변화로 생기는 효과(데이터 노이즈 등)를 줄인다. 대표적으로 시계열 자료의 경우 스무딩 기법으로 데이터 추세에 벗어나는 데이터를 변환할 수 있다.

15 데이터 정제 작업이란, 수집 데이터의 불일치성을 교정하기 위한 과정으로 결측값 처리, 이상치 및 잡음 제거 업무가 포함된다. 데이터를 분석 목적에 맞게 하고 분석이 용이한 형태로 변환하는 작업은 데이터 유형 변환(Data Type Transform) 업무에 해당된다.

16 Max=80, Min=60이고 최소-최대 정규화((X-Min)/(Max-Min))의 합=(60-60)/(80-60)+(70-60)/(80-60)+(80-60)/(80-60)=10/20+20/20=1.5이다.

17 데이터 유형을 고려하여 데이터 저장 시스템을 선정하여야 하며, 비정형 데이터의 경우 NoSQL 및 분산파일시스템(HDFS 등)에 저장하고, 정형 데이터는 관계형 데이터베이스를 주로 이용한다.

18 데이터베이스를 가리키는 용어로 데이터웨어하우스, 데이터마트, 데이터 레이크, 데이터 댐이라는 개념(수집되는 데이터 특성 및 데이터 활용 방식에 따라 구분)을 사용한다. 데이터웨어하우스란 사용자의 의사결정에 도움을 주기 위하여 기간 시스템의 데이터베이스에 축적된 데이터를 공통의 형식으로 변환해서 관리하는 데이터베이스이다. 데이터마트는 데이터웨어하우스의 좀 더 경량화된 형태이며, 전사적으로 운영되는 데이터웨어하우스와 다르게 주로 본부별, 부서별, 또는 업무 영역별로 구성되는 소규모 데이터웨어하우스이다. 데이터 소매점(데이터마트)에는 데이터를 공급하는 도매점(데이터웨어하우스)이 있다.

19 분산 파일 시스템(DFS, Distributed File System)에서는 다수의 사용자가 원격으로 데이터를 쉽게 공유할 수 있도록 함으로써, 데이터의 가용성을 높이고, 데이터를 물리적으로 다른 위치에 중복 저장하여 디스크에 장애가 발생하더라도 단일 서버 환경에서보다 상대적으로 쉽게 복구가 가능(Fault-tolerant)하도록 한다. 대표적으로 HDFS, GFS, AFS 등이 있다.

20 분산 파일 시스템은 네트워크를 통해 물리적으로 다른 위치에 있는 여러 컴퓨터에 자료를 분산 저장하여 마치 Local System에서 사용하는 것처럼 동작한다. 다수의 사용자가 원격으로 쉽게 데이터를 공유하여 데이터의 가용성(Availability)을 향상하고, 데이터를 물리적으로 다른 위치에 중복 저장하여 장애 발생 시 쉽게 복구 가능하다. 그러나 단일 서버 환경과 비교하여 네트워크 사용으로 인해 시스템 노드들 간 연결 보호 기능이 필요하고, 여러 클라이언트 노드에서 동시에 동일 데이터 접근 시 지연 및 장애 발생 가능성이 있다.

21 분석 대상의 데이터 수집 후, 데이터 전처리(Pre-processing: 필터링, 유형 변환, 정제 등), 데이터 후처리(Post-processing: 변환, 통합, 축소 등) 작업을 수행하고 해당 데이터베이스에 저장한다.

22 ETL(Extract, Transform, Load)은 내·외부 데이터를 네이터웨어하우스(데이터마트 등) 내로 이통시키는 프로세스로서 데이터 추출, 재구성, 정제, 통합, 변환 등의 업무를 수행한다. 일반적으로 다음 작업을 의미한다. (추출) 동일 기종 또는 타 기종의 데이터 소스로부터 데이터를 추출한다, (변환) 조회 또는 분석을 목적으로 적절한 포맷이나 구조로 데이터를 저장하기 위해 데이터를 변환한다. (적재) 최종 대상(데이터베이스, 데이터마트, 데이터웨어하우스 등)으로 데이터를 저장한다.

23 맵리듀스 프로그래밍을 효율적으로 수행하기 위해 요약, 필터링, 데이터 조직화, 조인, 메타, 입출력 패턴 등을 이용한다. 조인 패턴은 데이터베이스에서의 조인(Join) 연산처럼, 데이터들 사이의 특별한 관계를 발견하기 위해 서로 다른 데이터세트를 함께 분석할 수 있는 해법을 제공한다.

24 단순 대치법은 결측치를 가진 자료 분석에 사용하기 용이하고, 통계적 추론에 사용된 통계량의 효율성 및 일치성 등의 문제에 대하여 부분적으로 보완을 해준다. 그러나 추정량 표준오차의 과소 추정 또는 계산의 난해성 문제를 가지고 있다. 이러한 문제를 해결하기 위하여 다중 대치법에서는 m번의 대치를 통한 m개의 가상적 자료를 만들어 분석한다. 다중 대치법은 대치(Imputation), 분석(Analysis), 결합(Combination)의 세 단계로 구성된다.

25 데이터 이상값은 관측된 데이터의 범위에서 많이 벗어난 아주 작은 값이나 큰 값으로 입력, 오류, 데이터 처리 오류 등의 이유로 발생하며 데이터의 평균에 영향을 미친다. 발생 원인으로는 표본추출(Sampling), 고의적인 이상값(Intentional), 데이터 입력 오류(Entry), 실험 오류(Experimental), 측정 오류(Measurement), 데이터 처리 오류(Processing), 자연적 오류(Natural) 등이 있다.

26 이상값(Outlier 또는 이상치)은 입력 오류, 데이터 처리 오류, 측정 오류, 표본추출 오류 등의 이유로 특정 범위에서 벗어난 데이터 값으로써 (평균, 최빈값, 중앙값, 예측값) 등으로 치환하더라도 결측값의 경우와 같이 데이터 변환 시 신뢰도 문제가 발생한다.

27 박스 플롯(Boxplot, Box-and-whisker plot, 상자수염그림)은 수치형 자료에 대하여 데이터의 분포와 이상치를 동시에 보여주면서 서로 다른 데이터군을 쉽게 비교할 수 있는 시각화 방법이다.

28 연속형 변수는 연속적인 값을 갖는 데이터로 등간 척도나 비율 척도 자료(나이, 몸무게, 키, 시간, 길이, 온도, 책의 두께 등)에 해당된다. 혈액형은 이산적인 값(A, B, AB, O)을 갖는 이산형 변수(성별, 선호 색상, 취미, 주거 지역, 제품 선호도 등의 명목척도와 서열 척도 자료)이다.

29 주성분 분석은 원 데이터의 분포를 최대한 보존하면서 고차원 공간의 데이터들을 저차원 공간으로 변환하는 기법이다. 그리고 비음수 행렬 분해(NMF, Non-negative Matrix Factorization)는 데이터세트에서 특징을 추출하는 방법으로 데이터 특징값을 위한 가중치 행렬 W와 데이터 값들의 특성행렬 H로 구성된다. NMF는 하나의 객체 정보를 음수를 포함하지 않은 두 개의 부분 정보로 인수분해하는 방법이다.

30 파생변수란 기존의 변수를 변형해 만드는 변수로서 기존 변수의 연산, 조합, 분해, 함수, 조건문 등으로 데이터를 새로 생성하여 변수를 만든다.

31 표현하고 싶은 범주형 변수의 인덱스에 1의 값을 표현하고, 다른 인덱스에는 0을 부여하는 벡터 표현 방식이다. 구현이 쉽고 작은 데이터세트에서 빠르게 동작한다는 장점이 있으나, 범주가 추가되면 데이터의 크기가 바뀌게 되고, 정보가 없는 공간에서도 관리가 필요하여 메모리의 낭비가 발생한다는 단점이 있다.

32 데이터의 불균형이란 어떤 데이터에서 각 클래스(범주형 변수)가 가지고 있는 데이터의 양에 차이가 큰 경우를 뜻한다. 이를 해결하기 위해 클래스 가중치 조정(Weight Balancing), 과대표집(Oversampling), 과소표집(Undersampling), 양쪽표집(Bothsampling), 로즈표집(ROSEsampling) 등의 기법을 이용한다.

33 탐색적 데이터 분석(EDA)이란 수집된 데이터를 다양한 각도에서 관찰하고 이해하는 과정으로서 데이터 시각화, 속성 파악, 결측치 및 이상치 확인, 속성 사이의 관계 분석(상관관계, 주성분 분석 등) 등의 작업이 포함된다.

34 산점도(Scatter Plot)는 도표(보통 직교 좌표계)를 이용하여 좌표상의 점들을 표시함으로써 두 변수 사이의 관계를 나타내는 그래프이다.

35 평균 $= (2+4+6+8+10)/5 = 30/5 = 6$,
분산 $= ((2-6)^2 + (4-6)^2 + (6-6)^2 + (8-6)^2 + (10-6)^2)/(5-1) = 40/4 = 10$

36 변동계수(변동 지수)는 표준편차를 평균으로 나눈 값으로 평균이나 단위가 서로 다른 두 개 이상의 자료를 비교(데이터의 흩어진 정도, 평균에 대한 변동의 상대적인 산포도 측정)할 때 주로 사용된다.

37 첨도는 표준 정규분포와 비교하여 평균값 주위에 집중적으로 몰려 있는 정도를 나타낸다. 첨도가 0에 가까우면 표준정규분포와 유사한 형태이고, 첨도>0이면 평균에 데이터가 더 많이 모여 있는 가운데가 뾰족한 형태, 첨도<0인 경우 평균에서 데이터가 더 흩어진 완만한 형태를 나타낸다.

38 $O1 = p/(1-p) = e^{(a+bx)}$, $O2 = e^{(a+b(X+1))} = e^{(a+bx+b)}$, 따라서 $O2/O1 = e^b$이다.

39 오즈비 = 비흡연자에 대한 흡연자의 (폐암진단/정상)의 비율
= $(20/(200-20))/(4/(220-4)) = (20/180)/(4/216) = (216 \times 20)/(180 \times 4) = 6$이다.
즉, 흡연으로 노출된 그룹은 노출되지 않은 그룹보다 약 6배의 폐암진단 가능성이 더 높은 것으로 판단된다.

40 단위시간당 또는 단위면적당 평균 횟수가 몇 번인지를 확률변수 X로 정의하는 경우 포아송 분포(Poisson Distribution)를 이용한다.

41 다중선형 회귀분석(Multiple Linear Regression)은 여러 개의 **독립변수**(연속형)와 하나의 **종속변수**(연속형)의 선형관계를 모델링하기 위해 사용된다. 다중선형 회귀분석을 적용하기 위하여 각각의 독립변수는 종속변수와 선형관계가 존재하고, 독립변수 사이는 높은 수준의 상관관계가 존재하지 않아야 하며, 추정된 종속변수 값과 실제 관찰된 종속변수 값과의 차이(잔차, Residual)는 정규분포를 따라야 한다.

42 데이터 분석 모형의 최적화를 위하여 초매개변수(하이퍼파라미터) 값의 범위를 10의 거듭제곱 단위(또는 로그 스케일 단위 등 이용)로 대략적으로 설정한다. 그리고 설정된 범위에서 하이퍼파라미터의 값을 무작위로 추출한 후, 샘플링한 하이퍼파라미터 값을 사용하여 학습하고 검증 데이터로 정확도를 평가한다. 이러한 과정을 반복하면서 정확도 결과를 통해 하이퍼파라미터의 범위를 좁혀간다. 즉, 검증 데이터세트를 이용하여 모형의 하이퍼파라미터를 미세조정한다.

43 회귀분석 모형의 성능을 평가하기 위해 사용되는 결정계수는 1에 가까울수록 산점도에서 점들이 직선 주위에 밀집되어 나타나게 되어, 회귀에 의한 설명이 잘 됨을 의미하며, 독립변수의 수와 관계가 없고, 총편차 제곱식을 활용하여 구축된 회귀분석 모형의 정확도를 평가하기 위해 사용된다.

44 독립변수가 2개 이상인 다중회귀분석(Multiple Regression Analysis) 모형 구축 시 각 독립변수는 종속변수와 선형관계에 있으며, 잔차는 등분산성, 독립성, 정규성을 만족하는지를 확인한다.

45 분석 대상자 수에 비해 고려하는 변수의 개수가 많으면, 일반적으로 사용하는 회귀분석모형에서 회귀계수 추정에 실패하고 모형 예측 성능이 감소하게 된다. 이 경우 회귀계수를 축소 추정(회귀계수=0으로 추정, 변수의 영향이 없다는 것으로 해당 변수 제외)하는 방법(차원축소 등)이나 요인분석, 주성분 분석, 다차원 척도법 등을 이용하여 구성된 데이터세트에 대하여 홀드아웃 또는 K-fold 교차 검증 방법으로 (학습, 검증) 데이터세트를 분할한다.

46 데이터 축소는 많은 데이터 대신에 해당 데이터를 표현할 수 있는 작은 형태로 표현하여 기존의 데이터를 대신하는 전처리 기법이다. 일반적으로 데이터는 매우 크기 때문에 대용량 데이터에 대한 복잡한 데이터 분석과 데이터마이닝은 실행하기 어렵거나 불가능한 경우가 많다. 데이터 축소는 원래 용량 기준보다 작은 양의 데이터 표현결과를 얻게 되더라도 원 데이터의 완결성을 유지하기 위해 사용되며, 데이터마이닝 작업을 효과적이고 원래 데이터와 거의 동일한 분석결과를 얻어낼 수 있다는 장점이 있다.

47 회귀분석은 데이터 경향성 확인(독립변수 및 종속변수 설정, 산점도 및 상관관계 분석) → 모형 적합성 확인(선형성, 정규성, 등분산성, 독립성 등 기본 가정 확인) → 회귀계수 추정 및 유의성 검정(다중공선성 확인, 회귀계수 유의성 검정, 분산분석, 결정계수 분석) → 최종 모형 선정(모형 적합성 검증, 오차 확인, 유의성 검정)의 절차로 수행된다.

48 분산팽창지수(Variance Inflation Factor, VIF)를 이용하여 다중공선성을 측정한다. $VIF=1/(1-결정계수^2)$으로 구하며, VIF가 10 이상이면 독립변수들 사이에 상관관계가 있다고 판정한다. Studentized Residual(스튜던트화 잔차)는 잔차를 표준오차로 나눈 값으로 여러 다른 예측변수값과 전체를 대상으로 회귀분석 모형의 관측 목푯값과 예측 목푯값 사이의 차이를 비교할 때 사용된다. Mallow's Cp는 Mallow가 제안한 통계량으로 최소자승법을 이용하여 추정된 회귀분석 모형의 적합성 평가(예측 변수 개수의 균형을 찾음)에 사용된다.

49 인과관계는 선행하는 한 변수가 후행하는 다른 변수의 원인이 되는 관계를 의미하며, 인과관계 분석(Causal or Causality Analysis)은 독립변수와 종속변수 사이의 인과관계를 분석한다.

50 회귀분석을 적용하기 위해 사전에 선형성, 등분산성, 독립성, 정규성을 확인한다. 회귀분석 결과에 대한 독립변수 또는 종속변수의 영향력을 확인하기 위해 레버리지 또는 아웃라이어 분석을 수행한다. 레버리지 분석에서는 영향도 행렬(또는 hat 행렬)을 구하여 레버리지 통계량 값을 확인하며, 높은 레버리지를 가지는 관측치는 회귀선에 큰 영향을 미치므로 추정 회귀식에 어떻게 반영할 것인가를 결정하여야 한다.

51 독립변수＝12개, 절편 포함, 독립변수별로 세 가지 범주를 가정하는 경우 $y=\beta_0+\beta_1\times1+\beta_2\times2+\cdots\beta_{12}\times12+(\beta_{13}D1+\beta_{14}D2)+(\beta_{15}D3+\beta_{16}D4)+\cdots+(\beta_{35}D23+\beta_{36}D24)+\varepsilon$의 회귀식을 이용한다. 따라서 총 37개의 회귀계수(절편 1개(β_0)＋독립변수 계수 12개($\beta_1, \beta_2, \cdots, \beta_{12}$)＋더미변수 24개(D1, D2, …, D24)가 필요하다.

52 독립변수의 수가 많아질수록 결정계수는 증가하고 종속변수와 관계가 없는 독립변수가 추가되어도 결정계수는 증가하게 되므로 이러한 점을 보완하여 수정된 결정계수(Adjusted R2)를 이용한다. 수정된 결정계수는 결정계수를 표본의 수와 독립변수의 개수를 이용하여 보정한 공식으로써 독립변수가 증가하면 무조건 증가하는 결정계수의 문제점을 방지하고 모형에 적합하지 않은(회귀모형의 설명력에 기여하지 못하는) 변수가 투입하면 결정계수는 증가하더라도 수정된 결정계수의 값은 감소(일종의 penalty를 부여)하게 된다.

53 교호작용(Interaction)이란 한 요인의 효과가 다른 요인의 수준에 의존하는 경우를 말한다. 예를 들어 A의 효과가 B의 서로 다른 수준 B1과 B2에서 일관성 있게 나타난다면 두 인자 A, B 간에는 교호작용이 없다고 보고, 만일 B가 'B1 수준에 있을 때 A의 효과'와 'B2 수준에 있을 때 A의 효과' 사이에 차이가 있을 때 A, B 간에 교호작용이 존재한다고 평가한다. 교호작용도는 분산분석 또는 실험계획법에서 교호작용을 시각화하기 위해 사용한다. 요인을 두 개 입력하면 교호작용도 하나가 그려지고 요인을 세 개 이상 입력하면 교호작용도 행렬이 그려진다. 변수 x와 y가 선형이 아닌 비선형 관계를 가지고 있음에도 선형 관계로 모델링 하는 경우, 실제로는 없는 새로운 z의 교호작용을 있는 것으로 잘못 판단할 여지가 있음을 유의해야 한다.

54 (A, B, C, D, E)의 서로 다른 5가지의 분류분석을 위한 의사결정나무 구성 시 변숫값을 이용(변수의 값이 서로 중복되지 않도록 지정)하여 변수의 크기에 따른 분류 조건을 지정한다. 즉, 변수의 값이 6 이상인 경우(X1＝6, D와 E)와 6 미만인 경우로 구분하고, 6 미만인 값들 중 5 미만인 경우(5 이상인 경우 C)를 2 미만인 경우 (X2＝2, A)와 2 이상인 경우(B)로 구분한다.

55 이산형 목표변수에 대한 의사결정나무 분석을 위해 C4.5 알고리즘에서는 엔트로피 지수를 이용하여 분기 및 가지치기(Pruning, 불필요한 가지를 제거하여 부분 나무모형의 집합 탐색)를 수행한다. Alpha－Beta 가지치기는 사전에 가능성이 없는 경우 가지를 미리 제거하는 기법으로 사전에 쓸모없는 가능성들을 제거하면서 시간과 공간의 낭비를 줄이기 위해 제안되었다.

56 횡단면 자료란 고정된 시간에서 측정된 자료로 조사에 의하여 수집된 자료(측정 시간 고정)이다. 종단면 자료 즉 시계열 자료는 매 단위시간에 따라 측정되어 생성된 자료이다. 횡단면 자료의 경우 관측값들의 독립성이 가정되는 데 반해, 종단면 자료는 관측값들 사이의 상호 연관성이 정보획득을 위한 중요한 도구로 사용된다. 지수평활법(Exponential Smoothing)에서는 과거 시간이 오래될수록 지수적으로 감소하는 가중치를 적용하며, 가장 최근 관측값일수록 높은 가중치를 적용하는 모형이다.

57 시계열 자료를 이용하여 시차값 사이에 선형관계를 측정한 값을 자기상관(Autocorrelation)이라 한다. ACF(Autocorrelation Function, 자기상관함수)는 시계열들이 과거와 얼마나 강한 영향을 받고 있는지를 나타낸다.

58 LSTM(Long Short-Term Memory) 기법의 단점(은닉 상태 업데이트를 위한 학습 시간이 많이 소요됨)을 보완하기 위하여 GRU(Gated Recurrent Unit) 방법에서는 (Reset, Update)의 게이트를 이용하며, LSTM과 유사한 성능을 보장하면서 학습속도를 개선할 수 있다.

59 배깅 방식은 여러 개의 모형들이 상호 독립적이며, 여러 모형을 구축하지만 이 과정에서 각 모형들은 서로의 영향을 받지 않는다. 여러 모형을 만들기 위해 각 모형별로 임의의 데이터세트를 생성하는 데 새로운 데이터세트는 기존 데이터에서 중복을 허용(Bootstrap)한다. 배깅 방식의 대표적인 앙상블 모형이 랜덤 포레스트이다. 부스팅 방식에서도 여러 모형을 만들지만 이전 모형의 오차를 보완하는 방향을 추구하고 이전 학습에서 오차가 심했던 데이터들에 가중치를 부여하여 데이터세트를 새롭게 생성한다.

60 랜덤 포레스트에서는 배깅(부트스트랩 통합) 기법을 이용하여 개별 의사결정 트리가 데이터 집합에서 무작위로 표본을 추출하고 데이터를 대체하여 개별 트리에서 다른 결과를 생성하게 된다. 이 경우 각각의 트리는 사용 가능한 모든 데이터를 포함하는 대신 데이터의 일부만 사용한다.

61 F1-score(F1 스코어, F-measure)는 정밀도(Precision, 긍정으로 예측한 비율 중에서 실제 긍정의 비율)와 재현율(민감도, Sensitivity, 긍정인 범주 중 긍정으로 올바르게 예측한 비율)의 조화평균(Harmonic Mean)으로 구하며, 0~1 사이의 값을 가지고, 정밀도와 민감도의 값이 양쪽 모두 클 때 F1-Score도 큰 값을 나타낸다.

62 예측력이 있는 데이터 분석 모형의 경우 ROC 곡선에서 민감도(p, TP rate)>1-특이도($1-c$, FP rate)를 만족($p+c>1$)하며, 예측력이 없는 경우 $p=1-c(p+c=1)$이 된다. 민감도가 증가하면 특이도가 감소(ROC 곡선에서 1-특이도 증가)하며, 특이도가 증가하면 민감도는 감소(1-특이도의 값이 감소하여 민감도 감소)한다. 그리고 특이도(c)=0.5이면 민감도(p)>0.5이다.

63 SERVQUAL(Service Quality, 서브퀄) 기반 서비스 품질관리 평가지표는 유형성(물리적인 시설), 신뢰성(고객에게 약속한 서비스 준수 여부), 대응성(즉각적 응대 및 신속한 서비스 제공), 확신성(전문지식, 기술, 자격 등의 능력), 공감성(고객에 대한 배려, 관심, 맞춤형 서비스 제공 여부)으로서 각 항목에 대한 기준을 세우고 '고객의 기대'와 '서비스 인지'에 대한 점수를 산출하여 서비스 품질을 관리한다.

64 상관관계 분석은 두 변수들 사이의 선형성 정도를 분석하며, 상관계수가 0인 경우 상관관계가 없다(두 변수가 곡선관계인 경우 상관분석으로 설명할 수 없음)고 보며, 상관계수가 1에 가까울수록 양의 상관관계, -1에 가까울수록 음의 상관관계가 있다고 판단한다.

65 K-fold Cross Validation(다중 교차검증, K겹 교차검증)은 머신러닝(딥러닝)에서 많이 사용되는 방법으로 데이터를 여러 번 반복해서 나누고, 여러 데이터집합을 학습((K-1)개 훈련 데이터)한 후, 1개의 검증 데이터집합을 이용하여 성능을 평가(검증)하는 방법이다.

66 LOOCV(Leave-one-out Cross Validation) 교차검증 방법에서는 하나의 관측값만을 검증(시험) 데이터 세트로 사용하고, 나머지 n-1개 관측값은 훈련용으로 사용한다. 예측을 위한 데이터 분석 모형의 경우 n번 수행하고, n개의 *MSE*(Mean Squared Error)를 계산하여 평균을 이용한다. n-1개 관측값을 훈련용으로 사용하기 때문에 Bias가 낮다. 그러나 과적합 가능성이 높아 분산이 높고, n번 나누고 n번 수행하므로 랜덤성이 없으며, 데이터세트가 많은 경우 시간이 오래 걸린다.

67 모집단의 분포를 정규분포로 가정하고자 할 때, 데이터가 정규분포를 따르는지를 확인하기 위해 적합도 검정(카이제곱, Kolmogorov-Smirnov)을 이용한다. 카이제곱 검정은 (기댓값, 관측값)을 이용하며, K-S 검정은 누적분포함수의 차이를 이용한다. K-S 검정은 연속적 분포인 경우에 이용하며, 관측도수의 범주에 속하는 기대도수들 사이의 차이가 있는지를 검정하기 위해 카이제곱 검정통계량을 이용한다.

68 인공신경망 분석 모형의 과적합을 방지하기 위하여 데이터 양 늘리기, 모형의 복잡도 줄이기(은닉층 및 매개변수의 수 줄이기), 가중치 규제(가중치들의 절댓값 합계 및 제곱합을 비용함수에 추가하여 이를 최소화함, 비용함수를 최소화하기 위해 가중치들의 값이 작아져야 함), 드롭아웃(신경망의 일부를 사용하지 않음, epoch의 수를 줄임), 학습률 조절(검증 loss가 증가하는 시점부터 학습 종료) 등의 방법을 이용한다.

69 학습률(Learning Rate)이란, 한 번 학습할 때 얼마만큼 학습해야 하는지(학습 양)를 의미하며, 한 번의 학습량으로 학습 이후 가중치 매개변수가 갱신된다. 학습률 값은 사전에 0.01, 0.001과 같이 특정 값을 정해두어야 하며, 일반적으로 이 값이 너무 크거나 작으면 적합한 지점을 찾기 어렵게 된다. 그리고 처음에는 큰 학습률을 사용했다가, 일정 정도 이상 학습을 한 후, 학습률을 작게 조정하는 경우(학습률 분해, Learning Rate Decay)도 있다.

70 신경망의 가중치처럼 학습과정에서 얻어지는 값을 매개변수라 하고, 학습률, 학습횟수(Epochs)나 배치 크기처럼 사용자가 임의로 지정해야 하는 값을 초매개변수라 한다. 매개변수(Parameter)는 데이터 분석 모형 작업을 통해 데이터를 실행하고, 결과 예측을 각 데이터 인스턴스의 실젯값과 비교하며, 정확성을 평가하고, 최선의 값을 찾아낼 때까지 조정하는 학습 프로세스에 의해 최적화(조정)된다. 초매개변수(Hyper Parameter)는 전체 학습 작업을 실행하고 집계된 정확성을 확인하고 조절하는 방식을 이용한다. 두 경우 모두 모형의 구성을 수정하면서 문제를 처리하는 최적의 조합을 찾아내는 과정을 수행한다.

71 머신러닝(또는 딥러닝) 등에서 사용되는 초매개변수는 매개변수와 달리 분석모형이 스스로 설정 및 갱신하는 변수가 아닌 사람이 직접 설정해 주는 변수이다. 인공신경망에서는 뉴런의 수, 배치 크기, 학습률, 가중치 감소시 규제 강도 등이 있다. 초매개변수에 따라 모형의 성능이 크게 좌우되며, 최적화 알고리즘 또는 분석가의 경험(많은 시행착오 필요)에 의해 최적값을 설정한다.

72 Bayesian Search(Bayesian Optimization)에서는 사전정보를 최적값 탐색에 반영함으로써 효율적으로 최적값을 찾아낸다. 사전 정보를 이용하기 위해 Surrogate model(목적함수 $f(x)$의 형태에 대한 확률적 추정을 통해 모델 내에서 사전 정보를 학습하고 자동적으로 업데이트 수행)과 수집한 사전 정보를 바탕으로 Acquisition function(다음번에 탐색할 입력값 후보 추천 기능 수행)을 이용하여 다음 탐색 값을 찾는다.

73 DBSCAN(Density-based Spatial Clustering of Application with Noise) 군집분석 알고리즘은 밀도 방식의 클러스터링 기법으로서 밀도 개념을 도입, 일정한 밀도로 연결된 데이터집합은 동일한 그룹으로 판정하며, 노이즈나 이상치 처리에 강건한 특성을 나타낸다.

74 데이터 시각화는 데이터 분석결과를 사용자가 쉽게 이해할 수 있도록 시각적 수단을 통해 제시하는 것으로 텍스트, 도표, 이미지 등을 이용하여 표현한다. 소프트웨어를 설치하지 않고도 다양한 시각화 도구를 이용할 수 있으며, 도구 학습 용이성, 가격(무료), 영향력(기능), 지원(관리), 데이터 이전의 용이성(이동성), 보안 및 개인정보 관리, 공동 협업 작업, 크로스 플랫폼 지원(운영체제), 오픈 소스(상업용 여부), 접근성 등을 고려하여 선택한다.

75 관측값이 시간적 순서를 가지는 경우 시간 시각화 기법을 이용한다. 시간 데이터는 특정 시점의 값을 표현하는 이산형(분절형, 막대그래프, 누적 막대그래프, 점 그래프 등 이용)과 변화하는 값을 표현하는 연속형(꺾은선 그래프, 계단 그래프, 추세선 등)으로 구분하며, 시간 데이터의 전후 관계를 분석한다.

76 비교 대상의 변수가 둘 이상인 경우 변숫값을 비교하며, 변수들 사이의 관계를 이해하기 위해 비교 시각화 기법(스타차트, 체르노프 페이스, 평행 좌표계, 히트맵 등)을 사용한다. 스타 차트(Star Chart)는 각 변수의 표시지점을 연결선을 통해 그려 별 모양의 도형으로 나타낸다. 중심점은 축이 나타내는 값의 최솟값, 가장 먼 끝점은 최댓값(각 항목에 대한 중심점들이 차이 있게 표현)을 의미하고, 독립(혹은 설명)변수가 늘어날 때마다 축이 늘어나는 비교 시각화 방법이다.

77 인포그래픽(Information Graphics, News Graphics)은 정보를 빠르고 분명하게 표현하기 위해 정보, 자료, 지식을 그래픽 시각적으로 표현한 것을 말한다. 복잡한 정보를 빠르고 명확하게 설명해야 하는 기호, 지도, 기술 문서 등에서 많이 사용된다. 별도의 소프트웨어를 설치하여 작성할 수도 있으나, 사용자 프레젠테이션 및 이미지 도구 등의 서식 파일을 활용하기도 하며, 최근에는 온라인상에서 다양한 인포그래픽 시각화 편집 기능이 제공되고 있다.

78 많은 정보를 효율적으로 표현하기 위하여 인포그래픽에서는 차트, 지도, 다이어그램, 로고, 일러스테레이션 등을 이용한다. 사용 예로서 나열형, 통계형, 사용법 설명, 타임라인, 비교, 지리적, 순서도, 프로세스 설명 인포그래픽, 스토리텔링형, 만화형 등으로 분류한다. 가장 다양하게 사용되는 타임라인 인포그래픽에서는 이벤트 및 사건을 시간순으로 표현하여 이해를 돕는다.

79 스토리텔링형 인포그래픽 기법에서는 하나의 사건(주제)에 대해 이야기를 들려주듯 구성하여 특정 사건의 전개 양상을 상호 연결하고 전방위로 전달한다. 유명인(혹은 기업) 관련 정보나 뉴스 등에서 주로 이용한다.

80 통계적 분석 기법과 기계학습은 분석 대상(표본과 모집단), 데이터 유형(정형 및 비정형), 장단점(결과의 신뢰성 및 성능) 측면에서 비교된다. 통계적 분석 방법과 유사하게 기계학습 결과물에 대해서도 수학적 공식의 도출, 해석이 가능하다.

2023년 제7회 정답 및 해설

01	①	02	①	03	③	04	④	05	②	06	④	07	①	08	③	09	②	10	④
11	③	12	②	13	①	14	④	15	②	16	①	17	②	18	④	19	③	20	③
21	③	22	④	23	④	24	①	25	②	26	①	27	④	28	②	29	④	30	①
31	③	32	④	33	②	34	③	35	④	36	④	37	①	38	②	39	②	40	①
41	④	42	④	43	②	44	③	45	④	46	②	47	②	48	④	49	①	50	③
51	②	52	④	53	②	54	①	55	①	56	④	57	③	58	④	59	③	60	③
61	④	62	④	63	②	64	④	65	①	66	③	67	④	68	②	69	③	70	②
71	①	72	④	73	③	74	①	75	②	76	④	77	③	78	①	79	①	80	②

01 가트너(Gartner)의 정의(빅데이터란 높은 통찰력, 의사결정, 프로세스 자동화를 위해 비용효과가 높은 혁신적인 정보처리 과정을 위해 사용되며, 대용량의 데이터 규모(High-volume), 빠른 속도(High-velocity), 높은 다양성(High-variety)을 지닌 정보자산)에 의하면, 빅데이터의 주요 특징 3V는 다양성(Variety), 규모(Volume, 데이터 크기), 속도(Velocity)이다.

02 데이터 사이언스와 관련된 업무의 전문가를 데이터 사이언티스트라고 하며, 이들은 통계적 지식, 프로그래밍 능력, 머신러닝 기술 등을 사용하여 대규모 데이터세트로부터 데이터 분석, 처리, 모형, 분석결과, 시각화 등에 대한 전반적인 통찰력이 필요하다.

03 주어진 문제를 해결하기 위해 적절한 데이터 분석모형을 고려하며, 이 경우 분석모형의 한계점을 고려하여 선택한다.

04 프로그래밍 언어, 통계학, 도메인 및 비즈니스 이해, 분석 도구, 업무 자동화 및 데이터 엔지니어링 등의 배경지식을 활용하고, 커뮤니케이션, 협업, 문제정의 및 해결, 보고서 작성 능력 등의 역량을 갖추어야 한다.

05 데이터 분석 조직의 성숙도를 평가하기 위해 CMMI(Capability Maturity Model Integration)를 사용하며, 데이터 분석 조직 및 인력, 업무 수행 수준 및 역량, 조직의 성숙도 등을 평가한다.

06 인프라스트럭처 계층에는 사용자 요청 파싱, 자원 배치, 노드 관리, 스토리지 관리, 네트워크 관리, 서비스 관리, 사용자 관리, 모니터링, 보안 모듈이 포함되어 자원 배치, 스토리지 관리, 노드 및 네트워크 관리 등 빅데이터 처리 및 분석에 필요한 자원을 제공한다. 데이터 처리, 분석, 수집, 정제 기능은 소프트웨어 계층에서 수행된다.

07 데이터 3법은 개인정보 보호법, 신용정보의 이용 및 보호에 관한 법률(신용정보법), 정보통신망 이용촉진 및 정보보호 등에 관한 법률(정보통신망법)이다.

08 상세 알고리즘 설계는 빅데이터 분석 기획 업무 수행 후 데이터 마이닝 또는 데이터 분석 모델링 구축 업무에서 수행한다.

09 빅데이터 분석 기획 업무 수행 시 주요 고려 사항은 가용 데이터 확보 및 데이터 유형 분석, 적절한 활용방안과 활용 가능한 유스케이스 탐색, 과제를 수행하기 위한 장애요소 진단 및 사전계획 수립이다.

10 데이터 분석을 수행할 때 마다 처음부터 다시 분석 기획 업무를 시작하는 것은 비효율적이다. 데이터 거버넌스를 구축하고 체계화된 절차와 방법을 위해 CRISP-DM은 업무 이해(비즈니스 이해) → 데이터 이해 → 데이터 준비 → 모델링 → 평가 → 전개의 6단계 작업을 수행한다.

11 반정형 데이터(Semi-structured Data)는 데이터의 형식과 구조가 변경될 수 있는 데이터로 구조 정보를 데이터와 함께 제공하는 파일 형식의 데이터이다. 대표적으로 HTML, XML, RDF, JSON 등이 있다. RDB는 주로 정형 데이터(행, 열로 구조화)를 다루는 관계형 데이터베이스이다.

12 쇼핑몰의 판매 상품별 가격 데이터는 정형 데이터이다. 비정형 데이터는 정해진 구조 없이 저장된 데이터로서 소셜 데이터의 텍스트, 이미지, 영상, 문서 등이 대표적인 예이다.

13 계량적 변수(Quantitative Variable)는 수치로 측정할 수 있는 데이터이다.

14 Data Masking은 민감한 데이터를 보호하기 위해 데이터의 일부 또는 전체를 가려서 숨기는(공백 또는 노이즈 추가) 데이터 비식별화 기술이다. 주로 개인정보, 금융정보, 의료정보 등 민감한 데이터를 보호하기 위해 적용된다.

15 데이터 값을 범주 값으로 변환하여 명확한 값을 감추는 기법으로 데이터 감추기, 랜덤 라운딩, 범위 및 구간 표현, 제어 라운딩 등의 방법을 이용한다. 랜덤 라운딩은 수치 데이터를 임의의 수 기준으로 올림 또는 내림하는 기법이다.

16 업무 규칙은 업무와 관련된 모든 데이터의 규칙을 의미하며, 조직에서 데이터 품질을 지속적으로 관리하기 위해 사용하는 데이터 측정 규칙이고, 데이터 값이 정확하기 위한 조건 표현이다. 업무 규칙은 데이터 관리문서에 명시된 데이터 규칙, 업무 담당자가 지식으로 알고 있는 규칙, 응용프로그램에 코딩된 규칙 등의 산재되어 분산 관리되고 있는 규칙을 통합한 것으로 조직 내부에서 운영하고 있는 정보시스템의 품질을 지속적으로 관리하기 위해 활용된다.

17 데이터 품질 점검 항목은 분량(기간 및 분량), 완전성(결측값 확인), 일관성(데이터 속성 및 유형), 정확성(편향 및 분산)이다.

18 데이터 무결성은 데이터 신뢰성과 품질을 보장하기 위한 특성이며, 다수의 사용자에 의한 데이터 처리 과정 중 데이터의 변경 및 손상(또는 실수나 악의적인 공격으로 인한 손상)을 방지한다.

19 MongoDB는 크로스 플랫폼 Document 지향 데이터베이스 시스템이다. MySQL처럼 전통적인 Table-Relation 기반의 RDBMS가 아니고, NoSQL 데이터베이스로서 JSON과 같은 동적 schema형 Documents를 사용한다.

20 하둡분산파일시스템(HDFS)은 하둡이 실행하는 파일 관리 시스템으로서 대용량 데이터 처리, 용량 확장성, 높은 처리량, 슬레이브 노드(데이터 노드)의 데이터 손실 방지 기능 등을 제공한다. 마스터 노드인 네임 노드(2개 이상으로 구성, 메타 데이터)와 슬레이브 노드인 데이터 노드(블록 형태의 파일)로 구성되며, 네임 노드가 정상적으로 동작하지 않으면, 전체 시스템이 중단된다. HDFS는 데이터를 블록 단위로 나누어서 저장하며, 블록단위가 256MB일 때 1GB 파일은 4개의 블록으로 나누어 저장되고, 10MB 파일은 하나의 블록으로 저장된다.

21 데이터 정제 작업은 중복 데이터 제거, 누락 데이터 처리, 이상치 처리, 데이터 형식 일치, 불필요한 변수 제거, 데이터 변환, 오류 수정 등의 작업을 포함한다.

22 데이터 분석 및 처리에 적합한 형태로 만드는 모든 작업을 데이터 전처리(Data Preprocessing)라고 하며, 데이터 수집 → 데이터 정제 → 데이터 통합 → 데이터 축소 → 데이터 변환의 과정을 거친다. 레거시 시스템뿐만 아니라 다양한 API를 통해 수집된 데이터에 대해 전처리 과정이 필요하다.

23 혈액형과 같은 범주형 자료의 경우 최빈값으로 결측값을 대체한다.

24 (독립변수, 종속변수) 사이 산포도(산점도)를 이용하여 두 변수 사이의 상관관계를 판단한다.

25 변수 선택은 데이터 분석에서 모델의 복잡성을 줄이고 예측 성능을 향상시키기 위해 어떤 변수(특성)를 포함할지 선택하는 과정이다. 단계적 변수선택, 재귀적 변수 제거, L1 정규화, 트리기반, 상관분석, 주성분 분석, 중요도 기반 선택 등의 방법을 이용한다. 분산을 고려하여 변수를 선택(제거)하는 경우 분산 임곗값, 분산분석, 상관분석, L1 정규화 기법 등을 이용한다. 상관분석 결과, 낮은 상관관계를 가지는 변수는 중복 정보를 제공하지 않으므로 변수 선택에서 제외한다. 분산이 낮은 변수를 선택에서 제외하는 것은 모델의 복잡성을 줄이고 과대적합을 방지하는 데 도움을 준다.

26 SVD(특이값 분해)는 행렬을 특정한 구조(3개 요소, 2개의 직교행렬과 특이값(0이 아닌 대각 원소값)을 가지는 행렬)로 분해하는 방법으로서 데이터 축소, 최소제곱해 문제, 영상처리 및 압축, 군집개수 결정, 이상치 감지, 잡음 제거, 경향 분석 등에 사용된다.

27 기존의 변수를 조합하여 새로운 파생변수를 만들어 분석하며, 단지 컬럼의 이름을 변경하는 작업은 이에 해당되지 않는다.

28 Z score=(70−60)/10=1이다.

29 원-핫 인코딩은 표현하고 싶은 범주형 변수의 인덱스에 1의 값을 표현하고 다른 인덱스에는 0을 부여하는 벡터 표현 방식이다.

30 히스토그램은 연속형 변수의 값 또는 분포 형태를 나타내기 위해 사용한다.

31 Boxplot 시각화 결과로부터 변수 X4(Ozone)는 사분위수 범위(IQR, Interquartile Range)를 넘어선 이상값(Outlier)을 가진다.

32 (X1, X3)의 상관계수=((X1, X3)공분산)/(X1 표준편차×X3 표준편차)=1/(2×1)=0.5이다.

33 최빈값은 관측값에서 빈도가 가장 많은 값이며, 범주형 자료의 대푯값으로 주로 이용된다.

34 왜도(Skewness) 값을 이용하여 자료의 비대칭성을 확인한다. 왜도=0인 경우 좌우대칭(평균=중앙값=최빈값), 왜도>0인 경우 오른쪽으로 기울어짐(오른쪽 꼬리, Skewed to right, 최빈값≤중앙값≤평균), 왜도<0인 경우 왼쪽으로 기울어진 분포(왼쪽 꼬리, Skewed to left, 평균≤중앙값≤최빈값)이다.

35 시공간 데이터(Spatio-temporal Data)란 공간과 시간에서 데이터를 수집한 것으로 특정 지역의 위치와 시간에 따른 현상을 설명한다. 시공간에서의 데이터 분석은 공간과 시간이 어떻게 정의되느냐에 따라 결과가 다르게 나올 수 있으며, 공간은 방향에 제한이 없으나(동서남북, 위아래 등), 시간은 앞으로만 가기 때문에 두 가지 요소를 이용해서 결합하여 분석하는 것이 일반적이다. 즉, 시간과 공간 데이터의 정보를 분리하기가 어려운 경우가 대부분이다.

36 데이터의 중심 위치(중심경향값, Central Tendency)를 파악하기 위해 평균, 중앙값, 최빈값을 확인한다. 분산, 표준편차, 범위 등은 데이터 흩어짐의 정도를 확인하는 값이다.

37 확률변수가 가지는 값이 셀 수 있는 이산형의 경우 이산형 확률분포를 이용하며, 베르누이, 이항, 기하, 초기하, 다항, 포아송 등의 분포를 이용한다.

38 중심극한정리(CLT)는 동일한 확률분포를 가진 확률변수 n(보통 30 이상)개의 평균의 분포는 정규분포에 가까워진다는 것이며, 모집단은 임의의 모집단이다.

39 가설 검정에서는 귀무가설과 대립가설이 함께 존재해야 한다. 이 두 가설은 서로 상반된 주장을 나타내며, 주어진 데이터에 대한 통계적 증거를 통해 어떤 가설을 선택할 것인지 결정한다.

40 두 모집단의 차이가 정규분포를 따르지 않고 순위로 표현된 표본의 경우 상호 분포의 차이(또는 평균의 차이 등)를 확인하기 위해 윌콕슨 부호 순위 검정(Wilcoxon's Signed Rank Test) 방법을 이용한다.

41 데이터 분석모형 설계는 데이터를 사용하여 문제를 해결하고 Insights를 도출하기 위해 수행하는 업무이다. 문제정의 및 목표 설정, 데이터 수집 및 준비, EDA, 모델 선택 및 설계, 특성 엔지니어링, 모델 학습 및 튜닝, 모델 평가 등의 업무를 수행한다. 분석을 위한 주제 유형에 있어서 해결해야 할 문제뿐만이 아니라 분석 방법도 알고 있는 경우 최적화(Optimization) 기법을 이용한다.

42 종속변수가 범주형(신용등급, 혈액형, 성별 등)인 경우 분류분석 모형을 이용한다.

43 K-평균 군집 모델은 대표적인 비지도학습 알고리즘으로써 종속변수가 정의되어 있지 않아도 군집화 분석을 수행할 수 있다.

44 전체 인구가 100명인 경우 아래와 같이 남성들 중 키가 180cm 이상인 사람은 9명, 여성은 1명이다. 따라서 180cm 이상인 사람이 여성일 확률=1/(9+1)=0.1이다. 또는 베이즈 정리(조건부 확률)를 이용하여 키가 180cm 이상인 사람이 여성일 확률=0.4×0.025/(0.6×0.15+0.4×0.025)=0.1이다.

구 분	남 성	여 성	합 계
성별, 인원(명)	60	40	100
키가 180cm 이상, 인원(명)	9(= 60×0.15)	1(= 40×0.025)	10

45 머신러닝 모형 구축 시 (훈련, 검증, 테스트) 데이터로 분할한다. 모형을 학습시키고 튜닝하는 데 훈련 데이터, 모형의 성능을 평가하고 하이퍼파라미터를 조정하는 데 검증 데이터, 그리고 모형의 성능을 최종적으로 평가하기 위해 테스트 데이터를 이용한다. K-겹 교차검증은 데이터를 K개로 분할한 뒤, (K-1)개를 학습용 데이터로, 1개를 평가용 데이터세트로 사용하며, 이 방법을 K번 반복(홀드아웃보다 시간이 많이 소요됨)하여 K개의 성능지표의 평균값을 얻는다.

46 데이터는 학습, 검증, 평가 데이터로 구분한다. 분석모형을 적합시키기 위해 (훈련, 검증) 데이터를 이용하며, 이와 별개로 평가 데이터를 구성하여 분석모형의 성능을 확인한다.

47 K-겹 교차검증은 머신러닝 모델의 성능을 평가하고 모델의 일반화 능력을 향상시키는 데 사용된다. 데이터를 두 부분으로 나누는 기존 (학습, 테스트) 데이터 분할(홀드아웃)과는 다르게, 데이터를 무작위로 K개의 동일한 크기(fold)로 나누고, 모델을 K번(보통 K=5 또는 10) 학습하고 평가(테스트 데이터의 비율은 1/K)한다.

48 잔차란 실제 관측값과 모델로 예측한 값 간의 차이이다. 선형회귀분석 모델에서 잔차는 선형성, 독립성, 등분산성, 정규성을 가정한다. 잔차의 가정을 만족하지 않은 경우 선형회귀분석 모델의 결과가 부정확해질 수 있다. 잔차의 자유도는 (표본의 크기−추정하는 파라미터의 수)이다. 예를 들어 $y=mx+b$와 같은 단순 선형회귀 모델의 경우(파라미터 : 기울기, y절편) 잔차의 자유도=(표본의 크기−2)가 된다.

49 Lasso(Least Absolute Shrinkage and Selection Operation)는 회귀모형의 계수 추정 시 오차를 최소화하는 최적화 과정에 회귀계수 절댓값의 합이 일정수준을 넘지 않게(L1 규제) 한다.

50 단측검정의 경우 특정 방향의 가설을 검정하며, 양측검정은 효과의 존재 여부를 확인한다. 단측검정은 귀무가설의 기각역이 좌측(또는 우측), 양측검정은 양측에 있다. 일반적으로 사용되는 유의수준은 5%이고, 생명과학 등 보다 엄격한 기준이 필요한 경우 1%를 사용하며, 다중 가설 검정을 수행할 때, 유의수준을 조정한다.

51 전체 거래의 수 중 사과를 포함하는 거래의 수 N(A)=4, {달걀, 오이}를 포함하는 거래의 수 N(B)=1, {사과, 달걀, 오이}를 포함하는 거래의 수=N(A∩B)=1이다. 따라서 향상도(Lift)=1/5/(4/5×1/5)=5/4=1.25이다.

52 주로 자료의 크기가 작은 경우, 계층적 군집분석을 이용하며 개별 대상들 사이의 거리에 의하여 가장 가까이에 있는 대상들로부터 시작하여 결합해 군집을 형성한다.

53 sequence-to-sequence(seq2seq) 모델은 한 시퀀스를 다른 시퀀스로 변환하는 작업을 수행하는 딥러닝 모델로, 주로 자연어 처리(Natural Language Processing) 분야에서 활용된다. 이 모델은 Encoder와 Decoder 모듈을 가지고 있어 Encoder-decoder 모델이라고도 한다.

54 자연어 처리를 위한 Transformer는 (Self) Attention 메커니즘이 적용된 딥러닝 모델이다. 주요 기능으로는 Input/Output Embedding, Positional Encoding, Multi-head Attention, Feed Forward 등이 있다. RNN을 개선한 LSTM(Long Short Term Memory)에서는 Forget, Input, Output Gate를 이용한다.

55 총합=X1×W1+X2×W2+X3×W3+bias=−1×1+0×1+1×0.11−0.1=−0.99이다. 총합이 임곗값(0)보다 작으므로 출력값=−1이다.

56 딥러닝 심층 인공신경망에서 경사하강법을 이용하여 비용함수(Loss Function)의 최솟값을 찾기 위해 비용함수의 편미분(기울기)과 학습률(Learning Rate)을 이용한다.

57 소셜 미디어 데이터 분석은 마케팅 캠페인 효과에 대한 통찰력을 제공하여 기업이 데이터 중심의 의사결정을 내리고 전략을 최적화하여 더 나은 결과를 얻을 수 있도록 지원한다. 소셜 미디어 데이터에는 사진, 구매 내역, 활동, 콘텐츠 참여 등을 포함한 광범위한 온라인 정보 및 데이터가 포함(행동, 참여, 개인, 태도, 선호로 구분)된다. 맵리듀스(MapReduce)는 구글에서 대용량 데이터 처리를 위한 분산 병렬 컴퓨팅에서 처리하기 위한 소프트웨어 프레임워크이다.

58 YOLO는 최첨단 실시간 Object Detection 시스템으로서, 물체 감지와 객체 인식에 대한 딥러닝 기반 접근 방식을 사용하여 빠르고 정확한 데이터 처리 속도(실시간 의사결정에 우수한 성능을 보임)를 나타낸다. YOLO는 입력된 이미지를 일정 분할로 그리드 작업 후, 신경망을 통과하여 Bounding Box와 Class 예측을 생성하여 최종 감지 출력을 결정한다. 실제 이미지 및 비디오에서 사전에 먼저 데이터세트에 대한 여러 인스턴스들을 학습한다.

59 부스팅(Boosting)은 가중치를 활용하여 약 분류기를 강 분류기로 만드는 방법이다. 처음 모델이 예측을 하면 그 예측 결과에 따라 데이터에 가중치가 부여되고, 부여된 가중치가 다음 모델에 영향을 미친다. 가중치 부여시 잘못 분류된 데이터에 집중하여 새로운 분류 규칙을 만드는 과정을 반복한다.

60 랜덤 포레스트는 앙상블 분석모형의 대표적인 방법으로 배깅(Bootstrap Aggregation) 학습법과 Random Subspace 방식을 이용하여 Diversity와 Random 성을 확보한다.

61 특이도=4/(2+4)=2/3이다.

62 F1-score는 정밀도(precision)와 민감도(재현율, recall)을 하나로 합한 성능지표(조화평균)로 0과 1 사이의 값을 가지며, 정밀도와 민감도 양쪽 모두 큰 값을 가질 때 F1-score도 큰 값을 가진다.

63 ROC 곡선의 x축은 FP rate(거짓 긍정률, 1-특이도), y축은 민감도(TP rate)를 나타낸다.

64 연속형 종속변수를 예측하는데 사용하는 회귀분석 모형의 성능을 평가하기 위해 *MAE, MAPE, MSE, RMS, RMSE* 등의 값을 이용한다. F1-score는 분류분석 모형의 성능을 평가하기 위한 (정밀도, 재현율)의 조화 평균값이다.

65 K-fold(K-겹) 교차검증에서는 (K-1)개의 데이터 Fold를 학습 데이터로 선정하고, 나머지 1개 Fold를 테스트 데이터로 사용한다. 따라서 각 데이터 Fold는 (K-1)번 학습 데이터로 이용되고, 테스트 데이터로 한 번씩 사용된다.

66 적합도 검정(Goodness of Fit Test)은 모집단과 샘플 데이터 사이의 적합도를 평가하기 위한 검정 방법이다. 귀무가설은 주어진 데이터가 어떤 분포 또는 모델과 일치(관찰도수와 기대도수가 일치)한다는 가설이다. 따라서 귀무가설이 기각되는 경우 기대도수의 합과 관찰도수의 합은 일치하지 않아 실제분포와 이론적 분포는 서로 일치하지 않는다는 결론을 얻는다.

67 데이터 정규성 가정을 검증하기 위해 Q-Q plot을 이용하고, 분포의 대칭성을 확인하기 위해 왜도를 이용한다. 왜도는 이상값의 방향을 나타내기도 하며, 데이터의 분포가 양성(왜도가 0보다 큰 경우)으로 치우쳐져(Skewed to Right) 있어 대부분의 이상값이 분포의 오른쪽(우측에 치우쳐져 있음)에 존재한다. 치우쳐진 데이터는 기계학습 모델의 성능에 영향을 미칠 수 있기 때문에 데이터를 정규분포로 변환하는 것이 바람직하다. 데이터 변환을 위해 power, log, exponential transformation 기법을 이용(데이터의 통계적 특성에 따라 선택)한다.

68 모집단의 표준편차를 알고 있는 경우 또는 표본의 크기가 큰 경우 모평균의 신뢰구간은 표준정규분포를 이용한다. 표준편차를 모르고 표본의 크기가 작으면, 자유도가 $n-1$인 $t-$분포를 이용하고, 모분산 및 모표준편차에 대한 신뢰구간은 카이제곱(자유도$=n-1$) 분포를 이용한다.

69 평가 데이터에 대한 평가결과(정확도)보다 훈련(학습) 데이터에 대한 평가결과(정확도)가 높은 경우 과대적합이 발생(일반화 오류)한 것으로 본다.

70 인공신경망의 가중치처럼 학습 과정에서 얻어지는 값을 매개변수(Parameter, 파라미터)라 하고, 학습률이나 배치 사이즈처럼 사용자가 사전에 정해주는 값을 초매개변수(Hyper Parameter, 하이퍼파라미터)라 한다. 초매개변수에 따라 데이터 분석 모형의 성능이 달라지며, 최적화를 위해 Random Grid Search, Bayesian Search 기법 등을 이용한다.

71 회귀분석은 연속적인 수치 예측 문제에 적합(선형회귀, 다항회귀, 릿지, 라쏘 등)하며, 분류분석은 이산적인 범주 분류 문제에 적합(로지스틱 회귀, 의사결정나무, 랜덤 포레스트, SVM 등)하다. 성능을 평가하기 위해 분류분석의 경우 정확도, 정밀도, 재현율, F1-score, ROC, AUC 등의 지표를 이용하고 회귀분석의 경우 MSE, R-Squared, MAE 등의 지표를 이용한다.

72 선형 회귀분석 모형은 연속형 변수 예측을 위한 지도학습 방법이다. 일반적으로 앙상블은 다른 유형의 모델을 결합하여 다양성을 확보하고 모델의 성능을 향상시킨다.

73   정준상관분석(Canonical Correlation Analysis, CCA)은 두 개 이상의 집단 사이의 연관성을 확인하기 위해 사용되며, 두 변수 집단 사이의 상관성을 구하기 위해 상관계수를 이용한다.

74   의사결정나무는 데이터를 분할하여 특정 목표변수(클래스 레이블 등)를 예측하기 위한 규칙을 생성한다. 재귀적 데이터 분할 시 과적합(Overfitting) 경향이 있어 정지규칙(Stopping Rule)을 도입하여 일반화 능력을 향상시킨다. 대표적으로 최대 깊이(Max Depth), 최소 샘플수(Min Samples per Leaf), 최소 노드 크기(Min Node Size), 최소 불순도 감소(Min Impurity Decrease), 최대 리프 노드 수(Max Leaf Nodes), 민감도 설정(Cost-complexity Pruning) 등의 기법을 이용한다.

75   군집분석 모형 구축 시 최적의 군집의 수를 구하기 위해 Elbow, Silhouette, 손실함수(RMSLE) 방법을 이용한다.

76   올바른 분석결과 해석은 데이터로부터 인사이트를 얻고 바람직한 의사결정과 문제해결에 도움을 준다. 데이터 분석 모형 구축 시 사용하였던 가정을 고려하여 분석결과를 해석하여야 한다.

77   데이터의 경우 막대, 누적 막대, 묶은 막대 및 점그래프를 이용하여 특정 시점 또는 특정 시간의 구간 값을 표현하며 점의 분포와 배치를 이용하여 데이터의 시간적 흐름을 파악할 수 있다. 즉, 가로축에 대응하는 세로축의 값을 점으로 표시한 점그래프로 면적을 표시할 필요가 없고, 적은 공간에 표현할 수 있으며, 점의 집중 정도와 배치에 따라 데이터의 흐름을 파악하기 용이하다.

78   비교 시각화는 비교 대상의 변수가 둘 이상인 경우의 변숫값을 비교하며, 변수들 사이의 관계를 이해(특징, 유사성 및 차이점 등)하기 위해 사용된다.

79   레이더 차트(또는 스파이더 차트)는 다양한 지표를 평가(측정)하여 한눈에 표현하기 위한 목적으로 사용한다. 측정 목표에 대한 평가 항목이 여러 개일 때 항목의 수에 따라 원을 같은 간격으로 나누고, 중심으로부터 일정 간격으로 등심으로 척도를 재는 칸을 나누어 각 평가항목의 정량화된 점수에 따라 그 위치에 점을 찍고 평가항목 간 점을 이어 선으로 만들어 항목 간 균형을 한눈에 볼 수 있도록 해준다.

80   데이터 분석모형의 성능을 높이기 위해 일반적으로 (학습, 검증) 데이터를 이용하여 하이퍼 파라미터를 최적화한다. 데이터 분석 모형이 복잡한 경우 학습 데이터의 수준을 높여 과적합 방지, 모형 성능 향상, 일반화 능력 향상, 신뢰성 있는 평가를 받도록 한다.

2024년 제8회 정답 및 해설

01	③	02	④	03	③	04	①	05	②	06	③	07	④	08	①	09	②	10	④
11	②	12	③	13	④	14	①	15	③	16	②	17	④	18	③	19	③	20	②
21	②	22	④	23	④	24	③	25	②	26	①	27	④	28	①	29	①	30	③
31	③	32	④	33	②	34	③	35	②	36	④	37	②	38	①	39	③	40	④
41	①	42	④	43	①	44	②	45	②	46	①	47	③	48	②	49	②	50	①
51	④	52	①	53	③	54	②	55	①	56	①	57	②	58	③	59	③	60	③
61	③	62	③	63	④	64	④	65	①	66	③	67	②	68	②	69	②	70	②
71	④	72	④	73	③	74	②	75	④	76	④	77	①	78	③	79	②	80	①

01 빅데이터 주요 특징(5V)은 Volume, Variety, Velocity, Value, Veracity이다. ①은 Value, ②는 Variety, ④는 Volume의 특징을 나타낸다.

02 데이터 분석은 문제 정의 및 이해, 데이터 준비 및 수집, 탐색적 데이터 분석, 데이터 모형화(모델링) 및 예측, 결과 해석 및 통찰력 도출의 절차로 수행된다.

03 빅데이터 플랫폼이란 다양한 데이터 소스에서 수집된 데이터를 처리하고 분석해서 지식을 추출하고 지능화된 서비스를 제공하는 데 필요한 IT 환경이다. 데이터 수집·저장, 데이터 처리, 데이터 분석, 실시간 처리, 보안 및 데이터 관리, 데이터 처리·분석을 위한 확장성과 유연성 기능을 제공한다. 대표적으로 Apache Hadoop, Spark, AWS의 EMR(Elastic MapReduce), BigQuery, HDinsight 등이 있다.

04 명확한 목표 변수가 있고, 해당 변수와 자기상관성이 높은 변수들이 있는 경우 지도학습 모델이 적합하다.

05 일반적으로 익명정보는 개인을 식별할 수 없는 형태로 가공되어 개인정보 보호법 상의 규정에 따라 개인정보로 간주되지 않는다. 익명화 과정에서 개인정보로부터 파생된 정보가 일부 포함되어 있을 수 있기 때문에 이러한 정보를 생성할 때, 적절한 보안 및 개인정보보호 대책을 취해야 한다. 개인정보보호위원회에서 개인정보보호와 관련된 법령 개선, 정책·제도·계획 수립·집행, 권리침해에 대한 조사·처분, 고충처리·권리구제 및 분쟁조정 등의 업무를 수행하고 있다.

06 개인정보의 비식별화 조치를 하지 않아도 되는 경우는 매우 제한적이며, 개인정보 보호법에 따라 개인정보를 취급할 때에는 반드시 비식별화 조치를 해야 한다.

07 외부 데이터는 기업이나 조직의 경쟁 우위를 확보하기 위한 외부 정보일 수 있어 데이터의 소유권 및 저작권 문제가 발생할 수 있고 데이터 사용이 제한될 수 있다.

08 거래 데이터는 대표적인 정형 데이터에 속한다.

09 학점, 혈액형은 명목 척도, 매출액은 비율 척도이다.

10 "해당 제품은 사용하기에 매우 편리하다"와 같은 정성적 데이터는 연속형 데이터로 바로 변환할 수 없다.

11 데이터 변환이란 데이터 소스에서 추출된 가공되지 않은 데이터를 사용 가능한 데이터세트로 변환하는 작업으로써 데이터 엔지니어링의 핵심 프로세스이다. 데이터를 배치로 분할하는 작업은 주로 머신러닝 및 딥러닝 모델을 훈련할 때 사용되며, 이 과정은 데이터를 일정한 크기의 작은 배치(Batch)로 분할하여 모델에 공급하는 것을 의미한다.

12 데이터 표준화는 데이터를 특정 형식이나 척도에 맞게 조정하는 과정이며, 값의 범위 및 변수의 단위를 조정한다. 모델의 성능 향상, 해석의 용이성, 이상치 처리, 알고리즘의 수렴 속도 향상 등을 위해 표준화 작업을 수행한다.

13 데이터 정규화는 데이터를 특정 범위로 변환하여 모델의 성능을 향상시키는 작업이다. 대표적으로 최소-최대 정규화 방법이 사용되며, 스케일링 범위를 [0, 1]로 하지 않고 임의의 [a, b]로 설정 및 변환이 가능하다.

14 데이터 비식별화를 위해 가명처리, 총계처리, 범주화 및 마스킹 기법을 주로 이용한다. 가명처리는 식별 가능한 값을 다른 값으로 대체하는 기법이다. 휴리스틱 익명화(Heuristic Anonymization)는 데이터를 익명화하는 기술 중 하나로, 개인 식별 정보를 보호하기 위해 사용된다. 데이터를 수정하거나 가공하여 개인 식별이 가능한 정보를 제거하고, 동시에 데이터의 유용성을 최대한 보존하려고 시도함으로써 데이터의 유용성을 유지하면서 개인정보보호를 달성하기 위한 균형을 찾는다. T-근접성은 전체 데이터에서 민감한 정보의 분포의 차이를 T 이하로 만들어 데이터를 보호하는 기법이다.

15 데이터 마스킹은 개인정보나 민감한 정보를 보호하기 위해 사용되는 기술로서 주로 테스트 데이터나 외부 제3자에게 데이터를 제공할 때 사용된다. 원본 데이터의 일부를 가려서 숨기는 기술로 일반적으로 데이터 마스킹 수준이 높을수록 데이터 식별 및 예측이 어려워진다.

16 차원축소를 통해 데이터세트에 있는 불필요한 정보나 노이즈를 제거하여 데이터를 더 간결하게 만들고, 계산 비용을 줄이거나 모델의 성능을 향상시킨다. 데이터를 저차원 공간으로 매핑하는 투영(Projection) 방법과 고차원 데이터가 저차원 Manifold에 가깝게 분포되어 있다고 가정하고 이를 추정하는 매니폴드 학습 기법을 이용한다. 차원이 높으면(변수가 많으면) 모델의 복잡도가 증가하고 과대적합 문제가 발생할 수 있어 이를 해결하기 위한 기법으로도 사용된다.

17 데이터웨어하우스는 기업이나 조직이 여러 출처로부터 수집한 데이터를 중앙 집중화하고 통합하여 의사결정에 활용할 수 있는 공간을 제공하는 데이터 저장 및 관리 시스템이다. 역사적 데이터를 저장하고 시간적 변화를 추적(비휘발성 자료 집합)할 수 있으며, 이를 통해 기업은 과거 데이터를 기반으로 추세 분석 및 예측을 수행한다.

18 HBase는 Apache Hadoop 프로젝트의 일부로 개발된 분산형 NoSQL 데이터베이스이다. 분산형 아키텍처, 스키마 없는 데이터 모델, 비정형 데이터 저장, 고가용성, 빠른 읽기 및 쓰기 성능의 특징을 가지고 있다. Hadoop MapReduce, Apache Spark 및 다른 하둡 기술과 함께 사용된다.

19 Not only SQL(NoSQL)은 관계형 데이터베이스가 아닌 다양한 형태의 데이터를 저장하고 검색하기 위한 데이터베이스이다. 문서 지향(MongoDB, Couchbase), 열 지향(Cassandra, HBase), 키-값(Redis, DynamoDB), 그래프(Neo4j, Neptune) 등 다양한 유형을 지원한다.

20 Key-value(키-값) 데이터베이스는 간단하고 유연한 데이터 모델을 제공하는 NoSQL의 한 유형이며, 데이터는 고유한 키와 해당 키에 연결된 값으로 구성된다. 구조가 간단하고 높은 확장성, 빠른 읽기 및 쓰기, 유연성, 저렴한 비용의 특성을 가지며, 대표적으로 Redis, Amazon DynamoDB, Apache Cassandra, Riak 등이 있다. 단순한 데이터 모델을 가지고 있어 복잡한 쿼리의 수행이 제한된다.

21 자기회귀 모형의 경우 변수 간의 상관성을 고려하여 결측값을 대체하며, 상관성이 낮은 변수들을 사용하는 경우 예측값의 정확성이 낮아지고, 모델의 분산이 커진다.

22 박스플롯은 데이터의 분포를 시각적으로 표현하는 도표이며, 데이터의 중앙값, 사분위 수, 이상치 등을 확인하는 데 사용되며, 신뢰구간을 직접적으로 나타내지 않는다.

23 Ridge 규제에서는 가중치의 제곱을 패널티로 사용하여 가중치의 크기를 제어한다. Lasso 규제는 가중치의 절댓값을 패널티로 사용한다.

24 제3주성분은 전체 데이터 분산의 $2/(4+3.5+2+0.5) \times 100\% = 20\%$를 설명하고 있다.

25 파생변수란 기존 변수에 특정 조건 또는 함수 등을 이용하여 새롭게 재정의한 변수이다. 예를 들어 시간(시간대별 평균 주가), 변수들 사이의 교호작용(학습 시간 및 환경에 따른 성적), 특정 조건(영어성적 90점이상 합격)에 따른 파생변수를 정의할 수 있다. 일반적으로 사전에 정의된 독립변수와 함께 파생변수를 이용하여 종속변수를 예측하며, 예측 결과를 이용하여 파생변수를 만들지는 않는다.

26 박스칵스 변환은 데이터를 정규분포에 가깝게 만들거나 데이터의 분산을 안정화하는 용도로 사용되며, 정규성을 가정하는 분석이나 정상성을 요구하는 분석 방법을 적용하기에 앞서 데이터 전처리에 유용하게 사용된다.

27 데이터 불균형 문제를 해결하기 위해 다수 클래스의 경우 샘플을 제거(언더샘플링)하고, 소수 클래스의 경우 샘플을 복제하거나 합성(오버샘플링)하여 클래스 간의 균형을 맞춘다.

28 어떤 두 변수가 다른 제3의 변수와의 상관관계가 높으면, 두 변수의 상관관계는 순수한 상관관계보다 높게 나타날 수 있다. 이때 순수한 상관관계를 알기 위해서는 제3의 변수를 통제해야 한다. 편상관분석은 제3의 변수를 통제한 상태에서 관심을 갖는 두 변수의 상관관계를 분석한다.

29 왜도가 양수인 경우 분포는 오른쪽으로 꼬리가 길어지고 왼쪽에 치우쳐져 있으며, 최빈값 < 중앙값 < 평균값이다.

30 평균=70이므로 표본분산=$((60-70)^2+(70-70)^2+(80-70)^2)/2=100$이다.

31 데이터 탐색 시 기술통계량으로 평균, 분산(편차), 중앙값, 최빈값 등을 이용한다. 이상값(Outlier)은 관측된 데이터의 범위에서 많이 벗어난 아주 작은 값이나 큰 값으로써 데이터 전처리 과정에서 적절한 조치가 필요하다.

32 표본평균은 보통 모집단 평균과 다를 수 있으며, 표본 선택의 우연성, 샘플링 오차, 표본의 크기에 따라 표본평균은 모집단 평균과 일치하는 경우도 있다.

33 오즈비(승산비) = $(0.08/0.92)/(0.02/0.98) = (0.08 \times 0.98)/(0.02 \times 0.92) = 4.261$이고, 위험도 $=0.08/0.02=4$이다. 즉, 기존 공정은 신규 공정에 비해 불량률이 4.261배 더 발생하는 경향이 있고, 기존 공정은 신규 공정에 비해 불량률(위험도)이 4배 높음을 알 수 있다.

34 EM(Expectation-maximization) 알고리즘은 데이터 결측치나 숨겨진 변수가 있는 모델에 대한 파라미터 추정 기법으로서 데이터의 관찰된 부분과 관찰되지 않은 부분의 결합 확률을 최대화하여 모델의 파라미터를 추정한다. Metropolis-hastings 알고리즘은 Markov Chain Monte Carlo 기법 중 하나로, 확률분포를 따르는 샘플을 생성하는 목적으로 사용되며, 베이지안 통계에서 모수의 사후 분포를 추정하거나 복잡한 확률 모델의 표본을 생성하는 데 이용된다.

35 n이 커지면 표본평균 분포의 평균은 모집단의 평균과 매우 유사해지고, 표준편차는 작아진다.

36 중심극한정리는 표본평균이 정규분포를 따르는 경향이 있는 현상이다. 모집단에서 크기가 n인 표본을 여러 번 추출하고, 표본들의 평균을 계산하여, 평균들의 분포를 조사하는 경우 중심극한정리에 따르면, 모집단의 분포가 무엇이든지 간에 표본평균의 분포는 해당 모집단의 크기가 충분히 클 때, 정규분포에 점점 가까워지게 된다.

37 지역별 득표율에 대한 모비율의 차이＝71/100－134/200＝0.04이다.

38 n으로 나눈 표본평균과 $(n-1)$로 나누어 구한 표본분산은 각각 모평균 및 모분산에 대한 불편(편의＝0) 및 일치추정량이다.

39 제1종 오류(유의수준)는 귀무가설이 참일 때, 귀무가설을 기각하는 오류이며, 제2종 오류는 귀무가설이 거짓(대립가설이 참)일 때, 귀무가설을 채택(대립가설 기각)하는 오류이다.

40 제2종 오류는 대립가설이 사실임에도 불구하고, 귀무가설을 기각하지 못하는 경우(귀무가설 채택)이다.
따라서 $=P[X\leq 6 \mid H1 \text{ is } True]=\sum_{i=0}^{6}\binom{10}{i}\left(\frac{2}{3}\right)^{i}\left(\frac{1}{3}\right)^{10-i}$ 이다.

41 문제 해결을 위한 하향식 접근 방법은 해결해야 할 문제를 알고 세부 내용을 차차 정의하면서 분석 방법을 알고 최적화하는 기법으로 최적화 및 솔루션 기법에 해당된다. 문제 탐색, 문제 정의, 해결방안 탐색, 타당성 검토의 과정으로 이루어진다.

42 탐색적 데이터 분석 단계에서 데이터의 특성과 패턴을 이해하기 위해 시각화와 통계적 기법을 사용하여 데이터를 탐색하고, 이상치, 상관관계, 분포, 중요하고 유의미한 변수 등을 파악한다.

43 결정계수(종속변수의 분산 중에서 독립변수로 설명되는 비율)는 0~1의 값을 가지며, 1에 가까울 수록 회귀식의 설명력이 높다고 평가한다.

44 다중공선성은 회귀분석에서 발생하며, 독립변수들 간의 높은 상관관계가 있는 경우, 독립변수들이 서로 다른 단위나 스케일을 가지는 경우, 일부가 다른 독립변수의 선형 조합으로 나타낼 수 있는 경우 발생할 수 있다.

45 회귀자유도＝11－9＝2, 회귀제곱평균＝72/2＝36, 오차제곱합＝9×3＝27, 제곱합 합계＝72＋27＝99, $F-$통계량 ＝ 36/3＝12이다.

46 주성분 분석은 다변량 통계분석 기법으로, 데이터셋의 변수 간 관계를 파악(변수들 사이 상관관계가 없도록 함)하고 주요한 패턴을 발견하는 데 사용되며, 데이터의 차원을 줄이고 중요한 정보를 추출하는 데 유용하다.

47 로지스틱 회귀분석에서는 종속변수가 이항 혹은 다항분포를 따르는 경우에 사용되며, 잔차의 정규성을 가정하지 않는다.

48 　의사결정나무 분석은 데이터의 특징에 따라서 순차적으로 분할된 결정 노드와 종단 노드로 이루어진 트리를 생성하고, 각 결정 노드는 특정한 특징의 값을 기준으로 데이터를 분할(해당 노드의 순도(동질성)를 최대화하는 방향으로 분할)하며, 종단 노드는 최종적으로 데이터를 분류하거나 예측하는 역할을 수행한다. 특징의 스케일 조정이나 정규화가 필요하지 않고, 데이터 분할 과정에서 하나의 변수가 다른 변수에 영향을 미치는 변수들 사이의 교호작용을 고려하여 분할 기준을 결정한다.

49 　출력값=0.2×0.4+0.1×0.5+0.2=0.33이다.

50 　배치의 크기는 한 번에 신경망 모형에 공급되는 데이터 샘플의 수이며, 작은 배치와 큰 배치 크기 간에는 각각 장단점이 있다. 배치의 크기가 작은 경우 메모리 효율성, 빠른 반응성, 불안정한 그래디언트의 특성이 있고, 큰 배치의 경우 계산 효율성 향상, 안정된 그라디언트, 많은 메모리 요구의 특성이 있다. 배치의 크기는 신경망 모형 구축 시 훈련속도와 성능에 영향을 미친다.

51 　SVM 분석 모형의 성능을 높이기 위해 커널 함수, 비용, 다항식 차수 등의 초 매개변수들에 대한 최적화 과정이 요구된다.

52 　민코프스키 거리는 맨하튼 거리와 유클리디안 거리를 일반화한 개념으로써 $p=1$이면 맨하튼 거리, $p=2$이면 유클리디안 거리를 나타낸다. 마할라노비스 거리는 다변량 데이터의 분포를 고려하여 거리를 측정하는 방법으로써 각 변수의 상관관계 및 분산을 고려하여 거리를 계산하고, 데이터가 다차원 공간에 있는 경우 유용하다.

53 　나이브 베이즈 분류 기법은 특성이 서로 독립적이라는 가정을 이용하며, 모든 특성 간의 상호작용을 고려하지 않는다. 나이브 베이즈 분류에서 우도함수(Likelihood Function)는 주어진 클래스에 속하는 특성 값들의 조건부 확률이며, 주어진 특성 값들이 주어진 클래스에 속할 확률을 의미한다. 베이즈 정리를 기반으로 하며, 이를 이용하여 사전확률과 사후확률을 조합하여 우도를 계산한다.

54 　seq2seq 모델에서 인코더를 통해 생성되는 것은 컨텍스트 벡터이며, 이는 디코더에 의해 사용되어 출력 시퀀스를 생성하는 데 중요한 역할을 한다.

55 　확률적 경사하강법에서는 학습속도를 향상시키고 메모리 요구량을 줄이기 위해 각 학습 단계에서 전체 데이터 세트 대신 랜덤하게 선택된 하나의 데이터 포인트를 이용하여 기울기를 계산한다. Adaptive Gradient(Adagrad) 기법은 학습률을 동적으로 조정(스텝 크기를 다르게 설정)하여 수렴 속도를 향상시킨다. 모멘텀에서는 이전 스텝에서의 기울기 업데이트 값을 고려하여 현재 스텝에서의 기울기 업데이트 값을 조정한다. Adam(Adaptive Moment Estimation)은 모멘텀과 RMSprop을 결합한 방식으로 각 매개변수마다 적응적으로 학습률을 조정하고, 이전의 그래디언트 업데이트와 그 제곱값의 이동평균을 이용하여 매개변수를 업데이트한다.

정답 및 해설

56 품사 태깅(Part-of-Speech Tagging)에서는 문장에서 사용된 각 단어의 품사를 결정한다. 파싱(Parsing) 작업에서 문장의 구문 분석 트리(문법 분석)를 결정한다.

57 부스팅은 앙상블 학습의 한 유형으로, 약한 학습기를 여러 개 조합하여 강한 학습기를 만드는 기법으로서 이전 모델의 오차를 보완하는 새로운 모델을 반복적으로 학습하여 최종 예측을 만들어낸다. 모델의 복잡성이 증가하고 학습 시간이 오래 걸릴 수 있다.

58 XGBoost(eXtreme Gradient Boosting)은 약한 학습기들을 결합하여 강력한 모델을 만드는 앙상블 학습 방법으로 의사결정 트리를 기반으로 하며, 병렬 및 분산 처리를 위한 최적화 기법을 사용하기 때문에 일반적인 그래디언트 부스팅(GBM, Gradient Boosting Machine) 보다 계산 속도가 빠르다.

59 앙상블 모델은 여러 개의 기본 모델을 결합하여 강력한 예측 모델을 생성하는 기법이나, 단일 모델보다 성능이 항상 우수한 것은 아니다.

60 비모수 검정은 모집단의 분포에 대한 가정 없이 데이터의 분포를 비교하거나 통계적 가설을 검정하는 방법으로써 보통 모수 검정보다 적은 정보를 활용하기 때문에 검정력이 낮을 수 있다. 검정력(특정 검정 방법이 주어진 상황에서 유의수준을 유지하면서 효과를 감지할 수 있는 능력)은 여러 요인에 의해 영향을 받기 때문에 일반적인 규칙은 없으며, 특정 상황에서는 비모수 검정이 모수 검정보다 검정력이 높을 수 있고, 다른 상황에서는 그 반대일 수 있다.

61 왜도(Skewness)는 자료의 모양이 어느 쪽으로 어떻게 기울어져 있는지를 알아보는 통계량으로 자료 분포의 비대칭 정도를 평가한다. 왜도가 0에 가까울수록 데이터가 대칭에 가깝고, 양수나 음수에 가까울수록 비대칭성이 크다.

62 긍정인 범주 중 긍정으로 올바르게 예측한 비율(참 긍정률, TP Rate)을 재현율, Hit Ratio, 민감도(Sensitivity)라고 한다.

63 혼동행렬을 이용하여 각각의 성능지표는 다음과 같이 구한다.
민감도 $= 20/(20+5) = 0.80$
정밀도 $= 20/(20+5) = 0.80$
정확도 $= (20+10)/(20+5+5+10) = 0.75$
특이도 $= 10/(5+10) = 0.67$

64 AUC는 ROC 곡선 아래 부분의 면적으로써 AUC 값이 클수록 성능이 우수한 모형으로 평가한다.

65 $MAPE$(평균 절대백분 오차비율)
$$= \frac{1}{n}\sum_{i=1}^{n}\left(\frac{x_i-y_i}{x_i}\right)\times 100(\%)$$

66 주가, 날씨 등의 시계열 데이터의 경우 시간순으로 나누어 교차검증을 분석하고 검증할 필요가 있다.

67 분산분석(ANOVA, Analysis of Variance)에서는 두 개 이상의 집단 간 비교를 수행하고자 할 때 집단 내의 분산, 총 평균과 각 집단의 평균 차이에 의해 생긴 집단 간 분산 비교로 얻은 F-분포를 이용하여 가설 검정을 수행한다. ANOVA는 하나의 종속변수를 가지고 여러 개의 그룹 간의 평균 차이를 비교하는 데 사용되는 반면, 다변량 분산분석(MANOVA, Multivariate ANOVA)는 여러 개의 종속변수를 가지고 여러 개의 그룹 간의 평균 차이를 비교한다.

68 두 변수가 모두 연속형인 경우 피어슨 상관계수를 이용하고, 순위형 자료 등 서열 척도 자료인 경우 스피어만 상관계수를 구하여 분석한다.

69 K-폴드 교차검증에서는 데이터를 여러 개의 폴드(또는 부분집합)로 나누고, 각각의 폴드를 하나의 검증세트로 사용하고 나머지를 훈련세트로 이용하여 모델을 훈련한다. 이 과정을 K번 반복하여 각각의 폴드가 한 번씩 검증세트로 사용되도록 하며, K는 사용자가 지정한 정숫값이다. 일반적으로 데이터세트를 행으로 나누어 데이터의 독립성을 유지하고 일반화 성능을 평가하며 일관된 검증 성능을 유지한다.

70 과적합(Overfitting)이란, 모델이 훈련 데이터에 너무 적합하게 학습되어 새로운 데이터에 대한 일반화 능력이 떨어지는 현상이다. 이를 방지하기 위해 데이터의 양 늘리기, 매개변수의 수 줄이기, 가중치 규제, 드롭아웃, 모델의 복잡도 줄이기 등의 방법을 이용한다.

71 데이터 분석 모형의 편향과 분산은 서로 상충하는 관계(Bias-Variance Tradeoff)를 가진다. 즉, 편향을 줄이면 분산이 늘어나고, 분산을 줄이면 편향이 늘어나게 된다. 좋은 모델은 편향과 분산을 모두 줄여야 하며, 적절한 모델 복잡도를 선택하여 Tradeoff 관계를 관리해야 한다.

72 초매개변수는 모델 및 학습 프로세스를 제어하기 위해 사람이 직접 설정하는 변수로 모델 구조, 학습 알고리즘의 동작 방식, 최적화 과정 등을 조절하는 데 이용된다. 초매개변수는 모델이 학습하는 동안 바뀌지 않으며, 일반적으로 실험과 경험을 통해 선택된다.

73 Ben Fry가 정의한 데이터 시각화 7단계 프로세스(순서)는 Acquire(획득)-Parse(구조화)-Filter(선별)-Mine(마이닝)-Represent(표현)-Refine(정제)-Interact(상호작용)이다.

74 통계적 유의성은 어떤 결과가 우연히 발생한 것인지 아니면 현상에 실제로 존재하는 패턴이나 관계를 반영하는 것인지를 판단한다. 주로 가설 검정에 사용되며, 귀무가설 및 대립가설 설정 후 수행되고 귀무가설은 연구자가 연구를 시작하기 전에 설계된 가설로, 실험이나 조사를 통해 확인하고자 하는 가설이다. 통계적 유의성은 주로 P−value를 통해 확인되고, P−value는 귀무가설이 참일 때, 표본 데이터 또는 더 극단적인 결과가 관측될 확률을 의미한다.

75 출생아 수는 막대 그래프, 합계 출산율은 선 그래프로 나타내었으며, 연도별로 출생아 수가 증가하는 경우 합계 출산율도 증가하는 경향이 있고, 2012년 합계 출산율이 1.297명으로 가장 높다.

76 모자이크 플롯(Mosaic Plot)은 다중 변수 간의 관계를 시각화하는 방법이다. 주로 상관관계, 상호작용 및 다변량 패턴을 이해하는 데 이용되며, 데이터셋이 여러 특징(변수)을 가지고 있고 이러한 특징들 간의 관계를 알고자 할때 유용하다.

77 카토그램은 지리적인 영역을 표현하는 지도이며, 영역의 크기를 특정 변수(수출액)와 관련하여 크기를 조절하여 지역 간의 수출액을 시각적으로 비교한다. 버블 차트는 점의 크기로 다른 변수(수입액)를 나타내어 시각적으로 비교할 수 있다.

78 카토그램(Cartogram)은 특정한 데이터 값에 따라 모양을 변형하여 만든 시각화 도구로 강우량, 인구분포 등 정량적인 데이터를 기준으로 영역이나 거리를 조정하여 공간을 왜곡하여 표현한다. 지역별 면적이 아니라 정량적인 당선 국회의원의 수를 표현하고자 할 때 격자를 같이 사용한다.

79 국가 또는 지역별로 코로나 확진자 수를 확인할 때 지도 인포그래픽, 시간의 흐름에 따른 확진자 수는 타임라인 인포그래픽으로 표현한다.

80 데이터 분석 활용 계획은 목표 설정, 현재 상태 파악, 분석 도구 및 기술 결정, 데이터 수집 및 전처리, 분석 방법론 선택, 모델 구축 및 평가, 결과 해석 및 시각화, 지속적 개선의 절차로 이루어지며, 프로젝트 수행 초기 단계에서 수립한다.

2024년 제9회 정답 및 해설

01	①	02	①	03	①	04	③	05	③	06	④	07	②	08	①	09	③	10	①
11	④	12	④	13	③	14	①	15	③	16	④	17	③	18	①	19	②	20	④
21	④	22	③	23	④	24	②	25	④	26	④	27	①	28	①	29	③	30	①
31	④	32	②	33	①	34	②	35	④	36	①	37	②	38	②	39	③	40	③
41	③	42	②	43	③	44	④	45	②	46	①	47	③	48	④	49	③	50	③
51	②	52	①	53	④	54	②	55	③	56	①	57	②	58	④	59	②	60	①
61	③	62	①	63	④	64	④	65	②	66	④	67	②	68	④	69	②	70	①
71	②	72	②	73	③	74	③	75	④	76	②	77	①	78	③	79	②	80	①

01 빅데이터의 주요 특징 3V는 Variety(다양성), Velocity(속도), Volume(규모)이다.

02 데이터 사이언티스트 업무를 수행하기 위해 하드 스킬(Skill)과 소프트 스킬이 요구된다. 하드 스킬이란 업무를 수행하기 위해 필요한 기술적 역량(수학 및 통계학 지식, 파라미터 조정, 신경망 구조 변경, 모델 선택, 모델 재구성 등)을 나타내고, 소프트 스킬이란 사람들과 함께 일하고 의사소통하는 방식(문제 인식에 대한 통찰력, 책임감, 꼼꼼함, 커뮤니케이션 스킬 등)을 가리킨다.

03 데이터 분석을 위한 조직의 성숙도는 도입, 활용, 확산, 최적화 단계로 진화하며, 도입 단계에서는 데이터 분석 도구와 시스템을 구축하고 일부 부서에서 직원 역량에 의존하여 분석을 수행한다.

04 지도학습은 입력과 이에 대응하는 미리 알려진 출력을 연관시키는 관계를 학습하는 방법으로서 대표적으로 회귀분석 방법이 있다.

05 준지도학습(Semi-supervised Learning)에서는 라벨이 표시된 데이터와 표시되지 않은 데이터를 모두 훈련에 사용한다. 보통 수집한 훈련 데이터에서 출력값이 표시된 데이터가 적고, 표시되지 않은 데이터가 많은 경우 사용된다.

06 GAN(Generative Adversarial Network, 생성적 적대 신경망)은 데이터 생성 및 합성에 매우 강력한 기법으로, 두 개의 신경망을 경쟁적으로 훈련시켜서 데이터를 생성한다. 생성자(Generator)는 실제와 유사한 데이터를 생성하며, 판별자(구별자, Discriminator)는 입력된 데이터가 진짜인지 가짜인지 구별하는 역할을 수행한다. 생성자와 판별자는 서로 적대적인 관계를 가지며, 생성자는 판별자가 가짜 데이터를 진짜로 인식하도록 유도하고, 판별자는 이를 잘못 인식하지 않도록 학습한다.

07 개인정보란 살아 있는 개인에 관한 정보로서 개인을 알아볼 수 있는 정보(해당 정보만으로는 특정 개인을 알아볼 수 없더라도 다른 정보와 쉽게 결합하여 알아볼 수 있는 것 포함)를 의미한다. 생체인식정보(지문, 홍채, DNA 등)와 함께 인종에 대한 정보도 개인정보에 해당된다.

08 데이터 분석 시스템을 활용한 데이터 분석은 '분석 기획 → 데이터 준비 → 데이터 분석 → 시스템 구현 → 평가 및 전개'의 절차로 수행된다.

09 데이터 분석 마스터 플랜 수립 시 분석 과제의 우선 순위는 전략적 중요도, 비즈니스 성과(ROI), 실행 용이성을 고려한다. 그리고 분석 로드맵 수립 시 업무 내재화 적용 수준, 분석 데이터 적용 수준, 기술 적용 수준을 고려한다.

10 데이터 수집 시 데이터 수집 가능성, 개인정보 보호(보안성), 수집 비용, 데이터 위치, 저장 형태 등을 고려해야 한다.

11 특별한 형식을 가지지 않는 텍스트, 이미지(사진), 영상, 오디오(음악)와 같은 데이터를 비정형 데이터라 한다. 반도체 판매량과 같은 테이블 형태로 정리된 데이터는 정형 데이터이다.

12 정형 데이터는 보통 테이블 형태로 정리되며, 정형 데이터와 비교하여 비정형 데이터에 대한 수집 난이도가 높고 그 가치가 높게 평가된다. 자연어 처리를 위해 사용되는 텍스트는 이미지, 영상 등과 함께 대표적인 비정형 데이터이다.

13 패널 데이터는 동일한 개체에 대해 여러 시점에서 반복적으로 관찰한 데이터이다. 시간에 따른 변화를 분석하기 때문에 종단 데이터라고도 한다.

14 비율 척도를 사용하여 월별 불량율(=불량품의 개수/10,000)을 구하고 이를 관리한다.

15 잡음(Noise) 데이터는 측정된 변수의 무작위 오류 또는 불규칙성을 나타낸다. 이는 데이터에서 의미있는 신호를 분리하고 이해하는 과정을 방해하며, 데이터 수집 도구의 결함, 데이터 입력, 데이터 전송, 기술적 제한 등으로 발생하게 된다. 노이즈 데이터를 처리하기 위해 구간화, 회귀값 대치, 군집화 방법을 이용한다. 데이터 표준화는 변수의 평균을 0으로, 표준편차를 1로 데이터를 변환시키는 작업이다.

16 익명처리란, 개인(또는 신용) 정보의 일부 또는 전부를 삭제하고 가명처리, 총계처리, 범주화, 섭동 등의 방법을 이용하여 개인정보 주체를 식별할 수 없도록 처리하는 것을 의미한다. 데이터 분석 시 비대칭 데이터의 경우 특이치(Outlier) 값으로 처리(특이화)한다.

17 데이터 차등 정보보호(또는 차등 프라이버시)란 데이터에 익명성을 더해서 개인정보 침해 위험을 줄이는 방법이다. 데이터세트에 임의의 노이즈를 섞음으로서 개인정보가 노출되지 않도록 보호하는 기법으로 데이터 섭동(Perturbation) 등의 방법을 이용하여 대규모 데이터세트에서 개인정보가 노출될 위험성을 줄이면서 데이터를 활용할 수 있다.

18 고품질 데이터 관리 요소는 정확성(Accuracy), 완전성(Completeness), 적시성(또는 시의성, Timeliness), 일관성(Consistency)이다.

19 데이터 품질진단 및 개선 절차는 품질진단을 위한 3단계[진단대상 정의(Define)→품질진단 실시(Measure)→진단결과 분석(Analyze)]와 품질 개선을 위한 3단계[개선계획 수립(Improvement Plan)→개선 수행(Implement)→품질통제(Control)]로 구성된다.

20 분산 파일 시스템(DFS, Distributed File System) 또는 네트워크 파일시스템은 컴퓨터 네트워크를 통해 공유하는 여러 호스트 컴퓨터와 파일에 접근할 수 있게 하는 파일 시스템이다.

21 노이즈(Noise) 데이터는 원래 신호와 관련이 없는 무작위적 변동으로 주로 통계적 방법과 필터링을 통해 처리하고, 간섭(Interference) 데이터는 원래 신호를 방해하는 외부 신호로 노이즈 데이터와 다르게 별도의 분석과정(필터링, 주파수 분석, 적응형 필터, 차분 분석, 신호 평균화 등)을 거친다.

22 운영 데이터 저장소(ODS, Operational Data Store)는 운영 보고 및 엔터프라이즈 데이터웨어하우스의 데이터 소스로 사용된다. 전술 및 전략적 의사결정 지원에 사용되는 EDW와 달리 의사결정 지원 환경에서 EDW를 보완하는 요소이며, 운영 보고, 제어 및 의사결정에 사용된다.

23 결측치(Missing Data)는 데이터세트에서 일부 값이 누락된 상태를 의미한다. 핫덱 대치(Hot-deck Imputation)는 결측치를 비슷한 특성을 가진 다른 데이터로 대치하는 단순확률대치법이다. 다중 대치(Multiple Imputation)는 결측치를 여러 번 대치하여 여러 개의 완성된 데이터세트를 만든 후, 이를 기반으로 분석한 결과를 결합하는 방법으로써 단순대치의 단점을 보완한다는 장점을 가진다.

24 X3의 평균이 아니라 제2사분위수(중앙값, 중위수)가 4에 가깝다. 예시로 주어진 박스플롯으로는 평균값을 알 수 없다.

25 비율 척도는 사칙연산이 가능하고, 절대영점이 존재한다. 예를 들어 체중이 10kg인 사람과 20kg인 사람을 비교할 때, 후자는 전자의 두 배 무게를 가진다고 말한다.

26 주성분 분석에서는 독립성, 등분산성, 정규성을 가정하지 않는다. 주성분 분석을 위해 공분산 행렬을 기반으로 하며 데이터 분포에 대한 독립성, 정규성 및 분산의 동질성을 사전에 가정하지 않는다.

27 t-SNE(t-Distributed Stochastic Neighbor Embedding)는 고차원 데이터를 저차원 공간(2차원 혹은 3차원)으로 시각화하는 차원 축소 기법으로 비용 함수의 최적점(최대, 최소)을 찾는 목적에 사용되지 않는다.

28 클래스 불균형 문제는 학습 데이터의 클래스 변수가 균일하게 분포하지 않고 하나의 값에 치우쳐서 편향된 모델을 학습하는 문제를 의미한다. 편향된 모델이란 대부분의 샘플을 치우친 클래스로 분류하는 모델을 의미하며, 클래스 불균형 문제를 해결하기 위해 과대표집, 과소표집, 클래스 가중치 조정 등의 방법을 이용한다.

29 변수 A와 B가 독립이라면 모집단 상관계수는 항상 0이 된다. 즉, 독립이라는 조건이 두 변수 사이에 아무런 관계, 특히 선형관계가 없음을 의미하기 때문이다. 하지만 표본상관계수는 모집단에서 추출한 표본 데이터를 바탕으로 계산되기 때문에 표본의 크기나 표본 데이터의 분포에 따라 상관계수가 0이 아닐 수도 있다. 한편, 상관계수가 0이라고 해서 반드시 독립을 의미하는 것은 아니다. 즉, 두 변수가 독립이면 상관계수는 0이지만, 상관계수가 0이라고 해서 두 변수가 반드시 독립인 것은 아니다.

30 분포의 모양이 왼쪽으로 기울어진 경우 왜도값이 양수(왜도>0)이며, 최빈값<중위수<평균값의 관계를 나타낸다.

31 $\frac{(n-1)s^2}{\sigma^2}$은 평균이 $(n-1)$, 분산이 $2(n-1)$인 카이제곱 분포를 따르며, $E[s^4] = \frac{(n+1)\sigma^4}{n-1} = \frac{2\sigma^4}{n-1} + \sigma^4$이다. 따라서 표본분산의 $MSE = E[(s^2-\sigma^2)^2] = E[s^4] - \sigma^4 = \frac{2\sigma^4}{n-1}$

32 첨도(Kurtosis)는 자료의 모양이 얼마나 중심에 집중되어 있는지를 나타내는 값으로 분포가 중심에서 얼마나 뾰족한지를 평가한다. 첨도는 평균의 단위와 동일하며, 첨도=0인 경우 정규분포와 꼬리 두께가 같고, 첨도>0이면 분포의 꼬리가 두껍고, 중심에 데이터가 몰려 있는 경우이며, 첨도<0이면 분포의 꼬리가 얇고 데이터가 중심에 덜 몰려 있는 경우이다. 자료의 모양이 어느 쪽으로 어느 정도 기울어져 있는지를 알아보기 위해 왜도(Skewness) 통계량을 이용한다.

33 특정 회사의 매출액이 시간이 지남에 따라 어떻게 변화했는지를 나타내는 시계열 자료이다. 횡단면 자료(Cross-sectional Data)는 한 시점에서 여러 개체에 대해 수집된 데이터이고 종단면 자료(Longitudinal Data)란 동일한 개체에 대해 여러 시점에서 수집된 데이터이다. 패널 자료(Panel Data)는 동일한 개체들에 대해 여러 시점에 걸쳐 수집된 자료로, 시계열 자료와 횡단면 자료가 결합된 형태이다.

34 변동계수는 표준편차를 평균으로 나누어 구하며, 데이터의 상대적인 변동성을 나타내는 지표로 주로 평균이 양수인 데이터에서 사용된다. 따라서 평균이 0이거나 음수이면 변동계수 해석 시 그 의미가 왜곡될 수 있어 데이터가 모두 음수인 경우 다른 변동성 지표(표준편차 또는 절대편차 등)를 사용한다.

35 $a=b=0$인 경우, $\log(p/(1-p))=0$, 따라서 $p/(1-p)=1$이고 $p=1/2$이다.

36 군집표본추출(Cluster Sampling)은 모집단을 여러 소그룹(군집)으로 나눈 후, 그중 일부 군집을 무작위로 선택하고, 선택된 군집 안에 속한 모든 개체를 표본으로 사용한다.

37 포아송 분포의 평균과 분산은 동일(단위시간 동안의 발생한 사건의 평균 횟수)하다.

38 $E[(X-1)^2] = E[X^2] - 2E[X] + 1 = \text{Var}[X] + (E[X])^2 - 2E[X] + 1 = 1/4 + (1/2)^2 - 2 \times 1/2 + 1 = 1/2$

39 모평균에 대한 신뢰구간은 신뢰수준 값이 클수록 신뢰구간은 넓어지고 신뢰수준이 작을수록 신뢰구간은 좁아진다. 그리고 표본의 크기(주민의 수)가 클수록 신뢰구간은 좁아지고 평균값((표본)실업자의 수/주민의 수)이 클수록 신뢰구간은 넓어진다. 따라서 표본으로 선택된 주민들 중 실업자의 수가 100명일 때보다 200명일 때 신뢰구간은 더 넓어진다.

40 회귀계수에 대한 분산분석을 위해 $F-$분포를 이용하여 검정통계량을 산출한다. 귀무가설(모든 회귀계수=0, 즉 독립변수가 종속변수에 영향을 미치지 않는다)에 대해 p−value<α이면 귀무가설을 기각한다.

41 분석대상과 분석 방법을 알고 있는 경우 최적화(Optimization) 방법을 이용한다. 최적화는 목적함수 값을 최대화(또는 최소화)하는 것을 목표로 하는 방법으로서 제약조건 하에서 목표값을 개선해 나간다.

42 독립변수들 사이의 다중공선성을 측정하기 위해 분산팽창지수(VIF)를 이용한다. VIF는 독립변수가 여러 개 있을 때, 특정 독립변수를 종속변수로 하고 나머지 독립변수를 이용하여 회귀분석을 수행하며 변수들 사이에 관계성을 측정한다. VIF가 10 이상이면 독립변수 간에 상관관계가 있다고 판정하여 독립적인 변수로서의 역할을 하기 어렵다고 판단하게 된다.

43 분산분석은 (선형성, 정규성, 등분산성, 독립성)의 가정하에서 수행된다. 등분산성 가정이란, 독립변수의 값에 상관없이 오차(잔차)의 분산이 일정하다는 것을 의미한다.

44 종속변수가 이산형인 경우 정보이득, 지니 지수, 카이제곱 통계량, 엔트로피 지수 등의 분리 기준을 사용하여 데이터를 분할한다. 연속형 종속변수의 경우 분산 감소, $F-$통계량(독립변수의 유의성 평가), ANOVA 분산분석 결과를 이용한다.

45 SVM에서 가중치 벡터는 초평면의 기울기와 방향을 결정하는 벡터로서 초평면과 직교한다. 편향 또는 절편은 SVM에서 초평면의 offset을 결정하는 요소로 초평면이 원점으로부터 얼마나 떨어져 있는지를 결정하는 값이다. 마진은 초평면과 두 클래스 사이의 가장 가까운 데이터 포인트들(지지 벡터) 사이의 거리를 의미한다. 커널은 SVM에서 비선형 문제를 선형적으로 해결하기 위해 사용하는 기법으로서 데이터를 고차원 공간으로 변환하여 비선형 데이터를 선형적으로 분리하기 위해 사용된다.

46 SVM에서 지지벡터, 즉 두 클래스 간의 가장 가까운 데이터 포인트들을 기반으로 초평면을 결정한다. 지지벡터는 초평면과의 거리가 가장 가까운 포인트들이며, 이들을 기준으로 마진을 최대화한다. 레이블=0에서 가장 오른쪽에 있는 데이터는 $d=(2, 0)$이고, 레이블=1에서 가장 왼쪽에 있는 데이터는 $e=(3, 0)$이다. 따라서 지지벡터는 $d=(2, 0)$, $e=(3, 0)$이고 초평면은 두 지지 벡터 d, e의 중간점에 위치하게 되어 초평면은 $x=(2+3)/2=2.5$로 계산된다.

47 군집분석에서는 가장 유사한 개체를 묶어 나가는 과정을 반복하여 원하는 개수의 군집을 형성한다. 군집 간 거리를 측정하기 위해 최단연결법(단일연결법), 최장연결법(완전연결법), 중심연결법, 평균연결법, 와드연결법(군집 내의 오차제곱합에 기초하여 군집 수행)을 이용한다.

48 단순지수평활법에서는 추세변동을 반영하지 않고 최근 예측자료와 과거 자료를 이용하여 예측한다. 즉 $S_t = \alpha Y_t + (1-\alpha)S_{t-1}$이다.

49 $P(A)=0.5$, $P(B)=0.3$, $P(C)=0.2$, $P(D|A)=0.01$, $P(D|B)=0.02$, $P(D|C)=0.03$이다. 따라서 $P(D)=P(D|A)\times P(A)+P(D|B)\times P(B)+P(D|C)\times P(C)=0.01\times 0.5+0.02\times 0.3+0.03\times 0.2=0.017$이고 $P(A|D)=P(AD)/P(D)=P(A)\times P(D|A)/P(D)=0.5\times 0.01/0.017=0.005/0.017=5/17$이다.

50 역전파(Backpropagation) 알고리즘은 다층 퍼셉트론 학습에 사용되는 통계적 기법이다. 주어진 데이터를 사용하여 신경망의 가중치와 바이어스를 최적화하는 과정을 포함하며, 신경망의 가중치를 조정하여 오차를 최소화하는 데 사용된다. 순전파, 오차 계산, 역전파, 경사하강법 적용, 훈련 반복, 모델 평가 및 검증의 과정으로 진행된다. 역전파 알고리즘은 다양한 종류의 신경망(다층 퍼셉트론, CNN, RNN, LSTM, GAN 등)에 적용되어 성능을 향상시킨다.

51 seq2seq 모델은 입력 시퀀스가 길어지면 성능(또는 품질)이 저하될 수 있다. 특히 순환신경망 기반 모델은 시퀀스 길이가 길어질수록 기울기 소실 문제나 장기 의존성 문제가 발생하여 정보가 제대로 전달되지 않거나 성능이 떨어질 수 있다. 인코더는 입력 시퀀스를 처리하여 컨텍스트 텍스트 벡터라는 고정된 크기의 벡터를 생성한다.

52 오토인코더는 학습 단계와 테스트 단계에서 모두 사용되며 역할이 서로 다르다. 두 단계는 서로 다른 목적을 가지고 있으며, 각 단계에서의 사용 방식이 성능에 영향을 미친다. 학습 단계에서는 오토 인코더의 가중치와 바이어스를 최적화하여 입력 데이터를 압축하고 재구성하며, 최상의 성능을 유지하는 데 초점을 맞춘다. 테스트 단계에서는 학습된 오토인코더의 성능을 평가하고, 새로운 데이터에 대해 잘 동작하는지 확인한다.

53 $Y=(X1X2)\times((W1W2)(W3W4))\times(HW5HW6)=(1, 2)\times((10, 3)(2, 1))\times(2, -3)=20$이다. 인공신경망 학습 시 항등함수를 이용하는 경우 입력을 그대로 출력($f(x)=x$)한다.

54 시그모이드 함수의 미분은 $x=0$에서 최댓값을 가지며, 그 이후로 x가 증가하거나 감소함에 따라 미분값은 감소한다.

55 쌍곡선 탄젠트 활성화 함수는 신경망에서 사용되는 함수로 주로 딥러닝과 신경망에서 비선형성을 추가하는 데 이용된다. 시그모이드 함수(출력범위는 0과 1 사이)와 비슷하지만, 출력 범위가 -1과 1 사이로 서로 다르다.

56 Adaboost(Adaptive Boost)은 부스팅 알고리즘의 하나로 주로 의사결정나무 분석에서 사용된다. 초기 모형을 약한 모형으로 설정하며 매 스텝마다 가중치를 이용하여 이전 모형의 약점을 보완하는 새로운 모형을 순차적으로 적합한 뒤 최종적으로 이들을 선형 결합하여 얻어진 모형을 생성시킨다.

57 Stemming(어간 추출)은 어간을 추출하여 단어를 근본 형태로 줄이는 작업이며, Parsing은 입력 텍스트를 의미 있는 토큰으로 분해하고 문장 구조(파싱 트리, 구문 트리)를 생성하는 작업이다.

58 워드 임베딩(Word Embedding)은 자연어 처리에서 텍스트 데이터를 컴퓨터가 이해할 수 있는 수치 벡터로 변환하는 기술이다. 대표적인 임베딩 기법으로 Word2Vec, GloVe, FastText 등이 있다. 워드 임베딩에서 단어 간의 유사성을 측정하는 기법으로 코사인 유사도, 자카드 유사도, 유클리드 거리, 맨해튼 거리, 해밍 거리 등의 방법을 이용한다. 워드 임베딩에서는 코사인 유사도가 단어 간의 의미적 유사성을 측정하는 데 가장 적합한 방법으로 주로 사용된다.

59 네트워크에서 밀도는 네트워크가 얼마나 밀집되어 있는지를 계산하는 척도로서 실제 존재하는 엣지의 수를 모든 노드가 연결되어 있다는 가정하에서 엣지의 수로 나누어 구한다. 정의상 밀도는 0과 1 사이의 수로 나타난다. 연결 전이성(Transitivity)은 얼마나 노드들이 뭉쳐 있는지를 측정(결집계수)하는 데 사용된다.

60 부스팅(Boosting)은 약한 모형을 순차적으로 결합하여 강한 모형을 만드는 기법이고 각 모델은 이전 모델의 오류를 보완하는 데 중점을 둔다. 랜덤 포레스트는 배깅의 일종으로 다수의 결정 트리를 동시에 학습하여 예측 성능을 향상시킨다.

61 긍정으로 예측한 비율 중에서 실제 긍정의 비율은 정밀도이며, 정확도는 분류 범주를 정확하게 예측한 비율이다.

62 ROC 곡선에서 세로 방향의 y축은 민감도(Sensitivity)로 재현율(Recall), Hit Ratio, 참긍정률(True Positive Rate)이라고도 한다.

63 평균절대백분율오차(MAPE, Mean Absolute Percentage Error)는 실제 데이터에서 오차가 어느 정도의 비율로 발생했는지를 평가하는 지표이다. 절대값을 사용하여 양수 및 음수 오차가 서로 상쇄하지 않도록 하고 상대오차를 사용하여 주로 시계열 모델에서 예측 정확도를 비교하는 데 사용된다.

64 동질성 검정은 두 개 이상의 모집단이 동일한 분포를 따르는지 검정하는 방법이다. 이를 위해 주로 단순랜덤추출(무작위표본추출)이나 층화추출(모집단을 여러 층으로 나누고 각 층에서 무작위로 표본추출) 방법을 이용한다.

65 산점도와 히트맵은 서로 다른 데이터 시각화 기법이다. 산점도는 두 개 변수 간의 관계를 시각화하는 도구이며, 각 점은 데이터의 한 관측값을 나타낸다. 히트맵은 데이터를 격자 형태로 시각화하며, 각 셀의 색상으로 데이터 값을 표현하고 색상의 강도는 데이터 값의 크기를 나타낸다. 즉, 산점도는 개별 데이터 포인트를 보여주며, 히트맵은 데이터의 밀도나 집합적 패턴을 색상으로 나타낸다. 산점도를 히트맵으로 변환하려면 산점도 데이터의 밀도나 빈도를 계산하여 히트맵 형태로 나타낼 수는 있지만, 기본적으로 산점도와 히트맵은 서로 다른 시각화 기법이다.

66 LOOCV(Leave-one-out Cross Validation) 방법에서는 하나의 관측값을 Validation set으로 사용하고, 나머지 관측값을 훈련 데이터로 사용한다. 데이터가 많을 때는 시간이 오래 걸리지만, 데이터의 수가 적을 때는 좋은 결과를 나타낸다.

67 적합도 검정에서는 관측빈도와 기대빈도 사이 카이제곱 검정통계량을 이용해 유의확률을 구하여 교차분석(유의성 검정, 두 변수 사이의 연관성 여부 판단)을 수행한다.

68 이산형 변수들 사이의 동질성, 독립성, 적합도 검정에서는 카이제곱 검정통계량을 사용한다.

69 과적합 문제 발생 시 학습 과정에서 일부 뉴런을 임의로 제외시켜 모델이 특정 뉴런에 과도하게 의존하지 않도록 하는 기법을 드롭 아웃(Dropout)이라 한다.

70 군집분석(Clustering)은 데이터를 비슷한 특성을 가진 그룹으로 나누는 기법으로 데이터의 패턴이나 구조를 이해하고, 데이터 포인트 간의 유사성을 기반으로 그룹을 형성하여 분석한다. 주요 목적은 데이터 그룹화, 패턴 발견, 데이터 요약, 의사결정 지원에 있다. 주요 기법으로 계층적 군집분석(상향식, 하향식), 비계층적 군집분석(K-means, K-medoids, DBSCAN), 확률 기반 군집분석(EM, GMM) 등이 있으며, 고객 세분화, 패턴 인식, 이상 탐지 등에 활용된다. 계층적 군집분석의 경우 비계층적 기법과 달리 분석 과정 중 하나의 군집에 속하게 되면 다른 군집으로의 이동이 불가능하다.

71 DBSCAN(Density-based Spatial Clustering of Application with Noise)은 밀집된 지역(군집)을 기반으로 군집을 형성하고 밀집도는 (군집에 포함될 수 있는 최대 거리, 군집 형성에 필요한 최소 데이터 포인트 수)로 정의한다. 군집의 수가 많아지는 경우 유연한 군집 수 조정, 군집 탐지, 잡음과 이상치 처리 등의 알고리즘으로 성능을 향상시킨다.

72 연관규칙(Association Rule)은 데이터에서 항목 간의 관계를 발견하는 규칙이다. 주로 장바구니 분석과 같은 응용 분야에서 사용되며, 항목이 함께 발생할 가능성을 이해하는 데 도움을 준다. 연관규칙은 일반적으로 형식 $X \rightarrow Y$로 표현되며, 이는 항목 집합 X가 존재할 때 항목 집합 Y도 존재할 확률이 높다는 것을 의미한다.

73 지지도란 전체 거래 중에서 {오렌지, 사과, 자몽}을 동시에 구매하는 거래 비율을 측정(P[{오렌지, 사과}∩{자몽}]=3/6=50%)한다. {오렌지, 사과}에 대한 {자몽}의 신뢰도는 {오렌지, 사과}가 포함된 거래 중에서 {자몽}이 포함되는 거래의 비율을 측정(P[{오렌지, 사과}∩{자몽}]/P[{오렌지, 사과}]=(3/6)/(5/6)=3/5=60%)한다.

74 로지스틱 회귀와 은닉층이 없는 신경망에서 활성화 함수가 시그모이드 함수일 때, 두 모델은 수학적으로 동일한 동작을 한다.

75 영화평을 (긍정, 부정)으로 분류하는 문제는 감정분석 문제로, 자연어 처리 기술을 활용하여 텍스트의 감정을 분석하며, 딥러닝 모델의 순환 신경망(RNN)을 이용하여 시퀀스 데이터에서 장기 의존성을 모델링하여 분류한다. CNN은 얼굴 안면 이미지와 같은 시각적 데이터를 처리하고 분석하기 위해 설계된 신경망이다. 로봇 팔의 동작을 학습하고 적용할 수 있는 알고리즘을 개발하기 위해 강화학습을 통해 로봇 팔이 복잡한 작업을 수행하도록 훈련할 수 있다.

76 기준기반평가(Criterion-referenced Assessment)는 빅데이터 분석결과를 객관적이고 명확하게 평가하는 데 필수적인 접근법이다. 이를 위해 사전에 명확한 기준을 설정하고, 다양한 성능 지표와 비즈니스 목표, 데이터 품질 및 법적 규제를 고려하여 종합적으로 평가한다.

77 시공간 시각화(Spatiotemporal Visualization)는 시간과 공간이라는 두 가지 차원을 동시에 고려하여 데이터를 시각적으로 표현하는 방법이다. 등고선 지도는 시간적 변화를 포함하지 않기 때문에 공간적 시각화(시간적 요소가 없음)에 해당되며, 시간적 요소를 추가하여 시공간적 분석에 활용할 수 있다.

78 그래프를 이용해 정보를 전달할 때 데이터 왜곡이 발생할 수 있다. 데이터를 단순화하면서 동시에 데이터가 가진 사실을 충실하게 전달해야 한다. 데이터 왜곡은 그래프 일부 생략(잘라내기), 가로 및 세로축 눈금 조정, 과장된 표현, 시각적 왜곡 등의 이유로 발생한다. 파이차트(도넛 또는 반원 차트 형태)는 데이터 전체에 대한 비율을 나타내며, 3차원으로 회전시켜 표현하더라도 상대적인 비율 크기는 변하지 않는다.

79 박스플롯은 데이터의 분포를 시각적으로 요약하고 분석하는데 유용한 도구이다. 데이터의 중앙값, 사분위수, 이상치를 한눈에 파악할 수 있고 데이터의 중심 위치, 분산, 그리고 비대칭성을 시각적으로 나타낸다. 박스플롯 자체에는 평균을 표시하지 않지만, 평균을 포함시킬 수 있는 경우도 있으며, 점, 기호, 색상으로 평균을 표시하기도 한다.

80 다차원 데이터(Multidimensional Data) 시각화를 위해 데이터 패턴, 구조, 상관관계 등을 직관적으로 파악할 수 있어야 한다. 대표적으로 주성분 분석, t-SNE, 다차원 척도법, 평행좌표, 히트맵, 선형판별분석(LDA, Linear Discriminant Analysis), UMAP(Uniform Manifold Approximation and Projection) 등의 기법을 이용한다.

찾아보기(색인, Index)

빅데이터분석기사

[ㄱ]

가명처리(Pseudonymization)	I과목/3장
가설 검정	I과목/3장
가중 산술평균	II과목/2장
가중 평균기법	III과목/2장
강화 학습(Reinforcement Learning)	I과목/1장
개인정보	I과목/1장
개체 무결성	I과목/3장
거리행렬	II과목/2장
검정통계량	II과목/3장
결측치	II과목/1장
결정계수	III과목/2장
계량적 변수	I과목/3장
계통표본추출	II과목/3장
고유벡터	II과목/1장
고윳값	III과목/2장
공간 시각화	IV과목/2장
공분산	II과목/2장
공분산 행렬	II과목/1장
과대적합	IV과목/1장
관계 시각화	IV과목/2장
교차분석	IV과목/1장
구간화(Binning)	II과목/1장
군집분석	III과목/2장
군집표본 추출	II과목/3장
귀무가설	II과목/3장
기각역	II과목/3장
기계학습	I과목/1장
기술통계학	II과목/3장
기하분포	II과목/3장
기울기 소실	III과목/2장
기하평균	II과목/2장
기준기반평가	IV과목/2장

[ㄴ]

나선형 모델	III과목/1장
누적표본추출	II과목/3장
눈덩이표본추출	II과목/3장

[ㄷ]

다중공선성	III과목/2장
다변량 분석	III과목/2장
다항분포	II과목/3장
다차원 척도법	III과목/2장
단순무작위추출	II과목/3장
단순 지수평활법	III과목/2장
단어빈도	III과목/2장
단측검정	II과목/3상
대립가설	II과목/3장
더미변수	II과목/1장
데이터(Data)	I과목/1장
데이터 거버넌스(Data Governance)	I과목/1장

데이터 마이닝(Data Mining)	I과목/1장			
데이터 무결성	I과목/3장		**[ㄹ]**	
데이터 비식별화	I과목/3장	랜덤 포레스트		III과목/2장
데이터베이스(Database)	I과목/1장	런검정		III과목/2장
데이터베이스 관리시스템	I과목/1장	로지스틱 회귀분석		III과목/2장
데이터 섭동(Data Perturbation)	I과목/3장			
데이터세트	III과목/1장		**[ㅁ]**	
데이터 수집 보고서	I과목/3장	마스터 노드		III과목/1장
데이터 스케일링(Data Scaling)	I과목/3장	마이 데이터(MyData)		I과목/1장
데이터 요구사항 명세서	I과목/2장	말뭉치		III과목/2장
데이터 적재	I과목/3장	매개변수		II과목/1장
데이터 정제	I과목/3장	머신러닝		I과목/1장
데이터 전처리	I과목/3장	멀티 스레드		I과목/3장
데이터 품질검증 자동화도구	I과목/3장	메타 데이터		IV과목/1장
데이터 품질검증 계획서	I과목/3장	명목 척도		I과목/3장
데이터 프로파일링	IV과목/1장	모분산		II과목/3장
데이터 필터링	I과목/3장	모비율		II과목/3장
데이터 후처리	I과목/3장	모수		II과목/3장
도메인 무결성	I과목/3장	모집단		II과목/3장
독립모드	I과목/2장	모자이크 플롯		IV과목/2장
독립변수	II과목/1장	미적합		IV과목/1장
독립성 검정	IV과목/1장			
동일성 검정	IV과목/1장		**[ㅂ]**	
등간 척도	I과목/3장	반정형 데이터(Semi-Structured Data)		I과목/1장
딥러닝	III과목/2장	배치 정규화		IV과목/1장

버블 차트	IV과목/2장	비확률 표본추출	II과목/3장
벌점 회귀	III과목/1장	빅데이터(Big Data)	I과목/1장
범위	II과목/2장	빅데이터 분석목표정의서	I과목/2장
범주형 자료 분석	III과목/2장	빅데이터 비즈니스 모델	I과목/1장
범주화(Suppression)	I과목/3장	빅데이터 플랫폼(Big Data Platform)	I과목/1장
베르누이 시행	II과목/3장		
벤치마킹	IV과목/2장	**[ㅅ]**	
변동계수	II과목/2장	사분위 범위	II과목/2장
변수	II과목/1장	사분위수	II과목/2장
병렬 컴퓨팅	I과목/3장	사용자 시나리오	IV과목/2장
보삽법	II과목/1장	사용자 정의 무결성	I과목/3장
부호검정	III과목/2장	산점도	IV과목/2장
분산	II과목/2장	상관계수	II과목/2장
분산분석	IV과목/1장	상관관계 분석	II과목/2장
분산 컴퓨팅	I과목/3장	생성적 적대 신경망	III과목/2장
분포 시각화	IV과목/2장	서열 척도	I과목/3장
불용어	III과목/2장	서포트벡터머신	III과목/2장
불편성(Unbiasedness)	II과목/3상	속성 무결성	I과목/3장
비계량적 변수	I과목/3장	순환신경망	III과목/2장
비교 시각화	IV과목/2장	시각화 플랫폼	IV과목/2장
비모수통계	III과목/2장	시그모이드 함수	III과목/2장
비율 척도	I과목/3장	스크립트 파일	II과목/2장
비정형 데이터(Unstructured Data)	I과목/1장	스펙트럴 분석	III과목/2장
비즈니스 기여도	IV과목/2장	스피어만 순위상관계수	II과목/2장
비즈니스 프로세스(Business Process)	I과목/1장	슬레이브 노드	III과목/1장
비지도 학습(Unsupervised Learning)	I과목/1장	시간 시각화	IV과목/2장

시계열 분석	III과목/2장	유의수준	II과목/3장
시공간 데이터	II과목/2장	유의표본추출	II과목/3장
시뮬레이션	III과목/1장	유의확률	II과목/3장
신뢰구간	II과목/3장	음이항분포	II과목/3장
심층신경망	III과목/2장	의사결정나무	III과목/2장
심층신뢰신경망	III과목/2장	의사분산모드	I과목/2장
		이동평균모형	III과목/2장
		인공신경망	III과목/2장

[ㅇ]

아파치 우지(Apache Oozie)	I과목/3장	인공지능	I과목/1장
양측검정	II과목/3장	인포그래픽	IV과목/2장
억압변수	II과목/1장	일반화 오류	IV과목/1장
엔트로피지수(Entropy Index)	III과목/2장	이산변수	II과목/1장
역문서빈도	III과목/2장	이산확률분포	II과목/3장
역전파 알고리즘	I과목/1장	이상치	II과목/1장
연관성 분석	III과목/2장	이진파일	I과목/2장
연속변수	II과목/1장	이항분포	II과목/3장
연속확률분포	II과목/3장	임의표본추출	II과목/3장
오차한계	II과목/3장		
완전분산모드	I과목/2장		

[ㅈ]

외생변수	II과목/1장	자기회귀누적이동평균모형	III과목/2장
왜도(Skewness)	II과목/2장	자기회귀모형	III과목/2장
요인분석(Factor Analysis)	III과목/2장	자카드 유사도	III과목/2장
요인적재값	III과목/2장	작업분할구조도(Work Breakdown Structure)	I과목/2장
우도비 검정통계량	III과목/2장	잔차(Residual)	III과목/2장
워드 임베딩	II과목/2장	재현 데이터(Synthetic Data)	I과목/1장
윌콕슨 검정	III과목/2장	적합도 검정	IV과목/1장

전수조사	II과목/3장	참조 무결성	I과목/3장
점추정	II과목/3장	채택역	II과목/3장
정규분포	II과목/3장	첨도(Kurtosis)	II과목/2장
정보(Information)	I과목/1장	초기하분포	II과목/3장
정준상관분석	IV과목 1장	총계처리	I과목/3장
정형 데이터(Structured Data)	I과목/1장	최빈값	II과목/2장
제1종 오류	II과목/3장	최소제곱추정법	III과목/2장
제2종 오류	II과목/3장	최적화	III과목/1장
조건부 확률	III과목/2장	추론 통계학	II과목/3장
조화평균	II과목/2장	추정량	II과목/3장
종속변수	II과목/1장	추정치	II과목/3장
종단면 데이터	I과목/3장	추측 통계학	II과목/2장
주성분 분석	II과목/1장	충분성(Sufficiency)	II과목/3장
준지도 학습(Semi-supervised Learning)	I과목/1장	층화표본추출	II과목/3장
중심극한정리	II과목/3장		
중위수	II과목/2장	**[ㅋ]**	
지니 지수(Gini Index)	III과목/2장	카이제곱 검정통계량	IV과목/1장
지도 학습(Supervised Learning)	I과목/1상	카이제곱 분포	II과목/3장
지수평활법	III과목/2장	컨볼루션 신경망	III과목/2장
지지도(Support)	III과목/2장	크루스칼-왈리스 검정	III과목/2장
진단분석(Diagnostics Analysis)	I과목/1장	클라우드 컴퓨팅	I과목/3장
집락표본추출	II과목/3장	키 무결성	I과목/3상
		코사인 유사도	III과목/2장
[ㅊ]			
		[ㅌ]	
차원의 저주(The Curse of Dimensionality)	II과목/1장		
차등 프라이버시	I과목/3장	텍스트 마이닝	II과목/2장

통계량	II과목/2장	**[ㅎ]**	
통제변수	II과목/1장	할당표본추출	II과목/3장
		향상도	III과목/2장
[ㅍ]		혼동행렬	IV과목/1장
파생변수	II과목/1장	확률변수	II과목/3장
판단표본추출	II과목/3장	확률분포	II과목/3장
판별 분석	III과목/2장	확률질량함수	II과목/3장
판별함수	III과목/2장	확률표본추출	II과목/3장
패턴인식(Pattern Recognition)	I과목/1장	활성함수	III과목/2장
퍼셉트론(Perceptron)	III과목/2장	횡단면 데이터	I과목/3장
편의표본추출	II과목/3장	회귀분석	III과목/2장
편상관분석	II과목/2장	훈련오류	IV과목/1장
평균	I과목/2장	히트맵	IV과목/2장
평활화	II과목/1장	**[A]**	
포아송 분포	II과목/3장	Acceptance Region	II과목/3장
폭포수 모델	III과목/1장	ACF(Autocorrelation Function)	III과목/2장
표본분포	II과목/3장	Activation Function	III과목/2장
표본설계	II과목/3장	AdaBoost(Adaptive Boost)	III과목/2장
표본조사	II과목/3장	AdaDelta	III과목/2장
표본집단	II과목/2장	Adagrad(Adaptive Gradient)	III과목/2장
표본 추출	II과목/3장	Adam(Adaptive Moment Estimation)	III과목/2장
표준오차	II과목/3장	AI(Artificial Intelligence)	I과목/1장
표준정규분포	II과목/3장	Akaike Information Criterion	III과목/2장
표준편차	II과목/2장	Artificial Neural Network	III과목/2장
프로토타입 모델	III과목/1장	ANOVA(Analysis of Variance)	IV과목/1장
피어슨 상관계수	II과목/2장	Apriori Algorithm	IV과목/1장

ARIMA(Autoregressive Integrated Moving Average Model)	Ⅲ과목/2장
Association Analysis	Ⅲ과목/2장
Attention Mechanism	Ⅲ과목 2장
AUC(Area Under Curve)	Ⅳ과목/1장
Automicity	Ⅰ과목/2장
Autoencoder	Ⅲ과목/2장
Autoregressive Model	Ⅲ과목/2장
AWS(Amazon Web Service)	Ⅱ과목/1장
Azure	Ⅱ과목/1장

[B]

Bagging	Ⅲ과목/2장
Bayes' Theorem	Ⅲ과목/2장
Bayesian Method	Ⅲ과목/2장
Bayesian Network	Ⅲ과목/2장
Belief Network	Ⅲ과목/2장
Bernoulli Trial	Ⅱ과목/3상
Betweenness Centrality	Ⅲ과목/2장
Bias	Ⅳ과목/1장
Binning	Ⅰ과목/3장
Binomial Distribution	Ⅱ과목/3장
Boosting	Ⅲ과목/2장
Bootstrap Aggregation	Ⅲ과목/2장
Box-Cox Transformation	Ⅱ과목/1장
Box Jenkins Model	Ⅲ과목/2장
Box Plot	Ⅱ과목/1장
Bubble Chart	Ⅳ과목/2장
Business Intelligence	Ⅳ과목/3장

[C]

Caffe	Ⅲ과목/2장
CART(Classification and Regression Tree)	Ⅲ과목/2장
Cartogram	Ⅳ과목/2장
Cassandra	Ⅲ과목/1장
Causal Analysis	Ⅲ과목 2장
Central Limit Theorem	Ⅱ과목/3장
Chainer	Ⅲ과목/2장
Chernoff Face	Ⅳ과목/2장
CHAID(Chi-squared Automatic Interaction Detection)	Ⅲ과목/2장
Chi-square Distribution	Ⅱ과목/3장
Closeness Centrality	Ⅲ과목/2장
Cloudera	Ⅱ과목/1장
Cloud Services	Ⅰ과목/3장
Clustering Analysis	Ⅲ과목/2장
Cluster Random Sampling	Ⅱ과목/3장
CMMI(Capability Maturity Model Integration)	Ⅰ과목/1장
CNN(Convolutional Neural Network)	Ⅲ과목/2장
Coefficient of Determination	Ⅲ과목/2장
Cold-Deck Imputation	Ⅱ과목/1장
Corpus	Ⅲ과목/1장

Crawling	I과목/3장	Data Reduction	I과목/3장
CRISP-DM	I과목/2장	Data Refinery	II과목/1장
Confusion Matrix	IV과목/1장	Data Science	I과목/1장
Consistency	I과목/2장	Data Transformation	I과목/3장
Cook's Distance	III과목 2장	Data Visualization	IV과목/2장
Critical Region	II과목/3장	Data Warehouse	I과목/3장
Cronbach Alpha	I과목/2장	DBSCAN(Density-based Spatial Clustering of Application with Noise)	IV과목/1장
Cross Validation	IV과목/1장		
CRUD(Create, Read, Update, Delete)	I과목/3장	DBMS	I과목/1장
Cube Data	I과목/3장	DBN(Deep Belief Network)	III과목/2장
CUDA(Compute Unified Device Architecture)	I과목/3장	Decision Tree	III과목/2장
		Deep Neural Network	III과목/2장
Customizing	I과목/3장	Degree Centrality	III과목/2장

[D]

		Dendrogram	III과목/2장
Database	I과목/1장	Derived Variable	II과목/1장
Data Cleansing	II과목/1장	Design Pattern	II과목 1장
Data Compliance	I과목/2장	Differential Privacy	I과목/3장
Data Filtering	I과목/3장	Diagnostics Analysis	I과목/1장
Data Governance	I과목/1장	Directed Acyclic Graph	III과목 2장
Data Insights	II과목/2장	Dropout	IV과목/1장
Data Integration	I과목/3장	Dummy Variable	III과목 2장
Data Mart	I과목/3장	Durability	I과목/2장
Data Masking	I과목/3장		
Data Mining	I과목/1장		

[E]

Data Noise	II과목/1장	EAI(Enterprise Application Integration)	I과목/3장
Data Profiling	IV과목/1장	EDA(Exploratory Data Analysis)	II과목/2장

Edward Thufte	IV과목/2장	**[G]**	
Eigen Value	III과목/2장	GAN(Generative Adversial Network)	III과목/2장
ElasticNet	II과목/1장	GBM(Gradient Boosting Machine)	III과목/2장
Eigenvector Centrality	III과목/2장	GDPR(General Data Protection Regulation)	I과목/3장
Elbow	III과목/2장	Geometric Distribution	II과목/3장
ELU(Exponential Linear Unit)	III과목/2장	Gini Index	III과목/2장
Entropy Index	III과목/2장	GPGPU(General Purpose Computing on Graphics Processing Unit)	I과목/3장
Equamax	III과목/2장	Gradient Descent	III과목/2장
ETL(Extract, Transform, Load)	II과목/1장	Graph Analysis	III과목/2장
Euclidean Distance	II과목/2장	Graphic Engine	IV과목/2장
Exponential Smoothing	III과목/2장	Grid Computing	I과목/3장
		Grid Search	III과목/2장
[F]		GRU(Gated Recurrent Unit)	III과목 2장
Factor Analysis	III과목/2장		
Factor Loading	III과목/2장	**[H]**	
F-Distribution	II과목/3장	Hadoop	III과목/1장
Feature Hashing	II과목/1장	Hard Margin	III과목/2장
Feature Map	III과목/2장	Harmony Centrality	III과목/2상
Feature Selection	II과목/1장	HDFS(Hadoop Distributed File System)	III과목/1장
Feature Extraction	II과목/1장	Heat Map	IV과목/2장
F-Measure	IV과목/1장	Hidden Layer	I과목/1장
FPGA(Field-Programmable Gate Array)	I과목/3장	Hidden Markov Model	III과목/2장
Flume	I과목/3장	Hierarchical Clustering	III과목/2장
Friedman Test	III과목/2장	Hiho	I과목/3장
FTP	III과목/1장	Hot-Deck Imputation	II과목/1장
FGI	I과목/2장		

Hold-out Cross Validation	Ⅳ과목/1장	K -fold Cross Validation	Ⅳ과목/1장
Hortonworks	Ⅱ과목/1장	K-means Clustering	Ⅲ과목/2장
HTML(Hypertext Markup Language)	Ⅰ과목/3장	Kolmogorov-Smirnov Test	Ⅳ 과목 1장
Hyperbolic Tangent	Ⅲ과목/2장	KPI(Key Performance Indicator)	Ⅳ과목/2장
Hypergeometric Distribution	Ⅱ과목/3장	Kruskal Wallis Test	Ⅲ과목/2장
Hyper Parameter	Ⅳ 과목 1장		

[L]

LASSO(Least Absolute Shrinkage and Selection Operation)			Ⅱ과목/1장

[I]

IaaS(Infrastructure as a Service)	Ⅰ과목/3장		
Icon-based Technology	Ⅳ과목/2장	Learning Rate Decay	Ⅳ과목 1장
Imbalanced Data	Ⅱ과목/1장	Leverage Analysis	Ⅲ과목 2장
Infographics	Ⅳ과목/2장	Likelihood Ratio Test Statistics	Ⅲ과목/2장
Interpolation Method	Ⅰ과목/1장	LOD(Linked Open Data)	Ⅰ과목/3장
Isolation	Ⅰ과목/2장	LOF(Local Outlier Factor)	Ⅱ과목/1장
		Log Aggregator	Ⅰ과목/3장
		Log Collector	Ⅰ과목/3장

[J]

JSON(Javascript Object Notation)	Ⅰ과목/3장	Log File	Ⅱ과목/2장
		Logistic Regression	Ⅲ과목/2장
		Log Transformation	Ⅱ과목/1장
		LOOCV(Leave-one-out Cross Validation)	Ⅳ과목 1장

[K]

Kappa Value	Ⅳ과목/1장	LSTM(Long Short-Term Memory)	Ⅲ과목 2장
Katz Centrality	Ⅲ과목/2장		
KDD	Ⅰ과목/2장		

[M]

KDE(Kernel Density Estimation)	Ⅲ과목/2장	M2M(Machine to Machine)	Ⅰ과목/3장
Keras	Ⅲ과목/2장	Machine Learning	Ⅰ과목/1장
Kernel Function	Ⅲ과목/2장	Majority Voting	Ⅲ과목/2장
Kernel Trick	Ⅲ과목/2장		

Mallow's Cp	Ⅲ과목 2장	**[N]**	
Mann Whitney Test	Ⅲ과목/2장	NAG(Nesterov Accelerated Gradient)	Ⅲ과목/2장
MAPE(Mean Absolute Percentage Error)	Ⅳ과목/1장	Naive Bayesian	Ⅲ과목/2장
MapReduce	Ⅱ과목/1장	NCS(National Competency Standards)	Ⅰ과목/1장
MAE(Mean Absolute Error)	Ⅳ과목/1장	Negative Binomial Distribution	Ⅱ과목/3장
MAR(Missing At Random)	Ⅱ과목/1장	Network Analysis	Ⅲ과목/2장
Master Node	Ⅱ과목/1장	Neuron	Ⅲ과목/2장
MCAR(Missing Completely At Random)	Ⅱ과목/1장	NMAR(Not Missing At Random)	Ⅱ과목/1장
MDP(Markov Decision Process)	Ⅲ과목/2장	NMF(Non-negative Matrix Factorization)	Ⅱ과목/1장
Meta Data	Ⅳ과목/1장	Nonparametric Method	Ⅲ과목/2장
Multiple Imputation	Ⅱ과목/1장	NoSQL(Not only SQL)	Ⅰ과목/3장
Migration	Ⅳ과목/3장		
Missing Value	Ⅱ과목/1장	**[O]**	
Mixture Distribution Clustering	Ⅲ과목/2장	Oblique Rotation	Ⅲ과목/2장
MNIST(Modified National Institute of Standards and Technology)	Ⅰ과목/1장	Odds ratio	Ⅱ과목/3장
		ODS(Operational Data Store)	Ⅱ과목/1장
Mongo DB	Ⅰ과목/3장	OLAP(Online Analytical Processing)	Ⅳ과목/3장
Moving Average Model	Ⅲ과목/2장	OLS(Ordinary Least Square)	Ⅱ과목/1장
MSE(Mean Squared Error)	Ⅳ과목/1장	OLTP(Online Transaction Processing)	Ⅳ과목/3장
Metropolis-Hastings	Ⅱ과목/3장	One-hot Encoding	Ⅱ과목/1장
Multidimensional Scaling	Ⅲ과목/2장	Open API	Ⅲ과목/1장
Multinomial Distribution	Ⅱ과목/3장	Opinion Mining	Ⅲ과목/2장
Multivariate Analysis	Ⅲ과목/2장	Orthogonal Rotation	Ⅲ과목/2장
MXNet	Ⅲ과목/2장	Outlier Analysis	Ⅲ과목 2장
		Overfitting	Ⅳ과목/1장
		Oversampling	Ⅱ과목/1장

[P]

PaaS(Platform as a Service)	I과목/3장
Page Rank	III과목/2장
PAM(Partitioning Around Method)	IV과목/1장
Parallel Chart	II과목/2장
Panel Data	I과목/3장
PCA(Principal Component Analysis)	II과목/1장
Pearson Correlation Coefficient	IV과목/1장
Perceptron	III과목/2장
Perfect Sampling	II과목/3장
Pig	II과목/1장
Pixel-oriented Technology	IV과목/2장
PLS(Partial Least Square)	II과목/1장
POC(Proof of Concept)	IV과목/3장
POS tagging	III과목/2장
Poisson Distribution	II과목/3장
Polygon	II과목/2장
Polyline	II과목/2장
Posterior Distribution	III과목/2장
Power Transformation	II과목/1장
Prior Distributioin	III과목/2장
Private Cloud	I과목/3장
Probability Distribution	II과목/3장
Public Cloud	I과목/3장
Python	I과목/3장

[Q]

Q-Q plot	IV과목 1장
Qualitative Variable	I과목/3장
Quantitative Variable	I과목/3장
Quartimax	III과목/2장

[R]

R	III과목/1장
Radar Chart	IV과목/2장
Random Forest	III과목/2장
Random Variable	II과목/3장
RBF(Radial Basis Function)	III과목/2장
RBM(Restricted Boltzmann Machine)	III과목/2장
RDB Aggregator	I과목/3장
RDBMS(Relational DBMS)	I과목/3장
RDD(Resilient Distributed Dataset)	I과목/3장
Regression Analysis	III과목/2장
Reinforcement Learning	III과목/2장
ReLU(Rectified Linear Unit)	III과목/2장
Residual	III과목/2장
Rejection Sampling	II과목/3장
Ridge Regression	II과목/1장
RMS(Root Mean Square)	IV과목/1장
RMSE(Root Mean Squared Error)	IV과목/1장
RMSLE(Root Mean Squared Logarithmic Erroe)	III과목/2장

RMSprop(Root Mean Square Proportion)	Ⅲ과목/2장	SOM(Self-Organizing Map)	Ⅲ과목/2장
RNN(Recurrent Neural Network)	Ⅲ과목/2장	Spark	Ⅰ과목/3장
ROC(Receiver Operating Curve)	Ⅳ과목/1장	Spatio-temporal Data	Ⅱ과목/2장
RSS(Rich Site Summary)	Ⅲ과목/1장	Spearman Rank Correlation Coefficient	Ⅳ과목/1장
Ruby	Ⅰ과목/3장	Spectral Analysis	Ⅲ과목/2장
Run Test	Ⅲ과목/2장	Spider Chart	Ⅳ과목/2장

[S]

		SPSS(Statistical Package for Social Science)	Ⅲ과목/1장
SaaS(Software as a Service)	Ⅰ과목/3장	Sqoop	Ⅰ과목/3장
SAS(Statictical Analysis System)	Ⅲ과목/1장	SSE(Error Sum of Squares)	Ⅲ과목/2장
Scamper	Ⅰ과목/2장	SSR(Regression Sum of Squares)	Ⅲ과목/2장
Scatter Plot	Ⅳ과목/2장	SST(Total Sum of Squares)	Ⅲ과목/2장
Scraping	Ⅰ과목/3장	Stochastic Gradient Descent(SGD)	Ⅲ과목/2장
Scrapy	Ⅰ과목/3장	Storyboard	Ⅳ과목/2장
Seasonality	Ⅲ과목/2장	Storytelling	Ⅳ과목/2장
seq2seq	Ⅲ과목 2장	Stratified Random Sampling	Ⅱ과목/3장
SERVQUAL(Service Quality)	Ⅳ과목 1장	Stride	Ⅲ과목/2장
Sigmoid Function	Ⅲ과목/2장	Studentized Residual	Ⅲ과목 2장
Silhouette	Ⅲ과목/2장	SVD(Singular Value Decomposition)	Ⅱ과목 1장
Simple Random Sampling	Ⅱ과목/3장	SVM(Support Vector Machine)	Ⅲ과목/2장
Simulation	Ⅲ과목/1장	Sufficiency	Ⅰ과목/3장
Simpson Paradox	Ⅲ과목/2장	Synapse	Ⅲ과목/2장
Slave Node	Ⅲ과목/1장	Systematic Random Sampling	Ⅱ과목/3장
Social Data Mining	Ⅱ과목/2장		
Softmax	Ⅲ과목/2장	## [T]	
Soft Margin	Ⅲ과목/2장	Target Encoding	Ⅱ과목/1장

TCO(Total Cost of Ownership)	I과목/3장	Wilcoxon Test	III과목/2장
t-Distribution	II과목/3장	Word2Vec	III과목/2장
Tensorflow	III과목/2장		
Text Mining	III과목/2장		

[X]

XML(eXtensible Markup Language)   I과목/3장

Theano	III과목/2장
Time Series Analysis	III과목/2장
Torgerson Algorithm	III과목/2장
t-SNE(t-Stochastic Neighbor Embedding)	II과목/1장

[Y]

YARN(Yet Another Resource Negotiator)	I과목/3장
Yeo-Johnson Transformation	II과목/1장

[U]

Unbiasedness	II과목/3장
Underfitting	IV과목/1장
Undersampling	II과목/1장
Use Cases	I과목/1장

[Z]

Zookeeper   I과목/3장

[V]

Variable	II과목/1장
Varimax	III과목/2장
View	I과목/3장
VOC(Voice of Customer)	IV과목/3장

[W]

Ward	III과목/2장
WBS(Work Breakdown Structure)	I과목/2장
Web Mining	III과목/2장
White Noise	III과목/2장

참고 문헌

- 국가직무능력표준(NCS), 한국산업인력공단
  한국직업능력개발원, 명지대학교 산학협력단, 교육부

빅데이터 분석 기획
빅데이터 수집
빅데이터 저장
빅데이터 처리
분석용 데이터 탐색
통계기반 데이터 분석
머신러닝 기반 데이터 분석
텍스트 마이닝 기반 데이터 분석
빅데이터 분석결과 시각화

- 김경태, 경영빅데이터 분석사, 시대고시기획
- 김경태, 데이터 분석 전문가(준전문가), 시대고시기획
- 김경태, 안정국, 김동현, Big Data 활용서 I,II, 시대인
- 김대수, 처음 만나는 인공지능, 생능출판
- 김세헌, 통계학 개론, 영지문화사
- 네이버 사전, https://dict.naver.com
- 네이버 지식백과, https://terms.naver.com
- 다다사토시, 송교석, 처음 배우는 인공지능, 2019, 한빛미디어
- 데이터전문가지식포털, http://www.dbguide.net
- 데이터 품질관리 지침, 한국데이터베이스 진흥 센터
- 데이터 품질진단 절차 및 기법, 한국데이터베이스 진흥원
- 사회조사분석사 2급 1차 필기 한권으로 끝내기, 시대고시기획
- 이재원, 생생한 사례로 배우는 확률과 통계, 한빛아카데미
- 위키백과, https://ko.wikipedia.org/wiki
- 장희선, 최기석, 하정미, 스마트 유통물류 산업에서의 인공지능 서비스, 2019, 주간기술동향
- 장희선, 4차 산업혁명의 시사적 교육을 위한 e-NIE 및 Edmodo 콘텐츠 활용, 2018, 한국콘텐츠학회 춘계학술대회
- 장희선, Raptor와 가상현실 콘텐츠를 활용한 수학 알고리즘 및 코딩 교육, 2018, 한국콘텐츠학회 Contents & E-book 학술대회
- 정보통신기획평가원, 인공지능 산업 청사진, 2020년
- 한국디지털정책학회 빅데이터전략연구회, 경영 빅데이터 분석, 광문각
- 한국디지털정책학회 빅데이터전략연구회, NCS 기반 경영 빅데이터 분석, WOW PASS
- 한국정보화진흥원, 성공적인 빅데이터 활용을 위한 3대 요소 : 자원, 기술, 인력, 2012년
- 한국폴리텍대학, 4차산업혁명대비 교육훈련직종 개발, 2018.

성공한 사람은 대개 지난번 성취한 것 보다 다소 높게,
그러나 과하지 않게 다음 목표를 세운다.
이렇게 꾸준히 자신의 포부를 키워간다.

– 커트 르윈 –

좋은 책을 만드는 길, 독자님과 함께 하겠습니다.

빅데이터분석기사 필기 한권으로 끝내기

개정5판1쇄 발행	2025년 03월 05일 (인쇄 2025년 01월 20일)
초 판 발 행	2020년 06월 05일 (인쇄 2020년 04월 14일)
발 행 인	박영일
책 임 편 집	이해욱
저　　　자	정혜정 · 장희선
편 집 진 행	윤승일 · 유형곤
표지디자인	박수영
편집디자인	윤아영 · 김휘주
발 행 처	(주)시대고시기획
출 판 등 록	제10-1521호
주　　　소	서울시 마포구 큰우물로 75 [도화동 538 성지 B/D] 9F
전　　　화	1600-3600
팩　　　스	02-701-8823
홈 페 이 지	www.sdedu.co.kr
I S B N	979-11-383-8521-3 (13000)
정　　　가	37,000원

※ 이 책은 저작권법의 보호를 받는 저작물이므로 동영상 제작 및 무단전재와 배포를 금합니다.
※ 잘못된 책은 구입하신 서점에서 바꾸어 드립니다.

다년간 누적된 합격의 DATA!

시대에듀
빅데이터분석기사 시리즈

빅데이터분석기사 필기 한권으로 끝내기

유료 동영상 교재

❶ 핵심이론 + 확인 문제 구성으로 이론 완벽 복습 가능
❷ 단원별 적중예상문제로 실전감각 UP
❸ 2021~2024년 총 8회분의 최신 기출복원문제 수록

빅데이터분석기사 실기(R) 한권으로 끝내기

빅데이터분석기사 실기(파이썬) 한권으로 끝내기

유료 동영상 교재

❶ 2023년 변경된 출제유형 완벽 반영
❷ 2021~2023년 총 6회분의 최신 기출복원문제 수록
❸ 유형별 단원종합문제 + 합격모의고사 2회분
❹ 자사 홈페이지를 통해 예제 파일 제공
❺ 저자 네이버 카페를 통해 소스 코드 제공
(cafe.naver.com/profdream)

※ 도서의 이미지 및 구성은 변경될 수 있습니다.

빅데이터분석기사 + 데이터분석전문가(ADP) 동시대비

파이썬
한권으로 끝내기

① 기초부터 심화까지 아우르는 종합기본서
② 핵심이론 + 예제로 단계별 학습 가능
③ 최신 기출동형 모의고사 5회분 수록
④ 깃허브를 통해 예제 파일 및 코드 제공

※ 도서의 이미지 및 구성은 변경될 수 있습니다.

실무에 쓰이는 고급 데이터 분석
시대에듀
데이터 분야 심화과정

masterR : R을 이용한 빅데이터 분석

빅데이터 활용서 Ⅰ·Ⅱ

❶ 실기대비 및 실무용 심화 도서
❷ 챕터별 연습문제 및 단원종합문제 수록
❸ 편리한 학습을 위해 찾아보기(색인) 제공
❹ [부록] R 데이터세트 수록

❶ R을 이용한 중·고급 데이터 분석의 바이블
❷ 샘플 데이터를 통한 실전 데이터 분석 학습 가능
❸ 빅데이터 분야 유일, 시뮬레이션 및 최적화 제시

※ 도서의 이미지 및 구성은 변경될 수 있습니다.

나는 이렇게 합격했다

자격명: 위험물산업기사
구분: 합격수기
작성자: 배*상

나는 할 수 있다 69년생 50줄반 직장인 입니다. 요즘 자격증을 2개 정도는 가지고 입사하는 젊은친구들에게 일을 시키고 지시하는 역할이지만 정작 제자신에게 부족한점 이 많다는 것을 느꼈기 때문에 자격증을 따야겠다고 결심했습니다. 처음 시작할때는 과연되겠냐? 하는 의문과 걱정 이 한가득이었지만 **합격은 시대에듀** 시대에듀 인강 을 우연히 접하게 되었고 잘 차려 진 밥상과 같은 커 리큘럼은 뒤늦게 시 작한 늦깍이 수험 생이었던 저를 **합격의 길** 로 인도해 주었습니다. 직장생활을 하면서 취득했기에 더 욱 기뻤습니다. **감사합니다!** ♥

당신의 합격 스토리를 들려주세요.
추첨을 통해 선물을 드립니다.

QR코드 스캔하고 ▶▶▶
이벤트 참여해 푸짐한 경품받자!

베스트 리뷰	상/하반기 추천 리뷰	인터뷰 참여
갤럭시탭/ 버즈 2	상품권/ 스벅커피	백화점 상품권

합격의 공식
시대에듀